ŒUVRES
COMPLÈTES
DE BOSSUET

PUBLIÉES

D'APRÈS LES IMPRIMÉS ET LES MANUSCRITS ORIGINAUX

PURGÉES DES INTERPOLATIONS ET RENDUES A LEUR INTÉGRITÉ

PAR F. LACHAT

ÉDITION

RENFERMANT TOUS LES OUVRAGES ÉDITÉS ET PLUSIEURS INÉDITS

VOLUME XXI

PARIS

LOUIS VIVÈS, LIBRAIRE-ÉDITEUR

13, RUE DELAMBRE, 13

1879

ŒUVRES

COMPLÈTES

DE BOSSUET

PARIS. — IMPRIMERIE V⁰ᵉ P. LAROUSSE ET Cⁱᵉ
19, RUE MONTPARNASSE, 19

# ŒUVRES

COMPLÈTES

DE BOSSUET

PUBLIÉES

D'APRÈS LES IMPRIMÉS ET LES MANUSCRITS ORIGINAUX

PURGÉES DES INTERPOLATIONS ET RENDUES A LEUR INTÉGRITÉ

PAR F. LACHAT

ÉDITION

RENFERMANT TOUS LES OUVRAGES ÉDITÉS ET PLUSIEURS INÉDITS

VOLUME XXI

PARIS

LOUIS VIVÈS, LIBRAIRE-ÉDITEUR

13, RUE DELAMBRE, 13

—

1879

AVIS

Nous avons fait, non-seulement en France, mais encore dans les principaux pays de l'Europe, des recherches longues et nombreuses pour découvrir les derniers manuscrits originaux de la *Défense de la Déclaration du clergé de France*.

On sait que Bossuet tint sur le chantier, si l'on nous permet de le dire, cet ouvrage pendant près de vingt ans; il y travailla à trois reprises différentes, de 1683 à 1685, de 1695 à 1696 et de 1700 à 1702. On trouve sans difficulté des copies de la première et de la deuxième rédaction; mais les copies de la troisième, les seules qui renferment la dernière pensée de l'auteur, semblent défier toutes les investigations : plusieurs pensent, non sans probabilité, qu'elles ont été détruites. Nous avons longtemps attendu, négocié longtemps dans l'espoir d'obtenir une copie mise sous séquestre par suite d'une contestation judiciaire; nos peines et nos démarches, et nos sollicitations sont restées sans résultat : *Tempus et operam perdidi*; mais la consolation a remplacé nos espérances déçues : car nous avons appris, de science presque certaine, que la copie refusée si généreusement, avec une si grande intelligence du bien public, étoit de la première rédaction, par conséquent de nulle valeur. Si nous étions plus heureux dans l'avenir que nous ne l'avons été dans le passé ; si, contre toute attente, nous venions à découvrir un manuscrit authentique de la dernière révision, nous ne reculerions devant aucun sacrifice pour rétablir la *Défense* dans la pureté du texte primitif.

Privé de tout document original, nous avons imprimé d'après la première édition pour ainsi dire officielle, qui fut donnée en 1745 par l'abbé Leroy sur les manuscrits et l'on peut ajouter suivant les instructions de l'évêque de Troyes. La nécessité pouvoit seule nous imposer une si triste résolution; car, tout le monde le sait aussi bien que nous, l'édition de 1745, non plus que toutes les autres, ne mérite aucune confiance. Bossuet resta longtemps pour ainsi dire cloué sur un travail ingrat, sans pouvoir l'abandonner ni le terminer jamais; après avoir fait, refait, corrigé, changé, raturé, interligné, apostillé son ouvrage, il en vint, en 1700 à le bouleverser entièrement pour en faire un nouveau, qui devoit remplacer tout à la fois celui de 1685 et celui de 1695. Ensuite l'évêque intriguant et l'éditeur janséniste parurent, qui se sont arrogé le droit et la tâche de publier tout cela contre la volonté de l'auteur; ils ont recueilli, assemblé, ajusté ces feuilles jetées pêle-mêle et ces morceaux de papier brouillés mille et mille fois; ils ont terminé ces textes inachevés, mis d'accord ces phrases discordantes, déchiffré ces caractères souvent indéchiffrables et fait parler ces ratures; et toutes ces interprétations, tous ces assemblages, tous ces remaniemens, ils les ont fait avec l'habileté et la bonne foi que l'on sait. Et cependant aucun manuscrit de Bossuet n'offroit de si grandes ni de si nombreuses difficultés, aucun par conséquent n'exigeoit autant de soins intelligens ni autant d'impartiale probité.

Il faut dire encore, et cette remarque pourra servir au lecteur, que Bossuet avoit rejeté de longs passages, des livres et des parties essentielles de son travail : d'abord le titre même de l'ouvrage : *Défense de la déclaration du clergé de France*, pour le remplacer par celui ci : *La France orthodoxe ou Apologie de l'Ecole de Paris et de tout le clergé de France*; ensuite après la *Dissertation préliminaire*, dans la *Défense* proprement dite, le IV*e* livre, principalemen à cause des accusations soulevées contre Grégoire VII; après cela tout le supplément qui se trouve à la fin, sous le titre de *Appendix ad defensionem*; enfin un très-grand nombre de passages et de morceaux qu'il seroit trop long de signaler par des indications particulières. Le premier éditeur a bien dit quelques mots des trois premiers retranchemens que vouloit faire Bossuet; mais il n'en a point tenu compte dans son travail : Il a tout imprimé.

De ces quelques mots, nous concluons deux choses : l'une qu'on ne peut attribuer la *Défense* à Bossuet, puisqu'elle a été publiée contre ses intentions; l'autre, que toutes les éditions de cet ouvrage, sans en excepter aucune, se trouvent viciées dans la première. Voilà tout ce qu'on peut dire et du livre et des éditions; voilà aussi tout ce que nous en dirons. — *Abeat... quò libuerit!* (Dans ce volume, *Gallia orthodoxa*, chapitre x.)

CLERI GALLICANI

DE

ECCLESIASTICA POTESTATE DECLARATIO

DIE 19 MARTII 1682.

Ecclesiæ gallicanæ decreta et libertates à majoribus nostris tanto studio propugnatas, earumque fundamenta sacris canonibus et Patrum traditione nixa multi diruere moliuntur; nec desunt qui earum obtentu primatum beati Petri ejusque successorum Romanorum Pontificum à Christo institutum, iisque debitam ab omnibus christianis obedientiam, Sedisque apostolicæ, in quâ fides prædicatur, et unitas servatur Ecclesiæ, reverendam omnibus gentibus majestatem imminuere non vereantur. Hæretici quoque nihil prætermittunt, quo eam potestatem quâ pax Ecclesiæ continetur, invidiosam et gravem regibus et populis ostentent, iisque fraudibus simplices animas ab Ecclesiæ Matris Christique adeò communione dissocient. Quæ ut incommoda propulsemus, Nos archiepiscopi et episcopi Parisiis mandato regio congregati, Ecclesiam gallicanam repræsentantes unà cum cæteris ecclesiasticis viris nobiscum deputatis, diligenti tractatu habito, hæc sancienda et declaranda esse duximus.

I.

Primùm : beato Petro ejusque successoribus Christi vicariis ipsique Ecclesiæ rerum spiritualium et ad æternam salutem pertinentium, non autem civilium ac temporalium, à Deo traditam potestatem, dicente Domino : *Regnum meum non est de hoc mundo;* [1] et iterùm : *Reddite ergò quæ sunt Cæsaris Cæsari, et quæ sunt Dei Deo* [2]; ac proindè stare apostolicum illud : *Omnis anima potestatibus sublimioribus subdita sit : non est enim potestas nisi à Deo : quæ autem sunt, à Deo ordinatæ sunt. Itaque qui potestati resistit, Dei ordinationi resistit* [3]. Reges ergò et principes in temporalibus nulli ecclesiasticæ potestati Dei ordinatione subjici, neque auctoritate clavium Ecclesiæ, directè vel indirectè deponi, aut illorum subditos eximi à fide atque obedientiâ, ac præstito fidelitatis sacramento solvi posse, eamque sententiam publicæ tranquillitati necessariam, nec minùs Ecclesiæ quàm imperio utilem, ut verbo Dei, Patrum traditioni et Sanctorum exemplis consonam omninò retinendam.

II.

Sic autem inesse apostolicæ Sedi ac Petri successoribus Christi vicariis rerum spiritualium plenam potestatem, ut simul valeant atque immota consistant sanctæ œcumenicæ synodi Constantiensis à Sede apostolicâ comprobata, ipsoque Romanorum Pontificum ac totius Ecclesiæ usu confirmata, atque ab Ecclesiâ gallicanâ perpetuâ religione custodita decreta de auctoritate conciliorum generalium, quæ sessione quartâ et quintâ continentur, nec probari à Gallicanâ Ecclesiâ, qui eorum decretorum, quasi dubiæ sint auctoritatis ac minùs approbata, robur infringant, aut ad solum schismatis tempus concilii dicta detorqueant.

III.

Hinc apostolicæ potestatis usum moderandum per canones Spiritu Dei conditos et totius mundi reverentiâ consecratos :

[1] *Joan.*, xviii, 36. — [2] *Luc.*, xx, 25. — [3] *Rom.*, xiii, 1, 2.

valere etiam regulas, mores et instituta à regno et Ecclesiâ gallicanâ recepta, Patrumque terminos manere inconcussos; atque id pertinere ad amplitudinem apostolicæ Sedis, ut statuta et consuetudines tantæ Sedis et Ecclesiarum consensione firmatæ, propriam stabilitatem obtineant.

IV.

In fidei quoque quæstionibus præcipuas summi Pontificis esse partes, ejusque decreta ad omnes et singulas Ecclesias pertinere, nec tamen irreformabile esse judicium, nisi Ecclesiæ consensus accesserit.

Quæ accepta à Patribus ad omnes Ecclesias gallicanas atque episcopos iis Spiritu sancto auctore præsidentes, mittenda decrevimus, ut idipsum dicamus omnes, simusque in eodem sensu et in eâdem sententiâ.

† Franciscus, archiepiscopus Parisiensis, præses; † Carolus Mauritius, arch. dux Remensis; † Carolus, Ebredunensis archiepiscopus; † Jacobus, archiepiscopus, dux Cameracensis; † Hyacintus, archiepiscopus Albiensis; † Mr. Phelypeaux P. P., archiep. Bituricensis; † Ludovicus de Bourlemont, archiepiscopus Burdigalensis; † Jacobus Nicolaus Colbert, archiep. Carthaginensis, coadjutor Rothomagensis; † Gilbertus, episcopus Tornacensis; † Henricus de Laval, episcopus Rupellensis; † Nicolaus, episcopus Regiensis; † Daniel de Cosnac, episcopus et comes Valentinensis et Diensis; † Gabriel, episcopus Æduensis; † Guillelmus, episcop. Vasatensis; † Gabriel Ph. de Froullay de Tessé, episcopus Abrincensis; † Joannes, episcopus Tolonensis; † Jacobus Benignus, episcopus Meldensis; † Sebastianus du Guemadeuc, episc. Macloviensis; † L. M. Ar. de Simiane de Gordes, episcopus dux Lingonensis; † Fr. Leo, episcopus Glandatensis; † Lucas d'Aquin, episcopus Forojuliensis; † J. B. M.

COLBERT, episcopus et D. Montis-Albani; † CAROLUS DE PRADEL, episcopus Montis-Pessulani; † FRANCISCUS PLACIDUS, episcopus Mimatensis; † CAROLUS, episcopus Vaurensis; † ANDREAS, episcopus Antissiod; † FRANCISCUS, episc. Trecensis; † LUD. ANT., episcopus comes Catalaunensis; † FRANC. IG., episcopus comes Trecorensis; † PETRUS DU LAURENS, episcopus Bellicensis; † GABRIEL, episc. Conseranensis; † LUDOVICUS ALPHONSUS, Alectensis episcopus; † HUMBERTUS, episcopus Tutellensis; † J. B. D'ESTAMPES, Massiliensis episcopus; PAUL. PHIL. DE LUSIGNAN; DE FRANQUEVILLE; LUDOVICUS D'ESPINAY DE SAINT-LUC; COCQUELIN; A. FAURE; C. F. DE GUENEGAUD; GERBAIS; LAMBERT; DE VIENS; P. DE BERMONT; A. H. DE FLEURY; FR. DE CAMPS; DE MAUPEOU; DE LA BOREY; FRANCISCUS FEU; CLEMENS DE POUDEUX; LE FRANC DE LA GRANGE; J. F. DE L'ESCURE; DE SENAUX; M. DE RATABON; BIGOT; DE VILLENEUVE DE VENCE; PARRA, decanus Bellicensis; LA FAYE; DE BOCHE; PETRUS LE ROY; DE SOUPETS; A. ARGOUD, decanus Viennæ; DE BEAUSSET, præpositus Massiliensis; G. BOCHARD DE CHAMPIGNY; DE S. GEORGES, comes Lugdunensis; COURCIER; DE GOURGUES; F. MAUCROIX; CHERON; J. DESMARETS, cleri gallicani agens generalis; ARMANDUS BAZIN DE BESONS, cleri gallicani agens generalis.

GALLIA ORTHODOXA

SIVE

VINDICIÆ SCHOLÆ PARISIENSIS

TOTIUSQUE CLERI GALLICANI

ADVERSUS NONNULLOS.

DE CAUSIS ET FUNDAMENTIS

HUJUS OPERIS

PRÆVIA ET THEOLOGICA DISSERTATIO.

I.

An tacere oporteat Gallos, erroris ac schismatis ab illustrissimo Roccaberto et aliis, apud summum Pontificem accusatos.

Aggressuro gravissimam quæstionem, veteremque Scholæ Parisiensis, imò verò totius Ecclesiæ gallicanæ sententiam ab omni erroris suspicione defensuro, multa sanè occurrunt, quæ à scribendo deterreant, multa quæ impellant. Deterret imprimis illa insita pectori Sedis apostolicæ reverentia, atque in ejus laudem propensio singularis, omni quidem tempore (quippè quæ ab ipsâ fidei catholicæ ratione ac professione profecta sit), nunc autem vel maximè sub Innocentio XII, optimo, justissimo, beneficentissimo Pontifice ac parente, cujus in obsequium pronæ regis invicti, ac totius regni christianissimi voluntates. Etsi enim satìs nobis conscii sumus, ego et cæteri episcopi ac theologi gallicani, priscâ illâ sententiâ, quam Parisienvium (et gallicanam vocant, amplificari, commendarique Sedis apostolicæ majestatem tamen, vel in speciem à nobis imminutam videri, idque à tot adversariis per universum orbem tantis jactari clamoribus, molestissimum est. Ac profectò, si ab iniquis censoribus impetrari potuisset ut nos tranquillos sinerent in Ecclesiæ catholicæ, et fidei apostolicæ sinu conquiescere, tutiore conscientia sileremus (a). Sed enim gravior nos cura sollicitat, tot editis libris, atque etiam recentissimis illustrissimi Roccaberti archiepiscopi Valentini prægrandibus scriptis, datis quoque litteris ad optimum Pontificem, erroris ac schismatis, quin etiam hæresis postulatos. Quam accusationem si taciti ferimus, priscum illud Galliæ semper orthodoxæ evanescit decus; eaque gloria, quam apud plebes nostras in Christo nos habere oportet, concidit. Quo loco commemorare non piget eos qui scripserint, in his quidem quæstionibus de summâ catholicæ fidei agi, quasi nunc primùm in Ecclesiâ audiantur, non autem à tot sæculis, nullo erroris, nullo schismatis metu, pertractatæ fuerunt.

II.

Duo libelli memorantur, unà cum censurâ illustrissimi archiepiscopi Strigoniensis.

Ac primùm divulgati libelli duo, quorum alteri titulus : « Ad illustrissimos et reverendissimos Galliæ episcopos disquisitio theologico-juridica super Declaratione cleri gallicani factâ Parisiis 19 martii 1682. » Alter inscribitur : « Doctrina quam de primatu, auctoritate et infallibilitate Romanorum Pontificum tradiderunt Lovanienses sacræ theologiæ magistri, ac professores tàm veteres, quàm recentiores, etc., Declarationi cleri gallicani de ecclesiasticâ potestate nuper editæ, opposita [1]. » Uterque anonymus : utroque nobilissimæ Scholæ Parisiensis, totiusque adeò cleri gallicani antiquissima sententia non tantùm impugnatur, verùm etiam

[1] De illo, vid. in append.

(a) C'est la France, ou pour mieux dire les prélats de la cour de France qui engagèrent le combat; la déclaration de 1682 attaquoit non-seulement les prérogatives de l'Eglise romaine, mais la croyance de toutes les Eglises catholiques répandues dans le monde entier.

proscribitur, ut « quæ faveat hæreticis, Romanum Pontificem dignitate primatùs, divinâ ei ordinatione constituti, exuat, ac Sedem apostolicam labefactet; quin etiam exsuscitet Wiclefi errores à Constantiensi concilio condemnatos ¹. » Miram rem! ut quod synodus Constantiensis de supremâ conciliorum auctoritate sanxerit, in Wiclefo ipsa proscripserit. Doctrinæ Lovaniensium quis auctor fuerit, etiamnùm ignoramus. Nicolaus Dubois sacrarum Litterarum in Universitate Lovaniensi professor primarius, se ipse disquisitionis auctorem professus, parùm probatus suis, clamosior scilicet quàm doctior, alias scriptiunculas sparsit, ut, si non vi ac pondere, nos numero saltem premere velle videatur. Atque hæc apud vicinos Belgas agebantur. Verùm ex longinquo gravioris belli metus; nec jam disquisitio, aut tractatio, sed censura. Nempè illustrissimus Georgius ² Strigoniensis archiepiscopus, ac regni Hungariæ primas, ostentatâ primùm concilii nationalis autoritate (credo ut clero gallicano parem ungarici cleri auctoritatem opponeret), ipse interim, « dùm præfata synodus suo tempore celebretur, » cum quinque fortassè vel sex Episcopis non est veritus, tot gallicanorum episcoporum, ipsiusque adeò Ecclesiæ gallicanæ, ut quidem ipse perhibet, « decreta configere, propositiones interdicere, proscribere, prohibere, ut quæ christianis auribus absurdæ, ac planè detestabiles, noxiæ, periculosæ in fide, ac per hungarici quoque regni provincias à Satanæ ministris disseminatæ, blandæ pietatis specie schismaticum virus instillent ³. » En schismatis rei ac Satanæ ministris venena subministrant tot catholicarum Ecclesiarum præsides, Sedis apostolicæ communicatores; certè, ut cætera omittamus intactâ innocuâque doctrinâ, quam nulla unquàm Ecclesiæ censura proscripsit. Id enim primus omnium, ac solus remansurus Strigoniensis archiepiscopus prolato judicio fecit, sibi ipse contrarius ; quippè qui de nostrâ doctrinâ sententiam tulerit, simul pronuntiaverit : « Ad solam Sedem apostolicam divino et immutabili privilegio spectare, ut de controversiis fidei judicet. » Quâ de re non est hìc dicendi locus.

¹ Doct. Lov. præf. Vid. *Disquis.*, art. 4, p. 21. 22. — ² Zelepechimi. — ³ *Cens. hungar.* vid. in *Vind. doctr. maj. scol. Paris.*

III.

Eminentissimi cardinalis Daguirrei sententia.

Cæterùm Hispani cum Belgis Coronæ suæ subditis concinunt. Primus omnium vir eruditissimus atque amicissimus, ac multis jam titulis clarus, nunc etiam Romanâ purpurâ decoratus, F. Josephus Daguirreus (a) volumen ingens edidit, cujus inscriptio est : *Auctoritas infallibilis et summa Cathedræ sancti Petri, extra et supra concilia quælibet, atque in totam Ecclesiam denuò stabilita,* etc.; sive *Defensio Cathedræ sancti Petri adversùs Declarationem nomine illustrissimi cleri gallicani editam Parisiis, die 19 martii 1682* [1]. Et is quidem passim inculcat doctrinam eam quam tradit, « fide divinâ et catholicâ certam, quæ proindè sine hæresi negari non possit; opinionem negantem refutandam tanquàm hæreticam, » alibi ex Melchiore Cano « erroneam; declarationem ab episcopis gallicanis revocandam publicè ac penitùs abolendam, cùm singulæ ejus theses gravissimis censuris notatæ inveniantur ab omnibus ferè catholicis scriptoribus doctoribusque, et nuperrimè à censoribus Romanis. » Quâ de re nihil inaudivimus. « Cæterùm, inquit, in hâc florentissimâ Academiâ Salmanticensi, cæterisque Hispaniæ, ubi nemo curialis est, omnes uno animo illas theses diris et execrationi devovent, idque palàm testabuntur, si pontificium de ferendo judicio mandatum accesserit [2]. » Hæc vir optimus et candidissimus hostili nimis animo ac gentis suæ præjudiciis actus, in gallos curiales

---

[1] De illo vid. lib. V, cap. II, not. — [2] Disputat. XXII, n. 16, 17, 18, etc. Disp. VII, n. 16. Disp. XL, n. 17.

(a) Joseph Daguirre répandit un grand éclat sur l'ordre de Saint-Benoît. Né à Logrono dans la Vieille-Castille, il fut d'abord professeur d'Ecriture sainte à Salamanque, ensuite censeur et secrétaire du tribunal du saint Office, puis cardinal dès 1686. Il mourut à Rome en 1699. Son plus célèbre ouvrage, *Defensorium,... Défense de la Chaire de saint Pierre contre la Déclaration du clergé de France*, parut à Salamanque en 1683, un vol. in-folio. Nous ne parlerons point des autres ouvrages du savant écrivain, ni de la *Collection des conciles d'Espagne*, 4 vol. in-folio, ni de l'*Histoire des conciles d'Espagne*, qui avoit précédé la collection; ni de la *Théologie de saint Anselme*, 3 vol. in-folio

Bossuet disoit lui-même du cardinal Daguirre : « Il est la lumière de l'Eglise, le modèle des mœurs, l'exemple de la piété. »

visos, quòd avitam doctrinam tueantur, eam quam Hispani quoque et Belgæ antiquitùs propugnaverint. Scilicet curialis Tostatus Salmanticensis Academiæ lumen, ipsi eminentissimo Daguirreo *Hispaniæ Salomon;* curialis Adrianus VI papa, columen lovaniensis Academiæ, aliique omnes statim cum laude appellandi, qui Parisiensium sententiam toto orbe celeberrimam, et ab omni notâ integram, tùm cùm Galli Hispanique ac Belgæ mirum in modum consentirent, acceptam à Majoribus, penitùs imbiberunt.

Quin etiam scriptor clarissimus, nec unquàm sine honore nominandus, cùm tot ac tantos appellaverit, qui Parisiensibus consentirent, mirari se dicit, in tantâ eruditionis luce, quanta et qualis fulget in hoc politissimo sæculo, potuisse existere, præsertim Lutetiæ Parisiorum, qui revocarent *ab Orco* opinionem illam de potestate synodi œcumenicæ supra Papam [1]. *Ab Orco!* sententiam, quam tot viri pii doctique, neque Galli nostri tantùm, verùm etiam Itali, Hispani, Belgæ, ipso etiam teste, propugnarint. Quo quid est iniquiùs comparatum?

Cùm autem sic exarserit vir mitissimus, tamen pro æquitate suâ, « ab omni censurâ abstrahendum docet : » memor scilicet severi diplomatis Innocentii VI anno 1679 districtè « præcipientis, in virtute sanctæ obedientiæ, omnibus catholicis scriptoribus, ut caveant ab omni censurâ et notâ, et à quibuscumque conviciis, contra eas propositiones, quæ adhuc inter catholicos hinc indè controvertuntur, donec à sanctâ Sede, re cognitâ, super eisdem propositionibus judicium proferatur [2]. » Quæ sanè præcepta quàm observaverit, qui diris, qui execrationi, ut *ab Orco* revocatam, contrariam sententiam devovet, ipsi æstimandum relinquimus. Sanè pro virili parte id agit, ut ab omni censurâ in Parisiensium sententiam, *saltèm directè latâ* abstinendum putet, quòd id ad solam Sedem apostolicam spectet. His quidem verbis haud obscurè visus arguere Strigoniensis antistitis immodestiam, qui nec à directâ censurâ temperaverit, ut vidimus.

[1] Disputat. XXXVI, n. 2. — [2] Disputat. XXII, n. 2, 3.

IV.

Reverendissimus Pater Tyrsus Gonzales.

Majorem tamen in modum eam censuram commendat P. Tyrsus Gonzales, non sine honore appellandus, quippè Societatis Jesu præpositus generalis, et impugnatâ acriter probabilismi sententiâ nobilis (a). Ipse Parisiensium doctrinam ex Bellarmini decretis planè falsam, et hæresi proximam [1], « nec modò ignotam omnibus, quorum sanctitatem solemni cultu Ecclesia declaraverit, sed etiam à gravissimis doctoribus gravi censurâ perstrictam, ut nempè vel temerariam, vel erroneam, vel hæresi proximam, vel Ecclesiæ perniciem afferentem [2] : » quæ statim in præfatione professus, progressu operis, stabilienda pollicetur.

V.

Illustrissimus Roccabertus archiepiscopus Valentinus omnium immitissimus.

Sed profectò unus omnium longè acerbissimus, immeritæ Galliæ bellum indixit, illustrissimus ac reverendissimus Roccabertus archiepiscopus Valentinus (b). Primùm enim, ac statim operis

---

[1] Gonz., *de Infall.* Rom. Pont. disput. xi, sect. VI, p. 593. — [2] *Ibid.*, disp. I, sect. IV, § 3, n. 2. Disput. xii, per totam præf., p. 14, n. 23.

(a) Thyrse Gonzalès, Espagnol, général des Jésuites, mourut à Rome en 1705. Dans un volume in-folio qui parut à Rome en 1705, il réfute vigoureusement la doctrine du probabilisme; il montre, chose curieuse, que cette doctrine, enseignée dans toutes les écoles au xvie siècle, a rencontré ses premiers adversaires parmi les Jésuites, entre autres Rebellus en 1608, Comitolus en 1609, André Blancus connu sous le nom de *Philalète*.

Un autre ouvrage du savant jésuite, c'est un traité contre les propositions formulées dans l'assemblée dite du clergé de France. L'auteur s'est proposé d'établir, dans cet ouvrage, que « la doctrine des *Parisiens* est téméraire, erronée, voisine de l'hérésie et préjudiciable à l'Eglise. » Voilà l'état de la question nettement fixé; mais, comme on le verra, notre auteur s'efforce partout de prouver une seule chose, que la doctrine gallicane n'a pas été condamnée par l'Eglise comme hérétique.

(b) Roccaberti, né vers 1624, appartenoit à une illustre maison de la Catalogne. Son goût pour la vie religieuse l'appela, jeune encore, dans l'Ordre de Saint-Dominique. Il devint provincial d'Aragon en 1666, général de son Ordre

ab initio, ità constituit quæstionem : « Gravissima catholicos inter et hæreticos, circa Romani Pontificis infallibilitatem, semper existit controversia, quæ præcipuè à Constantiensis et Basileensis concilii temporibus, ad hanc usque ætatem utrinquè acriter decertatur [1]. » Pessimâ fide : id enim agit statim, ut, qui infallibilitatem illam non admiserint, pro hæreticis habeantur; tùm subdit : « Hæretici enim, utpotè infensissimi pontificiæ auctoritatis inimici, negativæ assertioni tenaciter adhærent; orthodoxi verò, quorum catholica inest visceribus religio, affirmativæ constantissimè pro aris et focis insistunt. » En quid hæretici, quid orthodoxi et catholici, *queis religio cordi est*, sentiant; pro quo hi depugnent tanquàm *pro aris et focis*, tanquàm pro re sanctissimâ ac sacratissimâ, hoc est pro religione, pro fide. Quid ergò cæteri? Quid aliud quàm hæretici, *ararumque* ac *sacri foci* hostes habeantur? Atque ità ab ipso limine constitutus quæstionis status.

Atqui, te ipso teste, eam quoque sententiam propugnarunt catholicissimi, Almainus, Gerson ille, ut ipse memoras : « D. Bernardo consonans mirificè, celebris gallicanus scriptor, Parisiensis cancellarius [2] : » neque is profectò solus; *his adhæret Driedo* [3], non is quidem Gallus è Parisiensium scholâ, sed Belga, Lovaniensis suæ Academiæ decus. Quid Alphonsus de Castro? *Prædictis*, inquit, *consonat* [4] : » neque ille sanè Gallus, ex inclitâ hispanicâ natione, Franciscanoque ordine, patrum nostrorum memoriâ

---

[1] Rocc., *de Pont. Rom. infall.*, tom. I, præfat., p. 1. — [2] *Ibid.*, n. 6, 7, 8, 9. — [3] *Ibid.*, lib. I, n. 8. — [4] *Ibid.*, n. 9.

en 1670, archevêque de Valence en 1676, et grand inquisiteur de la foi en 1695. L'estime de son souverain le fit deux fois vice-roi de Valence.

Cet illustre prélat composa deux ouvrages contre les doctrines gallicanes. Le premier, *De Romani Pontificis auctoritate*, a trois volumes in-folio; le second, *Bibliotheca pontificia*, en compte 21 pareillement in-folio : comme le titre l'indique, c'est un vaste recueil contenant tous les traités qui avoient été composés pour prouver l'autorité et l'infaillibilité du souverain Pontife.

Ces deux ouvrages, surtout le premier, obtinrent les suffrages des savants; et le souverain Pontife, dans deux brefs, « promit à l'auteur des marques de sa bonté paternelle,... louant *la diligence, l'étude, l'affection et le zèle, l'érudition et l'esprit* qu'il employe à l'avancement du saint Siége. » C'est notre auteur qui rapporte lui-même ces paroles; mais il n'en demanda pas moins, dans un mémoire adressé à Louis XIV, la suppression des ouvrages de Roccaberti; et le parlement de Paris rendit, le 20 décembre 1695, un arrêt qui en défend la vente dans le royaume.

theologus nobilis. Quid autem quatuor nominas ad Gallorum invidiam? Nostri quasi hos tantùm adstipulatores habeant, alios prætermittis toto orbe celeberrimos, ab ipso Bellarmino, ab ipso Daguirreo, ab ipso Thyrso Gonzale ritè appellatos : in his Alphonsum Tostatum episcopum Abulensem, Hispaniæ lumen, Adrianum VI papam Lovaniensis Academiæ decus, Caroli V Augusti ac regis Hispaniæ præceptorem, denique omnium christianorum Patrem, cæteros innumerabiles, quos nec sinistræ suspicionis saltem rumor aspersit : nempè illi, te arbitro, « ratione statùs ac professionis inter catholicos annumerantur [1]; » catholici scilicet, si tibi asserenti credimus, nomine, non fide, non re, atque hæreticos inter potiùs recensendi. Sic censet Roccabertus. Itaque haud secùs sævit in Gallos, quàm ut in apertos catholicæ religionis hostes, nec veritus ad Innocentium XII tàm pium Pontificem hæc infanda perscribere : « Eorum operâ Ecclesiam turbulentissimis errorum flatibus concuti, Petri naviculam, et infallibilem ejus auctoritatem, tartareis hæresùm fluctibus agitari : quæ errorum monstra toto christiano orbe pellenda sint [2]. » Sic enim existimant, sat victos prostratosque adversarios, si *orcum*, si *tartara*, si *monstra* omnigena objecerint, atque hos, tetris vocibus, tanquàm pueros territarint.

Multò tamen atrociùs insurgit in alterâ epistolâ tomo III præfixâ ad eumdem optimum maximumque Innocentium XII, ubi omni ope suadere nititur à Gallis tetrum « schisma parari ; » per eas propositiones « quas cætera regna ut erroneas, impias in fide, scandalosas, aversentur : qui se christianissimos gloriantur, unà cum hæreticis conspirare : hinc intolerabilia damna suboriri ; » neque omninò dubitandum, « quin jam in illo regno, prædictarum propositionum lue grassante, innumerabili ignaræ plebis multitudini, plurima eaque irreparabilia in materiâ fidei et religionis detrimenta immineant. Itaque gallicanum regnum miserandum futurum, nisi sub felicissimo tanti Pontificis regimine efficacissimum adhibeatur remedium, quo gravissimis animarum hujus regni periculis medeatur [3]. » Quibus satis indicat, summo

---

[1] Rocc., *de Rom. Pont. infall.*, tom. I, lib. I, n. 9. — [2] *Epist. dedic.*, tom. I.
[3] *Epist. dedic.*, tom. III.

in periculo ad extrema omnia decurrendum; ac ne quis ambigat quid agendum velit, inter approbatores profert Isidorum Aparacium, qui omnimodis contumeliis Gallos adortus, etiam ad Innocentium XII sermone converso, ad hæc horrenda devenit : « Utimini, inquit, oblatâ vobis à Deo opprimendi perfidos occasione : pertinet ad officium Innocentis, non solùm nemini malum facere, verùm etiam cohibere à peccato, vel punire peccatum, ut aut ipse qui plectitur, corrigatur experimento, aut alii terreantur exemplo [1]. »

Cæteros approbatores omitto, qui conjuratione factâ, longissimis et fastidiosissimis elogiis editis, archiepiscopo adulantur, et Gallorum proscindunt fidem : tanquàm non in regnum, sed in Ecclesiam quoque gallicanam, tantam Ecclesiæ catholicæ partem, inexpiabile bellum gererent.

Atque hæc Valentiæ evulgantur anno 1694, jàm compositis Romæ cum clero gallicano rebus, posteà quàm optimo Pontifici satisfactum, promotique ad sedes vacuas episcopi gallicani, nusquàm incusatâ eorum fide. Quæ quidem Hispanorum produnt inclementiam, qui in re quoque ecclesiasticâ hostile odium induerint, omnibusque artibus ac viribus prohibere conati sint, ne pax Ecclesiæ coalesceret : simul pontificii animi magnitudinem ostendunt ac benignitatem; cùm verè sanctissimus Innocentius XII nec tot adversariorum clamoribus ac machinationibus, imò comminationibus, deterreri potuerit, quominùs nos omnes totumque gallicanum clerum, pacatus ac mitis, paternum in sinum admitteret.

VI.

Gallicanam Declarationem immeritò impugnatam, tanquàm esset decretum fidei, ex actis demonstratur.

Sanè non latet, quid ecclesiasticæ paci obtenderint : nempè clerum gallicanum, decreto peculiari de fide condito, se ab omnibus aliis gentibus catholicis abrupisse; id enim et archiepiscopus Valentinus in illâ *dedicatoriâ* ad Pontificem, Tomo III epi-

[1] Tom. II, *Epist. Isid. Apar. Gilar.*

stolâ, miris vociferationibus atque apertis odiis exaggerat[1]. Et ipse Daguirreus non tacet : quippè qui exprobret « Galliarum præsulibus, non licuisse ipsis sua paradoxa publici juris facere, et mittenda curare ad omnes Ecclesias, veluti quamdam sanæ omninò, imò et catholicæ doctrinæ formulam, quâ omnes constringerent[2] : » quod à cleri gallicani mente longè alienissimum fuit. Sic enim ipsa conventûs habiti Parisiis apud Augustinianos gesta testantur : probatis quippè per provincias unanimi consensu, quatuor articulis, item epistolâ, quæ cum iisdem articulis ad omnes archiepiscopos et episcopos gallicanos mitteretur, « illustrissimus ac reverendissimus Dominus archiepiscopus Cameracensis (a) dixit, se quidem in sententiâ contrariâ educatum, statim existimasse non posse fieri, ut in communem sententiam consentiret, verùm non posse abstinere se, quin convictum se esse fateatur, ipsâ vi veritatis constabilitæ per illustrissimum ac reverendissimum Dominum episcopum Tornacensem, et alios illustrissimos ac reverendissimos episcopos deputatos; sibique jàm omninò persuasum esse eorum sententiam omnium esse optimam, quam eò libentiùs complecteretur, quòd non ea esset mens sacri conventûs, ut ex illâ sententiâ decretum fidei faceret, sed tantùm ut eam opinionem adoptaret. » Verba gallica referemus : *Que l'on ne prétendoit pas en faire une décision de foi, mais seulement en adopter l'opinion.* « Cæterùm gratulari se provinciæ suæ, de eximiâ eruditione quam idem illustrissimus ac reverendissimus episcopus Tornacensis in hoc negotio tractando ostendisset[3]. » Quæ probata ab omnibus, et ad rei memoriam sempiternam in acta relata sunt, die junii 19, horâ post meridiem tertiâ, anno 1682.

En perspicuis verbis gallicani Patres testantur ac probant, non eo se animo fuisse, ut decretum de fide conderent, sed ut *eam opinionem* tanquàm potiorem, atque *omnium optimam* adoptarent. Opinionem sanè (b) non ut eminentissimus Daguirreus ob-

[1] Vid. tom. III, *Epist. dedic.* — [2] Daguir., disp. XI, n. 1, 3. — [3] Vide *Relat. episc. Tor.*

(a) Jacques Théodore de Brias, prédécesseur immédiat de Fénelon. Le Cambrésis avoit été uni à la France en 1679, par le traité de Nimègue. — (b) Falloit-il bouleverser le monde catholique pour une *opinion?*

jectabat, *catholicæ doctrinæ formulam,* quæ animos *constringeret.* Itaque reverà ab omni censurà temperant, nusquàm fidem ipsam nominant, nemini excommunicationem intentandam putant. Legatur *Declaratio,* verba expendantur; nihil reperietur quod fidei formulam sapiat. Sanè ab initio memorantur *Ecclesiæ gallicanæ decreta :* an decreta de fide, ad quæ sub animarum periculo constringantur? De his ne verbum quidem : decreta dixerunt notissimis vocibus ac latinissimis, priscam et inolitam, id est consuetam in his partibus, sententiam; non fidem quâ omnes tenerentur. Idcircò nec piguit Gallos ad episcopatum promovendos, datis ad Pontificem maximum litteris, id verè, id obedientissimè profiteri et subscribere : « Quidquid in iisdem comitiis circa ecclesiasticam potestatem et pontificiam auctoritatem decretum censeri potuit, pro non decreto haberi velle : mens nempè, inquiunt, nostra non fuit quidquam decernere. » Quod in ipso conventu clarâ voce testatos ex gestis vidimus. Nihil nempè decretum, quod spectaret ad fidem, nihil eo animo ut conscientias constringeret, aut alterius sententiæ condemnationem induceret : id enim nec per somnium cogitabant. Quarè cùm tale decretum à clero gallicano editum putaretur, id à se amoliti sunt Galli, summo cum animi dolore; neque aliud quidquam de ipsâ *Declaratione,* aut Pontifex voluit aut episcopi præstiterunt.

VII.

Hinc quæstio, an licuerit accusare Gallos, et an ipsos oporteat tueri innocentiam.

His ità constitutis, jàm ab adversariis quærimus, an licuerit eis errores circa fidem, hæresim, infanda ac detestanda dogmata imputare nobis, inurere teterrimam notam schismatis adversùs innoxios, Sedique apostolicæ conjunctissimos atque obedientissimos, tàm atrocibus verbis Sedem ipsam apostolicam, totamque adeò Ecclesiam commovere; et an liceat nobis, imò necesse sit, tantam tàmque manifestam, innocuâ defensione, propulsare calumniam.

VIII.

Defensio justa et necessaria ubi de fide agitur.

Res quidem in aperto est : primùm enim fides virgo est tenerrimæ frontis, cui si quis exprobraverit, ullâ erroris labe, læsam doctrinæ castitatem, non modò erubescere eam, verùm etiam tutari innocentiam, nec modò se intactâ pudicitiâ, verùm etiam integrâ famâ sponso Christo exhibere oporteat. Jàm, ut ad episcopos veniamus, quis nesciat in eo ordine, illam vigere gloriam, de quâ scribebat Paulus, « malle se mori quàm ut evacuari sinat [1]? » Quippè quæ ad Christi quoque redundet gloriam, eodem Apostolo dicente : « Sive Fratres nostri, apostoli Ecclesiarum, gloria Christi [2]. » Quid autem est quo episcopi magis glorientur, quàm sanâ illibatâque doctrinâ, cujus custodiendæ depositum, et prædicandæ auctoritatem à Domino acceperunt? Hanc ergò habent gloriam, nempè revelatæ et catholicæ veritatis lucem, ipso prædicationis officio, tanquàm ex facie Christi refulgentem; quæ si obscuretur ac nutet, populorum etiam animi collabescunt, metuendumque omninò, ne illud eveniat : « Inanis est prædicatio nostra, inanis est et fides vestra : invenimur autem et falsi testes Dei [3]. » Quarè ut pupillam oculi tueri nos oportet nostramque et florentissimi cleri nobiscum consistentis illæsam orthodoxiæ famam : cùm præsertim satis constet eam sententiam, quam erroris insimulant, non à nobis ortam, sed ab antiquo profectam ; ut omninò necesse sit, si hæretici, si schismatici, quod absit, habeamur, Academiæ Parisiensis, altricis magistræque nostræ, jàm à trecentis annis priscum obscuratum decus, atque à tot sæculis, eum, qui incorruptus esse debeat, fontem interruptum fuisse; quod morte quâ non est tetrius.

IX.

Nec ferendum Gallis objici jansenismum.

Præctereà objiciunt, à clero gallicano *foveri jansenismum* aliasque sectas, absque conciliorum ope ac suffragio, ab apostolicâ

---

[1] I Cor., IX, 15. — [2] II Cor., VIII, 23. — [3] I Cor., XV, 14, 15.

Sede damnatas. Hujus rei gratiâ illustrissimus Roccabertus passim in epistolis, ac præfationibus, P. Thyrsus Gonzales, ipse Daguirreus modestissimus omnium, invidiosissimè nos traducunt [1]. Id enim supererat, ut more solemni, etiam jansenistas fingerent eos, qui accuratissimè omnium jansenismum, omnesque ejus artes retexerunt, ut suo loco probabimus. Quam labem inferri nobis si tranquillo animo ferimus, tùm verò quid vetet quominùs reos esse nos atque convictos pleno ore conclament?

X.

Duæ aliæ causæ edendæ defensionis : prima, ne lædatur apostolica Sedes quæ Gallis nullum errorem imputavit.

Hùc accedunt duæ causæ, quæ vel maximè tacere nos vetant : quòd per latus nostrum, ipsa Sedis apostolicæ petatur dignitas, et christianissimi inclytique regis nostri pietas violetur. Ac de Sede quidem apostolicâ in perspicuo res est. Quo loco candidè confiteri nos oportet, Romanis Pontificibus displicuisse gallicanam, de Ecclesiasticâ potestate, *Declarationem*. At duplici de causâ displicere potuit : primùm ex doctrinâ ipsâ, tùm ex ejus doctrinæ tradendæ ratione. Solemnis sanè distinctio à theologis omnibus, imò à Romanis quoque Pontificibus, haud semel celebrata : rejici propositiones quasvis, seu propter ipsam rem, seu propter asserendi et proponendi modum. Prædictum autem à nobis est, optimis Pontificibus persuasum, nos peculiarem fidem condere voluisse, saltem proferre voluisse decretum, quod vim episcopalis judicii obtineret, et conscientias obligaret, idque apostolicæ Sedis auctoritate contemptâ; quod nunquàm licuit, nunquàm factum est.

Multa alia incidisse potuerunt, quæ Innocentio XI, Alexandro VIII, Innocentio XII displicerent; quæ quoniam nec tueri, nec excusare adversùs parentes optimos obedientissimi filii cogitamus, à nobis commemorari nihil attinet. Id quærimus, nùm ipsa res, ipsa sententia scholæ Parisiensis, atque adeò totius Ecclesiæ gallicanæ, ullâ censurâ affecta videatur? Sanè memorant ab Alexandro VIII editâ protestatione *Declarationem* galli-

[1] Rocc., *Præfat.* et *Epist. dedic.*; Gonzal., p. 113; Daguir., p. 449.

canam esse proscriptam. Sit factum ut volunt : non contendimus;
quanquàm eam protestationem nullâ ad nos ratione perlatam esse
constat. Utcumquè est; ipsam, qualis edita fertur in vulgus,
legant, relegant, inspiciant penitùs, et expendant : nihil sanè
contra fidem comperient imputatum Gallis. At si quid in fide
suspectum, si quid erroneum, si quid hæreticum, si quid schismaticum docuissent, prætermissam non oportuit gravissimam
accusationis partem : imò verò, ut verissimè, ità confidentissimè
dixero, studiosè evitatas omnes quæ doctrinis erroneis ac perversis inuri solent notas. Non tamen ignorabant sanctissimi Pontifices, quid novitii scriptores etiam maximi nominis, Bellarminus
ac cæteri, in sententiam Parisiensium, durè acerbèque dixerint;
sed hæc privatorum doctorum proprio arbitrio, nullâ auctoritate
fundata decreta, in censuram conferre publicam, alienum ab
apostolicâ gravitate visum. Itaque haud aliis conditionibus compositæ res sunt. Quid enim ab episcopis gallicanis Innocentius XII, bonus ac pacificus Pontifex, postulavit? ut erroneam, ut
schismaticam, ut falsam doctrinam ejurarent? Absit. Nempè
episcopi in hæc verba scripserunt : « Nihil enim decernere animus fuit. » En quod deprecantur, en quod Pontifex aversari
jubet, decretum esse conditum, latum episcopale judicium, eoque
animo quo diximus. Hâc excusatione, hâc purgatione susceptâ,
pontificium animum adeò placatum esse constat, ut clero gallicano, pro Sedis apostolicæ consuetudine, impensissimè faveat.
Abeat ergò Declaratio, quò libuerit; non enim eam, quod sæpè
profiteri juvat, tutandam hìc suscipimus. Manet inconcussa, et
censuræ omnis expers, prisca illa sententia Parisiensium : et
quanquàm Hispani, Belgæ, alii qui in Gallos calamum distrinxe-
rant, extrema omnia intentabant, Sedis tamen apostolicæ gravitas
non his se fluctibus abripi sinit, et antiquam, probatissimam,
sanè quod nunc sufficit, probabilem insontemque doctrinam, ut
ab initio fuerat, intactam relinquit. Nihil ergò metuimus ab
adversariis qui in nos sæviunt, et partium studiis acti, horrent,
execrantur, damnant quod Sedes apostolica non improbat : nec
differri ampliùs patimur defensionem nostram; quippè quam
intelligimus cum Sedis apostolicæ defensione esse conjunctam.

XI.

Ludovici Magni læsa pietas defendenda fidelibus Gallis

Nec aliâ ratione Ludovici Magni gloriam vindicamus. Refugit animus ea repetere, quæ archiepiscopus Valentinus de tanto rege in suâ *præfatione* proferre non erubuerit (*a*) : « Ejus scilicet imperiis ac minis, ad eam oppressionem redigi Gallos, ut vel inviti cogantur in suis Universitatibus publicè defendere propositiones adeò à christianâ pietate, et communi sensu orthodoxorum alienas, adeò supremæ apostolicæ Sedis auctoritati indecoras, solique impietati et hostilitati, quâ in apostolicum Thronum invehuntur hæretici, consonas, ac iis qui se veros catholicos, christianos ac christianissimos gloriantur, maximè offensivas [1]. » Quæ animo plusquàm hostili prolata, nisi fortiter propulsamus, et indignam antistite christiano impotentiam castigamus, nimis ab officio ac fide recedimus, et religiosissimi pariter atque invictissimi principis majestatem pietatemque lædimus.

XII.

Summâ modestiâ causam hanc esse tractandam : divisio hujus operis in tres partes.

Fixum ergò sit et immotum, à nobis dissimulari non posse gravissimas adversùs fidem nostram accusationes, quas ad Sedis apostolicæ et maximi regis contumeliam pertinere constet; idque unum superest à Deo impetrandum, ut quò impotentiùs et injuriosiùs impetiti sumus, eò æquiùs atque modestiùs causam coràm Pontifice maximo totoque orbe christiano dicamus. Quarè Italos,

---

[1] Rocc., *Præf.*

(*a*) L'archevêque de Valence disoit-il vrai ? Pour ne parler que d'un diocèse, le cardinal Bausset, *Hist. de Bossuet*, livre VII, n. 8, rapporte lui-même la déclaration suivante: « La plus grande confusion régnoit, surtout dans le diocèse de Pamiers. Tout le chapitre étoit dispersé ; plus de quatre-vingts curés emprisonnés, exilés, ou obligés de se cacher. On voyoit grand-vicaire contre grand-vicaire, le siége épiscopal vacant. Le P. Cerle, grand-vicaire nommé par le chapitre, fut condamné à mort par contumace par le parlement de Toulouse, et exécuté en effigie. » (*Collection des procès-verbaux du clergé*, tome V. p. 362.)

Hispanos, Belgas, ac singulari nomine cardinalem Daguirreum, omni amicitiâ, officio, obsequio prosequendum, et optimo quidem animo, sed tamen immisericordiùs sævientem, etiam atque etiam obsecramus, ne christianam charitatem, christianam amicitiam lædi putent, si antiquam sententiam nullâ cujusquam contumeliâ propugnamus. Decet enim conscios veritatis, ut ad ejus obsequium benignè reducendos curent, qui ab ejus professione, priscæ traditionis imme mores, recesserunt. Hujus rei gratiâ, tria hìc tractanda suscipimus : primum, eam sententiam, quam Parisiensium vocant, ab irreprehensis doctoribus, atque ab ipsâ parisiensi theologicâ Facultate, toto orbe notissimâ ac laudatissimâ, nemine improbante, esse traditam : alterum, eamdem sententiam à Constantiensis approbatissimæ synodi temporibus confirmatam : tertium, eamdem sententiam non tunc excogitatam, sed ab ipsâ christianitatis origine profluentem ex communibus decretis, et ut vocant principiis christianarum gentium, ad necessitatem extinguendi schismatis, exponendæ fidei, ac reformandæ pietatis assumptam. Et quanquàm hæc tria à theologis operosissimè pertractantur, ne tamen innocentiæ nostræ ratio extrahatur in longum, nunc in antecessum ex tribus prædictis capitibus compendiosissimè seligemus ea, quibus res nostræ statim in tuto collocentur.

XIII.

Facultatis theologicæ Parisiensis clara et certa sententia, ex nostris juxtà et exteris doctoribus agnita : Pighius Navarrus, Franciscus de Victoriâ memorantur.

Ac de primo quidem capite facilè ostendemus, non privatos doctores, sed integras theologicas Facultates in hâc de quâ agitur stetisse sententiâ : neque solam Parisiensem, verùm etiam Coloniensem, Erefordiensem, Viennensem, Academias in Germaniâ nobiles, Cracoviensem etiam apud Polonos, apud Italos quoque Bononiensem, ad hæc Lovaniensem Parisiensis filiam, alias denique, quarum suo loco acta referemus (a). Sed ne fusiùs excurrat

(a) Dans ses observations sur les thèses soutenues à Paris, au collége de Clermont, en 1660, Pierre de Marca, archevêque aussi de Paris, s'exprime ainsi :

oratio, quod est expeditius, scholam Parisiensem omnium celeberrimam in medium afferemus. Quâ de re nostri doctores, Jacobus Almainus, et Joannes Major, sub Ludovico XII et Francisco I scriptores nobiles, hæc habent. Almainus quidem : « Conclusio est quam tenent omnes doctores Parisienses et Galli : quòd potestas Papæ est subjecta potestati concilii ; » et hanc vocat « resolutionem scholæ Parisiensis, et Ecclesiæ gallicanæ. » Hanc probat eâ maximè ratione, quâ Petrum Alliacensem cardinalem, et Joannem Gersonem usos fuisse notum : « Quod potestas quæ est in supposito deviabili, debet dirigi secundùm potestatem indeviabilem, pontificia scilicet per conciliarem [1]. » Hæc Almainus de scholæ Parisiensis, imò etiam de Ecclesiæ gallicanæ universæ sententiâ, testis oculatus, atque à nemine falsi reprehensus, prodidit. Quid Major? Postquàm eamdem probavit sententiam, hæc addit : « Et nostra Facultas, à diebus concilii Constantiensis, in quâ plures exercitatos habebis theologos, quàm in duobus vel tribus regnis, sic hanc partem fovet, quòd nulli licuit asserere oppositum probabile, et qui tenuerit in campo revocare cogitur [2]. » En virum optimum, ac longè doctissimum, de Parisiensium, præ cæteris gentibus christianis, mirâ scientiæ famâ confidentissimè gloriantem : atque is contrariæ sententiæ nequidem probabilitatem à nostris relictam docet, *à diebus quidem concilii Constantiensis*, hoc est postquàm expressè discussa res est. Altiore autem ex fonte manasse, ejus sententiæ quam asserit, certitudinem, neque ex Constantiensibus temporibus initium hujus doctrinæ ductum, hinc patet quòd et ipse, et alii ad vetustissimam tradi-

---

[1] Almain. lib. *de Potest Eccles. et laic.*, cap. xviii, in app., tom. II; Gerson, edit. Dup., pag. 1070. — [2] Maj. *de Aut. conc. supr. Pap. solut. argumen.*. Cajet., *ibid.*, p. 1144.

« L'infaillibilité du Pape est enseignée en Espagne, en Italie et dans tous les pays du monde chrétien; si bien que le sentiment contraire, professé par les docteurs de Paris, doit être classé parmi les opinions simplement tolérées. » Et plus loin : « Toutes les universités, si ce n'est l'ancienne Sorbonne, accordent l'infaillibilité aux Pontifes romains. » (*Mss. de Pierre de Marca, vol. II, in-folio, bibl. impériale.*) Notre auteur nous dira dans le chapitre XV que Pierre de Marca, esprit changeant, versatile et léger, n'étoit pas suffisamment versé dans la théologie; mais faut-il de profondes connoissances théologiques pour constater des faits publics, notoires et palpables? Au reste, on verra que l'auteur cite dans ses preuves, non des décisions portées par des corps savants, mais des opinions manifestées par des docteurs particuliers.

tionem, Patrumque et canonum auctoritatem referendam putent.

Hos libros Almainus et Major jussu Facultatis ediderunt. Hæc verò cùm docerent et toti Ecclesiæ testarentur, nullus tùm eversa omnia et periclitari fidem, Sedisque apostolicæ dignitatem; ac doctrinam illam *planè detestabilem, erroneam, hæreticam, aut schismaticam* inclamabat; neque se Romani Pontifices commovere, aut libros ullâ notâ censuere dignos; quippè qui intelligerent, hæc verè esse decreta sanctissimæ, et probatissimæ Facultatis.

Ac ne quis suspicari possit, eos suæ favisse sententiæ, aut Facultatis Parisiensis fortè obscuriorem fuisse sententiam, placet considerare quid de eâ exteri quoque scripserint. Primus Albertus Pighius Belga, adversùs Constantiensia et Basileensia decreta pleno ore invectus, hæc subdit : « Horum decretorum auctoritatem asseruit Joannes ille Gerson cancellarius Parisiensis, quem in hodiernum usque diem universa illa schola sequitur [1]. » Hæc scribebat anno 1538 is qui de pontificiâ potestate tàm inaudita scripsit, ut eo nomine ferè ab omnibus contemnatur, neque tamen scholam Parisiensem in Gersonis sententiâ, tantâ consensione permanentem, ullâ notâ suggillare ausus, Gersonem etiam *doctum* ac *pium* vocat.

Martinus ab Azpilcueta Navarrus, regno scilicet navarrico oriundus, divini humanique juris consultissimus, postquàm Salmanticæ et Conimbricæ docuit, Romam profectus est, summisque Pontificibus Pio V, Gregorio XIII et Sixto V charus, Romæ multa scripsit atque edidit [2]. Is hæc habet : « Non est consilium in præsentiâ definire, cui principaliùs potestas ecclesiastica fuerit à Christo collata, an Ecclesiæ soli, an verò ipsi Petro, propter illam discordiam maximam Romanorum et Parisiensium » (Romanorum certè privatorum doctorum, non profectò Pontificum, quos non æquipararet privatis doctoribus nostris). Pergit : « Illi (Romani scilicet) tenent, Petro et successoribus datam esse hanc potestatem, atque ideò Papam esse concilio superiorem : ii verò quibus Joannes Gerson adhæret, docent datam esse toti Ecclesiæ, licèt exercendam per unum, atque adeò in aliquot casibus conci-

[1] Pigh., *de Hierar. Eccles.*, lib. VI, cap. II, vid. in append. lib. I, cap. VIII, not. — [2] Bellarm. et Labb. *de Script. Eccles.*

lium esse supra Papam, quarum illa (scilicet Romanorum) placuisse videtur sancto Thomæ et Thomæ à Vio : altera verò placuit Panormitano, qui pro Parisiensibus est, quem frequentiùs nostri sequuntur [1]. »

En quem virum, et quantæ auctoritatis adjungat Parisiensibus; eum scilicet cui canonistæ potissimùm adhærescant. Addit : « Hunc explicandi modum mordicùs tuetur Jacobus Almainus è Sorbonâ theologus, et Joannes Major [2] qui idem facit, aiens : Romæ neminem permitti tenere Parisiensium et Panormitani sententiam : nec rursùs Academiam illam Parisiensem pati, ut contraria opinio asseratur in eâ [3]. » Iterùm *utramque opinionem*, Italorum et Gallorum, pari æquitate refert. Itali et Galli diversa sentientes, æquè catholici nulloque discrimine habebantur.

Quæ sententia de Gallis, adeò in totum orbem permanavit, ut Franciscus quoque de Victoriâ Hispanus scripserit : « Notandum quòd de comparatione potestatis Papæ, est duplex sententia : altera sancti Thomæ et sequacium multorum, et aliorum doctorum tàm in theologiâ quàm in jure canonico, quòd Papa est supra concilium ; altera est communis sententia Parisiensium et multorum aliorum doctorum in theologiâ et canonibus ; ut Panormitani et aliorum, contraria, quòd concilium est supra Papam [4]. » Sic antiqua placita scholæ Parisiensis longè latèque per omnes christianas gentes pervulgata, ubique notissima, nullibi reprehensa sunt.

XIV.

In concilio palàm declarata gallicana sententia, nemine improbante, nec repugnante ipso Pontifice.

Neve hæc putent in umbratilibus præliis atque in scholastico pulvere latuisse ; ad episcopalem ordinem atque ad œcumenici concilii lucem perlatam esse constat : quippè cùm in ipso concilio Tridentino, episcopi ac theologi gallicani suam de concilii supra Pontificem prærogativâ sententiam, cardinale Lotharingo Rhe-

[1] Cap. *Novit.* not. III, n. 24. *de Jud.* — [2] Maj. in *Matth.*, cap. xviii. — [3] Navar. de *Pœnit.*, dist. iii. — [4] Franc., de Vict. relect. IV, *de Pot. Pap. et concil.*

mensi archiepiscopo præeunte, legatis Pontificis, ad ipsum Pontificem perferendam palàm professi sint totoque orbe testati, seque omnes et universam Galliam nunquàm ab eâ sententiâ destituram; tamen in Pontificis totiusque adeò concilii œcumenici communione, parique cum cæteris episcopis auctoritate atque orthodoxiæ laude manserint : quin etiam præclarum illud egregii Pontificis responsum elicuerint : « Ne definirentur, nisi ea de quibus inter Patres unanimi consensione constaret [1]. » Quæ sanè omnia mox ex actis certissimis campliùs declaranda, nunc ex Palavicini historiâ referenda duximus, ut certum fixumque sit, de Gallorum sententiâ improbandâ neminem in tanto concilio, in toto orbe neminem, ac nequidem ipsum Romanum Pontificem cogitasse.

XV.

Petri de Marca de vetere Sorbonà locus.

Hæc igitur illa est scholæ Parisiensis atque adeò totius Ecclesiæ gallicanæ prisca sententia. Neque adversarii diffitentur. Sanè Petri de Marca proferunt testimonium *de antiquâ Sorbonâ* eam sententiam propugnante [2]; neque tamen hujus viri verbis commovemur, cujus apud nos clarissimum ingenium, sed in theologiâ non satis exercitatum; ad hæc versatile ac lubricum, et nimiâ facilitate per varias ambiguasque sententias de re ecclesiasticâ ludere solitum habeatur. Id tantùm constare volumus, *in antiquâ Sorbonâ*, clarissimâ illâ ac nobilissimâ, eam quam dicimus viguisse doctrinam (a). Quòd autem vir illustrissimus utramque Sorbonam veterem ac recentem collidere voluisse videatur,

---

[1] Palav., lib. XIX, cap. II et seq.— [2] *Gall. vindic.*, dissert. IV, § 2. n. 12, p. 265.

(a) La Sorbonne fut fondée en 1252 par Robert Sorbon ou Sorbonne, confesseur et chapelain de saint Louis. Les professeurs de ce collége enseignèrent d'abord, pendant plus d'un siècle, l'infaillibilité du Pape. En 1373, le schisme vint boulverser l'Europe chrétienne, et plusieurs antipapes déchirèrent l'Eglise de leurs propres mains. Pour apporter un remède à tant de maux, comme le vrai Pape n'étoit pas connu, quelques professeurs de la Sorbonne, par exemple Gerson et Almain, placèrent dans le concile le centre de l'autorité ecclésiastique. L'ordre et le droit reprirent l'empire, le successeur de Pierre fut rétabli certainement sur le Siége pontifical : les professeurs du savant collége lui restituèrent ses divines prérogatives : nous en pourrions donner mille preuves pour une. Après avoir dit que « toutes les Universités, si ce n'est l'ancienne Sor-

utcumque se habeat, dicimus : antiquam illam Sorbonam eam esse, quæ in synodo Pisanâ et Constantiensi luctuosissimum schisma compresserit : eam quam Pius II, ut alios omittamus, recentissimâ memoriâ, pro conciliari prærogativâ, acerrimè ac totis viribus decertantem et in sententiâ persistentem, in conventu Mantuano orthodoxiæ nomine commendarit [1] : eam quam theologi celeberrimi atque ipse Melchior Canus tantæ auctoritatis esse pronuntiaverit [2], ut ab ejus autoritate, non sine temeritatis notâ, recedatur : eam quæ in synodo Tridentinâ tantam gloriam reportaverit : eam denique quæ academiæ Parisiensi toto orbe terrarum tantam claritudinem comparaverit.

XVI.

Gallicana sententia post Constantiensia tempora viguit : nec tantùm in dissidiis, sed in altissimâ pace, contra Galliæ vindicatæ auctorem.

Ne ergò adversarii, viri doctissimi, se à nostro Marcâ deludi patiantur : ne antiquæ illi Sorbonæ detrahant : ne *Galliæ vindicatæ* auctor (a) veteris Sorbonæ sententiam *Constantiensis ac Basileesensis conciliorum*, quasi posteà interciderit, constringat finibus atque temporibus [3]. Satis enim ostendimus posterioribus quoque sæculis atque in ipsâ Tridentinâ synodo floruisse : neque

[1] Concil. Mant. sub. Pio II, tom. XIII. *Concil.*, p. 1771. Melch. Canus *de Locis*. — [2] *Theol.*, lib. XII, cap. II. — [3] *Gall. vind.*, loc. sup. citat., p. 264.

bonne, accordent l'infaillibilité aux Pontifes romains, » l'auteur cité dans un chapitre précédent, Pierre de Marcha ajoute : « Aujourd'hui la Sorbonne enseigne elle-même l'infaillibilité pontificale. Car elle a fait défendre publiquement, le 12 décembre 1660, la thèse que voici : « Le Pontife romain a été constitué juge des controverses ecclésiastiques par Jésus-Christ, qui lui a promis l'indéfectibilité de la foi dans ses définitions. » La même thèse avoit été définie au collège de Navarre le 7 novembre. » Plus loin encore, n. 34 : « La plus grande partie des docteurs, soit en théologie, soit en droit, rient de l'opinion soutenue par l'ancienne Sorbonne. » Notre auteur veut s'en tenir à *l'ancienne Sorbonne*, c'est-à-dire aux opinions qu'elle a mises en avant pendant le schisme, lorsqu'il n'y avoit point de Pape universellement reconnu : nous lui abandonnons *l'ancienne Sorbonne*.

(a) Le cardinal Sfondrate. Né à Milan en 1649, Sfondrate (Sfondrati Célestin) entra dans l'ordre des bénédictins, professa le droit canonique à Salzbourg, fut abbé de Saint-Gall, obtint la pourpre romaine et mourut en 1696.

Ce savant théologien publia deux écrits contre la déclaration de 1682. Le premier est intitulé : *Auctoritas infallibilis et summa Cathedræ sancti Petri*;.... Le second porte ce titre : *Gallia vindicata*. On trouve, dans ce dernier ouvrage,

idem commemoret « veterem Sorbonam eam esse in quâ Gersonis sententia, » sive, ut ait, « machæra in Universitate Parisiensi ab aliquo doctorum expromeretur, terrendo Pontifici, si quandò inter Pontifices regesque Galliæ dissidium aliquod oriretur [1]. » Id enim pace doctissimi viri dixerim, nonnisi prætermissâ penitùs rerum nostrarum, imò ecclesiasticarum historiâ asseri potuit. Neque in Tridentinâ synodo, aut aliquid dissidii ortum erat, aut nostri Pontificem territabant, cùm antiquam Ecclesiæ gallicanæ doctrinam, etiam Palavicino teste, summâ constantiâ tuerentur [2].

XVII.

Andreas Duvallius in Facultate Parisiensi primus innovandi auctor, antiquam ultrò sententiam agnoscit.

Sanè non negamus priscam illam firmamque sententiam, nostri temporibus, Andreâ Duvallio Sorbonico auctore nonnihil intermissam (a); iis quidem de causis quas nemini nostrùm ignotas, tacere nunc malumus quàm promere. Sed tamen, quid recens illa, quam jactant, duce Duvallio, Sorbona protulerit, audiamus [3].

Igitur posteaquàm est editus Edmundi Richerii libellus, *de Ecclesiastica et politicâ potestate,* statim Andreæ Duvallii responsio prodiit sub hoc titulo : *Libelli de ecclesiasticâ et politicâ potestate Elenchus, pro supremâ Romanorum Pontificum in Ecclesiam auctoritate, auctore Andreâ Duvallio,* 1612, *cum approbatione Docto-*

---

[1] *Gall. Vind.,* loc. sup. citat., p. 264. — [2] Vid. in append., lib. I, cap. II. — [3] In app. lib. II, cap. XI, et Coroll., n. 5, VIII, et IX.

les lettres de plusieurs évêques françois qui avoient pris part à l'assemblée de 1682 ; ils déclarent qu'ils ont donné leur signature à la déclaration sous l'empire et la pression de la crainte, et conjurent le saint Père d'agréer leur humble excuse.

En 1696, le cardinal Sfondrate fit paroitre à Rome le livre intitulé : *Nodus prædestinationis dissolutus* ; il enseignoit sur la prédestination, sur le péché originel et sur l'état des enfants morts sans baptême, les principes qui sont généralement reçus de nos jours. Néanmoins (car la haine ainsi que l'amour est aveugle) on déclara la guerre à sa doctrine ; cinq prélats, parmi lesquels M. le Tellier, M. de Noailles et Bossuet, la dénoncèrent au saint Siége. Malgré de longues et d'habiles manœuvres, ils n'obtinrent point de censure.

(a) Notre auteur va prouver dans plusieurs chapitres que, selon Duval, les doctrines gallicanes n'impliquent pas la note d'hérésie. A quoi bon ces preuves? personne n'a jamais dit le contraire.

rum : quo in libro hæc leguntur : « Ex quo satis cuivis constare potest, eum (Edmundum scilicet Richerium) nondùm abjecisse erroneam illam opinionem, quam in scholâ Dominicanorum Parisiensium coram illustrissimo cardinale Perronio nuper impudentissimè professus est : *De fide et concilium esse supra Papam :* cujus falsitas à magno illo cardinale validis rationibus in amplissimis illis comitiis demonstrata est [1]. » Rectè : sed audiant reliqua attentis auribus : « Etsi enim Parisiensis Academia stet à partibus conciliorum generalium, non tamen proptereà unitatem cum cæteris academiis discindit, neque earum doctores pro deviis à fide habet, aut unquàm habuit [2]. » Iterùm : « Etsi academia Parisiensis infallibilitatem in decernendo ad concilium generale solùm referat, ab eo tamen nunquàm abesse debet Pontifex [3]. » Tertio : « Etsi Parisienses ad concilium generale ultimam fidei analysim referant, non tamen proptercà potestatem de fide decernendi Pontifici unquàm ademerunt, et meritò. »

Vides primùm, teste Duvallio, de sententiâ academiæ nostræ nondùm à quoquam fuisse dubitatum, quemadmodùm posteà, gliscente, ut fit, audaciâ, factum est : vides secundò, quid erroneum Duvallius in Richerio reputaret : non certè doctrinam ejus, sed quòd eam de fide esse contenderet. Summum id erat quod tunc à nostrâ Facultate peteretur.

XVIII.

Ex eodem Duvallio, in sententiâ gallicanâ circa conciliorum potiorem potestatem, nulla hæresis, nullus error, nulla temeritas.

Idem Andreas Duvallius edidit posteà tractatum *de Supremâ Romanorum Pontificum potestate adversùs Vigorium jurisconsultum :* quo tractatu, quæstione « utrùm de fide sit concilium esse supra Papam, et utrùm concilium œcumenicum sit supra Pontificem, vel è contrà : » apertè docet : « Neutram harum opinionum esse de fide [4]. » Tum : « Neutra, inquit, harum opinionum hæretica est : neutra erronea et temeraria saltem temeritate

---
[1] Duvall., *Elench.*, etc., pag. 9. — [2] *Ibid.*, pag. 68. — [3] *Ibid.*, pag. 105. — [4] *De sup. Rom. Pont. in Eccl. potest.*, anno 1614, part. IV, quæst. VII, pag. 538.

opinionis ¹. » Denique : « Sententia pugnantium pro conciliis non est hæretica et erronea, et in ratione opinionis temeraria ². » Illud, *in ratione opinionis*, Duvallius addidit, ut à temeritate *opinionem* ipsam, non autem *opinantes*, quos ipse impugnabat, absolvere videretur. Sed quidquid sit de Duvallio ejusque adversariis, ipsam opinionem ab eo etiam à temeritate prorsùs absolutam esse satis superque est.

XIX.

Idem Duvallius Patrum et conciliorum etiam Florentini et Lateranensis solvit auctoritates.

Neque tantùm ex suâ sententiâ Duvallius asserit, sed etiam contrariæ partis argumenta auctoritatesque solvit : imprimis verò Florentinum, ac sub Leone X Lateranense decretum, queis adversarii Parisiensium vel maximè fidunt, ut rem definitam esse statuant. At Duvallius expressè ac perspicuè hos confutat, atque ità concludit : « Nulla est ratio, nullum Scripturæ aut antiquorum canonum aut Patrum testimonium, ad quod utriusque partis doctores non respondeant : quorum responsiones, etsi non planè satisfaciant, sufficiunt tamen ut neutra harum errores censeatur continere ³. » En quo loco habeat adversariorum probationes, etiam eas quas ex Florentinis Lateranensibusque decretis tantâ confidentiâ repetunt.

XX.

Idem infallibilitatem pontificiam de fide non esse multis probationibus conficit.

De infallibilitate sic habet : « Statuenda nobis est hæc conclusio : Etiamsi de fide non videatur, saltem non ità evidenter constet summum Pontificem seorsùm à concilio, privilegio infallibilitatis, licèt agat ut Pontifex, gaudere; tamen absolutè certum est et indubitatum ⁴; » ejus quidem sententiâ, cujus quis-

---

¹ *De sup. Rom. Pont. in Eccl. potest.*, anno 1614, part. IV, quæst. VII, pag. 552. — ² *Ib.*, p. 542. — ³ Duvall., *de Supr. Rom. Pont. in Eccl. potest.*, part. IV, quæst. VII, pag. 550. — ⁴ Duv., *ibid.*, part. II, quæst. 1, p. 210, male 202.

que eam quam voluerit habeat rationem, non ipsâ Ecclesiæ fide.

Neque tantùm dicit non esse de fide, verùm etiam probat : primùm quia nullibi id tanquàm de fide expressè definitum exstat : secundò, quòd doctores contrariæ sententiæ, « Alliacensis, Gerson, Almainus, Major, Cusanus, Adrianus VI et alii, neque in hâc parte, neque in ullà aliâ ab Ecclesiâ sunt condemnati. » Et posteà : « Nusquàm in Ecclesiâ ullius hæresis suspectos, convictos, aut accusatos fuisse legimus. » Tertiò, solvit Scripturarum textus, quibus id esse de fide videri possus : imprimis verò illum locum Matthæi XVI : *Tu es Petrus;* et illum Lucæ XXII : *Ego rogavi pro te :* et illum Joannis XXI : *Pasce oves meas* [1]. Solutis Scripturæ locis, ne quid probationi desit, solvit et canonum textus ; quo posito sic concludit : « Ex his sequitur, non ità constare de fide esse, summum l'ontificem, etiam si agat ut Pontifex, privilegio infallibilitatis gaudere [2]. » Timidè ille quidem, nec satis ex theologicâ gravitate. Quod enim *de fide non ita* esse constat, si fidei vim ac rationem attendimus, prorsùs de fide non esse constiterit; et tamen sufficit antiquam sententiam Parisiensis Facultatis tanto robore viguisse, ut nequidem Duvallius, hujus insectator, Romæ probatissimus ac laudatissimus, tanquàm fidei, Scripturæve, et conciliis rebusque definitis adversam, damnare potuerit. Quarè Belgæ, Hispani, Itali, qui nobis assiduè Duvallium objiciunt, procul à vero rectoque aberraverint, nisi viri modestiam imitentur.

XXI.

Indè concludit Duvallius definitiones pontificias per sese non esse de fide, ac requiri acceptationem sive consensum Ecclesiæ.

Quid autem Duvallius ex his concluserit à nobis declarari operæ pretium fuerit. Sic autem habet : « Observandum, inquit, est, ut aliquod dogma tanquàm hæreticum habeatur, non esse necessariam concilii generalis celebrationem ; sed sufficere summi Pontificis condemnationem, unà cum acceptatione totius Ecclesiæ per orbem diffusæ [3]. » En, ut aliquid de fide sit, Ecclesiæ consensum,

---

[1] *Matth.*, xvi, 18; *Luc.*, xxii, 32; *Joan.*, xxi, 17. — [2] Duv., *de Supr. Rom. Pont. in Eccl. potest.*, part. II, quæst. I, p. 213. — [3] Duv., *ibid.*, quæst. II, p. 235.

sive *acceptationem* omninò necessariam; cujus quidem rei hanc rationem reddit : « Licet enim, inquit, decretum Pontificis quatenùs ab eo solo promanat *de fide non sit*, cùm ejus in decernendo infallibilitas fide catholicâ minimè constet, ut suprà declaravimus; nihilominùs, si hæc condemnatio ab universali Ecclesiâ, licèt diffusâ et non coactâ in concilio, approbetur, jàm nemo citra fidei detrimentum ei potest contradicere. Est enim de fide Ecclesiam, non tantùm ut congregatam in œcumenico concilio, sed ut diffusam, errare non posse. »

Nec semel dixisse contentus, hæc addit : « Respondeo definitiones Pontificis non esse de fide, donec universalis Ecclesia, quam de fide est errare non posse, eas acceptaverit [1]. » Quod quid est aliud, quàm id quod unum Declaratio gallicana voluit; nempè, ut decreta pontificia plenum fidei robur obtineant, ad consensum Ecclesiæ recurrendum?

Hæc igitur Romæ probata, imò concepta, anno 1614 adversùs Richerium et Vigorium edita, anno verò 1636 unà cum Duvallii reliquis commentariis recusa, eam famam Romæ quoque Duvallio pepererunt, ut unus adversùs Richerium pontificiæ Majestatis vindex haberetur : quæ nunc respui et condemnari, quid esset aliud quàm toto orbi illudere ac de fide ludos facere?

XXII.

Duvallii doctrina de confirmatione conciliorum, deque iis per sese, etiam adversùs Papam, valituris in fidei negotio.

Sanè haud me fugit Duvallium de conciliis œcumenicis disserentem antiquitatis oblitum, in degeneres abiisse sententias : cæterùm nec desunt igniculi, quibus se Parisiensem theologum recordatus esse videatur. Quærit enim an concilium legitimo modo coactum et legitimo modo procedens, Papâ per legatos præsidente, in iis quæ ex unanimi legatorum ac Patrum consensione de fide decreta sint, «ante confirmationem sit infallibile, quamvis Pontifex nullam hujus decreti instructionem legatis dederit [2]. »

[1] Duv., *de Supr. Rom. Pont. in Eccles. potest.*, part. II, quæst. v, p. 308. —
[2] Duv., *ibid.*, part. IV, quæst. vi, p. 525 et seq.

Negat Bellarminus, quem sequuntur recentiores adversarii nostri Hispani ac Lovanienses; quippè qui doceant solum Papam per sese esse infallibilem; neque ab eo posse infallibilitatem suam transferri in legatos; proindeque Spiritum sanctum adesse conciliis, non immediatè, sed quòd ipsi Papæ adsit, à quo Patres accipiant ut sana et recta decidant.

At Duvallius tale concilium per sese infallibile esse concludit, cum Soto [1] et aliis : quòd nempè tale concilium perfectissimè universalem Ecclesiam repræsentet, imò eodem interpretante Duvallio, « sit ipsamet Ecclesia, secundùm auctoritatem definiendi legesque condendi, quæ falli non possit, utpotè *columna et firmamentum veritatis* [2]. » Quod hac ratione firmat : « Concilium nàmque œcumenicum legitimè coactum et legitimo modo procedens, non à Pontifice, sed à Spiritu sancto sibi assistente, suam infallibilitatem habet, ex vi ordinationis et promissione Christi, quâ promisit et statuit se Spiritumque suum Ecclesiæ jugiter affuturum..... quarè teneri Pontificem, talis concilii, tàm in fide quàm in moribus sententiæ consentire et stare, non quasi sit inferior eique tanquàm superiori obediens; sed ut obediens veritati per Spiritum sanctum revelatæ [3]. » Hic oppido vides, qui pontificiæ potestati præ aliis favere se jactant, nihil aliud quærere quàm verborum offucias. Ecce enim Duvallius confitetur talis concilii decretis *teneri* Papam; quod est res ipsa quam nos quoque dicimus. Ergòne concilio *obediens erit tanquàm superiori?* Cave dixeris, abominandam vocem! sed dicas « obedire ipsi veritati per Spiritum sanctum ipsi concilio revelatæ : » quasi nos turba fidelium conciliis aliter obediamus, quàm quòd certâ fide credimus, per illa concilia, veritatem cui paremus, à Spiritu sancto esse revelatam.

Utcumque est, clarè docet Duvallius : Patres in conciliis non accipere à Papâ aut per Papam proximè et immediatè, *sed à Spiritu sancto, ut certa decidant;* eamque vim talis decreti esse, ut ei decreto, se nesciente, facto, ipse Pontifex consentire et stare teneatur. Tanta Ecclesiæ consentienti ad fidem explicandam inest auctoritas !

---

[1] Dominic. Soto, *in IV Sent.*, dist. xx, quæst. 1, art. 4. — [2] Duv., *de Supr. Rom. Pont. in Eccles. potest.*, part. II, quæst. vi, p. 531. — [3] *Ibid.*, p. 534, 535, 536.

Quod idem Duvallius multis quidem argumentis, sed hoc vel maximè firmat, quòd si quis diceret eo concilio non teneri Papam, indè sequeretur posse contingere ut vera et intemerata fides in solo summo Pontifice remaneat : « ex quo illud etiam sequeretur : in solo summo Pontifice residere Ecclesiam, quæ non stat nec stare potest absque fide : » ex quo iterùm atque iterùm concludit : tale concilium errare non posse, ei *confirmationem* à Papâ denegari non posse [1].

Atqui eam auctoritatem facit non sola Papæ infallibilitas, quam reverà in legatos transmittere non potest, sed Ecclesiæ totius : non ab ipso Pontifice profecta, sed à Christo collata : quæ cùm concesseris, nulla de legatis superest difficultas. Legati, enim ipsi non sunt infallibiles, quibus adhærere synodus teneatur; sed tota synodus id à Christo habet; adeòque decretum, præsidenti bus legatis, non tamen necessariò consentientibus, fieri et stare posset. De quo tamen hìc quærere nil necesse habemus, satisque omninò est concilium absque instructione Papæ, eoque nesciente, firmissima tamen et à Spiritu sancto dictata decreta condere. Quid autem his decretis conciliaribus, ex Duvallii sententiâ, per pontificiam confirmationem addatur, alia difficultas alibi extricanda [2]. Interim stabit illud invictum : tutam esse sententiam, conciliaribus decretis ritu solemni factis, summi Pontificis confirmationem denegari non posse : frustràque esse eos, qui nunc ex eâ confirmatione concludant, posse Pontificem conciliaribus decretis pro summâ potestate vim addere aut demere ; cùm vel ex Duvallio, eorum auctoritati etiam ipse Pontifex stare teneatur, quod nunc nobis sufficit.

XXIII.

Casus hæresis, schismatis, alii ex Duvallio memorantur : in his, quantùm concilia valeant in ipsum Pontificem, ex Turrecrematâ, Cajetano et aliis statuit.

Jàm quid, certis casibus, adversùs ipsum Papam, eumque non dubium, sed certum, concilia valeant, non vetus illa Sorbona

---

[1] Duv., *de Supr. Rom. Pont. in Eccles. potest.*, part II, quæst. VI, pag. 530, 531 et seq.— [2] Vid. Duv., *ibid*, quæst. X, concl. II, pag. 593.

quam spernunt, licèt suâ canitie ac doctrinâ venerandam, sed ipse novæ Sorbonæ ductor exponat Duvallius. Et quidem hæresis casum omittemus, cùm in eo casu consentiant omnes omnia posse concilium etiam ex sese, nec auctore Pontifice, universalis Ecclesiæ auctoritate collectum. Addit Duvallius casum schismatis, neque hic tantùm eum schismatis casum, quo ex dubiâ electione, dubius exstet Pontifex, ut in illo fœdo schismate (a), sed etiam quo certus Pontifex fiat schismaticus. Id autem ne dubites posse contingere, triplicem hujus rei casum statuit idem Duvallius non suspectus auctor, ex Turrecrematâ et Cajetano cardinalibus non item suspectis : « Ii, inquit, dignitatis pontificiæ acerrimi propugnatores affirmant : Papam posse esse schismaticum his tribus casibus : 1° si se à communione totius Ecclesiæ et omnium episcoporum ob aliquam causam injustam separet, et solùm cum aliquibus sibi cohærentibus communicare velit. 2° si nolit ampliùs officio Pontificis fungi, nec tamen subesse ei qui præ se eligeretur, sed se schismaticorum conventiculis adjungeret : 3° si antiquos ritus ab apostolicâ traditione manantes immutare vellet¹. » Hæc enim omninò evenire posse ex optimis auctoribus Duvallius refert et ipse profitetur. Quæ quidem, quo pacto cum infallibilitate consentiant, alius erit quærendi locus : nunc autem fixum esse sufficit, eodem auctore Duvallio, Papam *ut schismaticum, nec minùs quàm hæreticum dejici oportere*. Quo loco quæri posset : Quâ potestate id fieret? An recens à Christo creatâ et constitutâ? An ipsi Ecclesiæ jàm indè ab initio congenitâ? Sed hæc nunc omittimus. Ultrò etiam alios casus prætermittimus, extra hæresis ac schismatis causam, quibus, post Turrecrematam, Cajetanum, Jacobatium cardinales, idem Duvallius aliique innumerabiles pontificiæ potestatis egregii defensores uno ore consentiant : posse Pontificem « denuntiari concilio, quod absque ejus auctoritate, indici et congregari possit². » Et quidem deponi posse negat : nec tamen id certò statuit, sed « tanquàm probabilius; quòd varia sint eâ de re doctorum placita : » cæterùm gra-

---

[1] Duv., *de Supr. Rom. Pont. in Eccles. potest.*, part. III, quæst. IX, pag. 433. — [2] *Ibid.*, quæst. X, p. 440.

(a) Schisme du XIV° siècle.

vissimè corripi et increpari : iniqua mandata respui : obedientiam denegari : vim etiam à principibus armaque *strenuè*, modestè tamen expediri posse, et ipse profitetur et in confesso esse tradit [1]. Quos casus non studiosè conquirimus, neque ultrò ingerimus huic quæstioni; sed ex Duvallio aliisque non suspectis auctoribus commemorare cogimur, ne indiscretè ac temerè adversùs concilia pontificiam auctoritatem extollant : sed à probatissimis auctoribus accipiant, atque distinguant extraordinarios casus, qui ordinariæ potestati nihil derogent. Hæc igitur ex Duvallio, novæ ut quidem appellant Sorbonæ duce, delibare animus fuit. Cæterùm hic quantiscumque artibus, neque obtinere potuit, ut unquàm Facultas ab inolitâ sententiâ defecerit, neque prohibere quominùs ad apertè tuendam Majorum auctoritatem optimi quique et eruditissimi facilè redierint.

XXIV.

Quam multi insignes viri præter Gallos hanc sententiam doceant :
Panormitanus, Zabarella, Tostatus.

Neque verò soli Galli hanc sententiam scriptis editis propugnarunt : nempe et Navarrum [2] dicentem audivimus, eamdem sententiam secutum celebrem illum Nicolaum Tudescum Catanensem, abbatem Bonacensem, atque episcopum Panormitanum *lucernam juris* dictum [3], quem pro conciliorum etiam in Pontificem supremâ potestate multa scribentem, neque horum aliquid retractantem, Bellarminus tamen laudatum potiùs quàm condemnatum velit [4] : adeò non semper illam sententiam hostili animo insectantur, qui eam vel maximè reprehendunt.

Panormitano in Italiâ præluxisse Panormitani magistrum Franciscum Zabarellam cardinalem Florentinum [5], virum maximum Bellarminus fatetur [6]. Ac de his quidem viris uberior erit

---

[1] Duv., *de Supr. Rom. Pont., in Eccles. potest.*, part. IV, quæst. XI, concl. VII, p. 615 et seq., et alib. — [2] Vid. in append., lib. I, cap. VIII, et sup., n. 13. — [3] Labb *de Script. Eccl.* — [4] Bell., *de Conc. aut.*, lib. II, cap. XIV. — [5] Vid. in cap. *Significasti.*, etc.; item, tractat. *de Concil. Basil.*, part. I, n. 18 et seq. — [6] Bellar., *de Script. Eccl.*, an 1410.

dicendi locus : nunc sufficit à Bellarmino tantos ex Italis viris, accenseri nostris. Accedit è Germaniâ, eodem Bellarmino teste, Nicolaus Cusanus cardinalis : prodit ex Hispaniâ Alphonsus Tostutas episcopus Abulensis, tantâ doctrinæ opinione, ut Bellarmino miraculo fuerit, tot scilicet scriptis editis, « brevissimo tempore, cùm non vixerit nisi quadraginta annos : de quo meritò dictum sit ab eodem Bellarmino : *Hic stupor est mundi*. Nec minùs *sanctitate* clarus habebatur, ut idem Bellarminus memorat[1]. Is in libro qui dicitur *defensorium*, fusè probat, « à Christo institutum tribunal superius Papâ, nempè concilium, quod Papam corrigere et judicare possit, non solùm in fide, sed etiam in aliis casibus; solumque illud tribunal id habere ut errare non possit, Papam autem errare posse etiam in damnandâ hæresi [2]. Quem librum Bellarminus cautè legendum monet propter hanc sententiam; sed alii libri ejusdem sunt spiritûs; neque hujus scripti tantique viri auctoritas, uno Bellarmini verbulo infringi queat.

XXV.

De Tostato candida cardinalis Daguirrei confessio.

Hic ille est Tostatus Abulensis, quem eminentissimus Daguirreus semel atque iterùm appellat « Hispaniæ Salomonem, oraculum litterarii orbis, jure mundi stuporem dictum : quo solo, quamvis alia ornamenta deessent, gloriari posset Academia hæc Salmanticensis, cujus doctor, professor et cancellarius celeberrimus fuit.[3] » Tantum igitur virum, amplissimus ac doctissimus cardinalis fatetur eorum numero fuisse, « qui opinionem de potestate concilii supra Papam arbitrabantur certam, et ritè anteà definitam in concilio generali Constantiensi sessionibus IV et V [4]. » Addit à cardinale Turrecrematâ reprehensum, *et ab Eugenio IV notatum*[5], in sententiâ perstitisse, atque eam quam attulimus apologiam edidisse. Usque adeò et dictis et factis comprobabat.

---

[1] Bellar., *de Script. Eccl.*, an. 1440. — [2] Tost. tom. XII, *Defens.*, part. II, cap. XXX, LXIX, LXX, etc. — [3] Daguir., disputat. XVI, n. 62; XXII, n. 59, vid. in app., cap. VIII et not. — [4] *Ibid.*, disp. XVI, n. 63, 64, 65. — [5] *Ibid.*, n. 61, 64.

« non ideò hæreticam esse thesim quam tanquàm hæreticam
Papa damnaverit. »

XXVI.

Alphonsus à Castro.

Illc cæteros scriptores recensere non est animus : nimia nos copia obrueret : multique alii suo loco referentur[1]. Tantùm appellamus eos qui et in omnium ore versentur, et ab ipsis adversariis, nostræ sententiæ defensores habeantur : quibus Alphonsum de Castro hispanum, è Minorum ordine scriptorem egregium et à nostro Feuardentio ejusdem ordinis editum, doctissimi cardinales Bellarminus et Daguirreus nostris annumerant[2].

XXVII.

Adrianus VI et Joannes Driedo Lovanienses.

Duo sunt Lovanienses quos Parisiensibus idem Bellarminus atque illustrissimus Roccabertus adjungunt[3] : Adrianus Florentius Ultrajectinus, posteà Adrianus VI Pontifex maximus, eumque secutus magistrum discipulus Joannes Driedo, lovaniensium sui ævi facilè princeps : queis liquidò patet, quam Parisiensium sententiam vocent, non ideò Parisiensibus attributam, quòd in eâ tuendâ Parisienses singulares essent; sed quòd eam singulari studio et eruditione tuerentur. Cæterùm in omnibus Ecclesiis vulgatissimam exstitisse, et à scriptoribus pietate et doctrinâ præstantissimis ubique terrarum publicè et cum laude esse defensam, nedùm suspecta fuerit.

[1] Vide in app.., *ibid.* — [2] Bell. *de Rom. Pont.*, lib. IV, cap. II. Alphons. de Cast., lib. I, *contra Hæret.*, cap. II et seq. Daguirr., *Def. cath. S. Petr.* — [3] Bellar., *de Script. Eccl.*, an. 1500. Roc., tom. I. Lib. I, n. 8. Vid. Dried. *de Libertat. Christ.*, lib II, cap. II, in app., lib. I, cap. XII et seq. et not.

XXVIII.

De Adriano VI cur privatim dicendum : unus rem totam conficit : ejus jam Pontificis recusus Romæ liber retractatione nullâ.

Hæc igitur summatim de Parisiensium asseclis à nobis dicta sint. Sed quandò Adriani VI tanti est auctoritas, ut unus rem totam conficere possit, paulùm in eo hæreamus. Is primùm Lovanii summâ cum laude theologiam docuit : tùm ordine factus est ejusdem Academiæ cancellarius, Caroli V Augusti præceptor, in Hispaniâ episcopus Dertusanus, sanctæ Romanæ Ecclesiæ cardinalis, denique post Leonem X summus Pontifex, tantâ sanctitate atque modestiâ, *ut nihil infelicius in vitâ duceret quàm quòd imperarit* [1]. Is ergò theologiæ professor, cùm de Confirmationis administratione disputaret, negaretque presbyteris permitti posse, sancti Gregorii celebrem locum sic solvebat : « Ad secundum principale de facto Gregorii, dico primò : quòd si per Ecclesiam Romanam intelligitur caput ejus, putà Pontifex, *certum est* quòd possit errare, etiam in iis quæ tangunt fidem, hæresim per suam determinationem aut decretalem asserendo; plures enim fuere Pontifices Romani hæretici : item et novissimè fertur de Joanne XXII quòd publicè docuit, declaravit et ab omnibus teneri mandavit, quòd animæ purgatæ ante finale judicium non habent stolam, quæ est clara et facialis visio Dei : et Universitatem Parisiensem ad hoc induxisse dicitur, quòd nemo poterat in eâ gradum in theologiâ adipisci, nisi primitùs errorem hunc pestiferum jurasset se defensurum, et perpetuò ei adhæsurum. Item patet hoc de errore quorumdam Pontificum circa matrimonium, de quo in capite *Licet, de Sponsâ duorum.* Item de errore quem ediderat Cœlestinus circa matrimonium fidelium, quorum alter labitur in hæresim; cujus error olim habebatur in aliâ compilatione juris : » cap. *Laudabilem, de Conversione conjug* [2]. Vide quàm apertè doceat, quàm pro certo habeat, omninò fieri posse ut Pontifex hæresim, non jàm ut homo privatus, sed ut Pontifex

---

[1] Bellar. et Labb., de *Script. Eccl.* Item. Epith. Adr. VI, tom. XIV, *Conc.*, pag. 401. — [2] Adr. VI, in IV sent., *de Confirm.*

per suam determinationem aut decretalem asserat : quàmque pestiferum errorem putet eum; quem Joannes XXII *publicè docuerit, declaraverit et ab omnibus teneri mandaverit.* Neque hìc curamus an Joannes XXII et alii excusari possint; quid de illis senserit Adrianus VI, quid fieri potuisse putaverit; id verò quærimus, imò non quærimus : quis enim in re tàm clarâ quæstioni locus? Sed apertam ac certam tanti doctoris sententiam tenemus : dignumque id observatu quod addit, jàm ad Gregorium rediens : « Non tamen dico Gregorium hìc errasse, sed evacuare intendo impossibilitatem errandi quam alii asserunt. » Quo quidem se demonstrat, nullâ tuendæ causæ, quam susceperat, necessitate adactum, ad hanc tamen sententiam deditâ operâ declarandam, solo amore veritatis adductum.

Sanè advertendum est, vir doctissimus quâ cautione sit locutus : *Ecclesiam* enim *Romanam* à suo capite *Romano Pontifice* accuratè secernit, cujus distinctionis et abusum pessimum et usum necessarium suo loco ostendemus : neque Ecclesiam Romanam, sed tantùm ejus Pontificem etiam de fide definientem, errare posse *pro certo* habet : nec si quis Romanus Pontifex in fidei quæstione determinandâ defecisset, ideò Petri fidem et Ecclesiam Romanam defecturam putabat. Quâ in re non est dubium in fidei negotio, quod est vel maximum, conciliorum potestatem potiorem agnosci, firmarique ea omnia quæ ab abversariis censurâ gravissimâ temerè configantur.

Neque verò eam sententiam Pontifex retractavit, uti profectò, si erroneam putasset, facere debuisset. Eam ideò Pius II qui se Basileæ, cùm synodo privatus interesset, errasse credebat, solemni retractatione sua scripta confixit : « Hæc enim scripta, ait, fortassè scandalum parient : qui hæc scripsit, inquient, in beati Petri Cathedrâ sedit, nec invenitur mutasse propositum, qui eum elegerunt et in summo apostolatûs vertice collocarunt, ab iis scripta ejus approbata videntur. Cogimur itaque beatum Augustinum imitari [1]. » Nihil simile Adrianus, suaque scripta adeò non retractavit, ut potiùs Romæ, statim atque Pontifex factus est, edenda curaret, anno videlicet 1522, cùm anno 1521 Pontifex

---

[1] Bull. Pii II retract. *ad Colon. Academ.,* tom. XIII *Conc.,* pag. 1407.

creatus esset : adeòque aberat ab eo ut sententiam revocaret, ut potiùs metueret, ne illi errandi *impossibilitati*, quam privatus doctor olim improbaverat, vel Pontifex factus favisse videretur [1].

XXIX.

Vana responsa auctoris doctrinæ Lovaniensium.

Agite, expedite vos, qui Parisiensium sententiam « erroneam, hæreticam, schismaticam, Sedis apostolicæ eversivam » vestrâ auctoritate decernitis, atque in episcopos totamque adeò Ecclesiam gallicanam proferre audetis tàm dura, tàm nulla, tàm iniqua decreta : agite, inquam, incipite ab Adriano VI tantique Pontificis librum, ejusque jussu in Urbe recusum, erroneum aut schismaticum dicite. Horret animus, aliaque omnia comminisci malunt. Videamus sanè ut se torqueant : auctor anonymus in *Doctrinâ Lovaniensium* mira refert hoc titulo : « Discutitur doctrina Adriani papæ VI [2]. » Summa est ex Maldero et Wiggero : non hìc egisse Adrianum « de pontificiâ definitione ex Cathedrâ; sed de judicio super difficultatibus quæ in facto occurrant, donec, si res sit ad fidem et mores tendens, pleniori examine ex Cathedrâ definiatur. » Quid autem illud est : quàm impeditum intricatumque, quàm ipso contextu verborum conturbatam hominis mentem indicat? An loquitur de difficultatibus quæ *in facto occurrant*, qui de fide, de hæresi, tàm apertis verbis agit? Quodnam verò examen plenius quam decisionem narras, post eam, quâ *de fide determinatum est*, quâ Pontifex « per decretalem suam aliquid publicè docuerit, declararit, ab omnibus teneri mandaverit. Quæ verba Lovaniensem nostrum referre et exscribere puduit, quòd iis statim perlectis, ejus responsio evanescat. Planè Adrianus ea verba seligebat, quibus pontificiam de fide definitionem vel maximè exprimeret; ac si quid aliud gessisset in animo, non tàm disertis verbis illam quam quidam *asserebant*, *impossibilitatem errandi configeret*.

At enim, inquit Joannes Wiggerus ab eodem auctore laudatus,

[1] Vid. Labb., *de Script. Eccles.* — [2] *Doct. Lov.*, art. 1, p. 69.

non id postulabat ea quam Adrianus solvebat difficultas, ut de pontificiorum decretorum infallibilitate disputaret, cùm de Gregorii facto duntaxat ageretur. Certè, idque monet vel ipse Adrianus; sed hæc à se dicta, quòd illam aliquorum de *errandi impossibilitate* sententiam, deditâ operâ, *evacuatam vellet*. Neque enim contentus eo, ut ab illâ simpliciter discederet, pergit ulteriùs eamque et à se et à Romanis Pontificibus studiosè amolitur. Cur autem? Nisi putaret rem eam sanctissimæ dignitati non modò parùm congruam, sed etiam noxiam et ab eâ longè avertendam : tantùm abfuit ab eo ut, in asserendis his vanis, certè dubiis Romanorum Pontificum privilegiis, veræ pietatis partem ullam reponeret. Hæc apertè, hæc studiosè, hæc deditâ operâ asserentem, Petri Sedes excepit communibus votis. At si adversariis credimus, per tantam hujus Sedis contumeliam ad hunc apicem, nullâ cujusquam querelâ, imò summâ omnium gratulatione provexit.

Pergit tamen Lovaniensis noster : « At Adrianus asserit certum esse quòd Pontifex possit errare. Hoc si intelligeret de Pontifice ut definiente et proponente toti Ecclesiæ aliquid fide credendum, neutiquàm est certum[1]. Tibi quidem forsitan, sed ipsi Adriano est certum. « At e contrà, inquis, id, » nedùm certum sit, « manifestè est falsum, ejusque oppositum adeò certum, ut ab aliquibus habeatur de fide. » Quid ad nos si *ab aliquibus?* Non ab Adriano quidem, qui eam sententiam *evacuare intendit*. Quarè non Melchior Canus quantumvis acerrimus pontificiæ infallibilitatis assertor, non ipse Bellarminus[2], ut Lovanienses illi tergiversandum putant; verùm Adrianum VI nominatim accensent iis qui pontificiam infallibilitatem non agnoscant; neque eò seciùs Bellarminus *virum optimum et doctissimum* appellat, « qui merito doctrinæ et pietatis, ex humili domo, in tantam dignitatem conscenderit[3]. Adeò aberant ab eo, ut illam sententiam erroneam aut Sedi apostolicæ contumeliosam putarent.

[1] *Doct. Lov.*, art. 1, p. 69. — [2] Melch. Canus, lib. IV, cap. 1; Bellarm., *de Rom. Pont.*, lib. IV, cap. 11. — [3] Bellar., *de Script. Eccl.*, an. 1500.

XXX.

Nicolai Dubois Lovaniensis ludibria.

Jàm verò Nicolaus Dubois, postquàm Adriani verba retulit, de Romano Pontifice ità affirmantis : « Potest errare, hæresim per suam decretalem asserendo : » respondet : « Distinguo : si de potentiâ metaphysicâ loquatur Adrianus, etiam hoc transeat. » Quàm doctè! Erant scilicet qui assererent Pontificem nec *metaphysicè* loquendo, aut de potentiâ absolutâ, errare potuisse, eaque erat *errandi impossibilitas* quam Adrianus *evacuare intendebat*. Et pulchrè *transeat* : nàm si professori bilem moveris, omninò asserturus est Romanum Pontificem, nec potentiâ metaphysicâ errare potuisse.

Quæ addit, quoniam non ad explicandum, sed ad confutandum Adrianum pertinent[1], hujus loci non sunt. Pudet tamen interim Adrianum tantum virum, Lovaniensis Academiæ ornamentum, atque in eam effusissimè liberalem, à professore Lovaniensi temeritatis fuisse incusatum.

XXXI.

Auctoris tractatûs de Libertatibus gallicanis *subtilia nec minùs vana responsa.*

Dicent, Adriani ac Sedis apostolicæ causam à Nicolao Dubois crasissimo auctore, atque ab aliis Belgis, doctissimis licèt, pessimè esse defensam. Videamus sanè, quid alii, acutiores scilicet, excogitaverint.

Auctor anonymus tractatûs *de Libertatibus Ecclesiæ gallicanæ*, is qui se subtilissimum videri velit, nihil aliud quàm in re gravissimâ ludit. Primùm enim ait, « privati doctoris, necdùm Pontificis infallibile non esse judicium[2] : » quâ de re quis dubitat? Cur nemo extiterit, qui hujus doctrinæ causâ, Adrianum à Pon-

[1] Part. I, *Refut. argum.*, etc., art. xv, n. 49, p. 82.— [2] *Ibid.*, n. 160.— [3] Anonym., *de Libertat.*, etc., lib. VII, cap. xvI, n. 16.

tificatu prohibuerit, aut etiam vel minimùm reprehenderit, id quæritur. Subdit : « At enim Adrianus Pontifex factus sententiam non retractavit : » addere debuit, adeò non retractasse sententiam, ut librum etiam novus Pontifex recudi jusserit. Hæc omittit reponitque tantùm : tot tantisque negotiis distentum, pontificatu satis brevi, « nihil de corrigendis scholasticis commentariis cogitasse. » Acutè : recudendo operi tempus adfuit, corrigendo defuit. Interrogat posteà : « Privata Pontificis opinio an definitionis loco habenda sit : et an in deneganda infallibilitate solùm Pontifex infallibilis existimandus sit? » Quid ad rem? cùm nemo postulet ut pro infallibili, sed ut pro irreprehensà tutàque tanti Pontificis sententià habeatur. Ad hæc hærent scilicet, et ad alia omnia se vertunt potiùs quàm ad quæsita et objecta respondeant.

XXXII.

Galliæ vindicatæ *auctor*.

Vir clarissimus ac doctissimus, nunc eminentissimus *Galliæ vindicatæ* auctor, uno quidem verbo rem confecisse se putat : nempè « Adrianus, inquit, non ex proposito hanc quæstionem tractat, sed incidenter tantùm et vix tribus lineis, respondendo ad objectionem [1]. » Tribus vix lineis? Id quidem qui scripserit, eum non legisse sedulò, sed cursim transvolasse, et oculos in incertum jecisse, non immeritò quis dixerit. Quòd autem incidenter hunc locum tractaverit, nedùm argumentum infringat, firmat magis ac munit : quippè cùm ex eo constet, Adrianum nullà necessitate compulsum, quæsità occasione ac de industrià, in eam tractationem divertisse; quippè qui infallibilitatem illam *evacuare intenderet*, ut et ipse dicit et nos jàm monuimus

[1] Diss. IV, § 3, n. 1, pag. 275.

XXXIII.

Pater Thyrsus Gonzalez.

Thyrsus Gonzalez haud minùs tergiversari cogitur. Sic enim respondet : « Errasse Adrianum ut doctorem particularem, si ejus intentio fuit asserere Romanum Pontificem posse ut Pontificem errare, dùm resolvit dubia fidei, obligando Ecclesiam ad credendum id quod ipse asserit [1]. » Sed quò mihi tùm istud *si?* Librum habes in manibus : sententiam tenes docentis, « errare posse Pontificem in eo quòd per suam decretalem aut determinationem declaraverit, asseruerit et ab omnibus teneri mandaverit. » Satisne perspicuis exquisitisque verbis usus est, ut omnem tergiversationem excluderet? Addit P. Gonzalez : « Nimis credulum fuisse Adrianum asserendo illud quod de Joanne XXII vulgus falsò sparserit. » Quid tùmposteà? Non agimus de Adriani, probationibus : certam, planam, liquidam, nostris consentaneam conclusionem proferimus. Sequitur : « Atqui non fuisse hanc Adriani mentem, testatur Joannes Malderus [2]. » De Adriano sanè, non de Maldero quærimus : ipse pro se loquatur Adrianus, neque ad alienum trahatur arbitrium; reliqua Malderi jàm confutata sunt. Agit enim Adrianus non de privatâ sententiâ, sed de pontificiâ, ut est Pontifex; quippè qui agit de Pontifice, « qui determinet per decretalem suam, et ab omnibus teneri mandet id quod declaraverit, » quòd non privatus doctor, nec alius profectò quàm Pontifex fecerit.

Sanè hæc postrema verba : *Ab omnibus teneri mandaverit,* Romanum Pontificem mirum in modum angunt urgentque : « Nil, inquit, referebat ad scopum Adriani, mandaverit Joannes XXII necne [3]; » imò verò multi; quandoquidem totam illud quod de pontificiâ infallibilitate asserebant *evacuare intendebat.*

Extremum deniquè P. Thyrsi refugium est : « Quidquid ut doctor Lovaniensis scripserit, » revocasse Adrianum [4] quà de re

---
[1] Gonz., disput. xv, sect. xxi, n. 9, p. 764. — [2] Gonz., disput., xv, sect. xxi, n. 10. — [3] *Ibid.,* n. 12. — [4] *Ibid.*

cum eminentissimo Daguirreo hujus solutionis auctore, accuratiùs tractare nos oportet.

XXXIV.

Eminentissimus et doctissimus Daguirreus.

Is quidem quo candore est, planè ac nullà tergiversatione profitetur Adrianum VI « vitæ integritate, contemptu honorum et doctrinâ clarissimum, qui olim censuerat Papam in judicio fidei extra concilium errare posse, posteà in pontificatu oppositum docuisse [1], » datâ scilicet egregiâ ad Fridericum Saxoniæ ducem adversùs Lutherum epistolâ; pessimique hæresiarchæ *extra omnem synodum damnatis erroribus*. Hoc ultrò fatemur. Sed cardinalis doctissimus nullo sanè malo animo, ubiquè sic agit, tanquàm Parisienses Romano Pontifici negent potestatem definiendi de fide extra concilium : à quâ hæresi eos vel maximè abhorrere constat. Rogare autem liceat, quid ad rem attineret, egregiam epistolam, ut multùm sibi profuturam exscribere integram, cùm in eâ de pontificiâ auctoritate multa, de infallibilitate ne verbum quidem unum legerimus.

Sanè doctissimus cardinalis, ne per totam prolixissimam epistolam inani operâ vagaremur, « notari vult maximè in rem suam quæ n. 30 et 31 continentur [2]. » Atqui n. 30 nihil aliud reperimus, nisi Cathedram Romanam esse apostolicam : Petrum apostolorum caput in eâ præsedisse : Romanam Ecclesiam esse principalem, eamque undè sit orta sacerdotalis unitas : itaque pessimè actum à Luthero, qui summos Pontifices, qui scholas christianas tot probris prosciderit : quæ ad infallibilitatem minimè pertinere, nemo est qui non videat.

Sanè sequente numero 31, quo Lutheri sacrilegam et in Dei sacerdotes tot probra jactantem, linguam comprimat, refert de observandis *Dei sacerdotibus, maximè autem principe sacerdotum*, egregium *Deuteronomii* locum, capite xvii, neque infert aliud, quàm ut ne Pontifices incessantur probris atque blasphemiis, neque quidquam ampliùs.

[1] Daguirr., disp. xvii, sect. ii, integ.; vid. impr. n. 15. — [2] *Ibid.*, n. 44.

At enim objicit eminentissimus cardinalis [1] eumque secutus P. Thyrsus Gonzalez, ab Adriano prolatum *Deuteronomii* locum, quo capitis damnatur, *qui superbierit nolens obedire sacerdotis imperio* : ex quo textu, ipsi quidem, non tamen theologi omnes pontificiam infallibilitatem eliciant : quâ de re alio loco dicimus. Neque quisquam negat qui superbo animo pontificia imperia detrectaverint, spirituali gladio feriendos. Cæterùm hìc quæritur, non quid indè ipsi, sed quid Adrianus intulerit. Nempè theologi omnes ac Parisienses vel maximè, adversùs hæreticos primatum apostolicum probant ex his locis : *Tu es Petrus;* et : *Confirma fratres tuos;* et : *Pasce oves meas* : ex quibus Daguirreus, Thyrsus, alii sententiam infallibilitatis asserant. An continuò inferent à Parisiensibus quoque abdicatam suam? Sanè si Adrianus antiquam doctrinam revocare voluisset, non deerant verba, quibus tantus Pontifex, tàm candido animo, tàm humili ac modesto mentem suam promeret. Quarè quod de retractatione memorant, votum est optantium, vigilantium somnium : certumque omninò est Adrianum cardinalem, episcopum Dertusanum, hispanici cleri æque ac belgici decus, regnique hispanici strenuum administrum, Papam denique in sententiâ perstitisse, à nullo vel leviter reprehensum; nedùm schismatica, erronea, Sedi apostolicæ contumeliosa exprobrarent. Adeò certum est de his reprehensionibus ac censuris, in quibus nunc partem vel maximam religionis reponunt, neminem per hæc tempora, neque in Belgio, neque in Hispaniâ, neque in Italiâ, neque Romæ atque in ipsâ Sede apostolicâ cogitasse.

XXXV.

Doctorum Lovaniensium et factis et dictis in Adrianum VI observantia singularis.

Sanè Lovanienses Adrianum suum mirâ reverentiâ prosecutos, hæc quoque testantur : nempè cùm prima illa edita est doctissimæ Facultatis in Lutherum censura, totum id Adriani tùm cardinalis Dertusani judicio factum. Id Jacobus Latomus major, cùm pro eâ censurâ scriberet, in præfatione luculenter exposuit, et cen-

[1] Daguir., disp. xvii, sect. ii, integ.; vid. imp. n. 44; Gonz., loc. sup. cit.

suræ præfixa ejusdem cardinalis epistola ostendebat. De quâ quidem Latomus ità est præfatus : « Sufficere debuit judicium reverendissimi cardinalis Dertusensis, cujus probitas et sapientia, non modò libris præclaris editis, sed et maximis rebus orbi nota est[1] : » ut proptereà diceret non videri necessarium articulorum reddere rationem. Ex quo intelligitur, quàm probarent Adriani libros. Atque is annis post duobus ad Petri Cathedram est evectus : ac facilè intelligi potest, quanto honori habuerint Pontificem, qui non modò cardinalem, verùm etiam privatum tantoperè suspexissent.

Edidit posteà Joannes Driedo sacræ theologiæ professor apud Lovanienses anno 1533 librum *de Ecclesiasticis Scripturis et dogmatibus* : neque ità multò post librum : *de Captivitate et Redemptione generis humani* : in cujus præfatione Adrianum VI miro affectu celebrat : « Observantissimus, inquit, meus in theologicis studiis præceptor ; qui me in filium eruditionis susceperat, et præsidens mihi pileum magisterii in theologiâ imposuit anno nativitatis Domini 1512, die 17 mensis augusti, qui et usque in tempus fermè illud Lovanii resederat totius nostræ Academiæ lumen et decus, posteà illius nominis Pontifex VI[2]; » ut nec mirum sit, de Adriano tanta præfatum, illustrissimo Roccaberto teste, ut jàm vidimus, ad præceptoris sententiam accessisse. Quarè Lovanienses, Duacenos, Belgas, Hispanos, Italos, Romanos etiam si liceat Pontifices, rogamus, obsecramus, ut agnoscant nos peti per Adriani sui latus : nec nisi conculcato tanto Pontifice, non minùs pietatis quàm doctrinæ laude celeberrimo, sententiam gallicanam damnari potuisse.

XXXVI.

Ex Adriani sententiâ et temporum notis demonstratur Florentina, Lateranensia, Tridentina decreta frustrà objici.

Hanc quoque circumstantiam censoribus nostris perpendendam damus : aiunt uno ore omnes, à Florentinâ sub Eugenio IV atque à Lateranensi sub Leone X synodis œcumenicis, Parisien-

---

[1] Latom., *Def. cens. Lov.*, adm. ad lect. et epist. dedic. — [2] Dried., *de Capt. et redempt.*, etc., præfat.

sium sententiam apertè esse damnatam. Id primùm Bellarminus; id eum secuti alii uno ore edixerunt. Vel unum Daguirreum audiamus sic de Florentinâ synodo disserentem : nempè inveniri « clariorem meridianâ luce, potestatem plenissimam Romani Pontificis suprà totam prorsùs Ecclesiam ; atque adeò supra concilium œcumenicum : deprehendi pariter auctoritatem summam ipsi à Christo commissam ad definiendum controversias fidei, independenter à reliquo Ecclesiæ corpore [1]. » Addit in concilio Lateranensi ultimo sub Leone X, « potestatem supremam Papæ in totâ Ecclesiâ et nominatim supra concilium œcumenicum palàm definitam fuisse [2]. » Quî autem factum sit, ut Adrianum, postquàm ea transacta ac definita esse volunt, alia omnia docentem, et contra definita expressè ac studiosè insurgentem, non modò Ecclesia tulerit, sed etiam ad summum Pontificatum evexerit, ac sua recudentem Romæ et in sententiâ publicè persistentem, nec reprehenderit? Edicant si possunt; aut si nihil habent quod mutiant, ab iniquis porrò censuris temperent.

Utinàm verò liceret ab eruditissimo et optimo cardinale sciscitari coràm quid de his sentiat. Sanè, quo candore est, quâ indole, quâ animi magnitudine consensurum sat scio. Nam nec illud contemnendum : concilii Lateranensis sessionem XI, sub Leone X, anno 1516, fuisse celebratam, cùm Adrianus Romanâ jam purpurâ fulgeret, rebus ecclesiasticis occupatissimus, et quinque annis posteà, anno videlicèt 1521, Leoni fuisse suffectum : quo necesse fuerit tàm paucorum annorum spatio, et ab Adriano Leoni proximo successore et à cardinalibus, et ab omni orbe christiano definitionem Leonis, eamque in œcumenico concilio editam, tamen usque adeò oblivione deletam, ut nec ulla ejus vestigia superessent.

Quamobrem quod asserunt, jàm indè à Florentini ac Lateranensis concilii temporibus rem esse decisam, haud immeritò à nostris rejectum esse constat : atque omninò ex his istud argumentum existit : Adriani VI sententiam, hoc est, Parisiensem ipsam, aut immunem relinquunt, et nos cum illo vincimus : sin autem condemnatam volunt, aut ex antecedentibus definitionibus, aut ex consequentibus : non ex antecedentibus, Florentinis scilicet aut

[1] Daguirr., disp. XVI, n. 52. — [2] Ibid., n. 34.

Lateranensibus, quas solas obtendunt, cùm eæ nihil nocuerint, ac nequidem objectæ sint Sedem apostolicam conscensuro, in Sede apostolicâ præsidenti : hanc autem sententiam nulla consequens definitio proscripsit : aut enim conciliaris, aut pontificia : concilium autem nullum est habitum nisi Tridentinum, in quo hanc sententiam clarâ voce professos, ut vidimus episcopos gallicanos, totus orbis excepit : pontificiam verò definitionem nullam omninò proferunt. Id ergò unum superest, ut à privatis doctoribus censura profecta sit, quorum sanè nomina cum honore appellamus ; auctoritatem verò adversùs antiquissimæ Facultatis totiusque adeò Ecclesiæ gallicanæ scita, si non magni facimus neque pertimescimus, jure nostro agimus.

XXXVII.

Nominantur potestatis pontificiæ vehementissimi defensores, qui summâ ipsâ Parisiensium tuentur sententiam.

Hactenùs tuti sumus ab omni censurâ, tantùm appellatis iis quos ipsi adversarii in nostram sententiam convenisse fateantur : quantò tutiores, cùm demonstraverimus, etsi verbis discrepantes, tamen summâ ipsâ stare nobiscum, qui vel infensissimi memorentur ; nec tantùm Dionysium carthusianum illum sanctissimum juxtà atque doctissimum adversùs Basileense concilium Eugenii IV egregium defensorem ; verùm etiam, quod mirentur, earum partium duces, Joannem Turrecrematam, Petrum de Monte episcopum Brixiensem, Antonium de Rosellis : ad hæc sanctum Antoninum archiepiscopum Florentinum, duos jacobatios Christophorum et Dominicum celeberrimos cardinales, aliosque viros maximos posteà prodituros, quorum exspectatione causam nostram illustrari ac muniri volumus.

XXXVIII.

De concilio Constantiensi : qui approbatum negant, ipsi se suis telis conficiunt.

A privatis auctoribus et à scholæ Parisiensis Ecclesiæque gallicanæ sententiâ ad ampliora pergimus : nempè ad Constantiense concilium (*a*). Atque hujus quidem res gestas suo loco exequemur. Nunc autem sufficit invicti argumenti vim in hæc pauca concludere. Si, quod adversarii tantâ ope contendunt, ejusdem concilii sessionum IV et V decretis id tantùm agitur, ut in schismatis casus et in dubium Papam conciliorum œcumenicorum potestas valeat, profectò illa decreta proba sanaque sunt, neque tantùm œcumenico concilio digna; verùm etiam pro ratione temporum necessariò expedita, nec unquàm infirmanda, sed omni potiùs pietate ac studio propugnanda : atqui adversarii, nedùm hæc Constantiensia decreta propugnent, oppugnant potiùs, omni studio evertunt. Ac textum quidem sollicitat Schelstratus : optimis gestis falsi crimen impingit : cæteri, Bellarmino duce, eam con-

---

(*a*) Le concile de Constance, assemblé sur la fin d'octobre 1414, siégea jusqu'au mois d'avril 1418. Au moment de sa réunion, trois prétendants, Jean XXII, Grégoire XII et Benoît XIII se disputoient la Papauté, et de graves erreurs augmentoient encore le trouble et la division; l'assemblée devoit terminer le schisme, réformer l'Eglise dans son chef et dans ses membres, puis condamner les nouveautés de Wiclef, de Jean Huss et de Jérôme de Prague.

Le concile de Constance formula, dans sa quatrième et dans sa cinquième session, un décret important pour la pacification du schisme : étoit-il œcuménique dans ces sessions? Non, d'après le très-grand nombre des docteurs : convoqué par Jean XXII, il ne réunissoit point dans son sein les obédiences, c'est-à-dire les partisans de Grégoire XII et de Benoît XIII; il ne leur avoit pas même adressé les trois convocations qu'il croyoit pourtant nécessaires à sa légitimité.

Le décret porté dans la quatrième et dans la cinquième session, doit-il s'appliquer à tous les temps? Non, toujours d'après le très-grand nombre des canonistes, mais uniquement aux temps de trouble et de schisme, lorsque l'on ne connoît pas certainement qui est le souverain Pontife. Voici la partie principale du décret : « Hoc sancta synodus Constantiensis, generale concilium faciens, pro extirpatione præsentis schismatis et unione et ac reformatione Ecclesiæ Dei in Capite et in membris fienda,... declarat quòd... potestatem a Christo immediatè habet, cui quilibet, cujuscumque status vel dignitatis, etiamsi papalis, existat, obedire tenetur in his quæ pertinent ad fidem et extirpationem dicti schismatis... » Ainsi le concile déclare qu'il est réuni *pour l'extirpation du schisme présent*, et que toute personne, même le Pape, est tenu de lui obéir *dans les choses qui appartiennent à la fin de ce schisme*; il n'auroit pu restreindre plus clairement son décret au temps du schisme qui désoloit l'Eglise. Certains théologiens de notre pays n'aiment ni les paroles qui commencent le décret : *Generale concilium faciens, pro extirpatione præsentis schismatis;* ni celles qui le terminent: *in his quæ pertinent... ad extirpationem dicti schismatis;* on verra que notre auteur les passe partout sous silence.

Enfin le décret dont il s'agit a-t-il été confirmé par le souverain Pontife? Nous devons encore répondre négativement; car dans la bulle de confirmation, Martin V ne parle que des erreurs de Wiclef, de Jean Huss et de Jérôme de Prague; et pour tout le reste, il se contente de déclarer qu'il approuve tout ce qui a été fait *conciliariter*.

cilii partem infamant, confirmatam negant : concilii œcumenici mendacem titulum prætulisse aiunt; ergò profectò sentiunt majus aliquid agi, quàm ut incertus tantùm Pontifex concilio œcumenico subsit.

Sanè Duvallius, propter auctoritatem concilii Constantiensis, sessione IV, *de fide esse docet concilium œcumenicum dubio et incerto Pontifice esse superius* [1]. Cur eum fidei articulum non intactum volunt? quid erat in eo dubii, ut Martinus V probatum nollet? An dubium Pontificem etiam contumacem, à concilii œcumenici potestate immunem esse oportebat; neque esse in Ecclesiâ vim ullam quæ schismatis vulneri mederetur? Absurdum, absonum, rebus gestis repugnans, Ecclesiæ catholicæ Christique providentiæ prorsùs inimicum. Dicent opportunissimum schismatis fuisse remedium, si de Papatu pari ferè jure contendentes ultrò loco cederent. Rectè; quid autem si nollent? Æterno schismate Ecclesia laboraret. Absit : ergò necesse est ut sit aliqua potestas, quâ dubii saltem Pontifices etiam inviti comprimantur : ac si Constantienses nihil aliud agebant, nemo dubitaverit quin approbandi fuissent; ut qui malo schismatis certum ac necessarium remedium attulissent; atqui approbationem hanc cane pejus et angue refugiunt : ergò aliud profectò actum intelligunt.

XXXIX.

Objectio de obedientiis nondum adunatis, sessione IV et V, sponte corruit duobus factis constitutis : primùm à concilio Constantiensi statim assumptum concilii œcumenici titulum et jus.

Instant : Sessionum IV et V decreta, utcumque se habeant, tamen approbanda et firmanda non erant à Martino V ut œcumenici concilii acta, nondùm adunatis ut vocant obedientiis, sed tantùm, ut aiunt, tertiâ Ecclesiæ parte. Huc quidem omnia redeunt : id assiduè urgent : hîc argumentorum vis ac summa consistit. Quæ anteaquàm ex gestis perspicuè refellimus, duo quæ facti sint, in antecessum nobis concedi postulamus : primùm, in primis illis sessionibus, nondùm adunatis licèt obedientiis, atque in ipso initio,

[1] Duval., *de Supr. Rom. Pont. in Eccl. potest.*, part. IV, quæst. VIII, ad 10um., p. 569.

à concilio Constantiensi œcumenici concilii nomen assumptum; imò sessione III statim definitum, quòd (relege verba) « Constantiæ in Spiritu Sancto synodus generalis fuit, et est ritè et justè convocata, initiata, celebrata [1] : » quæ definitio, si reverà tunc Constantiæ synodus œcumenica non fuit, mendax, erronea est; neque tantùm non approbanda, verùm etiam falsò et in vanum assumpto Spiritûs Sancti nomine ac numine, atque œcumenici concilii titulo, blasphema, schismatica, omni studio detestanda judicari debeat. Quis autem id ausus est? Quis unquàm audeat? Nemo certè, nisi forte existant qui, quantùm in ipsis est, infandum schisma exsuscitatum et vulnus Ecclesiæ innovatum velint.

XL.

Alterum factum, Martinum V tunc cardinalem his synodi initiis adhæsisse.

Quæ ut magis valeant, alterum factum afferimus : nempè Martinum V tùm Othonem cardinalem Columnam, unum fuisse eorum cardinalium qui à Gregorio XII ab ipso initio recesserint, Pisano et Constantiensi conciliis adfuerint, primarum sessionum synodi Constantiensis pars maxima fuerint, sacro illi conventui, concilii œcumenici in Spiritu Sancto legitimè congregati titulum et auctoritatem attribuerint : qui titulus, si mendax est, si blasphemus, si schismaticus, tertiâ Ecclesiæ parte à reliquis abruptâ ac pro toto Ecclesiæ corpore vindicatâ; nempè Otho cardinalis, nusquàm revocatâ aut improbatâ priore sententiâ, ad ipsam Petri Sedem, mendax, schismaticus, blasphemus, evectus est. Quæ si adversarii concoquere possunt, nobis certè indulgeant, qui hæc intelligere, his assentiri, ab his non abhorrere non possumus.

XLI.

Aliud factum additur, quod pars Ecclesiæ, quæ concilium Constantiense inchoavit, non fuerit tantùm pars tertia, sed duabus aliis etiam adunatis longè superior.

Hæc igitur duo sunt quæ facti esse dicimus, quæque ad uni-

[1] Concil. Const., sess. III, tom. XII, p. 17.

.versas adversariorum difflandas machinas profectò sufficiant. Addamus tamen si libet et tertium, de tertiâ parte Ecclesiæ tantùm in Constantiensi concilio congregatâ : id enim mirum in modum post Joannem Turrecrematam Bellarminus urget[1], eumque secuti censores nostri omnes pro viribus exaggerant. Nos autem, quâ possumus simplicitate reponimus : Ergòne tertia pars tantùm, quæ tot nationes complecteretur, Germaniam, Angliam, Poloniam, Sueciam, Norvegiam, Daniam, Dalmatiam, Bohemiam, ipsamque Italiam, demptâ admodùm Apuliâ, ipsam quoque Romam, et cum Belgio Galliam, et cum Sigismundo rege totam Hungariam : ad hæc Universitates, Parisiensem, Bononiensem, Viennensem, Cracoviensem, Avenionensem, Oxoniensem, Pragensem, quæ suos in synodo legatos haberent : atque item sacros Ordines, Cluniacensem, Carthusiensem, Præmonstratensem, Prædicatorum, Minorum, qui per speciales procuratores synodo adhærerent, cum innumeris abbatibus SS. Benedicti ac Bernardi, quos omnes, omnes inquam, nullo labore, quippè ex ipsis subscriptionibus, ostendimus sacræ synodo Constantiensi, jam indè ab initiis adfuisse. Reliquine, tantula pars orbis, eaque in duas scissa particulas, quarum una Benedicto, altera Gregorio adhærebant, pro duabus Ecclesiæ partibus numerandi sunt? Cùm præsertim Hispani, certè eorum pars maxima, Benedicto suo quotidianis vocibus discessionem intentarent; Gregorius verò XII, quem unum Pontificem, si Deo placet, cum Odorico Rainaldo jactitant, desertus ab omnibus, Austriæ exiguo in oppidulo concilium œcumenicum celebraret; atque in angulo Italiæ totam haberet Ecclesiam. Hæc igitur duo frustula christiani orbis, quasi duas partes, cum eâ, quæ synodum Constantiensem constitueret, Joannis XXIII obedientiâ comparabimus : tot, quantas memoravimus reliquas nationes, atque ex illis congregatos ducentos eoque ampliùs episcopos; tot illustres academias, tot religiosos Ordines, pro tertiâ tantùm parte habere cogemur? Hos sibi concilii œcumenici titulum ac Spiritus sancti magisterium mendaciter arrogasse dicemus. Pace eorum dixerim, rogamus, obsecramus, ne ad hæc absurda et infanda nos adigant.

[1] Turr., lib. II *de Ecc.*, cap. xcix; Bell., lib. II *de Concil. aut.*, cap. xix.

XLII.

Constantiensis synodus à Romanis Pontificibus optimæ notæ synodis accensita: privata Binianæ editionis nota, quàm nulla et temeraria, quam Sedi apostolicæ contumeliosa, nihil proficere : qui de ejus synodi confirmatione litigant.

De synodi verò approbatione quod litigant, primùm abigatur illa quorumdam animis suborta suspicio, quâ scilicet, audito concilii Constantiensis vel ipso nomine, statim nescio quid Romanæ potentiæ inimicum cogitant; cùm ex historiâ rebusque gestis elucescat : pontificiam Sedem atque illam Petri navem fœdâ diuturnâque tempestate tantùm non obrutam, per Constantiensem synodum ex his fluctibus emersisse : denique ab eâ sydono, necdùm adunatis obedientiis, adversùs Wiclefitas et Hussitas assertam eam, quam impii et perduelles, dementibus odiis, exagitaverant Romani Pontificis supremam in Ecclesiâ potestatem ; ut, ad eam tutandam ac restituendam, synodus Constantiensis divinitùs comparata esse videatur. Quarè à Romanis Pontificibus nunquàm sine veneratione appellata, nedùm ullâ censoriâ notâ unquàm affecta fit : suoque loco legitur in conciliorum universalium editione Romanâ, quam pari diligentiæ ac magnificentiæ laude Paulus V in typographiâ reverendæ cameræ apostolicæ Vaticanâ adornari jussit [1]. Abest certè synodus Basileensis dubia, suspecta, ex parte improbata; quod ultrò fatemur; Constantiensis verò integra, inviolata prodit, cum Nicænâ et aliis, cum Lugdunensibus, Lateranensibus cæterisque, quæ optimæ notæ Romæ quoque habeantur. Quo cadat necesse est illa Binianæ editionis nota: « Concilium Constantiense ex parte approbatum [2], nullâ auctoritate, nullo concilio, nullo auctore Pontifice, ex privati hominis sensu atque ausu ; quippè quæ recentissimâ, extremâ videlicèt ætate, prorsùs temeraria atque omnibus retrò sæculis inaudita prodierit.

Quam tamen censuram, à privatis licèt ortam scriptoribus,

[1] Conc. gener. Rom. edit. 1602, tom. IV, p. 127 et seq. — [2] Bin., tom VII, part. II, p. 1134; vid. Bell. *de Eccl.*, lib. I, cap. VII.

quasi omnibus liceat sacratissimis synodis proprio ex cerebro et arbitrio quasvis notas inurere, omni ope tutandam suscipiunt. Quid ità? An quòd incertum Pontificem synodus Constantiensis concilio œcumenico subdat? Neutiquàm, id enim admittunt omnes; sed quòd ea synodus apertiùs certiùsque quàm vellent, « quemlibet, cujuscumque status et conditionis, etiamsi papalis existat [1], » non tantùm *huic* sacræ synodo, quæ schismatis causâ fuerat instituta, sed etiam *cuicumque alteri concilio generali*, quâcumque causâ convocato, neque tantùm *in schismatis extirpandi* causâ, sed etiam *in fide ac morum reformatione*, subdiderit.

Quâ tamen vitilitigatione quid proficiunt? Cùm succurrat illud, tot Ecclesiarum Christi, tot christianarum gentium, tot Universitatum, tot Ordinum religiosorum cœtum, quamvis œcumenici concilii nomine non gauderet, tamen impunè non posse contemni. Quid, quòd is cœtus pro œcumenico concilio se gessit? Quid, quòd hanc sibi auctoritatem vindicanti, nemo mendacium exprobravit? Quid, quòd Martinus V cum ipsâ synodo, hanc quoque sententiam dixit, neque improbavit unquàm? Quid quòd ea decreta fixit cum cæteris ducentis episcopis ac Patribus, queis quilibet Pontifex, cuicumque concilio præsenti ac futuro, quâcumque de causâ subsit? Quid, quòd nec Pontifex illa revocavit? Et quidem, his decretis confirmationem nec semel, sed centies additam, ipsa gesta pandent; nullum ut sit concilium quod certiore approbatione constet. Fac autem defuisse; tamen illud stabit, doctrinam, quam erroneam, schismaticam fideique adversam tàm confidenter asseverant, nemine improbante, nemine retractante, in lucem christiani orbis sub œcumenici concilii titulo prodiisse.

XLIII.

Concilii Basileensis initia legitima et certa Bellarminus et Rainaldus agnoscunt, etiam Lateranense concilium: ejusdem Bellarmini suffugia ex Duvallio confutata.

De Basileensi verò synodo (*a*), ne quid nobis affingant, clarà voce testamur, nullâ ratione tueri voluisse, quæ post translationem legatorumque discessum decreta gestaque sunt : imò ea

(*a*) Le concile de Bâle prolongea ses travaux de 1431 à 1443. Poursuivant plusieurs buts dans l'ardeur de son zèle empressé, il vouloit ramener à l'unité les schismatiques grecs, réconcilier avec la foi les hérétiques de Bohême, et rétablir la discipline sur la ruine des abus : il vouloit beaucoup de bonnes choses, il fit beaucoup de mal.

Succédant pour ainsi dire en ligne directe à un concile à moitié schismatique, le nouveau concile brisa bientôt les liens qui réunissent le bercail de Jésus-Christ. Comme la situation de Bâle offroit aux ambassadeurs de l'Eglise grecque des difficultés de distance et de climat, pour leur procurer un lieu de réunion plus favorable, le souverain Pontife ordonna la dissolution du concile dès la iie session. Le concile vit dans ce décret le dessein caché de repousser la réforme et s'enflamma d'un nouveau zèle pour l'extermination des abus ; il se crut menacé dans son existence même, et prépara des armes pour sa défense : il proclama ses droits, releva ses prérogatives et définit ses pouvoirs il répéta le fameux décret de Constance : « Le saint synode, assemblé en concile général pour l'extirpation du schisme présent,.... a son pouvoir immédiatement de Jésus-Christ ; toute personne, de tout état ou dignité, même le Pape, est tenu de lui obéir dans les choses qui appartiennent... à l'extirpation du schisme susdit. » Comme nous l'avons déjà remarqué, ce décret s'applique clairement au temps du concile ; est-ce pour cela que certains auteurs en suppriment le commencement et la fin ?

Cependant la concorde avoit souffert de graves atteintes entre le Chef et les membres, entre le Pasteur et les brebis ; et de longues négociations, rompues souvent et souvent renouées, bien loin de ramener le calme et l'union, versèrent de l'aigreur et du fiel dans les ames. L'assemblée somma le Pape de retirer le décret de dissolution dans un délai fixé, sous peine de procédure et de condamnation par contumace. L'ajournement, renouvelé plusieurs fois, permit aux princes d'interposer officieusement leur médiation ; le souverain Pontife, par condescendance, pour le bien de la paix, révoqua la bulle de dissolution, et permit à l'assemblée de continuer ses travaux ; mais il cassa de son autorité tous les décrets qu'elle avoit portés contre lui, contre les cardinaux et contre le saint Siége.

Ainsi raffermi dans son existence, le concile négocia longuement avec les hussistes, et prit en main la réforme des abus. Dans la session xx et dans la suivante, il porta plusieurs décrets pour le rétablissement de la discipline ; l'un contre les ecclésiastiques vivant dans le désordre, l'autre sur les effets de l'excommunication, un autre relatif à l'interdit lancé contre une ville entière, . d'autres concernant les appels à une juridiction supérieure, la possession des bénéfices, la célébration des offices divins, etc. Ces décrets s'évanouirent en fumée.

Restoit la réunion des Eglises. Les Pères vouloient pour lieu des conférences

cassa, irrita, roboris vacua profitemur [1]. Hæc nos de posterioribus Basileensibus gestis : de prioribus sanè, quæ ab his posterioribus meritò distinguantur, cardinalem Bellarminum hæc dicentem audimus : « Dico Basileense concilium initio quidem fuisse legitimum; nam et legatus aderat Romani Pontificis et episcopi plurimi : at quo tempore Eugenium deposuit et Felicem elegit, non fuit concilium Ecclesiæ, sed conciliabulum schismaticum, seditiosum, et nullius prorsùs auctoritatis; sic enim appellatur in concilio Lateranensi sessione II [2]. » Hæc refert, hæc laudat Odo-

[1] Vid. lib. VI integ. — [2] Bell., lib. III *de Eccl.*, cap. XVI.

Bâle, la Savoie ou Avignon; le Pape et les orientaux demandoient une ville d'Italie. Deux flottilles furent envoyées de part et d'autre à Constantinople; les délégués de l'Eglise grecque remplirent les galères du saint Siége, et laissèrent vides les bâtimens du concile.

Le concile, vivement exaspéré par cette nouvelle défaite, accusa le Pape, si l'on passe le terme, d'embauchement, et le somma dans la XXVI° session de paroître à sa barre, lui fixant un délai de soixante jours comme *ultimatum*. Pour toute réponse et pour toute comparution, le souverain Pontife transféra le concile à Ferrare. Malgré toutes ses prétentions et quoi qu'on dise de ses décrets, l'assemblée sentit qu'elle ne pouvoit siéger contre le gré du saint Siége; elle déposa Eugène IV, et choisit à sa place Amédée de Savoie, sous le nom de Félix V. Le Pontife romain, cassa les actes du concile, et prononça l'excommunication contre tous ceux qui avoient pris part à ses dernières délibérations.

Ce dernier coup acheva le conciliabule. Vainement il voulut se rallier à Lausanne, à Lyon; il s'efforça vainement de recruter des adeptes; abandonné par les princes qui lui retirèrent l'appui de leur puissance, et par les évêques qui prenoient la fuite devant une maladie contagieuse, répudié par les docteurs qui l'avoient éclairé de leurs lumières, et par les Eglises particulières qui faisoient sa force, démonétisé, dégradé par le pape bâlois qui sortoit de sa fabrique, il s'agita quelque temps dans les dernières convulsions de la révolte, et disparut au milieu du mépris général.

Les uns disent que le concile de Bâle est œcuménique jusqu'à la deuxième session, les autres jusqu'à la dixième, d'autres jusqu'à la vingt-sixième; mais une chose certaine, hors de toute contestation, c'est que le saint Siége n'a pas confirmé ses décrets sur e pouvoir pontifical; bien plus Eugène IV les a cassés, annulés, réprouvés de son autorité souveraine. Voilà ce qui décide tout, et voilà précisément ce qu'on ne nous dit pas.

« Admirons, dit un écrivain, la bonne foi des gallicans, qui, pour établir une vérité catholique selon eux, invoquent l'autorité d'une assemblée justement flétrie par l'Eglise du nom de *conciliabule schismatique, séditieux et sans valeur* (Labb., vol. XIV, p. 418). Il est vrai, Nicolas V, dans sa Bulle *Ut pacis*, par amour de la concorde, a confirmé les actes de Bâle concernant les promotions, les élections, les confirmations, les translations, etc.; mais jamais ni Nicolas V, ni ses successeurs, n'ont reconnu les définitions téméraires de cette poignée de prélats qui osèrent déposer Eugène IV, et lui substituer l'ermite de Ripaille. Que les gallicans lisent la bulle des rétractations de Pie II, et ils verront le cas que tout catholique doit faire de l'autorité qu'ils invoquent. » (*Hist. de la Papauté pend. le* XIV° *siècle* par l'abbé Christophe.)

ricus Rainaldus, tom. XVIII *Annalium*[1]. Nihil ergò aliud Bellarminus, nihil Odoricus, nihil ipsum Lateranense concilium.

Quis ergò inficiari possit *initia Basileensia* fuisse *legitima?* Aut quid ad initia magìs pertinere possit quàm ipsa sessio II, in quâ videlicet « sacra Basileensis synodus, ne de ejusdem sacræ Basileensis synodi potestate à quoquam dubitetur, » decreta Constantiensia sessionis v innovat, « eoque fundamento nixa, declarat : quòd ipsa synodus (nempè Basileensis) in Spiritu sancto legitimè congregata, et Ecclesiam militantem repræsentans, potestatem immediatè à Christo habet, cui quislibet, cujuscumque status vel conditionis, etiamsi papalis existat, obedire tenetur[2],» etc., iisdem verbis quæ in concilio Constantiensi sessionibus IV et V continentur. Igitur illa synodus, nullo schismate, sub Pontifice certo Eugenio IV per legatos præsidente, in eumdem Pontificem sibi à Christo *immediate* traditam supremam potestatem tribuit, ne conciliaris auctoritas ad dubium tantùm Pontificem extendi videatur. Quâ de re Bellarminus hæc scribit : « Concilium Basileense, sessione II, unà cum legato Pontificis communi consensu statuit, concilium esse supra Papam, quod certè nunc judicatur erroneum[3].» Quid est *nunc* nisi nota novitatis? A quo autem judicatur? Ab ipso Bellarmino : à privatis doctoribus. Miror decreto unanimi, œcumenicæ synodi, Sede apostolicâ per legatum præsidente, edito, privatam auctoritatem anteponi. Fac enim decretum ab Eugenio IV non fuisse firmatum, quod contrà esse, ex actis demonstrabimus : tamen œcumenici concilii decretum unanimi consensu legati apostolici cum Patribus, *quorum numerus*, teste Rainaldo, *in dies augebatur*[4], editum, privatâ auctoritate impunè contemni quis ferat? Quis autem sanâ mente præditus, audeat tali decreto etiam probabilitatem denegare? Certè vel Duvallium audivimus tali conciliari decreto infallibilitatis privilegium ex certo sancti Spiritûs privilegio asserentem. Nihil ergò jam cum ipso superest quæstionis. At Bellarminus, inquies, huic sententiæ adversatur. Certè; sed audi verba : *Sub opinione*, inquit; non certâ et exploratâ sententiâ. Ergò vel ex ipso *sub opinione* posi-

[1] Rain., tom. XVIII, an. 1549, n. 6. — [2] Conc. Bas. sess. II, tom. XII, p. 477. [3] Bell., *de Conc. aut.*, lib. II, cap. XI. — [4] Rain., an 1432, n. 8.

tum, atque erronei notâ temerè inustum Basileense decretum, cum legato pontificio communi consensu proditum, de superiore concilii potestate.

XLIV.

Ex Ludovici Alamandi beatificatione argumentum : item ex Amadei VI Sabaudiæ ducis famâ sanctitatis, Odorico Rainaldo utroque in negotio teste.

Pater Thyrsus Gonzalez ab ipso initio, in ipsâ præfatione gloriatur « pro contrariâ sententiâ nullum allegari doctorem, cujus sanctitatem solemni cultu Ecclesia declaraverit [1], » quod etiam haud semel ingeminat. Quæ sanè probatio quàm sit infirma, nemo non videt, cùm coram oculis Dei multi sanctissimi sint, quorum non est sanctitas declarata : rursùs autem insignitos solemni titulo sanctitatis, non ut sanctissimos ità etiam doctissimos fuisse constet. Sed quandò hæc viro reverendissimo memoratu digna visa sunt, subit admirari excidisse memoriâ Ludovicum Alamandum archiepiscopum Arelatensem ac sanctæ Cæciliæ presbyterum cardinalem, de quo hæc historici retulerunt, imprimis Æneas Sylvius [2], posteà Pius II, qui non modò in libro *de Gestis Basileensibus,* hujus cardinalis eruditionem summam, facundiam singularem egregiasque virtutes, præsertim fortitudinem, constantiam atque admirabilem pietatis gustum sensumque commendat; verùm etiam in historiâ rerum suo ævo ubique gestarum, quam Pontifex scripsit, cùm de Europâ scriberet, hæc tradidit : « In Arelate ad sepulcrum Ludovici cardinalis sanctæ Cæciliæ, ejus urbis episcopi, quem Basileæ in consessu Patrum præsidentem vidimus, magna miraculorum opinio orta est, et invalidorum frequens undique concursus spe sanitatis factus [3]. » Eadem referunt Philippus Bergamensis, Vernerus, Philippus de Liguamine, Paradinus, Valemburchius, Nostradamus, quos in *Pontificio Arelatensi* videre est [4]. Horum igitur unanimi testimonio constat :

[1] Gonz. in præfat., p. 14, n. 24, et in tractat., pass. — [2] Æn. Sylv., *de Gest. Bas.*, lib. I, p. 4; lib. II, pass. et imp., p. 54. — [3] Id. *Hist. rerum suo temp. gest.,* præfat., p. 281, ibid., *de Eurip.,* cap. XLII. pag. 440. — [4] Philipp. Bergam., in *Chron.* et in *Fel.* V, lib. III; Vern. *Histor. Sabaud.*, cap. XXXIII; Phil. de Liguamin., in *Amed.* VI; Parad., *Histor. Prov.*, part. VI; Pont. Arel., seu *Histor.*

Ludovicum Alamandum *virum sanctæ vitæ, miræ patientiæ, scientiâ incomparabilem, multis miraculis editis coruscantem,* quod et Odoricus Rainaldus confitetur.

Accessit Sedis apostolicæ auctoritas ex diplomate Clementis VII, quo « Petrum de Luxemburgo, et Ludovicum Alamandum, sanctæ Romanæ Ecclesiæ cardinalem, Ecclesiæ Arelatensis archiepiscopum; cùm ad eorum sepulcrum, non tantùm Avenionensis et Arelatensis civitatum, sed etiam harum partium multitudo concurrat, ut tanquàm speciales protectores, fautores, intercessores ad Dominum invocentur, apostolicâ auctoritate permittit, ut eorum ossa in commodiora loca transferre et ibidem venerabiliter collocare, et utriusque sexus fideles eos in prædictis ecclesiis ac sacellis pro beatis venerari possint, quippè qui et miraculis invocati inclaruerint. Nec mirum, quandoquidem Petrus teneris sub annis, et Ludovicus vitam cœlibem castamque, et immaculatam exegerint; et Petrus in decimo septimo ætatis anno, Ludovicus verò in sexagesimo, suo Creatori suas purissimas animas reddiderint, calcatis hujus mundanæ vitæ, quamvis illustri essent orti familiâ, illecebris. His igitur, ac Renati regis Siciliæ et Jerusalem, tùm in illis partibus degentis, et illorum miraculorum stupore perculsi, claro testimonio; quin etiam Francisci episcopi Tusculani, sanctæ Romanæ Ecclesiæ cardinalis de Claromonte, illarum partium legati à latere, qui ad eosdem Petrum et Ludovicum non parvum gereret devotionis affectum, supplicatione permotus, eorum imagines à longissimis jàm temporibus depingi solitas, circumferri eosque pro beatis coli ac venerari posse » annuit. Exstat id diploma in prædicto Pontificali libro Ecclesiæ Arelatensis, et apud Ciaconium, datum aprilis 9, an. 1527, Pontificatus 4, cujus etiam apud Odoricum Rainaldum summa perscribitur

Hæc fusè referuntur in Martyrologio gallicano illustrissimi ac reverendissimi Andreæ Saussæi Tullensis episcopi ad 16 septembris. Quòd autem idem Saussæus memorat sanctum cardinalem,

---

primat. Eccles. Arel. Rain., tom. XVIII, an. 1550, n. 20. Vid. *Pontif. Arel.* et Ciac. *de Gest. Rom. Pont.*, tom. II, an. 1417.

[1] *Pontif. Arel.;* et ap. Rain., ann. 1426, n. 26; et an. 1450, n. 20.

« quòd adversùs Eugenium IV stetisset, ac Felicem consecrasset, facti pœnitentem ad Nicolai V, obedientiam rediisse; » rectum de illo facto : nempè de abolito schismate ac Felice ipso ad *voluntariam abdicationem* impulso, ut idem Saussæus refert. Cæterùm cardinalis ad obedientiam rediens, quid improbaverit, quid probaverit, certiùs prodemus ex gestis. Interim id constat, sancto cardinali ex Clementis VII diplomate in Ecclesiâ Arelatensi cultum institutum in hanc formulam : « Sacerdos et pontifex, etc., intercede pro nobis; » mox : « Ora pro nobis, sancte Ludovice cardinalis, ut per te eruamur ab omnibus malis; » secutâ oratione : « Deus qui meritis et intercessionibus beati Ludovici Alamandi confessoris tui atque urbis Arelatensis episcopi et S. Cæciliæ presbyteri cardinalis, dignaris mortuos suscitare, cæcos illuminare, claudis gressum, surdis auditum restituere; concede propitius, ut omnes qui ejus implorant auxilium, petitionis suæ salutarem consequantur effectum : » quæ omnia ex *Pontificio Arelatensi* et ex *Galliâ purpuratâ* ad certum veritatis testimonium exscribere haud piguit.

Hic igitur ille est Ludovicus Alamandus concilii Basileensis post translationem præses, quo auctore Amadeus Felix V dictus, Papæ titulum et assumpsit primùm et posteà deposuit. Sic à schismate recessit vir optimus, et Nicolaum V agnovit. Quibus conditionibus acta suo loco referenda docebunt; unam tamen intereà ex Odorico Rainaldo ductam tacere non possumus; nempè Felicem 7 aprilis, anno 1449, edito diplomate, Pontificatu cedentem declarasse : id eâ conditione factum, ut Constantiensia de superiore conciliorum potestate decreta, in ipsis Basileensibus initiis repetita, suo loco starent, et in quemvis Pontificem etiam indubitatum valerent[1]. Quo loco Rainaldus inclamat : « Nunquàm ejusmodi sanctio adversùs non ambiguum Pontificem valuit, atque in falsum sensum detorta est à seditiosis, quos infeliciter Amadeus est secutus[2]. » Rectè. Igitur seditiosam, quam Odoricus vocat interpretationem, quæ concilium certo etiam Pontifici anteferret, adhuc Amadeus sequebatur; neque aliâ conditione cessit.

[1] Rain., an. 1449, n. 3. — [2] *Ibid*

In eumdem sensum, post aliquot dies prodiit, eodem Rainaldo referente, *sacrosanctæ generalis synodi Lausanensis* nomine edita constitutio, quâ etiam atque etiam testabantur, sub eâ conditione et cessisse Felicem, et ipsam synodum approbasse : ut nimirùm valeret definitio « Concilii Constantiensis Basileæ renovata, nec non à prælatis, regibus et principibus, universitatibusque orbis susceptâ; » ea scilicet, quam Felix memoraverat : cui decreto faciendo, Ludovicus Alamandus more solito præfuit, neque aliâ lege statim synodum dissolvit.

His igitur gestis anno 1449, anno sequente 1450 obiit in Domino, sanctitatis odore ac miraculis clarus, abdicato quidem schismate et Felice antipapâ, cæterùm nullâ unquàm eorum, quæ Lausanæ anno anteriore gesserat, retractatione factâ; et tamen nec Papâ prohibente, in Arelatensi sede permansit, neque modò in pristinam cardinalatûs dignitatem facilè restitutus, et celebri ad inferiorem Germaniam legatione perfunctus; sed etiam in cœlum summâ cum sanctitatis laude, Sede etiam apostolicâ declarante et collaudante, susceptus.

Miratur sanè Rainaldus « adorandam Dei misericordiam, quæ exiguo temporis fluxu (vix annali scilicet) Ludovicum ipsum nefandi et perniciosissimi schismatis auctorem, propagatorem hæreseos, qui, ex erroneâ conscientiâ, innumera mala in Dei Ecclesiam invexerat, ac tot annorum cursu in pertinaciâ obfirmatus, profanarat sacramenta, pœnitentem ac reversum in Ecclesiâ, ad sanctitatis culmen evexerit [1]. Addere debuit, nec retractatione factâ priorum decretorum de summâ conciliorum in quemcumque Papam, etiam indubitatum, protestate. Quanquàm, si istud erroneum, ea retractatio tàm publica esse debuit quàm ipsa declaratio. Hæc expendànt, qui huic sententiæ teterrimam erroris ac schismatis notam inurere non verentur : videant virum maximum in eâ sententiâ permanentem, sanctitate, miraculis, Sedis apostolicæ, si necessariam vocem admittant, beatificatione claruisse, et contra neotericas censuras Deum etiam è cœlo vindicem adfuisse.

Neque ità multò post *Amadeus*, eodem teste Rainaldo, *relictâ*

[1] Rain., ann. 1450, n. 6.

sanctitatis opinione excessit è vivis [1], nullo prorsùs edito retractationis monumento ejus quidem decreti, quo concilii potestatem potiorem asserebat. Mira res! cum publico errore, nullâ pœnitentiâ, tantâ sanctitatis tamen opinione florebant! Adeò illud erroneum, quod tantâ vehementiâ objiciunt, ne ipsi quidem credunt.

XLV.

Ex concilio Constantiensi ac Basileensibus initiis quid dicendum putemus.

Sed quanquàm ex his docemus Parisiensium, imò verò jàm non Parisiensium, sed totius orbis sententiam in rem judicatam transiisse; nos tamen ultrò hoc jure decedimus: adversarios, imò fratres nostros, theologos, episcopos, alios quoscumque præsules, nondùm hujus judicii vim satis intelligentes, excusamus, causasque excusandi suo loco proferimus: à gallicanæ sententiæ censuris temperari (hoc tantùm Deo teste), fraterno animo flagitamus.

XLVI.

Ante Constantiense concilium, Joannis XXII de suorum antecessorum auctoritate atque infallibilitate sententia in constitutione Quia quorumdam.

Jàm de anteriorum sæculorum certâ traditione, anteaquàm rem accuratè discutimus, ac sexcentis Ecclesiæ antiquæ monumentis approbatam damus [2], hæc interim pauca, non quia meliora, sed quia breviora, et ipso statim aspectu adversùs cavillationes omnes tuta, subnectimus. Ac primùm et quod aiunt, Parisiensium sententiam quam clerus gallicanus amplexus est, « forsan primò traditam ab Okamo schismatico eoque notorio eumque posuisse ova quæ posteà Joannes Gerson exclusit in concilio Constantiensi [3], » primo statim aspectu falsum apparet. Nos enim non Okami pessimi monachi, et adversùs Joannem XXII perduellis sententiam, sed ipsius Joannis XXII decreta promimus. Cùm enim

---

[1] Rain., ann. 1450, n. 26. — [2] Vid. lib. IX, cap. XLII et seq. — [3] Disputat. XXXIX, n. 2; disp. XL, n. 7.

in illâ celeberrimâ controversiâ Franciscanâ de *simplice usu facti*, fratres minores huic Pontifici objicerent ipsum esse apertè hæreticum, qui Nicolai III decretalem *Exiit* à Clemente V apostolicâ auctoritate firmatam, editâ constitutione, convelleret, id insuper, eodem Joanne XXII referente, addiderunt: « Quæ per clavem scientiæ in fide ac moribus à summis Pontificibus semel definita sunt, eorum successoribus revocare in dubium non licere [1], » quâ in re vel maximè pontificiam infallibilitatem ostendere videbantur. Nunc an eam Joannes admiserit, videamus.

Hujus objectionis gratiâ, edidit extravagantem *Quia quorumdam* apostolicâ ac summâ auctoritate: quâ quidem Nicolaum excusat ut potest; negatque aut ab ipso, aut ab aliis Romanis Pontificibus *definita*, quæ fratres studio tanto de *facti usu simplice* asserebant: quòd autem vel maximum atque in hac causâ peremptorium, id si vel maximè definissent, *constitutiones illas* (Romanorum Pontificum) *quibus fratres se adjuvant, fore invalidas, erroneas et infirmas*. Sanè Franciscani Nicolai III auctoritate subnixi, contendebant *simplicem usum facti*, nullâ etiam sibi proprietate permissâ, et justum esse per sese, et Christi doctrinâ atque exemplo traditum: Joannes verò XXII contrà definiebat, et illum usum non esse legitimum ac justum, et, cùm justus non esset, eum Christo tribuere, *hæreticam, damnatam, blasphemam, pestiferam,* adeòque ab Evangelio abhorrentem esse doctrinam: quæ quidem omnia ad quæstionem fidei pertinerent. Cæterùm neque hic sollicitè quærimus, quâ de re precisè ageretur, et an reverà Nicolaus pro cathedræ auctoritate ista decreverit; nec magis curamus hìc, rectène an secùs ipse ac Joannes egerint, et an summâ consentiant, de verbis litigent: quæ, nunc quidem prorsùs supervacanea, Bellarminus, Rainaldus, Daguirreus, Gonzalez, alii, operosissimis ac prolixissimis tractationibus agitabant [2]: id tantùm statuimus ex verbis allatis Decretalis *Quia quorumdam,* de fidei quæstione actum, ad quam *erronei* notam procul dubio pertinere, omnes confitentur; adeòque, quidquid

---

[1] Extrav. *Quia quorumdam, de Verb. significat.* — [2] Bellarm., de Rom. Pont., lib., IV, cap. xiv; Rain., tom. XVI, ann. 1322 et seq.; vid. quoque tom. XV, an. 1318, n. 53, 54 et seq. Vid. Daguirr. et Gonz. pass.

sit de Nicolai III constitutionibus, Joanne XXII pronuntiante, pontificias de fide constitutiones generatim à successoribus rejici potuisse *ut erroneas,* eòque *invalidas et infirmas,* quod nunc sufficit.

XLVII.

Hujus temporis scriptor à Rainaldo in eam rem adductus quid senserit : quâ occasione profertur caput Sunt quidam, 25, *quæst.* 1.

Quem autem in sensum hæc sumerent ejus ævi scriptores, haud abs re est exponere. Certè cùm Franciscani Joannis XXII Decretales ut hæreticas infamarent, Rainaldus scriptum retulit doctoris insignis, qui per ea tempora in Curiâ pontificiâ versabatur [1].

Is igitur, ut doceat potuisse à Joanne XXII condi Decretalem *Quia quorumdam,* quatuor conclusiones ponit, quarum prima et quarta ad rem nostram faciunt. Prima est, « quòd Papa non potest condere canones contra determinata per sacram Scripturam. » Quarta, « quòd potest contra determinata per prædecessores suos vel seipsum : » quod eo pertinebat, ut Joannes XXII, à Nicolao III declaratam doctrinam revocare posset. Nihil ergò in his infallibile cogitabant.

Sed multò magis observari debet ex ipso jure : nempè, ex cap. *Sunt quidam,* 25, q. 1, deprompta probatio primæ conclusionis, quæ sic habet : « Illud non est licitum Romano Pontifici, in quo convincitur non sententiam dare, sed magis errare; sed si Papa determinaret contra determinata per sacram Scripturam, convinceretur non sententiam dare, sed errare : » non ergò id potest. Mirum verò id quod hìc Rainaldus interserit : « Si determinaret contra determinata per sacram Scripturam, ex hypothesi nempè impossibili, ob promissum Spiritûs sancti præsidium; » hæc Rainaldus, quæ quàm ridenda sint omnes vident. Nemo sanè seriò et anxiè quæsiverit, *an licitum Papæ sit determinare contra Scripturam sacram,* si id possibile non sit. Quærunt autem illud auctores, Rainaldi etiam judicio gravissimi : non ergò profectò id

[1] Rain., tom. XV, ann. 1318, loc. mox. cit.

impossibile judicabant. De rebus seriis, quæ verè agi possent, non de metaphysicis laborabant.

Juvat hic referre verba ipsius capitis *Sunt quidam*, quibus Rainaldi auctor usus est; sunt autem ejusmodi : « Si (Romanus Pontifex) quod docuerunt apostoli aut prophetæ destruere (quod absit) niteretur, non sententiam dicere, sed magis errasse convinceretur. » En quo loco esset adversùs veritatem Scripturarum prolata Romanorum Pontificum sententia. Nec sequentia prætermittam : « Sed hoc procul sit ab eis qui semper Domini Ecclesiam contra luporum insidias optimè custodierunt. » Quæ quidem verba indicant, rem omni studio, omnibus votis ac precibus aversandam, non profectò impossibilem, de quâ non tantoperè laborarent. Utcumque est, id si fieret, Romanus Pontifex non *sententiam diceret*, nedùm ex Cathedrâ pronuntiare videretur. Quod suo loco clariùs explicandum, nunc ad rei memoriam tantùm notari volumus, et ad alia pergimus.

XLVIII.

Jacobi (a) sanctæ Priscæ cardinalis, posteà Benedicti XII consona eâdem de re sententia.

Nicolaus Aimericus Instituti dominicani religiosus, atque ad annum circiter 1366 acer hæreticæ pravitatis per Aragoniam inquisitor, refert (b) adversùs Minores responsa Benedicti XII tunc sub Joanne XXII Jacobi sanctæ Priscæ presbyteri cardinalis; ex quibus hæc selegimus quæ ad quæstionem nostram faciant.

« Secundò dicunt Minores : quòd prædictam paupertatem fuisse Christi et apostolorum, determinavit D. Nicolaus papa. Respondet, quòd licèt illud in Constitutione dictâ contineatur, tamen ex Scripturâ divinâ verum esse ibi non ostenditur, sed solummodò narratur; et tamen jàm nos ostendimus, quòd contrarium haberi potest ex Scripturâ apostolicâ et evangelicâ, ex quâ Scripturâ motus Dominus noster papa Joannes declaravit, dictam propositionem, si pertinax esset, hæreticam esse; nec hoc asserit simpliciter et determinatè Dominus Nicolaus, qui dictam constitutionem

---

(a) Fournier. — (b In libro cui titulus : *Directorium Inquisitorum.*

fecit, sed solummodò hoc dicit incidenter et narrativè; posito etiam quòd determinativè diceret, non obstat, cùm contrarium inveniatur in Scripturâ divinâ, et nunc est per Ecclesiam determinatum [1]. »

An id incidenter dixerit Nicolaus III, hîc quidem nihil ad nos : nunc enim profectò sufficit dixisse cardinalem, etiam si Papa *determinativè* diceret, nihil obesse, et *contrarium esse nunc per Ecclesiam determinatum.*

Pergit : « Tertiò dicunt, quòd in his quæ pertinent ad fidem vel mores, determinatum semel per summum Pontificem, non potest per alium revocari; talis autem est assertio Domini Nicolai de Christi et apostolorum paupertate. » Respondet, *quod falsum est.* Quid autem falsum est? Nempè ipsa major propositio objecti syllogismi : « Quòd in his, quæ pertinent ad fidem vel mores, determinatum semel per summum Pontificem, non potest per alium revocari. » Hanc majorem negabat tantus cardinalis à nullo reprehensus, ab omnibus laudatus, atque ad Petri Cathedram posteà evectus. Id sequentia docent. Subdit enim statim : « Nam Petrum, qui non ambulabat rectè ad veritatem Evangelii, reprehendit et correxit Paulus : et tamen non erat illi par, sed inferior. Item Stephanus papa determinavit, quòd nullus baptizatus per quoscumque hæreticos veniens ad Ecclesiam catholicam rebaptizaretur : sanctus autem Cyprianus cum multis episcopis in Africâ celebrans concilium, determinavit oppositum, reprobans in hoc Stephanum papam, ut patet in epistolis ad Jubaianum et Pompeium : concilium autem Nicænum utramque opinionem sancti Cypriani et sancti Stephani correxit determinando, quòd baptizati ab hæreticis non servantibus formam Ecclesiæ baptizentur, ab aliis verò hæreticis baptizati, non rebaptizarentur. »

Hæc de Stephano verène an secùs retulerit, nihil ad hunc locum pertinet, cùm utrimque constet ex ejus sententiâ, concilii generalis determinatione corrigi, quæ à Romano Pontifice determinata sint, etiam circa fidem ac mores, cùm de hoc precisè agetur.

[1] Aimeric. *Direct. Inquis.*, part. I, quæst. XVII, p. 295 et seq.

Neque magìs nostrâ refert, an satis valeant ad rem ea omnia exempla quæ deindè protulit : scopum ipsius attendimus, conclusiones referimus, probationes verò à nobis præstari non oportet.

Neque etiam curamus, an pertineat ad rem quod de Petro dixit. Scio nempè, id quod verum est, facilè responsuros non errasse in fide Petrum, cùm à Paulo reprehensus est, nec tùm ullam ejus determinationem fuisse correctam. Quid nostrâ? Omninò huic loco sufficit, ut quid intenderit tantus cardinalis liquidò videamus.

An non enim satis clarè de verâ et proprie dictâ determinatione agebat, cùm de Stephano ac Cypriano ageret? An non vera erat ac propriè dicta determinatio, quam Cyprianus facto concilio protulit? An non igitur determinationem talem Stephani determinationi opponit cardinalis, et utramque æquè docet concilii generalis determinatione correctam?

Sed omnium lucidissimum est quod subdit : « Tertio decimo dicunt, quòd secundùm hoc in Decretali exiit, erratum fuit in doctrinâ et vitâ Christi et apostolorum. « Respondet » quòd verum est : non tamen errore pernicioso, cùm ad plenum veritas discussa non fuisset sicut nunc est; sed errore veniali, sicut Augustinus declarat de Cypriano, et de Petro per Paulum correcto. » En ergò in decretali error agnitus : et quanquàm venialis, eò quòd non esset pertinax, tamen error contra fidem atque à successoribus necessariò revocandus.

Hæc docet cardinalis eo ævo doctissimus atque sanctissimus, vitæque ac doctrinæ merito ad Petri Sedem evectus : hæc factus Pontifex nusquàm retractavit, infirmavit nusquàm; hæc docentem eum laudat Aimericus tàm acer fidei inquisitor, sub secutis Pontificibus. Porrò Aimericum nemo reprehendit; imò omnibus fuit diligentissimi inquisitoris exemplar. Et quidem cardinalis mox Papa clarè confitetur à Nicolao dicta, quæ Joannes condemnavit; et quanquàm Nicolaum maximè excusatum vellet, ad extremum respondebat, quæ determinasset ab ejus successore corrigi potuisse.

Jam ergò conferant cum Joannis XXII decretis ea quæ cardinalis hujus ævi maximus et ejusdem Joannis successor dixerit :

gemina invenient, et ejusdem planè spiritûs, cùm utrique id agant, et ut Nicolaus III utcumque excusetur, et ut quæcumque ille dixerit, statuerit, definiverit, tamen ut fidei contraria revocari et improbari potuerint.

XLIX.

Probatur de fide actum in his determinationibus, et tamen eas legitimè corrigi potuisse: eâ de re Glossa notabilis et Bellarmini sententia.

Neque respondeant non agi de fide ac moribus; sed ut ait Bellarminus, *de re metaphysicâ*[1]. Hoc enim ludibrium potiùs quàm responsum, et per seipsum cadit, et ipso quæstionis statu facilè confutatur : cùm de justo et injusto usu ex Christi et apostolorum vitâ et exemplis ageretur; et tamen his de rebus editam apostolicam Constitutionem revocari posse affirmabant. Non ergò profectò illam, in quâ nunc summam fidei repositam volunt, infallibilitatem cogitabant.

Quâ etiam ratione, alii vicissim ipsas Joannis decretales improbari atque infirmari posse arbitrati sunt; legimusque hæc in glossâ Clementinæ *Exivi*, ad § *Proindè* : « Sæpè cogitavi quòd utile esset quòd Ecclesia Romana permitteret liberè de hoc disputari, an Christus habuerit, vel non habuerit, vel habere potuerit proprium, vel non potuerit; et similiter de vitâ fratrum minorum, an possint habere aliquid proprium[2] : » hoc est ut liberè disputari posset, non modò de eo quod Joannes XXII, editâ decretali, vanum, absurdum, injustum, sed etiam de eo quod hæreticum judicarit. Quæ in Glossâ posita ac sæpè Romæ excusa, cum eâ quam nunc memorant infallibilitate non consentiunt.

Neque ab eâ sententiâ Bellarminus abludit[3] : quippè qui à Joannis duabus decretalibus de simplice usu facti apertè dissentiat, quarum decretalium una est : *Ad conditorem canonum* : ipsumque Joannem *errasse* certè; sed *in controversiâ ad fidem non spectante* asserit, cùm Joannes decretali *Quia quorumdam*, eum qui decretalis *Ad conditorem* definita convellat, *tanquàm*

---

[1] Bellarm., *de Rom. Pont.*, lib. IV. cap. XIV. — [2] Gloss. in Clem. *Exivi*, lib. V, tit. XI, cap. I, parag. *Proindè*. — [3] Bellarm., loc. cit. ad obj. 14.

contumacem et rebellem Romanæ Ecclesiæ ab omnibus haberi jubeat: et eum, quem Bellarminus post Nicolaum III et Clementem V se tueri confitetur ut justum, *simplicem facti usum injustum esse*, nec sine hæresi ac blasphemiâ Christo tribui posse, duabus decretalibus totâ Sedis apostolicæ auctoritate definiat.

Nos autem Bellarmini labores et cum Rainaldo pugnas alio sanè loco memorabimus [1] : interim id habemus Joannis XXII decretales anathematismis munitas ac per totam Ecclesiam promulgatas, atque adeò instructas omnibus notis ac formulis, quibus ex Cathedrâ pronuntiatum volunt; tamen à glossâ corpori juris insertâ, pro retractabilibus habitas, et ab ipso Bellarmino tàm claris verbis subrutas, ut nullus pateat tergiversationi locus.

Hæc verò scribentem, et Joannis XXII ejusque temporis doctorum verba pensantem, optimorum virorum piget, qui, nescio quo pacto, sanctissimo viro Gersoni, non alium ducem quàm perfidum ac schismaticum Okamum prætulerunt : cùm è contrà Okamus, cum suâ Franciscanorum rebellium turbâ, infallibilitatem pontificiam rebellioni obtenderet; eamque ante Gersonem, ejusdem ævi doctores optimi, in his Jacobus sanctæ Priscæ posteà Benedictus XII, et ipse Joannes XXII respuerent : nec Romanam Ecclesiam aut fidem labefactari putarent, si unus aut alter Romanus Pontifex ad humanæ infirmitatis exemplum, fidei adversantia determinatione editâ definissent : id enim et continuò resarciri, ac nequidem pro sententiâ aut determinatione haberi, nec Romanæ Ecclesiæ tribuendum, et facilè intelligebant, et apertissimè profitebantur.

L.

Speculatoris, id est, Guillelmi Durandi episcopi Mimatensis liber de conciliis, jussu Clementis V editus, et quid ex eo consequatur.

Hæc igitur inter sæculi XIV initia, non jam Gersoni dicam, sed Constantiensi synodo, in ipsis XV sæculi initiis habitæ, præluxerunt [2]. Quid autem paucis annis anteà inter ipsos Viennensis œcumenici apparatus de conciliorum potestate sentirent, unus

---

[1] Lib. IX, cap. XLV. — [2] Vid. lib. VII, cap. XXXVIII, et not.

omnium maximè edocebit Guillelmus Durandus episcopus Mimatensis, vir eo ævo doctrinâ et pietate nobilis, quem honoris causâ *Speculatorem* nominant. Is igitur jussu Clementis V concilium Viennense celebraturi, ut in ipsâ operis præfatione testatur, *tractatum edidit de modo generalis concilii celebrandi*, quo in libro hæc imprimis continentur : « Utile et necessarium, quòd ante omnia corrigerentur et reformarentur illa, quæ sunt in Ecclesiâ Dei corrigenda et reformanda, tàm in capite quàm in membris [1]. » Non ergò membra tantum, sed etiam caput ipsum synodus œcumenica reformatura erat.

Addit quòd « Papa non possit, » nec debeat « novas leges aut nova jura condere, contra ea quæ apertè Dominus vel ejus apostoli, et eos sequentes sancti Patres sententialiter definierunt, quia aliter errare probaretur [2]. » Non ille cogitabat Romanum Pontificem etiam ut Pontificem et leges ferentem contra Scripturam ac Patrum auctoritatem errare non posse; sed quominùs erraret, monstrabat, quid ejus potestati permissum, quid negatum esset. Tùm illud, « quòd episcopi potestatem et honorem suum receperunt à Deo, à quo ordo prælationis institutus est, et à quo episcopi in loco apostolorum constituti sunt in singulis civitatibus et diœcesibus. » En potestas episcopalis à Deo in apostolis instituta, et per singulas Ecclesias propagata; nec viri graves doctique novum illud admittebant, episcopalem jurisdictionem à Papâ esse. Quo ex loco concludit doctus ac pius episcopus, omnia episcopis subesse oportere; neque tot exemptiones, « locis [3] et personis religiosis et ecclesiastisis [4], absque causâ necessitatis, vel evidendentis utilitatis concedi potuisse vel debuisse. » Ubi et illam docet Ecclesiæ regendæ regulam : «Secundùm generalem ordinationem universalis Ecclesiæ à Deo procedentem, et ab ejus apostolis, sanctis Patribus, generalibus et specialibus conciliis et Romanis Pontificibus approbatam. » Hæc illa est regula quam nostri docuerunt : summam et indeclinabilem vim ecclesiasticæ potestatis, universalis Ecclesiæ consensione constare.

[1] Durand., *Tractat. de modo general.*, etc., præfat., et part. I, tit. 1, p. 2. — [2] *Ibid.*, tit. v, p. 34. — [3] *Ibid.*, p. 35 et seq. — [4] Pietatis. — [5] Nam multa monasteria et capitula à jurisdictione proprii episc. immunia, Papæ immediatè submittebantur.

Hâc igitùr ex regulâ, reformationem Romanæ etiam Ecclesiæ aggressurus, multa monet : imprimis ut Ecclesia Romana « nulla jura generalia deinceps conderet, nisi vocato concilio generali, quod de decennio in decennium vocaretur [1]; » quod posteà in concilio Constantiensi factitatum constat, ut non immeritò huic sacro concilio, haud minùs quàm Viennensi virum maximum Durandum Mimatensem episcopum præluxisse, dixerimus. Hujus rei fundamentum posuerat illud à jure depromptum : « Cùm illud, quod omnes tangat, ab omnibus approbari debeat [2]. » Quo ex loco concludebat vocandum esse concilium, « quandocumque aliquid esset ordinandum de tangentibus communem statum Ecclesiæ, vel jus novum condendum [3]; » undè quamdam Bonifacii VIII constitutionem à concilio futuro Viennensi rescindi cupiens, id esse facilè demonstrabat, « quòd hoc à Domino Bonifacio factum fuerit absque auctoritate et vocatione concilii generalis [4]. » En quantà auctoritate super ipsum Papam, generale concilium pollere intelligebat.

Neque minùs notatu dignum illud, « quòd posteà, quàm egit de provisione Romanæ Ecclesiæ faciendâ, de bonis ecclesiasticarum personarum superabundantibus, absque taxationis notâ et infamiâ; » subdit : « Proviso tamen, quòd Romana Ecclesia ultra et contra prædicta, et alia quæ concilio rationabilia viderentur contra divinas et humanas leges, non posset absque generali concilio habenas extendere plenitudinis potestatis [5]. »

Neque illud omittendum, « quòd primatus Ecclesiæ Romanæ declararetur et distingueretur per ecclesiastica et sæcularia [6] : » id est, ut secernerentur ea quæ ecclesiastica sunt à sæcularibus : « Nec Dominus Papa vocaretur universalis Ecclesiæ Pontifex, cùm hoc prohibeat Gregorius [7]. » Quod quidem non eò pertinet, ut potestatem universalem Papæ, quam ubique vel maximè tuetur, infringat, sed ne universalis Pontificis nomine omnia ad se trahat : quia ut alibi ait, « proverbium vulgare est : Qui totum vult, totum perdit. Ecclesia Romana sibi vindicat universa; undè

[1] Durand., *Tract. de modo gen.*, p. 34. *Ibid.*, part. III, tit. XXVII, p. 181. — [2] *Ibid.*, part. II, tit. XLI, p. 151. — [3] Dist. LXV, cap. I, II, III. Dist. LXVI, cap. I. — [4] Durand., *ibid.*, tit. IV, p. 62. — [5] *Ibid.*, part. III, tit. XXVII, p. 282. — [6] *Ibid.* — [7] *Ibid.* et tit. 1 ejusdem part. et pass.

timendum est ne universa perdat, sicut Salomon ait lib. *Proverb.*, xxx: *Qui multùm emungit, elicit sanguinem*, sicut habetur exemplum de Ecclesiâ Græcorum, quæ ex hoc ab Ecclesiæ Romanæ obedientiâ dicitur recessisse [1]. »

Neque propptereà aut nos inferimus, aut ipse pertendit, nihil sine conciliis œcumenicis agi posse : certis tantùm casibus, quales erant hujus temporis, concilia necessaria videbantur; cæterùm in consensione vim positam, et ipse profitetur et nos docebimus.

Hæc scripsit ille Durandus Mimatensis episcopus, sui ævi vir maximus, neque tantùm Galliæ, sed etiam catholicæ Ecclesiæ lumen, quem juris pontificii interpretes potissimùm sequuntur; qui Romanis Pontificibus gratissimus vixit, ac de concilii œcumenici habendi ratione à Clemente V jussus, hæc scripsit, viamque celebrando Viennensi concilio, cujus ipse pars fuit maxima, præparavit.

Hunc igitur ante Gersonem, ante Parisienses, ante Constantiensem synodum, avitæ doctrinæ testem adhibemus, ejusque auctoritate facilè comprobamus, in iis quæ universam Ecclesiam spectent, quorum è numero prima est fides, summam auctoritatem ipsâ Ecclesiarum et episcoporum consensione constare.

Id etiam diligenter notari volumus, scripta hæc esse à Durando anno Christi circiter 1307, Clementis V tempore, in summâ Ecclesiæ pace, centum eoque ampliùs annis antequàm Constantiense concilium haberetur. Tunc ergò docebatur reformandam in synodo esse Ecclesiam, in capite et in membris : quod ad communem Ecclesiæ utilitatem spectat, communi sententiâ finiendum, neque sine concilio decerni oportere; ad Ecclesiam ordinandam quocumque decennio concilium generale congregandum, nec licere Romano Pontifici contra ea, quæ concilio generali placuissent, *sine more modoque habenas extendere plenitudinis potestatis*. Quod idem est atque illud à nostris posteà celebratum, plenitudinem potestatis per canones et concilia generalia regulandam. Hæc cùm adversarii in concilio Constantiensi coævisque doctoribus legunt, ad schismatis tempus pertinere, aut Sedi apo-

---

[1] Durand., *Tract. de modo gener.*, part. II, tit. vII, p. 69.

stolicæ infesta esse clamant; quæ tamen nunc vident, ab anterioris ævi traditione manasse, Constantiensemque synodum ex his fontibus sua decreta prompsisse.

LI.

Hinc etiam de sensu concilii Lugdunensis II judicari potest.

Hinc etiam patet hæc omnia, quæ ad universalis Ecclesiæ atque concilii auctoritatem spectant, à concilio Lugdunensi II infracta non fuisse, cùm iste Speculator, et post concilium Lugdunense vixerit, et ejus decreta egregiis commentariis illustrarit [1].

LII.

Locus Gratiani de decretalium auctoritate : alius locus de Gregorii II decretali ab eodem Gratiano reprehensâ erroris contra Evangelium.

Hæc autem ex ipso decretorum fonte hausta promebant. Nam et ipse Gratianus de decretalium auctoritate tanta locutus, atque etiam illud, quo nihil esse clarius videretur : « Sic omnes apostolicæ Sedis sanctiones accipiendæ sunt, tanquàm ex ipsius divini Petri voce firmatæ sint; » hanc tamen ultrò interpretationem subdidit : « Hoc autem intelligendum est de illis sanctionibus vel decretalibus epistolis, in quibus nec præcedentium Patrum decretis, nec evangelicis præceptis aliquid contrarium invenitur [2]. » Quo loco victus Melchior Canus Gratianum accenset illis, qui pontificiam infallibilitatem negare videantur [3].

Sic modernorum canonistarum antesignanus Gratianus, quem unum apostolicæ potestatis egregium assertorem Romani Pontifices, inter alios selegerunt, ut legeretur in scholis et omnium manibus tereretur, Parisiensibus, imò Constantiensibus Patribus auctor exstitit, ut tuerentur ea quibus pontificiam auctoritatem convulsam elisamque clamitent.

[1] Vid. Epist. Imper. ad conc. Lug. II int. act., tom. XI, p. 966, et Epist. præl., *Ibid.*, p. 968 et seq. Vid. infrà, lib. VII, cap. xxxv, xxxvi. — [2] Dist. xix, cap. vii, *Sit omnes.* Vid. in app., lib. I, cap. vi. — [3] Can., lib. VI, cap. i.

Affert quidem Gratianus hìc ejus rei probationem infirmam, et Anastasii II decretalem immeritò erroris insimulat; verùm affert alio loco Gregorii II egregii Pontificis ad sancti Bonifacii Moguntini interrogata responsum, quod idem Gregorius vocet « apostolici vigoris doctrinam per beatum Petrum, à quo et apostolatus et episcopatus principium exstitit [1]. » Rogo autem, his verbis quid significantius dici possit, ad exprimendam pontificii responsi pro Cathedræ Petri potestate plenam auctoritatem; et tamen responsum illud, Gratiano teste, « Evangelicæ et apostolicæ doctrinæ penitùs invenitur adversum [2]. »

Sanè confitentur omnes, multa ejusmodi esse responsa adeò adversantia evangelicæ et apostolicæ veritati, ut ea nemo tuenda suscipiat; neque aliud suffugium est, quàm eos Pontifices de fide ac moribus ritè consultos, ut qui toti Ecclesiæ præsiderent, tamen quo privatis doctoribus respondisse; quo nihil absurdius atque incredibilius esse videatur. Sed ut hæc interim omittamus, istud Gregorii II disertissimis verbis, « ex apostolico vigore summâque auctoritate decretum per Petri Cathedram, unde apostolatus et episcopatus principium exstitit, » traditum, quis negaverit pro Cathedræ apostolicæ potestate pronuntiatum fuisse? Et tamen illud ipsum est *quod evangelicæ atque apostolicæ doctrinæ* haud cunctanter et dubiè, sed planè et *penitùs invenitur adversum.*

Et quidem etiamsi Gregorii responsum aliquâ ratione defendi posset, tamen Gratiani sententia à nullo improbata patesceret. Nunc autem fatentur omnes errasse Gregorium, qui supervenientis infirmitatis causâ uxori legitimæ alimenta tantùm relinquere, alteram virum inducere, contra evangelica et apostolica jussa permiserit, idque Bonifacio Germanorum apostolo, pro novâ germanicâ Ecclesiâ consulenti, ex Petri Cathedrâ atque apostolicâ auctoritate responsum ediderit; et adhuc urgebunt theologos gallicanos, ut pro fidei certo dogmate admittant id quod, ipsâ experientiâ teste, refellatur, renuentes, schismatis, erroris in fide, et etiam hæresis damnabunt.

---

[1] Caus. XXXII, quæst. VII, cap. XVIII. Vid. Epist. IX Greg. II *ad Bonif.*, tom. I, *Conc. Gall.*, p. 519. — [2] *Ibid.*, parag. *Sed illud.*

LIII.

Pelagii II decretalis ab eodem Gratiano ex Gregorio Magno reprehensa : ex ipsâ etiam Glossâ contra Evangelium.

Exstat etiam aliud à Gratiano relatum Pelagii II Constitutum, de quo Gregorius Magnus hæc habet : « Quod mihi durum et incompetens videtur; » ad quæ verba Glossa perspicuis verbis : « Illa Constitutio fuit iniqua [1]. » En planè et rotundè iniqua constitutio ex apostolicâ auctoritate manans; et ad verbum illud *durum :* « Statutum Pelagii fuit contra Evangelium [2]. » Hoc autem Statutum Pelagii II esse, ejus qui Gregorium proximè antecessit, probat eadem Glossa ex cap. *Multorum,* 27, q. 2, quod est ejusdem Gregorii Magni. Quare in uno argumento duos conjunctos habemus egregios Pontifices, Pelagium II contra Evangelium statuentem, et Gregorium Magnum ejus statuta improbantem. Quo quid est clarius? Et tamen non desunt multa æquè memorabilia, quæ suo loco referamus.

LIV.

Honorii res : eum erroris excusari non posse, licèt ex Cathedrâ pronuntiantem.

Incredibile dictu est, de decretis apostolicis quantos ludos faciant, dùm eos aut ex Cathedrâ aut non ex Cathedrâ prolata esse definiunt [3]. Vel Honorii epistolas in medium afferamus. Nihil est, inquiunt; non enim erravit Honorius, aut *quidquam erroris,* si Bellarmino credimus, *in ejus epistolis continetur* [4]. Mirum! cùm etiam P. Thyrsus dixerit, *eum doctrinam Sergii principis monothelitarum approbare visum, et in eo malè egisse, quod non extinxit hæresim* [5] Quid autem? An non prohibebat ne *una* vel *duæ* operationes ac voluntates dicerentur? An non, ut *duas voluntates,* ita *unam novæ adinventionis* vocabulum appellabat : *unam æquè ac duas sentire vel promere ineptum judicabat:* catholicamque veritatem et

---

[1] Distinct. XXXI, cap. I, *Ante triennium.* — [2] Caus. XXVII, quæst. II, cap. XX. — [3] Vid. lib. VII, cap. XXV et seq. et not. — [4] Bell. *de Rom. Pont.,* lib. IV, cap. XI. — [5] Gonz., disp. XV, sect. V, n. 2.

hæresim æquè *à fidei prædicatione* eximebat ¹? Pacis gratiâ, inquies: pacis quidem falsæ, qualem componeret Leo X si, quod absit, definiret consubstantiationem æquè ac transubstantiationem, ut cum Luthero pacem haberemus, excluderet; quodquid aliud esset, quàm ipsam veritatem decreto edito prodere? Hoc igitur gradu dejecti, ad id decurrunt ut dicant, non ea ex Cathedrâ docuisse Honorium, cùm scilicet à tribus patriarchis Sergio C. P., Cyro Alexandrino, Sophronio Hierosolymitano ritè atque ordine consultus, quartum quoque, Antiochenum Macarium in monothelitarum errorem induxit, quippè qui *Honorium à Deo eruditum*, antesignanum ac ducem ubique nominaret ⁴. Quandò igitur ex Cathedrâ pronuntiandum fuit, nisi cùm à toto Oriente consultum Petri successorem confirmare fratres et teterrimum errorem compescere oportebat? An falli amabat, qui sic interrogatus non eo ritu diceret, quo se falli non posse intelligebat? Hic hæreant necesse est, nisi Bellarmino duce augurentur « fortasse illas epistolas esse confictas t insertas concilio generali ², neque hoc temerè dici, » quod quidem tàm apertè falsum est, ut nemo probaverit.

LV.

De falsatis actis Binii ex Baronio conficta narratio.

Restat ergò ut Honorius meritò à sanctâ synodo damnatus esse credatur, eò quòd compertus sit per omnia mentem Sergii secutus, et impia dogmata confirmarit ⁴. Quâ de re sic Binius à P. Gonzalez relatus loquitur : « Honorium in actis synodalibus VI et VII concilii velut hæreticum anathematizari, et cum monothelitis ibidem recenseri, multùm huic nostræ communi orthodoxorum sententiæ præjudicaret, si non *evidenter constaret*, acta VI synodi imposturâ Theodori C. P. et monothelitæ episcopi corrupta esse ⁵. » Evidenter verò constat, id quod ipsâ statim rei narratione falsi deprehenditur. Sic enim ipse Binius, Baronio

---

¹ Epistol. Honor. *ad Serg.* int. act. conc., VI, act. XII, tom. VI, p. 928. — ² Conc. VI, act. VIII, p. 141, 749. — ³ Bell., *de Rom. Pont.*, lib. IV, cap. XI; Bar., ann. 581, tom. VIII, p. 519. et pass. — ⁴ Vid. conc. VI, act. XII, XIII. — ⁵ Bin., tom. IV, in *Not. ad vit. Honor.*, pag. 572; tom. V, in *Not. ad concil.* VI, p. 366; Gouz., disp. xv, sect. VI, parag. 2, n. 2.

auctore, rem adornat: « Theodorus C. P. nactus originale exemplar concilii eâ occasione, ut illud auctoritate pontificiâ confirmandum, ad Leonem II mitteret, suo ubique nomine expuncto, in odium Romani Pontificis, nomen Honorii, quem monothelitæ suarum partium esse jactaverant, ubique substituit [1]. » Hæc quidem Baronius, et ex eo Binius, quæ uno verbulo concidunt. Aderant enim legati apostolicæ Sedis, qui synodo præsidentes, nec quid gestum esset ignorabant, nec profectò tacuissent, et publicæ fidei Græculos illusisse quererentur, non sanè errorem ipso silentio confirmarent. Sic est illud *evidens et constans*, quod de VI synodi falsatione commemorant.

LVI.

Actio falsi à Christiano Lupo depulsa quàm certis probationibus

Sed præstat audiri Christianum Lupum eâ de falsatione disserentem : « Dura, inquit, ista sunt : apostolicos legatos arguunt manifestæ, in re longè gravissimâ, prævaricationis. Quomodò in vitâ Joannis V unius è legatis, Anastasius Bibliothecarius eos reduces affirmat, ab omni Ecclesiâ Romanâ susceptos fuisse omni gaudio, ob apostolicas vices felicissimè gestas? Quomodò dicit de Leone II : *Hic suscepit sanctam VI synodum, in qua condemnati sunt Cyrus, Sergius, Honorius?* Quis Theodorus librum Pontificalem (ab Anastasio editum) vitiavit? Quomodò nullus unquàm Romanus Pontifex, nullus per ea tempora Ecclesiæ latinæ Pater imposturam detexit, arguit, abrasit [2]? » Videsis reliqua, quibus certò constat, Honorium et ab Adriano II ex authenticis archivis Romanæ Ecclesiæ, et in ipsâ Romanorum Pontificum professione, non nisi ex concilii VI auctoritate damnatum. Quid igitur Binium cogitasse volumus, cùm diceret : « Multùm præjudicare... concilii VI decreta » adversùs Honorium, « nisi evidenter constaret esse falsata? » Atqui nedùm constiterit esse falsata, non esse falsata claruit. Quod ergò perfugium superest? Non errasse Hono-

---

[1] Bar., tom. VIII, ann. 681, p. 551, 552, edit. Rom. — [2] Christ. Lup., *Diss. in VI, syn.*, cap. VI, tom. II, p. 858.

rium, qui veritatem catholicam *inter nova, inepta, à fidei prædicatione eximenda decreverit?* Falsum. Non ex Cathedrâ pronuntiasse, qui ritè interrogatus à tribus patriarchis, toto Oriente promulganda responsa prodiderit? Falsum. Corrupta acta synodalia, uti Baronius et post eum Binius, tantâ ope extremi refugii loco statuerint? Falsum; et ut nunc cætera omittamus, à Christiano Lupo certis probationibus et actis confutatum. Quò ergò confugient? Nunquàmne tædebit viros egregios et eruditos, Binii, ac si auctores Binii quærimus, Bellarmini ac Baronii fide, ad hæc incondita et absurda cogi? Quos, sint licèt viri maximi, tamen satis constat, dùm causæ omnibus modis serviunt, et sibi res, non se rebus accommodare satagunt, optima scripta multis mendis dehonestasse. Hæc quidem de Bellarmino et de celeberrimo *Annalium* conditore memorare pigeat, nisi causæ necessitas et elucidanda veritas postularet.

LVII.

Ex actis concilii hispanici Toletani XIV quæstio de falso clarè absolvitur.

Nec tacere possumus Roccabertum, qui non rationum pondere, sed novâ grandium voluminum mole nos premat [1]. Nempè de Honorio implevit trecentas paginas : quo fructu? Cùm vel unum hispaniense concilium Toletanum XIV in novâ collectione, ex optimis exemplaribus singulari studio recensitum, grandem difflet machinam. Quo quidem in concilio extant Leonis II epistolæ, queis constet Honorium à VI synodo esse damnatum [2]. Falsæ, inquit Roccabertus post Baronium et Binium [3]. Quis ergò corrupit illas? An aliquis Theodorus græcus Romam atque in Hispanias penetravit, ut Romana, ut hispanicorum conciliorum acta corrumperet? Ad hæc nos adactos volunt. In his Sedis apostolicæ ac fidei catholicæ præsidium reponemus? Absit hoc ab Ecclesiæ majestate. Sanè doctissimus Daguirreus, quid de illis sentiret epistolis indicavit his verbis : « Earum αὐθεντείαν cardinalis Baronius expugnare conatus est, et alii post eum [4]. » En *conatus*

---

[1] Roccab., tom. II, lib. III, *Apol.* — [2] Conc. Tol. XIV, tom. VI, Labb., p. 1279 et seq. — [3] Roccabert., loc. cit. — [4] Daguir., *Not. in Conc. Tolet* XIII, tom. II, p. 710.

tantùm, nec plura dixit optimus cardinalis, seque ipse medio in cursu repressit, notasque suas quarum spem injecerat, desiderari est passus; credo ne pro candore suo rectique judicii æquitate, certis inclytæ hispaniensis Ecclesiæ monumentis, VI synodi acta adversùs Honorium munire co geretur.

LVIII.

Ex eodem concilio decreta à Romanis pontificibus approbata, non nisi consensione factoque examine recipiuntur.

Utcumque est, Patres ipsos Toletanos audiamus. Nempè ad eos perlata sunt concilii VI decreta auctore Agathone gesta, à Leone II confirmata, ad quam quidem VI synodum nec Hispani convenerant, ac nequidem convocati erant[1]. Probant itaque synodum VI; sed conciliorum hispaniensium *synodico examine;* sed *discretâ auctoritate;* sed post illius acta synodica iterùm examinatione decocta. Addunt : « Iteratò ea gesta probavimus; posteaquàm ea, examinatione constitit, Constantinopolitanæ et Ephesinæ fidei concordantia, Chalcedonensis verò verbis edita vel libata [2] : » nec nisi sub illius examinis lege, VI synodo, cujus nulla pars fuerant, suæ consensionis complementum ac robur adjiciunt, eamque aliis quas noverant synodis, adnumerandam putant [3]; usque adeò apud Hispanos, sicut apud omnes, liquebat, probata circa fidem à Romanis etiam Pontificibus acta, ità quidem valere, si Ecclesiarum consensus accederet.

Nec mirùm à doctissimis ac fortissimis hispaniensibus episcopis ità gestam esse rem. Cùm enim ad VI synodum vocati non essent, ut diximus, ut quæ sanctæ synodo defuissent, pro suâ parte supplerent, id egerunt in synodis suis particularibus, quod in ipso generali concilio VI fecissent : nempè ut pro recepto omnium conciliorum more, ità omnia communi episcoporum deliberatione agerentur : ut etiam de S. Agathonis papæ ejusque concilii epistolis quæreretur, nec priùs admitterentur, quàm singuli episcopi de illis rogati sententiam dicerent [4].

[1] Vide lib. VII, cap. XXIX — [2] Conc. Tolet. XIV, cap. IV, v. Daguir., tom. II, q. 718. — [3] Conc. Tolet. XIV, cap. v. — [4] Vid. conc. VI, act. VIII.

LIX.

In fidei quæstionibus conciliorum generalium potior auctoritas demonstratur ex conciliorum actis, ac primùm ex concilio III et IV.

Atque is mos conciliorum omnium diligentissimè observandus [1]. Ante Ephesinam synodum S. Cælestinus papa Cyrilli epistolam dato judicio his verbis probaverat : « Omnia quæcumque sentimus ac tenemus, te itidèm sentire, ac tenere perspicimus. » Quin etiam omnia extrema decernit in Nestorium, « nisi ea, inquit, prædices, quæ Cyrillus prædicat; » et tamen de illâ Cyrilli epistolâ in Ephesinâ synodo in hæc verba quæsitum est · *Rectène et inculpatè hæc scripserit an secùs* [2]. »

Producta deindè est Nestorii epistola, de quâ idem Cælestinus pro Sedis apostolicæ auctoritate ità pronuntiaverat : « Vidimus tuas litteras apertam blasphemiam continentes [3]; » et tamen posteaquàm universale collectum est concilium, in eadem verba quæsitum est : « Numquid hæc ipsa quoque Nicænæ fidei consonaret an non? » Ex eâ interrogandi formâ, Patres probanda Cyrilli, damnanda Nestorii scripta ordine censuerunt; nec nisi deliberatione et examinatione factâ S. Cælestini judicium approbarunt [4].

Eodem ritu modoque de celeberrimâ illâ S. Leonis ad Flavianum epistolâ quæsitum propositumque ità est à judicibus : « Singuli reverendissimi episcopi doceant si expositio CCCXVIII et CL Patrum (a) consonat epistolæ S. Leonis; » neque eam Anatolius aliique episcopi susceperunt, nisi deliberato et explorato Leonis epistolam antiquioribus conciliis consonare.

[1] Vid. lib. VII, cap. IX et seq. — [2] Epist. Cæl. *ad Cyril.*, part. 1 concil. Ephes., cap. XV, tom. III, p. 348, et ejusd. epist. *ad Nestor.*, cap. XVIII, pag. 361. Vid. conc. Ephes., act. I, p. 461. — [3] Epist. *ad Nest.*, loc. cit. concil. Ephes., act. I, p. 492. — [4] Vid. epist. Leon. *ad Flav.*, act. II conc. Chalc., tom. IV, pag. 344, et int. epistol. Leon. XXIV, aliàs X.

(a) Des Pères de Nicée et de ceux de Constantinople.

LX.

Bellarmini et Baronii altercatio de decretali sancti Leonis epistolâ in concilio IV rité examinatâ.

Hic autem exoritur inter egregios cardinales Bellarminum et Baronium quæstio singularis : hic enim, eumque secuti nostrorum magna pars, Leonis epistolam ut fidei *normam ac regulam agnoscunt,* quâ omnes Ecclesiæ tenerentur : Bellarminus verò ipsâ examinatione turbatus, quam negare non potuit, sic respondet : « Leo epistolam suam miserat ad concilium, non ut continentem ultimam et definitivam sententiam, sed ut instructionem quâ adjuti episcopi meliùs judicarent [1]. » Atqui, vir maxime, pace tuâ dixerim, Leo hanc epistolam, appellante Eutyche, Flaviano postulante, de summâ fidei condidit, et ad omnem, quâcumque patet misit Ecclesiam, cùm necdùm quisquam de synodo cogitaret. Non ergò instructionem ad synodum adornabat; sed apostolicam proferebat sententiam. Scilicèt has inter angustias nullum aliud patebat effugium ; nec sinit Baronius ut alteri potestati quàm summæ et indeclinabili tribuantur epistola, tantâ Sedis apostolicæ auctoritate firmata; nec Bellarminus intelligit summæ et indeclinabilis auctoritatis esse, quæ synodali examini deliberationique subjecta sit. In illo ergò conflictu quid superest, nisi ut pariter constet, et totâ Sedis apostolicæ auctoritate conscriptam, et tamen concilii universalis examini pro more esse subditam?

LXI.

Definitio S. Leonis, ipso etiam teste, nonnisi ex Ecclesiæ consensu vim habet irretractabilem.

Quâ in re nullum alium quàm Leonem ipsum auctorem sequimur, cujus ad Theodoretum scribentis hæc verba sunt : « Quæ Deus nostro priùs ministerio definiverat, fraternitatis universæ irretractabili firmavit assensu, ut verè à se prodiisse ostenderet

[1] Vid. lib. VII, cap. XVIII; et Bar., an. 449., tom. VI, p. 80. et Bellarm., lib. II, *de Conc. auct.,* cap. XIX.

quod priùs à primâ omnium Sede formatum, totius christiani orbis *judicium* recepisset [1]. » En definitio juxta Baronium, non autem instructio juxta Bellarminium : en orbis universi de Sedis apostolicæ definitione *judicium*. Pergit : « Nam, ne aliarum sedium ad eam quam cæteris Dominus voluit præsidere, assentatio videretur, aut alia quælibet subrepere posset adversa suspicio, inventi priùs sunt, qui de judiciis nostris ambigerent : » neque tantùm ab hæreticis, sed etiam ab ipsis synodi Patribus, ut gesta testantur. En in primâ Sede assentationis metus, si de ejus judiciis dubitatio vetaretur : denique, « ipsa quoque veritas clariùs renitescit et fortiùs retinetur, dùm quæ fides priùs docuerat, hæc posteà examinatio confirmaret. » En apertis verbis *examinatio* synodalis *de fide*, non in se, ut pessimè objiciunt, sed quam epistola decretalis exponeret. Ac demùm eadem *epistola* pro regulâ editur ; sed *universæ sanctæ synodi assensu firmata,* sive eum in modum quem superiùs dixerat, postquàm *universæ fraternitatis irretractabili firmatur assensu.* Ex quo tanti Pontificis dicto, clerus gallicanus suæ illa deprompserat : in fidei quæstionibus *irreformabile* Tertulliani dictis, sive Leonis verbis, *irretractabile esse judicium,* sed tùm, *cùm Ecclesiæ consensus accesserit.*

LXII.

Concilii VI et VII acta : VII Synodi definitio ac summa auctoritas consensione constans.

Ea consuetudo, sive praxim malueris, omnium conciliorum fuit. In synodo VI jam diximus decretales S. Agathonis epistolas, ex Romano, totoque, exceptis Hispanis, occidentali concilio, ad Constantinopolitanum concilium destinatus, summâ quidem reverentiâ susceptas, sed facto demùm examine comprobatas, posteaquàm de illis in hanc formam rite quæsitum est : «An earum sensus episcopo Constantinopolitano et aliis episcopis conveniret ; » quâ de re singuli liberam et exquisitam sententiam ferrent [2].

---

[1] Vid. lib. VII, cap. XVII et *Epist. Leon. ad Theod.* XCIII, al. LXIII. —
[2] Sup., n. LVIII. Vid. lib. VII, cap. XXIV. Conc. VI, act. VIII, tom. VI, pag. 728 et seq.

In synodo quoque VII sic ab ipsis legatis apostolicæ Sedis quæsitum rogatumque est : « Dicat sancta synodus, si admittat litteras sanctissimi Papæ senioris Romæ an non : » ad quam rogationem tam claram, tam liberam, auctore apostolicâ Sede factam, Tarasius imprimis ac deindè singuli episcopi responderunt : « Se Scripturam scrutatos et patriis doctrinis doctos, » facto scilicèt examine, « apostolicis litteris consentire [1]. »

Indè ergò firmitudo synodalibus gestis, ipsiusque definitionis hoc initium, hoc fundamentum, hæc summa est : « Christus desponsatâ sibi sanctâ suâ catholicâ Ecclesiâ, non habente maculam neque rugam, hanc se conservaturum promisit, sanctisque discipulis suis asseverabat, dicens : *Vobiscum sum omnibus diebus* [2]. Hanc autem repromissionem, non solùm illis donavit, sed etiam nobis, qui per eos credidimus in nomine ipsius [3]. » Hanc promissionem fundamenti loco ponunt, non profectò solam Romani Pontificis venerandam licèt definitionem, de quâ ipsi deliberant. Quamobrem statim subdunt : « Propter quod Dominus Deus noster..... nos sacerdotii principes beneficio suo undique convocavit, quatenùs deifica catholicæ Ecclesiæ traditio communi decreto recipiat firmitatem [4] : » quæ verba clarè docent in isto consensu vim ecclesiastici judicii esse positam.

LXIII.

Concilii VIII eadem praxis : duo ejus decreta.

In synodo VIII de fide nihil actum [5] : sed æquiparanda fidei quæstioni exorientis schismatis controversia, synodi universalis digna examine videbatur. Ergò de epistolâ Adriani II Papæ *sanctissimi Vicarii senioris Romæ dixerunt: Est canonicè et synodicè acta epistola hæc?* Solemnis formula examinis, quam ab anterioribus synodis repetitam, legati apostolici celebrabant. Ad hanc « sancta et universalis synodus dixit : Canonica et ordinata et plena justitiæ est epistola quæ lecta est [6]. » Nisi plena justitiæ,

---

[1] Vid. lib. VII, cap. xxx. Conc. VII, act. II, tom. VII, p. 127, 130. — [2] Ibid. act. VII, defin., p. 551. — [3] *Matth.*, xxviii, 20. — [4] Definit., *Ibid.*, p. 554. — [5] Vid. lib. VII, cap. xxxII. — [6] Conc. VIII, act. III, tom. VIII, p. 1011.

nempe ea haud legitima, neque canonica aut synodica haberetur.

Actione vi introducuntur ad synodum ii qui *Episcopi Photii* dicebantur, sive ab ipso ordinati, sive ipsi adhærentes ; atque illi quidem Photio se obligatos putabant; sed ea vincula synodus resolvebat his verbis : « Sanctissimi Vicarii senioris Romæ et nos qui reliquarum sedium vicarii sumus, hæc omnia dissolvimus, gratiâ Domini nostri Jesu Christi, qui dedit nobis summi sacerdotii potestatem, justè et congruè ligandi atque solvendi [1]. » Cujus rei fundamentum tale adstruunt : « Spiritus enim sanctus qui locutus est in sanctâ Romanâ Ecclesiâ, credimus quòd et in ecclesiis nostris locutus extiterit : » Sic omnibus, nec tantùm Romano Pontifici, data à Deo potestas solvendi ligandique auctoritas communi sententiâ, in eâque Spiritûs sancti judicium est. Hæc dicit ea synodus quæ Sedi apostolicæ vel maximè faverit atque obedientissima fuerit. Sed per ea tempora nihil aliud cogitabant.

LXIV.

Bellarmini sententia de synodali examine : Christiani Lupi aliorumque cavillationes : an in conciliis de fide dubitatum, cùm de pontificiis decretis quæretent.

Hæc igitur per octo sæcula in generalibus synodis consuetudo, hæc auctoritas viguit. Neque enim in primâ, secundâ, quintâve synodo, ulla quæ ad examen traherentur Sedis apostolicæ decreta præcesserant : in tertiâ, in quartâ, in sextâ secutisque synodis, certa ecclesiastica praxis enituit. Sanè meminimus Bellarminum conciliaris examinis auctoritate victum ita statuisse, ut sancti Leonis epistola, quam alii definitionis irretractabilis loco esse voluerunt, instructionis tantùm fuerit, cùm ea et æquam cæteris præferat auctoritatem, neque alio ritu quàm cæteræ omnes recepta legatur [2]. Quare de omnibus æque censendum est, et eas à Romanis Pontificibus plenâ auctoritate dictatas, et à conciliis, nonnisi quæstione habitâ comprobatas.

Quo etiam argumento necesse est ut concidat, quod nostrâ

---

[1] Conc., VIII, act. vi, p. 1049. — [2] Sup., n. LX. vid. Bellarm., *de Conc. auct.*, lib. II, cap. XIX.

credo ætate, commenti sunt inane figmentum. Sic nempè Christianus Lupus : « Hanc epistolam (ad Flavianum scilicèt) Leo permiserat à synodo discuti et cum sanctorum Patrum scriptis conferri, ac tum ex ipsâ eutychianas lites definiri mandârat; » ut illud examen permissionis tantùm, non etiam auctoritatis et juris esse videatur [1]. Hæc quidem Lupus judicat, sed præter gestorum fidem. Nam quod in Leonis epistolâ IV synodus, id posteà in Agathonis, id in Adriani I et II decretalibus omnes posteà synodi præstiterunt : id in III synodo circà S. Cœlestini judicata præcesserat, communi ubique formulâ certoque et usitato conciliorum more. Itaque non alicujus permissu atque indulgentiâ; sed suo jure, nec aliâ, ut ab ipsis synodis audivimus, quàm Spiritûs sancti auctoritate, judicium capessebant sibique tribuebant.

Neque propthereà quod *Galliæ vindicatæ* auctor aliique passim objiciunt, de fide dubitabant [2]. Absit : sed an ipsi Pontifices satis ex traditione rem gererent : an antiquam fidem satis exprimerent ut Pontificis quidem officium fuerit toti Ecclesiæ prælucere, et apostolicam proferre sententiam. Cæterùm, quod ipse Leo palàm professus est, per examen synodicum decretis pontificiis ultimum perfectumque et prorsùs indeclinabile robur, Patrum ac totius Ecclesiæ consensu adderetur. Quo etiam factum est, ut post pontificia decreta in synodis quidem œcumenicis quæstio haberetur; synodo verò gestâ, nihil jam quæstionis, nihil unquàm examinis superesset. Sic Constantiensi synodo omnes retrò œcumenicæ synodi ac primis quoque sæculis prætulerunt facem.

LXV.

S. Basilii locus, atque in eum Christiani Lupi contumeliæ.

Neque aliter extra synodum quàm in ipsis synodis actum esse ipsa ecclesiastica gesta clamant. Vel Christianum Lupum audiamus, hæc ex Magni Basilii epistolâ exscribentem : Quale nobis auxilium ab Occidentalium supercilio et fastu aderit, qui veritatem neque norunt neque discere sustinent? Verùm falsis opinioni-

---

[1] Christ. Lup., tom. I, *ad Dec. synod. gener.*, app. ad conc. Calc., p. 912. —
[2] Diss. IV, parag. 1, p. 214, ad obj. 2; et diss. III, parag. 1, ad obj. 2.

bus præpediti, illa nunc faciunt quæ priùs in Marcello : nempè cum iis qui veritatem ipsis annuntiant contendentes, hæresim autem per seipsos stabilientes [1]. » Quo loco idem Lupus de definitionibus dogmaticis agi non obscurè significat.

Itaque his commotus, hæc adverùs Basilium tanquàm ex tripode pronuntiat : « Omninò culpandus est S. Basilius, hâc de causâ Damasum Pontificem et omnem Occidentis Ecclesiam, quomodò et Julium Pontificem ob Marcellum arguens de patrato facinore, stabilità hæresi, ignoratâ veritate [2]. » Nos verò de tanto viro decernentem Lupum facilè contemnimus : quid, fatente Lupo, Basilius senserit parvi facere non licet. Neque nunc ad rem pertinet, meritosne an immeritos Basilius reprehenderit. Hìc certè constitit, duobus pontificiis de fide decretis ab eodem Basilio, nullâ excusatione, interpretatione nullâ, rotundè ac simpliciter stabilitam hæresim imputatum.

Neque aliud causatur Lupus, quàm, sic Basilium « locutum oculo per iram turbato; » ac ne quid contumeliæ desit : « Hinc, inquit, in iram frequenti jejunio studentium more pronior Basilius clamabat [3], » etc. At quis te ferat, Lupe, tanto viro exprobrantem sancta castaque jejunia, tanto interioris vitæ ac spiritualium exercitationum magistro contractæ ex jejuniis iracundiæ vitium tribuentem? Miseros verò nos, qui ad ea tempora devenimus, quibus cuique liceat sanctos Patres Basiliumque ipsum etiam maledictis incessere, ac morum insectari gravitatem.

LXVI.

Alius S. Basilii de S. Damasi decretis locus.

Idem Lupus indicat aliam epistolam, in quâ de sancti Damasi adversùs sanctum Meletium decretis agens Basilius, « se illas litteras, nec si de cœlo descenderint, si quidem ad fidem rectâ viâ non incedant, admissurum, aut eum qui attulerit ad communionem recepturum negat [4]. » En quantâ confidentiâ non jam

---

[1] Lup. tom. I, not. *ad Concilium Sard.*, cap. VI, p. 209. Basil. epist. CCXXXIX, tom. III Beued., p. 368, al. epist. X. — [2] Lup., *ibid.*, p. 213. — [3] Lup., *ibid.*, p. 209. Ibid. — [4] Lup., *de Appel.*, cap. XXXII, pag. 333. Basil. epist. CCXIV, al. CCCXLIX, p. 321.

Gerson ejusque sequaces posterioris ævi doctores, sed ipso quarto sæculo Basilius Magnus de decretis pontificiis dixerit. Quis autem tanto viro succensuit? Quis ejus rei gratiâ incusavit, tanquàm de Sede apostolicâ malè meritus esset, aut ejus primatûs, quem summoperè coluit, infregerit auctoritatem? Hæc quidem ad exemplum vulgò trahi nolumus, et extraordinariis casibus accensemus; et tamen certo argumento est, procul abfuisse illa tempora ab iis, in quibus nunc summam fidei constitutam putant. Sed anterioris ævi testes audiamus.

LXVII.

Contentio de rebaptizatione inter sanctum Stephanum et sanctum Cyprianum; quæstiones involvendæ rei factæ ab hác disputatione secernuntur.

Sancti Cypriani martyris cum sancto Stephano Papâ æquè martyre controversia statim Parisienses absolveret, nisi contrariæ sententiæ auctores rem planam variis concertationibus involvissent[1]. Hinc illæ quæstiones tantis animorum motibus agitatæ: an Stephanus dixerit ex cathedrâ necne : an excommunicationis sententiam reverà, an per comminationem ediderit : quâ conscientiâ sanctus Cyprianus, sanctus Firmilianus cum tot ac tantis ecclesiis africanâ scilicet et asiaticis, Papæ de fide docenti ac præcipienti repugnaverint : an aliquandò resipuerint : an eâ repugnantiâ, seclusis vocibus asperioribus quæ excidere solent de re gravi certantibus, fuerit mortale peccatum, an veniale, an nullum, cùm optimâ fide Cyprianus, Firmilianus et eorum episcopi agerent. Quas ambages, si resolvere incipimus, imus in longum. Sed enim quæstionibus prætermissis, id agemus tamen, ut quæcumque sententia vicerit, nostræ res facilè in tuto collocentur.

LXVIII.

In hác controversiá, quid certum sit, ex Bellarmino statuitur.

Ac primùm quidem certum est hactenùs extitisse neminem; qui nedùm schismatis aut schismatici spiritûs Cyprianum tantum

---

[1] Vid. lib. IX, cap. III et seq.

virum, tantum episcopum, tantum martyrem, ac per illa quoque tempora et pietate et doctrinâ totiùs Ecclesiæ lumen arguere sit ausus. Bellarminus verò etiam à mortali peccato abfuisse probat; eò quòd Cyprianus « putavit Pontificem perniciosè errare, et stante illâ opinione, tenebatur ei non obedire, quia non debebat contra conscientiam agere [1] : » quâ de re sine gravi temeritatis notâ dubitare nemini licere credimus.

LXIX.

Galliæ vindictæ *et* Tractatûs de libertatibus *auctores quid respondeant : an Cyprianus, ut in rebaptizatione, ita in Romani Pontificis auctoritate errasse memoretur : Augustini locus.*

His ergo positis, quis pateat exitus inquiramus. *Galliæ vindicatæ* auctor sic se expeditum voluit : « Nunc id solùm dico Cyprianum ejusque asseclas, si crediderunt Pontificem ex cathedrâ docentem falli posse, omninò errasse, neque id mirùm est aut absurdum. Si enim errarunt circa baptismum, cur non errare potuerint circa Pontificem; et si tu absurdum et falsum esse non credis, cùm dicitur Cyprianum circa baptismum errasse, cur absurdum et falsum esse credas, cùm dicimus errasse contra Pontificem [2] ? » Id etiam objicit anonymus auctor *Tractatus de libertatibus* [3] aliique plurimi. Frustrà. Sanè utrumque errorem, si uterque error est, æquè potuit errare Cyprianus : quis enim id negat? At rebaptisationis errorem totius orbis reprehensio, alterum errorem nullum omninò fuisse, totius orbis silentium probat. Hæc ultrò responderent omnes, vel nobis tacentibus. Eusebius, Hieronymus, Augustinus, Vincentius Lirinensis, omnes uno ore Cyprianum rebaptisantem accusant : alterum errorem quis vel suspicatus est? Cypriani nimios motus Augustinus non tacet : alterum illum errorem quis hominum memoravit? Idem sanctus Stephanus, eodem Augustino teste, pro loci auctoritate præceperat, decretumque condiderat et ad omnes miserat ecclesias, « et abstinendos putaverat qui de suscipiendis hæreticis

---

[1] Bellarm., *de R. P.*, lib. IV, cap. VII. — [2] Diss. IV, parag. 1, p. parag. 3, p. 233. — [3] Anonym., lib. VIII, cap. VIII, n. 10, p. 108.

priscam consuetudinem convellere conarentur¹. » Quid autem Cyprianum his repugnantem excuset idem Augustinus prodidit : nempè universalis concilii, universalis consensionis expectatio. Nota sancti doctoris verba : « Neque nos ipsi, inquit, tale aliquid auderemus asserere (hæreticorum scilicet ratum esse baptismum), nisi Ecclesiæ catholicæ auctoritate firmati, cui et ipse Cyprianus sine dubio cederet, si jam illo tempore veritas eliquata per plenarium concilium sibi daretur ². » Duo dicit Augustinus : cessurum quidem fuisse Cyprianum, sed universali consensioni tantùm universalique concilio, hoc primum sit; alterum : nec se, Augustinum scilicet, cessurum fuisse, aut facere ausurum quæ à Stephano jubebantur, nisi eâdem consensione et auctoritate victum; quod tamen non universim pronuntiatum voluerit, sed in ambiguâ re, in *obscurâ* quæstione, *tantisque*, ut ipse docet, *altercationum nebulis involutâ* ³.

LXX.

An Stephanus excommunicaverit, an totâ suâ auctoritate decreverit, frustrà quæritur; cùm ad eam excusationem nec Firmilianus, nec Cyprianus, nec ipse Augustinus refugerint.

Hic frustrà quæritur an Stephanus ex cathedrâ pronuntiaverit, an excommunicaverit. Sanè doctissimus Daguirreus scripsit « anathema quibusdam inustum, quibusdam intentatum; nec tamen magis cesserunt quibus est *inustum*, quam quibus *intentatum* ⁴. Auctor verò *Doctrinæ Lovaniensium* hæc scribit : « Sanctum Firmilianum Cæsareensem in Cappadociâ archiepiscopum Ponticæ diœceseos sanctus Stephanus Pontifex communione suspendit ⁵. » Idem sancti Stephani responsum *summâ et irrefragabili Sedis apostolicæ auctoritate* editum esse contendit. Id autem alii negant. Quid nostrâ? Vis Stephanum ab excommunicatione temperasse, neque rem totâ suæ Sedis auctoritate tractasse? Age ut vis. Certè Firmilianus ad extrema quæque decursum, nec ta-

---

¹ August., *de Bapt. cont. Donat.*, lib. V, cap. xxv, n. 36; tom. IX, p. 158. — ² *Ibid.*, lib. II, cap. iv, n. 5, p. 98. — ³ *Ibid.* et cap. ix, n. 14, p. 104 et pass. ⁴ Daguir., dist. xli, sect. i, n. 5. — ⁵ Doct. Lov., pag. 50.

men sententiam mutandam credidit. Hæc enim ad sanctum Stephanum scripsit : « Excidisti teipsum, noli te fallere; dùmque putas omnes à te abstinere posse, unum te ab omnibus abstinuisti [1]. » Neque Firmilianum contemnere liceat, quem ipse Daguirreus, ipse Christianus Lupus aliique viri pii doctique, Sancti titulo insignire soleant : quippè quem ab antiquo Patres Antiocheni, qui Paulum Samosatenum condemnârunt, unà cum sancto Dionysio Alexandrino *beatæ recordationis virum* appellent [2]. At si Firmiliani minor esse videtur auctoritas, consensit ei Cyprianus, ejusque epistolam latinam fecit, et ad ecclesias edidit. Utrique ergò nec Stephani præceptum, nec excommunicationem sufficere putârunt, ut eos ab incœpto desistere cogeret. Augustinus verò non id quod nunc proferunt, Cypriano excusationi obtendebat non eum cathedræ auctoritate dixisse, neque aliud, idque luculentiùs aut validiùs Papæ judicium provocabat : concilii generalis totiusque Ecclesiæ catholicæ appellabat fidem : in eâ auctoritate fidei certitudinem reponebat : quòd ea deesset, Cyprianum eique adhærentes Asianos Afrosque episcopos innocuè obstitisse, asserebat.

LXXI.

An infallibilitati pontificiæ detraxisse sit illud veniale peccatum, cujus Cyprianum Augustinus accusat.

Auctor anonymus *Tractatus de libertatibus Ecclesiæ Gallicanæ* sanè acutissimus et subtilissimus, sed nimio acumine quidvis potiùs quàm verum assecutus, respondet à sancto Augustino, concilii universalis urgeri auctoritatem, quòd esset necessaria, « non quidem in se, sed adversùs pertinacissimos donatistas [3]. » Bonam fidem! Annon enim luce meridianâ est clarius, ab Augustino urgeri concilii universalis auctoritatem, non tantùm ad frangendam donatistarum pertinaciam, sed etiam ad excusandum Cypriani ante concilium generale rebaptizantis errorem [4]? Atqui

---

[1] *Epistol. Firm. ad Cypr. int. Cyprian.* LXXV, p. 326, edit. Amst., 1700. — [2] Vid. Eus., lib. VII, cap. XXX, pag. 279, edit. Vales. — [3] Anonym, lib. VII, cap. IX, n. 9, 10, 11. — [4] Vid. Aug., *de Baptis. cont. Don.*, lib. II, cap. IV, p. 98.

Cyprianus amantissimus christianæ pacis ac Martyr sanctissimus non erat pertinax, qui, teste Augustino, Ecclesiæ catholicæ auctoritati cessurus esset. Non erat pertinax ipse Augustinus, qui nec Cyprianum, nec etiam se ipsum cessurum fuisse docet, *nisi Ecclesiæ catholicæ concordissimâ auctoritate victum*. Ergò non tantùm pertinaces, sed etiam pii sanctique post Romani pontificis judicium, aliud quid, hoc est ipsum consensum ipsumque decretum totius catholicæ unitatis expectant.

Quid autem Anonymo prodest illud quod Augustinus in Cypriano agnoscit veniale peccatum? « Nempè, inquit vir subtilissimus, quæ potuit alia esse Cypriani culpa quam inobedientia erga decretum summi Pontificis [1]? » Falsum id quidem; tamen id quod vult viro acutissimo largiamur. Ergo Pontifici decernenti infallibilitatem detraxisse *veniale* peccatum est, non exitialis error, qui Sedis apostolicæ dignitatem evertat. Quid autem commemoras haud aliam in Cypriano culpam ab Augustino reprehensam, qui toties apud hunc legeris, culpandum Cyprianum, quòd *commotior* scripserit? Quòd autem post Stephani decretum Ecclesiæ universæ desideraret auctoritatem, adeò non est illud ab Augustino reprehen um *veniale* peccatum, ut etiam illud peccatum se quoque peccare Augustinus fateatur. Denique à viro erudito quærimus, illa inobedientia, quam *venialem* appellat, in re gravi an levi sit? Certè in re levi esse oportet, quæ *venialis* habeatur : contrà, in re gravi necesse est ut sit, cùm agatur de fide. Seclusis ergo vocibus commotioribus, in quibus Cyprianus, Augustino teste, peccaverit : si rem ipsam spectes, aut mortale peccatum oportet esse, aut nullum.

LXXII.

Nihil ad rem facit quærere an Cyprianus et alii resipuerint necne.

Quod jam illud urgent à Schelstrato tantoperè inculcatum, nempè Cyprianum et asseclas resipuisse [2], quid nostra? Non hîc

---

[1] Anonym., lib. VII, c. IX, n. 1. — [2] Schelstr., *Antiq. illust.*, p. 2 Sfond., dissert. I, art. 3. p. 199; Gonz., disp. XVI, sect. II, paragr. 3, n. 6; Daguirr., disp. XLI, n. 5, 6.

quærimus an Cyprianus resipuerit, sed quâ ratione eum adhuc errantem, tamen à schismate Augustinus purget. Et quidem de retractatione Cypriani adversùs donatistas idem Augustinus scribit : « Fortasse factum est, sed nescimus [1]; » sed non ex dubio facto tanti viri innocentiam suspendebat, verùm ex concilii œcumenici justâ et necessariâ expectatione firmabat : eâ ratione non modò Cyprianum, verùm etiam seipsum tuebatur.

LXXIII.

Cavillatio.

Quærit *Galliæ vindicatæ* auctor : « Quorum æquior causa sit, adversariorum, qui errantes Afros sequantur, an nostri, qui sequimur pœnitentes [2]? » Quàm tragicè! At in promptu responsio est : Sequimur pœnitentes in quo aut seipsi reprehenderint, aut ab aliis reprehensi sint : non rebaptizamus : non, si quid Cyprianus commotior scripserit, approbamus : quem errorem in ipsis nemo reprehenderit, nemo viderit, ob eum nos ad pœnitentiam trahi, iniquum putamus, et ab Ecclesiæ regulis alienum.

LXXIV.

Bellarmini sententiæ duæ partes : prima Stephanum potuisse, nec tamen voluisse rem de fide facere, an Augustino congrua?

Hæc quidem clara sunt, nec tamen rem omninò expeditam arbitramur, nisi Bellarminum horum omnium fontem diligentiùs audiamus. Igitur Cyprianum excusat primùm ab hæresi, deinde etiam, ut jam delibavimus, à peccato mortali. Ab hæresi quidem : « Tùm quia nec modò censentur manifestè hæretici qui dicunt Pontificem posse errare, tùm quia sine dubio Stephanus Papa non definivit tanquàm de fide, hæreticos non rebaptizandos [3]. Duo hîc videmus : primùm id, ne nunc quidem *apertè*

---

[1] Aug., lib. II, *de Bapt. cont. Don.*, loc. citat; vid. *Epist. ad Vincent.* XCIII al. XLVIII, cap. X. n. 38, tom. II, p. 246. — [2] Diss. I, p. 199. — [3] Bellarm. *de R. P.* lib. IV, cap. VII.

hæreticos haberi, qui dicunt Pontificem posse errare. Fortè ergo Cyprianus, non apertè forsitan, sed saltem obscurè vel confusè, ejus rei causâ fuerit hæreticus. Quis autem hanc hæresim in Cypriano senserit, arguerit, suspicatus fuerit, vir magnus edicat, et suâ gravitate atque doctrinâ dignum aliquid promat.

Alterum quod memorat, istud est : « Stephanum sine dubio nihil definîsse tanquàm de fide [1]. Videamus ergo quid tandem egerit. Nempè, inquit Bellarminus, « non solùm imperavit ne rebaptizarentur ab hæreticis baptizati, sed etiam censuit excommunicandos qui non obedirent [2]. » Rogamus autem quid sit definire ut de fide, nisi decretum condere, ad ecclesias mittere, denique *imperare sub excommunicationis metu* ut aliquid circa fidem fiat. Quid Bellarminus vult à Stephano imperatum? Nempè ne rebaptizaret ab hæreticis baptizatos : invalidè an validè baptizatos? Invalidè impium : validè ergò baptizatos supponebat, ac pro explorato ac definito dabat.

Quare ipse Bellarminus sancti Stephani decretum, *definitionem* vocat. « Fuit enim, inquit, post Pontificis definitionem liberum aliter sentire, ut Augustinus dicit, quia Pontifex noluit rem ipsam de fide facere sine generali concilio [3]. » An hæc quoque nobis credenda proponent, et Stephanum quidem potuisse si vellet, sed tantùm noluisse, idque ab Augustino dictum? Atqui ab Augustino contraria audivimus. Egregii doctoris verba repetamus; statim perspiciemus eum in re quidem ambiguâ, concilii auctoritatem et Ecclesiæ consensionem requisîsse : in eo posuisse vim, si « obscura quæstio ad plenarii concilii auctoritatem roburque perducta esset? » Si ad Stephani decretum accederet « potentior veritas de unitate veniens : » si Cypriani sententiam « catholicus orbis terrarum robustissimâ firmitate consensionis excluderet [4]. » Huic demùm *firmitati*, huic *robori* cessurum fuisse Cyprianum, nec seipsum, Augustinum scilicet, facilè crediturum quæ à Stephano juberentur, nisi « Ecclesiæ catholicæ concordissimâ auctoritate fundatum [5]. » Hæc profectò scimus dixisse, repe-

---

[1] Bellarm., *de R. P.*, lib. IV, cap. vii.— [2] *Ibid.*— [3] *Ibid.*— [4] Aug., lib. II, *de Bapt.*, etc., cap. iv, p. 98; cap. ix, n. 14, p. 104; lib. III, cap. ii, n. 2, p. 108.— [5] Idem., lib. III, loc. cit.

tiisse, inculcâsse Augustinum : quæstionis ambiguitati hoc unum remedium poposcisse, si tota Ecclesia consentiret; non profectò ut rem pro libitu de fide faceret aut non faceret, ad Stephani arbitrium retulisse.

Interim, Bellarmino teste, id certum firmumque sit : non pertinere ad Cathedræ auctoritatem, si Pontifex de fide *definiat*, si decretum ad omnes ecclesias mittat, si pro imperio jubeat, si reluctantes abstinendos putet : his quippe positis, *adhuc esse liberum aliter sentire*, ac decretum ipsum, tanquam divino mandato contrarium ac Scripturæ dissonum, abjicere, ut Cyprianum cum asseclis fecisse constat.

LXXV.

Secunda pars Bellarminianæ sententiæ, à Cypriano non fuisse peccatum saltem mortaliter.

Quin etiam, quod secundo loco observavimus, nec à Cypriano peccatum est *mortaliter*, quia non peccavit nisi ex *ignorantiâ*, eâque probabili, cùm « putaret Pontificem perniciosè errare, et stante illâ opinione teneretur ei non obedire, ne contra conscientiam ageret [1]. » Quid ergo jam litigant? Ecce confitentur Stephanum judicasse, decrevisse, ad omnes ecclesias transmisisse decretum; excommunicatione dignos putasse qui non obedirent, et eam quidem inustam quibusdam, ipsumque Firmilianum à communione suspensum. Quid ergoampliùs à Stephano expectandum fuit, ut sanctissimi ac doctissimi viri, humiles, pacifici, ad quævis martyria prompti in obedientiam cogerentur ? Iidem tamen à nemine, aut schismatis, aut etiam peccati mortalis arguuntur, et ab Augustino purgantur eo tantùm nomine, quòd orbis universi consensionem expectarent. In hoc stare liceat rebus ambiguis et in altercationum æstu : obsecro, hæc summa sit; neque fidei negotium ac Sedis apostolicæ majestatem ad tenues exilesque formulas, atque ad minuta quæque redigant.

[1] Sup., n. 58. Bellarm. *de R. P.*, lib. IV, cap, vii.

LXXVI.

Quo pacto intelligendum id quod dicit Augustinus à Cypriano expectatam concilii generalis sententiam : forma antiqui regiminis jam inde ab origine, etiam sub persecutionibus.

Hic exoritur difficultas [1] : quo pacto concilii generalis auctoritatem Cyprianus et alii expectare potuerint, cùm primis illis sæculis tales synodos haberi persecutio prohiberet : quo loco auctor anonymus *Tractatûs libertatum Ecclesiæ Gallicanæ* multùm utitur, ut conciliorum auctoritati detrahat, et ut ne quidem verisimile videatur « Christum in concilia sola principalem Ecclesiæ regendæ potestatem contulisse [2]. »

Sed hæc per inscitiam rerum ecclesiasticarum piæque antiquitatis, involvendæ veritati dicta, facilè expedimus perficimusque paucis, ut vera ac præcipua Sedis apostolicæ auctoritas atque Ecclesiæ gubernandæ ratio clariùs elucescat. Quanquàm enim persecutionis tempore concilia generalia nulla cogerentur, non minùs constat Ecclesiæ universæ summa negotia, Papâ quidem duce, communi episcoporum concilio ac judicio definita : per provincias litteræ commeabant : rata habebantur ea, in quæ omnes Ecclesiæ consentirent.

Ac de fide quidem quomodò rem gererent, vel unius Pauli Samosateni exemplum luculentè probat. Is enim Antiochenus episcopus Christum nudum hominem prædicans, in ipsâ Antiochiâ concilio habito, à vicinis episcopis primùm, mox litteris ad omnes episcopos atque ad omnium Principem Romanum Dionysium destinatis, toto orbe damnatus est [3]. Quare Alexander Alexandrinus episcopus in epistolâ ad Alexandrum Constantinopolitanum de Ario scriptâ, hæc ait : Paulus Samosatenus, « concilio et judicio omnium ubique episcoporum ab Ecclesiâ ejectus est [4]; » et tamen nulla synodus universalis coacta erat : sed omnium episcoporum consensio, non solùm auctoritate, sed etiam nomine universalis synodi ferebatur.

[1] Vid. lib. X, cap. xxxi. — [2] Anonym., lib. V, cap. xiii, n. 4; et lib. VII, cap. ii, n. 2. — [3] Eus., lib, VII, cap. xxvii et seq. — [4] *Epist. Alex. ab Alex.* C. P., tom. II, Conc. p. 18. Vide quoque Theod., lib. I, cap. iv.

Ab hæresi ad schismatis casum transeamus. Sanè schisma ingens à Novatiano pseudo-papà adversùs Cornelium papam concitatum, quà auctoritate compressum sit, sancti Cornelii sanctique Cypriani litteræ indicabunt. Ac primùm quidem constat à Novatiano ejusque asseclis « litteras calumniis ac maledictis plenas per omnes ecclesias fuisse missas, » quæ penè omnes ecclesias perturbassent. Id testatur Cornelius [1]. Hinc necesse fuit totius orbis intervenire auctoritatem. Cyprianus id Antonianum adhuc nutabundum docet : « Venio nunc ad personam Cornelii collegæ nostri, ut Cornelium noveris, non de detrahentium mendacio, sed de Domini Dei judicio, qui episcopum fecit, et de co-episcoporum testimonio, quorum numerus universus per totum mundum concordi unanimitate consensit [2]. » Ac paulò post : « Factus est Cornelius episcopus, cùm nemo ante se factus esset, cùm Fabiani locus, id est, locus Petri et gradus cathedræ sacerdotalis vacaret : quo occupato de Dei voluntate atque omnium nostrùm consensione firmato, quisquis jam episcopus fieri voluerit, foris sit necesse est. » En undè auctoritas in gravi schismate, quo tota Ecclesia turbaretur : en catholicæ consensus Ecclesiæ tam perspectus in ipso persecutionum æstu quàm in altissimâ Ecclesiæ pace.

Jam quod ad disciplinam generalem attinet, per eadem Cornelii ac Cypriani tempora, causa lapsorum, hoc est eorum qui in persecutione defecerant, ea visa est, quæ communi ecclesiarum judicio, consultà imprimis Sede Romanà, finiretur : « Quoniam, ut ait Cyprianus, non paucorum nec ecclesiæ unius, aut unius provinciæ, sed totius orbis hæc causa est [3]. » Attestantur Romani Confessores : « Grande delictum et per totum pene orbem incredibili vastatione grassatum [4]. » Itaque in causâ generali, Cyprianus, vacante apostolicà Sede, ad clerum Romæ consistentem scripserat à se omnia de lapsis integra reservari, « ut cùm, pace à Domino nobis datà, plures præpositi in unum convenire potuerimus, communicato etiam vobiscum consilio disponere singula

---

[1] *Epistol. Corn. ad Cyr.* int. Cyprian. edit. Oxon. XLIX. al. XLVI. — [2] *Cyp.* epist. LV. al. LII. — [3] Id., epist. XIX. al. XIV. — [4] *Epistol. Moys. Max.*, etc., inter. Cyprian., XXXI, al. XXVI.

et reformare possimus ¹. » Presbyteri ac diaconi Romani sic rescribunt : « Perquàm nobis et onerosum et invidiosum videtur, non per multos examinare quod per multos commissum videatur fuisse, et unum sententiam dicere, cùm tam grande crimen per multos diffusum notetur exisse, quoniam nec firmum decretum potest esse, quod non plurimorum videbitur consensum habuisse. Aspice totum orbem penè vastatum, et ubique jacere dejectorum reliquias et ruinas; et idcircò tam grande expeti consilium, quàm latè propagatum est malum ². » Videmus quò spectarent in causâ communi, inque reformandâ generali disciplinâ, quàm non unum tantâ re oneratum vellent, quàm infirmum videretur in ejusmodi quidem causis, decretum non à plurimis factum, quàm necessariò totus appellandus sit orbis, ubi totum orbem causa spectat.

Itaque hæ litteræ cleri Romani, teste Cypriano, *per totum mundum missæ sunt* ³, et in notitiam ecclesiis omnibus et universis Fratribus perlatæ sunt, ut esset forma quædam in quam omnes Ecclesiæ convenirent.

Memoratu digna sunt in *Epistolâ* Romanorum confessorum ad sanctum Cyprianum ea verba, quorum partem retulimus : « Cùm grande delictum et per totum penè orbem incredibili vastatione grassatum, non oporteat, nisi ut ipse scribis, cautè moderatèque tractari, consultis omnibus episcopis, presbyteris, diaconibus, confessoribus et ipsis stantibus laïcis ⁴ : » stantibus, id est, in ipsâ persecutione non lapsis.

Ne quis hîc mihi dixerit, pari gradu consultos episcopos, presbyteros, diaconos, ipsos etiam laïcos. Facilè demonstraremus in collegarum, id est, in episcoporum sententiâ vim fuisse positam : singulos episcopos presbyterii sibi assistentis, quam regerent ferre sententiam, perferri omnia ad conscientiam plebis, sed docilis, quæque in ecclesiasticis causis nihil sibi præter obedientiam vindicaret. Sed hæc alterius loci sunt; nos verò his locis id demonstratum volumus, etiam sub persecutorum tyrannide, semper imminente gladio, non tantùm hæresis aut schismatis,

---

¹ *Epist. Cypr.* xx, al. xv. — ² *Epistol. presbit. et diac. Rom.* int. Cyprian. xxx, al. xxxi. — ³ *Cyr. Epist. ad Anton.*, iv, al. lii. — ⁴ *Epistol. Moys.*, etc., sup. cit.

verùm etiam alias gravissimas causas extitisse, quæ cùm, non unius ecclesiæ aut provinciæ, sed totius orbis essent, totius etiam orbis judicio finirentur.

Non ita illæ causæ, quas per loca et provincias finiri oportere, ipse Cyprianus memorat, quarum proindè rationem *unusquisque præpositus Domino redditurus esset* [1]. Quod ubique Cyprianus inculcat : adeò per illa etiam tempora, secernebant peculiares unius ecclesiæ aut provinciæ causas ab iis quæ totius orbis essent, et communi judicio finiendæ.

Cùm autem Cornelius post diuturnam vacationem Sedis Romæ episcopus constitutus esset, Cyprianus, qui anteà cum clero Romano, nunc cum ipso Cornelio consilia contulit. Quâ de re ad Antonianum scribens, ait : « Ac si minùs sufficiens episcoporum in Africâ numerus videbatur, etiam Romam super hâc re scripsimus ad Cornelium collegam nostrum, qui et ipse cum plurimis co-episcopis habito concilio, in eamdem nobiscum sententiam pari gravitate et salubri moderatione consensit [2]; » et ad ipsum Cornelium : « Statueramus jampridèm participato invicem nobiscum concilio [3]; » etc. Quæ cùm ubique terrarum præpositi facerent, ac per provincias Romani Pontificis responsa commearent, hinc nempè existebat ille consensus, quem talia negotia postularent.

Sic in fide, in schismate totam Ecclesiam perturbante, atque in reformandâ generali disciplinâ, qui casus ad commune Ecclesiæ judicium à synodo quoque Constantiensi relati sunt, jam inde ab origine, ac sub ipsâ tyrannide constituti, quanta per provincias poterant, concilia celebrabant, cum Sede apostolicâ, quæ omnium ecclesiarum communicatione polleret, consilia participabant, ejus operâ totius orbis sententiam exquirebant.

Nam et illud ecclesiarum communicationi imprimis inserviebat, quòd ecclesiæ omnes Ecclesiæ principi, Romanæ scilicet, societate connexæ, per eam ad cæteras consilia ac decreta perferenda curarent. Hinc illud Arelatensis concilii primi ad sanctum Sylvestrum papam : « Quid decreverimus communi consilio charitati

---

[1] *Cyp. epist. ad Cornel.* LVII, al. LIV. — [2] *Epist. Cypr. ad Anton.* LV, al, LII. — [3] *Epistol.* ejusdem *ad Corn.*, jam cit.

tuæ significamus, ut omnes sciant, quid in futurum observare debeant [1]. » Quod quidem ad Romani Pontificis auctoritatem pertinebat, ut tum scirent *quid observare deberent,* cum à Romano Pontifice, tanquàm omnium præside, canones mitterentur. Quò pertinet illud in *Epistolâ* ad eumdem Papam : « Placere ut per eum potissimùm, qui majores diœceses teneret, omnibus fratribus insinuari [2]. » Quare hæc non ità accipienda sunt, tanquam unum id esset Romani Pontificis ministerium, ut veluti jussus aliorum decreta perferret ad alios : non ita ; sed ad eum perlata decreta, cùm indè ad alios pervenirent, graviore auctoritate aucta commeabant, Romanique Pontificis omnium capitis nomine ad omnes jam ecclesias pertinebant. Hæc scripta sunt anno Christi 314, cùm vix persecutionis deferbuisset æstus, antequàm ullum œcumenicum concilium celebratum esset. Et cùm concilium generale primum, Nicænum scilicet, tardissimè post natam Ecclesiam atque anno demùm Christi 325, quarto sæculo adunatum fuerit, nihil novi evenire sensit Ecclesia ; quippe quæ jam inde ab origine in unum se ipsa colligeret, atque à particularibus causis secerneret res maximas, quæ communi episcoporum consilio, Romano Pontifice totius collegii duce finiri consuevissent. Nec mirum in rebaptizationis quæstione sub Stephano et Cypriano, persecutione vigente, tamen ab Augustino desideratam concilii generalis generalia congregata erant, summâ tamen ipsâ valebat ea res, quæ ab iis cœtibus quærebatur ; nempe consensio, cui certæ et exploratæ Cyprianus cederet.

Eodem ritu modoque Augustinus aliique commemorant pelagianos à Romanæ Sedis præsulibus Innocentio ac Zozimo, *cooperantibus synodis africanis*, omnibus ubique episcopis subscribentibus, *toto orbe damnatos ;* neque enim, ut idem Augustinus ait, *congregatione synodi* (universalis utique) « opus erat, ut aperta pernicies damnaretur [3]. » Cur autem pelagiani non eam Ecclesiæ necessitatem inferrent, eorum paucitas faciebat : *quorum scilicet, eodem Augustino teste*, « profanas novitates catholicæ

---

[1] Conc. Arelat. 1, *Brev. Epist.* ant. can. ; tom. 1, conc. p. 1427. — [2] *Epist. Syn. Arelat. ad Sylv., ibid.*, p. 1426.— [3] *Aug. Ep.* cxc ad *Opt.* et pass. in ejusd. lib. *cont. Pelag.*

aures quæ ubique sunt horruerunt¹. » De quibus etiam extat illud insigne Capreoli Carthaginensis episcopi et Africæ primatis in epistolà quam ephesina synodus collaudavit : « Hos (pelagianos scilicet) pridem expugnavit Ecclesia, hisque temporibus repullulantes apostolicæ Sedis auctoritas sacerdotumque in unum consonans sententia oppressit². » En in quo ineluctabilis judicii robur collocet, nempe in capitis membrorumque consensu; neque exquisitiori dissertatione, aut conciliorum examine opus fuit, quòd in apertâ re, ut ait Augustinus, pauci contra omnes et contra universitatem ipsam ægra et exigua portio litigaret.

LXXVII.

Vanæ et inanes quæstiunculæ de consensu Ecclesiæ, ipsa regiminis ecclesiastici formâ concidunt.

Hic quærunt quid sit ille consensus Ecclesiæ quo nitimur : totiusne an partis? Quot ecclesiarum, quot episcoporum, quod capitulorum, quot abbatum, quot verò regionum : etiamne Indiarum aut Japonensium? Quantæ molestiæ? qui sumptus, ut nuntii quocumque discurrant, allaturi authenticum consensûs instrumentum³? Inanes quæstiunculæ contra rem facti. Rogent Cyprianum, Augustinum, Capreolum, Leonem, alios quos narravimus in Ecclesiæ consensione reposuisse vim : quærant quibus sumptibus, quibus curis, cursoribus, nuntiis, tot regionum explorârint fidem. Nos autem suo loco facilè et ad cumulum hæc declarabimus⁴; nunc vana et absurda per sese esse monstramus.

Sic igitur ex antiquo et ab ipsâ christianitatis origine constituta est Ecclesia, ut ipsa Petri Sedes, caput orbis terrarum, ex ecclesiarum communione prima persentisceret quænam esset omnium fides : ac si ab hoc vertice in pronos animos fidei decreta decurrerent, paucique vel nulli obsisterent, nihil sanè prohibebat quominùs quæstio statim pro terminatâ haberetur.

---

¹ Aug., lib. IV. *ad Bonif.*, cap. XII, n. 34; tom. X, p. 492. — ² *Epistol. Capreol. ad Syn. Ephes.*, int. act. Conc., act. I, tom. III, p. 532. Aug. loc. sup. cit. et pass.— ³ Disq. Lov., art. 8, n. 108, p. 28; Nicol. Dub., I. part., refut., etc., p. 78. — ⁴ Vid. lib. IX et X.

LXXVIII.

Solennis acceptatio Decretorum Pontificiorum quàm usitata et quàm necessaria : Romani Pontificis officium et auctoritas ex Janseniano negotio ostenduntur.

Hinc ergo illa celebratur, etiam à theologis qui se Sedi apostolicæ addictissimos videri velint, solemnis acceptatio decretorum quæ omnem posteà dubitationem aut concertationem elidat [1]. Sic sanctus Antoninus Joannis XXII. Decretali Fratricellos premit, hæreticosque ipsos esse testatur [2] : « quod asserant contra determinationem catholicam factam per Ecclesiam et Joannem XXII et per omnes successores ejus veros catholicos summos Pontifices, et omnes alios prælatos Ecclesiæ, acceptatam, examinatam et approbatam ut verissimam : » quem locum suo loco fusiùs expendemus. Hujus postrema verba rectè perpendentibus nunc sufficere credimus. Sic Duvallium testantem audivimus [3], « definitiones Pontificis non esse de fide, donec universalis Ecclesia, quam de fide est errare non posse, eas acceptaverit. » Sic in nuperrimo Janseniano negotio, in quo uno ore, omnes nostri censores episcoporum Gallicanorum pietatem ac fidem collaudarunt, tamen ab amplissimo cleri Gallicani cœtu (*a*) communibus suffragiis constitutum : ut Innocentii X decretum apostolicum [4], « deliberatione factâ eâque liberâ, ut eamdem constitutionem reciperent, firmarent, acceptarent omnique obsequio ac reverentiâ susciperent quæ in eâ decisa essent : posteaquàm scilicet agnoverunt, pontificiâ constitutione, firmatam antiquam Ecclesiæ fidem, à conciliis et Patribus traditam, atque in Tridentino concilio innovatam. » Non igitur, ut ferunt, priscæ traditionis obliti Gallicani Patres : quæ quidem alibi editis gestis exequemur. Nunc autem sufficit, tanto exemplo approbasse quæ sit illa constitutionum pontificiarum acceptatio, quâ utimur.

Neque proptereà cathedræ Petri atque apostolicis definitionibus.

---

[1] Vid. *in app.* lib. II, cap. IV, et lib. X, cap. XVI. et Coroll. n. 3, 8. — [2] *Anton.* Sum. part. IV. tit. XII. cap. IV, paragraph. 28, p. 208. — [3] *Sup.* n. 21. quem vid.
[4] Relat. *Deliber. Cler. Gallic.* ap. Vitrè 1661, p. 6, 7.

(*a*) An. 1653.

aut sanctus Antoninus, aut ipse Duvallius, aut Gallicani Patres derogatum volunt : absit, cùm per eas habeant ecclesiæ, quam sequantur formam : auctoritatem in quam omnes consentiant : judicium quod communi ope exequantur, neque hæreses uspiam respirare sinant. Habet etiam Romanus Antistes, totius Ecclesiæ caput, sui decreti exequendi plenissimum robur. Cùm enim ecclesiasticæ communionis princeps, suâ definitione nihil aliud promere velit quàm id quod omnes ecclesias sentire cognoscat, omnia ordine et ex vero esse gesta, secuta consensio attestatur. Quâ doctrinâ aut praxi nihil infringi apostolici decreti auctoritatem ac vim, ipsa experientia ostendit. Quo enim loco, quâ in parte orbis magis quàm in Galliâ, Innocentii X aliæque constitutiones de Jansenianâ re majori veneratione susceptæ, aut potiori virtute in executionem deductæ sunt? Certè Jansenii sectatores seu occulti, seu publici, ne mutire quidem audent; nec si millies concilia œcumenica appellarent, audirentur usquam; ipsaque constitutio edita et semel ubique acceptata, irrefragabilis judicii vim obtinet, quam Romanus Pontifex auctoritate summâ et ipse exequatur, et ab omnibus episcopis exequendam mandet

LXXIX.

Innocentii IV locus : concilii provincialis sub Paschali II clara auctoritas.

Hinc vera et clara ratio affulget ab omni peccato purgandi Cypriani; cùm nempe post jussa Stephani, tot ecclesiæ, Africanæ scilicèt Asianæque variarent, necdùm ejus epistolam decretalem necessaria acceptatio consecuta esset, eò magis licuit, teste Bellarmino, in hoc certè capite, obedientiam recusare, quòd Stephanum in jubendo « perniciosè errare crederet, et stante illâ opinione teneretur ei non obedire, ne contra conscientiam ageret[1]. »

Cujus rei fons est, illa apud omnes recepta et pervulgata ad imperia cujuscumque mortalis exceptio : ut obediatur superioribus, nisi divinæ legi adversantia jubeant[2] : quâ exceptione contineri Papæ quoque jussa et in Cypriano, etiam in quæstione fidei, Bellarminus agnovit. Et si quis Bellarminum ipsum eâ in

[1] Bellarm., *de R. P.*, lib. IV, cap. VII. — [2] Vid. lib. VII, cap. XVIII.

re errasse dixerit, succurrit major auctor Innocentius IV, Romanus Pontifex. Extat in caput : *Quanto de consuetudine* ejus Pontificis clara interpretatio in hæc Christi verba : *Quodcumque ligaveris*, etc. « quòd Papæ obediendum sit in omnibus, in spiritualibus et in his quæ ad animam spectant, nisi contra fidem prohibita sint [1]. » En Papæ officio fungenti, quippe exercenti supremam potestatem his Christi verbis traditam, *Quodcumque ligaveris*, præcipitur obedientia, cum exceptione illâ, nisi contra fidem doceat aut vetet.

Clariùs adhuc in caput *inquisitioni de sententiâ excommunicationis*, quærit, quid agendum, superioribus iniqua jubentibus : et quidem de superioribus sub aliorum potestate positis, facilè se expedit, ad majores enim superiores recurrendum; sed ubi ad Papam devenit, sic objicit : « Quid si Papa injustum præcipit qui superiorem non habet. » Quem nodum sic solvit : « Potest dici quòd si de spiritualibus (rebus) vel ecclesiasticis personis aliquid præcipit etiam injustum, illud servandum est, quia nemini licet de ejus facto judicare. 4° *dist. Si Papa, q.* 3. *Cuncta*, nisi mandatum hæresim contineret, quia tunc esset peccatum, vel nisi ex præcepto injusto vehementer præsumeretur statum Ecclesiæ turbari, vel etiam forte alia mala ventura, quia tunc peccat obediendo, cùm debeat futura mala præcavere, non juvare [2] : » quæ sanè interpretantem ac docentem Romanum Pontificem nemo reprehendit, imò collaudant omnes atque unâ voce consentiunt. Quo quidem quid est clarius? Pro certo supponit summus Pontifex doctissimus, à summo Pontifice imperante pro loci auctoritate ac supremi officii ratione, emanare posse jussa *hæresim continentia;* aut statum Ecclesiæ concussura; et miramur in rebus generalibus, præsertim fidei, recurri ad Ecclesiam, ultimumque refugium in eâ potestate semper fuisse positum, quæ docere contra fidem, quæ hæresim jubere non possit?

Sub Paschali II, in provinciali Viennensi concilio sanctus Hugo Gratianopolitanus, Gothofridus Ambianensis, Guido ipse Viennensis, posteà Calixtus II, ut regio genere, ita fortitudine et doctrinâ clarus, et mox Sedis apostolicæ gubernaculis admovendus, postea

[1] Lib. I, *decret. Innoc.* IV, tit. IV, fol. 33. — [2] *Ibid.*, lib. V, titul. XXXIX, fol. 595.

quàm *dictante Spiritu sancto*, de investituris proferunt sententiam, et ab ipso Pontifice extortum scriptum damnant, hujus decreti ab ipso Pontifice confirmationem petunt his verbis : « Si, quod minimè credimus, nostræ paternitatis assertiones roborare nolueritis, propitius sit nobis Deus, quia nos à vestrâ obedientiâ repelletis [1]. » En perspicuis verbis tot sancti, apostolico officio deesse posse profitentur Romanum Pontificem, etiam ab episcopis ac provincialibus synodis requisitum : quo casu apertè detrectant obedientiam. Quid autem Paschalis? An perdita omnia et ad inobedientiam comparari viam exclamavit? imò collaudavit ut viros egregios : horum synodum auctoritate apostolicâ confirmavit [2]. ac pro certo reliquit, in iis quæ fidei aut universalis Ecclesiæ attinerent statum, ipsius Ecclesiæ vim et auctoritatem indeclinabilem, in ipsâ Ecclesiæ consensione esse collocatam.

LXXX.

Anonymi Tractatus de libertatibus Gallicanis *circa Sedis apostolicæ auctoritatem fœda et improbanda commenta.*

Hanc ecclesiastici regiminis, imò ecclesiasticæ monarchiæ formam, si censores nostri in animum inducerent, non in ea profectò incommoda inciderent, quibus apostolicæ cathedræ dehonestant decus. Hinc ille *Tractatus de libertatibus Gallicanis* auctor anonymus in hæc verba prorupit : « In quo, inquit, reposita esset Romani Pontificis auctoritas, non satis clarè statim omnibus perspectum fuit, quia enim persecutionem tempore, vel schismatum aliarumque calamitatum, impedita erat *exterior capitis cum membris communio*, stante semper fidei ac charitatis unione ; vix à Romano Pontifice ad alios præsertim remotos pastores, aut greges, primis tribus sæculis aliud quàm quædam epistolæ pervenire potuit. Quamobrem episcopi populos ac seipsos à tanto tempore *suo judicio, vel cum aliorum consilio regere soliti,* Papæ auctoritatem, ab impedimentis quibus distenta erat solutam, non tàm subitò exceperunt : *sed alii citiùs, alii tardiùs nunc in isto,*

---

[1] *Epistol. Conc. Viennens.*, sub *Pasc.* II ; tom. X. *Conc.*. p. 785. — [2] *Epistol Pasc.* II, *ibid.*, p. 786.

nunc in illo capite, prout sese offerebat occasio, donec integram libertatem consecuta suum, ubique robur obtinuit [1]. » Me verò hæc legentem tædet novitiorum defensorum apostolicæ dignitatis, qui per summam rerum ecclesiasticarum inscitiam dicam an incogitantiam, quasi tantæ dignitati aliquod ab antiquitate metuendum sit, eam his commentis obscuratam volunt. Pergit : « Verùm, quia usus optimus legis interpres, videndum est quæ fuerit auctoritatis pontificiæ praxis illis temporibus, cùm eâ liberè uti Papæ potuerunt, cùmque diligentiùs et clariùs cognita fuit. Quanquam enim omni ævo aliqua identidem ejus specimina edita fuerint ; tamen, cùm per tria prima sæcula, ferè omninò à tyrannis *ligata fuerit,* ideòque ejus exercitium, *quasi novum quiddam,* aliquoties episcopos, præsertìm Africanos commoverit, non potuit tam citò suum explicare fulgorem et omnibus innotescere [1]. » Hæc anonymus. Atque illi sunt, si Deo placet, Sedis apostolicæ unici defensores, cui infestiora vix ipsi hæretici cogitarint.

LXXXI.

Prolatæ in anterioribus verbis in Sedem apostolicam contumeliæ refelluntur.

Rogo enim quid illud sit : « Quòd episcopi populos ac seipsos à tanto tempore (tribus scilicèt primis sæculis) suo judicio regere soliti essent. An illi primi ecclesiarum fundatores ac doctores, quid Christus Petro ac successoribus dedisset nesciebant ? Ejus judicium nulli expectabant ? Per seipsos regendam suscipiebant Ecclesiam, neque caput sibi à Christo datum cogitabant ? Id hæretici velint. Quid illud ? Hinc factum ut sequens ætas, quartum fortasse quintumve aliaque sæcula propiora, *non tam subitò exciperent Papæ auctoritatem ; sed alii citiùs, alii tardiùs, nunc in isto, nunc in illo capite :* ita sanè *ut illius exercitium,* quasi novum quiddam *aliquoties episcopos præsertìm Africanos commoverit.* Africana illa omnibus nota sub Aurelio dissidia spectat. Quis autem à Christo esse dicat ea quæ sancto Aurelio, sancto Alipio, sancto Augustino, atque aliis tot ac tantis Patribus doctrinâ ac

[1] Anonym., *de Libert.*, etc., lib. VI, cap. III, n. 2.— [2] *Ibid.*, n. 3.

sanctitate conspicuis, nova viderentur? *Alii,* inquit, *citiùs, alii tardiùs, nunc in isto, nunc in illo capite eam auctoritatem exceperunt.* Hoc hæretici clamant; hinc probatum volunt, Papæ auctoritatem piæ antiquitati ignotam, crevisse per tempora, humanam scilicèt, nec totam ab initio, sed suis partibus hinc inde coalitam et consarcinatam. Quid enim sancti viri longèque doctissimi pro novis habebant ea, quæ à sanctis quoque pontificibus Zozimo ac Cœlestino petebantur? Quid Nicænos canones appellabant? aut *alii citiùs, alii tardiùs, alii in hoc, alii in illo capite, datâ occasione;* agnoscebant Papæ auctoritatem; si semel animo imbiberant, ejus voluntatem ex Christi instituto pro lege esse debere, exceptione nullâ, cur ergo canones allegandos putabant Romanis Pontificibus, quorum vis pro eorum arbitrio solveretur? Nempe hæc divina jussa institutaque ignorabant.

LXXXII.

An ferendam Papæ et Ecclesiæ potestatem primis temporibus religatam et alia consectanea dici ab eodem auctore?

Jam illud quis ferat, « per tria prima sæcula Papæ potestatem à tyrannis ligatam fuisse, impeditam externam capitis cum membris communionem, atque à Romano Pontifice ad alios præsertim remotos, vix quidquam præter quasdam epistolas pervenire potuisse? » *Quasdam* autem? An quia non omnes ad nos per temporum injuriam devenerunt, paucas fuisse conscriptas dicemus? Non enim facilè Romam, non Româ quaquaversùs litteræ commeabant? Non quotidiè diaconos missitabant? Non denique necessaria negotia communicabant? Atqui vel unius Cypriani epistolæ docuerunt, quanta esset ecclesiarum cum Ecclesiâ principe communicatio [1]. His demonstravimus quæ generalia essent, per illa quoque tempora, nonnisi communicato cum omnibus episcopis consilio, gesta esse. Quot verò tales epistolas putamus fuisse perscriptas quæ ad nos non devenerint? Quàm porrò insulsum illud: à Romano Pontifice *vix quidquam præter litteras* perferri potuisse? An verò litteræ non sufficiunt? An necesse erat, ut sua

[1] Vid. sup., n. 76.

ipsi coram mandata traderent? Sic impedita, sic ligata Romana auctoritas à tyrannis fuit.

Hæc tamen omnia commenta admittamus : dic tandem quo demùm sæculo expedita? Post Constantinum scilicèt, persecutione cessante : atqui tùm vel maximè enituit atque invaluit conciliorum auctoritas. In his decreta Pontificum ad Scripturæ fidem, ad traditionis normam exigenda, et Patres examinabant, et ipsi Pontifices pro more solemni deferebant. In rebus fidei totius Ecclesiæ consensionem expectari, in rebus disciplinæ canones ubique receptos etiam objici sibi æquo animo patiebantur. An et ipsi quod sibi à Domino concessum esset ignorabant? Ligati impeditique à tyrannis nec seipsi intelligebant.

Nobis verò liceat non comminisci quidvis, sed antiqua venerari; neque ea torquere ad arbitrium, sed simpliciter accipere. Neque tamen infringi volumus amplissima illa quæ Petri successoribus, optimis parentibus ad Ecclesiæ commodum et pacem secuta ætas detulit : interim divinum illud summumque et immotum quod à Christo inesse credimus, in eo facilè reponimus quod omnium sæculorum series recognovit.

LXXXIII.

Gallicana sententia per se stat, si aliena et afflicta demantur : ac primùm de hæreticis nonnisi conciliari auctoritate damnandis.

Hæc igitur nemini offensionem paritura confidimus, si quæstionis statu rectè posito, aliena et fictitia nostris imputare cessant. Quo loco *Galliæ vindicatæ* auctorem [1] aliosque doctos viros, imprimis verò doctissimum juxta atque optimum Daguirreum æqui bonique consulturos scimus, quæ summo cum eorum honore, causæ necessitate, sciscitamur : quo pertinebat, decursis omnibus retrò sæculis, tanto nisu enumerare singulas hæreses vel minutissimas, per summos Pontifices absque œcumenicæ synodi auctoritate damnatas; tanquàm doctissimi Parisienses et Gallicani Patres, rem tam obviam ignareverint, aut somniaverint unquàm, nonnisi conciliis congregatis condemnari hæreses oportere? Id

---

[1] *Gall. vind.*, diss. IV, n. 4 et seq.

verò Parisiensis Facultas, cujus suo loco gesta referemus, sæpissimè quidem, sed recentissimè adversùs Theophilum Brachet Milleterium [1], ut *hæreticum* improbavit : et perspicuè Gallicani Patres, Ecclesiæ toto orbe diffusæ, non concilii œcumenici consensionem postulabant. Ac Daguirreus quidem, eâ de re monitus, in præfatione dixit à se confutatam consensionis quoque illius necessitatem : rectè; idque unum hîc postulamus ut à libro eruditissimo amputentur tot paginæ inanibus oppletæ probationibus.

LXXXIV.

Aliud imputatum de synodis generalibus absque Papâ congregatis :
Turrecrematæ loci insignes pro sententiâ Parisiensium.

Auctor *Tractatûs de libertatibus* aliique passim omnes ita proponunt quæstionem de conciliorum generalium superiori potestate juxta Parisiensium sententiam, ut ea concilia secluso Romano Pontifice habeantur [2]; quod est falsissimum. Sufficit enim Parisiensibus id quod est ab ipso Turrecremata pronuntiatum : « Si casus talis contingeret quòd Patres universi in synodo universali convenientes unanimiter aliquam definitionem fidei facerent, cui sola persona Papæ contradiceret, dicerem judicio quòd synodo standum esset et non personæ Papæ [3]. » quam sententiam semper inculcat, ut posteà referemus.

Quod autem attinet ad synodos habitas secluso Pontifice : primùm quidem Parisienses ultrò consentiunt ex antiquissimis regulis, synodos generales absque Romano Pontifice nullas esse et irritas : hinc Ariminensia vana esse decreta, quòd huic synodo Damasi autoritas defuit [4] : hinc abominandum Ephesinum latrocinium, *quòd nemo ibi nomen Leonis*, nemo ab eo conscriptam audivit epistolam [5]. Harum ergò rerum, de quibus nemo dubitat, à censoribus nostris tanto studio conquisitæ resecandæ pro-

---

[1] Vid. cens. Theoph. Brac., an. 1635. — [2] Vid. in *app.*, lib. III, c. I, et lib. VIII, pass. Anony., lib. V, c. v, vi et seq. — [3] Turrecrem. *Apol.* seu *Resp. ad Basil.*, t. XIII, Conc., p. 1701. — [4] Vid. *Epist. Damas. ad Episc. Illir.*, ap. Theod., lib. II, cap. XXII, pag. 103, edit. Val. — [5] Conc. Calc., act. 1, tom. IV, p. 122, act. III. *Epistol. ad Imper.*, pag. 463, et *relat. ad Pulch.*, p. 464.

bationes. De extraordinariis casibus hæresis, schismatis et aliis, nihil singulare Parisienses exposcunt, uti jam diximus.

Cæterùm non nostra ista est, sed Turrecrematæ responsio : « Cùm arguitur de Papâ facto hæretico et definiente pro hæresi suâ, dupliciter respondetur : quidam enim volunt dicere quòd casus non est possibilis : nobis autem videtur aliter respondendum, videlicèt, quòd tùm Pontifex esse desierit, simulque cadat à fide et cathedrâ Petri, ac per consequens judicium quod faceret talis hæreticus, non esset judicium apostolicæ Sedis, imò nec judicium alicujus auctoritatis [1]. » Quæ si adversariis satisfaciunt, à Parisiensibus dici nihil prohibet.

LXXXV.

Aliud imputatum : de Romanâ fide ac Sede apostolicâ, Innocentii III profertus locus : alii loci insignes in memoriam revocantur.

Libros implent argumentis quibus demonstrandum curant Petri Sedem et Ecclesiam Romanam etiam non defecturam fidem; tanquam Parisienses fieri posse arbitrentur ut Petri Sedes fidesque ab Ecclesiâ abrumpatur, quod abominamur omnes. Et hîc ergo indiligenter ac, ne quid dicam gravius, invidiosè quæstio constituta, quod et luculentissimè aliàs ostendemus; et nunc sufficere credimus id quod ex Turrecrematâ et aliis audivimus : decreta si fiant fidei adversantia, non ea esse ullius auctoritatis, nec omninò cathedræ Petri imputari oportere, nec minùs inconcussam manere Romanam Ecclesiam ac Romanam fidem [2].

Periculosum aiunt sedem à sedente distinguere. Verùm distinctionem S. Leonis tuetur auctoritas : « Aliud, inquit, sunt sedes, aliud præsidentes; » rursùsque ad Maximum : « Etsi enim diversa nonnunquam sunt merita præsulum, tamen jura permanent sedium [3]. » Quâ regulâ utimur, non ut Sedem cum sedente collidamus, quod esset schismaticum, sed ut ostendamus Ecclesiam Romanam ità esse à Christo institutam, ut si quis sedens

---

[1] Vid. in *app.*, lib. II, cap. II; Turr. *Sum. de Eccl.*, lib. II, cap. CXII, fol. 260, mal. 258. — [2] Vid., lib. X, cap. V. — [3] Leon. *Epist. ad Anat.* C. P. LXXX, al. LIII. *Epist. ad Maxim. Antiochen.* XCII, al. LXII, cap. III.

erraverit, Sedes tamen integra, illæsa Pontificum series maneat, et quod unus fortè commiserit, alterius diligentiâ ac fide facilè sarciatur. Sic namque in Honorio contigisse constat, sancti Doni, sancti Martini I sanctique Agatonis sedulis erga religionem obsequiis, queis fides catholica et Romana ab Honorii decretis nil detrimenti cepit.

Non enim quovis excedente Pontifice, Romana interit fides : non in interregnis ac vacationibus, licèt ad multos annos durent, Romana fides vacat [1] : non vacavit in Romanâ Ecclesiâ fidei præconium [2], *cum intrusi, invasores, illegitimi* (verba sunt Baronii) adeòque nulli cassique Pontifices, per sæculi decimi infamiam, longissimis temporibus Petri Sedem tenerent, neque in illo infando schismate (a), cùm dubia inter incertos Pontifices nutaret Ecclesia, Romana fides, aut Ecclesia Romana, à Christo institutum ecclesiarum vinculum vacillabat; quin etiam depositis omnibus qui se pro Pontificibus gererent, non tamen Constantiensis synodus Romanam fidem vacare sensit; imò verò hæreticos ad hanc formulam adigebat : « Consentio sanctæ Romanæ Ecclesiæ et apostolicæ Sedi, et huic sacro concilio profiteor in omnibus ad religionem christianam pertinentibus, prout ipsa romana Ecclesia et apostolica Sedes, et hoc sacrum concilium profitetur [3]. » En Sedem amotis sedentibus integram ac sanam ad quam hæretici revocentur. Nec si viri egregii, atque etiam Romani Pontifices aliquandò de suis factis futurisve definitionibus, propterea de Romanâ fide dubitabant. Vel Innocentium III apostolicæ dignitatis retinentissimum audiamus. Is rogatus dispensationem contra Evangelium, dixit, sibi quidem « si super hoc absque generalis deliberatione concilii determinare aliquid tentaret, loci sui periculum forsitan imminere [4]. » Non, si ille possibile arbitratur, ut secluso concilio, in responsis pontificiis erret, ideò possibile quoque judicavit ut Romana fides intercideret.

Sanè sub Urbani Papæ I nomine profert Gratianus caput *Sunt quidam*, 25, q. 1, jam à nobis memoratum, et in eo capite hæc

[1] Vid. libr. IX, cap. xxx. — [2] Bar., ann. 911, tom. X, p. 679 et pass. — [3] *Abjurat. Hieronymi de Prag. in concilio Const.*, sess. xix, tom. XII, p. 164. — [4] Innoc. III, lib. V, *epist.* cvi. Vid. lib. IX, cap. xxvi.

(a) xiv sæculi.

verba : « Si Romanus Pontifex, quod docuerunt apostoli aut prophetæ destruere niteretur, non sententiam dicere, sed magis errasse convinceretur [1]. » Ex quo capite Joannem XXII determinantem audivimus, ejus ævi scriptoribus consentientibus, si sui antecessores aliquid adversùs Evangelium definissent, constitutiones *illas* fore *erroneas* ideòque *invalidas* et infirmas : neque ideò collabescere Romanam fidem aut Sedem putabat, cùm illæ sententiæ non jam sententiæ, nec Sedi apostolicæ imputandæ essent.

Audivimus [2] sub Paschali II illud povincialis Viennensis concilii à tot sanctis viris proditum : *Nos à vestrâ obedientiâ repelletis*. An ergo sancti viri à Sedis apostolicæ obedientiâ ac fide recessissent, cùm eâ de re agi crederent quam ad fidem pertinere decernebant ? Absit : satis enim constabat, quidquid Paschalis ageret, Sedem tamen apostolicam perstituram, et sua damna continuò sarcituram.

LXXXVI.

Sanctorum monachorum ex concilio Lateranensi depromptus locus : item sancti Augustini ad Bonifacium Papam.

Quid, quòd antiquioribus quoque temporibus, ii illi abbates orientales contestantur ad sanctum Martinum I, « si quidquam ab eo definitum esset fidei corrumpens integritatem, » non id sibi fraudi futurum [3] ? Quid, quòd ipse Augustinus de Cœlestianâ hæresi sic scribit : « Si, quod absit, ita tunc (sub Papâ Zozimo) fuisset de Cœlestio et Pelagio in Romanâ Ecclesiâ judicatum, ut illa eorum dogmata, quæ in ipsis et cum ipsis Papa Innocentius damnaverat, approbanda et tenenda pronuntiarentur » non id fidei nociturum [4] ? En eadem dubitandi veluti formula à tanto viro ad Bonifacium Papam perscripta : neque proptereà aut Augustinus aut ipse Bonifacius Romanæ fidei ac Sedi metuebant. Succurrebat enim ab ipsâ veritate insitum quod Leo posteà declaravit : *Aliud sedes, aliud præsidentes* [5]. Hæc igitur à viris optimis

---

[1] Suprà, n. 48. — [2] Suprà, n. 79. — [3] Conc. Lateran. sub Martino I, *Secret.* II; tom. VI; pag. 117. — [4] Augustin. ad Bonifac., lib. II, cap. III. n. 5; tom. X, p. 434. — [5] *Leo Epist. ad Anat. C. P.*, supra cit.

atque sanctissimis, ab antiquis, à recentioribus, ab ipsis Romanis Pontificibus, quasi communi quâdam Ecclesiæ voce tradita memorantes, eo, credo, adigent, ut putemus ea omnia per impossibilem suppositionem esse dicta. Credant sanè, si possunt : à nobis tamen sinant procul ab his minutiis ac distinctiunculis meliore loco constitui Sedis apostolicæ et doctrinæ catholicæ majestatem.

LXXXVII.

An hæc sentientes fidem in suspenso teneant aut arma inobedientibus subministrent.

Frustrà ergò objiciunt, si Ecclesiæ consensio expectetur, malè consuli fidei securitati in suspenso teneri fidelium animos, imò instigari ad inobedientiam, ac pontificalia decreta parvipendi : hæc enim omnia objicienda veniunt non Parisiensibus, sed summis ex omni gente, ex omni ordine viris, quorum gesta produximus. Quid autem putemus malè consuli fidei securitati, si fides deniquè in illum articulum Symboli apostolici resolvatur : *Credo in Spiritum sanctum, sanctam Ecclesiam catholicam*? An suspensi animi relinquuntur, qui in Ecclesiæ catholicæ autoritate acquiescunt? An Romanum Pontificem parvipendunt, qui ejus auctoritati post Christum summæ, nihil aliud quàm ipsam Ecclesiam catholicam sive diffusam sive adunatam anteponunt ?

At arma ministramus inobedientibus? Arma ergò ministrabant sancti episcopi qui ad Paschalem II scriberent : *Nos à vestrâ obedientiâ repelletis* : arma ministrabat ipse Bellarminus, cùm ab inobedientiæ vitio purgaret Cyprianum post Stephani jussa cunctantem, imò repugnantem : arma ministrabat doctissimus Pontifex Innocentius IV, cujus eâ de re perspicua verba retulimus [1]. Absit. Neque enim aut negandi sunt, aut ad exemplum trahendi extraordinarii casus, in quos incidere Ecclesiam ab alto sublevandam, atque interim exercendam atque humiliandam, Christus ipse permittit.

[1] Supra, n. 85.

LXXXVIII.

Ex his potissimùm adversariorum argumentum eliditur

Sanè ex antedictis cùm argumenta omnia refelluntur, tùm imprimis illud quod assiduè ingerunt, atque omnium validissimum arbitrantur. P. Thyrsus Gonzalez assiduè in hanc formam intorquet : romano Pontifici de fide definienti debetur obedientia etiam interior, alioquin nutabit fides : atqui non debetur obedientia falsis : ergò romanus Pontifex de fide definiens nunquam falsa proponit, ne scilicet falsis credere teneamur[1]. Hoc inculcat centies : hoc cæteri omnes urgent acerrimè : hoc paginis omnibus, tanquàm invictissimum causæ firmamentum præferunt, quod tamen uno verbo Innocentii IV, sequente Bellarmino, concidit : debetur obedientia cum hâc exceptione, nisi nempe ejus jussa contineant hæresim, concedo : debetur obedientia sine exceptione, nego.

Hìc exclamant non agere Innocentium IV (nam Bellarminum nihil moror) de Pontifice ex Cathedrâ pronuntiante. Sed unde hanc glossam depromunt ? Nempè Innocentius negat obedientiam generalibus verbis *prohibenti contra fidem,* imperanti ea quæ *contineant hæresim* : quæ quid efficiunt, nisi ut Pontifex, si hæresim jubeat, quantùm ex altiore loco judicat, tanto majore veritatis studio refellatur ?

Pergit P. Thyrsus : Atqui non cadunt exceptiones illæ in Pontificem qui omnes Christi fideles obligare intendat. Miram rem ! An non enim quisquis imperat, eos quibus imperat obligare intendit omnes ? An ergò si Pontifex privatos quoslibet ad hæresim cogat, repugnare oportet ; Ecclesiam verò totam si obligare velit, ea contiscescet, neque quidquam opis adversùs iniqua decreta supererit ? Quin potiùs expergiscimini, viri omnium ordinum sapientissimi, et cum Parisiensibus, imò verò cum tot quos retulimus Pontificibus, canonistis, doctoribus agnoscite : iniquum mandatum de hæresi, quod adversùs privatos est per se nullum, tantò magis esse nullum, cùm totam Ecclesiam iniquis legibus atque anathematis ligare nititur [2] ?

[1] Gonzal., disp. II. — [2] Supra, n. 69.

Quid igitur fiet, si res ad ea extrema deducitur ut romanus Pontifex (quod absit) mandata edat universalia, quibus intentato excommunicationis metu, totam in sua verba adigat Ecclesiam : quid, inquam, fiet, nisi quod à Cypriano, laudante Augustino, Bellarmino etiam excusante, factum est : nempè ut Ecclesiæ universæ consensus expectetur, cujus consensûs expectatio, si Cyprianum errantem in re quidem ambiguâ juvit, quantò magis sublevabit qui vera tuebuntur?

Neque propthereà, quod sæpè monuimus, pandemus ostium in obedientibus. Præclarè enim Major noster : Aliud est quod fit extraordinariè et *casualiter,* aliud quod fit regulariter et ordinariè. Neque proptereà Romana interibit fides Sedesque, cùm ex canonistis, ex Pontificibus, ex ipso Turrecrematâ aliisque doctoribus, qui Sedi apostolicæ præ cæteris favere se volunt, iniqua et falsidica adversùs Evangelium fidemque sententia, Sedi apostolicæ imputanda non sit, imò nec sententiæ loco habeatur.

An ergò subditi judicem judicabunt suum? Aut quis disceptabit inter Pontificem decernentem et episcopos fidelesque, si fortè casus incidat, dissidentes? Quis, inquam, disceptabit, nisi ipse ab alto Christus, ipsa traditionis veritas, ipsum, si res tanti sit tamque ambigua, generale concilium, ipsa denique Ecclesia, docente Spiritu, certissimâ veritatis luce collustrata? Hæc qui Ecclesiæ catholicæ defutura credit, non satis agnoscit quid sit illud : *Credo in Spiritum Sanctum, Sanctam Ecclesiam Catholicam.*

LXXXIX.

Hæc in opinione, non in fide esse posita controversiarum doctores profitentur : ac primum cardinalis Perronius.

Quæ cùm ita sint, jam satis perspicuum est hanc quæstionem, in quâ religionis summam collocatam volunt, ad pauca ac minuta, imò etiam nulla esse deductam [1]. Quo etiam factum est, ut viri maximi, qui fidei controversias optimè tradiderunt, perspicuis vocibus totum illud judicarint in opinione non in fide esse positum. Notum illud doctissimi cardinalis Perronii in *Epistolâ ad Casau-*

[1] Vid. in *append.,* lib. III, cap. XII.

bonum Apologiæ (*a*) præfixâ : « Ecclesiam Romanam radicem episcopalis unitatis et ecclesiasticæ communionis esse; eique ab omni antiquitate delatum esse primatum et præfecturam earum rerum, quæ ad religionem et Ecclesiam pertinerent, *idque unum esse quod Ecclesia postulet* ab iis qui ejus communionem amplectantur : quâ tesserâ secernat societatem suam à Græcis eorumque asseclis, qui se à visibili ac ministeriali Ecclesiæ capite ab aliquot sæculis segregarunt [1]. »

Ex his doctissimi cardinalis verbis discimus : id quidem ab omnibus agnosci oportere, quo Ecclesia ab hæreticis secernatur : non autem id quo schola doctores à se mutuo differant; atque id vir maximus luculentiùs posteà exponit his verbis : « Quæstio de auctoritate Papæ inter catholicos agitata, sive in spiritualibus respectu conciliorum œcumenicorum, sive in temporalibus respectu jurisdictionum sæcularium, quatenùs saluti animarum obsunt, non est quæstio ejusmodi, quæ res complectatur ab alterutrâ parte inter articulos fidei recensitas, aut ab eis exigantur qui ad Ecclesiam redeunt, ita ut alii alios pro hæreticis habeant, aut à se mutuò quoad communionis vinculum separentur. Quare ea omnia communioni ecclesiasticæ sarciendæ impedimento esse non possunt, cùm ejus conditionis sint, ut quamcumque partem Rex Serenissimus amplectatur, haud eò seciùs ab utrâque parte jus et nomen catholici obtineat [2]. » En quibus conditionibus tantus cardinalis, nemine discrepante, maximo Regi Jacobo I velut Ecclesiæ universæ nomine, jus ecclesiasticæ pacis et communionis offert. Ergò erroris, schismatis atque omninò anathematis et excommunicationis metus, quocumque prætextu procul abest ab iis opinionibus, reique sunt Ecclesiæ violatæ pacis, qui eas sub excommunicationis metu prohibendas putant.

XC.

Walemburgii fratres in Germaniâ episcopi celebres atque ab iis citati scriptores clarissimi.

Nostra ætate recentissimè in Germaniâ floruerunt par eruditum

[1] *Perronii Repl. in ep. ad Casaub.* — [2] *Repl.*, etc., lib. IV, p. 745
(*a*) Ad Angliæ Regem.

fratrum Adrianus et Petrus Walemburgii, alter Adrianopolitanus, alter mysiensis Episcopus, Coloniæ-Agrippinæ Suffraganei (*a*). Horum extant de rebus controversis egregiæ tractationes duobus tomis comprehensæ, ac doctorum omnium calculo comprobatæ. Sic autem hunc locum tractant adversùs Hermannum Conrigium, ut de fide habeant id tantùm, in quod catholici omnes Scholaque tota consentiat, nempè istud : « Quidquid universa profitetur Ecclesia, quidquid in concilio generali, cui præest summus Pontifex, credendum proponitur, est divinitùs revelatum. » Ac posteà : « Si variæ sunt sententiæ circa infallibilitatem concilii sine Pontifice romano, non potest ea res ad fidem catholicam pertinere [1]. » Variare autem sententias inter catholicos ostendunt, ac testes adhibent primùm Raymundum Carron, qui quidem, « quia ex catholicis plurimi docent infallibilitatem Pontificis non esse fidei, nisi cum concilio generali definiat, admonitos vult catholicos ne quæstionem hanc (utpotè adiaphoram, nec pertinentem ad fidei controversias) cum hæreticis ingrediantur [2], » quod alii quoque passim inculcent. Addit, quod notari volumus : « Quid enim sit ex Cathedrâ definire nec inter partes convenit, alii volunt esse cum concilio Romano definire, alii cum concilio generali, et ità intelligit Cyprianus *de Unitate Ecclesiæ* et *Epist*. XL [3]. Vides quem Patronum Parisiensium sententiæ dederit.

Idem Raymundus posteà producitur in medium, docens definitiones adversùs Pelagium ideò obtinuisse auctoritate summâ, quòd *totâ Ecclesiâ acceptæ sint;* quâ etiam in re Innocentii X et Alexandri VII de janseniana re decreta obtinuerint : cæterum « si Pontifex solus aliquam propositionem vel doctrinam prohi-

[1] Walemb.; tom. II, tract. III, *de Eccles.*, part. III, n. 6, p. 134. — [2] *Ibid.*, p. 135. — [3] Vid. Carr., *cont. gent. fid.*, part. II, cap. II, p. 146.

(*a*) Nés à Rotterdam d'une famille catholique, les frères Walembourg (de Walenburck) étudièrent la théologie à Paris, et la controverse à Dusseldorf. L'aîné, Adrien, fut nommé chanoine, puis suffragant de Cologne en 1661, après avoir été sacré évêque d'Andrinople; et son frère, Pierre, devint pareillement chanoine, ensuite suffragant de Mayence, sous le titre d'évêque de Mysie. Tout deux travaillèrent, d'un heureux concert, à la composition d'un savant ouvrage, qui renferme deux volumes in-folio. Après la mort d'Adrien, Pierre publia cet ouvrage à Cologne; le premier volume en 1669, sous ce titre : *Tractatus generales de controversiis fidei ;* le second volume en 1671, avec ces mots pour frontispice : *Tractatus speciales de controversiis fidei.* « Ces deux volumes sont dignes, a dit Arnauld, d'être entre les mains de tous ceux qui étudient la théologie. »

beret, schismaticum esse qui prohibitioni resisteret, nisi evidenter de errore constaret : » quo certum relinquit Pontificem *etiam ut Pontificem* suoque jure prohibentem aliquem articulum, errore manifesto labi potuisse.

XCI.

Iidem fratres quomodo Bellarminum à Gretsero explicatum prodant.

Secundo et tertio loco docti fratres Gravinam et Marcellium jesuitam peculiarem amicum adducunt sacræ theologiæ professores : quarto loco Gretserum egregium Bellarmini defensorem. Is objicienti Wittakero ab eo cardinale, Adrianum VI inter eos repositum qui *Pontificem etiam ut Pontificem sine concilio definientem errare potuisse docuerit* : quam tamen sententiam idem cardinalis ait *videri erroneam et hæresi proximam,* sic respondet : « Non dicit Bellarminus hanc sententiam esse hæreticam, aut parùm ab hæresi distare ; *sed videri* erroneam et hæresi proximam [1]. » Diligentissimè omninò : ipsum enim *videri* censuræ vim infringit, et ostendit Bellarmini opinionem certè, non tamen firmum fixumque judicium. Hæc Gretserus et ex eo Walemburgii.

XCII.

Idem Gretserus aliique ab iisdem Walemburgiis citati.

Ex eodem Gretsero pii fratres locum insignem proferunt, quo docet, « auctoritatem illam non errandi esse adæquatè in illo cœtu conflato ex Papâ et episcopis, quem Concilium nominant [2]. »

His addunt socios Alphonsum à Castro, Tannerum, Stapletonum, atque horum omnium testimoniis, doctissimi fratres catholicos pronuntiant qui unum illud pro catholico amplectuntur, quod « universa profitetur Ecclesia, quod in concilio generali,

---

[1] Gravin., *Cath. præsc. Conting.*, II part.; tom. IV, quæst. II, art. 1, p. 69, et Marcell., *de inexp. Reg. Christ.*, disp. IV, art. 6, p. 122. Wal., ibid., n. 13. Vid. Grets., *def. Bellarm.*, tom. II, lib. IV, cap. II, col. 1013. — [2] Walemb., n. 15. Grets. loc. cit., column. 1012.

cui præest Pontifex, credendum proponitur [1]. » Addunt ingenuè et candidè : « Altera autem propositio, quidquid romanus Pontifex ex Cathedrâ definit, illud omninò est infallibiliter verum, ad fastigium fidei catholicæ ab omnibus et singulis necessariò tenendæ, non assurgit [2]. » Iterùm : « Sententiam de infallibilitate concilii generalis incœpisse cum ipso Ecclesiæ christianæ exordio, posteà dabitur demonstrandi locus; quandò cœperit sententia de summi Pontificis infallibilitate, hùc non pertinet, quandò solum illud suscipimus defendendum quod apud omnes catholicos in confesso et fide catholicâ certum est [3]. » Vides quo discrimine habeant doctissimi antistites utramque infallibilitatem : primam, conciliorum scilicèt, ab ipsâ christianitatis origine innatam Ecclesiæ profitentur; alteram aliquandò cœpisse non negant, proindèque à fidei catholicæ certitudine excludunt. His finibus comprehendunt id quod est catholicos inter et hæreticos controversum; nec licet ad ulteriora urgere ecclesias perduelles, nisi fortè alia est fides quam inter catholicos tueamur in scholis, alia quam adversùs hæreticos propugnemus, quod à theologiæ simplicitate et candore procul absit.

Patiantur ergò nos sincerè et candidè docere catholicos juxtà et hæreticos antiquam et certam Ecclesiæ doctrinam, neque novam fidem condere, aut plus quàm jubeamur, funem intendere. Optamus sanè singulis romanis Pontificibus, optimis Parentibus, indefectibile veritatis lumen, ac si quid piis votis augurari licet, ad futurum speramus. Cæterùm haud minùs oportet certa ab incertis, à divinis dogmatibus humanas opiniones secernere : neque christianos ad plura constringere quàm Christus revelaverit, neque quidquam addere ad eam professionem, quam ex communi consensione fidelium Pius IV ediderit, atque ab errore redeuntibus proponi jusserit.

[1] Walemb., n. 6. Vid, quoq. n. 33, pag. 137. — [2] Ibid. — [3] Ibid., n. 27, pag. 136.

XCIII.

Innocentii XI brevia Apostolica duo.

Hoc fundamento fretus (quidni enim liceat non nihil de me quoque dicere?) ego episcoporum minimus, errantium charitate et fratrum catholicorum ædificatione ductus, exiguum sanè ac per sese nullum, magni tamen pretii, episcopali scilicèt ac posteà apostolicâ auctoritate fultum, edidi opusculum *de Expositione doctrinæ catholicæ in rebus controversis* : quo quidem in libello, cùm ad eum locum devenimus, quo de Sede apostolicâ vera Ecclesiæ fides exponenda esset, eam ita exponendam duximus, ut hæc stabilirem tantùm, « nempè Ecclesiam unitate niti : tuendæ ac firmandæ unitati primatum sancti Petri à Christo institutum, Sedemque apostolicam hujus unitatis centrum ac radicem esse; ac proptereà Petri successoribus deberi obedientiam eam quam concilia et Patres semper agnoverint [1]. » Hæc erant quæ certâ fide ex antiquis decretis et modernorum quoque controversistarum sensibus stabilita esse vellem; hoc est, ea tantùm in quæ omnes catholici consentirent. Quibus ritè explicatis, hoc insuper addidi : « Quod attinet ad ea de quibus in scholis variæ sunt discrepantesque sententiæ; etsi hæretici ea Ecclesiæ imputare solent, ut pontificiæ potestati invidiam constent, nihil attinet hîc commemorari, cùm de fide catholicâ non sint : sufficit agnoscere Caput à Deo institutum, ad gregem universum in viâ Domini gubernandum. »

Vides quid sufficere profiterer ad instruendos christianos : ea nempè in quæ omnes consentiant : alia de quibus in scholis dubitatur, non esse necessaria, ut veri christiani catholicique fiant. Factus sum insipiens (coegìt enim veritas causæque necessitas), qui mea commemorem [2]; sed profectò non mea, quæ tot in linguas, etiam in italicam Romæ quoque versa typisque apostolicis excusa, à tot Romanis cardinalibus, præsulibus, doctoribus approbata, Innocentius XI nunquàm sine laude memorandus ponti-

[1] *Expositio Doct. Cath.*, art. 21. — [2] II *Cor.*, xii, 2.

fex, sua fecit. Nec pigebit transcribere egregium et antiqui spiritûs breve apostolicum in hanc formam : « Venerabilis Frater, salutem et apostolicam benedictionem. Libellus de catholicæ fidei expositione à fraternitate tuâ compositus nobisque oblatus, *ea doctrina eaque methodo ac prudentia* scriptus est, ut perspicuâ brevitate legentes doceat, et extorquere possit etiam ab invitis catholicæ veritatis confessionem. Itaque non solùm à nobis commendari, sed ab omnibus legi atque in pretio haberi meretur. Ex eo sanè non mediocres in orthodoxæ fidei propagationem, quæ nos præcipuè cura intentos ac sollicitos habet, utilitates redundaturas, Deo benè juvante, confidimus, » etc. Datum 4 Januarii 1679. Non hîc ostentamus laudes quas in nos indignissimos apostolica benignitas contulit; verba notari volumus, quibus rem ipsam, *doctrinam* ipsam probat, *quæ extorquere possit etiam ab invitis catholicæ veritatis confessionem.* Intellexit sanctus Pontifex quanta vis esset catholicæ fidei, si ut nihil demitur, ità nihil additur. Tantum ergò testimonium veritatis, libello iterùm edito præfigendum putavi (opera enim Dei ejusque Pontificum prædicare est optimum) monitionemque addidi, in quâ sic legitur : « Neque miretur quispiam tàm facilè approbatam Meldensis Episcopi expositionem, eam, quæ auctoritatem Sedi apostolicæ divinâ institutione concessam iis in rebus collocaret, de quibus scholæ catholicæ omnes consentirent. Nihil enim eget Cathedra Petri concertationibus nostris; quodque in eâ catholici omnes unanimi consensione venerantur, planè sufficit ad eam tuendam potestatem quam Sedes apostolica ad ædificationem, non autem ad destructionem accepit. » Vides iterùm atque iterùm quid sufficere docerem, romano Pontifice præeunte, exiguus episcopus. At hanc monitionem, uti diximus, expositioni præfixam, cùm pro debito, eidem verè sanctissimo Innocentio XI obtulissem, hoc responsum tuli : « Venerabilis Frater, salutem et apostolicam benedictionem. Accepimus libellum *de catholicæ fidei expositione* quem piâ, eleganti, sapientique ad hæreticos in viam salutis reducendos oratione auctam, reddi nobis curavit fraternitas tua : et quidem libenti animo confirmamus uberes laudes quas tibi de præclaro opere meritò tribuimus, et susceptas spes copiosi fructùs exindè in Ecclesiam profecturi, » etc. Datum Romæ 12 Julii, an. 1679.

Nihil hîc necesse est promere quod omnes vident, iterùm ab Innocentio XI exigui libelli laudatum institutum, comprobatam fidem : certè tacere non possumus pietatem incomparabilem, charitatem ac prudentiam singularem sancti Pontificis, quòd quantùm in ipso esset, omnes difficultates remotas esse vellet, quibus oves perditas laborare atque ex grege suo, id est Christi, aberrare intelligeret.

Nempè cùm alia multa vera et utilia summus Pontifex iterùm atque iterùm approbabat, tùm illud imprimis : Sedis apostolicæ majestatem in iis rebus esse positam, de quibus catholici consentirent, idque ad ejus Sedis sanciendam potestatem sufficere testatus, ex eâ expositione uberes fructus expectabat.

Neque falsus animis est. Nam innumerabiles hæretici, non *Expositione* nostrâ, sed sancti Pontificis auctoritate victi, ad unitatem redierunt, et redire porrò pergunt : adeò necessarium erat, cum in omnibus articulis, tum in hoc vel maxime quem hæretici omnium invidiosissimè proponebant, id clarè edoceri, quod Ecclesia catholica ut necessarium pariter ac sufficiens postularet. Hoc enim facto, catholicam doctrinam ex omni parte splendentem, nullo fastu turgidam, ubique moderatam, atque inter prærupta et extrema tutò incedentem, agnitam dilexerunt eique adhæserunt, magisque ac magis adhæsuros spem haud inanem gerimus.

Jam si rescinderentur ea, et alia requirerentur quàm quæ sancti Pontifices, et maxime Pius IV et ipse Innocentius XI postulavit; quid aliud eveniret, quàm ut tot hominum millia deceptos se esse ab Ecclesiâ catholicâ quærerentur, atque eorum, quod absit, vacillaret fides, cæterorum verò odia concitarentur ea, quæ cùm nullâ responsione leniri posse viderentur, infelices animæ perderentur, Sedisque apostolicæ, quam firmam et inconcussam stare oportet, labasceret auctoritas (*a*).

(*a*) Les protestans, sinon tous, du moins presque tous, reviennent au centre de l'unité, parce qu'ils trouvent dans la barque de Pierre un refuge assuré contre les flots de l'erreur; si on leur disoit après leur conversion que celui qui doit briser les puissances d'enfer, paître les agneaux et les brebis, confirmer ses

XCIV.

Inquisitionis hispanicæ decreta ab eminentissimo cardinale Daguirreo P. Thyrso prolata, cardinalis Perronii auctoritate confixa.

Jam si mille existant adversarii, si schismata, si hæreses, ac teterrima quæque obstrepant, non nobis in ipsâ fidei ac sanctæ traditionis arce fundatis, sed ipsis metuimus, qui præposteris decretis christianam charitatem Ecclesiæque unitatem impunè à se violari posse putant. Refert Daguirreus cardinalis, exaggeratione mirâ, decretum recentissimum inquisitionis hispanæ adversus has theses : primam : « Nec Papam, nec Ecclesiam habere ullam potestatem directam aut indirectam in jura temporalia regum, ut proindè abdicare eos possit, aut subditos eximere ab obsequio promisso : » huic nota inuritur *erroris et schismatis.* Alteram : « Concilium habere potestatem suprà Papam certum et indubitatum : » hanc item *erroneam et schismaticam esse.* Tertiam : « Papam in dirimendis fidei quæstionibus non esse infallibilem : » hanc *ut minimum* damnant, *ut erroneam et hæresi proximam*[1]; quæ Bellarmini censura fuit. Quæsiverim autem unde has desumpserint notas? An ullo ex concilio? Quo? Lateranensi, Florentino, alio quovis? Id quidem si verum est, nihil cunctandum erat quominùs disertè et explicitè summâque auctoritate declarata revelatio veritatis, summum fidei catholicæ obtineret gradum, contrariaque sententia non jam *hæresi proxima,* sed palàm hæretica diceretur. An aliquod eâ de re extitit decretum apostolicum? Nullum appellant. Quin ipse Daguirreus, si à Sede apostolicâ res examinetur ut oportet, proditurum decretum, non tamen prodiisse dicit, et à *directâ censurâ* temperandum putat [2], nihil cunctaturus si apostolico decreto decisa res esset. Hispani ergò inquisitores nullo decreto authentico freti, ex Bellarmino privato doctore, aliisque æque privatis, postremam propositionem : secundam auctoritate suâ, nec auctore Bellarmino profe-

[1] Daguir., *Disp.* XL, n. 18, 19, 20, p. 454. — [2] Vid. *Disp.* XXII, n. 2. et 24, n. 28.

frères dans la foi, peut déchoir de la vraie doctrine, ils retomberoient aussitôt dans l'abime du doute et de l'incroyance.

runt ; primam de pontificiâ in reges potestate, ipso adversante, ut ipse quoque cardinalis Perronius in Bellarminum impensè pronus confitetur. Facessant ergò censuræ istæ : scitum illud : censuras nullâ auctoritate fultas, mera convicia, non censuras esse.

Verba Perronii exscribam : « Ipse Bellarminus monet, id quod de Pontificis in temporalia potestate indirectâ docet, non à se haberi ut fidei doctrinam, aut sub pœnâ excommunicationis aut anathematis tenendam [1]. » Bellarmino hujus potestatis acerrimo defensore Hispana Inquisitio immitior, quæ erronei dogmatis, ut illa quidem censuit, ac schismatis reos, nullis non anathematis ac suppliciis devoveret. Sic agunt Inquisitiones hispanæ, queis præditas Gallias pius cardinalis optat. At nostri deprecantur. Laudat cardinalis episcoporum Galliæ ad Innocentium X de ejus constitutione (a) insignem [2] epistolam; at in eâ *spondent episcopi* futurum neminem, quem non ad decreti apostolici executionem compellant, « præsertim cùm in Galliis ad episcopos in solidum isthæc cura pertineat, ubi nullos hæreticæ pravitatis Inquisitores constitui patitur mos antiquus ex jure communi profectus [3]. » Habeant qui voluerint novos mores atque extraordinaria jura, et inquirendam fidem episcopis demant. Nobis placet mos antiquus, et ut episcopis sua constet auctoritas, idque ad ipsos Pontifices liberè profitemur. Facilè caremus iis tribunalibus, qui et privatorum censuras, ut libet in publicam auctoritatem trahant, neque vereantur referre ad fidem à Deo revelatam, ut suis quoque regibus majestas detrahatur, adimantur obsequia, populi subtrahantur; insuper cùm hæc egerint, infallibilitatis privilegio gaudere se fingant.

Procul hoc à nostris et ecclesiæ antiquæ moribus. Et de regiâ quidem potestate viget apud nos antiqua doctrina theologiæ Facultatis totiusque adeò ecclesiæ gallicanæ, quam in Sanctarellum eadem sacra Facultas anno 1626 innovavit, anno 1663, duce archiepiscopo Parisiensi, ad Regem detulit, recentissimè anno 1682,

---

[1] Du Perron., *Repl.*, lib. I, cap. XCI, p. 545, edit. Ant. Steph., 1622. — [2] Daguirr., *Disput.* II, titul. v, an. 12, p. 9. — [3] *Rel. Delib. Cler. Gall.*, etc., p. 37, edit. Vitré, 1661.

(a) Adversùs Jansenismum.

latâ in Malagolam censurâ confirmavit [1]; quam sanè sententiam sanctaque decreta eruditissimæ Facultatis facilè asseremus.

XCV.

Regum Hispaniæ Philippi I et Caroli V Augusti exemplo Hispaniæ Inquisitio retunditur.

Jam ut magis magisque Inquisitionem hispanicam retundamus, non piæ antiquitatis, non ecclesiæ gallicanæ, sed ipsa recentissima hispanici regni exempla catholicosque reges Philippum I et Carolum V Augustum memorare juvat : et Philippum quidem I in supremo magnoque Belgii comitio « confidentem, ad tuendas suarum provinciarum libertates, procuratori suo generali ab omnibus bullis, censuris, monitorialibus litteris, aliisque Romanæ curiæ provisionibus appellanti consensisse; » eique appellationi (a) edito diplomate *adhæsisse* 20 Maii 1497. Quæ satis ostendunt, id quod nunc Inquisitio hispanica, ut *hæreticum schismaticumque* damnat, inter Hispanos et Belgas Patrum nostrorum memoriâ commune et pervulgatum fuisse.

Anno 1526, Clemens VII de Carolo Augusto multa questus, quæ ad Italiæ libertatem pertinere arbitrabatur, misso etiam brevi apostolico significavit, nisi ab incœptis desisteret, se justa et sancta arma moturum.

His acceptis litteris Carolus solemni more rituque Clementi palàm renuntiavit, se quidem ea omnia « ad sacri generalis concilii totius christianitatis cognitionem et judicium remittenda censere atque omninò subjicere : » sanctissimo Patri supplicat, « ut dignetur ipsum generale concilium indicere et convocare in loco tuto et congruo, cum debitâ termini præfixione; » subdit : « Nos enim pro his omnibus ad ipsum sacrum universale concilium per præsentes recurrimus, ac à futuris quibuscumque gravami-

---

[1] Vid. lib. I, Sect. I integr. et in *app*. lib. III, cap. XI.

(a) Hanc appellationem fecit Philippi I Brabantiæ Archiducis Procurator generalis, ut *abusus* eos intercluderet, qui multi erant et graves, cùm in collatione Beneficiorum pontificiæ bullæ veniebant exsequendæ. Vide ipsa verba quibus Philippus Procuratoris sui appellationem ratam vult esse in libro cui titulus est · *Ordonantien, Statuten*, etc. Antuerp., ap. Hendrik Aertsen., 1672.

nibus eorumve comminationibus provocamus et appellamus, petentes cum eâ quâ decet instantiâ, Apostolos et litteras dimissorias [1] : » quæ omnia memoramus, ne quid ab eo prætermissum esse videatur.

Hanc deinde appellationem Nuntio Apostolico *penès se existenti* significari curavit : neque his contentus, dat ad Cardinales de cogendo Concilio amplissimas litteras : *ut negante vel differente Pontifice, id ipsi debito ordine procedentes, præstare non differant;* eas verò litteras Cardinalibus in Consistorio agentibus publicè *reddi, præsentari, et consignari fecit,* ut edito hujus rei instrumento constat.

Quæ deinde secuta sunt omnes norunt. Id interim constat Carolum V famæ suæ vel maximè consulentem, non ea editurum aut in acta publica relaturum fuisse, quæ orbi christiano approbare non posset. Quare ex communi christianorum sensu agere se intelligebat, nemine improbante : antiqua exempla sequebatur, quorum omnium obliti Inquisitores hispani reges suos, eisque adhærentes tot inclytas provincias, imò tot regna et imperia erroris schismatisque damnant; neque extra scholæ, aut ævi sui limites, oculos attollere audent.

Atque hæc non eâ ratione in medium adducimus, quòd necesse nobis sit de hujusmodi appellationibus dicere sententiam, quarum historiam et causas alibi referemus; sed ut adversùs innocuam de conciliorum superiori potestate doctrinam, regum quoque hispanicorum exemplo, Inquisitionis hispanæ præceps censura evanescat.

Quin ipsa lovaniensis Facultas illam impunè contemnit, ac recentissimè de eâ propositione : « Concilium est suprà Papam, » sic censuit : « Non videtur censurâ saltem gravi digna, eò quòd diversi catholici eam doceant. » Quam quidem censuram eruditissimæ Facultatis suo loco integram proferemus : nunc sufficiat nobis ex illâ docuisse : Parisiensium doctrinam ab optimis fidei catholicæ adversùs hæreticos defensoribus, haud immeritò collo-

---

[1] *Collec. act. cum Princ. Car. Cæs.* Mog. 1627. Vid. Sleid., lib. VI, edit. 1656, fol. 71. *Polit. Imp. Gold.;* tom. I, par. XXII, pag. 985 et seq. *Ann. Eccl. Spond.,* an. 1526, n. 4. Vid. *Gold.* pag. 1010, 1011.

catam inter eas quæ in opinione, non autem in fide sint, atque adeò innocuè et liberè asseri possint, quod unum nunc agimus.

XCVI.

Summa argumenti : de orientali Ecclesiâ et Concilio florentino pauca.

Jam argumenti hujus hæc summa sit. Non suscipit Ecclesia hæreticos, nisi fide rectâ sanâque : suscipit autem nihil professos de iis quæ quærimus, imò etiam dissentientes, cùm id ad fidem, quæ omnes obliget, non pertinere constet : ergò hæc omnia nihil ad fidem attinent (*a*). Iterùm alio modo perbrevi : censores nostri non se doctiores haberi volunt Perronio cardinale : quid ergò agerent? An exciperent Anglos eâ lege quam eorum regi omnibusque hæreticis tantus cardinalis obtulit? Dicant ut voluerint : si suscepturos negant, immites et iniqui : si fatentur, hæc ergò, velint nolint, ad fidem non pertinent.

Rursùs : Germaniæ protestantes accedunt rogantque : an nos suscipitis eâ lege quam post tantum cardinalem, tot egregiis succincti testibus Walemburgii nostri dixere? Si negatis, pii doctique antistites cum totâ testium turbâ nobis illuserunt : si admittitis, hæc igitur quæ fidei catholicæ addita vultis omittite.

Tertiò : nos exigui et humiles sciscitamur an probetis admittendos, vel sinatis admissos protestantes gallos, eo modo quem Innocentius XI comprobavit : nempè ut ea credant de summo romano Primatu in qua catholici consentiunt, omittant cætera; immisericordes, impii, pacis inimici, erga tantum Pontificem contumeliosi sint, qui tam æqua, tam sancta pacta dissolvant.

Denique Græci totaque orientalis Ecclesia hâc lege pacem orant : « Non posse unionem fieri nisi in Synodo universali, in qua occidentalis orientalisque Ecclesiæ conveniant : Ecclesiam in

---

(*a*) Si l'on veut connoître la conclusion des interminables discussions qui précèdent, l'auteur vient de la formuler en peu de mots; la voici : La foi ne renferme pas comme dogme défini l'infaillibilité du souverain Pontife : on n'est pas hérétique pour ne pas admettre l'infaillibilité du souverain Pontife : on peut appartenir à l'Eglise sans admettre l'infaillibilité du souverain Pontife.

Eh bien, qui a jamais prétendu le contraire? On a toujours dit, et l'on doit dire surtout de nos jours, que l'infaillibilité du souverain Pontife touche à la foi, mais on n'a jamais dit qu'elle est de foi.

unum congregatam de rebus dubiis judicare : communi consensu sententiam ferre : communiter hæc agi, et quæ communia sunt communi consensu terminari : plurimorum sententiam prævalere : sanctam Ecclesiam in sacris dogmatibus nullo modo posse errare, communi quidem ac synodicâ consideratione utentem [1]. » Neque hæc fingimus, sed in ipso concilio Florentino verè gesta atque à Græcis unanimi consensu proposita referimus. Quid ergò agetis? An pacifica postulata repelletis? Adeòque in unum Papam vim summam conferetis, ut Patrum sententiam pro arbitrio probare aut improbare possit? Eugenio IV obsistetis, cui Græcorum postulata tàm æqua, tàm proba visa sunt, ut ad eos talia ipse loqueretur : « Conveniamus simul flatque synodus : conficiat sacrum sacerdos : jusjurandum demus Latini pariter et Græci : proferatur liberè veritas per sacramentum, et quod plurimus videbitur, hoc amplectamur et nos et vos [2]. »

Id, inquies, fecit Eugenius, quia voluit, nullâ necessitate. Respondemus : imò fecit quia Græci tanquàm necessarium postulabant, ut vidimus.

Eâ ratione victi forsitan respondebunt valere ista quidem, sed ubi collecta est synodus generalis. Instamus : ergò, jam collectâ synodo, Papam ipsum in synodi potestate esse recognoscent, et præcipuâ suæ opinionis parte decedent : tùm, satis demonstravimus, communi Græcorum Latinorumque sententiâ haud minùs valere diffusæ Ecclesiæ, quàm adunatæ auctoritatem. Denique an urgebunt tanquàm fide catholicâ certum, ut pontificia decreta sola per sese, nullâ consensionis necessitate valeant? Atqui hoc est ipsissimum de quo inter catholicos controvertitur [3] : quod proindè Perronio aliisque testibus, « ad eam fidem quæ ab omnibus exigatur non valeat assurgere. » Id Perronius aliique et ipse Innocentius XI post florentina, post lateranensia, post tridentina decreta comprobarunt. Ab his ergò decretis Parisiensium sententia integra intactaque est. Quamobrem jacent omninò adversùs illam sententiam privatorum novitiæ censuræ, nullo au-

---

[1] Conc. Bas., ses. XXIV, n. 11; tom. XII, pag. 567. Vid. *Orat. Dog.* Bess., sess. XXV. Conc. Flor., cap. 1, tom. XIII, pag. 491 et seq. — [2] Conc. Flor., sess. XXV, pag. 387. — Suprà, n. 92. Vid. Walemb. et Grets., locis cit.

thentico decreto fultæ, et confidenter dicimus, eâ professione venientes, non nisi iniquissimè repelli posse à catholicis quibuscumque et cujuscumque gentis.

XCVII.

Adversariorum ultima responsio : ex hâc argumentum et conclusio operis.

Video tamen censores nostros id suffugium ultimum quæsituros; nempè à Perronio et ab aliis haud immeritò prætermissa ea quæ ipsi postulant, quòd fide licèt vera sint, nondùm tamen ecclesiasticâ definitione satis declarata esse constiterit. Agant ut volunt; at in majores turbas se ipsi conjiciunt. Quid enim vetuit, si tàm clara res est, si tàm apertè revelata quàm volunt, quid inquam, vetuit quominùs in certos articulos catholicâ definitione referrentur? Aut quid Ecclesiæ proderit illa in quâ summam fidei collocant Pontificis ex cathedrâ definientis dubia, nec dùm à totâ Ecclesiâ asserta auctoritas? Certè in Ecclesiæ catholicæ septimo decimo sæculo vivimus, nec dùm de illâ infallibilitate inter orthodoxos piosque constitit : atque ut constantiensem ac basileensem Synodos omittamus, viri sancti doctique ei restiterunt. Et quidem adversùs illos privati multi multa inclamarunt et incautas censuras profuderunt, Ecclesia catholica ac Roma ipsa nihil egit, quo nostri vel leviter notarentur; trecentique anni sunt, ex quo de illâ controversiâ innoxiè disputatur. An Ecclesia ut tuta tranquillaque esset nostram ætatem, ac propè jam elapsum septimum decimum sæculum expectabat? Ergò necesse est ut piorum animorum quietem tutissimam in ipso Ecclesiæ catholicæ consensu collocemus. Neque enim fieri potest ut in romani Pontificis dubiâ infallibilitate penitùs acquiescant. Neque in eâ acquievit qui eam pro viribus asseruit Duvallius; sed eò quòd pontificia infallibilitas de fide non sit, eam ob rem ultimam fidei certitudinem in Ecclesiæ acceptatione constituit. Quin dubia illa infallibilitas, nec infallibilitas quidem est à Christo concessa, qui, si eam concessisset, Ecclesiæ quoque suæ jam indè ab initio revelaturus esset, ne in dubio relicta, nec satis revelata, nec perspicuâ traditione fundata, esset inutilis (*a*).

Quid igitur, amabo, ad non necessaria, nec unquàm perspicuè, quod et ipsi testantur, definita, tantis clamoribus minisque nos adigunt; ac modestè recusantes, neque quemquam condemnantes, majorumque scita innoxiè secutos diris devovent, et insuper, si Deo placet, *aulicos* vocant, *apud quos omnia per adulationem ac metum peragantur?* Quasi non liceat nobis adulationes alias, spes alias metusque alios, denique aulicismos memorare; sed hæc procul à nobis sint. Omnia enim ab omnibus optimo animo gesta esse confidimus gratulamurque Ecclesiæ, quòd per occasionem dissidii nostri, viros præcellentissimos in altissimâ sanctæ civitatis parte (*b*) collocavit, ut toti præluceant, satisque magnos et illustres putamus, quibus ingenuè et candidè veritatem tueri liceat. Hæc ergò omnia inter nos pacificè et christianè episcopali charitate transigantur, certemusque tantùm utri validioribus, purioribus, lucidioribus argumentis romani Primatûs ac Sedis apostolicæ auctoritatem majestatemque vindicent.

(*a*) Voilà une réponse toute faite, à l'usage de tous les hérétiques, soit avant, soit après leur condamnation. — (*b*) Le P. Daguirre et le P. Sfondrate, revêtus de la pourpre romaine en récompence des services qu'ils avoient rendus à l'Eglise en combattant le gallicanisme.

DEFENSIO
DECLARATIONIS CLERI GALLICANI
DE ECCLESIASTICA POTESTATE

PARS PRIMA

QUA DE IMPERII IN TEMPORALIBUS SUPREMA POTESTATE DISSERITUR.

LIBER PRIMUS

SECTIO PRIMA

EX STATU QUÆSTIONIS REIQUE NOVITATE, DEPONENDORUM REGUM DIRECTA ET INDIRECTA POTESTAS CONFUTATUR, AD CAPUT PRIMUM GALLICANÆ DECLARATIONIS

CAPUT PRIMUM.

Refertur caput I gallicanæ Declarationis.

Primum : Beato Petro ejusque successoribus Christi Vicari s, ipsique Ecclesiæ, rerum spiritualium et ad æternam salutem pertinentium, non autem civilium ac temporalium à Deo traditam potestatem, dicente Domino : « Regnum meum non est ehopc mundo [1]; » et iterum : « Reddite ergo quæ sunt Cæsaris Cæsari, et quæ sunt Dei Deo [2]; » ac proinde stare apostolicum illud :

[1] *Joan.*, XVIII, 36. — [2] *Luc.*, XX, 25.

« Omnis anima potestatibus sublimioribus subdita sit : non est enim potestas nisi à Deo : quæ autem sunt, à Deo ordinatæ sunt. Itaque qui potestati resistit, Dei ordinationi resistit [1]. » Reges ergo et principes in temporalibus nulli ecclesiasticæ potestati Dei ordinatione subjici, neque auctoritate clavium Ecclesiæ directè vel indirectè deponi, aut illorum subditos eximi à fide atque obedientiâ, ac præstito fidelitatis sacramento solvi posse, eamque sententiam publicæ tranquillitati necessariam, nec minùs Ecclesiæ quàm imperio utilem, ut verbo Dei, Patrum traditioni et sanctorum exemplis consonam omni modo retinendam.

CAPUT II.

Contrarium articulum ponunt adversarii. Status quæstionis : ex hoc intolerabilia incommoda; neque magis tolerabilior indirecta quàm directa potestas, cùm solis verbis differant : huic primo capiti Declarationis gallicanæ, contrariam declarationem totidem verbis opponit auctor anonymus Doctrinæ Lovaniensium, quem alii adversarii sequuntur, et indirectam potestatem asserunt : quæ sententia quàm falsa sit, statim intelliget, qui vel statum quæstionis adverterit.

Sciendum ergo primum est extitisse quosdam qui docerent romanum Pontificem Christi Regis vicarium, directè et jure divino Regem regum esse, ac totius orbis dominum. Quare exortâ pontificiâ dignitate, statim regna atque imperia omnia in ejus imperium concessisse, reges omnes nonnisi Papæ vicarios esse; gladium temporalis æquè ac spiritualis potestatis propriè ejus esse, vicariâ licèt manu exerendum, atque ita in Pontificem omne translatum esse dominium, ut principes etiam infideles deturbare solio, eorumque regna jure suo donare possit quibuscumque voluerit fidelium.

Hanc sententiam iisdem ferè verbis refert Bellarminus [2], quod quidem à Nicolao Dubois observari velim. Fingit enim se incidisse in quemdam, qui ista contenderet Sedi apostolicæ tribui à nonnullis, seque continuò exarsisse : « Quis enim, inquit, catho-

---

[1] *Rom.*, XIII, 1 et 2. — [2] Bellarm., *de Rom. Pont.*, lib. V, cap. I.

licus scriptor ista sanctæ Sedi asseruit? nomina unum, stringam calamum [1]. » Qui profectò si vel Bellarminum legisset, nominatos ab eo invenisset, non unum, sed multos in quos calamum stringeret; ac si piguisset legere Bellarminum, vel saltem legeret à se laudatum *illustrissimi D. Nicolai Cevoli ex Marchionibus de Sarreto Antigraphum*, in quo invenisset malè à Bellarmino esse dictum : « Pontificem ut Pontificem non habere directè et immediatè ullam temporalem potestatem, sed tantùm indirectè : imò esse penitùs de fide tenendum summum Pontificem romanum jure divino habere plenissimam potestatem in universum orbem terrarum, tum in rebus ecclesiasticis, tum in politicis et temporalibus; et sic posse directè, ut Pontificem, quibuscumque Principibus imperare [2]. » Sic directam potestatem non tantùm asserit, sed etiam *de fide tenendam* esse dicit. Neque tamen miror D. Dubois ejus sententiæ absurditate commotum facilè adductum esse ut crederet, ne unum quidem auctorem esse potuisse qui talia tueretur.

Ac reverà certum est à Bellarmino et aliis eam sententiam non modò rejectam fuisse, sed etiam validissimè confutatam. Non enim Christus aut hæreditario jure, aut datâ à Deo potestate, aut alio ullo modo rex temporalis fuit, qui regiam potestatem ad vicarios suos transmitteret. Quo admisso sequeretur id, quod est absurdissimum, Papam in orbe terrarum ipso jure divino solum esse regem, ac supremum dominum temporalem, episcopos etiam ubique terrarum suarum civitatum esse dominos, Pontifici quidem subditos, sed omnibus aliis imperantes, ac reges, non jam reges, sed romani Pontificis esse vicarios : quæ portenta doctrinæ in hominum animos incidisse, planè obstupescimus.

Hanc ergo sententiam, de directâ romani Pontificis in temporalia potestate, Bellarminus aliique passim rejiciunt : interim indirectæ potestatis nomine, ea in romanum Pontificem conferunt, quæ non minorem ipsi potestatem attribuant. Sic enim ipse Bellarminus ac Lovanienses ab anonymo relati, aliique adversarii de potestate indirectâ statuunt.

Primùm temporalia omnia ad spiritualia referri, ut ad finem,

[1] *Consult. Theol. Jurid.*, IV, p. 23. — [2] *Antigr.* p. 11.

iisque per sese subordinata esse; tum ita « subordinari facultates, ut subordinantur fines ; » atque ideo qui fini præsit, eum etiam præesse mediis; adeoque posse et imperare omnia, quæ fini adipiscendo necessaria videantur, et ea amovere quæ impedimento sint: « Quare omnem sæcularem potestatem eatenùs in temporalibus esse Papæ subjectam, quatenùs abusio, aut negligentia christianorum regum circa temporalia nata sunt impedire finem spiritualem, in quem Papa habet universam Ecclesiam dirigere[1]. » Quam Papæ potestatem ideo indirectam vocant, quòd non se extendat directè ad temporalia, sed indirectè, quatenus ex temporalibus spiritualia promoventur vel impediuntur.

Hæc autem valere volunt, « quando utraque potestas civilis, ac spiritualis pars est ejusdem reipublicæ christianæ; » tunc enim spiritualem potestatem præesse civili ut *spiritum carni*[2]. Quibus positis, hæc docent consequi : reges ac principes christianos posse ab ecclesiasticâ potestate, maximè à pontificiâ, in quâ est apex hujus potestatis, privari regno ac deponi, non modò propter hæresim et apostasiam à fide, verùm etiam quocumque scelere Ecclesiæ ac saluti animarum noceant.

Quod alio quoque modo efficere se posse putant : quippe quòd Ecclesia excommunicare possit et anathematizare propter quodlibet scelus, omnem christianum incorrigibilem; quo jure comprehendi etiam reges : « Eamdem enim esse justitiæ formulam, secundùm Evangelium, quâ rex et miles censentur[3]. » Factâ autem excommunicatione, ipso ejus effectu omnes christianos principes, omni potestate exutos esse, cum quibus videlicet nec liceat colloqui, neque quidquam habere commune. Quod quidem argumentum maximè urget D. Nicolaus Dubois; auctor etiam anonymus *Doctrinæ Lovaniensium* laudat Lupum dicentem : « Septimi Gregorii tempore viguisse regulam, quâ Regem anno integro in papali excommunicatione sordescentem exuebat omni jure regni. » Quare ex eorum sententiâ reges non modò hæresis, sed etiam cujuscumque sceleris causâ deponi posse constat.

Hinc nempe factum est, ut Gregorius VII (quo auctore ista

---

[1] Bell., loc. cit., cap. VII. *Doct. Lov.*, art. III, p. 82. — [2] Bellarm., *ibid.*, cap. VI, VII. — [3] *Doct. Lovan.*, p. 32. *Consult.* IV et VIII, p. 28, 41 et seq.

omnia, nullo antea exemplo, prodierunt) mulctaret Imperio Henricum et Rodulphum de Imperio contendentes, si suum judicium detrectarent, suisque Legatis viam intercluderent ¹; Philippo verò I Francorum Regi depositionis pœnam intentaret, non modò simoniæ causâ, quæ pro hæresi in jure habetur, sed etiam propter adulteria et rapinas ², maximè verò quòd *mercatoribus infinitam pecuniam abstulerit* ³; neque his contentus docuit (quàm justè alibi videbimus) auctore Gregorio magno, reges ipsos dignitate cadere, qui vel *unius xenodochii* privilegium violassent ⁴; quem locum sancti Gregorii Magni omnes adversarii pro Achille habent; adeo nullum flagitium esse putant propter quod potestas regia depositioni non sit obnoxia.

Quin etiam, quod majus est, asserunt reges christianos, nullo commisso scelere propter quod excommunicentur, à Papâ deponi posse, si saluti animarum et Ecclesiæ utilitati conducere videatur. Pontificem enim posse omnia quæ in eum finem conferant; laudantque Gregorium VII dicentem à Zachariâ deponi potuisse Regem Francorum, Childericum scilicet, « non tam pro suis iniquitatibus, quàm pro eo quod tantæ potestati non erat utilis ⁵; » et *Glossa* quidem in caput *Alius* ⁶, ex hoc Gregorii VII loco depromptum ad verbum *Inutilis,* ineptè et imperitè dixit : « Non intelligas INUTILIS, id est insufficiens, tunc enim debuisset ei dari coadjutor, sed dissolutus erat cum mulieribus et effeminatus. » Non tamen id historici produnt : nullius enim sceleris accusatus, nedum convictus fuit; eratque *inutilis,* non tam socordiâ suâ aut culpâ, quàm quòd Majores domûs, ac Pipinus regiam potestatem occupassent; neque saltem est admonitus, ut à socordiâ resipisceret, viginti circiter annorum adoléscens, sed statim potestate exutus detrususque est in monasterium, quod Pontifici licuisse Bellarminus et alii tradunt.

Item Irenen Augustam, fide præcellentem, quippe quæ Oriente toto inveteram Iconoclastarum hæresim contrivisset omnibusque modis faveret Ecclesiæ, neque excommunicatam, neque ullius

---
¹ Greg. VII, lib. IV, *epist.* XXIII, XXIV. — ² Id., *ibid.*, lib. VII, *epist.* XXXV. — ³ Id., *ibid.*, lib. II, *epist.* V et XVIII. — ⁴ Id., *ibid.*, lib. IV, *epist.* II et XXIV; et lib. VIII, *ep.* II. — ⁵ Id., lib. VIII, *ep.* XXI. Bell., lib. V, *de R. P.* cap. VI. *Doctr. Lovan.*, art. III et alii pass. — ⁶ *Caus.* XV, q. VI, cap. III.

sceleris postulatam, aiunt tamen à Leone III, eo tantùm nomine Occidentis imperio esse mulctatam, quòd id Ecclesiæ necessitas postularet, eâ enim causâ justè ademptum ei esse, atque in Carolum Magnum translatum imperium Bellarminus docet.

Neque enim tantùm privari indignos, aut ad ecclesiasticam utilitatem minùs idoneos principes auctoritate pontificiâ, sed alios etiam substitui posse contendunt, quo jure à Zachariâ Pipinum Childerico, à Leone III Irenæ Carolum esse substitutos volunt [1] : omninò enim « rempublicam spiritualem posse imperare temporali reipublicæ sibi subjectæ, et cogere ad mutandum administrationem, et deponere principes atque alios instituere, quando aliter non potest bonum suum spirituale tueri [2]. »

Et quanquam Bellarminus videtur id juris tribuere ecclesiasticæ potestati in christianos tantùm principes, qui suscepto baptismo Ecclesiæ sint subjecti; tamen dogmatum consecutio postulabat ut Ecclesia fini spirituali intenta, etiam infideles ac paganos principes ei fini adversantes pari jure amoveret. Etsi enim Ecclesia, teste Apostolo [3], in eos qui extra sunt nullo jure pollet, tamen Bellarmini decreta postulabant, ne Ecclesiæ negaretur potestas tuendi suos eosque ab infidelium jugo liberandi. Quare apertè asserit : « Non licere christianis tolerare regem infidelem aut hæreticum, si ille conetur pertrahere subditos ad suam hæresim aut infidelitatem [4]; » atque addit : « Quod si christiani olim non deposuerunt Neronem, et Diocletianum, et Julianum Apostatam, ac Valentem Arianum, et similes, id fuit, quia deerant vires temporales christianis, » ut martyrum illa invicta constantia totiesque laudata à priscis christianis, illa in imperatores etiam persecutores inconcussa fides, non jam obedientiæ, sed imbecillitati deputetur.

Et quidem Bellarminus ita sententiam temperavit suam, ut nolit infideles deponi posse, nisi populum conentur avertere à fide, quam conditionem addi à se profitetur, « propter eos principes infideles qui dominium habuerunt supra populum, antequam converterentur ad fidem. » At alii contendunt eos æquè

---

[1] Bellar., *de R. P.*, lib. V, cap. VI, VIII. Id., *de Transl. Imp.*, lib. I, cap. XII. — [2] Bell., *ibid.*, cap. XIII. — [3] I *Cor.*, v, 12, 13. — [4] Bell., *ibid.*

privari posse, etiamsi non conentur fideles à fide avertere, propterea quòd satis exemplo noceant.

Imò Adrianus IV datis ad Henricum II, Angliæ Regem, litteris apostolicis, nullâ persecutionis aut cujuscumque conatùs ad fidem evertendam factâ mentione, generatim hoc edixit : « Sanè omnes insulas, quibus sol justitiæ Christus illuxit, et quæ documenta fidei christianæ susceperunt, ad jus sancti Petri et sacrosanctæ romanæ Ecclesiæ (quod tua etiam nobilitas recognoscit) non est dubium pertinere [1]. » Quo jure Henrico Regi, « salvâ beato Petro de singulis domibus unius denarii annuâ pensione, » concedit insulam Hiberniam, quam idem rex, « ad subdendum populum legibus christianis, et vitiorum inde plantaria extirpanda, intrare se velle, » significaverat.

Ratio non sinit ut insulæ alio jure quàm cætera regna ac provinciæ habeantur. Quare Nicolaus V, Calixtus III, Sixtus IV, Innocentius VIII, Alexander VI, regibus christianis ea quæ postulaverant, infidelium Principum regna, concedunt [2]; quæ quidem non alio jure valere possint, quàm quod temporalia spiritualibus serviant.

Quæ cùm ita sint, non video cur tantopere abhorreant à directâ potestate pontifici tribuendâ. Indirectæ enim potestatis nomine idem juris continetur, ut nempe Pontifices de omnibus regnis, sive christianorum, sive infidelium suo jure decernant, cùm è re Ecclesiæ judicaverint.

Quin etiam indirectæ potestatis jure, id posse contendunt, non tantùm ut læsam fidem catholicam ac læsa juramenta, sed etiam quæcumque sint publicè commissa peccata ad suam cognitionem revocent, ac principes eâ causâ suis decretis parere recusantes, ut inobedientiæ atque adeo idololatriæ reos amoveant. Quo loco illud Samuelis commemorant dictum : « Quasi enim peccatum ariolandi est repugnare, et quasi scelus idololatriæ nolle acquiescere [3]. » Atque ex eo Samuelis dicto Gregorius VII regibus sibi repugnantibus passim non tantùm anathematis, sed etiam depo-

---

[1] Adr. IV, *ep.* 1; tom. X, *Conc.* col. 1143. Matt. Par., *in Henr.* II, an. 1156. — [2] Odor. Rain., an. 1484, n. 82; anno 1493; n. 18, 19. — [3] *I Reg.*, xv, 23.

sitionis pœnam intentat¹ ; ut profecto necesse sit, etiam avaritiæ causâ deponi posse eos, cùm, teste Apostolo, avaritia sit *idolorum servitus* ².

Hoc jure Pontifices de bello etiam, de pace, de tributis, de administrandâ justitiâ, denique de omni regimine, supremo judicio, sub depositionis pœnâ judicare possent, cùm in omni ejusmodi regiminis parte, officium suum principes non sine peccato eoque gravissimo prætermittant.

Quin etiam Bellarminus docet, « Papam posse condere legem civilem, si sit necessaria ad salutem animarum, et tamen reges non velint eam condere; et abrogare, si alia sit noxia saluti animarum, et tamen reges non velint eam abrogare ³. »

Quid autem conveniat saluti animarum, in potestatis ecclesiasticæ judicio est positum, cùm de fine cui præest una judicare possit, eaque sit subordinatio spiritualis ac civilis potestatis, ut illa imperare, hæc obsequi debeat⁴ : quæ profectò vel nulla sunt, ac tollenda omnino est illa, quam urgent indirecta potestas, vel monino fatendum reges solo nomine supremos esse, atque omnia in Pontificum potestate esse, neque minùs reges quàm episcopos esse ejus potentiæ subordinatos.

Ait quidem Turrecremata id esse discriminis, « quòd Papa possit deponere principem laicum, et prælatum ecclesiasticum, non tamen æqualiter, quia principem laicum non possit deponere sine justâ causâ et rationabili, alioquin privando nihil agit..... sed in prælatis Ecclesiæ secus est, quia non sunt domini, sed procuratores, et superior administrator potest instituere et destituere inferiores administratores, et tenet quidquid facit,.... licèt ipse peccet⁵. » Quæ ut imperitè ac falsò de episcopis, ita inutiliter decernit de regibus, cùm causæ æquitas in Pontificis judicio sit posita, certumque remaneat ex illâ doctrinâ deponi posse reges, quoties Pontifex Ecclesiæ id expedire judicaverit.

Quare bonum illud, quo supremæ potestates in temporalibus nulli nisi Deo obnoxiæ vivunt, indirectâ potestate omnino tolli-

---

¹ Gregor. VII, lib. IV, *epist.* XXIII, XXIV. — ² *Ephes.*, V, 5. — ³ Bellar. *de R. P.*, lib. V, cap. VI. — ⁴ *Ibid.*, cap. VI, VII. — ⁵ Turrecr., *Summ. de Eccl.*, lib. II, cap. CXIII, p. 265.

tur: quod tamen bonum tale est, ut eo sublato nulla sit pax, multoque sit præstabilius, pessimos etiam principes tolerare, quàm subdendo eos alteri potestati in temporalibus, legitimum imperium in anarchiam vertere.

Cæterùm quod asseritur de principibus deponendis propter bonum animarum, idem longè magìs in privatos valet : meritòque Gregorius de Valentiâ, positis semel de indirectâ potestate decretis, eodem jure cives omni dominio privari posse dicit [1]. Addunt etiam decimas ac tributa imperari ab ecclesiasticâ potestate, quando rei ecclesiasticæ utile sit : quæ quidem si valeant, nihil jam prohibet, quominus Pontifex verè ut Rex regum agnosci debeat.

Quòd si cogitemus hujus doctrinæ auctores, quàm summum Pontificem extollant, quàmque ab omni potestate etiam concilii absolvant, tùm verò intelligemus, quale sit illud imperium quod universum orbem, in temporalibus æquè ac in spiritualibus, complectatur, et de omnibus imperiis atque negotiis summâ et indeclinabili auctoritate decernat.

Jam si respondeant supremo eo, per indirectam potestatem, judice constituto, tamen revocari posse in dubium in particularibus factis judicii æquitatem, nihilo secius imperia fluctuabunt, et quæ turbæ futuræ sint nemo non videt; cùm ubi regia nutat auctoritas, extremum periculum ipsumque, quo nihil exitiosius, anarchiæ malum reipublicæ immineat, aut potiùs adsit.

CAPUT III.

Horrenda atque ipsis adversariis detestanda necessariò consequuntur, à quibusdam admittuntur : nec nisi extirpatâ radice resecantur : Henrici Borbonii Condæi principis oratio ad Ludovicum XIII.

Horret animus referre cætera quæ deinde consequantur. Hæc tamen exponere necesse habuit Ludovico XIII, augustæ memoriæ christianissimo regi, Ludovici Magni parenti, Henricus Borbonius Condæus, primus regii sanguinis princeps.

[1] Valentia., tom. III, *disp.* I. qu. XII, punct. II, p. 458 et seq.

Is enim, cùm in solemni Ordinum regni conventu anno 1615, de hâc quæstione magnis studiis ageretur, in ipso regio concilio ac Rege præsente ita peroravit : « Haudquaquam est dubium, Rex, quin Papæ, ut supremo Pastori à Christo constituto, tua majestas eodem jure subsit, quo cæteri fideles etiam infimæ sortis, ita ut eâ potestate abscindi ab Ecclesiæ membris, et excommunicari possis, siquidem id tua peccata mereantur : quâ quidem excommunicatione anima Satanæ tradita, tu Rex, Ecclesiæ communione pulsus, Sacramentorum extorris, omni etiam Ecclesiæ limine arceare. Cæterùm quod attinet ad temporalia, tibi haud secùs à subditis populis obedientia ac tributa deberentur, Christo et Apostolis verbo et exemplo præeuntibus. Qui contrariam tuentur sententiam, quamvis inimici regiæ potestatis, non tamen eò usque acti sunt in rabiem, ut reges cædi posse dicerent. At si rem penitus introspiciamus, facilè intelligemus, nec tuam sacrosanctam personam à cæde tutam esse. Fac enim admonitum, excommunicatum, depositum esse te, jam Ludovicum XIII quandiu Rex erat, non potuisse cædi certum ; at postquam exrex factus est, alio legitimo rege constituto, si spretâ Papæ spirituali, et novi regis temporali potestate pro rege se gerat, invasor profectò, et ut talis, reus, neci addictus, et ut publicus hostis à quocumque cædendus [1]. »

Hæc in regio consessu pro sui officii ac generis dignitate, primus regii sanguinis princeps, pari in Sedem apostolicam ac regiam majestatem observantiâ dixit. Constat enim apud omnes, eum, et Sedis apostolicæ studiosissimum fuisse, neque tantùm animi perspicaciâ, verùm etiam doctrinâ commendatissimum. Quod autem Perronius cardinalis respondebat, reges etiam depositos à cæde esse tutos, « quâdam habitudine ad regiam dignitatem, quippe quam emendati recuperare possent [2], » pace tanti viri, merum erat ludibrium. Fac enim ut ille depositus bella moveat urbesque ac provincias magno reipublicæ discrimine sollicitet, satis profectò constat à legitimo rege quid privatus pati possit, quid perduellis debeat, nec enim efficere potest *habitudo*

---

[1] *Mercur. Franc.*, tom. III, an. 1615, p. 331 et seq. — [2] Du Perr. *Harang., au Tiers-Etat*; Œuv. diver., pag. 639.

illa, ut non potior sit unius perduellis salute totius reipublicæ salus: neque res obscura erat. Quanquam enim Perronius ab indirectæ potestatis defensoribus nefariæ cædis invidiam omni arte amovebat, non tamen ita cæteri sentiebant. Gregorius enim de Valentiâ ponit hanc assertionem primam, « posse aliquem Pontificis auctoritate atque sententiâ dominio ac prælatione privari propter apostasiam [1], » quam deinde probat his verbis: « Probatur 1°, et quidem irrefragabiliter, iisdem argumentis quibus quæstione præcedenti probavimus posse hæreticos et apostatas à fide privari etiam vitâ, per Ecclesiæ auctoritatem; nam si vitâ possunt privari, multò magis aliis bonis, atque adeo prælatione in alios. » Addit secundam probationem ex Scripturæ loco, quo Athalia, quæ rerum in Judææ potiebatur, jussu pontificis Joiadæ, « regno et vitâ exspoliata sit, non solùm quia tyrannicè occupaverat regnum, sed ut apostasia ejus coerceretur. »

Quod quidem argumentum eodem modo ipse Bellarminus urget [2]: quàm falso, et quàm repugnante Scripturâ, non est hîc dicendi locus. Becanus verò, hos secutus, libro cui est titulus: *Controversia Anglicana* (a), anno 1612 Moguntiæ edito, rem apertiùs explicat his verbis: « Joiada Pontifex priùs privavit Athaliam regno, deinde vitâ. Itaque illam privavit regno, ut reginam et publicam personam, privavit autem vitâ ut privatam personam; » ac postea: « Ex eodem sic ergo argumentor: quidquid potestatis ac jurisdictionis permissum fuit Pontifici in veteri Testamento, hoc etiam in novo permissum est [3]. »

Rectè ille quidem, si concedamus id unde ista manant, deponi posse reges. Neque enim regi dignitate privato quidquam est reliquum, quo se à justo supplicio tueatur, si regem suum optimo jure constitutum, rebellis, factiosus et majestatis reus bello adoriatur, ac pro rege se gerens scindat imperium; cùm autem vi-

[1] Valentia, loc. jam. cit. — [2] Bellar., *de R. P.*, lib. V, cap. VIII, p. 893. — [3] Vid. Bec. *cont. Angl.*

(a) Defendit eo libro Bellarminum Martinus Becanus Jesuita, adversùs Jacobum I, Angliæ Regem, qui, edito opusculo cum hâc inscriptione: *Tortura Torti*, conatus erat ea refellere quæ Bellarminus, sub *Torti* Capellani sui nomine, nuper scripserat, contra apologiam illius juramenti fidelitatis, quo Angli catholici adigebantur. (*Edit. Leroy.*)

derimus tot afferri causas cur reges deponi possint, neque tantùm hæresim aut apostasiam, sed etiam alia scelera; imò nullo scelere, solam necessitatem ecclesiasticam. Quæ quidem si fateamur Pontificibus dari, satis intelligimus quàm vario in discrimine, non modò regum auctoritas, sed etiam vita versetur. Et eam quidem doctrinam horruerunt omnes, Sedesque apostolica imprimis detestata est, ac Becani librum Paulus V, eodem anno 1612, sub pœnâ anathematis prohibuit; « quòd nonnulla falsa, temeraria, scandalosa et seditiosa respectivè in eo reperta essent. »

Hoc decreto nostri, nuntiis apostolicis id postulantibus, à rege prohibiti sunt, ne parricidialem doctrinam suis notis configerent, quòd jam à summo Pontifice improbata, proscripta, et damnata esset. Cùm verò impiam omnibusque diris devovendam sententiam detestati sint Romani Pontifices, oramus et supplicamus, ut indirectam potestatem ex quâ hæc infanda profluunt, rejiciant vel saltem à nobis rejici sinant.

CAPUT IV.

Sententia Gallorum, ex Censurâ SANCTARELLI, *quæ integra refertur.*

Jam ut ostendamus de totâ eâ doctrinâ, quæ sententia Gallorum sit, non pigebit exscribere latam à Facultate nostrâ Censuram, in librum ANTONII SANCTARELLI, 4 Aprilis 1626. Sic autem habet.

CENSURA SANCTARELLI.

« Si quis in nos fines sæculorum devenisse, ut loquitur Gentium Apostolus [1], forté dubitet, postrema hæc tempora tantisper expendat eaque cum prioribus componat. Is facilè deprehendet humani generis hostem, in utrâque politiâ et ecclesiasticâ et civili nihil intentatum reliquisse, quominus utramque non tam labefactare, quàm omnino pessumdare videretur. Ecclesiam Christi

[1] *Cor.,* x.

sponsam, quà stylo quà ferro conficere conati sunt impii illi, qui *posuerunt in cœlum os suum*[1] : politiam illam civilem aliâ viâ aggressi dementati homines. Cùm enim potestatem sæculi non sine causâ gladium portare viderent[2], libris nefandis, quasi per clanculares insidias, è medio tollendam existimarunt. Hos sanctus Judas *Epistolâ canonicâ*, non aliâ notâ nobis dignoscendos proponit, quàm quia *dominationem contemnant et majestatem blasphement*[3]. Atque utinam de solo contemptu et maledicâ oratione ageretur! Quin malè feriati scriptores id genus, potestatis cujusdam in Ecclesiâ temporalis prætextu, reges arbitrio et nutu ecclesiastico, levissimis etiam de causis ac planè ridiculis, de solio deturbandos, aliosque vel annuos, vel etiam diarios, si ita libuerit, substituendos contendunt. Quod cùm in universæ civilis politiæ ac potissimum gallicæ monarchiæ, sub christianissimo, clementissimo et justissimo Rege nostro Ludovico XIII, perniciem eversionemque meditatum confectumque videret Facultas theologica parisiensis, ut majorum vestigiis inhærendo, suum erga pientissimum regem nostrum, istudque præsertim christianissimum regnum, animum studiumque declararet, bonorumque omnium votis satisfaceret, præ cæteris nuperum librum *Antonii Sanctarelli jesuitæ, de hæresi, schismate, apostasiâ*, etc., à quibusdam selectis doctoribus examinandum censuit, in congregatione generali extraordinariâ, decimâ sextâ Martii immediatè præcedentis habitâ. Sed quoniam multa in eo pertractantur, quæ ad rem de quâ potissimum agitur minimè spectarent, duo duntaxat capita xxx et xxxi Tractatûs *de hæresi* excutienda selegit.

Itaque anno Domini 1626, die primâ aprilis, post Missam de sancto Spiritu, habitis solemni more usitatis comitiis in aulâ collegii Sorbonæ, audita est relatio magistrorum ab eâdem Facultate selectorum, qui exposuerunt in duobus illis capitibus istas propositiones contineri : « Summum Pontificem posse pœnis temporalibus punire reges et principes, eosque deponere et suis regnis privare ob crimen hæresis, eorumque subditos ab illorum obedientiâ liberare, eamque semper in Ecclesiâ fuisse consuetudinem, » et propter alias causas, « ut, pro delictis, si expedit, si

[1] Ps. LXXII, 9. — [2] Rom., XIII, 4. — [3] Jud., 8.

principes sint negligentes, propter insufficientiam et inutilitatem suarum personarum. » Item, « Pontificem jus et potestatem in spiritualia simul et omnia temporalia; et in eo esse de jure divino utramque potestatem, spiritualem et temporalem : credendum esse Ecclesiæ summoque ejus Pastori concessam esse facultatem puniendi pœnis temporalibus principes transgressores legum divinarum et humanarum, præsertim si crimen fuerit hæresis. » Dixerunt etiam eumdem Sanctarellum asserere, « Apostolos fuisse subjectos principibus sæcularibus de facto, non de jure; » quin etiam « statim atque constituta est pontificia majestas, cœpisse omnes principes esse illi subjectos. » Denique retulerunt eum explicare verba Christi : *Quodcumque ligaveris super terram*, etc., *non tantùm de potestate spirituali, sed etiam de temporali :* ipsumque sancto Paulo imponere, verba illius, detractâ negatione, immutando et multis auctoribus ab ipso citatis. Alia etiam multa similia retulerunt, quæ sibi videbantur gravi Facultatis animadversione et censurâ dignissima. Re itaque in deliberationem à Decano adductâ, auditis omnium et singulorum magistrorum maturis deliberationibus, Facultas improbavit et damnavit doctrinam his propositionibus et horum capitum corollariis contentam, tanquam novam, falsam, erroneam, verbo Dei contrariam, pontificiæ dignitati odium conciliantem, schismati occasionem præbentem, supremæ regum auctoritati à Deo solo dependenti derogantem, principum infidelium et hæreticorum conversionem impedientem, pacis publicæ perturbativam, regnorum, statuum rerumque publicarum eversivam, subditos ab obedientiâ et subjectione avocantem, et ad factiones, rebelliones, seditiones et principum parricidia excitantem. Datum in Sorbonâ, die 4 Aprilis 1626. »

CAPUT V.

Quædam in Sanctarelli doctrinam, atque in censuram notæ : articuli Facultatis toto regno vulgati : Censura Malagulæ.

Hic tria considerari volumus : primum, Sanctarelli, de indirectâ potestate in regum depositione sententiam, ea omnia continere, quæ nos ab hujus sententiæ defensoribus doceri suprà retulimus : tum disertè reprobari eam sententiam, non modò *tanquam novam, falsam, erroneam, Verbo Dei contrariam,* sed etiam *tanquam ad factiones, rebelliones, seditiones ac principum parricidia excitantem*, quod verum esse claruit : denique per eam censuram à sacrâ Facultate consultum, non modò *paci publicæ,* ac regum majestati, verùm etiam *pontificiæ dignitati*, cùm et illi *odia conciliare* dicitur hæc sententia, et *schismati occasionem præbere.*

Suis decretis hæsit sacra Facultas, dum articulos subsequentes per dominum Harduinum de Perefixe Sorbonæ provisorem, atque archiepiscopum parisiensem designatum, ad Ludovicum Magnum deferendos conscripsit his verbis : primum : « Non esse doctrinam Facultatis, quòd summus Pontifex aliquam in temporalia regis christianissimi auctoritatem habeat, imò Facultatem semper obstitisse iis qui indirectam tantummodo esse illam auctoritatem voluerunt. » Secundum : « Esse doctrinam Facultatis ejusdem, quòd rex christianissimus nullum omnino agnoscit, nec habet in temporalibus superiorem præter Deum : eam suam esse antiquam doctrinam, à quâ nunquam recessura est. » Tertium : « Doctrinam Facultatis esse quòd subditi fidem et obedientiam regi christianissimo ita debent, ut ab iis nullo prætextu dispensari possint. »

Quos articulos totâ Galliâ promulgatos magno consensu ubique fuisse receptos vidimus[1] ; ut dubium non sit quin hæc sententia, non jam Facultatis sit, sed totius Ecclesiæ Gallicanæ.

Quare digni laude sunt gallicani Patres, qui communem Ecclesiæ gallicanæ sententiam, suâ declaratione firmarunt.

Et quidem in eâ declaratione ab omni censurâ temperare placuit. Interim quod verba ipsa præ se ferunt, cum censurâ Sanctarelli summâ conveniunt, verbis licèt mitioribus; episcopali auctoritate ac moderatione dignum esse arbitrati, nullâ cujusquam offensione, *veritatis depositum custodire.*

Postea cùm quidam Malagula Dominicanus italus, sacræ Facultatis Baccalaureus, contra matris suæ solemni juramento suscepta decreta, pontificiam in temporalia potestatem fraudulenter affir-

[1] *In append.*, lib. III, cap. xi.

masset, vir temerarius Facultate pulsus est, confixaque propositio iisdem notis quibus inustus fuerat Sanctarellus; ac ne quis in similem errorem impingeret, Sanctarelli, magnâ totius ordinis consensione, repetita ac promulgata censura fuit, ex quibus satis demonstratur Gallorum sententia. Plura et antiquiora suo loco referemus.

CAPUT VI.

Hujus sententiæ novitas in Sanctarello notata à sacrâ Facultate : Scripturæ silentium : auctoris anonymi qui scripsit de Libertatibus in Scripturæ locos glossæ.

Qui Sanctarelli censuram accuratè legerint facilè observarunt primam notam ejus inustam doctrinæ, ac cæterarum omnium veluti caput ac fontem fuisse, quòd ea doctrina *nova esset* : atque hinc statim sequi quod secundo loco est positum, *falsam* eam esse : quòd in Ecclesiâ catholicâ semper antiqua sit veritas, prævaleatque illud à Vincentio Lirinensi, et ab omnibus orthodoxis celebratum : *Quod ubique, quod semper*[1]. Nunc de eâ novitate aliquid delibare animus est.

Ac primum quidem viri theologi mirabuntur hujus potestatis, quâ regna mutentur, neque tantùm reges, sed etiam familiæ regiæ, aliæ exturbentur, aliæ erigantur, unde consequatur rerum humanarum tanta conversio; hujus, inquam, potestatis (cùm eam adversarii ordinariam in Ecclesiâ ipsiusque ecclesiasticæ potestatis necessariam appendicem esse velint) nullam tamen in Scripturâ vel minimam fieri mentionem; neque tantùm de deponendis regibus, verùm etiam de adimendis cuique, etiam infimo, bonis temporalibus, nihil usquam à Christo, nihil ab apostolis fuisse proditum : imò verò de regibus id unum esse præceptum, ut iis etiam impiis veræque religioni adversantibus, ipsâ tamen religione et conscientiâ ducti Christiani omnes, veram et sinceram obedientiam exhiberent.

Nam quod Bellarminus aliique passim inculcant, tametsi

[1] Vinc. Lir. *Comm.* I, capit. III, tom. VII, *Bibl. SS. Pat.*, p. 250.

Christus et apostoli de potestate indirectâ nihil tradiderint, tamen eam consequi ex spirituali clavium potestate quam explicuerant : id quidem suo, si Deus dederit, excutiemus loco. Interim satis admirari non possumus, hujus consecutionis, quæ tanta sit tantisque difficultatibus obnoxia, tam altum ubique esse silentium, neque uspiam commonitos esse, aut pastores ecclesiarum, quid in temporalibus, quid in ipsos reges possint; aut etiam reges cæterosque fideles, quid pastoribus in eâ re debeant.

Quod autem commemorant principes christianos Ecclesiæ subditos per baptismum, in Ecclesiæ potestate ita esse debere, ut ad ejus imperia etiam imperare cessent, si id è re esse ipsa Ecclesia judicet; iterum admiramur arcanum illud baptismi, tot ejus ministeriis ac dotibus revelatis, nullâ Scripturæ parte fuisse proditum. Ibi sanè docemur baptizari nos subjicique Ecclesiæ, ut regnum cœlorum consequamur, non ut terrena imperia moderemur; quare baptizari vel non baptizari, ad imperia quidem terrena nihil attinet.

At enim cœlorum regno terrena imperia servire oportet; certè : et ita quidem oportet, ut qui cœlesti regno reges non serviant, ab eo regno exclusi, sempiternis suppliciis addicantur : id Scriptura clarè et sæpe. Quòd autem propterea per sacerdotale imperium terreno mulctentur imperio ne semel quidem innuit.

Auctor anonymus qui *de Libertatibus Ecclesiæ gallicanæ* scripsit, miram glossam edidit in illa Christi verba : *Data est mihi omnis potestas in cœlo et in terrâ* [1] : *... euntes ergo docete omnes gentes* [2], etc. Et ille quidem docet, ubi Christus ait : *Regnum meum non est de hoc mundo* [3], ad Pilati mentem locutum esse, ne Pilatus Christum bella gesturum, aut regum vulgarium more imperaturum crederet : tum hæc subdit anonymus : « At verò cùm apostolis officium imponeret docendi et baptizandi, ne dubitarent collatam cum officio plenam auctoritatem quæcumque ad spirituale regimen necessaria essent præstandi, non solùm in cœlo, sed et in terrâ datam sibi omnem sine exceptione potestatem asseruit. Ex primis enim verbis : *Data est mihi omnis potes-*

---

[1] *De Libert. Eccl. gall.*, lib. IV, cap. III, n. 2. — [2] *Matth.*, XXVIII, 18, 19. — [3] *Joan.*, XVIII, 36.

tas in cœlo et in terrâ, quasi concludendo infert : *Euntes ergo*, etc., quia potestas ecclesiastica directè ac præcipuè circa spiritualia versatur; circa temporalia autem nonnisi quatenus spiritualia requirunt. » Hæc à Christo prætermissa, ac nullibi expressa, ejus verbis assuunt. Et Christus quidem asserit omnimodam sibi in cœlo et in terrâ concessam potestatem; tum disertè explicat, quam partem potestatis ejus assignet apostolis, nempe ut doceant doctrinæque consectanea alibi expressa præstent : quibus quidem verbis apostoli intelligant quam ipsi, ab èo qui omnia possit, habeant potestatem. At anonymus eò inflectit, ut et ipsi quoque cum Christo possint omnia etiam in temporalibus : tanquam eum, cui rex dixerit : Ego tibi supremâ, quâ in omnibus civilibus rebus polleo, potestate impero, ut exercitus ducas, aut inter cives judices omnia posse oporteat quæcumque rex possit, non autem debeat se restringere ad ea quæ rex imperaverit.

Ejusdem generis est, quòd in hæc Christi Apostolique verba : « Reddite quæ sunt Cæsaris Cæsari [1]; » et : « Omnis anima potestatibus sublimioribus subdita sit [2] : » id commentum assuit, ut auctore Pontifice, tyrannidi se subtrahere possint, *nisi aliunde mala graviora timeantur* [3] *:* tanquam hæc dicta sint, non ut omnimode respublica tuta sit, sed ut rebellandi tuta captetur occasasio. Quæ quàm aliena sint ab Evangelii spiritu omittimus : cur à Christo et apostolis tanto studio prætermissa sint, quærimus.

Jam quòd ad illam potestatem principes deponentem, ab excommunicandi potestate suspendunt, neque ipsi in eo sibi constant : utque hæc et alia suo loco memoranda omittamus, iterum atque iterum quærimus, cur tandem existiment talem excommunicationis effectum tanto studio in Scripturâ prætermissum fuisse; quod quidem eò diligentiùs vulgari oportebat, quò erat ab omni rerum humanarum usu remotius.

[1] *Matth.*, XXII, 21. — [2] *Rom.*, XIII, 1. — [3] *Anon. ib.*, n. 6.

CAPUT VII.

Primus regum deponendorum auctor Gregorius VII, undecimo exeunte sœculo : orbis universus ed novitate commotus : explicatum obiter, quo sensu negarent, excommunicari posse reges.

At enim quod Scriptura silentio prætermisit de potestate indirectâ annexâ clavibus, fortè traditio explicavit. Ne id quidem : imò undecim ferè sæculis, cùm tot reges nefarii, infideles, hæretici, apostatæ, persecutores fuerint, de iis amovendis aut de excutiendo imperii jugo, nec cogitatum unquam fuit : ac nequidem de laicis quibusvis, per ecclesiasticam potestatem ullâ rei suæ parte mulctandis.

Primus omnium quotquot extiterunt Gregorius VII, exeunte undecimo sæculo, *anno* scilicet *ab Incarnatione Domini* 1076 (quæ nota temporis concilio III romano præfixa est), in eo concilio de Henrico IV, Teutonum et Italiæ rege, ita pronuntiavit, « ex ipsâ (ut quidem præferebat) ligandi ac solvendi potestate à Deo traditâ, ego regnum contradico, absolvo subditos, ne ut regi serviant interdico [1]. » Cujus quidem formulæ nullum anteactis tot sæculis exemplum proferunt.

Imò cùm passim legantur veteres, aut divina judicia aut ecclesiasticas pœnas etiam regibus intentasse, is primus omnium hæc addebat, Legatis quidem suis : « Vos ei, si oportet, nostrâ vice resistite, et totius regni gubernacula contradicendo, tam illum quàm omnes sibi consentientes, à participatione corporis et sanguinis Christi separate [2]. » Aliis etiam : « Aut Rex (*a*) ipse repudiato turpi simoniacæ hæresis mercimonio, idoneas personas, ad sacrum regimen promoveri permittet, aut Franci pro certo, nisi fidem christianam abjicere maluerint,... generalis anathematis mucrone percussi, illi ulteriùs obtemperare recusabunt [3]. » Atque iterum aliis de causis ad episcopos scribens : « Quòd si nec hujusmodi districtione voluerit resipiscere, nulli clam, aut dubium

---

[1] *Conc. roman.* III. tom. X *concil.*, col. 356. — [2] Greg. VII, lib. IV, epist. xxIII et xxIV. — [3] *Ibid.*, lib. I, epist. xxv.

(*a*) Philippus I.

esse volumus, quin modis omnibus regnum Franciæ de ejus occupatione, adjuvante Deo, tentemus eripere [1]. » Ostendant vel unum antea romanum Pontificem ab obsequio legitimi principis cujuscumque episcopos retrahentem, aut adversùs regna legitima talia molientem. At in Galliæ regnum suâ stabilitate valentius, minas adhibuit tantùm : Germaniam nactus civilibus dissidiis laborantem (pridem enim Saxones in Henricum rebellaverant, magnisque se animis ac viribus sustentabant), apertè dixit : « Absolvo, interdico regnum, contradico [2]. »

Itaque id contigit quod solet rebus novis atque inauditis, nempe ad rei novitatem obstupuere omnes. Testis Otho episcopus Frisingensis (a), duodecimi sæculi auctor nobilis, doctrinâ, virtutibus ac genere clarus ad hæc historicus candidissimus, et Gregorii VII laudator eximius; Sedi verò apostolicæ sic addictus, ut romanos Pontifices propemodum impeccabiles faceret. Is enim de Henrico deposito hæc scribit : « Cujus rei novitatem eò vehementiùs indignatione motum suscepit imperium, quò nunquam ante hæc tempora hujusmodi sententiam in Principem Romanorum promulgatam noverat [3]. »

Quin ipse etiam Otho, quantùm eâ novitate moveretur, his verbis testatur : « Lego et relego romanorum regum, et imperatorum gesta, et nusquam invenio quemquam ante hunc (Henricum IV) à romano Pontifice excommunicatum vel regno privatum [4]. »

Ac ne quis existimet eum et alios fuisse nimios et apertè falsos, qui etiam de excommunicandi potestate dubitarent, diligentissimè observandum infigendumque memoriæ est, quam excommunicationem ab imperatoribus regibusque amovendam intelligerent. Ea quippe erat, quæ vinculum omne humanæ etiam ac civilis societatis incideret : « quâ separentur principes ac milites ab imperatoris sui consortio simul et obsequio [5]. » Sic enim disertè

---

[1] Greg., VII, lib. II, ep. v. — [2] *Conc. Roman.* III, loc. cit.— [3] Oth. Fris. lib. VI, Hist., cap. xxxii, xxxv. — [4] *Id. de gest. Frider.* I, cap. I, p. 407. — [5] *Id.*, lib. VI, Hist., cap. xxxv.

(a) Otho Episcopus Frisingensis, sancti Leodulphi Marchionis Austriæ, et Agneti filiæ Henrici IV imperatoris, filius, potentissimorumque Germaniæ principum consanguineus. (*Edit. Leroy.*)

exponitur in apologiâ Henrici, quæ est apud Freherum [1]. Quo etiam sensu in *Glossâ* ordinariâ et apud sanctum Thomam legitur, « quòd princeps et multitudo non est excommunicanda [2]. » En igitur in quo quæstionem reponerent; reges in spiritualibus clavium potestati subjici non negabant.

Ipse Otho Frisingensis memorat Philippum ad breve tempusà romano Episcopo inter pœnitentes collocatum, et Theodosium à sancto Ambrosio, propter cruentam cædem, à liminibus Ecclesiæ sequestratum, ac de Theodosio scribit sic : « Hic est Theodosius, qui ab Ambrosio Ecclesiæ liminibus arcetur, quod ipse humiliter ferens, tamdiu à communione se abstinuit, donec lacrymis ac bonis operibus, pœnitentiâ peractâ, à præfato Pontifice reconciliaretur [3]. » Quibus profectò docet, nisi resipisceret, ac veniam impetraret, ab omni limine Ecclesiæ in perpetuum fuisse prohibendum.

Idem Otho de Lothario (a) Rege juniore, Lotharii Imperatoris filio, in celebri negotio Thietbergæ et Waldradæ hæc habet : « Verùm Lotharius post crebras admonitiones, post violatum sacramentum, à summo Pontifice communione privatur, ex quâ causâ tam ipsi quàm toti regno oritur gravissimum discrimen [4]. »

Novitas ergo quâ omnes, atque ipse etiam Frisingensis Otho perculsi sunt, in eo erat, quòd excommunicationem eam Gregorius tulerit, quæ fœdere omni humanæ societatis abrupto, ad regni privationem se extenderet. Ea est novitas ad quam orbis obstupuit, totoque elapso sæculo, post tot scriptiones, viri docti gravesque eâ movebantur.

Quominus mirum est, ipso Gregorii et Henrici ævo, cùm peracta res est, ingentes tumultus motusque extitisse; tantaque omnino erat rei novitas, ut illi etiam, qui Gregorio VII erant addictissimi, ab ipso Pontifice hujus rei exemplum quærere cogerentur. Certè Herimannus metensis Episcopus is erat, qui ut

---

[1] Freh. pag. 163. — [2] *Gloss. in illud. Matth.* Ne forte colligentes zizania. S. Thom. Sup. Quæst. XXII, art. 5. Sed contra.— [3] Oth., loc. cit., *Ibid.*, lib. IV, c. XVIII.— [4] *Id.*, lib. VI, cap. III, pag. 120.

(a) Lotharius erat Lotharingiæ Re , qui dimissâ uxore, duxit Waldradam. Hoc crimen seges fuit calamitatum earum, quibus, quandiu vixit, jactatus ille est. Varios Lotharii casus vide apud Mezezai et alios historicos. (*Edit. Leroy.*)

Baronii verbis utar, « præ cæteris ultra montes positis episcopis, semper adversùs schismaticos pro Sede apostolicâ stetit defensor acerrimus et imperterritus[1]. » Atque is tamen, anno 1076, statim atque prolatum est Gregorii VII decretum, rei novitate turbatus, ab ipso Gregorio quærebat, quid illis respondendum esset, qui dicerent « auctoritatem apostolicæ Sedis non potuisse regem Henricum excommunicare, nec quemquam à sacramento fidelitatis ejus absolvere : » excommunicare, eâ quidem excommunicatione, quæ vinculum omne civilis etiam societatis abrumperet; quo sensu quæstionem institutam fuisse vidimus. Hujus ergo rei exempla et documenta à Gregorio VII quærebantur.

Is, postquam ad illam quæstionem respondit amplissimis atque accuratissimis litteris[2], non tamen Herimanni animus conquievit; sed rursus anno 1081, quinque post annos scilicet, ab eodem Gregorio de integro cœpit quærere de regum depositione quid respondendum esset; adeo res nova et ambigua videbatur.

Huic consultationi respondet Gregorius longè adhuc copiosiùs, quàm ante fecerat[3]. Quàm autem Herimannus hæc anxiè quæreret ejusdem testantur datæ eâdem de re ad sanctum Gebhardum Juvanensem, seu Salisburgensem episcopum litteræ. Habemus autem sancti Gebhardi ad eas Herimanni litteras responsum, quod sic incipit : « Mandavit jam secundò charitas tua mihi, meisque in persecutione sociis, indicare tuæ paternitati, quid in hâc Ecclesiæ dissensione tenendum sentiendumque censeamus[4]. » Quantis ergo difficultatibus, eâ in re, laboraret ostendit, qui beatum Gebhardum ejusque socios, iterum atque iterum, ipsumque Gregorium, imò jam accepto amplissimo responso, secundò consulit.

[1] Bar., tom. XI, an. 1081, p. 558. — [2] Ep. Greg. VII, lib. IV, epist. II. — [3] Ep. Greg. VII, lib. VIII, epist. XXI. — [4] Gebh. ep. *ad Herim*, in lib. cui titul.: *Vetera monum.* cont. schis., Ingol. 1612.

CAPUT VIII.

Quæ Gregorius VII hujus rei exempla et documenta protulit, rei novitatem probant.

Jam operæ pretium erit inspicere propius, quæ Gregorius VII ab Herimanno metensi interrogatus, exempla, quæ Scripturæ ac Patrum documenta protulerit, ita enim facilè intelligemus quâ Scripturæ auctoritate, quâ Patrum traditione nitatur.

Exempla omnino quatuor ex omni antiquitate protulit : primum quòd Theodosius Magnus à sancto Ambrosio : alterum, quòd Arcadius, pulso sancto Joanne Chrysostomo, à sancto Innocentio Papâ fuit excommunicatus; quâ de re infrà videbimus. interim hæc exempla duo ad excommunicationem quidem, non ad depositionem valent. Satis enim constat, neque Theodosium Magnum, neque Arcadium fuisse depositos; neque id quisquam cogitabat. Quare exempla hæc duo adeo nihil proderant Gregorio Henricum deponenti, ut potiùs nocerent.

At duo alia protulit: primum exeuntis sexti sæculi in Gregorii Magni epistolâ ad Senatorem : « Si quis, inquit, regum, sacerdotum, judicum, personarumque sæcularium, hanc constitutionis nostræ paginam (de privilegio xenodochii Augustodunensis) agnoscens, contra eam venire tentaverit, potestatis honorisque sui dignitate careat[1] : » alterum octavi sæculi, de sancto Zachariâ Papâ Childericum deponente, ac substituente Pipinum. Sic è duobus exemplis, quæ Gregorius protulit, unum tantùm est, nempe Zachariæ, quod executionem sonet, alterum minas tantùm continet, nullo unquam exemplo aut affectu consecuto.

Verùm antequam ista duo, queis tota causa nititur, suo loco diligentiùs exponantur, rogo bonâ fide, quem sanâ ac modestâ mente præditum non pudeat asserere, ob unius monasterii violata privilegia, juridico ordine deponi posse regem, ac totam rempublicam conturbari? Quare, vel hæc falsa ac subdititia esse

[1] Greg. Mag., lib. XIII, indict. VI, ep. VIII ; *al.* lib. XI, ep. X.

constat, quod multi contendunt, vel aliò pertinere quàm quò referuntur.

Nempe aliud est minari, seu potiùs imprecari, ut à malo deterreas, quod illis temporibus etiam laici in excommunicationis formam, teste Baronio [1], faciebant; aliud juridicam ferre sententiam, cujus rei exemplum à Gregorio VII quærebatur. Jam de Childerico, quem à Zachariâ verè esse depositum Gregorius VII memorat, ut nunc alia omittamus, ne ipsa quidem *Glossa* id patitur, quæ Gregorii VII verbis commemoratis, capite *Alius*, ad verbum *deposuit,* hanc adhibet notam: « Dicitur deposuisse, qui deponentibus consensit [2]. »

Atque hæc dicimus, non quòd uno exemplo octavi sæculi, superioribus sæculis insuper habitis, stare possit tanta res; sed ut demonstremus Gregorio VII omni studio quærenti, ne unum quidem exemplum ex anteactis temporibus suppetere potuisse.

Auctoritatem verò Scripturæ passim affert eam, ubi Paulus dicit: *Nescitis quia Angelos judicabimus? quantò magis sæcularia* [3]*?* Quæ quàm ad rem pertineat suo loco exponemus; et nobis tacentibus nemo non videt, quàm parum ad legitima judicia spectent, quæ de arbitris sponte eligendis Apostolus memorat.

At Gregorius VII ex omni antiquitate locum profert [4] unum apocryphæ falsæque Scripturæ, de ordinatione Clementis. Quo ex loco Gregorius hæc verba describit: « Si quis amicus fuerit iis, quibus ipse (Clemens scilicet) non loquitur, unus est et ipse ex illis qui exterminare Ecclesiam Dei volunt. » Quem quidem locum, magno Petri prolatum nomine, si verâ etiam auctoritate polleret, non tamen ad necessariam obedientiam, sed ad amicitias cum schismaticis dissolvendas pertinere, ipsa res loquitur; talisque omnino est is locus, ut jam eum allegare pudeat adversarios. Hoc uno testimonio, hâc traditione Gregorii VII de deponendis regibus doctrina nititur.

Profert etiam Julii I falsam epistolam ad Orientales episcopos,

---

[1] Baron., tom. XI, p. 685. sub hoc titul : *Execrationes apponi solitæ ab unoquoque.* — [2] Caus. XV, q. VI, cap. III, Alius. — [3] Greg. VII, lib. VIII, ep. XXI. 1 *Cor.*, VI, 3. — [4] Greg. *ibid.*

De primatu Petri, deque eâ potestate, quâ cœlos aperit et claudit, quam profectò potestatem nemo negat. Quòd autem infert : « Cui ergo aperiendi claudendique cœli data potestas est, de terrâ judicare non licet? » Item quod concludit sic : « Porrò Exorcistæ super dæmones à Deo imperium habent, quantò igitur magis super eos qui dæmonibus subjecti et membra sunt dæmonum? Si ergo his tantùm præeminent exorcistæ, quantò magis sacerdotes [1]? » Hæc, inquam, quis jam theologorum vel confutatione digna arbitretur ?

Hæc Gregorius bis interrogatus ab Herimanno, protulit. Hæc eum impulerunt, ut reges deponi à se posse confideret. Jam cogitent omnes, annon pudeat inter ecclesiastica dogmata recensere, quæ non aliis fulta præsidiis, primùm in lucem prodierunt.

Est enim alia ratio quâ Gregorius VII juramentum fidelitatis à Sede apostolicâ solvi posse confirmat : « Quòd etiam, inquit, ex frequenti auctoritate sæpè agit sancta Ecclesia, cùm milites absolvit à vinculo juramenti, quod factum est his episcopis, qui apostolicâ auctoritate à pontificali gradu deponuntur [2]. » Tanquam juramentum illud episcopo, ut episcopo factum, non statim abeat, sine dispensatione ullâ, cùm is episcopus esse desiit.

Non aliis tamen fultus argumentis Gregorius VII in concilio Romano IV confidenter id dicit : « Sanctorum prædecessorum nostrorum statuta tenentes; eos qui excommunicatis fidelitate aut sacramento constricti sunt, apostolicâ auctoritate à sacramento absolvimus, et ne sibi fidelitatem observent, omnibus modis prohibemus [3]? » Cùm tamen prædecessorum suorum aliorumque sanctorum statuta nulla, auctoritatem nullam, nulla exempla protulerit, nisi episcoporum qui depositi fuerint, ut suprà vidimus, vanaque et apocrypha, et nulla collegerit, postquam bis interrogatus, ea, quæ suæ causæ faverent, operosissimè conquisivit.

---

[1] Greg., lib. VIII, ep. XXI. Vid. *Epist. Jul.* I, ep. II, *ad Orientales;* tom. II, *Conc.,* col. 484.— [2] Greg., loc. jam cit.— [3] *Conc. rom.* IV, tom. X, *Conc.,* col. 370

CAPUT IX.

De Gregorii decretorum auctoritate in Ecclesiâ dubitatum, neque ipse sibi constitit.

Quare mirum non est, si post visas lectasque Gregorii VII *Epistolas*, totoque emenso sæculo, Otho Frisingensis hæsitabat adhuc et exempla quærebat, cùm ipse Gregorius nihil satis firmum aut idoneum protulisset. Extat apud Canisium [1] sancti Gebhardi juvanensis vita, ejus ævo scripta, per eum virum qui Gregorium VII alterum Heliam appellat, cujus tamen hæc verba sunt : « Hoc novum, sive rarum in reges anathema, utrum ex venditione episcopatuum et abbatiarum, an ex aliâ infamiâ causas sumpserit, penes eorum conscios sit et judices : nobis sententia Pastoris timenda est, sive justa, sive injusta. » Hîc profectò videmus de ipsâ sententiâ, justane an injusta sit, quàm trepidè loquatur vir Gregorio VII addictissimus. Neque Gregorii *Epistolæ* imbibitam animis novitatis opinionem exemerant, quam additâ *raritatis* voce mollirent.

Multos hîc prætermittimus æquè hæsitantes; suo loco memorandos. Neque verò tantùm cæteri dubitabant, sed ipse Gregorius, quantumcumque esset propositi tenax, hîc ut in re inauditâ et intentatâ hactenus [2], satis sibi constare non potuit. Ecce enim anno 1076, in concilio Romano Henricum simul à regno deposuit, et anathemate percussit; quâ sententiâ animati perduelles atque inde secutæ calamitates effecerunt ut, anno 1077, rex Canossam profectus à Papâ veniam peteret, tristi omninò ac lamentabili cultu rituque. Quid autem hîc gestum sit, exponit ipse Pontifex in secundâ sententiâ adversùs Henricum latâ anno 1080 : « Confusus et humiliatus (post primam sententiam scilicet) ad me in Longobardiam veniens, absolutionem ab excommunicatione quæsivit; quem ego videns humiliatum,... solam ei communionem reddidi; non tamen in regno, à quo eum in romanâ synodo (tertiâ scilicet) deposueram, instauravi, nec fideli-

[1] *Canis., antiq. Lect.*, tom. VI, col, 1274. — [2] *Sup.*, cap. VII.

tatem omnium, quam sibi juraverant, vel erant juraturi, à quâ omnes absolvi, in eâdem synodo, ut sibi servaretur, præcepi[1]. » Sic, teste Gregorio, anno 1077, Henricus communioni, non tamen regno redditus, manebat depositus. Quâ in re Gregorium non sibi constitisse duobus argumentis facilè omnes intelligent.

Primum, quòd ipse, quique eum sequebantur, eo nituntur maximè, quòd excommunicatus, quocum nec licet colloqui, regnare non possit, ab omni vinculo humanæ societatis abstractus. Atqui Gregorius anno 1077 communionem Henrico reddiderat: ergo depositio excommunicatione nixa stare non potuit. Neque responderi potest jam alium regem fuisse substitutum, cui regnum adimi ritè electo non posset: hoc enim rebus gestis non congruit, ut sequentia docebunt.

Secundum ergo argumentum ex rebus postea gestis exoritur; nam solutâ semel excommunicatione ac rebus confirmatis, Henricus communioni redditus, consueto more regiam potestatem exercuit. At Saxones aliique earumdem partium cùm eum anno 1076, ut quidem arbitrabantur, ritè depositum, non aliud quàm exregem appellarent, anno 1077 Rodulphum Suevum regem elegerunt[2].

Hic Gregorius mirum in modum æstuare cœpit: Et Saxones quidem electum à se Rodulphum, Legato apostolico non modò præsente, sed etiam approbante, asserunt[3]; Gregorius nullo suo consilio id factum etiam juramento firmavit[4]: nos jurato Pontifici de ipso credimus; de Legato, Saxonibus, rem uti publicam affirmantibus, fidem negare vix possumus.

Utcumque est, siquidem Pontifex procul omni dubio eâ se potestate præditum sentiebat, ut Henricum imperio exueret, illum pro deposito habere debuit, quoad imperium reddidisset, quòque magis nitebatur regnare depositus, eò magis necesse erat à Pontifice prohiberi.

Hoc fateamur necesse est à Gregorio VII, si ipse sibi constaret reique bene gestæ sibi esset conscius, agi debuisse. Quid autem,

---

[1] *Conc. rom.* VII, *sub Gregor.* VII; tom. X, *Conc.*, col. 383. — [2] *Hist. Saxon. bell.*, ad ann. 1077, Freh., pag. 134. — [3] *Ibid.*, ad. an. 1077, 1078. — [4] *Conc. rom.* VII, tom. X, col. 384.

egerit sic scribit historicus : « Domnus apostolicus apostolici vigoris oblitus', multum est à priore sententiâ mutatus. Nam qui priùs Henricum cum omnibus adjutoribus apostolicâ severitate excommunicaverat, eique regnandi potestatem potenter interdixerat, et omnes qui ei fidelitatem jurassent absolverat, et electionem novi regis consensu suo confirmaverat, nunc per litteras mandavit ut consilio facto, rex uterque audiatur, et quem justitia regnare permiserit, altero deposito, tutus in regno confirmetur [1]. » Exemplum litterarum Gregorii subdit, in quibus Henricus et Rodulphus æquè reges appellantur, sedetque Pontifex medius, qui inter utrumque quis potiori titulo regnet, ipsis petentibus æquo jure disceptet. « Desideramus enim, inquit, cum consilio clericorum et laicorum ejusdem regni causam inter eos, Deo favente, discutere, et cujus parti magìs ad regni gubernacula justitia faveat demonstrare [2]. »

Eadem iterat sæpe, atque etiam in concilio IV romano anno 1078, et variis epistolis [3]. At si Henricus, quem deposuerat neque restituerat, verè certòque erat depositus, non erat inquirendum, an meliori jure regnaret, qui jure omni privatus, vi regnum retineret; sed Gregorius tantâ re attonitus ejusque novitate vel ipse turbatus, neque minùs eventûs quàm sui dubius, nihil certi consilii sequebatur. Quæ profectò sufficiunt, ut videamus Gregorium VII, regum depositorem confidentissimum licèt, in tantâ re decernendâ præcipitem, in exequendâ trepidum et cunctabundum, ad extremum illud atque intentatum hactenus, impetu potiùs quàm certâ ratione atque consilio descendisse; neque teneri nos ad id decretum tuendum, de quo ipse decreti auctor ambigeret.

[1] *Hist. Saxon.*, ad an. 1078. Freh., p. 138. — [2] Greg. VII, lib. IV, ep. XXIII, XXIV. — [3] *Id.*, lib. VI, ep. I, etc.

CAPUT X.

Gregorius VII nimia et nova sectatur : initia regiæ potestatis superbiæ ac diabolo assignat, repugnante Scripturâ, neque tantùm Patrum, sed totius humani generis traditione.

Mihi verò hæc omnia animo revolventi, id unum occurrit, nempè Gregorium VII, fervido ingenio præditum, cùm tam malos principes, quos ea ætas tulerat, ægrè pateretur; neque ecclesiasticis pœnis jam satis commoveri cerneret terrenis rebus addictos, eò devenisse, ut aliis pœnis exterrefaceret, atque adeo de imperio ipsis adimendo cogitasse, omnia nova et insolita Sedi apostolicæ vindicare nil quidquam metuentem.

Hinc illa extiterunt magnifica in speciem, sed ipsâ re vana, certè hactenus inaudita, quæ in concilio romano protulit. Postquam enim regnum iterato decreto sublatum ab Henrico, in Rodulphum Suevum vice apostolorum transtulit, hæc deinde depromit, ad ipsos apostolos sermone converso : « Agite, nunc, quæso, Patres et Principes sanctissimi, ut omnis mundus intelligat et cognoscat, quia si potestis in cœlo ligare et solvere, potestis in terrâ imperia, regna, principatus, ducatus, marchias, comitatus et omnium hominum possessiones tollere unicuique et concedere. Vos enim patriarchatus, primatus, archiepiscopatus, episcopatus frequenter tulistis pravis et indignis, et religiosis viris dedistis. Addiscant nunc reges et omnes sæculi principes, quanti vos estis, quid potestis, et timeant parvipendere jussionem Ecclesiæ vestræ [1]. » Sic Petri et Pauli nomine terrena omnia, longo ordine recensita, ad sua et Ecclesiæ suæ imperia revocabat; notus enim stylus antiquissimus et Gregorio VII utique frequentatus, Pontificum romanorum tribuentium Petro et Paulo quod eorum successores sive vicarii, ut tunc ferè loquebantur, eorum auctoritate ac vice agerent. Et quidem eo jure et canonico ordine Petrus et Paulus pridem ecclesiasticas dignitates auferebant et dabant; sed hæc vetera et obsoleta erant. Novum aliquid per-

[1] *Conc. roman.* VII; tom. X *Concil.*, col. 384.

terrefaciendis regibus ac populis ille cogitabat, atque humana omnia suo subdebat imperio.

At non ille, quem suo loco laudabimus, Gregorius ordine II, pietate, doctrinâ, fortitudine, nulli non comparandus; non, inquam, ita ille loquebatur, qui apertè scribit ad Leonem Isaurum : « Pontifex potestatem non habet regias dignitates deferendi [1], » quas nunc alter iste Gregorius propriis nominibus appellatas dare ei adimere aggreditur.

Neque verò hæc dicentes, Gregorii VII pietati obloquimur; imò ejus commendatam Martyrologio romano laudamus memoriam, et bono animo egisse omnia, quibusvis petentibus haud inviti largiemur. Neque, quod passim objiciunt, schismaticorum sectamur calumnias; sed quæ ipse scripserit, simplici animo referimus. Neque his oblitterari volumus, quæ pro ecclesiasticâ disciplinâ magna ac præclara gessit, ac ne miracula quidem, quæ à quibusdam auctoribus ipsi tribuuntur. Sed in sanctis viris non omnia imitanda. Docti, legibus non exemplis regi nos petimus, neque coarctari ad ea, quæ romanæ Ecclesiæ nunquam adoptavit fides.

Omnino Gregorium admiramur magno et erecto animo insurgentem in reges simoniacos et scelerum defensores; sed interim dolemus eum, incitato semel animo, ad extrema et nimia devenisse. Spiritualem potestatem longo intervallo temporali anteponit, et hoc ex majorum scitis; istud verò non ex Patrum sententiâ, quod addit : « Sed fortè putant quod regia dignitas episcopalem præcellat. Ex eorum principiis colligere possunt, quantum à se utraque differunt : illam quidem superbia humana reperit, hanc divina pietas instituit [2] : » et alibi explicatiùs : « Itane dignitas à sæcularibus inventa, non subjicietur ei dignitati, quam omnipotentis Dei providentia ad honorem suum invenit?.... Quis nesciat reges et duces ab iis habuisse principium qui Deum ignorantes, superbiâ, rapinis, perfidiâ, homicidiis, postremò universis penè sceleribus mundi principe, diabolo videlicet, agitante, super pares licèt homines dominari, cæcâ cupiditate et

---

[1] Gregor. II, *epist.* II, tom. VII *Concil.*, col. 7. — [2] Gregor. VII, lib. IV, *epist.* II.

intolerabili præsumptione affectaverunt [1]? » Nullus Pontificum, christianorum nullus hactenus dixerat aut cogitaverat, *diabolo mundi principe agitante,* legitima imperia inter homines fuisse constituta, cùm pacis hostis diabolus leges et ordinem, omnesque adeo legitimas potestates adversetur, quod est à beato Irenæo præclarè explicatum, his verbis [1] : « Ad utilitatem gentium terrenum regnum positum est à Deo, sed non à diabolo, qui nunquam omnino quietus est, imò qui nec ipsas gentes vult in tranquillo agere; ut timentes regnum hominum, non se alterutrum homines vice piscium consumant, sed per legum positiones repercutiant multiplicem gentium injustitiam; et secundùm hoc Dei sunt ministri, qui tributa exigunt à nobis, in hoc ipsum servientes. Et, quæ sunt potestates, à Deo ordinatæ sunt [2]. »

Ad magnam ergo contumeliam pertinet sublimium potestatum, asserere ipsas, *agitante diabolo, cæcâ introductas cupiditate et intolerabili præsumptione dominandi super pares.* Tantum enim humanæ societatis bonum, quo homines hominibus legitimo præsunt ordine, non superbia, sed recta ratio; non diabolus, sed Deus inducit. Neque verò dici ullo modo potest, nisi per summam rerum antiquarum imperitiam, legitima imperia per ambitionem ac superbiam hominum incœpisse. Præclarè enim Justinus historicus rerum humanarum aggressus historiam, sic orditur : « Principio rerum, gentium nationumque omnium imperium penes reges erat, quos ad fastigium hujus majestatis non ambitio popularis, sed spectata inter bonos moderatio provehebat. Populus nullis legibus tenebatur : arbitria principum pro legibus erant; fines imperii tueri magis quàm proferre mos erat; intra suam cuique patriam regna finiebantur. Primus omnium Ninus Rex Assyriorum veterem, et quasi avitum gentibus morem, novâ imperii cupiditate mutavit, [3] » etc. Quæ initia et omnium gentium historiæ produnt, et ipsa Scriptura demonstrat. Primus enim Nemrod nominatur [4], qui vicinas civitates, utique jam per legitima imperia constitutas, invaserit; pessimo quidem exemplo, sed quod non statim omnia humana pervaderet. Permansit enim

---

[1] Greg. VII, lib. VIII, *ep.* XXI. — [2] Iren. *cont. Hær.*, lib. V, cap. XXIV, p. 321. — [3] Just., *Hist.*, lib. I. — [4] *Gen.*, X, 9, 10.

diutissime apud multas gentes mos probus et antiquus, Deo ac naturâ duce, constitutus. Quod humanæ societatis tam excellens bonum, si diabolus, omnis operis divini interpolator postea occupavit, haud propterea malum, quo optima instituta corrupta sunt, priùs bono fuerit; cùm præsertim regii ac supremi imperii, in ipsâ patriâ potestate, forma præcesserit primos inter homines, quorum familiæ per longissimam parentum vitam, in quædam veluti modica ac modesta regna succrescerent. Grave igitur illud, quod Gregorius VII, dum in superbos reges inflammatur, progressus extra metas protulit; nec ipsi dignitati à Deo ordinatæ, aut apostolicæ doctrinæ satis consulebat, quâ semper apud omnes constitit, *sublimiores potestates à Deo esse;* et quidem à Deo propitio; quippe quæ mala opera dato gladio coerceant, ac publicæ paci, Deo ita providente ac jubente, inserviant [1]. Sed hæc suo loco luculentiùs declarabimus.

CAPUT XI.

Aliæ Gregorii VII novitates : novum excommunicationis genus, quo victoriam ab Henrici IV exercitu arcet : nova doctrina de omnium Pontificum romanorum sanctitate.

Scitum illud Chrysostomi : « Novitas novitatem parit [2]. » Gregorius VII novæ depositionis sententiæ novum excommunicationis addebat genus; hoc scilicet : « Quicumque temerario ausu hujus nostræ constitutionis violator extiterit, vinculo eum anathematis obligamus, et non solùm in spiritu, verùm etiam in corpore, et omni prosperitate hujus vitæ, apostolicâ potestate innodamus, et victoriam ejus in armis auferimus [3]. » Quo decreto facto, hæc scribebat : « In prædictâ synodo jam omnes excommunicationis et anathematis vinculo innodati, et ut nullam victoriam possint obtinere, potestate sancti Petri sunt alligati [4]. » Quâ formulâ delectatus, iterum sic decernit : « Illi cujus culpâ

---

[1] *Rom.*, XIII, 1; 1 *Tim.*, II, 2; 1 *Pet.*, II, 13. — [2] S. Chrys., Hom. V *in* II *ad Tim.*, cap. II· tom. XI, p. 687. — [3] *Conc. Roman.* IV, tom. X, col. 370. — [4] *Lib.* VI, ep. I.

vel superbiâ pax ista remanserit, gratiam sancti Petri auferimus, eumque sicut membrum diaboli, et desolatorem christianæ religionis, cum omnibus fautoribus suis festinabimus à communione christianæ societatis abscindere; ita ut nullam deinceps victoriam in bello, nullam prosperitatem habere possit in sæculo [1]. »

Eo sensu, anno 1080, adversùs Henricum nominatim hæc statuit, ad Petrum et Paulum sermone converso : « Iterum regnum Teutonicorum et Italiæ, ex parte omnipotentis Dei et vestrâ interdicens ei, omnem potestatem et dignitatem regiam ei tollo, et ut nullus christianorum ei sicut regi obediat, interdico, etc.... Ipse autem Henricus cum suis fautoribus in omni belli congressione, nullas vires nullamque in vitâ suâ victoriam obtineat [2]. » Sic ab adversantibus omnem prosperitatem potestate apostolicâ propellebat; sic victoriæ imperabat. At Deo non erat placitum hæc in manu suâ posita, ad formulam revocari. Quare eodem anno, et Henrico victoriam concessit, et Rodulphum, cui Gregorius Petri et Pauli vice imperium donaverat, in prælio cædi voluit; et postea Gregorium fugari Româ permisit, et Salerni obire victum; suo quoque tempore ulturus Henricum, falso et apostatico Pontifice constituto Guiberto Ravennensi, auctorem infandi schismatis et potestatis verè ecclesiasticæ contemptorem.

Ad ejus victoriam pertinent hæc Sigeberti verba : « Hildebrandus Papa, quasi divinitus revelatum sibi prædixit, hoc anno falsum regem esse moriturum, et verum quidem prædixit, sed fefellit eum de falso rege conjectura, secundùm suum velle, super Henrico rege interpretata. Rex enim Henricus Saxonibus gravi prælio congreditur, et in congressu, falsus rex Rodulphus cum multis Saxoniæ principibus extinguitur [3]. » Quæ Sigeberti narratio à Gregorii dictis decretisque non abhorret.

Exemplo Gregorii VII, Alexander III, Friderico I deposito et excommunicato, « inhibuit auctoritate Dei, ne vires ullas amodo in bellicis congressionibus habeat, aut de christiano aliquo victoriam consequatur, aut alicubi quiete et pace gaudeat, donec fructus pœnitentiæ condignos operetur [4] : » tanquam hæc in ho-

---

[1] Lib. VI, ep. XVI. — [2] Conc. Roman. VII; tom. X, col. 384. — [3] Sigeberti Chron. an. 1080. — [4] Conc. lateran. sub Alexand. III, tom. X Concil., col. 1450.

minum potestate Christus esse voluerit. Ad hæc nimia ac melioribus sæculis inaudita, Alexander III, egregius alioquin Pontifex, Gregorio VII auctore deductus est. Adeo vana cogitant, quibus posterioris ætatis exempla sufficiunt.

Ne grave videretur, non modò omnia imperia sed etiam omnem rerum divinarum humanarumque cursum in unius hominis arbitrio collocari, ac ne de tantâ potestate genus humanum aliquid iniqui metueret, docebat Gregorius VII, « ad apostolicam Sedem ritè ordinatos, meritis beati Petri meliores effici, atque omninò sanctos (a). Et id quidem ex decretis Symmachi Papæ

(a) Le texte est formel : est-il authentique? Un savant écrivain va nous l'apprendre.

« *Grégoire VII s'est-il cru saint, et à ce titre s'est-il regardé comme le maître du monde?*

« Texte de M. Edgar Quinet. — Pour relever en un clin d'œil l'Eglise tombée dans le gouffre, ce héros (Grégoire VII) avait besoin d'un grand principe qui vînt légitimer tout ce qu'il voulait tenter ; et je ne puis trop m'étonner que personne, dans le clergé, ne dise plus rien de ce premier fondement de son autorité ; on revendique chacune de ses prétentions, excepté la seule qui donne à toutes une sanction irrésistible. Je savais bien qu'il devait y avoir dans cette grande âme une idée, un sentiment particulier qui lui servait de levier, et véritablement la découverte n'était pas difficile, puisqu'il l'a montré lui-même dans sa langue lapidaire. C'est une chose immense que l'autorité qu'il a demandée pour lui et ses successeurs : être roi de la pensée, sans qu'on ait même le désir d'élever une contradiction! transporter comme il lui plaît l'autorité, la royauté, la propriété! Et pourtant, cette puissance énorme, je m'engage à la reconnaître et à laisser toute discussion, si le saint Siége remplit, de son côté, sans intervalle, la condition que pose Grégoire VII : « Tout Pape, dit il, élevé sur le saint Siége, devient un saint : *Quòd romanus Pontifex efficitur omninò sanctus.* » Comment les philosophes n'ont-ils pas vu cette idée au fond de l'âme d'Hildebrand? Le système tout entier est là..... »

» Ce fragment est bien long, mais on ne se lasse pas de citer M. Quinet. Il y a dans son livre tant d'éclat, tant de séve et de jeunesse!..... Malheureusement ce n'est pas la forme seule qui est jeune, la pensée l'est bien plus encore; c'est-à-dire que les réflexions de l'auteur étonnent par leur inexpérience, comme le savoir qu'il déploie désole par son inexactitude.

» Quoique ce soit une chose toute naturelle que de supposer à la conduite de Grégoire VII un principe, on doit cependant savoir gré à M. Quinet d'avouer l'existence d'un principe de conduite chez ce Pape, et de s'éloigner en cela de son maître Voltaire, qui résuma de la sorte la vie d'Hildebrand : « L'Eglise l'a mis au rang des saints....., les sages au nombre des fous. » (*Essai sur les mœurs des nations*, ch. XLVI.)

» Ce langage de Voltaire n'est pas celui des écrivains sérieux. Protestants ou orthodoxes, ils sont généralement d'accord à dire que le Pape usa, pour le salut de la société en Occident, d'un pouvoir que l'opinion publique lui attribuait, soit par suite de l'organisation féodale, soit à cause des effets attachés par l'Eglise et les princes à l'excommunication.

» M. Quinet a parlé comme ces derniers, mais pour arriver au même but que

repetebat, quæ sanè decreta, commodâ interpretatione molliri, non exaggerari, et ad extremum urgeri oporteret. Addebat Gregorius : *Licèt experimento sciamus,* nempe Papam sanctum esse, quod hactenus nemo præsumpserat. Sic profectò Gregorius, dum

l'auteur de l'*Essai sur les mœurs;* il loue Grégoire VII Pape afin de ruiner la papauté. Au reste, peu importent la ruse et le but; occupons-nous des preuves.

» On nous dit donc que Grégoire trouva dans sa sainteté le droit de commander au monde, et, à en croire notre historien, c'est le pontife en personne qui le lui a expliqué *dans sa langue lapidaire*. M. Quinet aurait sagement fait de supplier le Pontife d'employer, au lieu d'une langue lapidaire, son langage habituel, pour être mieux compris qu'il ne l'a été par notre auteur; car jamais Grégoire n'a dit ce que M. Quinet s'est imaginé entendre ; jamais Hildebrand n'a écrit : « Tout Pape élevé sur le saint Siége devient un saint : *Quod romanus Pontifex efficitur omninò sanctus.* » Qu'a-t-il donc avancé? Le voici; c'est à Hérimann, évêque de Metz, qu'il parle : « Si c'est par force et en tremblant que ceux qui craignent Dieu arrivent au Siége apostolique, sur lequel les Pontifes canoniquement ordonnés *deviennent meilleurs* par les mérites du bienheureux apôtre Pierre, avec quelle crainte, avec quelle frayeur ne doit-on pas s'approcher du trône royal, où même les bons et les humbles, comme on le voit par Saül et David, deviennent plus vicieux ? » (*Ep.* VIII, 21.) Grégoire a donc dit, non pas que le saint Siége rendît les Papes saints, *omninò sanctos*, mais qu'il les rend meilleurs, *meliores efficiuntur*. Gardons-nous donc de la langue lapidaire, si nous voulons être compris.

» Malgré une si palpable altération de texte, M. Quinet cependant n'est pas un falsificateur. Je connais bien l'origine de son erreur : elle vient de ce qu'il ne s'est point adressé directement au Pape, quoiqu'il se flatte de l'avoir fait; il n'a pas ouvert la correspondance de Grégoire VII. Pour juger un tel pontife et une telle administration, il s'est borné à quelques extraits recueillis par Bossuet dans sa critique d'Hildebrand, et où on lit avec douleur ce texte falsifié : *Docebat Gregorius VII « ad apostolicam sedem ritè ordinatos meritis beati Petri meliores effici, atque omninò sanctos.* » Sera-ce donc Bossuet que j'oserai nommer faussaire? Dieu m'en garde! Ne sait-on pas que sa *Défense de la déclaration du clergé gallican,* d'où l'on a tiré cette phrase, est un ouvrage posthume auquel l'évêque de Meaux n'a pas mis la dernière main, et d'où il voulait retrancher ce qui, dans le premier livre, regarde Grégoire VII, par conséquent le texte malencontreux dont M. Quinet s'est emparé.

» Or, puisque cette phrase est le fondement de l'explication que M. Quinet donne de la conduite de Grégoire VII, cette explication tombe avec la phrase imaginaire.

» La condition de sainteté sans tache imposée aux papes par M. Quinet n'est, d'ailleurs, qu'un mot irréfléchi. L'auteur a beau protester que, si la sainteté se trouvait toujours assise sur la chaire apostolique, il se prosternerait, et le monde avec lui; ni lui ni le monde ne feraient autre chose que ce qu'ils font. En effet, quel tribunal, universel, infaillible et toujours écouté, proclamerait tel pontife *saint et héros du genre humain?* Qu'on en juge par Hildebrand, c'est le Pape que paraît adopter M. Quinet : il l'a salué du nom de *héros*; mais qu'il nous dise maintenant comment Voltaire l'appelait : il le nommait un fou. Saint Grégoire le Grand est encore un souverain pontife aimé de M. Quinet. Or saiton bien ce qu'il fut pour M. Augustin Thierry ? Il fut, à son avis, un pape qui loua complaisamment la piété d'une reine soigneuse de peupler de belles

omnia humana ac divina trahere ad se nititur, et dignitatem regiam infringebat, et pontificiam novis, neque duraturis titulis commendabat.

Quòd si certâ fide credere non oportet deponi posse à Pontificibus reges, quòd depositionem talem in concilio romano Gregorius promulgarit[1], eâdem profectò fide teneamus, posse Pontificem auctoritate suâ ab excommunicatis auferre victoriam, a prosperitatem sæculi; cùm id non tantùm in privatis epistolis, sed etiam decreto edito, Gregorius VII et Alexander III pronuntiarint.

Item eâdem fide admittere debemus illud in Concilio romano editum : posse à Pontificibus, ut patriarchatus et episcopatus, ita et « omnes hominum possessiones pro meritis tolli et concedi; » quæ nempe Pontifices solos reges, solos imperatores efficerent, quale imperium humana conditio neque gerere, neque tolerare possit.

Placet autem hîc in antecessum expromere quæ suo loco probaturi sumus, Gregorium VII aliosve Pontifices, à quibus hæc gesta decretaque sunt, nunquam decreto ad omnem Ecclesiam edito docuisse, eam sententiam, quæ ecclesiasticæ potestati talia vindicaret, ad integritatem fidei catholicæ aut ecclesiastici dogmatis pertinere. Moderabatur animos ille qui Ecclesiam regit, Spiritus veritatis, ne humilis Christi grex in tentationem eam incideret. Quare etiam ii qui pontificiam infallibilitatem vel maximè tuentur, ab hâc sententiâ abhorrere, deque his, ut et de aliis Pontificum gestis, liberè disputare possunt.

Si quis tamen libentes nos ad ea adduci putat, fallitur. Neque enim ii sumus, quibus Ecclesiæ vulnera nullâ necessitate retrac-

---

[1] *Conc. Roman.* VII, tom. X, col. 384.

esclaves le harem de son petit-fils. On pourrait aisément prolonger ce parallèle. » (*Défense de l'Eglise contre les erreurs historiques*, etc., par l'abbé Gorini, vol. II, p. 407, 2e édit.)

L'abbé Gorini réfute ensuite, d'une manière non moins victorieuse, avec l'irrésistible autorité des faits, ce qu'on ajoute du Pape Symmaque. Nous ne suivrons point le savant apologiste sur ce terrain ; il nous suffit d'avoir montré une fois de plus, par un exemple frappant, la confiance que méritent les ennemis des souverains Pontifes dans leurs accusations les plus formelles et les mieux étayées.

tari placeat; sed rursus non sumus eorum numero, qui ubique trepidi et infirmâ fide, quantacumque vulnera, tanquam sint Ecclesiæ ipsi lethifera, perhorrescant.

Satis enim scimus Ecclesiam catholicam Sedemque apostolicam in petrâ fundatam stare firmiùs, quàm ut his commoveri possit; et quantumcumque hæc adscititia humanisque consiliis quæsita concidant, ipsam tamen petram, Christo auctore positam, inconcussam stare : quâ fide securi, et superiora diximus, et alia haud minùs necessaria prosequemur.

CAPUT XII.

Quâ occasione Gregorius VII regum depositionem aggressus sit : quove imperii ac regnorum statu : quam universalis monarchiæ etiam temporalis ideam animo informarit : ejus mores, ingenium, et in omnia regna variæ molitiones; ac 1º in imperium Romano-Germanicum, in Galliam, in Angliam, in Daniam; de iisque quæri, nihil imminutâ Sedis apostolicæ majestate.

Gregorius VII novæ potestati, quam in temporalibus exercere se posse confideret, muniendæ, humana undequaque subsidia conquirebat, atque omnia regna in ditionem ac proprietatem Sedis apostolicæ vindicare satagebat.

Posteaquam enim Caroli Magni domus inclinata est, toto Occidente regia labascere ac nutare cœpit auctoritas : proceres paulatim omnia occupare, et prope æquiparari regibus; episcopi, procerum antesignani, ad hæc insitâ religioni reverentiâ validi, pleraque reipublicæ munera ad se trahere : regna in varias dynastias, seu ecclesiasticas, seu sæculares scindi, quæ quidem dynastiæ jura regalia multa, eaque maxima, sibi tribuebant, gravi imminutione regiæ majestatis : reges precariam veluti potestatem exercere, eò usque depressi, ut sæpè cum subditis ac vassallis æquo jure bellare cogerentur. Sic imperiis propemodum in anarchiam versis, bellis, cædibus, fœdis populationibus omnia replebantur : quæ rerum inclinatio nono sæculo cœpta, decimo et undecimo in deteriora vergebat; ut Gregorii VII tempore vix ullus regum esset, qui regiam majestatem ac veram imperii vim retineret. Etsi enim Othones in Germaniâ et Italiâ magnis animis ac viribus seque ac rempublicam sustentasse videbantur, res tamen in pejus suo veluti pondere deflectebant; ac sub Henrico IV urbes gentesque effræni licentiâ rebellabant. Inclytum Francorum regnum, quod omnibus ferè reliquis imperaverat, etsi suo statu atque hereditariâ successione valentius, communibus tamen incommodis laborarat; necdum se Capetii satis confirmaverant, neque Capetiorum quartus Philippus 1, qui tum imperitabat, tantæ majestati animis atque ingenio respondebat. Guillelmus ille victor atque Conquestor, recens Angliam occupaverat, validus quidem viribus atque imperandi certus, sed tamen imperio nondum constabilito : res Hispaniæ tenues, Saracenis prementibus, christianis etiam in diversa regna divisis : reliqua Europæ regna, alia aliis casibus fluctuabant.

Eâ rerum ac temporum necessitudine, Gregorius VII, è sanctâ Cluniacensis monasterii disciplinâ, per varios dignitatum gradus, ad Cathedram Petri evectus est : acerrimi ingenii magnique animi vir, probis moribus, integrâ famâ, ecclesiasticæ libertatis ac potestatis studiosissimus, et qui potiùs ultra concessa tenderet, quàm aliquid de suo jure remitteret. Is ergo optimum factu ratus, ut Sedi apostolicæ, quæ caput religionis esset, regna omnia etiam in temporalibus subderentur, non modò potestate clavium, sibi summam deponendorum et constituendorum regum ac principum potestatem vindicabat; sed etiam eos singulatim adortus, quâcumque arte poterat, vectigales suos atque etiam suos *homines* ut tum loquebantur, facere cogitabat.

Et de imperio quidem Romano-Germanico res facilior videbatur, cùm romani Pontifices in illud imperium peculiare jus quoddam sibi vindicarent; imò verò illud, si quidem Bellarmino et Baronio credimus [1], à Gregorii V tempore, datis Electoribus, atque impositis legibus ordinassent. Certè memoratu est dignum id, quod Gregorii VII tempore, ab auctore *Apologiæ Henrici IV Imperatoris* proditum; cùm se Saxonibus perduellibus, nonnulli

---

[1] Bellarm., *de R. P.*, lib. V, cap. VIII. Baron., an. 996, tom. X, edit. Rom., p. 908.

è Longobardis, Francis, Bavaris ac Suevis conjunxissent, eos omnes apud Gregorium VII accusasse regem : « Non decere tam flagitiosum, plus notum crimine quàm nomine, regnare; maximè cùm sibi regiam dignitatem Roma non contulerit : oportere Romæ jus suum in constituendis regibus reddi : provideret Apostolicus et Roma ex consilio principum, cujus vita et sapientia tanto congrueret honori : quâ deceptione delusus Apostolicus, simul et honore creandi regis, quem sibi fallaciter obtulerant, impulsus, regem banno innodavit, et episcopis aliisque principibus, ut à communione excommunicati regis se subtraherent denuntiavit : se citò venturum in Teutonicas oras, ubi de negotiis ecclesiasticis et de regno tractaretur [1]. » Quæ quidem aliena non sunt ab eo Pontifice, qui tam excelsos spiritus gereret; neque absimile vero est talem virum romanæ potentiæ gloriâ delectatum, quâ Sedis apostolicæ dignitas amplificari videretur, atque illi omninò placuisse amplitudinem etiam religionis titulo coloratam. Intentus autem erat vel maximè Teutonico regno, cui romanum imperium junctum esset, quod etiam regnum per Saxonum rebellionem fluctuabat. Itaque Gregorius, Henrico IV imperatore deposito, Teutonum atque Italiæ Regem, qui imperator futurus esset, ita constitui decernebat, ut tale sibi præstaret juramentum : « Ab hâc horâ, et deinceps fidelis ero beato Petro Apostolo ejusque Vicario Papæ Gregorio, et quodcumque mihi ipse Papa præceperit, sub his videlicet verbis : *Per veram obedientiam*, fideliter sicut oportet christianum obtemperabo;.... et eo die quando illum primitus videro, fideliter per manus meas *miles* sancti Petri et illius efficiar [2]. » Quod quidem est *ligium*, ut vocant, et perfectissimæ dominationis *hominium*, dataque est formula *per veram obedientiam*, quæ jussis adhibita indetrectabile imperium designaret.

De Francorum regno post hominum memoriam longè nobilissimo atque augustissimo, unde etiam imperium, quale apud Latinos est, manasse noverat, hæc Legatis suis agenda decernit : « Dicendum autem est omnibus Gallis, et per veram obedientiam præcipiendum, ut unaquæque domus, saltem unum denarium

---
[1] *Apolog. Henr. IV*, ap. Urst. p. 382. — [2] Greg. VII, lib. IX, ep. III.

annuatim solvant beato Petro, si eum recognoscant Patrem et Pastorem suum, more antiquo[1]. » Rationem addit : « Nam Carolus Imperator, sicut legitur in tomo ejus, qui in archivo Ecclesiæ beati Petri habetur, in tribus locis annuatim colligebat mille ducentas libras ad servitium apostolicæ Sedis. » Nos eum tomum ignoramus, nihil simile in Caroli Magni, ac secutorum principum historiis, gestis, capitularibus, aut in conciliis aliisque Actis publicis aut privatis, qualis ejus ævi sunt innumerabilia, legimus; et Pontifici impositum fuisse credimus ab iis qui talia suadebant.

Carolus Sedi apostolicæ multas provincias devictas donavit, at regnum nemini vectigale aut censuale fecit; neque quisquam ex ejus successoribus tale quid aut cogitavit aut passus est; Francique reges Sedi apostolicæ omnium religiosissimè in spiritualibus obtemperabant : omnium studiosissimè suam in temporalibus dignitatem tuebantur. Quare Gregorius, adhibità licet formulà, *per veram obedientiam*, quà imperium indetrectabile significatum fuisse vidimus, nullum unquam censum à Gallis impetravit; sed neque per Legatos, jussos licet, quidquam eà de re postulatum fuisse legimus : ut totum illud in auras penitus evanuisse videatur.

In eâdem Gregorii epistolà sic legitur : « Idem magnus Imperator Carolus Saxoniam obtulit beato Petro, cujus eam devicit adjutorio, et posuit signum devotionis et libertatis. » Offerre beato Petro, consueto hujus ævi sermone, hoc erat proprietati Sedis apostolicæ adscribere; at Carolus Magnus nusquam scripsit, nusquam dixit se beato Petro devictam obtulisse Saxoniam, sed tantùm in devictâ Saxoniâ primam ecclesiam consecratam, quam inquit, « pio Christo et apostolorum suorum Principi beato Petro obtulimus [2]. » Sic Petro non Saxoniam, sed in Saxoniâ, pro gratiarum actione primam ecclesiam obtulit ; et quidem erecto templo apostolorum Principem ritè veneratus, eam tamen provinciam nullius mortalis imperio quàm suo vindicavit.

Cæterùm annualem censum semel impositum Gregorius VII

---

[1] Greg. VII, lib. VIII, ep. XXIII. — [2] Vid. *Cap. Carol. Mag.*, tom. I, edit. Baluz., pag. 246.

facilè in argumentum proprietatis ac dominii trahebat: quare Guillelmo Conquestori, Angliæ Regi, modis omnibus delinito suadebat, ut regnum Angliæ, quod anteriores reges solo voluntariæ pietatis sensu, nullo temporalis subjectionis animo, Sedi apostolicæ censuale fecerant; ipse temporali *hominio* subderet. At Guillelmus ita respondit: « Hubertus Legatus tuus ad me veniens ex tuâ parte admonuit, quatenus tibi et successoribus tuis fidelitatem facere, et de pecuniâ, quam antecessores mei ad romanam Ecclesiam mittere solebant, meliùs cogitarem; unum admisi, alterum non admisi: fidelitatem facere nolui, nec volo; quia nec ego promisi, nec antecessores meos antecessoribus tuis id fecisse comperio [1]. » Sic de fidelitate inverecundum petitorem acriter refutabat: de denario beati Petri avitam consuetudinem recto sensu intellectam prompto animo sequebatur.

Quod autem à Guillelmo Anglorum Rege, idem à Danorum Rege Sueno, ut ab ejus parente, atque etiam ab ipso promissum, Gregorius postulabat [2], neque hujus postulati ullam unquàm videmus habitam esse rationem.

Interim *opulentam provinciam*, romanæ urbi vicinam, *quam viles et ignavi hæretici tenerent,* ei pollicetur. Quo jure suam non significat, nisi hæreticorum omnia, sua esse duceret.

CAPUT XIII.

De Hispaniâ et Sardiniâ quid Gregorius VII decreverit.

Erat tum Hispania ferè tota subdita Saracenis, à quorum manibus nobilissimum regnum recuperare multi undique christian principes satagebant. Ad hos Gregorius VII sic scribit: « Non latere vos credimus regnum Hispaniæ, ab antiquo proprii juris sancti Petri fuisse, et adhuc, licèt diu à paganis sit occupatum, lege tamen justitiæ non evacuatâ, nulli mortalium, sed soli apostolicæ Sedi ex æquo pertinere [3]. » Addit concessisse se Evulo

[1] Guill. *ep.*, int. Lanf., et ap. Baron., tom. XI, an. 1079, p. 532. — [2] Greg. VII, lib. II, epist. LXXI, LXXV. — [3] *Ibid.*, lib. I, ep. VI, VII. Baron., tom. XI, an. 1073.

Comiti habendam sancti Petri nomine, certis conditionibus, quamcumque ab infidelibus terram recepisset.

Cæterùm id juris et Hispani nesciebant, et hujus oblitteratam fuisse memoriam ipsam ipse Gregorius fatebatur; sic enim postea scripsit « regibus, comitibus cæterisque principibus Hispaniæ : Notum vobis fieri volumus, quod nobis quidem tacere non est liberum, vobis autem non solùm ad futuram, sed etiam ad præsentem gloriam valde necessarium, videlicet regnum Hispaniæ ex antiquis constitutionibus beato Petro, et sanctæ romanæ Ecclesiæ in jus et proprietatem esse traditum : quod nimirum hactenus et præteritorum temporum incommoda, et aliqua antecessorum nostrorum occultavit negligentia. Nam postquam illud regnum à Saracenis et paganis pervasum est, et servitium, quod beato Petro inde solebat fieri, propter infidelitatem eorum et tyrannidem detentum, ab usu nostrorum tot annis interceptum est, pariter etiam rerum et proprietatis memoria dilabi cœpit [1]. » Promittit tamen Gregorius Legatos à se missos rem omnem demonstraturos *assertione certâ :* denique adhortatur « ut ad honorem beati Petri et romanæ Ecclesiæ promptos et magnificos se exhibeant; » quod profectò fecerunt; multique hispanorum principum Ecclesiæ romanæ annuas pensiones spoponderunt, eique se ultro ut spirituali dominæ subjecerunt.

Id verò an excussis titulis potiùs quàm ultroneâ pietate fecerint, non satis mihi constat. Stricto jure fecisse probat Baronius, allato exemplo « Berengarii Comitis barcinonensis, qui anno, inquit, 1091, Urbani Papæ quarto, cùm recuperasset tarraconensem civitatem occupatam à Mauris, eamdem obtulit Ecclesiæ romanæ [2]. » Quæ vana esse omnia facilè comprobabit ipsum à Baronio productum instrumentum : quippe quo legimus à Comite Berengario tarraconensem civitatem, non à Mauris recuperatam (a), sed *jure paterno* ac bonorum paternorum *divisione*

---

[1] Lib. IV, ep. xxviii. Vid. et lib. I, ep. vii. — [2] Bar., tom. XI, an. 1073, p. 424.

(a) Utrum id Baronio rectè objiciat Bossuet, ambigi potest. Nam 1° in ipso donationis diplomate, Berengarius eos nominat Principes, *qui secum insudaverint ad præfatæ urbis restaurationem.* 2° Urbanus II, rescribens Berengario, sic dicit, p. 628 : *Ecce jam transactis 390 annis, ex quo præfatam urbem Agarenorum gens prope solitariam fecerit,* etc. 3° Hæc vocabula *restauratio* et *restitutio,*

suam, non Sedi apostolicæ redditam, sed *in Dei nomine specialiter donatam fuisse* [1] : quæ adeo non firmant, ut potiùs evertant jus illud in Hispanias venditatum.

At verò Petrus de Marcâ, vir doctissimus, ex antiquis monumentis probat Gregorio VII à Comite Besalvensi Bernardo, atque etiam ab Aragonum rege annuam concessam fuisse pensionem [2] : id verò ab iis factum, antiquis excussis ac recognitis titulis, acta non memorant.

Neque item docent, an stricto jure potiùs quàm voluntate sit factum, quod idem Bernardus *se militem ac vassallum sancti Petri fecit* [3]. Id enim eo tempore ab aliis etiam, ut à Comite Provinciæ ac barcinonensi, ultro ac nullâ obligatione, factitatum fuisse, ejus ævi acta memorant : quòd ii comites, ubi se Sedi apostolicæ addixissent, eo patrocinio tutiores, atque etiam adversùs dominos securiores essent.

Refert etiam Petrus de Marcâ [4] secutis sæculis, cùm eam pensionem, quam Aragonenses concesserant, romani curiales violentiùs exigerent, à Regibus aragonensibus planè denegatam; consensisse tamen illos ad illam pensionem voluntariè persolvendam, non autem *contractu infeodationis inito aut obligatione pactâ*.

Castellæ verò reges nihil quidquam solvisse, nihil peculiaris juris in Sede apostolicâ recognovisse legimus : quo constare videatur ea, quæ Gregorii VII tempore ab aliis Hispanis facta sint, voluntariè potiùs quàm stricto et antiquo jure fuisse imposita. Neque propterea Gregorium antiqua Ecclesiæ romanæ jura in Hispaniæ regnum memorantem, deceptorem putamus; sed falsis

---

[1] Bar., tom. XI, an. 1091, p. 627. — [2] Marc., *Hist. Bearn.*, lib. IV, p. 331, 332. — [3] Greg. VII, lib. IX, ep. XII. — [4] Marc., *loc. cit.*

quæ passim occurrunt in diplomate et in epistolâ, significabunt quidem, strictè accepta, Tarraconensem civitatem denuo ædificatam fuisse; sed diligenter perpendenti verba et seriem, hæc duo certa erunt : unum quod affirmat Bossuet, hanc civitatem non *redditam* fuisse, sed *specialiter donatam* Ecclesiæ romanæ; alterum quod negat, hanc civitatem non multò ante è *Saracenorum manibus fuisse vindicatam*. Certè, Berengarius dicit hanc civitatem *sibi ex paterno jure competisse*; quomodo probè ac verè diceret Ludovicus XV, Navarræ regnum, si illud bello recuperaret, *sibi ex paterno jure competere*. Jura enim regum, illâ quam vocant præscriptionis lege, non tolluntur. (*Edit. Leroy.*)

titulis, quales omni ævo multi confecti sunt, decipi potuisse confitemur.

Quænam certè ejus legati rei oblitteratæ, atque omni hominum elapsæ memoriâ, documenta protulerint, neque usquam legimus, neque animo aut conjecturâ assequi possumus, aut omnino intelligimus quomodo stare possint. Gregorius enim memorat, antequam regnum illud à Saracenis pervasum est, *sanctæ romanæ Ecclesiæ* in jus et proprietatem fuisse traditum, ac *certa servitia fuisse constituta:* atqui anno Christi 713 invasio Saracenorum contigit, quo tempore illa ex feudorum jure orta servitia atque proprietas, ne nomine quidem erant cognita. Neque verò Hispaniam Sedi apostolicæ Gothi ariani tradidissent, neque postquam reges anno 588 catholici sunt facti, tale quidquam egisse, tot concilia, tot acta, tot historiæ, tot epistolæ innuunt : cùm Sedis apostolicæ potestas, sed spiritualis illa atque cœlestis, omnibus paginis celebretur: neque à rege Pelagio, recidivi post Saracenicam invasionem Hispanorum imperii fundatore, ejusque successoribus aliisque hispaniensibus regibus per trecentos ac sexaginta annos, qui à Pelagio ad Gregorium effluxere, tale quidquam postulatum fuit : ac reges Hispaniæ per ea tempora haud minùs quàm alios absoluto jure regnasse, omnia monumenta testantur. Jam quod ait Baronius : « His juribus potitam apostolicam Sedem, anno Christi 701, sub impio Rege Vitizâ, horum jacturam esse passam,[1] » neque cum Gregorio VII convenit, qui hanc jacturam ad Saracenorum invasionem refert, neque cum Tudensi Lucâ, quem unum Baronius testem adducit. Is enim posteaquam auctore Vitizâ canones dissolutos, sacraque omnia conculcata memoravit, hæc addit insuper : « Et ne adversùs eum insurgeret sancta Ecclesia, episcopis, presbyteris, diaconis et cæteris Ecclesiæ Christi ministris, carnales uxores habere præcepit, et ne obedirent romano Pontifici, sub mortis interminatione prohibuit[2]. » Quæ ad evitandum canonicæ atque ecclesiasticæ districtionis metum manifestè referri, rerum ostendit series : ad solvenda romani Pontificis, ut supremi etiam domini, imperia pertinere,

---

[1] Bar., *loc. cit.*, et tom. VIII, anno 701, p. 640, 641. — [2] Luc. Tud., ap. Bar., *loc. mox cit.*

neque Lucas Tudensis significat, neque alii scriptores, neque Gregorius VII suspicatur.

Utcumque est, illud animo capere vix possumus, quod is Pontifex mavult Hispaniam servire infidelibus quàm illud qualecumque jus ultro remittere. Sic enim ipse scribit suprà dictâ epistolâ, « ad principes in terram Hispaniæ proficisci volentes : Hoc neminem vestrûm ignorare volumus, quoniam, nisi æquâ pactione persolvendi juris sancti Petri in regnum illud animadvertere statueritis, potiùs vobis apostolicâ auctoritate, ne illuc tendatis, interdicendo contrà feremur, quàm sancta et universalis Mater Ecclesia, idem à suis filiis quod ab hostibus patiendo, non jam proprietatis suæ, sed filiorum detrimento saucietur [1]. » Quasi vulnus illud remissione spontaneâ temporalis tributi curare non posset. Sed ista non reputat, et ovem in feræ faucibus palpitantem non eripere, sed tondere cogitat. Atque hæc facit abstinentissimus et innocentissimæ vitæ Pontifex, dum Sedis apostolicæ jura etiam temporalia, quæ semel animo præceperat tantisper imminui pejus omnibus malis arbitratur.

Neque minùs dura sunt, quæ Sardiniensibus scripsit. Cùm enim in animum induxisset, ut aliquid ab eis commodi temporalis ferret, primam ad eorum judices dedit epistolam : « Romanam Ecclesiam omnium Matrem, privatam tamen eis debere sollicitudinem; at antecessorum negligentiâ friguisse charitatem illam, quæ antiquis temporibus inter romanam Ecclesiam et gentem illam fuit, maximo inter ipsos christianæ religionis detrimento : atque omnino necessarium ut de salute animarum cogitent, romanamque Ecclesiam ut Matrem recognoscant atque antiquam devotionem impendant : se quidem non modò ut eorum animæ, sed etiam patria salva esset, sollicitè invigilare; si sua verba reciperent, gloriam et honorem et in præsenti et in futurâ vitâ consecuturos esse; sin aliter agerent, suæ culpæ imputarent, si quid periculi contigisset : Legatos coram acturos quæ de salute eorum et honore tractaret [2]. »

Quid esset *illa salus honorque,* quem ipsis quæreret, sequentia demonstrabunt. Nam paulò post de sui Legati postulatis hæc

[1] Greg. VII, lib. I, ep. VII.—[2] Ib., ep. XXIX. Vid. Bar., tom. XI, an. 1073, p. 433.

scribit : « Nisi in hoc anno certâ nobis super hâc re ratione respondeatis, nec ampliùs vestra responsa quæremus, nec tamen ulteriùs jus et honorem sancti Petri irrequisitum relinquemus [1]. » Censum ac vectigal satis apertè ista significant : eò primùm illa verba lenia, eò denique minæ spectabant.

Graviùs postea urget, scribitque hæc « glorioso Judici Calaritano Orsocco : Nolumus scientiam tuam latere, nobis terram vestram à multis gentibus esse petitam : maxima servitia, si eam permitteremus invadi, fuisse promissa; ita ut medietatem totius terræ nostro usui vellent relinquere, partemque alteram ad fidelitatem nostram sibi habere : cùmque hoc non solùm à Normannis et à Thuscis, ac Longobardis, sed etiam à quibusdam Ultramontanis crebrò ex nobis esset postulatum, nemini eâ de re unquam assensum dare decrevimus, donec ad vos Legatum nostrum mittente, animum vestrum deprehenderemus. » Nempe ille Legatus exploraturus erat quo tributo oblato se ab invasorum deprædatione redimerent. Pergit enim : « Igitur, quia devotionem beato Petro te habere, in Legato suo monstrasti, si eam sicut oportet (quid autem oporteret satis apertè significaverat) servare volueris, non solùm per nos, nulli terram vestram vi ingrediendi licentia dabitur, sed etiam si quis attentaverit, et sæculariter et spiritualiter prohibebitur à nobis ac repulsabitur [2]. » Quid si denegaverint quæ Gregorius postulabat? Nempe hostibus prædæ erunt. Tantine erat tributum romanæ Ecclesiæ persolvendum, ut propter eam causam miseros insulanos, *datâ licentiâ*, lupis pastor exponeret!

Cæterùm quid in eâ insulâ juris sibi esset, ne verbo quidem significat, jurium etiam temporalium vehementissimus ubique, ut videre est, ostentator. Sed ut concedamus Sardiniam insulam jam tum in Ecclesiæ Romanæ ditionem concessisse, utque id vel maximè non tantùm jactaret Gregorius, sed etiam insulani seu metu, seu veri conscientiâ faterentur; tamen in tributis exigendis nullâ Gregorius possessione nitebatur; antiqua, confusa, obsoleta, generalibus verbis, uti vidimus, venditabat dirisque comminationibus novum sibi titulum comparabat.

[1] Greg. VII, lib. I, epist. XLI. — [2] *Ibid.*, lib. VIII, epist. X.

CAPUT XIV.

De Hungariá : de aliis regnis ac provinciis : quibus causis impulsi, pontificiæ ditioni se ultro subjecerint : arbitraria jura etiam in infideles principes protenduntur.

Salomon Hungariæ rex infans, Andreæ patris jussu, atque omnium Ordinum applausu ritè coronatus; mox, patre mortuo, propter infantiam pulsus ac per Henricum IV, Imperatorem, cujus sororem duxerat, sæpè regno restitutus, eidem HenricoHungariam fecit tributariam [1]. In necessitate gestum Gregorius regi crimini vertit; quòd « regnum Hungariæ sanctæ romanæ Ecclesiæ proprium, à Rege Stephano olim beato Petro, cum omni jure ac potestate suâ oblatum, et devotè esset traditum [2]. » Addebat probationem, quòd nempe Henricus III Imperator, Henrici IV pater, « victo rege (hungaro) et factâ victoriâ, ad corpus beati Petri lanceam et coronam transmisit, et pro gloriâ triumphi sui, illuc regni direxit insignia, quo principatum dignitatis ejus attinere cognovit. » Quare gravia minabatur : nec aliter beati Petri gratiam aut suam benevolentiam spondet, « nisi sceptrum regni, inquit, correcto errore tuo, apostolicæ, non regiæ Majestatis beneficium recognoscas. » Sic si quis beatum Petrum honorasset, regni proprietatem, atque omnia deinde jura feudorum Sedi apostolicæ vindicabat, quanquam ejus proprietatis nulla in annalibus ad ea quidem tempora mentio reperiretur.

Si quando dissidia inter fratres de regnis ac provinciis orirentur, ut in barcinonensi Comitatu evenerat, *sancti Petri inexpugnabile* pollicebatur *auxilium* [3] ei parti, quæ in Sedis apostolicæ potestate futuram se esse profitebatur.

Afflicti ac pulsi reges Sedi apostolicæ sua regna tradebant, ejus auctoritate restitui se posse confidebant. Sic à Rege Russorum Demetrio, cùm is à fratre pulsus esset, traditum regnum Gregorius VII suscipit, *exhibitâ sancto Petro fidelitate* [4].

---

[1] Lambert. Schaf., ap. Bar., t. XI, an. 1071, p. 464. — [2] Greg. VII, lib. II, ep. XIII. — [3] d., llib. VI, ep. XVI. Vid. Lamb., ap. Baron., an. 1075. — [4] Id., ib. II, ep. LXXIV.

Neque exiguum tutamen erat ab apostolicâ Sede regnum accepisse. Scribit enim Vezelino adversùs Dalmatiæ Regem insurgenti : « Scias nos de prudentiâ tuâ multùm mirari, ut qui te esse dudum beato Petro, et nobis fidem promiseris, contra eum, quem in Dalmatiâ Regem auctoritas apostolica constituit, tu modò coneris insurgere. Quapropter nobilitatem tuam monemus, et ex parte beati Petri præcipimus, ut adversùs jam dictum regem arma capere non præsumas, sciens quidquid in illum ausus fueris, procul dubio te in apostolicam Sedem facturum [1]. »

Hæc incepit Gregorius VII : his ac similibus ad regna Sedi apostolicæ tradenda hortabatur, et ad Geysam scribebat Hungarorum Ducem : « Regnum Hungariæ, sicut et alia nobilissima regna in propriæ libertatis statu esse debere, et nulli regi alterius regni subjici, nisi sanctæ et universali Matri Ecclesiæ romanæ, quæ subjectos non habet, ut servos, sed ut filios suscipit universos [2]. »

Quare Salomoni Hungarorum Regi ademptum à Deo regnum prædicabat, quòd is contempto nobili dominio beati Petri, « cui erat proprium Hungariæ regnum [3], » se Regi Teutonico, quamvis necessariò subdidisset, subditque rationem : « Petrus enim à firmâ petrâ dicitur, quæ portas inferi confringit, atque adamantino rigore destruit, et dissipat quidquid obsistit. » Quæ dicta adversùs hæreses, et alia vitiorum monstra, per Christi imperium debellanda, ad terrenam ditionem quotidie amplificandum, et ad comparanda sibi regna, vertebat.

Eam universalis monarchiæ etiam temporalis ideam animo informaverat, quæ spirituali addita potestati, tale imperium conderet, quale res humanæ ferre non possent.

Iisdem vestigiis insistebat Innocentius III, magnus alioquin Pontifex, cùm Joannem *sine terrâ* Angliæ Regem depositione mulctaret [4], Barones Angliæ, ac Philippum Augustum adversùs eum invitaret, donec Joannes Sedi apostolicæ regnum traderet, uti suo loco memorabimus [5].

---

[1] Greg. VII, lib. VI, ep. IV ; ap. Baron., an. 1079. — [2] Id., lib. II, ep. LXIII. — [3] Id., *ibid.*, ep. LXX. — [4] Vid. *Odor. Ruin.*, anno 1212 et seq. Vid. quoque *Histor Angliæ* Rapin Thoyr., lib. VIII, et *ep.* Innoc. III.— [5] Inf., lib. III, c. XXI.

Non ergo mirum si passim in servitium ruerent duces, comites, ipsi etiam reges in Sede apostolicâ suis rebus tutelam, atque etiam, proh dolor! suæ cupiditati ad vicinos invadendos titulum quæsituri. Quæ quantùm rei christianæ offecerint, lectori æstimandum relinquimus.

Nec alia moliebatur Adrianus IV, dum illud à nobis suprà memoratum *jus* edidit, nempe « Hiberniam et omnes insulas, quibus sol justitiæ Christus illuxit, ad jus sancti Petri et sacrosanctæ romanæ Ecclesiæ pertinere [1]. »

Postea ad libitum arbitraria jura crevere; quo factum est, ut Nicolaus V, Calixtus III, Sixtus IV, Innocentius VIII, Alexander VI, tanta terrarum spatia infidelibus detracta, christianis regibus concederent.

CAPUT XV.

Regna infidelium, quo jure concessa Bellarminus aliique defenderint : hæc et alia de regibus deponendis gesta, nullo religionis periculo impugnari posse.

His in concessionibus tuendis Bellarminus maximè laborabat, cùm negaret infideles, justos scilicet dominos, legitimâ possessione deturbari posse, nisi conarentur avertere à Christi fide subditos. At profectò illi reges, quorum Alexander VI aliique Pontifices partiebantur imperia, de fide christianâ nequidem cogitabant. Quem nodum Bellarminus et alii sic exsolvunt. Alexandrum VI, cùm regna infidelium daret, non id providisse « ut reges christiani, reges infideles debellarent et eorum regna occuparent, sed solùm ut eò adducerent fidei christianæ prædicatores, et protegerent ac defenderent, cùm ipsos prædicatores, tum christianos ab eis conversos [2] : » ac si reges infideles resisterent, christianis jus esset bellum inferendi. O novos apostolos, et novo more tuitos! O novam et Apostolo inauditam christianorum militum armaturam! At si Christi apostolos hic omitti placet, quòd infirma Ecclesia nondum hæc fortia auderet, mirum cur Grego-

---

[1] Vid. sup., cap. II; et tom. X *Concil.*, col. 1143. — [2] Bell., *de R. P.*, lib. V, cap. II.

rius Magnus, validâ jam Ecclesiâ, christiano imperio totque christianis fultâ regibus, à Reginâ Brunechildi non tale satellitium, Augustino suo in Angliam profecturo, impetrarit. Cur non talibus diaconis succinctus sanctus Bonifacius moguntinus Germaniæ intulerit Evangelium [1] ? Aut cur cum Pipinus ipsi devinctissimus, pro fide christianâ obtruncari permiserit? Cur Willebrodi, Wilfridi, Swiberti, Adalberti et alii innumerabiles, qui per eamdem ætatem barbarica nomina martyrii gloriâ illustrarunt [2], nullo tali munimine prædicandam susceperint religionem christianam? Denique hujus custodiæ evangelicis prædicatoribus datæ, bellique id liberam gentem eâ causâ suscepti, quòd verbi divini præcones respuisset, nullum apud antiquos exemplum est. Qui Caroli Magni Saxonica bella commemorant, cogitare debuissent Saxones Francisci imperii perduelles, novâque semper contumaciâ rebellantes, victos, captos, deditos, patriæ, libertati, vitæ redditos, si Evangelio obedirent : postremò occisos atque dispersos quod fidem Salvatori Christo atque optimo Regi Carolo datam efellissent, regionemque eorum aliis concessam incolis; atque hi catholicam religionem ad ea usque tempora propagarunt, quibus eos ad infandum schisma Lutherus abripuit.

Neque verò me fugit quanti sint nominis, à quibus hæc Bellarminus aliique hauserint : sed doctores postremis sæculis natos, per librorum penuriam, ne alias commemorem causas, ecclesiasticæ historiæ non satìs gnaros, atque ideo non vitâ, sed doctrinâ degeneres, antiquis placitis et exemplis postponi oportere, clarâ voce dicimus.

Nec putamus sanctum Thomam, cujus auctoritate utuntur, ad prædicandam gentibus fidem tali unquam auxilio profecturum : nec sancti franciscani ac prædicatorii Ordinis martyres : nec postremo sæculo sanctus Franciscus Xaverius, Indiarum apostolus, atque ex eodem sodalitio tot inclyti martyres hæc sectati : nec ævo nostro tot sancti episcopi, atque presbyteri, quos ad barbaras gentes nostra Gallia, ac tota Europa summittit. Quin etiam Bellarminum aliosque, si talia præsidia offerrentur, toto animo

---

[1] Vid. Baron., *ibid.*, anno 716. — [2] *Ibid.*, an. 719, 731, 749, et pass. toto hoc sæculo.

putamus fuisse aversaturos; ut meritò contemnamus eam doctrinam, à quâ consectandâ vel ipsi abhorrerent.

Neque magis probamus quod dicunt, ab Alexandro VI christianos inter reges distributas esse terras, « ut impediret contentiones, et bella christianorum, qui in illis regionibus negotiari volebant [1]. » Neque enim, si vel maxime placeat Romanos Pontifices, non verbi tantùm, apostolico more, sed etiam commerciorum ac negotiationum esse duces? et ad eorum arbitrium restringi imperia commerciorum ac gentium libertatem : non, inquam, si ista vel maximè placeant, talem explicationem Alexandri VI decreta ferre possunt : « Omnes enim, inquit, et singulas terras firmas, et insulas remotas et incognitas versùs partes occidentales, et mare Oceanum consistentes repertas, et reperiendas in posterum, quæ sub actuali dominio temporali aliquorum dominorum christianorum constitutæ non essent, cum omnibus illarum dominiis, civitatibus, castris, juribus et jurisdictionibus universis, vobis, hæredibusque et successoribus vestris in perpetuum, tenore præsentium, motu proprio et ex certâ scientiâ, ac de apostolicæ potestatis plenitudine donavimus, concessimus et assignavimus [2]. » Quo decreto inter reges ductâ lineâ dispertiit orbem, ex « apostolicæ, inquit, gratiæ largitate, motu proprio, non ad vestram, vel alterius pro vobis super hoc nobis oblatæ petitionis instantiam, sed de nostrâ merâ liberalitate...., ac de apostolicæ potestatis plenitudine. » Quæ profectò nihil aliud sonant, quàm meram donationem. Quare alii rotundè magis Bullas eas referunt ad ea, in quibus Pontifices, ut in facto particulari, consensu omnium errare potuerint.

Quo exemplo nos quoque nostro jure possumus, non tantùm hæc ab Alexandro VI totque ejus antecessoribus ad eamdem formam edita decretaque de infidelium terris dividendis; verùm etiam alia de supremis potestatibus deponendis gesta, exigere ad regulam et ad majorum fidem, adque ea decreta, quæ totis mille, et quod excurrit annis, intacta mansere. Placet enim omnino id quod Turrecremata aliâ occasione dixit : « Nec ista consequentia

---

[1] Bar., loc. jam cit. — [2] *Bull. Alexand. VI ad Ferdin. Hisp. Reg.*, in *Bull. Roman.*, edit. Lug., 1655, tom. I, pag. 467.

est bona: factum fuit sic, ergo legitimè factum fuit; nos enim non debemus respicere quod factum est in præterito, sed quod juridicè fieri debuerit in futurum [1]. »

Hæc certè omnia salvâ fide quæri, uti prædiximus, Perronius quoque cardinalis confitetur, et Bellarminum testem adducit [2]; et certè Bellarminus censor audentissimus cujuscumque doctrinæ, quam Sedi apostolicæ non satis æquam putat, huic nostræ sententiæ nullam notam infert, tractatu amplissimo de eâ re edito [3]; te Perronius celebri oratione in conventu Ordinum regni habitâ, id agit ut hæc quæstio *inter problematicas* habeatur [4]. Quare licebit nobis, vel ipsis concedentibus, antiquam sententiam nostræ Facultatis, imò antiquam traditionem Ecclesiæ catholicæ sub Cleri gallicani, atque etiam augustissimi regis, totiusque adeo regni felicibus auspiciis, nullâ cujusquam contumeliâ propugnare.

Hæc autem diligentissimè exequimur, excussis omnibus utriusque partis argumentis : non quòd Galli nostri hâc tractatione egeant; vix enim quisquam inter Gallos in dubium revocat supremam potestatem, atque ut ita dicam, regiæ majestatis independentiam, quâ pax reipublicæ continetur : sed tamen cæteris satisfacere nos oportet, omnique studio amovere à theologorum scholis, alienam à christianâ modestiâ ac melioribus sæculis inauditam, de deponendis regibus sententiam. Quod quidem dum facimus, Sedis apostolicæ dignitati consulimus, nedum ejus privilegia imminutum eamus. Quis enim inter Sedis apostolicæ privilegia reputet, quòd possint de regibus amovendis vana et irrita, et omnibus jam populis contemnenda decreta conscribere? Aut quis non videat apud cordatiores hanc totam de temporali Pontificum potestate ferè obsolevisse sententiam : ut qui eam tuentur adhuc, ultimorum sæculorum exemplis abrepti potiùs, quàm certâ ratione duci esse videantur? Non ita effluxere quæ Romani Pontifices de rebus ecclesiasticis condidere decreta : his cessere hæreses; contusi fractique sunt, qui Ecclesiæ fidem auc-

---

[1] Turr., *Apol. pro Eug.*, ad calc., tom. XIII *Concil.* — [2] Du Perr., *Repl.*, lib. I, c. XCI, p. 545. Vid. *Dissert. præv.*, § LXXXIX. — [3] Vid. Bell., *de R. P.*, pass. — [4] Du Perr., *Œuv. divers.*

toritatemque invaserunt. Fides quippe post hæreses splendet puriùs; contempta ab hæreticis Ecclesiæ auctoritas firmiùs invalescit. At quid Pontificibus profuerunt, quæ ad reges in temporalibus subjugandos tantis molitionibus suscepere? Nempè hæc omnia conciderunt, cassaque et irrita nihil Sedi Romanæ, præter invidiam atque odia; nihil toti Ecclesiæ, præter bella, cædes, schismata pepererunt. Tanti refert, quid Deo auctore, quid humanis consiliis moliare. Sed nos hæc meliùs exempla edocebunt. Rem ergo totam ab ipsis Ecclesiæ totiusque adeo humani generis initiis, explicare aggrediamur.

CAPUT XVI.

Ipsam quæstionem aggredimur : hæc tractatio bifariam distributa : quinque propositiones ordine comprobandæ.

Quærimus igitur an ecclesiastico ordini ipsique ejus capiti Romano Pontifici, sit jure divino concessa potestas, quà supremas potestates solio amovere possit. Ac supremas potestates dicimus, non tantùm reges ac monarchas, sed quemcumque ordinem ac cœtum, qui supremâ auctoritate in civilibus ac temporalibus gaudeat. Quanquam enim reges plerumque nominamus apostolorum exemplo, eo nomine complectimur illos omnes, qui summâ auctoritate gaudeant.

Hoc statu quæstionis constituto, claret quàm ineptè et imperitè, nec bonâ fide agat D. Nicolaus Dubois, cùm dicit et inculcat, vereri nos debere, ne feudis aliisque juribus temporalibus excidamus ecclesiastici, si *Cleri Gallicani Declaratio* valeat[1]. Hæc fœda, et insulsa procul à nobis absint. Nos enim satis scimus Romanis Pontificibus et sacerdotali ordini, regum concessione ac legitimâ possessione bona quæsita, jura, imperia ita haberi ac possideri, uti quæ inter homines optimo jure habentur ac possidentur. Imò ea omnia, ut dicata Deo, sacrosancta esse debere, nec sine sacrilegio invadi, rapi, et ad sæcularia revocari posse. Sedi verò apostolicæ, romanæ urbis aliarumque terrarum con-

---

[1] *Consultat.* VII, n. 54. *Consultat.* X, n. 93 et seq.

cessam ditionem, quò liberior ac tutior potestatem apostolicam toto orbe exerceat, non tantùm Sedi apostolicæ, sed etiam toti Ecclesiæ gratulamur, votisque omnibus precamur sacrum principatum omnibus modis salvum et incolumem esse. Ac si contendant Romanis Pontificibus, quale in utrâque Siciliâ, aut in Sardiniâ aliisque fortè regnis, tale sibi aut majus etiam, aut aliquatenus simile usu, consuetudine, possessione legitimâ, in imperio Romano-Germanico ordinando quæsitum esse jus; illud Germani, et quorum interest omnes, et juris civilis interpretes quærant, et decidant utcumque libuerit : nihil hæc ad nos pertinent, neque ullam eâ de re quæstionem movet Clerus gallicanus. Id enim tantùm declarat, « reges et principes in temporalibus nulli ecclesiasticæ potestati Dei ordinatione subjici, neque *auctoritate clavium* Ecclesiæ directè vel indirectè deponi, aut illorum subditos à fide atque obedientiâ, ac præstito fidelitatis sacramento solvi posse [1].

Patet ergo quæri quid in regna et imperia sacer ordo, ejusque ordinis caput Romanus Pontifex, possit Christi *ordinatione* atque *clavium auctoritate,* et quid Ecclesia eâ de re senserit. Quod ut sit apertius, quemadmodum in sacro Cleri gallicani cœtu, illustrissimo Archiepiscopo parisiensi auctore, factum recolimus [2], universam hanc tractationem in duas partes distribuimus. Ac primum inquirimus, quid traditum eâ de re ab initio fuerit usque ad Gregorii VII tempora. tum quid ab eo tempore decretum, gestum dictumque sit. Ac primis illis temporibus causæ nostræ firmamenta maximè continentur; in posterioribus, quæ validissima sunt adversariorum objecta apparebunt. Porrò sanam doctrinam comprobare aggredimur certis propositionibus, quæ sibi mutuò lucem roburque præstent, geometrico more et quantâ poterimus perspicuitate constitutis. Quo rerum ordine, id profectò assequemur, ut si quis est error, facilè deprehendi et confutari possit: sin autem à Deo datur summo studio quæsitam exponere veritatem, id speramus fore, ut nullâ prorsus arte valeat obscurari, nullo deinceps argumento labefactari possit.

Placet autem hîc statim ponere propositiones illas, ut summâ

[1] *Decl. Cler. Gall.*, cap. I. — [2] Vid. *Act. Cler. Gallic.*, 1682.

disputationis constitutâ, quid deinde probari debeat, omnes facilius animo comprehendant.

Prima Propositio. Regia ac suprema potestas, ordinandis rebus temporalibus præstituta, jam inde ab initio legitima est, etiam inter infideles.

Secunda. Ea potestas, etiam inter infideles, est à Deo.

Tertia. Regia ac suprema potestas jam inde ab initio, etiam inter infideles, ita est à Deo constituta, ut sit à Deo secunda, hoc est, in suo genere, rebusque suis sub Deo, et post Deum prima : neque Deus constituit aliam potestatem, à quâ illa deponatur, aut in ordinem redigatur.

Quarta. Per institutionem sacerdotii legalis non immutavit Deus rationem ac statum principatûs, seu regiæ ac supremæ potestatis; imò luculentiùs declaravit eam potestatem à Deo esse secundam, et in suo genere, rebusque suis primam.

Quinta et ultima. Neque per institutionem sacerdotii christian quidquam immutatum fuit in jure regnandi : imò disertè explicatum in Novo Testamento ac Patrum traditione, Pontificibus christianis nullam esse à Christo attributam potestatem, quâ temporalia ordinare aut quemquam imperio mulctare, vel donare possint.

His propositionibus doctrinæ nostræ summa continetur : jam eas suo ordine confirmamus.

LIBER PRIMUS

SECTIO SECUNDA

QUA EXPENDUNTUR SCRIPTURÆ LOCI, ET PATRUM TRADITIONES ILLUSTRANTUR.
AD CAPUT PRIMUM GALLICANÆ DECLARATIONIS.

CAPUT PRIMUM.

Prima Propositio *probatur : quòd regia seu suprema civilis potestas jam inde ab initio sit legitima, etiam inter infideles.*

Prima nostra propositio sic habet : *Regia ac suprema potestas, ordinandis rebus civilibus præstituta, jam inde ab initio legitima est, etiam inter infideles.* Hic duo dicimus : primùm eam potestatem esse legitimam, tum esse legitimam inter infideles.

Legitimam vocamus, quæ non tantùm lege, sed etiam justâ bonâque lege nititur; atqui bona lex est, quæ præcipit homines per justa et legitima imperia adunari, dirigi, coerceri; undè existit pax et tranquillitas publica. Quo factum est ut Propheta scriberet : « Quærite pacem civitatis ad quam transmigrare vos feci (Babylonis scilicet, impiæ illius et omni idololatriâ contaminatæ), et orate pro eâ ad Dominum : in ipsâ enim est pax vobis[1]. » Nulli enim plebi pax vera obtigit, nisi pacato imperio, sub quo degit. Attestatur illud Apostolus præcipiens *obsecrationes fieri pro Regibus, ut quietam et tranquillam vitam agamus*[2]. Quem locum interpretatus Tertullianus, sic imperatores alloquitur : « Cùm enim concutitur imperium, concussis etiam cæteris membris ejus; utique et nos..... in aliquo loco casûs invenimur[3]. » Ac sublato legitimo summoque imperio, cædes, latrocinia, scelera omnia impunè grassari nemo diffitetur.

Unde consequens est, ut lex illa, quâ sunt supremæ potestates

Jerem., XXIX, 7. — [2] I *Tim.*, II, 1, 2. — [3] Tert., *Apol.*, cap. XXXI.

inter homines constitutæ, à naturali lege ducat initium. Naturâ enim duce homines, pacem bello, perturbationi ordinem anteponunt; quo fieri necesse est, ut legitimo colla imperio submittant. Quare nulla gens est, nisi penitus non tantùm barbara, sed etiam fera et belluino more vivens, quæ supremas potestates aliquas non agnoscat; adeoque illa lex infixa est mentibus, ut non nisi extremâ cæcitate atque feritate oblitterari possit. Hoc primum quod diximus : supremas potestates esse legitimas.

Alterum : legitima imperia etiam inter infideles floruisse exponimus tantùm, non probamus id quod per se omnes vident, idque ab initio generis humani. Neque enim, ut ait beatus Augustinus[1], ita ratio in hominibus vitiis atque impietate ipsâ detrita est, ut non ejus superessent saltem extrema vestigia; Deoque bono placuit, ut etiam inter homines, qui ab eo descivissent, remaneret bonum societatis humanæ. Quare Abraham cum Sodomæ et Gomorrhæ, et aliis infidelibus Regibus, uti legitimo ordine constitutis, fœdus iniit : *Hi enim pepigerant fœdus cum Abraham*[2]; et eosdem fœderatoriis tuetur armis. Et sanctus ille Joseph Pharaonis imperium, Ægypto jam corruptâ per idolatriam, uti legitimum administrat. Neque necesse est uberiùs confirmare propositionem, ex sese perspicuam, cùm præsertim apertè contineatur in his Domini verbis : *Reddite quæ sunt Cæsaris, Cæsari*[3]. Diserte enim præcipit Cæsari infideli principi, atque infidelis civitatis supremo magistratui præstare obedientiam. Accedit Petri auctoritas : « Subjecti estote.... propter Deum, sive regi tanquam præcellenti, sive ducibus tanquam ab eo missis, ad vindictam malefactorum, laudem verò bonorum : hæc est enim voluntas Dei[4] :» et Paulus : « Admone illos principibus et potestatibus subditos esse, dicto obedire, ad omne opus bonum paratos esse[5]. » Hæc omnibus sine ullâ dissensione probata revocamus in memoriam, tantùm ut doctrinæ connexio elucescat. Pergamus ad secundam propositionem à primâ manantem.

---

[1] August., lib. II *de Ord.*, cap. xi, tom. I, col. 344. — [2] *Genes.*, xiv, 13. — *Matth.*, xxii, 21. — [4] I *Petr.*, ii, 13, 14, 15. — [5] *Tit.*, iii, 1.

CAPUT II.

Secunda Propositio, *quòd regia et suprema potestas etiam inter infideles sit à Deo : reges sacrosancti : juratum per eorum salutem : religio in principes : Tertulliani loci.*

Secunda propositio : *Ea potestas inter infideles est à Deo.* Hanc quoque confitentur omnes; est enim Apostoli dicentis : « Non est potestas nisi à Deo : quæ autem sunt, à Deo ordinatæ sunt : itaque qui resistit potestati, Dei ordinationi resistit [1]. » Loqui autem eum de civili potestate sequentia docent, ubi gladium ac vindictam publicam, vectigal, tributum, civilis potestatis instrumenta et jura commemorat. Ergo eæ potestates, quas Paulus à Deo esse, à Deo ordinatas esse docet, sunt reges ac principes.

Neque omittendum id, quod quidam objiciunt : à Deo ordinatas dici potestates, quòd sub digniore minùs digna, civilis scilicet sub ecclesiasticâ à Deo ordinata sit; aliter enim non constare ordinem. Verùm eo ratiocinio non utitur Apostolus, neque is locus postulabat, ut de illo ordine dissereret; sed ita agit Paulus, ut ordinatæ intelligantur à Deo illæ potestates, quæ civilibus præsint officiis, quòd sint à Deo constitutæ : unde præmittit : « Non est potestas nisi à Deo; » cui connexum illud : « Quæ autem sunt, à Deo ordinatæ sunt; » et infert : « Itaque qui resistit potestati, Dei ordinationi resistit : » et : « Subditi estote non tantùm propter iram, sed etiam propter conscientiam [2]. » Jam si de ordine philosophari placet, alibi philosophandum : hîc quidem ex Apostolo constat, quæ civilibus præsint *potestates*, eas etiam inter infideles *à Deo constitutas* et *ordinatas esse.*

Erant namque tum, qui summis præerant potestatibus infideles, et idololatræ, quos tamen nihilo secius *ministros Dei*, vocat Paulus, et gladium à Deo traditum esse principi docet, ut Dei ministro : « Non enim, inquit, sine causâ gladium portat : Dei enim minister est [3]. »

Quare meritò sacrosanctæ habentur supremæ potestates, ut

[1] *Rom.*, XIII, 1. — [2] *Ibid.*, 5. — [3] *Ibid.* 4.

quæ à Deo constitutæ, vices Dei agant : quâ in re magnum venerandumque *Dei mysterium* in regibus sanctus Gregorius Nazianzenus agnoscit [1]; unde eorum incolumitas salusque in juramenti religionem assumitur. Jurant enim Urias, et illa sapiens Thecuitis, *per salutem* David [2]; neque eo secius Joseph semel atque iterum *per salutem Pharaonis* [3], impii licèt regis et idololatræ : quod in regio ministerio, etiam inter infideles magnum Dei sacramentum sit. Id secuti christiani, hæc Tertulliani ore ad romanos principes christianæ religionis hostes, loquebantur : « Juramus autem, sicut non per genios Cæsarum, ita per salutem eorum, quæ est augustior omnibus geniis.... Nos judicium Dei suspicimus in imperatoribus, qui gentibus illos præfecit ; id in eis scimus esse, quod Deus voluit, et pro magno in juramento habemus [4]. »

Hinc etiam idem auctor *religionem atque pietatem christianam in imperatorem* celebrat [5] : quòd imperator, uti sacrosanctus Deique vice functus, religioso quodam honore coleretur, quam *religionem secundæ magestatis* haud minus piè quàm eleganter vocat [6]. *Grande* ergo, eodem teste, *imperatoris nomen, quod à Deo traditur* [7] : grande imperatoris officium, divino numine constitutum.

CAPUT III.

Quo sensu suprema civilis potestas sit à Deo, quodve discrimen sacerdotium inter et imperium.

Sunt autem supremæ potestates à Deo non tantùm eo nomine, quòd imperium nemo capessat, nisi providentiâ divinâ duce et auctore ; verùm etiam duplici alio titulo : primùm, quòd, uti prædiximus legitima imperia sint exorta naturâ ipsâ duce, hoc est, auctore Deo naturæ conditore. Habent enim homines hoc à naturâ inditum, ut ordinem colant, quo eis incolumitas et tranquillitas constat ; qui ordo nullus est, si desint legitimæ potestates.

2° Ad legem naturalem haud dubiè accesserit doctrina per manus jam inde ab initio hominibus tradita, quâ legitimis imperiis

---

[1] Greg. Naz., *orat.* XXVII, tom. I, p. 471. — [2] II *Reg.*, XIV. — [3] *Gen.*, XLII, 15, 16. — [4] Tert., *Apol.*, cap. XXXII. — [5] *Ibid.*, XXXIII. — [6] *Ib.*, XXXV. — [7] *Ib.*, XXXIII.

coerceri se necessarium ducerent, cùm genus humanum statim atque post diluvium per terras fuit diffusum, statim se ultro in regna civitatesque redegerit, quod tantum generis humani bonum, nonnisi à Deo traditum, inspiratum propagatumque esse Patres docent. Chrysostomus : « Quoniam honoris ac conditionis æqualitas pugnas et dissidia plerumque inducit, Deus multos fecit principatus multasque subjectiones, viri et uxoris, filii et patris, senis et adolescentis, servi et liberi, principis et subditi [1] : » atque hæc ultima *principis et subditi*, ad formam paterni imperii facta esse creduntur; nec immeritò : ab ipso enim generis humani exordio, reges parentum loco habitos, vel illud regibus Palæstinis commune *Abimelechi* nomen ostendit. *Abimelech* enim latinè vertitur: *Pater meus rex;* quæ nota et obvia argumentis confirmare non est animus.

Quare hæc constitutio supremarum potestatum etiam inter impios et infideles, Deo auctori adscribitur ab apostolis ac Patribus. Cyrus Rex Persarum, æquè ac Saul, et David, et Salomon, *Christus Domini appellatur* [2] : certumque est omninò eam legem, quâ res humanæ ordinantur, tam sanctam, tam necessariam, tantâ consensione generis humani ab initio inolitam et ubique diffusam, non nisi divinâ auctoritate fuisse constitutam. Quo etiam factum est ut obliget conscientiam, meritòque Apostolus huic sententiæ : « Non est potestas, nisi à Deo; » et : « Minister est Dei, » subnectat illud ut consectaneum : « Ideo necessitate subditi estote, non tantùm propter iram, sed etiam propter conscientiam [3]. »

Hujus autem rei causa est divina bonitas, quæ, uti prædiximus, homines quamvis à verâ religione desciverint, non omninò deserit : imò verò malis tam bene consulit, ut ipso auctore, maneat inter eos societatis humanæ tam excellens bonum. Quod ab Irenæo præclarè est explicatum his verbis : « Quoniam, inquit, absistens à Deo homo in tantum efferavit, ut etiam consanguineum, hostem sibi putaret, et in omni inquietudine, et homicidio, et avaritiâ sine timore versaretur, imposuit illi Deus humanum timorem (non enim cognoscebant timorem Dei), ut potestati homi-

---

[1] Chrysost., *Hom.* XXIII *in Epist. ad Rom.*, tom. IX, pag. 686. — [2] *Isai.*, XLV, 1. — [3] *Rom.*, XIII, 1, 4, 5.

num subjecti, et lege eorum adstricti, aliquid assequantur justitiæ, et moderentur ad invicem, in manifesto propositum gladium timentes, sicut Apostolus ait : « Non enim sine causâ gladium portat : Dei enim minister est [1]. »

Huc pertinet illud, quod supra retulimus [2], ibidem ab Irenæo memoratum : quòd summa imperia, quibus pax inter homines constat, non sint à diabolo pacis inimico, sed à Deo pacis auctore, pessimèque factum ab iis, qui tot regum permoti flagitiis, scelere, libidinibus, regium imperium ad diabolum auctorem referebant. Satis enim constat legitima imperia non ita, diabolo instigante et gliscente superbiâ, esse corrupta, quin in ipso bono pacis ac societatis humanæ, maximum Dei munus facilè recognoscas. Quare divinum opus à diaboli opere secernendum erat cum Joanne Chrysostomo : namque « magistratus constituere, inquit, fuit Dei opus; quod autem improbi ad eos provehantur, et eis, non ut decet, utantur, est hominum improbitatis [3]. »

Adversùs manifestissimam veritatem Gregorii VII ævo objiciebant passim illud Oseæ prophetæ : « Ipsi regnaverunt, et non ex me : principes extiterunt, et non cognovi [4] : » quæ multi interpretes, illique gravissimi, intelligunt de Jeroboam, et Israeliticis regibus, per seditionem ac perfidiam adversùs legitimos reges insurgentibus, Deo quidem permittente, sed ad meritam Salomonis ultionem. Hæc tamen si ad legitimos quoque reges pertinere posse putant, facilè referentur, non ad imperii institutionem, sed ad ejus exercendi modum : ut scilicet reges condemnentur qui non ex Dei legibus nutuque administrant eam potestatem, quæ divino est numine constituta.

Quæres quid jam intersit sacerdotalem inter et civilem potestatem, si utraque est à Deo. Multum per omnem modum. Primò, quia sacerdotalis potestas in Lege et in Evangelio à Deo ipso præsente atque conspicuo fuerit instituta; civile autem imperium, quanquam suo modo à Deo vel inditum vel institutum sit, haud pari præsentiâ divinæ majestatis : tum sacerdotalis principatùs forma et regimen expressè sunt à Deo instituta : civile imperium

---

[1] Iren., lib. V *cont. Hær.*, cap. XXIV, n. 2, p. 321. — [2] Sup., sect. I, cap. X. — [3] Chrys., *in Ps.* CXLVIII, tom. V, p. 496. — [4] *Os.*, VIII, 4.

generatim tantùm traditum est, et hominum arbitrio forma relicta, sive illa monarchica, sive aristocratica, sive popularis foret. At verum quidem sacerdotium illiusque potestatis legitima administratio cum verâ religione conjuncta est : imperia verò legitima et apud infideles vigent : denique ritus consecrandi sacerdotes omninò divinus, atque inter sacramenta à Deo instituta numeratur, valetque interventu proprio et expresso divini numinis ac spiritûs : at regum consecratio neque à Deo est universim instituta, neque huic officio absolutè necessaria, sive, ut aiunt, essentialis est : quæ, ut in re clarâ leviter attigisse sufficiat; cùm satis superque constet apud christianos legitima imperia à Deo esse, et quidem, uti memoravimus, à Deo propitio, ac rebus humanis consulente. Nunc quæ inde consequantur, ordine exponamus.

CAPUT IV.

Tertia Propositio : *quòd regia ac suprema potestas nulli alteri potestati Dei ordinatione subjecta : omnium gentium in eam rem consensio : Druidæ, Augures, alii ejusmodi frustra advocati ad præsidium indirectæ potestatis.*

Tertia propositio : *Regia ac suprema potestas jam inde ab initio etiam inter infideles itâ est à Deo instituta, ut sit à Deo secunda, hoc est, in suo genere rebusque suis sub Deo, et post Deum prima; neque aliam Deus potestatem instituit, à quâ illa deponatur, aut in ordinem redigatur.*

Hæc propositio facilè deducitur ex antecedente : cùm enim constet regiam ac supremam potestatem, etiam inter infideles à Deo esse, non minùs certum est huic potestati nullam superiorem à Deo fuisse impositam. Quam enim? An civilem aliam? Sed hæc verè regia ac suprema esset, quam Deo auctori tribuimus, et à Deo secundam esse dicimus. An verò sacerdotalem? At ea inter infideles non à Deo, sed à diabolo est; neque Melchisedech, summi Dei sacerdotem, eo nomine quidquam in reges potuisse legimus, et ipsum regem quidem, sed suo et singulari regno præpositum fuisse scimus. Quod autem antea passim, sive primogeniti, sive patres familias, sive quivis alii sacrificia offerebant, delibatâ eâ parte sacerdotalis officii : nihil hoc ad regenda imperia pertinebat. Legale autem ac proprii jam nominis sacerdotium per Mosem institutum, longè post constituta regna legitima floruit, neque ad ullam gentem præterquam Judaicam pertinebat. Ergo vigebat jam inde ab initio regia ac suprema potestas, sic à Deo constituta, ut esset omnino in suo ordine rebusque suis ἀνυπεύθυνος, hoc est, nulli alteri quàm divinæ obnoxia potestati; quæ nostra est propositio.

Quare omninò sibi suæque potestati Deus reservabat, ut impios reges pœnâ coerceret. Populum enim suum Pharaoni et Ægyptiis, causâ maximè religionis exosum, jam tum docuerat non insurgere in principem, quamvis sævientem, sed *clamare ad Deum* [1], adire regem, commonere, urgere prodigiis territum, nihil aggredi manu; ipse enim, unus extento brachio in mirabilibus et terribilibus magnis Pharaonem adortus est, quem utpote regem suæ ultioni reservaverat. *In hoc enim ipsum*, inquit, *excitavi te* tantâ potestate tantâque contumaciâ præditum, *ut ostendam in te virtutem meam* [2].

Hæc ergo vox, hic sensus est totius generis humani : neque enim aliter vigere poterat illa pax, illa ordinatio rerum humanarum, quam à Deo esse vidimus, nisi esset aliqua divino numine constituta suprema potestas, cui cedere omnes, ut à Deo secundæ, nullique alteri obnoxiæ tenerentur.

Hoc jure apud Romanos, hoc jure apud Græcos, Indos, Persas; hoc jure apud omnes gentes administrata respublica est. Nulla erat supra civilem potestatem à Deo constituta potestas, cujus arbitriis imperia solverentur.

Nam quòd druidas commemorant, quorum *judiciis decretisque* in omni controversiâ Galli nostri *parerent* [3], quòd augures afferunt, ipsumque Ciceronem augurem de hujus sacerdotii dignitate pleno eloquentiæ flumine disserentem : quid ad nos attinet? Nempe druidæ, augures, aruspices, extispices non erant, puto, divino numine constituti; tam falsi sacerdotes, quàm falsa erant

---

[1] *Exod.*, II, 23; 1 *Reg.*, XII, 8. — [2] *Exod.*, IX, 16; *Rom.*, IX, 17. — [3] Vid. Cæs., *de Bell. Gall.*, lib. VI.

numina, quibus serviebant : civitatum ac principum auctoritate jus eorum invaluit. Quis autem dubitat partem aliquam publicæ potestatis in eos lege latâ conferri potuisse, cùm etiam legamus in quibusdam civitatibus cum sacerdotio regnum fuisse conjunctum ?

Quòd autem eam sacerdotum, ac maximè augurum potestatem illustrissimus Baronius eò refert, « ut jure naturæ cuncti populi edocti sint, penes sacerdotes summam rerum esse; » id quàm apertè est nimium, tam apertè est falsum.

At enim, inquiunt, teste Cicerone poterant augures « à summis imperiis ac potestatibus comitia tollere, decernere ut magistratu se abdicarent Consules; legem, si non jure rogata esset, tollere [1]. » Hæc qui objiciunt, nequidem cogitant quo fonte ista manarint.

Nempe in fulguribus, inque fulminibus, à fragore tonitruum, in avium volatu, ac tripudiis, in victimarum extis, significationem esse peculiarem putabant divinæ voluntatis; cui ità patefactæ nisi obtemperarent, diram imminere ultionem. Quare neque haberi comitia, neque iniri magistratus, neque quidquam rei publicæ privatævc, agi posse, nisi aves addixissent : deos enim immortales eo indicio atque eloquio prodere quid vellent; cujus divini eloquii intelligendi artem penès aruspices atque augures esse. Hæc si jure naturæ valent, malè nobiscum actum est, qui talia contemnamus; neque in sacerdotes, bella, judicia, comitia, omnia denique privata ac publica conferamus.

At jubebant augures consulem abire magistratu. Certè, si vitio creatus, si diremptis aliquo portento comitiis, si inauspicato, ac diis apertè, ut quidem existimabant, abnuentibus, magistratum iniisset. Quòd si hæc ad deponendos ecclesiasticâ auctoritate reges conferre non pudet, dicant nostros Pontifices indiciis expressis, propalatam divini numinis explicare voluntatem : aut, quandoquidem jure augurum delectantur, doceant eo jure regem aliquem jam inauguratum, jam agnitum (regem autem dico), doceant vel saltem consulem, annuum magistratum, suscepto semel consensione civitatis imperio, abdicare jussum. Sed in his diutius immo-

[1] Cic., lib. II, de Legib.

ramur; neque tamen omittenda erant, quæ tantos viros, dum causæ suæ undique suffragia quærunt, commemorare non piguit. Jam ergò ad nostras propositiones revertamur.

CAPUT V.

Ex tribus primis propositionibus Corollarium : *quòd sine verâ religione veroque sacerdotio, civile regimen perfectum ac seipso consistens, atque in rebus suis ab omni aliâ potestate absolutum : an in eo jure aliquid immutatum per legale aut per christianum sacerdotium, quartâ et quintâ propositione quæritur.*

Hic tria quidem hactenus à nobis constituta : primum illud : ab ipsâ rerum humanarum origine viguisse, etiam inter infideles, legitimo ordine suprema imperia ac legitimos magistratus : alterum eorum magistratuum potestatem à Deo esse : tertium, ità iis magistratibus supremam potestatem à Deo esse traditam, ut sint à Deo secundi, in suo ordine primi, nullâ aliâ à Deo potestate constitutâ, cui in rebus suis obnoxii viverent. Hæc nemo diffitetur. Jam certis propositionibus addimus haud minùs certum.

COROLLARIUM.

Perfectum regimen, quod attinet ad ordinem et jura societatis humanæ, sine vero sacerdotio, ac sine verâ religione esse potest. Explicamus, et ipsâ explicatione probamus.

Regimen perfectum dicimus consideratione duplici : 1° In ordine morali, sive in genere moris : 2° In ordine politico, sive in genere civilis societatis.

Itaque asserimus sine verâ religione esse perfectum regimen, non in ordine morali : neque enim boni mores sine verâ religione veráque beatitudine, qui morum ac vitæ humanæ finis est, esse possunt ; neque, ut præclarè Augustinus [1], aliunde esse potest beata ac perfecta civitas, aliunde homo, cùm civitas nihil sit aliud quàm hominum certo fœdere conjuncta societas. Nullum ergo

---

[1] August., *de Civit. Dei*, lib. XV, cap. VIII, et alibi pass.

regimen in ordine morali sine verâ religione perfectum esse potest.

At perfectum esse posse dicimus in ordine politico, seu quantum attinet ad jura societatis humanæ : perfectum enim est eo respectu regimen, quod primùm est legitimum, tum verè est à Deo, omnique animæ piæ colendum; denique in se supremum, nullius alterius imperii indigum, nulli alteri obnoxium potestati. Tale autem fuit, et est regimen etiam apud infideles et impios; ergo perfectum illud regimen sine verâ religione veroque sacerdotio esse potest.

Cùmque apud infideles nonnisi falsum, et illegitimum sacerdotium esse possit; veri tamen ac legitimi, et à Deo ordinati magistratus præsunt : suntque ab ipso Deo, cùm religio, tùm imperium ita constituta, ut et vera religio sine adjuncto sibi imperio, et verum ac legitimum imperium sine adjunctâ sibi verâ religione esse possit.

Vera religio sine adjuncto sibi imperio, imò imperio plerumque adversante, sub Pharaone, sub Nabuchodonosore, Baltassare, cæteris Assyriis, Persisque et Græcis regibus, penès Hebræos; sub tot impiis imperatoribus penès christianos fuit : verum imperium sine verâ religione ubique terrarum nititur.

Est ergo imperium, seu civile regimen, religioni subordinatum, et ab eâ pendet in ordine morali, non autem in ordine politico, seu quod attinet ad jura societatis humanæ : cùm hoc postremo ordine et religio et imperium sine se invicem esse possint.

Quæ cùm omnes fateantur, illud est consectaneum, utcumque religio se habeat : utcumque sacerdotes, qui religioni præsunt, de principe, qui civili societati præsit, egerint, decreverint, edixerint, nihilo secius manere principi integra ea omnia jura, quibus civilem societatem ordinet ac regat; neque omninò posse à sacerdote deponi principem, qui in suo ordine sub Deo primus sit à Deo constitutus.

Hæc, inquam, certa sunt, nisi Deus in supremis potestatibus à se constitutis, eorumque juribus aliquid immutaverit, instituto scilicet legali, aut christiano sacerdotio, attributoque jure deponendi reges ac temporalia ordinandi. An autem id fecerit propositiones quarta et quinta luculenter edocebunt.

CAPUT VI.

QUARTA PROPOSITIO : *Per institutionem sacerdotii legalis nihil immutatum in regiâ ac summâ potestate; nihil ad eam deponendam juris sacerdotibus attributum : probatum ex* Deuteronomio Regumque *libris.*

QUARTA PROPOSITIO : *Per institutionem sacerdotii legalis non immutavit Deus rationem ac statum principatûs, seu regiæ ac supremæ potestatis; imò luculentiùs declaravit eam potestatem à Deo esse secundam, et in suo genere rebusque suis primam.* Hâc ergo constabit, sacerdotali ordini per legem Mosaicam instituto, nihil juris à Deo attributum fuisse ad ordinanda temporalia, deponendosque reges, sive directè, sive indirectè, sive apud fideles, sive apud infideles.

Et de infidelibus quidem certum, cùm legale sacerdotium nihil ad eos spectet : de fidelibus quoque idem facilè probatur, vel hoc uno argumento, quòd in totâ lege, cùm sacerdotale instituitur atque explicatur officium, nihil tamen ei à Mose in regiam potestatem fuerit attributum; tametsi ipse Dominus eam potestatem inter Hebræos futuram pronuntiaverit his verbis in *Deuteronomio* : « Cùm, inquit, ingressus fueris terram, quam Dominus Deus tuus dabit tibi, et possederis eam, habitaverisque in illâ, et dixeris : Constituam super me regem, sicut habent omnes per circuitum nationes [1], » etc.

At multa quidem hîc futuro regi præcipit; ne multiplicet equos, ne uxores, ne divitias congerat; ne revertatur in Ægyptum; tu describat sibi legem, accepto exemplari *à Sacerdotibus* : neque enim illud prætermissum est, quod ad commendationem sacerdotalis officii pertineret. In sacerdotali verò officio describendo, Moses ad minutissima quæque descendit : de tanto illo jure sacerdotii deposituri reges, de obedientiâ tantâ præstandâ à regibus, ut depositi loco cederent, nihil omninò scriptum, cùm perfectò id

[1] *Deuter.*, XVII, 14.

eò magis memorandum esset, quò erat ex sese maximum, magìsque ab omni hominum consuetudine abhorrebat. Quin etiam in *Deuteronomii* loco disertè expressum illud : « Constituam super me regem, sicut habent omnes per circuitum nationes : » quibus verbis demonstratur civilem potestatem, eo, quo erat apud omnes, loco relinquendam, neque per legem Mosis quidquam immutatum.

At fortè sacerdotale illud jus ad deponendos reges sibi Deus exponendum decernendumque reservabat eo tempore, quo reges, ac primum eorum Saülem constituturus esset. Imò verò populus dictorum Domini memor, sic ait ad Samuelem : « Constitue nobis regem ut judicet nos, sicut et cæteræ habent nationes [1]; » et iterum : « Rex erit super nos, et erimus nos quoque sicut omnes gentes, et judicabit nos rex noster, et egredietur ante nos, et pugnabit bella nostra pro nobis [2] : » prorsus eo sensu quo Deus in *Deuteronomio* dicturos prænuntiaverat : « Constituam super me regem; sicut habent cæteræ per circuitum nationes : » scilicet nihil novi cogitabant, neque aliam animo informaverant ideam principatûs, quàm quæ apud cæteras gentes invaluerat. Quare æquè supremam, æquè absolutam intelligebant ab omni aliâ potestate. At qualem regem postulabant, talem Deus concessit! « Dixit enim Deus ad Samuelem : Audi vocem populi in omnibus quæ loquuntur tibi [3]; » et iterum : « Nunc ergò vocem eorum audi [4]. » Ergò inter fideles æquè ac inter infideles, pari jure, nullàque majestatis imminutione, regnatum est. Sanè apud fideles id additum, quòd sacrâ unctione majestas facta est augustior et sanctior, et in Christi Domini imaginem reges Christi habiti, sanctiore titulo consecrati sunt.

CAPUT VII.

An unctio regum, eorumque designatio per Samuelem interdum ac prophetas facta, in ordinandis civilibus aliquid sacerdotibus juris attribuat? De concilio Sanhedrin Baronii sententia expenditur.

At fortè ea unctio quam à sacerdotibus reges Israelitici accep-

[1] I *Reg.*, VIII, 15. — [2] *Ibid.*, 19, 20. — [3] *Ibid.*, 7. — [4] *Ibid.*, 9.

turi erant, eos sacerdotibus peculiari titulo submittebat : eratque pontifici peculiare jus, ut ad designandos, sic etiam ad amovendos reges attributum. Neutiquam. Si enim rem ab origine repetamus, primus omnium Samuel, ne quidem sacerdos, nedum pontifex, sed levita tantùm, mandato Dei jussuque speciali Saulem designavit et unxit, et ad regnum evexit; et postea reprobatum, haud minùs speciali mandato, regno amovendum edixit, et Davidem in Regem unxit [1] : nihil ergò hîc quidquam in admovendo amovendoque principe, sacerdotali et ordinario jure : nihil, nisi prophetico et extraordinario officio à Samuele est factum; ut profectò mirum sit Baronium hæc extraordinaria, ad stabiliendam ordinariam Pontificum potestatem detorquere voluisse [2].

Neque verò Salomon à sacerdote, sed à Davide electus est : ac postea jussu Davidis à Sadoc sacerdote est unctus. Sic enim David jubet : « Vocate mihi Sadoc sacerdotem et Nathan prophetam, et Banaiam filium Joiadæ : qui cùm ingressi fuissent coram rege dixit ad eos : Tollite vobiscum servos Domini vestri, et imponite Salomonem filium meum super mulam meam, et ducite eum in Gihon, et unget eum ibi Sadoc sacerdos, et Nathan propheta in regem super Israel [3]. » Ordinario ministerio sacerdotis, propheticum quoque et extraordinarium adjungitur Nathani officium ; quòd aliquid hîc extraordinarium intervenisset, ac Salomon natu minor, jussu Domini ad Davidem per Nathanum perlato, ad dignitatem regiam esset provehendus.

Non ergo sacerdos, sed David à Prophetâ monitus jure regio designat successorem, verèque est illud à Bethsabee dictum : « Verumtamen, Domine rex, in te oculi respiciunt totius Israel, ut indices eis quis sedere debeat in solio tuo, Domine mi rex, post te [4]. » Neque quidquam aliud postea Pontificibus attributum, nisi ut eos ungerent, quorum hæreditario jure esset imperium.

Nihil ergò juris in lege Mosaicâ sacerdotibus attributum est, quo regia imperia solverentur, sive cùm sacerdotale, sive cùm regium institueretur ac describeretur officium; estque omninò

---

[1] I Reg., cap. VIII, 22 ; cap. IX, 15, 16; cap. X, 18, 20; cap. XV, 26; XVI, 13. — [2] Baron., tom. IX, an. 800, pag. 489. — [3] III Reg.., cap. I, 32, 33, 34. — [4] Ibid., 20.

regia ac civilis potestas, legali etiam sacerdotio instituto, in suo ordine rebusque suis prima et absoluta.

Neque ullâ ratione stare possunt ea, quæ ait Baronius de collegio septuaginta duorum seniorum à Mose instituto, cujus officium esset *de lege, rege, atque prophetâ judicare,* quo factum sit, ut « reges subjecti essent summo Pontifici, qui suo arbitrio moderabatur magnum illud concilium, cujus concilii judicio Herodes rex postulatus est, » ut Josephus testatur [1]. Hæc, inquam, nullo modo stare possunt.

Primùm enim nihil tale in Scripturà legimus, nec cùm instituti sunt à Mose magistratus [2], conflatumque ex illis est, aut aliter quomodocumque, Deo jubente, institutum illud senatorum septuaginta concilium [3] : non eos constitutos fuisse videmus, ut de regibus summàque potestate decernerent, sed ut Mosem subjudicandi populi onere fatiscentem, in privatis controversiis disceptandis adjuvarent : neque à tali concilio ullum unquam judicem, ullum regem judicatum fuisse in *Judicum,* aut *Regum,* aut *Paralipomenon* libris legimus; neque Josephus prodidit, in recidivo sub Machabæis Judæorum imperio, eum senatum ad reges in ordinem cogendos quidquam fuisse molitum; nec, si rabbini quidam dixerint ab eo concilio de rege judicatum iri, nempe si qui de regno litigassent, id ad reges deponendos trahi possit, cùm jure regnant : neque Herodes, quem ad id concilium reum citatum esse idem Josephus memorat [4], regiâ tunc potestate erat, sed et ipse et Antipater ejus parens, sub Hircani pontificis principatu vivebant, ejusque auctoritate omnia poterant; stetitque judicio Herodes, ejusdem Hircani pontificis pariter ac principis jussu. Nec si concedamus huic concilio datum esse ut de regibus decerneret, idcirco eam potestatem in pontificem transferimus, cùm esset is cœtus ex omnibus tribubus constitutus : neque verò pontifex in omnibus præerat : sed disertè præscriptum est à rege Josaphat, « Amarias sacerdos et pontifex vester in his quæ ad Deum pertinent, præsidebit : porrò Zabadias filius Ismael, qui est

---

[1] Baron., tom. I, an. 31, p. 99; an. 57, p. 436; vid. etiam, tom. IX, loc. cit. — [2] *Exod.*, XVIII, 18, 21. — [3] *Num.*, XI, 14, 15, 16. — [4] Joseph., *Antiq.*, lib. XIV. cap. XVII.

dux in domo Juda, super ea opera erit, quæ ad regis officium pertinent [1] : » nec si concedamus pontificem in omnibus præsedisse, ideò etiam pro imperio decrevisse fateamur; neque magìs probat Baronius reges pontifici, quàm totius gentis concilio esse subjectos : ut quæ ille dicit non modò falsa sint, sed etiam ejus instituto non congruant.

CAPUT VIII.

Bellarmini argumentum ex Deuteronomii *loco.*

Eodem vitio laborat Bellarmini argumentum ex *Deuteronomii* loco repetitum : « Cùm ingressus fueris terram, quam Dominus Deus tuus dabit tibi, et possederis eam....., et dixeris : Constituam super me regem, non poteris alteris gentis hominem regem facere, qui non sit frater tuus [2] : » hoc est, ejusdem gentis ac veræ religionis consors. Quo ex loco vir maximus sic ratiocinatur [3] : Cùm ejusdem periculi sit eligere, et non deponere, utrumque æquè vetitum esse, intelligendum; ac proinde deponendos principes veræ religionis exsortes.

Sed hoc argumentum, primùm quidem nihil ad rem. Agimus enim verò de potestate pontificis, de quo in hoc *Deuteronomii* loco ne verbum quidem. Agit Moyses de toto populo terram ingressuro, et regem electuro absque ullo peculiari interventu pontificiæ potestatis, ut et ipsa Mosis verba demonstrant, et Samuelis non pontificis, sed prophetæ extraordinaria, quam commemoravimus, ad officium designandi regis, delegatio confirmat.

2° Argumentum illud nimis probat : probat enim alienigenas ac veræ religionis exsortes non modò non eligendos, sed nec etiam tolerandos esse; quod nec ipse Bellarminus admittat : quippe qui retinendos doceat infideles principes, eâ conditione, si populum à fide non avertant; at eos profectò eligere non licet, cùm lex generatim edicat : « Non poteris alterius gentis homi-

[1] II *Paral.*, XIX, 11. — [2] *Deuter.*, XVII, 14. 15. — [3] Bellarm., *de R. P.*, lib. V, c. VII, p. 891.

nem regem facere, qui non sit frater. » Falsissimum ergo est, vel teste Bellarmino, deponi posse eos qui eligi vetentur.

Ac profectò Judæi Babylonios, Medos, Persas, Græcos, Romanos, cùm non essent fratres, eligere non poterant; quos tamen colere debuerunt, postquam in eorum manus legitimo ordine devenerunt. Procul dubio enim alienigena et infidelis erat Cæsar, de quo tamen Christus dixit : « Reddite quæ sunt Cæsaris, Cæsari. » Ergo non abjicere aut deponere, sed colere debebant, quem eligere, utpote alienigenam, ex legis interdicto vetabantur.

Hoc de infidelibus et alienigenis : jam verò de ipsis fratribus, si existimaveris eum, qui ad regnum evehatur veram religionem secutus, deponi debere postquam ab eâ desciverit, haud minùs absurdum erit : cùm nemo ausit dicere Achaz, Manassen, et alios, post regnum adeptum, ad idola conversos, deponi necessariò debuisse, quos prophetæ ac pii omnes pro veris regibus coluerint.

Ac multa omninò sunt, quæ, re integrâ, facere non liceat propter grave periculum : facta, propter gravius periculum, mutare non licet : quale est periculum in deponendis regibus, ubi solutâ imperii vi, unâ cum republicâ religio periclitatur.

CAPUT IX.

Quæ antè dicta sunt, Judæorum historiâ recensitâ, luculentiùs explicantur : Judæorum regum, etiam ad idola cogentium, inviolata majestas : reges Assyrii, Medi, Persæ, pari cultu observati : erga eos egregia, Alexandri Magni tempore, Judæorum fides : Josephi locus : eadem obedientia in Alexandrum, et Græcos Syriæ reges.

Hæc per se luculenta magis elucescent, si populi Israelitici historiam paucis retexerimus.

Vixit populus ille sub Mose primùm, qui, utramque complexus potestatem, sacerdotale officium in Aaronem ejusque filios hæreditarium transtulit; civile imperium moriturus in Josue contulit. Hisce temporibus, ipse Deus regem agebat; quo factum est, ut, populo regem petenti, ad Samuelem dixerit : « Non te abjecerunt, sed me, ne regnem super eos [1]. »

Interim, cùm opus esset, Deus extraordinariè delegabat, qui civile imperium exercerent : quo jure judices rempublicam administravere. Et quidem Heli Pontifex maximus eo munere functus est, sed ad id ipse quoque vel populi consensione, vel, quod illis temporibus magis congruit, divino numine delegatus. Certè si quid ei pontificatùs jure, idem etiam cæteris pontificibus competisset. Successit tamen illi Samuel, neque pontifex, neque sacerdos, sed levita tantùm, ut diximus : quæ profectò res vetat, ne civile imperium cum sacerdotali officio conjunctum arbitremur.

Sub Samuele regium est constitutum imperium, eo quidem ad omnia præeunte; sed, ut id præstare posset, extraordinariè delegato : quare Leviticæ tribui nulla est peculiaris in reges attributa potestas.

Exindè Hebræi fuere sub suis, ac sub extraneis regibus : sub suis à tempore Saulis usque ad Sedeciam, quo tempore reges passim idolis servierunt, templum Domini occluserunt, in pios sævierunt, prophetas ceciderunt; neque interim de iis deponendis, aut sacerdotes unquam, aut ullus hominum cogitavit : sed ab omnibus sunt habiti pro veris regibus, etiam à prophetis, qui à Domino missi tantâ auctoritate tantâque præsentiâ divini Spiritûs, divina oracula nuntiabant; et cùm in lege scriptum esset, ut quicumque ex Israelitis deos alienos coleret, capitali supplicio puniretur, nemo tamen est suspicatus, à quoquam, nisi à Deo, animadverti posse in reges : ergo regia potestas sacrosancta et ab omni aliâ, præterquam à divinâ potestate, absoluta habebatur.

Item lege cautum erat, ut adulteri et percussores morte morerentur, et tamen David adulter et percussor dicebat ; *Tibi soli peccavi* [2]. Quem in versum, notum est illud Ambrosii : « Rex erat; nullis ipse legibus tenebatur, quia liberi sunt reges à vinculis delictorum : neque ullis ad pœnam vocantur legibus, tuti sub imperii potestate : homini ergo non peccavit, cui non tenebatur obnoxius [3]. »

---

[1] *Reg.*, VIII, 7. — [2] *Ps.* I, 6. — [3] Amb., *Apol.* I *Dav.*, c. X, n. 51 ; tom. I, col. 692

Hîc verò notandum reges à legis præscripto generali, nullâ clausulâ exceptos, ipsâ majestate regii nominis pro exceptis habitos. Ergo intelligebant soli Deo reservatos, et ab omni aliâ potestate immunes.

Si ventum eò est aliquando, ut reges regno extorres futuri declararentur, quemadmodum Saüli contigit [1] : id verò Samuel prophetico ministerio extraordinariè, ac peculiari revelatione jussus præstitit, nullique unquàm ordinariæ potestati talia concessa sunt.

Eodem prophetico atque extraordinario officio, et Jeroboam, et Jehu, et alii scissarum tribuum reges amoti et ordinati : quæ Baronius more suo ad ordinariam pontificum potestatem studiosissimè confert [2]. » Nos melius concludimus talia de regibus non nisi extraordinariè ac peculiari jussu, divinitùs designari.

Quin etiam reges à Deo reprobati, quandiù in vivis erant, ab omnibus colebantur; etiam Saül, à Samuele, dictâ licet sententiâ hâc in nomine Domini : « Abjicit te Dominus ne sis Rex [3], » et ab eo Samuel discessurus, mansit tamen à Saüle rogatus in hæc verba : Peccavi, sed nunc honora me coram senioribus populi mei, et coram Israel [4]; » ne majestas regia in homine reprobo vilis haberetur : et in illâ speluncâ, Davidem jam regem et unctum « percussit cor suum, eo quòd abscidisset oram chlamydis Saül [5], » et Christum Domini licentiùs contigisset : denique et mortuum est ultus, ut Christum Domini [6], quemadmodum antea contestatus erat : « Vivit Dominus, quia nisi Dominus percusserit eum, propitius mihi sit Dominus, ut non mittam manum meam in Christum Domini : [7] » adverte, nisi Dominus percusserit eum, quo demonstrat regem, quantumvis impium et apertè reprobatum, Deo tamen ultori reservatum, et quandiù à Deo est incolumis, pro Christo Domini esse colendum.

Quare Jeremias Sedeciam regem, de quo et ipse scripserat : *Fecit malum coram Domino* [8], ut antecessores sui idola secuti : eum, inquam, regem, jam everso regno, Nabuchodonosori tra-

---

[1] I *Reg.*, xv, 10, 16. — [2] Bar., tom. IX, an. 800, p. 489. — [3] I *Reg.*, xv, 23. — [4] *Ibid.*, 30. — [5] *Ibid.*, xxiv, 6. — [6] II *Reg.*, I, 14. — [7] I *Reg.*, xxvi, 10, 11. — [8] *Jerem.*, LII, 2 ; IV *Reg.*, xxiv, 19.

ditum à Domino, prosequitur lacrymis, et majestatem regiam in eo conculcatam luget : « Polluit, inquit, regnum et principes ejus [1]; » et addit : « Spiritus oris nostri Christus Dominus, » sive, ut alii vertunt : « Christus Domini (Sedecias) captus est in peccatis nostris, cui diximus : In umbrâ tuâ vivemus in gentibus [2]. » Nempe regis impii calamitatem, non ejus, sed populi suisque peccatis tribuit; eumque haud minùs vitâ ac spiritu charum, etiam inter hostes, suis solatio et præsidio futurum veneratur ac diligit : quæ quidem adeò magnifica sunt, ut Christum ipsum adumbrent. Eo honore ab Israelitis, atque etiam à prophetis, regia majestas in impio rege, victo spoliatoque habebatur.

At postquam everso regno judaico, infidelibus regibus Hebræi subjecti sunt, haud minore fide eos observarunt, jussi à prophetis quærere « pacem civitatis ad quam » transmigraverant (Babylonis scilicet et regni Babylonici), « et orare pro vitâ Nabuchodonosor regis Babylonis, et pro vitâ Baltassar filii ejus; ut sint dies eorum sicut dies cœli super terram [3]; et ut, inquit, det Dominus virtutem nobis, et illuminet oculos nostros, ut vivamus sub umbrâ Nabuchodonosor regis Babylonis, et sub umbrâ Baltassar filii ejus, et serviamus eis multis diebus, et inveniamus gratiam in conspectu eorum [4]. »

Translato deindè ad Medos et Persas imperio, Judæi ad eos fidem et obsequium transtulere, et adversùs Assuerum regem Persarum, quicumque ille sit, edicto proposito eos neci addicentem, omnes nulla arma compararunt, præter jejunia piasque ad Dominum preces [5].

Sic inflexus rex ad misericordiam : Aman Judæorum hostis ultimo supplicio affectus est; quo facto, victores Judæi cepere per urbes ultionem de hostibus eosque trucidarunt, sed Assueri auctoritate et edicto [6].

Neque veriti sunt victoris Alexandri, subsidia poscentis in obsidionem Tyri, iram provocare, ut Persarum regibus suis dominis, fidi obsequentesque viverent. Respondit enim Jaddus Pontifex maximus Alexandri nuntiis : « Sacramento se obligatum

---

[1] *Lament.*, II, 2, 6, 9. — [2] *Ib.*, IV, 20. — [3] *Jerem.*, XXIX, 7. — [4] *Bar.*, I, 11, 12. — [5] *Esth.*, III, IV, XIII, XIV. *Ibid.*, V, VI, VII, XVI. — [6] *Ibid.*

Dario, ne arma contra eum caperet, idque ratum fore, quandiù Darius ipse viveret [1]. » Sic ipsi pontifici videbatur illud inviolabile sacramentum, neque per pontificiam potestatem, præsente licet Synagogæ totius tantà utilitate, imò necessitate solvendum.

Rerum potienti Alexandro, obstrictâ semel fide, paruerunt; et post Alexandrum, Syriæ regibus attributi, in obsequio manserunt, nusquam imperio sollicitato, tametsi reges populum ad idola sectanda omni arte pellicerent, vimque persæpè intentarent.

CAPUT X.

Recidivum sub Machabœis imperium peculiari Dei instinctu à Mathathiâ inchoatum, à filiis stabilitum, Romani ac Cæsares eodem jure, Christo approbante, regnarunt.

At enim, inquiunt[2], ad extremum sub Antiocho Epiphane arma ceperunt, auctore Mathathià sacerdote. Hoc argumentum quidam supra modum efferunt: sed frustra. Et quidem illud exemplum Bellarminus meritò prætermisit; neque enim Mathathias summus Pontifex fuit, qui de his pro potestate decrevisse fingatur, neque sacerdotali potestate quidquam egit, sed instinctu divino, quemadmodum Phinees *zelo Dei commotus* [3]. Sic enim scriptum est in *Machabæorum* libris: « Accessit quidam Judæus in omnium oculis sacrificare idolis super aram in civitate Modin, secundùm jussum regis; et vidit Mathathias, et doluit, et contremuerunt renes ejus, et accensus est furor ejus judicium legis, et insiliens trucidavit eum super aram: sed et virum, quem rex Antiochus miserat, qui cogebat immolare, occidit in ipso tempore, et aram destruxit; et *zelatus est legem, sicut fecit Phinees Jamri, filio Salomi:* et exclamavit Mathathias voce magnâ in civitate, dicens: Omnis qui zelum habet legis, statuens testamentum, exeat post me [4]. » Hoc ergo egit eo instinctu, quo actus est Phinees, hoc est, peculiari ac planè divino, quod doctores omnes summâ consensione tradunt; quo instinctu Aod Eglonem [5]; quo instinctu

---

[1] Joseph., *Antiq.*, lib. XI, c. VIII, n. 3. — [2] Du Perr. Harr. Œuv. div., p. 627. — [3] *Num.*, xxv, 11. — [4] I *Mach.*, II, 23 et seq. — [5] *Judic.*, III, 21.

ipse Moses Ægyptium interfecit : « Existimabat enim intelligere fratres, quoniam Deus per manus ipsius daret salutem illis [1] : » ut est à sancto Stephano in *Actis* proditum [2]; quo instinctu tam multa extraordinaria, neque in exemplum trahenda, facta esse legimus. Neque verò, si fanatici homines instinctum Dei mentiuntur, ideò mendacii coarguere debemus ea, quæ Deus ipse à se instigata testatur ; at Deus instinctum Mathathiæ multis miraculis, *et è cœlo factis illuminationibus* [3], confirmavit ; tale est in *Machabœorum* libris traditum : « Cùm vehemens pugna esset, apparuerunt adversariis de cœlo viri quinque........ ducatum Judæis præstantes ; ex quibus duo Machabæum medium habentes, armis suis circum septum incolumem conservabant : in adversarios autem tela et fulmina jaciebant, ex quo et cæcitate confusi, et repleti perturbatione cadebant [4] : » ut omittam quot victorias, tot fuisse miracula. Quin etiam per divinum *ac fide dignum somnium*, scimus « extendisse Jeremiam dextram, et dedisse Judæ gladium aureum, dicentem : Accipe sanctum gladium, munus à Deo, quo dejicies adversarios populi mei Israel [5] : » quæ verè divina fuisse, secutæ victoriæ demonstrarunt.

Hùc etiam facit de Antiocho, Judæorum persecutore sævissimo, manifestâ Dei ultione sumptum supplicium ; quâ ultione perterritus, et ipse confessus est Deum apertè favere Judæis [6], ut non tantùm Judæi, sed etiam hostes, in tot mirificis gestis, ultricem Dei manum ac divinam potestatem agnoscerent. Constat ergo Judæos adversùs sævientem regem, non antea arma cepisse, quàm instinctu peculiari, totque divinis testificationibus ad id incitati sunt : quare malè ea referri ad ordinariam potestatem luce clarius est.

Hùc accedit Ecclesiæ et Synagogæ diversa conditio, diversus spiritus : ut ab alterâ ad alteram consecutio non valeat. Non enim si divino impulsu Elias è cœlo ultricem flammam elicuit [7], ideo hæc Novo Testamento congruunt, dicente Domino ad apostolos Eliæ similia cogitantes : *Nescitis cujus spiritûs estis* [8] : tum veteris Synagogæ tempore statutum erat, electum populum ex eodem

---

[1] *Exod.*, II, 12. — [2] *Act.*, VII, 25. — [3] II *Mach.*, II, 22. — [4] II *Mach.*, x, 29, 30. — [5] *Ibid.*, xv, 11, 14, 15. — [6] I *Mach.*, VI ; II *Mach.*, 9. — [7] IV *Reg.*, I, 10, 12.— [8] *Luc.*, XII, 54, 55.

tantùm Abrahami genere propagari; sacrique fœderis ac religionis pars erat vel maxima, ut terram Chananæam patribus jejurando promissam incolerent; cultus quoque religionis affixus erat ei loco, quem elegerat Dominus, extra quem locum non vota, non festa solemnia, non ipsa sacrificia ac sacra reliqua, sancta rataque essent. Quare cùm Dominus transmigrari ad Babylonem voluit, misso Jeremiâ prophetâ, ac peculiari jussu indicta migratio est : simul datum promissum, ne ultra septuaginta annos esset duratura, neve posteà unquam, stante certè fœdere, à locis religioni addictis moverentur : quæ nunc omnia vacant. At ea omnia, quibus antiquum fœdus constaret, Antiochus evertebat: hæc enim Mathathias lamentatur : « Væ mihi ! ut quid natus sum, videre contritionem populi mei et contritionem civitatis sanctæ, et sedere illic, cùm datur in manus inimicorum, sancta in manus extraneorum facta sunt : templum ejus sicut homo ignobilis [1] ? » quæque alia vir sanctus deploravit. Ac postea magis magisque mala increvere, cùm scilicet Lysiæ mandavit Antiochus, ut mitteret exercitum ad conterendam et extirpandam virtutem Israel, et reliquias Jerusalem, et *auferendam memoriam eorum de loco*, et ut constitueret *habitatores filios alienigenas* in omnibus finibu eorum, et *sorte distribueret terram eorum*.... Et audierunt mercatores regionum, et acceperunt argentum et aurum multum valde, et venerunt in castra ut acciperent filios Israel in servos [2] : » mittebatque Antiochus totâ Judæâ, qui « omnes perfectæ ætatis interficerent, mulieres ac juvenes venderent extraneis [3]. » Quibus perpetratis terraque Chanaan alienigenis traditâ, nec fœdus, nec religio stare posset, templumque ipsum, cui Domini jussu affixa religio, titulo Domini in æternum abolito, non alio deinceps quam *Jovis olympii* titulo cognominaretur.

Quo loco cùm res essent, non tamen aliter nisi peculiari instinctu arma sumpserunt : et Deus ad hæc omnia, quæ memoravimus à Judâ et à fratribus, suo suscepta numine, regum quoque Syriorum consensionem accedere voluit : Jonathasque et Simon non modò purpurâ, principatu, consessu regio, verùm etiam iis omnibus, queis regiæ potestatis vis constat, cudendæ

---

[1] 1 *Mach.*, II, 7, 8. — [2] *Ibid.*, III, 35 et seq. — [3] II *Mach.*, v, 24.

pecuniæ, muniendarum arcium, armandi exercitus jure; Judæi quoque immunitate et libertate donati sunt[1]. Sic ad novum principatum stabiliendum, divina et humana jura cumulantur, atque extraordinaria in ordinariam potestatem desinunt; ac demum supremum apud Judæos imperium ab universo populo, annuentibus regibus, in Simonem est collatum, postquam eo maximè auctore, ablatum est jugum gentium ab Israel[2].

Neque Simon, pontifex licèt, principatûs honorem ac vim, sacerdotii sui jure sibi vindicavit, sed « in conventu magno sacerdotum, et populi, et principum gentis et seniorum regionis[3]; » totius gentis decreto ac veluti lege regiâ, in se collatum accepit: quâ unâ consensione cum sacerdotali officio regium conjunctum imperium est.

Post centum et quinquaginta annos, in Judæâ Romani regnarunt, datis etiam regibus Herode et ejus liberis, sub quibus Cæsares partem regni ipsamque Jerosolymam, regni ac gèntis caput, Romano imperio vindicarunt : certè nusquam obnoxii Pontifici Judæorum, qui eorum imperia solveret. Nemo enim id his temporibus, vel per somnium cogitabat : quod quidem imperii jus ipse Dominus confirmavit, dicens : « Reddite quæ sunt Cæsaris Cæsari, et quæ sunt Dei, Deo[4] : » nihil interpellatâ scilicet Cæsarum potestate, ac tantùm decreto edito, ut Deo ac religioni debita obsequia servarentur.

Quare regnum et sacerdotium distinctas potestates, in suo quamque ordine supremas esse, non autem sacerdotali regiam obnoxiam, ab ipsâ sacerdotii legalis origine, usque ad Christum Dominum, et excidium gentis, omnes Hebræorum historiæ, omnia monumenta clamant; neque ullum Dei præceptum, ullam populi Judaici traditionem, ullum exemplum, quod huic doctrinæ adversaretur Baronius et Bellarminus aut alii protulere.

[1] I *Mach.*, x, 18, 19, 25, 62, 63, 65; xi, 3; xiii, 36, 41, 42; xiv, 38; xv, 2, 6, 7. — [2] *Ibid.*, xiii, 41. — [3] I *Mach.*, xiv, 23. — [4] *Matth.*, xxii, 21.

CAPUT XI.

An Athaliæ cæsæ exemplum his obsit.

Duo tamen exempla Bellarminus objicit[1] : ac primùm memorat Athaliam Reginam, uxorem Jorami, Regis Judæ, Joiadæ pontificis jussu fuisse interfectam, non modò quòd nepotes suos, et *omne semen regium* occiderit, ac regnum invaserit; sed quòd idolis servierit[2]. Quorsùm ista, obsecro? An ut intelligamus supremas potestates pontificum jussu interfici posse? Absit. At id probas, vel omninò nihil probas. Jam exempla quærimus supremarum potestatum, quæ à pontificibus loco dejectæ fuerint; at profectò Athalia non gaudebat supremâ illâ potestate, eamque habebat non legitimo ordine, sed invasione ac parricidiis. Porrò supererat è sanguine regio Joas, quem soror Josabeth ex Athaliæ manibus clam ereptum, Joiadæ viro suo custodiendum, educandum, et in avito solio aliquando reponendum tradiderat. Quid ergo mirum est, si pontifex sub rege septenni, quem neci eximerat, quem in templo educaverat ab incunabulis, quem filii loco habuerat, quem regno restituerat tutorem agens regis, in impiam Athaliam regiæ majestati subditam, ejusdemque læsæ ream, pro potestate animadvertit? Neque enim aliter constitura erat regi regnoque salus. Esto damnata quoque sit idololatriæ nomine : quid enim nostrâ refert, pro aliis quoque sceleribus damnari regis et regni hostem, publicæ potestati subditam?

Atque id sibi juris sub rege minore extraordinariè et summâ necessitate, et consensu omnium pontifex vindicabat : quo jure et *Regi uxores accepit*[3], et omnia administravit. Si ergo efficere aliquid volebat Bellarminus, aliquem oportebat regem ex tot idololatris proferre in medium, de quo simile sumptum supplicium fuerit, solâ sacerdotali auctoritate : quæ cum exempla desint, imò cùm contraria adsint, nullum in Athaliâ præsidium est.

---

[1] Bell., *de R. P.*, lib. V, c. VIII. — [2] IV *Reg.*, XI; I *Paralip.*, XXII, XXIII. — [3] II *Paralip.*, XXIV.

CAPUT XII.

De Ozia propter lepram ejecto.

Verisimiliùs objicitur leprosius Ozias, hujus morbi causâ per sacerdotes ex præscripto legis primùm templo ejectus, tum hominum societate ac regni administratione depulsus[1] : scriptum enim in lege erat : « Quicumque maculatus fuerit leprâ, et separatus est ad arbitrium sacerdotis,..... omni tempore, quo leprosus est et immundus, solus habitabit extra castra[2]. » Ergo pontifici in regem ea sunt concessa quibus etiam regni administratione privaretur. Hinc consecutio : id si fieri potuit in Veteri Testamento, propter lepram corporalem, quantò magis in Novo propter spiritualem, id est, hæresim? Duo hîc consideramus : primùm, eventum ipsum extraordinarium ac planè singularem, quem in exemplum trahere non liceat : alterum, allegoriam occultamque significationem in facto ipso latentem, ex quâ theologicum dogma constitui theologi non ferant.

Certum ergo est lege fuisse præscriptum, ut quivis leprosus arbitrio pontificis separatus, solus extra castra urbesque degeret. Jam si fas pontifici ea exequi, quæ lex apertè ac directè præscripserit, haud propterea liceat ad alia et alia, ex consecutione, jus illud extendere. Atque hîc si consistam, tota vis argumenti sponte concidat.

Quid, quòd sacerdotes nihil sibi aliud vindicarunt, quàm ut Oziam è domo Domini propellerent? Lege *Paralipomenon* librum secundum[3], quo ista narrantur, nihil aliud invenies : cætera lege regni à Joatham regis filio facta. Quid, quòd nec Oziæ regnum ablatum est; sed illius tanquam regis nomine, à Joathamo filio regni suscepta administratio, ut solet sub insanis delirisque regisu? Scriptura attestatur his verbis : « Fuit igitur Ozias Rex leprosus usque ad diem mortis suæ, et habitavit in domo separatâ plenus leprâ, ob quam ejectus fuerat de domo Domini. Porrò

---

[1] IV *Reg.*, xv, 5; II *Paral.*, xxvi, 19, 20, 21. — [2] *Levit.*, xiii, 44, 45, 46. — [3] II *Paral.*, xxvi.

Joatham filius ejus rexit domum regis et judicavit populum terræ[1]. » Quid autem vetabat ne, ut regis nomine, ita etiam imperiis, quod lex fieri non vetabat; cùm nec nisi patre mortuo regnasse memoretur : « Dormivit enim Ozias cum patribus suis,...... regnavitque Joatham filius ejus pro eo[2]; » parque omninò est credere nullum erga parentem ab optimo viro Joathamo prætermissum, quod lege præstare sineretur; ut non regno depulsum Oziam, sed tantùm per filium regnasse appareat. Sed quanquam hæc proba sunt, tamen rem altiùs investigare placet.

Quæro enim an de leproso principe aliquid nominatim in lege edictum fuerit? Neutiquam; sed lex est generalis, inquies, quâ simul comprehendi principem oportent. At ego jam postulo quidni princeps intelligatur etiam comprehendi eis legibus, quibus universim dictum erat de adulteris, de percussoribus deque idololatris esse sumendum supplicium? Nempe reges inde nulla legis clausula exceperat; at si majestate solâ excipi intelliguntur, non video profectò, cur non eodem titulo eâdemque majestate regii nominis, è lepræ quoque legibus eximantur, nisi aliquid peculiare hîc intervenerit.

Et profectò clarum est intervenisse manifestam et extraordinariam testificationem divinæ voluntatis. Rex enim temerarius sancta penetraverat, thuribulum manu ceperat, obstantibus sacerdotibus minabatur. Illic Dominus sacrilego in fronte lepram immisit, quo miraculo moti sacerdotes, tanquam signo accepto divinæ voluntatis, regem templo expulerunt. Ipse amens, exterritus, sceleris divinæque tam patentis vindictæ conscius, « acceleravit egredi, eo quòd sensisset illico plagam Domini[3]. » Accessere et alia portenta, quæ Dei manum demonstrarent. Nam contremuit terra, teste Zachariâ, et Amos[4], quam Dei ultionem ad sacrilegos Oziæ ausus pertinere tradunt interpretes. Ergo manum Domini extraordinariis signis demonstratam esse constat, testificatusque est Deus, qui à tot aliis legibus reges exemerat, velle se huic regi lepræ legem imputari : id, inquam, testificatus est, dato extraordinario voluntatis suæ indicio, ne quisquam præ-

[1] II Paral., XXVI, 21 et seq. — [2] Ibid., 23. — [3] Ibid. 20. — [4] Zach., XIV, 5; Amos, I, 1.

ter ipsum in reges animadvertere posse videretur. Atque hîc profectò certum est, non tam pontifices quàm Deum ultorem, edito miraculo, fuisse, qui minanti ac superbienti lepram primùm, deindè terrorem ipsi quoque, et terræ tremorem immiserit.

Jam si facti significationem, atque latentem doctrinam quærimus, multa occurrunt : meritò inustum fronti superbæ ignominiæ signum : meritò amisisse honorem regium, qui sacerdotii inconcessos honores sibi vindicabat : conturbari terram ac rerum humanarum fundamenta concuti, cùm sacerdotale officium et regium confunduntur.

Lepra significari hæresim ultrò concedimus : alia quoque peccata eo morbo adumbrari passim tradunt Patres. At propter hæresim aut quæcumque peccata, expelli posse principem ac regno deturbari, nunquam allegoria efficiet. Potest enim allegoria rem aliunde firmatam declarare, rem per se ipsa conficere et probare non potest. Neque quisquam sanus sibi persuaserit, plus posse ad exturbandum principem, aut hæresim, aut ejus imaginem lepram, quàm tot alia scelera, atque ipse idolorum cultus, quem Judæi in regibus, eorum majestate salvâ, toties pertulere.

Quid autem eo exemplo licere sibi putarent christianæ religionis antistites, sanctus Lucifer Calaritanus in Sárdiniâ episcopus, docuit libris adversùs Constantium editis; sanctum autem voco, cujus festum diem, Sede apostolicâ approbante, ab omni Patrum memoriâ Calaritani aliique insulares agant. Quanquam enim in quibusdam vehementior fuerit, ejusque inclyto nomine, quidam ejus discipuli atroces ac superbi, schisma conflaverint; multis tamen argumentis demonstratum est, eum in Ecclesiæ communione obiisse. Utcumque est, libros profero, quos cùm ille scripsit, catholicis omnibus magnoque illi Athanasio admirationi fuit : proferam autem hîc librum, cui titulus : *De non parcendo in Deum delinquentibus*[1] : quo libro sic compellat Constantium, arrogantiæ ac superbiæ catholicos antistites incusantem : « Quæ ista nostra, Constanti, superbia est, quæve arrogantia ? Si quia te videamus morbidum esse, pestiferum quippe arianum. ele-

[1] Lucif. Cal., tom. IV *Bibl. Pat.*, p. 227.

phantiam in te esse; quia istam consideremus illam, quam Arius habuerit; quòd urgeamus te secedere à populo Dei, sicut illi sacerdotes Domini Oziam de templo compulerint egredi, quia te ita cogamus Deo dare honorem. Si enim Oziam Dei sacerdotes idcircò pellebant ex aula Dei, quia meminissent divinitùs præceptum, leprosos ante expiationem ingredi templum prohibitos; quantò magìs nos dignè te, conspice, ex Ecclesiâ pellere Christi, de domo Domini, quia non sit licitum hæreticum convenire cum catholicis, insanum cum sanis, plenum immundis spiritibus cum eis in quibus inhabitat Spiritus Dei [1]. » Eatenùs igitur Oziæ exemplo Patres utebantur, ut hæreticum imperatorem templo Dei, domo Dei, Ecclesiâ Christi arcerent, non ut imperii administratione deturbarent. Constantium certè à catholicis omnibus, et ab ipso Lucifero, pro legitimo imperatore semper habitum, et fatentur omnes, et infrà referemus. Hoc exemplo Oziæ docebat : hisce finibus coercebat is, quem vehementissimum atque interdum nimium fuisse constat.

Neque aliter alii sentiebant. Exstat Hincmari Rhemensis epistola ad Carolum Calvum Regem, quâ monet, ne Oziæ exemplo, « manum extendat ad ea quæ sacerdotali ordini Spiritùs sancti dono commissa sunt [2]. » Ibi fusè relatâ separati per sacerdotes regis historiâ, addit ex Apostolo : « Hæc autem in figurâ contingebant illis; scripta sunt autem propter nos [3]; » ac denique concludit : « Sic et eorum judicio, quibus dicit Dominus : *Non vos estis qui loquimini, sed Spiritus Patris mei qui loquitur in vobis* [4], voluntariè atque ex deliberatione, quiscumque violans et convellens constituta divina; quia docente Petro : *Non est personarum acceptio apud Deum* [5] : ab Ecclesiæ corpore separatus, nisi per pœnitentiam et sacerdotalis indulgentiæ reconciliationem, eidem Ecclesiæ fuerit reincorporatus, erit ab æternâ Ecclesiâ separatus. »

Non aliud Patres nostri in Oziâ viderunt, quod ad christianismi tempora pertineret : de terreno regno per spiritualem lepram adimendo nihil cogitabant; separari posse putabant reges id me-

---

[1] Lucif. Cal., tom. IV *Bibl. Pat.*, p. 228. — [2] Hincmar., tom. II, *ep.* x, p. 316 — [3] 1 *Cor.*, x, 11. — [4] *Matth.*, x, 20. — [5] 1 *Pet.*, I, 17.

ritos per sacerdotale officium, ab Ecclesiâ quidem et à regno cœlesti, quorum respublica regnumque Judaicum figura fuit. Quæ nunc de suo addunt, ea nos à Patribus spreta rejicimus.

Hæc ex Vetere Testamento Bellarminus et alii proferunt, caduca per sese ac nequidem sibi satìs cohærentia : non quòd indocti sint qui ea objecere; sed quòd, semel susceptâ causâ, per occupationem animi necesse sit vana sectari, quibus valida et vera argumenta desint.

Stat ergo propositio : per institutionem sacerdotii legalis non fuisse immutatum statum principatûs; neque alteri potestati quæ reges deponeret ac temporalia ordinaret, regiam potestatem directè vel indirectè fuisse subjectam. Jam ad Novi Testamenti sacerdotium veniamus.

CAPUT XIII.

QUINTA PROPOSITIO : *Neque per institutionem christiani sacerdotii quidquam fuit immutatum in regnandi jure : id probare aggredimur ex evangelicis Scripturis : explicatur potestas quam Christus apostolis tradiderit.*

QUINTA PROPOSITIO : *Neque per institutionem christiani sacerdotii quidquam fuit immutatum in jure regnandi; ac pontificibus christianis nulla à Christo attributa potestas, quâ temporalia ordinare, aut quemquam imperio mulctare vel donare possint;* patet ex antecedente. Si enim religionis causâ in terrenis imperiis, atque in supremarum potestatum juribus aliquid fuit immutandum, id maximè fieret per religionem Mosaicam, terreno imperio, terrenis promissis nixam : atqui non id factum est, neque regiam potestatem, in rebus quidem suis, Moses sacerdotio fecit obnoxiam : multò ergo minùs christiana religio, promissis tantùm nixa spiritualibus, id faceret, aut imperiorum jura mutaret.

Sed quandoquidem in hâc maximè propositione quæstio vertitur, eam diligentiùs Scripturis primùm, deinde Ecclesiæ traditione ac praxi confirmamus. Quibus in locis pertractandis nemo à nobis postulabit, ut demonstremus deditâ operâ confutatam eam potestatem, quam nullus hominum cogitaret, sed ut perspicuè pateat nullam hujus in Scripturis, nullam in primis sæculis fieri mentionem, cùm id res vel maximè postularet, tum verò eam cum Patrum christianæque doctrinæ placitis non posse cohærere. Sic duabus profectò causis contraria sententia concidet, et quòd nova, in Ecclesiâ Christi ac prioribus sæculis inaudita, et quòd à christiano atque ecclesiastico spiritu alienissima proferat.

A Scripturis inchoamus : quærimusque quam Christus apostolis dederit potestatem? Et quidem Magister ac Dominus duplicem in apostolos, ministros ac vicarios suos, contulit potestatem, extraordinariam et ordinariam : utramque complexus est his verbis : « Convocatis Jesus duodecim discipulis, dedit illis virtutem et potestatem super omnia dæmonia, et ut languores curarent, et misit illos prædicare regnum Dei, et curare infirmos [1]. » Edere miracula, extraordinariæ potestatis, prædicare regnum Dei, potestatis ordinariæ fons et caput est.

Jam cujus generis esse putant illam potestatem deponendi reges? Certè ordinariam : nam extraordinariam, quæ per miracula se exerat, nihil moramur. Quo verbulo refellimus adversarios passim ingerentes et arefactam ficum [2], et immissos porcis dæmones [3], et Ananiam et Saphiram Petri voce percussos [4]; quæ quidem Nicolaus Dubois [5] et alii haud minùs inani quàm ingenti operâ congerunt : nam quò ista pertinent? An ut pontifices patrare miracula suo jure, ac pro cathedræ suæ potestate possint? Ne id quidem cogitant. Quare cùm hæc proferunt, nihil aliud faciunt, quàm ut vera argumenta deesse demonstrent, qui tantâ operâ falsa et nulla colligunt.

Quin etiam commemorant flagellis verberibusque ejectos è templo vendentes et ementes [6]. Quid autem probaturi? An quia Christus templi contemptores templo ejecit, ideo pontifices regnis ejecturi sunt eos, qui religionem contemnant? Aut quoniam Christus flagellis est usus, ideò ejus ministri atque vicarii ad bella in reges movenda christianos compellent? Aut verò id volebat Christus, ut ecclesiastici linguæ verbere, ac prædicationis

---

[1] *Luc.*, IX, 1, 2. — [2] *Marc.*, XI, 21. — [3] *Matth.*, VIII, 31. — [4] *Act.*, V, 1, 2. — [5] *Disq.*, art. III, n. 33 et seq. — [6] *Marc.*, XI, 15.

flagello non contenti, ipsi per se vi agerent, atque arma corriperent? At id nemo cogitavit unquam. Quare hæc, quæ congerunt extraordinariè gesta, vel ipsi fateantur necesse est ad rem non pertinere.

Ad ordinariam potestatem veniamus. Hujus caput est verbi prædicatio, ecclesiastici ministerii basis. Hanc deinde consequuntur sacramenta consecranda, administranda dignis, quodque est consectaneum, indignis pro potestate adimenda : tum hæc omnia complexum regimen ecclesiasticum, monere, increpare, arcere sacris, sive, ut ait Tertullianus, *exhortatio, castigatio ac censura divina*[1]; hæc Scripturæ exsequuntur copiosè, luculenter, nullâ temporalium cuiquam, sive dandorum, sive adimendorum mentione factâ.

Pascendi potestatem latè patere volunt. Certè. Non ita tamen quin iis contineatur finibus, quibus se Christus ipse continuit. Pavit autem oves Christus, *ut pascua invenirent*[2], vitæ verbum scilicet et vitam æternam per verbum : « Oves enim meæ vocem meam audiunt; et ego cognosco eas, et sequuntur me; et ego vitam æternam do eis, et non peribunt in æternum, et non rapiet eas quisquam de manu meâ[3]. » Ad hoc pavit Christus, ad æterna perduxit, temporalia cuivis, ac suis cuique legibus habenda, utenda, adimenda permisit. At si ad hæc pavit Christus, ad hæc pascat Petrus : *Pasce* enim, inquit, *oves meas*[4], sed meo more *meas*. Ne ergò pastores ad temporalia, eo quo erant jure locoque à Christo relicta, concessam à Christo potestatem conferant.

At enim *Matthæi* xvi et xviii potestatem ligandi ac solvendi tradidit[5], sed peccata scilicet : sic enim ipse Christus interpretatur *Joannis* xx : « Quorum remiseritis peccata, remittuntur eis, et quorum retinueritis, retenta sunt[6]. » Quæ ad potestatem ligandi ac solvendi pertinere, eòque referri, et theologi omnes, et ipsa Tridentina synodus intellexit[7]. Piget verò referre in re notâ et obviâ Patrum auctoritates. Uno verbo dixerim : qui hanc potestatem ligandi atque solvendi ad peccata referant, omnes invenias;

---

[1] *Apol.*, cap. xxxix. — [2] *Joan.*, x, 9. — [3] *Joan.*, x, 27, 28. — [4] *Ibid.*, xxi, 17. — [5] *Matth.*, xvi, 19; xviii, 18. — [6] *Joan.*, xx, 23. — [7] *Concil. Trid.*, sess. xiv cap. viii; et can. x xv.

qui ad temporalia danda vel adimenda referat, mille et amplius annis omninò neminem.

Jam illud à Christo prolatum, quò maximè se in christianos contumaces potestas ecclesiastica exerit : « Sit tibi sicut ethnicus et publicanus[1], » frustra referas ad temporalia, quorum ullam partem detractam ethnicis aut publicanis fuisse, non ipsi Judæi, nedum cæteri intellexerint.

CAPUT XIV.

Locus Evangelii : Reddite quæ sunt Cæsaris Cæsari.

His ergo præstruximus, quam Christus apostolis dederit potestatem, amplissimam illam quidem, et omninò divinam, sed in spiritualibus ac cœlestibus; in terrenis quidem ac civilibus nihil præcepit, nisi ut obtemperarent iis, qui rerum potirentur.

Neque enim bonus magister eam prætermisit partem veræ pietatis, ac disertè dixit : « Reddite quæ sunt Cæsaris Cæsari, et quæ sunt Dei Deo[2]; » ne quis rempublicam conturbaret, aut constituta sollicitaret imperia ; quâ brevissimâ absolutissimâque sententiâ complexus omnia est, quæ civili potestati deberentur; nempe obtemperandum in omnibus, quæ divinis præceptis non repugnarent.

Multi enim è Judæis putabant romani imperii ac romanorum Cæsarum, utpote infidelium, iniquam, violentam, tyrannicam atque omninò nullam in populum Dei potestatem esse : quorum turbulentos spiritus Magister optimus hâc sententiâ compressit. Cùm enim id agerent inquieti homines, ut religionis specie legitima imperia commoverent, id è contra Christus docuit, nihil ad vim ipsam religionis pertinere, quis imperet, atque omninò religione relinqui imperia eo loco, quo sunt gentium ac populorum juribus constituta.

Hoc autem perfecit ostenso numismate atque imagine Cæsaris; ut quoniam respublica ac civilis societas stat commerciis ac permutationibus, quarum instrumentum est nummus seu publica

[1] *Matth.*, XVIII, 17. — [2] *Ibid.*, XXII, 21.

pecunia; ideo omnes intelligerent in ejus potestate necessariò permanendum, cujus numismatis uterentur; quod profectò non sic præcisè et absolutè diceret, si aut intelligeret pontificum ac Synagogæ auctoritate legitima imperia solvi posse, aut talem potestatem suis suæque Ecclesiæ ipse aliquando esset concessurus.

Quod ergò nunc interpretantur : *Reddite quæ sunt Cæsaris Cæsari;* hoc est, « si ipse Cæsar, quæ Dei sunt, Deo reddat; » vanum est et illusorium, imò contrarium Christi instituto, cùm juberet parere iis, quos idololatras et impios, Deo, quæ Dei erant, non reddere certum esset.

Neque minus vanum est, quod alii hæc assuunt : *Reddite quæ sunt Cæsaris Cæsari,* « nisi noceat religioni atque Ecclesiæ, aut nisi ipse Cæsar per Ecclesiam ac pontifices deponatur. » Quæ quidem assumenta captiosam, quod absit, et illusoriam Christi responsionem facerent.

CAPUT XV.

Prævisis malis quæ ab impiis regibus Ecclesiæ essent eventura, quæ Christus et apostoli auxilia reliquerint; et an aliqua præter patientiam?

Neque verò quis negaverit à Christo esse prævisa, cùm omnia incommoda Ecclesiæ nocitura, tùm vel maximè ea quæ à malis regibus evenirent, quæ quidem et ipse expertus est; testanturque apostoli impletum in ipso Jesu id quod erat à Davide pronuntiatum : « Adstiterunt reges terræ, et principes convenerunt in unum adversùs Dominum et adversùs Christum ejus[1]. » Neque ignorabat manatura ad discipulos, quæ in Magistro præcessissent : *Ad præsides* enim, inquit, *et ad Reges ducemini*[2] : neque id apostolos fugiebat, cùm et à Domino commoniti essent, et jam vim regiam toti Ecclesiæ gravem ipsi experirentur, et sæviora quæque imminere cernerent.

Cùm ergo eum Magistrum, eosque duces habeamus, qui mala nobis totique Ecclesiæ, à mundi potestatibus obventura animo

[1] *Act.*, IV, 26; *Ps.* II, 2. — [2] *Matth.*, X, 18.

præviderent, experimento probarent; videndum planè nobis adversùs hæc mala, quæ præcepta, quæ remedia aut auxilia compararint.

Hæc autem in Evangelio luculenter apparent. Ecce enim præviso malo, ac longè antè denuntiato : *Ad præsides,* inquit, *et ad Reges ducemini,* statim addit, *in testimonium illis :* hoc primùm; aperta professio veritatis; unde et illud : « Quod dico vobis in tenebris, dicite in lumine, et quod in aure auditis, prædicate super tecta [1]; » et illud : « Omnis ergò qui confitebitur me, confitebor et ego eum [2]. » Primùm ergò succurrit nobis ipsa fiducia profitendæ veritatis; tùm idonea verba, quibus adversarii revincantur : « Ego enim dabo vobis os et sapientiam, quibus non possint resistere et contradicere omnes adversarii vestri [3]. » Accedit certa promissio salutis consequendæ, quæcumque supplicia inferantur: unde christianis invicta firmitudo, infixumque animo, « non timere eos qui occidunt corpus, animam autem non possunt occidere [4]. » Quo certa salus animæ constat, sed propter patientiam : « In patientiâ vestrâ possidebitis animas vestras [5]; » neque tantùm animas, sed suo etiam tempore ac loco ipsa corpora : « Capillus enim de capite vestro non peribit [6]. » Summa ergo est, ne quid timeant, ne quid amittere se posse putent : hâc spe invicti persistant, nec veritatem prodant : hoc est, ne in malis pareant. Ut autem quovis auctore in ipsos insurgant, aut in civilibus jussa detrectent, ne quidem innuit : imò verò id apertè vetat, cùm nihil aliud indicit, quàm pati, quantumvis sævituri ac nocituri essent. Hæc promissa, hæc præcepta, hæc adversùs potestates ac mundum sævientem invicta auxilia subministrat.

Neque tamen proptereà ultro se neci sint objecturi Christi discipuli : « Cum enim persequentur vos in civitate istâ, fugite in aliam [7]; » sic adversùs reges et præsides ac legitimos magistratus Christus Magister, nihil præter fugam relinquit, ut divina præsidia, in invicto fidei spiritu; humana verò, in fugâ habeamus. Nihil præstereà christianis adversùs reges et magistratus concessum est. Sic declinare vim regiam eique obluctari licet.

---

[1] *Matth.*, x, 27. — [2] *Ibid.*, 32. — [3] *Luc.*, xxi, 15. — [4] *Matth.*, x, 18. — [5] *Luc.*, xxi, 19. — [6] *Ibid.*, 18. — [7] *Matth.*, x, 23.

Magistrum sequuntur apostoli, et Paulus : « Omnis, inquit, anima potestatibus sublimioribus subdita sit¹. » Cavillantur adversarii, dùm respondent, præcipi quidem ab apostolis uti obediatur regibus, quandiù reges fuerint; non autem prohiberi quominùs, si Ecclesiæ adversentur, deponantur à pontificibus christianis : quasi non pontifices Paulus his dictis complexus sit : *Omnis anima;* quod et Chrysostomus hîc, et res ipsa indicat : « Ostendit enim, inquit, quòd ista imperentur omnibus, et sacerdotibus, et monachis, non tantùm sæcularibus, id quod statim in exordio declarat, cùm dicit : *Omnis anima potestatibus supereminentibus subdita sit,* etiam si apostolus sit, si evangelista, si propheta, sive quisquis tandem fuerit². » Puto ergo non excipi apostolicam potestatem, cùm etiam antiquum pontificem audiamus, ex apostolico throno hæc de regibus prædicantem : « Quibus nos etiam subditos esse sacra Scriptura demonstrat³. » Atqui absurdissimum est quem pari cum cæteris obedientiâ Paulus obstrinxerit, eum non modò posse resistere, sed etiam deponere. Mirum profectò à Paulo non esse explicatam exceptionem illam, tum cùm Neroniano gladio imminente diceret : « Ego jam delibor, et tempus resolutionis meæ instat⁴. » At nec sic à regis, quantumvis sævientis, obedientiâ christianos amovebat, nec deponendum eum, sed colendum docebat.

CAPUT XVI.

An generali præcepto obediendi regibus, Christus et apostoli aliquam exceptionem attulerint, et quam?

Certè generali præcepto obediendi regibus necessariam exceptionem Scriptura non omittit : obediendum scilicet, nisi Deo adversa jubeant. Ac Paulus quidem ad Titum : « Admone illos principibus et potestatibus subditos esse, dicto obedire, ad omne opus bonum paratos esse⁵. » Quo docet in bonis tantùm parendum esse, et, quod sæpè dicemus, mala imperantibus obedien-

¹ *Rom.,* XIII, 1. — ² Chrysost., hom. XXIII *in Epist. ad Rom.,* tom. IX, p. 686. — ³ Pelag. Pap., tom. V *Conc.* Labb. — ⁴ II *Tim.,* IV, 6. — ⁵ *Tit.,* III, 1.

tiam non simpliciter, sed in malis denegandam. Et alio loco : « Nam principes non sunt timori boni operis, sed mali.... Dei minister est tibi in bonum [1]. » Quare jubentibus quæ pietati adversentur, liberè reponendum apostolicum illud : « Obedire oportet Deo magis quàm hominibus [2]. » Tum si vim ultimam inferrent, succurrit ultimum resistendi genus, fuso sanguine : « Nondum enim, inquit, usque ad sanguinem restitistis adversùs peccatum repugnantes [3]. » Hucusque resistere datur : hanc exceptionem Scriptura adhibet generali præcepto obediendi Regibus : nova illa exceptio de deponendis regibus Scripturæ superstructa atque aliena est.

Est ergo summum illud christianæ repugnantiæ, ut prava jussi facere, ad mortem usque reluctentur : ulteriùs progredi vetitum, mittunturque christiani *inter lupos*, sed *sicut oves*, inermes scilicet, qui sint *prudentes sicut serpentes* [4], exposito corpore, ut caput servent, id est, animæ salutem, teste Augustino passim [5] ; et *simplices sicut columbæ*, quæ gemendo Deum, patiendo inflectant homines, atque iras modestiâ et humilitate frangant; cæterùm nunquam sæviant. Neque enim adversùs lupos ac feras ovibus aut columbis arma suppetunt.

Neque aliter ipse Christus egit, cùm « testimonium reddidit sub Pontio Pilato, bonam confessionem [6]; » neque enim Judæi quidquam aliud agebant, quàm ut crucis metu deterreretur Christus à profitendâ illâ veritate, quòd nempe ipse esset Christus, Rex verus Judæorum. At Christus, et se Regem Judæorum esse, et ne quid Pilatus Cæsari reique romanæ metueret, regnum suum de hoc mundo non esse profitetur.

Hic ergo videmus circa reges et præsides, quid evangelica disciplina præcipiat, quid excipiat. Non enim hoc excipit, ut ad mala cogentibus absolutè et in omnibus obedientia denegari, aut quâvis auctoritate subtrahi possit; sed hoc excipit tantùm, ne obediatur in iis quæ iniquè imperant, quibusque se Deo superiores esse velint : quæ exceptio regulam firmat, evincitque in om-

---

[1] *Rom.*, XIII, 3, 4. — [2] *Act.*, V, 29. — [3] *Hebr.*, XII, 4. — [4] *Matth.*, X, 16. — [5] August., quæst. VIII *in Matth.*; tom. III, part. II, col. 277. *Enarr. in Ps.* LVII, n. 10; tom. IV, col. 548, etc. — [6] 1 *Tim.*, VI, 13.

nibus aliis præstandam obedientiam, honorem, vectigal, omnia quæ sunt Cæsaris; eo fine scilicet, quemadmodum ait Tertullianus, « ut Rex honoretur, cùm suis rebus insistit[1]. »

CAPUT XVII.

Adversariorum effugia : distinguunt tempora infirmæ et adolescentis, à temporibus robustæ et jam prævalentis Ecclesiæ : an hæc christianis digna?

Quæ suprà diximus, hæc quidem adversarii ferè confitentur; sed duo reponunt : primùm quidem, his Christi et apostolorum præceptis comprehendi ea quæ incipienti et infirmæ, non autem ea quæ adultæ, suisque jam viribus confirmatæ Ecclesiæ conveniant : rectè enim jussam esse tolerare reges quos compescere infirma non posset. Quo loco si urgeas, ac petas demonstrari tibi, quænam illa sint robustæ jam et adultæ Ecclesiæ præcepta reservata, nulla quidem proferunt, sed illud secundo loco addunt : qui finem præscripserit, ab eodem idonea ad finem consequendum comparata media : quare Petrum et successores, clavibus datis regni cœlorum, ligare, solvere, pascere jussos ad æternam salutem, id quoque accepisse, ut et ea quæ huic fini conducerent adhibere, et ea quæ nocerent amovere possent : atque ideò jus esse ut abjiciant malos principes, qui animas procurantibus tanto sint obstaculo. Hæc duo sunt in quibus adversarii suæ causæ præsidium ponunt.

Sic grande illud christianæ religionis arcanum, vimque omnibus retrò sæculis inauditam, quâ unius pontificis judicio, non modò deponantur reges, verùm etiam ipsa imperia transferantur, tantæ potestatis institutor Christus, ac primi administri apostoli conticescunt : secuturis sæculis longâ argumentorum consecutionumque serie colligenda atque inferenda relinquunt. At profectò si Christus et apostoli paterentur, quæ tempori congruebant, admonerent saltem quid, aliis temporibus, adulta jam Ecclesia ac robusta faceret; ne necessariam doctrinam, si quidem talis est,

[1] Tertull., *Scorp.*, cap. xiv.

de deponendis regibus, generali decreto, de præstandâ obedientiâ atque etiam exempli sui auctoritate premerent.

Neque enim homines intellecturi erant, amissis spiritualibus, temporalia statim excidere, quod est falsissimum : aut eâdem potestate utraque simul donari vel detrahi posse, quæ tam diverso jure haberentur. Et quidem si uspiam scriptum esset universim, qui ab Ecclesiâ et spiritualibus separentur, eos bonis etiam temporalibus posse mulctari per ecclesiasticam potestatem, an eo quoque decreto reges conclusi essent, dubitaretur forsitan, propter pacem rerum humanarum, et convellendæ, non sine ingenti animarum etiam strage, reipublicæ graves metus. Cùm verò nec uspiam scriptum sit patresfamilias, etiam infimæ sortis, per ecclesiasticam potestatem, vel uno servulo mulctatos, aut mulctandos fuisse; quis in animum induceret mulctandos imperiis ipsos quoque reges, de quibus eò clariùs decerni oportebat, quò faciliùs, tanto loco positi, Ecclesiæ auctoritatem vel reipublicæ tranquillitatis specie eluderent?

Jam ut adversarios strictiùs urgeamus, pudet profectò me discriminis illius, quod inter incipientem et adultis jam viribus robustam Ecclesiam esse volunt. Scilicet cùm prædicat Dominus : « Ecce ego mitto vos sicut oves [1]; » et : « In patientiâ vestrâ possidebitis animas vestras [2], » nullumque adversùs legitimos magistratus nisi in fugâ præsidium, sic intellecturi sumus : Fugite, sed quoad viribus convalescatis : unam præscribo patientiam adversùs præsides et reges, sed infirmis et invalidis : cæterùm cùm prævalere dabitur, excutite jugum, et adversùs legitimas potestates, quæ luporum more sæviant, non jam oves et columbæ, sed leones ultrò insurgite; vel cùm edixit Petrus, cùm Paulus sublimioribus potestatibus obtemperandum esse, eo quoque tempore, quo in Christi gregem sæviebant : « Neque tantùm propter iram, sed etiam propter conscientiam [3], » propter Deum, propter religionem, sic eorum mentem interpretabimur : Nos quidem nunc nihil præscribimus præter obedientiam : de depositione conticescimus; sed hæc aptata temporibus, non in perpetuum valitura. Parete, obedite, *propter conscientiam* et religionem, donec

[1] *Matth.*, x, 16. — [2] *Luc.*, xxi, 19. — [3] *Rom.*, xiii, 5.

adolescamus, atque Ecclesia roboretur : tunc enim, sumptis viribus, auctoritate nostrâ reges deponentur, aliis dabuntur imperia, arma indicentur, vi agi decernetur : tanquam hoc sit parere *propter Deum et propter conscientiam*, majores expectare vires, quibus insurgere in eos, et arma etiam expedire possint.

Hæc tot retrò sæculis inaudita, ac postremis demum nata temporibus, cujuscumque doctoris nomine prodeant, si pati cogimur, colere certè non possumus, atque apertè opponimus evangelicum illud : « Nescitis cujus spiritûs estis [1] : » neque enim magis est evangelici spiritûs, ignem è cœlo elicere adversùs Samaritanos, quàm adversùs legitimos principes bellorum incendia concitare.

CAPUT XVIII.

An eludi possit locus Evangelii : Regnum meum non est de hoc mundo.

Eludunt Dominicum illud : « Regnum meum non est de hoc mundo, » et, « Regnum meum non est hinc; » et in Declaratione Cleri Gallicani perperam allegatum esse contendunt [2], ac diligenter advertunt non esse à Domino dictum : « Regnum meum non est hîc; » sed : « regnum meum non est hinc : » neque item dictum : « Regnum meum non est in hoc mundo ; » sed : « Non est de hoc mundo. » Quæ quis nesciat? Certè enim scimus nobis à Domino dictum : « Regnum Dei intra vos est [3], » qui profectò in terrâ versamur, et regnum cœlorum Ecclesiam esse, quam toto terrarum orbe diffusam certâ fide colimus, et nunquam destituram credimus. Illud non intelligunt, quò Christus respiciat, ista dicens : « Regnum meum non est hinc. » Nempè intelligebat id agere Judæos, ut eum apud Pilatum invidioso Regis Judæorum nomine premerent : « Neque opus ei erat ut quis testimonium perhiberet de homine : ipse enim sciebat quid esset in homine [4]; » ac jam in mente præceperat quod Judæi statim inclamaturi essent : « Si hunc dimittis, non es amicus Cæsaris; omnis enim qui se regem facit contradicit Cæsari [5]. » Hæc ergo videns, antequam clarè edicat : « Tu dicis, quia

[1] *Luc.*, IX, 55. — [2] *Consultat.* VI. — [3] *Luc.*, XVII, 21. — [4] *Joan.*, II, 25. — [5] *Ibid.* XIX, 12.

Rex sum ego [1], » hæc ultrò præmittit : « Regnum meum non est de hoc mundo; si ex hoc mundo esset regnum meum, ministri mei utique decertarent ut non traderer Judæis : nunc autem regnum meum non est hinc [2]; » atque his quidem verbis, Cæsaris regnum, cui Pilatus serviebat, olim à se commendatum cùm diceret : « Reddite quæ sunt Cæsaris Cæsari [3], » nunc à suo regno tutum ac securum præstabat. Neque tantùm Pilato ministro Cæsaris, sed etiam venturis regibus testabatur, nihil unquam terrenis regnis à sui regni legibus, aut a ministris suis metui velle, neque quidquam esse in Evangelio, atque per Evangelium traditâ potestate, quod rempublicam commoveret. Quæ christiano spiritu digna profectò corruunt, si jam auctoritate Christi reges deponuntur, imperia transferuntur, bella civilia concitantur.

Non ergo in eo vim ponimus, quòd regnum ejus non sit *hic*, sed quòd tametsi sit *hic, non est hinc*. Tamen et *de mundo non est*, ac terrena regna non mutat diversissimi generis et ordinis regnum. Præclarè enim Augustinus: « Rex Christus, quòd mentes regat, quòd in æternum consulat, quòd in regnum cœlorum, credentes, sperantes amantesque perducat [4] : » à quo profectò regno, terrenis regibus nihil periculi, plurimum firmamenti est.

Quæ ut luculentiùs demonstraret, prodit quidem Rex Christus, sed ipsâ purpurâ illusus, coronâ spineâ, solio cruce, eâque unâ regium titulum præferente; venitque in mundum, nil magnificum, nil regium spirans : mundi quidem victor, sed uno vanæ pompæ despectu; quin ipsâ nativitate subjectionem imperio et imperatori professus. Notant passim et mirantur sancti Patres humilitatem novi Regis terreno imperio servientis, ipsâ subjectione omnibus imperantis : atque hæc mente complexi, vanos Pilati, vanos Herodis, vanos posteà Romanorum principum irriserunt metus, quòd terrenis regnis ab humili Christi regno metuendum aliquid existimarent.

Neque verò à Nicolao Dubois theologiæ professore contemni decebat advocatum [5], qui talia objiceret : « Non eripit mortalia

---

[1] *Joan.*, XVIII, 37. — [2] *Ibid.*, 36. — [3] *Matth.*, XXII, 21. — [4] August., *in Joan.*, tract. LI, n. 4; tom. III, part. II. — [5] *Refut.*, art. VIII, n. 52.

qui regna dat cœlestia¹ : » non decuit, inquam, contemni advocatum, qui talia objiceret, ac Breviarium legeret laicus. Quasi hominum incuria perficere potuerit, ut officium ecclesiasticum, summo olim studio etiam à laicis frequentatum, nunc ad solos Clericos redigatur. Quis autem despiciat id quod Sedulius presbyter initio V sæculi cecinerit, alii Patres inculcarint, ac totâ jam Ecclesiâ accinente ubique celebretur? Planè non eripit Christus regna mortalia, nec regibus hoc nomine est metuendus; neque ejus vices agit, hoc quidem in negotio, qui hæc à se metui velit.

CAPUT XIX.

An ad rem pertineat ille ab adversariis objectus locus : Data est mihi omnis potestas in cœlo et in terrâ, *et ille locus* : Rex Regum.

Nec valet, quod objiciunt : Christo tradita omnia in manus, et post resurrectionem ab ipso dictum : « Data est mihi omnis potestas in cœlo et in terrâ; » et : « In capite ejus diademata multa; » et : « Habet in vestimento et in femore suo scriptum : Rex Regum et Dominus dominantium ². » Non enim quærimus, quam etiam Homo Christus habeat potestatem, sed cujus potestatis vicarium Petrum, ejusque successores reliquerit. Illius profectò quâ peccata remittit, quâ veritatem docet, quâ sacramenta tradit; non autem illius, quâ « regit gentes in virgâ ferreâ, ac tanquam vas figuli confringit eas, et ipse calcat torcular vini furoris iræ Dei omnipotentis³. » Hæc enim potestas non decretis, non canonibus, non externis ministeriis ac formulis, sed omnipotentissimâ atque occultissimâ efficaciâ constat. Hujus potestatis non reliquit vicarios episcopos, eorumque caput romanum Pontificem; sed consortes adsciscit Sanctos omnes, qui mundum vicerint : « Qui enim vicerit, dabo illi potestatem super gentes; » et : « Reget eas in virgâ ferreâ, et tanquam vas figuli confringentur, sicut et ego accepi à Patre meo⁴. » Quod quidem est egregiè à sancto Diony-

---

¹ Sedul. Hymn., *Bibl. Patr.*, tom. VI, p. 472. — ² *Apocal.*, XIX, 12, 16. — ³ *Ps.* II, 9; *Apoc.*, XIX, 15. — ⁴ *Apoc.*, II, 26, 27, 28.

sio Alexandrino explicatum his verbis : « Divini martyres nunc assessores Christi sunt, et regni illius consortes, ac judicii participes, et cum ipso judicantes [1]. » Hos consortes Christus adsciscit supremæ illius occultissimæ atque omnipotentissimæ potestatis.

CAPUT XX.

Locus Evangelii : Quis me constituit judicem super vos?

Externo autem ministerio quid in terrenis possit, in Lucæ Evangelio luculenter exponit, ubi nempe hæc legimus : « Ait ei quidam de turbâ : Magister, dic fratri meo, ut mecum dividat hæreditatem. At ille dixit illi : Homo, quis me constituit judicem aut divisorem super vos [2]? » Quæ verba si perpendimus, statim intelligimus finitam hanc, quam tractamus, de temporalibus quæstionem.

Ac primùm qui sic petebat : *Domine, dic fratri meo,* apertè à Christo petebat, uti ipse pro potestate decerneret : cùm autem Christus respondit, *Homo, quis me constituit judicem aut divisorem super vos,* apertè item negat eam potes'atem ullo modo pertinere ad illud officium, quod in terris gerebat, cujus vicarios apostolos relinquebat.

Et quidem Christus alludit ad illud olim Moysi dictum : « Quis te constituit principem et judicem super nos [3]? » Quamque in ipso potestatem ille homo de turbâ requirebat, eam ultro Christus ab officio suo amovet dicens : « Homo, quis me constituit judicem, aut divisorem super vos ? »

Fixum enim illud ab Apostolo dictum : « Nemo assumit sibi honorem, sed qui vocatur à Deo tanquam Aaron : sic et Christus non semetipsum clarificavit, ut pontifex fieret, sed qui locutus est ad eum : Filius meus es tu; » et : « Tu es Sacerdos in æternum [4]. » Quâ ergo ratione pontificiam sibi vindicat auctoritatem, Pontifex à Deo constitutus, eâdem ratione amolitur à se in civi-

---

[1] Ap. Euseb., lib. VI, cap. XLII, p. 241, edit. Vales. — [2] *Luc.,* XII, 13, 14. — [3] *Exod.,* II, 14; *Act.,* VIII, 27, 35. — [4] *Hebr.,* V, 4, 5, 6.

libus rebus judiciariam potestatem, quòd horum à nemine judex constitutus est.

Hinc existit argumentum : Christus apostolos non alterius reliquit officii vicarios, quàm ejus quod tum gerebat in terris ; at ad illud officium pertinere negabat eam, quam ille homo de turbâ deferebat, res terrenas ac civiles dijudicandi potestatem : ergo ea ad apostolicum officium nihil pertinet.

Quorum certè judices à Christo constituti sint, in Evangelio legimus : « Tibi, inquit, dabo claves regni cœlorum[1] ; » et : « Quorum remiseritis peccata, remittuntur eis [2]. » Consentanea loquitur, qui officio suo terrenorum potestatem abjudicans, vicariis suis cœlestia tantùm suo nomine judicanda committit.

Quare eum quem tractamus locum Bernardus excutiens : « Quis me constituit divisorem super vos, » et cum illo comparans : « Quorum remiseritis peccata, remittuntur eis, » ad Eugenium Papam hæc scribit : « In criminibus non in possessionibus potestas vestra ; quoniam propter illa, et non propter has accepistis claves regni cœlorum [3]. » Ac Bernardi quidem locum alibi legemus integrum, eoque doctrinam nostram luculentissimè confirmabimus. Illud quidem habemus interim, clavium potestatem in terrenis possessionibus minimè versari, neque propter eas apostolis esse traditam ; quâ profectò sententiâ vel unâ vincimus, nisi fortè apostolicam potestatem à terrenis possessionibus dijucandis abstinere jussam, propter regna concessam putemus, ac jam imperia distribuant vicarii, quorum Dominus, ne agros quidem dividendos, sibi attributos esse docet.

Hæc verò non ad contumeliam dicimus sacerdotalis officii. Bernardo enim assentimur, hæc negari pontificibus, « non quia indigni illi sint, sed quia indignum illis talibus insistere, quippe potioribus occupatis. » Paria Ambrosius in eumdem Lucæ locum : *Quis me constituit judicem ?* « Bene terrena declinat, qui propter divina descenderat, nec judex esse dignatur litium et arbiter facultatum, vivorum habens et mortuorum judicium, arbitriumque meritorum [4]. » Et paulò post : « Meritò refutatur hic frater,

---

[1] *Matth.*, XVI, 19. — [2] *Joan.*, XX, 23. — [3] Bern., *de Consid.*, lib. I, cap. VI, tom. I, col. 412. — [4] Ambr., lib. VII *in Luc.*, n. 122, tom. I, col. 1438.

qui dispensatorem cœlestium gestiebat corruptibilibus occupare. »
Ergo in ecclesiasticam potestatem non modò aliena, sed etiam indigna conferunt, qui terrena quævis illius subdere satagunt imperio.

An fortè hùc afferent suum illud : *Directè* et *indirectè?* Quasi non licuerit Christo *indirectè* dividere eam, de quâ rogabatur, hæreditatem; aut verò ignoraret, quod nunc assiduè jactant, quantùm temporalibus spiritualia juvarentur. At ipse universim à se negotium amolitus, causas incidit omnes, quibus hæc ad ecclesiastica judicia revocentur, nullamque rerum terrestrium potestatem pertinere docet ad illud officium, cujus apostolos ministros ordinabat.

CAPUT XXI.

Respondetur ad objecta capitis XVII : an impii reges ab Ecclesiâ impuniti, si tuti à depositione habentur.

Jam ea-quæ sunt objecta superiùs facilè dissolvemus. Objiciebant enim sic : Ecclesiæ suppetere debere media ad salutem animarum procurandam, atque adeò remedia adversùs malos principes, qui earum saluti nocerent. Hæc argumenta, quibus sese maximè efferebant, nunc sponte concidunt. Repetimus enim more Scholæ argumentum; atque ad illud : Debent Ecclesiæ suppetere media atque remedia, distinguimus : media atque remedia, quæ Christus ipse tradiderit, ipsâ quæstione, ut vidimus, in medium adductâ, fatemur; media ac remedia, quæcumque ipsi per nos excogitare possumus, negamus ac pernegamus. Neque enim illud verum est, quod tantâ confidentiâ assumere videntur : Christum qui præcepit finem, salutem æternam scilicet ab Ecclesiâ promovendam, statim indulgere omnia, quæ ad finem conducere, aut impedimenta amovere posse videantur. Imò ab ipso audiendum quæ media, quæ remedia concesserit optimus ipse Provisor animarum, ac providentissimus divinæ rei Procurator. Nec enim dubium quin ea remedia dederit, quæ christianæ disciplinæ idonea sibi viderentur. At et ipse, et apostoli ea quæ nunc passim novi theologi venditant remedia tacuere; et Christus quidem disertè præscripsit quid esset agendum, cùm *ad præsides et reges* pro Evangelio vincti traheremur: cùmque ipse et apostoli prævidissent, imò experirentur quanta pati oporteret à mundi potestatibus pietatem professos, non aliud quidquam præter obedientiam imperarunt, salvâ quidem conscientiâ, quæ uni Deo pareret. Ergo alia omnia, quæ tanto posteà intervallo excogitarunt homines, nempè ut temporalia adimerent, jugum excuterent, bella concitarent, procul à piorum animis, atque ab Ecclesiæ modestiâ ac fide abesse voluerunt.

Neque propterea christianam fidem professos, ipsosque etiam reges ab Ecclesiæ auctoritate immunes reliquerunt. Tametsi enim nec temporalibus, nec terreno regno, at cœlestibus et æterno regno mulctant, et amandant Christi vice ad ethnicos, et ligatos addicunt suppliciis sempiternis. An Leonem Isaurum, ut hoc octavi sæculi exemplum in antecessum demus, an, inquam, Leonem Isaurum Gregorius II (a) Pontifex impunè dimittebat, qui pro apostolicâ potestate minabatur se impium principem Satanæ traditurum? An hæc parùm valebant, quòd interim de terreno regno directè aut indirectè adimendo nullas jactaret minas: atque etiam imperium à suâ potestate intactum et immune esse fateretur dicens: « Neque Pontifex introspiciendi in palatia, neque imperator in ecclesias introspiciendi habet potestatem [1]? » An verò gravior, aut verendus magis Gregorius VII, quòd prorsus omnia, terrenaque non minùs quàm cœlestia, sibi vindicaret? Imò verò ille nempè Gregorius II tantò validiùs feriebat, quantò magis ab alienis abstinens, sua tantùm intorquebat.

Quid si anathemata spernant, inquies? Quid si depositionum

[1] Greg. II, *ep. ad Leon. Isaur.*; tom. VII *Concil.* col. 26; et ap. Bar., tom. IX, pag. 74.

(a) Gregorius II, ut censet Baronius cum turbâ historicorum, scripsit ad Leonem imperatorem has epistolas duas, quas tamen D. FLEURY ann. 731, tom IX, pag. 236, edit. in-4°, Gregorio III adscribit. Quod cur fecerit, non docet. Has epistolas esse Gregorii II firmis rationibus probat Fronto-Ducæus, qui illas in bibliothecâ cardinalis Lotharingii à se repertas primùm edidit græcas et fecit latinas. Vid. ejus notas, tom. VII *Concil.*, col. 21; et ap. Baron., tom. IX, p. 71. (*Edit. Leroy.*)

spernant sententias? Quid si, ut tam sæpè factum est, opponant arma atque victorias? Quid proderit jactare principem depositum verbis, rerum potientem? Sanè cùm excommunicant Romani Pontifices, stat valetque statim ipsâ vi suâ adversùs contumaces ac rebelles, quocumque loco positos, excommunicatio, Deo ligante in cœlis, quæ divinitùs traditâ potestate in terris ligata sunt. At cùm depositionis quocumque apparatu proferunt sententias, nisi statim suppetunt exercitus, profectò, si verum dicere volumus, quò magnificentioribus, eò inanioribus verbis ludunt. Sed quid his immoramur, tanquam necesse sit eam à Christo in Ecclesiâ institutam fuisse potestatem, quæ omnia incommoda propulsaret: non autem pars sit vel maxima christianæ doctrinæ, multa incommoda subortura, adversùs quæ nullum sit humanum remedium, sed quæ vel precibus amoliri, vel demisso animo pati debeamus: ut scilicet ad illud suspiremus regnum, in quo nullo obstaculo, nullo incommodo perturbemur? Quòd si alia præsidia quærimus, alia ex aliis incommoda consequentur, perficieturque præposteris curis, ut malis oppressi, remediis quoque graviùs laboremus. Certè cùm Pontifices Ecclesiæ consulere cœperunt, deponendo reges, secutæ sunt eæ calamitates, quibus doceremur quàm consultò Christus ab iis remediis temperarit.

CAPUT XXII.

De excommunicationis effectu: an privet temporalibus: quid sit illud: Sit tibi sicut ethnicus et publicanus? interdicta de vitandis excommunicatis in litteris apostolicis contenta expenduntur.

Sed nihil planè est quo vehementiùs illam potestatem confutemus deponendi reges, quàm cùm intuemur, quâ in re ipse Christus ecclesiasticæ potestatis arcem collocaverit. Est autem in ipso anathemate, cujus vim ex Scripturis exponere nos oportet; ut cùm intellexerimus quousque se protendat summum id, quod Ecclesiæ à Christo concessum sit, cætera ut aliena respuamus.

Vim autem anathematis Christus explicuit his verbis: « Dic Ecclesiæ; si autem Ecclesiam non audierit, sit tibi sicut ethnicus et publicanus : amen dico vobis, quæcumque alligaveritis super terram, erunt ligata et in cœlo, et quæcumque solveritis super terram, erunt soluta et in cœlo [1]. »

Hîc autem primùm quærimus quid illud significet : *Sit tibi sicut ethnicus et publicanus.* Certè illud : ut quemadmodum Ecclesiæ, ita sit regni cœlorum extorris; unde Christus addit : *Quæ alligaveritis super terram, erunt ligata et in cœlo.* Ligant ergo illos, non modò ut communione fidelium, sed ut cœlo excludantur.

Jam si quis existimet his verbis : *Sit tibi sicut ethnicus et publicanus*, non modò spiritualia, sed etiam temporalia adimi, id dicat necesse est, temporalibus rebus privari ethnicos ac publicanos quod non tantùm risu, sed etiam anathemate dignum esset.

Nam illud à Christo tantâ auctoritate prolatum : « Reddite quæ sunt Cæsaris Cæsari, » satis demonstrabat quàm jure obtinerent, non modò reliqua temporalia bona, verùm etiam imperia, qui veram religionem aversati, idolis serviebant. Quare nihil vetabat etiam regnare eos, qui ad conditionem ethnicorum redacti essent.

Jam de publicanis haud minùs clara res est, dicente Zachæo publicano : « Ecce dimidium bonorum meorum do pauperibus, et si quid aliquem defraudavi, reddo quadruplum [2]. » Ergo alia bona legitimo jure publicanus possederat, et sua, non aliena egenis tribuebat : *Dimidium*, inquit, *bonorum meorum.* Neque aliud quid ab eo Dominus reposcebat dicens : « Hodie salus domui huic facta est. »

Quare nec famulitio privabantur, quæ pars erat bonorum maxima; præcipitque disertè Apostolus manere fideles in dominorum etiam infidelium potestate [3]; quominus admirere mansisse integram in ethnicis publicam potestatem, cùm etiam herilis manserit.

Neque quisquam somniabat, his atque aliis bonis temporalibus privatos esse ethnicos aut publicanos, ut proptereà iisdem bonis mulctati intelligantur christiani, qui excommunicati ethnicis et publicanis accensentur.

[1] *Matth.*, XVIII, 17, 18. — [2] *Luc.*, XIX, 8, 9. — [3] 1 *Tim.*, VI, 1.

Sanè ex eo Christi decreto constat, quoad fieri potest, vitandam eorum esse consuetudinem, nec esse salutandos, nec iniri cum illis debere convivia. Vitabant enim Judæi cum publicanis cibum sumere : undè illud in Evangelio passim apostolis exprobratum : « Quare cum publicanis et peccatoribus manducat Magister vester [1]? » Et Zachæi occasione « murmurabant dicentes, quòd ad hominem peccatorem divertisset [2]. » Consertiunt interpretes, Maldonatus, Estius et alii passim; allusumque esse constat ad Judæorum mores, « qui ab ethnicorum et publicanorum, quos pro publicis peccatoribus habebant, consuetudine abstinebant, ità ut nec salutandos putarent [3]. »

Ergo indicebat Christus excommunicatos vitari eo ritu modoque, quo à Judæis ethnici ac publicani vitabantur, ut eos nec salutarent, nec cum eis cibum sumerent : unde apostolicum illud : « Scripsi vobis non commisceri, si is, qui frater nominatur, est fornicator, etc., cum ejusmodi nec cibum sumere [4]. » Quò pertinet etiam illud *ad Thessalonicenses* : « Quòd si quis non obedit verbo nostro per epistolam, hunc notate, et nolite commisceri cum illo, ut confundatur [5]; » et illud Joannis : « Si quis hanc doctrinam non affert, nolite recipere eum in domum, neque *Ave* ei dixeritis : qui enim dicit illi *Ave*, communicat operibus ejus malignis [6]. »

Hæc sunt interdicta de excommunicatis vitandis, quæ quidem in Evangeliis atque apostolicis scripturis habemus. Ecclesiastica, quæ indè manarunt, ex his interpretari nos oportet, neque res obscura est. Satis enim constat hæc interdicta ad bonos mores, non ad ea pertinere, quæ civili jure continentur.

Ad mores, inquam, hæc pertinent. Debet enim vir bonus abstinere à malorum hominum consortio, eo quòd, ut ait Apostolus, « corrumpunt mores bonos colloquia mala [7]; » et quòd vir bonus probare videtur illius doctrinam vitamque, cujus consuetudine delectatur; undè Joannes : « Qui dicit ei *Ave*, communicat operibus ejus malignis [8]. »

---

[1] *Matth.*, IX, 2. — [2] *Luc.*, XIX, 7. — [3] Maldon. *in Matth.*, XVIII, 17. Est. *in I Cor.*, V, 2. — [4] I *Cor.*, V, 2 — [5] II *Thess.*, III, 14. — [6] II *Joan.*, 10, 11. — [7] I *Cor.*, XV, 33. — [8] II *Joan.*, 11.

Quòd si malos vir bonus per sese quantùm potest vitat, quantò magis eos malos, qui ecclesiastico judicio ut mali notati sunt? Quo sensu Augustinus [1], eumque secuti passim latini Doctores intelligunt apostolicum illud : « Non commisceri cum eo qui frater nominatus, adulter sit [2]. » Sic enim Græca ad verbum habent. Ità autem interpretatur Augustinus : ut vitemus fratrem, qui sit adulter nominatus, hoc est, ecclesiastico judicio notatus : quam Augustini interpretationem cum græco textu egregiè consentire demonstrat Estius.

Pertinet etiam ad bonos mores illud : « Nolite commisceri cum illo, ut confundatur [3]; » hoc est, ut pudore victus ab iis actibus abstineat, quorum gratiâ viris bonis horrori se esse intelligit. Ergò excommunicatus evangelicâ atque apostolicâ auctoritate, humanæ societatis exsors est, quatenùs humana societas ad bonos mores spectat, manentque integra, quæ civili lege continentur, nisi aliter lex ipsa caverit.

Quòd autem posteà inter christianos excommunicati, nisi resipiscant, sint infames, intestabiles, ad quædam vitæ civilis officia inhabiles, id ex eo ortum est, quòd christiani principes, quoad fieri potest, leges suas ad bonos mores atque evangelicam disciplinam aptent, non quòd excommunicatio per se ullo temporali jure bonoque privet.

Neque aliter intellexerunt Patres. Notum illud Tertulliani in *Apologetico* : « Ibidem (in sacris scilicet christianorum conventibus) exhortationes, castigationes et censura divina : nam et judicatur magno cum pondere, ut apud certos de Dei conspectu; summumque futuri judicii præjudicium est, si quis ità deliquerit, ut à communione orationis et conventùs, et omnis sancti commercii relegetur [4]. » Notanda hæc postrema verba : *Omnis sancti commercii*, quibus etiam comprehenditur conversatio et consuetudo cum sanctis. Sancti enim, hoc est, Christi fideles, idcircò maximè inter se conversari debent, ut sancta tractent, etiam in familiari colloquio; atque ideò ab eorum abhorrent consuetudine, quibuscum hæc tractare non possunt. Sic mali christiani, et per

---

[1] August., *cont. Parm.*, lib. III, cap. II, tom. IX, col. 62. — [2] I *Cor.*, v, 11. — [3] II *Thess.*, III, 14. — [4] Tert., *Apol.*, cap. XXXIX.

ecclesiasticam sententiam notati ut tales, non modò à communione orationis et conventûs, sed etiam ab omni sancto commercio, et à sanctorum consuetudine relegantur. Nihil ultrà licitum christianis ecclesiasticâ potestate, juraque temporalia excommunicatis per Ecclesiam in tuto sunt. Scilicet Christus animam per baptismum sponsam, ac posteà adulteram, facto divortio, repudiat : sua sibi habeat jubet. Christi ergò bona donaque, et eorum omnem usum amittit, reliquis integris et illæsis.

CAPUT XXIII.

Alius excommunicationis effectus : Tradi Satanæ ad interitum carnis: *argumentum pro nostrâ sententiâ ductum ex memoratis in Scripturâ excommunicationis effectibus.*

Jam quid ex eo Christi cum animâ divortio consequatur, exponit Apostolus, de illo Corinthio dicens : « Ut tollatur de medio vestrùm, qui hoc opus fecit [1]; et paulò post : « In nomine Domini nostri Jesu Christi, congregatis vobis et meo spiritu, cum virtute Domini nostri Jesu, tradere hujusmodi Satanæ in interitum carnis [2], » ut qui Christi et sancti Spiritûs sit exsors, spiritui nequam tradatur; quippe cùm, teste Augustino, « extra Ecclesiam sit diabolus, sicut in Ecclesiâ Christus [3]. » Sanè apostolicis temporibus, quemadmodum ad apostolicæ manûs impositionem Spiritus sanctus etiam manifestè descendebat, ità manifestè exercebat Satanas vim suam in virum ecclesiasticâ potestate sibi traditum. Cæterùm hæc ad tempus : firmum illud et æternum, quod intus, et per impositionem manùs, sancto Spiritui, et per excommunicationem, Satanæ addicantur.

Si bonis privatus fuisset ille Corinthius Satanæ traditus, non id Apostolus prætermisisset, qui etiam commemorat traditum esse *Satanæ ad interitum carnis;* quod quidem de ulcere pessimo, aliove gravi malo per Satanam inflicto Chrysostomus hìc [4] et alii passim intelligunt.

---

[1] *I Cor.*, v, 2. — [2] *I Cor.*, v, 4, 5. — [3] Aug., serm. CXLIV, n. 6, tom. V, col. 695. — [4] Chrysost., Hom. XV *in* I *ad Cor.*, n. 2, tom. X, p. 127.

Cùm ergò et Christus, et apostoli, quo loco explicant ecclesiasticæ potestatis censuræque vim summam, nihil de adimendis temporalibus juribus aut rebus edicant, satis profectò constat non id ad ecclesiasticam potestatem pertinere. At ratio non sinit, ut quæ auctoritas in suorum bonorum ac jurium possessione relinquit privatos, ea depellat reges. Ergò excommunicati redactique ad ethnicos eo jure regnabunt, quo etiam ethnici Cæsares, Christo approbante, regnarunt.

CAPUT XXIV.

Objectum ex interdicto de vitandis excommunicatis, per exceptionem moralis, quam vocant, sive civilis necessitatis, ex omnium theologorum doctrinâ solvitur : eâ in re Gregorii VII tempore manifestus error, nunc communi consensu refutatus.

Jam verò nullo negotio solvimus id quod objiciunt : vitandos excommunicatos, ruptum cum eis humanæ consuetudinis vinculum, neque excipi reges, si fortè hæretici aut excommunicati sunt : non ergò colendos pro regibus, quos ne alloquio quidem et salutatione dignari nos oportet.

Hoc illud argumentum est, quo uno Gregorii VII temporibus viros bonos doctosque permotos fuisse videbimus, ut ab Henrici IV regis excommunicati obedientiâ recederent; sed, quod apud omnes constat, errore manifesto. Certissimum enim est consensione theologorum et decretis Pontificum, illud interdictum de vitandis excommunicatis, quatenùs ad humanam consuetudinem pertinet, exceptionem necessitatis, non physicæ tantùm illius, quam vocant, et ineluctabilis, sed etiam moralis ac civilis admittere. Hinc ea decreta variis subindè sunt emollita modis, queis factum est, ut jam cum hæreticis et schismaticis propter necessitatem versemur innoxiè, quos tamen quò minùs audiunt Ecclesiam aperti ejus hostes et contemptores, eò magis pro ethnicis et publicanis haberi oportet. Quare cùm interdictum de vitandis excommunicatis erga privatos quoque causâ necessariâ temperetur; urgeri erga reges, tanto incommodo rerum humanarum ac reipublicæ periculo, supra quàm dici possit, absonum absurdumque est. Quo etiam factum est, ut hoc argumentum regum deponendorum ab excommunicatione depromptum, Bellarminus prætermitteret, tot inter argumenta, quæ undecumque congerit [1]. Atque hæc sufficerent ad eam difficultatem, si qua est, explicandam. Cæterùm ne omittamus ea, quibus viri graves moti olim sunt, quæque D. Nicolaus Dubois inculcare et inferre non desinit [2]; quæ sit vis interdicti de vitandis excommunicatis, quantùm ad rem nostram attinet, exponamus; et hujus quoque juris fontes recludamus.

CAPUT XXV.

Ejusdem interdicti vis diligentiùs quæritur : probatur, evangelicis apostolicisque litteris, quòd exceptionem necessariæ causæ admittat, neque ab obsequiis regum arceat.

Tria sunt in quibus excommunicatis communicari vetitum : in malis, in sacris, in quotidianâ consuetudine. Mala autem hîc dicimus ea quidem propter quæ excommunicati sunt, quod *crimen criminosum* vocant.

Jam hæc tria inter se magno habentur discrimine. Primùm enim in malis sacrisque qui communicaverit, pari excommunicatione percellitur, *majore* scilicet, quæ non tantùm sacramentis, sed etiam conventibus ac suffragiis privet : qui autem in hoc tertio, nempe in quotidianâ consuetudine, communicaverit, is jam, ex ecclesiasticâ disciplinâ, aliud genus incurrit excommunicationis, quam *minorem* vocant; et sacramentis quidem, non tamen suffragiis aut fidelium cœtu ac societate caret.

Hùc accedit discrimen alterum, quod magis ad rem nostram spectat : nempe interdictum de non communicando in malis, atque etiam in sacris, postquam adhibiti sunt constituti ab Ecclesiâ ritus, nullam exceptionem habet : quippe cùm illud sit primus et principalis excommunicationis effectus, primus internus ac præcipuus finis. At verò quod attinet ad vitæ consuetudinem,

---
[1] Bell., lib. V *de R. P.*, cap. VI, VII, VIII. — [2] *Cons.* VIII, et alibi pass.

quæ est tantùm excommunicationis appendix, exceptionem, hujus quam diximus necessitatis, admittit. Id autem exponimus, primùm ex evangelicis apostolicisque Scripturis, tùm ex primâ antiquitate, posteà ex Gregorio VII, cujus tempore hæc maximè urgebantur, postremò ex temporibus consecutis.

Quod attinet ad evangelicas apostolicasque Scripturas, res ex antedictis liquet. Perspicuè enim vidimus ethnicos et publicanos, ad quos excommunicati relegantur, ut nullo temporali bono ac jure, ità nec etiam civili societate privatos fuisse. Ac de ethnicis quidem, quis dixerit civili societate fuisse privatos qui regnare juberentur? Quo necessariò fiebat ut Judæi et venerarentur imperantes, et jussa capesserent, et sæpe supplicarent, et missos ab eis præsides, magistratus, milites, suo quemque gradu locoque acciperent, et cum iis civilia negotia tractarent; quod et Paulus fecit nullâ Judæorum offensione, quippe cùm id passim etiam ipsi factitarent. Idem Apostolus ad tribunum Lysiam misit adolescentem sororis suæ filium, de avunculi vitâ et incolumitate tractaturum [1]. Pari modo à publicanis, si qui etiam Judæi essent, quales fuerunt illi quos Joannes baptizabat, et ipse Zachæus, non uxores, non liberos, non servos, non colonos quisquam abstrahebat. Vendebant, emebant, contrahebant; quòd illi in republicâ quidem communi cum aliis jure viverent. Quare in ethnicis atque publicanis, nec publica, nec patria, aut herilis potestas ullo jure læsa aut immutata erat.

Vetita ergò intelligimus, non quæ necessitas postularet, sive erga principes ac magistratus, sive erga dominos ac parentes, sive etiam erga cives; sed quæ voluntariæ ac peculiaris necessitudinis ac familiaritatis essent indicia : salutare, convivari, hospitio accipere; quæ etiam apostoli disertè explicant. Neque enim aut Paulus aut Joannes vetant ne contrahatur, ne ematur, ne vendatur, ubi necessitas id exposcit, sed ne commisceantur cum notatis ac nominatis fratribus; ne scilicet utantur eis familiariter, ne tecto, ne mensâ, ne salutatione aut osculo excipiant; quæ non necessitatis, sed spontanei officii sunt; quæ quidem Judæi cum ethnicis et publicanis religiosè omittebant.

[1] *Act.*, XXIII, 16, 17.

Neque tamen hæc quoque ad supremos juris apices exiguntur. Quis enim apostolico præcepto repugnare jam se putet, si Calvinistas hæreticos salutarit? Quòd nempe tam multi sint tamque obvii, ut quoddam discordiæ publicæ genus esset, salutationem et communis vitæ officia tot civibus denegari. Id autem nec apostoli præcepisse videntur; quippe qui ita pronuntient : « Si is qui frater nominatur [1];... Si quis hanc doctrinam non affert [2]; » ut nempe intelligamus hanc interdicti partem, quæ communis vitæ officiis excommunicatos arceat, ad paucos pertinere, ne ad magnam quoque multitudinem pervagata civile dissidium pariat. At si ea necessitas adversùs cives valet, qui negaverit valere adversùs principes, næ ille quid civis, quid princeps sit, ne nomine quidem intellexerit.

CAPUT XXVI.

Idem probatur ex sanctis Patribus.

Hæc autem ab ipsâ christianitatis origine manasse ad omnem deinde Ecclesiam, Juliani Apostatæ et Valentis Ariani, aliorumque hæreticorum principum exempla demonstrant. Notum illud erga Julianum, ejurato non tantùm baptismo, sed etiam clericatu, omnibus detestatum, Valentiniani posteà Augusti, qui, « cùm lanciarios ad palatii custodiam constitutos, tribunus regeret, Julianum in templum Genii publici intrantem præcedebat. At aspersam chlamydi lustralis aquæ guttam conspicatus, Ædituum pugno percussit, inquinatum se dicens, non autem purgatum [3] : » quo facto ablegatus, pro confessore est habitus, quòd cùm in necessario officio imperatori præsto esset, in sacris tamen aut potiùs in sacrilegiis, ab ejus societate et communione abhorreret.

Sanctus Gregorius Nazianzenus refert Cæsarium fratrem apprimè christianum, sanctique episcopi filium, « gloriosa cupiditate ductum, atque, ut Cæsarius ipse profitebatur, quo urbi suæ præsidio esset, in aulam se contulisse, » ad Julianum Apostatam scilicet, et quidem in aulâ medicus *militavit* [4], seque peculiari

---

[1] I *Cor.*, v, 11. — [2] II *Joan.*, 10. — [3] Theod., lib. III, cap. XVI, pag. 139.— [4] Greg. Naz., *epist.* XVII, p. 779.

obsequio imperatori dedidit, christianos alios secutus, qui passim in diversis muneribus innoxiè ministrabant, eo quòd obsequia in principem inter necessaria reipublicæ officia habebantur. Quo quidem à consilio, Gregorius Nazianzenus datâ epistolâ deterret Cæsarium, non tamen eo quòd tali consortio à christianâ pietate occideret, cùm etiam apertè testetur factam ab eo rem, « sibi quidem ingratam, non tamen reprehensione dignam [1].

Memorat sanctus Ambrosius quemdam sub Juliano judicem, à quo « ille damnatus qui aram dejecit et turbavit sacrificium, martyrium fecerat : itaque, inquit Ambrosius [2], nunquam ille judex qui audivit eum, nisi persecutor est habitus; nemo illum congressu, nemo illum unquam osculo dignum putavit. » Omissa officia quæ non essent necessitatis docet : ab ejus tribunali abhorruisse christianos, si necessitas exposceret, aut eum pro judice non fuisse agnitum non docet.

Sanctus Basilius scribit præsidem Libyæ à magno Athanasio condemnatum anathemate, « omnibus aversandum et execrabilem futurum : ità ut nec ignis, nec aquæ, nec tecti communionem cum illo sint habituri [3]. » Cæterùm nec eum ab officio præsidis, nec proindè christianos à necessariis obsequiis prohibebat.

Idem Andronico contigit patriæ præfecturam à Theodosii liberis consecuto. Eum Synesius, patriâ Cyrenensis, factus Ptolemaidis episcopus, inauditæ crudelitatis ac blasphemiæ reum, adhibito presbyterii consilio, excommunicavit, decretumque Ptolemaidensis ecclesiæ, de vitando eo, ad sorores transmisit ecclesias in hanc formam [4]: « Andronico et Thoanti eorumque sociis, omnis religiosa ædes, omnia septa clausa sunto; privatos omnes ac magistratus hortor ut nec ejusdem cum illo tecti neque mensæ participes esse velint; tum sacerdotes imprimis, qui nec viventes illos salutabunt, nec mortuos funebri pompâ deducent. Qui Ecclesiam nostram contempserit, et ab eâ damnatos receperit, hic, sive levita, sive presbyter, sive episcopus, apud nos eodem cum Andronico loco censebitur, neque cum eo dexteram junge-

---

[1] Greg. Naz., orat., x, p. 165. — [2] Ambros., epist. XL, ad Theodor. Aug., n. 17, tom. II, pag. 951. — [3] Basil., tom. III, ep. LXI, aliàs XLVII.— [4] Synes., ep. LVIII; p. 203.

mus, nec eâdem ex mensâ vescemur unquam; tantùm abest ut cum iis arcana mysteria communicemus, qui cum Andronico et Thoante partem aliquam habere voluerint.» En quibus communicari vetitum excommunicato magistratui : primùm ac maximè in sacris, tum etiam in voluntariis officiis, salutationis scilicet, mensæ tectique consortio. Hæc explicitè Synesius. Non profectò prohibet ne præfectum habeant, ne causam dicant, ne jussis pareant, ne consueta ac necessaria reipublicæ officia adeant atque obeant.

Quis autem vel fando audiit, tot inter hæreticos ac schismaticos, qui passim in urbibus inter christianos viverent, quemquam unquam fuisse à servorum, si quos haberet catholicos, possessione dejectum, aut uspiam catholicos prohibitos quominùs sibi necessaria emerent, venderent, agerent? Nonne ergo eos, Julianumque ac Valentem, ex præcepto Domini, pro ethnicis ac publicanis habebant, qui Ecclesiam non audirent et apertè contemnerent? Certè. Sed in malis sacrisve, exceptione nullâ : in vitæ communis officiis exceptam necessitatem noverant.

An fortè illud dicent, non fuisse Julianum ac Valentem nominatim ac publicè excommunicatos, quare nec vitandos fuisse? Quasi non satis apertè Ecclesiam contemnerent, aut necessaria esset adversùs publicos persecutores denuntiatio, aut posterioris ævi de denuntiatione decreta in eam quoque ætatem transferri possent. Sed quandoquidem vani homines etiam hæc obtrudunt, quid de Anastasio dicent, quem testatur Baronius in concilio Romano à sancto Symmacho Papâ, ut hæreticum nominatim excommunicatum fuisse? Quid autem de Leone Isauro, quem idem Baronius memorat à Gregorio II nominatim percussum anathemate[1]? Quos vitatos fuisse, cùm certo jure imperarent, quis vel ineptissimus dixerit?

Sanè Baronius defecisse ab Isauro memorat Occidentis imperium[2], quod quidem nos ex eodem Baronio refellemus[3]. Sed quid ad nos interim, cùm Orientis imperium, tùm sanè catholicum non neget Baronius in imperatoris obedientiâ permansisse,

---

[1] Baron., tom. VI, an. 502, pag. 547. — [2] Id., tom. IX, an. 726, p. 62. — [3] Vid. inf., lib. II, cap. XII et seq.

nec profectò vitasse in civilibus societatem ejus, cui tam prompto studio obediret? Hæc quidem suo loco fusiùs exponemus [1]. At dare in antecessum juvat, quæ pessimam causam, Baronii quoque testimonio, jugulent.

Anastasii mentio reduxit in animum id quod in sancti Hormisdæ Papæ Indiculo, seu *Commonitorio* legatis dato, legimus. Sic autem præcipit de damnatis episcopis, qui Chalcedonense concilium, ac sancti Leonis epistolam contemnebant, et excommunicati Acacii [a] nomini in sacris communicabant : « Si episcopi voluerint occurrere, in quâ decet eos veneratione suscipite; et si voluerint secessionem parare, (domum quò divertatis) nolite spernere, ne judicetur à laicis nullam vos cum illis velle habere concordiam : si verò vos ad convivium rogare voluerint, blandâ excusatione declinate, dicentes : Orate ut mysticam illam mensam primùm mereamur habere communem, et tunc erit nobis ista jucundior : victualia et quæ alia offerre voluerint, exceptâ tamen subvectione, si causa poposcit, nolite suscipere [2]. » Sic convivia vitant, alloquia frequentant : victualia respuunt, accipiunt subvectiones, ac domos quò divertant; atque illud interdictum, ne quis cum hæreticis excommunicatisque versetur, ne salutet, ne munera accipiat, ità servant, ut necessariâ causâ aliquâ prætermittant. Adeò hæc præcepta, eorum numero non esse putabantur, quæ strictè et ad summos apices exigenda sint, sed quæ ad personarum, temporum rerumque convenientiam, per christianam prudentiam charitatemque sint temperanda.

CAPUT XXVII.

Idem probatur ex Hincmari insigni responsione ad Adrianum II, vetantem né cum Carolo Calvo rege communicaret.

Quare cùm Adrianus II, sub anathematis pœnâ, Hincmaro rhemensi præcepisset, ut nisi Carolus Calvus pontificiis jussis obtemperaret, se ab ejus, ut excommunicati, alloquio, saluta-

[1] Vid. inf., lib. II, cap. xii et seq. — [2] Vid. tom. IV *Conc. Labb.*, col. 1426.
[a] Patriarchæ Constantinopolitani.

tione, præsentiâ, sequestraret; Hincmarus in hæc verba respondit : « De hoc quod scripsistis, si ipse rex Carolus in obstinationis suæ perfidiâ persistere maluerit, ab illius me communione atque consortio sequestrem et, secundùm Apostolum [1], ne *Ave* ei dicam, si vestræ communionis volo esse particeps, et præsentiam ejus modis omnibus devitem; cum magno cordis dolore ac gemitu dico, quoniam et ecclesiastici et sæcularis ordinis viri, qui diversis de regnis, Rhemos civitatem plurimi convenerint, improperando dixerunt et dicunt, nunquam hujusmodi præceptionem ab illâ Sede ulli decessorum meorum missam fuisse; » et paulò post : « Sed et domino nostro Regi Carolo ad exaggerationem dicitur à quibusdam, quòd nec pro Lothario, publico adulterio denotato et apud Sedem apostolicam accusato, talem præceptionem et comminationem ab antecessore vestro, nullus episcoporum in isto regno acceperit, nec etiam ab hæreticorum vel schismaticorum sive tyrannicorum imperatorum ac regum, quales fuerunt Constantius Arianus ac Apostata Julianus, et Maximus Tyrannus, præsentiâ et salutatione, sive collocutione, Sedis apostolicæ Pontifices, vel alii magnæ auctoritatis ac sanctitatis episcopi, cùm locus et ratio et causa exigit, se subtraxisse leguntur [2]. » Ergo hæc de salutatione atque alloquio omittendo, non strictè exiguntur, sed prout *locus et ratio et causa exigit*, temperantur.

Quod ut demonstret non aliter posse fieri, addit : « Nescio quomodo ipsius regis, vel inter quos habito, præsentiam et communionem et consortium (externum illud scilicet) valeam devitare, cùm rex et cohabitantes secum unà cum rege, non solùm in parochiam, verùm et in civitatem meam sæpè conveniant, et ibi tamdiù, sicut regi complacet, degant. Ecclesiam et plebem mihi commissam deserere et aliorsùm, ut mercenarius, non valeo fugere; nec quò extra regnum ejus fugiam habeo; sed regio cultu eo recepto, de ecclesiasticis facultatibus, sicut præcipit, et quamdiù præcipit, illi et sibi obsequentibus servio. Dicit enim hanc potestatem suos decessores habuisse, quam ipse nullâ interdictione dimittet [3]. » Quæ cùm ille quæsisset, *consulendo qualiter*

---

[1] II *Joan.*, 10. — [2] Hincmar., *opusc.* XLI, tom. II, p. 693. — [3] *Ibid.*, p. 698.

erga regem se gerere deberent, ut apostolicæ sententiæ de observandis regibus obedirent; nempe illa, de omittendâ salutatione ac negandâ regi præsentiâ, evanuerunt. Hæc si cogitassent, qui Gregorii VII tempore, tantâ imperitiâ interdictum de vitandis excommunicatis explicabant, facilè intellexissent, quàm necessariò justæ atque idoneæ causæ exceptionem exposceret.

CAPUT XXVIII.

Idem efficitur ex Gregorii VII decretis.

Ipse etiam Gregorius VII, cùm vel maximè urgeret, secedendum ab excommunicatis, ut Henrico IV excommunicato obedientiam omnem adimeret, tamen coactus est hanc interpretationem sequi. Hæc enim legimus in concilio Romano IV, anno 1078 : « Quoniam multos, peccatis nostris exigentibus, pro causâ excommunicationis perire quotidiè cernimus (*a*), partim ignorantiâ,

---

(*a*) Plus haut, p. 164, on nous disoit que Grégoire VII croyoit les Papes « entièrement saints, » *omninò sanctos,* par conséquent sans faute et sans tache devant Dieu ; maintenant on lui met ces paroles dans la bouche : « Nous voyons chaque jour beaucoup d'ames périr à cause de nos péchés. » Comment concilier ces deux choses? On remarque partout que l'auteur n'a pas mis la dernière main à la *Défense de la déclaration gallicane.*

Au reste, puisque nous voilà ramenés sur ce sujet, Grégoire VII se croyoit si peu à l'abri du péché, il vouloit si peu faire croire à son impeccabilité, qu'il se nommoit souvent pécheur. « Ce qui m'excite surtout, écrit-il à Wozelin de Magdebourg et à ses suffragans, c'est la crainte d'être accusé devant le souverain Juge par la négligence de l'administration qui m'a été confiée. » A Humbert, archevêque de Lyon : « Plus sont violentes les tempêtes qui de nos jours et à cause de nos péchés battent l'Eglise, plus nous devons avoir soin de réunir, pour sa défense, nos avis et tout ce que nous avons de force. » Aux Germains : « Ce sont nos péchés qui attirent les maux de l'Eglise..... Si nous voulions appliquer le remède de la pénitence aux maladies de nos fautes; si, corrigeant nous-mêmes sévèrement nos excès et nos négligences, nous soumettions nos mœurs à la règle de la justice, certainement, avec le secours de la vertu d'en haut, la rage de nos ennemis tomberoit bientôt. » On le voit, Grégoire VII se comptoit toujours au nombre des pécheurs qui irritoient Dieu contre les chrétiens. Il s'écrie ailleurs : « Je dis souvent à Dieu : Hâtez-vous, hâtez-vous ; pour l'amour de la bienheureuse Marie et de saint Pierre, délivrez-moi. Mais parce que sur les lèvres d'un pécheur..... il n'y a point d'oraison sainte et digne d'être promptement accueillie, je vous prie, je vous conjure de presser sans relâche ceux dont la voix pieuse mérite d'être exaucée, pour qu'ils intercèdent en ma faveur. » (*Epist.*, I, 33, 39 ; II, 30, 49 ; V, 21 ; VIII, 9.)

partim etiam nimiâ simplicitate, partim timore, partim etiam necessitate : devicti misericordiâ, anathematis sententiam ad tempus, prout possumus, opportunè temperamus. Apostolicâ namque auctoritate ab anathematis vinculo hos subtrahimus : videlicet uxores, liberos, servos, ancillas seu mancipia, necnon rusticos et servientes, et omnes alios, qui non adeò curiales sunt, ut eorum concilio scelera perpetrentur, et illos qui ignoranter excommunicatis communicant, seu illos qui communicant cum eis qui communicant excommunicatis. Quicumque autem aut orator (loca pia orationis causâ frequentans) sive peregrinus aut viator, in terram excommunicatorum devenerit, ubi non possit emere, vel non habet undè emat, ab excommunicatis accipiendi licentiam damus; et si quis excommunicatis pro sustentatione, non superbiæ, sed humanitatis causâ, aliquid dare voluerit, fieri non prohibemus [1]. »

Tot exceptiones patitur interdictum de vitandis excommunicatis, auctore Gregorio VII, vehementissimo, si quis unquam fuit, hujus interdicti exactore atque executore. Has exceptiones docuerunt omnes deinde Pontifices totaque theologorum et canonistarum schola duobus versiculis notissimis has celebrat (a). Summa est: sensum interdicti eum esse, ut vitandos intelligamus excommunicatos in communi etiam consuetudine, cum hâc exceptione, nisi causa adsit necessaria. Quæ cùm à Gregorio VII ipsa necessitas expresserit, quis non jam inter causas necessarias reputarit obsequium in principes ac magistratus, sine quo respublica stare non possit? Quare illius ævi hominibus persuasum fuisse, ut liceret magis colonis ac servis, patremfamilias, quam civibus regem ac magistratus in civilibus ac necessariis colere, incredibile dictu est, summamque eorum temporum imperitiam aut incogitantiam prodit. Quæ iterùm atque iterùm notari volumus adversùs eos qui eorum temporum auctoritate nos premunt.

Notari etiam volumus in decreto Gregorii duo quædam : primùm, quòd Gregorius significet hæc se indulgere *apostolicâ*

---

[1] Tom. X *Conc.*, col. 370; et *Decret.*, part. II, quæst. III.

(a) Si pro delictis anathema quis efficiatur;
  Os, orare, vale, communio, mensa negatur.

auctoritate, misericordiâ victum, quasi non hæc extorqueat ipsa necessitas; aut verò quisquam unquam cogitarit, per excommunicationem abstrahi à patrefamilias servos aut colonos, nedùm uxorem ac liberos. An verò etiam ad misericordiam, non autem ad necessitatem pertinet illud, de non excommunicandis iis, *qui ignoranter excommunicatis communicant,* aut illud, ut qui inter excommunicatos versetur rerum omnium inops,, ab iis accipiat necessaria? Et tamen Gregorius (pace tanti viri dixerim) quasi pro magno id largitur : *Licentiam,* inquit, *damus ab excommunicatis accipiendi ;* tanquam non id per se liceat, aut ante eam licentiam, oporteret virum bonum et catholicum enecari fame. Hoc quidem esset, non jam excommunicatos, sed fideles et catholicos mulctare pessimè. Quare hanc Gregorii misericordiam, veniam ità intelligimus, ut id quod jam esset per sese licitum, ad omnem eximendum scrupulum clariùs indicaret. Certè utcumque est, claret non esse jure divino interdicta quæ à Pontifice concedantur.

Secundò, notari volumus illa Gregorii verba de curialibus, ut absolvantur ab anathemate , « qui non adeò curiales sunt, ut eorum consilio scelera perpetrentur; » quibus significat impunè versari in aulis ac ministeriis principum atque optimatum excommunicatorum, eos, à quibus non soleant de exequendis sceleribus exquiri consilia. Quid si exquirantur, et illi pro officio suo bona suadeant, atque ab omni malâ re abstineant? An quia principes excommunicati sunt, reipublicæ deesse debeant in necessariis justisque officiis? Nemo profectò id nisi ineptissimus dixerit. Summâ ergo in ignorantiâ versabantur, qui Gregorii VII tempore, Henrico IV excommunicato regi, neganda putabant obsequia etiam reipublicæ necessaria, eoque solo nomine ab ejus imperio atque obedientiâ recedebant.

CAPUT XXIX.

Idem probatur ex secutâ Pontificum omnium, atque Ecclesiæ praxi: insigne exemplum sub Gregorio IX, ac Friderico II imperatore: huic præstitum obsequium; negatâ interim mensâ et osculo.

Quare nec secuti Pontifices existimarunt solâ excommunicatione, aut anathemate solvi obedientiam. Postquam enim, exemplo Gregorii VII, id sibi tribuerunt ut reges deponerent, non propterea semper pro depositis habuerunt eos reges, quos etiam nominatim anathemate percussissent. Id innumeris exemplis demonstrabimus, ubi ad eorum temporum historiam venerimus. Nunc in antecessum, unum Friderici II exemplum proponemus.

Hunc ergo imperatorem, anno Christi 1228, Gregorius IX nominatim excommunicavit his verbis: « Imperatorem Fridericum excommunicatum publicè nuntiamus, et mandamus ab omnibus arctiùs evitari; contra ipsum, si contumacia ejus exegerit. graviùs processuri [1]. » Quid autem gravius tali anathemate, nisi quod anathemati depositionem adjuncturus erat, ut anno 1239 his verbis fecit: « Omnes qui ei fidelitatis juramento tenentur, decernendo ab observatione juramenti ejusmodi absolutos, » etc. Ita decernunt cùm depositos volunt.

Quare illud certum est: ex mente Gregorii IX, apud Fridericum II stetisse imperii vim, etiamsi ita decrevisset: « Excommunicatum publicè denuntiamus, et mandamus ab omnibus arctiùs evitari: » quod nempe illud interdictum necessarias exceptiones admitteret, nec magis solveret à justo imperio cives ac subditos, quàm à dominorum jugo colonos ac servos.

Quo factum est, ut imperatori ad bellum sacrum in Orientem profecto, cùm excommunicatus, nondùm tamen depositus esset, fideles quidem omnes communicare nollent, neque tamen eo secius in justis ac necessariis obedirent. Utrumque accepimus ab ejus ævi scriptore Matthæo Parisiensi [2]; nempe, ab episcopis, à clericis, à templariis, ab hospitalariis, ab aliis denique qui Ro-

---
[1] Greg. IX, *ep.* II; tom. XI *Conc.*, col. 315. — [2] Matth., Par., an. 1228. p. 349.

mano Pontifici addictissimi erant, Fridericum in bellicis ac publicis officiis pro duce esse habitum; et tamen omnes ei *in osculo et in mensâ*, communicare noluisse; maximè adhortatos, « ut Papæ satisfaciens rediret ad sanctæ Ecclesiæ unitatem. » Vides ut interdictum de vitandis excommunicatis ad mensam et osculum redigerent; ad officia reipublicæ necessaria extendi ne quidem cogitarent.

Cùmque negarent oris *osculum*, eam tamen interim salutationem adhibebant, quæ imperatoriæ majestati conveniret. « Flexis enim genibus adoraverunt eum, genua ejus deosculantes, » quòd nempè erga Principes humilis salutatio, non solius urbanitatis sit officium, sed obsequii necessarii pars maxima.

Quod autem ab oris osculo abstinebant, id factum arbitramur, quòd putarent tali osculo religiosi officii aliquid contineri, scribentibus apostolis in omni Epistolâ: « Salutate invicem in osculo sancto[1], » ut oris osculum christianæ fraternitatis signum esse videatur.

Alia ejusmodi passim occurrent, nec eorum pigebit lectorem commonere, ubi locus tulerit; atque omninò certum dabimus, seclusam à depositionis sententiâ fuisse, excommunicationis atque anathematis sententiam; nihil ut fuerit vanius, quàm illud interdictum de vitandis excommunicatis ad depositionem usque protendere.

Ratio autem hujus rei est, quòd illud interdictum in humanis quidem, exceptionem, uti diximus, necessitatis admittat; obsequia autem erga principes inter necessaria manifestè habeantur.

CAPUT XXX.

Sancti Thomæ locus : canon Constantiensis : item Lateranensis concordato insertus : quo sensu reges excommunicari non possint : dictorum in hoc interdictum recapitulatio ; atque hinc firmum argumentum.

Ut autem magis pateat, quæ sit hujus interdicti vis, intelligenda sancti Thomæ ac Doctorum sententia. Quærit sanctus

[1] *Rom.*, XVI, 16; I *Cor.*, XVI, 20 ; II *Cor.*, XIII, 22; II *Thess.*, V, 26 ; I *Pet.*, V, 24.

Thomas: « Utrum participare cum excommunicato in casibus non concessis, semper sit peccatum mortale [1]. » Casus autem concessos vocat Gregorii VII decreto comprehensos, quos suprà retulimus. Respondet sanctus Thomas: « Quòd participans excommunicato, (etiam extra concessos necessitatis casus) non semper peccet mortaliter, sed solùm quando in crimine illi participat, vel in divinis, vel in contemptum Ecclesiæ. »

Cujus quidem rei hanc rationem reddit: « Quòd præceptum Ecclesiæ (de vitando excommunicato) directè respiciat spiritualia, et ex consequenti actus legitimos; et ideò qui communicat ei in divinis, facit contra præceptum et mortaliter peccat: qui autem participat et in aliis, facit præter præceptum et peccat venialiter [2]. »

Notanda sancti Doctoris verba, quibus interdictum de vitandis excommunicatis, Ecclesiæ præceptum vocat, non divini juris, nam et illud inter Doctores quæritur. Quid autem hîc sentiant perindè nobis est, quòd sive divinum est, sive apostolicum, seu merè ecclesiasticum, certè exceptionem necessariæ causæ admittat: quibus causis necessariis, nisi necessaria reipublicæ officia complectimur, manifestè desipimus.

Quin etiam decretum illud, quod tractamus, de vitandis excommunicatis, usque eò processu temporis emollitum temperatumque est, ut jam ex constitutione Constantiensis concilii, quæ incipit *Ad evitanda scandala*, redigatur ad eam sententiam, vel censuram excommunicationis, vel interdicti ecclesiastici, « quæ fuerit contra personam, collegium, etc..., locum certum, vel certam, à judice publicata, vel denuntiata specialiter et expressè : » quo jure cum hæreticis ac schismaticis, quantumvis aperti sint Ecclesiæ hostes et contemptores, impunè versamur.

Hoc decretum, tametsi deest in Constantiensis concilii gestis (a),

---

[1] *Supplem.*, quæst. XXIII, art. III. — [2] *Ibid.*, ad 2um.

(a) Hoc decretum non commemorat Labbeus, neque in Actis quæ Constantiense concilium spectant, neque in appendice; quod tamen decretum à sanctâ synodo editum fuisse affirmant, qui non multò post eam exactam scripserunt, S. Anton., *Sum. hist.*, part. III, tit. XXII, cap. VI; et *Sum. Theol.*, part. III, tit. XXV, cap. II, III; Domin. Soto, in IV *Sent.*, dist. XXII, quæst. I, art. IV; Tolet., *Inst. Sacerd.* lib. I, cap. XII; Suar. Azar.; Valent., Vasq., etc. (*Edit. Leroy*).

Martino V id Constantiensis concilio passim tribuitur, et ab omnibus recipitur.

In eo autem decreto à communi regulâ excipitur clerici percussor notorius: « Nam, inquit, à communione illius, licet denuntiatus non fuerit, volumus abstineri. » Cur autem casus ille excipiatur unus, non ex jure divino, sed ex ecclesiasticæ disciplinæ ac temporum ratione manat.

At posteà in Basileensi, et Lateranensi sub Leone X concilio, res paulò aliter explicata est [1]. In utrisque enim æquè ac in Constantiensi, ut excommunicati vitentur *denuntiato expressa* requiritur. At ea adhibetur exceptio: « Si ita notoriè in excommunicationis sententiam incidisse constiterit, ut nullâ possit tergiversatione celari. » Sic quidem legitur capite x. *Statuimus*, quod est Concordatis insertum [2]. Quo jure si uteremur non tantùm essent vitandi, ex Constantiensi concilio, clericorum notoriè percussores, sed etiam Calvinistæ, Lutheranique omnes, quos adeò notorium est esse excommunicatos, ut non nisi soluto vinculo excommunicationis, in Ecclesiam admittantur. Ah his autem omnibus, necessitate illâ civili et morali, quam diximus, excusamur.

Hæc sanè demonstrant quàm latas admittat interpretationes inter dictum de vitandis excommunicatis, quatenùs ad communis vitæ officia pertinet; ut profectò jam illud ad reges deponendos urgeri apertæ insaniæ sit.

Ex his etiam intelligimus, quo sensu quidam dixerint reges excommunicari non posse, quòd etiam in *Glossâ* ordinariâ, et apud sanctum Thomam vidimus; quem sensum secutos diximus Henricianos ipsos [3], qui, Gregorii VII tempore, negabant excommunicari posse reges, eo scilicet excommunicationis genere, quod ita omne vinculum humanæ societatis abrumpit, ut etiam in civilibus obedientia subtrahatur.

Quòd autem alii ejusdem ævi putabant excommunicationem eò etiam pertinere, ut regi excommunicato, etiam necessaria rei-

---

[1] *Conc. Basil.*, sess. xx, cap. ii; tom. xii, col. 551. *Conc. Later. V*, sess. xi; in *Bull. Leon X de Concord.*, tom. xiv, col. 303. — [2] *Concil.*, tom. xiv, text. Concord., titul. xxx, col. 373. — [3] Vid. Sup. sect. i, cap. vii. *Gloss. ordinar.*, in *illud Matth.*, xiii : Ne fortè colligentes zizania. S. Thom. Sup., quæst. xxii, art. v, sed contra. *Apol. Henr.*, apud Freher., p. 163.

publicæ officia negarentur, atque adeò penitùs solveretur imperium; manifestum errorem in exemplum et auctoritatem trahi ratio non sinit.

Quare omnibus modis invictum est argumentum nostrum. Tota ecclesiastica potestas, quatenùs in puniendo et animadvertendo versatur, solà excommunicatione constat : id enim à Christo et apostolis diligentissimè explicatum, neque quidquam aliud uspiam est proditum; atqui excommunicatione nihil immutatur, neque in civium, neque in principum juribus, uti à nobis Scripturæ auctoritate et communi omnium consensione est traditum; ergo ecclesiasticâ potestate, quantacumque est, quatenùs in puniendo et animadvertendo versatur, nihil immutatur, neque in civium, neque in principum juribus : ergo reges deponere pœna ecclesiastica non est, neque id à Christo concessum, neque ab apostolis explicatum, totumque adeò ab Ecclesià Christi alienum est.

CAPUT XXXI.

Ambas potestates, ecclesiasticam et civilem, in suo quamque ordine esse primas, ac sub uno Deo proximè collocatas, Scripturis ac Patrum traditione demonstratur : Tertulliani locus.

Jam illud considerandum aggredimur, quod ex antè dictis est consectaneum, et tamen ex Scripturis diligentiùs explicandum : ambas potestates, ecclesiasticam et civilem, ita esse divino numine constitutas, ut in suo genere et ordine, unaquæque sub uno Deo proximè collocata, prima ac suprema sit, ac Deo quidem æquè subditæ : collatæ verò invicem, sociæ fœderatæque sunt; ac licet illa dignior, hæc tamen æquè pertingit ad Deum, ejusque numini ac judicio reservatur.

Eam doctrinam Petrus, christiani gregis Princeps, his explicat verbis : *Subjecti igitur estote omni humanæ creaturæ*, πάσῃ ἀνθρωπίνῃ κτίσει, *propter Deum, sive regi tanquam præcellenti, sive ducibus tanquam ab eo missis*[1]. Sic obediendum ducibus, sive inferiori potestati, tanquam à rege ac supremà potestate missis :

[1] Petr., II, 13, 14.

regi, autem sive supremæ ac præcellenti potestati, non propter aliam humanam potestatem, sed *propter Deum;* tanquam eum à quo est, à quo ordinata est, cujus ministra est, quo auctore viget polletque. Quò fit ut *omnis humana creatura,* sive omnis ea, quæ est inter homines rerum ordinatio (nam et hoc sonat vox κτίσις) etiam in civibus ad Deum referatur, Deique nomine ac vice administretur suprema potestas, nullâ aliâ interpositâ potestate. Quem sensum secuti sunt ab initio Patres et christiani omnes, ac primùm Tertullianus adversùs *Scapulam:* «Colimus imperatorem sic quomodo et nobis licet, et ipsi expedit, ut hominem à Deo secundum, et quidquid est à Deo consecutum et solo Deo minorem[1];» et in *Apologetico* omnium nomine : « Et sciunt omnes imperatores quis illis dederit imperium; sciunt quis homines, quis et animam. Sentiunt eum esse Deum solum in cujus solius potestate sunt, à quo sunt secundi, post quem primi[2].» Vides quid sentiant ipsi imperatores, plaudente Ecclesiâ; nempè se in solius Dei potestate esse, à Deo secundos et post Deum primos; non igitur ab aliquo per Deum constituto Pontifice deponendos.

Illinc exurgit argumentum. Qualem ideam principatûs genus humanum ipsique imperatores animo informaverant: talem Ecclesia suscipit: atqui eam principatûs ideam informaverant, quæ civilem potestatem in suo ordine primam, ac sub Deo secundam poneret : ergo talem formam Ecclesia probabat. Jam si quæ potestas est à Deo in terris instituta, cujus judicio supremæ potestates stent aut cadant, immeritò profectò sese illæ existiment in suo genere et ordine à Deo secundas, et post Deum primas. At imperatores non id immeritò de se credidisse Tertullianus refert, et Ecclesia probat : non ergò est ulla potestas, cui deponendi subsint, à Deo instituta.

Id quidem Tertullianus à Petro, Petrus à Christo didicit. Neque alius sensus est ejus Dominici effati, quod sæpè relatum, nunc etiam attentiùs consideratum volumus : « Reddite quæ sunt Cæsaris Cæsari, et quæ sunt Dei Deo. » Quippe hæc de imperio romano jam collato ad Cæsares, eo intellectu dicta sunt, quo in omnium mente sensuque erat. Porrò Romani ac devictæ gentes

---

[1] Tert., *adv. Scap.,* cap. II. — [2] *Apolog.,* cap. XXX.

æque sentiebant romanum imperium ita esse supremum, ut nulla superesset in subjectis provinciis potestas, quæ in tale imperium jure insurgere directè aut indirectè posset; neque profectò erat ulla provincia, quæ excutiendi imperii jus ullum alicui, quæ apud se esset, potestati etiam sacerdotali tribueret, ac si quæ tribuisset, jus fasque fuisset eam pro perduelli haberi. Jam verò Judæi Cæsaribus romanoque imperio non alio erant jure subditi, quàm aliæ gentes; neque eorum sacerdotes quidquam sibi juris ad solvenda imperia vindicaverant; neque sub Græcis, neque sub Persis, neque sub Assyriis, neque sub propriis regibus, sive Machabæicis, ac recidivo imperio, sive etiam Davidicis, ac primâ regii imperii origine. At verò Romanos, deteriore quàm alios jure regnare, nemo unquàm intellexit. Quale autem imperium sibi ipsi vindicarent, et omnes recognoscerent, tale imperium Christus confirmavit; neque retrò aspexit, rectène an secus, Pompeius aliique romani duces regni judaici statum immutaverint; sed ex possessione et gentium jure, propter publicam pacem, imperii statum, quo erat firmavit loco: neque obedientiam, aut religionis prætextu sollicitari, aut à sacerdotum voluntate pendere voluit. Rursùs qualem Judæis, talem christianis sub imperio romano formam dedit: ergo absolutè voluit, quicumque imperarent eo jure quod leges ususque publicus approbasset, illos ab Ecclesiâ suâ sanctos inviolatosque haberi, neque ulli quàm divinæ potestati subesse, quod et imperatores, et omnes gentes volebant, et cum eis Tertullianus totaque Ecclesia fatebatur.

CAPUT XXXII.

Aliæ Patrum auctoritates : an his satisfiat dicendo principes in temporalibus, non minùs soli Deo subesse, cùm ejus Vicario subsint.

Uti Tertullianus interpretatus est, ita cæteri Patres. Sanctus Ambrosius in illud Davidicum: *Tibi soli peccavi:* « Rex utique erat, inquit, nullis ipse legibus tenebatur, quia liberi sunt reges à vinculis delictorum; neque enim ullis ad pœnam vocantur legibus tuti sub imperii potestate. Homini ergo non peccavit, cui non tenebatur obnoxius [1]. » Cassiodorus in eumdem Davidis locum: De populo si quis erraverit, et Deo peccat et regi; nam quando rex delinquit, soli Deo reus est.... quia hominem non habet, qui ejus facta dijudicet. Meritò ergo rex Deo tantùm se dicit peccasse, quia solus erat, qui ejus potuisset admissa discutere [2]. »

Hinc sanctus Gregorius Turonensis hæc ad Childericum Regem : « Si quis de nobis, ô Rex, justitiæ tramitem transcendere voluerit, à te corrigi potest: si verò tu excesseris, quis te corripiet? Loquimur enim tibi; sed si volueris, audis : si autem nolueris, quis te condemnabit, nisi is qui se pronuntiavit esse justitiam [3]? » Ac paulò post : Sed quid plura? Habes legem et canones : hæc te diligenter rimari oportet, et tunc quæ præceperint si non observaveris, noveris tibi judicium Dei imminere. »

Hæc passim apud Patres, quibus clarè docent temporali potestati nullam imminere sui generis atque ordinis pœnam, hoc est temporalem, quam homines infligant : quæ si congerere sit animus, jam adversarios non locis ac testibus, sed voluminibus obruamus. Unum subjungimus sanctum Isidorum Hispalensem, ut Italiæ et Franciæ addamus Hispaniam : « Difficile est principem regredi ad melius, si vitiis fuerit implicatus : populi enim peccantes judicem metuunt, reges autem nisi solo Dei timore, metuque gehennæ coerceantur, liberi in præceps proruunt, et per abruptum licentiæ, in omne vitiorum facinus labuntur : ideò principem non oportet delinquere, non formam peccandi faciat peccati ejus impunita licentia [4]. »

His et similibus respondere se putant, si dixerint subesse Pontificibus Dei Vicariis, nihil esse aliud quàm ipsi Deo subesse, ac meritò dici à Deo secundos, qui nonnisi ejus Vicariis, ac per eum institutæ ecclesiasticæ potestati subsint : quæ quidem postremis sæculis usurpata non nego. At si hæc valeant, jam pari jure dicamus reges non modò in imperio, sed etiam in religione soli

[1] Vid. sup., c. IX. — [2] Cassiodor., *exp. in Ps. L.* — [3] Greg. Tur., lib. V, *Hist. Franc.*, cap. XVIII. — [4] Isid. Hisp., vid. *in Dec. Ivon. Carn.*, part. XVI, c. XLII.

Deo subesse; cùm in religione nullis aliis subsint quàm sacerdotibus Dei vices agentibus, atque ecclesiasticæ potestati à Deo institutæ. At non id dicimus, passimque in sequentibus audiemus Patres id apertè professos reges quidem in temporalibus soli Deo subesse, sed in ecclesiasticis et sacris æquè ac cæteros fideles subesse sacerdotibus. Ergo in quibus soli Deo subesse dicunt, etiam sacerdotale excludunt officium.

Neque pluris valet illa responsio : supremam esse, ac Deo secundam civilem potestatem, tametsi ab aliâ potestate, nempè à spirituali, deponi possit, quia indirectè tantùm, non autem directè deponi potest. Nobis enim non placet verbis ludere; ac planè negamus eam potestatem supremam atque à Deo secundam verè ac serio dici, quæcumque ab alterâ, quocumque nomine, sive directè, sive indirectè, deponi et in ordinem cogi possit.

Quare neque eam admittimus utriusque potestatis, civilis nimirùm et ecclesiasticæ, subordinationem, quam adversarii passim inculcant : satis enim constitit non ità esse subordinatas, quæ sine se invicem stare possint, totâ vi suâ ac numeris omnibus absolutæ : atqui suprà vidimus [1] planèque in confesso est, stare vera religionem, stare Ecclesiam totâ vi suâ, etiam ab imperio separatam : stare in ordine civili perfectissimum regimen à verâ Ecclesiâ veràque religione seclusum : ergo ambæ potestates, supremæ ac principes in suo ordine, conjunctæque et amicæ, non una alteri per sese subdita subordinataque est.

CAPUT XXXIII.

An ut ambæ potestates inter se ordinatæ sint, unam alteri subdi necesse sit: sancti Gelasii aliorumque Pontificum doctrina.

Hinc illud solvitur, quod passim objiciunt, ambas potestates inter se ordinatas oportere esse : non autem ordinatæ sunt, nisi una alteri, minor potiori, civilis scilicet ecclesiasticæ subsit. Nos autem dicimus in eo esse ordinem collocatum, ut quod est ordinis genus quoddam, societate, fœdere, pace, conjunctæ sint.

[1] Sup., cap. v.

Hinc illud Zachariæ : « Ecce vir ORIENS nomen ejus, » Zorobabel, ad litteram publicâ ac civili potestate functus, « et ipse exstruet templum Domino....: et sedebit et dominabitur super solio suo, et erit sacerdos super solio suo, et consilium pacis erit inter illos duos [1]. » Vides pace mutuâ, non ipsâ subordinatione conjunctos ; et explicitiùs : « Amarias autem sacerdos et pontifex vester in his quæ ad Deum pertinent, præsidebit : porrò Zabadias filius Ismael qui est dux in domo Judâ, super ea opera erit, quæ ad regis officium pertinent [2]. » Sic ambæ potestates suis limitibus circumscriptæ, sociæ quidem et amicæ, conjunctis agebant viribus, non una alteri imperabat. Atque hoc sectus sanctus Gelasius Pontifex, hæc scripsit celebri *Epistolâ* ad Anastasium Augustum : « Duo sunt, imperator Auguste, quibus principaliter mundus hîc regitur, sacerdotalis auctoritas et regalis potestas [3] : » Utraque principalis, suprema utraque, neque in officio suo alteri obnoxia est. Subdit : « Nosti enim, clementissime fili, quòd licet præsideas humano generi dignitate, rerum tamen præsulibus divinarum devotus colla submittis, atque ab eis causas tuæ salutis expetis, inque sumendis cœlestibus sacramentis, eisque ut competit disponendis subdi te debere cognoscis religionis ordine potiùs quàm præesse. Nosti itaque inter hæc ex illorum te pendere judicio, non illos ad tuam velle redigi voluntatem. Si enim, quantùm ad ordinem pertinet publicæ disciplinæ, cognoscentes imperium tibi supernâ dispositione collatum, legibus tuis ipsi quoque parent religionis antistites....; quo, rogo, te decet affectu eis obedire, qui pro erogandis venerabilibus sunt attributi mysteriis? »

Et quidem Gelasius ubique celebrat pontificiam potestatem uti digniorem, quippe quæ dignioribus ac cœlestibus præsit; nec tamen alteram, minùs licèt dignam, alteri obnoxiam facit, in rebus quidem suis. Quòd autem imperatores Pontificibus subdit, disertè explicat non illud absolutè, sed *in sumendis ac disponendis cœlestibus sacramentis*, quâ etiam in re judicari docet : « Nosti, inquit, inter hæc ex illorum te pendere judicio. » Ordinem autem in eo esse intelligimus, non quòd potestas dignior alteram ad sua

---

[1] *Zach.*, VI, 12, 13. — [2] II *Paral.*, XIX, 11. — [3] Gel., *Epist.* VIII, *ad Anast.*; tom. IV *Conc.*, col. 1182.

jura revocet, sed quòd, cùm ambæ supremæ sint, altera alteri suo quæque officio obsequantur. Favet sanctus Symmachus Papa ad eumdem Anastasium : « Ille (imperator) rerum humanarum curam gerit; iste (scilicet Pontifex) divinarum; tu humana administras, ille tibi divina dispensat. Itaque ut non dicam superior, certè æqualis est honor [1]. » Potuisset enim dicere honorem sacerdotalem superiorem esse honore regio, hoc est, præstantiorem, sublimiorem, digniorem; neque quisquam negasset christianus : at in æqualitate utriusque potestatis sanctus Pontifex meritò acquiescit; quòd æquo et absoluto jure, altera divinis, altera humanis rebus præsit.

Hæc dicebant Pontifices superbo imperatori, qui ad se omnia etiam ecclesiastica trahere, et Acacii meritò excommunicati nomen imperatoriâ potestate sacris diptychis restituere, vel conservare niteretur : quem proindè oporteret diligentissimè commoneri ejus, quâ ipse deponi posset pontificiæ potestatis, si quidem talia cogitassent. At illi hunc locum prætermittunt, ambasque potestates, ut non subordinatas, sed ut coordinatas et contradistinctas, ac sub uno Deo proximè collocatas memorant.

Hoc sequuntur omnes deindè Pontifices, quorum suo loco dicta referemus. Præluxit omnibus doctus ille, tersusque Synesius [2], Arcadio imperante, Ptolemaidis Cyrenensis episcopus, nec minùs sanctis moribus quàm eleganti ingenio multâque oratione nobilis. Deindè in eo sunt Patres omnes, ut ambas potestates divino numine separatas, ac suis finibus circumscriptas, unique Deo subditas esse prædicent.

CAPUT XXXIV.

Cur hæ potestates tantâ providentiâ distinctæ sint : sanctus Gelasius duas causas affert, quæ indirectâ potestate tolluntur.

Cur autem sociæ et amicæ potestates suis officiis ac finibus divino numine tam accuratè distinctæ sint, sanctus Papa Gelasius

---

[1] Sym., *epist.* VI, *apol. ad Anast.; ibid.*, col. 1298. — [2] Syn., *epist.* LVII, p. 198, edit. Petav.

causas affert : « Christus, inquit, memor fragilitatis humanæ, quod suorum saluti congrueret dispensatione magnificâ temperans, sic actionibus propriis, dignitatibusque distinctis officia potestatis utriusque discrevit, suos volens medicinali humilitate salvari, non humanâ superbiâ rursùs intercipi, ut et christiani imperatores, pro *vitâ æternâ* Pontificibus indigerent, et Pontifices pro *temporalium cursu rerum*, imperialibus dispositionibus uterentur : quatenùs spiritualis actio à carnalibus distaret incursibus, et ideò militans Deo minimè se negotiis sæcularibus implicaret; ac vicissim non ille rebus divinis præsidere videretur, qui esset negotiis sæcularibus implicatus; ut et modestia utriusque ordinis curaretur, ne extolleretur utroque suffultus, et competens qualitatibus actionum specialiter professio aptaretur [1]. »

Duas omninò causas memorat cur ambæ potestates suis finibus circumscriptæ, suis addictæ sint officiis. Primùm, ne superbiâ efferretur in quem congesta essent omnia : tùm, ut quisque se ad ejus ordinis, quem professus esset, actiones eò faciliùs aptaret, quò cujusque actiones diligentiùs inter se distinctæ essent.

Itaque illud imprimis observatu dignum, officia à Christo fuisse distincta, *ut modestia utriusque ordinis curaretur, ac ne extolleretur utroque suffultus.* Quis autem non videat, quàm hæc à Christo incassùm distincta sint, si qui ab eo est spiritualibus rebus summo jure præfectus, is non modò, ut diximus, maxima reipublicæ imperiorumque negotia, verùm etiam temporalia omnia toto orbe terrarum, ad suam potestatem curamque revocare cogitur ?

Nam si ad id cogitur propterea quòd humana divinis, terrena cœlestibus, atque animarum saluti corporalia servire necesse sit; jam illud consequetur, ut spiritualis potestas civilem potestatem, omniaque ejus officia ad sua imperia revocet, cùm nihil sit in iis officiis, quod non ad Dei gloriam et ad æternam salutem omninò pertineat. Quæro enim an sit aliqua imperii civilis pars, quæ sacerdotali imperio non sit addicta penitùs, an verò sit nulla ? Si aliqua, rogo quam talem esse velint ? Bellumne an pacem ? Leges, judicia, ac juridictionem, an tributa ? An quid aliud ? Hinc pro-

[1] Gel., tract. I, *de Anat. vinc.*; tom. IV *Conc.*, col. 1232.

fectò sequeretur ea ad Dei gloriam, et ad æternam salutem nihil pertinere, quod est falsissimum. Si autem nulla sint, ac potestas ecclesiastica omnia complectatur, quocumque id fiat nomine, directè, indirectè; propriè, improprié; uno ictu deponuntur terrenæ potestates omnes, neque ullum superest in verbis levamen, cùm reipsâ concidant.

Quòd si hæc inania et nimia spontè corruunt, jam aliquos limites invenire nos oportet, quibus comprehensa civilis potestas supremo jure agat, nullique alteri obnoxia potestati. Quarè tuum illud, ad unum principium, atque ad unam potestatem omnia revocanda, fallax et specie decens, reipsâ ineptum atque invalidum est.

Jam si ad certos limites te redigas rerum humanarum necessitate victus, quam dabis regulam ac legem his regendis finibus? Nempè dicturus es tùnc esse obnoxiam spirituali potestati civilem potestatem, ac meritò deponendam, si commiserit ea quæ ad religionem labefactandam manifestè pertineant. Quid autem est manifestè? An ut directè princeps veram religionem oppugnet, uti Diocletianus et Julianus fecere? At non Childericus Francus, non Irenes Augusta catholicam religionem ità oppugnabant, quos tamen meritò depositos esse contendis. Certè, inquies, quòd necesse sit labefactatis imperiis periclitari religionem, quibus imperia sint præsidio. Rursùs ergo illùc revolvimur, ut civilia omnia, leges, tributa, bella ad ecclesiasticam potestatem revocentur. Quarè ea doctrina, quæ ad unam potestatem, nempè ecclesiasticam, revocare omnia ac relegare nititur, nullâ omninò lege, nullo ordine, ut et illud omittamus longâ sæculorum experientiâ notum, vix unquam Pontifices in re ecclesiasticâ indiligentiùs esse versatos, quàm post ea tempora, quibus rerum, etiam humanarum, potestatem sibi attributam esse voluerunt.

CAPUT XXXV.

Ambarum potestatum separatio ac societas ex sancti Gelasii doctrinâ explicatur : Bellarmini comparatio : S. Gregorii Nazianzeni locus ab eo objectus.

Quarè solutum est ex gelasiani decreti doctrinâ et auctoritate argumentum illud, quo sese efferebant. Nempè statuebant potestates duas in unum principium unamque potestatem spiritualem reducendas, ne ordo desit rebus humanis, neve in diversa principia resolutæ distrahantur, quasi equis in diversa raptantibus: hæc, inquam, soluta sunt sancti Gelasii aliorumque Pontificum doctrinâ. Satis enim claruit duas quidem potestates esse oportere: ecclesiasticam et civilem, distinctis officiis, quæ principales sint ac supremæ, et tamen sociæ ; ac supremæ quidem suo quamque in officio, nè si ad unam omnia referantur, hæc vel onere victa collabescat, vel, ut Gelasius docuit, plus æquo *extollatur utrâque potestate suffultus;* conjunctæ tamen et amicæ, ne societas humana distrahatur.

Conjunctas autem esse dicimus, quòd, ut exposuere sancti Pontifices, et mutuam sibi operam debent præstantque; et licet supremæ invicem, Deo tamen ambæ communiter subsunt : quò fit ut sub binis licet potestatibus, res tamen humanæ minimè dissolvantur, quòd Deus habenas temperet; atque ità non ad duo principia, sed ad unum principium omnia referantur.

Hoc sensu, si ordinatas esse volunt ambas potestates, eòque referri placet apostolicum illud : « Quæ sunt (potestates scilicet), à Deo ordinatæ sunt, » quanquam Apostolum aliò respexisse constat, non tamen id refugimus. Satis enim ordinatæ sunt, quæ non incompositis feruntur motibus, sed à Deo gubernantur ab eoque constitutæ sunt, ut sibi invicem auxilium et tutelam afferant.

At enim, inquiunt[1], erit ordo præstantior, si ecclesiasticæ civilis tanquam potiori subesse cogatur; qui ordo si desit, maximo

[1] Bell., *de R. P.*, lib. V, cap. VI, VII.

res humanæ incommodo laborabunt, collisis persæpè duabus potestatibus suo in ordine supremis, nullàque earum absolutè imperante. Quarè præclarius erit civilem minùs dignam à digniore in ordinem cogi, atque etiam loco amoveri posse.

Nos autem monuimus quàm suaviter somnient, qui id agunt ut res humanæ nullo incommodo laborent, tanquàm in cœlesti aulà versemur inter angelos. At qui id moliuntur præposteri homines, nè id quidem intelligunt quantis se incauti implicent incommodis. Vel tu id cogita, dùm omnia incommoda superari à te posse putas, ad unam potestatem, imò, ut rem ipsam dicamus, ad unum hominem revocando res humanas; id, inquam, cogita, quale sit incommodum congerere in unum caput totius orbis curas, divina humanaque omnia, resque sæculares æquè ac ecclesiasticas. Hoc incommodum veriti sancti Pontifices, rerum humanarum onus duas inter potestates à Deo partitum fuisse docuerunt, ne altera toto pondere gravata fatisceret. Addiderunt id factum, *ut modestia utriusque ordinis curaretur, ac ne extolleretur utroque suffultus.* Ne scilicet qui unus ad sua arbitria revocare omnia se posse confideret, nimià potestate omnibus gravis, ipse quoque suî impos deviis motibus ferretur in præceps. Neque enim quisquam eò usque desipit, ut asserat romanum Pontificem, etiam in administrandà pontificià potestate, à recto bonoque aberrare non posse, esseque infallibilem simul et impeccabilem. Quamobrem regere ea omnia quæcumque ad Dei gloriam, et ad animarum salutem referuntur, hoc est, humana omnia, non ejus profectò est qui se in administrandà suà potestate, erroribus et cupiditatibus abripi posse sentiat. Duæ ergò potestates sese mutuò non tantùm adjuvent, verùm etiam temperent; neve tu hîc mihi cogita eam rerum humanarum pulchritudinem, quam res humanæ ferre non possint; ac si duæ potestates inter se collidantur, ne proptereà putes omnia in incertum fluitare, aut abire in diversa, ut equos ruptis habenis; sed intùs adesse occultum moderatorem Deum, qui sollicitari interdùm Ecclesiam suam, non tamen dissipari velit.

At enim, inquiunt[1], ita se habet civilis potestas ad ecclesiasti-

[1] Bell., *de R. P.*, lib. V, c. VI.

cam potestatem, ut caro ad spiritum, Gregorio Nazianzeno teste (a). Esto. Non id tamen verum est ratione omni, sed aliquâ tantùm. Sed hæc more Scholæ, transire sinamus, ut quod in barathrum nos deducant, semel intueri liceat. Pergunt : Atqui spiritus, si necesse sit, carnem quoque adigit ad interitum. Quid tùm posteà? Ergò ecclesiastica potestas adigere ad interitum potest civilem potestatem; decernere potest scilicet ut civilis potestas tollatur è medio, sepeliatur, computrescat; ipsa interim ab omni civili potestate separata vivet. Transfer in cœlum eam, qui sic ratiocinaris; vel agnosce potiùs quàm malè hæc decidantur institutis comparationibus, quæ comparationes cùm certâ tantùm ratione valeant, si ad extremum urgeantur, ad immane præcipitium nos devolvant.

Atque ut intelligamus quousquè protendi comparatio valeat, recordemur id quod suprà est dictum [1], in ordine morum à verâ religione pendere civitatem; at civilem potestatem, quòd ad rationem attinet humanæ societatis, per se ac totâ suâ vi sine verâ religione, sine verâ Ecclesiâ, sine vero sacerdotio stare posse.

Interim adjuvent se mutuò utræque potestates : contemptam Ecclesiam, reges pœnis capitalibus, contemptos Reges, Ecclesia anathemate ulciscatur. Hæc passim in *Capitularibus*, hæc in Gallicanis, Hispanicis, Anglicanis, omnium ubique gentium conciliis legimus. Hæc ad confirmandam mutuam societatem, non ad confundendos utriusque potestatis fines pertinent.

Item quòd rex præcipit : « Applica arcam Dei, applica Ephod [2] : » quòd denique jubet uti sacerdotes suo fungantur officio : quòd item Pontifex in Dei nomine præcipiat regibus uti rempublicam ex Dei legibus administrent, hoc debito ordine ac moderatione factum, societatis est mutuæ. Quòd autem aut rex sacerdotibus

[1] Sup., cap. v. — [2] I *Reg.*, xiv, 18; xxiii, 9.

(a) Hic, in oratione xvii, ad quam nos allegat Bellarminus, ut cives Nazianzenos irâ præfecti commotos reficiat, ostendit 1º animi molestias à viris christianis haberi et esse in bonis : 2º juberi nos ratione, publicæ disciplinæ charitate et ipso christiano instituto, *sublimioribus potestatibus parere*. Deindè ad Præfectum, sermone converso, sic ait : « Et quidem lex Christi vos meo imperio meoque ductui subjicit. Nam nos quoque imperamus : quinimò nostrum imperium majus est et perfectius. Non enim decet spiritum carni cedere et terrestribus cœlestia. » (*Edit. Leroy.*)

auctoritate regià, aut sacerdos regibus, clavium potestate depositionem intentent, non jàm ad tuendam societatem, sed ad invadendos alterius potestatis fines manifestè spectat.

CAPUT XXXVI.

Canon Omnes, objicitur et solvitur.

Hic adversari videtur Canon, *Omnes*, Nicolai II Papæ, à Gratiano citatus, cujus hæc sunt verba : « Illam (Romanam Ecclesiam) solus ipse fundavit, et super petram fidei nascentis erexit, qui beato (Petro) æternæ vitæ clavigero, terreni simul et cœlestis imperii jura commisit[1]. » Hæc Gratianus refert ex Papæ Nicolai *Epistolâ ad Mediolanenses*, quæ si probi auctoris esse constaret, nequè eorum numero habeantur, quæ Gratianus benè multa in suum Decretum falsis titulis corruptisque sententiis consarcinata conjecit, tamen in rectum sensum facilè reducuntur. Nihil enim aliud præferunt, quàm hoc scilicet : postquàm Petro dictum est : « Quodcumque ligaveris super terram, erit ligatum et in cœlis; et quodcumque solveris super terram, erit solutum et in cœlis : » ejusmodi esse eam, quæ Petro concessa est, rerum spiritualium potestatem, ut cœlo terrâque juxtà valeat.

Cæterùm neque Nicolai I, neque Nicolai II ullam legimus ad Mediolanenses epistolam. Reliqui Pontifices, qui Nicolai nomen habuerunt, post Gratianum vixere. Ac Nicolaus quidem I ad Michaelem Imperatorem (*a*) egregiam de sacerdotii regnique finibus scripsit epistolam, in quâ nihil aliud quàm sancti Gelasii verba descripsit[2]. Neque verò à Gratiano relata verba, ex incertâ epistolâ et incerto auctore decerpta, tot sanctorum Pontificum evertent certas auctoritates. Certè nemo dixerit in unum Romanum Pontificem propriè ac strictè *utriusque imperii jura* collata

---

[1] *Decr.*, dist. XXII, cap. I. — [2] *Nicol.*, I, *epist.* VIII *ad Mich. Imperat.;* tom. VIII *Conc.*, col. 293.

(*a*) Ille est Michael III, cognomento *Ebriosus*, qui Ignatium de sede Constantinopolitanâ dejecit, ut in eâ Photium, magni quidem ingenii virum et summæ doctrinæ, sed laicum constitueret. (*Edit. Leroy.*)

à Nicolao I, qui post Gelasium docuit ea necessariò fuisse disjuncta, ne unius ordinis modestia gravaretur.

CAPUT XXXVII.

Objicitur à Bellarmino Apostoli locus de judicibus ab Ecclesiâ constitutis : Jeremiæ locus : duo gladii, regale sacerdotium : allegoria alia et accommodatitia : dictorum in hoc libro recapitulatio.

Pudet adversarios de tantâ re, tamque, ut existimant, Ecclesiæ catholicæ necessariâ, nihil quidquam expressum inveniri in Scripturis, sed totum negotium agi consecutionibus, iisque falsis, aut certè quod nec ipsi diffiteantur, obscuris et dubiis, ac longè petitis. Quare Bellarminus et alii hunc proferunt Novi Testamenti locum, quo sibi Apostolus tribuisse videatur rerum temporalium potestatem. « Audet, inquit, aliquis vestrûm habens negotium adversùs alterum judicari apud iniquos, et non apud sanctos. An nescitis quoniam sancti de hoc mundo judicabunt? Et si in vobis judicabitur mundus, indigni estis qui de minimis judicetis..... Sæcularia igitur judicia si habueritis, contemptibiles, qui sunt in Ecclesiâ, illos constituite ad judicandum[1]. » Hîc Bellarminus : « Sicut novi judices constitui potuerunt, ità et novi principes et reges, si vires adfuissent[2]. » Scilicet si tantùm valerent viribus, novam sibi confestim rempublicam facerent, qui jàm judices et magistratus designabant. At quis non statim intelligat, haudquaquàm id agere Apostolum, ut ejus auctoritate novos sibi constituant magistratus qui judiciis præsint; sed ut consensione mutuâ arbitros deligant, quod legibus romanis licuisse ipsa jura clamant. Sic certè Paulus loquitur : « Si in vobis judicabitur mundus, indigni estis ut de minimis judicetis[3]. » Id ergò profectò agit ne indigni videantur. Neque verò concludit sic : Hæc vobis vestro jure potestas competit; sed profectò digni estis, ut vestri fratres vos eligant rerum minimarum arbitros, quos summarum quoque judices, et in tremendo illo judicio assessores suos Christus instituit. Ac posteà : « Sic non est inter vos sapiens quisquam,

[1] 1 *Cor.*, VI, 2, 3, 4. — [2] Bell., *de R. P.*, lib. V, cap. VII. — [3] 1 *Cor.*, VI, 5.

qui possit judicare inter fratrem suum? » Ad id ergò idoneos eos esse contendit per sapientiam : dignos esse docet per tantam Domini dignationem : de legitimâ cognitione ne quidem cogitat.

Certè si de legitimâ potestate ageretur, non valeret consecutio : majora potestis, ergò etiam minora, indignumque id apostolicâ prædicatione esset. Neque enim hîc cogitandum est quid curque præstet; sed quid curque concessum sit. Neque si Deus sacerdotibus maxima concesserit, puta spiritualia judicia, ideò jus fasque sit humana invadere et inconcessa aucupari.

Quare quod legimus à Gregorio VII toties inculcatum : « Si spiritualia judicamus, cur non magis sæcularia[1]; » si de eo judicio intelligit, quo de temporalibus suo jure decernat, causæ profectò suæ dicta Apostoli præter litteralem sensum accommodat, qui arbitri honorificentiam ac sapientiam, ad ordinarii ac legitimi judicii jus potestatemque transfert.

Cur autem christiani plerumque vetarentur coram judicibus infidelibus agere, multæ causæ erant : imprimis quòd judiciis legitimis jurare per Gentilium deos, aut etiam christianam religionem ejurare cogerentur : quâ occasione martyrium fecisse sanctam Julittam Martyrem beatus Basilius refert[2].

Hoc adversarii depulsi unico Novi Testamenti loco, ad prophetica confugiunt, et ad novi sacerdotii auctoritatem referenda contendunt ista : « Ecce constitui te super gentes et super regna, ut evellas et destruas, et disperdas, et dissipes, et ædifices, et plantes[3]. » Dictum ad Jeremiam scilicet. At quæro Jeremias quos reges deposuerit? Quæ imperia everterit? Nempe respondebunt nuntiasse eum divinam ultionem regnis ac regibus de propinquo imminentem; quod cùm responderint, et ex Hieronymo aliisque probaverint[4], statim inferemus : hæc ergò ad ministerium propheticum, hoc est, ad officium extraordinarium pertinere.

Neque tamen negaverim hæc, ut cætera, in figuram nostrî facta esse[5], et ministerio Novi Testamenti, longè meliori jure, quàm prophetico convenire; sed Novi Testamenti more et spiritu.

---

[1] Greg. VII, lib. IV, *ep.* II, et pass. — [2] Basil., *Hom. in Julitt.*, tom. II, p. 33. — [3] *Jerem.*, 1, 10; vid. Bar., pass. — [4] Vid. Hier., *in Jerem.*, tom. III, col. 530. — [5] 1 *Cor.*, x, 6.

Sunt enim profectò christiani Pontifices super gentes et regna: evellunt, dissipant, plantant victrice prædicatione, verbo etiam ultore, dum cœlum aperiunt aut claudunt; ut ad tantam potestatem superbi omnes, etiam in soliis positi, contremiscant. Hæc Scriptura clamat. Ut autem invitis regna extorqueant, et quò velint transferant; ut humana omnia æquè ac divina supremo et invicto jure in potestate habeant, hoc est, si propriè loquimur, ut soli ipsi regnent, cæteri sub ipsis precariam veluti potentiam exerceant, tacente Scripturâ, imò etiam vetante, dicere non audemus.

Neque porrò objiciant adversarii Romanos etiam Pontifices, post Gregorium VII, ad temporalia sibi vindicanda passim usos esse hoc Jeremiæ loco. Nam et apud ipsos, sicut apud alios constat in *Decretalibus* infinita inveniri Scripturæ testimonia, ad eum translata sensum, qui accommodationis dicitur: quæ quantumcumque inculcent, non profectò efficient, ut valeant ad litteram, aut ad dogmata probanda pertineant; præsertim cùm hæc, assentientibus theologis omnibus, Melchior Canus edixerit: « Aliud intentio conclusioque decreti, aliud ratio et causa [1]. » Quo fundamento nixi, et ipse et alii allatas etiam in *Decretalibus* Romanorum Pontificum Scripturæ accommodationes potiùs quàm interpretationes reverenter quidem, sed tamen liberè planèque rejiciunt. Atque hæc semel dicta volumus, ne locos plurimos à Romanis pontificibus prolatos, aut eas quibus in hâc materiâ utuntur rationes, excutere compellamur.

Posteaquàm adversarios in tantâ re deficiunt Scripturæ testimonia, ad allegorias nempè confugiunt, memorantque duos gladios penès apostolos fuisse inventos, postulante Christo [2], et materialem incautè à Petro strictum, ipsius tamen fuisse dictum: quæ quidem propter beatum Bernardum, qui primus induxit hanc allegoriam suo loco expendemus, et ad rem nullo modo pertinere docebimus [3]. Hìc quidem pertractari quæ extra sensum litteralem allata, et ad allegorias deducta nihil probent, ratio non sinit.

[1] Melchior. Can., *de Loc. Theol.*, lib. VI, cap. VIII. — [2] *Luc.*, XXII, 36. — [3] Inf., lib. III, c. XVI.

Neque etiam arbitramur sollicite essè excutiendum id quod de *regali sacerdotio* à Petro proditum [1], Baronius eò transfert, ut sacerdotalis apud christianos auctoritas, etiam de republicâ, regali quâdam auctoritate decernat; tanquam ad Pontifices propriè, non autem ad omnes christianos dictum sit : « Vos autem genus electum, regale sacerdotium, gens sancta, populus acquisitionis; » aut non omnes ad Agnum exclament apud Joannem : « Fecisti nos Deo nostro regnum et sacerdotes; et regnabimus super terram [2]. » Sed profectò certum est suo modo sacerdotes regesque esse omnes christianos : ac sacerdotes quidem, ibidem attestante Petro : « Vos autem domus spiritualis, sacerdotium sanctum offerre spirituales hostias acceptabiles Deo per Jesum Christum [3]; » reges autem, de quibus scriptum sit : « Qui vicerit, dabo ei sedere mecum in throno meo [4]; » et : « Si sustinebimus et conregnabimus [5]; et : Consedere fecit in cœlestibus in Christo [6] : » jàm scilicet in antecessum devictis hostibus, quodque est verè regium, cupiditatibus subjugatis.

Nos autem omissis allegoricis, tropologicis et accommodatitiis Scripturæ allegationibus, litteræ inhæsimus ibique investigavimus eam, quocumque appellent nomine, sive directam, sive indirectam, quam adjungunt sacerdotio, rerum temporalium potestatem. Invenimus autem antè legale sacerdotium supremas potestates à Deo institutas, et à Deo secundas, solique Deo subditas inviolabili majestate : nihil in eo jure posteà immutatum, neque sub mosaico, neque sub christiano sacerdotio; quin etiam explicatum in Vetere Testamento, eâdem apud Hebræos, quâ apud cæteros majestate regnatum : neque quidquam præscriptum sacerdotibus aut regibus, quò in temporalibus, vel illi decernerent, vel hi obedirent, ac mansisse regibus, quantumvis idololatris ac sævientibus, potestatem integram, à prophetis agnitam, à plebe sanctisque religiosè observatam : neque id à Christo immutatum, neque cùm explicaret apostolicam atque ecclesiasticam potestatem, quidquam adjectum esse de temporalibus ordinandis, nedùm de deponendis regibus, cùm id vel maximè fieri

---

[1] I *Petr.*, II, 9. — [2] *Apoc.*, V, 10. — [3] I *Petr.*, II, 5. — [4] *Apoc.*. III, 22. — [5] I *Tim.*, II, 12. — [6] *Ephes.*, II. 6.

oporteret, et adesset occasio : neque quidquam christianis præscriptum esse adversùs mundi potestates, nisi fugam et patientiam, et invictam constantiam profitendæ veritatis, et in iis quæ veritatem et conscientiam non læderent, summam obedientiam : imò jussisse Christum ut Cæsares, infideles scilicet, agnito ab omnibus jure regnarent, utque civilis potestas integro jure esset, neque religionis causa sollicitari posset, suo in ordine confirmata : ab eodem Christo Herodem et Pilatum, regesque ac regum ministros à suo regno tutos fuisse præstitos : neque spirituali regno in regnandi civili ordine immutatum quidquam, tum eam quam in Ecclesiâ maximam esse voluit potestatem, non ultra extendi, quàm ut christiani contumaces ad ethnicos publicanosque redigantur, spiritualium extorres, nullo temporalium jure aut possessione detractâ, denique disertè traditum civilem potestatem et ecclesiasticam, suis quasque finibus ac distinctis officiis circumscriptas, utramque in ordine suo supremam et absolutam esse, ac reges soli divino judicio reservatos. Hæc illa doctrina est, quam in Scripturis legimus. Jam ab eâ origine ad posteriora sæcula longè latèque diffusam ordine videamus.

LIBER SECUNDUS

QUO PATRUM TESTIMONIA ET EXEMPLA AFFERUNTUR USQUE AD GREGORIUM VII.

CAPUT PRIMUM.

Ordo et distributio tractationis hujus, primum in duo tempora, tum in duas quæstiones. Prima quæstio; de regibus propter scelera reprehensis: an deponendi visi sint? Patrum doctrina et exempla in persecutione et tribus primis sæculis: an christianorum obedientia ex imbecillitate Ecclesiæ et eorum temporum ratione prodierit?

Christi et apostolorum doctrinam ea praxis æque res gestæ consecutæ sunt, quæ talem institutionem decebant. Meminisse autem lectorem putamus hanc disputationem à nobis ita esse institutam, ut priusquàm ad Gregorii VII tempora veniamus, explicemus ea, quæ antecesserunt. Hæc verò ita exponemus, ut quandoquidem vidimus Bellarmini aliorumque judicio duabus de causis reges deponi posse, primùm propter crimina, tùm etiam absque ullo crimine propter Ecclesiæ necessitatem; primi generis primùm posteà secundi generis exempla quæramus.

Primùm ergo dicimus, tot labentibus sæculis nunquàm fuisse principes depositione mulctatos, cùm eadem crimina intervenerint, propter quæ id fieri sequenti ætate Gregorius VII et alii docuere; atque omninò, quemadmodùm impiis regibus, Deum Israelis deserentibus atque idola colentibus, Achabo, Achazo, Manassi, cæteris, Hebræi paruere; eumdem ad modum paruisse christianos, non modò paganis regibus, sed etiam christianismi desertori Juliano, Hæreticis Constantio, Valenti, Anastasio, reliquis etiam Ecclesiam persequentibus, atque extrema omnia potiùs pertulisse, quàm ut ab eorum fide atque obedientiâ discederent.

Neque id adversarii diffitentur, sed uno ore respondent: obtemporatum in regibus fuisse, quòd Ecclesia necdùm adulta ac firmata viribus, eos compescere non posset, atque in ordinem cogere ; nec profectò cogitant ad quantam contumeliam pertineat nominis christiani, ut apostoli, imò verò Christus, ipse, cùm illa magnifica patientiæ atque obedientiæ præcepta ediderunt, temporibus tantùm ac necessitati servierint, ut melioribus sæculis alia reservarent. Nos autem ea Patrum monumenta proferemus, quibus hæc duo simul elucescant : neque vires Ecclesiæ defuisse, cùm paruit : et eis rationibus ad parendum adductam, quæ ad omnem statum, ad omnia tempora æquè fundarentur.

Et quidem sub paganis, nihil commovisse se christianos, nihil seditionis agitasse, sed ubique paruisse, atque omnibus aliis fide et obsequio præstitisse constat : eaque est longè maxima religionis nostræ commendatio, quam nunc infringere christiani moliuntur, qui majorum nostrorum infirmis viribus hanc modestiam tribuunt. At illi non intelligebant infirmos esse, qui tanto numero essent, tantoque animo mori possint. Vel Tertullianum audiamus nomine christianorum, probante Ecclesiâ, ad romani imperii antistites hæc edentem [1] : « Si enim et hostes exertos, non tantùm vindices occultos agere vellemus, deesset nobis vis numerorum et copiarum? Plures nimirùm Mauri et Marcomanni, ipsique Parthi, vel quantæcumque, unius tamen loci et suorum fluium gentes, quàm totius orbis? Hesterni sumus, et vestra omnia implevimus, urbes, insulas, castella, municipia, conciliabula, castra ipsa, tribus, decurias, palatium, senatum, forum : sola vobis relinquimus templa. Cui bello non idonei, non prompti fuissemus, etiam impares copiis, qui tam libenter trucidamur, si non apud istam disciplinam magis occidi liceret quàm occidere? Potuimus, et inermes, nec rebelles, sed tantummodo discordes, solius divortii invidiâ adversùs vos dimicasse. Si enim tanta vis hominum in aliquem orbis remoti sinum abrupissemus à vobis, suffudisset utique dominationem vestram tot qualiumcumque civiumque civium amissio ; imò etiam et ipsâ destitutione punisset. Procul dubio expavissetis ad solitudinem vestram, ad silentium rerum, et stuporem quemdam quasi mortui orbis quæ-

[1] Tert., *Apol.*, cap. XXXVII.

sissetis quibus imperaretis : plures hostes quàm cives vobis remansissent : nunc enim pauciores hostes habetis, præ multitudine Christianorum. »

At fortè multitudini deerant duces, aut milites : quasi verò in tam fortibus animis, et milites, et duces non ipsa necessitas perperisset, si licere credidissent. Sed profectò nec deerant, neque christiani militiam detrectabant. Sic enim sancti martyres intra ipsa martyria inclamabant : « Nos imperatori terrenam quidem militiæ corporalis servitutem debemus [1]; » neque à militiâ desistebant, nisi fortè per militiæ occasionem ad execranda sacra compulsi. Hinc ille Centurio Marcellus : « Jesu Christo Regi æterno milito. Abjecitque cingulum et arma, et addidit : Ex hoc militare imperatoribus vestris desisto, ... si talis est conditio militantium, ut diis et imperatoribus sacra facere compellantur [2]. « Itaque cingulum abjecturi erant, non si eorum pontifex ab officio exsolveret, sed si ad nefaria sacra congerentur. Hinc Tertullianus in illâ nobili *Apologiâ : Vobiscum,* inquit, *militamus;* et testantem audivimus, tantam fuisse christianorum multitudinem, ut *implerent* non modo *urbes, insulas, municipia,* sed etiam *castra ipsa* et omnia præter *templa* idolorum. Quin integræ legiones præsto erant christianismum professæ. Testis illa fulminatrix sub Marco Aurelio, et Mauricio duce legio Thebanorum quæ, puto, bella haud minùs fortiter quàm martyria obiisset. An verò duces non erant, ipse Mauricius, Sebastianus et alii, quos commemorare nihil necesse est, famâ ac martyrio inclytos et omnibus notos? Quos profectò, si christiani Pontifices subjectione exsolutos, ad Cæsarum imperia detrectanda, aut ad arma capienda concitare poterant, non erat quòd Tertullianus diceret : « Nunc pauciores hostes habetis præ multitudine christianorum; aut illud : « Per hanc sectam habetis à quibus nihil timere possitis [3]. » Imò verò habuissent infinitam multitudinem, à quâ omnia timere debuissent; quippe quæ, ad excutiendum publicæ potestatis jugum, nihil aliud quàm opportunitatem aut jussum Pontificis expectaret.

---

[1] *Act.*, SS. Sergi et Bach., ap. Metaph. et Adon. — [2] *Act.*, S. Marcel. Cent., ap. Bar., an. 298, p. 700. Vid. Ruin., *Act. sinc.*, p. 303. — [3] Tert., *Apol.*, c. XLIII.

Sed hæc ab Ecclesiæ sensu procul abhorrebant. Quare christiani, cùm suam in Imperatores fidem atque obedientiam prædicarent, nunquam significabant quidquam à se metu aut conditione temporum agi, sed omnia Christi et Apostolorum auctoritate et exemplo, atque amore tranquillitatis publicæ, pronâque in rempublicam voluntate; quæ ad omnia tempora pertinere non est dubium. Sic audivimus jam dicentem Irenæum [1], ideo imperio obsequendum, quòd publica tranquillitas, publicus ordo à Deo constitutus id exposcat: sic Tertullianum totius Ecclesiæ nomine prædicantem, ideo obsequendum, quòd Deus ita velit religiosè coli supremam majestatem, se auctore, constitutam, sibique soli subjectam. Hæc sanctus Justinus Martyr: hæc Theophilus Antiochenus: hæc Origenes: hæc alii omnes mirâ consensione tradunt; supervacaneumque est hîc studiosè colligere, quæ libros aperientibus statim obvia sint. Denique uno ore omnes eamdem obedientiam, eâdem veritatis æternæ regulâ, eâdem Scripturarum auctoritate profitentur; ut hæc ad conditionem referre temporum, nihil aliud sit, quàm certæ et inconcussæ doctrinæ auctoritatem penitus infringere, atque ad hominum arbitria flectere.

CAPUT II.

Quartum sæculum, Julianus Apostata : an Ecclesia tùm invalida fuerit? S. Gregorii Nazianzeni locus : item S. Augustini : S. Thomæ responsio ad locum Augustini, non satis cognito rerum sub Juliano statu.

At fortè quis dixerit, ethnicis quidem regibus parendum fuisse, non autem christianis, si à christianâ religione defecissent, aut eam insectarentur. Sed quanquam illa distinctio vana omninò est, christianosque jussa Ecclesiæ detrectantes tantùm pro ethnicis haberi vult Christus, atque adeò illos haud magis quàm ethnicos regnare vetat: tamen ut eam rem certiùs exploremus, placet intueri Juliani Apostatæ tempora; quem quidem non modò christiano baptismo, sed etiam clericali ordine initiatum, ac Lectoris officio defunctum esse constat.

[1] Sup., lib. I, sect. II, cap. X et XVII.

Ac primùm, notum est regnasse Julianum medio quarto sæculo, post Constantium et Constantinum, quorum temporibus fidem christianam et Ecclesiam catholicam mirum in modum fuisse propagatam omnes historici memorant; ut tanta multitudo, quantam à Tertulliano descriptam vidimus, secutis temporibus comparata, modica haberetur. Sic enim scribit sanctus Gregorius Nazianzenus oratione *in Julianum* III : « Ac ne hoc quidem perspiciebat (Julianus) quòd prioribus quidem persecutionibus, parva perturbatio sequebatur, quia nondùm dogma nostrum ad multos propagatum erat, sed in paucis adhùc hominibus veritas hærebat..... Nunc autem salutari doctrinâ longè latèque fusâ, et apud nos præsertim dominante, religionem christianam immutare,...... nihil aliud fuerit quàm Romanorum imperium convellere, ac de rerum summâ periclitari [1]. » Non igitur infirma tùm erat Ecclesia catholica, sive ipsa *veritas* et *salutaris doctrina*, quæ in imperio romano *dominabatur;* cum quâ rerum summa periclitatura erat, si christiani pristinæ modestiæ obliti arma caperent.

Notum etiam illud Joviani Imperatoris christianissimi et catholicissimi, post Juliani necem electi, atque ideò imperium respuentis, quòd imperare nollet nisi christianis; ex quo vox erupit totius exercitûs, christianos se esse, atque in piâ disciplinâ Constantino et Constantio imperatoribus educatos [2]. Non ergo multitudo tantùm plebis, sed totius exercitûs Christo serviebat.

Id etiam docet, quantùm prævaleret in romano exercitu vera fides, quòd Joviano post sex menses mortuo, Valentinianum haud minùs christianum et catholicum, ad hæc fidei confessorem, Augustum elegere.

Quàm autem egregiè milites, vel Juliano vivo, in Christum animati essent, docet illud à sancto Gregorio Nazianzeno relatum [3]; nempe propositam fuisse Juliani statuam, quam pro more adorarent, adjunctis tamen idolis, ut ea adorasse viderentur; tùm verò milites donativum accepturos ab eo imperatore, thus qui-

---

[1] Greg. Naz., *orat.* III *in Jul.*, tom. I, p. 80. — Socr., lib. III, cap. XXII; Soz., lib. VI, cap. III; Theodor., lib. IV, cap. I. — [2] Greg. Naz., loc. cit., p. 83, 84, 85.

dem incendisse incautos, posteà verò monitos quàm id ad Gentilium superstitionem pertineret, è publico convivio statim exiliisse atque exclamasse : «Christiani, Christiani sumus» : denique ad imperatorem accurisse, projectâque pecuniâ, iterùm exclamasse: « Non dona accepimus, Imperator, sed morte damnati sumus; » et quæ præclara hîc Gregorius Nazianzenus commemorat.

Quod Cardinalis Perronius objicit, Julianum ab Ecclesiâ *neque prudenter, neque utiliter,* potuisse deponi, hoc etiam nomine, quòd *Arianorum factio Ecclesiam catholicam oppressam teneret*[1], à tanti viri scriptis abesse vellemus. Neque enim id Gregorio Nazianzeno rem coram intuenti, ac Juliani imprudentiam singularem incusanti congruit. Ad hæc satis constat Ecclesiam catholicam, longo intervallo arianis præstitisse, cùm primùm toto Occidente regnaret, paucis ibi arianis : in Oriente verò universus ferè populus in priscâ fide staret, solis plerumque episcopis, quos Constantius violenter intruserat, aliud sentientibus, iisque inter se mirâ confusione divisis. Certè qui vel unum Athanasium legerit, satis intelliget quantùm Ecclesia catholica, etiam sub Constantio prævaleret : quod quidem Calvinistis, Arianorum multitudinem et victorias amplificantibus, catholici omnes, et ipse Perronius luce clariùs demonstrarunt. Quare quòd ariani catholicam Ecclesiam opprimerent, solius Constantii violentiæ tribuendum : quo statim mortuo, catholici adeò prævalebant, ut exercitus nonnisi catholicos Imperatores eligeret.

Cùm ergo adeo et multitudine, et robore, et animis valeret Ecclesia; tamen christiani fidem Imperatori servarunt impio, apostatæ, blasphemo in Christum, nihil non molienti ut christianam è medio tolleret religionem. Etsi enim christianismi nomine paucos interfecerit, quòd nostris martyrii honores invideret, tamen et iniquis legibus premebat christianos, et plebis in nostros sævientis seditiones alebat; ut eo nemo fuerit vehementior christianæ fidei insectator. Neque eò magis christiani ab officio recessere; imò verò ejus statuas, teste Gregorio, cum aliis civibus omninò adoraturi erant, repugnante nullo, nisi eis statuis imperator idola adjunxisset : adeo non modò in necessariis obseque-

[1] *Harang. au tiers-état;* Du Perron, *Œuv. divers.*, pag. 631.

bantur, sed nequidem à superfluis, qui regiæ majestati deferri solerent, honoribus abstinebant.

Memorabile illud apud Theodoretum sanctorum Martyrum Juventini et Maximini, qui cum Juliano Apostatâ præcipuo militiæ honore conjuncti, idololatriam ei liberis vocibus exprobrabant : « Hoc unum, inquiunt, in tuo imperio molestè ferimus[1]. » Adeo aberant ab imperio in aliis rebus, atque in militiâ detrectando.

Attestatur beatus Augustinus his verbis : «Aliquando njustii perveniunt ad honores sæculi. Cùm pervenerint et facti fuerint vel Judices, vel Reges, quia hæc facit Deus propter disciplinam plebis suæ, non potest fieri, nisi ut exhibeatur illis honor debitus potestati[2]. » Audis verba, *non potest fieri;* quæ certè oratio non est accommodata temporibus; sed ab inseparabili rerum conditione, naturâque ipsà profecta, ad omnia tempora diffunditur. Cur autem *non potest fieri quin exhibeatur ille honor?* Nempè respondet : Quia est illi *debitus potestati, et quia hoc facit Deus ;* ut illi profectò potestati parere necesse sit eum, qui Deo paret.

Hoc fundamento posito, pergit Augustinus; cùmque servos memorasset Domino infideli obedire, ad reges progressus, hoc exemplum adducit : « Julianus extitit infidelis imperator : extitit apostata, iniquus idololatra : milites christiani servierunt imperatori infideli. Ubi veniebatur ad causam Christi, non agnoscebant nisi illum qui in cœlo erat; si quando volebat ut idola colerent et thurificarent, præponebant illi Deum. Quandò autem dicebat : Producite aciem : ite contra illam gentem; statim obtemperabant. Distinguebant Dominum æternum à domino temporali; et tamen subditi erant propter Dominum æternum etiam domino temporali. »

Manifestè ergò sanctus Augustinus principem apostatam, Ecclesiæ hostem ac persecutorem, accenset iis principibus, qui licèt injusti sint, cùm tamen ad honores sæculi pervenerint, «non potest fieri nisi ut exhibeatur illis honor debitus potestati : » et quidem exhibeatur, non illâ, quam jactant, prudentiâ ac metu, sed æternâ et incommutabili lege, propter æternum Regem scilicet, qui res humanas æterno consilio ità ordinavit.

[1] Theod., lib. III, c. xv. — [2] August., *in Psal.* cxxiv, n. 7; tom. IV, col. 1415.

Hunc locum interpolatum et mutilum sub Ambrosii nomine Gratianus protulit, atque ità mutilum et truncum sanctus Thomas vidit [1], ac sibi objecit. Respondit autem sic : « Quòd illo tempore Ecclesia in sui novitate nondùm habebat potestatem terrenos principes compescendi, et ideò toleravit fideles Juliano Apostatæ obedire, in his quæ non erant contra fidem, ut majus fidei periculum vitaretur. » Quæ verba sancti Doctoris exscribere non piguit, ne quid dissimulare videremur. Tamen si in Gregorii Nazianzeni locum aliosque similes incidisset, credo, intellexisset non fuisse tùm Ecclesiam *in sui novitate*, nec potestate destitutam; quippè quæ quadringintis ferè annis victrix jam *dominaretur*, nec *nisi imperio convulso* labefactari posset. Sed nimirùm hæc et alia multa antiquitatis monumenta, librorum inopiâ ac linguarum imperitiâ, vix erant cognita : labente etiam disciplinâ, cùm pauca spiritùs vestigia superessent. Nos igitur his responsis, Patrum testimonia facilè anteponimus, ac de sancto Thomâ, cum totâ Facultate nostrâ Petri Alliacensis ore respondemus : « Nos hujus Doctoris sanctitatem veneramur, et ejus doctrinam, quantùm fides et ratio patitur, tenendam esse censemus [2]. » Hæc ille, cùm de immaculatâ Virginis Conceptione, sancti Thomæ nomen atque auctoritatem objicerent. Quæ semel dicta volumus ad hanc et alias sancti Doctoris auctoritates, quæ objici possent. Quòd autem sanctus Doctor addit : toleratum fuisse tùm Juliani imperium, *ut majus fidei periculum vitaretur* : rogo, potuerintne Ecclesiæ res pejore loco esse, quàm sub eo principe, qui ut christianam religionem exscinderet, nec dolis, nec donis, nec minis, nec suppliciis parcebat, eòque periculosiùs sæviebat, quòd interdùm parcere videretur, sævumque animum quâdam clementiæ specie occultaret; ac denique, teste Gregorio Nazianzeno et aliis, satìs præferret à se extrema omnia adhibitum iri, si de Persis victoriam reportaret : quam tamen victoriam milites ducesque christiani omni ope promovebant. Quid autem pertimescebant Juliani temporibus, quod non item omni Ecclesiæ tempore pertimescendum fuerit, regibus depositis? Nempè quotiescumque à Pontificibus depositi sunt, secutæ eæ calamitates, stragesque, et

[1] S. Thom., II, II, q. XII, art. II, ad 1. — [2] *Hist. univ.*, tom. IV, sæc. VI, p. 627.

scelera, imò etiam schismata, quæ historiæ produnt, magno fidei animarumque periculo. Quare, si teste sancto Thomâ, Bellarmino et aliis, horum malorum metus Pontifices deterrebat meritò à Constantio, Valente, Anastasio et reliquis; et ab omnibus quoque regibus deponendis, pari ratione abstinere oportuit.

Hinc autem exsurgit nostræ sententiæ demonstratio : non eam profectò Christus Ecclesiæ suæ clementi et pacificæ potestatem dedit, quæ sine vi, sine cædibus, sine bellis civilibus, tetrisque schismatibus non posset exerceri (*a*); atqui non aliter exerceri potuisse potestatem illam deponendi reges experientia testatur : non ergò ea potestas à Christo est.

CAPUT III.

A paganis regibus atque ab apostatâ Juliano transitus ad hæreticos : Constantius arianus, catholicæque Ecclesiæ persecutor : an imbecillitate factum, quòd Hilarius, Athanasius, Lucifer Calaritanus, alii, indirectam potestatem ne quidem intentarent.

Post paganos et apostatas reges, hæretici proferendi. Primus prodeat imperator Constantius, Constantini Magni filius, arianæ hæresis propugnator, quarto sæculo Ecclesiæ. De eo sic scribit sanctus Hilarius : « Nunc pugnamus contrà persecutorem fallentem, contra hostem blandientem.... Christi novus hostis es, Antichristum prævenis.... Omnia sævissima sine invidiâ gloriosarum mortium peragis : novo inauditoque ingenii triumpho, de diabolo vincis, sine martyrio persequeris. Plus crudelitati vestræ, Nero, Deci, Maximiane, debemus : diabolum enim per vos vicimus.... At tu omnium crudelium crudelissime, damno majore in nos, et veniâ minore desævis [1]. » Hæc et similia demonstrant

[1] Hilar., lib. *cont. Const.*, n. 5, 7, 8, col. 1241 et seq.

(*a*) Les souverains Pontifes ont fait une chose, une seule chose; ils ont proclamé la loi de justice éternelle à l'encontre des rois bigames, violents, homicides, oppresseurs de la veuve et de l'orphelin, ennemis de tout droit et de toute liberté; certes il eût été plus facile de garder le silence et de fléchir le genou devant Baal; mais alors que fût devenu le monde? Est-ce les génuflexions, les prostrations qui l'eussent sauvé?

non fuisse leviorem habitam Constantii hæretici persecutionem, quòd cædibus parceret; cùm interim in pios et orthodoxos, bonorum proscriptione, exilio, carceribus omnique aliâ crudelitate sæviret.

Sed nec ille cædibus pepercisse putandus est, qui et inflictis incommodis enecaret, et impunes esse vellet eos, qui per seditionem ac plebeios tumultus tot Sanctos trucidarent.

Quin etiam vehementissimæ ac violentissimæ persecutionis fuit, quòd episcopos et synodos, ad prodendam fidem compelleret. Sic enim ait Hilarius : « Assisto Orientalium in Seleuciâ synodo, ubi reperi tantùm blasphemorum, quantùm Constantio placebat [1]. » Ac postea : O tu sceleste, qui ludibrium de Ecclesiâ facis. Soli canes ad vomitum suum redeunt : tu sacerdotes Christi resorbere ea quæ respuerant coegisti [2]. » Quæ sanè persecutio eo periculosior ac damnosior fuit, quòd simplices animæ, episcopali imò et synodali auctoritate deceptæ, auctore Constantio, in hæresim ruerent.

Quin etiam sanctissimum tùm fortissimumque Papam Liberium è Petri sede dejecit, substituitque eum quem ariani vellent. Extat apud Theodoretum [3] ejusdem Liberii fortissima cum Constantio Imperatore collocutio, quâ Pontifex ejus exilia comminantis iniqua quidem jussa contemnit, in aliis imperatoriam potestatem agnoscit integram; neque commemorat ei, tam indigna molienti, ullum à se aut ab Ecclesiâ imminere posse periculum.

Eum posteà Constantius exilii tædio ad pravitatem inflexum sedi restituit. Et, *ô te miserum,* Constanti, dicebat Hilarius, *qui nescio utrum majore impietate remiseris quàm ejeceris* [4]. Quid enim Ecclesiæ damnosius, quàm romanum quoque Pontificem fuisse coactum, ut post Nicænam fidem alteri fidei subscriberet? Hæc tamen perpetranti, hæreticosque omni ope foventi, orthodoxos verò hostiliter insectanti, ac deniquè Antichristi loco habito, omnes obtemperabant in iis quæ ad imperium pertinerent : in sacris tantùm jussa detrectabant. Quæ idem Hilarius accuratè distinguit his verbis : « Prætermitto autem, licet potissima regi sit referenda reverentia (quia enim à Deo regnum est), non tamen

---

[1] Hilar., lib. cont. Const., n. 12, col. 1247. — [2] Ibid., n. 25, col. 1256. — [3] Theod., lib. II, cap. xvi. — [4] Hil., loc. cit., n. 11, col. 1247.

æquanimiter ejus judicium episcopalibus arbitriis admitti, quia, Cæsaris Cæsari, Deo autem reddenda quæ Dei sunt [1]. » Imperatoria de religione decreta contemnit; cætera ex Christi mandato servanda profitetur : ex Christi, inquam, mandato, non imbecillitate virium, ut jam obtrudunt.

Hæc scripsit Hilarius, regnante Constantio, quod observatum velim adversùs falsam hujus libri inscriptionem: *Contra Constantium jam vitâ functum:* neque enim uspiam de morte ejus loquitur, sed semper alloquitur ut viventem, Ecclesias persequentem, et disertè nunc *regno potientem*. Quin etiam suæ certam scriptionis notam attulit : « Assisto, inquit, Orientalium in Seleuciâ synodo : » quo tempore constat vixisse Constantium.

Lucifer verò Calaritanus non modò, vivo Constantio, adversùs eum scripsit, sed etiam per Diaconum libros ad ipsum imperatorem perferri curavit; de iisque interrogatus, suos esse magno et invicto animo testatus, catholicis omnibus admirationi fuit.

Et quidem, ex his libris locum jam insignem attulimus [2], quem nunc non modò repetendum, sed etiam diligentiùs enucleandum esse duximus.

Jam diximus librum, ex quo ille locus est descriptus, ita inscriptum fuisse: *De non parcendo in Deum delinquentibus;* locus idoneus quo discamus quousque et quatenùs parcendum sit, necne, imperatori hæretico ac sævienti.

In exemplum adducit Oziam Regem, Regem, inquam, non modò templo, verùm etiam publicâ regni administratione depulsum : quo nullus erat commodior locus, ut ostenderet regno quoque exturbandum Constantium, siquidem id licere sentiret. At eam historiæ partem non assumit in exemplum, verùm eam tantùm, *ubi sacerdotes Domini Oziam de templo compulerint egredi,* et addit : « Si enim Oziam Dei sacerdotes idcircò pellebant ex aulâ Dei, quia meminissent divinitùs præceptum, leprosos ante expiationem ingredi templum prohibitos; quantò magis nos dignè te, conspice, ex Ecclesiâ pellere Christi, de domo Domini, quia non sit licitum hæreticum convenire cum catholicis, insanum cum sanis, plenum

---

[1] Hilar., fragm. I, n. 3, col. 1282. — [2] Sup., lib. I, sect. I, cap. xII.

immundis spiritibus cum eis in quibus inhabitat Spiritus Dei [1]. » Summum ergo id erat, quod à Pontificibus imperatores hæretici ac persecutores metuerent, templo Dei, Ecclesiâ Christi sacrisque arceri conventibus. Hoc tantùm prædicabant Domini confessores, cùm vel maximè Constantium exagitandum putarent.

Quamobrem cùm Lucifer passim ut hæreticum, ut arianum, veræ religionis atque ecclesiasticæ communionis extorrem, Ecclesiæ ac fidei hostem, persecutorem, Antiocho et aliis persecutoribus comparandum, imò pejorem, deniquè Antichristum, sive Antichristi præcursorem insectatur, neque eo secius imperatorem appellat.

Et quidem contemnit inanem regni gloriam vanamque potentiam, quæ nihil Dei regno nocere possit : illegitimam eam esse erga homines, ne innuit quidem, et omnia quidem extrema in regnum ejus, à Deo nihil ab Ecclesiâ minitatur : docetque passim quid Dei antistites possint in imperatores quoque : nempe arguere, increpare, arcere à domo et Ecclesiâ Dei, neque aliud quidquam.

Quin efficacissimis verbis profitetur, nullam esse imperatoris potestatem in iis quæ adversùs Dei mandata præcipit: « Probate, inquit, super nos ad hoc constitutum imperatorem, ut nos armis tuis ad omnem implendam voluntatem amici tui diaboli perduceres [2]. » Quid omissurum putas qui talia scribere haud vereatur? At interim hæc profitetur : « Nam quia dicas nos debere tibi obsequia, scito quia non tibi soli, sed et omnibus nos in sublimitate degentibus, in obsequiis *repræsentantibus*, novimus esse debitores. Dicit enim Apostolus: *Admone illos principibus et magistratibus subditos esse; obedientes, ad omne opus bonum paratos esse*.... Admonet ergo nos esse debere subditos in bonis operibus, non in malis.... Quia autem hæc dicis, injuriam patior à Lucifero homine misero, et utique imperator :... et tu arbitraris aliud te posse judicari à me, nisi anathema esse [3]? »

En quibus se coerceat finibus ille, hæreticis non parcendum docens. Quoniam Constantius assiduè jactabat imperatori sibi obe-

[1] Vid. tom. IV *Bibl. Patr.*, pag. 228. — [2] *Ibid.*, Lucif. pro *Athan.*, lib. I, p. 184. — [3] *Ibid.*, lib. De non parcendo, etc., p. 240, 241.

diri debuisse, distinguit Lucifer, et Constantium quidem, ut imperatorem legitima imperantem coli oportere, verùm, ut hæreticum, omninò anathema esse, neque quidquam ampliùs.

Ac ne Luciferi auctoritatem elevari posse putent, odio Luciferiani schismatis; primùm satìs constat hos libros ante illud schisma conscriptos, imò ante synodum Ariminensem, cujus occasione schisma illud exortum est : cùm nihil in iis appareat quod ad eum rerum cardinem spectet; tùm prædiximus illam, quâ schisma conflatum est, nimiam Luciferi severitatem, maximo argumento esse, quàm inviolata sint in regiâ majestate, quæ Lucifer ille tam vehemens, in Constantio quoque integra et sancta esse voluit.

Leguntur autem ad Luciferum sancti Athanasii litteræ [1], hos libros, de quibus inaudierat, mitti ad se postulantis eosque collaudantis ut apostolico spiritu à fortissimo Domini Confessore scriptos, neque mirum à sancto Athanasio comprobatam de colendo Constantio Luciferi doctrinam, quam ipse dictis factisque confirmavit : quippe qui Constantium in se pro causâ fidei toties sævientem, ac sæpè hæreticum appellatum, haud minùs observat ; ad eumque edit apologiam, quâ quidem relegatos queritur tot in orbe terrarum nobiles episcopos, Osium, Paulinum, Dionysium, Eusebium Vercellensem, illum Luciferum, alios vastatasque per Syrianum Ducem Ecclesias, sibi quoque, et suis publicè intentatam necem per edicta cruenta imperatoris, quòd cum Arianis communicare nollet [2]. Cæterùm haud minùs ut Imperatorem agnoscit : « Puto enim, inquit, tuam Majestatem in memoriâ habere suas pollicitationes [3] ; » et : « Neque enim restiti decreto tuæ pietatis; neque Alexandriam ingredi conabor [4]; » et : « Tu tamen, Deo dilectissime Auguste, vivas per multos annorum recursus [5]. » Addit ipsi suspectos esse non debere catholicorum conventus et preces; quippe « cùm scias, inquit, omnium vota precesque id expetere à Deo, ut salvus sis et perpetuò in pace regnes [6]. » Idem Athanasius, cùm ab impio imperatore etiam læsi imperii accusaretur, non eo se tuetur, quòd sibi licuerit ne-

---

[1] Tom. IV *Bibl. Patr.*, p. 249; et ap. Ath., tom. I, p. 965. — [2] Ath., *Apol. ad Const.*, tom. I, p. 295. — [3] Athan., *ib.*, n. 5, p. 298. — [4] *Ibid.*, n. 26, p. 311. — [5] *Ibid.*, n. 18, p. 306. — [6] *Ibid.*, et passim.

gare fidem publico Ecclesiæ hosti : imò Deum hominesque testatur se in fide mansisse, mansurumque porrò, fausta omnia imperatori imprecantem [1].

Quòd verò religiosissimum Deoque dilectissimum passim appellat, quem alioquin hæreticum fuisse profitetur, nihil necesse est à nobis diligentiùs explicari : nemo enim nescit hos titulos imperatoriæ dignitati dari consuetos. Ità enim adscribebant *Pietati tuæ*, uti nùnc nos, adscribimus *Majestati tuæ*. Quarè satìs constat hæc non ad fidei commendationem, sed ad honorificentiam pertinere, quam negandam imperatori etiam persequenti Athanasius non putabat.

Audisti tres fortissimos viros Domini Confessores, Hilarium, Luciferum, Athanasium : vis et Osium Cordubensem, Nicænæ synodi ducem, episcoporum ac synodorum Patrem, adhùc fortem, et invictum fidei Confessorem? « Tibi Deus, inquit, imperium commisit, nobis quæ sunt Ecclesiæ concredidit, et quem admodum qui tibi imperium subripit, contradicit ordinationi divinæ ; ità et tu cave, ne quæ sunt Ecclesiæ ad te trahens, magni criminis obnoxius fias : *Datæ* (scriptum est) *quæ sunt Cæsaris Cæsari, et quæ sunt Dei Deo;* neque igitur fas est nobis in terris imperium tenere ; neque tu thymiamatum et sacrorum potestatem habes, imperator [2]. » Sic officia distinguebant, et in aliis ad obsequium proni, in sacris tantùm imperia detrectabant.

Neque id faciebant tantùm quòd non ità tempora postularent; sed quòd non ea esset sibi attributa potestas, quâ de imperio decernerent, quemadmodum nec ulla imperatori data erat, quâ de sacris judicaret.

Vis totam synodum proferamus, eamque numerosissimam toto ferè Occidente collecto? Audi Ariminensem, et quidem eo tempore, quo sancta adhuc venerandaque habebatur. Hæc igitur scribit ad Constantium vehementissimè sævientem : « Tuam Clementiam iterùm obtestamur, Imperator augustissime, ut ante hiemis asperitatem, modo tuæ Pietati visum fuerit, nobis ad nostras Ecclesias reverti facias potestatem, quò possimus Deo

---

[1] Athan. n. 2 et seq., p. 295. — [2] Osius *ad Const.*, ap. Athan., *Hist. Arian*, tom. I, p. 871.

Patri omnipotenti, et Domino et Salvatori nostro Christo, Filio ejus unigenito, pro tuo regno consuetas preces cum populo fundere, sicut et antè fecimus, et adhùc facere non desistimus [1]. »

Sinceram mentem precatio demonstrabat; satisque constabat eos rebus imperii vero animo, non imbecillitate favisse, qui pro iis Deo cordium inspectori vota facerent.

At si catholici intelligebant deponi ab Ecclesiâ potuisse Constantium; quid tandem expectabant? Quidve tenebat Ecclesiam tot malis vexatam, quominùs eâ potestate confestim uteretur? Negant eam fortitudinem his temporibus congruisse; quasi verò Ecclesia catholica tantâ accessione fidelium aucta, ac tot per Constantinum, et sub ipso Constantio, ariano licèt, firmata præsidiis, non aliquem inter suos Magnentium invenisset.

Imò sub initia Constantii, cùm jam ille arianos ad secreta aulæ admisisset, eorum instinctu omnia commoveret, episcopos orthodoxos sede dejiceret, mulctaret exiliis; habebat Ecclesia Constantem Constantii fratrem in Occidente regnantem; atque is tanto studio catholicarum partium tenebatur, ut arma intentaret fratri, nisi Athanasium ab ipso Constantio pro fide fugatum sedi Alexandrinæ redderet [2]. Adeò belli causas serere placebat. Neque tamen animum subiit, ut ullum imperii titulum Occidentis imperator à Romano Pontifice impetraret, aut Ecclesia tanto munita præsidio Constantium deponendum aggressa est. Talia quippe tùm, ne quidem per somnia cogitabant.

Quòd si posteà Constantium toti jam orbi imperantem aggredi verebantur, profiterentur saltem, quantam Ecclesia accepisset ad Reges deponendos à Domino potestatem. Sic enim vel Constantium deterrerent, vel certè demonstrarent, quantùm ei Ecclesia pepercisset. Certè non tacebant Domini Confessores, quid in sacris posset sacerdotalis auctoritas. Cur cætera omittebant? Cur illam in temporalibus adimendis auctoritatem? Metune, an adulatione? Atqui vidisti ut metuerent, ut adularentur. An dices, ne temporibus quidem illis congruisse, ut omnia Ecclesiæ jura proferrent? Misera verò jura, quæ tot labentibus sæculis, data quoque

---

[1] Ap. Ath., lib. *de Syn.*, n. 3, tom. I, p. 724. — [2] Soc., lib. II, cap. XXII; Soz., lib. III, cap. II; Theod., lib II, cap. III.

occasione, tacere cogerentur Domini Confessores, nedùm exercerent.

Neque obest nobis quod de Constantio mortuo Gregorius Nazianzenus, et alii mitiùs interdùm locuti sunt. Ut enim hæc obiter perstringamus, factum id tùm maximè, dum eum cum Juliano Apostatâ compararent. Neque prætermittendum id, quod à Gregorio Nazianzeno est traditum (a) : nempè famam increbuisse, morientem eum serâ pœnitentiâ hæc tria doluisse : « Quòd suos necasset; quòd Julianum Apostatam Cæsarem designasset; quòd novis dogmatibus studuisset [1]. » Cæterùm hæc non prohibent, quominus certum sit et Constantium Ecclesiæ persecutorem fuisse acerbissimum, et interim, non modò pro imperatore habitum, sed etiam tanquam ex Dei jussu religiosissimè observatum fuisse, etiam eo tempore, quo efferatus sine more modoque vexabat Ecclesiam.

CAPUT IV.

Quarti Ecclesiæ sæculi reliqua exempla proferuntur : Valens hæreticus et persecutor : sancti Basilii aliorumque Sanctorum sensus : Justinæ Arianæ, Valentiniani II nomine, catholicos insectanti, sanctus Ambrosius viribus prævalens, quousque repugnari posse putat : quid idem comminatus sit Gratiano et Valentiniano, si sacra paganorum restituerent.

Inter hæreticos imperatores secundus temporis ordine, impietate et crudelitate facilè primus, Valens extitit. Hic post Julianum et breve Joviani Principis religiosissimi imperium, à Valentiniano fratre, Orientis imperator factus, arianam hæresim tutabatur; de quo Gregorius Nazianzenus hæc scripsit : « Imperator auri amantissimus, et Christi inimicissimus..., post persecutorem persecutor, post apostatam non quidem apostata, sed

[1] Greg. Naz., *orat.* III, p. 69; *orat.* XXI, p. 389. Vid. Theod., lib. III, cap. I.

(a) Famam increbuisse dicit quidem Gregorius Nazianzenus; sed hanc fuisse incertam, imò falsam, ex eo constat, quòd Constantius ab Euzoio Antiocheno episcopo, arianorum defensore vehementissimo moriens baptizatus est. Et sanè ad mortem usque, illum pro Arianâ blasphemiâ stetisse testantur Athanasius, tract. *de Synod.* et multi alii ex Patribus. Vid. Till., *Hist. imper. Vit. Const.*, tom. IV, p. 466. (*Edit. Leroy.*).

nihilo tamen eo meliorem se christianis præbens ¹. » Hujus imperatoris quanta in orthodoxos crudelitas fuerit, prodit illud relatum à Socrate, quòd nempè mitescere visus sit, « cùm mortis loco exilium irrogavit sacerdotibus ². » Atque hunc tam crudelem, tam impium, Ecclesia nihilominùs imperatorem coluit. Ejus ministrum ad se missum cum imperatoris litteris, ut exilium indiceret, sanctus Eusebius Samosatensis episcopus admonuit, ne, causâ adventûs sui prodità, plebem in se concitaret. Ipse clam, ne turba fieret ulla, ex urbe profectus, populo ad se accurrenti piumque pastorem effusis lacrymis revocanti, « recitavit legem apostolicam, quæ disertè præcipit obediendum esse magistratibus ³. »

Sic sanctus Basilius Modestum præfectum ad se missum, qui ad imperatoris communionem cogeret, atque extrema omnia minaretur, non negat legitimum imperium gerere; atque interroganti: « Nos, inquit, quales tibi videmur? Nihil, respondit, dùm hæc jubetis ⁴. » Adeò in unâ religionis causâ detrectat imperia: « Cæterùm, inquit, potestate tuâ fruere: hæc ad imperatorem defer ⁵. » Passurum se omnia commemorat, jubente imperatore. Uno verbo, agnoscit potestatem sacram et inviolabilem, abusum potestatis notat et contemnit.

Edessæ sanctus presbyter Eulogius, jussus à præfecto « communicare imperatori iisque quibuscum imperator communicat, respondit: Numquid ille, inquit, unà cum imperio sacerdotium adeptus est ⁶? » Sic utriusque potestatis agnoscit limites: imperatorem sua agentem observat: arianis sacerdotibus communicare jubentem despicit.

Sic erga Valentem se gerebat Ecclesia adeò præpollens viribus, ut Valentinianum Valentis fratrem, et posteà Valentiniani filium Gratianum, Augustos, fide ac religione præstantes haberet in Occidente; neque tamen iis præsidiis freta de abdicando Valente quidquam cogitavit, aut saltem ostendit id se posse. Neque Oriens minùs Valenti furenti, quàm Occidens Valentiniano et Gratiano

---

¹ Greg., *orat. funeb. sancti Bas.*, XX, p. 337. — ² Soc., lib. IV, cap. XXXII. — ³ Theod., lib. IV, cap. XIV. — ⁴ Bas., *orat.* XX, p. 349. — ⁵ *Ib.*, p. 350. — ⁶ Theod., lib. IV, cap. XVIII.

piis ac faventibus detulit. Sic omnes in diversissimâ Principum erga Ecclesiam voluntate, eamdem majestatem, ut à Deo profectam, venerabantur.

Post Valentiniani 1 Valentisque tempora, regnavit Gratianus Valentiniani filius, magnumque Theodosium imperii consortem accepit. Valentinianus II, Gratiani frater, Mediolani levabatur nonum ferè annum agens, Justinâ matre, arianâ muliere regnum administrante. Tyrannus Maximus, cæso Gratiano, Gallias occuparat; Romæ atque Italiæ victor imminebat. Eo in rerum cardine, Justina principis nomine jussit, uti arianis suis basilicæ à sancto Ambrosio Mediolanensi episcopo traderentur. Ipse oratione habitâ traditurum se negat, neque enim fas esse sacerdoti tradere impiis ecclesias Christi nomine dedicatas. « Nec mihi, inquit, fas est tradere, nec tibi accipere, Imperator, expedit...... Allegatur imperatori licere omnia; ipsius esse universa. Respondeo : Noli te gravare, Imperator, ut putes te in ea quæ divina sunt imperiale aliquod jus habere : noli te extollere, sed si vis diutius imperare, esto Deo subditus. Est scriptum: *Quæ Dei Deo, quæ Cæsaris Cæsari.* Ad imperatorem palatia pertinent, ad sacerdotem ecclesiæ : publicorum tibi jus mœnium commissum est, non sacrorum [1]. » Et iterùm : « Si tributum petit, non negamus: agri Ecclesiæ solvunt tributum...... Solvimus *quæ sunt Cæsaris Cæsari, et quæ sunt Dei Deo :* tributum Cæsaris est, non negatur: Ecclesia Dei est, Cæsari utique non debet addici [2]. » Hæc dicebat Ambrosius: potestati nihil detrahebat : officia discernebat.

Videamus quam vim opponeret impotenti fœminæ principis nomine extrema omnia intentanti: hanc nempè : « Tradere basilicam non possum, sed pugnare non debeo...... Habeo arma, sed in Christi nomine : habeo offerendi mei corporis potestatem...... Habemus tyrannidem nostram : tyrannis sacerdotis infirmitas est: *Cùm infirmor*, inquit, *tunc potens sum* [3]. » Ipsa plebs exclamabat : «Rogamus, Auguste, non pugnamus ; non timemus, sed rogamus. Hoc, inquit Ambrosius [4], in vobis hodie Spiritus sanc-

---

[1] Ambr., ep. xx, *ad Marcell.*, n. 16, tom. II, col. 857. — [2] Ambr., *Serm. cont. Aux. de Basil.*, etc., n. 33; *ibid.*, col. 872.— [3] *Ibid.*, n. 22, 23, col. 858. — [4] *Ibid.*, n. 14, p. 855.

tus locutus est. Hoc christianos docet, ut et tranquillitas pacis optetur, et fidei constantia nec mortis revocetur periculo. » Ita resistebant. At nunc, confirmatâ Ecclesiâ, si adversariis credimus, ultrò arma jussu Pontificum inferemus.

Piget quidem repetere parum congrua christianis. Sed quandoquidem his urgemur, considerare nos oportet quo tunc loco res essent. Imperabat in Oriente Theodosius Magnus, catholicæ fidei studiosissimus propugnator. Cæso Gratiano, Maximus tyrannus regnabat in Galliis, undè Valentiniani inhiabat imperio, vicinæque Italiæ imminebat. Quo autem ille fidei catholicæ studio teneretur, hæc Theodoreti verba docent : « Ubi Maximus accepit ea quæ adversùs eximium fidei præconem Ambrosium Valentinianus fecerat, scribit ad Valentinianum litteras, ne pietati bellum inferret, ac patriam religionem proderet; denique arma minatur, nisi à proposito discederet, nec secus ac dixerat, gessit. Nam Mediolanum promovit exercitum [1] : » Italiam scilicet, ac Valentiniani provincias, ipsamque adeo Romam invasurus. Cui catholicam fidem tuenti, imò verò fidei causâ bellum professo, catholici Pontifices, cùr non regnum traderent, et ab ariano principe, etiam sæviente, deficerent? Ad hæc Mediolani pars catholica maximè prævalebat; quin ipsi Valentiniani milites, qui basilicam circumfusi occupaverant, imperatori nuntiant « se præsto futuros, si viderent eum cum catholicis convenire ; alioquin se ad eum cœtum, quem Ambrosius cogeret, transituros [2]. » Licebat ergò tunc fidenter expromere vim illam deponendi reges ; ac si pupillo principi parcerent, licebat arianam mulierem in pueri animos venena hæresis instillantem à gubernaculis amovere. At dicebat Ambrosius : « Dolere potero, potero flere : adversùs arma, milites, Gothos quoque, lacrymæ meæ arma sunt; talia enim munimenta sunt sacerdotis : aliter nec debeo, nec possum resistere [3]. » *Nec debeo, nec possum*, inquit, cui tot undique auxilia suppeterent. Non enim depositiones tùm, non bella civilia jussu Pontificum movenda cogitabant.

Victo Maximo, ad Valentinianum, Theodosium et Arcadium,

---

[1] Theod., lib. V, cap. xiv. — [2] Ap. Ambr., ep. xxi, n. 11; col. 855. — [3] Serm. cont. Aux., n. 2, col. 864.

Augustos, senatûs delata est supplicatio (*a*), ut ara Victoriæ Romæ restitui juberetur. Scribit Ambrosius ad Valentinianum[1] : « Quisquis hoc suadet sacrificat, et quisquis hoc statuit. » Tùm addit : « Certè si aliud statuitur, episcopi hoc æquo animo pati et dissimulare non possumus. Licebit tibi ad Ecclesiam convenire, sed illic non invenies sacerdotem, aut invenies resistentem. » Quid autem est *resistentem?* A sacris prohibentem. « Quid, inquit, respondebis sacerdoti dicenti tibi : Munera tua non quærit Ecclesia, quia Gentilium templa muneribus adornasti? » Et alia ejusdem spiritûs. Alias Ecclesia minas, etiam in summis periculis, nesciebat.

CAPUT V.

Sancti Ambrosii cum Theodosio gesta : an Ambrosius aliquid temporalis potestatis attigerit, ut Bellarmino visum; an vel de eo cogitaverit? Aliud Ambrosii ergà eumdem Theodosium post incensam synagogam.

Jam de Theodosio Magno dicere nos oportet, quòd in eum Ecclesia suam potestatem exeruit, et illud exemplum Gregorius VII iterùm atque iterùm in medium attulit. « Beatus, inquit, Ambrosius, scilicet sanctus, non tamen universalis Ecclesiæ Episcopus, pro culpâ, quæ ab aliis sacerdotibus non adeo gravis videbatur, Theodosium Magnum imperatorem excommunicans ab ecclesiâ exclusit. » Ab ecclesiâ certè, non à regno. Sed hæc amat miscere Gregorius, tanquam unum ex alio consequatur.

Bellarminus verò intellexit, Theodosio ne quidem intentatas depositionis minas; adeòque tali exemplo gravari se potiùs quàm

---

[1] *Epist.*, XVII, n, 8, 12, 14, col. 825. — [2] Greg. VIII, lib. IV, *ep.* II, lib. VIII, *epist.* XXI.

(*a*) Senatûs supplicatio facta fuit an. 384, quo anno Ambrosius memoratam epistolam ad Valentinianum scripsit, biennio scilicet ante Justinæ de basilicis persecutionem. Vid. admonitionem P. Bened. ante epistolam hanc Ambrosii, et p. 828 et seq. Nondum igitur Theodosius bellum intulerat Maximo. Sed cùm eum demum vicisset an. 388, iterum de eâdem re supplicavit Symmachus, qui à Theodosio nullum tulit responsum, nisi quòd in exilium missus est. Altera hæc supplicatio Bossuet levis erroris chronologici causa fuit. Vide Ambrosium, qui in epistolâ LVII, ad Eugenium, *recenset ordine* Senatûs varios et inutiles conatus, quibus ille aram Victoriæ sibi reddi flagitabat. (*Edit. Leroy.*)

juvari, nisi aliquid adderetur. Hæc autem addidit : primùm excommunicatum ab Ambrosio fuisse Theodosium, « propter cædem, quam Thessalonicæ à militibus fieri imperaverat : » tum ei præceptum ab eodem Ambrosio, « ut legem ferret, ne sententiæ latæ de cæde vel bonorum publicatione ratæ essent, nisi post triginta dies. » Quæ postquam ex Theodoreto Bellarminus retulit, jam infert : « Atqui non potuit Ambrosius excommunicare imperatorem, nisi priùs causam cognovisset et dijudicasset, licèt criminalis esset et ad forum externum pertineret : non potuit autem cognoscere, nisi etiam in foro externo judex Theodosii fuisset. » De lege autem sic ait : « Cogere imperatorem ad legem ferendam,..... manifestè ostendit posse episcopum interdùm potestate temporali uti;..... et si episcopus quilibet id potest, quantò magis Princeps episcoporum [1] ? » Hæc igitur objiciunt. Nos autem factum recensemus ex ipso Ambrosio, et ex Theodoreto, quem Bellarminus laudavit.

Refert igitur Theodoretus [2], seditione Thessalonicæ factâ, quosdam è magistratibus saxis obrutos : iratum imperatorem misisse milites, qui, nullo habito judicio de reis, promiscuâ cæde uterentur : septem millia virorum interfectos esse, nullo insontium noxiorumque discrimine. Hæc illa culpa est, quam dicit Gregorius VII « aliis sacerdotibus non adeò gravem fuisse visam. » Cur autem culpam extenuat, nisi ut in gravioribus culpis majora audenda significet? Non ità Theodoretus, qui Theodosium « imperatorem ut tyrannum, irâ pro lege habitâ, » hæc fecisse memorat. Ambrosius verò ad ipsum Theodosium hæc scribit [3] : « Factum est in urbe Thessalonicensium, quod nulla memoria habet, quod revocare non potui, ne fieret : imò quod antè atrocissimum fore dixi, cùm toties rogarem, et quod ipse serò revocando, grave factum putasti. Hoc factum extenuare non poteram. Quando primum auditum est, propter adventum gallorum episcoporum, synodus convenerat : nemo non ingemuit, *nullus mediocriter accepit* (en culpa quæ aliis non ità gravis videretur). Non erat facti tui absolutio in Ambrosii communione : in me etiam ampliùs

---

[1] Bell., lib. V, *de Pont.*, c. VIII, p. 894.— [2] Theod., lib. V, c. XVII.— [3] Ambr., *epist.* LI, n. 6, col. 998.

commissi exaggeraretur invidia, si nemo diceret, Dei nostri reconciliationem fore necessariam. » Gravis ergò causa, non Ambrosio tantùm, sed cæteris episcopis visa erat, de quâ, ipso tacente, cognituri essent. Videamus in tam atroci tamque tyrannico facto, quid Ambrosius fortissimus episcopus fecerit.

Et quidem judicia divina commemorat : Teodosium exemplo Davidis ad pœnitentiam hortatur; nisi faciat, sacrorum eum extorrem futurum : « Noli peccato tuo aliud peccatum addere, ut usurpes quod usurpasse multis officit. » Et posteà : « Offerre non audeo sacrificium, si volueris assistere. » Postremò : « Tunc offeres, cùm sacrificandi acceperis facultatem[1]. » Summum id in imperatorem, ut et in alios christianos.

Quid posteà factum sit refert Theodoretus : nempè imperatori pro more Ecclesiam ingressuro occurrit Ambrosius : « Ingressum prohibuit : Quibus enim, inquit, oculis templum aspecturus es? Quomodo sacrosanctum Domini corpus accepturus es? Quomodo pretiosum sanguinem, tot hominum fuso sanguine[2]? » Non, ut Gregorius VII : Quomodo regnaturus es? Efficiam equidem, ne quisquam tibi pareat. Tunc Ambrosius : « Accipe, inquit, vinculum, » quo sacris profectò, non quo regno arceare. At imperator « gemens in palatium reversus est, his verbis obtemperans : quippè qui probè nosset quæ sacerdotum, quæ imperatorum officia essent. » Sic defert Ambrosio, qui nihil regiæ majestati detraxerat, nihil nisi sacerdotale et ecclesiasticum attrectabat.

Ingemiscebat posteà imperator, « quòd, ecclesiæ aditu interdicto, clausæ essent cœli fores : memor enim sum, inquit, Dominicæ vocis : *Quodcumque ligaveris super terram, erit ligatum et in cœlis.* En quam intelligeret Ecclesiæ potestatem.

Illic Rufinus, nefandi consilii cædisque imperatori auctor, pollicetur suasurum se Ambrosio, ut « solvat vinculum : cui imperator : Non persuadebis, inquit; novi æquitatem sententiæ illius. » Pergit tamen Rufinus ad Ambrosium; « cùmque imperatorem brevi adfuturum esse diceret : Ego, inquit Ambrosius, tibi prædico ac prænuntio, me illum ab ingressu sacri vestibuli repulsurum : si verò imperium in tyrannidem verterit, ego quoque

[1] Ambr., *ep.* LI, n. 12, 13, 15. — [2] Theod., lib. V, cap. XVIII.

libenti animo cædem excipiam. » En quousque imperatori etiam contumaci et sævituro fortissimus episcopus restiturus esset.

Accessit posteà imperator, spe fallente, inflecti posse Ambrosium arbitratus. Illi procedenti cùm allata ista essent : « Ibo, inquit, ut justas patiar contumelias. » Ratus Ambrosius ipsum vi in ecclesiam irrupturum, « hujusmodi adventum tyrannicum esse dixit, et Theodosium adversùs Deum furere legesque illius calcare. » At imperator alia omnia sentiebat : « Non inquit, non sum violenter ingressurus ecclesiam ; sed à te peto, ut vinculis me absolvas..... Cui Ambrosius : Quam igitur, inquit, pœnitentiam ostendisti? At imperator : Tuum est medicamenta ostendere, mei autem officii oblata suscipere. » Tùm præcepit Ambrosius legem indici eam, quam Bellarminus vult exemplum esse gestæ ab episcopo temporalis potestatis ; nempè ut per triginta dies latæ sententiæ penderent. « Hoc verò consilium cùm audisset imperator, et utilissimum esse existimaret, legem scribi præcepit, subscriptione firmavit, relaxato vinculo » communionem accepit.

Jàm nemo non videt quàm vanè et extra rem hîc, in publico facto, adversùs pœnitentem et ultrò confitentem, inquisitiones et criminales causas, et forum externum Bellarminus obtrudat. Quæ tametsi omnia in causâ ecclesiasticâ fateremur, quid hæc deindè ad rem? Neque illud de lege pluris valet. Nam et mitigandæ iræ, per quam Theodosius lapsus erat, imprimis congruebat ; et ipse imperator, teste Theodoreto, *utilem existimavit* eam, sibi scilicet, et reipublicæ. At profectò, non negamus bonos principes æquo animo laturos, indici sibi ea in pœnitentiam, quæ reipublicæ, quæ frænandis cupiditatibus conferant, quæ ipsis etiam recta et utilia videantur. An ad id cogi depositionis metu, aut eodem illato metu, à malo deterreri possint, id verò quærimus. Ambrosium certè, aut Theodosium, aut eo ævo quemquam, ne id quidem cogitasse ; neque sanctum episcopum adversùs principem, quamvis contumacem, ulteriùs fuisse processurum, quàm ut sacris arceret, ac regiâ vi tentatus mortem pateretur, ipsa gesta à nobis relata clamant.

Neque aliud inculcat idem Ambrosius, cùm incensâ à christianis synagogâ Judæorum, jussit Theodosius *synagogam ab ipso ædificari episcopo.* Hîc Ambrosius : « Non vereris, inquit, imperator, ne acquiescat (episcopus) sententiæ tuæ? Ne prævaricetur non times? Non etiam vereris quod futurum est, ne verbis resistat Comiti tuo? Necesse erit igitur ut aut prævaricatorem, aut martyrem facias¹. » Nempè, Ambrosio teste, prævaricator fidei foret episcopus, si jussis imperatoris cederet, ac synagogam reficeret : martyr, si repugnans vi regiâ cogeretur. Negat ergò episcopum parere debuisse : adversùs sævientem principem nulla arma repugnanti tradit, nisi martyrium. Hæc imperatorem monet Ambrosius *in regiâ; ne,* inquit, *si necesse esset, audires in Ecclesiâ*². » Nempè increpasset : nempè sacrorum privationem inculcasset : sævienti martyria, non arma objecisset.

An fortè respondebunt Romanum Pontificem, cui majora licerent, majora moliturum fuisse, et graviores illaturum minas? Absit hoc à theologiâ portentum, ut Romanus Pontifex alias habeat claves quàm cæteri episcopi, alia injiciat vincula. Non ille diversi generis anathema intorquet, sed ejusdem generis ampliore ac supremâ potestate : ac si tanta inest vis, ut ligando ac solvendo etiam solvere possit imperia, idem cæteri episcopi poterunt, reservato tantùm episcoporum capiti superiore judicio. Neque id adversarii diffitentur; et contendit Bellarminus, beatum Ambrosium indirectâ potestate usum, de temporalibus decrevisse, quod esse falsissimum et ab ejus mente alienissimum vidimus. Ac si somniemus Romano Pontifici reservatum, ut reges deponeret; ostenderet saltem Ambrosius eam, quæ inesset capiti Ecclesiæ potestatem. Neque verò dicant hæc tantùm contumacibus, non autem modestis principibus ostentanda : ecce enim Ambrosius eum animo Theodosium effingebat, qui imperium in tyrannidem verteret, vi sacra corriperet, repugnantem episcopum ad martyrium usque cogeret; neque tamen ad fastus regios comprimendos, eam Ecclesiæ auctoritatem ostendit, quâ etiam imperia solverentur; et quamvis Ambrosius nihil à Theodosio immodestiæ timuisset aut cogitasset, tamen è re fuisset ut, quod cæteris esset documento, ordo sacerdotalis totam auctoritatem suam modestis etiam principibus vel semel exhiberet. Quid enim prohibebat? An

¹ Ambr., *ep.* XL, n. 6, 7, col. 948. — ² Ibid., *ep.* 33.

quòd Theodosius pœnitens in ipso Ecclesiæ limine à tanto episcopo veritatem audire non posset, ac statim in iras verteretur? Pudeat ergò tandem nos ejus auctoritatis, quam optimis Ecclesiæ temporibus, cùm id res vel maximè postularet, neque fortissimi episcopi saltem ostenderent, neque modestissimi principes paterentur, neque quisquam hominum cogitaret.

CAPUT VI.

Quinti sæculi exempla : Arcadius, ac de eo Gregorii VII verba : Burgundiones : Visigothi : Vandali : Theodoricus Ostrogothus : Hunericus Vandalus : Odoacer Herulus : Zeno Imperator.

Quinto verò sæculo, de potestate indirectà non magis cogitabant. Eo ineunte regnabant Theodosii Magni liberi Arcadius et Honorius. De Arcadio sic scribit Gregorius VII. « Si, inquit, speciale aliquod de personis principum requiratur exemplum; Beatus Innocentius Papa Arcadium Imperatorem, quia consensit, ut sanctus Joannes Chrysostomus à suà sede pelleretur, excommunicavit[1]. » Hoc quidem non ità esse consentiunt litterati omnes (a): nempè conficta est ea, quæ à Nicephoro refertur[2], excommunicationis formula, cujus est initium : *Vos sanguinis fratris mei Joannis* : atque ea qualiscumque est, imperatorem à sacris, non ab imperio arcet, cùm nequidem de tali potestate cogitarent, qui talia confingebant.

Eodem quinto sæculo ariani multi catholicas provincias obtinebant : nempè Burgundiones, Lugdunensem ac Viennensem : Visigothi, Hispaniam et Galliam Narbonensem : Odoacer Herulus, ac posteà Theodoricus Ostrogothus, Italiam ac Romam ipsam; neque quidquam adversùs eos sese Ecclesia, aut Romanus Pontifex commovebat : quanquam Theodoricus extra regnum quoque suum Arianos tueretur, eorumque causâ toti Italiæ extrema in-

---

[1] Greg. VII, lib. VIII, *ep.* xxi. — [2] Niceph., lib. XIII, cap. xxxiv.

(a) Eam epistolam Labbæus recenset inter genuinas Innocentii, tom. II *Conc.*, col. 1308 : sed confictam fuisse luculenter probat D. Tillem., *Hist. Eccl.*, t. X *vit. Innoc.*, art. IV, p. 641 ; et *Hist. imper.*, *vit. Arcad.*, not. xxx, p. 785 (*Edit. Leroy.*)

tentaret. Ità enim in libro *Pontificali* est scriptum : « Pro hâc causâ, Theodoricus hæreticus exarsit in iram, et totam Italiam voluit gladio extinguere. » Sanctum quoque Joannem Papam coegit legationem suscipere ad Justinum Imperatorem, « ut redderentur Ecclesiæ hæreticis in partibus Orientis : quod si non, omnem Italiam gladio perderet [1]. » Idem Theodoricus catholicos adeò suspectos et exosos habebat, ut Boetium et Symmachum romanæ urbis, et Ecclesiæ lumina, cæderet : Joannem verò Papam, et duos senatores legationis socios, « in custodiâ afflictos maceravit, ità ut beatissimus Joannes, primæ Sedis episcopus, deficiens moreretur. » Tantæ igitur cædis tantæque impietatis reum, Ecclesia romana sanctique Pontifices coluerunt : nullo unquam adversùs eum posterosque ejus, publico occultove molimine, agere visi sunt.

Vandali item ariani, et Gensericus, atque omni belluâ tetrior Hunericus, Africanam Ecclesiam devastarunt. At interim catholici omnes in fide se manere testabantur; ac sanctus Fulgentius Ruspensis episcopus et Christi confessor inclytus, hæc ad Trasimundum regem arianum scripsit : »Cùm pro nostrâ fide, in quantum facultatem divinitùs accepimus, liberè respondemus, nullâ contumaciæ seu contumeliæ debemus suspicione notari, cùm nec regiæ simus dignitatis immemores, sciamusque Deo timorem, honorem regibus exhibendum, apostolicâ ita nos præmonente doctrinâ : *Reddite omnibus debita;* » et paulò post : *Cui timorem, timorem; cui honorem, honorem.* » Locum etiam Petri commemorat: *Deum timete, regem honorificate* [2]. « Competens igitur, inquit, mansuetudini tuæ deferimus honoris obsequium; cui regalis apicem culminis divinâ cernimus largitate collatum : nec tamen quemquam sapientem fugit, quantò sempiternus ille Rex regum et Dominus dominantium timore debeat suspicii, qui temporales etiam reges præcipit honorari [3]. » His persuasi decretis, non metu aut infirmitate coacti, reges impios ac religioni infensissimos observabant; neque temporariam et ab opportunitate pendentem, sed æternis decretis nixam, exhibebant fidem.

[1] Tom. IV *Conc., vit. Joan.* I, col. 1600. — [2] I *Petr.*, II, 17. — [3] Fulg. Rusp., *ad Trasim.*, lib. I, cap. II.

Eâdem fide erant adversùs Gondebaudum arianum, Burgundionum regem, sanctus Avitus Viennensis et cæteri episcopi gallicani, qui perfidi regis imperio suberant; et habebant quidem Clodovæum Francorum regem, catholicæ fidei defensorem et Gondebaudi hostem. Neque tamen ei adversùs Gondebaudum pugnanti, regis ariani regnum dabant, aut à sui regis obedientiâ recedebant. Extat nuper edita à viro religiosissimo eorum episcoporum cum arianis facta collatio, Apostolorum digna temporibus : quâ in collatione ipso Gondebaudo querenti de rege Francorum suos fines invadente, sic sanctus Avitus omnium respondet nomine : « Ignoramus, ô Rex, quo consilio et quâ de causâ, rex Francorum facit quod dicitis; sed Scriptura nos docet, quòd propter derelictionem legis Dei, sæpè subvertuntur regna, et suscitantur inimici ex omni parte, illis qui se inimicos adversùs Deum constituunt [1]. » Ergò à Deo multa eaque gravia comminantur; nihil ipsi moliuntur adversùs ejus imperium, tanto defensore Francorum rege freti; et regem suum tam impensè colunt, ut is moveretur; ac tametsi induratum, et à Deo reprobatum, multis argumentis cernerent, haud minùs pro rege habuerunt.

De Hunerico et Odoacro scribit Gelasius, Hunerico Eugenium Carthaginensem et catholicos sacerdotes restitisse, *extrema tolerantes*: se quoque Odoacri scripto *cùm aliqua non facienda præcepisset, nullatenùs paruisse* [2]. His docet quousque resistere fas sit regibus iniqua jubentibus : eatenùs scilicet, ut extrema omnia tolerentur, ut obedientia non simpliciter, sed tantùm in illicitis denegetur, non sanè ut imperium abrogetur.

Ad eumdem Hunericum, postquam ab eo interdictum erat catholicis sacerdotibus, *ut conventus minimè celebrarent*, extat sancti Eugenii Carthaginensis episcopi omnium collegarum nomine data *Epistola*, quæ sic habet : « Nuper potestas regia per Vitaritum Notarium meam parvitatem admonere dignata est, qui nobis de merito ac religione fidei præceptum ejus in Ecclesiâ, præsente clero et plebe, recensuit. Ex cujus tenore cognovimus ad omnes episcopos meos præceptum regium similiter emanasse,

[1] Collat. Episc. cor. Reg., Gond. *Spicil.*, tom. V, pag. 111. — [2] S. Gel., *ep.* XIII, *ad Episc. Dard.*, tom. IV *Conc.*, col. 1208.

ut die constitutâ pro disputatione fidei veniatur : quod nos venerabiliter accepisse suggessimus [1]. » Ad eumdem edit professionem fidei, ducto initio ab obedientiâ debitâ regiæ potestati : « Regali imperio fidei catholicæ, quam tenemus, præcipimur reddere rationem; ideòque aggredimur. » Quæ si imbecillitas, non ipsa veritas postulasset, tacere potuisset Eugenius.

Atque hæc de arianis eo ævo regnantibus. Zenonem verò Imperatorem impio decreto, quod *Henoticum*, id est, unitivum appellabat, et Chalcedonensi synodo anathema dicentem, Simplicius et Felix, Romani Pontifices fortissimi, diutissime, et, quantùm in ipsis fuit, pacatissimè regnare permiserunt [2].

CAPUT VII.

Anastasius imperator hæreticus, persecutor, anathemate nominatim in Oriente, et à Romano quoque Pontifice in Occidente damnatus, Ecclesiæ peculiari sacramento obligatus, regno eâ conditione suscepto : ejus deponendi mira opportunitas : sancti Pontifices Gelasius, Symmachus, Hormisdas ne id quidem cogitaverunt.

Impio Zenoni successit impius Anastasius, fidei catholicæ persecutor ; omni enim sævitiâ exagitabat eos qui Chalcedonense concilium, in eoque probatam sancti Leonis Papæ *Epistolam* prædicabant. Atque hujus quidem tempore, Perronius docet claruisse indirectam potestatem [3]. Nos contrà, ex ejus temporis gestis, vel maximè elisam esse contendimus.

Quid ad eum imperatorem sanctus Gelasius Papa scripserit, quàmque non modò imperatorem agnoverit, sed etiam distinctis utriusque potestatis officiis, imperium ab ecclesiasticâ potestate illæsum intactumque præstiterit, copiosè executi sumus [4]. Quia verò sancti Papæ Symmachi gesta dictaque tantùm delibavimus, ea nunc integra proferimus, ne quid studioso veritatis lectori subtrahatur.

[1] Ep. Eug., tom. IV *Conc.*, col. 1127. Vid. etiam Vict. Vitens., lib. II; *Hist. de Pers.*, Vand., part. II, edit. D. Ruin. — [2] Evagr., lib. III, cap. XIV. Baron., tom. VI, an. 382, pag. 360. — [3] *Harang.*, loc. cit., p. 603. — [4] Sup., lib. I, sect. II, cap. XXXII.

Primùm ergò describimus verba Baronii de concilio IV Romano agentis [1]. « Constat, licèt synodalia acta desiderentur, in tantâ coronâ Patrum, propositâ in medium causâ imperatoris hæretici, rogatâ sententiâ singulorum, communi omnium consensu à Symmacho Papâ excommunicatum impium Anastasium (*a*) Augustum. At nihilominùs pro imperatore est habitus ab omnibus orthodoxis. Vel ipsum Papam Symmachum audiamus, in *Apologetico* ad Anastasium [2]: « Dices quòd mecum conspirante Senatu te excommunicaverim. Ità quidem ego; sed rationabiliter factum à decessoribus meis sine dubio subsequor. » Nimirum id sibi et antecessoribus suis tribuit, ut imperatorem jure excommunicaverint, qui Acacii damnatæ memoriæ in sacris communicans, ejusque hæresi sociatus, in idem ipse se anathematis vinculum conjecerat. At tantâ auctoritate excommunicatum, ut imperatorem salutat, *et Principem rerum humanarum* vocat; solutum excommunicatione vinculum, quo cives principi conjunguntur, aut suâ auctoritate solvendum, ne quidem cogitat.

Hæc Romæ sentiebant: hæc toto orbe terrarum: nam scribit Evagrius: « Nonnulli Anastasium, tanquam concilii Chalcedonensis adversarium existimantes, ex sacris tabulis exemerunt: Hierosolymis autem anathema fuit illi denuntiatum [3]; » neque tamen ab ejus imperio recessere.

Quantæ autem venerationi esset Ecclesiæ sententia Hierosolymitanæ, hæc Justini imperatoris in eâdem Acacii causâ verba testantur ad Hormisdam Papam: « Huic, inquit, Ecclesiæ omnes honorem impendunt, quasi matri christiani nominis, ut nemo audeat ab eâ sese discernere [4]. » Ab hàc tamen Ecclesiâ expresso anathemate segregatum Anastasium, haud secùs pro Augusto habuere.

---

[1] Bar., tom. VI, an. 502, p. 547. — [2] *Apolog. Symm. advers. Anast.*, tom. IV *Conc.*, col. 1298. — [3] Evag., lib. III, cap. XXXIV. — [4] Ep. Just. Imper., int. *ep.* *Horm.*, LXXIV; tom. IV *Conc.*, col. 1542.

(*a*) A Symmacho excommunicatum Anastasium dicit Baronius, non probat. «Nos, scripsit Symmachus, non te excommunicavimus, Imperator, sed Acacium : tu recede ab Acacio, et ab illius excommunicatione recedis : tu te noli miscere excommunicationi ejus, et non es excommunicatus à nobis : si te misces, non à nobis, sed à te ipso excommunicatus es. » Tom. IV *Conc.*, col., 1298, 2299. Porrò notandum hæc, cum iis quæ Baronius affirmat, adversis frontibus pugnare. (*Edit. Leroy.*)

Ad hunc imperatorem resipiscere visum, professumque sancti Leonis et Chalcedonensis concilii fidem, sanctus Hormisdas, Symmachi successor, legationem misit, cum hoc *Commonitorio:* « Si imperator dixerit : Ecce mihi communicate qui synodum Chalcedonensem recipio, et epistolas Papæ Leonis amplector : nunc communicate mihi; respondendum est : Quo ordine Pietas vestra communicari sibi desiderat [1]? » Tùm ea præscribit, quæ ab imperatore subdolo ac fallace postulanda essent, ut perfectè satisfaceret : neque esse anteà communicandum; at interim ut imperator, cùm ab ipso Pontifice per litteras, tùm à Legatis, Pontificis jussu salutatur.

At si quis unquam extitit imperator solio deturbandus, is maximè fuit Anastasius, quo nullus ad servandam fidem Ecclesiæ esset obstrictior. Scribit enim Evagrius, cùm Anastasius, Zenone mortuo, ad imperium eligendus esset; « obstitisse Euphemium patriarcham Constantinopolitanum, quoad Anastasius professionem ipsi Euphemio daret, gravibus sacramentis, manuque firmatam suâ, quâ testaretur, si sceptra susciperet, servaturum se fidem integram, neque unquam res novas in sanctam Ecclesiam inducturum : quam professionem Macedonio sacrarii custodi tradidit [2]. »

Similia ferè scribit Theodorus Lector, et alii [3]. Hæc ab Anastasio, cùm suspectæ fidei esset, Ecclesia postulaverat : sic eum sibi, non tantùm communi religione christiani nominis, sed etiam chirographo et jurejurando obstrictum tenebat. Quam fidem reposcere eo magis poterat Ecclesia Romanusque Pontifex, quòd eâ imperator conditione regnaret. Sed profectò intellexit potuisse quidem respui eligendum, nisi sanâ fide esset; jàm electum, jàm Augustum, jàm divino numine constitutum, non posse à se dejici; ac manere chirographum ad testificationem officii, non ad imminutionem imperatoriæ potestatis.

Neque occasiones defuere dejiciendi Anastasii, cùm multi Cæsares adversùs eum levarentur; plebis pars longè maxima, ejus hæresim detestata, Constantinopoli quoque seditiones agitaret,

---

[1] Common. Horm., *ibid.*, post *ep.* III, col. 1428. — [2] Evag., lib. III, c. XXXII.— [3] *Excerpt. Theod. Lector.*, lib. II. Vid. quoque Vict. Tur., *in Chron.*

atque eò usque fureret, ut imperator abdicare se cogeretur, coronâ coram plebe ultrò depositâ, quam, ipsâ plebe sic ad misericordiam inflexâ, quasi precariè recepit [1].

Hæc Perronius non veretur ad indirectæ potestatis præsidium trahere [2], quæ huic vel maximè adversantur. Quò enim pertinebat Vitalianum Comitem rebellasse, neque priùs dedisse pacem quàm catholicos restitueret: quasi ignoremus sæpè factum, ut causâ hæresis bella civilia moverentur. Illud tu velim, mihi probes de quo quærimus: id, jubente Ecclesiâ, jubente Papâ, factum esse. Quod cùm nullus unquàm scripserit, tùm fatearis necesse est non id cogitasse, cùm tanta opportunitas se offerret, totiesque duces ac populi in imperatorem odio hæresis rebellarent.

Quæ cùm sponte in Oriente facerent, quid acturi erant, si Romanus Pontifex ab altâ Petri sede depositionis dixisset sententiam, aut fidelitatis sacramento absolvisset? Cur autem id non faceret, si fieri posse crederet? Quippè imperator erat hæreticus, Ecclesiæ persecutor, eidem Ecclesiæ peculiari juramento obligatus, eâ conditione regnum susceperat: plebs veræ fidei favebat. Jàm ab Anastasio nullus Pontifici metus. Vivebant enim Romani tùm sub Gothorum regno, procul ab imperatoris potestate ac minis: ad eum denique deponendum omnia incitassent. At Symmachus fortissimus, idemque doctissimus Pontifex, id admonet tantùm, ne confisus imperio suprà hominem se efferret. « Precor, Imperator, pace tuâ dixerim: memento te hominem, ut possis uti concessâ tibi divinitùs potestate [3]. »

Illud etiam memoratu dignum est, quòd sanctus Symmachus ad Anastasium scribens, Petri potestatem et habebat præ oculis, et vehementissimè inculcabat; undè illud: « An quia imperator es, contra Petri niteris potestatem? » Quam sanè potestatem cum imperatoriâ comparatam, ubique commemorat. Cur autem non explicaret totam? Cur non id ageret, ut superbus imperator imperium suum à pontificiâ potestate pendere intelligeret? Nihil tale Symmachus, suisque se continet finibus, etiam adversùs eum principem, qui de religione pro suâ potestate decerneret,

---

[1] Evagr., lib. III, c. XXXIV. — [2] Har., p. 604. — [3] Symm., Apol. ad Anastas.; tom. IV Conc., col. 1298.

damnatumque hæresis Acacium ab excommunicatione absolveret. At eum aliena invadentem Pontifex sic alloquitur : « Conferamus, inquit, honorem imperatoris cum honore Pontificis, inter quos tantùm distat quantùm ille rerum humanarum curam gerit, iste divinarum. Tu, Imperator, à Pontifice baptismum accipis, sacramenta sumis, orationem poscis, benedictionem speras, pœnitentiam rogas: postremò, tu humana administras, ille tibi divina dispensat. Itaque, ut non dicam, superior, certè æqualis honor est [1]. » Rogo bonâ fide, qui hæc tam accuratè tradit, an omissurus esset quidquam quod ad commendandam pontificiam dignitatem, ac sævi imperatoris retundendam contumaciam pertineret? At non ultra ecclesiastica prosilit : nec minùs sibi quàm imperatori modum ponit, quàmque eum à sacris arcet, tam se à civilibus, æquo utrinque jure.

Sic deindè prosequitur, paucis interjectis : « Fortassis dicturus es scriptum esse, omni potestati nos subditos esse debere. Nos quidem potestates humanas suo loco suscipimus, donec contrà Deum suas erigunt voluntates. Cæterùm, si omnis potestas à Deo est, magis ergò quæ rebus est præstituta divinis. Defer Deo in nobis, et nos deferemus Deo in te. Cæterùm, si tu Deo non deferas, non potes uti ejus privilegio, cujus jura contemnis. »

Sic docet principi obedientiam denegandam, non quidem simpliciter, cùm eum ubique imperatorem, rerumque humanarum principem veneretur, sed tantùm in eis quibus princeps in Deum inque Pontificem divina exequentem insurgat, salvâ in aliis imperii majestate. Neque quidquam agit sacræ dignitatis retinentissimus Pontifex, quàm ut Pontifices et reges ex æquo componat, ac mutuò obedire doceat : supremam illam suam, quam tunc maximè urgeri oporteret, in ordinandis rebus etiam civilibus potestatem tacet.

[1] Symm., *Apol. ad Anastas.*; tom. IV *Conc.*, col. 1293.

CAPUT VIII.

Sexti ac septimi sæculi exempla : sancti Gregorii Magni ad Mauricium Epistolâ *memorabilis : in eam Baronii nota : quædam de Pontificum subjectione erga Principes.*

Sexto vero sæculo, vel ineunte septimo (*a*), eodem spiritu ductus sanctus Gregorius Magnus imperatori Mauricio, cùm aliquam legem, quæ sancto Papæ parum æqua et pia videbatur, ab eo publicandam pro more transmitteret, hæc rescripsit : « Ego quidem jussioni subjectus, eamdem legem per diversas terrarum partes transmitti feci; et quia lex ipsa omnipotenti Deo minimè concordat, ecce per suggestionis meæ paginam serenissimis dominis nuntiavi [1]. » Non sibi tribuit indirectæ potestatis nomine, ut legem abroget, animarum utilitati parum congruam, quippè quæ conversos milites à monasteriis abstraheret : sed cùm intelligeret imperatorem, licet haud satis rectè, suo tamen jure usum, monebat, flebat, orabat, parebat interim, ac legem ad alios jussus transmittebat : prævaricator procul dubio futurus, si quam edito decreto pro pontificiâ potestate solvere potuisset, ad alios quoque habendam observandamque transmitteret.

Notat Baronius initio hujus epistolæ à Gregorio dictum : « Neque ut episcopus, neque ut servus jure reipublicæ, sed jure privato loquor [2]; » tanquam indignum Pontifice esset ut se regi subjiceret : quo nihil est alienius à Gregorii mente. Nempè putaverat pacatiùs audiri se, si familiaritatis jure potiùs quàm episcopali ex officio loqueretur. An proptereà credimus eum episcopali jure, juri imperatorio non fuisse subjectum? Ergo, nec *ut servus reipublicæ*, atque in publicandâ lege publico officio functus, suberat imperatori. Quis hoc dixerit? An verò cùm addit Gregorius : « Potestas super omnes homines dominorum meorum Pietati cœlitùs data est [3], » sacerdotes exceptos volebat?

---

[1] Greg., Mag., lib. III, indic. xi, *ep.* lxv; tom. II, col. 677. — [2] Bar., tom. VIII, n. 593, pag. 47. — [3] Greg. Mag., loc. cit.

(*a*) Nempe, ut autumnant Patres Benedictini an. 593.

Quid quòd apertè profitetur sacerdotes imperatoribus esse subjectos? Deum enim inducit Mauricio hæc dicentem : « Ego sacerdotes meos tuæ manui commisi; » et aliâ *Epistolâ* de eodem negotio agens : « Valde mihi durum videtur ut ab ejus servitio milites suos prohibeat, qui ei et omnia tribuit, et dominari eum, non solùm militibus, sed etiam sacerdotibus concessit [1]. » Nempè ait Baronius [2] : suberat Mauricio *Ecclesiam persequenti*, ut Neroni et Diocletiano. Id enim comprobat ex Gregorii *Commentario in Psalmos pœnitentiales*. Quid nostrâ? Cùm Neroni paruisse christianos, et quidem ex animo, et propter conscientiam, et Dei ordinatione, Scripturæ prodant. Neque hæc dicentes sacerdotium regno cum novatoribus, quod Baronius quæritur, sed sacerdotes regibus; in iis quidem quæ ad regium officium pertinent, auctore Gregorio, subdimus.

CAPUT IX.

Privilegia ab eodem sancto Gregorio concessa expenduntur. Imprecatoriæ formulæ eo ævo familiares : Gregoriana formula ad alia privilegia non transit.

Nunc, cùm Gregorius Magnus seque et sacerdotes omnes, tam modestè, tam demissè subjiciat regibus; jam interrogare juvat, ecquid deceat eum propter unius xenodochii vel monasterii violatum privilegium, reges, judices, sæculares personas dignitate privare, ut Gregorium VII, eumque secutos Baronium, Bellarminum et alios objecisse videmus [3]. Quis autem vel fando audiit, Gregorii ævo totque anteactis sæculis, ob violatam fidem et canones, cuiquam, excommunicato licèt, vel unum servulum Ecclesiæ auctoritate detractum? Nunc autem imperia regnaque adimuntur ob unum xenodochium. Sed ista omittamus; rem ipsam explicemus.

Gregorii ergò nomine hæc prodeunt privilegia sancti Medardi, et xenodochii Augustodunensis, in *Epistolâ* ad Senatorem, qui-

---

[1] Greg. Mag., *Ep.* LXVI, col. 678. — [2] Baron., loc. cit. — [3] Greg. VII, lib. IV, ep. II. Baron., tom. VIII, an. 603, p. 168. Bell., lib. V, *de R. P.*, cap. VIII.

bus id edictum legimus : « Si quis regum, antistitum, judicum vel qualiumcumque sæcularium personarum his contradixerit...; cujuscumque dignitatis vel sublimitatis sit, honore suo privetur...., à consortio christianitatis, et corpore ac sanguine Domini nostri Jesu Christi sequestretur [1]. » Simul enim spirituales ac temporales pœnæ in utroque privilegio conjunguntur.

Mitto id quod à plerisque et rectè dicitur : hæc quidem collectim et in confuso dici, pœnis temporalibus spiritualibusque uno tenore connexis ; *distributivè* tamen, sive *respectivè*, ut vocant, intelligenda esse, cuique ordini suâ pœnâ applicatâ. Mitto temporum stylique, ac rerum gestarum notas, quibus hæc, ac maximè sancti Medardi privilegium, falsitatis insimulent. Ad ea enim nos recurrere nihil necesse est, cùm manifestum sit his Gregorii vobis, quatenùs de temporalibus decernit, nihil aliud contineri, quàm imprecandi formulam hisce temporibus usitatissimam.

Solebant ergò passim etiam laici imprecationes facere excommunicandi ritu, tanquam de spiritualibus decernerent : quo nihil mirum sit, etiam Pontifices imprecandi formulâ, de temporalibus decrevisse visos. Vel Baronium audiamus, quo teste, hæc sepulchris inscripta visuntur : « Nemo suum, nec alienum corpus super me mittat : quòd si hoc præsumpserit, maledictus sit, et in perpetuum anathemate constrictus [2]. » Quibus ex monumentis aliisque plurimis, docet à privatis factas donationes, appositis formulis imprecatoriis, tanquam anathematis ritu fuisse conscriptas.

Huc accedunt relatæ passim à Marculpho Formulæ in donationibus laicorum : « Si quis huic voluntati meæ obvius, vel repetitor, convulsor etiam, aut tergiversator extiterit, anathema sit : et tam qui fecerit, quàm qui consentiendo fecerit, anathema sit; » et aliâ formulâ : « A conventu omnium christianorum vel limitibus ecclesiarum, extraneus habeatur, à communione extraneus efficiatur [3]. »

---

[1] Greg. Mag., lib. XIII, indict. VI, *ep.* VIII, al. X, col. 1221. — [2] Bar., tom. XI, pag. 685, sub hoc titulo : *Execrationes apponi solitæ ab unoquoque.* — [3] Marculp., *Form.*, lib. II, cap. I, IV, etc.; tom. XII *Bibl. Pat.*, p. 778 et seq.

Sexcenta ejusmodi commemorare possumus; quibus profectò formulis, haud magis Pontifex reges deponere, quàm excommunicare privatus aut laicus valeat; ut profectò pudeat à viris etiam doctis, tàm vana, tàm absona pro argumentis adduci.

Et tamen certum est eam formulam quam nos in duobus tantùm Gregorii Magni privilegiis invenimus, quòd certo quodam sensu videretur arrogantior et iniquior, à secutis Pontificibus fuisse prætermissam. Privilegium datum Fulrado Abbati sancti Dionysii ejusque successoribus à Stephano II Papâ sic habet : « Interdicentes omnibus cujuslibet Ecclesiæ præsulibus, vel cujuscumque dignitatis præditis potestate, sub anathematis interpositione[1]; » nec aliud quidquam. Item in privilegiis sancti Dionysii, ab Adriano I; Floriacensis monasterii, à Joanne VIII; Solemniacensis, à Marino datis [2], nihil aliud legimus, quàm ut contemptores sint « auctoritate apostoli Petri anathematis vinculo innodati, à regno Dei alieni, ab apostolicâ communione anathematis animadversione separati, alieni à sacratissimo corpore Domini Jesu Christi, » aliaque ejusmodi nota, et ecclesiastica.

At in Tricassino concilio II, anno 878, Joannes VIII distinctiùs : « Si quis hujus apostolicæ censuræ violator extiterit, si sacerdos fuerit, proprio honore privetur, et christianâ communione cassus, anathematis vinculo innodetur : si laicus similiter perpetuâ damnatione cum Judâ traditore torqueatur [3]. » De laico non addit *ut honore privetur,* sicut de ecclesiasticis sanxerat. Ecclesiasticos honores secernit à laicalibus; communem utrique ordini excommunicationem intentat.

Verbo dicam : nullum contigit videre privilegium, præter illa duo Gregorii, in quibus dignitatis regiæ privatio legatur. Nam quòd interdùm, ut in privilegio sancti Carilefi, à Nicolao I constituitur : « Ut quisquis hoc molitus fuerit, sui honoris dignitate privetur, sive sit sæcularis, sive ecclesiasticæ personæ [4]; » de his dignitatibus et honoribus, qui ad Ecclesiam pertineant intelligitur. Satis enim constat cœpisse tum patronatus laicales : habuisse

---

[1] Privileg. Fulr., tom. VI *Conc.*, col. 1646. — [2] An. 786, tom. VI *Conc.*, col. 1776 : ann. 878, tom. IX, col. 318 : an. 883, *ib.*, col. 357. — [3] *Epist. ad Adal. Tur.*, tom. IX *Conc.*, col. 317. — [4] Tom. VIII *Conc.*, col. 459.

ecclesias vicedominos ductoresque militum, quos ad exercitus regios summittere tenebantur, aliosque sæculares suæ potestati obnoxios; ut omittam, in iis privilegiis sanciendis sæpè concurrere utramque potestatem, quemadmodum est hîc adscriptum, « ut et pontificale decretum, regumque immunitates, Romanique Pontificis constitutum inviolabilem perpetuis temporibus obtineant firmitatem. » Decretis enim communi consensione munitis aliquid reverentiæ et auctoritatis accedit.

Addo ejusmodi formulas ad terrorem et majestatem quamdam plerumque compositas, non tanti esse roboris, ut jus novum condere et antiquam Ecclesiæ Patrumque traditionem à Scripturâ manantem convellere, aut utriusque potestatis, tantâ ab antiquis subtilitate distincta jura et officia confundere valeant : cùm potiùs ex ecclesiasticâ traditione ac Patrum doctrinâ explicari et ad rectum sensum redigi revocarique debeant.

CAPUT X.

Sancti Maximi monachi et confessoris locus de monothelitis imperatoribus.

Septimo sæculo sanctus Abbas Maximus, cùm tanta pateretur ab imperatoribus monothelitarum hæresim professis, atque Ecclesias persequentibus, hæc suo nomine ad imperatorem perferenda edixit : « Ecce dico, audiente Deo, ac sanctis angelis et omnibus vobis, quoniam quidquid jusserit mihi, supra quâcumque re cum hoc sæculo destruendâ et corrumpendâ, promptè faciam[1]. » Quo spiritu sancti Pontifices, ac Martyres, Martinus Papa et alii, Heraclii et Constantis decreta, *Ectheses* nimirum ac *Typos* hæretica declararunt, pro fide exilia et mortes tolerarunt, ergà imperatores in fide et obsequio perstiterunt.

[1] *Coll. sancti Maxim. cum Theod. Cæs.*, tom. VI *Conc.*, col. 483.

CAPUT XI.

Octavi sæculi exempla : iconoclastæ imperatores : ac primùm Leo Isaurus : de eo Bellarmini argumentum ex Baronio solvitur : quæ hic sint demonstranda proponuntur.

Octavo sæculo, Leo Isaurus Imperator sanctas imagines confringebat, atque omni crudelitate depopulabatur Ecclesiam : Pontifici quoque Gregorio II dira minabatur : postremò sicarios summittebat. Ipse Gregorius in concilio Romano insanæ hæresi anathema dixit[1] : Quo tempore inclaruisse maximè indirectam potestatem volunt. Sic enim objicit Bellarminus : « Gregorius II Leoni imperatori iconomacho à se excommunicato prohibuit vectigalia solvi ab Italis, ac proindè mulctavit eum parte imperii[2]. » Cedrenum et Zonaram, historicos Græcos refert, qui hoc narrant, neque reprehendunt.

Sic quidem, si adversariis credimus, imperatores vel toto imperio, vel *parte imperii mulctantur,* utcumque Pontifici collibitum est : neque cogitant quam mutila respublica futura sit, si regnantibus ac bella gesturis tributa tollantur. Quod quidem nihil est aliud quam imperii potestatem velle illis relinquere, succidere interim nervos, et mancum imperium hostibus objicere. Cur autem non ut tributa, ita vel arma, vel judicia detrahant, atque ad sua arbitria de imperiis ludant ? Sed hæc alii amplificent : mihi significasse sufficiat, quantâ ignorantiâ sive despicientiâ publicæ potestatis hæc tractent.

Jam Bellarmini argumentum, ex Græcorum historicorum auctoritate repetitum, solvet Baronius. Et certum quidem est Leonem Isaurum depositis fractisque, tanquam falsorum numinum idola essent, Christi Salvatoris ac Sanctorum imaginibus, totâ quidem Ecclesiâ, sed toto maximè Occidente exosum fuisse : per eam occasionem Italos rebellasse, tributa negasse, idque et alia per seditiones facta, sancto pontifici ab imperatore imputata

---

[1] Bar., tom. IX, an. 726, pag. 61 et seq. — [2] Bell., lib. V *de R. P.*, cap. VIII, pag. 894.

fuisse. Quòd autem historici græci in eam de Gregorio II opinionem inducti fuerint, hos Baronius falsi convincit his verbis : « Hæc Theophanes ,... Zonaras,... et reliqui Græcorum historici ; sed rerum latinarum ignari, ut quæ sumus dicturi manifestè docebunt. In odium enim atque invidiam Romanæ Ecclesiæ, jacturam factam Occidentalis imperii in Romanum Pontificem Græci schismatici retorquere soliti sunt, ad commovendos, tum imperatorum, tum aliorum animos in Romanam Ecclesiam[1]. »

At idem Baronius, qui de græcis historicis, ad annum 726 hæc scribit, idem ille, ad annum 730, iis maximè auctoribus probare nititur[2], Leonem Isaurum à Gregorio II Papâ non modò anathemate percussum, sed etiam toto Occidentali imperio, auctoritate apostolicâ fuisse privatum : cùm græci historici de imperio nihil aliud dixerint, quàm Gregorium ab obedientiâ descivisse, ab eoque, Italos et Occidentem totum ad defectionem esse pertractos.

Nos autem, quod illi Gregorio II Papæ defectionem imputant Italiæ, id vel odio confictum, vel Leoni Isauro hæc ad Gregorium malignè referenti temerè creditum demonstrabimus : neque modò Gregorium II, sed ejus successores ad extremum usque in fide atque obedientiâ romani imperii permansisse, certis monumentis, ipsâque rerum serie, ac Baronio demum fatente firmabimus ; nihil ut sit vanius, quàm illud de Gregorii defectione, vel ut Baronius interpretatur, de Leonis Isauri depositione figmentum. Sed quò res clariùs elucescat, ante omnia græcorum historicorum verba referamus

CAPUT XII.

An græci historici à Baronio et Bellarmino in Gregorii II ac Leonis Isauri rebus adducti, atque ab eis relata gesta indirectæ potestati faveant.

Hoc in negotio tres omninò historici græci memorantur : Theophanes, Georgius Cedrenus, et Joannes Zonaras. Et Theophanes quidem, in *Chronographiâ* suâ hæc scripsit ad annum Leonis

[1] Bar., tom. IX, p. 63. — [2] Ibid., p. 98.

nonum, qui Christi 724 à Baronio numeratur : « Hoc anno impius imperator Leo de proscribendis et deponendis sanctis imaginibus primùm tractare cœpit : quæ cùm accepisset Gregorius Papa Romanus, Italiæ ac Romæ tributa ad ipsum deferenda prohibuit, scriptâ priùs ad ipsum Leonem dogmaticâ sive decretali epistolâ, quâ monet non oportere imperatorem de fide quidquam statuere, et antiqua Ecclesiæ dogmata, à sanctis Patribus firmata innovare aut convellere[1]. »

Ad annum verò Leonis decimum tertium, sive, ut Baronius computat, decimum quartum, qui Christi est 730, idem Theophanes hæc narrat : « In veteri Româ, Gregorius sacratissimus, vir apostolicus, Petrique Apostolorum coryphæi consessor, verbo et opere prælucebat : qui Romam atque Italiam, totumque Occidentem, à Leonis obedientiâ tam civili quàm ecclesiasticâ, et ab ejus imperio subtraxit[2] : » græcè ἀπέστησε, *ad defectionem perpulit, deficere fecit;* quæ vox manifestam perduellionem sonat.

Narrat deindè sanctum Germanum patriarcham Constantinopolitanum, sacrarum imaginum defensorem, à Leone dejectum, Leonis impietati faventem Anastasium, ejus loco substitutum. Tum addit : Cæterùm Gregorius sacer Romæ Præsul, quemadmodum jam præmisi, hunc unà cum libellis (fidei suæ, quos ad Sedem apostolicam pro more miserat) abdicavit, Leonemque ipsum tanquam impium per epistolas redarguit, ac Romam cum universâ Italiâ ad defectionem ab ejus imperio perpulit. »

Idem tamen historicus id posteà Constantino Copronymo, Leonis Isauri filio et successori tribuit, ut « ex pravâ ejus sententiâ orta sit Italiæ defectio[3] : » ut nec sibi satis constitisse videatur.

Hæc Theophanes, haud procul ab iis temporibus; quippè qui sub Leone Copronymo, Leonis Isauri nepote, clarescere cœperit, atque ad longissimam ætatem provectus, sub Michaele Balbo, Ludovici Pii, Franci Imperatoris, temporibus, nono sæculo scripserit. Georgius verò Cedrenus et Joannes Zonaras, duodecimo demùm sæculo, hoc est, quadringentis post res gestas annis, suas historias ediderunt; quos tamen, quia cardinales Bellarminus et Baronius his utuntur, audire nos oportet.

[1] Theoph., p. 338. — [2] *Ibid.*, p. 342. — [3] *Ibid.*, p. 346.

Et Georgius quidem Cedrenus utrumque Theophanis de Leonis Isauri temporibus locum exscripsit [1], ut eum referre sit supervacaneum: cujus tamen hæc verba Theophani addita, observare placet: « Gregorius à Leone ob ejus impietatem defecit, et pacto cum Francis icto, tributa Leoni denegavit. Anastasium ac socios anathemate percussit, atque imperatorem multis epistolis notissimis palam redarguit. » Zonaras verò sic scripsit : » Quâ de causâ Gregorius, qui repudiatâ societate Præsulis novæ Romæ, necnon illorum, qui eum sequerentur, illos unà cum imperatore synodico anathemate obstrinxit, et vectigalia quæ ad id usque tempus imperio indè pendebantur, inhibuit, icto cum Francis fœdere, undè illi occupandæ Romæ occasionem habuerunt: neque enim Romani generis sunt Franci [2]. » Hæc Zonaras. Cùmque narrasset Francorum in Romanos odia et bella, addit: « Igitur Papa Gregorius deficiens ab imperatoris obedientiâ, ut dictum est, cùm Francis pepigit; » quod quidem alibi repetit iisdem ferè verbis. Hæc Cedrenus et Zonaras scribunt, haud satis suis distincta temporibus, et confuso rerum ordine, ut infrà videbimus. Scribunt autem, præsertim Zonaras, manifestè eo animo, ut amissi Occidentalis imperii odium in Romanam Ecclesiam detorquerent. Quare hos nihil moramur, tot sæculis à rerum fonte dissitos, meritòque suspectos, conflato jam schismate, apertisque Græcorum in Ecclesiam Romanam odiis.

Theophani verò græco, quemadmodum de Græcorum rebus recenti memoriâ scribenti fidem non detrahimus; ità, cum de Occidentis rebus scriberet; more Græcorum, nihil nisi rumusculos collegisse credimus. Id rerum Francicarum periti norunt, fœdique anachronismi, ac de Merovingianis postremis regibus, quos *inertes* vocamus, portenta fabularum abundè demonstrant.

Neque hic expers fuerit illius odii ac livoris, quo Græci amissæ Romæ, memores in Ecclesiam romanam exardescere tùm cœperant, ut scriptæ ad Gallos Nicolai I de Græcorum objectionibus repellendis, testantur litteræ [3], sub imperatore Michaele Balbo, quo in Græciâ imperante, Theophanem scripsisse vidimus.

---

[1] Georg. Cedren., tom. II *Histor. Comp.*, p. 453, 456.— [2] Zonar., *in Leon. Isaur.*, tom. III *Histor. Comp.* — [3] Tom. VIII *Conc.*, col. 468.

His ergò expositis, multa jàm intelligimus : primùm, haud satis ex vero dixisse Bellarminum, quæ Græci ac Zonaras ipse de negatis tributis retulerint, nullâ Pontificum Romanorum reprehensione ab illis dictum; cùm defectionem atque inobedientiam, pactaque fœdera cum Francis romani imperii hostibus, ac Romam ipsam proditam exprobrent.

2º Apparet à Græcis nullum esse memoratum decretum, quo mulctatus imperator fuerit Occidentis imperio. Atque illi anathematis quidem decretum memorant: quòd autem ad imperium attinet, defectionem solam atque inobedientiam, quæ, si decreto disertè ea de re edito facta esset, eò magìs vel ipsâ rei novitate memoranda videretur.

Quòd ergo Baronius indè colligit, Leonem Occidentis imperio auctoritate apostolicâ mulctatum fuisse, duo peccat hîc, doctissimus alioquin *Annalium* scriptor ; et quòd defectionem à græcis historicis exprobratam, in titulum apostolicæ auctoritatis verterit; et quòd tantùm detulit græcis historicis, quorum anteà tam dignâ censurâ tamque invictis argumentis fidem elevavit.

3º Neque eo se tueri potest, quòd Theophanes quidem ex odio Romanæ Ecclesiæ scripserit, anno Leonis nono, statim atque ille in impietatem proruit, ei, auctore Papâ, negata esse tributa, quod præcipitantiæ fuerit : cæterùm, id verum, quòd, crescente Leonis contumaciâ, anno ejus decimo quarto depositionis tulerit sententiam, quam Græci item ex odio defectionem appellent. Hoc enim est historiam fingere, non scribere, ac testes quidem allegare, quos meritò infamaveris, sibique interim uni, non illis credi velle.

4º Jam illud, quod Baronius urget, Leonem Italiâ ac toto Occidente à Gregorio II fuisse mulctatum, multiplici laborat incommodo. Nam statim quærimus, cur depositionis decretum in Oriente non valuerit, cùm Sedis apostolicæ auctoritas, cui annexam esse volunt hanc in reges potestatem, totam Ecclesiam complectatur.

At enim Gregorius II de solo Occidente decrevit. Cur ? An nihil ad ejus curam reliqua Ecclesia pertinebat? Aut Græci, orthodoxi licet tum sedique apostolicæ adhærentes, his depositionibus credituri non erant? Quis autem non videat, quàm fluxum vanumque sit dogma, quod tanta pars Ecclesiæ ignoraret, contempturaque esset?

Quid quòd Sicilia Italiæ vicina, consensu omnium, nihilque repugnantibus Romanis Pontificibus, in imperatoris fide mansit, ut depositionis sententia ne Siculum quidem fretum trajecerit? Quid quòd in ipsâ Italiâ Apuli, Calabri, ac vicinæ regiones in imperatoris obedientiâ perstiterunt, reclamante item nemine? An igitur ne Italia quidem tota Romano Pontifici imperatores deponenti creditura erat? Nam quod ad reliquum Occidentem attinet, quis nesciat ante Leonis tempora, Gallias, Germaniam, Hispanias, aliasque provincias, quin etiam maximam Italiæ partem, quæ Longobardis parebat, ab imperio romano pridem fuisse avulsas; ut se illa potestas deponendi reges, quam totâ Ecclesiâ valere volunt, Româ quidem, ac fortè Exarchatu Ravennate, vicinisque aliquot regionibus contineret? Quod cùm absurdum sit, tùm illud facilè demonstramus, ne in Exarchatu quidem, imò ne Romæ quidem, ac nequidem à Papâ, aut ab ullo mortalium fuisse cognitam.

CAPUT XIII.

Gregorium II nihil in imperatorem hæreticum movisse, imò eâ occasione aliquid molientibus obstitisse, ex ejus gestis, epistolis, doctrinâ demonstratur.

Id primùm ex ipso Gregorio II comprobamus. Cùm enim imperator, nono seu decimo imperii anno Constantinopoli Salvatoris imaginem dejecisset, edicto imagines proscripsisset, multos impiis conatibus obsistentes omni crudelitate necasset; Luitprandus, Longobardorum Rex, Ravennam vicinasque regiones per eam occasionem invasit: « Imperatorem *scilicet* detestatus, et indignum ratus, ut catholicis imperaret, qui bellum eo modo in Christum indixisset[1]. » Hæc quidem Luitprandus, teste Baronio. At Gregorius II falsæ pietati obstitit, deditque ad Ursum ducem Venetiarum litteras, in quibus eum ad imperii defensionem ad-

[1] Bar., tom. IX, an. 726, p. 63.

hortatur his verbis : « Ut ad pristinum statum sanctæ reipublicæ, in imperiali servitio dominorum nostrorum Leonis et Constantini, magnorum imperatorum, ipsa revocetur Ravennatum civitas, ut zelo sanctæque fidei amore in statu reipublicæ et imperiali servitio, firmi persistere, Domino cooperante, valeamus [1]. » Sic apostolicæ doctrinæ, priscæque traditionis memor, *zelo et amore sanctæ fidei*, non ullâ aliâ necessitate sanctus Pontifex in imperatoris etiam hæretici ac persecutoris obedientiâ permanebat, ac Luitprandi zelum præposterum cohibebat, veramque pietatem ac mores antiquos, fideli in talem principem obsequio tuebatur.

Quàm autem id certâ firmâque ratione faceret, docent epistolæ duæ, quas ad Leonem à sancto Pontifice scriptas, idem Baronius græcè et latinè primus edidit, memoratque datas ad annum 726, « cùm ad eum Leo spirans minarum et cædis scripsisset. »

In iis autem epistolis, id primùm occurrit, quòd tantæ impietatis atque hæresis anathemate damnatæ auctorem, ipsique Pontifici diras ac sacrilegas intentantem minas, nihilo secius *imperatorem* appellat, et *caput christianorum* [2]. Neque apostolicæ potestatis oblitus hæc loquitur ; nam pœnam commemorat, quam *irrogare* possit ; « ut qui, inquit, facultatem et potestatem atque auctoritatem à sancto Petro Principe apostolorum habeamus [3]. » Interim quantùm abesset ab eo ut crederet pœnâ à se irrogandâ posse imminui imperatoriam potestatem, hæc epistolæ verba demonstrant : « Scis, Imperator, sanctæ Ecclesiæ dogmata non imperatorum esse, sed Pontificum, qui tutò assolent dogmata tradere. Idcircò Ecclesiis præpositi sunt Pontifices à reipublicæ negotiis abstinentes : et imperatores ergo similiter ab ecclesiasticis abstineant, et quæ sibi commissa sunt capessant [4]. » Nihil ergo erat imperatorium impediturus officium. Quin potiùs sanctorum antecessorum more, sibi eamdem quam imperatori legem dicit ; ut nec ille de rebus ecclesiasticis, uti fecerat, nec de temporalibus Pontifex ipse decernat. At quomodo id diceret, cui id incumberet officii, ut cùm res Ecclesiæ postularent transferret imperia, summamque rempublicam capesseret ?

---

[1] Baron., tom. IX, an. 726, pag. 64.— [2] *Ibid.*, p. 65.— [3] *Ibid.*, p. 68.— [4] *Ibid.* pag. 69.

Dices : Nondùm advenerat tempus, quo eam potestatem exereret, priùsque tentanda erant remedia lenia, quàm ad extrema decurreret. At si charitas ac prudentia christiana prohibebant, ne totam potestatem exereret ; non illæ prohibebant quominùs ostensa ea saltem, superbum principem à nefariis consiliis deterreret. Nam imperator hæc erat comminatus, ipso Papâ referente : « Romam mittam et imaginem sancti Petri confringam, sed et Gregorium illinc Pontificem vinctum adduci curabo, sicut Martinum adduci Constantius jussit [1]. » Impius imperator hæreticorum etiam Principum, qui sanctos Pontifices persecuti erant, sequenda sibi exempla proponit. Videamus quid Gregorius talia meditanti, atque imperatoriam jactanti potentiam reponendum putet. An eam in suâ potestate esse, pontificio scilicet arbitrio, detrahendam? Ne id quidem cogitat. Sed hâc unâ defensione utitur : optare se martyrio consummari, exemplo Martini, quem omnes colunt. Adeò aberat ab eo, ut defectiones, arma viresque viribus oppositas, aut depositiones animo agitaret.

CAPUT XIV.

An Gregorius II, imbecillitate virium, ab indirectâ potestate exercendâ, vel saltem ostendendâ temperarit.

At fortè suum illud objicient, infirmam tùm fuisse Ecclesiam, necdùm satis viribus confirmatam. Imò infirmissimum in Italiâ imperium fuisse, hæc Gregorii II ad minacem imperatorem verba testantur: « Ad quatuor et viginti stadia secedet Romanus Pontifex : (quò scilicet imperium non pertingat); tùm tu, inquit, vade, ventos persequere [2]. » Addit prohibituros reges Occidentis eas injurias, quas beato Petro imperator inferre cogitaret. « Quòd, si, inquit, velis experiri, planè parati sunt Occidentales ulcisci etiam Orientales, quos injuriis affecisti. » *Etiam*, inquit, *Orientales;* non nos tantùm : et beatum Petrum; tùm : « Totus Occidens, sancto Petro apostolorum Principi, fidei fructus offert.

---

[1] Baron., tom. IX, an. 726, p. 70. — [2] *Ibid.*

Quòd si quospiam ad evertendam imaginem miseris sancti Petri, vide, protestamur tibi, innocentes sumus à sanguine quem fusuri sunt; verùm in cervices tuas et in caput tuum ista recident [1]. » Neque hæc immeritò ille jactabat: Omninò enim putamus reges occidentales, imprimis verò, pietate florentes Sedique apostolicæ deditissimos Francos non fuisse laturos, ut impius imperator sancti Petri templum, et commune orbis christiani sacrarium violaret. Videmus igitur non defuisse sancto Pontifici opportunitatem temporum. Quas verò tùm depositiones Gregorius VII non esset comminatus? Quantâ voce intonasset, à se posse non modò adimi imperium, sed etiam tradi alicui occidentalium regum, qui ad bella inferenda ultrò parati sint, solâ contumeliâ fidei permoti? At Gregorio II non is erat animus, necdùm enim talia cogitabant.

Et quidem pontificia charitas id effecit ut Gregorius ostentaret imminentem imperatori à tot regibus metum: cæterùm Gregorius non erat concitaturus eos. *Parati*, inquit, *sunt;* et spontè ipsi accurrent. Hoc tantùm ostentat, regna prædæ exposita, et ultrò accensos ad bella principes, titulumque grassanti cupiditati datum, nec tamen id intentat tanto præsidio fretus, et Christi Sedisque apostolicæ contumeliis incitatus : imò verò distinctis utriusque potestatis officiis, profitetur, pontificiæ potestati in republicâ quidem nihil licere.

CAPUT XV.

Gregorius II confiteri pergit nullam esse suam in rebus civilibus potestatem.

Neque id semel inculcat : sed cùm imperator atrociùs rescripsisset, ipse secundâ epistolâ datâ sic incipit : « Accepimus vestri à Deo conservati imperii atque in Christo fraternitatis litteras, meque prorsùs vitæ meæ tæduit, quòd sententiam non mutaris, sed in eisdem malis perseveres [2]. » At in his obstinatissimè perseverantem ut imperatorem salutat ejusque *à Deo imperium*

[1] Baron., tom. IX, an. 726, p. 71. — [2] *Ibid.*, p. 73. Vid. tom. VII *Conc.*, col. 23.

conservatum colit : tum iterùm inculcat illud : « Non sunt imperatorum dogmata, sed Pontificum : militarem et ineptum quem habes sensum et crassum, in spiritualibus dogmatum administrationibus habere non potest. Ecce tibi palatii et ecclesiarum scribo discrimen, imperatorum et Pontificum : agnosce illud, et salvare; nec contentiosus esto.... Quemadmodum Pontifex introspiciendi in palatia potestatem non habet, ac dignitates regias deferendi; sic neque imperator in ecclesias introspiciendi, et electiones in clero peragendi, neque consecrandi, vel symbola sacramentorum administrandi; sed neque participandi absque operâ sacerdotis; sed unusquisque nostrûm *in quâ vocatione vocatus est à Deo, in eâ maneat* [1]. » Videmus in quo reponat Pontificum munus : *Non habet*, inquit, *Pontifex potestatem deferendi regias dignitates*. At si tales, quales nunc Romanos Pontifices circumsistunt, consiliarios habuisset, nequaquam dixisset id : *Non* hanc *habet Pontifex potestatem;* sed non hanc habet *voluntatem*. Non ità Gregorius II, sed planè : *Non habet potestatem Pontifex deferendi regias dignitates*, haud magis quàm imperator ecclesiasticas; quo nihil dici potest apertiùs. At nunc ducatus, marchionatus, regna etiam ipsa atque imperia deferunt; adeò à primâ illâ gravitate ac simplicitate defecimus.

Gregorius II, qui tanto à se studio temporalium potestatem amolitur, quid in spiritualibus possit non tacet; imò : « Persequeris me, inquit, ac tyrannicè vexas militari ac carnali manu : nos inermes ac nudi, qui terrenos et carnales exercitus non habemus, invocamus principem exercitûs omnis creaturæ sedentem in cœlis Christum, qui est super omnes exercitus supernarum virtutum, ut immittat tibi dæmonem, sicut ait Apostolus [2], *tradere hujusmodi Satanæ in interitum carnis, ut spiritus salvus sit* [3]. » Summum ergò illud est, quo potestas pontificia se extendat; excommunicare nempè, quod est Satanæ tradere; reverâ malorum omnium in hac vitâ extremum, et æternæ damnationis præjudicium; sed nimis ludibrio habitum, ex quo Pontifices non contenti suâ sorte tantâque divinitùs traditâ potestate, aliena et inferiora occuparunt.

[1] Baron., tom. IX, an. 726, p. 74. — [2] *I Cor.*, v, 5. — [3] *Ibid.*

Hæc Gregorius II, fortissimus juxtà ac modestissimus Pontifex, rescribit ad minaces cædemque spirantes impii imperatoris litteras. Hanc doctrinam sanctos antecessores suos Gelasium et Symmachum secutus, Christi tradebat ecclesiis. Jàm verò quid egerit, utque se gesserit, cùm ei imperator toties intentaret necem, latinos scriptores narrantes audiamus.

CAPUT XVI.

De Gregorii II gestis latini historici proferuntur, Paulus Diaconus et Anastasius bibliothecarius : ex his demonstratur, nihil ab eo, nisi pro tuendo imperio gestum, etiam post anathema imperatori dictum.

Græcos scriptores produximus : Gregorium ipsum animi sui sensa promentem legimus. Jam ad certam gestorum fidem, latinos historicos, his proximis temporibus, Paulum Diaconum, Caroli Magni æqualem, et Anastasium Ecclesiæ Romanæ bibliothecarium, noni sæculi historicum audiamus.

Et Paulus quidem Diaconus, libro VI *de Gestis Longobardorum*, de hoc negotio sic scribit : « Eo tempore Rex Luitprandus Ravennam obsedit, classem invasit, atque destruxit. Tunc Patricius Paulus ex Ravennâ misit, qui Pontificem interimerent. Sed Longobardis pro defensione Pontificis repugnantibus, Spoletanis in Salario ponte, et ex aliis partibus Longobardis Tuscis resistentibus, consilium Ravennatium dissipatum est. Hâc tempestate Leo imperator apud Constantinopolim Sanctorum imagines depositas incendit. Romano quoque Pontifici similia facere, si imperialem gratiam habere vellet, mandavit. Sed Pontifex hoc facere contempsit. Omnis quoque Ravennæ exercitus vel Venetiarum, talibus jussis unanimiter restiterunt; et nisi eos prohibuisset Pontifex, imperatorem super se constituere fuissent aggressi[1]. » Hæc quidem sunt quæ de Gregorio II scripsit. Quo loco eum pro imperio romano sollicitum, atque alios à defectione prohibentem, non defectionis auctorem, aut tributa prohibentem legimus.

Jàm verò Anastasium bibliothecarium audiamus, Pontificum

[1] Paul Diac., lib. VI, *de Gest. Longob.*, c. LIX ; tom. XIII *Bibl. Pat.*, p. 198.

Romanorum vitas ex Ecclesiæ Romanæ scriniis describentem. Sic autem Baronius divisit temporibus ea, quæ Anastasius in vitis, ordine quidem, sed nullâ temporum notâ, exposuit.

Ad annum Christi 726, Leonis undecimum, refert edictum hoc ab imperatore missum, ut in nullâ Ecclesiâ imago haberetur; id si Gregorius fieri prohiberet, à suo gradu decideret. Quâ de re Anastasius : « Respiciens pius vir profanam principis jussionem, jam contrà imperatorem, quasi contrà hostem se armavit, renuens hæresim ejus, scribens ubique cavere se christianos, eo quòd orta esset impietas talis [1]. »

Ne verò hîc mihi tu bella in imperatorem tanquam depositum auctore Pontifice gesta, aut arma carnalia suspicere, cùm depositionem, nec ipse Baronius ad hæc tempora, et ad undecimum Leonis annum referri posse putet. Anathema ergò audis, et imperatorem *hostem* Ecclesiæ judicatum, et *arma* expedita, sed spiritualia atque apostolica, quæ scilicet *renuant hæresim :* neque concitatos ad defectionem Italos, sed admonitos *ubique Christianos cavere se ;* eo quòd tantâ auctoritate tantæque majestatis nomine, *orta esset talis impietas.* His anathema clarè expressum est, quod post eas quas legimus admonitiones, meritò sequebatur.

Et Itali quidem per eam occasionem bella moverunt ; sed quàm invito Pontifice, docent sequentia : « Cognitâ imperatoris nequitiâ, omnis Italia consilium iniit, ut sibi eligerent imperatorem, et ducerent Constantinopolim. Sed compescuit tale consilium Pontifex, sperans conversionem Principis [2] : » non quasi desperatâ eâ, ipse ultrò cum aliis in principem insurrecturus esset ; sed exponit Anastasius quid eum incitaret vel maximè ad rebelles compescendos ; nempe quòd speraret principem suis obsequiis delinitum, ad meliorem mentem reversurum ; quâ spe et seipsum sustentabat et Italorum mitigabat iras.

Hoc animo eum fuisse res posteà gestæ declarant. Nam cùm populus, imperatoris duces, qui Pontifici necem intentabant, per tumultum ac seditionem cæderet, « missum Patricium occi-

---

[1] Baron., tom. IX, an. 726, p. 77, 78 ; ex Anast., *in vit. Greg. II,* quam vide tom. VI *Conc.*, col. 1430. — [2] Bar., tom. IX, an. 726, p. 78.

dere voluerunt, nisi defensio Pontificis nimia præpedisset [1]. »

Neque tantùm populum à cædibus prohibebat, verùm etiam « ne desisterent ab amore et fide romani imperii admonebat : » adeò non ejus consultu aut instinctu bella civilia movebantur. Sic etiam post dictum anathema, in impii ac sævientis imperatoris obsequio, et ipse mansit, et manere porrò omnes voluit. Quin etiam « cùm Tiberius Petasius regnum romani imperii usurpare conaretur,... Exarchus hæc audiens turbatus est; quem sanctissimus Papa confortans, et cum eo proceres Ecclesiæ mittens atque exercitum, profectus est [2]. » En quo studio Exarchum tuebatur eum qui in ipsius vitam toties conjuraverat : quæ Baronius ad annum refert 729, Leonis decimum quartum.

Satis, opinor, Gregorius his omnibus demonstrabat se extrema quæque passurum, potiùs quàm ab obedientiâ discederet. At eum pro tuendo etiam imperio tanta perpessum, tandem ultimo vitæ, anno Christi 731, Leonis decimo sexto, inducit Baronius « apostolicâ auctoritate clamantem : Securi ad radicem admotâ, succidite arborem. Quo tonitru, inquit, excitati fideles occidentales mox desciscunt à Leonis imperio [3]. Quò pertinebat magnifico vocabulo occidentales dicere; cùm pridem Gallia, Hispania, Germania, ipsa etiam Italia magnam partem à romano imperio avulsæ essent? Ubi verò decretum illud Gregorii, aut à quo est historico memoratum? Quid autem fuit novæ causæ cur sic repente de imperio decerneret, nihil unquam tale comminatus : imò hæretico diris condemnato atque Ecclesiam persequenti, hucùsque obsequendum ratus? Sanè, ut imperator de dicendo anathemate sæpè est à Papâ commonitus; ità, de dicendâ depositionis sententiâ commoneri oportuisset; neque defuissent, qui novum atque inauditum hactenùs de imperatoris depositione decretum memorandum putarent.

Anastasius quidem bibliothecarius nihil prætermisit, quo Gregorius II erga imperatorem impium ejusque asseclas præclarè officio esse functus videretur; neque conticuit quid de Anastasio Constantinopolitano patriarchâ decreverit : quem imperatori as-

---

[1] Baron., tom. IX. an. 726, p. 78.— [2] Ibid., an. 729, p. 94.— [3] Ibid., an. 730, pag. 98.

sentientem Gregorius II *extorrem à sacerdotali officio esse mandavit*. Atque id Baronius factum esse vult[1] eodem ferè tempore, quo imperator ab occidentali dejectus imperio est. Sed cùm Anastasius bibliothecarius patriarcham depositum memorarit, de imperatore deposito minimè tacuisset, pontificiæ potestatis studiosissimus, Sedisque apostolicæ privilegia amplificare potiùs quam imminuere solitus. Vide autem quid de utroque, de patriarchâ nempè, et de imperatore scripserit, « Anastasium Patriarcham extorrem à sacerdotali officio esse mandavit : imperatori quoque suadens salutaria, ut à tali execrabili miseriâ declinaret commonuit. » Id enim admonendum supererat, postquàm imperator etiam anathemata contempsisset. En quàm disertè Anastasius bibliothecarius significet sanctum Pontificem de patriarchatu quidem, non autem de imperio adimendo cogitasse. Cætera quæ Baronius nullo auctore, nullo teste, nullo documento memorat, ignoravit : quin etiam demonstravit non haberi à se Leonem pro deposito, quem toto opere imperatorem appellare non cessat.

CAPUT XVII.

Cur Græci illud de tributis Gregorio II objecerint? Id utcumque se habet, an nostræ sententiæ noceat?

Hæc lectis visisque Ecclesiæ Romanæ actis docet Anastasius, pontificiæ historiæ scriptor vernaculus, cui potiùs quàm Græcis longè positis, nec pari diligentiâ ac fide ista tractantibus, credimus.

Ac profectò manifestæ indiligentiæ, ne dicam invidentiæ, est, quòd Græci Gregorii II in Romanum imperium merita prætermittant; defectiones autem Pontifici de republicâ benè meritissimo, ac probibita tributa et pacta cum Francis fœdera; deniquè ea omnia quæ in Ecclesiam Romanam apud Orientales invidiosa erant, tantùm commemorent.

At enim, inquiunt, in Anastasii *ecclesiasticâ Historiâ*, eadem

[1] Baron., tom. IX, an. 730, p. 98.

quæ apud Theophanem de Gregorii defectione prohibitisque tributis legimus. Certè. Namque Anastasii *Ecclesiastica Historia*, nihil aliud est, quàm Theophanis de verbo ad verbum interpretatio. Quærere autem nos oportet, non quæ fidus interpres verterit, sed quæ ex scriniis Ecclesiæ Romanæ auctor ipse scripserit.

Idem de Landulfo dicimus, qui in *Miscellæ Historiæ centonem* à se continuatum [1], Theophanis Historiam totam, ex Anastasii versione transtulit. Quare hæc omnia nihil aliud quàm Theophanem sonant, quem cæteri Græci secuti, defectionem ac tributa prohibita exprobrarint.

Neque Theophanes hæc ipse confinxerit. Hæc enim omnia Leo Imperator sancto Pontifici imputabat, eodem animo, quo, teste Theophane, sanctum Germanum Constantinopolitanum « observans, atque submittens quosdam sermones, satagebat sicubi inveniret eum contrà imperium suum agentem; quatenùs hunc ut conjuratorem, non ut confessorem à throno deponeret [2]. »

Neque movere nos debet id quod ipse scripsit Anastasius in Gregorio II : « Paulus Exarchus, imperatoris jussione, eumdem Pontificem conabatur interficere, eo quòd censum in provinciâ ponere præpediebat [3].» Quis namque non videat ab Anastasio referri, non quid egerit Gregorius, sed quid infando sceleri Paulus Exarchus, et ipse etiam imperator obtenderit : eodem planè animo, quo Judæi de Christo ipso hæc jactabant : « Hunc invenimus prohibentem tributa dare Cæsari [4],» ut mirum non sit servum ac vicarium, eâdem quâ Dominum calumniâ fuisse impetitum. Neque verò Gregorii rebus gestis, et tantæ modestiæ ac magnanimitati congruit, litigasse de vectigalibus, cùm in reliquis omnibus ad finem usque vitæ romano imperio tam impensè studuerit; aut eum obsecutum dicenti Apostolo : *Cui honorem, honorem;* obitum verò esse quæ his cohærent : *Cui vectigal, vectigal* [5].

Quod autem commemorant Græci; et ipse Baronius de fœdere

---

[1] *Miscell. histor.*, lib. XXI; tom. XIII *Bibl. Patr.*, p. 307, 308, 309. — [2] *Chron.*, Theoph., p. 341. Anast., *Hist. Eccl.*, p. 135. *Hist. Miscell.*, lib. XXI, p. 307. — [3] Tom. VI *Conc.*, col. 1433. — [4] *Luc.*, XXIII, 2. — [5] *Rom.*, XIII, 7.

cum Francis inito, id quidem ad Gregorii III ejusque successoris tempora pertinere liquidò ostendemus.

Ac si de tributis instant, quid tandem consequentur ? Aliud quippe est abrogare imperium, aliud per aliquod tempus tributa denegare. Certè enim poterant tot in gravibus Italiæ ac civitatis romanæ incommodis, ac Longobardorum incursibus, honestæ et verisimiles ostendi causæ, cur tributa interim negarentur, integrâ in reliquis imperii majestate : tantoque esset certius Gregorium II nihil de defectione esse conatum, quòd Anastasius de negatis tributis loquens, de depositione ac defectione tacuerit. Denique si tanti interesse putant Gregorium II aliquâ saltem ex parte fuisse perduellem, nihil aliud ab invitis extorquebunt, quàm ut respondeamus : nos scilicet ejus doctrinâ nixos, hæc exempla improbare, et Domini jussu sequi quæ docuerit ac dixerit, non quæ gesserit; atque omninò adhærescere dicenti, apostolico ordine, nullum sibi esse jus in publica munera, potestatem nullam. Cæterùm quantumcumque facilis solutio est, veritatis tamen amore ducti, sancti Pontificis tuemur innocentiam, prætendimusque eum, sua ipsius dogmata veneratum, ab imperio romano nunquam recesisse : quod etiam secutorum Pontificum obsequiis ac fide clariùs demonstratur.

CAPUT XVIII.

De Gregorio III, Gregorii II successore, ejusque ergâ Leonem Isaurum et Constantinum Copronymum ejus filium obsequio : de ejus Pontificis duplici legatione ad Carolum Martellum, quarum alteram Baronius Gregorio II assignavit.

Mira confidentiâ, pace tanti viri dixerim, scripsit Baronius Gregorium II, in deponendo Leone Isauro, « dignum posteris exemplum reliquisse, ne in Ecclesiâ Christi regnare sinerentur hæretici principes, si sæpè moniti in errore persisterent [1]. » At nùnc ex successorum gestis apparebit, à Gregorio II ad posteros non desciscendi, sed obsequendi exempla manasse. Grego-

[1] Baron., tom. IX, an. 730, pag. 98.

rius III ei proximus sedit. Refert autem Anastasius statim atque pontificatum iniit, « persecutione grassante, misisse *commonitoria* scripta ad imperatores Leonem et Constantinum[1]. » Vides pro imperatoribus haberi, etiam post dictam à Gregorio II (si quidem Baronio credimus) depositionis sententiam.

Paulò post, eodem teste Anastasio, Gregorius III, habitâ synodo nonaginta trium episcoporum, decrevit, ut qui imagines improbaret, « sit extorris à corpore et sanguine Domini, vel totius Ecclesiæ unitate atque compage. » Ità synodi anathemata decernebant : depositiones à sæcularibus dignitatibus ne quidem cogitabant.

Exindè memorat Anastasius hæc : « Cuncta generalitas istius provinciæ Italiæ, similiter pro erigendis imaginibus supplicationum scripta unanimiter ad eosdem principes direxerunt[2]. » Ità pii et orthodoxi etiam in Italiâ Leoni ut imperatori supplicabant, post ea quoque tempora, quibus Occidentem totum ab eo recessisse Baronius memorat.

Ubi tunc ea exempla, quæ his data esse vult à Gregorio II, ne obstinati hæretici regnare sinerentur? At eum, quo nemo fuit aut pestilentior, aut obstinatior, Gregorius III non modò *regnare sinebat*, sed ipse ultrò datam ad sanctum Bonifacium archiepiscopum epistolam[3] hâc temporis insignivit notâ. « Data IV Kalendarum novembris, imperante Domno piissimo Augusto Leone, imperii ejus anno XXIII, sed et Constantino Magno imperatore ejus filio, anno XX, indict. VIII : » quod ad annum Christi 739, Gregorii nonum, refert Baronius[4].

Idem ad eumdem annum (*a*) refert, quod est ab Anastasio in Zachariâ proditum, Gregorium III ejus antecessorem in maximas conjectum esse angustias, cùm *magna esset turbatio inter Romanos et Longobardos*[5]; ipsa Urbs gravi obsidione à Luitprando Longobardorum Rege pressa, resque in extremum discrimen adductæ essent, nullâ à Romanis imperatoribus præsidii spe. « Pro

---

[1] *Vit. Greg. III;* tom. VI *Conc.*, col. 1463. — [2] *Ibid.*, col. 1464. — [3] *Epist.* VII, *ad Bonifac., ib.,* col. 1475. — [4] Baron., tom. IX, p. 122. — [5] Baron., ib., an. 726, 740, p. 79, 131. Vid. *Vit. Zach.,* tom. VI *Conc.,* col. 1486.

(*a*) Sive potiùs an. 740.

quo, inquit Anastasius, vir Dei, Gregorius Papa, undiquè dolore constrictus, sacras claves ex confessione beati Petri Apostoli accipiens, direxit navali itinere ad partes Franciæ, Carolo (Martello) sagacissimo viro, qui tunc regnum regebat Francorum, per Missos suos, id est, Anastasium sanctissimum virum episcopum, necnon et Sergium presbyterum, ad postulandum à præfato excellentissimo Carolo, ut eos à tantâ oppressione Longobardorum liberaret[1]. » Confugit itaque ad Francos Gregorius III, sed necessitate coactus, nec adversùs romanum imperatorem, sed adversùs Longobardos, non minùs romani imperatoris, quàm romanæ civitatis hostes.

Extant etiam Gregorii III litteræ[2] ad Carolum Martellum de tuendâ sancti Petri Ecclesiâ adversùs Longobardos, qui eam opprimerent : quibus etiam litteris missa à se sacra munera, ac Petri claves è venerando sepulchro depromptas, sanctus Pontifex commemorat.

Cùm autem duplex Legatio à Gregorio III ad Carolum missa sit, quid tractatum cum eo fuerit, nostri historici diligenter tradunt.

Et quidem auctor Appendicis ad Gregorium Turonensem, sive Fredegarius, sive alius quilibet, hujus certè temporis scriptor, hæc prodit : « Eo tempore bis à Româ, Sede sancti Petri Apostoli, beatus Papa Gregorius claves venerandi sepulchri cum vinculis sancti Petri, et muneribus magnis et infinitis, legatione, quod anteà nullis auditis aut visis temporibus fuit, memorato principi destinavit, eo pacto patrato, ut ad partes (hoc est, consueto hujus ævi stylo à partibus) imperatoris recederet, et Romanum consulatum præfato Principi Carolo sanciret[3]. »

Easdem legationes copiosiùs referunt *Annales Metenses* anno 741 : « Carolus Princeps bis eodem anno legationem beatissimi Gregorii Papæ, ab apostolicâ Sede directam suscepit, qui sibi claves venerandi sepulchri Principis apostolorum Petri, ejusdemque pretiosa vincula cum muneribus magnis delatis obtulerunt, quod anteà nulli Francorum Principi, à quolibet Præsule romanæ urbis directum fuit. Epistolam quoque decreto Romanorum Prin-

---

[1] Vid. Bar., p. 131. — [2] Com. *Conc.* VI, col. 1472. — [3] Duch., tom. I et app. sive lib. XI *Hist. Franc.*, Greg. Tur., edit. Par., an. 1610, n. 110, p. 77.

cipum sibi prædictus Præsul Gregorius miserat, quòd sese populus Romanus, relictâ imperatoris dominatione, ad suam defensionem, et invictam clementiam convertere voluisset¹. » Eodem verò anno obiisse Carolum refert, diviso inter filios Francorum regno.

Ex auctore Appendicis statim memorato, contendit Baronius² à Gregorio II missam legationem adversùs imperatorem, eamque ab hâc Gregorii III legatione diversam, errore manifesto. Nullam enim legimus à Gregorio II ad Carolum missam legationem; et quam auctor Appendicis à Baronio laudatus, atque *Annales Metenses* narrant, eam ad Gregorii III tempora constat pertinere; atque illi quidem auctores binam legationem memorant à Gregorio missam, sed eodem anno. Quare utraque ad Gregorii III tempora refertur; disertèque tradunt primam legationem eam fuisse, quam Sedes apostolica ad Francorum misisset Principes. Nulla igitur erat ad Martellum missa legatio; neque Gregorius II quidquam egisse videtur cum eo principe, nisi ut Bonifacium ad Germanos directum tueretur. Quâ de re extant Gregorii II epistolæ, septima ad Martellum, et octava ad Bonifacium³. Quòd autem Græci ad ejus tempora hanc legationem referre videantur, hoc ideò contigit, quòd utrumque Gregorium, alterum alteri proximè succedentem, facilè confuderunt.

Majoris momenti est quòd Gregorius III, apud Fredegarium et *Annales Metenses*, ab imperatore recessisse videatur; quippe qui instiget Martellum ut ab eo recedat, et accepto consulatu, populi romani tutelam suscipiat. Sed hæc nihil ad nostram quæstionem. Profectò enim quærimus, an propter hæresim decreto edito depositus fuerit à Romano Pontifice Leo persecutor. At franci scriptores nihil tale tradunt: hæc enim apud eos vidimus: « Scripsisse Gregorium, decreto Romanorum Principum, quòd sese populus romanus, relictâ imperatoris dominatione, ad suam defensionem et invictam clementiam convertere voluisset. » Nulla hæresis mentio, nullum decretum, cujus Pontifex auctor extiterit. Imò ipse, *decreto Romanorum Principum*, scribit:

---

¹ *Ann. Met.*, tit. III, pag. 271. — ² Bar., tom. IX, an. 726, 740, p. 79, 131. — ³ *Epist.* VII, VIII; tom. VI *Conc.*, col. 1446.

« Populus romanus ad extrema redactus per Longobardos, invictum defensorem quærit. » Probaverit Gregorius III quod ipsa necessitas extorquebat : pro grege Pastor optimus ad Carolum Martellum intercessor extiterit, ac remedium aliquod rebus desperatis quæsierit, aut quærendum suaserit; quanquàm hoc nec historiæ produnt, quid ad nos? Hæc quidem non ad decreti apostolici auctoritatem, sed ad rerum tractandarum industriam modumque pertinent. Quàm autem Pontifices à defectione abhorrerent, sequentia demonstrabunt.

CAPUT XIX.

Zacharias in obsequio perstitit : Stephanus II, pro imperio conatus omnia, nonnisi necessitate ad Francos refugit : ad eos translatum imperium sub Leone III, cùm græci imperatores ad fidem catholicam rediissent.

Gregorius quidem III, has inter angustias, paulò post est mortuus. At sanctus Zacharias Pontifex ei successor datus, statim atque respiravit, totum eò se convertit, ut Exarchatum Ravennatem imperio conservaret. Refert Baronius ex Anastasio, ad annum 743, ubi etiam id notat : « Ex his vide quàm injustæ sint querelæ Orientalium de Romano Pontifice, quòd exuerit occidentali imperio orientales imperatores [1]. » Non ergò, quod Baronius paulò antè volebat, à fide et obedientiâ romani imperii, aut Pontifices recesserant, aut ipsi Italos repellebant.

Quin ipse Imperator Constantinus Copronymus, Leonis Isauri filius, ac paternæ impietatis hæres, sancto Pontifici reipublicæ benè gestæ dedit testimonium, atque ejus rei gratiâ, prædium quoddam concessit Romanæ Ecclesiæ : « Hâc saltem ex parte, inquit Baronius, ei placere desiderans qui ob hæresim omninò sciret se illi displicere [2] : » neque cessavit unquam pro imperatore habere Copronymum, quem eo minùs agnoscere debuisset, quòd Leonis depositi, si quid Baronio credimus, filius, ipse patrem impietate et crudelitate superaret.

[1] Bar., tom. IX, an. 743, p. 154. — [2] *Ibid.*, p. 159.

Stephanus verò II (*a*), recurrit quidem ille ad Pipinum Francorum Regem, sed postquam « cerneret ab imperiali potentiâ nullum esse subveniendi auxilium : » ità Baronius post Anastasium [1].

Quin ipse Pontifex, de rebus imperii in Italiâ tuendis, ad impium et persecutorem Constantinum Copronymum legatos misit, rediitque cum ejus legatis Joannes « imperialis Silentiarius, deferens jussionem imperialem, in quâ inerat insertum : ad Regem Longobardorum (Aistulphum) eumdem sanctissimum Papam esse properaturum, ob recipiendam Ravennatium urbem, et civitates ei pertinentes [2]. » Hæc Anastasius, qui jussioni Stephanum paruisse memorat. Neque refugit legationem ab imperatore hæretico impositam sanctissimus Pontifex, quòd reipublicæ causâ, pium id sanctumque duceret. Sed quid impetraret à superbis hostibus, inermis imbecillisque imperatoris nullo exercituum robore suffulta legatio? Vix à Longobardorum manibus Francorum auctoritate Stephanus se proripuit; ac tum adversùs eos ad Pipinum confugit, cùm omnia alioquin desperata essent.

Neque verò peccare se putabat in Romanum Imperatorem, si Romam, bello sine viribus suscepto, perituram, salvam esse mallet sub Francorum tutelâ, quàm eversam ac perditam frustraque renitentem, in Longobardorum tamen manus devenire [3]; neque tantùm imperio perire, sed etiam è medio tolli, pari Ecclesiæ ac reipublicæ discrimine.

Neque intereà sanctus Pontifex à romano Imperatore penitùs recedebat: sed utcumque poterat, sustentabat imperii dignitatem, Constantinumque Copronymum pro imperatore legitimo agnoscebat : cùm etiam à Franciâ reversus, pactoque cum Francis fœdere, hanc privilegio Fulradi ac sancti Dionysii adponeret temporis notam : « iv Kalendas Martii, imperante Domino piissimo Constantino à Deo coronato, magno imperatore, anno xxxviii [4]. » Nullum omisit titulum, qui ad imperatoriam honori-

[1] Anastas., *Vit. Steph. II*; tom. VI *Conc.*, col. 1622. Baron., loc. cit., an. 753, p. 207, 208. — [2] Anastas. et Baron., *ibid.* — [3] Bar., *ibid.*, p. 209. Vid. Anast. — [4] Privileg. Fulr., tom. VI *Conc.*, col. 1647.

(*a*) Seu potiùs III. Sed cùm Stephanus II paucos dies apostolicam Sedem tenuerit, vix inter Pontifices numeratur. (*Edit. Leroy.*)

ficentiam pertineret, demonstravitque se ad nullius extranei principis tutelam confugiturum fuisse, si romano imperatori aliquid virium superesset.

Sic agebant cum impio Copronymo paternæ hæresis sævissimo atque obstinatissimo defensore; ad hæc etiam auctore insanæ synodi, quæ se septimam appellabat [1]. En ut hæreticos regnare non sinerent.

Post Stephanum II, Romani Pontifices Francis quidem addicti erant, quibus defensoribus necessariò uterentur. Cæterùm, exemplo Stephani, Constantinum et Leonem ejus filium, pro hæreditariis Augustis habuere. Ac Paulus I, teste Anastasio [2], « suos missos cum apostolicis obsecratoriis, atque admonitoriis litteris, præfatis Constantino (Copronymo), Leoni (item Copronymo, à parente Constantino in imperii societatem assumpto) Augustis direxit pro restituendis imaginibus : » ut in Paulo I refert Anastasius.

Hoc jure hæreditario Constantinus Leonis Copronymi filius, sub Irenes matris tutelâ imperavit. Ili Nicænam synodum II convocarunt, et antecessorum hæresim à sanctâ synodo condemnatam, penitùs abjecerunt. Ad eam verò synodum vocatus ab imperatoribus Adrianus Papa legatos misit cum litteris sic inscriptis : « Dominis piissimis et serenissimis imperatoribus ac triumphatoribus.... Constantino et Irenæ Augustis [3]. » Quibus proinde Constantinum agnoscit pro hærede legitimo legitimorum imperatorum. Acta sunt hæc anno 785.

Sub his Augustis, ac posteà sub eodem Constantino solo, fides catholica floruit. Eo mortuo, cùm jam Leo III pontificatum gereret, devenit imperium ad Irenem solam; neque ità multò post Carolus Magnus Romæ Augustus est appellatus, anno 800.

Ex hâc rerum serie satis intelligitur malè à Baronio, malè à cæteris dictum, imperatores à Pontificibus propter hæresim fuisse depositos, translatumque eâ de causâ ad Francos imperium : cùm

---

[1] *Conciliab. Constantinop.*, int. *Act. Conc. Nic.* II; tom. VII *Conc.*, col. 377. — [2] Anastas., in *Vit. Paul. I*; tom. VI *Conc.*, col. 1671. — [3] Tom. VII *Conc.*, col. 99.

contrà pateat, etiam dùm hæretici fuere, haud minùs pro imperatoribus in Italiâ quoque, et Romæ, et à Pontificibus fuisse habitos; ac translatum denique ad Francos imperium, cùm abjectâ hæresi, Irene catholica mulier imperaret.

Patet etiam Pontifices primùm confugisse ad Francos, non propter hæresim imperatorum, sed necessitate per Longobardos factâ, rebus scilicet desperatis, nullâque aliâ præsidii spe : quo factum est, ut etiam imperante Constantino Irenes filio, catholico principe, sub Francorum tutelâ necessariò remanerent.

CAPUT XX.

An valeant allatæ à Baronio causæ, cur Constantino Irenes filio, catholico imperatori, imperium restituendum non fuerit : Adriani I locus nihil ad rem : recapitulatio dictorum de iconoclastis imperatoribus : de fide illis servandâ Orientalis Ecclesiæ sensus : illi imperatores in coronatione jusjurandum dederant de tuendis Ecclesiæ dogmatibus ac ritibus : ex his argumentum.

Scripsit Baronius Constantinum Irenes filium, catholicum licèt, ac de fide catholicâ bene meritissimum, tamen « non fuisse dignum habitum, cui restitui deberet imperium, quòd ablatos à prædecessoribus hæreticis imperatoribus archiepiscopatus et episcopatus, qui immediatè essent sub juribus Romanæ Ecclesiæ, et dempta ejus amplissima patrimonia, admonitus licèt per Adrianum Pontificem, minimè restituere voluisset [1]. » Jam æquus lector judicet, ecquid sit verisimile, propter aliquot prædia et aliquot episcopatuum immediatam subjectionem, neganda fuerit Constantino Irenes filio, catholico principi, à piis Pontificibus imperatoria dignitas, quam Leoni Isauro, Constantino et Leoni Copronymis, hæreticis, impiis, persecutoribus, illæsam mansisse vidimus.

Neque illud est validum quod Baronius memorat ex Adriano I, quòd nempe de Constantino ad Carolum Magnum hæc scripserit: « De diœcesi sanctæ nostræ Ecclesiæ Romanæ, tam archiepisco-

[1] Bar., tom. IX, an. 800, p. 190.

porum quàm episcoporum, seu de patrimoniis, iterùm increpantes commonemus; et si noluerit ea sanctæ nostræ Ecclesiæ Romanæ restituere, hæreticum eum pro hujusmodi erroris perseverantiâ esse decernemus [1]. » *Decernemus,* inquit. Minas audimus, et fortasse nimias : sed certè tantùm minas, et tantùm initum animo consilium, non prolatum decretum. Quid porrò ad rem nostram : *Hæreticum decernemus?* Esto : an et illud addit? Imperio in æternum privatum declarabimus. Quale autem illud est, ut propter excommunicationem, fortè decernendam, imperio indignus sit, cùm hæresis manifestæ damnatos Leonem Isaurum, Constantinum Copronymum et Leonem ejus filium, haud minùs pro imperatoribus habitos esse constet ?

Sed esto, Constantinus episcopatus aliquot ac prædia retinens, indignus imperio sit, saltem occidentali : nam de orientali nemo litem movebat. Quid hoc ad Irenem ? Pessima quidem mulier, sed nihil ad rem nostram ; cùm nullius sceleris ritè postulata, nedùm condemnata sit. Hæreses insectabatur, fidem tuebatur, fovebat Ecclesiam, ditabat ecclesias; nemo Ecclesiæ Romanæ res ab eâ repetierat. At illa sub ipsa imperii initia, toto Occidente statim mulctata est. Quo jure, suo loco facilè exponemus [2]. Certè id non hæresi, non ulli impietati, non persecutioni, non etiam anathemati tribuendum esse, luce est clarius.

Hùc accedit Orientalis Ecclesiæ testimonium. Ea enim Romanis Pontificibus adhærebat, iisque anathematizantibus hæreticos imperatores obsecuta erat: denique ab imperatoribus extrema quæque patiebatur, neque eò seciùs in obsequio persistebat. Sanctus etiam Germanus Constantinopolitanus antistes, egregius ille his temporibus fidei catholicæ propugnator, teste Baronio, « reprehendebat Italos, quòd ita penitùs ab imperatore resiliissent [3]. » Extat enim in græco codice Orientalium canonum, ejusdem sancti Germani epistolæ fragmentum, in eos qui ab imperio descivissent. Non ergò placebat ista defectio, etiam hæresis causâ. Sancti quique Martyres sub Leone et Constantino tanta passi, ipsos nihilominùs pro imperatoribus salutabant. Id passim acta

---

[1] *Ep. Adr. I ad Car. Mag.,* tom. VI *Conc.,* col. 963. Baron., tom. IX, loc. cit. — [2] Vid. inf., hoc lib., cap. xxxvii et seq. — [3] Bar., tom. IX, an. 727, p. 86.

Martyrum à Baronio relata testantur [1]. Iidem martyres, et sanctus Germanus, Paulus, Tarasius, Constantinopolitani antistites, aliique episcopi contemnunt quidem Leonem Isaurum de fide decernentem, quòd id alienum esset ab imperatoriâ dignitate et potestate : nullam illi movent litem de iis quæ in civilibus pro imperio statuisset. Sancta ergò Orientalis Ecclesia anathematizatos quosque principes, pro veris principibus coluit.

At profectò Romanus Pontifex haud minùs orientali quàm occidentali Ecclesiæ præsidebat; ac si depositi imperatores essent, haud minùs in Oriente quàm in Occidente eis abrogaretur imperium; turpissimumque fuisset Romanis Pontificibus, sibi et Occidenti, deposito imperatore, consulere, contemnere Orientem longè graviora passum, cùm ab imperatoribus apud se agentibus premeretur.

Sic tota Ecclesia catholica, quàcumque patebat, Leonem Isaurum, dirum persecutorem, et Constantinum Copronymum triginta et ampliùs annis sævientem, Leonemque IV haud minùs crudelem, pro imperatoribus habuere : ac totis sexaginta annis, quibus impia domus vastabat Ecclesiam, de movendo imperio per decreta legitima, nemo in Oriente, nemo in Occidente, non plebs, non episcopi, non religiosi, tot licèt vexati suppliciis, non ipsi Romani Pontifices cogitabant.

Attamen omnia intervenerant propter quæ deponi oportere imperatores adversarii docent : hæresis, pertinacia, immanis persecutio : ad hæc, quod maximi ponderis esse volunt, violatum jusjurandum, quandoquidem imperatores Ecclesiæ, Deo teste, spoponderant, se in religionem nihil novitatis inducturos.

Scribit enim Theophanes, sanctum Germanum Constantinopolitanum, Leoni Isauro « reduxisse ad memoriam ejus sponsiones ante susceptum imperium sibi factas, Deo in fideijussorem dato, quòd in nullo Ecclesiam commoturus esset à suis apostolicis et divinitùs traditis ritibus [2]. »

Hæc autem cùm ità se haberent, non modò persecutorem pro imperatore colebant; verùm etiam, qui per eam occasionem sedi-

---

[1] Bar., tom. IX. an. 765, pag. 268, et alibi pass. — [2] Theoph., *Chron.*, p. 341. Anast., *Hist. Eccl.*, p. 135. *Hist. Misc.*, lib. XXI; tom. XIII *Bibl. Patr.*, p. 307.

tiones cogitarent, atque ab imperio defixerent, gravi, quoad poterant, auctoritate comprimebant : adeò ab hominum mentibus hæc aberant, in quibus nunc spem Ecclesiæ et Pontificis robur collocatum volunt.

CAPUT XXI.

Noni sæculi exempla : Ludovici Pii imperatoris depositio : hæc et inde secuta, impia, irrita, nulla, malè intellecta, nihil ad rem, nobisque potiùs favent quàm adversariis : an expectata, ad restituendum Ludovicum, Gregorii IV auctoritas.

Nono sæculo memoranda nobis est depositio Ludovici Pii imperatoris et Francorum regis, per Lotharii filii impiam ac nefariam factionem, protractis in consensionem sceleris, non modò proceribus ac militibus, verùm etiam episcopis, Ebbone Rhemensi seditionis incentore. Quanquam enim hæc paulò post communi consensione rescissa sint, ac teste Baronio, « rem per vim ac metum actam, coloratamque falso religionis pigmento, nemo non dixerit, atque improbarit [1]; » non desunt tamen, qui hæc quoque infanda ac toti Ecclesiæ detestata, nobis objiciant. Nempe, inquiunt, extant et apud Baronium et in conciliorum libris Compendii acta, quibus titulus: *Exauctoratio Ludovici Pii episcoporum nomine publicata* [2]. Ex his autem patet Ludovicum Pium, anno 833, impositâ publicâ pœnitentiâ, deposuisse cingulum militare, judicatumque ab episcopis, secundùm canones id consequi, « ut post tantam talemque pœnitentiam, nemo ultrà ad militiam sæcularem redeat, » quod idem profectò erat, ac regno exclusisse : idque adeò fas esse episcopis judicabant, ut etiam Ludovicus ab eâ sententiâ eorum auctoritate absolvi se vellet. Scribit enim coævus auctor vitæ Ludovici : « Imperator episcopali ministerio voluit reconciliari, et per manus episcoporum armis accingi consensit [3]. » Quin etiam Baronius Gregorii IV Papæ auctoritate restitutum eum fuisse, ex Paulo Æmilio rerum

[1] Baron., tom. IX, an. 833, p. 805. — [2] Bar., *ibid.*, p. 802; et tom. VII *Conc.*, col. 1086. — [3] Auct. *Vit. Ludov. Pii*, Duch., tom. II.

francicarum scriptore, et Mariano Scoto antiquiore annalistâ, probare nititur [1].

Nos autem, etsi ea, quæ à rege imbecilli et per proditionem deposito, atque à seditiosis episcopis, inaudito exemplo, sunt gestæ, ut nulla et irrita contemni potuerunt; tamen, veritatis amore ducti, rem ipsam expendimus, proferimus acta causamque nostram adjuvari iis, paucis demonstramus.

Et primum quidem, quoniam vidimus hujus temporis episcopos eo maximè nixos fuisse, quòd impositâ publicâ pœnitentiâ, atque abjecto cingulo militari, non liceat *ultrà ad militiam sæcularem redire*, id qualecumque sit, nihil ad reges pertinere facilè demonstramus, eorum quoque auctoritate qui talia gesserunt.

Certè constat paulò anteà, anno scilicet 822, eumdem Ludovicum Pium ab iisdem episcopis gallicanis, in Attiniacensi conventu pœnitentiam publicam suscepisse. Quo quidem in conventu, auctor vitæ Ludovici, à Baronio relatus, etiam suprà memoratus, hæc gesta narrat : « Anno 822, Ludovici nono, dominus Imperator, primò quidem fratribus reconciliari studuit, quos invitos attonderi fecerat, deindè omnibus quibus aliquid læsuræ intulisse videbatur. Post hæc autem palam se errasse confessus, et imitatus Theodosii Imperatoris exemplum, pœnitentiam spontaneam suscepit, tam de his, quàm de iis quæ in Bernardum nepotem (a) (Caroli Magni) fecerat [2]. » Hunc autem excæcatum neci tradiderat.

An ergò in eo conventu, ubi omnia pacatè atque ordine gerebantur, de tollendo per militiæ omittendæ speciem imperio quidquam episcopi cogitarunt, audiamus quid hujus temporis auctor scripserit [3] ? « DCCCXXII, Ludovicus Imperator sacerdotum usus consilio, de omnibus quæ publicè perperàm gessit, publicam pœnitentiam egit, et post hæc cuncta, quæ in regno suo corrigenda invenire potuit, corrigere atque emendare curavit. » Non ergò regno amovendus per pœnitentiam publicam, sed ad regnum benè administrandum animandus esse putabatur.

[1] Bar., tom. IX, an. 834, p. 807.— [2] Duch., tom. II. Vid. Bar., an. 822, p. 706. — [3] Incert. auct., ann., Duch., tom. II; et tom. II *Conc. Gall.*, p. 448.

(a) Bernardum Pipini filium, Regem Italiæ, rebellionis causâ morte damnatum in conventu Aquisgranensi, Ludovicus Pius jusserat luminibus tantùm orbari; quo supplicio Bernardus post triduum obiit. Vid. Theg. (*Edit. Leroy.*).

Idem scribit Agobardus Lugdunensis : « Sacer et religiosus Dominus noster Imperator, evocato conventu in Attiniaco, agebat strenuè, providens de omnibus utilitatibus commissorum sibi populorum [1]. »

Hic ille est Agobardus, qui anno posteà 833, vix undecim elapsis annis, in Compendiensi conventu [2], libello edito, gloriatur se accessisse ad eorum episcoporum partes, qui pœnitentiâ publicâ impositâ, spem omnem reditus ad militare cingulum Ludovico ademere : quæ Attiniaci iisdem episcopis, cùm de iisdem penè criminibus ageretur, ne quidem in mentem inciderant.

Quàm autem impiè et præter fas omnia Compendii gererentur, vel ex eo liquet, quòd non piguit episcopos adscribere inter scelera, pro quibus Ludovicus pœnitentiæ addictus est, etiam illa maximè, quæ Attiniaci jam expiata erant; cùm à Deo præscriptum sit, et sacris canonibus toties inculcatum, *non bis vindicabis in idipsum :* quod etiam ejus ævi scriptores seditiosis episcopis meritò exprobrabant.

Hæc primo loco notamus : secundo loco dicimus, quæ Compendii acta sunt, acta esse in Ludovicum jam privatum, jam depositum, atque omninò ad quæstionem nostram non pertinere.

Id verò testantur ipsa acta Compendii, ipsaque horum actorum inscriptio, quam apud Baronium, et in Conciliorum quoque voluminibus legimus : quâ inscriptione constat hæc omninò gesta esse contra Ludovicum, *postquam regno privatus est* [3].

Acta ipsa sic habent : « Nos episcopi, sub imperio Domini et gloriosissimi Lotharii Imperatoris constituti, anno Incarnationis Domini Jesu Christi DCCCXXXIII, ejusdem principis I. » Ergò Lotharium pro imperatore habebant, non jam Ludovicum : cui, aiunt, etiam acta hæc, post *subtractam potestatem,* et, *potestate privato,* id unum superesse, *ne animam perderet.* Eumque ideò appellant, non jam imperatorem, sed *venerabilem virum.* Agobardus quoque in libello suo apertè declarat acta hæc esse, « præsidente serenissimo et gloriosissimo Lothario imperatore,

---

[1] Agob., lib. *de Dispensatione rei Eccles.,* n. 2; tom. XIV *Bibl. Patr.,* p. 295. — [2] Tom. II *Conc. Gall.,* p. 564. — [3] Bar., tom. IX, an. 833, p. 802. *Conc. Gall.,* II, p. 560. *Conc.* Labb., tom. VII, col. 1686.

adversùs ignaviam Domini Ludovici venerandi quondam imperatoris. » In hoc ergò conventu Lotharium pro imperatore, Ludovicum pro privato habebant.

Itaque Ludovicus non coronam, non purpuram, non alia quævis ornamenta regalia deposuisse fertur: sed ut miles duntaxat cingulum et gladium, referente Thegano, actis attestantibus [1], omnibus fatentibus.

Quando autem, et quomodo depositus fuerit Annales produnt : nullâ scilicet vel in speciem formâ legitimâ, quæ in tanto facinore nulla esse potuisset; sed per vim et scelus apertum ; factione filiorum ejus, Lotharii præsertim, qui regiam sibi potestatem vindicarat, defectione militum, ducum proditione, consensione procerum, quibus episcopi, primi scilicet inter proceres, assentiebantur, Ebbone Rhemensi sceleris hortatore : qui quidem episcopi postquàm hæc cum cæteris egissent proceribus, nempè id sibi ut sacerdotibus reservabant, ut imponerent privato eam pœnitentiam, quâ reditum ad militiam intercludere niterentur.

Cæterùm inter omnes constat, neque à Lothario et proceribus jure potuisse deponi Ludovicum, neque ullo item jure prohiberi potuisse ab episcopis, quominùs ad regnum revocaretur, revocatusque consueto regendæ militiæ munere fungeretur; atque omninò hæc omnia nulla, irrita, absurda, impiis conatibus esse gesta, magno bonorum omnium luctu. Quare summo omnium applausu Theganus chorepiscopus, vir optimus atque sanctissimus, ejus ævi scriptor, in Ebbonem sic invectus est : « Crudelis, cùr non intellexisti præcepta Domini? *Non est servus super dominum suum;* quamobrem contempsisti præcepta apostolica : *Omnibus potestatibus superioribus subditi estote : non est potestas nisi à Deo,* et iterùm aliàs dicit : *Deum timete; regem honorificate.* Tu verò nec Deum timuisti, nec regem honorasti [2]. » Satis ergo intelligebant, quàm inviolata esset, et ab omni aliâ potestate immunis, divino etiam jure, potestas regia. Quare nec fraus illa scelusve diù valuit, sed statim ad officium Franci rediere [3]. Ebbo depositus; acti in exilium reliqui : Lotharius omnium fuit exe-

---

[1] Theg., *de Gest. Lud.*, Duch., tom. II, p. 28. *Act. Comp.*, tom. II *Conc. Gall.*, pag. 560. — [2] Theg., *de Gest. Lud.*, ap. Duch., n. 44, pag. 182.— [3] Theg., *ibid.*

crationi : campus ille, in quo Ludovicus desertus fuerat, *Campus mendacii* dictus, ad tantæ proditionis infamiam sempiternam: totaque ea res inter exempla pessima, divinâque ultione reprobata, ab ævo sequente ac secutis Conciliis relata est [1]. Quòd ergò Ludovicus, ut auctor vitæ prodit, *per episcoporum manus armis accingi consensit;* factum id, ut et ipsi dissolverent quod malè fecerant, datumque est id timori imbecillis principis; non quòd vim haberent ullam, quæ per metum, errorem ac proditionem acta, ne in privatum quidem valuissent : resque tantâ omnium, non modò consensione, verùm etiam exultatione confecta est, nihil ut sit vanius, quàm recurrere Romam, ac Ludovici restitutionem Gregorii IV auctoritati cum Baronio tribuere. Certè ejus ævi auctores in eâ restitutione, ne Gregorium quidem nominant. Marianus Scotus, à Baronio laudatus, primùm post trecentos scripsit annos : tum ne id quidem dixit quod Baronius memorat : imò verò hæc habet, anno 835 : « Pipinus et Ludovicus patrem suum restituerunt in regnum, » nullâ Gregorii mentione factâ. Paulum Æmilium nostri ævi scriptorem à Baronio allegatum nihil moramur; totaque hæc historia certo argumento est, quantùm episcopi etiam perduelles ab eo abessent, ut per episcopale ministerium deponi posse principem cogitarent.

CAPUT XXII.

Lotharii Junioris excommunicatio, propter Valdradam, nullâ unquam depositionis mentione.

Eodem procedente sæculo, Lotharius Junior, imperatoris Lotharii suprà memorati filius ac Ludovici Pii nepos, idem Austrasiæ Rex, repudiatâ Teutbergâ legitimâ conjuge, ac Valdradâ pellice superductâ, Romanos Pontifices meritò concitavit. Et quidem Nicolaus I, doctissimus juxta ac fortissimus Pontifex, insanis amoribus irretito excommunicationem intentat; de regni privatione ne cogitat quidem. « Cavendum est, inquit, ne cum eâ (Valdradâ scilicet jam excommunicatâ) pari mucrone percellaris

[1] *Ep. Synod.*, ap. Caris., c. III; tom. VIII *Conc.*, col. 656.

sententiæ, ac pro unius mulieris passione et brevissimi temporis desiderio vinctus et obligatus, ad sulphureos fœtores et ad perenne traharis exitium ¹. » Ac paulò post : « Cæterùm præcave ne quando nos secundùm Domini præceptum duos aut tres testes adhibeamus; imò verò ne hoc Ecclesiæ sanctæ dicamus, et, quod non optamus, fias cunctis sicut ethnicus et publicanus. » Neque quidquam inculcat aliud, cùm eâ de re longè plurimas ad proceres, ad episcopos, ad reges Lotharii patruos, ad ipsum Lotharium, easque fortissimas atque amplissimas litteras dederit.

Ergò extrema omnia, quæ ecclesiasticâ potestate fieri possent, interminatus, nihil de depositione somniabat; quod quidem si ecclesiasticæ potestati concessum his temporibus cogitassent, non defuissent Nicolao rei exequendæ vires, cùm Lotharii patruos ac præsertim Carolum Calvum ejus regno inhiare intelligeret.

Quod autem scribit ad Ludovicum et Carolum reges, Lotharii patruos, « dilatam à se vindictam in eum, ne sanguis effunderetur, et ne bella excitarentur²; » non hæc eò pertinent, quasi ipse Pontifex Lothario regnum adimere, aut alteri tradere moliretur, sed quòd principes adversùs Deum et Ecclesiam contumaces, contemptu et odio populorum, civilibus bellis agitari soleant.

Cæterùm non modò adhibitas in Lotharium excommunicatioïs minas, verùm etiam datam excommunicationem ipsam, hæc Nicolai ad episcopos in regno Lotharii constitutos scribentis verba testantur: « Nostræ communionis cum mœchâ sibi sociatâ et suis fautoribus ipse dudùm factus est exsors ³. » Quò etiam factum, ut excommunicatione perculsum Carolus *ad osculum atque colloquium* admittere recusaret, ut legimus in *Capitularibus* ⁴; neque eò seciùs pro rege habet, neque uspiam increpiti proceres, ac populi, qui in ejus obsequio permanebant: aut excommunicatum licèt, Nicolaus I et Adrianus II regni extorrem fuisse, aut futurum esse pronuntiant.

---

¹ *Ep.* LI *Nicol. ad Loth.*, tom. VIII *Conc.*, col. 437.— ² Ejusd., *ep.* XXVII; *ibid.*, col. 404.— ³ *Ibid.*, in app., *ep.* X, col. 494. — ⁴ Capit., edit. Baluz., tom. II tit. XXXV, p. 163.

CAPUT XXIII.

Adrianus II Carolum Calvum à Lotharii mortui regno deterret excommunicatione; quàm grave Francis visum fuerit terrenis rebus immiscuisse se Pontificem, nihil de depositione cogitantem : Hincmari locus.

Posteaquam Lotharius per apertam Dei vindictam extinctus est, Adrianus II Carolum Calvum ejus patruum, ab ejus regno invadendo gravibus deterret minis : captum jam et occupatum regnum, Ludovico imperatori Lotharii fratri reddendum, eâdem interminatione præcipit; neque tamen aliud quidquam præter excommunicationem, et beati Petri Romanam Ecclesiam protegentis iram intentat : « Si quis contrà fecerit, excommunicationis nexibus, vinculis anathematis obligatum, in gehennâ cum diabolo deportandum » declarat [1]. De regni privatione, quòd nihil ad suam potestatem pertineret, gravissimus licèt et minacissimus Pontifex, ne verbum quidem facit.

Attamen illa etiam excommunicatio, quòd temporalis regni gratiâ lata erat, Francis gravis visa est. Scribit enim Hincmarus ad ipsum Pontificem [2] respondisse ipsos non defuisse regi justas causas, cur regnum Lotharii occuparet, ab ejus regni proceribus invitatus; ac Ludovico quidem tacitè exprobrabant, quòd ad regnum obtinendum Papæ excommunicationes adhiberet. Dicebant autem episcopis, qui pontificia mandata attulissent : « Petite Domnum apostolicum, ut quia rex et episcopus simul esse non potest, et sui antecessores ecclesiasticum ordinem, quod suum est, et non rempublicam, quod regum est, disposuerunt, non præcipiat nobis habere regem, qui nos in longinquis partibus adjuvare non possit, contrà subitaneos et frequentes paganorum impetus; et nos Francos non jubeat servire, quia istud jugum sui antecessores nostris antecessoribus non imposuerunt, et nos illud portare non possumus, qui scriptum esse in sacris libris au-

---

[1] Adrian. II, *ep.* XIX, XX, etc.; tom. VIII *Conc.*, col. 918 et seq. — [2] Hinc., *ep.* XLI, *ad Adr. II*; tom. II, p. 694, 695.

dimus, ut pro libertate et hæreditate nostrâ usque ad mortem certare debeamus. » Addebant: « Non convenit uni episcopo dicere, ut christianum, qui non est incorrigibilis, non propter propria crimina, sed pro terreno regno alicui tollendo vel acquirendo, nomine christianitatis debeat privare, et eum cum diabolo collocare. » Denique: « Si Domnus apostolicus vult pacem quærere, sic pacem quærat, ut rixam non moveat; quia nos non concredemus ut aliter ad regnum Dei pervenire non possimus, si illum, quem ipse commendat, regem non habuerimus. »

Hincmarus hæc, Francorum procerum nomine sic explicat; ut à se collegisque probata satis apertè significet. Quæ responderit jubenti Pontifici, ut à regis excommunicati alloquio, præsentiâ, salutatione abstineret, quàmque hæc omnia evanuerint, suprà exposuimus [1]. Hæc docent, si quis tum regna decretis bullisque pontificiis dari aut adimi contendisset, quàm Galli exhorruissent, qui adeò exarserunt cùm ne quidem talia Romani Pontifices cogitarent.

CAPUT XXIV.

Eodem nono sæculo Stephani V epistola ad Basilium Imperatorem, de finibus utriusque potestatis.

Eodem sæculo ix, Photianum illud schisma est conflatum; quo initio, adversùs Romanam Ecclesiam Græca Ecclesia rebellavit. Atque idem ipse Photius à Romanis Pontificibus sæpè prostratus, adnitente VIII generali Synodo, Joannis VIII fœdâ indulgentiâ, et Basilii Macedonis Græci Imperatoris auctoritate, valentior resurgebat. Resurgentem Marinus, Adrianus III, Stephanus V, resumptis viribus conterebant. Hic Basilium ecclesiastica invadentem his verbis coercebat: « Licèt ipsius Christi Imperatoris similitudinem geras in terris, rerum tamen mundanarum et civilium tantùm curam gerere debes, quod etiam precamur ut ad multos annos præstare valeas. Quo igitur pacto à Deo largitus es nobis terrenis rebus præesse; ità etiam nos per Principem Pe-

[1] Sup., lib. I, sect. II, cap. XXVII.

trum spiritualibus rebus Deus præfecit. Accipe, quæso te, benignâ fronte quæ sequuntur : datum est tibi curare ut tyrannorum impietatem et feritatem gladio potentiæ concidas, ut justitiam ministres subditis tuis, ut leges condas, ut terrâ marique militares copias disponas : hæc est præcipua cura potentiæ et principatùs tui. Gregis cura verò nobis commissa est, tantò præstantior, quantùm distant à cœlo ea quæ in terris sunt [1]. » Sic docet eminere regiâ potestate pontificiam potestatem, quòd hæc majoribus rebus præsit, non profectò, quòd illam eâ temporalium ad spiritualia subordinatione quam fingunt, in ordinem cogere ac loco movere posset. Hæc scripta sunt ad annum Christi circiter 885. Eâ tum modestiâ agebatur.

CAPUT XXV.

Eodem sæculo Fulconis Rhemensis locus à Perronio objectus.

Per eadem ferè tempora, Fulconis Rhemensis nobis objicitur auctoritas, qui eodem sæculo exeunte, anno scilicet 898, perturbatissimis Galliæ rebus, licentiùs scripserit ad Carolum Simplicem, Ludovici regis filium, quem regno pulsum, sex annorum puerum, ex hostium manu Fulco eripuerat, domique diutissime aluerat : mox puerum adhùc, ac suâ tantùm operâ patrio regno restitutum, prisco cathedræ suæ jure Rhemis inunxerat : unus denique adversùs Eudonem regem à proceribus electum, totoque ferè regno potientem, auctoritate, opibus, armis etiam sustentabat, quibus scilicet tum Ecclesia Rhemensis prævaleret. Ad eum igitur Fulco hæc scripsit, cùm se improvidus, atque ad extrema redactus adolescens, adversùs prævalidos hostes, Normannis idololatris regnum invadentibus sociaturus esse videretur : « Scialis, inquit, quia si hoc feceritis, et talibus consiliis acquieveritis, nunquam me fidelem habebitis : sed et quoscumque potuero, à vestrâ fidelitate revocabo ; et cum omnibus coepiscopis meis vos et omnes vestros excommunicans, æterno anathemate

[1] *Ep.* I *Steph. V, ad Basil.*, tom. IX *Conc.*, col. 366.

condemnabo. Pro fidelitate, quam vobis servo, hæc gemebundus scribo; quoniam cupio vos secundùm Deum et secundùm sæculum semper esse honoratos, et non Satanæ, sed Christi adjutorio, ad debitum vobis conscendere regni fastigium [1]. » Hæc Fulco patriâ veluti libertate, ad octodecim annorum scribit adolescentem, quo, trepidum vixque regnantem, atque ex ope pendentem suâ, gravibus minis ab impiâ societate deterreret. Atque interim quod ipse proprio nomine scripserat, diligenter secernit ab iis, quæ coepiscoporum nomine minitaretur : « Cum episcopis, *inquit*, æterno anathemate condemnabo, » Regemque, et qui simul in impiam societatem consensissent. At suo nomine, ut procerum primus, atque in regno maximâ pollens auctoritate : « Nunquam me fidelem habebitis, et quoscumque potuero à vestrâ fidelitate revocabo. » Hujusmodi verò minas per ea tempora passim à proceribus adversùs imbecillem regem, infirmissimo imperio ac regno jam à Carolinâ stirpe ad aliam familiam inclinato, pridem inolitâ superbiâ jactatas, si quis ad certum jus legitimique exempli auctoritatem trahat, næ ille non jam Romano Pontifici atque omnibus episcopis, sed omnibus omninò proceribus permittat omnia adversùs regiam majestatem. Certè hîc nihil synodicè, nihil legitimo ordine gestum; sed unius viri factum; imò verò non factum, sed dictum, nullo effectu consecuto, nullo anteà, nullo posteà exemplo legimus. Hæc illa sunt, quibus jus novum omnibusque retrò sæculis inauditum sancire se posse arbitrantur.

CAPUT XXVI.

Atto Vercellensis, Burchardus Vormatiensis, decimi sœculi auctores proferuntur.

Decimo sæculo Attonis episcopi Vercellensis claret auctoritas. Is igitur epistolâ ad Valdonem (*a*) episcopum multa de regibus, eaque superiorum sæculorum traditioni consentanea tradit. Hæc

[1] *Ep. Fulc. ad Carol. Simpl.*, ap. Flodoard., lib. IV *Hist. Rhem.*, cap. v.

(*a*) Valdonem Berengarius II, rex Italiæ, à se factum Comensem episcopum, habuit in primis rebellantem. Vid Luitprand., lib. V, cap. xiii. (*Edit. Leroy.*)

imprimis de fidelitate perversis etiam regibus præstandâ [1] : Davidis ac Samuelis exemplo Christique auctoritate observandos eos: supremam eorum esse solique Deo subditam potestatem, evictum ex illo Davidis : *Tibi soli peccavi;* atque ex interpretatione Cassiodori, eâ quam suprà retulimus [2] : tum *quantâ cauteñâ* bonis obsequendum, cùm *nec malos* repellere liceat, atque ex Chrysostomo, esse « in potestate populi facere regem quem vult; factum, de regno repellere, non in ejus potestate [3]; » utque « fidelitatem quam jurando regi promiserint inviolabilem, teneant [4]. » Nondùm scilicet juramenta fidelitatis solvi à pontifice cogitabant. Hæc de Attone paucis, ne ab aliis Patribus jam audita cum lectoris tædio repetamus. His liquet priscam traditionem proximis etiam Gregorii VII temporibus viguisse.

Per eadem tempora floret beatus Burchardus, Vormatiensis episcopus, doctus, ac pius canonum compilator. Ibi *Decretorum* libro xv, multa de regum supremâ atque à Deo constitutâ, solique Deo subjectâ potestate, ex sancto Isidoro Hispalensi collecta legeris: neque hîc, neque alibi quidquam de deponendis regibus, aut solvendo fidelitatis sacramento legitur, ut in secutis posteà canonistis. Nondùm hæc decreta, nondùm hi tituli vel nomine noti erant: nondùm enim Gregorius VII prodierat.

Quare cùm eodem sæculo exeunte, Robertus rex Francorum, Hugonis Capeti filius, ea commisisset, propter quæ excommunicandus videretur, dicta quidem ea sententia est: de deponendo eo, aut de obedientiâ deneganda nihil tentatum, nihil dictum, nihil cogitatum fuit. Sed tanta res paulò diligentiùs pensitanda.

CAPUT XXVII.

Eodem sæculo decimo, Robertus Francorum rex excommunicatus, nullâ depositionis mentione.

Roberti Francorum regis historiam Baronius ex coævis auctoribus sic refert [5]. Anno 998, Robertus incestum conjugium cum

---

[1] Att. Vercell., *Ep. ad Vald. Spicil.*, tom. VIII, p. 99.— [2] Sup., lib. I, sect. II, c. XXXII. — [3] *Spic.*, ibid., p. 104.— [4] *Ibid.*, p. 109. — [5] Bar., t. X, an. 998, p. 920

Berthâ sibi affinitate conjunctâ fecerat, cui conjugio cùm episcopi faverent, à Gregorio V meritò reprehensi sunt. Id scribit sanctus Pontifex Leo IX ad Henricum Roberti filium, Ivone Carnotensi referente ¹. Eâ reprehensione commoti, « omnes ferè Galliarum episcopi virum et uxorem communi simul sententiâ excommunicavere. » Petrus Damiani cardinalis, vir doctissimus atque sanctissimus, hæc scripsit ². Scriptum item in *Historiæ Aquitanicæ fragmentis,* ex Pithœi collectione editis (alii *Historiæ Francorum fragmenta* vocant) *quòd agnoscens* (illicitum nempè Roberti conjugium) *Papa Gregorius totam Franciam anathemate percussit.* His subdit nota illa de Berthæ monstroso partu (*a*); quibus Robertus ad se reversus, ac deinde cum toto regno anathemate est absolutus. Sub tam tremendo anathemate, per omnes episcopos, atque ipsum posteà Romanum Pontificem pronuntiato, nemo scripsit, nemo intellexit detractum aut detrahendum Roberto imperium; neque in republicâ quidquam immutatum fuit. Quòd Petrus Damiani refert, « à regis societate recessisse universos, et tantùm duos servulos ad necessarii victus officium³ » remansisse, vel inflatum est ab iis qui pio viro hanc historiam enarrarunt, vel ità temperandum, ut neque intermissa sint à publicis regni administris necessaria officia, sine quibus regna, ne modico quidem tempore stare possunt. Cæterùm si publica officia vel tantillùm cessassent, tali interregno, ac necessariò secutâ rerum confusione, omnes historiæ personarent.

¹ Ivon., Carn., *Decr.*, part. IX, cap. VIII. — ² Pet., Damian., tom. III, opusc. XXXIV, *ad Desid. Cass.*, cap. VI, p. 260. Vid. Bar., loc. cit. — ³ Pet. Dam., loc. cit.

(*a*) De Berthæ monstroso partu unum auctorem appellat Baronius Petrum Damiani, cujus hæc sunt verba : « Suscepit filium, anserinum per omnia collum et caput habentem. » Vid. Dam., loco in textu citato. (*Edit. Leroy.*)

CAPUT XXVIII.

Undecimi sœculi exempla et testimonia sub Leone IX et Victore II, paulò ante Gregorium VII : Petri Damiani, ejusdem Gregorii VII familiarissimi, locus à Baronio reprehensus.

Undecimo sæculo, ante Gregorium VII, nemo ab antiquâ traditione discesserat.

Anno 1052, sanctus Leo IX, profectus est in Germaniam ut inter Henricum II imperatorem et Andream Hungariæ regem, post atrocia bella pacem componeret. Quâ de re Hermannus Contractus ad annum eum sic habet : « Dominus Leo Papa ab Andreâ accitus, cùm pro pace componendâ intervenisset, imperatorem ab obsidione avocavit, eumque sibi per omnia consentaneum invenieus, sed è contrà Andream consiliis suis minùs parentem experiens, offensus, eique excommunicationem, utpote delusâ Sede apostolicâ, minitans, cum imperatore discessit [1]. » Audis *excommunicationem minitans*, non sanè depositionem. Nondùm hæ formulæ invaluerant, nondùm ille, quem vidimus, Gregorii VII ritus, quo minabatur regibus, nisi obtemperarent, se ab eorum obedientiâ subditos populos repulsurum.

Necdùm eam formam noverat Victor II, anno 1055, cùm petente imperatore Henrico II, ab eo pontifice concilioque Turonensi decretum est : Ferdinandum Castellæ et Leonis regem, « nisi desistat à cœpto, excommunicatione percelli, et universam Hispaniam ipsi subjectam interdicto subjici debere [2]. »

Per ea tempora Petrus Damiani, Romanæ Ecclesiæ cardinalis, episcopus Ostiensis, Hildebrandi tum archidiaconi cardinalis, mox Gregorii VII familiaris, sanctitate, doctrinâ ac pœnitentiæ christianæ mirâ laude floruit. Is ab episcopis arma tractari studiosissimè prohibebat : « Cùm præsertim, inquiens, inter regnum et sacerdotium propria cujusque distinguantur officia; ut rex

---
[1] Herman. Contr., an. 1052, ap. Bar., tom. XI, pag. 181. — [2] Vid. tom. IX Conc., col. 1081; et ap. Bar., tom. XI, an. 1055, p. 224.

armis utatur sæculi, et sacerdos accingatur gladio spiritnali, *qui est verbum Dei*. De sæculi enim principe Paulus dicit : *Non sine causâ gladium portat ; Dei enim minister est, vindex in iram ei qui malè agit*. Ozias rex, qui sacerdotale usurpat officium, leprâ perfunditur : et si sacerdos arma corripit, quod utique laicorum est, quid meretur [1] ? » Prorsùs ex priscâ disciplinâ. Quæ si quis intellexerit, haud magis arma, quàm cætera temporalia ac civilia, ab ecclesiasticâ potestate, ut quidem ecclesiastica est, penitùs amovebit.

Cùm autem objicerent Leonem (IX) *bellicis usibus se frequenter implicuisse Pontificem*, nihil hæc moratus exempla, respondet : « Numquid hoc legitur vel egisse, vel litteris docuisse Gregorius (ille Magnus scilicet) qui tot rapinas ac violentias à Longobardorum feritate est perpessus ? Num Ambrosius bellum arianis se suamque Ecclesiam crudeliter infestantibus intulit ? Numquid in arma Sanctorum quispiam traditur insurrexisse Pontificum ? » Qui si deponi reges, substitui alios, atque ad ea decreta statuenda, bella civilia concitari vidisset, eodem profectò jure inclamaturus esset : Num Longobardos reges Gregorius ; aut Arianos Ambrosius deposuisse legitur, aut adversùs eos Sanctorum quispiam traditur insurrexisse Pontificum, aut fidelitatis sacramenta solvisse, aut ad arma sumenda subditos populos incitasse ?

Sensit Baronius quò ista pertinerent, atque allatis Petri Damiani verbis, hæc adscribere non veretur : « Hucusque Petrus Damiani, cui catholica dogmata penitùs adversantur, quibus hæresis errore notantur omnes, qui ab Ecclesiâ Romanâ, cathedrâ Petri, è duobus alterum gladium auferunt, nec nisi spiritualem concedunt [2]. » En quales hæreses comminisci, et sanctissimis viris ac de Sede apostolicâ benè meritissimis exprobrare non dubitant.

[1] Pet. Dam., tom. I, lib. IV, *epist.* IX, *ad Firm. Episc.*, p. 53 ; et ap. Baron., tom. XI, an. 1053, pag. 189. — [2] Bar., tom. XI, an. 1053, p. 190.

CAPUT XXIX.

Ejusdem Petri Damiani sub Alexandro II, proximo Gregorii VII antecessore, insignis locus, quo docet utrasque potestates, et discretas esse, et supremas et socias.

Summa ejus, quam tradidimus, doctrinæ fuit, utrasque potestates et esse discretas, et in suo ordine supremas, et interim socias. Eâ de re extat ejusdem Petri Damiani locus egregius, quem eo diligentiùs notari peto, quòd, ejus doctrinâ, quædam difficultates posteà suborturæ facilè dissolvantur.

Petrus igitur Damiani anno 1062, sub Alexandro II, proximo Gregorii VII antecessore, adversùs Cadaloum Parmensem (a) Antipapam scripsit dialogum, qui inscribitur : *Disceptatio Synodalis;* quo in dialogo hanc tractat quæstionem : an Alexander II sine auctoritate imperatoris ritè electus fuerit, adversùs consuetudinem, et concessa imperatoribus privilegia. Petrus Damiani ea quidem privilegia agnoscebat : sed regis puerilitatem, ac necessitatem causabatur. Quâ quidem in *Disceptatione,* multa de regum, multa de Pontificum auctoritate occurrebant; istud imprimis, quo sanctus cardinalis sermonem conclusit : « Amodò igitur, dilectissimi, illinc regalis aulæ consiliarii, hìnc Sedis apostolicæ comministri, utraque pars in hoc uno studio conspiremus laborantes, ut summum sacerdotium, et romanum simul confœderetur imperium : quatenùs humanum genus, quod per hos duos apices in utrâque substantiâ regitur, nullis, quod absit, partibus, quod per Cadaloum nuper factum est, rescindatur : sicque mundi vertices in perpetuæ charitatis unione occurrant, ut inferiora membra per eorum discordiam non resiliant, et

---

(a) Hic à factiosis Henrici IV episcopis creatus Pontifex et Honoratus II dictus, sæpe frustrà tentavit Romam occupare. Synodus Mantuana, utriusque Pontificis causâ ritè discussâ, solum Alexandrum Papam esse jussit, sed Cadalous, qui non diù post exactam synodum pessimâ morte interiit, se, quandiù vixit, quanquam à suis derelictus, gessit pro Pontifice. Vid. Bar., tom. XI, an. 1061 et seq., p. 278 et seq. (*Edit. Leroy.*)

quatenùs ab uno Mediatore Dei et hominum, hæc duo, regnum scilicet et sacerdotium, divino sunt conflata mysterio; ità sublimes istæ duæ personæ tantâ sibimet unitate jungantur, ut quodam mutuæ charitatis glutino, et rex in Romano Pontifice, et Romanus Pontifex inveniatur in rege, salvo scilicet suo privilegio Papæ, quod nemo præter eum usurpare permittitur. Cæterùm et ipse delinquentes, cùm causa dictaverit, forensi lege coerceat, et rex cum suis episcopis super animarum statu, prolatâ sacrorum canonum auctoritate, decernat; ille tanquam parens paterno semper jure præemineat; iste velut unicus ac singularis filius, in amoris illius amplexibus requiescat [1]. » Posteaquam hæc scripsit vir sanctissimus, paulò ante Gregorii VII pontificatum, moritur.

Hìc ambæ potestates inter se ut duo apices comparantur : his sua in utrâque substantiâ, terrenâ scilicet et cœlesti, assignantur officia : eæ, ut principes, suoque in ordine supremæ, sociali tantùm fœdere conjunguntur, non altera alteri in suis quidem rebus subditur; et quo jure regi permittitur, ut *super animarum salute,* sed *ex canonum auctoritate decernat,* eodem jure permittitur Pontifici, ut *delinquentes* etiam pœnis temporalibus, sed *forensi lege,* non innatâ sibi potestate *coerceat:* quæ multùm aliena sunt ab eâ subordinatione, eâque in temporalibus, licèt indirectâ, sed tamen supremâ et absolutâ, ipsique Pontifici innatâ et congenitâ potestate quam jactant.

Quòd autem Papæ suum salvum esse vult *privilegium, quod nemo præter eum usurpare permittitur;* hoc eò certè pertinet, ne quod proclive erat, ac per ea tempora usitatissimum, imperator etiam vetita et inconcessa tentaret, atque ut, quemadmodum subdit, Papa, *tanquam parens paterno semper jure præemineat:* non in eo profectò, ut alienum etiam invadat officium, et *utramque substantiam,* terrenam ac cœlestem, in ambos divino numine dispertitam, quocumque nomine sibi vindicet.

[1] Tom. IX *Conc.,* col. 1172; et inter Oper. Petri Dam., tom. III, opusc. IV, p. 30.

CAPUT XXX.

Gesta sub Alexandro II et Gregorio VII usque ad inceptum annum 1076. Dictorum in hoc libro circà primam quæstionem summa et conclusio.

Hæc ergò societas ambarum potestatum, innato cuilibet ac supremo jure sua tutantium; sub Alexandro II, Gregorii VII antecessore, vigebat. Et ille quidem, anno 1073, Henricum Teutonum atque Italiæ regem, in ordine regum III, imperatorum IV, Romam vocavit, *ad satisfaciendum pro simoniacâ hæresi, aliisque nonnullis emendatione dignis.* Sic ipse Baronius, ex Conrado Abbate Urspergensi docet. Memorat idem Baronius, ex Lamberto Schafnaburgensi, horum temporum historico elegantissimo pariter et diligentissimo, ausum esse imperatorem prohibere Thuringos, ne ab episcoporum synodo ad Sedem apostolicam appellarent [1]. Nihil hactenùs aliud nec in historiis nec in citatione apparet, præter causas ecclesiasticas. Cujus autem pœnæ interminatione vocatus sit imperator, an excommunicationis, ut fieri solebat, an depositionis, tacent historici. Sed ipso silentio, nihil extraordinarium aut novum intervenisse probant. Quin etiam Gregorius VII, Alexandro paulò post mortuo, negotium prosecutus, citat ille quidem Henricum anno 1076, sui pontificatûs quarto, sed quâ pœnâ intentatâ auctores disertè memorant. Nempe denuntiatum ei est Papæ nomine, ut se Romæ sisteret ad secundam feriam secundæ hebdomadæ in Quadragesimâ; ac nisi dicto die judicio se sisteret, « sciret se absque omni procrastinatione eodem die de corpore sanctæ Ecclesiæ, apostolico anathemate rescindendum esse. » Hæc refert Baronius ex Lamberto Schafnaburgensi [2]. Eadem habet auctor *Historiæ Saxonici belli:* « Si sacris canonibus noluisset rex obediens existere, et excommunicatos à societate suâ repellere, se eum velut putre membrum anathematis gladio ab unitate sanctæ matris Ecclesiæ minabatur

---

[1] Bar., tom. XI, an. 1073, p. 414; ex Conr. Usperg. Vid. quoq. Lamber. Schaf. eod. an. — [2] Lambert. Schafn., an. 1076. Vid. Bar., tom. XI, pag. 476.

abscindere. » Hactenùs more majorum, pro ecclesiasticâ potestate, anathema, non depositionem comminatur. Quomodo hùc decurrerit, ad alteram hujus tractationis partem attinet. Quamobrem hîc figamus pedem, ac reliqua in suum mittamus locum. Illic quidem demonstrasse sufficiat ad Gregorium usque VII, imò ipso Pontifice, ad annum 1076 jam incœptum, totis ferè undecim sæculis, nullum exemplum occurrere, quo delinquentes reges à Pontificibus depositione mulctati sint, aut ullâ depositionis interminatione à gravissimis quibusque sceleribus deterriti : cùm magnis viribus magnisque animis polleret Ecclesia, ac toties eædem causæ intervenerint, propter quas Gregorius VII ac secuti Pontifices à se id maximè fieri posse confisi sunt.

Quid autem memoro reges? Imò, cùm tot extiterint in privatâ fortunâ impii, scelerati, hæretici, nihil unquam juris in eos Ecclesia sibi sumpsit, utcumque Ecclesiæ essent nocentissimi, nisi ut sacris arceret, vel à sacerdotali ordine moveret. Cæterùm in eorum bonis, fortunis, familiâ, civili ac temporali statu, nihil omninò tentavit, nihil à se immutari posse credidit. In exilium acti sunt passim hæretici, sed ab imperatoribus : quod officium ubi imperatores omisere, sua quidem peregit; at in temporalibus nihil aggressa Ecclesia est : mulctati auro hæretici, sed item ab imperatoribus; non id Ecclesia decernebat, sed ab imperatoribus decerni interdùm supplicabat. Id conciliorum acta, id Patrum monumenta testantur. Atqui ecclesiasticæ rei plerumque conducit animadverti, non tantùm in reges, sed etiam in privatos, ac si illi ratiocinio locum damus, ab ecclesiasticâ potestate posse ea fieri in rebus etiam temporalibus, quæ saluti animarum, reique ecclesiasticæ necessaria videantur ; haud minùs privati quàm reges suâ dignitate, honore, possessione, familiâ dejiciendi erant. Verùm id Ecclesia nunquam sibi tribuit. An verò imperatores magis quàm privatos in potestate habebat? Aut quæ familias intactas relinquebat, imperia commoveret? Absit; ac succurrit illud Tertulliani : « Quod in neminem licet, id forté nec in ipsum (imperatorem scilicet) qui per Deum tantus est[1]. »

[1] Tert., Apol., cap. xxxvi.

CAPUT XXXI.

An valeat id quod Perronius cardinalis ad antiquitatis exempla responderit.

Ex antedictis verò facilè solvitur Perronii cardinalis, tanto viro, nisi vehementissimè fallor, parum digna responsio. Is celebri illâ oratione in conventu totius regni habitâ, ait: Juliani et aliorum quorumdam exemplis haud magis concludi, deponi non posse reges, quàm non posse excommunicari : quippe qui ut depositi non sunt, ità nec nominatim excommunicati [1]. Quà responsione nihil est vanius. Quorsùm enim, quæso, pertineret nominatim excommunicari Julianum, quasi non ipse se ab Ecclesiâ satis insolenter atque impiè abrumperet? Aut verò non satis fureret in christianos, nisi etiam ultrò exacerbarent inani illatâ contumeliâ? Non id profectò res poscebat, ut excommunicarent impium et contemptorem, qui nihil nisi talia derideret, plebi verò christianæ satis ipse per se execrationi esset. Dejicere imperio, subtrahere ei plebis obsequium, ac robur exercitûs oportebat, si quidem fas fuisset. Quidni enim? cùm et vires et animi suppeterent, neque Ecclesiæ res in gravius unquam discrimen adductæ fuissent. Hoc primùm: tum, si Ecclesia, primis illis sæculis, ab impiis excommunicandis, atque hæreticis, aut sceleratis regibus interdùm abstinuit, quando satis eos existimavit notatos esse, aut alia id argumenta suaserunt; at sæpè in alios principes vim suam exeruit. An non enim Anastasium et Leonem Isaurum, ejusque successores, Lotharium etiam juniorem Regem, et alios nominatim etiam excommunicatos vidimus? Quin Ecclesia, ipsâ comminatione, quid in reges quoque posset, ostendit? Denique, si de regibus censura ecclesiastica tacuisset, exerebat se certè in privatos: cùm interim Ecclesia, quantâ poterat voce inclamaret: reges in ecclesiasticis haud minùs sibi subjici, quàm cæteros, *neque enim personarum acceptionem esse apud Deum* [2]. Neque verò necesse est id probari, quod nemo negaverit. Jam verò

[1] Har., Œuv. div., p. 630. — [2] Rom., II, 11.

exsurgit invicta argumentatio: censuram suam Ecclesia, suam illam à Christo traditam in irrogandis spiritualibus pœnis potestatem, ab ipsâ christianitatis origine, ubique terrarum, et semper, exeruit in principes, in privatos, in clericos, in laicos, effectu, judiciis, interminatione gravi: at eam, quam ipsi tribuunt, potestatem delicta coercendi per temporales pœnas, scilicet depositiones et privationes ipsius auctoritate irrogatas, totis mille et quod excurrit annis, nusquam in principes, nusquam in laicos, nusquam sententiâ dictâ, nusquam interminatione demonstravit: quàm ergò certum est, vim illam adhibendæ delictis pœnæ spiritualis, per sese Ecclesiæ institutione Christi convenire; tam perfectò certum est, vim adhibendæ pœnæ temporalis non ipsi à Christo esse datam, nihilque omninò est verius, quàm quod asserimus: potestatem illam non esse Ecclesiæ à Deo datam, quam tot labentibus sæculis nunquam exercuerit, nunquam agnoverit.

CAPUT XXXII.

An ejusdem Perronii cardinalis distinctio valeat, paganos inter principes et christianos, aut Ecclesiæ fidem juratos: romanum imperium pridem christianum, alia christiana regna; necdum tamen memorata potestas reges deponendi.

Quod autem idem Perronius eloquentissimus cardinalis, miro ambitu apparatuque verborum venditabat, à paganis regibus maximo haberi discrimine eos reges regnaque, quæ jam Christo colla subdiderint, et Christum Regem agnoverint [1]; id verò cùm sponte corruit, nullo unquam in Scripturis ac traditione Patrum hujus discriminis vestigio; tum ex antedictis perspicuè confutatur. Ecce enim in undecimo versamur sæculo: sexcenti ferè anni sunt, ex quo sanctus Remigius id quod est hîc à cardinali Perronio memoratum, Clodoveo dixit: *Mihi, depone colla, Sicamber* [2]: necdùm aliquid inaudivimus de regibus, judicio ecclesiastico, regni privatione damnandis. Atque, ut jam anteriora

---

[1] Du Perr., loc. cit., p. 627. — [2] Du Perr., ibid. Greg. Turon., *Hist.*, lib. II, n. 31.

sæcula omittamus, sexto Ecclesiæ sæculo, Anastasius; octavo, Leo Isaurus, ejusque successores fidem Ecclesiæ ejurati; et tamen hæretici ac persecutores, romanum imperium Romamque ipsam obtinebant : cùm multis antè sæculis sanctus Augustinus romanum imperium christianum appellasset. Notum illud : hæresi Pelagianâ « universam Romanam Ecclesiam, romanumque imperium, quod Deo propitio christianum est, fuisse commotum [1]. » Eoque antiquior Optatus Milevitanus scripserat : « Ecclesiam esse in imperio romano, quod Libanum appellat Christus in *Canticis Canticorum*, cùm dicit : *Veni, sponsa mea, veni de Libano*, id est, de imperio romano [2]. » Ratus, id quod erat, romanum imperium ipsi Evangelio, ipsique Ecclesiæ propheticis vocibus ac singulari providentiâ dedicatum. Quo factum, ut Roma caput gentium, in Ecclesiæ religionisque caput consecrata fuerit, Christique imperio prisci Curii, Fabii, Scipiones, ipsi etiam Cæsares nescii majorique vi acti, militarint.

Quin etiam sub paganis imperatoribus, persecutione fervente, eam cum Ecclesiâ romani imperii conjunctionem Patres intelligere visi, cùm Melito Sardianus, in *Apologiâ* ad Marcum Aurelium datâ, annotaret sub Augusto incœpisse prædicationem evangelicam [3], eo scilicet tempore, quo imperatores summâ cum potestate Romæ esse cœperunt, « congenitamque imperio romano christianam philosophiam, » ipsi imperio ornamento ac præsidio fuisse; tanquam eam, quæ secuta est romani imperii cum Ecclesiâ Christi, societatem præsagirent.

Ilis ergò completis, quæ prophetica eloquia prædixerant, tamen imperium romanum, jam christianum, jam Christo consecratum, Constantii, Juliani, Valentes, Anastasii, et alii innumerabiles hæretici atque persecutores tenuerunt, nihil prohibente Ecclesiâ, cùm etiam, id quod illi gravissimum putant, ipsi imperatores dato sacramento, Christo Regi addicti essent.

Nempe Christiani intelligebant imperium romanum, hospitam in terris atque peregrinam complexum Ecclesiam, haud minùs

---

[1] August., *de Pecc. orig. cont. Pelag.*, lib. II, cap. XVII; tom. X, col. 260. — [2] Opt. Milev., *de Schism. Donat.*, lib. III, pag. 66, edit. Albas. — [3] Ap. Euseb., lib. IV, cap. XXV.

eadem regnandi jura servare ; neque obesse religionem imperio, quod non illa fecisset, sed omnibus numeris absolutum ingressa esset. Unde illa manarunt sancti Optati Milevitani donatistas increpantis [1], cùm adversantibus christianis imperatoribus immodestè obstreperent : « Non enim respublica est in Ecclesiâ, sed Ecclesia est in republicâ, hoc est, in imperio romano, » et cætera, quæ jam retulimus ; quo deindè concludit : « Meritò Paulus docet orandum esse pro regibus et potestatibus ; etiamsi talis esset imperator, qui gentiliter viveret : quantò quòd christianus, quantò quòd Deum timens, quantò quòd religiosus, quantò quòd misericors? » Ut hæc quidem causa sit studiosioris obsequii in imperatorem, quòd sit christianus : cæterùm imperium gentili æquè ac christiano constet. Atque hæc de regibus hæreticis, aut propter scelera exosis, usque ad Gregorii VII tempora dicta sint.

CAPUT XXXIII.

Altera Quæstio : an nullo quoque interveniente peccato, propter ecclesiasticam utilitatem, reges deponendi visi sint ab ecclesiasticâ potestate? Childericus regum Merovingianorum ultimus. Cap. Alius, 15, q. 6, ex Gregorio VII : Glossa in illud caput : majorum de eo capite sententia.

Altera pars hujus, quam impugnamus, sententiæ est : ab ecclesiasticâ potestate deponi principes etiam innocuos, si id res Ecclesiæ postularint. Jam ergò tantæ rei, quæ proferant, exempla videamus.

Primum istud produnt in Childerico Rege, medio octavo sæculo, anno scilicet Domini 752, quod imprimis notari volumus, ut statim animadvertant quàm hæc tot sæculis inaudita fuerint.

Legamus posteà quomodo factum referat Gregorius VII : « Zacharias Papa Regem Francorum deposuit, et omnes Francigenas à vinculo juramenti, quod sibi fecerant, absolvit [2]. » Hæc libro IV epistolâ II; libro verò VIII, epistolâ XXI, paulò fusiùs : « Alius item Romanus Pontifex (Zacharias videlicet) Regem Francorum, non tam pro suis iniquitatibus, quàm pro eo quòd tantæ potes-

[1] Ubi sup. — [2] Greg. VII, lib. IV, ep. II, *ad Herim.*, tom. X *Conc.*, col. 149.

tati non erat utilis, à regno deposuit, et Pipinum Caroli magni imperatoris patrem, in ejus loco substituit, omnesque Francigenas à juramento fidelitatis, quod illi fecerant, absolvit[1] : » ex quibus Gregorii verbis conflatum est caput *Alius* sub Gelasii nomine, à Gratiano per summam temporum inscitiam editus[2].

Hîc notanda verba quædam : primùm illa : *Non tam pro suis iniquitatibus, quàm pro eo quòd tantæ potestati non erat utilis.* Certissimum enim est Childericum nullius sceleris fuisse accusatum : quod autem Glossa hîc memorat in verbum, *inutilis;* id ità interpretandum esse, quòd fuerit *dissolutus cum mulieribus* et *effeminatus;* absurdam interpretationem quis non videat? Sed tamen Glossatorem puduit, innocuum principem ac nullius unquam sceleris postulatum, tamen depositum fuisse : quare hæc falsa et inania de mulierum amoribus, nullo unquam auctore, commentus est. Quod verò addit, si tantùm *inutilis* fuisset, dandum ei *coadjutorem*, satis profectò ostendit quàm parum probaret deponi principem eo nomine, quòd esset *inutilis.* Ex quibus manifestum est glossatores romanos, quantumvis potestati pontificiæ faveant, adeò puduisse eorum quæ Gregorius VII dixerit, ut ea quâ poterant interpretatione mollirent.

Secundò nec repetam de verbo, *deposuit,* quod idem Glossator, ut nimium, ad hunc modum molliendum censuit : *Dicitur deposuisse qui deponentibus consensit.*

Tertiò, notandum illud : *Substituit Pipinum*, quod adeò est manifestè nimium, ut à nullo indirectæ potestatis vel studiosissimo defensore, Romano Pontifici tribui posse putem. Si enim non modò reges ac domum regnatricem solio exturbare, verùm etiam nobilissimum regnum, ejusque optimates, populumque universum eligendi libertate privare, sibique jus designandi principis arrogare potest : non video jam quid in regna non possit, aut cùr non eum pro uno omnium gentium à Deo constituto imperatore habeamus.

Quare, cùm audimus auctoritate Zachariæ Pipinum Childerico fuisse substitutum, nisi intelligamus consilio id, non imperio factum, omninò nimii, adeòque vani sumus.

[1] Greg. VII, lib. VIII, col. 270. — [2] *Caus.* xv, q. vi, cap. iii.

Quartò, notandum verbum illud, *à juramento fidelitatis absolvit:* quod à nullo idoneo auctore proditum gesta declarabunt.

Atque hæc quidem Gregorii VII verba sunt: quomodo autem rem omnem intellexerint, qui post eum scripsere nostri antecessores, paucis exponere erit operæ pretium.

Summa est: *Deposuisse,* id est, deponendum consensisse, suasisse, consuluisse, idque volentibus: jam consilium à Papa, ut à *viro sapiente ac patre spirituali,* exquisitum: at si pro imperio aliquid decrevisset, nunquam *permissuros fuisse Barones regni Franciæ* [1].

Gerson vir maximus sub Carolo VI, libro *de Potestate ecclesiasticâ, consideratione* XII, ad adulationem refert, quod de « depositione unius regis Franciæ per Papam Zachariam dicitur, tanquam papalis auctoritas transferre possit gentes et regna [2]. »

Almainus verò sub Ludovico XII hæc scripsit: « Quia tunc temporis non erat universitas Parisiensis,...... et sic pauci erant docti in Franciâ, habuerunt recursum ad Papam [3]: » adeò abhorrebant ab eo, ut putarent Francorum Regem à Papâ pro potestate fuisse depositum.

Neque est prætermittendum, id quod Philippi Pulchri tempore à Joanne Parisiensi, nobilissimo Prædicatorii ordinis theologo, scriptum est: « Non oportet ex ejusmodi factis singularibus, quæ interdùm ex devotione ad Ecclesiam, vel personam ecclesiasticam, vel ex favore, vel ex causâ aliâ, et non ex debito jure fiunt, argumenta sumere [4]; » quo uno responso tota objectio statim concidit.

Sed quandoquidem hoc exemplo maximè abutuntur, ut rei veritas elucescat, gestorum seriem ab alto repetitam referimus. Cujus tractationis non is est scopus, ut quid jure, quid injuriâ factum sit, inquiramus; sed ut statuamus seu jure, sive injuriâ factum, nihil omninò ad hanc causam pertinere.

---

[1] Joan. Paris., *quæst. de Potest. Reg. et Pap.*— [2] Gers., *de Pot. Eccl.*, cons. XII, tom. II, edit. Dup., col. 247. — [3] Alm., *de Auct. Eccles.* — [4] Joan. Paris., *de Pot. Reg. et Pap.*, cap. LXXIV, ap. Goldast.

CAPUT XXXIV.

Rei sub Zachariâ gestæ series : regni Francici status : evictum hæc nihil ad nostram quæstionem pertinere.

Post Dagobertum I, anno Christi circiter 641, Sigeberto et Clodoveo II ejus filiis, Francorum in Austrasiâ et Neustriâ regibus, cœpit majorum-domûs auctoritas invalescere. Exindè sub Clodovei II liberis ac secutis regibus, nomen ac titulus imperii penes reges, vis penes majores-domûs fuit. Hi exercitibus summo jure imperitabant : regia auctoritas, etiam apud milites, vilis ac nulla habebatur.

Primus hic gradus est, quo regia infringi cœpit auctoritas : constituto scilicet totius consensione gentis ordinario magistratu, eoque perpetuo, qui summæ rerum suo jure præesset, militiamque omnem in potestate haberet. Neque reges id sibi saltem reservaverant, ut eum magistratum designarent ipsi : consensione procerum creabatur, ac semel constitutus, inconsulto rege, omnia peragebat.

Interim Ansegisus inclytâ stirpe prognatus, ac sancti Arnulphi filius, majoris-domûs nomine, rerum potitus in Austrasiâ, Martino et Pipino Heristello liberis (*a*) tantam auctoritatem reliquit, ut ejus regni principes summo jure fierent, ad annum circiter Christi 687.

Is secundus gradus, quo majores-domûs Austrasiani regni, summo et absoluto jure, facti principes hæreditarii, nullâ jam in Austrasiâ regum potestate.

Huic principatui ad se unum posteà devoluto, Pipinus Heristellus, magnâ victoriâ de Neustriis reportatâ, adjunxit majoris-domûs in Neustriâ potestatem, totamque Franciam suis subegit legibus, ac Francorum princeps dictus est, anno Christi 691.

(*a*) Levis error corrigendus est. Non enim erant uterque Ansegisi filii ; nam Martinus patrem habuit Clodulphum Metensem episcopum, Ansegisi fratrem et sancti Arnulphi filium. Vid. Mezerai, et *Annales Eccles. Franç.*, P. LE COINTE, tom. IV, an. 696, n. 7, p. 325. (*Édit. Leroy*).

Is Austrasiæ principatum, ac majoris-domûs in Neustriâ dignitatem suis hæreditariam fecit; qui tertius gradus est. Eo autem jure Carolus Martellus ejus filius, Dux et princeps Francorum fuit summâ potestate, nullo rege in Austrasiâ, in Neustriâ diversis regibus, sed nomine tenùs : quippe quos Carolus Martellus regeret, crearet, amoveret, reficeret, prout collibitum erat. Gesta hæc sunt ab anno 714 ad annum 741, quo Carolus Martellus victoriis clarus obiit, totius Franciæ principatu, non modò ad se translato consensione gentis, verùm etiam inter filios, Carlomanum et Pipinum, summâ ac supremâ potestate diviso.

Carlomano, ad annum Christi 747, monachatum professo, Pipinus rerum potitus est : Childericus, ultimus Merovingianæ stirpis, regis nomen obtinebat, nullâ potestate.

Nihil hactenùs de Sede apostolicâ audivimus dictum : tantæ mutationes unâ procerum totiusque gentis consensione factæ ; summique principatùs vis, in sancti Arnulphi domum transiit, repugnante nullo.

Hoc rerum statu, cùm Pipinus universi Francici nominis, summo cum imperio ac totius gentis consensu, hæreditarium principatum teneret; regia familia regnum abdicasse, seu potiùs ipsa penitùs interiisse videbatur, abjectâ quidem regni curâ, ipsâque potestate in alium magistratum, eumque hæreditarium translatâ. Eo enim statu non unus aut alter rex, sed tota domus regia ; nec jam personarum vitio, sed ex ipsâ rerum constitutione erat *inutilis:* inutile quoque ac vanum ipsum nomen regium, et quò inutile, eò etiam noxium dissolvendæ scilicet, atque dissipandæ reipublicæ natum ; neque stare poterat regni corpus, quod in duas familias tanquam in duo capita scinderetur : cùm utraque familia, jure successionis parto, supremæ potestatis, altera vim ac rem, altera titulum propagatura esset. Cui ut incommodo mederentur, anno 749, collecti optimates unâ cum Pipino consilium habuerunt, ut regis nomen cum ipsâ potestate conjungerent. Placuit consulere Zachariam Papam in hanc formam, auctore hujus ævi referente : « Si ità manere deberent Franci, cùm penè nullius essent potestatis (reges) solo regio nomine contenti. Quibus legatis Romanus Pontifex respondit : illum debere vocari regem qui rempublicam regeret. Detonso igitur Childerico, et in monasterium detruso, mox Franci Pipinum sibi regem constituunt [1]. »

Hic profectò videmus, ut in magnâ et ambiguâ re, exquisitum consilium, quo nullum esset gravius, Sedis nempe apostolicæ. Proposita difficultas: *An ita manere deberent Franci,* regiâ potestate scilicet à regio nomine separata? Responsum datum: *Debere vocari regem, qui rempublicam regeret.* Nempe de nomine quæsitum et responsum est, cùm de re constaret, ac vim ipsam principatûs, totius consensu gentis, penes Pipinum esse nemo dubitaret.

Accepto responso, Pipinus rex est constitutus, sed à Francis: *Franci,* inquit, *sibi Regem constituunt;* neque enim à Pontifice postulabant, ut id ipse faceret, sed interrogabant, rectène id ipsi facturi essent.

Eamdem consultationem huic ævo proximus et Caroli Magni familiaris Eginhardus, his verbis refert: « Missi sunt Burcardus et Folradus Romam ad Zachariam, ut consulerent Pontificem de causâ regum, qui illo tempore fuerunt in Franciâ, qui nomen tantùm regis, sed nullam potestatem regiam habuerunt. » Hæc consultatio. « Secutum est responsum : melius esse illum regem, apud quem summa potestatis consisteret [1]. » Jam ergò potestas ipsa penes Pipinum erat, non à Pontifice concessa, sed totius consensione gentis Pipino attributa. Cætera Eginhardi posteà memorabimus : nunc ad auctores ejus ævi redeamus.

Fredegarius seu ejus continuator hæc scripsit : « Quo tempore unâ cum consilio et consensu omnium Francorum missâ relatione, à Sede apostolicâ auctoritate perceptâ, præcelsus Pipinus electione totius Franciæ in sedem regni cum consecratione episcoporum et subjectione principum, cum Reginâ Bertradane, ut antiquitus ordo deposcit, sublimatur in regno (*a*). » Vides quâ potestate rex sit sublimatus. Nempe *electione totius Franciæ*. Antecessit, ut in magnâ re à Francis ipsis missa *relatio* seu consultatio

---

[1] *Geneal. Reg. Franc.*, tom. I Duch., p. 796.

(*a*) Antiquitùs milites eum quem sibi regem volebant, clypeo sublevatum salutabant his verbis : *Vivat Rex.* (*Edit. Leroy.*)

ad Zachariam Pontificem, tum ab ipso responsum, seu *auctoritas*, quæ vox latinè persæpè *consilium* sonat. Neque tamen negamus justæ decisionis loco fuisse profectum à tantâ Sede, ex ipsâ totius gentis consultatione, responsum. Sed aliud est, datum ambigentibus, gravissimâ etiam auctoritate, consilium, aliud prolatum de rebus civilibus ordinandis pro potestate decretum.

Reliqui scriptores passim *consultum* et *interrogatum* Zachariam referunt [1]: Papæ secutam responsionem memorant: quam modò *consilium*, modò *auctoritatem*, modò *consultum*, modò *mandatum*, modò pro honorificentiâ Sedis apostolicæ *jussionem*, *sanctionem*, *imperium* etiam nonnulli appellant: quæ voces, quoniam diversissimæ virtutis sunt, ad unum sensum, ex rei gestæ serie reducuntur: nempe, ut quæ Zacharias consultus interrogatusque *responderet, consuleret, mandaret,* hoc est, ejus ævi vulgari et notâ significatione, rescriberet, id Franci proceres, quasi jussionis certæque auctoritatis loco sponte acciperent, atque ex Pontificis sententiâ rem gererent, eò magis, quòd ipsis placita eorumque rationibus consentanea respondisset.

Quare omnes uno ore scribunt totius electione gentis Pipinum constitutum; quique in explicando Zachariæ decreto, *imperii* voce usus est scriptor coætaneus, à doctissimo sanctissimoque viro Joanne Mabillonio Benedictino in opere Diplomatico relatus, hæc addit: « Pipinus rex pius per auctoritatem et imperium sanctæ recordationis Domini Zachariæ Papæ, et unctionem sancti chrismatis per manus beatorum sacerdotum Galliarum, et electionem omnium Francorum, in regni solio sublimatus est [2]. »

Ergò auctorum omnium consensione liquet, Pipinum electione Francorum regem fuisse factum, neque aliâ ratione dejectum Childericum: ut hæc ad Zachariam referre, proprio ac stricto, ut aiunt, verborum sensu, nihil aliud sit, quàm toti antiquitati illudere.

Cæterùm quòd Bellarminus ejusque asseclæ, post Gregorium VII, de exsoluto per Zachariæ auctoritatem fidelitatis sacramento passim inculcant, nulla hujus rei apud auctores istius vel

---

[1] *Vit. Car. Mag.*, per Monach. Engolism. Ann. Metens. Ann. Franc. Egin., Duch., tom. II. — [2] *Diplom. D. Mabill.*, p. 384.

proximæ ætatis mentio est; magnique interest, quid auctores ipso rei gestæ tempore, vel ejus recente memoriâ scripserint, ab iis secernere, quæ posterioribus sæculis conjecturâ vel ratiocinio addiderint; neque tantùm auctorum verba, sed etiam ipsa rei series contestatur, id egisse proceres Francos; non ut Pontifex regem pro potestate tolleret aut faceret, aut jusjurandum suo arbitrio solveret; sed tantùm, ut ab ipsis, magno auctore, magna res ageretur, nec plebs temerè factum arbitraretur, quod tantus Pontifex comprobasset.

Summa est : ut in gravi et ambiguâ re quæsitum à Pontifice, an liceret regem appellare, qui regiâ potestate esset; responsum, id licere : responsum eâ auctoritate editum, quâ nullâ sit major, pro justâ ac legitimâ decisione habitum, ex eâque auctoritate jam ab ipsâ gente regnum Childerico abrogatum, atque in Pipinum translatum esse : quandoquidem non id factum est, ut Pontifex regnum adimeret aut daret, sed ut declararet adimendum vel dandum ab iis, quibus id juris competere judicasset.

CAPUT XXXV.

Clariùs demonstratur hæc, utcumque se habent, nihil ad rem facere.

Sed si vel maximè adversariis concedimus, Francos jurejurando à Zachariâ exsolutos, nihil hoc ad propositum. Esto enim Franci, qui nihili jam facerent Childericum, eumque solo contentum nomine regio, rem ipsam quodammodo abdicasse judicarent, tanquam ad cautelam, ut aiunt, et propter ipsam jurisjurandi reverentiam, à Zachariâ petierint, ut declararet illud esse irritum, eâque religione ritè exsolutos Francos; hi posteà principem jam ipsâ re nullum, neque admodum fortasse, quâ erat inscitiâ atque imbecillitate, repugnantem, ipso nomine exuerint : quid hoc ad quæstionem nostram? An id proptereà extorquebunt, ut Pontifex principem pleno imperii jure gaudentem dejicere, aut populos nihil tale cogitantes jurejurando solvere, omnia denique erga ipsos nolentes reluctantesque facere suo jure possit, quæ hîc erga volentes petentesque facta essent? Nihil est absurdius.

At quæres : cùm eò tandem devenisse videamur, ut jam fateri necesse sit, deponi posse reges; cùr non id potiùs Pontifici, tuendæ religionis, quàm tuendæ reipublicæ causâ, proceribus permittamus, cùm multò majoris sit religionis, quàm regni incolumitas? Respondemus primùm, falsò id imputari nobis, ut quæ erga Childericum gesta sunt, tanquam proba asseramus : neque enim quidquam aliud nobis proposuimus, quàm ut de facto quæreremus, eoque exposito doceremus, totum hoc negotium, tantâ adversariorum ambitione jactatum, nihil omninò ad rem, aut ad eam, quam Pontifici assertam volunt potestatem, pertinere.

Jam si vel maximè hæc probare cogeremur, respondemus secundò ex antedictis : multò quidem esse majoris, religionis quàm reipublicæ in columitatem, in genere moris, et quod attinet ad salutem animarum : quod autem attinet ad civilis societatis rationem, atque, ut vocant substantiam, non itâ; quippe cùm prostratâ religione, civilis societas suo in ordine stare possit : prostratâ autem republicâ, civilis societas jam nulla sit, quam tamen etiam penes religionis hostes manere integram, Deus optimus, maximus, humanique generis amantissimus voluit.

Adde quòd, eo quo erant res Franciæ statu, regni proceres existimasse videantur, non tam dejiciendos reges, quàm iis, depositâ jam regni curâ atque commissâ potestate, dejectis, verum regem substituendum esse, tanquam regia familia interiisset.

Cur autem id regni proceribus, non ecclesiasticæ potestati ac Romano Pontifici tribuamus, quis non videat hinc esse exortum, quòd omnis respublica, seu civilis societas perfecta ac libera, id jure gentium atque etiam ipso jure naturæ habeat, ut saluti suæ consulere per se ipsa possit; et ab aliis, non quidem potestatem, quæ ipsi est insita, sed consilium tantùm, aliaque ejus generis exquirere debeat : quod etiam in hoc negotio à majoribus nostris factum esse vidimus.

Jam si ad summum urgere pergant, *jussionis*, aut etiam *imperii* vocem, responso pontificio attributam, cùm certissimè constet Pipinum electione regem esse constitutum, quod tamen scriptores ad jussionem Zachariæ referunt : quærimus ipsi vicissim, ecquid fas esse putent Romano Pontifici, ut liberæ genti de eligendo principe pro potestate imperet? Quod cùm per se sit nimium, tum jussionis vocem ad æquiorem sensum, uti fecimus, temperandam, ipsi ultrò fatebuntur.

Iterùm quærimus, an magnæ esse videatur potestatis indicium, ut Zacharias eum regem fieri procuraret, qui jam, omnium consensu, rerum potiretur; ut profectò nec mirum sit ei multum fuisse delatum, qui consultus à Francis, quæ vellent suaderet?

Tertiò atque ultimò quærimus: si vel maximè stricto et summo jure, jussionis vocem hîc, aut Franci, aut Pontifex acciperent; ex facto singulari ecquid juris oriatur? Erraverint majores nostri, quòd plus æquo Pontifici tribuerint: erraverit Pontifex, quòd plus æquo sibi sumpserit: quid hoc ad jus ipsum? Neque enim contendit quisquam, Pontifices Romanos ejusmodi in negotiis infallibilitate gaudere, ut propterea nobis necesse sit omnia Zachariæ gesta sensaque, ut certa ratione nixa tueri. Neque majores nostri uno singulari facto, tantam rem perficere potuerunt, ut regna danda et adimenda in potestate Pontificum essent. Qui enim, quæso, factum est, ut Franci in Neustriâ rem ipsam, hoc est, summam potestatem, in Austrasiâ, etiam summi principatùs nomen ab regiâ domo in majores-domùs aliamque domum transferrent, ac translatum jure putarent, nullâ expectatâ Pontificis jussione, ac tantùm consulerent eum, cùm jam de regis nomine tantùm, non de ipsâ potestate regiâ ageretur? Quid quod, et auctoritatem et regium nomen, in Hugonem Capetum, inconsulto Pontifice, contulerunt? Certa hæc argumenta sunt, totum id quod Romano Pontifici delatum semel est, occasione Pipini, non ad necessariam Romani Pontificis jussionem atque auctoritatem, sed ad consultationem pro temporum ratione factam, omninò referendum.

Quare nec Romani Pontifices, qui his proximis temporibus Sedem apostolicam tenuerunt, cùm ab ipso Pipino ejusque filio Carolo multa poscerent, id unquam in medium adduxerunt, regnum iis à Romanâ Ecclesiâ esse concessum; quod utique nec illi, nec alii Pontifices omisissent, qui Sedis apostolicæ gesta factaque magnificè commendare ac prædicare soleant. Neque majores nostri ejus animi erant, ut de regno Franciæ decerni à Zachariâ sinerent, cùm hujus facti recente memoriâ, ad Adrianum II minora tentantem scripserint ea quæ jam audivimus : « Dominus Papa rex et episcopus simul esse non potest : ejus antecessores disposuerunt ordinem ecclesiasticum, quod suum est, et non rempublicam, quod regum est; non nobis præcipiat habere regem quem commendaverit, et nos Francos servire non jubeat, quia istud jugum sui antecessores nostris antecessoribus non imposuerunt, et nos illud portare non possumus, » ut non immeritò Doctores nostri Gregorii VII dicto responderint : « Si quisquam Pontifex de regno Franciæ pro imperio decerneret, id Barones regni laturos non fuisse [1]. »

Denique si stricto jure agamus, nihil ad nostram quæstionem pertinet, quid hîc Franci, quidve Zacharias egerint, aut quo tandem modo de regio nomine quæsierint, suaserint, decreverint, licebatque nobis hunc nodum amputare, planè respondentibus, nihil hîc ordine esse gestum, sed aut per errorem innocuum, aut etiam, si lubet, per apertam injuriam omnia perpetrata; detonsumque immeritò adolescentem regem, et in gratiam audentioris ac valentioris acta esse omnia, adversùs insontem et invalidum, neque uno exemplo, eoque pessimo, tantam rem à nobis extorqueri posse, ut ad Pontificis arbitrium imperia transferantur. Quo jure si ageremus, nempe adversarii statim obmutescerent. Neque enim quidquam prohibet, quominùs Pipinus, magnus vir, Augusti exemplo, malè partam potestatem benè gesserit; neque eo minùs post mortuum Childericum, in eoque extinctam Merovingianam stirpem, quod statim contigit, Pipino ejusque filio, Carolo Magno, ipsâ consensione ac possessione, sua auctoritas constitisset. Quâ defensione cùm uti jus fasque sit, agnoscant oportet, nos ad molliendam rectâ interpretatione *jussionis* vocem, et ad alia, quæ diximus, nullâ causæ necessitate, sed amore veritatis, et historicorum verbis et ipsâ rerum serie esse deductos.

[1] Hincm., tom. II, *ep.* XLI. Vid. sup., cap. XXIII.

CAPUT XXXVI.

Quæritur quo jure facta sit translatio imperii occidentalis ad Francos : duo præmittuntur status imperii : tum in Pontificibus, et sacro ordine jura duplicis generis distinguuntur : Romanus Pontifex labente imperio caput civitatis habitus.

Liceret autem eâdem ratione translatum à Græcis ad Francos occidentale imperium defendere. Neque enim, quod Baronius fusè agit, tot ac tanta in Ecclesiam ac rempublicam ex eâ translatione diffusa bona satis probant, rem ab origine certo jure nixam et constabilitam fuisse; cùm hoc plerumque habeant res humanæ, ut pessimis ab initiis, optimo Deo ità providente, maxima bona proveniant. Quâ unâ defensione adversariorum argumenta concidunt. Verùm alia à nobis, non causæ nostræ ratio, sed ipsa veritas poscit; neque tantùm Baronio Bellarminoque assentimur, justam ac piam illam translationem fuisse; sed etiam aggredimur validiore eam ratione tueri, quàm quâ ipsi usi sunt.

Ut autem ex ipso tractationis ordine veritas elucescat, duo quædam cogitare nos oportet: imprimis quo loco esset romanum imperium, amissâ Hispaniâ, Galliâ, Africâ, Româ ipsâ toties captâ, ac vix tandem receptâ Justiniani I tempore: Italiâ verò, postquam erepta est Gothis, adeò infirmâ, ut statim Longobardis, crudelissimæ genti, pareret; exiguâ interim ac penè nullâ ab imperatoribus præsidii spe, labascente scilicet etiam in Oriente imperio, ac Saracenis, Bulgaris aliisque barbaris undique invalescentibus. Quo etiam factum est, ut Longobardi omnia devastarent, Romamque indefensam omni vexatione premerent. Quàm autem misera, quàm omnium egena ipsa esset, jam inde à Gregorii Magni temporibus ejus testantur litteræ. Sed profectò proxima excidio videbatur, postquam Constans II, Heraclii nepos, ad annum 664, in Italiam transportato exercitu, Longobardos aggressus, à Grimoaldo victus profligatusque est. Quin etiam Romam receptus, deprædatus ipse est eam, quam tueri non posset, aufugitque latronis more in Siciliam. Quo statu tanta urbs à suis quoque imperatoribus devastata, vicinis Longobardis magis magisque ludibrio ac prædæ fuit.

Leonis Isauri tempore, anno circiter 726, rebus in deteriora lapsis, cùm ipse in Oriente bellis impeditus, in Occidente quoque propter impietatem odio et contemptui haberetur, evenit illud quod Gregorius II ad eum imperatorem scribit. « Longobardi; inquit, et Sarmatæ...... miseram Decapolim incursionibus infestarunt, ipsamque Metropolim Ravennam occuparunt, et ejectis magistratibus tuis, proprios constituere magistratus, et vicinas nobis sedes regias, ipsamque Romam sic tractare studuerunt, cùm tu nos defendere minimè possis [1]. » Quæ ultima verba diligenter advertere nos oportet. Neque enim ex eo tempore Longobardi destiterunt Urbem non modò assiduis deprædationibus, verùm etiam gravibus obsessionibus premere, omnique ope anniti, ut occuparent eam, quam sui jam principes tutari non possent. Itaque nulla omninò, collapsis rebus, spes erat, donec in Francorum auxilio acquiesceret.

Hoc primùm considerari volumus, tum illud : accuratè ac subtiliter secerni oportere eam potestatem, quam Christus ipse episcopis sacroque Ordini, ejusque capiti Romano Pontifici concesserit, ab eâ quam sibi tanti nominis auctoritate ac sacrorum reverentiâ compararint.

Quid enim episcopi, primis Ecclesiæ temporibus, in judiciis potuerint neminem latet; probatque titulus *de episcopali audientiâ* in *Codice* [2], ut hîc alia principum constituta omittamus. Tanta poterant, cùm necdùm aliquid publici muneris attigissent.

Cùm autem commissos greges, paternâ charitate, etiam in negotiis sæcularibus adjuvarent, ipsique reipublicæ non tantùm ornamento, verùm etiam tutelæ ac firmamento essent, eos tanta regum ac civium charitas et reverentia prosecuta est, ut jam reipublicæ pars maxima, interque optimates primi haberentur; multi etiam lapsu temporis suarum urbium principatum ditionemque obtinerent, quæ sacro conjuncta ordini, et ejus dignitate

---

[1] Greg. II, *ep.* I, *ad Leon.*, tom. VII *Conc.*, col. 19; et ap. Baron., tom. IX, p. 70.— [2] Cod. Justin., lib. I, tit. IV; *de aud. episc.*, edit. Gothof., tom. II, p. 25.

tanquam fundamento nixa, longè tamen absunt ab iis, quæ primæ institutionis esse constat.

Distinguamus itaque, quæ institutionis sint, quæ sint accessionis; quæ primaria, quæ secundaria; quæ innata, quæ annexa sint.

Pontifices Romani, quo altiore loco erant, Petri nomine ac majestate primùm, quæ post Christum erat maxima; tum dominæ Urbis splendore commendati, hæc annexa et secundaria longè eminentiùs obtinebant. Cœpit ergò Romana Sedes, non modò in ecclesiasticis, quod et ipsi innatum, sed etiam in civilibus majestatem habere negotiis; eo maximè tempore, quo imperatores, solutâ in Occidente imperii vi, Romanorum Pontificum fide atque observantiâ singulari, suam dignitatem in his partibus sustentabant.

Per ea verò tempora invaluit illud quod à Gregorio II, in epistolâ I ad Leonem Isaurum est proditum : « Scire autem debes, inquit, ac pro certo habere Pontifices, qui pro tempore Romæ extiterint, conciliandæ pacis causâ sedere tanquam parietem intergerinum, septumque medianum Orientis atque Occidentis, ac pacis arbitros ac moderatores esse; quique ante te fuerunt imperatores in hoc componendæ pacis certamine desudarunt [1]. »

Itaque imperatores etiam in temporalibus eorum auctoritate uti cœperunt; cujus rei exemplum proferunt in legibus imperialibus ad Occidentis partes per pontificale ministerium promulgatis. Quà de re Gregorii Magni ad Mauricium Imperatorem jam ante relatam habemus epistolam [2]. Extant etiam ejusdem Gregorii ad magistros militum multæ litteræ [3], quibus de republicâ, de exercitibus multa præcipit : eâ procul dubio potestate, quam ab imperatoribus atque republicâ, Romani Pontifices jam tum mutuabantur.

Romæ autem præter eam reverentiam, quam conciliabat ipsis sacrorum dignitas ac prædicatio salutaris, cujus per totam Ecclesiam duces erant, id etiam maximæ commendationi fuit, quòd labascente imperio romano, Sedis apostolicæ ac Petri toto orbe

---

[1] Vid. loc. sup. cit. — [2] Vid. sup., cap. VIII. — [3] Lib. XII, *ep.* XXI, XXII, XXIII, XXIV ; et in edit. Ben., lib. XI, *ep.* III, XXIX, XXX, XXXI.

celebrata majestas Urbem tuebatur. Ut enim Leonem Magnum aliosque omittamus, quos reveriti barbari, Romanos habuere mitiùs, satis profectò constat, sævientibus Longobardis, Urbem indefensam Gregorii Magni prudentiâ atque auctoritate stetisse. Quominùs admirere post Leonem Isaurum, Longobardis invalescentibus, totam Urbem respexisse in Pontifices; ut nihil magnæ rei, nisi eis auctoribus ageretur : quorum adeò operâ factum esse constat, ut et ad Francos atque externa auxilia Roma confugeret, et eos posteà ad imperiale culmen efferret.

Jam verò quâ potestate hæc facta sint, an apostolicâ illâ innatâ Pontificibus et à Christo concessâ, an verò aliâ, facile erit intelligere : satis enim constat ad apostolicam Romano innatam pontificatui potestatem nullatenùs pertinere, quæ Ecclesia catholica tot retrò sæculis ignorarit; sed tamen ut tota res clariùs elucescat, non jam ratiocinia, sed testimonia et acta proferemus.

CAPUT XXXVII.

Res gesta à Romanâ civitate : Principibus Francis oblatus consulatus, patriciatus delatus, concessum imperium, auctore seu adjutore Romano Pontifice, ut capite civitatis : testimonia historicorum.

Rem ordimur ex eo loco Anastasii bibliothecarii, quem jam attulimus : nempe cùm sub Gregorio II, « cognitâ imperatoris nequitiâ, omnis Italia consilium iniit ut sibi eligerent imperatorem [1]. » Ergò Italia id inibat consilium, atque imperatorem electura, non autem à Pontifice pro apostolicâ potestate factum, acceptura erat.

Addit Anastasius : « Compescuit tale consilium Pontifex, » auctoritate eâ, quâ ei, ut providentissimo parenti, potissimum auscultabant.

Sub Gregorio III, rebus retrò sublapsis, cùm Longobardi Urbem obsedissent, nullumque ab imperatore expectarent auxilium Romani, ipse Pontifex Gregorius III Caroli Martelli Francorum

[1] Sup., cap. XVI. Anast., *vit. Greg.* II; tom. VI *Conc.*, col. 1430.

Principis opem imploravit, *ut eos* (Romanos scilicet) *à tantâ oppressione Longobardorum liberaret.* Auctor Anastasius suo jam loco laudatus.

Quid autem de consulatu, deque abjiciendo imperatore actum sit, jam constitit ex his *Annalium* verbis : « Epistolam quoque decreto romanorum principum sibi (Carolo Martello videlicet) miserat Gregorius, quòd sese populus romanus relictâ imperatoris dominatione, ad suam defensionem et invictam clementiam convertere voluisset[1]. » Causa ergò rei, necessaria *defensio* ab invicto principe postulata : auctores qui statuerent, optimates populusque romanus, quorum etiam decreto hæc Pontifex scripsit. Non ergò Pontifex ipse pro apostolicâ potestate; sed senatus populusque romanus decernebant. Pontifice autem adjutore utebantur, quòd et suos Pontifices impensissimè colerent, et apud exteros, pro suæ sedis majestate, summo honori haberi intelligerent.

Nihil tunc actum est cum Francis, Carolo Martello statim mortuo, ac Romanorum rebus ad sortem aliquantò meliorem, sub Zachariâ Pontifice, conversis. At Stephano II Pontifice, ac Pipino Martelli filio, jam rege constituto, eò res devenere, ut Pontifex Romanique se Francis necessariò addicerent : cùm præstabilius esset eos sub tutelâ Francorum esse salvos, quàm nullâ tutelâ, sibi æquè et romano imperio interire. Tum primùm Pipinus Patricii titulo insignitus, qui magistratus, post imperatorem, amplissimâ dignitate potestateque erat. Quomodo autem et quando Pipino delatus sit, nullæ historiæ produnt : verùm haud dubium, quin eâdem auctoritate, quà anteà consulatus Carolo Martello oblatus est, senatûs scilicet populique romani : ii nempe, qui tantùm Carolo Principi consulatum, minorem tùm dignitatem obtulerant, iidem Pipino Regi ampliorem, patriciatum scilicet detulerunt.

Certè patriciatum, secutis etiam longè posteà temporibus, cùm Romani Pontificis solâ penè in Urbe vigeret auctoritas, tamen à romanis proceribus concedi solitum, testantur hæc à Guillelmo Malmesburiensi scripta de coronatione Henrici V Regis : « Impe-

[1] Sup , cap. xviii. Bar., an. 740, p. 131.

tori exeunti de camerâ, et suis regalibus exuto, occurrerunt romani patricii, cum aureo circulo, quem imposuerunt imperatori in capite, et per eum dederunt sibi summum patriciatum Romanæ urbis, communi consensu omnium et animo volenti [1]. » Quæ veterum consuetudinum rituumque reliquiæ satis indicant, patriciatum Urbis à senatu populoque romano, anteactis temporibus, fuisse concessum, approbante quidem sive instigante Romano Pontifice, qui pro suæ sedis reverentiâ caput Senatûs ac Romanæ civitatis haberetur.

Exindè Aistulphus ac Desiderius fœdifragi Longobardorum Reges, à Pipino et ejus filio Carolo Magno contriti : Romani Pontifices multâ donati ditione, multis civitatibus justo pioque bello captis : Carolus, pulso Desiderio, Rex Francorum et Longobardorum atque Italiæ est appellatus, patricii quoque dignitate hæreditariâ, res Urbis administrabat, Pontifices Romanos conjunctissimos sibi, potestate atque opibus augebat.

Posteaquam Leo III, vir sanctissimus, Romæ affectus infandis contumeliis multorumque criminum postulatus est, venit sanè ad Carolum; sed historici memorant [2] priùs à Pontifice missos ad Michaelem Græcorum imperatorem legatos (a), qui ab eo peterent, ut procerum Romanorum furores pro potestate compesceret, adeò imperatoriam potestatem agnoscebat.

A Michaele contemptus, confugit ad Carolum; atque is ad annum 800 Romam ire perrexit, ut res Urbis perturbatissimas, Patricii auctoritate componeret. De Leonis percussoribus, item de objectis sancto Pontifici criminibus, quæstionem habuit. Quo tempore, Constantinopoli mortuo Constantino Irenes filio, ipsi Irene delatum imperium est. Eâ de re *Annales Moissiacenses* vetustissimi et coævi hæc habent : « Anno DCCCI, cùm apud Ro-

[1] Guill. Malmesb., lib. V. Vid. tom. X *Conc.*, col. 781. — [2] Monach. San-Gall., lib. I, cap. xxviii. Duch., tom. II, p. 18.

(a) Missos ad Michaelem legatos à Leone III memorat Monachus San-Gallensis gravi peccans anachronismo, ut recolenti temporum notas manifestum fiet. Nam Leo an. 795 Pontifex factus est, Constantino et Irene Imperatoribus : an. 797, sola Irenes, mortuo Constantino, imperavit : an. 799, Leo *Romæ contumeliis affectus est* : an. 800, Romam venit Carolus, adhùc imperante Irene, quæ an. 802 è solio disturbata, successorem habuit Nicephorum, quo à Bulgaris occiso, an. 811, Michael I Curopalates Imperator renuntiatus est; postquam per duodecim ferè annos, Carolus Occidentis imperium tenuisset. (*Edit. Leroy.*)

mam moraretur Rex Carolus, nuntii delati sunt ad eum dicentes, quòd apud Græcos nomen imperatoris cessasset, et fœmineum imperium apud se haberent. Tunc visum est ipsi apostolico Leoni, et universis sanctis Patribus, qui in ipso concilio aderant, seu reliquo christiano populo, ut ipsum Carolum Regem Francorum, imperatorem nominare debuissent; quia ipsam Romam matrem imperii tenebat, ubi semper Cæsares et imperatores sedere soliti fuerant, seu reliquas sedes (puta Mediolanum, Treverim, cæteras) quas ipse in Italiâ et Galliâ necnon et Germaniâ tenebat; quia Deus omnipotens has omnes sedes in potestate ejus concessit; et, ne pagani insultarent christianis, ideò justum esse videbatur ut ipse cum Dei adjutorio, et universo populo christiano petente, ipsum nomen haberet. Quorum petitionem ipse Carolus Rex denegare noluit; sed cum omni humilitate subjectus Deo et petitioni sacerdotum et universi christiani populi, in ipsâ Nativitate Domini nostri Jesu Christi, ipsum nomen imperatoris, cum consecratione Domni Leonis Papæ suscepit; ex tunc autem imperator et Augustus est appellatus [1]. » Hæc ille, qui rem ejusque causas ac modum diligentissime enarravit. Eginhardus et cæteri summatim : « Die Natalis Domini, ad Missarum solemnia, coram altri et Confessione sancti Petri, coronam ei à Leone impositam, cuncto Romanorum populo acclamante : Carolo Augusto à Deo coronato magno et pacifico imperatori vita et victoria. Post quas laudes, ab omnibus atque ab ipso Pontifice, more antiquorum principum, adoratum, atque omisso patricii nomine, imperatorem et Augustum appellatum fuisse, ordinatisque rebus, Româ discessisse [2]. »

Ex his ergò patet, quomodo fuerit romanum imperium consecutus : « Quòd ità visum esset apostolico Leoni, et universis sanctis Patribus, et reliquo christiano populo. » Acclamatio autem populi universi Carolum Augustum et imperatorem appellantis, ipsissima erat electio per acclamationem, antiquo more. Quo factum esse narrant, ut jam non patricius, sed Augustus et imperator diceretur.

---

[1] *Ann. Moiss.*, Duch., tom. III, p. 143. — [2] Duch., t. II, p. 251. Ann. Met. Fuld. et alii, an 801.

Hoc ità gestum esse confirmat Anscharius, sub Ludovico Pio Caroli Magni filio. Is in vitâ sancti Willehadi, primi Bremensis episcopi, hæc scribit: « Si quidem imperialis potestas, quæ post Constantinum Augustum apud Græcos, in Constantinopolitanâ hactenùs regnaverat civitate, cùm, deficientibus jam inibi regalis prosapiæ principibus, fœmineâ magis directione res administraretur publica, temporibus ipsius, per electionem romani populi in maximo episcoporum aliorumque Dei servorum consilio, ad Francorum translatum est dominium: quoniam et ipse eamdem, quæ caput imperii fuerat, et multas alias tunc in orbe tenere videbatur provincias, ob quod, et jure Cæsareâ dignus videretur appellatione [1]. »

Sic igitur imperium romanum delatum est ad Carolum; atque eâ quidem in re, apostolici Leonis, ut qui civitatis caput haberetur, præcessit auctoritas: universi populi, qui rem firmaret, consensus accessit. Ab eo fonte imperium manavit ad Francos.

CAPUT XXXVIII.

Quo jure Romana civitas ad Francorum principum tutelam confugerit, ac posteà illis imperium dederit.

Jam quo jure Pontifex ac populus romanus id agerent, ex relatis historicorum testimoniis liquet: primùm, quòd vacaret imperium, mortuo Constantino Irenes filio: quòd Romani Irenen præter morem electam, ac fœmineum imperium pati nollent: quòd Roma mater et caput imperii, atque sedes antiqua Cæsarum: quòd ea aliæque imperatoriæ urbes in Caroli potestate essent, et quidem justâ et necessariâ tutelâ, justis piisque bellis: quòd Carolus ipsâ re, summâ scilicet potestate potitus et tantâ ditione clarus, imperatorii nominis majestatem christianique populi dignitatem egregiè tueretur.

Hùc accessit, quòd Italiam pio bello partam obtineret, eamque per tot sæcula barbaris prædæ datam, Romanus imperator habi-

[1] Mabill., sæc. III, *Bened.*, part. II, p. 407.

turus esset; neque mente exciderat quanto reipublicæ Romæque et Italiæ totiusque latini nominis detrimento, imperium in Orientem translatum esset. Occurrebat orientalium Cæsarum tanta imbecillitas, quæ vix Orientem tueretur, nedùm Occidenti opi esset: Roma ipsa ab ipsis toties destituta, suo jure imperatorem reposcebat, cujus majestate ac viribus pristinam dignitatem tueri, ac saltem incolumis permanere posset.

Neque obstat quod hîc objicit Bellarminus: ex quo imperium Constantinopolim translatum fuit, non solitos fuisse principes Romæ elevari: quasi verò non magìs ab omni consuetudine abhorreret, fuisse constitutos eos, ut ipse arbitratur, per ecclesiasticam potestatem. Quis autem ferat Bellarminum, novas causas commentum, improbare eas, quæ ab antiquis auctoribus afferantur? Quidquid enim dicat, rem, ut narravimus, ità factam esse constat. Neque verò tum cogitabant Italiam totam, imò verò ipsam Romam imperii caput, suo jure excidisse. Romam enim habitam semper fuisse pro imperii capite, vel hæc Gallæ Placidiæ Augustæ ad Theodosium Juniorem filium verba testantur: « Decet nos huic maximè civitati, quæ domina omnium est civitatum, in omnibus reverentiam conservare . » Neque verò adeò suî oblita erat Roma, ut non etiam meminisset, anteacto sæculo, Constantem Heraclii nepotem, de reducendo Romam, tanquam ad propriam sedem, imperio cogitasse; ac Philippicum Bardanem in Oriente electum, à populo romano non fuisse receptum, vetitumque ne ejus litteræ legerentur, aut admitterentur imagines, quòd hæresim Monothelitarum fuisset professus. Licuisse item putabant iisdem Romanis abjicere fœmineum imperium, et immeritò queri Græcos, si Romani priscæ virtutis recordati, viro maximo Carolo se traderent, quo imperium ipsum, non Græcis ereptum, sed in proprias sedes remeasse videretur.

Jam ut concludamus: cùm in hâc Romanorum ac Francorum historiâ duo sint: primum, quòd Romani confugerint ad Francos; alterum, quòd eos imperatores elegerint, illius causa fuit ipsa necessitas, et ab imperatoribus derelicta respublica, conclamatæque res, ac salus populi suprema lex, hujus autem imperii

---

[1] Ep. Gall. Placid., part. I *Conc. Chalced.*, tom. IV *Conc.*, col. 45.

vacatio, fœminæ electio, romanæ urbis dignitas, ipsius Caroli amplitudo et in populum ac Romanam Ecclesiam merita : ad hæc claritudo Francicæ gentis, ac tutela necessaria adversùs Saracenos aliosque barbaros undiquè ingruentes : quæ quidem Romanos impellebant, ut Urbi consulerent ; eamque rem posteà solemnibus pactis cum orientalibus imperatoribus firmatam esse constat.

Quâ autem auctoritate Romanus Pontifex hîc intervenerit, primamque personam gesserit, obscurum non est : satis enim ostendit, non id à se decerni pro apostolicâ potestate, qui sibi senatùs populique romani nomen, decretum, auctoritatem adjungit. Egit ergò illâ annexâ et acquisitâ secundariâ potestate, quâ populos sibi hæc ultrò deferente caput civitatis, ac magnæ cujusque rei auctor habebatur.

Cùm ergò fontem ipsum caputque teneamus, quæ deinde secuta sint omittere poteramus, satisque nobis est, non præcisè religionis, sed tuendi imperii causâ; neque per Ecclesiam, sed per civitatem imperium ad Francos esse translatum.

Cùr autem maluerimus, hanc mutationem ad civitatis quam ad religionis tuendæ necessitatem, atque ad temporalem potiùs quàm ad ecclesiasticam à Christo concessam referre potestatem, duæ causæ impulerunt : primùm, ipsæ res gestæ. Invenimus enim in gestis, quæsitæ tutelæ Francorum causam fuisse ipsam reipublicæ tuendæ necessitatem; neque ullum fuisse religioni metum à catholicissimâ muliere Irene ; à quâ tamen ablatum imperium est. Altera autem causa est, quam suprà in Childerici negotio protulimus, sed tamen insarciri eam et inculcari oportet; nempè, quòd apud omnes constet, etiam cum hæresi stare rempublicam, quantùm ad civilem societatem attinet, omnibus numeris absolutam; quæ capite, defensione, viribus necessariis apertè destituta, postrata jam ac nulla sit; sibique adeò, ne pereat, ipso naturæ ac gentium jure, per sese providere possit.

CAPUT XXXIX.

Carolus Calvus à romanâ civitate imperator, à regni proceribus rex Italiæ designatur.

Quanquam ea, quæ à nobis dicta sunt, nostræ quæstioni planè sufficiunt; tamen addimus ad cumulum, quâ ratione modoque Carolus Magnus ad imperium evectus est, electione scilicet civitatis; eâdem ratione modoque electos esse secutos imperatores, quoties eò devenere res, ut electione opus esse videretur.

Electione autem opus esse plerumque reputabant, cùm imperatores sine liberis decederent, ac recta linea defecisset. Et quidem, post Carolum Magnum, Ludovicus filius, ab ipso Carolo jussus, coronam auream patris detractam capite (a), et super altare positam, *elevavit, et capiti suo imposuit,* ut eam à Deo solo habere videretur. Id Aquisgrani factum Theganus memorat [1]. Lotharius, Ludovici filius, à patre assumptus ad imperii consortium, atque exinde Augustus appellatus; quo jure Ludovicus, Lotharii filius, itidem imperator factus est. Postquam Ludovicus sine liberis est mortuus, inter ejus patruos, Ludovicum Germanicum et Carolum Calvum Ludovici Pii filios, de regno Italiæ deque imperio, quasi æquo jure certatum est : cùm inter fratres, fratrisque filiis succedentes, jura primogenituræ obscura adhuc, necdùm ipso usu satìs constabilita essent. Ergò Ludovico spreto, majore licet, electus est Carolus, primùm in imperatorem, exinde in Italiæ Regem. Sed quo ordine modoque, satìs docet vel illa *Annalium Fuldensium,* qui Ludovico earum partium regi favent, vehemens invectiva in Carolum : Is enim, aiunt, « quanta

---

[1] Theg., *de gest. Lud. Pii,* cap. VI. Duch., tom. II, p. 276.

(a) *Patris detractam capite.* Expungenda sunt hæc verba, amanuensis incogitantiâ, in textum BOSSUET perperam intrusa, et Thegano contraria, qui nempe sic habet loco citato : « Ornavit se (Carolus) cultu regio, et coronam capiti suo imposuit... Super altare coronam aliam quam ipse gestabat, in capite su jussit poni. » Hanc *coronam aliam* jubetur Ludovicus capiti suo imponere, non eam *quam ipse gestabat* Carolus, qui nempe imperii consortem adsciscebat Ludovicum, non imperium abdicabat. Hoc ideò fuit annotandum, ne vel levis error falleret, et in errores induceret graviores. (*Edit. Leroy.*)

potuit velocitate Romam profectus est, omnemque senatum populi romani, more Jugurthino, corrupit, sibique sociavit; ità ut etiam Joannes Papa, votis ejus annuens, coronâ capiti ejus impositâ, eum imperatorem et Augustum appellare præcepisset[1]. »

Quinam electuri essent, ipsa corruptio romani senatûs Carolo imputata probat. Quin ipsa habemus acta præ manibus. Extat concilium Romanum, anno 877 habitum, in quo Joannes VIII, agens de Caroli provectione anno 876 Romæ factâ, quam hic anno 877 confirmari petebat, sic ait : « Elegimus hunc meritò et approbavimus, unà cum annisu et voto omnium fratrum et coepiscoporum nostrorum, atque aliorum sanctæ Romanæ Ecclesiæ ministrorum, amplique senatûs, totiusque populi romani gentisque togatæ : et secundùm priscam consuetudinem solemniter ad imperii romani sceptra proveximus et augustali nomine decoravimus, ungentes eum oleo extrinsecus[2], » etc. Quo loco in designando principe, non modò Joannis VIII, qui caput civitatis, et coepiscoporum, qui regni inter proceres haberentur, sed etiam senatûs populique romani actio et consensio satis claret, eo quoque tempore, quo Romanos Pontifices, lapsis imperii rebus, ad majorem, etiam in temporalibus, potestatem evectos esse constat.

Posteaquam eo ritu Carolus imperator est factus, ab Italiæ episcopis et optimatibus regnum italicum est consecutus, distinctâ actione, in hanc formam quam habemus in concilio Ticinensi : « Gloriosissimo et à Deo coronato magno imperatori, Domno nostro Carolo perpetuo Augusto : nos quidem omnes episcopi, abbates, comites ac reliqui, qui nobiscum convenerunt Italici regni optimates ;..... jam quia divina pietas vos beatorum Principum Apostolorum Petri et Pauli interventione, per Vicarium ipsorum Domnum videlicet Joannem..... ad profectum sanctæ Dei Ecclesiæ, nostrorumque omnium, invitavit, et ad imperiale culmen sancti Spiritûs judicio provexit, nos unanimiter vos protectorem, Dominum ac defensorem omnium nostrûm elegimus[3]. » Subscribunt episcopi et optimates. Ità cùm Carolus, Joanne VIII auctore, imperator factus esset, episcopi et optimates

[1] *Ann. Fuld.*, tom. II Duch., an. 776, pag. 569. — [2] *Concil. Rom.*, an. 877; tom. IX *Conc.*, col. 296. — [3] *Conc. Ticin.*, confir. ap. Pontig., tom. IX, col. 283.

declarant, se quidem eo exemplo ductos esse; cæterùm propriâ distinctâque actione eumdem principem, in regem quoque suum à se fuisse electum. Quæ non satìs à Baronio distincta, hìc ad ampliorem rerum elucidationem advertimus; quò scilicet pateat imperium ac Italiæ regnum, quæ ille confudit, et re, et nomine, fuisse sejuncta; et utrumque, non nisi procerum electione, in Carolum Calvum fuisse collatum.

CAPUT XL.

Gesta sub reliquis Carolinis principibus : eâ stirpe extinctâ turbæ : Otho I imperator : imperii translatio ad Germanos sub Othone III, qualis memoretur à Baronio : quæ omnia nihil ad nos.

Carolo Calvo mortuo, Carolus Crassus, Ludovici Germanici Caroli Calvi fratris filius, « Longobardorum fines occupavit, ac in paucis diebus totam Italiam in deditionem accepit, et Romam perveniens, à Præsule apostolicæ Sedis Joanne (VIII scilicet) et senatu Romanorum favorabiliter exceptus, cum magnâ gloriâ, imperator creatus est. » Sic *Annales Metenses* [1], anno DCCCLXXXI.

Post Carolum Crassum, ejus fratris filius, Arnulphus Germaniæ Rex, à Formoso Papâ, *in Guidonem tyrannum*, ut *Annales Fuldenses* produnt [2], Romam accitus est, et captâ urbe, imperator coronatus. Quo loco solius Papæ fit mentio, crescente potentiâ Romanorum Pontificum. Necdùm tamen penitus romanæ civitatis extinctam auctoritatem sequentia demonstrabunt. Arnulpho autem ad annum Christi 900 mortuo, paulò post interiit Ludovicus ejus filius, ætate puerili, et frater Zwentiboldus simulque tota ea pars Carolinæ familiæ, quæ Germaniam obtinebat. Qui verò Carolini tum in Franciâ supererant; cùm vix eam retinere possent, de Germaniâ et Italiâ ne quidem cogitabant; fuitque Arnulphus ultimus ejus stirpis, qui Imperio Italiâ Germaniâque potiretur.

Exindè Germania sibi delegit reges; Italiam et Romam per

---

[1] *Ann. Met.*, an. 881, Duch., tom. III, p. 318. — [2] *Ann. Fuld.*, an. 895, Duch., tom. II, p. 581.

sexaginta annos validissimus quisque occupabat, seu potiùs prædabatur; quoad Joannes XII Othonem I, Germaniæ seu Teutonum Regem, sibi ac romanæ urbi defensorem accivit.

Atque is, anno 951, ductâ Adelaide, viduâ Lotharii regis Italici, eo regno potitus, posteà à Joanne XII imperator coronatus est. Quo autem ritu id factum sit, Regino memorat : « Anno 962, Rex Natalem Domini celebravit, indeque progrediens, Romæ favorabiliter susceptus, totius acclamatione romani populi et cleri, ab apostolico Joanne filio Alberici, imperator et Augustus vocatur et ordinatur [1]. »

De eodem Otho Frisingensis : « Otho gloriosus Rex ad Urbem progrediens, honorificè à summo Pontifice Joanne ac toto populo romano susceptus, applaudentibus cunctis, imperatoris et Augusti nomen sortitur [2]. » Quo ritu populi consensum atque approbationem contineri et explicari vidimus.

Otho II primi ac III secundi filius hæreditario jure imperium adepti sunt. Otho III sine hærede est mortuus.

Per ea tempora imperium à Francis ad Teutones translatum esse memorant : in cujus translationis origine sub Othone I scilicet, populi romani, ut vidimus, consensus apparuit.

Quòd autem Otho I ad liberos suos hæreditarium transtulit imperium; quòdque, ejus stirpe extinctâ, Teutonibus rursùs firmatum imperium est, totum id Baronius à Romanis Pontificibus factum esse contendit [3] : atque Othoni quidem I, anno 964, ab ipsis Pontificibus id esse concessum, ut successores designaret; tum deficiente ejus stirpe, aliter consulendum imperio fuisse; remque ad electionem Germanorum redactam per Gregorium V Pontificem è Germanis assumptum, ab eoque Pontifice electores creatos, atque hæc omnia facta in synodo Romanâ, anno 996; de quibus litigare non est animus. Neque enim ullatenùs pertinent ad nostram quæstionem, postquam ex ipsâ rerum serie ac gestorum fide semel demonstravimus, pontificiam in ordinando imperio potestatem inde manasse; non quòd Pontifices id à Christo

---

[1] Regin., *Chron.*, lib. II, an. 961, 962. — [2] Oth. Frising., *Chron.*, lib. VI, cap. XXII, p. 129. — [3] Bar., tom. X, an. 964, p. 783, 784; an. 996, p. 909. Vid. Oth. Fris., loc. cit., cap. XVII.

juris acceperint (nemo enim id sanus dixerit); sed quòd à Deo tantâ rerum spiritualium potestate donati, ejus potestatis sacrique principatùs reverentiâ, eam sibi etiam in temporalibus conciliaverint auctoritatem, quæ sensim per diversas temporum vices ac vicissitudines, ad ordinandum quoque illud, quale nunc est Romano-Germanicum imperium perveniret.

CAPUT XLI.

In transferendo imperio ad Germanos, teste Baronio, consensus intervenit romanæ civitatis : quæ tamen omnia, et indè secuta nihil ad nos.

Quanquam ergò hæc nihil ad nos pertinent, attamen ut appareat in iis quoque elucere, non modò Ecclesiæ, sed etiam civitatis auctoritatem, placet narrare paucis, quomodo hæc Baronius disponenda putaverit.

Is ad annum 996 hæc habet : « Cùm eo jure carerent imperatores, ut successores sibi deligerent, Magno Othoni id primùm à Romano Pontifice concessum reperitur [1]. » Id ut probet, profert Leonis VIII decretum in hanc formam : « Leo Episcopus servus servorum Dei, cum toto clero et romano populo constituimus, et confirmamus, et roboramus, et per nostram apostolicam auctoritatem concedimus, atque largimur Domno Othoni, Regi Teutonicorum, et ejus successoribus, hujus regni Italiæ in perpetuum facultatem eligendi successorem [2]. »

Hæc autem ad Italiæ regnum spectantia, ut ad imperium protendantur, addit Baronius [3], successorem hîc intelligi *in regnum Italiæ primò, indè in imperium promovendum;* atque ità in Othonis Germanorum Regis personâ translatum ad Germanos imperium. Hæc quidem valeant quantùm Baronio placuerit. Cæterùm id liquet, decretum istud Leonis esse conditum *cum toto clero et populo romano;* ut in eâ concessione non modo cleri, sed etiam populi romani auctoritas elucescat.

---
[1] Bar., tom. X, an. 976, p. 909. — [2] *Ibid.*, an. 964, p. 783, 784. — [3] *Ibid.*, an. 996, loc. cit.

Docet Baronius hujus decreti auctoritate factum, ut Otho I successorem hæreditarium haberet Othonem II; hic Othonem III; quâ successione Germanis imperium confirmatum fuerit.

Alio sanè loco multis agit Baronius, et Leonem VIII non verum fuisse Pontificem, et ipsum diploma esse falsum[1], à Gratiano licèt allegatum[2]. Utcumque est, non alio titulo utitur ad asserendam posteà Romano Pontifici romani imperii ordinandi potestatem. Credo quòd in his, falsis licèt, aliqua à falsatoribus veri ratio habeatur, ne absona penitùs et absurda confingant, aut quòd falsis etiam, postquam consuetudine approbata sunt, ex ipsâ approbatione accedit auctoritas. Quare ex ipso Baronio, haud à vero alienum est, eam mutationem atque imperii translationem ad Germanos, consensu populi esse factam, inque imperio ordinando, ad annum usque 964 retentam eam formam, quæ in Carolo Magno primùm enituit.

Eam posteà formam, stirpe Othonum extinctâ, Gregorius V immutarit in suorum Germanorum gratiam, electionem totam eis ità attribuerit, ut, in ordinando romano imperio, nulla jam populi romani ratio habeatur : jus illud quod habent romani imperii electores ad illos ab apostolicâ Sede pervenerit, ut est ab Innocentio III dictum, capite *Venerabilem de electione*[3] : valeant denique vigeantque omnia, quæ idem Innocentius, postremis licèt sæculis ejusque successores, in *Decretalibus* inque *Clementinis*, aut quocumque sub titulo, in Imperatorem Romano-Germanicum sibi tribuerunt : electum eum Romanus Pontifex confirmet, reprobet, ad propriè dictum fidelitatis juramentum adigat; sitque *imperatoris superior atque ordinarius judex*, tantâ auctoritate ut ejus judicia irritare possit, quod habet *Clementina Pastoralis*, titulo de *sententiâ et re judicatâ*[4]; quanquam hîc quædam à doctis etiam catholicis, Onuphrio et aliis, in dubium revocata, quædam ut nimia ipso usu obsoleta fuisse videantur; tamen quantùm attinet ad nostram quæstionem, haud gravatè concedimus, dummodo reclusis fontibus recognoscere liceat, auc-

---

[1] Bar., tom. X, an. 964, p. 783, 784. — [2] Grat., *Dist.*, LXIII, cap. XXIII : *In Synodo*. — [3] Extr., Greg. IX, lib. I, de *elect.*, tit. VI, cap. XXXIV.— [4] Clem., *Rom. Principes*, lib. II, tit. IX ; *de jurejurando*. Clement., tit. XI, cap. II.

toritatem illam Romani Pontificis, non à Christo quidem, sed à populi romani ipsiusque civitatis consensione cœpisse.

Quâ etiam ratione amplectimur id, quod est ab Innocentio III de apostolicâ Sede proditum, « quæ Romanum, inquit, imperium in personâ magnifici Caroli à Græcis transtulit in Germanos[1], » eodem capite *Venerabilem.* Hæc inquam, facilè admittimus, quatenùs scilicet Carolus Magnus Francique reges, Germana propago, suasore et adjutore Leone III, à totâ urbe romanâ pro magnis in Ecclesiam urbemque meritis, ad imperium evecti sunt. Cæterùm illud omne, et ea quæ per gradus ab illo initio, in Romano-Germanicum, quale nunc est, imperium, Romanorum Pontificum jura creverunt, ea ad reges cæteros ac regiæ dignitatis statum nullo modo pertinere satis demonstravimus; meritòque est responsum à majoribus nostris[2], cùm eis objicerentur Friderici depositi : verum id quidem esse de imperatore, cujus Romanus Pontifex in temporalibus *superior esset*, non de cæteris regibus.

CAPUT XLII.

Decretum episcoporum de Lotharii regno post Fontanellidensem pugnam, an ad rem faciat?

Alia exempla circa hanc secundam quæstionem prolata omittere poteramus, nisi animo fixum esset, nihil eorum præterire, quæ alicujus momenti esse viderentur.

Validum id Baronio visum est[3], quod est de Lothario Imperatore, ejusque fratribus Ludovico Germanico et Carolo Calvo, Ludovici Pii filiis, ab optimo hujus ævi, auctore Nithardo proditum; nempe post cruentam illam Fontanellidensem pugnam, quâ victus Lotharius, ac deserto regno profugus, circa Viennam latitabat, Ludovicum et Carolum petisse Aquisgranum, « quid de populo ac regno à fratre relicto agendum videretur deliberaturos. » Relata res ad episcopos, ut « illorum consultu, veluti numine divino,

---

[1] Cap. *Venerab.*, jam. cit. — [2] Joan. Paris., *de potest. Reg. et Pap.*, cap. xv. Vind. Maj. *quæst. de pot. Pap.*, ad III argum., p. 107, 108. — [3] Bar., tom. IX, an. 842, p. 839, 840.

harum rerum exordium atque auctoritas proderetur[1]. » Quod meritò factum Nithardus affirmat. Ergò episcopi omnia Lotharii immania et infanda gesta consideraverunt, « quibus ex causis, non immeritò, sed justo Dei omnipotentis judicio primùm à prælio, et secundò à proprio regno fugam illum iniisse aiebant. Ergò omnibus visum est atque consentiunt, quòd ob nequitiam suam vindicta Dei illum ejecerit, regnumque fratribus suis melioribus se justè ad regendum tradiderit : » prorsùs ex illius sæculi more, quo Dei voluntatem, etiam in privatorum rebus, aquæ, ferri candentis, quæsitis etiam aperto Scripturæ volumine sortibus, sed maximè prælio explorabant; iis scilicet indiciis de rebus maximis tanquam divino judicio decernebant. Hæc quoque examina *divini judicii* nomine appellabant; persuasi quippe, Deum non nisi bonæ justæque parti largiri victoriam; quæ passim etiam à sacerdotibus Domini fuisse comprobata, ipsisque auctoribus gesta, multæ quæ ex illo ævo supersunt Missæ ac Benedictiones, in eum usum confectæ, demonstrant. Ad eum ergò sensum hîc episcopi consulti à regibus respondent, divinam voluntatem, potentiam, ultionem, tantâ victoriâ et Lotharii non modò prælium, sed etiam regnum deserentis fugâ, tanquam manifestis indiciis declaratam. Aiunt enim *non immeritò, sed justo Dei omnipotenti judicio* hæc Lothario evenisse; consultique sunt à regibus, non qui ipsi judicio ecclesiastico de regnis decernerent, sed ut, quid Deus vellet tanquam *divino numine* instinctuque proderent. Quare neque ipsi id sibi tribuunt, ut excommunicatione ac depositione prolatâ, aut pensatis reipublicæ christianæ utilitatibus judicent, sed Deum ità velle, ità judicasse, ejusque voluntatem ac vindictam ipsâ victoriâ ac Lotharii fugâ declaratam esse pronuntiant. Neque ipsi Lotharii regnum fratribus tradunt, sed à Deo esse traditum, eoque jure habendum possidendumque confirmant. Quod quàm rectè egerint, secuta rerum eventa demonstrant; cùm Lotharius et regnum recuperaverit, et pacatè tenuerit, et liberis habendum tenendumque tradiderit.

Interim facile erat, quod hîc episcopi fecerunt, præcipere victoribus, ut regnum desertum, in quod inhiabant, tanquam « ex

[1] Nithard., init. lib. IV; tom. II Duch., p. 276.

divinâ auctoritate susciperent, et secundùm Dei voluntatem regerent : » fallebatque eos, fortasse falli volentes, divinæ voluntatis ambiguum nomen. Certissimum enim est victoriam præliantibus, regna victoribus, voluntate Dei tradi, eâ scilicet quæ effectum inferat, non eâ semper quæ approbationem certumque jus indicet. Quare hæc, quæ facta sunt extraordinariè, tanquam Dei instinctu et numine, ejusque judicio manifestis veluti indiciis propalato, ad exemplum trahere ecclesiastici judicii et ordinariæ auctoritatis, fallax falsumque est.

CAPUT XLIII.

An meritò objectum à Baronio id quod est à Carolo Calvo in proclamatione adversùs Venilonem positum.

Objicitur etiam id quod est à Carolo Calvo Rege [1], anno 859, ad episcopos dictum, in proclamatione sive expostulatione *adversùs Venilonem archiepiscopum Senonum :* quod ut intelligatur, rerum status ex ipsâ proclamatione explicandus. Hæc ergò proponit Carolus : « Cùm, teste sancto Gregorio, ex consuetudine olitanâ, omnibus cognoscentibus, reges in regno Francorum ex genere prodeant, sibi à genitore Ludovico Augusto partem regni inter fratres suos reges divinâ dispositione traditam;..... Venilonem tunc clericum in capellâ suâ, promisso fidelitatis sacramento servisse, eique à se, juxta consuetudinem prædecessorum regum, consensu episcoporum, vacantem Senonum metropolim fuisse commissam : » factam posteà per primores regni divisionem inter se et fratres, et ab episcopis etiam à Venilone juratam : « post hoc (ab eodem Venilone) electione ejus aliorumque episcoporum ac cæterorum regni fidelium voluntate, consensu et acclamatione cum aliis archiepiscopis et episcopis, in ejusdem Venilonis diœcesi (id est provinciâ, Aurelianis scilicet) se fuisse consecratum et in regni regimine perunctum, et diademate atque regni sceptro, in regni solio sublimatum [2] : » multa etiam alia ab eodem Venilone dato chirographo fuisse firmata : quorum immemorem eum

[1] Bar., tom. X, an. 859, p. 172. — [2] Tom. VIII *Conc.*, col. 672.

id sæpè conatum, ut Carolum regno pelleret, atque illud Ludovico Caroli fratri, conjuratione factâ traderet. Cùm ergò Carolus, rebus cum fratre compositis, talem proditorem damnari ab episcopis instantissimè cuperet, judicibus adulabatur his verbis : « A quâ consecratione vel sublimitate regni (suprà memoratâ) supplantari vel projici à nullo debueram, saltem sine audientiâ et judicio episcoporum, quorum ministerio in regem sum consecratus, et qui throni Dei sunt dicti, in quibus Deus sedet, et per quos sua decernit judicia, quorum paternis correptionibus et castigatoriis judiciis me subdere fui paratus, et in præsenti sum subditus. »

Tum primùm nono sæculo plus quàm mediam partem elapso, hæc vox exaudita est de projiciendis à consecratione et regni sublimitate regibus, per episcopalem audientiam· et tamen hæc omnia nihil ad rem.

Nihil, inquam, ad rem, quod Carolus Calvus episcopis, tanquam Dei interpretibus, se submittit : non enim quærimus utrum reges arbitrio episcoporum, tanquam divini numinis interpretum, abdicare possint, quod tamen vix aut ne vix quidem expedit; sed utrum episcopi, judicio dato, reges solio deturbare possint. Id quidem Venilo per proditionem conatus erat, tanquam ab illo rescindi posset ea, quam ipse fecerat consecratio. At non id Carolus fatebatur; neque se eo fine submittebat episcopis, ut regiam potestatem ad eorum arbitria deponeret, qui statim ab initio profitetur priscâ consuetudine omnibus notâ, *in Francorum regno reges prodire ex genere;* quo jure *partem regni à Patre Augusto divinâ dispositione* sibi esse *traditam.*

Quare electio, quæ ad consecrationem facta memoratur, pro publico et solemni actu, quo regem agnoscerent, ex usu eorum temporum accipitur, non pro verâ electione, tanquam Francorum Reges electione fierent. Id adeò verum et ipse Carolus et omnes intelligebant, ut ante *consecrationem* et *sublimationem* eam, quæ consecrationi conjuncta memoratur, Carolus more regio, ipsum Venilonem futurum consecratorem suum, ad *Metropolim Senonum* evexerit. Quamobrem, etsi ea consecratio ac sublimatio rescindi potuisset, remaneret certè Carolus id quod natus erat,

Rex ex genere, cui regni pars inter fratres reges *divinâ dispositione* deberetur.

Nec minùs clarum est de consecratione ipsâ ac sublimatione consecrationi conjunctâ, non absolutè dici, judicio episcoporum ab eâ projici regem : sed si projici à quoquam debuisset, quod Venilo facere conabatur, non id *saltem* fieri potuisse ab eo, sine iis episcopis, qui regem cum ipso Venilone consecraverant: quod quidem ad Venilonis mentem, et tanquam ad hominem fuisse responsum claret; ne si proditor aliquid sibi juris in regem superbè ac perperam consecrationis nomine vindicasset, is solus habere videretur.

Et quanquam hæc in eum finem dicta, nullo effectu consecuto, nihil omninò ad rem nostram, aut ad statum regiæ dignitatis faciunt; verè tamen ac certò affirmare possumus, à nullo antea, à nullo postea rege, imò à nullo mortalium hæc qualiacumque fuisse unquam prodita, congruaque omninò videri illis temporibus, à quibus inclinationem rerum, eumque, qui consecutus est regiæ majestatis contemptum, incœpisse omnes historici memorant.

CAPUT XLIV.

Argumentum ex regum consecratione repetitum solvitur : Ludovici II imperatoris, Lotharii I filii, epistola ad Basilium imperatorem Orientis.

Antequam ex hoc loco digrediamur, solvendum argumentum, vanum illud quidem, sed quod à quibusdam magni fiat, à regum consecratione repetitum. Quippe in hâc, primùm ab episcopo consecrante postulatur, *ut præsentem militem ad dignitatem regiam sublevet :* cum ipso sic agitur, tanquam eo, *qui regiam dignitatem suscepturus sit :* dat ipse solitum sacramentum, tanquam *rex futurus :* denique sic omnia peraguntur, tanquam non nisi post inunctionem, rex; ante inunctionem et consecrationem, electus tantùm esse videatur. Quæ quidem ex vetustis deprompta formulis, quibus reges etiam Francici, in secundâ saltem dynastiâ inuncti fuerint, nemo harum rerum sciens inficiabitur. Quæ si ad extremum urgentur, nempe id efficient, ut reges non genere sed electione fiant, nec nisi consecrati regium nomen regiamque potestatem accipiant; quod adeò est absurdum, et omnium gentium consensione tantâ rejectum, ut nec argumentis confutare sit dignum. Quare ex communi omnium sensu, sacræ cæremoniæ arcana ac mystica significatio hæc est : in eâ esse sacramentum regiæ potestatis cœlesti numine concessæ et institutæ, atque hanc divino numini haberi reverentiam, ut rex à Deo constitutus, ipse quodammodo coram Deo sacrisque altaribus regio se nudet nomine, ut illud à Deo sanctius jam augustiusque recipiat. Cujus rei sacramentum est, quòd et gladius et corona regi imponenda de altari sumantur, dicaturque ad regem : *Accipe gladium de altari sumptum*, quia nempe gladii jus à Deo esse, ejusque providentiâ regi esse traditum, ex apostolicâ traditione et disciplinâ doceamur : quæ trahi ad argumentum instituendi ac deponendi reges, non nisi stultè et imperitè possunt.

Quo etiam sensu Ludovicus II, à Carolo Magno quartus, se *ad romani imperii principatum, summi Pontificis manu provectum* esse testatur, cùm Imperatoris Ludovici Pii nepos, Imperatoris Caroli Magni abnepos, jam hæreditarium teneret imperium, atque imperatorium nomen sibi jam, imò etiam avo Ludovico Pio, paternum esse profitetur. *Quomodo enim paternum non est, quod jam in avo nostro paternum* [1]?

Hæc scripsit Ludovicus II ad Basilium Imperatorem Orientis, cùm is francis principibus, Caroli Magni posteris, imperatorium nomen denegaret. Atque hæc verba tacuit scriptor anonymus, qui hunc profert locum, ut Caroli Magni nepotes imperatoriam dignitatem summo Pontifici acceptam retulisse ostendat : quod quidem nec negamus, nec erat cur anonymus in perspicuâ re probandâ laboraret [2]. Quærendum illud erat, in quo difficultas versabatur : quo jure Romanus Pontifex imperii dandi auctor fuerit : an apostolico illo jure, quod Christus instituit; an hoc adscititio, quo Romanus Pontifex, Senatùs ac civium reverentiâ, caput urbis atque egregiæ cujusque rei auctor habebatur?

Ac Ludovicus quidem II, adversùs Basilium et Græcos, impe-

---

[1] *Ep. apolog. Lud. II Imp. ad Bas. Imper. Orient.*; Duch., tom. III, p. 555. —.
[2] Anon., *Tract. de Libertat. Eccl. Gall.*, lib. IV, cap. XI, p. 201.

ratorium nomen ac dignitatem Caroli Magni posteris his verbis vindicabat : « A Romanis enim hoc nomen et dignitatem assumpsimus, apud quos profectò primò tantæ culmen sublimitatis et appellationis effulsit, quorumque gentem et urbem divinitùs gubernandam, et Matrem omnium Ecclesiarum Dei defendendam atque sublimandam suscepimus; ex quâ et regnandi priùs, et postmodum imperandi auctoritatem prosapiæ nostræ seminarium sumpsit. Nam Francorum principes, primò reges, deindè verò imperatores dicti sunt ii duntaxat, qui à Romano Pontifice ad hoc, oleo sancto, perfusi sunt : » quem locum nisi anonymus truncum capite retulisset, nempe ipsâ lectione statim intueremur, imperium à Romanis atque ab ipsâ urbe dominâ, unde hoc nomen primùm effulsit, ad Francos translatum; auctore quidem Romano Pontifice, Romanâ Ecclesiâ ecclesiarum Matre comprobante et confirmante : eo planè sensu, quo à Joanne VIII dictum meminimus [1], Carolum Calvum « coepiscoporum et cleri, amplique Senatûs et totius romani populi, gentisque togatæ annisu, ac secundùm priscam consuetudinem, ab ipso Joanne ad imperii romani sceptra esse provectum. »

En undè Caroli Magni posteritam imperatorium nomen adversùs Græcos tueretur. Hinc idem Ludovicus II, eâdem in epistolâ, commemorat senatûs populique romani, imò et militum exercituumque, in promovendis romanis imperatoribus auctoritatem. Quo jure excidisse haud par erat romanam urbem, faciebatque magìs ad ejus dignitatem, quod jam per Petrum Apostolum religionis ac sacerdotii caput esset. Itaque concludebat ab urbe romanâ Francos eo jure eligi potuisse, quo jure quondam Hispani aliique electi erant.

Inde ad Francos stirpemque Carolinam translatum imperium Ludovicus refert; neque verò tacet sacram unctionem ab apostolicis Pontificibus datam, quæ huic rei firmamento esset. Quin et id respicit, quod Pipinus Caroli Magni pater ejusque liberi, jam à sancto Bonifacio in reges Francorum uncti, à Stephano II Papâ profecto ad Francos, iterùm uncti essent; placebatque omninò regiæ domûs originem à Romano Pontifice consecratam; atque

---

[1] Sup., cap. XXXIV.

id non modò honori, sed etiam firmamento esse intelligebant, ut regium genus etiam ab apostolicâ Sede sacrosanctum haberetur.

Ex his ergò constat Caroli Magni nepotes eâ re maximè gloriatos, quòd non modò imperatorium, sed etiam regium nomen, Ecclesiâ Romanâ probante, confirmante, consecrante, susceperint; non profectò id egisse ut regnorum et imperium potestatem ei tribuerint, contra rei gestæ ac veterum omnium monumentorum fidem. Cæterùm quid importet à Romano Pontifice corona imposita, Adrianum IV audiemus exponentem, cùm ad ea tempora nostra oratio devenerit.

Hæc sunt quæ ad Gregorium usque VII, studiosissimè atque operosissimè conquisita, referunt, ut ecclesiastico ordini ejusque Capiti Romano Pontifici substernant deponendos reges; quæ, quàm vana, quàm nulla sint, nemo non videt. Jam quantùm valeant quæ à Gregorio VII, nullo anteà exemplo, nulloque documento, gesta sunt, facilè intelligimus.

¹ Inf., lib. III, cap. xviii.

LIBER TERTIUS

QUO A GREGORII VII TEMPORE, RES EXTRA CONCILIA ŒCUMENICA GESTA REFE-
RUNTUR AD CAPUT PRIMUM GALLICANÆ DECLARATIONIS.

CAPUT PRIMUM.

An Gregorii VII ac secutis decretis itá res confecta sit, ut de eá ambigere catholicis non liceat : contrarium statuitur certis exemplis et catholicorum omnium consensione : Melchior Canus, Bellarminus, Rainaldus, Perronius testes adducuntur.

Nunc devenimus ad ea tempora, quorum maximè auctoritate nos premunt, Gregorii scilicet VII secutorumque Pontificum. Quippe objiciunt hisce temporibus quæstionem totam Ecclesiæ auctoritate decisam : depositos quippe pontificiâ auctoritate imperatores ac reges : consensisse in eam depositionem orthodoxos; neque tantùm rem à Romanis Pontificibus esse factam, sed factam in conciliis œcumenicis : depositum enim in concilio Lugdunensi II [1], ab Innocentio IV, Fridericum II. Quin etiam ab ipsis synodis multa esse decreta, quæ ad eam praxim comprobandam manifestè pertineant, ut est illud decretum Lateranensis concilii III, *de relaxato fidelitatis debito* adversùs hæreticos; et Lateranensis IV, ut *summus Pontifex hæretici vassallos ab ejus fidelitate denuntiet absolutos* [2] : denique rem adeò certam, ut à conciliis in formulam versa sit, extentque conciliorum Constantiensis et Basileensis decreta, quibus privationis pœna principibus etiam ac regibus intentetur; ex quibus concludunt, rem totam eorum etiam conciliorum, quibus maximè utimur, auctoritate esse confectam.

[1] *Conc. II Lugd. œcumen.*, tom. XI *Conc.*, col. 640. — [2] *Conc. Later. III*, cap. XXVII, tom. X, col. 1523. *Later. IV*, cap. III, tom. XI, col. 148.

Hæc adversarii catholici objiciunt. Hæretici verò, postquam nobiscum potestatem indirectam aversati sunt, ut à sacrâ Scripturâ et antiquitatis ecclesiasticæ dogmatibus abhorrentem, tum verò inculcant, quæ jam memorata sunt, posterioris ævi decreta, ut in tantâ doctrinæ mutatione, ea quam tuemur, catholicæ Ecclesiæ infallibilitas stare non possit.

Nos autem hæreticis statim respondemus, more solito calumniari eos. Non enim catholici docent, quæcumque in conciliis gesta sint, ea ad Ecclesiæ catholicæ fidem pertinere : sed eo loco habent illa tantùm, quæ decreto edito fidelibus omnibus credenda ac tenenda proponuntur : quod et Melchior Canus copiosè docet [1], et catholici omnes uno ore confitentur. Cujus rei ratio est, quòd id sufficiat, ut verba Christi firma stent de æternâ ecclesiasticorum dogmatum firmitate; nec proindè labat Ecclesiæ fides, si ea quæ extra fidem decreta sunt, haud pari auctoritate consistunt. Atque certum omninò, multa in conciliis sine expressâ deliberatione ac determinatione esse dicta gestaque, quibus adstringi se catholici omnes uno ore negant. Multa etiam decreta sunt, quæ non pertineant ad invariabilem fidei regulam, sed sint accommodata temporibus atque negotiis. Quin etiam illi qui Romanum Pontificem vel maximè infallibilem esse contendunt, non propterea necessariò tuenda suscipiunt, quæ Pontifices gesserint; sed profectò certæ sunt regulæ, quibus et hi Pontificibus, et omnes catholici conciliis œcumenicis certam fidem docent adhiberi oportere.

Certè Melchior Canus, pontificiæ infallibilitatis defensor acerrimus, asserit, « qui summi Pontificis de re quâcumque judicium timere ac sine delectu defendunt, hos Sedis apostolicæ auctoritatem labefactare, non fovere; evertere, non firmare [2]. » Ac paulò post : « Non eget Petrus mendacio nostro, nostrâ approbatione non eget : » tum adductis decretis de religiosis Ordinibus approbatis : « Satis fuerit, inquit, si eam habeant auctoritatem, quam *epistolæ decretales*, quarum nonnullas constat à posterioribus meliore consilio refutatas; » quoniam non ex firmo decreto, sed ex Pontificum opinione prodierunt.

[1] Melch. Can., *de Loc. theol.*, edit. Lovan., 1564, pass. — [2] *Ib.*, lib. V, fol. 340.

Neque negat Bellarminus, aitque, Pontifices « ex ignorantiâ lapsos, quod, inquit, posse Pontificibus accidere non negamus; cùm non definiunt aliquid tanquam de fide, sed tantùm opinionem suam aliis declarant [1]. » Alia ejus responsio est : « Pontifices tum nihil certi statuisse, sed tantùm respondisse, quod sibi probabilius videbatur. » Addit « multa alia esse in epistolis decretalibus, quæ non faciunt rem aliquam esse de fide, sed tantùm opiniones Pontificum eâ de re nobis declarant. »

Quòd Stephanus VI et Sergius Romani Pontifices iterùm ordinari jusserunt eos, qui à Formoso Papâ, postquam is degradatus fuit, ordinati essent, idem Bellarminus respondet : « Eos non edidisse aliquod decretum, quo decernerent ordinatos ab episcopo degradato...... esse iterùm ordinandos, sed solùm de facto jussisse iterùm eos ordinari, quæ jussio non ex ignorantiâ aut hæresi, sed ex odio in Formosum procedebat [2]. »

Ne ergò tu mihi hæc dicito : Gregorius VII et alii, imperatores ac reges deposuere; ergò id jure factum : docet enim Bellarminus, idque nos diligenter totâ hâc tractatione meminisse oportet; docet, inquam, ille, accuratè secernenda esse quæ Pontifices *de facto jusserint,* ab iis quæ decreto edito facienda constituerint. Neque enim omnia ab ipsis jure fieri; *sed* quædam *ex odio;* neque eorum decreta, quæ etiam ad doctrinam spectent valere omnia; imò verò ab ipsis ritè et ordine interrogatis, multa esse responsa atque in Jure edita, ac decretalium epistolarum nomine insignita, quæ tamen probabili tantùm, imò etiam falsâ Romanorum Pontificum opinione nitantur, idque in confesso est etiam apud eos, qui pontificiam infallibilitatem vel maximè propugnant.

Placet etiam adscribere quæ Odoricus Rainaldus docuit, occasione *Decretalis Exiit,* et eorum quæ in eâ à Nicolao III definita, à Joanne XXII posteà rejecta sunt, de Christi paupertate : « Sanè, inquit, major propositio : nimirùm nefas esse contradicere in iis quæ definita sunt per Sedem apostolicam in fide et moribus, certissima est; et additæ propositiones eam omninò confirmant, si intelligantur, uti debent, ea quæ spectant ad fidem et universalis Ecclesiæ mores in necessariis ad salutem. At pseudo-minoritæ

---

[1] Bellarm., *de R. P.*, lib. IV, cap. XII, XIV. — [2] *Ibid.*, cap. XII.

non in eo sistunt, sed quæ ad fidem et mores tantùm spectant accidentariò et remotè, qualia sunt nimirùm Franciscani instituti encomia, privilegia, seu decreta Pontificum eò attinentia, et omnia in iis contenta, fidei et morum essentialia esse falsò supponunt; ac ludunt in æquivoco. Illas ergò sanctiones, licèt sint in sexto (*Decretalium* libro) esse fidei et morum decreta essentialia, negandum est constantissimè : neque enim decreta fidei condunt Pontifices, nisi id expresserint, et de necessitate credenda proposuerint [1]. » Ex quibus id habemus : Pontificum Romanorum decretis propositis, duo adhùc quæri oportere : alterum, an res *sit ad fidei et morum essentialia pertinens*, idque per se et proximè, non *accidentariò et remotè*; alterum, an expressum sit *id de fide credendum?*

Procul ergò absunt ab apostolici de fide decreti auctoritate, hæc *Clementina,* Principes Romani, et *Clementina* Pastoralis [2], de fidelitatis juramento ab imperatoribus debito, deque potestate Romani Pontificis ad imperatoris irritanda judicia, quas Clemens V edidit; procul, inquam, absunt hæc ab apostolici de fide decreti auctoritate, quanquam ea Clemens *apostolicâ auctoritate* declarare se dicat.

Procul ab eâ auctoritate rursùm abest id, quod idem Clemens V ut certum supponit : « Nos ad quos romani vacantis imperii regimen pertinere dignoscitur [3], » etc. Quo fundamento nixus, Robertum Siciliæ regem Vicarium imperii, sed in Italiâ tantùm constituit. Neque huic decreto certiorem addit auctoritatem Joannes XXII, dum hæc ad se pertinere, propter Petri auctoritatem et jura concessa divinitùs, testatur his verbis : « In nostram et fratrum nostrorum deductum est, famâ divulgante, notitiam, quòd licèt sit de jure liquidum et ab olim fuerit inconcussè servatum, quòd vacante imperio, sicut et nunc per obitum quondam Henrici Romanorum imperatoris vacasse dignoscitur, cùm in illo ad sæcularem judicem nequeat haberi recursus, ad summum Pontificem, cui in personâ Petri terreni simul et cœlestis imperii jura Deus ipse commisit, imperii prædicti jurisdictio, regimen et

---

[1] Odoric. Rain., tom. XV, an, 1324, n. 32. — [2] Clem., lib. II, tit. IX : *de Jurejur.*, et tit. XI : *de Sent. et re jud.*, cap. II. — [3] Clem., *Past.*

dispositio devolvuntur [1]. » Quanquam enim is Pontifex, hoc fundamento nixus, vicarios imperii in Italiâ quidem, aliâ auctoritate quàm pontificiâ constitutos, omnesque iis obedientes excommunicatione damnet; tamen hæc civilia nullo modo ad fidem et mores universalis Ecclesiæ pertinere constat. Quo jure hæc omnia à decretis fidei procul amandamus; parique ratione quærimus quæ Gregorius VII aliique in deponendis imperatoribus gesserint, quanquam et Petri jure atque auctoritate gesta esse præferant, an ad fidem et mores Ecclesiæ catholicæ potiori aliquâ ratione pertineant, aut etiam ad ea pertinere, ullo legitimo decreto declaratum definitumque sit.

Hæc dicimus secundùm eos qui pontificiam infallibilitatem ac summam in temporalibus potestatem vehementissimè asserunt: quâ defensione non modò hæreticorum calumniæ propulsantur, verùm etiam catholicorum eorum, qui nobis adversantur, franguntur impetus; eoque demum res tota devolvitur, ut quæramus sintne ea, quæ ad reges deponendos pertinent, eo ordine modoque gesta, quæ summam et indeclinabilem apud catholicos obtineant auctoritatem.

Ac primùm: nemo nisi dementissimus dixerit, ea gesta esse summâ et indeclinabili auctoritate; alioquin theologi Parisienses Gallique passim omnes, post censuram Sanctarelli saltem, ne jam antiquiora memoremus, pro hæreticis aut schismaticis haberentur, qui rem, ab Ecclesiâ, summâ auctoritate decretam non modò negarint, sed insuper gravi censurâ notarint. Ipse Perronius cardinalis tot ab aulâ Romanâ gratulationes tulisset immeritò, pro eâ oratione quam habuit in Ordinum cœtu; cùm ibi postulavit haberi istam quæstionem inter problematicas et liberas, quæ ab Ecclesiâ gravissimâ auctoritate sancita definitaque esset.

[1] Extrav. Joan., XXII, tit. V: *Ne sede vacante*; c. unico: *Si*.

CAPUT II.

Gesta sub Gregorio VII, primumque ejus de Henrico deposito decretum.

Posteaquam universim constitit nihil ad fidem catholicam pertinere, quæ à Gregorio VII aliisque, in deponendis regibus gesta sunt; illud jam ipsum evolutis excussisque gestis, singillatim ac luculentiùs explicemus; simulque ostendamus quanti sint, quæ summâ et indeclinabili auctoritate non valere liquet. Series postulat temporum, ut à Gregorio VII ordiamur.

Anno Christi 1073, adversùs Henricum IV, nequissimum et flagitiosissimum imperatorem, Saxones rebellaverant. Belli causa memoratur [1], impositæ arces atque præsidia, quæ Saxones prædis agendis atque opprimendæ libertati esse comparata querebantur. Obtendebat imperator decimas Sifrido archiepisco immeritò denegatas; ipse occultè archiepiscopum instigabat: Abbates Thuringos ad iniquas conditiones adigebat: his initiis causisque bellum atrox gerebatur. Hîc verò ex libro superiore repetendum [2] id, quod per idem tempus contigit Henrico imperatori: ab Alexandro II diem dictam propter causas quidem ecclesiasticas, nullâ depositionis interminatione: tum Alexandrum II infecto negotio decessisse: Gregorium VII ei substitutum, cum Henrico IV multa tractasse; ac, ne superfluis immoremur, narrat Baronius [3], anno 1075, Henricum, victoriâ de Saxonibus reportatâ, contempsisse quæ Papæ promiserat, de pace videlicet cum Saxonibus ineundâ, deque Thedaldo in Ecclesiam Mediolanensem intruso, aliisque ejusmodi negotiis; communicasse etiam iis, quos Sedes apostolica ob simoniam et alia flagitia rejecisset. Anno verò 1076, refert idem Baronius, « missos à Gregorio Legatos, qui regem ad dicendam causam vocarent ad synodum [4]: » dicta dies ad feriam secundam secundæ hebdomadæ in Quadragesimâ: adhibita pœna, nisi dictâ die se sisteret, sed excommunicationis

---

[1] *Hist. Sax. bell.*, p. 105. Lambert. Schaf., an. 1073, ap. Freh., pag. 190. — [2] Sup., lib. II, cap. xxx. — [3] Baron., tom. XI, p. 472. — [4] *Ibid.*, p. 476.

tantùm, ut ex historicis hujus ævi, Baronio etiam probante, ostendimus [1]. De depositione altum adhùc ubique silentium.

Henricus tamen eâ Gregorii citatione commotus, statim habitâ Vormatiæ pseudo-synodo Gregorium deposuit, eique subjectionem et obedientiam interdixit [2]; » quin etiam datisl itteris imperavit, et illi ut ab apostolicâ Sede discederet, et clero populoque romano ut « qui primus esset in fide, esset primus in ejus damnatione. » Hæc miror catholicis quibusdam non satis cautis scriptoribus probari potuisse. Neque enim aut Gregorius VII quidquam egerat, quo deponeretur, nec, si eâ de re quæstio moveretur, ei finiendæ, idonei erant imperator cum eoque collecti Germaniæ episcopi; prorsùsque Ecclesiæ catholicæ ac Sedis apostolicæ jacet auctoritas, si hæ molitiones valeant. Sed postquam imperator inconcessa ausus, Gregorium deposuit; Gregorius quoque eò prosilire ausus, ut regem non tantùm excommunicandum more majorum, sed etiam deponendum novo exemplo susciperet. Neque illud omittendum, quod à coævo auctore memoriæ proditum suprà retulimus [3] : delectatum eum videri dandi regni dulcedine et gloriâ, quam ultrò blandientes offerebant : visos etiam illos motus, quibus Germania fluctuabat, amplificandæ in civilibus Romanæ potentiæ opportunos : queis fretus Gregorius eam tulit sententiam, cujus initium est : « Beate Petre, apostolorum Princeps. » Decretum autem sic habet : « Et ideò ex tuâ gratiâ, non ex meis operibus, credo quòd placuit tibi et placet, ut populus christianus tibi specialiter commissus mihi obediat specialiter pro vice tuâ mihi commissâ; et mihi, tuâ gratiâ, est potestas à Deo data ligandi atque solvendi in cœlo et in terrâ. Hâc itaque fiduciâ fretus, pro Ecclesiæ tuæ honore et defensione, ex parte omnipotentis Dei Patris, et Filii, et Spiritûs sancti, per tuam potestatem et auctoritatem, Henrico Regi, filio Henrici Imperatoris, qui contra tuam Ecclesiam inauditâ superbiâ insurrexit, totius regni Teutonicorum et Italiæ gubernacula contradico; et omnes christianos à vinculo juramenti quod sibi fecerunt vel facient, absolvo, et ut nullus ei sicut regi serviat interdico. Dignum est enim, ut qui studet honorem Ecclesiæ tuæ imminuere, ipse honorem

---

[1] Lib. II. loc. cit. — [2] *Hist. Sax. bell.*, p. 122. — [3] Sup., lib. I, sect. I, c. XII.

amittat quem videtur habere; et quia sicut christianus contempsit obedire, nec ad Dominum rediit quem dimisit participando excommunicatis, meaque monita, quæ pro suâ salute sibi misi, te teste, spernendo, seque ab Ecclesiâ tuâ, tentans eam scindere, separando, vinculo eum anathematis vice tuâ alligo [1]. »

Eo in decreto, quod ad verba attinet, illud imprimis notatum volo, distinctis verbis atque sententiis depositum primò principem, tum etiam anathemate alligatum fuisse. Et meritò quidem anathemate percussum confitemur eum, qui nullâ causâ nullâque potestate, Petri successorem deponere ausus fuerat. Quòd autem Pontifex perperam depositus, haud meliore jure imperatorem ipse deposuerit, id verò ut novo, ità pravo exemplo esse factum contendimus.

CAPUT III.

De Gregoriani decreti auctoritate quæritur : paucis repetuntur quæ de ejus novitate dicta sunt.

Cùm secutæ de regibus deponendis sententiæ, ab eo Gregorii VII decreto et exemplo, tanquam ex fonte prodeant, de totâ ejus decreti ratione quærendum est. Et quidem ab ipso disputationis initio præstruximus ipsam rei novitatem [2] : nullum exemplum, auctoritatem nullam hujus rei aggrediundæ præcessisse : itaque attonitum orbem : Gregorii asseclas ipsâ novitate commotos : ipsum Gregorium anxiè interrogatum nihil nisi falsa vanaque et nimia protulisse : hìnc Gregoriani decreti novitatem, post tot ejus ævi tractationes, post ipsius Gregorii omni ingenio ac studio elaborata responsa, viris piis et gravibus non minùs fuisse suspectam : eumdem Gregorium nova superstruxisse novis : victoriam novo ausu, novique generis, decreto edito, ab Henrici exercitu arcuisse, et velut obstupefacto orbi inanes objecisse terriculas : ac nihilo secius, audentissimum licèt, in tantâ novitate, nec ipsum sibi satis constare potuisse. Hæc quidem

[1] *Concil. Rom. III*, sub Greg. VII, tom. X, col. 356, 357. — [2] Sup., lib. I, ect. I, cap. vii et seq.

omnia novitatem sonant, hoc est, in christianâ doctrinâ certam ac perspicuam falsitatem. Nunc autem tota res multò clariùs enitescit. Ecce enim evolutis, ab omni antiquitatis memoriâ ad hæc usque tempora, ecclesiasticis gestis, spoliatos fuisse unquam, ecclesiastico decreto, ullâ bonorum parte laicos, nedùm ditione atque imperiis reges; aut tale quid unquam cuipiam intentatum, non invenimus, non legimus, non audivimus; cùm tamen demonstraverimus tot ac tantas hujus rei intervenisse causas, si id vel Ecclesia cogitasset.

Quin etiam vidimus christianos omnes, etiam episcopos, Romanosque adeò Pontifices passim obedisse apostatis, hæreticis, excommunicatis regibus; neque tantùm obedisse, sed etiam docuisse ex Christi præceptis deberi eis obedientiam, exceptis iis rebus, quæ contra Dei vetita juberentur; Pontifices quoque, discretis utriusque dignitatis limitibus, ultrò esse professos, nullam esse suam in rebus ordinandis civilibus potestatem. Nunc cùm Gregorius VII, nullo unquam exemplo, auctoritate nullâ, contraria omnia faciat; rogamus adversarios, hæc quæ nunc gerit, an ad catholicam fidem et ecclesiasticum dogma pertineant? Si pertinere contendunt, ubi illud, quo Ecclesia catholica invicta hactenùs stetit : valere oportere *quod ubique, quod semper*[1] *:* et illud: *Id verum quod prius; id adulterum quodcumque posterius*[2]*?* Quid autem respondemus hæreticis, dùm doctrinæ novitatem erroremque manifestum, vel his vel anteactis sæculis improperant? Sin autem his argumentis victi, hæc Gregorii gesta pro fidei doctrinâ atque ecclesiastico dogmate habere non audent; nempe non ab ejus duntaxat, sed ab illorum etiam qui eum secuti sunt auctoritate, nos liberant.

[1] Vincent. Lirin., *Commonit.* I. — [2] Tert., *de Præscr. adv. Hæret.*, c. XXXI.

CAPUT IV.

Qui Gregorio VII Henricum deponendi adhæserint, eos falso fundamento nixos, falso nempe intellectu interdicti de vitandis excommunicatis, idque jam in confesso esse : sancti Gebhardi et aliorum ejus ævi in eam rem sententiæ.

Nunc ne sanctorum virorum, qui Gregorio VII reges deponenti adhæserint, auctoritate plus æquo moveamur; considerandum istud, illos, quotquot fuere, falso fundamento nixos; nempe quod interdictum de vitandis excommunicatis, falsò et ab omnibus jam rejecto intellectu acceperint. Quid indè consequatur orationis series aperiet. Nunc rem ipsam aggredimur. Incipimus autem à Gebhardo Juvavensi, quem à Metensi Herimanno de hâc quæstione rogatum memoravimus[1]. Jam quid responderit audiamus. Rescribit autem eo tempore, quo non modò Henricus IV à Gregorii VII communione recesserat, verùm etiam Antipapam fecerat nefarium illum Guibertum Ravennatem, Clementem appellatum. Hunc qui respuerent episcopi, sedibus ab Henrico pellebantur; pseudo-episcopi per vim intrudebantur; ipse Gebhardus in exilio agebat, quo tempore hæc scripsit; meritòque damnat episcopos qui talibus consentirent. Cæterùm, cùm Herimannus de deponendis regibus ecclesiasticâ auctoritate vel maximè quæreret, Gebhardus, nullâ depositionis mentione factâ, rem totam cum excommunicatione connectit, et controversiæ statum ab ipso initio sic exponit : « Hâc puritate contenti, eo quòd in præsenti versatur negotio, hoc solum tenemus quod Ecclesia catholica semper tenuit, quod ab initio cœptæ christianitatis usque ad monstrosa hæc tempora stabile et inconcussum perstitit, scilicet quòd excommunicatis non est communicandum. Hæc namque dissensionum causa est et seditionum, quòd illi ab excommunicatis non abstinent et non abstinendum docent : nos verò et abstinemus et abstinendum persuademus, præcipuè ab illis qui à primâ et præcipuâ Sede excommunicantur[2]. » Sic ille totius ne-

---

[1] Vid. lib. I, sect. I. — [2] *Gebh. ep. ad Herm.*, ex lib. cui titulus : *Vetera monum. cont. Schism.*, Ingol., 1612, p. 10, ap. Tegnag.

gotii fontem rationemque, in ipso interdicto de vitandis hæreticis reponendam putat : depositionis per totam epistolam mentione nullâ; quippe qui de tali re nihil in Scripturis, nihil in canonibus, nihil in Patribus, nihil in historicis gestisve ecclesiasticis inveniret.

Hoc disputationis posito fundamento, docet valere excommunicationem nullâ canonicâ examinatione rescissam : « Illos, inquit, velimus attendere, qui tam facilè etiam quorumlibet episcoporum, nedùm Romani Pontificis sententiam, sine legati examinatione rescindunt [1]. »

Agit posteà contra eos qui Gregorium « indiscussum, inauditum, inconvictum, nec confessum, vel commonitum » Vormatiæ deposuerunt [2], et Guibertum Antipapam, vivente vero et legitimo Pontifice Gregorio, in Petri cathedram intruserunt, « Romanâ ecclesiâ nec consciâ, nec consentiente. » Et addit : « Ecce, omni tergiversatione remotâ, causæ à nobis expositæ sunt de hoc, quòd excommunicatis, quibus illi communicant, non communicamus : quòd apostolicæ Sedis Pontifici, et beati Petri Vicario abrenuntiare non præsumimus : quòd eodem vivente et cum Romanâ Ecclesiâ concorditer agente, alium ad eamdem sedem eligere, aut eligentibus consentire non acquiescemus. »

Quod autem objiciebatur juramentum fidelitatis Principi præstitum; respondet primò : *Antiquitùs præcessisse votum*, quo se, in ordinatione suâ, beato Petro suisque Vicariis et successoribus obstrinxerint : tum violari fidem principi datam ab iis maximè, qui eum pessimis implicuere negotiis : posteà non valere juramentum contra jus fasque datum : postremò rem totam hùc esse devolutam : « Dicitur, inquit, nobis : Fidelitatem principi jurastis, cui si fideles esse vultis, fidem Domino apostolico et obedientiam abnegate, et illam abnegationem juramento vel scripto firmate, et ab excommunicatis à Sede apostolicâ non abstinete, et non abstinendum docete. » Quo quæstionis constituto statu, concludit : « Nihil unquam juravimus, nisi quod salvo ordine nostro fieri posset [3]. »

[1] *Gebh. ep. ad Herm.*, ex lib. cui titulus : *Vetera monum. cont. Schism.*, Ingol., 1612, pag. 15. — [2] *Ibid.*, p. 17. — [3] *Ibid.*, p. 20, 21, 24 et seq.

Quæ si quis intelligat, inveniet sancto viro ne perspectum quidem fuisse quæstionis statum. Neque enim si fidelitatem servaret principi, ideò Domino apostolico obedientiam abnegaret, sed in civilibus principi, in sacris apostolico obediret; nec si principis prava imperantis jussa detrectare, ideò obedientiam absolutè negare oporteret; nec si cum excommunicato principe in malis et in sacris, ideò etiam in civilibus, reipublicæ causâ, communicare vetaretur. Atque ut clarè omnia distinguamus, illud quidem rectè, quòd Gebhardus et alii, Henricum simoniacum et infandi schismatis auctorem, pro excommunicato habebant : quòd Gregorium ab eo depositum pro vero Pontifice colebant : quòd Guibertum anti-Papam ejusque asseclas respuebant : quòd iis qui essent excommunicati ipsique adeò regi in malis et in sacris communicare nolebant; hæc recta sanctaque : quòd autem in re nullâ, ne quidem temporali, ac reipublicæ causâ, cum excommunicato rege communicare se posse credebant; id verò errorem esse manifestum, et nos probavimus, et jam in confesso est; atque omninò constat, falso nixos systemate, obedientiam omnem principi denegasse.

Neque aliter alii passim causam hanc tuebantur. Extat apud Dodechinum Abbatem [1], Mariani Scoti continuatorem, atque hujus ævi annalistam, Stephani Halberstatensis episcopi, sub nomine Ludovici Comitis ad Valtramnum Magdeburgensem Regis Henrici defensorem, epistola vehemens, cujus quidem summa est : regem adulterum, homicidam, simoniacum atque adeò hæreticum, non esse à Deo ordinatum, eâ ratione quòd « pro his nefandis malis ab apostolicâ Sede excommunicatus, nec regnum, nec potestatem super nos, quia catholici sumus, poterit obtinere. » Quam epistolæ summam Dodechinus his verbis comprehendit : « Venerabilis episcopus, vocato notario, epistolam dictavit, in quâ Henricum hæreticum et excommunicatum, ideòque nec regem dicendum comprobavit. », Sic depositionem ab excommunicatione suspendunt, errore manifesto, ut jam in confesso est.

Solebant autem his temporibus vehementissimè urgere, quòd

[1] Dodech., an. 1090.

excommunicatos vitare debeamus; legiturque eâ de re Bernaldi opusculum ad Gebhardum Abbatem Schaffusensem [1]; eâque se ratione maximè tuebantur, qui regem respuebant.

Lambertus Schafnaburgensis, Gregorianarum partium studiosissimus, ad annum 1076, memorat excommunicatione factum, ut Uto Episcopus Trevirensis aliique, cum rege stare vererentur. Itaque, hâc de causâ, ab episcopis et proceribus Palatinis abstinebat, « obtendens et eos et ipsum regem excommunicatos esse à Romano Pontifice; sibi tamen, quod ipsum vix summis precibus extorserit, indultam tantùm esse colloquendi regis licentiam; nullâ præter hæc in cibo, in potu, in oratione, vel in cæteris omnibus communione ejus permissâ [2] : » quasi speciali permissione indigerent, ut de necessariis reipublicæ negotiis, cum excommunicato imperatore tractarent.

Ipse Gregorius VII, quanquam, uti memoravimus, distinctis verbis à depositionis sententiâ excommunicationem ipsam discrevisse videbatur; id tamen omnibus epistolis inculcabat, ne regi, ne cæteris excommunicatis communicarent : ut qui intelligeret eâ re omnem causæ suæ vim contineri [3]. »

Atque is tamen, ut vidimus [4], in concilio Romano IV, anno 1088, necessitate ipsâ, illud de vitandis excommunicatis interdictum ità molliverat, ut ab excommunicatione illos exciperet qui cum excommunicatis necessariâ causâ communicarent : uxores videlicet, liberos, servos, ancillas, rusticos servientes, nullâ subditorum regisque factâ mentione; tanquam ea necessitas, quâ regibus obsequimur, una esset, cujus apud christianos nulla ratio habeatur; quod tamen officium ne prorsùs omitteret, exceptos quoque volebat « omnes alios, qui non adeò curiales sunt, ut eorum consilio scelera perpetrentur ; » ut jam nihil aliud vetitum intelligatur, quàm ne scelerum consortes fierent : quo uno Gregorii decreto, omnia de deponendis regibus decreta corruunt.

Quin etiam secuti Romani Pontifices depositionem ab excommunicatione distinctam esse voluerunt, uti jam vidimus et sæpè videbimus; certumque est omninò auctoritate eorum, canonista-

---

[1] *Vetera monum.*, etc., p. 239. — [2] Lambert., p. 237. — [3] Greg. VII, lib. IV, ep. II, VI, VIII. — [4] Sup., lib. I, sect. II, cap. XXVIII. Vid. tom. X *Conc.*, col. 370

rumque, ac theologiæ omnis, totam regnandi vim, cum ipso anathemate stare posse. Neque minùs certum Childericum et Irenem, quos regno depositos esse volunt, nullâ unquam excommunicatione fuisse percussos. Quare nihil erat manifestiùs falsum quàm depositionem connexam esse cum excommunicatione, quæ sine depositione, et sine quâ depositio esse possit.

CAPUT V.

Quod nunquam de potestate reges deponendi canon conditus fuerit, nunquam edita professio, nunquam ed de re pronuntiatum, ac nequidem unquam quæsitum, incœptum à factis quæ deindè ad jus tracta sint.

Illud etiam asserimus ad placandos catholicos, et hæreticos retundendos, de deponendis regibus nunquam canonem aut professionem ab Ecclesiâ fuisse editam, neque à quoquam aut concilio, aut etiam Papâ pronuntiatum esse, *ne quis negaret principes à Pontificibus posse deponi;* neque ab ullo Doctore, ab ullo historico, ab ullo viro bono esse scriptum, hæreticum aut schismaticum fuisse quemquam, eo præcisè nomine, quod negasset reges à Pontificibus posse deponi.

A multis sanè id negatum, etiam Gregorii VII tempore, confitentur omnes, et ipsæ testantur Hermanni quæstiones. Id etiam negarunt quotquot illis temporibus pro Henrico IV apologias ediderunt : id negavit ecclesia Leodicensis celebri illâ epistolâ, quâ illa decreta de deponendis regibus, salvo in aliis apostolicæ Sedis primatu, inter novellas traditiones apostolicæ doctrinæ adversantes recensentur [1]. Alios innumerabiles commemorare nihil attinet. Neque tamen prætermitti debet auctor vitæ Henrici IV, cujus hæc verba sunt : « Absolvit (Gregorius) omnes à juramento, qui fidem regi juraverant... Quod factum multis displicuit, si cui displicere licet, quod Apostolicus fecit; et asserebant tam inefficaciter quàm illicitè factum quod factum est [2]. » Id si error fuit, qui in eo versabantur, canone aliquo, dogmate, pro-

[1] *Epist. Cleri Leod. adv. Pasc. II*; tom. X *Conc.*, col. 630. — [2] Vid. ap. Ursperg., pag. 382.

fessione, doctrinâ, erudiendi fuerunt. Cum enim errores proferuntur, eos damnare ac prohibere solet Ecclesia catholica, et contrariam veritatem edito canone declarare. Solet etiam postulare ab errantibus erroris sui professionem. Exempli gratiâ, postquam Græci negarunt primatum apostolicæ Sedis in spiritualibus, non contenta Ecclesia est Romanum Pontificem pro eo ac debuit modo venerari; sed editâ professione à Græcis exegit ut eam potestatem agnoscerent. Quare si pro certo haberet Ecclesia, valere eam potestatem ad bona temporalia, atque etiam ad imperia detrahenda; id quoque editâ professione declararet, vel à negantibus reposceret; neque unquam aliter est factum in fidei dogmatibus. At neque Gregorius VII, neque alii Pontifices quidquam tale præstiterunt; neque quisquam canonem talem unquam, professionemve protulit. Cur hoc? nisi quòd omnes intellexerint, rem hanc ejusmodi esse quæ ad dogma ecclesiasticum nullo modo pertineret.

Neque verò inter canones recensemus, quæ Gregorius VII ad Herimannum scripsit, tametsi eorum excerpta, à Gratiano et aliis, in Decreti corpus illata sint [1]. Satis enim constat illam epistolam nunquam inter *Decretales* fuisse recensitam, Gratianumque et alios canonum consarcinatores, nihil majoris tribuere auctoritatis iis quæ operi suo intexuerint.

Idem respondemus ad caput *Juratos*, ab eodem Gratiano, sub Urbani II, qui Gregorio VII successit, nomine proditum [2]; neque epistolam, unde Gratianus hunc descripsit canonem, uspiam invenimus.

Caput autem, *Nos Sanctorum*, à Gregorio VII in concilio Romano IV prolatum, Gratianus exscripsit [3], nosque suprà retulimus, et ex verbis patet, rem quidem narrari quæ à Gregorio VII geri soleret, non autem quæ decreti vice, aut sub anathematis pœnâ sanciretur.

Nam quod inter *dictatus Papæ* refertur, « quòd Papæ liceat imperatores deponere; quòd à fidelitate iniquorum subjectos possit absolvere [4], » nihil est.

[1] *Decr.*, part. II, caus. v, quæst. vi. — [2] *Ibid.*, cap. v. — [3] *Ibid.*, cap. iv. Vid. sup., lib. I, sect. I, cap. viii. — [4] Greg. VII, lib. II, post epist. lv.

Fateor à Baronio *dictatus* illos *Papæ*, qui inter Gregorii VII epistolas recensentur, concilio Romano III anni 1076, fuisse adscriptos [1], sed nullo teste, auctoritate nullâ. Cùm enim eorum *dictatuum* in ipsâ synodo, aut in Gregorii VII epistolis, aut in historicis, qui de synodo scripsere, nulla mentio habeatur, probabilius est, hos *Papæ dictatus* ex epistolis Gregorii à studioso quodam fuisse collectos.

Atque ut maximè fateamur *dictatum* hunc à Gregorio in concilio aliquo fuisse editum, non tamen ità ut inter canones adscribatur; quemadmodum neque illud (*a*) : « Quòd Romanus Pontifex, si canonicè fuerit ordinatus, meritis beati Petri indubitanter efficitur sanctus [2] : » aliaque ejusmodi, quæ inter *dictatus* Gregorii relata, ipsi adversarii canonibus accensere erubescant.

Neque obstat quòd hæretici ac schismatici habeantur qui Henrico favebant. Quærendum enim est quo nomine hæretici aut schismatici essent. Meritò enim schismatici, suoque sensu hæretici, qui et legitimum Pontificem nullâ auctoritate dejecerant, et apostaticum in Petri Sedem per vim ac sacrilegium intrudebant : ad hæc canones conculcabant, et simoniacos, et incontinentes clericos fovebant. Qui autem eos aut hæreticos aut schismaticos dixerit, eo præcisè nomine, quòd negarent à Papâ reges deponi potuisse, tot inter gravissima quæ mutuò inferebant crimina, nemo extitit.

Certum igitur est nunquam eâ de re expressè quæsitum, talisne potestas Pontificibus à Domino data esset; nunquam expressè constitutum, concessam eam esse : neque unquam, à quoquam qui id pernegasset, exactum, ut eam sententiam factâ professione ejuraret.

Sanè, anno 1102, cùm Paschalis II, concilio Romæ habito, adversùs Henricum IV et ejus asseclas antecessoris anathemata ite-

---

[1] Baron., an. 1076, tom. XI, p. 484. — [2] *Dict.* XXIII.

(*a*) Précédemment, lib. I, sect. I, cap. XI, on faisoit dire à saint Grégoire : *Ad apostolicam Sedem ritè ordinatos, meritis beati Petri meliores effici atque omninò sanctos*; maintenant on lui met ces mots dans la bouche : *Romanus Pontifex, si canonicè fuerit ordinatus, meritis beati Petri indubitanter efficitur sanctus*. Les deux versions, comme on l'a vu, sont falsifiées l'une aussi bien que l'autre; mais du moins faudroit-il toujours inventer de la même manière.

raret, habiti pro hæreticis, qui anathemata contemnerent, adactique in hanc formulam : « Anathematizo omnem hæresim et præcipuè eam quæ statum præsentis Ecclesiæ perturbat, quæ docet et adstruit anathema contemnendum, et Ecclesiæ ligamenta spernenda esse : promitto autem obedientiam apostolicæ Sedis Pontifici, Domino Paschali ejusque successoribus, sub testimonio Christi et Ecclesiæ, affirmans quod affirmat, damnans quod damnat sancta et universalis Ecclesia [1]. » Hæc erant quæ catholica Ecclesia, editâ professione, à schismaticis ad unitatem redeuntibus postularet : quæ omnia in confesso sunt apud omnes catholicos. Ulteriùs prosilire, aut de deponendis regibus quidquam expromere, ac pro canone edere, Ecclesiæ doctor Spiritus sanctus vetuit.

Ac posteà, anno 1105, cùm de compositione inter Pontifices Gregorii successores et eumdem Henricum IV ageretur, nihil aliud ab Henrico postulatum, quàm ut fateretur, se « injustè Hildebrandum esse persecutum : Guibertum ei injustè supposuisse, et injustam persecutionem in apostolicam Sedem et omnem Ecclesiam hactenùs exercuisse [2] : » quæ quidem erant certissima, eo nomine, quòd ad obedientiam vero Pontifici denegandam, falsoque præstandam, omnes adegisset.

Ut autem recognosceret à Sede apostolicâ dari aut adimi potuisse principatus nemo postulavit, nemo cogitavit.

Objiciunt Gregorium VII aliosque Pontifices, non alio fundamento nixos, hæc de Henrico aliisque auctoritate clavium deponendis edidisse decreta, quàm qu'd existimabant id suæ esse potestatis : ergò eam doctrinam ut certam supponebant.

Qui hæc objiciunt, meminerint, velim, id quod est à Bellarmino aliisque magno consensu dictum [3] : nempe accuratissimè discernenda, quæ Romani Pontifices de facto jusserint, ab iis quæ decreto edito facienda constituerint; neque etiam decretorum omnium parem esse rationem, cùm eodem Bellarmino aliisque consentientibus, iidem Pontifices multa decreta protulerint ex falsâ sententiâ, quam ipsi probabilem reputarent.

---

[1] *Conc. Later.*, sub Pasc. II, tom. X. Vid. Conrad. Usperg., an. 1102.— [2] *Ep. Henr. IV ad Reg. Celt.*, in *vit. Henr.*, ap. Ursperg., p. 397. Vid. Baron., tom. XII, an. 1106, p. 45. — [3] Vid. sup., hoc lib., cap. I; et *in app.*, lib. III.

Quare omninò certum est, de hâc potestate reges deponendi, etiam postquam negata est, nunquam quæsitum, nedùm pronuntiatum fuisse : sed postquam eam ex facto exercere cœperant, jus ex facto trahere conabantur. Verùm aliud profectò est factum Gregorii, quod, quantùm ad temporalia adempta pertinebat, Henricum regem duntaxat, solamque Germaniam Italiamve spectaret : aliud decretum seu dogma, quod universæ Ecclesiæ probandum refutandumve proponeretur.

CAPUT VI.

Quod multi in Germaniâ orthodoxi etiam episcopi à Gregorii VII sententiâ discreparint : exemplum Trevirensis Ecclesiæ, ac Brunonis archiepiscopi, imperatori deposito omnia jura servantis, etiam ea quæ ad designandos episcopos antiquitùs data essent.

Neque verò hæc hæserunt, infixaque sunt animis eâ firmitudine, quâ solent fidei æterna dogmata, ab altâ christianitatis origine per omnem sæculorum seriem devoluta. Etsi enim horum temporum historiæ, plerumque obscuræ mancæque sunt, pervenere tamen ad nos præsulum illustrium nomina, qui Henricum IV jam depositum, ut imperatorem debitâ obedientiâ in civilibus coluerunt. Hîc autem Germanos solos proferemus, alios alio loco commodiùs suo ordine memorabimus.

Laudatur in *Historiâ Trevirensi* Bruno archiepiscopus [1], eleemosynarum summæque pietatis nomine : atque illum quidem Ecclesiæ catholicæ et Romano Pontifici conjunctissimum fuisse constat : quippe qui Egilberti antecessoris, falso Pontifici Guiberto et Henrico IV communicantis; gesta resciderit, ab eoque ordinatos nullos admiserit, « nisi qui se legitimo Romanæ Ecclesiæ Pontifici obedituros super Evangelium fidem facerent [2]. »

Cùm tamen itâ affectus esset erga verum Pontificem, tunc Paschalem II, haud minùs ipsi Henrico IV toto episcopatûs vitæque suæ tempore gratus et obsequens fuit; de quo etiam ibidem scribitur : « Cum tantâ solertiâ et sapientiâ ab ipso rem actam, »

[1] *Hist. Trev*, tom. XII, *Spicil.*, pag. 242. — [2] *Ibid.*, pag. 234.

ut in gravissimis illis **regnum** inter et **sacerdotum** dissidiis, « ita catholicorum amplexus sit consortium, ut imperatori debitum non denegaret obsequium; neque ità in cæsarianorum communione contaminaverit, ut catholicorum offensas incurrerit[1]. » Itaque et episcopi simul et egregii civis functus officio, utrique parti conjunctissimus, idoneus etiam reconciliandis animis habebatur. Et quidem ab Henrico IV jam sæpè deposito, multis jam ornatus beneficiis, anno 1101, flagrantibus maximè dissidiis, Trevericæ præfectus est Ecclesiæ, petentibus Trevericis. « Treverici petierunt sibi episcopum dari, quibus *imperator*, petentibus principibus et consentientibus civibus, Brunonem consecrari jussit. Denique ibidem ordinatus est ab Edalberone Metensis Ecclesiæ episcopo, oleum sacræ benedictionis imponente, Joanne Spirensi, Richero Virdunensi cooperantibus; et assistentibus archiepiscopis Ruthardo Mogutiensi et Friderico Coloniensi et aliis quamplurimis episcopis [2]. » Prorsùs antiquo more rituque, quodque notandum est, eas partes agente imperatore, quæ pridem à piis imperatoribus actæ essent : adeò imperatoris nomine colebatur, atque omnia in designandis episcopis olim usu Ecclesiæ regibus attributa, deposito etiam et excommunicato principi integra servabantur.

Jam ut ejus antistitis gesta prosequamur, sic scribit historicus : « Anno ordinationis suæ tertio, Romam profectus apostolorum gratiâ et percipiendæ benedictionis magistri causâ invenit Dominum Paschalem Papam universali synodo præsidentem, papatûs sui annum octavum agentem, à quo honorificè susceptus est, utpote Belgicæ-Galliæ primæ Metropolis Præsul magnificus. » Addit tamen historicus : « Sed quoniam episcopalia, videlicet annulum et baculum, per manum laicam suscepisset (contra Gregorii VII Urbani II et Paschalis II interdictum), atque quia ecclesias dedicasset, et clericos, necdùm pallium consecutus, promovisset (quod à Romanis Pontificibus pridem erat vetitum), multum asperè correptus est; et decernente episcoporum ibi congregatorum concilio, pontificatûs officium deposuit : quod tamen ipsis intervenientibus, quia discretio ejus et prudentia officio et tem-

[1] *Hist. Trev.*, tom. XII, *Spicil.*, p. 213. — [2] *Ibid.*, p. 240.

pori congruens erat, post triduum, non sine admissorum pœnitentiâ recuperavit [1]. »

Diligenter attende quid in illo Papa et episcopi reprehenderint, et cujus eum pœnituerit. Non profectò quòd regem depositum agnovisset, ab eoque præfectus Trevericæ esset ecclesiæ. Id enim, modò absque simoniâ ac servatis canonibus fieret, non improbabat Ecclesia, sed propter annulum et baculum, consecrationesque et ordinationes sine pallio, adversùs pontificia decreta factas.

Liquet ergò, ne ipsum quidem Papam et universalem synodum, cui ipse præsideret, quidquam ab eo exegisse, quod ad ejurandum Henricum IV Imperatorem pertineret; rediitque in Germaniam pari in regem fide atque obsequio clarus teste eodem historico : « Talem se in omnibus modis exhibebat, ut in administrandis quoque regni negotiis, ex omnibus principibus..... nullus eo sublimior haberetur : adeò ut eum imperator patrem suum vocaverit, et majorem cæteris honorem ei impenderit; sed et ad omnibus episcopis quàcumque se conventui eorum ingessisset, ut par quidem diligebatur, sed ut major venerabatur. Igitur quoniam in rebus sibi commissis strenuissimus erat, defuncto imperatore, communi consilio principum, regiæ curiæ vicedominus effectus est, et regnum regnique hæres (Henricus videlicet hujus nominis V rex) adhùc adolescens circa annos viginti ei committitur [2]. » Hæc quidem satis probant quæ in deponendis imperatoribus gesta essent, non esse considerata ut decreta fidei, sed ut facta Pontificum, quibus sancti viri orthodoxæque Ecclesiæ minimè consentiendum ducerent, Romanis Pontificibus non improbantibus.

CAPUT VII.

Sanctus Otho Bambergensis, sanctus Erminoldus abbas, designationes episcoporum ab imperatore deposito factæ, ab orthodoxis ecclesiis petitæ et admissæ : quid in iis Sedes apostolica et concilium Romanum improbant.

Eodem ferè tempore, anno videlicet Christi 1102, quo ad Trevirensem ecclesiam iste promotus est, sanctus Otho Pomeraniæ

[1] *Hist. Trev.*, tom. XII, *Spicil.*, pag. 241 — [2] *Ibid.*, pag. 242.

Apostolus, Bambergensem episcopatum sortitus est, cujus vitam habemus apud Canisium, à Baronio posteà translatam in *Annales ecclesiasticos*, miris cum viri laudibus [1]. Is ergò in Henrici IV aulâ versatus, cancellarii munere præclarè est defunctus, atque imperatori in pietatis officiis conjunctissimus fuit. Nam Henricus varius moribus, pietatis etiam officia frequentabat.

Dum ergò sanctus Otho cancellarii munus egregiè exequeretur, « Rupertus Bambergensis Episcopus de hâc vitâ migravit. Itaque ex more temporis, insignia episcopatùs ad curiam allata sunt, et petitio Ecclesiæ pro pastore. Sed imperator consilio sex mensium inducias ponit; ecclesia verò Bambergensis, cum Clero et populo, Deo interim devotissimè, pro idoneo rectore supplicabat. » Sic piæ sanctæque Ecclesiæ, etiam in iis quæ ad ecclesiastica pertinerent, imperatorem quantumvis depositum observabant Hoc ritu sanctus Otho episcopus designatur, et ad sarcinam subeundam invitus adigitur.

Factum id sub Paschalis II initia, et scribit ad eum sanctus Otho in hæc verba : « In obsequio Domini mei imperatoris per annos aliquot degens, et gratiam in oculis ejus inveniens, suspectam habens in manu principis investituram, semel atque iterùm cùm dare vellet, renui episcopatum [2]. » Non ille obsequium ac fidem, in excommunicatum ac depositum licèt principem, nequidem provectionem ad episcopatum, eo designante, sed investituram tantùm suspectam habet. Pergit: « Nùnc verò jam tertio in Bambergensi episcopatu me ordinavit, in quo tamen minimè permanebo, nisi Vestræ complaceat Sanctitati per vos me investire et consecrare [3]. »

At Paschalis, dominum imperatorem professo neque ab ejus obsequio discedenti, ut *dilecto fratri Bambergensis ecclesiæ electo* rescribens, *salutem et apostolicam benedictionem* impertit, et ejus probat electionem ab imperatore factam : nihil aliud quàm investituram improbat. Quid plura? Baculum et annulum deponenti restituit : eum consecravit : ad Ecclesiam de ejus consecra-

---

[1] Canis., *Ant. lect.*, tom. II, lib. I, pag. 333. Baron., tom. XII, an. 1102 et seq., p. 25 et seq. — [2] Canis., *ib.*, cap. v, pag. 338. — [3] *Ibid.*, et tom. Conc X, col. 688.

tione, salvo Metropolitani jure, à se factâ scripsit [1]; nihil tamen de ejurando imperatoris obsequio, aut ab eo postulavit, aut Ecclesiæ significavit.

Habemus, apud eumdem Canisium à Baronio relatam [2] sancti Erminoldi Abbatis vitam, in quâ hæc legimus: « Henricus aliquando imperator, (V quarti filius) cùm propter excessus suos in papalis excommunicationis sententiam incidisset, et tamen à religiosis ac magnis etiam Prælatis Ecclesiæ, imperatoriæ dignitatis intuitu honor sibi ac solita reverentia deferretur, » etc. Non ergò omnes in eo errore versabantur, ut ab eo excommunicato imperatore, etiam in civilibus abstinendum esse, cum sancto Gebhardo aliisque crederent; sed magni etiam ac religiosi episcopi contrariam sententiam tuebantur.

Et quidem Erminoldus excommunicatum Henricum aditu ecclesiæ sacrique monasterii, atque etiam fratrum salutatione prohibebat: ipse tamen et imperatorem appellavit, et pro officio salutavit, et quod excommunicato non omnia consueta præstaret, excusatum se voluit [3].

Porrò electiones episcoporum eas, quæ auctore imperatore solebant fieri, post Henrici IV depositionem, ab episcopis etiam Gregorio VII addictis, consueto more fuisse frequentatas, testatur *Historia Trevirensis* suprà memorata [4]: cujus quidem auctori, sua suoque ævo proxima enarranti, facilè adhibemus fidem. Hæc ergò in eâ historiâ legimus: Anno 1078, depositionis jam à Gregorio VII dictâ sententiâ, Udonem archiepiscopum Trevirensem vitâ discessisse, substituendi episcopi gratiâ imperatorem Treverim advenisse: eò etiam advenisse Herimannum, Metensem eum, quem sæpè memoravimus, Theodericum Virdunensem, eum quem Magnum appellant, et Bibonem Tullensem, provinciæ Trevirensis suffraganeos episcopos: Herimanno ac Bibone auctoribus, idoneas personas imperatori fuisse à clero nominatas, quas tamen respuerit, « quòd nemo ejus benevolentiam dignâ taxatione prævenerat. » Tandem Egilbertum ab eo fuisse admissum, sed ab Herimanno ac Bibone non fuisse receptum, prohibitosque

[1] Canis., *ibid.*, c. IX. — [2] Canis., tom. II, p. 507. Baron., tom. XII, an. 1121, p. 148. — [3] *Ibid.*, p. 520, 521. — [4] *Hist. Trev.*, tom. XII, *Spicil.*, p. 226, 227.

episcopos à clero et populo ne eum consecrarent'; » propter canonicum illud decretum, quo præcipitur ut nullus in episcopum, nisi canonicè electus, consecretur. »

Ergò quem imperator canonicè designasset, omninò recepturi erant; idque sentiebat ecclesia Trevirensis illa sub Othone, (is est qui superiùs Udo appellatur Gregorio VII addictissima. In eam sententiam cum coepiscopis Herimannus quoque Metensis episcopus convenerat, is quem Gregorio VII addictissimum fuisse memoravimus: ut profectò non miremur toties fluctuasse et consultasse eum, qui Henricum etiam depositum, in tam solemni tamque ecclesiastico actu imperatorem agnoscat.

Theodoricus Virdunensis, ille etiam à nostro historico Magnus nuncupatus, tum Gregorio VII Sedique apostolicæ conjunctissimus, haud minùs imperatorem agnovit, probante Pontifice, cujus etiam jussu cum imperatore causam Herimanni Metensis studiosissimè egit. Testatur epistola in eâdem *Historiâ Trevirensi*[1] ad Gregorium VII, quâ simul eum Pontificem, et Henricum depositum licèt, regem agnoscit.

Multos alios episcopos religiosos et magnos in eâdem sententiâ fuisse vidimus; ac vitæ sancti Gebhardi Juravensis suprà laudatus auctor[2], in totâ Germaniâ quinque omninò episcopos memorat, qui Gregorio in omnibus adhæserint, et ab imperatore penitùs discesserint. Hos ille quidem catholicos nominat; sed interim ipse dubius, cujus nimirùm verba retulimus dubitantis[3], justane an injusta Gregorii sententia fuerit, ut fluctuasse pateat etiam eos qui Gregorio VII maximè favisse videantur. Neque his quinque episcopis catholica apud Germanos continebatur Ecclesia, cùm alios multos magnos sanctosque ab iis dissensisse, Romano quoque Pontifice probante, videamus.

Neque verò putandum est, omnes qui Henrico adhærebant, favisse ejus schismati. Vel unus *Vitæ Henrici* auctor prodeat in medium, qui Henricum jam à Gregorio VII discessurum, quasi ab eo scelere dehortaturus, sic compellat: « Cessa, obsecro, Rex gloriose, cessa ab hoc molimine, ut ecclesiasticum Caput de suo

---

[1] *Hist. Trev.*, tom. XII, *Spicil.*, pag. 230. — [2] Ap. Canis., tom. VI, p. 1254. — [3] Vid. sup., lib. I, sect. I, cap. IX.

culmine dejicias, et in reddendâ injuriâ te reum facias. Injuriam pati felicitatis est; reddere, criminis ¹. » Excusat ut potest; cæterùm, quantùm abesset à domini sui tuendo schismate apertè significat. Idem cùm de depositione à Gregorio VII prolata diceret hæc summâ modestiâ scripsit : « Quod factum (Gregorii VII) multis displicuit, si cui licet displicere quod Apostolicus fecit; et asserebant tam inefficaciter quàm illicitè factum, quod factum est. Sed non ausim assertiones eorum ponere, ne videar cum eis Apostolici factum refellere ². » Factum quidem; non enim hæc putabant ad dogma ecclesiasticum pertinere. Laudamus prudentem historicum, qui Romanum Pontificem tam reverenter habeat; cujus ego exemplo de his conticescerem, si tacendo deleri atque oblitterari possent. Illud interim intelligo, multos extitisse, qui et à Gregorii VII novitate, et ab Henrici IV schismate procul essent. Neque mirum cur eorum nomina, tantâ in perturbatione rerum minimè ad nos pervenerint; cùm is etiam, qui Henrico IV apertissimè favet, vitæ ejus scriptor, tam timidè referat; quæ in Gregorium dicerentur.

CAPUT VIII.

Leodiensis ecclesiæ egregium testimonium : Leodienses an fuerint schismatici : an in suâ epistolâ falsum aliquid docuerint : cur pro eâ doctrinâ veniam petierint, cùm in communionem recepti sunt.

Leodiensis ecclesia à tot sanctissimis Episcopis instituta, pietatis, doctrinæ atque ecclesiasticæ disciplinæ laude floruit. Hæc de nostrâ quæstione insignem scripsit epistolam tomis conciliorum insertam ³. Hæc ut intelligatur, exponenda paucis horum temporum historia. Anno Christi 1105, Henricus V, Henrici IV filius, biennio anteà rex à patre designatus, in parentem arma movit, tanquam eum coacturus ad apostolicæ Sedis obsequium. Principes ad filium defecerunt : captus imperator : « anno 1106, conventus principum Moguntiæ factus, ubi supervenientes apo-

---

¹ *Vit. Henr.*, ap. Ursp., p. 381. — ² *Ibid.*, p. 282. Vid. sup., hoc lib., cap. v. — ³ Tom. X *Conc.*, col. 630. Dodech., an. 1105, 1106, 1107.

stolicæ Sedis legati, anathema à Romanis Pontificibus in imperatorem factum omnibus qui aderant promulgabant : Principem Henricum seniorem omnibus modis commonitum, vel, juxta alios, circumventum et coactum, insignia regni resignare ac mittere filio persuadent. » Hæc Otho Frisingensis [1]. Tum subdit : « Quæ omnia utrùm licitè an secus acta sint, nos non discernimus : » adeò hæc omnia, licèt auctoritate Romani Pontificis Paschalis II facta, à viris doctis sanctisque pro ambiguis habentur. Henricus IV Coloniam pergit, exindè Leodium, in utrâque parte regio more susceptus, bellum instaurat. Hâc ergò temporum necessitudine, Leodienses, quòd episcopum suum secuti, Henricum seniorem adversùs filium tuerentur, à Paschale II excommunicati, jussusque Robertus Comes Flandrensium ferro adoriri eos. Extat *Epistola* Paschalis II, quæ incipit : *Benedictus Dominus :* quâ, comiti ejusque militibus, *in peccatorum remissionem, et apostolicæ Sedis familiaritatem præcipit*, ut Leodienses clericos, omnesque *Henrici hæreticorum capitis* fautores *pro viribus persequatur* [2].

Eâ causâ Leodienses, superstite adhùc Henrico IV bellisque inter patrem et filium flagrantibus, gravem edunt *Epistolam* sub hoc titulo : *Omnibus hominibus bonæ voluntatis* [3] : quos quoniam Baronius ut schismaticos suggillat, ne inauditos damnemus, audire nos oportet. Ergò prolixæ epistolæ hæc summa est.

Primum quidem Leodienses Romanam Ecclesiam non aliter quàm *Matrem*, Paschalem non aliter quàm *Patrem*, quàm *Apostolicum*, quàm *Episcopum episcoporum,* quàm *Angelum Domini,* quàm *Christum Domini* appellant, *ad quem pertineat sollicitudo omnium ecclesiarum* [4]. Hildebrandum etiam seu Gregorium VII non aliter quàm pro Papâ habent. Jam ergò constat eos non adhæsisse Antipapæ, neque à vero Pontifice recessisse.

Secundò, negant excommunicari se debuisse, quod regem colerent, ac Cæsari redderent quæ essent Cæsaris [5] ; laudatisque Petri et Pauli locis de colendis regibus : « Quia ergò, inquiunt,

---

[1] Oth. Fris., lib. VII, cap. VIII, IX, X, XI, XII. Ursp., p. 143. — [2] Tom. X *Conc.*, epist. VII Pasc. II, col. 629.— [3] *Ibid.*, col. 630. Baron., tom. XII, an. 1102, p. 26. — [4] Vid. tot. epist., sed impr., col. 633. — [5] *Ibid.*, col. 636, 637.

regem honoramus, quia dominis nostris non ad oculum, sed in simplicitate servimus, ideò excommunicati dicimur [1]? » Addunt inviolabilem esse quæ regi, ex regalibus ejus acceptis ab omni tempore, jurata sit fidelitas : primum Hildebrandum hæc commovisse : hunc *novellæ traditionis* auctorem, ut debita regi ac jurata etiam fidelitas solveretur. Quod autem Paschalis II Henricum seniorem vocaverat hæreticorum caput, sic respondent : « Si talis est, quod absit, et pro nobis dolemus, et ipsi Domino nostro condolemus : nihil modò pro imperatore nostro dicimus, quòd etiamsi talis esset, tamen eum nobis principari pateremur, quia ut talis nobis principetur, peccando meremur. Esto, concedimus vobis inviti, eum talem esse qualem dicitis, nec talis à nobis repellendus esset, armis contra eum sumptis, sed precibus ad Deum fusis [2]. »

Patet ergò Henrici IV tempore fuisse multos, qui cùm Sedem apostolicam, eique præsidentes Romanos Pontifices colerent, interim à regum obedientiâ, pontificiis decretis abduci se posse pernegabant. Tota enim Leodiensis ecclesia, divinis eloquiis erudita, eam doctrinam tuebatur.

Neque dicas Leodienses, commotiores scilicet, quædam profudisse, quæ nec ipsi probemus : neque enim nostrâ refert, quàm commoti fuerint, qui ferro flammâque vastari juberentur, sed quàm veram doctrinam de Romanis Pontificibus deque regibus tradiderint.

Neque etiam objicias, aperto errore laborasse eos, qui excommunicari posse reges negare videantur. Neque enim id absolutè dicunt, quòd reges et imperatores excommunicari non possint : sed « quòd aut minimè, aut difficilè possunt reges et imperatores excommunicari, secundùm etymologiam nominum illorum, et juxta determinationem excommunicationis [3]. » Hæc enim non obscurè significant, raró quidem et difficile veniendum esse ad excommunicandos reges, quod nemo diffitetur : minimè verò et nunquam, ad excommunicandos eos eâ excommunicatione, quâ societas etiam civilis abrumpitur. Unde excommunicationem

[1] Vid. *tot. epist., sed impr.*, col. 639. — [2] *Ibid.*, pag. 338, 339. — [3] *Ibid.*, col. 637.

à Pontificibus latam, non absolutè nullam, sed *indiscretam* appellant.

Quid autem esset illa excommunicatio *indiscreta*, prolato canone Gregorii VII, exponunt his verbis : « Quòd excommunicati dicimur, non gravius justo feras; quia, ut credimus, nos ab excommunicatione excipiet, saltem ipsa Romana auctoritas. Hildebrandus Papa, qui auctor est hujus novelli schismatis, et primus levavit sacerdotalem lanceam contra diadema regni, primò indiscretè Henrico faventes excommunicavit : sed reprehendens se intemperantiæ, excepit ab excommunicatione illos qui imperatori adhærebant, necessariâ ac debitâ subjectione, non voluntate faciendi, vel conciliandi malum; et hoc pro decreto scripsit [1] : » quod est illud decretum : *Quoniam multos*, à nobis integrè suo relatum loco [2]; in quo et illud notavimus, liberari ab excommunicatione eos, qui non ità curiales sunt, ut eorum consilio *scelera perpetrentur;* quo quidem Leodienses satis se tutos ab excommunicatione putabant, cùm nullius malæ rei auctores extitissent.

Ergò ea erat Leodiensibus *indiscreta* excommunicatio, quæ *indiscriminatim* communicationem omnem cum imperatore, etiam in civilibus ac necessariis negotiis prohiberet : quam profectò doctrinam toto terrarum orbe à Leodiensi ecclesiâ divulgatam, à nemine erroris fuisse notatam legimus, aut nunquam ab eâ ecclesiâ postulatum ut eam ejuraret.

Quod autem objiciunt, Leodienses petitâ veniâ in communionem receptos, nihil hoc ad ejuratam epistolæ doctrinam pertinere testatur ipse Baronius, qui eâ de re ex Urspergensi sic scribit (*a*) : Leodiensis episcopus, cæterique coepiscopantes, inter cætera recipiuntur in communionem pœnitentiæ, hâc conditione, quòd cadaver ipsius excommunicati per se pridie in monasterio tumulatum effoderent, et absque ullâ sepulturâ vel exequiarum communione, in loco non consecrato deponerent; comprobantibus

[1] *Concil. Roman.* IV, tom. X, col. 370, 638. — [2] Sup., lib. I, sect. II, cap. XXVIII.

(*a*) Non alio unquam nomine Baronius appellat Conradum à Lichtenaw, Urspergensis monasterii in Sueviâ abbatem. Ille scripsit *Chronicon* ab Assyriorum Rege primo Belo ad annum 1229. (*Edit. Leroy.*)

his qui aderant archiepiscopis et episcopis ; quia quibus vivis Ecclesia non communicat, illis etiam nec mortuis communicare possit [1]. » Rectè omninò et ex priscâ disciplinâ, meritòque Leodienses emendare coacti quod pravâ misericordiâ fecerant : interim patet hanc unam ab eis conditionem postulatam, ut cadaver excommunicati sacro loco projicerent : non profectò ut *Epistolæ* suæ doctrinam abdicarent. Manet ergò *Epistolæ* antiquæ doctrinæ de inviolabili regum majestate testis, adversùs Gregorii VII novitatem, quam distinctè notat; neque quisquam eam notam eluit. Manavit opinio hujus novitatis ad posteros, ut vel Othonis Frisingensis à nobis relata verba testantur. Alios posteà testes audiemus. Hîc quidem Germanici nominis episcopos ac scriptores commemorare voluimus.

CAPUT IX.

Quod hæc decreta Gregorii VII, aliorumque Pontificum nullo deliberante aut approbante concilio, tum pessimo exemplo et infelicibus auspiciis facta sint.

Id verò in primis notatu dignum arbitror, quòd illud Gregorii VII factum, nullâ in legitimâ synodo, dictis sententiis, comprobatum fuit. Nam solemne est Romanis Pontificibus, ut quæ approbante concilio fecerunt, edicant factum aut constitutum esse, *sacro approbante concilio*, vel aliam similem adhibeant formulam, quâ ea quæ egerint synodi judicio confirmentur. Id passim videre est in Romanis conciliis, quorum gesta habemus. Placet, exempli causâ, referre concilium à Joanne VIII habitum, de Carolo Calvo in imperatorem electo. Sic interrogat Pontifex : « Quæ in præfato piissimo..... Carolo..... gessimus sententiæ prolatione, si unanimi [generalitati vestræ videtur, et per manus subscriptionem etiam in præsenti ac venerabili synodo..... iteratò promulgemus ac roboremus. Sancta synodus respondit : Placet et valdè placet..... Tunc..... Pontifex :.... Piissimi..... Caroli..... ad imperialia sceptra electionem et promotio-

[1] Baron., tom. XII, an. 1106, pag. 51.

nem..... ex tunc et nunc, et in perpetuum firmam et stabilem decernimus permansuram. Responderunt omnes : Placet, placet, fiat, fiat [1]. » Fit communi consensione decretum : ei subscribitur eo ritu passim : *Joannes*, vel alius quivis, *Romanæ Ecclesiæ episcopus huic decreto à nobis promulgato subscripsi :* eodem tenore singuli episcopi subscribunt : *Decreto à nobis promulgato.* Sexcenta ejusmodi Acta in conciliis extant. At in Gregorii VII conciliis nihil simile. Non uti Joannes VIII de confirmando, ità hîc Gregorius de deponendo rege episcopos interrogat ; neque illi decretum assensione firmant. Solus Gregorius hæc edicit: « Regnum contradico, juramentum solvo, ne quis ut regi pareat interdico. » Cùmque tot decreta Romanorum Pontificum extent in conciliis promulgata, quibus concilii consensio et approbatio inseratur, in deponendis regibus nihil unquam tale legimus : imò in concilio Lugdunensi œcumenico illi decreto quo Fridericus II ab Innocentio IV deponitur, non est appositum ex formulâ consuetâ : *Sacro approbante concilio*, sed *sacro præsente concilio* [2] ; adeò Pontifices id sibi privatim reservare voluerunt. Quod quidem, quocumque animo gesserint, certè ipsi testantur, hæc, non conciliorum auctoritate, sed ab ipsis tantùm pontificio nomine esse gesta.

Quam autem inauspicatò gesta sint, multa testantur. Imprimis infaustum illud, quòd tum primùm cœpit de deponendis regibus cogitari, cùm bellis civilibus attrita respublica, ipsa etiam regia nutaret auctoritas. Saxonibus enim ab aliquot annis rebellantibus, « nonnulli Longobardorum, Francorum, Bavarorum, Suevorum, datâ et acceptâ fide, conglutinati sunt, qui regem undique bellis pulsarent [3]. » Auctor *Vitæ Henrici* id prodit : id Lambertus Schafnaburgensis : id *Saxonici belli* scriptor ; jamque adversùs Henricum tota se Germania, totum imperium commovebat. Tunc Gregorius deponendum aggreditur imperatorem, *ut à suis destitutum*, scribit Otho Frisingensis [4]. Gregorius ergò ambitiosis principibus et quomodocumque regem aggressuris,

---

[1] *Conc. Rom.*, I. sub Joan., VIII, tom. IX, col. 298. — [2] Tom. XI *Conc.*, col. 640. — [3] Auct. *vitæ Henr. IV*, Usperg., p. 382. — [4] Oth. Fris., *de Gest Frid.*, lib. I, cap. I, ap. Urst., p. 407.

gerendi belli colorem et qualemcumque titulum, auctoritate apostolicâ præbuit : quo quid infelicius? Hoc verò exemplo (piget commemorare quidem ; sed causæ ratio id postulat, neque manifesta dissimulasse quidquam juvet) hoc, inquam, exemplo cæteri Pontifices tùm regibus adimere regna cœperunt, cùm ultro ruere, vel certè inclinari bellis maximè intestinis, fatiscente republicâ, viderentur. At si his prolatis decretis bella cessarent, tamen infausti erat ominis, apostolici nominis auctoritate ambitionem alere; nunc autem magis magisque bella civilia exarsere, profligati ingentes exercitus, qui Pontificum regnabant auspiciis Rodolphus Suevus, Hermannus Lotharingus (a) in præliis cæsi : et quod Bertholdus Constantiensis tradit, pontificiarum partium per eam ætatem studiosissimus : « Totum romanum imperium civili bello, nimio schismatis dissidio laboravit, aliis quidem Domino Apostolico, aliis Henrico faventibus : ob hoc utrinque totum regnum prædâ, ferro et igne miserabiliter devastantibus [1]. » Quo bello per triginta ferè annos Germania et Italia conflagravit ; Roma ipsa capta, recepta, hostibus et auxiliantibus prædæ fuit; quodque omnibus pejus est, ad posteros exempla manarunt : et quoties à Pontificibus sunt inchoata talia, eædem consecutæ calamitates toti orbi testabantur, quàm infausto omine à Gregorio VII hæc cœpta sint.

Neque verò hæc referens, id nostræ causæ patrocinari volo, quòd Rodolpho et Hermanno pontificiâ auctoritate bella moventibus, res improsperè successerint. Sanè scriptores ii qui nostris temporibus Gregorii VII aliorumque Pontificum eadem conantium acta, tanquam cœpta divinitus tuenda susceperunt ; ubi pontificias partes felicioris successûs aura afflaverit, continuò altiùs se extollunt : tanquam nesciremus christiani, occultis judiciis hæc agi, ac plerumque pœnæ loco à Deo immitti victoriam. Nos autem, si prospera omnia Romanis Pontificibus, tam nova in imperium molientibus, contigissent ; non minùs infaustam præ-

[1] Berthold., ap. Herm., an. 1083; Urst., pag. 352.

(a) Hermanus Lotharingus, seu potius Luxemburgus et ideò dictus Lotharingus, quia profugus in Lotharingiâ, postquam Saxones, à quibus rex electus fuerat, sibi sensit infidos, ibi diem supremum obiit. Non enim, id quod innuere videtur BOSSUET, prælio cæsus est. Vid. Bertholdt. (*Edit. Leroy.*)

dicaremus apostolicæ Sedi potestatem eam, quæ ipsi tot stragibus totque bellis, quantumcumque prosperis, constitisset.

Nihil ergò hîc attinet commemorare Henrici IV calamitates armatosque in ipsum filios : Henricum præsertim V, jam unum superstitem, à quo victus pulsusque est : nisi quòd hoc quoque pars est infelicitatis, quòd Gregorii VII Paschalisque II decreta, tantæ impietati occasionem dederint, in eâque opem et præsidium nacta sint.

Neque eò meliùs Paschali II res posteà successerunt, qui Henricum V tanto à se studio ad viventis patris regna provectum, statim atque imperatorem coronavit, hostem expertus est, rupto iterùm sacerdotii ac regni fœdere, novoque de investituris bello comparato. Sed hæc posteà paucioribus. Nam Gregorii VII Henricique IV rebus, quæ hujus quæstionis fons et caput essent, diutiùs nos immorari oportebat : cætera leviùs transibimus.

CAPUT X.

Philippus I, Francorum Rex, excommunicatus, nullâ unquam depositionis mentione.

Quidquid Gregorius, eumque secuti Romani Pontifices in deponendis regibus aggressi sint [1], non manavit ad Gallias infaustæ depositionis exemplum; cujus rei his temporibus insigne habemus documentum.

Anno Christi 1094, viginti ferè annis postquam Gregorii VII de Henrico deponendo infausta ac feralia edicta exierunt, historici hujus ævi, ac post illos Baronius memorat [2], Philippum I, Francorum regem, repudiasse Bertham uxorem legitimam, et duxisse Bertradam Fulconis Comitis Andegavensis uxorem, ad hæc cognatam suam : atque adulterium raptu etiam et incestu cumulasse. Id factum Urbano II Pontifice. « Tùm, inquit Bertholdus hujus ævi scriptor, in Galliarum civitate quam Ostionem vulga-

---

[1] Baron., tom. XI, an. 1073. Greg. VII, lib. I, *epist.* xxxv. — [2] Baron., *ib.*, an. 1094, p. 648; tom. VII *Conc.* Bin., part. I, pag. 505. Labb., tom. X, col. 499.

riter vocant, congregatum est generale concilium, à venerando Hugone Lugdunensi archiepiscopo ac Sedis apostolicæ legato, cum archiepiscopis, episcopis et abbatibus diversarum provinciarum, 17 kalendarum novembrium : in quo concilio rex Galliarum Philippus est excommunicatus, eo quòd, vivente uxore suâ, alteram superinduxerit..... Hæc omnia, inquam, ibi sunt constituta et apostolicâ legatione firmata [1]. »

Anno sequente, ipse Papa Urbanus II habuit Placentinum concilium. Citatus Philippus, eodem Bertholdo teste, *inducias impetravit*. Paulò post, eodem anno 1095, « in Galliis, inquit, ad Clarummontem synodus generalis à Domino Papâ congregata est, in quâ tredecim archiepiscopi cum eorum suffraganeis fuerunt, et ducentæ quinque pastorales virgæ numeratæ sunt. In hâc synodo Dominus Papa..... Philippum regem Galliarum excommunicavit, eo quòd, propriâ uxore dimissâ, militis sui uxorem in conjugio sociavit [2]. » Alii historici idem memorant; nec tanto scelere, nec tam justo anathemate toties iterato, neque tanti concilii tantique Pontificis auctoritate, detractum imperium Philippo fuit. Nemo id decrevit, nemo minatus saltem est, nemo id animo designavit; cùm tamen præcessissent Gregorii VII Henricum deponentis multa decreta, gravesque ad Philippum ipsum aliis de causis maximis, etiam intentatæ depositionis minæ, quas vidimus [3]. Sed neque his Franci auscultabant, et ab iis adversùs Francos Romani Pontifices temperabant.

Verum quidem est quod Bertholdus scribit, anno 1096, « Philippum regem Galliarum, jamdudùm pro adulterio excommunicatum, tandem Domino Papæ, dum adhùc in Galliis moraretur, satis humiliter ad satisfactionem venisse, et. abjuratâ adulterâ, in gratiam receptum esse, seque in servitium Domini Papæ satis promptum exhibuisse [4]. »

Sed eò fuit sceleratior atque odiosior, quòd Vicario Christi datam fidem fefellit. Unde Ivo Carnotensis, per ea tempora episcopus, omniumque episcoporum doctissimus atque sanctissimus, scribit : « Regem excommunicatum à domino Papâ Urbano in

---

[1] Berthold., an. 1094. *Append. ad Herm.*, ap. Urst., pag. 372. — [2] *Ibid.*, an. 1095, p. 373. — [3] Sup., lib. II, cap. xxvii. — [4] Berth., p. 375.

Claromontensi concilio, factoque cum Bertradâ divortio, reversum ad ejus consortium, iterùm excommunicatum esse in Pictavensi concilio à cardinalibus Joanne et Benedicto [1]. » Quâ de re sic scriptum legimus in hujus ævi historicis: « Per idem tempus duo cardinales apostolicæ Sedis legatione fungentes, ad urbem Pictavium concilium convocarunt, in quo CXL (a) Patres adfuerunt, qui Philippum regem Francorum, propter uxorem Fulconis consulis Andegavensium, quam in adulterio tenebat, anathematis vindictà percusserunt [2]. Idem refert Hugo Flaviniacensis Abbas, in *Chronico*, ad annum 1100. »

Cùm autem Philippus hoc ad flagitia addidisset, ut, reversus ad vomitum, diutissime in excommunicatione sordesceret ac computresceret, nihilo tamen secius episcopi æquè ac cæteri omnes in obsequio perstitere. Perstitit ipse Ivo Carnotensis omnium fortissimus, pro eâ quoque causâ, tantique scandali ecclesiasticâ ultione ab iniquo rege carceres aliaque infanda perpessus, ut ad alia regis scelera etiam persecutoris nomen accederet.

Procul ergò ab nostrorum animis abfuit illud Germanis multis hoc tempore persuasum; nempe excommunicatione seu anathemate abrumpi omne vinculum societatis humanæ, ac nequidem in civilibus communicari posse cum excommunicatis regibus : procul abfuit à Francorum regno illa, de deponendis regibus, reipublicæ infausta sententia, cùm regi flagitiosissimo excommunicationis datæque fidei, per tantum temporis spatium contemptori, nemo eam pœnam vel verbo intentarit, nedùm re ipsâ intulerit.

CAPUT XI.

Loci quidam Ivonis Carnotensis per summam inscitiam objecti solvuntur : corona regia regi restituenda in his locis quid sit? Ivonem cum aliis omnibus Francis in obsequio perstitisse : Guillelmi Malmesburiensis locus.

Quanquam hæc per se clara et invicta sunt, tamen expedire

[1] Iv. Carn., *ad Rad. Rem.*, part. II, ep. CCXI, pag. 90. — [2] *Vit. Bernard. I, Abb. de Tirono*, per Gauf. Gross. Duches., tom. IV, p. 467. Labb., tom. X, col. 720 et seq. Baron., tom XI, an. 1100. Hug. Flavin., *in Chron.*, eod. an.

(a) LXXX tantùm numerat Hugo Flaviniacensis. (*Edit. Paris.*)

nos oportet ea quæ sunt à Francisco Jureto notata, ad Ivonis *Epistolam* XLVI, et à cardinale Perronio objecta[1].

Nempe Ivo sic scripsit ad Urbanum II : « Venturi sunt ad vos in proximo nuntii ex parte regis Francorum,...... qui confidentes in calliditate ingenii sui et venustate linguæ suæ, prædictis de causis impunitatem flagitii se impetraturos regi, à Sede apostolicâ promiserunt : hâc ratione ex parte usuri, regem cum regno ab obedientiâ vestrâ discessurum, nisi coronam restituatis, nisi regem ab anathemate absolvatis[2]. » Hîc quidem videmus anathemate percussum haud minùs pro rege agnosci. Subdit regis *præceptum* de convocandis Trecas trium provinciarum episcopis, quibus Rhemensis, Senonensis, Turonensis archiepiscopi paruissent : adeò nihil intermissum eorum, quæ regiis præceptis consuevissent fieri, ac tam pronam omnium ordinum circa regem fuisse constat obedientiam, ut etiam periclitari posse videretur unitas ecclesiastica, nisi excommunicatum regem Urbanus absolveret. Quo quidem metu Ivo negat ecclesiasticam disciplinam solvi debere ab Urbano. Verùm hæc scribens, nihil interim de adimendo regi imperio cogitat. Sed Franciscus Juretus hæc Ivonis verba commemorans : *Nisi coronam restituatis, nisi regem ab anathemate absolvatis*, hæc addit : « Hic locus eorum adjuvat sententiam qui asserunt Philippo excommunicato à Papâ Urbano II, interdictum simul regnum Franciæ. » Nimis imperitè ille quidem. Sanè Ivo scribit sic *Epistolâ* LXVI, ad Hugonem Lugdunensem Romanæ Ecclesiæ Legatum : « Turonensis archiepiscopus in Natale Domini, regi contra interdictum vestrum coronam imponens, hâc arte à rege obtinuit ut Joannes eidem ecclesiæ præficeretur episcopus. » Item *Epistolâ* LXVII, « Turonensis archiepiscopus contra interdictum Legati vestri in Natale Domini regi coronam imposuit. » Item *Epistolâ* LXXXIV, ad Joannem presbyterum cardinalem, Romanæ Ecclesiæ Legatum : « Quidam Belgicæ provinciæ episcopi in Pentecoste contra interdictum bonæ memoriæ Urbani, coronam regi imposuerunt. » Videmus in Natali à Turonensi archiepiscopo, et in Pentecoste à Belgis episcopis coronam imposi-

---

[1] *Observ. ad Ivon.*, epist. XLVI, part. II. Perr., *Œuv. div.*, p. 607. — [2] *Epist.* XLVI, pag. 21.

tam : quæ si quis retulerit ad solennem illam coronationem, quâ inaugurantur reges, prorsùs ineptiat. Ea enim et semel fit, neque à Turonensi aut Belgis episcopis fieri consueverat, sed ab archiepiscopo Rhemensi : quo jure longè anteà, ut Annales habent [1], Philippus vivo Henrico patre *anno* 1059, *Henrici Regis trigesimo secundo, à Gervasio Rhemensi archiepiscopo consecratus* fuerat, cùm *septennis esset*. Ergò illa corona, de quâ Ivo agit, quotannis in præcipuis festis imponi solebat. Quam cærimoniam honoris ecclesiastici genus quoddam, ab ipsis episcopis adhiberi solitum, regi anathemate percusso, Pontifices eorumque legati adhiberi vetabant. Hæc illa est corona, quam *restitui* sibi, soluto anathemate, Philippus postulabat; non autem corona regia, sive regia potestas, quâ usque adeò integrâ potiebatur, ut eâ etiam exerceret, quæ in ecclesiasticis negotiis ipsisque etiam episcopalibus promotionibus, ad regium officium pertinerent.

Sanè Ivo significat detineri à se tantisper de excommunicando rege litteras ab Urbano II missas : quia, « nolo, inquit, regnum ejus, quantùm ex me est, adversùs eum aliquâ ratione commoveri [2]. » Sed aliud profectò est, propter eas litteras aut aliquod decretum pontificium regno cadere; aliud regnum in regem *aliquâ ratione commoveri;* quod quidem plerumque fit in impios reges, legum divinarum atque ecclesiasticæ censuræ publicos contemptores : quo sensu item dixit : « Regis anathemate periclitari terram [3]. » Cæterùm quæ ulteriùs de sollicitato regis imperio Juretus suspicatur, mera somnia sunt, à Francorum moribus ac sensibus aliena.

Et quidem Willelmus Malmesburiensis Anglus de concilio Claromontano hæc scribit : « In eo concilio excommunicavit dominus Papa regem Philippum Francorum, et omnes qui eum vel regem vel dominum suum vocaverint, et ei obedierint, et ei locuti fuerint, nisi quod pertineret ad eum corrigendum [4]. » Cæterùm cùm unus hæc scribat, cæteris repugnantibus, facilè intelligimus scriptorem extraneum, ac rerum nostrarum ignarum audito excommunicationis pronuntiatæ nomine, ex suo supplevisse,

---

[1] Duch., tom. IV. pag. 161. — [2] *Ep.*, XXIII, pag. 11. — [3] *Ep.*, CXLIV, *Pasc. II*, p. 61. — [4] Willel. Malm., lib. IV, *de Gest. Reg. Ang.* cap. II.

quæ imperatoris excommunicationi Pontifices miscuissent. Sed profectò quæ turbato Germaniæ statu in imperatores audebant, haud competebant Franciæ, altâ pace, optimis legibus atque hæreditariâ successione firmatæ.

Quis autem sanæ mentis crediderit deponendo regi Francorum delectam esse à Pontifice Claromontanam urbem, partem imperii francici, aut francos episcopos, qui in eâdem synodo frequentissimi sederint; cùm eos in regis obsequio perstitisse, vel ex uno Ivone satis constet? Jam regi deposito quis substitutus fuit? Ludovicusne VI, ejus filius, quem patri semper fuisse obsequentissimum Sugerius abbas in ejus vitâ scribit[1]? An nobilissimum regnum in anarchiam redactum ab Ecclesiâ est, eo tempore, quo proceres suos cruce signatos, ac nobilitatis robur in christiani nominis hostes emittebat? Quis hæc deliria non contemnat?

Sanè quod memorat Juretus in *Chronico* cœnobii sancti Dionysii scriptum esse: « Toto tempore excommunicationis ejus actis publicis solitum subscribi : Regnante Domino Jesu Christo, » longè est insulsissimum, cùm profectò nonnisi imperitissimus ac stolidissimus negare possit, hunc titulum in honorem Regis regum Jesu Christi longè ante ea tempora, ipsis etiam Caroli Magni temporibus, ac deinceps passim et ubique terrarum frequentatum, sub iis quoque regibus, qui vel maximè ecclesiasticâ pace florerent.

Si tamen obstinatè Willelmo Malmesburiensi creditum volunt, dictam ab Urbano in Philippum depositionis sententiam; cùm interim constet Francos etiam episcopos, eosque sanctissimos atque fortissimos, in regis obedientiâ perstitisse; nempe id quoque argumento erit, quàm hæc de deponendis regibus decreta apud Francos nulla habeantur. Sed nos in rebus gestis ipsam veritatem, non causæ nostræ præsidia, etiam ab adversariis ministrata, quærimus.

[1] Sug., *Vit. Lud. VI*, ap. Duch.

CAPUT XII.

De investituris inter Paschalem II et Henricum V imperatorem : excommunicationes à conciliis latæ : depositio in Rhemensi concilio à solo Papâ : facta compositio in Lateranensi I generali sub Calixto II, revocatæ depositionis, aut regis rehabilitati nullâ mentione.

Per eadem ferè tempora sub Paschale II et Henrico V imperatore, Henrici IV filio, gravis illa à Gregorii VII et Urbani II decretis inchoata de investituris contentio, in apertum bellum erupit; quamvis investituræ etiam per annulum et baculum, priscis temporibus à viris etiam sanctissimis frequentatæ, adhùc in Franciâ, alio licèt ritu celebrarentur. Sed germani imperatores per eam tempestatem abutebantur iis, ut Ecclesias venderent, æternæque servituti Christi sponsam addicerent. Illud certum, tanta dissidia haud difficulter potuisse componi, paululùm, ut posteà factum est, immutatis ritibus, si jam inde ab initio pacatos animos adhiberent. Sed Germani ferociebant : Itali aspernabantur : interim prælia, cædes; bellisque atrocibus Germania, Italia, Roma ipsa, in suis quoque mœnibus conflagrabat.

Adactus Paschalis ab Henrico, ut investituras ipsi concederet, atque ejus privilegii causâ hæresis etiam infamatus. Quare anno 1112, concilio Romæ habito, Lateranensi II, sese ultrò à Sede apostolicâ deponere voluit (*a*) : sed vetitus est à Patribus, qui, hortante Pontifice, hanc sententiam protulerunt : « Privilegium illud, quod non est privilegium, sed pravilegium..... per violentiam Henrici regis extortum, nos omnes in hoc sancto concilio, cum eodem domino Papâ congregati, canonicâ censurâ et ecclesiasticâ auctoritate, judicio sancti Spiritùs, damnamus et irritum esse judicamus..... Et acclamatum est ab universo concilio : Amen, amen : fiat, fiat [1] : » quod iterùm atque iterùm no-

[1] Tom. X *Conc.*, col. 768.

(*a*) Sic unus Golfridus Viterbiensis. Cæteri historiarum aut *Chronicorum* auctores hoc dicunt tantùm : Paschalem II, hæreseos insimulatum, sese eâ suspicione liberavisse. Vid. Gotfr. *Chron.*, part. XVII, pag. 508. (*Edit. Leroy*).

tari volumus, ut intelligatur quo ritu agi soleat, cùm Patrum consensione decreta firmantur.

De eâdem synodo Lateranensi anno 1112, hujus temporis scriptor manuscriptus in conciliorum editione à Binio aliisque deinceps collectoribus relatus, hæc scribit : « Anno Incarnationis Dominicæ 1112, celebratum est Romæ concilium, in quo irritum judicatum est prædictum privilegium, dataque est sententia excommunicationis in personam regis, non à Papâ, qui juraverat se nunquam facturum hoc, sed ab Ecclesiâ injuriam sui patris vindicante[1]. » Nihil hîc de depositione audimus, quod infausto successu, hæc nonnihil tùm refrixisse videantur; neque in conciliis Patres ità pronuntiare solerent.

Idem enim advertere est in concilio Viennensi, Guidone archiepiscopo, mox Calixto II Papâ præsidente. Sic autem Patres decernunt : « Henricum Teutonicorum regem excommunicamus, anathematizamus, et à gremio sanctæ Matris Ecclesiæ sequestramus[2]. » ubi disertè eum pro rege habent; ac posteà *Epistolâ* ad Paschalem datâ de confirmando hoc decreto, hæc scribunt : « Adfuerunt legati regis, » et : « Scriptum illud quod rex à simplicitate vestrâ extorsit, damnavimus; in ipsum etiam regem nominatim ac solemniter et unanimiter sententiam anathematis injecimus[3]. » Sic à concilio Lateranensi jam, et à se quoque nunc excommunicatum, regem appellant; neque de depositione quidquam agunt : adeò, quod jam diximus, hæc à conciliorum ritu et consuetudine abhorrebant.

Conon quoque Prænestinus, Sedis apostolicæ Legatus, Hierosolymis habito concilio, « excommunicationis sententiam in regem dictavit, et eamdem in Græciâ, Hungariâ, Saxoniâ, Lotharingiâ, Franciâ, in quinque conciliis, consilio prædictarum ecclesiarum renovando confirmavit[4]. » Hæc anno 1116, in concilio Lateranensi IV, aliis III, sub Paschale II, relata et probata sunt. Quare et illud approbatum est : Henricum V et esse excommunicatum, et tamen permanere regem : contra quod Germanos multos per ea tempora sensisse vidimus. In eâdem synodo decretum à Pas-

---

[1] Bin., tom. VII, part. I, pag. 543. Labb., tom. X, col. 771. — [2] Tom X *Conc.* col. 784. — [3] *Ibid.*, col. 785. — [4] Vid. *ibid.*, col. 767 et 808.

chale factum est, in hæc verba : « Illud malum scriptum, quod pro pravitate sui pravilegium dicitur, condemno sub perpetuo anathemate, ut sit nullius unquam bonæ memoriæ; et rogo vos omnes ut idem faciatis : tunc ab universis acclamatum est : Fiat, fiat [1]. » Sic nempe agebatur cùm concilii auctoritate et approbatione res fierent : cujus generis decretum in deponendis regibus nullum unquam legimus ab ullo concilio factum.

Denique Paschale II ac Gelasio II Pontificibus, de excommunicato Henrico V multa; de deposito, nihil in Actis legimus : quanquam multi, inolitâ à Gregorii VII temporibus opinione, excommunicationem ipsam cum depositione conjunctam putabant, et à regis obedientiâ abhorrebant.

At, Calixto II Papâ, aliter gestum est; neque tantùm excommunicatus Henricus V, sed etiam depositus : quæ tamen diversissimis ritibus facta sunt. Id videre est in concilio, quod Calixtus II adversùs Henricum V ejusque Antipapam Burdinum, anno 1119, Rhemis habuit. Eo enim in concilio, Patrum sententiâ, transacta sunt omnia, præter ea quæ ad Henricum deponendum attinerent. Ac statim quidem, cùm de compositione ageretur, profecturus Pontifex ad imperatorem, sic synodum allocutus est : « Sicut conventionem pacis, si fiat, vobiscum et per vos confirmare optamus; sic in commentorem fraudis, si infidelis evaserit, judicio Spiritûs sancti et vestro, gladium Petri vibrare tentabimus [2]. » Neque res aliter gesta est. Itaque non modò ea, quæ de compositione deque investituris; sed etiam quæ de excommunicatione imperatoris et Antipapæ tractata sunt, Patrum consensione et judicio acta memorantur, idque est gestis inditum. At postquam imperator pollicitis non stetit, omissumque est jam pacis negotium; in Actis legitur à CCCCXXVI episcopis et abbatibus candelas tenentibus excommunicatos eos esse, « quos præcipuè proposuerat excommunicare dominus Papa; inter quos primi nominati sunt rex Henricus, et Romanæ Ecclesiæ invasor Burdinus [3], » quem schismatici Gregorium VIII appellabant. Sic Patres cum Papâ de excommunicatione decrevisse referuntur. Tum de Papâ tantùm additur : « Absolvit etiam dominus Papa, aucto-

[1] Tom. X *Conc.*, col. 807. — [2] Vid. *ibid.*, col. 872, 875. — [3] Vid. *ibid.*, col. 878

ritate apostolicâ, à regis fidelitate omnes quotquot ei juraverant, nisi resipisceret : » totumque illud quod in depositione regum fit, tacentibus episcopis, à Romano Pontifice solo agitur. Factum sæpè notamus, facti causas posteà investigabimus.

Neque ità multo post Calixtus et Henricus, dissidiis bellisque atrocibus fessi, in hanc formam consenserunt : imperator quidem, ut investituram per annulum et baculum dimitteret, ut liberam ecclesiis electionem et consecrationem fieri concederet; » Papa verò, « ut electiones Teutonici regni, in regis fiant præsentiâ : ut electus regalia per sceptrum à rege recipiat [1] : » quæ in concilio generali Lateranensi I, sub Calixto II, anno 1123, gesta et probata sunt, quemadmodum jam in concilio Rhemensi omnium episcoporum judicio tractata, composita, limata et confirmata fuisse diximus.

Nihil quidquam aliud ab imperatore, deposito licèt, cùm Ecclesiæ reconciliatus est, postulatum fuit. Uti regnabat Henricus, vetante licèt Pontifice, ità porrò regnavit. Non se ille regno restitui aut rehabilitari, ut vocant, voluit; juris sui securus, satisque confisus eâ in re à Pontifice, ut nihil detrahi, ita nihil dari posse. Neque etiam eâ de re quidquam Pontifex cum imperatore egit, aut ab eo postulavit, cùm postularet ea quæ juris ecclesiastici esse reputabat : quod certo argumento est, nihil hæc visa esse ad ecclesiasticum dogma, aut omninò ad jus ecclesiasticum pertinere, cùm ab errantibus et delinquentibus expressa ejuratio postuletur eorum, quibus dogmata Ecclesiæ aut certè ejus jura violari judicetur.

CAPUT XIII.

Sanctorum Patrum ejus ævi, Anselmi Cantuariensis, Ivonis Carnotensis, Bernardi Claravallensis de imperatorum depositione silentium : Locus Anselmi probantis Walerannum Henrico IV deposito, ut regi, adhærentem.

Vixere his temporibus (id est undecimo et duodecimo sæculo) viri sanctitate ac doctrinâ conspicui, episcopi, Fulbertus Carno-

[1] *Conc. Later. I gener., ibid.,* col. 901, 902.

tensis, Anselmus Cantuariensis, Ivo item Carnotensis, Bernardus Claravallensis abbas, aliique multi, quorum de omni re ecclesiasticâ habemus epistolas, sermones, tractatus. Memorabile certè est de deponendis regibus nihil ab eis scriptum, cùm câ contentione tota jam Ecclesia personaret; et tamen multa tractarunt, quæ huic causæ proxima viderentur: Anselmus in investituris tollendis, adversùs reges Anglos multa egit, multa scripsit, multa sustinuit; intentaturque sæpe tunc excommunicationis, at, ne verbo quidem, depositionis metus. Ivo Carnotensis prolati in Philippum 1, Francorum regem, anathematis defensor acerrimus, multus in eo negotio est; at interim de deponendo rege Ecclesiæ contemptore, ne quidem cogitasse, imò in ejus obedientiâ, gravibus licèt afflictum incommodis, perstitisse vidimus. Bernardus, ut alia omittamus, discipulum suum Eugenium III docet omnia sigillatim, quæ ad pontificale officium pertinere videantur. Subit autem admirari, cùm de minutissimis agat, de deponendis regibus, tam gravi re, ne verbo quidem egisse, aut monuisse quidquam, imò verò deterruisse, ut sequentia demonstrabunt. Interim, ut de silentio duntaxat hîc agamus, tanti profectò silentii, in tantâ re, tantoque christiani orbis motu ac tumultu gestâ causam aliquam fuisse oportet. Nullam autem invenio nisi hanc; quòd huic rei tam novæ, tam insolenti, immisceri nollent.

Facilè autem eò adduci potuerunt ut à scriptis temperarent, quibus vel tantillùm Romanus Pontifex læderetur; ne scilicet pessimis imperatoribus et Pontificibus apostaticis, quos imperatores sustentabant, adversùs veros Pontifices favere viderentur. Ad hæc viri boni reprehendere plerumque Romanorum Pontificum, Joannis etiam XII manifesta flagitia verebantur; testis Otho Frisingensis sæpè memoratus. De auctore *Vitæ Henrici IV*, jam vidimus quàm cunctanter memoret eorum assertiones, qui ejus depositionem improbarent. Si tam timidè ille agebat, qui Henrico faveret, quantò libentiùs alii catholici conticescebant! Atque utinam infausta hæc oblitterari sinerent præposteri defensores, ac non pro fidei decretis obtruderent. Fortassis hæc meliùs tacerentur. Quominùs miramur fuisse paucos, qui adversùs Pontifices regum depositores expressè dicerent; at qui pro ipsis scriberent, innumerabiles haberemus, nisi hæc tùm pro Pontificum honore ac pace Ecclesiæ, tacenda potiùs quàm laudanda viderentur.

Neque tamen eò usque conticuere, ut non suam quoque sine ullius offensione sententiam expromerent; quod vel ex uno Anselmo probare possumus. Is theologicâ scientiâ præcellentissimus, Cantuariensis archiepiscopus factus est, Urbano II Pontifice : quo tempore imperabat Henricus ille IV, tot decretis depositus, inducto etiam Guiberto Antipapâ, jam apertè schismaticus. Per ea ergò tempora, Walerannus Naumburgensis episcopus, Henricianarum partium, misit ad Anselmum *epistolam* quâ interrogabat de azymo et fermentato aliisque ritibus. Huic *epistolæ* rescripsisse Anselmum anno 1094, Urbani II tempore memorat Dodechinus, et post eum Baronius [1]. Anselmi *epistola* sic incipit : « Anselmus servus ecclesiæ Cantuariensis, Waleranno Naumburgensi episcopo. Scienti breviter loquor. Si certus essem prudentiam vestram non favere successori Julii Cæsaris, et Neronis, et Juliani Apostatæ, contra successorem et Vicarium Petri Apostoli, libentissimè vos ut amicissimum et reverendum episcopum salutarem. » Quo loco statim id occurrit : à beato Anselmo, ut Urbanum Petri, ita schismaticum imperatorem, pro successore Cæsarum, Julii, Neronis et Juliani Apostatæ, fuisse agnitum, quos veros ac legitimos imperatores fuisse nemo negat. Ac de ipso Nerone Scriptura testatur. Sed mentem Anselmi, quæ deindè secuta sunt, luculentiùs edocebunt.

Urbano mortuo, ac Paschale II in ejus locum substituto, interrogat iterùm Anselmum Walerannus de *Sacramentorum diversitate*, atque in fine *epistolæ* hæc scribit : « *Gratiâ Dei sum id quod sum;* ex Saulo Paulus, ex adversario Romanæ Ecclesiæ, intimus Paschali Papæ, acceptissimus cardinalium consecretarius, et in omnibus in hâc parte prosperos spero successus. Joseph in domo Pharaonis, ego in palatio Henrici imperatoris; neque iniquitas, neque peccatum meum, si, quod absit, aut quasi Nero

---

[1] Dodech., *Chron.*, an. 1094, pag. 135. Baron., an. 1097, tom. XI, pag. 713. Vid. *oper. Anselm.*, p. 135.

incestus, aut apostata Julianus [1]. » An igitur ille conversus ex Saulo Paulus, ille Papæ acceptissimus, Henricum regem depositum ac schismaticum ejuravit? Minimè : quin potiùs apud eum fuit, ut apud Pharaonem Josephus. Atqui Josephus Pharaonem, ipsâ Scripturâ teste, procul dubio pro vero rege habuit, quippè regni administer : igitur et Walerannus Henricum ; neque ei denegabat agnitam in Nerone ac Juliano Apostatâ dignitatem, sed tantùm aversabatur scelerum consortium ; neque ab ejus imperio, sed tantùm à schismate discedebat.

Ad eum sic affectum erga schismaticum et depositum principem hæc rescribit Anselmus : « Domino et amico Waleranno, gratiâ Dei Naumburgensi venerabili episcopo, Anselmus servus ecclesiæ Cantuariensis salutem, servitium, orationes, dilectionis affectum. Gaudeo et gratias ago Deo, quia, sicut scribitis, glorificat eum in vobis Ecclesia catholica, quoniam in vestrâ mutatione divinæ bonitatis apparet gratia, et domini Papæ Paschalis amicitiam habetis et familiaritatem ; ut jam mihi liceat vestram amicabiliter salutare sanctitatem [2]. » Ergò Walerannus, Anselmus, ac, si verum amamus, ipse Paschalis, depositiones istas, à Gregorio VII inventas, pro nihilo habebant ; idque tantùm postulabant, ut episcopi à Guibertino schismate abhorrerent : adeò horum pertæsum erat.

CAPUT XIV.

Ivonis Carnotensis loci quidam expenduntur : exempla memorantur : horum occasione de regaliæ causâ, atque initâ per episcopos Gallicanos compositione, actum : de Gratiani Decreto quædam afferuntur.

Eadem ætate vigebat sanctus Ivo Carnotensis, in cujus decreto multa legimus ex antiquâ de regibus Ecclesiæ traditione deprompta ; illud imprimis ex Isidoro descriptum : « Populi peccantes judicem metuunt : reges autem, nisi solo Dei timore metuque gehennæ coercentur, liberè in præceps proruunt [3]. » Quippe qui in supremâ temporalium arce ab ipso Deo constituti,

---

[1] *Ep. Wal. ad Ansel.*, int. oper. Ansel., pag. 137, 138, 139. — [2] *Ibid.*, p. 130. — [3] *Decr.*, Ivon. Carn., part. XVI, cap. XLII. Vid. sup., lib. I, sect. II, c. XXXII.

in temporalibus nihil nisi à Deo metuant : quæ profectò vana sunt, si deponi possunt, depositique ac privati, aliis quoque pœnis obnoxii vivunt.

Quod autem scripsit, id etiam exemplo docuit, qui regi, Ecclesiæ atque anathematis contemptori, tam promptam ubique præstitit obedientiam.

Sanè in decretum transtulit partem *epistolæ* Gregorii VII ad Herimannum Metensem; sed cur eam attulerit, quidve ex eâ probare voluerit, testatur hic titulus : « Nullam dignitatem sæcularem, sed nec imperialem honori vel dignitati episcopali posse adæquari [1]. » Quare eum locum *Epistolæ* protulit, quo Gregorius VII ex Gelasio, Ambrosio, aliisque probat, sacerdotes Christi regibus antecellere. Quæ autem huic loco inserta atque implicita reperit de rege Francorum deposito, ille profert quidem, ne textum mutilet, sed in quo vim faciat, titulus indicavit.

Non ergò id Ivo fecit, quod Gratianus posteà. Nempe hic ex relato Gregorii VII loco, ejusque de deposito Childerico sententiâ, caput particulare fecit, jam sæpè memoratum : *Alius* [2], idque ad proprium finem retulit. Disertè enim scribit : « A fidelitatis etiam juramento Romanus Pontifex nonnullos absolvit, cùm aliquos à suâ dignitate deponit. » En Gratiani mens, ac velut hujus capitis titulus. Cui rei probandæ addit alia duo capita : alterum ex eodem Gregorio VII, alterum ex Urbano II : neque enim habuit antiquiora, quæ expromeret. At Ivonis tempore nondùm hæc idonea visa erant, quæ in Decretorum librum suo venirent nomine ac titulo : neque post Gratianum, proprio ac nativo sensu, pro verâ depositione à glossariis accepta sunt, uti jam vidimus.

Erant tamen ea tempora, quibus vel maximè flagraret, post Gregorii VII, Urbani II, ac Paschalis II decreta, de investituris cum Henrico V suborta contentio. Neque tamen Ivo eò adduci potuit, ut investituras prorsùs intolerabiles judicaret, nedùm inter hæreses, ut multi illius temporis, deputaret. Testis *Epistola* ad Joannem Lugdunensem [3]. Idem post interdictum concilii Claromontani : « Ne episcopus vel sacerdos, regi vel alicui laico

---

[1] *Decr.*, Ivon. Carn., part. v, *De subl. episc.*, p. 378. — [2] *Caus.* xv, quæst. vi, cap. iii. — [3] *Epist.* ccxxxvi.

in manibus ligiam fidelitatem faciat [1], » Radulphum archiepiscopum Rhemensem adduxit ad regem, qui talem fidelitatem ipsi faceret, quia aliter pax ecclesiastica stare non potuit. Id fecit vir κανονικώτατος, verique ac necessarii Ecclesiæ juris defensor acerrimus. Hujus exemplo discimus primitiva Ecclesiæ jura inviolata habere: adventitia quoque et secundaria tueri pro viribus: ex necessitate interdùm melioris rei gratiâ ac pacis studio, omittere. Quo exemplo, episcopi Gallicani eam de regaliâ compositionem inierunt, quâ necessaria permitterent, jam amissa relaxarent, nova, et iis quæ concederent potiora, lucrarentur; ut et obiter aliquid, occasione Ivonis, quod ad hanc causam et initam à clero Gallicano pacem faciat (quandoquidem nostri censores tantopere hanc improbant [2]) afferamus.

Cæterùm id præcisè è quæstione nostrâ est, quòd Ivo Pontificum Romanorum studiosissimus, non modò non tuetur ea, quæ in deponendis imperatoribus fecerint, sed antiqua de regibus à solo Deo judicandis Patrum decreta, et verbo et exemplo defenderit.

CAPUT XV.

Bernardus Claravallensis Abbas: sub Innocentio II schisma ingens extinctum: libri de Consideratione ad Eugenium III.

Gratianus ille quem memoravimus, monachus Bononiensis, triginta ferè annis post Ivonem mortuum, Decretum suum composuit ex conciliorum canonibus, *decretalibus Epistolis,* et Patrum sententiis. Qui quidem, quàm imperitè nulloque delectu multa congesserit, nihil necesse est commonere doctos. Is primus omnium, decretis inseruit illum titulum, quem suprà memoravimus: Quòd *Romanus Pontifex quosdam à juramento fidelitatis absolvat.* Quòd igitur Romanis Pontificibus maximè omnium favere videretur, ab iis commendatus, magnam apud posteriores canonistas et theologos auctoritatem obtinuit; sed longè posteà, cùm decimo tertio sæculo vix innotescere cœperit. Cæterùm, uti

---

[1] *Conc. Clarom.*, can. XVII; tom. X *Conc.*, col. 508. Ivon. Carn., *ep.* CL. —
[2] Nicol. Dubois et Charlas, *tract. de Libert. Eccl. Gall.*, pass.

jam diximus, apud omnes constat, tanti valere ab ejus Decreto deprompta capita, quanti sunt auctores ii, ex quibus descripta sunt.

Jam verò apostolicum virum, neque tantùm ecclesiæ Gallicanæ, verùm etiam universæ lumen, beatum Bernardum audiamus. Is viginti duo annos natus Cisterciense monasterium ingressus est, eo tempore, quo gravibus dissidiis cum Henrico V Ecclesia laborabat, atque imperatorum depositionibus omnia perstrepebant. Anno deindè Christi 1130 et sequentibus, egregia ejus fuit opera pro Innocentio Pontifice, adversùs Petrum Leonis, qui *Anacleti* nomine Petri cathedram occuparat. Quo in dissidio lata persæpè excommunicatio adversùs schismaticum Pontificem ejusque asseclas, quorum multi erant principes, eâque causâ nominatim excommunicatus Rogerus Siciliæ Rex, in Lateranensi II generali concilio [1], præsidente Innocentio, anno 1139, de depositione ne minæ quidem auditæ sunt, cùm in schismate novem jam annis obstinatissimo animo perduraret. Innocentius ac Bernardus aptioribus remediis rem ecclesiasticam promovebant.

Anno posteà circiter 1152, scribere aggressus est admirandum opus *De Consideratione, ad Eugenium III*, ex quo libro multa depromimus; sed priùs libri argumentum afferendum est. Eo ergò libro sanctissimus vir, Eugenium III, olim in Claravalle optimis vitæ monasticæ præceptis institutum, ad apostolicæ jam gubernationis vitæque regulas informabat. Cùm autem undique temporales causas ad apostolicam Sedem ultrò deferrent, iisque curis, vel maximè Romani Pontifices premerentur; has quidem sanctus vir, etsi apostolico officio non satis dignas, haud tamen omninò removeri posse putabat : « Ego autem, inquit, parco tibi: non enim fortia loquor, sed possibilia. Putasne hæc tempora sustinerent, si hominibus litigantibus pro terrenâ hæreditate et flagitantibus abs te judicium, voce Domini tui responderes: *O homines, quis me constituit judicem super vos?* In quale judicium mox venires? Quid dicit homo rusticanus et imperitus, ignorans primatum suum, inhonorans summam ac præcelsam Sedem, derogans apostolicæ dignitati [2]. » Hæc quidem curiales; at Ber-

---

[1] *Conc. Later. II*, tom. X, col. 999 et seq. — [2] Bernard., *de Consid.*, lib. I, cap. VI, tom. I, col. 411, 412.

nardus : « Et tamen non monstrabunt, puto, qui hoc dicerent, ubi aliquando quispiam apostolorum judex sederit hominum, aut divisor terminorum, aut distributor terrarum. » At nunc, si Deo placet, pro apostolicâ auctoritate orbem ad arbitrium divident, ac ducatus, marchionatus, comitatus, ipsa etiam regna distribuent. Pace eorum dixerim, ne putent imminutam à nobis apostolicam dignitatem, si ea respuamus quæ curiales jactarent, quæ Bernardus apostolicæ dignitatis studiosissimus prædicator diceret, amplectamur. Pergit porrò sanctus vir : « Stetisse denique lego apostolos judicandos, sedisse judicantes non lego. Erit illud, non fuit. Itane imminutor est dignitatis servus, si non vult major esse eo qui se misit? Aut filius, si non transgreditur terminos, quos posuerunt patres sui? *Quis me constituit judicem*, ait ille Dominus et Magister? Et erit injuria servo discipuloque, nisi judicet universos? » At nunc viam docent novi theologi, quâ Pontifices religionis nomine sæcularia omnia judicanda ad se trahant.

Non ignorabat Bernardus, cùm hæc scriberet, apostolici judicii dignitatem; prosequitur enim sic : « Mihi tamen non videtur bonus æstimator rerum, qui indignum putat apostolis seu apostolicis viris, non judicare de talibus, quibus datum est judicium in majora. Quidni contemnant judicare de terrenis possessiunculis hominum, qui in cœlestibus et Angelos judicabunt? Ergò in criminibus, non in possessionibus potestas vestra; quoniam propter illa et non propter has, accepistis claves regni cœlorum, prævaricatores utique exclusuri, non possessores. » Non igitur profectò successores Petri, pro potestate clavium, legitimos possessores possessione dejicient : non adsciscent alios, nec humana jura confundent; imò peccata solvent, cœlum claudent prævaricatoribus, pœnitentibus aperient, terrena relinquent iis, quibus humana jura concesserint; nisi fortè à *possessiunculis* quidem abstinere, regna verò dare jubentur. At non ita Bernardus. Urget enim ratio Bernardi disertè negantis, de iis judicari pro apostolicâ potestate, quæ ad claves non pertineant : ad claves verò pertinent sola cœlestia *propter quæ datæ sunt*, non terrena quævis, etiam regna et imperia propter quæ datæ non sunt. His circumscribit finibus ecclesiasticam atque apostolicam potestatem quam nunc adversarii ad terrena omnia extendere se posse confidunt, dummodo *indirectam* appellent, eoque nomine ludant.

Concludit posteà Bernardus his verbis : « Quænam tibi major videtur et dignitas et potestas dimittendi peccata, an prædia dividendi? Sed non est comparatio. Habent hæc infima et terrena judices suos, reges et principes terræ. Quid fines alienos invaditis? Quid falcem vestram in alienam messem extenditis? Non quia indigni vos, sed quia indignum vobis talibus insistere, quippe potioribus occupatis : denique ubi necessitas exigit, audi quid censeat (non ego, sed) Apostolus : *Si enim in vobis judicabitur mundus, estis indigni qui de minimis judicetis.* Sed aliud est incidenter incurrere in ista, causâ quidem urgente; aliud ultrò incumbere istis, tanquam magnis dignisque tali et talium intentione rebus[1]. »

Quid sit in rem aliquam *incidenter incurrere*, Jurisconsulti sciunt. Puta cùm quis judex ecclesiasticus de matrimonio cognoscens, *incidenter*, et, ut aiunt, *casualiter* de dote alimentisve decernit; atque ad ejusmodi res Bernardus fortè respexerit. Utcumque est, regna et imperia *incidenter* dari, longè esset absurdissimum. Cæterùm quænam sit illa necessitas incurrendi in temporalia, quam vir sanctus agnoscit, satìs perspicuè aperit : quoniam, ut suprà disseruerat, homines ultrò hæc ab Apostolicis exigunt, ac de his *judicium flagitant.* Favent apostoli allegata verba, quæ de delectis arbitris agunt. Ut autem hæc Pontifex pro jure suo ad se trahat, prohibent ea verba, quibus beatus Bernardus horum potestatem datam esse negat, horum tractationem alieni muneris invasionem vocat. Cujus sententiæ sæpè nos in sequentibus meminisse oportebit.

Hùc etiam facit ille locus, quo sanctus vir tam gravia, tam fortia de interdicto apostolicis dominatu docet[2]. Non enim video quomodo dominationem, eamque ambitiosissimam ac superbissimam evitent, si regna quoque conculcant et quolibet transferunt.

Neque propterea à Pontificum metu superbos reges absolvit, qui docet, Pontificem « oportere esse ultorem scelerum,..... vir-

---
[1] Bernard., *de Consid.*, ib. I, cap. VII. — [2] *Ibid.*, lib. II, cap. VI, col. 419 et seq.

gam potentium, malleum tyrannorum, regum patrem,...... postremò Deum Pharaonis[1]; » atque insuper addit : « Intellige quæ dico : dabit tibi Dominus intellectum. Ubi malitiæ juncta potentia est, aliquid tibi supra hominem præsumendum. Vultus tuus super facientes mala. Timeat spiritum iræ tuæ, qui hominem non veretur, gladium non formidat. Timeat orationem, qui admonitionem contempsit. Cui tu irasceris, Deum sibi iratum, non hominem putet. Qui te non audierit, auditurum Deum et contra se paveat (a). » Hæc summa doctrinæ est quam epilogando tradidit, *cùm librum clauderet,* eoque vim omnem contulit. Sic ergò Pontifex *malleus tyrannorum,* ac Pharaonis in morem obduratos, ipse in Mosis morem, impetrato extraordinario auxilio, non ex tabulâ decreto recitato, dejicit. *Hoc timeat,* inquit, *qui hominem non veretur, gladium non formidat.* Humanâ omni potestate major, non id profectò timeat, ne datâ sententiâ deponas, ne regnum alteri dono dederis, quod neque unquam Christus, neque apostolici factitarunt; sed ne oratione divinam ultionem elicias : *Timeat orationem, qui admonitionem contempsit.* Neque enim prætermittit censuram ecclesiasticam, *admonitionis* nomine comprehensam. Hanc et alibi passim commendat; clavesque cœli et judicia de solvendis retinendisque criminibus, et gladium spiritualem memorat, quem, ubi opus fuerit, Pontifex evaginet[2] : eam potestatem quâ regna omniaque temporalia ordinare se posse putabant proximi Eugenii antecessores, non modò omninò tacet, verùm etiam, ut vidimus, negatâ penitùs temporalium potestate, proscribit.

[1] Bernard, *de Consid.*, lib. IV, cap. VII, col. 444. — [2] *Ibid.*, lib. I, cap. VI; lib. IV, cap. III.

(a) Que prouvent toutes ces citations? Saint Bernard dit, à la vérité, que le Pape ne doit point s'immiscer dans les intérêts temporels, ne point juger d'une étroite possession, d'un bout de champ, d'un pouce de terrain, et tout le monde le comprend; mais il dit aussi « qu'il doit être le vengeur des crimes, la verge des puissans, le marteau des tyrans,... enfin le dieu de Pharaon. » D'ailleurs, saint Bernard enseigne que le souverain Pontife a le pouvoir « de diriger les princes, de commander aux évêques, de disposer (*disponere ad*) aux royaumes et aux empires. » (*Epistola* CCXXVII, *ad cardinales, de electione Eugenii,* n° II.) Notre auteur a dissimulé ce passage et d'autres semblables.

CAPUT XVI.

Ejusdem Bernardi allegoria de duobus gladiis : quid ad eam majores nostri responderint obiter indicatur.

Unum est quod ex Bernardo objici soleat de duplici gladio : sic enim loquitur ad Eugenium : « Aggredere eos (Romanos contumaces), sed verbo, non ferro. Quid tu denuò usurpare gladium tentes, quem semel jussus es ponere in vaginam? Quem tamen qui tuum negat, non satìs mihi videtur attendere verbum Domini, dicentis sic : *Converte gladium tuum in vaginam.* Tuus ergò et ipse, tuo forsitan nutu, etsi non tuâ manu evaginandus. Alioquin si nullo modo ad te pertineret et is, dicentibus apostolis : *Ecce gladii duo hîc,* non respondisset Dominus : *Satis est :* sed, nimis est. Uterque ergò Ecclesiæ, et spiritualis scilicet gladius, et materialis; sed is quidem pro Ecclesiâ, ille verò et ab Ecclesiâ exerendus : ille sacerdotis, is militis manu, sed sanè ad nutum sacerdotis, et jussum imperatoris. Et de hoc aliàs[1], » supple, egimus. Quæ ultima verba manifestè spectant Bernardi *Epistolam* CCLVI, ad Eugenium Papam, in quâ quidem *Epistolâ,* de duobus gladiis eadem habet, quæ in libro *de Consideratione* mox legimus; ut hos profectò locos eòdem collimare constet. Jam in eâ quid egerit, quâve occasione de duobus gladiis dixerit, audiamus. Agebat autem cum Eugenio de magnâ christiani exercitûs strage in Palæstinâ, de quâ item in libris *de Consideratione* multis agit, ac postquam in *Epistolâ* hanc stragem memoravit, hæc subdit : « Exerendus nunc uterque gladius in passione Domini, Christo denuò patiente, ubi et alterâ vice passus est. Per quem autem, nisi per vos? Petri uterque est : alter suo nutu, alter suâ manu, quoties necesse est evaginandus. » Ac paulò post : « Tempus et opus esse existimo ambos educi, in defensionem Orientalis Ecclesiæ[2]. »

Jam ergò facilè intelligimus, quatenùs gladius materialis non

---

[1] Bern., *de Consid.*, lib. IV, cap. III, col. 438. Vid. sup., lib. I, sect. II, cap. XXXVII. — [2] *De Consid.*, lib. II, cap. I. *Ep.* CCLVI, col. 257.

mo lò sit imperatoris, sed etiam Pontificis; quatenùs pontificio nutu, imperatorio verò jussu exeratur. Notum enim est in regibus ac fidelibus ad sacra bella ciendis, Pontifices quid egerint. Hic mihi, si quis nutum eo sensu accipiat, ut imperatores ac principes, statim atque Pontifex arma capienda vel nutu significaverit, ea capere teneantur; is profectò nec nutum à jussu secreverit, et id asseruerit quod neque Pontifices cogitaverunt. Prædicando, adhortando, dando indulgentias, ac sacrum Ecclesiæ thesaurum aperiendo, christianos principes ac milites ad sacra bella incitabant; ea etiam suscipienda injungebant in remissionem peccatorum; quâ conditione obstringebant eos, quibus animus inerat sacrâ indulgentiâ frui : ut autem ad sacra bella, imperiis unquam ac pœnis adigerent, et absurdissimum est, et in Ecclesiâ inauditum.

Hoc ergò voluit sanctus Bernardus, ut ad bellum Pontifex nutu impellere, imperator jussu cogere habeat; ex quo id quidem sequitur : gladium materialem, cùm propriè in imperatoris potestate sit, tamen in potestate Pontificis suo modo esse, quatenùs bonus piusque imperator, pro Dei et Ecclesiæ causâ prompto atque alacri animo, annuente Pontifice, bella suscipiat.

Quod autem Gregorius IX ac Bonifacius VIII Evangelii locum[1], in quo Bernardus piè luserit, ità urgere videantur, ut materialem gladium, propriè ac stricto jure, suum esse defendant; id quidem ad hoc stabiliendum dogma, reluctante omni antiquitate, non sufficit : ac subit admirari Baronium[2], qui hæc eorum dicta ad fidem catholicam pertinere novo exemplo asserit; cùm profectò constet, neque ad credendum proposita, neque pro certo fidei dogmate recepta fuisse unquam; majora enim hæc sunt, quàm ut uno Bernardi verbo et loco, quantumvis clarus esset, unâque allegoriâ comprobari possint. Dicit sanè Dominus : « Qui non habet peram, vendat tunicam suam, et emat gladium. Dico enim vobis, quoniam adhùc hoc quod scriptum est, oportet impleri in me : Et cum iniquis deputatus est[3] : » nempe et illud ad Christi contumelias pertinebat, ut violentis hominibus stipatus, neque

---

[1] Greg. IX, *ep.* VI; tom. XI *Conc.*, col. 325. Bonif. VIII, extr. *Unam sanctam*. — [2] Baron., tom. XI, an. 1053, p. 190. — [3] *Luc.*, XXII, 36, 37.

immeritò, per vim militum comprehensus esse videretur. Reliqua quæ sanctus Bernardus cæterive, alii aliò, piè ingeniosèque detorserint, ad elucidanda quæ aliunde certa sint, theologi admittimus : non certè progredi eò usque sinimus, ut iis quoque firmari theologica dogmata arbitremur.

Si quis tamen scire vult, quid ad Bernardi interpretationem antecessores nostri, cùm eâ premerentur Bonifacii VIII tempore, responderint, Ægidium Romanum, Joannem de Parisiis aliosque hujus ævi consulat[1]. Nos enim, theologis parum dignum arbitramur, ut hæc allegorica fusiùs pertractentur.

CAPUT XVII.

Hugonis de sancto Victore locus ab adversariis objectus.

Hugo de sancto Victore, *Magister Hugo* dictus, sancti Bernardi æqualis, ad quem etiam ejusdem Bernardi extat *Epistola*[2], Saxo fuit nobilis (a), atque à primâ ætate in Victorino Parisiensi cœnobio, pari pietatis ac scientiæ laude floruit. Hujus auctoritas ab indirectæ potestatis defensoribus objicitur. Jure an injuriâ, locus integer, quem jam proferimus, indicabit. Is igitur, lib. II, *de Sacramentis fidei christianæ*, parte II, cap. IV, de duabus potestatibus, sæculari et spirituali, hæc habet : « Illa potestas dicitur sæcularis[3], ista spiritualis nominatur; in utrâque potestate diversi sunt gradus, et ordines potestatum, sub uno tamen utrinque capite distributi, et velut ab uno principio deducti, et ad unum relati. Terrena potestas caput habet regem, spiritualis potestas summum Pontificem. Ad potestatem regis pertinent quæ terrena sunt, et ad terrenam vitam facta omnia : ad potestatem summi

---

[1] Ægid. Rom., *de Potest. Pap.* Joan. de Par., *de Potest. Reg. et Pap.*, cap. XI, XVIII; aut quæst. *de Pot. Pap.* Vind. Maj., tom. I, pag. 43, 82, 195. — [2] Bern., epist. *ad Hug.*, olim LXXVII, nunc inter *tract.*, col. 625 et seq. — [3] Tom. III, p. 607.

(a) Sic statum canonici regulares S. Victor. Par., *in Vitâ Hugonis*, quam ejus operibus præfixerunt. At Mabillonius, tom. I *Analect. Sac.*, p. 263, Hugonem vocat Iprensem, cui astipulantur D. Fleury, tom. XIV et Dupin, *Bibl.*, X sæculi. (*Edit. Leroy.*)

Pontificis pertinent quæ sunt spiritualia, et vitæ spirituali attributa universa. Quantò autem vita spiritualis dignior est quàm terrena, et spiritus quàm corpus; tantò spiritualis potestas, terrenam sive sæcularem potestatem honore ac dignitate præcedit. Nam spiritualis potestas terrenam potestatem et instituere habet, ut sit, et judicare si bona non fuerit; ipsa verò à Deo primùm instituta est; et cùm deviat, à solo Deo judicari potest, sicut est scriptum : *Spiritualis homo dijudicat omnia, et ipse à nemine judicatur* [1]. »

Hæc illa Hugonis verba sunt quæ ab indirectæ potestatis defensoribus adducuntur. Reliqua audiamus : « Quòd autem spiritualis potestas, quantùm ad divinam institutionem spectat, et prior sit tempore et major dignitate, in illo antiquo Veteris Instrumenti populo, manifestè declaratur, ubi primùm à Deo sacerdotium institutum est; posteà verò per sacerdotium, jubente Deo, regalis potestas ordinata. Unde in Ecclesià adhùc sacerdotalis dignitas potestatem regalem consecrat, et sanctificans per benedictionem et formans per institutionem. Si ergò, ut dicit Apostolus, qui *benedicit major est* [2], et minor qui benedicitur; constat absque omni dubitatione quòd terrena potestas, quæ à spirituali benedictionem accipit, jure inferior existimetur. » Capite VII, quærit *quomodo Ecclesia terrena possideat :* « Quædam, inquit, ecclesiis Christi, devotione fidelium concessa sunt possidenda [3]. » Et paulò post : « Spiritualis siquidem potestas non ideò præsidet, ut terrenæ in suo jure præjudicium faciat : sicut ipsa terrena potestas, quod spirituali debetur, nunquàm sine culpâ usurpat. » Capite VIII, quæritur *quot modis in sæculari potestate determinanda est justitia.* Quos inter modos et hunc refert : « Secundùm causam justitia determinatur, ut videlicet negotia sæcularia à potestate terrenâ, spiritualia verò et ecclesiastica à spirituali potestate examinentur. » Tùm subdit : « Sæcularis autem potestas caput habet regem sive imperatorem, ab illo per subjectas potestates, et duces, et comites, et præfectos et magistratus alios descendens, qui tamen omnes à primâ potestate auctoritatem sumunt, in eo quòd subjectis prælati existant. »

[1] *1 Cor.*, II, XV. — [2] *Hebr.*, VII, 7. — [3] Hug., Tom. III, c. VII, p. 608.

Summa ergò doctrinæ est : ambas potestates, juribus officiisque discretas, ad suum supremum caput, per diversos gradus referri singulas; nec ab alterâ alterius fines invadi oportere : atque id doctrinæ favet, quâ eas potestates sub uno Deo coordinari, non autem alteram alteri subordinari diximus. Jam quod Hugo dicit : « Spiritualis potestas terrenam potestatem et instituere habet, ut sit, et judicare, si bona non fuerit, » ad illud referendum est (*a*) quod posteà ex Vetere Testamento prodidit : « Sacerdotium à Deo primùm institutum, posteà verò per sacerdotium, jubente Deo, regalem potestatem ordinatam. » Quod ad Saülis historiam spectat manifestè, nec nisi ad mandatum Dei extraordinarium referri·potest; non autem ad ordinariam potestatem, de quâ nunc agimus. Undè etiam Hugo explicat, *Deo jubente,* id factum, à Samuele scilicet, ad eam rem expressè delegato, atque extraordinario propheticoque, ut diximus[1], potiùs quàm levitico ministerio. Quod autem posteà subdit : « Potestatem regalem adhùc in Ecclesiâ sanctificari per benedictionem et formari per institutionem; » nemo, credo, ità interpretabitur, ut reges à consecrante propriè ac strictè potestatem accipiant. Quod si Hugo dixisset, ab omnibus, præsertim verò à Francis, exploderetur, apud quos pridem constabat reges ex genere esse; nec fieri, sed nasci. Sed nos, quò pertineat regiæ consecrationis unctionisque ritus, suo loco exposuimus[2]. Cæterùm, in hâc Hugonis disputatione, nihil de imperatorum Henrici IV et Henrici V depositionibus memoratur, quas toto orbe celebratas, ac recentissimâ memoriâ factas, Germanus homo non ignorabat; neque has ad quæstionem maximè pertinentes omninò tacuisset, si apud catholicos bonâ atque integrâ famâ esse intellexisset.

[1] Sup., lib. I, sect. II, cap. VII. — [2] Sup., lib. II, cap. XLIV.

(*a*) Non, la phrase *spiritualis potestas terrenam potestatem...* ne se rapporte pas à la phrase suivante : *Sacerdotium à Deo;...* mais elle se rattache formellement, matériellement, par la copulative *nam*, à la phrase qui la précède : *Quant autem vita spiritualis dignior est quàm terrena...* La puissance spirituelle dirigo la puissance temporelle comme l'esprit gouverne le corps : voilà ce que dit Hugues de Saint-Victor; il ne s'agit dans ses paroles ni de délégation extraordinaire, ni de pouvoir prophétique, ni de rien de pareil.

CAPUT XVIII.

Friderici I res : duplex dissidium : primum cum Adriano IV : quid sit beneficium, quid coronam dare ex Adriani responso? Varius Adrianus : ejus decretum de insulis.

Sancti Bernardi tempore, Lothario (II) Saxoni, et Conrado Suevo, Fridericus I item Suevus à principibus electus fuit successor, anno 1152. Hujus temporibus multa contigerunt, partim sub Adriano IV, partim sub Alexandro III, quæ ad nostram quæstionem spectant.

Ac sub Adriano quidem IV non tulit Fridericus, ut curia romana imperialem coronam beneficium seu feudum prædicaret suum : sed eam uni Deo acceptam referebat[1]. Quare nec ferebat in Palatio lateranensi inscriptos hos versus (a).

> Rex venit ante fores jurans priùs Urbis honores :
> Post Homo fit Papæ, sumit quo dante coronam.

Quos versus eò usque Friderico displicuisse refert Radevicus, rerum Friderici scriptor coætaneus, ut illos omninò deleri vellet. Cùm igitur imperator ac principes hæc à Pontificibus vindicari sibi molestissimè ferrent, venit ad Fridericum epistola Adriani, in quâ commemorabat, « quantam ei Ecclesia Romana plenitudinem potestatis contulerit et honoris, imperialis insigne coronæ libentissimè conferens[2]. » Addebat Pontifex se gavisurum, si imperator « majora beneficia de manu suâ suscepisset. »

Commotus est vehementer imperator ambiguo beneficii nomine, quod sensu jam usitato *feudum* sonaret. Refert etiam Radevicus « principes omnes indignatione commotos, » quòd passim jactaretur, « dignitatis et honoris plenitudinem imperatori à Pontifice Romano collatam : reges imperium Urbis et regnum Italicum, donatione Pontificum hactenùs possedisse[3]. »

[1] Radev., *de gest. Frid. I*, lib. I, cap. x. Urst., p. 482. — [2] Adr. IV, *ep.* II : tom. X *Conc.*, col. 1145. — [3] Radev., loc. cit.

(a) Inscripti erant hi versus in eâ tabulâ, in quâ Lotharius II imperator pingebatur flexis genibus à Papâ stante accipiens coronam. (*Edit. Leroy.*)

Quin etiam à principibus exerti gladii, cùm legatus Papæ dixisset : « A quo ergò habet, si à Domino Papâ non habet imperium? » Composito motu imperator per omne imperium edidit epistolam, cujus initium est : « Cùm divina potentia, à quâ omnis potestas in cœlo et in terrâ, nobis, Christis ejus, regnum et imperium commiserit, » etc. Quo fundamento posito, significat quàm horruerit illam beneficii vocem aliaque id genus, ab Adriano jactata : additque « per electionem principum à solo Deo regnum et imperium sibi esse concessum : quicumque imperialem coronam pro beneficio à Papâ susceptam à se esse dixerit, divinæ institutioni et doctrinæ Petri contrarium, et mendacii reum esse : » quod iterùm inculcat, applaudentibus episcopis : « ac liberam imperii coronam uni Deo tantùm adscribit. » Quod et memorant episcopi ac laudant in eâ epistolâ, quam scripsere, à Radevico relatâ [1].

Tantâ ergò totius imperii consensione permotus Adrianus, sic suam epistolam emollivit, ut *beneficium* usu latinæ linguæ interpretaretur, *non feudum, sed bonum factum :* quòd autem imperator molestè tulisset illud : « Contulimus tibi insigne imperialis coronæ, » sic Pontifex interpretatur : per hoc vocabulum : « Contulimus tibi insigne imperialis coronæ, nihil aliud intelleximus quàm imposuimus [2]. » Ergò coronam imponit episcoporum ritu, non propterea potestatem confert. Quo pontificio responso, omnia ex coronatione deprompta argumenta corruunt.

Fatendum quidem altioris esse spiritùs, quæ paulò post scripsit idem Adrianus; cùm Friderico objiciens, « homagium exactum ab episcopis, et eorum sacras manus ejus manibus innexas, » aliaque ejusmodi, hæc addit : « Resipisce ergò, resipisce, tibi consulimus; quia cùm à nobis consecrationem et coronam merueris, dùm inconcessa captas, ne concessa perdas, nobilitati tuæ timemus [3]. » Quid rescripserit Fridericus ad rem nostram non pertinet, sicut neque aliæ inter Pontificem et imperatorem subortæ simultates. Sed profectò, cùm videmus Romanum Pontificem talia comminantem pro iis, quæ nunc omnium usu innoxia celebrantur, tùm etiam de coronâ concessâ ab eodem tam variè scribi;

---

[1] Radev., *de gest. Frid. I*, lib. I, cap. XVI, p. 486.—[2] *Ibid.*, et tom. X *Conc.* col. 1147. — [3] Adr., *epist.* VI; *ibid.*, col. 1149.

sanè meminerimus, hæc et alia generis hujus Sedi apostolicæ attributa ad jura secundaria, quæ immutari possunt, non ad jura primitiva, quæ à Christo concessa sint, certamque et incommutabilem rationem obtineant, pertinere, ut jam diximus [1].

Hic ille est Adrianus IV quem suprà memoravimus [2] scripsisse ad Henricum II, Angliæ Regem : « Hiberniam et omnes insulas, quibus sol justitiæ Christus illuxit, ad jus beati Petri et sacrosanctæ Romanæ Ecclesiæ pertinere ; » neque id *esse dubium : pertinere* autem eo sensu, non quo grex regendus ad pastorem pertinet, sed quo bona possessa ad dominum. Quo jure Hiberniam, censu annuo reservato, Regi Angliæ habendam possidendamque tradit. Quæ si tam certa sunt, quàm certò Adrianus asserit, pace ejus dixerim, nihil jam aliud superest, quàm ut ei cum insulis, continentem quoque terram omnem, quæ non potiore jure est, et totius christiani orbis imperium concedamus : ad quæ, credo, confitenda nemo nos adiget.

CAPUT XIX.

Alterum Friderici I dissidium cum Alexandro III. Excommunicatur, deponitur, nec minùs agnoscitur pro imperatore, etiam à Papâ : excommunicatio, res seria, depositio pro nihilo habetur.

Alterum illudque maximum Friderico I dissidium cum Alexandro III intercessit. Offensus quippè Fridericus Romanis Pontificibus, quòd victis Italis ac rebellantibus favere, ac Germanorum jugum ab Italis depellere velle viderentur; Octavianum schismaticum Pontificem, Victorem III appellatum, adversùs Alexandrum III virum sanctissimum tuetur. Anno circiter 1160, à sancto Pontifice Victor meritò anathemate unà cum asseclis, atque ipso imperatore percellitur. Alexander profectus ad Francos, afflictorum Pontificum per quadringentos jam annos commune perfugium ; anno 1163, in concilio Turonensi excommunicationem renovat [3], nulla hactenùs depositionis mentione: hanc enim ab

---

[1] Sup., lib. II, cap. xxxvi. — [2] Sup., lib. I, sect. i, c. xiv. — [3] *Conc. Turon.*, tom. X, col. 1411.

excommunicatione Romani Pontifices separabant. Itaque nemini est visum, Fridericum, licèt in schismate obduratum, eoque nomine excommunicatum, imperio cecidisse; constititque apud omnes, excommunicatos principes suo jure regnare, nec abrumpi anathemate civilis societatis fœdus, contra quod tempore Gregorii VII sentiebant.

Anno demùm 1168, in concilio Lateranensi [1] Fridericum ab Alexandro III novo anathemate ac simul depositione mulctatum scribit Joannes Sarisberiensis, epistolâ ad Cantiæ sub-priorem. Sed qui has depositiones admittere nos cogunt, videant an hæc etiam auctoritate eâdem decreta probare velint: « Abstulit (Romanus Pontifex) ei etiam regiam dignitatem, ipsumque anathemate condemnavit, et inhibuit auctoritate Dei, ne vires ullas amodo in bellicis congressionibus habeat, aut de christiano aliquo victoriam consequatur, aut alicubi quiete et pace gaudeat, donec fructus pœnitentiæ condignos operetur: in quo secutus est exemplum Gregorii VII, decessoris sui, qui, nostrâ ætate, Henricum imperatorem Ecclesiæ privilegia convellentem deponens in concilio Romano, simili sententiâ condemnavit. » Non habuit historicus antiquius, quod referret, talis depositionis atque excommunicationis exemplum: tametsi eam dicit *de Petri privilegio latam*. His scilicet Petri claves et excommunicationis vim commendari posse putabant. Nos autem arbitramur has irritò jactatas esse minas; hæc de victoriis submovendis excommunicationi præter ordinem ac traditionem adjuncta, effecisse ut magno suo malo, Christiani excommunicationem minùs minùsque vererentur, fallente plerumque eventu, aut fortuitis casibus consecuto.

Anno 1177, concilio Venetiis habito, facta pax; quâ de re, acta manuscripta bibliothecæ Vaticanæ Baronius refert [2], quibus nostra firmantur. Ibi enim cernimus Fridericum semper imperatorem nominari, depositum quamvis; quodque vel maximum, imperatoris procuratores coram Domino Papa jurasse in hæc verba [3]: « Ego Comes Diedo juro quod Dominus imperator

---

[1] Tom. X *Conc.*, col. 1449, 1450. — [2] *Conc. Venet.*, *ibid.*, col. 1481. Baron., tom. XII, an. 1177. — [3] Tom. X *Concil.*, col. 1485.

mandavit mihi; » et : « Ego Sigilboth juro, quod Domĭnus imperator, » etc. Ex quo, Papâ etiam audiente, quantumlibet depositus, pro imperatore est habitus. Sequitur in actis missos à Pontifice ad imperatorem legatos, qui quidem imperatorem, « postquam renuntiavit schisma, promissam quoque obedientiam Domino Alexandro ejusque successoribus canonicè intrantibus, ipsum à sententiâ excommunicationis pariter absolverunt, et catholicæ unitati aggregarunt. » Audis quàm sollicitè de excommunicatione dictum, de depositionis sententiâ nihil prorsùs. Quæ planè demonstrant, quantùm inter excommunicationem jure divino constitutam, et depositiones novitiis exemplis inductas intersit discriminis. Imperator excommunicatus ab excommunicatione solvitur : depositus ubique, etiam cum Pontifice, pro imperatore se gerit, nec se restitui petit; sed suo jure regnat. Cæterùm quæ de conculcato Friderico commemorant, hæc Baronius meritò amandat ad fabulas.

Jam putamus hæc, quæ sæpè inculcamus, certo certius stabilita : schismaticum et excommunicatum principem haud minùs jure regnare : à schismaticis et excommuuicatis regibus ritè postulatum, ut schisma ejurarent, ac venia petitâ absolverentur : à depositis, nunquàm ut se jure deponi potuisse faterentur : addimus depositos haud minùs pro regibus agentes, à Pontifice quoque fuisse agnitos : ut excommunicatio, prout reverâ est, res seria et gravis; depositio verò tanquam vana nullumque effectum consecuta, ac per se ipsam nulla haberetur, quantâcumque pompâ in speciem prolata.

CAPUT XX.

Henrici VI, Friderici filii, excommunicatio sine depositione per Cœlestinum III. Item Philippi Augusti Regis Francorum, ob repudiatam uxorem per Innocentium III. Item depositio Othonis IV imperatoris per eumdem Innocentium : bella atrocia, harum depositionum appendix.

Henricus VI Imperator, Friderici I filius, quòd regem Angliæ Richardum Hierosolymis à sacro bello redeuntem carcere tenuisset ¹, anathemate condemnatus à Cœlestino III, et contumaciter obsurdescens, placidè tamen regnavit, neque est depositus. Ejus cadaver jussu Pontificis insepultum mansit, quoad Richardo Regi de redemptionis pretio satisfactum esset.

Anno 1199, quòd Philippus Augustus rex Franciæ, pulsâ uxore, aliam superduxerit, jussu et auctoritate Innocentii III, *tota Philippi terra ecclesiastico interdicto subdita est;* cui interdicto deferentes episcopos magnis rex incommodis affecit. Idem posteà, Ecclesiæ de injusto divortio, episcopis etiam de injuriis satisfecit, magnâque omnium lætitiâ, *interdicti sententia relaxata est*². At cùm per annum ferè integrum tenuerit, nemo interim de obedientiâ deneganda, de deponendo principe nemo cogitavit; neque Franci talia admittebant.

Idem Innocentius III Othonem IV Imperatorem, quorumdam Apuliæ oppidorum et Siciliæ invasorem, anathemate primùm, deindè depositione affecit. Quæ Rigordus noster, ejus ævi scriptor, eumque secutus Joannes Nauclerus accuratissimè distinxerunt; nihil ut sit certius quàm depositionem ab excommunicatione sejunctam ³. Quâ depositione, ut et aliis præcedentibus, bella atrocia commota sunt, atque inter Othonem et Fridericum II, multo sanguine decertatum est.

CAPUT XXI.

Post imperatores hactenùs depositos, primus aliorum regum Joannes sine terrâ Anglus, ab Innocentio III depositus, regno Sedi apostolicæ tradito restitutus; quæ Sedis apostolicæ odio et contemptui vertunt.

Hactenùs Romani Pontifices imperatores solos, regesque Germaniæ atque Italiæ deposuerant, quos peculiari titulo obnoxios sibi esse putabant. Primus omnium Innocentius III, alios quoque reges deponere aggressus, ducto initio ab Angliæ Rege, misero

---

¹ Baron., an. 1193, 1197. Vid. tom. X *Conc.*, col. 1768. — ² Rigord., in *Phil. Aug.*, an. 1193; tom. V Duch. — ³ *Ibid.*, an. 1210. Nauc., tom. XI *Concil.*, col. 56.

illo Joanne qui *sine terrâ* dicitur [1]. Is, jussu Papæ, electum Cantuariensem archiepiscopum Stephanum de Langetune presbyterum cardinalem, doctrinâ moribusque conspicuum, nolebat admittere; Cantuariensesque monachos, penes quos electio erat, Pontifici obsecutos, ut majestatis reos exagitabat. Grave id Pontifici visum. Cœptum ab interdicto est; denuntiatumque regi per legatos apostolicos, « ut si per hoc pertinaciam suam non duceret corrigendam, ipse (Pontifex) manum adhibere curaret graviorem [2]. »

Rex, propter interdictum, in Anglos ac Romanos in Angliâ versantes, diris indignisque modis sæviit. « Post continuatam per biennium persecutionem gravissimam, decretum à Pontifice nominatim excommunicari regem, et ab omnibus evitari [3], » quæ sententia, licèt ab episcopis regem metuentibus promulgata non esset, omnium tamen *ora repleverat*.

Rex consueto more ac jure regnabat; neque quidquam Pontifex de eo deponendo decreverat aut etiam interminatus erat. At anno 1212, jam totâ in regem commotâ Angliâ, præcipuis episcopis Anglicanis id postulantibus, Innocentius definivit, « ut rex Anglorum Joannes à solio regni deponeretur, et alius, Papâ procurante, succederet. Ad hujus sententiæ executionem scripsit potentissimo Regi Francorum Philippo, quatenùs, propter omnium remissionem peccaminum, hunc laborem assumeret, et Rege Anglorum à solio regni expulso, ipse et successores sui regnum Angliæ jure perpetuo possideret [4]. » Hic ergò videmus non modò deturbatum regem; sed etiam domum regiam, Joannisque liberos etiam innocuos; et amplissimum regnum privatum esse jure eligendi sibi principes; et ad extraneos translatum imperium, pontificio jussu. Quis hæc congerendis quàm solvendis peccatis aptiora esse neget?

At enim objiciunt, huic decreto Francorum regem Philippum paruisse, ac pontificiam in deponendis regibus agnovisse potestatem. Certè, qui per eam occasionem eoque decreto, Angliam

---

[1] Matt. Par., *Hist. Angl.*, an. 1207, p. 222, 223. Vid. Rap. Thoyr., lib. VIII. — [2] Matt. Par., an. 1208, p. 226. — [3] *Ibid.*, an. 1209, pag. 228. — [4] *Ibid.*, an. 1212, p. 232.

suo regno infensissimam occupare conaretur. Quanti autem hæc exempla valeant, et omnes per se vident; neque eo tempore ignorabant; cùm Comes Flandriæ regem ad bellum sequi jussus, id etiam objecerit : « Fuisse injustum idem bellum, quod ad debellandum regem Anglorum susceperat; cùm nullus antecessorum suorum jus hactenùs sibi aliquod in regno Angliæ vindicasset [1] : » adeò hi tituli regnandi vani habebantur.

Posteaquam Joannes rex miserrimus, atque haud minùs contemptus quàm detestatus, suis tantam vim à vicinis Francis ac rege victoriosissimo imminere vidit; Innocentio III ejusque successoribus regnum Angliæ tradidit, quod ipse à Pontifice sub *homagii ligii* fide reciperet. Quid multa? Continuò Joannes regno restitutus, ab Innocentio in barones perduelles anathemata vertuntur, atque in Philippum ipsum, nisi bellum incœptum statim omitteret. Sed barones in proposito pergunt, Ludovicum Philippi filium regem pronuntiant; id in Joanne maximè detestantur, quòd regnum nobilissimum *chirographo æternæ servitutis obligasset* [2]. At ex illà servitute Joannes id commodi referebat, ut baronibus, bellorum necessitate initisque fœderibus multa pollicitus, multa largitus, ea omnia, tanquam sine Romani Pontificis supremi jam sui domini auctoritate concessa, facilè revocaret. Nec deerat Innocentius, qui promissa ac donata rescinderet. Interim Ludovicus mare trajecit, nihil deterritus excommunicatione, quæ profectò humanis jam intentata ac soluta consiliis, piis quoque, quorum numero fuit Ludovicus, proh dolor ! sæpè contemptui erat; ac vana tantùm suffugia quærebantur. Et quidem Ludovici causa coram Innocentio acta. Objectum est inter cætera, decretum concilii Lateranensis III generalis, quod tamen non extat (a). Oratores, Ludovici nomine, respondebant : « Quòd tempore latæ sententiæ Dominus Papa nesciebat quòd Ludovicus haberet jus de regno Angliæ, et cùm hoc illi constiterit, non

---

[1] Matt. Par., an. 1213, pag. 236. — [2] *Ibid.*, an. 1215. Vid. Chart. Joan., *Spic.*, tom. V, p. 574; et *Concil.*, tom. XI, p. 237.

(a) Extat in concilio Lateranensi IV, his verbis : « Statuimus ut saltem per quadriennium... discordantes reducantur ad plenam pacem, aut firmam treugam inviolabiliter observandam; et qui acquiescere forte contempserint, per excommunicationem compellantur. » Tom. XI *Conc.*, part. I, col. 232, 233 (*Edit. Leroy*).

credit quòd concilium possit ei jus suum auferre [1]. » Sic sanè, ut poterant, in curiâ Romanâ, regum jura ab ecclesiasticâ potestate libera tutabantur. Denique morte Joannis finita controversia est. Tunc odia Anglorum concidere; in Henricum Joannis filium conversa omnium studia, atque in Ludovicum odia; ac tunc metui cœpit excommunicatio, cùm vires undique defuere. In hæc misera et infanda Ecclesiam induxerunt, qui partem tantam apostolicæ potestatis, in temporalibus ordinandis seu potiùs subvertendis, pessimo consilio collocarunt. Hæc verò utcumque excusare libeat, tanquam bono animo, per hujus ætatis imperitiam, à bonis etiam Pontificibus gesta, ut sæculum sæculo repercuterent; tamen colere non possumus, quæ nunquàm à Christo, aut apostolis, Patribusque prodita, tam infaustis successibus prodierunt.

CAPUT XXII.

Refertur caput, Novit, *extrav.* de Judiciis : *hujus edendi occasio : nihil ad rem : interpretatio necessaria.*

Per ea tempora Innocentius III multùm laboravit in componendâ pace inter Francos et Anglos, ut deinde in infideles arma converterent. Pontifice digna res! Novum illud, quòd pro potestate pacem vel inducias regibus imperaret. Grave id Gallicanis episcopis visum; « et regem excusabant, Papam rogantes, ut non læderet jurisdictionem Regis Francorum [2] : » at graviter redarguti sunt ab Innocentio, datâ ad eos *Epistolâ,* cujus initium est : *Novit ille,* extrav. *de Judiciis* [3]. Summa *Epistolæ* est, non *se judicare de feudo,* cujus judicium ad regem pertinet; *sed decernere de peccato, cujus ad nos,* inquit, *pertinet sine dubitatione censura :* hinc coerceri à se posse qui pacem abrumpant, præsertim juratam; cùm Ecclesiæ sit *de juramenti religione cognoscere.* Quæ, quidem nihil ad hanc quæstionem pertinent, cùm non agat Innocentius de regibus metu depositionis coercendis, quod unum quærimus; vanique omninò sunt et à quæstionis recedunt statu,

---

[1] Matt. Par., an. 1216, p. 285. — [2] Nicol. Trivet., *Chron. Spic.,* tom. VIII, p. 531. — [3] Ext. Greg. IX, lib. II, tit. I, cap. XIII.

qui hæc objiciunt. Sed tamen si ad extremum urgeantur, jam decernant episcopi ac præsertim Romanus Pontifex, non tantùm de bello ac de pace, quod ipsum per se est gravissimum et regii officii pars maxima; sed etiam de militiâ, de judiciis, de magistratibus, de feudis etiam, quorum cognitionem à se Innocentius amoverat, cùm in his omnibus juramenti religio interveniat; ac si ab aliis rebus juramentum absit, non abest certè peccatum; quo nomine, privata omnia et publica ad potestatem Ecclesiæ revocentur. Quare hæc Innocentii vel emolliant necesse est, interpretatione commodâ, ac modum aliquem adhibeant, vel omnia imperiorum jura confundant.

Id Philippus Augustus senserat, cùm olim legato Clementis III minitanti, « nisi Rex Franciæ, et Comes Richardus cum Rege Anglorum (Henrico II) componerent, fore ut terras eorum sub interdicto concluderet; respondit se illius sententiam nullatenùs formidare, cùm nullâ æquitate fulciretur. Addidit etiam ad Episcopum Romanum minimè pertinere in regem aliquem, maximè Francorum, per sententiam animadvertere, si rex idem in HOMINES suos, dementes et regno suo rebelles, ulciscendi causâ insurgere disposuerit [1]. » Sic in sæculis etiam ineruditis, reges nostri, et majestatem intelligebant suam, et pro virili parte tuebantur. Itaque his minis nihil Clemens III, nihil Innocentius III profecere. De peccato cognoscat Romanus Pontifex, legitimo canonicoque ordine, ubi grave facinus evidenter injustum, notorium, neque ullâ tergiversatione celandum, vel, si velint, claris probationibus certum : tunc excommunicationem tantùm, idque adhibitâ christianâ prudentiâ, non autem depositionem comminetur. Ut autem peccati nomine, regnorum jura ambiguasque bellorum causas, et imperiorum arcana ad se trahat, ne ipse quidem velit. Cæterùm in foro conscientiæ, ubi habemus confitentem ac pœnitentem reum, quo pacto quæcumque peccata sunt, etiam in temporalibus (sive illa sint ambigua, sive certa, sive publica, sive occulta), clavibus Ecclesiæ subdantur, quatenùs quidem peccata sunt, nemo sanus objiciet : neque ad rem ullo modo pertinet. Quod propter tardiores, aut cavillatores monitum esse volumus.

[1] Matth. Par., an. 1188.

CAPUT XXIII.

Bonifacii VIII cum Philippo IV Pulchro Francorum Rege dissidium : acta Bonifacii rescissa à Clemente V : rex omnesque regni ordines, regni in temporalibus tuentur independentiam.

Hic temporum ratio postulabat, ut de Friderico II ageretur; sed quandoquidem novo exemplo in concilio generali est depositus; in eoque negotio, de concilii generalis auctoritate multa mentio fuit, totam rem eò remitti placet, ubi de iis quæ in conciliis circa temporalia ordinanda gesta sunt, disseremus [1]. Properamus ad alia, neque tamen animus est explorare omnia quibus Pontifices usurpatam semel temporalem potestatem exercere aggressi sunt. Posteaquam enim orbis christianus his assuefactus est, non defuere reges ac principes, qui hunc cupiditati et invasioni titulum obtenderent, placebatque jactare in vulgus. Sedi apostolicæ obsecutos, dùm fœdæ cupiditati morem gererent. Cæterùm seditiones ac bella atrocia sequebantur; quo metu factum est, ut hæc reformidarent omnes; et magno terrori fuit, quòd his decretis, si non dari regna, saltem perturbari possent. Quæ postquam generatim diximus, ea tantùm sigillatim referemus, quæ ad hanc elucidandam quæstionem aliquid singulare præferre videantur; qualia sunt imprimis ea quæ Bonifacio VIII contigerunt.

Eo Pontifice nullus unquam graviùs à Gregorii VII temporibus conculcavit imperia: quo nomine non tantùm apud nostros, quos acerrimè aggressus est; verùm etiam apud exteros malè audivit. Testis Joannes Hocsemius canonicus Leodiensis, ejus ævi scriptor : « His, inquit, temporibus, Bonifacius animosè nimis omnia facta sua expediebat pro libito, nec fratrum suorum concilia sequebatur; et quia videbat quòd propter potentiam regni Franciæ, suam non poterat exsequi voluntatem, et considerans Regis Formosi simplicitatem, eo quòd totum regni regimen à suis con-

[1] Inf., lib. IV, cap. VI.

siliariis dependebat, ad regis et regni humiliationem pro viribus nitebatur [1]. » Haud longè absimilia Joannes Villanus Italus prodidit [2]. Alii ab eodem multa superbissimè atque arrogantissimè dicta gestaque commemorant. Manavit ea opinio ad posteros.

Platina Italus, *Historiæ pontificiæ* scriptor nobilis : « Moritur Bonifacius, qui semper regibus, principibus, nationibus, populis, terrorem potiùs quàm religionem injicere conabatur; quique dare regna et auferre, pellere homines et reducere pro animi arbitrio conabatur...... Discant hujus exemplo principes omnes, tam religiosi quàm sæculares, præesse clero et populis, non superbè et contumeliosè, ut hic, de quo loquimur; sed sanctè et modestè, ut Christus Rex noster ejusque discipuli [3]. «

Huic adversùs regna, præsertim verò adversùs Francos gravia molienti, Philippus IV, *Pulcher* appellatus, acerrimi ingenii atque animi Rex Francorum, Francique omnes, principes, nobilitas, plebs, clerus ipse magnâ consensione vehementissimè obstiterunt. Quæ per vim facta sunt adversùs Pontificem, lacrymis prosequenda, neque rex probavit, hujusque sceleris insons, pontificio quoque judicio pronuntiatus est; et nos silentio præterimus. Quæ ad illud quod tractamus doctrinæ caput pertinentia utrinque prolata sunt, exequemur, prout ea apud Odoricum Rainaldum Baronii continuatorem, *Annalium* XIV et XV tomis legimus, et in editione Parisiensi anni 1655 Historiæ hujus dissidii ex regestis regiis diligentissimè colliguntur [4].

Cæterùm cùm Bonifaciana decreta, quoad hoc negotium attinet, Clementis V partim antiquata auctoritate, partim temperata, partim ex regestis tolli jussa, ac reverâ sublata et deleta in regestis Vaticanis, ab Odorico Rainaldo reperta sunt : nos ubi ea decreta ex temporum serie referemus, suam cuique apponemus notam, ut lector veritatis amans, et quid decretum sit, et quo loco habendum, uno intuitu complectatur.

Ac ne quis existimet hæc, quæ à Rainaldo ex regestis deleta reperta sunt, privatis fortè consiliis fuisse sublata, præmittimus

---

[1] Hocs., *Hist. Episc. Leod.*, cap. XXIX. — [2] Vill., *Hist.*, p. 180. — [3] Plat., *vit. Bonif. VIII*, pag. 233, edit. Colon., 1626. — [4] Rain., an. 1311, n. 36. *Hist. du Différ.*, p. 597.

Clementis V decretum, in Bullâ quæ incipit, *Rex gloriæ*, quæ quidem ab Odorico Rainaldo, omissâ tantùm præfatione, describitur. Sic autem decernit Clemens : « Nos, eorum quæ tantis periculis atque malis causam et occasionem dedisse noscuntur, volentes abolere memoriam..... sententias, constitutiones, declarationes, privilegiorum revocationes, suspensiones, excommunicationes, interdicta, privationes, depositiones et processus prædictos, de libris capitularibus, et registris Ecclesiæ Romanæ, de fratrum nostrorum consilio omninò tolli et penitùs mandavimus amoveri[1]. »

Extat etiam apud Odoricum Rainaldum [2] authentica declaratio ipsi regesto Bonifaciano inserta, quâ hæc omnia jussu Clementis V erasa esse constat. Quæ autem potissimum Bonifacii decreta Clemens V antiquavit et revocavit, docet ipse Rainaldus ex manuscriptâ historiâ Bernardi, quæ in bibliothecâ Vaticanâ asservatur. Hæc enim verba historici refert : « In Kalendis Februarii duas constitutiones Bonifacii quondam Papæ, unam quam direxerat Regi Franciæ in quâ scribebat eidem, ipsum regem esse subjectum Romanæ Ecclesiæ in temporalibus et spiritualibus; aliam verò, quæ incipit : *Clericis laicos*, revocavit, et omnia quæ ex ipsis constituta [3]. » Jam postquàm universim rerum formam delineavimus, singularia gesta aggredi placet.

Dissensionis exordium, aut maximum fuit incentivum celebris illa anno 1296, Bonifacii VIII edita constitutio invidiosissimo exordio : *Clericis laicos infestos oppidò prodit antiquitas* [4]. Hâc vetat Bonifacius, sub anathematis pœnâ, ne quid in regnorum et reipublicæ subsidium, aut principes exigant à clericis, aut clerici solvant sine Sedis apostolicæ licentiâ.

Commotum eâ re Philippum significat Bulla *Ineffabilis*, ad ipsum eodem anno directa; sed Bonifacius suam sententiam sic temperat : « Non præcisè statuimus pro defensione vel necessitatibus tuis, vel regni tui, ab iisdem prælatis ecclesiasticisque personis, pecuniarum subsidium non præstari; at adjecimus, id non fieri absque nostrâ licentiâ speciali [5]. »

---

[1] *Hist.*, etc., p. 300. Rain., an. 1311, n. 26 et seq. — [2] Rain., an. 1301, n. 31. — [3] Bernard., *Chron*, ap. Rain., an. 1306, n. 1.— [4] *Hist. du Différ.*, etc., p. 14. — [5] *Ibid.*, p. 15.

Neque explicatio placuit, parùm ut videbatur publicis necessitatibus consulens. Quin anno sequente, ipse Bonifacius dato diplomate declaravit : cùm *necessitas immineret, peti ac recipi* ab ecclesiasticis posse pecunias, quas etiam, Pontifice Romano inconsulto, *impertiri teneantur*, atque ut *necessitatis declaratio, regis et successorum suorum conscientiis relinquatur* [1].

Quid autem necesse erat talia invidiosissimè commoveri, ut deindè regum permitterentur arbitrio? Denique Clemens V id Bonifacii decretum, omniaque ex eo secuta, antiquavit, et haberi voluit pro *infectis*, editâ Bullâ, cujus initium est : *Quoniam ex constitutione* [2].

Eodem anno 1296, Philippus vetuit « aurum, argentum, pecuniam, victualia, arma, equos, munimenta, à quocumque, cujuscumque dignitatis ac nationis, à regni limitibus, sine suâ speciali licentiâ deferri [3]; » ut his regnum afflueret, neque *inimici augmentarentur*. At Bonifacius Bullam *Ineffabilis*, ad ipsum regem dirigit, quâ fatetur interdùm id utile, ne civibus necessaria subtrahantur, eaque ad hostes transeant : « Sed, inquit, sic generalem proferre sententiam, ut tulisti, non solùm reprobatur in subditos, sed etiam in exteros cujuslibet nationis. » Tùm addit : « Et si, quod absit, fuerit condentium intentio, ut ad nos et fratres nostros Ecclesiarum prælatos, ecclesiasticasque personas, et ipsas Ecclesias, et nostra et ipsorum bona, non solùm in regno tuo, sed etiam constitutorum ubilibet extendatur : hoc non solùm fuisset improvidum, sed insanum, velle ad illa temerarias manus extendere, in quibus tibi sæcularibus principibus nulla est attributa potestas. Quin potiùs ex hoc, contra libertatem eamdem temerè veniendo, in excommunicationis sententiam promulgati canonis incidisses. » At non puto quemquam esse pontificiorum dictorum tam protervum defensorem, qui tueri hæc audeat : improvidum, insanum ac anathemate plectendum esse facinus, si princeps prohibeat ne ab ecclesiasticis res tam necessariæ, sine regiâ licentiâ extra regnum transportentur. Qui verò sic defendunt ecclesiasticam libertatem, profectò non defendunt; sed regnis invidiosam ac

---

[1] *Hist. du Différ.*, etc., pag. 40. Rain., an. 1297, n. 50. — [2] *Preuv. du Diff.* pag. 287. — [3] *Ibid.*, p. 13.

noxiam reddunt; clericosque, non cives, sed propemodum hostes, atque omnibus graves invisosque faciunt. Quare Philippus ab edicti sui gravitate et auctoritate non recessit.

Neque commotus est his Bonifacii minis : « Cogita et repensa Romanorum, Angliæ et Hispaniæ regna, quæ undique te circumstant, eorumque potentias ac strenuitatem et multitudinem incolarum; et patenter agnosces, quòd non sit tempus acceptabile, non dies salutis in diebus istis, nos et ipsam Ecclesiam talibus perturbare puncturis. Nec revocare debuisses in dubium, quòd nostri et Ecclesiæ adjutorii et favoris sola subtractio, in tantùm te debilitaret ac tuos, quòd, ut cætera tua omittamus incommoda, persecutiones adversùs ferre non posses; ac ubi nos et eamdem Ecclesiam tibi adversarios constitueres principales, adeò nostra et ejusdem Ecclesiæ et aliorum prædictorum provocationis tibi sarcina gravior redderetur, quòd ad ejus pondus tui efficerentur humeri impotentes [1]. » Ac posteà : « Quid ergò tibi accideret, si, quod absit, Sedem ipsam offenderes graviter, eamque hostium tuorum constitueres adjutricem; quin potiùs contra te faceres principalem? » Judicet lector pontificiumne sit ac paternum, catholico regi regium officium fortiter ac innoxiè exsecuto, neque quidquam contra religionem aut Ecclesiam molienti, hæc intentare, commovere adversùs eum reges, se præbere *adjutorem*, imò *adversarium principalem*.

Neque erat levius, quòd subortis Philippo cum Romanorum atque Angliæ Regibus controversiis, Bonifacius sic scriberet : « Numquid super iis dicti reges denegant stare juri? Numquid apostolicæ Sedis, quæ christicolis omnibus præeminet, judicium vel ordinationem recusant? Dumque in eos super iis peccare te asserunt, de hoc judicium ad eamdem Sedem non est dubium pertinere [2]. »

Ad hæc respondet Philippus oblatum à se esse ut reges starent arbitris; ac posteà de controversiis cum Rege Anglo *compromisit in summum Pontificem*, sed *tanquam in privatam personam, ac Benedictum Cajetanum* [3], quod erat Pontificis nomen proprium ac gentilitium. Hoc enim expressè additum, ne ponti-

---
[1] *Preuv. du Diff.*, p. 17. — [2] *Ibid.*, p. 18. — [3] *Ibid.*, p. 23 et 84.

ficiæ potestatis nomine, hoc ad se judicium necessariò deferendum putaret; quod quidem arbitri officium eâ conditione Pontifex ipse suscepit [1].

Cùm autem anno 1297, Franciæ atque Angliæ Regibus sub excommunicationis pœnâ treugas seu inducias indixisset, legatique eâ de re Bonifacii ad Philippum litteras attulissent; quid ille responderit, et in vulgus spargi jusserit, legati testantur sic : « Cùm dictas litteras præsentaremus dicto regi legendas, idem rex in continenti, antequam litteræ eæ legerentur, nomine suo et se presente, fecit exprimi et mandavit in nostri præsentiâ protestationes ejusmodi, et alia quæ sequuntur : videlicet, regimen temporalitatis regni sui ad ipsum regem solum, et neminem alium pertinere; seque in eo neminem superiorem recognoscere nec habere; nec se intendere supponere vel subjicere modo quocumque viventi alicui, super rebus pertinentibus ad temporale regimen regni [2]. » Ac posteà : « Quatenùs autem ipsius regis tangit animam, et ad spiritualitatem attinet, idem rex prædecessorum suorum sequens vestigia, paratus est monitionibus et præceptis Sedis apostolicæ devotè ac humiliter obedire, in quantum tenetur et debet, et tanquam verus et devotus filius Sedis ipsius, et sanctæ Matris Ecclesiæ reverentiam observare. » Sic sua tuebatur, nec Sedi apostolicæ, cujus auctoritate res Ecclesiæ stant maximè, quidquam derogabat.

Anno 1301, passim circumferebantur brevissimæ Bonifacii ad Philippum, et Philippi ad Bonifacium litteræ omnibus notæ. Bonifacii epistolæ tale est initium : « Scire te volumus, quòd in spiritualibus et temporalibus nobis subes [3]. » Quæ ne in præjudicium traherentur, « die Dominicâ post octavam Purificationis beatæ Mariæ 1301, Rex Franciæ fecit comburere Bullam Papæ, in medio omnium nobilium et aliarum personarum, quæ erant eâdem die Parisiis, et cum trompis fecit combustionem hujus Bullæ per totam villam Parisiis præconisari : item à die Veneris ante diem Dominicam erant elapsi quindecim dies, quòd idem rex condemnavit filios suos in præsentiâ totius curiæ suæ, et

---

[1] *Preuv. du Diff.*, pag. 41. Rain., an. 1298, n. 2. — [2] *Hist. du Différ.*, etc., p. 28. — [3] *Ibid.*, p. 44.

procerum omnium, qui erant præsentes, si advoharent ab aliquo vivente, nisi solummodo à Deo regnum Franciæ [1]. »

Quòd ergò regia potestas, alteri quàm Deo in temporalibus subjici diceretur, id non modò regi, sed etiam universæ genti adeò intolerabile visum, ut nullâ unquàm in re fuerit omnium Ordinum tanta consensio. Eâ de re consultus Petrus de Bosco regius advocatus, ità respondebat: « Quòd Papa sic scribens et intendens, sit et debeat hæreticus reputari [2]. » Neque tantùm ministri regis hæc Pontificis cogitata adversabantur, sed etiam gravissimi hujus ætatis theologi scriptis editis confutabant; ac ne jam privatos appellemus, Franci principes, duces, comites, barones, nobiles, in iis actis quæ ad Cardinalium collegium ediderunt, illud horruerunt, quod exprobrabant à Bonifacio dictum: « Regem in temporalibus subjectum ipsi esse propter regnum Franciæ, cùm reges Francique omnes semper dixerint, omnibusque sit notorium, id regnum in temporalibus soli Deo subdi [3]. »

Huic contestationi eodem anno Clerus universus assentitur, datis ad Bonifacium litteris, sub hoc titulo : « Archiepiscopi, episcopi, abbates, priores conventuales, decani, præpositi, capitula, conventus, atque collegia ecclesiarum cathedralium, collegiatarum, regularium et sæcularium totius regni Franciæ Parisiis congregati [4]; » testanturque ad tuendam regis in temporalibus supremam potestatem « se adfuturos eidem, debitis consiliis atque auxiliis opportunis. »

Quod ipsum posteà, anno 1303, luculentiùs declarant. Cùm enim à Bonifacio VIII ad futurum concilium œcumenicum rex et barones appellarent, archiepiscopi, episcopi, et abbates præcipui in appellationem consentiunt, atque hæc insuper addunt: « Nos dicto Domino regi, et baronibus, ac sibi assistentibus assistemus, et secundùm Deum pro viribus defendemus, nec nos separabimus ab iisdem, nec absolutionibus à juramentis fidelitatis, vel aliis quibuscumque relaxationibus, indultis et indulgendis, impetratis, vel impetrandis, vel ultrò oblatis, vel offerendis, vel concedendis, utemur : imò semper eidem Domino regi, baronibus et ad-

---

[1] *Hist. du Différ.*, etc., p. 59. — [2] *Ibid.*, pag. 45. — [3] *Ibid.*, pag. 60. — [4] *Ibid.*, pag. 67.

hærentibus adhærebimus;..... jure Romanæ Ecclesiæ, nostroque et Ecclesiarum nostrarum in omnibus et per omnia semper salvo [1]. »

Quæ appellationem ad concilium spectant non sunt hujus loci. Hic vidisse sufficiat, consentire omnes regni Ordines in eam sententiam, regem in temporalibus soli Deo subesse, atque etiam speciatim prælatos profiteri, nullis se sententiis assensuros quibus à fidelitate regi debitâ absolvantur. Cogitet nunc lector diligens, an hæc majoribus nostris tam gravia visa, indirectæ potestatis distinctiunculâ emolliri posse videantur nostri: certè non voces, sed rem ipsam judicabant intolerabilem.

CAPUT XXIV.

Bullæ Ausculta fili, *et* Unam sanctam, *expenduntur.*

Non desunt qui dubitent, verane an falsa sit parva ea epistola Bonifacii VIII, quam anno 1301 toto regno divulgatam, eodemque tempore confutatam à tot gravibus viris, regiâ quoque auctoritate combustam vidimus. Verùm id nihil nostrâ interest, dummodò apud nos constet, omnibus curæ fuisse, ne apud Francos doceretur regem in spiritualibus ac temporalibus Papæ subesse. Sanè Bonifacium id sibi vindicasse, et historici hujus ævi suprà memorati, et certa monumenta probant [2], imprimis Bulla *Ausculta fili*, quam ad Philippum, anno 1301, perlatam esse constat, et Bulla *Unam sanctam*, quas nunc perpendere nos oportet.

Ergò Bonifacius in Bullâ *Ausculta fili*, postquam ex Jeremiæ verbis id sibi tribuit, *constitutum esse se super gentes et regna* [3], sic concludit: « Quare nemo tibi suadeat quòd superiorem non habeas, et non subsis summo hierarchæ ecclesiasticæ hierarchiæ. » Id quidem à Philippi mente longè aberat, si de spiritualitate ageretur. Audivimus enim regem pio studio hanc obedientiam professum; sed Bonifacius aliò spectabat. Accusatâ enim regis administratione perversâ tam in rebus temporalibus quàm

---

[1] *Hist. du Différ.*, etc., p. 112, 113. — [2] *Ibid.*, pag. 48, 54. — [3] *Jerem.*, I, 10.

ecclesiasticis, significabat evocatos esse Romam ad diem certum nempè totius regni « archiepiscopos et episcopos, unà cum abbatibus, capitulisque ecclesiarum, et magistris in theologiâ et jure canonico; ut, inquit, sublatâ repentinâ exceptione consilii, cum iis, sicut cum personis apud te omni suspicione carentibus, quin potiùs acceptis et gratis,...... tractare consultiùs, et ordinare salubriùs valeamus, quæ ad præmissorum emendationem,...... ac bonum et prosperum regimen ipsius regni videbimus expedire [1]. » Invitabat deindè regem ut fidos viros mitteret per quos deliberationi interesset. « Alioquin, inquit, tuam, et ipsorum absentiam divinâ replente præsentiâ, in præmissis et ea contingentibus ac aliis, prout expedire videbitur, procedemus. » Quæ si valuissent, ac de regni regimine Romanus Pontifex Romæ, rege, sive absente sive præsente, decerneret, nempè regnaret Pontifex: ipse rex nudum regis nomen obtineret: quæ absurda et nimia, testatur Odoricus Rainaldus [2] erasa et expuncta Clementis V jussu fuisse, neque ex his Bonifacii litteris quidquam integrum remansisse in Actis, præter ea quibus regem ad Hierosolymitanam expeditionem adhortatur.

Sed quanquam hæc regi vehementissimè displicebant, non ibi tamen constitit Bonifacius. Anno enim 1302, edidit illam celebrem extravagantem, *Unam sanctam* [3], in quâ duo à nobis diligentissimè ac subtilissimè secerni oportet: primùm, id quod exponit Pontifex; alterum, id quod definit ac decernit: hæc enim non ejusdem virtutis esse et sæpè diximus et omnes confitentur. Expositionis autem hæc summa est: « Unam Ecclesiam esse: unum ejus caput Christum Christique vicarium Petrum ac Petri successorem: duos esse gladios, spiritualem similiter et materialem: hunc etiam Petri esse, dicente Domino : *Converte gladium tuum in vaginam;* sed regum et militum manu exerendum : tum gladium esse sub gladio, et temporalem auctoritatem spirituali subjici potestati, cùm *quæ sint, à Deo ordinata esse;* neque ordinata futura esse, nisi secundùm beatum Dionysium inferior reduceretur per alium in supremâ. » Addit posteà : « Veritate testante, spiri-

---

[1] *Hist.*, etc., p. 50, 51. — [2] Vid. Rain., tom. XV.— [3] *Extrav. de Maj. et obed. Hist. du Différ.*, etc., p. 54 et seq.

tualis potestas terrenam potestatem instituere habet et judicare, si bona non fuerit, ut indè verificetur illud Jeremiæ : *Te constitui super gentes et regna :* quare si deviat temporalis potestas, à spirituali judicanda; si spiritualis, minor à suo superiori : si spiritualis maxima, à Deo solo, testante Apostolo : *Spiritualis homo judicat omnia; ipse autem à nemine judicatur;* quæ quidem spiritualis potestas maxima Petro est tradita his verbis : *Quodcumque ligaveris.* Quicumque igitur, inquit, huic *potestati* à Deo sic ordinatæ *resistit, Dei ordinationi resistit,* nisi duo, sicut Manichæus, fingat esse principia, quod falsum et hæreticum judicamus; quia testante Moyse, non in principiis, sed *in principio cœlum Deus creavit et terram.* »

His ergò expositis, eò viam sibi parasse videbatur, ut Romano Pontifici omnem potestatem esse subditam, etiam in temporalibus, pro certo fidei dogmate definiret. At profectò non eò usque processit : hoc enim tantùm habet definitio : « Porrò subesse Romano Pontifici omnem humanam creaturam declaramus, dicimus, definimus, et pronuntiamus omninò esse de necessitate salutis; » quod quidem est verissimum, et apud Catholicos certum, si de spirituali potestate intelligatur : animadvertique hîc volumus audentissimum Pontificem, nec id fuisse ausum, ut potestatem temporalem, licèt in expositione sæpè memoratam, uti sibi subditam in temporalibus, in ipsâ definitione ac determinatione diceret. Quippè cùm in citatissimo cursu eò quoque abripiendus esse videretur, ut temporalia invaderet, repressit se statim, rei novitate ac difficultate deterritus, deflexitque ad ea, quæ spiritualem potestatem certissimè stabilirent.

Dùm hæc agebantur, negabat Pontifex, negabant cardinales à Pontifice dictum unquam, « quòd rex recognosceret se tenere regnum suum ab aliquo, aut ab Ecclesiâ, aut ab ipso Pontifice [1], » neque profectò *homagium* postulabat, quæ plana et mera esset insipientia. Sed quid verba proderant, si alioquin Pontifex, regnum, ut apertè præferebat, inconsulto rege, Romæ ordinaturus esset, et si ratione peccati omnia ad se traheret? Ad hæc frequente consistorio minaretur, « se regem Philippum depositurum ut

---

[1] *Hist.*, etc., p. 63, 74, 75.

unum *garcionem*[1] : » quin etiam in Bullâ *Unam sanctam,* apertè scriberet, « quòd spiritualis potestas terrenam potestatem instituere haberet ac judicare; » hoc est, procul dubio, datâ sententiâ deponere, quam à se institui doceat : quâ subjectione nulla erat major, ne quidem in eo quod vocant homagio-ligio? Quid quòd *gladium materialem in potestate Pontificis* planè esse dicebat, aliâ licèt, *regum* nempè et *militum manu exerendum?* Quæ si doctrina valeat, ac jus sit Pontificibus in bello ac pace tractandi, non jam hortatione et consilio, sed, uti Bonifacius facere aggressus erat, summâ potestate, ac pro imperio agere; nempè reges nihil aliud quàm Pontificum ministri et executores essent.

Quare etsi Bonifacius non hoc definire, aut pro certo et catholico dogmate asserere videbatur, grave erat Francis Regique Philippo, hæc, quibus continetur regiæ potestatis certa pernicies, pontificio nomine quocumque modo doceri; impetraruntque à Clemente V, Extravagantem *Meruit,* cujus hæc verba sunt : « Nos Regi et regno (Francorum) per definitionem ac declarationem bonæ memoriæ Bonifacii Papæ VIII, prædecessoris nostri, quæ incipit *Unam sanctam,* nullum volumus vel intendimus præjudicium generari; nec quòd per illam rex, regnum et regnicolæ prælibati, ampliùs Ecclesiæ sint subjecti Romanæ, quàm anteà existebant; sed omnia intelligantur in eodem esse statu, quo erant ante definitionem præfatam, tam quantùm ad Ecclesiam, quàm etiam ad regem, regnum et regnicolas superiùs nominatos [2]. »

Sic Decretalis *Unam sanctam,* tanto apparatu prolata, perindè habita est à Romanis etiam Pontificibus, ac si nunquàm fuisset edita. Clemens enim V id sanxit; atque à Leone X quidem innovata [3], sed sine præjudicio declarationis Clementis V quæ incipit, *Meruit;* remque omnem ad traditionem antiquam ac majorum placita reduci placuit. Neque nostri refugiebant, satis sibi conscii, quàm procul ab antiquâ Patrum traditione, atque ab Ecclesiæ Gallicanæ sensu nova hæc abfuissent; seque omni ex parte tutos arbitrabantur, dummodò Bonifacii VIII Constitutio nocere non posset. Et certè fateamur est necesse, nec stare potuisse, quæ

---

[1] *Hist.,* etc., pag. 79. — [2] *Extrav. comm. de Privileg.; Hist.,* etc., pag. 288. — [3] Leo X. Bull. *Pastor æter.;* tom. XIV *Conc.,* col. 313.

solis allegoriis atque accommodatitiis, non litteralibus genuinisque Scripturæ interpretationibus niterentur. Quale enim illud est, de Romani Pontificis supremo judicio : *Spiritualis homo à nemine judicatur*¹; tanquam hic *spiritualis homo*, apud Apostolum fuerit Romanus Pontifex, non autem quivis christianus, qui Deo per Christum in spiritu serviat; aut illud, ad duo principia refellenda magìs sit appositum: *Non in principiis, sed in principio fecit Deus cœlum et terram*² *:* aut quorsum pertinebat hùc duo Manichæi adversa principia allegare? quasi duæ potestates, ecclesiastica ac civilis, adversæ essent, non sociæ; aut ità supremæ in suo ordine, ut nec in Dei potestate essent, neque ejus providentiâ regerentur. Quæ si quis ad litteram tueri voluerit, næ ille se omnibus deridendum, non jam confutandum præbeat.

Cæterùm quod Decretalis *Meruit*, soli Francorum regno consulit, causa esse potuit, quòd Bulla *Unam sanctam* occasione Francici exorta dissidii, Francorum regnum maximè petere videbatur. Hùc accedit quod cùm Germani, Angli aliique in temporalibus colla subdidissent, Franci existimabant super alia regna, hujusce regni dignitatem ac libertatem à regibus ac majoribus suis fuisse defensam : quippè qui christianissimi, pariterque fortissimi, in spiritualibus quidem Romano Pontifici maximè omnium paruerant, in temporalibus verò minimè omnium huic potestati se obnoxios fecerant.

CAPUT XXV.

Reliqua Bonifaciani dissidii acta : Gallicana intacta : Bonifaciana à successoribus antiquata.

Quæ supersunt in Bonifacianâ contentione leviter transilimus. Anno 1303, prodiere in Philippum duæ Bullæ, quarum initium est: *Per processus nostros*, et : *Nuper ad audientiam*, quibus declarabatur Philippus *multiplici excommunicatione constrictus*; sed eæ, teste Rainaldo, jussu Clementis V erasæ expunctæque sunt ³.

¹ I *Cor.*, II, 15. — ² *Gen.*, I, 1. — ³ *Hist. du Différ.*, p. 98, 166. Rain., an. 1311, n. 39, 40.

Conscripta quoque fuerat depositionis sententia, adeòque horum omnium deleri memoriam, ac levissima etiam vestigia placuit; ut hæc sententia eodem teste Rainaldo [1], *erasa et expuncta sit*, quamvis *pronuntiata* non esset. Sanè Bonifacius, antequam eam sententiam promulgaret, Albertum Imperatorem sæpè à se rejectum, omni studio atque industriâ constabiliverat in eo idoneum suæ sententiæ executorem, regnique francici invasorem nactum se esse arbitratus. Quo fretus præsidio, cùm extrema omnia moliretur, captus ipse Anagniæ per proditionem civium, Columnarumque et aliorum, ac Guillelmi præsertim Nogareti infandum scelus, paulò post obiit. Irâne ac furore percitus, ut memorant, an mœrore oppressus, an aliâ causâ, nihil ad nostram quæstionem? Quàm autem omnia impotenter et intemperanter egerit adversùs Philippum, vel id abundè testatur, quòd ejus successores ea statim pro irritis habuere; ac Benedictus XI, qui ei proximè successit, Philippo *nec petenti*, excommunicationem relaxavit, absolvit etiam episcopos, barones et alios eâdem causâ excommunicatos à Bonifacio; privilegia Regum Christianissimorum ab eodem suspensa restituit; denique sponte rescidit quidquid Bonifacius in regni regisque dignitatem fecerat [2] : Clemens verò V omnia ejus gesta hujus occasione dissidii erasit, expunxit, antiquavit, resque eo loco esse declaravit, quo fuerant ante ea gesta decretaque.

Legimus in regestis regiis ad Benedictum XI, Bonifacii successorem, multas expostulationes editas per Fratrem Petrum de Peredo, religiosissimum virum, Romam à Philippo missum. Is ergò conqueritur multa à Bonifacio gesta, quæ à sanctorum Patrum moribus abhorrerent. In his ergò hæc habentur : « Temporibus Patrum non fieri solere jura ad nutum oculi, ut diceretur statim : Absolvimus omnes in talibus provinciis constitutos, ut nonobstante sacramento et juramento fidelitatis quocumque adstricti sunt, obediant tali principi amico nostro. » Addebat, neque illud dici solitum : « Quòd Papa est Dominus spiritualitatis et temporalitatis, et quòd graviter peccat, qui hoc non credit; et quòd à temporalibus regum appelletur ad Dominum Papam [3] : » et quanquam

---

[1] Rain., an. 1311, n. 44, 49.— [2] *Hist.*, etc., p. 207, 208. — [3] *Ibid.*, p. 212, 213.

Romani curiales non hæc disertè asserebant, nostris tamen, summæ rei intentis, non ad alium pertinere scopum Bonifaciana decreta videbantur. Hæc ergò conqueritur legatus regius, subditque : « Dicitur in Franciâ, quòd non restat, nisi quòd fiat una constitutio, quæ æquipolleret omnibus, quòd omnes clerici et laici essent ministri duntaxat ad nutum summi Pontificis, eorumque qui præsident. » Quem locum sic concludit : « Hæc autem consimilia non fiebant temporibus sanctorum Patrum; sed de vitâ et honestate clericorum, et defensione libertatis ecclesiasticæ et jurium fiebant constitutiones, cum pœnis excommunicationis et interdicti; » ut profectò doceret quæ res, ecclesiasticæ scilicet, quibusve pœnis, nempè ecclesiasticis, excommunicatione et interdicto sancirentur. Hæc nomine regis significata Pontifici, neque improbata sunt : adeò irreprehensibilia videbantur.

Cætera quæ in hoc negotio gesta sunt ad alium pertinent locum[1]. Quòd autem ad hanc quæstionem spectat, hæc summa est : quidquid Bonifacius VIII edidit, ut regiam potestatem, quoad temporalia, sibi obnoxiam faceret, non modò à Rege regnoque Francorum, totâque Ecclesiâ Gallicanâ rejectum ; sed etiam à summis Pontificibus antiquatum fuisse : quod autem rex regnumque, et Gallicana Ecclesia eâ de re professa est, et à summis Pontificibus illæsum permanere, et sempiternæ hominum memoriæ consecratum; datumque est omninò sæculis secuturis exemplum illustre, doctrinam Scripturâ, antiquitate, traditione nixam, quocumque nomine, quâcumque auctoritate oppugnatam, æterno atque invicto robore in Ecclesiâ catholicâ manere constitutam.

Hæc ex publicis gestis hausimus. Jam si excutimus quæ privati doctores scripserint, inveniemus id Ægidii Romani aliorumque theologorum summâ consensione defensum : « Clavium potestati nullam temporalium potestatem à Domino fuisse adjunctam : nunquàm inveniri sedisse apostolos, ut de temporalibus judicarent, nec petiisse ut reges et principes eis in temporalibus subjacerent, aut de ejusmodi respondere deberent: falsum esse et invalidum, neque Francis ferendum, quod de Childerico per Romanos Pontifices deposito, et Pepino per eosdem substituto

[1] Inf., lib. X, cap. xxv.

jactaretur : falsum item quod de translato à Græcis ad Francos imperio neque à Papâ esse translatam imperii veritatem, sed nomen; cùm Carolus Magnus jam rerum potiretur; quodque hîc factum est, qualecumque fuit, non fuisse factum per solum Papam, sed populo acclamante et favente, cujus est se subjicere cui vult, sine alterius præjudicio, et ex causâ necessariâ pro suî defensione; neque trahenda in exemplum, quæ posteà in deponendis imperatoribus facta sunt, postquam illi Papæ ut domino paruerunt: tùm verò hæc omnia nihil esse, quod sunt argumenta de facto, et dicunt quod factum sit, non quod fieri debeat [1]; » aliaque ejusmodi quæ mirum est ad ea sæcula permanare potuisse, cùm tot depositionum exemplis, tot falsis donationibus Constantini, Ludovici Pii, aliisque tot falsis historiis, tot novis per tolerantiam aut consuetudinem inductis, seu veris, seu prætentis, coloratisque juribus undiquè premerentur; ad hæc in summâ juris publici ignoratione versarentur : ut profectò hæc integra et sana, non nisi ex antiquæ traditionis robore et cursu, oppositas moles evicerint, et ad eos usque perruperint.

CAPUT XXVI.

Joannis XXII successorumque acta adversùs Ludovicum Bavarum Imperatorem summatim referuntur, nec ad nostram quæstionem pertinere ostenduntur.

Quæ in Ludovici Bavari Imperatoris electi depositione gesta sunt, ad nostram quæstionem vix pertinent; cùm iis facta sint juribus, quæ ad imperium romano-germanicum speciatim spectent : rerum tamen summam perstringemus, ne quis suspicetur latere nonnihil, quod causæ nostræ officiat.

Anno 1314 (*a*), Henricus Luxemburgicus Imperator obiit. Clemens V, decreto edito, cujus est initium : « Nos ad quos romani vacantis imperii regimen pertinere dignoscitur, » Robertum

---

[1] Ægid. Rom., *quæst. disp.*, art. III. Vind. Maj., lib. II, cap. XXXI. Joan. de Par., *de pot. Reg. et Pap.*, cap. XV, *ib.*, p. 107, et alibi pass.

(*a*) Sive potiùs an. 1313, mense Augusto. (*Edit. Leroy.*)

Siciliæ regem, quoad electus imperator à Sede apostolicâ fuerit approbatus, vicarium imperii ad Sedis apostolicæ beneplacitum constituit, sed in Italiâ tantùm, quòd Germania hæc jura non agnosceret [1]. Nec ita multò post obiit Clemens. Sed vacante sede, Ludovicus Bavarus et Fridericus Austriacus discordibus electorum principum suffragiis, reges Romanorum electi sunt.

Prolata à Rainaldo [2] acta testantur, dictam communi septem electorum consilio electioni diem, adfuisse omnes Francofurtum, in loco consueto, præter Henricum Coloniensem archiepiscopum et Rudolphum comitem Palatinum : prorogatum horum gratiâ electionis diem : citatosque illos, ut ad eum convenirent, defuisse : Ludovicum Bavarum quinque reliquorum concordibus suffragiis fuisse electum.

Satis constat Fridericum extra Francofurtum à Coloniensi et Palatino fuisse electum. Sed ii obtendebant è quinque electoribus, qui Ludovico suffragati essent, tres fuisse, de quorum jure esset controversia [3]; ac parem utriusque electi conditionem fuisse : quo Rainaldus contendit litem à Papâ fuisse dirimendam. Vacabat interim apostolica Sedes. Anno 1316, Joannes XXII electus est [4]. Is Ludovicum Bavarum electum ad pacem cum Friderico electo adhortatur : neutrum confirmat. Anno 1317, vacantis imperii regimen ad Romanum Pontificem esse devolutum pronuntiat, « cui in personâ Petri terreni simul et cœlestis imperii jura Deus ipse commisit [5] : » quo jure vicarium designat vacantis imperii, sed in Italiâ tantùm ; cùm tamen Petri jura, si seriò allegentur, ad totum christianum orbem protendi constet.

Intereà Ludovicus et Fridericus de imperio in Germaniâ ferro decernebant. Anno 1322, Fridericus magno prælio victus captusque est ; Ludovicum Joannes ad clementiam adhortatur, suamque operam ad pacem conciliandam offert [6].

Victor Ludovicus anno 1323, pergit ad Italiam, tueturque eos qui Pontifici displicebant, imprimis vice-comites Mediolanensis ducatûs invasores, ab eo excommunicatos. Quo loco hæc habet Rainaldus : « Inde iis in Ludovicum Bavarum, ac legibus in eum

---

[1] Rain., an. 1314, n. 2. — [2] Ibid., n. 18. — [3] Ibid., n. 25. — [4] Ibid., an. 1316, n. 10. — [5] Rain., an. 1317, n. 27. — [6] Id., an. 1323, n. 29.

agi cœptum est. Præcipua accusationis capita hæc erant : Ludovicum discordibus electum suffragiis, antequam ea controversia dirimeretur à Sede apostolicâ, imperii administrationem corripuisse ; alterum, quod maximè Pontificis animum asperaverat, Galeatii, quem hostem et hæresi contaminatum pronuntiarat Sedes apostolica : tùm perduellium Ferrariensium patronicium suscepisse [1]. » Itaque his de causis auctoritate apostolicâ Ludovicus ab imperii administratione est prohibitus, quoad ejus electionem Sedes apostolica approbasset.

Ex iis profectò constat hanc controversiam non ad regum causam generatim, sed ad imperii romano-germanici singularem ac proprium statum pertinere.

Eodem pertinent ea, quæ sunt ineundæ pacis causâ, à Ludovico Bavaro ultrò oblata Benedicto XII, Joannis successori, de limitandâ in Italiâ et Romæ auctoritate imperatoriâ, et ut idem Ludovicus, si pactis non staret, excommunicationi, interdicto ac privationi subesset [2] : quæ quidem vel ad imperium romano-germanicum, vel ad Ludovici personam propriè et singulatim spectant.

Interim Ludovicus sæpè et publicè, actis editis, est contestatus ea jura, quæ sibi Joannes XXII in imperium vindicaret, à se et imperio non agnosci, imò improbari ; extatque solemnis electorum principum nomine ad Benedictum XII, anno 1338, edita declaratio [3], quâ adversùs Joannis XXII decreta contestantur, « quòd vacante romano imperio, is qui eligitur concorditer, vel à majore parte tantùm electorum, pro Rege Romanorum ab omnibus est habendus, et quòd nec nominatione, approbatione, confirmatione, consensu, vel auctoritate Sedis apostolicæ, super administratione bonorum et jurium imperii indiget, sive titulo regio assumendo ; quodque jura et bona imperii administrare poterit de jure et consuetudine, nullâ Sedis apostolicæ super hoc licentiâ habitâ, vel obtentâ. » Hæc igitur omnia ostendisse contenti, eo quo sunt loco, intacta relinquimus.

Quòd autem Ludovicus Bavarus Joannem XXII hæresis accu-

---

[1] Rain., an. 1323, n. 30 et seq. — [2] *Id.*, an. 1336, n. 18. — [3] Gold., *Const. Imp.*, tom. I.

satum deposuerit, fœdum Antipapam substituerit, Franciscanos adversùs Pontificem juverit; hæc, à tanto principe exasperato licèt facta, lugemus.

CAPUT XXVII.

De Navarræ regno Hispanis tradito : item de Joannâ Albretanâ, hæresis crimine, sub privationis pœnâ Romam à Pio IV evocatâ, quod Galli improbarint ac prohibuerint.

Quod à Julio II, in deponendo Joanne Albretano Navarræ Rege, factum esse dicitur, id et Hispani variè referunt, et nullum hujus rei diploma proferunt; et qualecumque est, sive sub Brevis Bullæve, aut sententiæ formâ, Joannes Mariana, Hispanus historicus celeberrimus, subreptitium et nullum fuisse significat; totamque rem, verane an falsa sit, Odoricus Rainaldus sub dubio relinquit, apud quem etiam videre est Marianæ aliorumque historicorum locos [1]. Henricus verò Spondanus ex temporum notis diploma falsi convincit [2]. Quòd autem à Julio II, anno 1512, 12 Kal. Aug. in Lateranensi concilio de Ludovici XII sociis, quorum numero Navarricus erat, decretum est editum, ut excommunicarentur, et omni dignitate privarentur, nisi ab eâ societate discederent, Spondanus idem docet, primùm haud æquo jure fuisse editum; tùm verò Hispanis, ad Navarram occupandam nihil prodesse potuisse, multis quidem de causis, eâque imprimis, quòd, nondùm elapso tempore ad resipiscendum dato, navarricum regnum à Joanne innocuo et repentè oppresso desertum, Hispani invaserint.

Addit Caroli Augusti et Philippi II notissimas gravesque de hujus regni possessione legitimâ fluctuationes; adeòque abfuisse Romanos Pontifices ab eo, ut regnum Navarræ jure ad Hispanos translatum fuisse crederent, ut Pius IV, Antonium Borbonium Navarræ Regem, anno 1561, ad obedientiam pro regno Navarræ admiserit : quod omnium historiarum monumentis constat.

Quare ea depositio atque translatio, quæ sola memoratur ad

[1] Rain., an., 1512, n. 60 et seq. — [2] Spond., eod. an., tom. II, p. 296 et seq.

effectum usque perducta, ab ipsis Hispanis iniqua, ab aliis dubia, ab aliis atque etiam à Romanis Pontificibus nulla esse judicatur.

Quò factum est ut idem Pius IV, anno 1563, Joannam Albretanam Antonii viduam, ut Reginam Navarræ, hæresis causâ Romam citaret, sub pœnâ privationis regni, nisi se judicio sisteret; quod quidem Carolus IX prohibuit, ac fœderatæ cognatæque, injuriâ communi etiam regiæ majestatis permotus, tutelam suscepit : cujus etiam jussu, « cùm Henricus Clutinius Oisellus, tunc Romæ orator regius, graviter eâ de re apud Pontificem expostulasset, et regem injuriam talem, qualem majores sui nunquam inultam reliquissent, minimè laturum ostendisset, tandem obtinuit, ut diploma jam in Urbe solemni more publicatum revocaretur, et omninò induceretur, ità ut inter Pii IV constitutiones hodie minimè reperiatur. » Hæc Thuanus refert [1] ; quæ adeò certa sunt, omnibusque historiis comprobata, ut de iis ampliùs laborare sit supervacaneum, liquidumque omninò sit Francos ab eo abhorruisse, ut quidquam ad reges deponendos pontificio nomine moveretur.

CAPUT XXVIII.

Sixti V et Gregorii XIV decreta in Henricum IV, Navarræ, ac posteà Francorum et Navarræ Regem, quoad temporalia nullo loco habita : à Clemente VIII absolutio eidem Henrico IV nullá rehabilitationis mentione, ut regi impertitur : obiter notatur, qui adversùs Declarationem Gallicanam de Libertatibus Gallicanis *scripsit Anonymus.*

Anno 1585, Henrico III Rege, Sixtus V, edito diplomate, Henricum Borbonium, Navarræ Regem, Antonii et Joannæ filium, ejusque agnatum Henricum Borbonium Condæum tanquam hæreticos et in errorem relapsos, ad hæc hæreticorum fautores ac defensores publicos, ac fidei catholicæ hostes proscripsit [2] : Navarrum eo regno, ac Benearnensi principatu excidisse : utrosque ad ullum principatum, ac maximè regnum Franciæ jure hære-

[1] Thuan., lib. LXXXII, tom. IX, p. 276. Vid. lib. XXXV, tom. IV, p. 581, edit. Gall., 1734. — [2] Thuan., lib. LXXXII, p. 369 et seq.

ditario capessendum inhabiles declaravit : quod decretum rex Francique omnes molestè tulerunt. Quòd autem, tunc temporis conjurati, seu *Ligæ*, ut vocant, addicti, catholicæ religionis obtento studio, multa in regem moverent, eumque ut suspectum hæreticæ pravitatis apud vulgus traducerent, Navarrusque et Condæus Calvinianæ factionis duces bellum regi inferrent : « Ideò, ut ait Thuanus, qui circa regem erant, satis pro tempore habuerunt, cavere ne decretum uspiam in regno promulgaretur, aut ejus ratio publicè haberetur [1]; » quod infirmum quidem, et priscæ circa eas res francici regni fortitudini haud satis congruum, satis tamen demonstrabat quàm hæc nulla putarentur.

At Navarrus programmate in ipsâ Urbe ac celebrioribus ejus locis affixo, multa egit in Pontificem, ac publicè declaravit, appellare se ab hoc decreto, quantùm ad regni jura attinet, ad curiam parium Franciæ, quorum ipse princeps esset, primus scilicet regii sanguinis princeps, quantùm autem ad hæresim sibi objectam, ad universale concilium [2] : quibus id perfecit, ut ipse Pontifex talia intrepidè ausum ac gnaviter exsecutum, magnanimitatis nomine collaudaret.

Cæterùm nihil ad nostram quæstionem, si quid suæ contestationi, hujus quo adhùc tenebatur, erroris asperserit. Certum illud cordatioribus Francis probatum, quòd Pontificem de jure regnandi decernentem non tulerit : adeòque hæc decreta pro irritis ac nullis apud nos habebantur, ut Henricus III, cum Henrico Navarro pace compositâ, eum haud minùs pro primo regii sanguinis principe agnosceret, et socium adversùs conjuratos regiæ familiæ hostes adhiberet, et moriens successorem lege Salicâ renuntiaret; cui sententiæ flos nobilitatis etiam catholicæ, multique etiam sacrorum antistites adhærebant, Henricumque IV regem agnoscebant [3]. Neque Gregorii XIV decreto, 1 martii 1591 dato, à regis obsequio deterreri se passi sunt ; imò diploma illud ; quod de temporalibus factum, pro apostolico et ecclesiastico non habebant parlamenta, quæ ut religioni, ita regi regnoque fida, regiâ auctoritate Cæsaroduni Turonum, Catalauni et

---

[1] Thuan., lib. LXXXII pag. 376. — [2] *Ibid.*, pag. 377. — [3] *Id.*, lib. XCVI, tom. X, p. 673. Vid. tom. XI, lib. XCVII, pag. 1 et seq.; et lib. CI, p. 343.

Cadomi residebant, vehementissimis sententiis proscripserunt [1] : temperatiùs præsules conventùs Autrici Carnutum habiti decreverunt ; « et tamen ex auctoritate Scripturæ sacræ sanctorumque decretorum conciliorum generalium, canonicarum constitutionum, perpensis sanctissimorum Patrum exemplis, juribus et libertatibus Ecclesiæ Gallicanæ, quarum præscriptione decessores sui episcopi se, adversùs ejusmodi conatus semper tutati sunt ; eapropter interdictiones, tam in formâ quàm in materiâ, nullas et injustas, et suggestione hostium Franciæ factas declararunt, salvo cultu et honore qui Romano Pontifici deberetur. » Decreto dato duo cardinales, Carolus Borbonius et Philippus Lenoncurius, qui sacro conventui præerant, subscripsere : acta hæc sunt anno 1591, ab iis præsulibus, qui regi regiæque familiæ adhærebant.

Quo ex loco, ut id obiter memoremus, ille confutatur qui adversùs Gallicanam Declarationem de *Libertatibus Gallicanis tractatum* edidit auctor anonymus. Is enim primum caput Gallicanæ Declarationis oppugnandum aggressus sic incipit : « Difficile intellectu est, quâ ratione illustrissimi antistites Gallicani, libertates Ecclesiæ illius regni defendendas suscipientes, à propositione auspicati sint, quæ juri Ecclesiæ potiùs adversatur [2]. » Nempè id inter Ecclesiæ jura revocat, ut potestate clavium reges deponi possint : quæ jura Gallicani præsules ignorabant, partemque libertatis Ecclesiæ Gallicanæ in his prohibendis juribus reponebant; quippè qui intelligerent libertatem gallicanam priscis juribus contineri; quæ his essent superaddita, ea ad turbandam gravandamque Ecclesiam pertinere. Sed nos eum virum, qui de libertatibus gallicanis ludat potiùs quàm disserat, omittamus. Nobis sufficiat quòd Gallicani præsules in hâc novissimâ Declaratione majores suos secuti sunt; eosque præsules regi regnoque fidos cæteri deindè complexi sunt omnes. Neque enim attendi debet quid pars adversa senserit; quippè quæ jam indè ab Henrici III temporibus, religionem fœdæ rebellioni obtendebat : non inquam, attendi debet, quid illi senserint vel fecerint, qui Guisianos, si Deo placet, Capetis Regibus, sanctique Ludovici poste-

---

[1] *Decret.*, Boch., lib. II, tit. XVI, cap. III, et seq. Th., lib. CI, p. 367, 370, 374. — [2] *Tract. de libert.*, etc., lib. IV, cap. I, n. 1, p. 153.

ris anteferrent, hispanicisque artibus, imò hispanico auro corrupti, ad hæc *ligæ* furoribus dementati, Hispanos Lotharenosque se esse quàm Francos malebant. Hæc ergò febricitantium deliria contemnamus; quid sana et pacata Francia fecerit ac senserit, attendamus.

Conversus ad catholicam fidem rex, omnium clementissimus atque fortissimus, à Reginaldo Belnensi, archiepiscopo Bituricensi, in sancti Dionysii celeberrimâ toto orbe terrarum ecclesiâ, ad Ecclesiæ catholicæ gremium admissus est [1]. Quæ cum à Sede apostolicâ comprobari è re esset, Henricus se quidem ejus Sedis auctoritate ab hæresi absolvi supplicavit, missis ad Clementem VIII procuratoribus; sed de *rehabilitatione*, quam vocant, agi veluit, indignum id gallicâ majestate ratus: neque Franci, etiam conjurati, aliter sentiebant; quippè qui, rege converso, in obsequium certatim ruerent, nullâ Sixtiani et Gregoriani decreti ratione habita. Tentati procuratores, Jacobus Perronius, Ebroicarum episcopus designatus, et Arnaldus Ossatus, posteà cardinales, « an coronam ad pedes Pontificis vellent deponere, ac per illud signum quasi regnum Franciæ in ejus manus consignare, quòd ille se pro rege gerens, quamvis à sanctâ Sede jure successionis privatus, contra divina jura et humana occupasset; quam coronam post illam summissionem in capite procuratorum mox reponeret. Verùm illi ab eâ conditione se valdè alienos ostenderunt, cùm dicerent: Reges Franciæ, quantùm ad jurisdictionem spectat, nullum agnoscere superiorem; neque verò pati posse Francos, ut reges ipsorum ulli se tanquam superiori summittant, ac præsertim nobilitatem; ac longè decipi eos; et in rerum nostrarum cognitione toto cœlo errare, qui aliter credant: nam solos id eos sibi persuadere, qui de regni usurpatione cogitant [2]. »

Cùm autem « Pontifex absolutionem ab episcopis Gallicanis concessam, tanquam nullam et irritam revocare decrevisset, procuratores assentiri noluerunt: cùmque animo pertenderet Pontifex, et frustrà absolutionem suam peti aut dari diceret, si prior valida maneret, non adprobatâ à procuratoribus revoca-

---

[1] Thuan., lib. CVII, tom. XII, p. 32 et seq. — [2] *Ibid.*, lib. CXIII, p. 473.

tione : conventum ut statim in decreto pontificio ea clausula adjiceretur, quâ Pontifex cuncta religionis acta, quæ in personâ regis secuta, et quæ per ipsum facta erant, vi absolutionis in Franciâ concessæ probaret et confirmaret, perindè atque si jam tunc à Pontifice rex absolutus esset. Quâ in re cautè à procuratoribus servatum fuit, ut tantùm ad religionis acta confirmatio porrigeretur [1]. » Adeò quidquam quocumque prætextu, circa temporalia attentari refugiebant.

Omni ergò temporalium ac rehabilitationis omissâ mentione, impositæ volenti regi conditiones, quæ regiæ majestati convenirent; revocatæ Sixti V et Gregorii XIV censuræ, quod nostri de excommunicatione intelligebant; permissum aliis ut de solutâ quoque depositione interpretarentur, nullâ licèt ejus factâ mentione, ne quid novæ rei, vel eo prætextu, inquieti homines conarentur. Cæterùm à Clemente nihil aliud factum est, quàm id quod unum Rex postulaverat : « nempè ut Henricum Regem à vinculo excommunicationis, quâ, ex causâ hæresis erat ligatus, absolveret [2]. » Res autem ità gestæ sunt, ut nemini catholico, aut etiam ecclesiastico fraudi esset, quòd regem necdùm catholicum, votis potiùs quàm armis ad veram religionem vocavissent, atque interim coluissent, ut qui optimo jure ex Salicâ lege regnaret : fuitque rex summâ posteà apud omnes catholicos principes Sedemque apostolicam auctoritate et gratiâ. Ex Thuano hæc referimus eo libentiùs, quòd ille nihil aliud quàm acta publica certaque hujus rei, apud nos celebris, monumenta retulit. Quæ si cui rerum nostrarum nimis imperito suspecta sint, apud cardinalem Perronium omnia inveniet suo ordine recensita [3]. Ipsa etiam bulla Clementis VIII abunde testatur Henrico IV Magno absolutionem ab hæresi, ut regi ab omnibus ipsoque Pontifice agnito, nihil autem aliud fuisse impertitum. Jam quantùm ea valeant, ad asserendam Ecclesiæ Gallicanæ, ac francici regni de supremâ in temporalibus solique Deo obnoxiâ potestate sententiam; quàmque ex his liquidò constet, nunquam ab eâ destituros, qui verè sint francici nominis ac generis, omnes per se vident.

---

[1] Thuan., lib. CVII, tom. XII, p. 475, 476. — [2] *Ibid.*, p. 478. — [3] *Œuv. div. de Du Perr.*, p. 754 et seq., p. 858 et seq.

LIBER QUARTUS

QUO A GREGORII VII TEMPORIBUS RES IN CONCILIIS ŒCUMENICIS GESTÆ REFE-
RUNTUR AD CAPUT PRIMUM GALLICANÆ DECLARATIONIS.

CAPUT PRIMUM.

Canon xvii *concilii Lateranensis III, sub Alexandro III, quo pœnæ temporales adversùs hæreticos decernuntur : ibi distinctio notabilis, eorum quæ
Ecclesia per se, et eorum quæ gerat principum adjuta constitutionibus :
hinc lux huic et aliis ejusdem generis secutis canonibus : his decretis
principum consensus intervenire solitus : hinc quoque certa illis auctoritas.*

Postquam exposuimus, quæ propriè à Romanis Pontificibus circa temporalem potestatem ordinandam deponendamque; nunc quæ eâdem de re in conciliis œcumenicis gesta sint, explicemus.

Primum autem occurrit Lateranensis concilii III, sub Alexandro III, anno 1179, caput xxvii, *de Hæreticis*[1]. Quo capite affirmant doceri et exerceri indirectam potestatem, dùm auctoritate concilii adversùs Albigenses hæreticos, eorumque stirpem Brabantianos et alios, incendiis, cædibus, populationibus omnia devastantes, fidelitatis et obsequii juramento sancitum obsequium relaxatur, et subditi seu vassalli à dominorum potestate absolvuntur.

Miror, qui ista objiciunt, non saltem advertisse quo fonte profluant. Sanè initium hujus capitis, ex sancti Leonis *Epistolâ* xciii excerptum, sic habet : « Sicut ait beatus Leo, licèt ecclesiastica disciplina sacerdotali contenta judicio, cruentas non efficiat ultiones; catholicorum tamen principum constitutionibus adjuvatur, ut sæpè quærant homines salutare remedium, dùm corporale super se metuunt evenire supplicium[2]. » Sic Patres Late-

[1] Tom. X *Conc.*, col. 1522, 1523. — [2] Leon., *ep.* xv, al. xciii.

ranenses subtiliter discernunt id quod pertinet ad *sacerdotale* judicium, ab iis in quibus Ecclesia *ad corporale supplicium catholicorum principum constitutionibus adjuvatur.*

His positis, jam utrumque remedium à sacro concilio adversùs hæreticos adhibetur; nam et illi et illorum fautores anathemate puniuntur, societate fidelium, sacris oblationibus, christianâ sepulturâ privantur, quibus continetur sacerdotale judicium. Tùm spiritualibus expeditis, expediuntur etiam *corporalia supplicia,* quibus Ecclesia *principum constitutionibus adjuvatur;* ex quo fonte hæc profecta sunt : « Relaxatos autem se noverint à debito fidelitatis et hominii et totius obsequii, donec in tantâ iniquitate permanserint, quicumque illis aliquo pacto tenentur annexi : ipsis autem cunctisque fidelibus in remissionem peccatorum injungimus, ut tantis cladibus se viriliter opponant, et contra eos armis populum christianum tueantur, confiscenturque eorum bona, et liberum sit principibus, hujusmodi homines subjicere servituti. » Quòd ergò hæretici suorum *hominio* ac fidelitate priventur, quòd in servitutem redigantur, quòd armis oppugnentur; quòd eorum bona confiscentur : ea sunt quæ Ecclesia, non *sacerdotali judicio,* sed *principum constitutionibus adjuta* decernit. Quare locus ille omninò nos juvat, cùm ex eo videamus temporalia supplicia, quæ hîc *corporalia*, spiritualibus scilicet opposita, nominantur, ab ecclesiastico ordine, non nisi consensione principum attrectari.

Quòd autem bellum in hæreticos omnia populantes injungunt *in remissionem peccatorum;* atque id bellum suscipientibus, *biennium de pœnitentiâ injunctâ relaxant*, ecclesiasticæ est potestatis : neque hoc decreto sibi tribuunt armorum inferendorum potestatem; sed iis præcipiunt, qui hanc potestatem habeant, ut si modò Ecclesiæ indulgentiâ uti velint, eam potestatem ad hæreticorum furores comprimendos adhibeant.

Ut autem concilii Patres hominia, servitutes, confiscationes sibi potiùs quàm armorum potestatem vindicent, ratio non sinit. Quare est necesse id stare quod diximus, ut hæc omnia eorum numero censeantur, quæ Principum consensione præstet Ecclesia.

Hæc semel explicata, sub tanto Pontifice Alexandro III, atque ab œcumenicâ synodo tam nobili Lateranensi III, procul dubio omnibus ejusdem generis decretis lucem præferunt, ac debent subintelligi, etiam ubi expressa non sunt.

Hùc accedit quòd conciliis generalibus aderant principes per legatos, ac decreta in sacro conventu promulgata recipiebant : sicut de hoc concilio Lateranensi III legimus apud Rogerum Hovedenum hujus ævi scriptorem, qui sacri concilii *canonibus recensitis*, hæc addit : « His decretis promulgatis, et ab universo Clero ac populo circumstante receptis, » etc. Populi autem nomine, ecclesiastico more styloque, laici omnes intelligebantur, ipsique adeò principes et eorum legati [1]. Quare si quid in conciliis adversùs hæreticos decerneretur, quod ad civilem potestatem pertineret, id quanquam ad majorem religionis reverentiam concilii nomine editum; tamen à civili potestate receptum ac ratum habitum, ex eâ consensione vim suam obtinebat.

Eodem modo rituque actum est sub eodem pontifice, adversùs eosdem hæreticos, in concilio Turonensi, cap. IV, quod incipit : *In partibus Tolosæ*. Postquam enim Patres decreverunt quæ sunt sacerdotalis judicii, nempè : « Quisque contra hæc venire tentaverit, anathemate feriatur; » jam quæ principum auctoritate fiant, exequuntur his verbis : « Illi verò si deprehensi fuerint, per catholicos principes custodiæ mancipati, omnium bonorum amissione mulctentur [2]. » Sic Patres suo defuncti officio, principibus quoque ut suas jam partes exequerentur, indicebant; nihil temporale ipsi per se attrectabant. Hæc dicimus ad canonem XXVII concilii III Lateranensis, ex quo conflatum est caput *Sicut ait*, et caput *Absolutos*, aliaque similia, *Ext. de Hæreticis* [3].

[1] Vid. tom. X *Conc.*, col. 1525. — [2] *Ibid.*, col. 1419. — [3] *Decret.* Greg. IX, lib. V, tit. VII, *de Hæret.*, cap. VIII, XVI.

CAPUT II.

Concilii Lateranensis IV canon III, *sub Innocentio III, quod ad pœnas temporales attinet, ejus est generis, in quo Ecclesia consensu et constitutionibus principum adjuvatur : principes facilè comprobant quæ adversùs hæreticos ab Ecclesiâ sancirentur.*

Haud aliâ mente actum esse in concilio Lateranensi IV, sub Innocentio III, æqui rerum æstimatores facilè judicabunt. Ad hoc concilium Reges omnes, datis à Pontifice litteris, per legatos invitati adfuerunt [1], eâ præcipuè causâ vocati, ut quæ ab eorum potestate penderent, ipsi suâ non modò præsentiâ, verum etiam consensione firmarent. Quare nihil mirum est ibi fuisse conditum caput III, quod incipit : *Excommunicamus,* eodem initio relatum *Extr. de Hæreticis,* in quo quidem capite hæc habentur : « Si dominus temporalis requisitus et monitus ab Ecclesiâ, terram suam purgare neglexerit ab hâc hæreticâ fœditate, per metropolitanum et cæteros comprovinciales episcopos vinculo excommunicationis innodetur; et si satisfacere contempserit infra annum, significetur hoc summo Pontifici, ut ex tunc ipse vassallos ab ejus fidelitate denuntiet absolutos, et terram exponat catholicis occupandam, qui eam, exterminatis hæreticis, sine ullâ contradictione possideant, et in fidei puritate conservent, salvo jure domini principalis; dummodo super hoc ipse nullum præstet obstaculum, nec aliquod impedimentum opponat; eâdem nihilonimus lege servatâ circa eos qui non habent dominos principales [2]. » Decernunt posteà, ut defensores et fautores hæreticorum « sint etiam infames, sint intestabiles, nec ad testimonium admittantur, nec ad hæreditatis successionem accedant : » quæ omnia ex iis sunt, quæ non sacerdotali judicio, sed principum adjuta constitutionibus Ecclesia sanciat.

Ejusdem generis sunt quæ subduntur posteà in hæreticum seu fautorem : « Nullus ipsi super quocumque negotio, sed ipse

---

[1] Tom. XI *Conc.,* col. 126, 127. — [2] *Decret.* Greg. IX, loco mox cit., c. XIII; et tom. XI *Conc.,* col. 148.

aliis respondere cogatur :.... si judex extiterit, ejus sententia nullam obtineat firmitatem :.... si advocatus, ejus patronicium nullatenùs admittatur : si tabellio, instrumenta confecta per ipsum nullius penitus sint momenti [1]. »

Quæ si per se ad ecclesiasticam pertinent potestatem, quid erat necesse ut Romani Pontifices eadem iisdem verbis ad imperatoribus impetrarent, ut factum est in iis legibus, quæ à Friderico II imperatore editæ [2], atque ex canonibus XXVII et III conciliorum Lateranensis III et IV conflatæ expressæque sunt. Is enim constitutione quæ incipit, *In die*, eadem quæ in his conciliis habebantur repetit, de dominis temporalibus ac principalibus : item hæreticorum terram exponit à catholicis occupandam : hæreticos eorumque fautores bonorum publicatione mulctat : infames, intestabiles, iisdem verbis pronuntiat : de advocatis, de judicibus, de tabellionibus decernit eadem : quæ profectò satis demonstrant à quo fonte hæc manant, et unde transfusa sint in Ecclesiam.

Atque has leges edidit Fridericus, « in die, inquit, illâ, in quâ de manu sacratissimi Patris nostri summi Pontificis, recepimus imperii diadema. » Recepit autem ab Honorio III, qui Innocentio III est proximus, à quo hæ Friderici *leges laudantur, approbantur* [3], non profectò conduntur.

Ac profectò principes tam pronâ voluntate Ecclesiam ad extinguendas hæreses cæteraque officia adjuvabant, ut in eâ constitutione Fridericus hæc diceret : « Cùm ergò, dispositione divinâ favente, nihil velit Ecclesia, quæ nihil debet præter bonum appetere, quod nobis eodem concursu et eâdem non placeat voluntate, » etc. Quâ principum voluntate confisa Ecclesia, multa edicere de temporalibus haudquaquam verebatur, quibus posteà principes, religionis studio, expressè vel tacitè consentirent.

Quare, quod diligenter notari velim, cùm concilia Lateranensia III et IV hæc decernunt de hæreticis, ut feudis, ut homagiis, ut honore mulctentur; nequaquam auctoritate clavium, aut apostolicâ potestate, de quâ hîc controversia est, id faciunt, aut facere se declarant, aut omninò eam potestatem allegant; patetque

---

[1] Tom. XI *Conc.*, col. 149. — [2] Const. Frid., post lib. feud. — [3] *Const.*, Honor. III, *ibid.*

explicatio vera ac nativa, quâ nimirum hæc fieri à conciliis intelligantur, quòd principes præsentes ac decreta recipientes, hæc fieri vellent, permitterent, consentirent, ac posteà etiam, ne dubium superesset ullum, legibus editis, confirmarent, ut à Friderico II paulò post factum esse cernimus.

CAPUT III.

Antiquorum Imperatorum leges, quibus Ecclesia juvabatur ad pœnas temporales adversùs hæreticos, in conciliis Lateranensibus III et IV, decernendas.

At si quis quæsierit quales illæ sint constitutiones principum, quibus in concilio Lateranensi III, canone XXVII, Ecclesia adjuvari se profitetur, cùm nondùm Friderici II leges, aut etiam ipse Fridericus extitisset, facilè respondebimus. Præcesserant enim multis sæculis, antiquorum principum circa hæreticos constitutiones eæ, quas in *Codice Theodosiano* et *Justinianeo* legimus, ac præsertim insignes erant, titulo *de Hæreticis*, leges IV et V [1].

Quarta quæ est Honorii, Arcadii, ac Theodosii Augustorum sic habet : « Manichæos, seu Manichæas vel Donatistas meritissimâ severitate persequimur. Huic ergò hominum generi nihil ex moribus, nihil ex legibus sit commune cum cæteris : ac primùm quidem volumus esse publicum crimen, quia quod in religionem divinam committitur, in omnium fertur injuriam, quos bonorum etiam omnium publicatione persequimur..... Præptereà non donandi, non emendi, non vendendi, non postremò contrahendi cuiquam convicto relinquimus facultatem..... Ergò et suprema illius scriptura irrita sit, sive testamento, sive codicillo, sive epistolâ, sive quolibet alio genere reliquerit voluntatem, qui Manichæus fuisse convincitur; sed nec filios hæredes eis existere aut adire permittimus, nisi à paternâ pravitate discesserint. »

Manichæi Donatistæque hîc notantur mulctandi supra cæteros : Manichæi quidem, propter insignem in eâ sectâ Dei creatoris contumeliam, et quod præ cæteris per occultos conventus et obstina-

[1] *Cod. Justin.*, tit. V, leg. IV et V.

tam conspirationem, fœdi; subdoli, malefici habebantur; Donatistæ verò propter immanes illos Circumcellionum furores, quos beatus Augustinus sæpè deplorat [1].

Easdem decernunt pœnas, lege v, Theodosius Augustus et Valentinianus Cæsar, ac diserte « etiam Manichæos de civitatibus pellendos, et ultimo supplicio tradendos. »

Has leges qui diligenter attenderint, fontem invenient eorum quæ à conciliis III et IV Lateranensibus adversùs hæreticos Ecclesia *Principum constitutionibus adjuta* decrevit. Statim enim intuemur cur infames, cur intestabiles habeantur, cur bonis priventur; ac tametsi hæc de Manichæis et Donatistis speciatim dicta sunt; haud immeritò ad cæteros hæreticos extenduntur, præsertim ad Albigenses, quos Manichæorum stirpem fuisse docti sciunt: cùm præsertim in provinciis devastandis Donatistarum furores imitati, iisdem quoque pœnis meritò coercerentur. Nec mirum carcere attineri, ad servitia redigi, bellis oppugnari, quos etiam leges vitâ privent.

Veterum imperatorum legibus secuti principes addiderunt, quæ temporum conditionibus apta essent; multaque in hæreticos ecclesiasticis permiserunt, ut magis magisque sacro ordini, adversùs contemptores, debita reverentia sanciretur. Hinc illa de feudis circa dominos temporales principalesque dicta. Domini autem principales dicebantur ii, qui cùm inferiores sub se haberent dominos, ipsi supremis absolutisque dominis, hoc est, Regibus, immediatè suberant; neque refugere poterant ea, quæ supremorum dominorum, regum scilicet, qui per legatos aderant, consensione decreta essent.

De regibus verò, quos specialiter designari oportere, eorum quoque temporum jura postulant, si quid in iis aliisve Conciliis expressum legeretur, quod nullibi occurrit, tamen nihil nocerent quæ ipsis præsentibus atque odio hæresum ultrò consentientibus agerentur.

[1] Vid. passim Aug., *contra Donat.*

CAPUT IV.

Ex historiis demonstratur quæ de feudis aliisque temporalibus, ecclesiastica auctoritate gererentur, principum concessione et consensione valuisse.

Non desunt qui putent ea quæ in his conciliis de feudis decernuntur, ad feudos tantùm ecclesiasticos pertinere. Nos generatim dicta, ad omnes pertinere non refugimus, et principum consensione decreta ostendimus.

Adstipulantur nobis monumenta historiarum. Willelmus Brito, diligentissimus per eam ætatem historicus, *Philippidos,* libro XII; memorat de Albigensium negotiis habitum fuisse Parisiis totius Galliæ generale concilium, procurante Philippo Augusto.

> Quo fine, cùm reliqui nihil definire valerent,
> Quamvis torreret ipsum intolerantia febris,
> Parisios, medicis contradicentibus ibat [1].

Nempè damnatâ jam Albigensium hæresi, quæ per hæc tempora episcoporum synodi habebantur, eæ in puniendis per bonorum ademptionem atque alias temporales pœnas hæreticis totæ sunt, ut acta ejus ævi legenti videre est. Quare haud immeritò Willelmus hæc *à reliquis* sine rege *definiri posse* negat.

Et quanquam passim apud auctores legimus comitatum Tolosanum et alias terras Simoni comiti Montis-fortis, per Innocentium III et generale concilium fuisse adjudicatas [2]; hæc tamen vero sensu explicata sunt ab iis qui rem subtiliùs distinxerunt. Rigordus imprimis audiendus de gestis Philippi Augusti. « Per hæc, inquit, tempora (anno 1215, quo tempore est habitum Lateranense concilium) Simon comes Montis-fortis factus est comes Tolosanus, Papâ Innocentio procurante, et Philippo rege concedente, propter hæreticam pravitatem Albigensium et propter

---

[1] Will. Brit., *Philipp.*, lib. XII; in *Histor. Franc. Pithœi*, pag. 389; edit. Francof., 1696. — [2] Guill. de Pod., cap. XXVI. Duch., tom. V, pag. 681, 770, etc.

apostasiam Raymundi comitis Tolosani [1]. » Verba m moratu digna : Papa enim *procurat*, rex verò *concedit;* et tamen Pontifici omnia tribuuntur ; quòd in causâ religionem attinente, reges omnia delata ipsi vellent.

Et cùm in concilio Lateranensi IV, capite illo III, *de Hæreticis*, quod nobis objicitur, disertè scriptum sit de summo Pontifice : « Terram exponat catholicis occupandam, qui eam sine ullâ contradictione possideant; » tamen id nonnisi regum consensu factum ex Willelmo Britone constat, cujus, de Raymundo hæreticorum defensore extant hi versus. *Philippidos* libro VIII, pag. 192.

> Rex et Papa simul exponunt omnibus illum,
> Et res et patriam totam, quæ spectat ad illum ;
> Ut qui prævaleat armis et viribus illi
> Tollere quid, proprias licitè convertat ad usus,
> Et dominus fiat rerum, quas auferet illi.

In aliis feudis haud aliter actum facilè intelligimus. Utriusque potestatis concurrebat auctoritas: ac regia quidem hæretico principi feudum adimebat, alteri principi concedebat; pontificia verò et de hæresi judicabat, et in hæreticum meritò hæc à rege fieri declarabat, dantemque et accipientem in conscientiâ tutos præstabat ; et sic etiam suo modo concedere putabatur.

Neque reges repugnabant quin Simon et alii novos feudos ab hæreticis captos Pontifici acceptos referrent, ut Sedi apostolicæ atque Ecclesiæ catholicæ eò fideliores essent, quò, auctore Pontifice, talia beneficia impetrarent.

Quare de concilio Bituricensi anni 1225, sub Ludovico VIII, Romano legato præside, Matthæus Parisiensis hæc refert: «Simon de Monte-forti (Amalricum ejus filium dicere debuit : pridem enim obierat Simon, anno scilicet 1218, in secundâ obsidione Tolosanâ lapide percussus; sed hæc nihil ad rem) Simon ergò de Monte-forti petiit sibi restitui terram Raymundi comitis Tolosani, quam dominus Papa et rex Francorum Philippus sibi et patri suo contulerunt, exhibens super donatione factâ, utriusque, Papæ scilicet et regis monimenta [2]. » Quæ in chronico Turonensi,

---
[1] Rigord., ap. Duch., tom. V, p. 66. — [2] Matth. Par., an. 1226, p. 277; et tom. XI *Conc.*, col. 292.

in gestis conciliorum inserta distinctiùs explicantur his verbis :
« Quibus (Raymundi scilicet petitionibus) Amalricus comes de
Monte-forti obvians, litteras Papæ Innocentii, necnon et Philippi
regis Franciæ ostendebat, in quibus continebatur, et dicti comitis
Tolosani damnatio, et terræ Albigensium Simoni de Monte-forti
patri suo facta donatio [1]. » Quibus intelligimus regis donationem
Pontificis damnatione nixam, suo quoque modo ad eum relatam,
à quo damnatio processisset. Quis autem propriè ac reipsâ donaret, non erat obscurum. Is nempe rex fuit, à quo terram Simon
recepit, qui Simonem *investivit*, terram *ei et hæredibus confirmavit*; ut profectò Rigordus accuratè diligenterque, *Pontifice
procurante, rege concedente*, hæc facta esse scripserit; sed in
hæreticis puniendis, reges pontificiæ potestati fere omnia tribuebant.

Quare qui talia pontificiæ potestati per sese innata, non autem
concessione aut consensione tacitâ vel expressâ civilis potestatis
quæsita esse dixerit, prorsùs ineptiat. Idem judicium esse volumus de trium denariorum censu, quem Innocentius III de terrâ
contra hæreticos acquisitâ Sedi apostolicæ annuatim reservabat [2].

CAPUT V.

*Ecclesiastica potestas multa sibi vindicavit civilia : sacra bella religionis
causâ, sive Cruciatæ : aliæ ejusmodi occasiones : sancti Ludovici de Philippo Augusto avo insigne testimonium : tacitæ consensionis exceptio utrique ordini ad sua jura explicanda necessaria est : utriusque potestatis
sancta societas : Petri Damiani repetitur locus.*

Neminem, credo, latet, multa ejusmodi contigisse sacrorum
bellorum, quæ *Cruciatas* vocant, tempore, sive illæ in Saracenos
recuperandæ Palæstinæ gratiâ, sive in hæreticos susceptæ essent;
placebat enim christianis regibus, in illis sacris bellis, præesse
omnibus pontificiam potestatem, ut et conjunctioribus animis, et
majori religionis reverentiâ rem gererent.

[1] Tom. XI *Conc.*, col. 291. — [2] Pet. de Valc., *hist. Albig.*, c. LXXXIII, p. 658 :
vid. ap. Duch.

Sæpè etiam reges ac principes, bellum sacrum inituri, se suaque omnia Pontificibus tuenda commendabant. Hæc obvia et nota tantùm referimus. Neque duntaxat in sacris, sed etiam in omnibus bellis, pacto de pace fœdere; hujus firmandi et exequendi gratiâ, Sedi apostolicæ se ultrò submittebant, aliisque multis modis se religionis nomine ac reverentiâ tutabantur; quibus fieret ut sæcularia negotia maxima, Romæ potissimùm coram Pontifice tractarentur.

Per eam interim occasionem spiritualis potestas multa regum jura invadebat; cùmque id perspicerent boni ac pii principes, non semper repugnabant.

Notum illud in testamento sancti Ludovici, quo rex sanctissimus et maximus, Philippo filio et successori colendam omni studio Ecclesiam commendat his verbis : « Cùm Philippo regi avo meo (Augustus ille est) consiliarii indicarent à sanctâ Ecclesiâ multis modis ejus jura invadi et minui, ac mirum videri sibi quòd hæc æquò animo ferre videretur, respondisse memorant optimum principem hæc quidem sibi nota; cùm tamen consideraret quanta à Deo sibi concessa essent, malle de jure suo decedere, quàm sanctæ Ecclesiæ contentionem ac litem movere, aut creare incommodum [1]. » Digna quidem christianissimo ac maximo rege sententia! Quâ tamen interim demonstretur, non esse semper pro vero innatoque Ecclesiæ jure reputandum id quod ea egerit, habuerit, decreverit, tacentibus regibus; sed diligentissimè secernenda quæ à Christo concessa sint, ab iis quæ regum auctoritate, consensu, permissu, conniventiâ, silentio denique gesserit aut habuerit.

Quod itidem usu venit in ecclesiasticis rebus, quas sæpè videmus regibus attributas. Sic imperatores id sibi sexto etiam sæculo et Gregorii Magni tempore vindicabant, ut nemo in Cathedrâ Petri etiam electus sederet, nisi qui ipsis probaretur. Sic in episcopatus omnes, reges Franci, primæ quoque dynastiæ tempore, atque aliarum gentium reges, id sibi juris tribuebant, ut nonnisi eorum voluntate, ac jussu episcopi fierent; eòque res devenit, ut editâ formulâ, à se designatis prædicationis munus injun-

[1] *Test. S. Lud.*, post *Histor. de Joinv.* Vid. Mon. S. Dionys., ap. Duch., tom. V.

gerent, ac *pontificalem in nomine Dei committerent dignitatem*[1]; eos denique à metropolitanis cæterisque coepiscopis benedici præciperent. Sic denique à tot sæculis, tot præbendas, tot ecclesiasticas dignitates, tot alia beneficia cum curà et sine curà, vel *regalium,* vel alio quocumque nomine, pleno etiam jure conferunt. Non ideò adversarii hæc omnia regibus esse innata per se, imò verò ab Ecclesià manasse decernent : ac tametsi nullæ concessiones producuntur, valere tamen ea omnia ex consensione tacità facilè demonstrabunt. Quid ità? Quia scilicet ipsa rerum natura docet ecclesiastica nonnisi per Ecclesiam haberi posse. Sic ubi Ecclesia feudos adimit, concedit, aut aliud quid ex civili potestate decerpit, ea civilis potestatis consensioni, saltem tacitæ, accepta referemus.

Sanè passim occurrit in imperatorum regumque authenticis et capitularibus, ut qui hæc et hæc fecerit, sacro ordine deponatur, excommunicetur, in pœnitentiam redigatur[2] : quæ haud minùs intelligimus canonum auctoritate fieri, tametsi non id semper expressum est.

Multa etiam à regibus de ecclesiis ordinandis edicta sunt, quæ in canonibus vix ac ne vix quidem invenire possumus. Consensu Ecclesiæ valere ea facilè intelligimus.

Sit etiam id exempli causà positum. Decernit ita Carolus Calvus : « Hæc si quis transgressus fuerit, anathematis vindictà feriatur, et comitis districtione constringatur: « quæ uno licèt tenore posita, tamen ad suos fontes quæque revocamus. Sic cùm Pontifices eodem contextu ecclesiasticis civilia miscent, sanè meminerimus haud minùs secernenda esse, quæ ipsis per sese competant, ab iis quæ à civili potestate mutuantur.

Nempè utriusque potestatis sancta societas postulabat, ut altera alterius munia in speciem usurparet, eo jure, quo amici amicorum rebus utuntur : his certè omnibus communi societate et consensione valituris. Quò spectans sanctus vir Petrus Damiani cardinalis episcopus Ostiensis, hoc à nobis jam commemoratum tradidit: « Quodam mutuæ charitatis glutino, et rex in Romano Ponti-

[1] Marculp., lib. I, *Form.,* c. v, vj, vij; tom. XII *Bibl. Patr.,* p. 771.— [2] *Capit.,* tom. II, tit. xxiv, cap. x, p. 95.

fice, et Romanus Pontifex inveniatur in rege[1]. » Ac posteà : « Cæterùm (Pontifex) delinquentes, cùm causa dictaverit, forensi lege coerceat ; et ipse rex cum suis episcopis super animarum statu, prolatâ sacrorum canonum auctoritate decernat. » Quæ quidem mirè congruunt cum his quæ de conciliis Lateranensibus III et IV diximus. Quo enim jure reges ex canonibus super animarum statu toties cum episcopis decreverunt ; eodem jure Pontifices, in conciliis Lateranensibus III et IV super temporalia, cum regibus synodo adhærescentibus atque præsentibus, ex legum auctoritate decrevisse vidimus. Reliqua hujus loci verba ex antedictis repetat, cui hæc recolere est animus. Hic tantùm volumus, ut cum summo viro, et pontificia ab regiis distinguantur officia, et liquidò appareat, sic regem inter et Pontificem consentire, ut si quid alter ex altero usurparit, id ambobus volentibus, consensione mutuâ, tacitâ vel expressâ factum, neutri fraudi esse possit.

Hoc societatis ac mutuæ amicitiæ jure Lucius III, capite *Ad abolendam*, de hæreticis statuit, « ut comites, barones, rectores et consules civitatum et aliorum locorum...., nisi requisiti Ecclesiam adjuvent contra hæreticos...., honore quem obtinent spolientur, neque ad alios assumantur[2]. »

Hoc jure vel nullo, Bonifacius VIII, capite *Felicis, de pœnis*, in Sexto, in eum qui cardinalem fuerit hostiliter insecutus hæc statuit : « Ut sit infamis, diffidatus (*a*), bannitus, intestabilis, ab omni successione repulsus : dentur cuncta ejus ædificia in ruinam : nullus ei debita reddere, nullus respondere in judicio teneatur : bona ejus fisco vel reipublicæ dominio applicentur ; neque eorum filiis aut nepotibus ulla unquàm pateat janua dignitatis aut honoris ecclesiastici vel mundani, nullus aditus ad legitimos actus[3]. » Tot merè temporalia, si in Ecclesiæ ac Pontificum potestate sint eo tantùm nomine quòd Ecclesiæ sint utilia ; utilitas ecclesiastica nunquàm deerit, quâ Pontifices semper et ubique, inconsultis etiam invitisque principibus, de temporalibus decer-

---

[1] Sup., lib. II, cap. XXIX. Pet. Dam., *Discept. syn.*; tom. IX *Conc.*, col. 1172 ; et int. op. Dam., tom. III, opusc. IV, p. 30. — [2] *Extr.*, Greg. IX, lib. V, tit. VII, cap. IX. — [3] *Sext. Decr.*, lib. V, tit. IX ; *de pœn.*, cap. V, *Felicis*.

(*a*) *Diffidare* propriè est à fide quam quis alicui debet, aut pollicitus est per litteras, deficere, inquit DUCANGE, *Glossar. mediæ et infimæ Latinitatis.*

nant atque absolutè regnent : quod, nec ipse, credo, Bellarminus dixerit. Quare est necesse assentiantur omnes, hæc decreta, quatenus de temporalibus statuunt, non aliter valere posse, quàm consensu principum tacito vel expresso; prælatamque semel à conciliis III et IV Lateranensibus lucem sequi omninò nos oportet.

Hæc ad canones conciliorum Lateranensium III et IV ex Lateranensis IV luculentâ interpretatione aliisque monumentis, dicenda habebamus.

CAPUT VI.

De Friderico II deposito : sub Gregorio IX acta : excommunicatus, deinde depositus, à sancto Ludovico et Gallis pro imperatore est habitus : concilium œcumenicum à Gallis requisitum, à Gregorio IX Romam convocatum.

Devenimus ad Friderici II depositionem; atque hanc primam invenimus in concilio œcumenico promulgatam : quo nomine dignam arbitramur, quam diligentiùs consideremus; sed primùm sunt exponenda quæ antecesserunt.

Quòd ergo imperator Fridericus II, voto, juramento ac pœnâ excommunicationis ultrò susceptâ, ad sacrum bellum obstrictus, nec promissis steterat, et christianos, eâ spe magna conatos ac posteà destitutos, in gravia incommoda conjecerat; Gregorius IX, anno 1228, eam dixit sententiam, quam suprà aliâ occasione retulimus [1] : « Imperatorem Fridericum excommunicatum, quanquam inviti, publicè nuntiamus, et mandamus ab omnibus arctiùs evitari : contra ipsum, si contumacia ejus exegerit, graviùs processuri [2]. » Sic nominatim eum excommunicabat : gravius aliquid, depositionem nempè excommunicationi additam intentabat; nondùm deponebat.

Cùm autem Fridericus reges ac regna, præsertim verò Anglos recenti servitute, per Joannem *sine terrâ* Romano Pontifici obstrictos, eâque re indignatos adversùs Romanam Curiam [3], quibus posset clamoribus concitaret, ac Romanæ Ecclesiæ civitates inva-

---

[1] Sup., lib. I, sect. II, cap. XXIX. — [2] Greg. IX, *epist.* II; tom. XI *Conc.*, col. 313. Matth. Par., p. 308. — [3] *Ibid.*

deret, Gregorius quoque altiùs inclamavit; datisque ad Romanum suum ad Francos legatum litteris, mandat : « Quatenùs per terram legationis suæ hæc solemniter prædicans Christi fidelibus, eos inducat, ut pro statu fidei et religionis observantiâ stent ex animo, tanquam prosequentes singuli proprium interesse [1]. »

Tunc ea contigerunt, quæ sunt aliâ occasione à nobis scripta paucis [2], et à Matthæo Parisiensi, ejus ævi scriptore fusè memorata. « Eodem anno (1228) Fridericus imperator, mare Mediterraneum ingressus, ut Domino peregrinationis votum persolveret, apud Achon applicuit. Venientes ei obviam clerus terræ et populus, cum magno honore, ut tantum decebat virum, illum receperunt : verumtamen, quoniam noverant eum à Papâ excommunicatum, non ei communicaverunt in osculo neque in mensâ; sed consuluerunt ut Domino Papæ satisfaciens, rediret ad sanctæ Ecclesiæ unitatem. Templarii verò et Hospitalarii in adventu ejus flexis genibus adoraverunt eum, genua ejus deosculantes, et omnis fidelium, qui aderat exercitus, glorificabat Dominum in adventu ipsius, sperantes quòd per eum salus fieret in Israel [3]. » Ergo imperatorem ut excommunicatum habebant, et à communione ejus abstinebant *in osculo et in mensâ*, ut jam supra diximus; cæterùm ut imperatorem honorabant.

Parebant etiam; eumque ut ducem sequebantur principes et rectores exercitûs christiani, « Dux scilicet Lemburgensis, patriarcha Hierosolymitanus; archiepiscopi Nazarensis, Cæsariensis, Narbonensis; episcopi Vintoniensis et Exoniensis, ac Magistri Hospitalis ac Teutonicorum; » qui omnes ecclesiastici æquè ac laici, « præparatis omnibus ad progrediendum necessariis, processerunt feliciter, prævio imperatore, et apud Joppen prosperè pervenerunt [4]. »

Pergit historicus: « Anno 1229, Papa Gregorius nimis molestè ferens quòd Romanorum imperator excommunicatus et rebellis, ad terram Sanctam transierat, de illius pœnitentiâ desperabat. Decrevit ergò eum, quem contumacem vidit et rebellem, ab im-

---

[1] Matth. Par., pag. 349, et *epist*. III, Gregor. IX; tom. XI, *Concil.*, col. 316. — [2] Sup., lib. I, loc. mox cit. — [3] Matth., Par., loc. cit. — [4] *Ibid.*, pag. 351.

periali fastigio depellere, et alium quemlibet filium pacis et obedientiæ loco ejus subrogare [1]. »

Intereà Geroldus patriarcha Hierosolymitanus, datis ad universos Christi fideles litteris, de Friderico multa conqueritur; at nihilominus ubique imperatorem appellat [2].

Anno 1229, « videns Dominus Papa robur et constantiam imperatoris nondùm enervatam, sibi et Romanæ Ecclesiæ nondùm incurvari, misit per totam Allemaniam Prælatis magnificis, et aliàs manentibus, epistolas prolixas, commonitorias; et præcepit districtè, ut omnes insurgerent in imperatorem, Deo et Romanæ Ecclesiæ rebellem..... Absolvit etiam omnes qui eidem fidelitatis juramento tenebantur adstricti [3]. » Hæc Matthæus Parisiensis parum Pontifici cessisse memorat. Quas causas attulit, referre non libet, nec nisi necessaria memoramus.

Extat ea depositionis sententia in conciliorum voluminibus, ubi iteratâ excommunicatione, sic legitur : « Omnes qui ei fidelitatis juramento tenentur, decernendo ab observatione juramenti ejusmodi absolutos, et firmiter prohibendo ne sibi fidelitatem observent, donec fuerit vinculo excommunicationis adstrictus [4]. »

Ne tamen dixeris depositionem per se cum excommunicatione connexam, cùm Fridericum vinculo excommunicationis adstrictum, prohibente nemine, ne ipso quidem Pontifice, regnasse videamus; sed ipse sententiæ suæ, quem vellet adhibebat modum.

Alio dato diplomate, ait, Fridericum asseruisse hæresim, « dùm constanter proponeret, inquit, quòd per nos tanquam Christi Vicarium excommunicationis vinculo adstringi non potuit [5]. » Quòd autem negaverit passim se potuisse deponi, hæresi non imputatur : adeò hæc diversâ auctoritate constant.

Intereà illa contigit memorabilis ad regem sanctum Ludovicum et *Francorum baronagium*, de Roberto regis fratre ad imperium eligendo, Gregorii IX legatio [6]. Franci pro regni Francici nobilitate ac domûs regiæ dignitate, magnificè multa ; cæterùm, quod ad rem nostram attinet, responderunt : « Si Fridericus

---

[1] Matth., Par., p. 353. — [2] *Ibid.*, p. 359. — [3] *Ibid.*, p. 516. — [4] Gregor. IX, *Ep. ad Otth. Card.*, tom. XI, col. 339. — [5] *Ep.* XII; *ibid.*, col. 348. — [6] Matth. Par., p. 517.

ab apice imperiali, meritis exigentibus, deponendus esset, nonnisi per generale concilium cassandus judicaretur. » Matthæus Parisiensis memorat addidisse eos: « Insontem sibi videri adhùc Fridericum, neque quid sinistri in eo visum, vel in fidelitate sæculari, vel fide catholicâ; missuros ad imperatorem qui quomodo de fide catholicâ sentiat diligenter inquirant: tùm ipsum, imò etiam ipsum Papam, si malè de Deo senserit, usque ad internecionem persecuturos. » Quæ quidem non probamus omnia, sed referimus, atque ab historicis recensita percurrimus.

Credibile est Gregorium eâ Francorum responsione permotum fuisse, ut concilium œcumenicum convocaret. Certum quidem est, Romam ab eo Pontifice fuisse convocatum. Fridericus episcopos multos etiam Gallicanos, ad Sedem apostolicam ex obedientiâ properantes, cepit. Quâ de re graviter conquestus est sanctus Ludovicus, datâ ad Fridericum epistolâ. Interim ad eum scribit ut ad imperatorem ejusque imperium cum Francico regno conjunctissimum agnoscit, quantumvis Fridericus à Gregorio IX fuisset anathemate et depositione perculsus [1]. Addit: « Prænestinum episcopum et alios legatos Ecclesiæ, in præjudicium vestrum volentes subsidium nostrum implorare, manifestè repulimus; nec in regno nostro contra majestatem vestram potuerunt aliquid obtinere. » De episcopis suis hæc signanter notat: « Nam sicut ex eorum litteris manifestè didicimus, nihil contra imperialem celsitudinem excogitaverant; etiamsi summus Pontifex fuisset ad aliqua minùs debitè processurus. » Hæc senserunt de imperatore deposito episcopi Gallicani: hæc sensit Rex, quo nullus unquàm sanctior, nullus sapientior, aut Sedi apostolicæ obedientior.

CAPUT VII.

Quæ sub Innocentio IV, Gregorii IX successore, gesta: concilium Lugdunense I: in eo acta, atque ex his et antè dictis argumenta contra nos.

Gregorio mortuo, ad Innocentium IV habendi concilii cura

[1] Inter *Epist. Pet. de Vin.*, lib. I, cap. xII. Vid. Nang., *de Gest. S. Ludov.*, an. 1239. Duch., tom. V, p. 336.

transmittitur. Is igitur, anno 1245, concilium convocat Lugdunum, hâc, inter alias, causâ memoratâ : « Necnon pro negotio quod inter Ecclesiam et principem vertitur, reges terræ, prælatos ecclesiarum, et alios mundi principes duximus advocandos [1]. » Ac posteà : « Nos dictum principem in prædicatione nostrâ citavimus, ut per se, vel per suos nuntios, in concilio celebrando compareat, responsurus nobis et aliis, qui aliquid contra ipsum duxerint proponendum. »

Misit Fridericus procuratores suos, qui primùm dilationem peterent, « mox ad futurum pontificem et concilium futurum generalius appellarent. Atque Dominus Papa respondit : Quòd illud erat concilium generale, quia tàm principes sæculares quàm clerici ad illud fuerant invitati; sed omnes qui in jurisdictione imperatoris fuerant, ad illud eos accedere non permisit, propter quòd appellationem non admittebat [2]. »

Prolata sententia est in hanc formam: « Innocentius episcopus, sacro præsente concilio, ad rei memoriam sempiternam [3]. » Mox relatis Friderici criminibus, atque allegatâ clavium potestate, addit: « Memoratum principem.... suis ligatum peccatis et abjectum, omnique honore ac dignitate privatum à Domino ostendimus ac denuntiamus et nihilominus sententiando privamus [4]. » Tùm absolvit à fidelitatis juramento subditos; et qui pareant vel faveant, vinculo excommunicationis adstringit.

Posteà, « Dominus Papa et Prælati assistentes concilio, candelis accensis, in dictum imperatorem Fridericum, qui jam imperator non est nominandus, terribiliter, recedentibus et confusis ejus procuratoribus, fulgurarunt [5]. »

Hinc argumenta congerunt: depositum imperatorem virtute clavium, idque præsente concilio generali; adfuisse principes cum episcopis; reclamasse neminem; quin ab ipso Friderico agnitam Ecclesiæ potestatem, cùm ab hoc concilio ad futurum Pontificem et futurum concilium appellarit; agnitam etiam expressissimè à Francis, quos antiqui juris retinentissimos fuisse

---

[1] *Ep. Inn. IV,* tom. XI *Conc.,* col. 636. Matth. Par., an. 1245.— [2] Vid. in Conc. Lugd., *brev. not.,* etc., tom XI, col. 639, 640. Matth. Par., p. 666. — [3] Tom. XI *Conc.,* loc. cit. — [4] *Ibid.,* col. 645. — [5] *Ibid.,* col. 665. Matth. Par., p. 672.

jactamus; cùm etiam ipsi responderint id quod suprà vidimus [1]: « Si Fridericus deponendus esset, nonnisi per generale concilium cassandus judicaretur; » quo responso fateantur imperia subjici ecclesiasticæ potestati; neque enim referre multi, concilione an Papæ subsint, quæ suâ jam arce dejecta sint.

CAPUT VIII.

Solutio objectorum præcedentis capitis: duo quædam notatu digna: depositio edita, sacro præsente Concilio, *non* sacro approbante Concilio, *ut solet.*

Hæc nos ex gestis facilè explicamus. Primùm ergò observari volumus in rei gestæ serie, quàm diligentissimè descriptam habemus, enarrari quid Pontifex, quidve alii dixerint. De nullâ autem aliâ re tractatum videmus quàm de Friderici sceleribus decretisque in eum latis; de his quæsitum deliberatumque esse: an autem datum Ecclesiæ à Christo sit ut reges deponeret, ne inquisitum quidem fuisse, neque quidquam eâ de re dictum, neque hîc in tantâ synodo, neque alibi usquàm : quod tamen vel semel fieri oportebat.

Secundò notamus singularem formulam: *Sacro præsente concilio*. Et quidem ille theologiæ professor anonymus, qui adversùs Declarationem cleri Gallicani edidit responsionem historico-theologicam, hæc scribit: « Innocentius in publico totius orbis christiani universali concilio, ipsoque approbante, Fridericum regno privat[2]. » Vide quàm oscitanter hæc legant, vel malâ fide referant, qui nostra oppugnent: cùm tantùm intersit, an quid fiat, duntaxat *sacro præsente concilio,* an etiam *sacro approbante concilio.* Nos autem advertimus passim quidem in conciliis, ubi adest præsens Pontifex, edi decreta ejus nomine, sed ubique adscriptum : *Sacro approbante concilio,* vel aliquid ejusdem roboris. In hâc etiam synodo, celebrata hæc formula est, et de usuris quidem, capite XIII; « Præsentis concilii approbatione sancimus: et « Ejusdem concilii auctoritate firmiter inhibemus ; et capite XVII : Definientes, sacro approbante concilio; et : Com-

[1] Sup., hoc lib., cap. VI. — [2] *Resp. hist. theol.,* colon. 1683, p. 64.

muni concilii approbatione statuimus [1]. » Quin etiam, more majorum in hoc quoque concilio vidimus, ab omnibus episcopis sententiam excommunicationis pronuntiatam fuisse. At is qui reliqua omnia, *sacro approbante concilio*, decernit Pontifex, sententiam in quâ depositio sancita est, *sacro* tantum *præsente concilio*, dictat [2].

Et quidem interserit hoc à se decretum esse, *cum fratribus et sacro concilio, deliberatione præhabitâ diligenti*. Aliud autem est, cum episcopis deliberasse et eorum consilia exquisiisse; aliud, concilii auctoritate atque approbatione decretum aliquid esse.

Ne verò arbitremur ideò illâ formulâ Pontificem pronuntiasse, quòd imperatoris depositionem tanquam rem maximam, suæ auctoritati potestatique reservaret. Ecce enim excommunicationem more majorum cum sacro concilio suisque coepiscopis pronuntiat : quæ tamen sententia eò est gravior majorisque potestatis, quò regno cœlesti quàm terreno privari gravius est ac luctuosius. Et tamen in conciliis passim communi Patrum decreto atque approbatione anathemata promulgantur; communi decreto episcopi deponuntur, quorum depositio, pro spiritualis potestatis amplitudine, majorem in Ecclesiâ potestatem requireret quàm laicorum quorumcumque; communi denique decreto, fidei dogmata ac symbola sacrique canones promulgantur, quo nihil est in totâ religione majus aut gravius. Cùm igitur ecclesiastica omnia, quanticumque sint ponderis, communi auctoritate ac *sacro approbante concilio* promulgentur; quæ *præsente tantùm concilio* fieri dicuntur, habere ea non debemus pro ecclesiasticis.

Certè docent Patres ac theologi confitentur, quæ verè ecclesiastica sint atque à Christo tradita, ea quidem in Petro et successoribus eminere : cæterùm ad omnes manare episcopos, atque in episcopatu toto unam esse potestatem. Nihil enim Papæ attributum, quod non sub ipso et cum ipso facere ac decernere coepiscopi possint. Rursùs ergò testantur Romani Pontifices, non esse ecclesiasticam principes deponendi potestatem, quam soli exerceant.

---

[1] Tom. XI *Conc.*, col. 649, 654, 655. — [2] *Ibid.*, col. 645.

CAPUT IX.

De statu imperii Romano-Germanici quædam, quæ ad objectorum solutionem spectant.

Tertiò notamus, vera imperatores Germanos, seu Romano-Germanicos eâ conditione fuisse, ut Romani Pontifices existimarent, præter illam potestatem, quam à Christo haberent in omnem animam christianam, aliquid sibi peculiaris juris in eos, processu temporis quæsitum et comparatum fuisse. Neque tantùm Romanos Pontifices, sed etiam alios multos in eam sententiam consensisse.

Placet colligere hîc paucis, quæ sparsim eâ de re monumenta extent, quorum etiam partem maximam suo loco retulimus [1].

Primùm autem vidimus [2], quæ à Baronio relata sunt, ut probaret jam pridem sub Othonibus, imperium Romano-Germanicum ejusque imperatores Romanis Pontificibus ità fuisse obnoxios, ut ab eis acciperent, non modò imperium, sed etiam successoris designandi potestatem. Hoc primum : tùm illud consecutum, ut extinctâ Othonum familiâ, Romani Pontifices, suâ auctoritate designarent eos Germaniæ principes, qui regem Teutonum eligerent, in Romanum posteà imperatorem à Romano Pontifice promovendum. Quæ quidem Baronius à Gregorio V Germano, anno Christi 996, circa ipsa initia imperii Romano-Germanici constituta esse memorat.

Hæc si tam vera sunt quàm à Baronio magnâ vi affirmantur, fateri nos oportet, imperium Romano-Germanicum, ejusque imperatores, in ipsâ suâ origine Romanis Pontificibus, quoad ipsa temporalia fuisse obnoxios.

Non ità multò post, circa Gregorii VII tempora, audivimus [3] quid auctor vitæ Henrici IV scripserit; nempè ad eum Pontificem à Germanis perduellibus fuisse jactatum, « non decere (Henricum IV) tam flagitiosum, plus notum crimine quàm nomine,

---

[1] Sup., lib. II, cap. XXXIII.— [2] *Ibid.*, cap. XL. Baron., tom. X, an. 964, p. 783. 784 ; an. 996, p. 909. — [3] Sup., lib. I, sect. I, cap. XII, Urst., p. 382.

regnare, maximè cùm sibi regiam dignitatem Roma non contulerit; oportere Romæ suum jus in constituendis regibus reddi: providerent apostolicus et Roma ex consilio principum, cujus vita et sapientia tanto honori congrueret. » Hæc igitur à Germanis Gregorio VII fuisse suggesta narrat coævus historicus: « quâ subreptione delusum Apostolicum, simul et honore creandi regis quem sibi fallaciter obtulerant. » Quæ profectò ostendunt his jam temporibus, in Romano Pontifice fuisse notatum peculiare aliquod jus ad constituendum eum regem, qui posteà imperator futurus esset; atque ad eum posteà deponendum.

Hunc ad locum pertinet illud, ab eodem Gregorio VII Romanis imperatoribus postulatum, regiæ fidelitatis sacramentum, quod memoravimus suprà [1].

Sub Paschale II, qui Romanus Pontifex à Gregorio VII est tertius, ab hujus ævi historico Gotfrido Viterbiensi relata hæc sunt [2], tanquam à Romanis Pontificibus dicerentur :

> Imperium dedimus, tu pauca dedisse videris.
> Imperio nostro, Cæsar Romanus haberis.

Hinc profectum illud, quod ex Radevico retulimus, de imperatore Lothario Saxone inscriptum Lateranensi palatio :

> Rex venit ante fores jurans priùs Urbis honores.
> Post Homo fit Papæ, sumit quo dante coronam [3].

Hùc etiam facit, id quod est ab Adriano IV ad Fridericum I scriptum de *beneficio,* atque insigni coronæ imperatoriæ per Pontificem dato : quæ quanquam ab ipso Pontifice erasa et emollita usque adeò Pontificis animo adhærebant, ut posteà rursus ad Fridericum scriberet, datum à se imperium atque auferri posse à quo datum esset.

Id passim fuisse creditum testatur paulò post in concilio Turonensi habita ab Arnulpho Lexoviensi concio, quâ, ubi docuit eam quam Fridericus I imperator communem cum cæteris Ec-

---

[1] Sup., lib. I, sect. I, cap. xii. — [2] Gotf. Viterb., *Chron.* — [3] Sup., lib. III, c. xviii. Radev., *de Gest. Frid.* I, cap. x, Urst., p. 482.

clesiæ debebat obedientiam, hæc subdit : « Prætereà specialem causam habet quâ sanctam Romanam Ecclesiam dominam recognoscere debet : alioquin manifestissimè poterit reus ingratitudinis apparere. Si enim ad veteres recurramus historias, certum erit prædecessores ejus imperium non de alio jure, quàm de solâ sanctæ Romanæ Ecclesiæ gratiâ percepisse. Nihil igitur plus juris vendicare principes possunt, quàm quod in eos contulit dignatio largientis [1]. »

Neque ità multò post, Innocentius III hæc declararat [2] : de Electoribus quidem, jus eorum omne ab apostolicâ Sede descendere; de electâ verò personâ, si indigna haberetur, eam à Romano Pontifice rejici posse, ne Ecclesia Romana idoneo defensore carere cogeretur : quæ in gratiam Friderici II facta et ab eo agnita, ejus deponendi jus romano Pontifici tribuebant.

Hùc accedit, quòd jam pridem Romanis Pontificibus ab imperatoribus id præstitum fuerat juramentum, quod *fidelitatis* fuisse Romani Pontifices posteà declaraverunt [3] : summi certè obsequii fuisse nemo diffitetur.

Cùm ergò hæc, et sibi Romani Pontifices vendicarent, et omnes passim pronis animis acciperent; haud absurdum videbatur dejici imperio posse imperatores, qui erga Pontificem, quo auctore regnarent, debito ac jurato officio defuissent : quam in sententiam toto jam orbe vulgatam, Lugdunenses Patres, pontificio honori faventes, facilè adductos esse nihil mirum est.

Quod autem jus illud quæsitum et adscititium, Romani Pontifices cum apostolicâ potestate Sedi suæ innatâ pariter exercerent, simulque imperatorem excommunicarent atque deponerent; excommunicationis quidem episcopi ut participes clavium, pro antiquo jure ac more, se socios adhibebant; depositionem verò, in quâ jus sibi nullum, neque innatum neque quæsitum vendicarent, nolebant à se, aut pro potestate decretam, aut approbatione solemni firmatam ; sed tantùm, quod res erat, præsentes esse se, atque etiam in consilium adhibitos fatebantur. Quo ritu aliquid,

---

[1] Serm. Arnulph, *Lex in Concil. Tur.*, tom. X, col. 1415. — [2] Innoc. III, *Extr*, lib. I, tit. vi, *de Electione*, cap. *Venerabilem*. — [3] Clem., lib. II, tit. ix, *de Jurej.*, cap. unico, *Principes Rom.*

quod verè esset ecclesiasticum, ab episcopis gestum nemo unquàm in conciliorum actis ostendet.

Neque tamen arbitramur, si hæc in Fridericum, sacro concilio approbante, gesta essent, ideò statim rem esse confectam; quærendumque superesset, an ità gesta sint, ut solent ea, quibus certa Ecclesiæ fides summaque auctoritas explicatur, ut dictum est suprà [1]. Consentiunt enim catholici omnes, non ejusdem esse generis, quæ in conciliis etiam œcumenicis fiunt; quæque expressè quæsita, quæ de fide, quæ lato canone sancita sunt, magno ab aliis habent discrimine; et tamen hîc maximum est causæ deploratæ argumentum, quòd concilium generale non eam susceperit, neque tali facto adscribi voluerit solemnem formulam : *Sacro approbante concilio.*

Recolique hîc volumus, id quod est à nobis perpetuâ rerum serie demonstratum : quæcumque hactenùs à Romanis Pontificibus, ad deponendos reges, etiam in synodis sunt gesta, in iis, Deo ità providente, nunquàm ac semel quidem adscriptum, hæc Patrum consensione, approbatione, decreto gesta esse : quæ formula, cùm in cæteris ecclesiasticis decretis, Pontifice præeunte perpetua solemnisque sit, certum est hæc quidem, quanquam Petri nomine agi videbantur, longo discrimine distincta à reliquis, quæ certò verèque essent ecclesiastica.

Ex antedictis solvimus, quæ de Francis imperia concilio generali subjicientibus sunt objecta. Et quidem, si Franci id vel maximè tertio decimo sæculo facere incepissent, gliscente imperitiâ, tamen anteactis sæculis stare nos oportet; quantò magis cùm id nequidem cogitaverint?

Primùm enim, si quis strictè eorum ad Gregorium IX de deponendo imperatore responsa perpenderit, inveniet ab iis non absolutè dictum; imperatorem à concilio deponi posse; sed, « si exigentibus meritis deponendus esset, nonnisi à concilio generali cassandum videri : » tùm etiam illud de imperio Romano-Germanico dici, quod singulari titulo Ecclesiæ obnoxium credebatur; putabantque nostri tantam rem, qualis est depositio Romani imperatoris, qui reipublicæ christianæ caput haberetur, ad Romanam

---

[1] Sup., lib. III, cap. I.

licèt Ecclesiam pertineret, nonnisi exquisito totius orbis consilio perfici debuisse, aut etiam potuisse. Cæterùm coronam Franciæ, nec Papæ, nec concilio, Franci unquàm subjecerunt. Imò verò non multò post, Bonifacii scilicet VIII tempore, cùm objicerentur eis depositi imperatores, hæc statim reponebant : « Quod dicitur, quòd Papa deponit imperatorem, respondeo, verum est illum quem ipse posuit, quia ab ipso accepit feudum[1]. » Et de Friderico II disertè : « Quod autem dicitur de Friderico, quem deposuit Innocentius IV, dico quòd verum est, et de illo imperatore concedo, quòd Papa est ejus dominus temporalis, quoniam ille imperator fit per electionem, et à Papâ confirmationem recipit et coronam; sed nihil horum est in rege Franciæ. » Hæc nostri quadraginta circiter post Fridericum depositum annis, facti recente memoriâ, respondebant.

Quò etiam pertinebat illud, sancti Ludovici tempore, à Francorum legatis dictum : Regem Franciæ, *quem linea regii sanguinis* provexit ad sceptra Francorum, excellentiorem esse aliquo imperatore, quem sola electio provehit voluntaria[2]. Quantùm autem nostri ab eo abfuerint, ut coronam Franciæ ulli alteri quàm Deo subditam esse vellent, Bonifaciana, quæ jam retulimus[3], gesta demonstrant.

CAPUT X.

Constantiensia et Basileensia decreta : Sigismundi imperatoris in synodo Constantiensi imperiale decretum : ejusdem imperatoris de Romano-Germanici imperii principibus, declaratio.

Facile est, ex antedictis, conciliorum Constantiensis et Basileensis ea quæ objiciunt decreta explicare. Pari enim ratione dicimus, si quid ibi à Patribus de pœnis temporalibus decernatur, id fieri consensu principum, qui ex toto orbe christiano per legatos aderant, eoque jure, quo Ecclesia ad temporales pœnas inferendas, principum constitutionibus adjuvatur.

---

[1] Tract. Joan. de Par., *de Pot. Reg. et Pap.*, c. xv. *Vind. Maj.*, lib. II, p. 107. Vid. *ibid.*, quæst. *de Pot. Pap.*, p. 188. — [2] Matth. Par., an. 1239, pag. 518. — [3] Sup., lib. III, c. xxiii et seq.

Id verò ex ipso Constantiensi concilio satis constat. Anno enim 1415, sessione XIV, decretum legimus hoc titulo : *Quòd imperator det operam, ut concilium sit tutum*. Sic autem decernit : « Sacrosancta synodus exhortatur invictissimum principem Dominum Sigismundum Romanorum et Hungariæ regem, quatenùs placeat patentes litteras sub suæ Majestatis sigillis dare, et omnibus principibus, vassallis et subditis sacri imperii, et præsertim civibus et incolis civitatis Constantiensis præcipere et mandare, quòd manutenebunt et defendent prædictum concilium,..... quandiu duraverit, et quicumque..... non observaverit..... sententiam imperialis, banni incurrat, perpetuò sit infamis, nec ei unquàm portæ dignitatis pateant,..... omnibus feudis..... sit ipso jure privatus [1]. » Quæ ad ecclesiasticam dignitatem et utilitatem maximè pertinentia, si per sese sancta synodus decernere potuisset, non erat cur à rege requireret.

Quâ de re Rex decernit his verbis : « Qui statuit terminos gentium secundùm numerum Angelorum, et utrorumque ministeria ordine miro dispensans, sicut choros angelicos variis dignitatibus..... mirabiliter insignivit; sic et Ecclesiam adhùc militantem in terris, diversis tam spiritualium quàm temporalium distinxit titulis potestatum, ut pulchra fidelibus et infidelibus terribilis apparens, ut castrorum acies ordinata procedat. » Quâ temporalium et spiritualium distinctione ex jure divino explicatâ, temporales pœnas ipse decernit, utilitati ecclesiasticæ servituras. At si has Ecclesia per sese inferre potuisset, distinctionem vanam, neque ex jure divino imperator explicasset, neque sancta synodus recepisset.

Per ea tempora Fridericus, dux Austriæ, Georgium episcopum Tridentinum ejus civitatis aliorumque locorum possessione dejecerat. Res ad imperatorem delata per episcopum; Dux episcopo restituere jussus, imperatoris jussis non stetit. Sessione XXVIII, episcopus postulat à concilio Constantiensi monitorias litteras, quibus dux bonis occupatis cedere cogeretur, sub pœnis in constitutionibus Caroli IV imperatoris editis aliisque gravioribus. Eâdem sessione XXVIII, dat synodus monitorium, quo declarat Frideri-

[1] *Concil. Const.*, sess. XIV, tom. XII, col. 115, 116.

cum ducem incidisse in pœnas *privationis feudorum et inhabilitationis in constitutione Carolinâ contentas,* addito anathematis vinculo [1]. Non ergò has pœnas per se decernit, sed principum adjuta constitutionibus.

Multa sanè decreta sunt à principibus adversùs eos qui in hæresi obstinatè permanserint, quique in excommunicatione sorduerint. Ea verò legimus in constitutione Friderici II, memoratâ suprà, eademque ab aliis posteà principibus decreta, confirmata, amplificata sunt; quibus adjuta synodus Constantiensis decernit, contumaces adversùs Ecclesiam *spiritualiter* et *temporaliter* puniendos, ut est in decreto, « contra invasores accedentium et recedentium à concilio, » et in « monitorio contra Philippum comitem Virtutum [2]. »

Quo etiam ex fonte manavit id quod est à Martino V, sacro Constantiensi concilio approbante, editum in Bullâ *Inter cunctas,* adversùs Viclefi Hussique defensores [3]; nempè, « ut quâcumque dignitate præfulgeant, etiamsi patriarchali, archiepiscopali, episcopali, regali, reginali, ducali, » in eos ab episcopis atque inquisitoribus hæreticæ pravitatis *inquiratur;* ab iisque « per excommunicationis pœnam, suspensionis, interdicti, necnon privationis dignitatum, personatuum et officiorum, aliorumque beneficiorum ecclesiasticorum ac feudorum, quæ à quibuscumque ecclesiis, monasteriis ac aliis locis ecclesiasticis obtinent, ac etiam bonorum et dignitatum sæcularium, ac graduum scientiarum, quarumcumque Facultatum, et per alias pœnas, sententias et censuras ecclesiasticas, ac vias et modos, quos ad hoc expedire viderint. » Quæ conglobata licèt, quis non videat jure tamen diversissimo decerni, nec ab eodem fonte manare confusèque dicta; tamen congruè aptèque singulorum ratione habitâ, intelligi exercerique debere? Quis enim cùm audiat eodem tenore intentari « privationem bonorum ac dignitatum sæcularium, ac graduum scientiarum quarumcumque Facultatum; » quis, inquam, cùm hæc audiat colligata, ideò putet ab iisdem inquisitoribus, dignitates

---

[1] *Concil. Const.,* sess. XXVIII; col. 208, 211. — [2] *Constit.,* Conc. Const., *cont. invas.,* sess. XV, col. 144; vid. sess. XXXI, col. 216. — [3] *Constit.,* Conc. Const., *cont. invas.,* post. sess. XLV; col. 271.

omnes, etiam, si Deo placet, regiam pari jure tolli posse, ac doctoratum, baccalaureatum et magisterium artium? Quare hæc omnia conglobatim licèt dicta atque congesta, tamen diligenter secerni oportere, luce est clarius.

Ac si vel maximè hujus vi decreti etiam regna tolli possunt; quis vetet intelligi de iis regnis, quæ sunt feudi ecclesiastici; cùm expressè dicatur tolli quidem feudos, sed eos, *qui à quibuscumque ecclesiis, monasteriis ac aliis locis ecclesiasticis obtinentur?*

Vel decretum sessionis XIX audiamus, contra invasores ecclesiasticæ libertatis atque ditionis. Ibi inveniemus inter bona ecclesiastica, quæ occupata reddi debeant, bis terque recenseri, *regna, provincias, comitatus, dominia, territoria, civitates* [1]. Neque immeritò; cùm regna utriusque Siciliæ, Sardiniæ, Corsicæ, ad Ecclesiæ Romanæ feudum certâ possessione pertinere constet, ut alia regna omittamus, quæ se ultrò huic conditioni subjecerint, atque etiam imperium Romano-Germanicum, quod eodem vel simili jure habere pertendunt; ut profectò nec mirum esset, si in concilio Constantiensi, privati fuissent reges, qui amplexi hæresim, juratam Ecclesiæ Romanæ fidelitatem ejurassent. Ut autem eodem jure, Franciæ aut Castellæ, quo Sardiniæ aut Corsicæ regna adimantur, neque quis animo cogitare, neque Constantiensi concilio sine gravi contumeliâ tribuere possit.

Hæc ergò, conglobatè licèt confusèque dicta, valeant aptè, congruè, distributivè, respectivè, suo quæque ordine ac modo; neque omnia eodem jure constare, aut cum potestate clavium conjuncta esse intelligantur; sed adhibitâ diligenti cautione, ad suos fontes quæque revocentur.

Quo itidem sensu decretum fuerit, ut qui Sigismundum Romanorum regem ad Hispaniam pacis ecclesiasticæ causâ profecturum impediant, *quâcumque dignitate, aut ecclesiastico beneficio, sæcularive priventur* [2] : quatenus scilicet eæ dignitates, ea beneficia. Ecclesiæ sint, vel innato, vel acquisito jure.

Idem dicimus de constitutione ejusdem concilii sessionis XXXIX, cui est titulus : *Provisio adversùs futura schismata* [3]; quâ Boni-

---

[1] Sess. XIX, in *conf. Const. Frid. II, et Carol.* Vid. col. 273 et seq. — [2] Sess. XVII, in *confir. const. Frid. II, et Carolinæ*. Vid. col. 160, 161. — [3] *Ibid.*, col. 239.

facii VIII constitutio *Felicis*, à nobis suprà memorata [1], adversùs eos extenditur, qui *imperiali, regali, pontificali, vel aliâ quâvis ecclesiasticâ aut sæculari præfulgeant dignitate :* quæ ità intelliguntur, primùm ut temporalia ad consensum principum referantur; tùm ut non omnia omnibus, sed singulis, quæ singulis sint congrua, applicentur.

Nec alio sensu valent ea quæ eodem modo à Concilio Basileensi sessione ix decreta sunt « sub pœnâ excommunicationis et privationis dignitatis cujuslibet ecclesiasticæ aut mundanæ [2]. » Neque enim illis Constantiensibus Basileensibusque formulis usquàm exprimitur, hæc temporalia ad ecclesiasticum ordinem auctoritate clavium ac jure divino pertinere, de quo uno litigamus; ac facilè intelliguntur privari dignitate, etiam mundanâ, eos in quos sibi tale jus Ecclesia comparavit.

Et quanquam Ecclesia catholica, seu concilium generale eam repræsentans, nullos per se feudos, nullas ejusmodi res obtinet; sacræ tamen synodi Constantiensis ac Basileensis, eo jure quo se in Romanum Pontificem aliosque Prælatos illa jura obtinentes pollere intelligebant, de iis quoque decrevere.

Novo id exemplo in his conciliis factum esse confiteor; neque mirum hæc, quæ nullatenus ad fidem perpetuamque morum doctrinam, sed ad variabilem disciplinam pertinent, variè tractata, ordinata, administrata fuisse.

Qui ergò hæc Constantiensia et Basileensia tanto studio inculcant, jam credo ipsi intelligunt, nihil hæc ad nostram quæstionem pertinere : velimque meminerint, quâ defensione à concilii Constantiensis sessionibus iv et v tutos se esse putent. Nempè lata illic tam clara, tam firma de conciliorum superioritate decreta, sic elevare solent, quòd concilium, sessione iv, « non tractet ex proposito materias aut quæstiones fidei, nec intendat ibi dogmata fidei statuere aut hæreses vel errores damnare; » neque id decretum fecerit « per modum definitionis, quia non additur ità secundùm fidem catholicam esse tenendum, nec dicitur anathema contrarium sentientibus, ac docentibus [3]. » Hæc auctor *Doctrinæ*

---

[1] Sup., hoc lib., cap. v. — [2] *Conc. Bas.*, sess. ix; tom. XII, col. 500, 501. — [3] Doct. Lov., p. 73, 74.

Lovaniensium, ex Joanne Viggers : hæc Bellarminus et alii scribunt, Melchiorem Canum secuti, cujus hæc verba sunt : « Si quis (tradita in sessione IV concilii Constantiensis) diligenter expendat, inveniet ea non formam habere decreti, quo videlicet aut fideles obligentur, aut contrarium sentientes explodantur [1]. »

Ostendant has formulas confusè congestas, *formam habere decreti :* ostendant in his propositum aliquid omnibus ad credendum : ostendant saltem in iis aliquid distinctè dictum, quod ad rem nostram et ad clavium à Domino concessam potestatem pertineat. Quod cùm intellexerint nullo modo posse fieri, dùm hæc profectò objicere pergunt, nihil aliud quàm fucum faciunt et imperitos ludunt.

Quòd ergò sic argumentatur passim Nicolaus Dubois [2] : vel hæc esse admittenda, vel conciliorum Constantiensis ac Basileensis contemnendam auctoritatem : næ ille suo more nugatur, qui contra theologorum omnium suaque etiam placita, res à concilio obiter, confusè, indistinctè, nullâ deliberatione dictas, æquiparet iis, quæ à concilio disertè datâque operâ, decretæ, ordinatæ, definitæque sunt.

Idem D. Dubois synodo Basileensi exprobrat, quòd de feudo judicare voluerit, prohibitaque sit ab imperatore Sigismundo : quasi verò negemus fieri potuisse, ut ea synodus aliæve, inconsultò aliena tractarent, et ab iis vetitæ abstinerent. Sed quandoquidem hæc objicit, velim, cogitet quæ à Sigismundo in his expressa sint actis : « Palam ac solemniter protestati sumus, quòd archi-principatus, archi-mareschallatus et jus eligendi Romanum principem à nobis et sacro Romano imperio immediatè descendant ac in feudum dependeant [3]. » Aliâ occasione idem Sigismundus ad eamdem synodum Basileensem hæc scribit : « Notum facimus tenore præsentium universis, quòd, cùm inter alios orbis principatus, sacrum Romanum imperium divinitùs institutum obtineat principatum [4], » etc. Quæ à religiosissimo imperatore dicta, de principatibus divinitùs institutis, nostræ sententiæ favent. Qua-

---

[1] Bell., *de Conc. auct.*, lib. II, cap. XIX. Melch. Can., *de Loc. Theol.*, lib. V, cap. VI. — [2] Pars I *refut.*, p. 29, 31 et pass. — [3] *App. I Conc. Bas.*, col. 968, 969 — [4] *Ibid.*, col. 964.

tenùs autem ad Romanum spectant imperium, Electorumque et aliorum Principum jura ad imperium revocant, nullâ Romanorum Pontificum mentione, vehentissimè dicta decretaque videmus. Ex quo appareat in his temporalibus, nullo fidei religionisque periculo, posse quædam à Romanis Pontificibus vendicata, à Romanis imperatoribus propulsari. Sed hæc quidem parum ad nos. Ad propositum revertamur.

CAPUT XI.

Concilium Lateranense V sub Julio II. De concilii Tridentini decreto sessionis xxv, capite xix, de Reformatione : quid nostri, etiam Curiæ Romanæ addictissimi, senserint.

Ne quid prætermittamus quod concilii œcumenici titulo nobis objici possit, recensenda sunt quædam quæ sub Julio II, in concilio Lateranensi, sub eâ formulâ *Sacro approbante concilio*, decreta sunt : imprimis illud anni 1512, quò rex Ludovicus XII regnumque Franciæ, exceptâ Britanniâ, ac maximè Lugdunensis civitas, conciliabulo, ut aiunt, Pisano adhæsissent. Constat non modò excommunicationem et interdictum pronuntiatum esse, sed etiam *ex Lugduno in civitatem Gebennensem translatas nundinas* [1]. Sic bellis flagrantibus Gallisque absentibus, Julius II in Lateranensi synodo hostili animo decernebat. Quæ quidem proferrimus in exemplum eorum, quæ licèt magno nomine, nimia et ad terrorem composita; atque ut nullo effectu, ità nullâ auctoritate gesta, nemo cordatior diffitebitur.

Objiciunt concilii Tridentini caput *Detestabilis*, de duellis, quod est sessionis xxv caput xix *de Reformatione*. « Imperator, reges, duces, principes, marchiones, comites et alio quocumque nomine domini temporales, qui locum ad monomachiam in terris suis inter christianos concesserint, eo ipso sint excommunicati, ac jurisdictione et dominio civitatis, castri, aut loci, in quo vel apud quem duellum permiserint fieri, quod ab Ecclesiâ obtinent, pri-

[1] *Conc. Later. V*, sess. III, tom. XIV, col. 83.

vati intelligantur, et si feudalia sunt, directis dominis statim acquirantur [1]. » Hæc conceptis verbis *de feudis ecclesiasticis* decreta, favent nobis potiùs quàm nocent; cùm nec tanti sceleris atrocitate compelli potuerit sancta synodus, ut aliquid de feudis temporalibus decerneret. Interim cùm excommunicationem et feudi privationem pari verborum tenore decernat, hoc exemplo docet, optimè à nobis dictum, ad diversissimos fontes esse revocanda, quæ à sanctis conciliis persæpe colligata atque congesta sint.

Quod addit sacra synodus : « Qui verò pugnam commiserint, et qui eorum patrini vocantur, excommunicationis, ac omnium bonorum proscriptionis ac perpetuæ infamiæ pœnam incurrant; » id à nobis relatum est inter eas causas, quibus Franciæ regnum prohibitum sit ab acceptandis tanti concilii de disciplinâ ac reformatione decretis [2].

Hæc enim et similia effecerunt, ut anno 1576, sub Henrico III, in conventu Ordinum Blæsis habito, tametsi deputati ferè omnes è conjuratis sive ex *Ligâ* erant, curiæque Romanæ eo nomine addictissimi, concilii tamen Tridentini de reformatione decreta, nonnisi eâ exceptione admitterent, *salvis ecclesiæ Gallicanæ libertatibus*.

Neque etiam illa sessionis xxv clausula in constitutionem Blæsensem illata est; cùm tam multa ex concilii reformatione petita eò conferrentur.

Quin etiam in eâ congregatione, quæ nomine conventûs Ordinum, anno 1593, vigente *Ligâ,* habita Parisiis est, à duce scilicet Meduanensi convocata; cùm dux Feriæ Hispanique concilium recipiendum urgerent, prolati sunt articuli, quibus Franci deterrerentur à concilii decretis admittendis, quos inter articulos is legitur : « Concilium excommunicat et privat regem eâ civitate, aut loco, in quo duellum permissum sit, » sessione xxv. Addita nota: « Hic articulus lædit potestatem regis, qui temporali suo ullâve ejus parte privari non possit; cùm eo respectu nullum superiorem agnoscat, qualiscumque ille sit [3]. » Quæ jussu cardinalis Pellevei, conjuratorum antesignani, qui sacro Ordini præsidebat,

---

[1] *Conc. Trid.*, sess. xxv, *de Refor.*, cap. xix, *Detestabilis;* tom. XIV, col. 916.
— [2] Bochel., *Dec. Eccl. Gall.*, lib. V, cap. xlv. — [3] Vid. Dupleix, tom. IV *Hist. Henr. IV.* Thuan., lib. cv.

allata, eo tempore et loco ubi Romana curia regnare videbatur, ostendunt quàm sit insitum Francis ne quid ecclesiasticæ potestati in temporalia juris tribuant.

Sic decreta de rebus temporalibus à conciliis etiam œcumenicis prolata, rata sunt vel irrita, prout principum vel consensione admittuntur, vel dissensione respuuntur : nedùm ad clavium divinam potestatem aut ad fidei invariabilem regulam pertinere possint. Atque hæc quidem sunt, quæ ex conciliis œcumenicis opponantur; patetque clarissimè sacras synodos de rebus temporalibus nihil auctoritate clavium decrevisse.

CAPUT XII.

Nostri sæculi gesta ultimo loco reservata : dissidium Venetum, sub Paulo V, Henrici IV Magni operâ compositum.

Priorum sæculorum gestis evolutis, quæ nostro ævo nostrâque memoriâ gesta sunt, ultimo reservamus loco.

Quòd anno 1602, dux et senatus reipublicæ Venetorum de bonis immobilibus per ecclesias ac monasteria, sine Senatûs licentiâ acquirendis, quædam judicia legesque edidissent, et quasdam ecclesiasticas personas *propter prætensa crimina carceri mancipassent* [1], Paulus V, die 17 aprilis, anno Christi 1606, pontificatûs primo, monitorium promulgavit, quò ducem ac senatum, nisi ea omnia certis præstitutis temporibus revocarent, excommunicatos, civitatem ipsam Venetorum terrasque omnes eorum ditioni subjectas, ecclesiastico interdicto suppositas nuntiat et declarat.

Statim atque id Breve perlatum est ad episcopos ac prælatos Venetæ ditionis, ad quos directum erat die 6 maii, prodiit ad eosdem edictum *Leonardi Donati, Dei gratiâ Venetorum ducis* nomine, in quo annotamus ea quæ ad quæstionem nostram faciunt. Hoc primum : « Nos qui tranquillitatem ac quietem dominii, nostro regimini à Deo commissi servare tenemur, et auctoritatem principis, neminem superiorem in temporalibus sub divinâ

[1] *Monit.*, Paul V, ap. Gold., tom. III, p. 282.

majestate agnoscentis debemus tueri [1], » etc. Tùm ista : « Cùm cognoverimus præfatum Breve contra omne jus et æquum emanasse, et contra ea quæ divina Scriptura et sanctorum Patrum doctrina sacrique canones præcipiunt, in præjudicium auctoritatis sæcularis à Deo nobis traditæ et libertatis reipublicæ nostræ, cum perturbatione tranquillæ possessionis,.... non sine omnium scandalo promulgatum fuisse ; prædictum Breve non modò ut injustum indebitumque, verùm etiam ut nullum nulliusque roboris aut momenti, nobis habendum esse non dubitamus; atque ità invalidum, irritum et fulminatum illegitimè, et de facto nulloque juris ordine servato ; ut ea remedia adhibenda non duxerimus, quibus majores nostri et alii supremi principes usi sunt cum Pontificibus, qui potestatis sibi in ædificationem traditæ, limites ac modos egressi fuerint. » Sic ipsâ per se notâ nullitate contenti, appellationem ad concilium œcumenicum superfluam censuerunt. Hujus dissidii eventus cùm neminem lateat, tantùm observamus hîc aliqua, quæ causam nostram spectent.

Primùm : excommunicatos ducem et senatum reipublicæ Venetorum ; civitatem aliasque ejus imperii terras ecclesiastico interdicto suppositas, nihil sollicitatum imperium ; et excommunicationem penitus à depositione sejunctam, contra quod Gregorii VII tempore sentiebant ; cæterùm de depositione nihil actum esse, neque auctoritate apostolicâ dissolutas leges à Senatu conditas, quas Pontifex improbaret, sed jussum Senatum ut eas antiquaret : metuentibus, ni fallor, Romanis curialibus, ne depositiones aliaque ejus generis, oculato sæculo, jamque harum rerum pertæso, parum approbari possent.

Secundò : Ducem ac senatum, dato edicto, professos principum potestatem in temporalibus soli Deo subesse : Papam, dùm ad ea prosiliret, egressum esse limites ac modos traditæ sibi à Deo potestatis : ejus decretum Scripturis, Patribus, sacrisque canonibus adversari.

Tertiò : omnes Venetos atque ecclesiasticos religiososque, haud minùs quàm laicos, exceptis paucissimis (a), eâ doctrinâ ni-

[1] *Monit.*, Paul. V, ap. Gold., tom. III, p. 285.
(a) Ii fuerunt, præter omnes Jesuitas, nonnulli ex familiis Capucinorum

xos, Senatui obtemperasse, decreta Pauli V pro nullis habuisse.

Quartò : constitisse decretum Leonardi ducis : constitisse leges, quas de temporalibus rebus senatus dixerat, tametsi ecclesiastica bona personasque concernerent : nihil eorum à senatu fuisse revocatum : excommunicationem rerum temporalium causâ latam, prætextis licèt ecclesiasticis immunitatibus, pro nullâ habitam, ac reverâ ut talem per sese cecidisse; nullâque vel in speciem à senatu veniâ postulatâ, aut absolutione acceptâ, pro catholicis atque Ecclesiæ filiis eos esse habitos.

Quintò : factum id esse Henrici IV operâ, totâ Galliâ, imò etiam totâ Ecclesiâ applaudente : Hispanis etiam in hujus gloriæ partem venire cupientibus: nullo catholico extra curiam Romanam suscipere conato Pauli defensionem; nullo oppugnante ea, quæ Senatus, publico edicto toto terrarum orbe promulgasset : quin etiam edictum à nullo Romano Pontifice, ullâ unquàm censurâ fuisse improbatum.

Sextò : non promoveri aut augeri, sed potiùs atteri rem ecclesiasticam nimiis aut præposteris incœptis; defendique potuisse, adversùs Pontifices vehementissimos ac nimia ausos, temporalia jura supremarum potestatum, integrâ religione Sedisque apostolicæ reverentiâ ; cùm ille Frater Paulus Calvinianæ hæresi, quam cucullatus fovebat, per eorum dissidiorum occasionem, aditum aliquem quærens, nullum invenerit, aut senatum inducere ausus sit, insidiosissimus licèt, ad infringendam Sedis apostolicæ majestatem.

Hæc perpendant, qui religione semel nominatâ, Romano Pontifici permittenda omnia, etiam temporalia, eamque sententiam ad Romanam fidem putant pertinere.

Neque eo secius hæc atque alia hujusmodi dissidia, et inviti commemoramus, et toto animo, ut Ecclesiæ simul et reipublicæ noxia aversamur; gravemque putamus divini numinis ultionem incumbere his, qui hæc vel induxerint, vel libenti animo susceperint, aut ullo modo aluerint, vel ad ea ocius restinguenda sudoribus ac sanguini pepercerint.

et Theatinorum, qui, Senatui ne obtemperarent, maluerunt esse exules.
(*Edit. Leroy.*)

CAPUT XIII.

Cardinalis Bellarmini libri adversùs Barclæum : Senatûs decretum, antiquis ejusdem Senatûs decretis congruum, quæ sacra Facultas susceperit : regii consilii decretum, Perronii cardinalis operâ.

Anno 1610, 26 novembris, aliquot mensibus post Henrici IV infandam ac parricidialem cædem, cardinalis Bellarmini tractatus *de Potestate Summi Pontificis* in temporalibus, adversùs Guillelmum Barclæum, prodiit. Is statim à Parlamento Parisiensi est proscriptus, « vetitumque est, sub pœnis læsæ majestatis, ne quis eum librum haberet, ederet, venderet, ut qui contineret falsam et detestabilem propositionem, eò pertinentem, ut submitterentur homini à Deo constitutæ supremæ potestates; et adversùs eorum personas et imperia subditi populi concitarentur [1]. » Interdictum toto regno, ne quis eam propositionem directè vel indirectè doceret.

Hoc senatûs decretum consonabat ei quod ab eodem senatu, anno 1561, editum fuerat, jussusque Tanquerellus hæc verba promere : « Mihi displicet, quòd dixerim, quòd Papa Christi Vicarius Monarcha, spiritualem et sæcularem potestatem habens, principes suis præceptis rebelles, dignitatibus privare potest [2]. »

Item ab eodem senatu, anno 1595, eamdem doctrinam ejurare jussus est Florentinus Jacob clericus regularis sancti Augustini.

Utroque decreto vetita sacra Facultas hanc doctrinam permittere, gratias senatui egit decretisque paruit.

His ergò consona adversùs Bellarmini librum senatus decreverat; cujus decreti, cardinalis Perronii operâ, suspensa est à supremo regis Consilio, executio, usque ad regis beneplacitum [3]; decretumque id eâ est formâ, quâ rege præsente decerni solet.

Causabatur Perronius Bellarmini in Ecclesiam merita, dice-

[1] *Arrêt du Parlem.*, 26 nov. 1610, Vid. lib. cui titulus : *Recueil de pièces concernant l'hist. de Louis XIII.* Par. 1717, tom. IV, p. 11. — [2] Bochel., *Dec. Ecc. Gall.*, lib. V, cap. VI, VII. Vid. Dup., XVI sæc., p. 1469. — [3] *Rec. de pièc.*, etc., *ibid.*, p. 13.

balque, pupillo principe ac novo principatu, omitti oportere ea, quæ Romanæ curiæ displicerent. Datum ergò temporibus, ut res in suspenso haberetur; neque quidquam aliud potuit impetrari. Data clam opera est, ne Bellarmini hic evulgaretur liber, aut sententia doceretur, virique tantùm nomini et honori parcitum. Alii laudabant Perronii prudentiam : plerique, hoc obtentu, veterem Galliæ vigorem infringi, et gliscere adulationem dolebant.

CAPUT XIV.

Conventus Ordinum regni 1614. Articulus propositus à tertii Ordinis deputatis : cur clerus obstiterit, adjunctâ nobilitate : Perronii cardinalis oratio quatenus à Clero probata : an hæc novissimæ cleri Gallicani Declarationi noceant?

Anno 1614 habiti sunt, jubente rege, generales Ordinum regni conventus; anno deinde 1615, decembris 15, à tertii Ordinis deputatis, inter articulos regi offerendos, primus hic fuit : « Ne invalesceret perniciosa doctrina, quam ab aliquot annis contra reges ac potestates à Deo constitutas, seditiosi homines inducere conarentur : regi supplicandum ut haberetur id pro lege fundamentali regni, in conventu Ordinum fixâ : à nullâ potestate deponi posse reges nostros, aut eorum subditos à sacramento fidelitatis absolvi : eamque doctrinam, ut verbo Dei consonam, ab omnibus tenendam et subscribendam, etiam ab Ecclesiasticis, antequam ullius beneficii possessionem obtinerent : contrariam sententiam, quòd reges occidi ac deponi possent, ut impiam ac detestabilem esse rejiciendam : quicumque exterorum eam tuerentur, publicos regni hostes; quicumque civium, perduelles ac majestatis reos nullo discrimine judicandos[1]. »

Sacro Ordini grave visum est, à regni Ordinibus, auctoribus tertii Ordinis deputatis, de religione decerni ; tùm de auctoritate Papæ moveri controversias , ac fieri decreta, quibus Ecclesiæ scinderentur. Cardinales, qui conventui frequentes aderant, magni apud omnes nominis atque auctoritatis, his maximè move-

[1] *Merc. Franc.* et *Hist. de Louis XIII*, Parsi., 1716, tom. I, p. 297.

bantur: decretumque est, articulum non esse admittendum. Delegatus à sacro Ordine Perronius cardinalis, adjunctâ nobilitate, ad tertii Ordinis deputatos, eam orationem habuit, cujus mentionem sæpè fecimus. Summa est : « De tribus agi : primum, de regum parricidiis ; alterum, an reges nostri supremâ temporali potestate gauderent, nullius scilicet feudo obnoxii ; ac de his duobus nullam esse controversiam [1]. » Tertium caput, *de quo esset quæstio,* itâ cardinalis proponebat : « An reges dato sacramento ad tuendam catholicam fidem Deo ac populis obligati, si eam fidem publicè ejurarent ac persequerentur, hujus juramenti religione contemptâ, deponi possint, ac subditi vicissim exsolvi à præstito fidelitatis sacramento, et à quo id fieri possit. » Contendebat autem eam quæstionem inter *problematicas* recensendam [2]; eo quòd « ab undecim sæculis nunquàm ei in Ecclesiâ propugnatores defuissent : ad hæc si judicanda videretur, id fieri non posse à conventu Ordinum, qui sæcularis esset, oborturaque hinc schismata, imò etiam hæresim, cùm anteacta sæcula, ipsique Pontifices erroris damnarentur.... ; multa quoque in regnum et rempublicam incommoda, perturbationes graves secuturas : quin etiam nocere regum incolumitati ac majestati ea, quibus illam adjuvare vellent. »

Hæc vir maximus toto eloquentiæ flumine peroravit. Jam objicitur nobis, non modò tanti cardinalis archiepiscopi Senonensis toto orbe celebratissimi, ac de Ecclesiâ catholicâ bene meritissimi, verùm etiam cleri totius, cujus nomine agebat, auctoritas ; quæ duo magno habemus discrimine. Aliud enim est cleri decretum, aliud ab oratore ingeniosissimo quæsita et aptata causæ argumenta.

Ac de clero quidem quod objici potest, nostros nempè episcopos nunc à majorum sententiâ deflexisse, cùm id anno 1682 declararint, quod ne declararetur, eorum antecessores, anno 1615, tanto studio obstiterunt : facilis responsio ex dictis.

Quòd enim Clero Gallicano anno 1615 displicuit, hæc quæ ad religionem pertinerent, nomine Ordinum regni fieri, idque auctoribus laicis tertii Ordinis deputatis, nihil ad conventum nostrum

[1] *Œuv. div.*, pag. 599. — [2] *Ibid.*, pag. 601, 602.

anni 1682 attinet. Conventus Ordinum regni, licèt ibi sacer Ordo, et ut regni membrum intersit, et pro suâ dignitate primas ferat, tamen civilis conventus est, reipublicæ, non rei ecclesiasticæ causâ convocatus ; ubi Ordo ecclesiasticus, conventùs tertia pars, à duobus ordinibus laicalibus numero ac suffragiorum auctoritate vincitur ; de cujus articulis rex decernit supremâ auctoritate : conventus verò noster anni 1682, totus ecclesiasticus ac de re ecclesiasticâ congregatus, à rege non decreti firmamentum, sed executionem, Patrum more, expectavit.

Quòd autem anno 1615 metuebant ne schismata fierent, gravi adversùs catholicos, qui à nobis dissentirent, intentatâ censurâ, id conventus noster cavit, dùm et veritatem asseruit, et ab omni censurâ temperatum esse voluit.

Quæ cùm ità sint, nihil jam necesse est nos de Perronio cardinale admodum laborare, utcumque adversæ sententiæ favisse videatur. Facilè enim credimus vehementissimum oratorem, ipso, quo rapiebat cæteros, eloquentiæ impetu fuisse abreptum : neque veritum auditores ultra metas impellere, ut cùm se repressissent, tamen quo ipse vellet loco consisterent, atque à censurâ abstinerent. Quanquam et aliæ causæ inerant, cur in Romanam curiam propenderet ; ut nec mirum sit, si Gallicani patres potioribus ducti momentis ab ejus sententiâ discesserint.

Ne quid tamen prætermisisse videar, de ejus oratione, quæ meo quidem judicio momenti sint maximi, pauca dicam.

CAPUT XV.

In Perronii Cardinalis oratione ad tertium Ordinem annotata quædam : ejus dicta confutantur : acta laudantur : hujus controversiæ finis.

Ac statim occurrit ipsa quæstio artificiosissimè constituta. Illud ex dialectices regulis, atque ab intimo artificio depromptum, quòd oppugnaturus universalem negativam istam, quam legis fundamentalis loco esse volebant : *Nullo casu reges à Pontifice deponi possunt ;* opponebat ille particularem affirmativam hanc :

« Possunt à Pontifice deponi aliqui reges, his nempè conditionibus, si fidei catholicæ propugnandæ sacramento obligati sunt, si eam deserunt, si denique persequuntur [1]. » Quibus cùm finibus quæstionem circumscriberet, eò coarctare adversarios nitebatur, ut, quod erat invidiosissimum, reges hæreticos violatique jurisjurandi reos, ad hæc persecutores, defendere viderentur. Illud interim studiosissimè tacuit, quod sæpè jam diximus: inter indirectæ potestatis defensores, neminem unquàm fuisse aut esse potuisse, qui se his finibus contineret; quippè cùm indirectam potestatem Dei gloriâ, animarum salute et potestate clavium metiantur: quam quidem ad hos tres redigere casus, non modò esset absurdum, verùm etiam hæreticum.

Quare nec ipse cardinalis, qui se ad eos redegisset, quidquam probare potuit, nisi ultra tenderet; protulitque depositos Henricos (a), Fridericos (b), nullum catholicæ fidei articulum denegantes, Childericum etiam Francico regno, et Græcos imperatores imperio Occidentali nudatos, cùm nihil Ecclesiæ repugnarent. Nec tantum virum puduit allegare Gregorium Magnum, tanquam privaturum imperio reges, si unius xenodochii privilegium violassent.

Id sensit vir acutissimus, atque ultrò professus est, « adhiberi à se ejusmodi exempla, quatenus inservire possent huic thesi generali: dari quosdam casus, quibus subditi exsolvi possent à præstito regibus sacramento; aut huic hypothesi particulari: licere id fieri in principes hæreticos, sive apostatas ac persecutores [2]. » Tanquam in oratoris potestate esset, coercere ad arbitrium ipsam argumentorum vim; non autem aut totâ vi suâ valeant, aut, si nimis probant, totâ vi suâ corruant.

At illud dissimulare non possum, quòd etiam ab Orientalibus bellis sacris præsidium quærit; contenditque, non alio nomine justum piumque esse christianorum adversùs Turcas bellum, quàm quod infidelis princeps, nullum jus sibi in christianorum provincias comparare possit: « Quod negare, inquit, nihil aliud esset, quàm errorem Lutheri defendere, priscorumque heroum,

---

[1] Vid. Perr., loc. cit., p. 600. — [2] *Ibid.*, p. 602, 603.
(a) IV et V. — (b) I et II.

qui adversùs Mahometanos tanta bella gesserunt, sancti etiam Ludovici damnare memoriam [1]. »

Neque illud perpendere voluit, Mahometanos ac Turcas, ex quo extiterunt, hostilem animum, atque inexpiabile bellum professos adversùs christianas provincias, meritò ut perpetuos hostes atque invasores haberi, qui etiam ubi pacem se fovere simulant, nihil nisi bella cogitant, idque ex ipsis impiæ legis placitis : nullâ nobiscum pace tutâ, nullo fido fœdere, nullo unquàm beneficio, nisi cyclopico; ut extremi pereant, quibus interim pepercisse videantur. Quo jure quis dubitet justa christianorum inter se adversùs communem hostem fœdera, justas societates; ac prorsus suo more insanisse Lutherum, qui à tetris prædonibus bellum amoliretur? Hæc quàm procul absint à nostrâ quæstione, ne imperitissimos quidem fugit, nedùm tantum virum latere potuerit; qui tamen hîc, si Deo placet, et sancti Ludovici damnandam memoriam, et Lutheri errores crepabat, credo, ut pueros territaret.

Pessimum et illud quod toties inculcavit : causam depositionis, vel maximè in eo esse, quòd mutuo sacramento, et se reges populis ad tuendam rectam fidem, et populi regibus ad fidele obsequium obligarint; ut si illi à juramenti religione discesserint, hi quoque vicissim à dato sacramento absolvi possint : neque verò obstare « quòd reges etiam ante coronationem factamque unctionem, ac præstitum jusjurandum regnent; responderi enim ab indirectæ potestatis defensoribus, reges nondùm consecratos sic haberi, ut qui jam in prædecessoribus solemne jusjurandum populis præstiterint [2]. » Hæc enim quam vanè jactentur, multa demonstrant; imprimis quòd ne illud quidem ad causam, hoc est, ad pontificiæ potestatis quæstionem pertinebat : quippè cùm si semel statuamus reges conditionali tantùm conventione regnare, jam, nullo pontificiæ potestatis interventu, sponte evanesceret illa regii nominis auctoritas, ruptis conventis conditionibus quibus niteretur. Hùc accedit illud à cardinali pro certo positum : Principum juramentis eam contineri regnandi conditionem, quâ deficiente simul solvantur imperia; quod ille immeritò pro certo habuit. Ea enim juramenta valere ut commendetur

[1] Vid. Perr., loc. cit., p. 630. — [2] Ibid., p. 599, 627, 628, 630, 643.

infigaturque principis animo vera fides; non eo profectò ut regnandi jus ad conditionalia pacta necessariò revocetur, ut suo loco docuimus, et Anastasii Leonisque imperatoris suprà memorata exempla testantur [1].

Neque tolerari potest quòd Perronius ità argumentatur : « Aliud esse, adversùs jurisjurandi religionem actu quodam, aliud ipsâ professione pugnare, aliud peccare adversùs jusjurandum, aliud ipsum jusjurandum evertere contrario etiam edito jurejurando... Et quidem cùm aliquis princeps injustè judicat, peccare illum contra jurisjurandi religionem; at si profiteretur juramentoque firmaret, se semper injustas dicturum sententias; tum verò everteret, inquit, ipsum jusjurandum de servandâ justitiâ, simulque regnum abdicaret, eversâ conditione regnandi [2]. » Ità deinde respondet : « Regni sub Christo obtinendi fieri incapaces, qui à præstito ipsi christianisque populis fidei catholicæ servandæ sacramento defecerint [3]. » Hic lubens à tanto viro quærerem, in historiis ac libris, quos studiosissimè evolvit, ecquem invenerit principem, qui ipsam justitiam factâ professione ejuravit? Certè neminem. Multos autem à rectâ fide abhorruisse lugemus, qui nihilo secius rempublicam bene gesserint; quandoquidem Deo placuit, veram fidem, non humanâ sapientiâ comparari, sed divinâ gratiâ provenire. Quorsum ista? Ut pateat, illam quam fingit cardinalis de justitiâ ubique contemnendâ professionem juramento firmatam, ne in insani quidem principis mentem incidere posse. Quamobrem si fingendum est quid fleret de principe qui ità justitiam ejuraret, facilè respondemus, amovendum eum à gubernaculis, dandumque tutorem, non quidem ut ei qui regnandi conditionem violaverit, sed ut ei qui propriè strictèque supra omnem humanum morem insaniat. Ità, inquam, ei tutor adhibendus esset, uti phreneticis ac furentibus principibus factum est, ab iis ad quos pertinet; non tamen profectò à Romano Pontifice aut sacrorum antistitibus, qui quidem nihilo magis huic rei se immisceant, etiamsi eam vel maximè placet fieri, ex conditionalibus pactis. Maneret enim jus suum integrum liberæ civi-

---

[1] Sup., lib. II, cap. VII, XI, XII et seq. — [2] Perr., loc. cit., pag. 628, 663. — [3] Ibid., p. 628.

tati; quo jure fraudari nequeat; nequidem si religio conditionali fœdere continetur. Eo enim casu, postquam de religione sacrisque, sacrorum antistites, tùm de imperio, libera respublica civitasque decerneret; ut profectò hæc omnia, quæ tanto circuitu apparatuque verborum amplificat eloquentissimus cardinalis, extra causæ statum tota sint, nec nisi imperitis fucum faciant.

Quòd autem declamat reges, sacramento dato, Christo Regi obnoxios, « ipso feloniæ crimine, excidere feudis, quos à supremo Domino Christo obtineant; » tanquam Christo Regi, accepto à regibus fidelitatis sacramento, novum jus in reges comparetur: hæc ut in populari oratione toleramus, ut theologicè ac seriò dicta respuimus; neque proptereà tanti viri judicio nostrum anteponimus; sed tamen docemus multùm interesse, an quis oratoriis ampullis, an theologicâ gravitate ac simplicitate disserat.

Cæterùm id sufficit maximi cardinalis gloriæ, quòd si ejus dicta quædam reprehendere cogimur, certè gesta laudamus. Gloriatur enim, nec immeritò, « se verè genuinèque Francum Francorumque filium, semper adhæsisse regibus, semper respexisse reges; ac post Henrici III necem. Henrico IV Magno obsecutum esse; et quidem tutâ conscientiâ ex utriusque partis sententiâ; cùm ille princeps nunquàm incorrigibilis fuerit, relapsus verò habitus sit, informatione falsâ [1]. » Optimè omninò. At illud interim constat: eum, dùm tutâ conscientiâ sequitur principem à Romanis Pontificibus regno exclusum, abundè docuisse quàm facilè hæc à Pontificibus, circa imperium ac res temporales decreta, viri boni gravesque omittere potuerint.

Hæc ad orationem Perronii dicenda habebamus. Et quidem ea omnia de regnandi conditionalibus pactis, quæque sint aut esse fingantur, quæque etiam esse possint, uno verbo transegimus; quæstionesque eas à causâ nostrâ prorsus alienas, ab hâc disputatione procul amovimus: quippe cùm agamus de jure divinitùs annexo clavium potestati, non de ejusmodi, quales fingi possent, regum populorumque conventionibus.

Reliqua, quæ tantus cardinalis copiosissimè prosequitur momenta rationum, aptatosque causæ ab artifice summo veterum

[1] Perr., loc. cit., p. 636.

locos priscæque historiæ, hic excuti nihil necesse; cùm hæc omnia suo loco, in hâc tractatione, diligentissimè perpensa atque explorata sint, presso etiam plerumque auctoris gravissimi nomine.

Neque id omisimus, quod est occasione hujus controversiæ coram ipso rege, à sapientissimo principe Condæo peroratum [1]; nihilque hîc dicendum superest, quod ad nostram quæstionem faciat, nisi id : rem ad regem evocatam, ac posteà silentio esse transactam.

CAPUT XVI.

Censura Sanctarelli. An cardinalis Perronius jure metueret, ne Ecclesia errasse videretur, si censurâ notata esset illa de deponendis regibus sententia.

Cæterùm cùm de deponendis regibus nova quotidie scripta prodirent, atque Antonii Sanctarelli exitiosissimus eâ de re circumferretur liber; ne porrò pergerent his inventis Ecclesiæ conciliare odia ac rempublicam commovere, nostræ Facultati visum est, etiam censurâ comprimendam ingeniorum licentiam : atque anno 1626, magno omnium consensu Magistrorum, totiusque regni applausu, illud decretum prodiit quod suprà retulimus [2].

Non illi metuerunt, quod Perronius cardinalis nimio causæ suæ studio, in illâ oratione imminere dixerat [3] : ut si sententia de deponendis regibus censurâ notaretur, Sedes apostolica aberrasse à fide, imò ipsa à multis jam sæculis cecidisse videretur Ecclesia; non id, inquam, metuerunt. Satis enim intelligebant, illos qui eam sententiam secuti essent, non eam amplexatos, ut dogma fidei, uti à nobis luculentissimè demonstratum est: neque verò ignorabant præstandam theologis ipsam Ecclesiæ Romanæ fidem, non etiam magnorum quamlibet virorum, aut Romanorum quoque Pontificum opiniones certis temporibus natas : neque iis præjudicari adversùs veritatem ac majorum doctrinam. Neque enim si Papias, Justinus, Irenæus aliique apostolici viri ac sancti martyres mille annorum regnum approbarunt, communisque ea

---
[1] Sup., lib. I, sect. II, cap. III. — [2] *Ibid.*, cap. IV. — [3] Perr., loc. cit., p. 634.

primis sæculis sententia ferebatur, ideò nunc vetamur rejicere eam, ut evangelicæ apostolicæque doctrinæ contrariam; quantò minùs eas, quæ postremis sæculis opiniones succreverunt? Imò id argumentum fuerit divinæ providentiæ tuentis Ecclesiam; quod ingeniis ultrò in dubia aut falsa labentibus, cursus tamen opinionum divino Spiritu sustentetur, quominus in Ecclesiæ fidem irrumpat. Quare sacra Facultas nihil dubitavit subortam de deponendis clavium auctoritate regibus opinionem *improbare et damnare tanquàm novam et falsam, erroneam ac verbo Dei contrariam*. Id tantùm cavit, ne hæreticam, tacente Ecclesiâ, declararet. Huic censuræ consonant articuli, anno 1663, Ludovico XIV oblati, quos alio loco memoravimus [1] : à quibus Facultatis nostræ decretis, uti incœpimus, ità in his desinemus; Deoque agimus gratias, quòd hanc tractationem à remotissimis usque temporibus ad nostra tempora, eo duce atque auctore, deduximus, nostramque doctrinam tot labentibus sæculis immotam invictamque præstitimus.

CAPUT XVII.

Recapitulatio dictorum ad caput 1 *Gallicanæ Declarationis de temporalis potestatis supremâ auctoritate : an quod cardinalis Perronius objecit, nostram sententiam Romani Pontifices pro erroneâ habuerint? An ab ullis conciliis damnata sit? An aliquis ex eâ adversùs Ecclesiæ auctoritatem metus?*

Jam quæ ex dictis totâque hâc tractatione consequantur, paucis colligamus. Et quidem, id erat nobis propositum uti doceremus, non modò nostram sententiam ab omni censurâ esse liberam, sed etiam veram, antiquam, firmam; ac si censura adhibenda sit, eam meritò in adversarios intorqueri. An id probaverimus, recensitis omnibus quæ pro utrâque parte retulimus documentis, intueri placet.

I. Ergò hæc demonstravimus [2] : quam ecclesiastico ordini Romanoque Pontifici, virtute clavium tribuunt rerum tempora-

[1] Sup., lib. I, sect. 1, cap. v. Vid. *Diss. præv.* — [2] *Ibid.*

lium ac deponendorum regum, sive directam, sive indirectam potestatem, eam ad nimia, periculosa, horrenda deducere, ejusque sententiæ novitate totam Ecclesiam perturbatam.

II. Gregorium VII, qui primus omnium de deponendis regibus cogitavit, etiam requisitum, nullum ejus rei exemplum, nullam auctoritatem proferre potuisse: nec nisi manifestè vana, nimia et nulla respondisse: eumdem nec sibi constare potuisse; novaque superstruxisse novis, quo ausu suis decretis omnem auctoritatem abrogasse.

III. Eam potestatem in omnibus Veteris Novique Testamenti libris penitus inauditam, neque unquam traditam, cùm res atque occasio id maximè postularet, imò disertè explicatum à lege, à Prophetis, à Christo, ab Apostolis, regiam potestatem in temporalibus soli Deo subesse, eique potestati, etiam sævienti, atque Ecclesiam persequenti, in civilibus rebus præstandam obedientiam, nedùm illi ullâ etiam pontificiâ auctoritate repugnetur [1].

IV. Eam doctrinam ad secuta sæcula dimanasse, et usque ad extremum ferè undecimum sæculum regibus idololatris, apostatis, hæreticis, excommunicatis, Ecclesiam persequentibus, fidem atque obedientiam integram esse servatam: nunquàm vel intentatas minas depositionis, neque quidquam, de eâ unquàm, cùm id res maximè posceret, à quoquam Christiano, sive clerico sive laico fuisse jactatum; sed omnes ità concurrisse in obsequium, ut qui nihil aliud cogitarent [2].

V. Id factum iis regulis atque sententiis, quæ ad omnem ætatem, ad omnia tempora æquè pertineant; pessimèque mereri de christianâ religione eos, qui postremâ ætate dixerint, apostolis, martyribus, Patribus, Romanis denique Pontificibus, civili potestati etiam adversanti obedientibus, nocendi vires, non autem voluntatem atque animum defuisse.

VI. Quæ à Gregorio VII ac deinceps in eam rem decreta gestaque sint, pessimis initiis, pessimo exitu processisse.

VII. Qui Gregorio VII auctore, à regis obedientiâ recesserint, manifestè falsâ opinione ductos, malè intellecto interdicto de vitandis excommunicatis; eorumque doctrinæ secutos Pontifices,

---

[1] Sup., lib. I, sect. II. — [2] Ibid., lib. II.

theologos omnes atque canonistas, ipsum etiam Gregorium VII obstitisse [1].

VIII. Pontifices Romanos in deponendis regibus Gregorium VII de facto imitatos, non de jure processisse; neque unquàm quæsitum, neque canone aut professione editâ constitutum, utrum et quid Ecclesiæ circa temporalia ordinanda Christus concesserit : unum Gregorii VII factum pro summâ auctoritate fuisse; ergò Pontifices non ex certo dogmate, sed ex opinione, quæ ipsis tantùm probabilis videretur, judicasse; neque hæc ad Ecclesiæ doctrinam omninò pertinere, fatentibus etiam iis, qui Romanæ infallibilitati maximè faveant.

IX. Prolatas etiam in synodis à Romanis Pontificibus circa reges deponendos sententias, à nullâ synodo dictis sententiis editoque synodico decreto comprobatas : tanquàm prohibente Spiritu sancto, ne se rebus novis sacræ synodi immiscerent.

X. Viros sanctos doctosque, qui post ea Pontificum, de deponendis regibus, decreta floruerint, nihil iis motos in Patrum sententiâ perstitisse.

XI. Bonifacium VIII, qui primus omnium aggressus sit temporalium rerum ordinandarum ac deponendorum principum potestatem Sedi apostolicæ edito canone in Bullâ *Unam Sanctam* vendicare, rei novitate deterritum, in nudâ rei expositione stetisse; neque ad eam definiendam prosiliisse; et tamen, ne valeret id quod vel exponendo in publico diplomate dixerat, Bullam *Unam Sanctam*, eâ in parte ab ejus successoribus ità habitam, ac si nunquàm extitisset, eâque ratione robore vacuatam.

XII. Ecclesiam Gallicanam, clerumque Gallicanum apertè obstitisse iis, quibus idem Pontifex, propter subordinata religioni regna, summam sibi potestatem in civilibus tribueret : quæ eâ occasione ecclesia Gallicana regnique Ordines, ipse Rex Doctoresque theologi religiosorum Ordinum gesserint, scripserint, decreverint, ea illæsa et immota stetisse et stare : quæ verò Bonifacius, ea à secutis Pontificibus antiquata, erasa, abolita esse.

XIII. Quæ à sacris conciliis œcumenicis circa temporalia decreta sint, nunquàm auctoritate clavium facta esse : nunquàm

[1] Sup., lib. III, et hoc lib.

adscriptum eâ auctoritate fieri; imò explicatum fieri, mutuatâ à regibus potestate; neque unquàm ea decreta, nisi consensu principum valuisse.

XIV. Cùm à Romanis Pontificibus reges pro potestate depositi sunt, nunquàm ab ullo rege, nunquàm ab ullius regni Ordinibus hanc potestatem fuisse agnitam; imò obstitisse regna regesque, remque ad cruenta bella externa et civilia esse deductam : quare nec regna unquàm verè data esse; sed belli causas duntaxat, atque ambitioni, rebellionique colorem ac titulum, totumque orbem his bellis conflagrasse; atque omninò has regum depositiones pontificiâ auctoritate factas, nulli unquàm utilitati, maximo damno atque invidiæ fuisse.

Ex his facilè duo hæc christianus lector intelliget.

Primùm id : cardinalem Perronium haud ex vero dixisse : *A Papâ haberi nostram sententiam tanquam erroneam*[1]. Nullus enim Romanus Pontifex id unquàm docuit, vel censuit : malè item asseruisse eumdem cardinalem : *A decem conciliis contrariam sententiam, ut veram fuisse suppositam;* cùm ne unum quidem concilium extiterit, à quo dictis sententiis Romanorum Pontificum in deponendis regibus sententia comprobetur, aut potestas temporalium ecclesiasticis, annexa doceatur: frustra ergò metuisse eumdem cardinalem, ne si annexa clavibus temporalium potestas, inustâ notâ proscribatur, Ecclesiæ catholicæ Sedisque apostolicæ fides atque auctoritas collabescat; cùm nullum Ecclesiæ, nullum apostolicæ Sedis de eâ potestate decretum proferatur; imò talis potestas cum Scripturæ ac Traditionis auctoritate stare non possit. Hoc primum ex nostrâ tractatione consequitur.

Alterum istud : nisi Gallicani Patres summo studio pacem colerent, nihil obesse potuisse, quominus adversam sententiam totâ Scripturarum ac Traditionis auctoritate, longoque malorum experimento proscriptam, iisdem afficerent notis, quibus Sanctarelli doctrinam sacra et sapientissima Facultas configendam censuit. Sed episcopalem Declarationem, quò per sese est gravior, eò moderatiorem esse debere judicarunt; atque id facere con-

[1] Perr., loc. cit., p. 640, mal. 644.

tenti, quò tàm periculosa tàmque invidiosa novitas ultrò corrueret, non modò ab omni contumeliâ, verùm etiam à censurâ, quamvis æquâ, temperarunt.

CAPUT XVIII.

De regibus propter hæresim et apostasiam deponendis : cur ætate postremâ multi reges consenserint? Cur scholastici doctores? Cur ab eâ sententiâ discedamus?

Quæres qui factum ergò sit, ut doctores scholastici passim in eam sententiam abierint : reges christianos, saltem propter hæresim atque apostasiam, deponi posse ab Ecclesiâ; et cur ipsi principes postremis temporibus id ultrò fateri videantur? Cujus confessionis quædam acta referuntur.

Facilè respondemus : primùm, ut sæpè diximus, hæresis atque apostasiæ causas nihil habere proprium, quo reges Pontificibus faciant obnoxios : cùm clavium potestas, cui volunt connexam hanc deponendi principes potestatem, non restringatur hæresis atque apostasiæ causis. Quòd ergò quidam fortè principes se propter eas causas deponi posse concesserint, id non oritur ex ullâ potestate, quam in Pontificibus agnoscant ad ordinanda temporalia : sed quòd hæresim detestati, omnia in se ultrò permittant, si eâ se peste infici sinant. Cæterùm cùm ab hæresi tantopere abhorrerent, sanè intelligebant nihil in se juris cuiquam dari à se, qui hæresis tantùm causâ dedissent.

Cur autem non eâ causâ nunc deponi posse fateamur : primùm id prohibet, quod verum amamus, ac priscam Ecclesiæ et profectam ab apostolis Patribusque doctrinam novitiis opinionibus anteponimus; alterum, quòd hæresis nomen tam diffusè pateat, ut ad omnem causam latâ interpretatione facilè deducatur; quo ambiguo verbo involvi sublimes potestates publica tranquillitas non sinit: denique, quòd hæresis etiam strictè sumptæ semel admissâ causâ, alias repudiare non sit integrum; quique eas causas separant, vel fraudem moliantur, vel in summâ ignoratione versentur.

De Scholasticis verò, qui ab aliquot sæculis post sanctum Thomam et alios, magno consensu fateri videantur, hæresis et apostasiæ causâ deponi posse reges; præter ea, quæ dicta sunt[1], hæc insuper addimus : manifestè eos falsos ac nimios fuisse, qui hæresis atque apostasiæ causam sufficere dixerint; cùm Perronius hæresi atque apostasiæ violatum jusjurandum ac persecutionem adjunxerit : Bellarminus verò id saltem, ut *subditos à fide abstrahere conentur;* quod si defuerit, quietè pacatèque regnent. Quare haud dubium est, quin Scholasticorum hâc in parte caduca et infirma habenda sit auctoritas, cùm ii Bellarmino et Perronio fatentibus, falsi ac nimii fuerint.

Jam ergò meminisse nos oportet, opiniones Scholæ quantùm à Scholæ decretis dogmatisque differant, Melchiore Cano teste. Eo namque auctore, nobis est integrum, ut à Scholæ opinionibus liberè recedamus, eisque anteponamus majorum dogmata, quæ, eodem Cano teste, multò illustriora firmioraque sint.

Idem Melchior Canus decreta ac placita Scholæ eo internosci docet à Scholæ opinionibus, quòd placita quidem firmo judicio stent; nec sine censuræ notâ ii elabantur, qui ab his discesserint. At inter Scholasticos alicujus certè nominis (quis enim præstare omnes audeat, aut verò legere velit, quos ad contaminandam potiùs quàm ad tractandam theologiam diræ intemperiæ tanto numero egerint?) inter illos, inquam, neminem invenies, qui ad fidei dogmata referat eam, quam Pontificibus tribuunt in deponendis hæreticis regibus, potestatem. Quod ergo hîc sentiunt ad opiniones, non ad placita Scholæ pertinere constat.

Certè Scholastici veteres, per librorum penuriam aliasque causas, tantâ multarum rerum, præsertim juris publici, imperitiâ laborarunt, ut eos in his quæstionibus testes adducere, relictis Patribus, nihil aliud sit, quàm altâ caligine demersos, in apertâ ac limpidâ luce versantibus anteferre. Vel hoc exemplum perpendant. Quis è Scholasticis, aut verò è canonistis postremi ævi, non id docuit : clericos nullo modo principibus esse subditos? tantâ publici juris ignorantiâ tenebantur! At nunc quotusquisque est, non dico clericorum, sed religiosorum, episcoporum, etiam Ro-

---

[1] In *Appendice*, lib. II, cap. XIV.

manæ Ecclesiæ cardinalium, qui non se subditos suis regibus fateantur, salvis privilegiis Ordini suo Ecclesiæ auctoritate concessis, et publicâ regnorum lege firmatis? Curiales excipio, eosque non omnes. Aut dicant in rebus dubiis, quantùm iis fidere nos oporteat, qui Patres apud solum ferè Gratianum legerunt, rei ecclesiasticæ seriem ignorarunt; falsas historias aut interpolatas, pro veris atque integris habuerunt (a).

Talibus ergo delusos, non modò de principum, sed etiam de Pontificum juribus multa fugerunt; ac si à Pontificibus reges hæresis causâ deponi posse fateantur, fatentur interim à regibus quoque ac particularibus synodis deponi potuisse Pontifices (b); Othonisque I in Joannem XII Pontificem gesta laudant, quæ Baronius detestatur[1] : ut non nostra tantùm, sed etiam omnium intersit ab his appellari.

Mitto Constantini aliorumque falsas donationes, falsasque Decretales veterum Pontificum nomine consarcinatas, nunc omnium consensione rejectas, tunc tamen pro sacrosanctis habitas (c); atque in his quidem nihil legimus, quo Pontificibus ulla temporalium potestas tribuatur. Adeò hæc, quæ nunc venditant, his quoque novellis ac posteris posteriora sunt. Sed tamen hæc nos admonent, ne imperitis sæculis omnia tribuamus, utque recurramus ad ipsos ecclesiasticæ traditionis fontes.

Quòd si porrò pergunt Scholasticorum auctoritate nos premere

---

[1] Bar., an. 963, tom. X, p. 775 et seq.

(a) La tradition, nous crie-t-on partout, la tradition! et l'on efface d'un trait de plume la tradition de plusieurs siècles. Mais les saints Pères écrivoient-ils avec plus d'élégance que les scholastiques? Origène, saint Augustin, saint Anselme avoient-ils plus de livres que les scholastiques? Inconcevables enchantemens de la renaissance : pendant que Fénelon condamnoit les plus grandes merveilles de l'architecture, les cathédrales gothiques, Bossuet proscrivoit les ouvrages des scholastiques, les chefs-d'œuvre du raisonnement humain.

(b) Ne faudroit-il pas dire plutôt : Si les Papes peuvent être déposés, combien plus les rois ne peuvent-ils pas l'être?

(c) La responsabilité des fausses décrétales ne retombe pas, comme on l'a dit mille et mille fois, sur les souverains Pontifes : elles ont été fabriquées hors de Rome, loin de Rome, à l'insu de Rome ; elles ont reçu le jour dans le nord de la France, dans la province de Reims ou dans les environs. Voilà ce qu'a prouvé jusqu'à l'évidence un protestant de Berlin, Paul Hinsch. (*Decretales Pseudo-Isodorianæ et capitula Angilramni ad fidem librorum manuscriptorum recensuit*..... Paulus Hinscius. Pars prior. Lipsiæ, 1843.

circa principes propter hæresim deponendos, duo hîc in memoriam revocari volumus.

Primùm, id quod gestum est anno 1615, in Ordinum regni generali conventu, ubi cardinalis Perronius, allegato licèt Scholasticorum sibi favente consensu, tamen id tantùm postulabat, ut hæc quæstio inter problematicas ac liberas haberetur : « An reges hæretici, ac juratæ etiam in coronatione catholicæ fidei persecutores, deponi possint[1] ? » Ergò existimabat eam sententiam, quæ depositioni faveret, non inter certa Scholæ placita, sed inter opiniones esse recensendam.

Alterum quod recogitari volumus, hoc est censura Sanctarelli anno 1626 edita, anno 1682 repetita; ac vulgati acceptique toto regno articuli ejusdem Facultatis anno 1663, quibus omnibus sacra Facultas, non modò profitetur sententiam de deponendis etiam hæresis causâ regibus, non esse inter certa placita referendam; sed etiam planè rejiciendam, notisque atrocibus configendam. Quare privatorum doctorum scholasticorum opinionibus, quas memorant, opponimus totius Scholæ ejusque gravissimæ, ex quâ nimirum plerique veteres Scholastici prodierunt, non jam opiniones, sed certa decreta, toto christianissimo regno publicè approbata, toti Ecclesiæ nota, à nemine unquàm pro suspectis habita, aut ullatenus incusata.

CAPUT XIX.

Anonymi auctoris, qui tractatum de Libertatibus Ecclesiæ Gallicanæ *edidit, liber IV ex antedictis confutatur.*

Scriptor anonymus qui *de libertatibus Ecclesiæ Gallicanæ* tractatum edidit, primam propositionem nostræ Declarationis aggressus, inde auspicatur : *An hæc propositio spectet ad libertates Ecclesiæ Gallicanæ*[2] ? Quâ quæstione nihil agit, nisi ut inanem litem moveat. Non enim clerus Gallicanus Ecclesiæ Gallicanæ libertates tantùm, sed etiam decreta tutanda suscepit. Scilicet sic

---
[1] Perr., loc. cit., p. 600. — [2] Tract. *de Libert.*, etc., lib. IV, cap. I.

incipit Declaratio : « Ecclesiæ Gallicanæ decreta et libertates à majoribus nostris tanto studio propugnatas, earumque fundamenta, sacris canonibus ac Patrum traditione nixa, multi diruere moliuntur¹. » Quibus verbis, quoniam anonymus occasionem cœpit tractandi de libertatibus Gallicanis, sanè integra ea pensitare debuit. His certè vocibus clerus Gallicanus Patrum scita universìm antiquis traditionibus nixa complexus, illud etiam professus est : propulsari à se ea, quibus « hæretici apostolicam potestatem invidiosam et gravem regibus et populis ostentent : » quorum numero vel maximè continentur, quæ de illâ pontificiâ regum deponendorum potestate, tanquam Ecclesiæ catholicæ dogmata essent, invidiosissimè objiciunt. Hæc igitur clerus Gallicanus, ut falsa et catholicæ Ecclesiæ perperam imputata respuit.

Sed age : anonymo concedamus in Gallicanâ Declaratione tantùm agi de libertatibus : ne tùm quidem à verâ libertatum notione discedimus, dùm earum nomine retinemus ea, quibus Ecclesiæ prisca jura continentur : arcemus autem ea, quibus gravari non modò rempublicam, sed etiam Ecclesiam ipsa experientia docuit.

Quod verò anonymus *difficile intellectu* dicit, *quâ ratione* ad libertates Ecclesiæ revocari possint, *quæ juri Ecclesiæ potiùs adversentur*²; facilè admitterem, nisi ea quæ ille jactat jurium nomine, ad Ecclesiæ non jura, sed incommoda pertinere intelligerem.

Neque, ut anonymus existimat³, clerus Gallicanus libertates Gallicanas ex Petro Pithœo aut Petro de Marca definivit. Patrum monumenta protulimus⁴, quibus ad ecclesiasticam libertatem hæc quoque, de quibus nunc agimus, jura regia revocantur. Quæ sanè monumenta non miramur ab anonymo prætermissa⁵, quippè cùm de libertatibus Gallicanis contentiosè magìs quàm verè solidèque scripserit.

Neque quod ille putat, adeò absonum est regni libertatem cum Ecclesiæ libertate esse conjunctam. Neque dedecori ducimus quod theologi christianique jura regia defendimus, non tàm ut jura regia, quàm ut Christi placita; Christi, inquam, placita, rempu-

¹ *Declarat. Cler. Gall.*, 1682, præf. — ² Anon., loc. cit., n. 1. — ³ *Ibid.*, n. 2. — ⁴ Sup., lib. II, III, et hoc lib. — ⁵ Anon., n. 5.

blicam ordinantis, tranquillantis imperium, ut Ecclesia in imperio futura, jam à seditionibus libera, meliùs Deo serviat : nec placet, religionis specie, regna pessumdari, quibus religio tutelæ esse debeat.

Objicit anonymus Decretalem *Novit* in Galliâ receptam, eamque altercationem quæ sub Philippo VI Francorum rege contigit : quâ nempè episcopi contendebant ecclesiasticam jurisdictionem sese ad temporalia extendere, saltem ratione peccati [1] : » quam decretalem omniaque adeò hinc secuta ab hâc quæstione alienissima esse ostendimus [2]. Neque enim id agebatur, ut ecclesiastici judices peccata prohiberent sub depositionis, quod unum hîc quærimus, sed tantùm sub anathematis pœnâ, ut profectò mirum sit virum eruditum, ipso in limine, tanquàm fundamenti loco illud tantâ ambitione jactasse, quod nequidem ad quæstionem pertinere constet.

Jam illud quærimus : an serió velit judices ecclesiasticos peccati nomine, de pace, de bello, de tributis summâ auctoritate decernere, pacta, fœdera publica privatave, ac publica etiam judicia retractare; uno verbo, totam rempublicam commovere? Neque enim in his nullum est peccatum. An igitur hæc, peccati nomine, ad ecclesiastica judicia revocabimus? Aut id ad ecclesiæ jura libertatesque pertinere dicemus? Non id equidem reor. Imò verò pars libertatis fuerit, ne ecclesiastici tot sæcularibus negotiis implicemur, seu potiùs obruamur. Ea ergò decreta de peccatis ad ecclesiastica judicia revocandis commodâ interpretatione molliri, uti nos fecimus, non ad extrema urgeri oportebat.

Neque me fugit extitisse tempus, quo ecclesiastici judices hoc titulo omnia ad se traherent, atque ad civilia prosilirent; quæ, ut Ecclesiæ profecerint, experientia docuit. Certè hìnc factum est, ut civilis magistratus, quasi vice versâ, magno Ecclesiæ detrimento, tot ecclesiastica invaderet. Quæ omnia utrinque resecari è re esset, ut omnes verâ pace, verâ libertate potirentur.

Quærit anonymus : « Aliane sit hodie ecclesia Gallicana, ab eâ, quæ anno 1615 tam generosè restitit tertio regni Ordini, propo-

---

[1] Anon., n. 4. Extrav. *de Jud.*, lib. II, tit. I, cap. XIII. — [2] Sup., lib. III, cap. XXII.

sitionem hanc primam, aut certè simillimam statuere conanti ¹? » Nos autem ex actis docuimus ², quàm ea, quæ tunc gesta sunt, à nostris tùm ipsâ re, tùm ipsâ rei tractandæ ratione, abhorrerent. Laudat anonymus cardinalis Perronii orationem « quam se totius cleri, imò et nobilium nomine pronuntiare affirmabat ³, » quam clerus Gallicanus, cleri actis inseri probaverit, jam ab anno 1646 et iterum anno 1673. Hæc refert anonymus; neque id investigat, quam causam Perronius susceperit; quid clerus jusserit; quid à laico aut civili cœtu tractari vetuerit; nec si clerus Gallicanus summam ipsam ac scopum orationis, ideò omnia quæ in eâ dicta sint comprobavit. Atque hæc quidem virum doctum ex actis publicis, quæ in omnium sunt manibus, conquirere, non autem unum Petrum Frizonium (a) allegare oportebat.

Quærit deinde anonymus: « An invidiosa et gravis regibus et populis fiat potestas ecclesiastica, si circa temporalia principum in certis casibus exerceri posse affirmetur ⁴? » Quo loco illud etiam exprobrat ⁵, gravem christianissimo regi factam ab episcopis Gallicanis injuriam, quòd suspicari visi sint moliturum ea, propter quæ Ecclesia decurrere cogeretur ad extremum illud, « ut ejus subditos à præstito fidelitatis juramento absolveret. » Quæ quidem non modò invidiosè in clerum, sed etiam in regem subobscurè jactata anonymus omisisset, si cogitasset tantum principem, quò ab illis minis per se est tutior, eò securiùs approbasse ut posteris caveretur.

Quod autem anonymus monet: « Cùm principes spiritualia non satis pertimescant, facilè ruituros, nisi principatûs privatione se plecti posse sentiant ⁶, » viri solertiam agnoscimus: tanta tuendæ fidei Ecclesiæque remedia à Christo, ab apostolis, ab omni antiquitate prætermissa ultimæque ætati reservata, admiramur.

Quin etiam vir solertissimus regnique Gallicani studiosissimus

---

¹ Anon., loc. cit., n. 6. — ² Sup., hoc. lib., cap. XIV, XV. — ³ Anon., n. 6, 8. — ⁴ Sup., hoc lib., cap. II. — ⁵ Anon., n. 3. — ⁶ Ibid., n. 6.

(a) Pierre Frizon, docteur de Sorbonne, a écrit, dans l'ouvrage intitulé *Gallia purpurata*, la vie des cardinaux françois.

id cavet : cùm regnum ab unâ stirpe in aliam non semel translatum fuerit, id existimetur non posse fieri, « sine præstiti juramenti solutione, ac sine auctoritate Ecclesiæ, quæ nunquàm interventura sit, nisi gravissimæ causæ, deficientibus aliis omnibus remediis, et adhibitâ cautelâ quàm maximâ, illuc adigerent[1]; » ut hoc quoque, si Deo placet, ad incolumitatem regiæ domûs pertinere judicemus, si aliqua extra regnum vis dejicere eam et deturbare possit. Cæterùm quàm verum sit, has depositiones regum, non *nisi gravissimis causis; et adhibitâ cautelâ quàm maximâ*, factas, exempla testantur.

Quid autem anonymus mutationes Francici regni commemorat, tanquam eæ sint metuendæ, nisi ad pontificiam auctoritatem revocentur? Neque id cogitat in Capetorum, quæ nunc obtinet, domo stabiliendâ pontificiam auctoritatem ne quidem esse nominatam. At illa familia septingentos jam annos stabile imperium possidet : quo nihil unquàm firmius aut durabilius rebus humanis contigit (a). Verùm illa tanta familia, quâ nulla augustior extitit, Patrum nostrorum memoriâ cecidisset, si hæc quæ anonymus nunc, tanquam firmamenta memorat[2], valuissent. Quid ergò Henrici IV tempora adducit in medium, quem ad fidem catholicam, non tàm quorumdam catholicorum repugnantiâ quàm aliorum obsequiis, ipsoque successu atque victoriis, perductum fuisse novimus? nec ideò hominum inventa probare cogimur, quòd Deum iis ad sua consilia exequenda usum meritò collaudemus.

Ludit suo more anonymus, dùm quærit *quos reges possit ab Ecclesiâ alienos facere illa* regum deponendorum *auctoritas*[3]? *Paganos fortassis?* Subditque : *De illis antistites Gallicanos cogitasse non puto.* Tanquàm non de iis Paulus; quid autem Paulum appello? Christus ipse cogitarit. Vanum ergò illud ac ludicrum, quod reponit Anonymus. At illud insulsum : « Sed numquid facultas censurarum adimenda etiam erit pastoribus ecclesiasticis, ne illarum metus à suscipiendo baptismo retardet? Nùm inermis esse debet omnis superior, ne pœnarum

[1] Anon., n. 8. — [2] *Ibid*, n. 7. — [3] *Ibid.*, n. 10.

(a) Hélas! que diroit aujourd'hui l'illustre écrivain?

timor ab ejus obedientiâ deterreat? » Infelix theologus ! Inermem et invalidam putat Ecclesiam, si à regno cœlesti tantùm arceat : nullas Ecclesiæ censuras, si spiritualia tantùm, non etiam temporalia auferant. At cogitare debuit non illud invidiosum et grave esse regibus ethnicis, si propter inobedientiam, ex Christi mandato ad ethnicos redigantur, integro regnandi jure, integrâ republicâ. Ut autem Ecclesia, unà cum christianâ fide, obtrudat regibus dominum, cujus nutu deponantur; hoc verò ad efferandos reges pertinet; hoc eam dedecet Ecclesiam, quæ omnes complexa gentes, omnibus securam pacem, neque tantùm divinam, sed etiam humanam Christique imperio dignam pollicetur.

CAPUT XX.

Reliqua anonymi argumenta soluta paucis: ac primùm quæ ad Scripturam.

Hæc anonymus duobus primis libri IV capitibus exequitur : quâ velitatione prætermissâ, ad ipsam quæstionem accedit ac Scripturæ locos aggreditur; neque quidquam dicit, quod non anteà fuerit diligentissimè confutatum [1]. Hìc verò prætermittere non possumus egregiam viri interpretationem ad illud Christi dictum : « Reddite quæ sunt Cæsaris Cæsari, dummodo, inquit, reddantur quæ sunt Dei Deo [2]. » Quam exceptionem si admittimus, nihil aliud Christus egerit, quàm ut ea statim everteret, quæ statuta volebat invicto robore; statimque à Cæsare discedendum fuit, quem idolis servientem, *quæ Dei sunt Deo* denegare constaret.

At enim subdit anonymus, à Cæsare discedendum, « si non solùm quæ Dei sunt non reddat, sed si subditos à fide per vim retrahat, ac nisi aliunde mala graviora timeantur; » denique *si Dei Vicarius* declaret OBEDIENDUM ESSE DEO MAGIS QUAM HOMINIBUS [3] : quas glossas comminisci quid est aliud, quàm Christi verbis sua aliena et inaudita assuere ?

[1] Sup., lib. I, sect. I, cap. VI ; sect. II, cap. XIII et seq. — [2] Anon., loc. cit., cap. III, n. 4. — [3] *Act.*, v, 29.

Sanè auctor ipse intellexit perperam allegari istud *Actorum:* *Obedire oportet Deo magis quàm hominibus*. Sibi enim objicit, « hinc tantùm sequi non esse parendum principi aliquid contra Deum præcipienti, non autem proptereà in aliis ab ejus obebientiâ recedendum; ac potiùs bonorum ac vitæ jacturam faciendam [1]. » Quæ cùm verissimè dixerit, quid ad hæc responderit audiendum : « Laudabile id quidem, sed quotusquisque nunc est, qui paupertatis, exilii ac mortis metu à Dei servitio non deterreatur? » Quo concludit licere Ecclesiæ « christiano principi monito et incorrecto potestatem nocendi adimere, ac ab ejus tyrannide populos subducere. » Sic quia ab evangelicâ fortitudine tam multi deficiunt, alia nos remedia, Evangelio Patribusque incognita comminisci, et humano ratiocinio omnia indulgere oportet, nullâ etiam adductâ Scripturæ auctoritate, nisi fortè illâ, quam unam adhibet anonymus : *Data est mihi omnis potestas in cœlo et in terra* [2] *:* quæ quàm ad Romanum Pontificem pertineat, et omnes per se vident, et suprà demonstravimus [3].

CAPUT XXI.

Argumenta anonymi deprompta ex antiquitate : tùm ex Scholasticis et canonistis.

Nihil moramur id quod capite IV anonymus agit multis, regum potestatem non ità esse à Deo, quin sit à populorum consensu : quæ nemo negaverit, neque quidquam ad rem pertinent. Nos autem quatenùs regia potestas à Deo sit, lucidè exposuimus [4].

Jam Patrum traditionem capite V expendit : quo loco de Patribus iis primùm agit, qui in conciliis sederint. A Gregorii VII tempore traditionem probandam auspicatur : locos affert suprà memoratos ex conciliis Lateranensi III et IV, Lugdunensi II, Constantiensi, Basileensi, Tridentino depromptos.

Quid autem attinebat locos referre tantùm, quos nullus igno-

---

[1] Anon., loc. cit., n. 5. — [2] *Ibid.*, n. 1, 2. *Matth.*, XXVIII, 18. — [3] Sup., lib. I, cap. II. , cap. VI; sect. II, cap. XIX. — [4] *Ibid.*, cap. I, II, III.

ret? Res gestas ac rerum circumstantias aperire, decretorum causas mentemque investigare, de solutionibus quærere oportebat eum, qui *amplam discussionem* Declarationis Gallicanæ initio haud exigui tractatûs, vel ipse titulo promiserat. Nos hæc omnia toto hoc libro quarto clarè discussimus.

Copiosissimè pertractat sancti Gregorii dictum de regibus etiam potestate privandis, qui xenodochii privilegium violassent [1]. Quo loco omnia satis sibi tuta arbitratur, si epistolæ Gregorianæ veritatem asserat, ac Joannem Launoium insectetur. Nos autem alia protulimus [2], quæ doctis haud ignota, si animo providere anonymus non potuit, his lectis speramus ab eâ objectione facilè destiturum.

Idem dicimus de Childerico deposito : quem quidem locum anonymus copiosissimè tractat [3]; sed interim æqualium auctorum testimonia pleraque conticescit; eorum qui multa post sæcula scripsere, auctoritatem plus æquo extollit; rerum circumstantias prætermittit. Nos omnia evolvimus, et certa documenta adduximus [4].

A Gregorio II negata tributa, translatumque imperium ad Francos, tanquam exploratam rem adducit anonymus [5]: ac de negatis tributis rem confectam putat, allato Theophane et Zonarâ, et Joanne Launoio fortassis confutato : quid hîc Græci vel attingant, vel misceant, quid Latini memorent, quid ipsa rerum series postulet, prætermittit, quanquam hæc vel à Baronio didicisse poterat; quæ nos recensuimus [6].

Alia exempla refert regnorum pontificiâ potestate ademptorum [7]; neque omittit Ivonis locum, de coronâ Philippo I regi restituendâ, quam per summam imperitiam de regiâ potestate esse intellectam docuimus [8]. Anastasium imperatorem memorat, sanctique Symmachi locum [9]; quem nisi à totâ sermonis serie abrupisset, sibi nociturum facilè intellexisset : neque id saltem explicat; si Symmachus depositiones cogitabat, cur hæreticum, contumacem, excommunicatum denique persecutorem Anasta-

---

[1] Anon., loc. cit., cap. VI. — [2] Sup., lib. II, cap. IX. — [3] Anon., loc. cit., cap. X. — [4] Sup., lib. II, cap. XXXIV, XXXV. — [5] Anon., loc. cit., cap. XI, XII. — [6] Sup., lib. II, cap. XI, XII et seq. — [7] Anon., loc. cit., cap. XI, n. 5. — [8] Vid. sup., lib. III, cap. X. — [9] Anon., n. 7, 8.

sium, ubique appellet imperatorem ? Neque ex imbecillitate, tot ubique adversùs Anastasium seditionibus concitatis : neque quòd pejora metueret, quàm quæ jam Ecclesia experta fuerat. Nos historiam hanc, ut et alias, retulimus integram [1], quo lector omnia dijudicare potest.

At illud omisimus ab anonymo relatum [2] : nempè quòd Petrus Blesensis, Eleonoræ Reginæ nomine, ad Cœlestinum III scripserit pro liberatione Richardi filii, à Leopoldo Austriæ duce capti; hæc, inquam, omisimus; quippè quæ ad rem non pertinebant. Id enim regina agit, « ut Petro et successoribus omnis potestas regendi committatur [3]. » Quare dicit, « non regem, non imperatorem à jugo pontificiæ jurisdictionis eximi : » excommunicationis certè, quemadmodum factum esse vidimus; non depositionis metu; nec, si quid tale Eleonora regina rebus suis serviens duodecimo sæculo scripsisset, auctoritatem ejus tanti esse putaremus.

Bernardi dictum de duobus gladiis refert Anonymus [4] : quâ occasione prolatum, suo more, tacet. Nos ex ipso Bernardo rerumque serie exposuimus [5].

Tùm ille, à tertio decimo sæculo, Scholasticos et canonistas longo recenset ordine [6]. Quibus quanta fides haberi debeat paulò ante diximus [7]. Cæterùm, qui rem penitùs introspexerit, facilè intelliget anonymum non in his semper bonâ fide esse versatum. Indicio esse poterit locus ex Ægidio Romano, sive, quisquis ille est, *Quæstionis disputatæ* auctore depromptus. Hunc laudat anonymus hæc scribentem [8] : « Etsi rex Franciæ secundùm jura non subest summo Pontifici, nec ei tenetur respondere de feudo sui, potest ei subjacere incidenter et casualiter, ratione connexionis alicujus causæ spiritualis, sicut habetur extr. *de Judiciis*, capite *Novit*, » etc. » Quæ verba primùm quidem ad depositionem nihil pertinent, quod nunc quærimus. Quin favet glossa Hostiensis super verbo *de Feudo*, ibidem relata ab Ægidio Ro-

---

[1] Sup., lib. II, cap. VII. — [2] Anon., n. 9. — [3] *Ep. Eleon. Reg. ad Cœl.*, III; int. *Ep. Pet. Bles.* CXLV; tom. XXIV *Bibl. Pat.*, pag. 1059. — [4] Anon., loc. cit., cap. VII. — [5] Vid. sup., lib. III, cap. XVI. — [6] Anon., cap. VII, VIII, IX. — [7] Vid. sup., hoc lib., cap. XVIII. — [8] Anon., cap. VIII, n. 7. Æg. Rom., *Quæst. disp.*, art. IV. Vind. Maj., lib. II, cap. XXXIX.

mano; quâ glossâ Pontificem sic inducit loquentem : « Non intendimus cognoscere de feudo, sed tantùm ratione peccati, inducendo illum ad pœnitentiam, quia illam non potest agere nisi satisfaciat. » Tùm illud notandum quod Ægidius paulò antè dixerat : « Causæ merè temporales sunt causæ feudales et causæ sanguinis, et hujusmodi ; istas commisit Deus immediatè et principaliter imperatori et regibus, de quibus nec Papa nec alii prælati debuerunt cognoscere in Ecclesiâ primitivâ; licèt modò consuetudine, de personalibus quibusdam et temporalibus, ad utrumque judicem recurratur [1]. »

His animadversis, facilè intelligi potuit, quòd prælati de temporalibus interdùm judicent, non id pertinere ad primitiva Ecclesiæ jura, de quibus quærimus; sed ad consuetudinem consensu mutuo introductam, ad quam auctores quosdam, ab anonymo laudatos, respexisse constat. Sed hæc utcumque se habeant, graviores nos auctoritate teneri significavimus.

CAPUT XXII.

Anonymi argumenta ex consensu regum, et sanctorum exemplis.

Apud anonymum capitis XIII titulus mira pollicetur : *Principes ipsos aliquam Ecclesiæ in temporalia potestatem agnovisse*[2]. Sanè meminerimus de illâ potestate agi, quâ reges deponuntur. Quid autem ad eam rem refert anonymus? Nempè Ludovicum Germaniæ ac Lotharium Austrasiæ reges adversùs Carolum Calvum, de invasione cogitantem, ad Nicolaum I confugisse; ut quos nulla pacis fœdera, nulla nectunt consanguinitatis ligamenta, apostolica injunctio per censuram ecclesiasticam venire compellat. Hîc vero anonymus depositiones somniat. Excommunicatione agi volebant, ut in re manifestâ; quod ad rem nostram non pertinet, neque à Nicolao impetrarunt.

A nono sæculo statim ad duodecimum ac tertium decimum

[1] Anon., cap. XXXIV. — [2] *Ibid.*, loc. cit., cap. XIII, n. 1.

anonymus transvolat, quibus depositiones istas invaluisse nemo negat. Hæc ergò penitùs omittere præstitisset. An enim oportebat memorari Philippum II ac III, Francorum reges, qui Anglicanum et Aragonense regnum pontificiis depositionibus nixi, invaserint; tanquam etiam ad auctoritatem trahi possent, quæ reges cupiditate aut errore peccarunt?

At anonymus ex anteactis sæculis Justinum II memorat, qui christianos Persarmenos à Chosroâ Persarum Rege desciscentes, tutatus sit, ex Chosroæ querenti responderit : « Nefas esse ut christiani christianos tempore belli ad se confugientes, desertos esse patiantur [1]. » Quorsum ista? Ubi hîc depositio, aut solutum fidelitatis sacramentum? At enim ait anonymus: « Nonne melius est ut fideles principibus non se subtrahant, etiamsi justam habeant causam, nisi Ecclesiæ accedente auctoritate? » Cur non ergò illud Justinus II aut Persarmeni cogitaverunt? Nempè illud *melius* nondùm christianorum quisquam in animum induxerat.

Quod Henricus IV imperator aliique, post undecim ferè sæcula, principes aliquando dixerint, parum ad rem facere satis ostendimus [2].

Quod autem anonymus memorat de jure, « quod penès rempublicam maneat aliquando principatûs transferendi, deque mutuâ principum et subditorum obligatione, ad exequenda pacta in institutione regni conventa [3], » jam diximus [4]. Quæ quidem, si quid valent, Ecclesiam ab his rebus arceant; ut hoc alieno loco quærere nihil aliud sit, quàm hanc quæstionem involvere, non explicare voluisse.

Quòd clerus Gallicanus Declarationem suam sanctorum exemplis consonam esse censuit, id anonymus eludi posse putat, si dixerit : « Per exempla, non actiones sanctorum, sed omissiones intelligi [5]. » Tùm subdit : « Fatendum est enim aliquos ex sanctis, tyrannos Ecclesiam persequentes non deposuisse. ALIQUOS autem? An ità rem extenuari oportebat, cùm mille eoque ampliùs annis, tot inter gravissimas persecutiones, ne unum quidem

---

[1] Anon., loc. cit., c. XIII, n. 2. Vid. Evagr., lib. V, c. VII. — [2] Sup, hoc lib., cap. XVIII. — [3] Anon., loc. cit., n. 10, 11. — [4] Hoc lib., c. XV. — [5] Anon., c. XIV, n. 2.

sanctorum appellare possit, qui talia cogitarit? Neque est candidius ac sincerius, quòd idem anonymus, eam *omissionem*, aut ut alibi vocat, *non usum* illius potestatis, nullius roboris esse putat [1]. Neque enim dissimulare oportebat eam potestatem, non modò non fuisse exercitam, sed nequidem fuisse cognitam nec cogitatam; idque tot sæculis; idque, cùm tot ac tanta evenerint, quorum causâ ea potestas posterioribus sæculis exercita fuerit. Quòd autem causatur anonymus, *id ex impotentiâ Ecclesiæ procedere potuisse* [2], bona fides postulabat ut hæc fateretur, primùm quidem, Ecclesiam etiam pollentem viribus ista tacuisse, nedùm exercuerit; tùm iis usam rationibus, quæ ad omnem ætatem pertinerent, præstitamque persecutoribus obedientiam, non impotentiæ, quod pudeat; sed religioni pioque in rempublicam studio imputasse; denique, si hanc potestatem exercere Ecclesia vetaretur impotentiæ causâ, at debuisse saltem docere, prædicare, indicare quid posset, à quo ultrò abstineret; ne, ut potestatem premere, ità veritatem extinxisse, seu potiùs prodidisse videretur; hæc, inquam, considerare sapientem, hæc promere virum candidum, hæc saltem providere et solvere theologiæ doctorem, de re gravissimâ scribentem, oportebat; non autem pro catholicâ piâque doctrinâ venditare, quod universa antiquitas ignorarit.

Sanctos commemorat, Martyrologio inscriptos, qui has depositiones exercuerint [3] : Gregorium II, Zachariam, Leonem III, Gregorium VII; tanquam in confesso esset, eam potestatem, de quâ agimus, ab iis fuisse exercitam; à quâ tres primos abhorruisse credimus, Græcis imperatoribus, quoad fieri potuit, obsecutos, et à reipublicæ negotiis, pro potestate clavium ordinandis, ex proposito abstinentes. Ac si vel maximè concedamus eadem, quæ Gregorius VII cogitasse, demonstrandum erat in Martyrologio id eis laudi datum. Neque enim omnia gesta Sanctorum æque sancta probataque. At de Gregorio II, de Zachariâ, de Leone III, nihil tale legimus. Aliquid esse videtur, quòd Gregorius VII laudatur, *ut ecclesiasticæ libertatis propugnator et defensor acerrimus.* Quod autem eâ laude dignum à Gregorio VII factum sit, non di-

---

[1] Anon., cap. XIII, n. 4. — [2] *Ibid.*, cap. XIV, n. 2. — [3] *Ibid.*, n. 5 et seq.

citur; neque Baronius, à quo primo Gregorium VII Martyrologio Romano incertum legimus, eò usque prosiliit, ut eum laudaret quasi apostolicâ potestate deponentem reges; quod expressissimè memoratum oportebat, si hæc laudi esse constitisset. Nos autem cùm sanctorum exempla memoramus, non unum aut alterum, sed consensum ipsum, sed sæculorum seriem rerumque gestarum multitudinem : præclaris laudatisque institutis consona facta proferimus, quæ nobis suppetunt, desunt adversariis. Atque hæc sunt, quæ de scriptoris anonymi libro IV, postquam ejus tractatus in nostras manus incidit, huic operi jam perfecto ac propemodum recensito, addenda duximus; præter ea, quæ hàc et illàc interseri rerum nexus cursusque orationis pateretur.

Neque pluris valent quæ in aliis libris de eodem argumento anonymus sparsìm scribit. Bonifacium VIII ubiquè tuetur, eâ præsertim causâ, quòd nihil sibi vindicaret nisi *ratione peccati* [1]. Scilicet Philippum IV, arma, equos, victualia, aurum argentumque injussu suo transportari vetantem, pro imperio coercebat, bella minabatur, Sedem apostolicam *hostem* regni *principalem* futuram novo ritu prædicabat : prælatos, theologos, canonistas, ecclesiasticos ferè omnes, regem ipsum Romam evocabat, de regno ordinando, rege sive præsente, sive absente, pro potestate acturus : temporalia denique omnia sibi submittebat, graves depositionis intentabat minas; et, quia profitebatur nihil à se fieri, nisi *ratione peccati*, ferendum hoc videtur, patiendumque Philippo ut ipsi Pontifex summum imperium verbis relinqueret, re auferret. Hoc anonymo placet; non profectò Bonifacii successoribus, qui hæc omnia ultrò antiquarunt, eraserunt, resciderunt. Neque tantùm Clemens V, sed etiam anteà Benedictus XI. Et quia Galli ambitioso et impotenti Pontifici non omnia permiserunt, bonus anonymus Gallorum studiosissimus scribit, nec semel : « In Gallorum animis, tempore Bonifacii VIII, avitam erga summos Pontifices observantiam aliquantulum refrixisse [2]; » cùm profectò, ex illo dissidio, Gallorum observantia eo magìs elucescat, quòd tam indignis modis vexati ac lacessiti nunquàm studiosiùs Summos

---

[1] Anon., lib. IX, cap. VIII, n. 9, 10, 11. — [2] *Ibid.*, lib. I, cap. XVI, n. 2; lib. III, cap. IX, n. 3.

Pontifices coluerint. Quid enim omiserunt aut tunc, aut posteà, quod ad sacrosanctæ Sedis observantiam pertineret? Quid autem detractum est cœlesti illi, quam Christus tradidit, potestati? An non eam nostri ubique sartam tectamque esse voluerunt, idque actis omnibus indiderunt, et ipsâ re constantissimè præstiterunt Sed quia temporalia invadi non sinebant, statim avita illa observantia refrixerit. Sic solent. Sic anonymus aliique, et rempublicam perdunt, et Ecclesiam dehonestant. Cæterùm quàm malevolo animo ille auctor res Gallicanas tractet, Gallorumque non modò jura et instituta, sed etiam personas carpat, ubiquè videre est. Neque rem dignam putamus quæ nos distineat. Certè apud omnes constat anonymum nostrum aliquem è Gallis habuisse monitorem, sive malueris, incentorem; sed ex eorum numero, qui claros viros mordere clam, ac præclarè gesta lividis oculis aspicere soleant.

CAPUT XXIII.

De Anglicanâ controversiâ: conclusio tractationis ad caput 1 Declarationis Gallicanæ: doctrinam hanc Ecclesiæ catholicæ ornamento, aliam invidiæ esse.

Diu multùmque dubitavi, an de controversiis Anglicanis, quæ ad hunc locum spectent, aliquid dicerem. Audimus enim Romæ, in Indice anni 1683 fuisse repositam Magistrorum multorum Facultatis Parisiensis consultationem, circa juramentum catholicis à Jacobo rege propositum. Nos autem, etsi profitemur, ecclesiæ Gallicanæ vetere atque inolito jure, nihil nos iis teneri decretis, tamen, Deo teste, vehementissimè ab iis abhorremus, quibus hodiernum curiæ Romanæ regimen culpare videamur. Sed quandoquidem non deerunt ex adversariis, qui, si ista omittamus, præcipuam quæstionem ac difficultatem dissimulatam improperent, hoc quoque necessario, quàm minimâ poterimus offensione tractemus.

Primùm ergò certum est, referente Paulo in Bullâ quæ incipit: *Ejus qui immobilis*, Henricum VIII Angliæ regem, « à Clemente Papâ, postquam humanissimis litteris et paternis exhortationibus, multisque nuntiis et mediis primò, et postremo etiam judicialiter, ut Annam à se dimitteret, et ad Catharinæ suæ veræ conjugis consortium rediret, frustra monitus fuerat [1], » censuris ecclesiasticis innodatum, contemptis clavibus in iis insorduisse. Ergò excommunicatus à Clemente VII, non tamen regno privatus.

Paulus deinde III, in eâdem Bullâ [2], cùm de Henrico VIII meritò desperasset, iterum eum excommunicat, regnoque privat, subditis mandat sub excommunicationis pœnâ, ne eum dominum recognoscant : item universos ab Henrico et Annâ descendentes, honoribus, bonis, juribus privat, privatosque declarat : omnibus Christi fidelibus omni cum Angliâ commercio interdicit, vinum, granum, sal, alia victualia deferri eò, aut inde recipi vetat sub excommunicationis pœnâ : omnes christianos principes, etiam imperiali aut regali auctoritate fulgentes, requirit in Domino, omnibus qui imperatore ac rege inferiores fuerint, quos, propter excellentiam dignitatis, à censuris excipit, sub excommunicationis pœnâ mandat, ne cum eodem rege ullo fœdere conjungantur : fœdera jam peracta dissolvit : omnibus principibus cæterisque armigeros terrâ marique habentibus, in virtute sanctæ obedientiæ mandat, ut Henricum illato bello ad obedientiam sanctæ Sedis redire compellant, bona ejus subditorum ubilibet consistentia capiant, ea omnia bona iis dat de plenitudine apostolicæ potestatis. Data hæc est 3 Kalendarum Septembris, anno 1536. Suspensa deinde executio, ac postremò jussa rursus 16 Kalendarum Januarii, anno 1538.

Cùm igitur tot ac tanta de temporalibus præceperit; non modò Henrici subditis, sed etiam omnibus principibus, nec exceptis regibus, quos à censuris tantùm, non autem ab ipso præcepto aut obedientiâ eximi voluit, nemo certè fuit qui se ex eo decreto terrâ mariquè in Angliâ vel extra Angliam commoveret.

Neque Pio V res meliùs processerunt, postquam iteratis vicibus anno Christi 1569 (a) et 1570, pontificatûs 4 et 5, Elisabe-

---

[1] *Bullar. Rom.*, tom. I; Bull. VII Paul. III, § 2, p. 704. — [2] *Ibid.*, § 6 et seq.

(a) Hæc Bulla anni 1569 nobis non innotuit; nisi fortè sit ipsa Bulla, *Regnans in cœlis*, quæ anno tantùm 1570 edita est. Equidem Pontifex, anno 1569, Mortoni, à se in Angliam misso, dederat in mandatis ut catholicos commonefaceret Elisabetham falso titulo Reginam vocari, quod pontificium mandatum fortassis

tham reginam regno privatam declaravit [1]. Cui declarationi nullus catholicorum principum quidquam detulit, aut ab Elisabethâ reginâ agnoscendâ abstinuit. Neque quidquam aliud Pontifex consecutus, quàm ut Anglos catholicos certiùs perituros ad arma impulisse videretur, nullo, aut ambiguo martyrii titulo, cùm ut perduelles diris modis necarentur.

Interim Elisabetha, sub Henrico VIII inchoatum, sub Eduardo VI repetitum juramentum exigebat quod *suprematiæ* vocant [2]; quo scilicet juramento aditus ad dignitates aliaque civilia patebat iis tantùm qui dato sacramento agnoscerent, « quod regia majestas unicus est et supremus gubernator tàm in omnibus spiritualibus sive ecclesiasticis rebus quàm in temporalibus: et quòd nullus extraneus princeps, persona, prælatus habet ullam jurisdictionem, vel auctoritatem ecclesiasticam, sive spiritualem intra Angliæ regnum. »

Anno verò 1606, Jacobus rex jussit juramentum præstari à romanis catholicis (a); quod si præstitissent, liberè ac tutò certis conditionibus in suâ religione viverent. Tale autem erat juramentum, quo, « in conscientiâ suâ, verè ac sincerè, nullâ reservatione mentali, quilibet catholicus testaretur Jacobum esse regem suum legitimum, qui à Papâ, aut apostolicâ Sede nullo modo deponi ac deprimi possit, rexque maneat nonobstante aliquâ declaratione, vel sententiâ excommunicationis, vel deprivationis, atque etiam tolli non posse absolutione quâvis fidelitatem atque obedientiam suæ majestati ejusque successoribus [3]. »

---

[1] *Bull.*, tom. II, Bull. Pii V, ci, edit. 1570, pag. 303. — [2] Vid. Rap. Thoyr., tom. VI. — [3] *Ibid.*, lib. XVIII; tom. VII, p. 50, 51.

pro Bullâ habitum fuerit. Notandum tamen RAPIN THOYRAS dicere hanc Bullam factam anno 1569, fuisse demum Londini affixam anno 1570. Hunc vid. tom. VI, lib. XVII, p. 293. (*Edit. Leroy.*)

(a) Quantò æquiùs jussisset à protestantibus? At verò Angliæ reges, qui, propter privatorum quorumdam opiniones, quas Ecclesia non approbat, suspectam habebant Catholicorum fidem, sese toti credebant protestantibus. Est tamen hoc novæ reformationi proprium et ingenitum, nemini subjici et sublimioribus potestatibus non parere, ut ipsa facta clamant. An catholici, quæso, Angliam ultimo sæculo tot seditionibus turbaverunt, an verò protestantes? Horruit orbis, quando audivit id actum esse Londini, quod apud gentes immanissimas nunquàm factum fuit; nempe regem Carolum I, edicto senatûs morte damnatum, et carnificis gladio publicè cæsum. Profectò hujus tanti sceleris auctores fuerunt et actores ipsi protestantes. (*Edit. Leroy.*)

Hoc verò juramentum quod Angli *fidelitatis* aut allevantiæ vocant, cardinalis Bellarminus cum illo Elisabethæ, quod erat *suprematiæ*, re ac sententiâ convenire asserit, negatamque Pontifici excommunicandi principis potestatem : quæ quidem æquo lectori dijudicanda relinquimus. Quæ verò auctoritate certâ, in eâ re gesta sint, proferimus.

Huic certè Jacobi regis juramento insidiosissimè atque invidiosissimè erat insertum illud : « Præstereà juro, quod ex corde abhorreo, detestor et abjuro, tanquam impiam et hæreticam hanc doctrinam et propositionem : quòd principes per Papam excommunicati, vel deprivati, possint per suos subditos deponi et occidi. »

Hoc eò pertinere videbatur, ut catholici quivis privatâ auctoritate decernerent *impiam et hæreticam* eam esse sententiam, quam de deponendis; hæresis saltem causâ, regibus, viri maximi atque sanctissimi, ipsique adeò Romani Pontifices postremis sæculis, bono animo, tanquàm probabilem defendissent. Et quidem ab eorum sententiâ abhorrere, perspectis meliùs rebus, uti nos Franci facimus, erat licitum ac bonum; damnare ut hæreticam, absque Ecclesiæ auctoritate, nimium et temerarium videbatur.

Nostri doctores rem totam, in eâ quam prædiximus consultatione, sic temperant, ut quandoquidem hæreticum esset, et ab Ecclesiâ in Constantiensi concilio ut hæreticum damnatum, tyrannos, hoc est principes etiam legitimos malè potestate usos, *occidi posse*, eodem titulo possit insigniri ea propositio, quæ depositionem cum cæde conjungeret, ut erat in juramento positum.

Utcumque est (neque enim hîc de hâc consultatione quærimus, sed rem gestam enarramus) Paulus V, eodem anno 1606, 10 Kalendarum Octobris, Breve edidit ad Anglos catholicos, cujus est initium : *Magno animi mœrore;* quo quidem in Brevi, relato juramento, hæc addit : « Vobis ex verbis ipsis perspicuum esse debet, quòd hujusmodi juramentum, salvâ fide catholicâ et salute animarum vestrarum, præstari non potest; cùm multa contineat, quæ fidei et saluti apertè adversentur. » De quo Brevi, cùm in Angliâ quidam ambigerent, illud anno sequenti Pontifex confirmavit, dato alio Brevi, cujus est initium : *Renuntiatum est nobis.*

Quid autem illud esset *quod fidei et saluti* apertè adversetur, Pontifex non exponit, non docet. Multi existimabant illud duntaxat fidei et saluti animarum adversari, quòd, absque Ecclesiæ auctoritate, propositionem eam ut hæreticam agnosci oporteret. Cæterùm ut mentem meam eâ, quâ decet christianum theologum, sinceritate promam, id expressum eâ perspicuitate curia Romana noluit, ne si ab hæresis qualificatione et notâ tantùm abhorreret, propositionem aliâ notâ proscribi posse fateretur.

Neque tamen quis reputet potestatem deponendi reges tanquam fide certam fuisse propositam. Nec enim dogmata fidei ambiguè, aut eâ formâ declarari solent. Certè annis 1678, 1679, 1681, catholici multi, falsæ illius conjurationis (a) gratiâ, ultimo addicti supplicio, sub ipso ictu testati sunt, se toto animo profiteri Carolum II verum ac legitimum regem esse, neque à quoquam deponi posse; idque à se pro certo exploratoque haberi; neque ab eâ unquàm sententiâ discessuros : id tantùm cavebant,

(a) Optimè confutat ARNAULD, in suâ *pro Catholocis Apologiâ*, confictam hanc conjurationem, de quâ nobis pauca dicenda sunt. Quidam Oates, primùm Anglicanæ ecclesiæ minister, tùm, ut aiunt, Jesuita, demum Jesuiticæ societatis et catholicæ religionis desertor, seu potiùs, quod illi exprobravit Dux STAFFORD, nullius religionis; quippè qui catholica dogmata falsa reputabat, tùm cùm Jesuita, et quidem Diaconus, Missæ sacrificio aderat frequenter et communicabat; is ergò Oates dixit catholicos conjurasse de interficiendo rege, et simul de omnibus protestantibus occidendis, ut eo scelere Angliam catholicæ religioni redderent. Addebat regem Carolum II exauctoratum fuisse à Papâ, qui quidem Papa Joannem Paulum Olivam Jesuitarum præpositum generalem constituerat, eò ut majoribus regni dignitatibus eos catholicos præficeret, quos inter Anglos cognosceret potentiores : se autem ipsa diplomata vidisse testabatur, et certò scire conjurationis consilium, à Sorbonâ approbatum, sic peragendum fuisse, ut eâdem horâ rex et cæteri protestantes necarentur : quod ut confici posset à catholicis numero paucissimis, auxilio eis adesse debuisse exercitum ducentorum millium militum, conflatum ex Gallis, Hispanis, etc., conductum à Papâ, Francorum rege favente. Testes quinque aut sex, Oatæ simillimi, accusationem confirmabant, quæ quantumvis absurda esset falsaque ipsâ testimoniorum inconstantiâ probaretur; quanquam dux STAFFORD aliique Angli nobilissimi suam innocentiam, etiam juramento testarentur, nihilominus ipse dux STAFFORD, alii multi, cùm vitæ integritate tùm nobilitate clari, cum nonnullis Jesuitis, ut læsæ majestatis rei obtruncati sunt. Nomen eorum in pristinum decus Jacobus II jussit restitui, et Oatem perjurum virgis publicè cædi quotannis quatuor vicibus, atque ad cyppum alligari. Sed princeps Orangius, regno occupato, hunc è carcere eduxit. Vid. *Apol. pour les Cath.*, tom. I; et *in Oatem*, Rap. Thoyr., lib. XXII, p. 406 et seq. (*Edit. Leroy.*)

ne deponi posse reges hæreticum dicerent, quòd Ecclesia catholica, cujus auctoritati stabant, non id declarasset. Hoc omnium expressissimè Richardus Langhordus advocatus juris consultissimus : hoc ipse Stafortius, morituri professi sunt; ut profectò certum sit, altè animo hæsisse, proque certis habita, quæ tam insignes viri inter ipsa martyria declararint.

Cur enim non liceret Anglis id clarè profiteri quod nos Franci publicè, summâ omnium Ordinum consensione profitemur? Ne verò sperent, quicumque illi sint curialis sententiæ defensores, nos à proposito discessuros. Satis enim confidimus nunquàm eventurum, ut Ecclesia catholica cujus traditioni auctoritatique adhærescimus, Sedesque apostolica, nos ad hæc nova et inaudita, atque ut verè dicamus, vana compellat.

Quid enim est, per Deum immortalem, vanius quàm de deponendis regibus, quæ nullum moveant decreta conscribere? Excommunicatio, uti prædiximus, quantumvis impii superbiant, ipsam statim animam mucrone spirituali perfodit. At profectò quid profecit, aut quid nocuit, quòd à Paulo III Henricus VIII, à Pio V Elisabetha regno dejecti sunt? Nempè inanes chartæ, quòd ad temporalia attinebat, non tantùm ab hæreticis, sed etiam à catholicis, si verum amamus, nihil sunt habitæ : eodemque tenore pacta, societates, commercia, negotia processerunt; neque id ità futurum Romanos Pontifices fugiebat; et tamen vanis formulis vanum sibi titulum curia sanciebat. Interim id hæretici lucrifecerunt, id Ecclesiæ catholicæ detrimento fuit, quòd catholici, non ut catholici, pœnas darent, sed ut publici hostes, prompti scilicet in regem insurgere, ubi Romano Pontifici placuisset.

Neque respondeant nihil ad catholicos pertinere quid hæretici de illis sentiant, cùm Apostolus jubeat *episcopum etiam testimonium habere bonum ab iis qui foris sunt*[1]. Idem Apostolus jubet ut præcipuam curam habeamus, *ne nomen Domini*, aut doctrina, apud extraneos scilicet, *blasphemetur :* quâ certè ratione, *quicumque sunt sub jugo servi, dominos suos omni honore dignos arbitrentur*[2]. Hoc præcipit circa dominos etiam infideles, ne

---
[1] I *Tim.*, III, 7. — [2] *Ibid.*, VI, 1.

si christiani servi, quantò magis regum subditi, inobedientiæ suæ causam religionis obtendant, sacra illa doctrina infametur, ut quæ familias ac rempublicam conturbet; quod aliis verbis idem Apostolus explicat ad Titum scribens : « Servos dominis suis subditos esse; » eâ præcipuè causâ, « ut doctrinam Salvatoris nostri Dei ornent in omnibus [1]. » Quo item sensu paulò antea dixerat : « Mulieres esse oportere subditas viris suis, ut non blasphemetur verbum Dei [2] : » magno enim reverâ ornamento est sanctæ Ecclesiæ Dei, quòd ejus doctrina domos, familias, civitates altâ pace firmet, neque perturbet; sed sanciat rerum humanarum ordinem; vetetque ne inquieti homines, unà cum religione, conditionem mutare porrò incipiant : imò « unusquisque in quâ vocatione vocatus est, in eâ permaneat. Servus vocatus es? non sit tibi curæ [3]. » Quantò magis jussum ut justo ac legitimo imperio subsis, et communi civium libertate vivas?

Id etiam antecessores nostri sancti Christi martyres præcipuè observarunt; cavebantque, admonente Petro, ne ut rebelles erga rempublicam, sed tantùm ut *christiani* paterentur : « glorificarent autem Deum in isto nomine [4]. » Neque aliud inculcabat Paulus, cùm diceret : « Qui resistit potestati, Dei ordinationi resistit : qui enim resistunt, ipsi sibi damnationem acquirunt [5]. » Ne ergò illam, etiam apud homines damnationem acquirerent, publico ordini modestè ac pacifici homines serviebant. Unde illud Origenis in *Epistolam ad Romanos* : « Si enim ponamus, verbi gratiâ, credentes Christo potestatibus sæculi non esse subditos, tributa non reddere, nec vectigalia pensitare, nulli timorem, nulli honorem deferre; nonne per hæc rectorum ac principum meritò in semetipsos arma converterent, et persecutores quidem suos excusabiles, semetipsos verò culpabiles facerent? Non enim jam fidei, sed contumaciæ causâ impugnari viderentur [6]. »

Neque verò existimemus hæc quæ Origenes, Apostolo auctore, condemnat, meliùs fieri, si sacerdotum judicio fiant. Meritò enim beatus Joannes Chrysostomus in eumdem Pauli locum hæc

---

[1] *Tit.*, II, 10. — [2] *Ibid.*, 5. — [3] *I Cor.*, VII, 20, 21. — [4] *I Petr.*, IV, 16. — [5] *Rom.*, XIII, 2. — [6] Orig., in *Ep. ad Rom.*, lib. IX, c. XIII, n. 29; tom. IV, edit. Bened., pag. 656.

habet : « Ostendit quòd ista imperentur omnibus, et sacerdotibus et monachis, non solùm sæcularibus, id quod statim in ipso initio declarat, cùm dicit : *Omnis anima potestatibus supereminentibus subdita sit;* etiamsi apostolus sit, etiamsi evangelista, sive propheta, sive quisquis tandem fuerit ; neque enim pietatem subvertit ista subjectio [1]. » Neque verò Ecclesiæ Christi decori aut ornamento esset, si haberet sacerdotes, quorum auctoritate et nomine sublimes potestates contemni ac deponi possent ; sed in ornamento est, quòd qui sint sacrorum, iidem sint etiam in principes atque rempublicam fidi obsequii duces. « Deus enim, inquit, id exigit, ut creatus ab ipso princeps, vires suas habeat..... Quod si observaveris christianè, et ipse, inquit, princeps, eò te magis suscipiet, Dominumque tuum, etiamsi incredulus fuerit, hoc nomine glorificabit [2]. »

Sic ergò catholici *doctrinam Salvatoris nostri Dei ornent in omnibus* [3]; neque Pontificibus suis id honori vertant, quòd vanos concedant titulos, quibus lugenda bella commoveant : imò ubicumque degunt, sive in Angliâ, sive in Hollandiâ, sive apud Sinenses Seresque ultimos et Japonas ; ne dent locum iis, qui passim ubiquè jactant habere eos Pontificem, quo duce et auctore, à legitimis regibus imperiisque desciscant : quod quidem quantas turbas, quantam Ecclesiæ Dei persecutionem apud Japonas concitarit (*a*), ipsis hæreticis referentibus, ac sua scelera jac-

---

[1] Chrysost., *Hom.* XXIII *in Epist. ad Rom.*, tom. IX, p. 686. Vid. sup., lib. I, sect. II, c. XV. — [2] Chrys., *ibid.*, n. 11, p. 689. — [3] *Tit.*, II, 10.

(*a*) Non abs re erit historiam breviter texere ejus persecutionis, quæ in Japoniâ christianismum extinxit. Sanctus Franciscus Xaverius et Lusitani quidam presbyteri apud Japonas Evangelii primi præcones fuerunt, quorum labores adeò Deus adjuverat, ut anno 1613 Christiani implerent in Japoniâ numerum quadringentorum millium. Veniebant quoque in hanc regionem Hollandi, non tam Evangelii causâ quàm negotiationis. Animadverterat autem Hollandus quidam, Caron nomine, qui quanquam humili loco natus, mensæ numerariæ Japonicæ Hollandorum præsidebat, Japonas christianos cum Lusitanis malle, quàm cum Hollandis negotiari. Igitur id cogitans ut ad gentem suam omne Japonicum commercium transferretur, detestandum facinus aggressus est, quo patrato, statim omnibus christianis mors intentata est. Ad quemdam nobilem Japonensem ipse detulit epistolam à se Lusitanicè scriptam, eo artificio, ut legentes facilè sibi persuaderent christianos, conjuratione factâ, Japoniam vastare et ipsum imperatorem opprimere statuisse. Atque quò magis Japona ille nobilis imperatorem ad sæviendum in Lusitanos inflammaret, addebat : Hispanis et Lusitanis hanc ratam esse legem, ut populos ad quos veniebant, carceribus et necibus suæ reli-

tantibus credimus. Ne ergò isto titulo, neque ut inquieti et malefidi cives, sed tantùm *ut catholici patiantur, glorificent* autem *Deum in isto nomine;* relinquantque id hæreticis, ut de reipublicæ charitate ac regum reverentiâ magna professi, tamen omnium audacissimè in arma civilia proruant.

Romanos autem Pontifices, quotquot futuri sunt, patres nostros sanctissimos atque charissimos rogamus, obsecramus summàque reverentiâ etiam atque etiam obtestamur, ne Sedis suæ majestati consulere se putent, si Gregorium VII, Gelasiis, Symmachis aliisque Gregoriis anteponant : catholicos verò bonos doctosque, eâ, quâ par est, charitate atque honorificentiâ admonemus, ne se ideò bene catholicos putent, si omnia Pontificum gesta decretaque asserenda suscipiant. Excusent sanè Pontifices quoad fieri poterit, uti nos pro virili fecimus, conati certè sumus. Cæterùm si necesse sit reprehendi interdùm eorum aliquos, quorum operâ ac laboribus, magna in Ecclesiam bona provenerint; cùm nempè alienis rebus, bono scilicet animo sese ingesserunt, id verò non ad Sedis apostolicæ contumeliam, sed ad Ecclesiæ. Deique eam protegentis laudem, atque ad Romanæ fidei apostolicique officii commendationem maximam pertinere arbitrentur : cujus quippè fidei atque officii puritas, sanctitas, dignitas, tot inter incommoda apud pios illæsa perstiterit; ut hîc etiam valeat suo modo apostolicum illud : *Virtus in infirmitate perficitur*; et : *Cùm enim infirmor, tunc potens sum* [1].

[1] II *Cor.,* XII, 9.

gioni adjungerent; quippè qui credebant Deum suum sibi fore propitium, si eos occiderent, quos cogere non possent : Hollandos verò omnium populorum et religionum amicos, soli commercio intendere. Imperator, lectâ epistolâ continuò exarsit, et, nullâ conjurationis inquisitione factâ, omnes christianos nece addixit; adeò ut ne unus quidem, anno 1649, in totâ Japoniâ reperiretur. Exinde edicto sancitum est ne quis ultrà christianus in Japoniam veniret. Soli ergò apud Japonas veniunt Hollandi, qui interrogati cujus sint religionis, respondent, *se christianos non esse, sed Hollandos;* neque etiam verentur eo gloriari, quòd, tam nefariis tamque impiis artibus, tutè cum Japonibus negotiari possint. Vid. lib. Franc. Caron Belgi, ad calcem tom. II Walemb. et TAVERNIER, *Relat. du Japon;* atque etiam ARNAUD, *Apolog. pour les cathol.,* tom. II, p. 301 et seq. (*Edit. Leroy*).

PARS SECUNDA

IN QUA DE CONCILIIS CONSTANTIENSI ET BASILEENSI, ET CONSECTANEIS AGITUR.

LIBER QUINTUS

CONCILIO CONSTANTIENSI; AD CAPUT SECUNDUM GALLICANÆ DECLARATIONIS.

CAPUT PRIMUM.

Refertur Declarationis caput II : *hujus libri scopus : synodum Constantiensem Sedi apostolicæ nunquàm infensam aut suspectam fuisse.*

« Sic autem inesse apostolicæ Sedi ac Petri successoribus Christi Vicariis, rerum spiritualium plenam potestatem, ut simul valeant atque immota consistant sanctæ œcumenicæ synodi Constantiensis à Sede apostolicâ comprobata, ipsoque Romanorum Pontificum ac totius Ecclesiæ usu confirmata, atque ab Ecclesiâ Gallicanâ perpetuâ religione custodita decreta, de auctoritate conciliorum generalium, quæ sessione quartâ et quintâ continentur; nec probari à Gallicanâ Ecclesiâ, qui eorum decretorum, quasi dubiæ sint auctoritatis ac minùs approbata, robur infringant, aut ad solum schismatis tempus concilii dicta detorqueant. »

Hoc capitulum tria præstat. Theologi Parisienses totaque Parisiensis Academia, et Ecclesia Gallicana id semper egerunt, ut efficacissimis æquè ac simplicissimis verbis agnoscerent manantem à Christo, ad Petrum atque ad Petri successores Romanos Pontifices summâ auctoritate transmissam vicariam potestatem ejusque plenitudinem : eam scilicet, quæ ad omnia spiritualia Ecclesiæ Christi commissa pateat. Primum hoc. Tùm ad eam certâ ratione explicandam, concilium illud adhibet, quod sit ad eam rem maximè idoneum, constantiense scilicet; quippè quod papalem potestatem postremis sæculis à pessimis hæreticis Albigensibus ac Valdensibus, recentissimè verò à Viclefistis et Hussitis perditissimis hominibus obscuratam, ad hæc infando schismate per quadraginta ferè annos collapsam ac semilaceram, in pristinam amplitudinem revocarit. Tertiò ac postremò, ne quis scrupulus superesse possit, eadem Parisiensis Academia atque Ecclesia Gallicana, ex ipsâ gestorum serie exponit ac firmat Constantiensis decreti auctoritatem certam, neque ambiguam mentem.

Et quidem *Dissertatione prævià* admonuimus[1] procul amovendam illam, quæ per summam imperitiam, quorumdam animos incessit de egregiâ synodo suspicionem iniquissimam; quasi Sedi apostolicæ ipso etiam nomine infausta videatur, quod contra est; cùm omnes quidem universales synodi id innatum insitumque habeant, ut pontificiam potestatem, sibi conjunctissimam totique corpori præsidentem, venerentur ac foveant, ut omnium sæculorum ab ipsâ christianitatis origine testatur experientia; illa verò præ cæteris habeat hæc tria : primùm quòd pontificiam potestatem, fœdo extincto schismate, pristino splendore lucere fecerit; deinde quòd à seditiosissimis hæreticis ejus potestatis luculentissimam confessionem exegerit; tertiò quòd egregium Pontificem Martinum V, jam inde ab initio hujus conventûs partem optimam, ipsa è sinu suo elegerit ac perpererit : quin etiam cùm eò res devenisset, ut abjectis omnibus, qui de papatu litigarent, verus et indubitatus Pontifex crearetur, hæc statim edixerit : « Dent operam electores, cùm de creatione agitur Vicarii Jesu Christi, successoris beati Petri, universalis rectoris Ecclesiæ, gregis Domini directoris, ne quid aliud cogitent, quàm ut eorum ministerio de utili et idoneo universali Ecclesiæ pastore provideatur[2]. » Quæ verba et alibi memoravimus, et nunquàm satis inculcanda nunc etiam summâ cum animi voluptate repetimus.

Ex his igitur et aliis æquè probatis fœdam hanc Binianæ edi-

[1] *Dissert. præv.*, n. XLII. — [2] *Concil. Const.*, sess. XL, col. 245.

tionis notam expungimus : *Concilium Constantiense ex parte approbatum;* quippè quæ Romanâ quoque editione spretâ, uti prædiximus [1], privati hominis temeritate sit addita. Verùm ut res procedat clariùs, sessionum iv et v Constantiensis concilii à Parisiensibus nostris et à clero Gallicano laudata decreta referamus.

CAPUT II.

Constantiensis concilii laudata decreta, ex sessionibus iv *et* v *referuntur : censores nostros, atque etiam ipsum auctorem tractatûs* De Libertatibus Ecclesiæ Gallicanæ, *nec synodi verba attendisse, nedum intellexerint.*

Sessionis iv hæc verba sunt : « *In nomine sanctæ atque individuæ Trinitatis Patris et Filii et Spiritûs sancti*, hæc sancta synodus Constantiensis, generale concilium faciens, pro extirpatione præsentis schismatis, et unione ac reformatione Ecclesiæ Dei in capite et in membris fiendâ..... in Spiritu sancto legitimè congregata,...... ordinat, disponit, statuit, decernit et declarat ut sequitur. Et primò : Quòd ipsa synodus in Spiritu sancto congregata legitimè, generale concilium faciens, et Ecclesiam catholicam militantem repræsentans, *potestatem à Christo immediatè habet,* cui quilibet cujuscumque status vel dignitatis, *etiam si papalis existat,* obedire tenetur in his quæ pertinent *ad fidem, et extirpationem dicti schismatis, et reformationem generalem Ecclesiæ Dei, in capite et in membris* [2]. » In hâc sessione, cum Romanorum Rege, *fuerunt ducenti Patres,* ut in ipso initio sessionis adscriptum est.

Sessio verò v sic habet : « Hæc sancta synodus Constantiensis, generale concilium faciens, pro extirpatione ipsius schismatis, et unione et reformatione Ecclesiæ Dei in capite et in membris, ad laudem omnipotentis Dei, in Spiritu sancto legitimè congregata, ad consequendum faciliùs, securiùs, liberiùs, unionem et reformationem Ecclesiæ Dei, ordinat, diffinit, decernit et declarat ut sequitur. Et primò, quòd ipsa in Spiritu sancto legitimè congre-

---

[1] *Diss.,* loc. cit. — [2] *Concil. Const.,* sess. IV, col. 19.

gata, concilium generale faciens, et Ecclesiam catholicam repræsentans, *potestatem à Christo immediatè habet*, cui quilibet cujuscumque status vel dignitatis, *etiamsi papalis existat*, obedire tenetur in his quæ pertinent *ad fidem, et extirpationem dicti schismatis, et reformationem dictæ Ecclesiæ in capite et in membris*.

» Item declarat, quòd quicumque cujuscumque conditionis, status, et dignitatis, *etiamsi papalis*, qui mandatis, statutis seu ordinationibus aut præceptis hujus sacræ synodi, et *cujuscumque alterius concilii generalis* legitimè congregati, super præmissis seu ad ea pertinentibus, factis vel faciendis, obedire contumaciter contempserit, nisi resipuerit, condignæ pœnitentiæ subjiciatur, et debitè puniatur, etiam ad alia juris subsidia, si opus fuerit, recurrendo[1]. »

Facilè animadvertet lector diligens sessioni IV per sessionem V quid lucis accesserit. Sessione sanè IV summa illa auctoritas adscita est concilio; sed quantùm verba sonant, Constantiensi tantùm. Cùm autem id Patribus angustius videretur, quàm ut ecclesiasticis morbis remedium afferri posset, sessione V itum est in eam sententiam, ut non solùm *isti concilio Constantiensi*, verùm etiam cuilibet alteri, parem auctoritatem adsciseret.

Placet hîc perpendere tantisper, quàm parùm censores nostri ad verba decreti animum attenderint. Et quidem auctor *Doctrinæ Lovaniensium* ex Jacobo Latomo et aliis hæc refert : « Ecce manifestè patet quòd decretum illorum Patrum, non loquitur universaliter de quâlibet synodo universali, sed de illâ singulariter, hoc est de Constantiensi[2]. »

Idem habet dominus Nicolaus Dubois in *Disquisitione* : « Omnia, inquit, verba decretorum sessionum IV et V, quatenus de auctoritate agitur, concepta sunt verbis de ipsâ solâ agentibus[3]. » Nempè adeò cursim legit Constantienses canones, ut nec illud adverteret : « Quicumque cujuscumque conditionis, etiamsi papalis, qui mandatis hujus sacræ synodi et *cujuscumque alterius concilii generalis* legitimè congregati obedire contempserit[4]. »

[1] *Concil. Const.*, sess. V, col. 22. — [2] Doctr. Lovan., pag. 68, 69. — [3] *Disq.*, art. V, n. 65. — [4] *Concil. Const.*, sess. V.

En diligentem lectorem, qui Gallicanos episcopos eo nomine castigarit, quòd, quæ laudaverint acta, non legerint¹. » Usque adeò cæcutiunt homines præjudiciis acti, quæque ipsi in ore habent assiduisque terunt manibus, nec legunt nec vident.

Quin etiam ipse auctor *Tractatus de libertatibus Ecclesiæ Gallicanæ*, qui cæteris diligentior futurus videbatur, in eumdem impegit lapidem : « Notanda, inquit, sunt illa verba : *In his quæ ad fidem et extirpationem dicti schismatis, præceptis hujus sacræ synodi super præmissis, sive ad ea pertinentibus;* quæ decreta illa circumscribunt, ac sine limitatione intelligere vetant². » At quâ fide omittit illa verba : *cujuscumque alterius synodi generalis*, et ipsam fidei ac schismati additam reformationem? Ac ne quid deesse possit, disertè positum, *super præmissis et ad ea pertinentibus*, ipsâ etiam hùc reformatione conclusâ; quæ profectò voces, si quid limitationis sonant, haud equidem scio, quæ deinde generatim dicta intelligantur.

Sanè doctissimus Daguirreus, horum præjudiciis ductus, ipse quoque ex verbis concilii Constantiensis elicit, nullo modo actum esse de omni concilio generali, et in utrâque sessione IV videlicet et V ejusdem concilii Constantiensis, de illo singulari concilio solùm prolatam esse doctrinam³. Credo, non satis memor ejus sententiæ, quam ipse pro suo candore dixisset : « Concilium Constantiense definiisse (certo quidem sensu) (*a*), cuivis concilio generali potestatem à Christo immediatè habenti omnes teneri obedire, et ipsum Papam⁴. »

Atque ipsa canonis series postulabat, ut de omni generali concilio diceretur; synodi enim Constantiensis, hoc certè fundamento constituta erat auctoritas, « quòd sit in Spiritu sancto legitimè congregata : quòd potestatem à Christo immediatè habeat : quòd Ecclesiam catholicam repræsentet. » Hæc autem non ad solum Constantiense concilium, quod tunc habebatur, sed ad omnia

---

¹ *Disq.*, art. IX, pag. 44. Vid. in *app.*, *præf. auctoris.* — ² *Tract. de Libert. Eccl. Gall.*, lib. V, cap. XV, n. 6. — ³ Daguirr., *Def. Cath. Pet.*, Disput. XXXVI, n. 8, p. 502. — ⁴ *Ibid.*, disp. XV, n. 12, p. 253.

(*a*) *Certo quidem sensu ;* id est, ut explicat Daguirreus, supremam esse conciliorum potestatem in dubios Pontifices, quales tunc fuisse dicit tres eos qui de papatu contendebant. (*Edit. Leroy.*)

æquè concilia generalia spectant, quæque extiterant, quæque futura erant, ut nullus dubitationi locus superesse videatur.

Neque verò felicior illa responsio est, cùm aiunt decreti verba ad solam schismatis causam apertè referri : nec attendere volunt ad has voces : « In his quæ pertinent *ad fidem, et extirpationem dicti schismatis, et reformationem* dictæ Ecclesiæ, in capite et in membris. »

Hæc illa decreta sunt concilii Constantiensis, in ipsis concilii Basileensis actis, summo omnium consensu repetita [1], cùm procul omni dubio universalis esset, eique Eugenius IV adhæreret, nullo tùm suborto schismate. Adeò Ecclesia semper intellexit Constantiense decretum, non ad solum schismatis tempus, aut ad solum Constantiense concilium, sed ad fidei quoque et reformationis universalis causas, et ad omnia quolibet tempore futura concilia pertinere.

Cæterùm diligens lector facilè animadverterit in duobus canonibus Constantiensibus ex sessione v relatis, primum, totidem verbis à sanctâ synodo ex sessione iv fuisse repetitum. Quo factum est, ut plerique scriptores atque ipsa synodus Basileensis, sessionis v decreta sola retulerit : quippè quæ et quartæ canonem complecteretur integrum, et alium insuper majoris elucidationis gratiâ canonem adjunxerit.

In fine sessionis v adscriptum est : « Quibus articulis sive constitutionibus lectis, dictum concilium eos et eas uniformiter approbavit et conclusit [2]. » Quo patet hæc non tantùm summâ auctoritate, sed etiam summâ consensione esse decreta.

CAPUT III.

Ordo disputationis hujus : censores nostri tria objiciunt : primum quidem de textu; alterum de sensu ac mente; posterum de auctoritate decretorum Constantiensium.

1º Multum laborandum fuit iis qui decreta Constantiensia ele-

[1] *Conc. Basil.*, sess. 11; tom. XII *Conc.*, p. 477. — [2] *Concil. Const.*, sess. v, *ibid.*, col. 26.

vare et obscurare conati sunt. Itaque primò textum ipsum sollicitant. Res quidem intenta hactenùs, canonesque integros, uti eos retulimus, ex Romanâ editione descriptos¹, omnes admiserant. Sed anno demum 1683, quinquaginta scilicet et ducentis annis postquam Constantienses canones conditi sunt; Emmanuel à Schelstrate, sacræ theologiæ Doctor, Bibliothecæ Vaticanæ præfectus, repente prodiit, qui cùm Constantiensis concilii nova acta proferret, statim in ipso titulo, ejusdem concilii *primum decretum sessionis* IV *à Basileensibus corruptum esse* testetur: et uno ictu scilicet Basileensem synodum et Constantiensem confodiat.

2° Aiunt concilii mentem nostros non esse assecutos: trahi quippè ad alias synodos atque causas, quæ de Constantiensi propriè ac de schismatis causâ decreta sint; et cùm sanctæ synodi verba proferuntur, reponunt notum illud: « Intelligentia dictorum ex causis assumenda dicendi; et: Secundùm subjectam materiam intelligenda sunt verba²: » atque adeò synodi ad tollendum schisma institutæ, ad solum schismatis tempus decreta referenda; non ad id trahenda tempus, quo indubitatus Pontifex in Petri cathedrâ sedeat. Addunt ab ipsâ synodo Constantiensi adversùs Viclefum, supremam Papæ agnitam auctoritatem : non ergò absolutè, sed tantùm schismatis causâ eam concilio esse subjectam: quo referunt illam regulam: « Quòd ubi est apparens aliqua contradictio, singulis legibus adaptanda est facti species; distinguendi casus eaque capienda interpretatio, quæ tollat contradictionem³. » Denique urgent illud: « Ex contextu facienda interpretatio, nec attendenda tantùm nudè sessionum IV et V verba, sed et sequentia, quæ Pontificis absolutæ potestati faveant⁴. »

3° Auctoritatem decretorum oppugnant; intellexerunt enim quàm difficile sit ad unum schisma revocare, quod universim à synodo dictum esset. Quare eò maximè machinas omnes intendunt, ut tantæ synodi auctoritatem evertant.

Sic igitur illi Constansiensium canonum textum, sensum, auctoritatem oppugnant. Nos verò nostro more gesta referemus;

---

¹ Tom. IV *Conc. gener.*, edit. Vatic., pag. 138, 139, 140. — ² *Disquis.*, art. V, n. 80. *Doctr. Lovan.*, pag. 69 et seq. — ³ *Disquis.*, ibid., n. 87. — ⁴ *Ibid.*, n. 81.

quibus quidem gestis, ipsâque celeberrimi ac maximi negotii serie, adversariorum objecta suo quæque ordine collabantur.

CAPUT IV.

Novum Emmanuelis Scheltrati de textûs falsatione commentum.

Primum igitur perpendamus novam, quam Schelstratus, de falsatione textûs synodi Constantiensis, componit historiam [1]. Et ille quidem memorat sessionis IV decretum, à nobis descriptum, synodi Basileensis jussu anno 1432 fuisse corruptum, additaque illa verba, quibus Papa concilio subesse dicatur, *non in his quæ pertinent ad fidem et extirpationem schismatis*, sed *in his quæ ad reformationem generalem Ecclesiæ Dei, in capite et in membris*. De his postremis verbis Schelstratus litem movet. Cæterùm ea verba æquè cum reliquis, *ac reformationem generalem in capite et in membris*, cum fide et schismate, in sessionis V decreto junctam recognoscit [2]; sessionemque V nullius falsitatis accusat: atque adeò ex Schelstrato constat, Patres Basileenses eam falsationem aggressos, non ut Papam haberent etiam in generali reformatione subditum: id enim in sessione V contineri liquet et ipse confitetur; sed ut bis haberent, quod semel profectò habuisse sufficiat. Hic tanti facinoris fructus Basileensibus fuit.

Quæ cùm ità sint, nemo est, qui non in ipso quæstionis titulo Schelstratum rideat, tot ac tantos viros gratuiti sceleris accusantem. Sed tamen videamus quemadmodum suam texuerit fabulam: simulque memorabimus et dissertationem primam, quam ipse *Antuerpiensem* vocat, et tractatum *de sensu et auctoritate decretorum Constantiensis concilii sessionis* IV *et* V, quem adversùs Maimburgum hujus dissertationis tuendæ gratiâ, Romæ typis sacræ Congregationis de Propagandâ fide, secundo loco edidit.

Is igitur, variis concilii constantiensis editionibus memoratis, hæc subdit: « Ut autem manifestum fiat, ex quonam codice præ-

---
[1] Schelst., *Diss. Antuerp.*, cap. I, art. I, p. 36. — [2] *Ibid.*, p. 38.

dicta Constantiensis synodi acta primùm edita sint, et quænam illi fides adhiberi valeat, notandum est concilium Basileense, cùm jam videret auctoritatem suam apud plerosque vilipendi, cogitare cœpisse de publicandis actis Constansiensis concilii; ideòque mandasse duobus cardinalibus, duobus Episcopis, duobus theologiæ doctoribus, et archidiacono Zagrabiensi (a), ut ex actis Constantiensis synodi decreta extraherent [1]. » Tot ac tanti futuri erant meditati sceleris administri.

Quis non hîc statim exclamaverit, contemnendam potiùs quàm confutandam esse Schelstrati fabulam? Sed tamen reliqua audiamus. Addit hoc opus totum ex actis synodi Constantiensis extractum, anno 1432 fuisse absolutum, pendenteque Bullâ plumbeâ bullatum; atque ex copiâ inde fideliter extractâ *Hagenovensem* (b) editionem, anno 1499 prodiisse; quam deinde secutæ sint *Mediolanensis* anni 1518; *Parisiensis*, Jacobi Merlini Doctoris Parisiensis, anni 1524; *Coloniensis*, anni 1530.

Has tres editiones Schelstratus memorat, in excudendo sessionis IV decreto ab aliis discrepare; sed eâ unâ in re, quod ab his absit hæc vocula *ad fidem* : atque omninò primum omnium, qui *fidei* vocem decreto addiderit, fuisse Petrum Crabbium (c), qui nullâ factâ correctionis mentione nulloque codice citato anno, 1538, suam editionem adornarit, quam reliquæ deinde secutæ sint. Hæc quidem Schelstratus [2]; quæ ad Basileensem synodum ab eâque corruptam, ut is auctor jactaverat, concilii Constantiensis sessionem IV nihil omninò pertinent.

An ergò id agit, ut particulam *ad fidem* è sessione IV Constantiensi eradamus, Petroque Crabbio eam inserenti falsitatem imputemus? Ne id quidem; imò ipse acta Constantiensia ea laudat pro antiquissimis atque authenticis, in quibus disertè in sessione IV Constantiensi expressa legatur particula *ad fidem*, quæ Hagenovensi editioni deest; testaturque insuper *antiquissima*

---

[1] Schelst., *Diss. Antuerp.*, c I, art. I, p. 36.— [2] *Ibid.*, p. 37; et in act. Schelst., pag. 5.

(a) Agram, ville de Croatie dans la Hongrie, appartenant aujourd'hui à l'Autriche. — (b) Haguenau, petite ville d'Alsace, dans le Bas-Rhin. — (c) Crabbe, de Malines, savant franciscain. Sa *Collection des Conciles* parut à Cologne en 2 vol. in-folio.

manuscripta concilii Constantiensis, quæ quidem ipse viderit, *particulam illam*, AD FIDEM, *habere*. Ergò profectò hactenus, neque Basileensis concilii, neque Petri Crabbii laborat fides; aliasque editiones quæ ipsum antecesserint, mancas esse necesse est.

Ubi ergò tandem locus ille à Basileensibus *corruptus?* Nempè hic est : « Ostendimus, inquit, suprà ex compilatione deputatorum Basileensis concilii, editam fuisse synodum Constantiensem in oppido Hagenow, in quâ editione decretum sessionis IV habet adjuncta hæc verba : *Et reformationem generalem Ecclesiæ Dei in capite et in membris :* et hæc sunt, quæ à decreto sessionis IV abesse debuerunt [1]. » Hic ergò est ille locus Basileensium auctoritate *corruptus*.

Id verò, ut demonstret, hæc affert : « Tres, inquit, codices manuscripti continentes acta Constantiensis concilii à notariis ipsius conscripta, ex quibus Basileenses decreta compilarunt, non habent illa verba in primo decreto sessionis IV : *et ad reformationem generalem Ecclesiæ Dei in capite et in membris.* » Sic Basileenses accusat, ut qui acta Constantiensia, etiam sibi visa, malâ fide descripserint; nullâ probatione; neque enim ullum monumentum affert, quo tres illi codices Basileensibus visi ac descripti doceantur. Addit Schelstratus : sex alios codices manuscriptos antiquissimos, qui non habeant illa verba, *de reformatione* [2]; undè concludit, « in sessione V solummodo clausulam illam (de reformatione scilicet) adjungendam esse; ut, inquit, indubitatum sit, prædicta verba (de reformatione) à Basileensibus erroneo decreto sessionis IV adjuncta, et à collectoribus conciliorum, errore Basileensium deceptis, typis fuisse edita. »

Hæc est illa historia, quam orbi christiano primùm à se proditam, Emmanuel Schelstratus toties gloriatur. Hæc illa falsitas, quam Patres Basileenses in sessionis IV Constantiensis decretum invexerint, ut etiam in sessione IV legeretur, quod in V legi nemo, ac ne ipse quidem Schelstratus, negat.

[1] Schelst., in *Dissert*. — [2] *Ibid.*, pag. 37, 38.

CAPUT V.

Schelstrati, de falsatâ sessione IV *Constantiensi, fabula confutatur : probitas Patrum Basileensium omnium scriptorum consensu asseritur : B. Ludovici Alamandi, ejus cœtus principis, eximia sanctitas.*

Ac primùm quidem, nemo sanus dixerit tantum cœtum in tantum facinus consensisse. Sit enim, quantùm Schelstrato placuerit, Basileensis synodus reprobata : tamen iis viris constabat, qui bonâ fide agerent, miroque reformandæ ecclesiasticæ disciplinæ studio tenerentur. Præerat tanto conventui beatus Ludovicus Alamandus cardinalis, archiepiscopus Arelatensis, tantæ sanctitatis, ut profectò tali viro, et quidem tantum facinus nullâ satisfactione purganti, falsitatem imputare, non modò summæ temeritatis, sed etiam manifestæ impietatis esse constet [1].

Aderant in eâdem synodo episcopi ac doctores pietatis ac doctrinæ nomine commendati : neque Æneas Sylvius, Pius II Pontifex factus, qui in gestis Basileensibus præclara eorum facinora memoravit, est inficiatus unquàm [2]; et, in retractatione suâ, doctrinam quidem ejuravit, quam Basileæ tenuisset, historiæ verò suæ non detraxit fidem [3] : ut profectò tantos viros errasse bonâ fide, atque ulteriùs quàm oporteret, studio reformationis abreptos suspicari liceat, falsi insimulare impium absurdumque sit.

Faciamus tamen eos vel facinorosissimos fuisse. Quo tandem artificio latere se posse confiderent ? Quid tanto numero tantum facinus conscivissent ? At illi nihil occultè moliebantur, qui teste Schelstrato [4], decreta Constantiensia extrahenda mandassent duobus cardinalibus, duobus episcopis, duobus theologiæ doctoribus, et archidiacono Zagrabiensi, Joanni scilicet illi Segoviensi, cujus pietatem ac doctrinam Æneas Sylvius tot laudibus cumulavit [5].

---

[1] Vid. *Gall. purpur.*, in *beat. Lud. Alam.*, an. 1426, p. 474. Vid. quoq Æn. Sylv., *de Gest. Basil.*, et *Dissert. præv.*, n. XLIV. — [2] Æn. Sylv., *ibid.*, pass. — [3] Ejusd. *Bull. retract.*, tom. XIII *Conc.*, col. 1407. — [4] Schelstr., *Dissert. Antuerp.*, p. 36. — [5] Æn. Sylv., loc. cit.

Prætereà ex præfatione synodi Basileensis, editioni Hagenovensi præfixa, constat fuisse inter illos deputatos, Thomam Corcelleum, quem « inter sacrarum litterarum doctores doctrinâ mirabilem et modestâ quâdam verecundiâ amabilem [1], » idem Æneas Sylvius commendavit : quos profectò tot ac tantos in scelus consensisse, neque sibi mutuò erubuisse, seque et synodum infamasse, ne infensissimos Basileensium hostes credituros putamus, ne ipsum quidem Schelstratum, si reviveret, iteratò dicturum, si sua dicta perpendere potiùs quàm perfractè tueri vellet.

Quod enim tantum operæ pretium fuerit, ut illud facinus molirentur? Nempè ait Schelstratus [2], ut labascentem concilii Basileensis auctoritatem, edito concilio Constantiensi, firmarent. At pessumdarent potiùs tàm apertâ falsitate, seque orbi christiano irridendos propinarent, tantum scelus aggressi, ut sessione IV corruptâ et adulteratâ, nihil tamen haberent, quod non totidem verbis in sessione V integra et illibata haberetur. Quid, quòd, Schelstrato teste, Basileenses Patres, ne id quidem curabant, ut duarum sessionum decreta iisdem verbis ederentur, cùm idem Schelstratus verba illa, *ad fidem*, quæ in sessione V habentur, in extractis Basileensium deesse testetur.

Patet ergò optimâ fide egisse eos, quæque in manibus habebant Constantiensia decreta ad verbum exscripsisse, neque quidquam fraudis molitos fuisse.

Neque verò ea falsitas ac Basileensium scelus, Eugenium IV aut Joannem à Turrecrematâ latuisset, qui tot inter invectivas, nihil unquàm tale Basileensi synodo exprobarunt. Neque Pius II, rerum Basileensium testis oculatus ac scriptor egregius, tale quid aut in historiâ privatus, aut in retractatione Pontifex protulit : ut profectò temerè nimis Emmanuel Schelstratus, post duo ferè sæcula cœperit sollicitare Basileensium fidem, quam eodem ævo infensissimi Cardinales atque Pontifices minimè accusarint.

Cur autem in eorum extractis, seu potiùs in extractorum quibusdam exemplaribus, ac deinde in quibusdam quoque libris editis desit illud, *ad fidem*, quod, teste Schelstrato, in antiquis

---

[1] Sylv., *ibid.*, Vid. *præf.*, edit. Hagen., an. 1500. — [2] Schelstr., loc. jam cit.

verisque codicibus habeatur? Quis non potiùs librariorum aut typographorum indiligentiæ quàm Basileensium tot ac tantorum deputatorum errori, nedùm perfidiæ tribuat? Quem librariorum errorem, cùm in his verbis, *ad fidem*, ipse Schelstratus agnoverit, mirum cur non intellexerit in Constantiensibus illis, quos laudat, manuscriptis, circa reformationis mentionem eumdem lapsum contingere potuisse.

Latet profectò neminem persæpè variare codices manuscriptos, faciendum delectum, favendumque ei editioni quæ à doctioribus viris, atque ex melioris notæ codicibus recensita, apud eruditos invaluerit, qualis illa est Petri Crabbii, religiosissimi ac diligentissimi viri, quam Roma ipsa probavit, editio.

Neque quemquam movere debet, in quibusdam conciliorum vetustiorum editionibus desiderari quædam; cùm item in recentioris synodi Tridentinæ quibusdam editionibus, atque in eâ ipsâ quæ stante concilio, facta est, constet abesse à decreto sessionis V de peccato originali, exceptionem eam, quam beatæ Virginis Deiparæ gratiâ, à sanctâ synodo adhibitam fuisse [1], nemo sanus diffitetur. Cœterùm multi sunt synodi Constantiensis in celeberrimis Bibliothecis, Regiâ, Colbertinâ, inclyti Victorini Cœnobii et regii Collegii Navarrici vetustissimi codices, quorum etiam quidam ab ipsâ urbe Constantiâ concilii tempore transmissi, ex adscriptis epistolis demonstrantur, in quibus decretum sessionis IV eodem tenore legitur, quo est in vulgatis; ut non immeritò Petrus Crabbius, vir diligentissimus, ità ediderit, Romanaque editio eamdem lectionem confirmaverit. Quâ quidem in editione Romanâ ipsa Præfatio testatur [2], Pontifici Romano « nihil fuisse antiquius, quàm ut post divinarum Scripturarum editionem, concilia universalia, quàm maximè fieri posset, emendata proferrentur. »

Neque omittendum est Odoricum Rainaldum, Baronii continuatorem, in edendâ concilii Constantiensis historiâ, antiquissimis et amplissimis, ut sæpè testatur, codicibus usum, ità retulisse sessionis IV decretum, ut est in editione Romanâ positum. Atque

---

[1] *Concil. Trid.*, sess. V, can. V; tom. XIV *Conc.*, col. 753. — [2] Vid. hanc *præf.* tom. I.

decretum illud, idem Odoricus Rainaldus docet optimâ ratione, et in sessione IV conditum et in sessione V *ad infringendas Joannis XXIII improbas molitiones, instauratum* fuisse [1] : ut profectò sit certum Emmanuelem Schelstratum inani operâ laborasse, qui in elevandâ decretorum Constantiensium auctoritate, etiam Odoricum Rainaldum superare voluisse videatur.

Quin ipsa sessio IV si attentè consideretur, vulgarem lectionem satis adstruet; sic enim ejus verba Schelstratus ipse refert : « Hæc sancta Synodus pro extirpatione præsentis schismatis, et unione ac reformatione Ecclesiæ Dei in capite et in membris fiendâ, ad laudem omnipotentis Dei, in Spiritu sancto legitimè congregata, ad consequendum faciliùs, securiùs, uberiùs ac liberiùs unionem ac reformationem Ecclesiæ Dei, ordinat, diffinit, statuit, decernit et declarat ut sequitur [2] : » quibus verbis significat hoc decretum, non modò ad reformationem maximè pertinere, verùm etiam ad eam collimare tanquam ad scopum. Quæ postquam præfata est sancta synodus, sui oblita videretur, si, in ipso decreto, reformationem in præfatione præmissam omitteret.

At enim, ait Schelstratus, « inde sequeretur ab eodem decreto sessionis IV abesse debere vocem FIDEI, utpotè de quâ in præfatione allatâ nulla mentio est. » Unde etiam consequatur, decretum præfationi in omnibus correspondere debere [3]. » Vanum suffugium: nam ab ipso initio, synodus fidem designaverat hoc decreto sessionis III. « Ut non dissolvatur (synodus) usque ad extirpationem schismatis, et quousque Ecclesia reformata sit in fide et moribus et capite et membris. » Quod semel dictum et fundamenti loco positum hærebat animis; neque in sessione IV, post triduum habitâ, iterari oportebat; cùm præsertim reformationis nomine intelligenda veniret *ipsa reformatio in fide et moribus* recentissimè in sessionis III decreto memorata. At sessione IV, si de reformatione tanta præfati, de eâ in decreto penitus conticescerent, nimis oscitanter ipsum rerum caput prætermittere viderentur.

[1] Odor. Rain., tom. XVII, an. 1415, n. 7 et 14. — [2] *Act. Const. edit.*, Schelst., p. 4. — [3] Schelst., *Tractat. de sens.*, etc., *advers. Maimb.*, diss. I, cap. II, pag. 16. *Conc. Const.*, sess. III, p. 18.

Itaque Pater Gonzalez laudatis licèt impensissimè Schelstrati probationibus, ultrò tamen confitetur auctores solutionis illius, qui ad Papam dubium verba sessionis IV Constantiensis adstringunt, « non insistere in Schelstrati notitiis, sed procedere supponendo decretum sessionis IV conceptum fuisse prout modò habetur in editionibus omnibus [1]. » Nempè adversante publicorum omnium codicum turbâ, parum fidere ausus Schelstrati notitiis, *piæque*, ut vocat, *sententiæ*. Quâ voce Schelstrato *pietatem* magis quàm veritatem certam asserere videatur.

Cæterùm ex antedictis sat liquet à Schelstrato assertum temerè, sessionem IV à Basileensibus Patribus *corruptam :* cùm tamen, si id maximè probavisset, nihil adversùs nostros concluderet, quibus in sessione V satis amplum firmumque præsidium superesset.

CAPUT VI.

Sessionis V, quâ potissimùm utimur, lectionem, neque in dubium revocari posse, neque unquàm in dubium revocatam.

Sed quandoquidem contendit Schelstratus in sessionis IV verbis, nonnihil variasse codices sive manuscriptos sive etiam excusos; ne quis suspicetur idem in sessione V, quâ potissimùm utimur, evenire potuisse; notatum hîc volumus, primùm ab omnibus, et ab ipso Schelstrato, ejus lectionem ut certam agnosci : tum verò, adeò esse firmam, ut nunquàm in dubium revocari possit.

Et quidem ea sessio acta est die sabbati, 6 mensis Aprilis, anno 1415, ut ipso initio sessionis inscriptum est [2]. At eodem anno, 21 die mensis Julii, cùm Sigismundus imperator, pacis ecclesiasticæ gratiâ, in Hispaniam profecturus esset, ac pro ejus itinere, sacræ synodi decreto, Missæ ac Litaniæ solemnes haberentur, quibus omnes prælati interessent; coram tanto cœtu Joannes de Gersone, universitatis Parisiensis cancellarius, et Caroli VI christianissimi regis legatus, sermonem habuit : quo qui-

[1] Gonz., *de Infall. R. P.*, disp. XIII, sect. VI, § 2, n. 9, p. 677. — [2] *Concil. Const.*, sess. V, col. 21; sess. XVII, col. 155.

dem in sermone, et sessionem v memorat, et ejus decreta, quæ suprà retulimus, de verbo ad verbum refert, ne uno quidem apice immutato; subditque continuò : « Conscribenda prorsus esse mihi videretur in eminentioribus locis, vel insculpenda per omnes ecclesias saluberrima hæc determinatio, lex, vel regula, tanquam directio fundamentalis, et velut infallibilis, adversùs monstruosum horrendumque offendiculum, quod hactenùs positum erat per multos de Ecclesiâ in itinere mandatorum, determinantes ex textibus glossæ, non ad regulam evangelicam et æternam acceptis, Papam non esse subjectum generali concilio, neque judicari posse per ipsum [1]. » En quæ quatuor mensibus post sessionem v, coram Patribus sacroque concilio dixerit christianissimi regis legatus : en, inquam, quid pro suggestu, nemine improbante, dixerit, prædicaverit de sessionis v decretis, quibus regnum Franciæ ejusque legatos intercessisse Schelstratus memorat [2]; ut et hoc in antecessum de eâ intercessione dicamus.

Idem Joannes Gerson coram sanctâ synodo sermonem habuit anno Domini 1417, dominicâ die, 17 Januarii, quo in sermone dixit : « Quamvis ultrà multiplicare sermones quid opus est super eâ veritate, cujus decisio clarissima solidissimaque facta est per hoc sacrum concilium, cui non licet obniti, nec ipsam in argumenta deducere [3]. » Ac paulò post refert decreta sessionis v, quemadmodum vulgata sunt; quæ nihil hîc referre totidem verbis attinet, cùm diligenter exscribat duo sessionis v decreta integra, iisdemque verbis quæ jam descripsimus, ne immutato quidem apice. At prætermitti non debent, quæ statim ipse subdit : « Huic veritati fundatæ super petram sacræ Scripturæ, quisquis à proposito detrahit, cadit in hæresim jam damnatam, quam nullus unquàm theologus, maximè Parisiensis, et sanctus asseruit. » En qui decretis Constantiensibus sessionis v intercessisse memoratur.

Sic quippè censebant, sic prædicabant; fidei veritatem fundatam supra petram assiduè inculcabant; neque contrariæ sententiæ notam hæresis inurere verebantur, à nullo reprehensi; imò à

[1] Gers., *Serm. de viag. reg. Rom.*, tom. II Oper., p 275. — [2] Schelst., *Diss. Antuerp.*, cap. I, art. 2, p. 42, 43. *Diss.* II *adver. Maimb.*, c. II, pag. 91 et seq. — [3] Gers., *Serm. in die S. Anton.*, loc. cit., p. 355.

Patribus totoque concilio in pretio habiti summisque præpositi negotiis. Nimii, inquient, qui hæresim improperant, quod nec nos nunc facimus. Hæc quidem suo loco propriâ quæstione habitâ exponemus[1] : nunc sanè quid, synodo audiente, Gerson à nemine reprehensus prædicaverit, audisse sufficiat.

Idem, tractatu : *An liceat in causis fidei à Summo Pontifice appellare,* eadem decreta sessionis v, die 6 Aprilis, anno 1415 habitæ, de verbo ad verbum exscribit[2]; eorum quoque summam Petrus cardinalis Alliacensis repræsentat tractatu, quem anno 1417, vigente concilio, *de Ecclesiæ auctoritate,* Constantiæ edidit[3].

Jam anno 1431, cùm Basileensis Synodus haberetur, sessione II, Patres hoc rerum gerendarum fundamentum ponunt : « Et ne de ejusdem sacræ Basileensis Synodi potestate à quoquam dubitetur, ipsa eadem synodus duas declarationes ex decretis synodi Constantiensis in præsenti sessione, aliis suis decretis editis seu edendis inserendas ordinat et decernit, quarum quidem declarationum, tenor primæ sequitur, et est talis[4]. » Subdunt posteà sessionis v Constantiensis decreta duo, quæ suprà descripsimus, ne immutatâ quidem virgulâ.

Cùm posteà Eugenius IV pravo maloque consilio, ut etiam eventus docuit, synodum Basileensem dissolvere niteretur, Julianus cardinalis, ejus in eâdem synodo legatus; ad Pontificem hæc scripsit : « Asserunt etiam (Patres Basileenses) prædictam dissolutionem fieri non potuisse, obstante quidem decreto Constantiensis concilii, quòd cuicumque concilio generali legitimè congregato, in his quæ pertinent ad fidem et extirpationem schismatis, et ad Ecclesiæ reformationem in capite et in membris, quemlibet cujuscumque conditionis, etiam papalis, teneri obedire decernit[5]. » En igitur integer decreti Constantiensis tenor, qualem nunc habemus, certi fundamenti loco constitutus.

Subortis deinde gravibus dissidiis, innumerabiles loci sunt in Basileensi synodo, quibus decreta Constantiensia sessionis v repetuntur, innovantur, ac de verbo ad verbum gestis inseruntur[6].

---

[1] Inf., lib. VI, cap. XIX. — [2] Gers., loc. cit., p. 303. — [3] Petr. Alliac., *Tractat. de Eccl. auct.,* part. III, capitul. IV, in append., tom. II Gers., pag. 956.— [4] *Conc. Bas.,* sess. II, col. 477. — [5] *Epist. Cardin. Julian.* Vid. int. oper. Æn. Sylv. — [6] *Conc. Bas.,* sess. XVI, XVIII, XXXIII, col. 539, 540, 618.

Neque Eugenius IV hæc decreta falsò relata querebatur : imò verò edidit in Florentinâ synodo Decretalem *Moyses*, quâ tres veritates concilii Basileensis (a) damnat, eâ etiam causâ, *quòd concilii Constantiensis sensui* contrariæ essent [1] : adeò in confesso erat eos canones, vero tenore verborum à Basileensibus fuisse prolatos.

Quo etiam tempore, coram eodem Pontifice, Joannes à Turrecrematâ cum legatis concilii Basileensis publicè disputavit : canones Constantienses passim citabantur ac referebantur eo tenore verborum, quem sæpè diximus. Eos Turrecremata exponebat, elevabat, eludebat, ut poterat [2] : genuinum legitimumque Constantiensis concilii fuisse fœtum ubique fatebatur.

Atqui certissimum est Eugenium IV et Turrecrematam adfuisse Constantiensi concilio, ipsumque Eugenium IV jam fuisse cardinalem, iisque temporibus adfuisse, quibus Joannes Gerson ea quæ memoravimus prædicavit. Jam commemorare nihil attinet quoties hujus ævi scriptores, Thomas de Corcellis, Antonius de Rosellis, Dionysius Carthusianus aliique innumerabiles, hujus sessionis decreta exscripserint : ne quis fortè Schelstratus hîc unquam aut falsitatem, aut variam lectionem suspicari possit.

CAPUT VII.

Ad sensum Constantiensium canonum constituendum, præmittitur brevis historia schismatis : ex ipso schismate fidei periculum, Sedis apostolicæ contemptus, morum corruptela, ac necessaria reformatio.

Jam Constantiensium decretorum textu constituto, certum sensum ac mentem exponimus. Verùm ante omnia brevis est præ-

---

[1] *Cont. Florent.*, part. III; decr. *Moyses*; tom. XIII *Conc.*, col. 1186. Vid. etiam col 1188, 1190. — [2] Turrec., *Resp. ad Bas.*, part. II, n. 2 et 4; tom. XIII *Conc.*, col. 1711, 1712.

(a) Tres veritates concilii Basileensis eæ sunt : prima, *Veritas de potestate Concilii generalis... supra Papam,... est veritas fidei catholicæ*. Secunda, *Quòd Papa concilium generale... sine ejus consensu nullatenus auctoritativè potest dissolvere, aut ad aliud tempus prorogare, aut de loco ad locum transferre, est veritas fidei catholicæ*. Tertia, *Veritatibus duabus prædictis pertinaciter repugnans, est censendus hæreticus*. Vid. tom. XIII *Conc.*, decr. *Moyses*; col. 1188, 1189; et sess. XXXIII *Conc. Basil.*, tom. XII, col. 619, et inf. lib. VI, cap. IX. (*Edit. Paris.*)

mittenda schismatis et conciliorum, Pisani scilicet et Constantiensis, de schismate agentium, historia. Hinc enim causæ status constituendus, et Constantiensium decretorum exponenda ratio, quâ difficultates omnes facilè evanescant.

Notum omnibus post translatam ad Gallias, ibique septuaginta ferè annorum spatio collocatam Sedem apostolicam, Gregorium XI tandem Romam Avenione rediisse, ibi non ità multò post obiisse, anno scilicet 1378; populum Romanum magnâ vi egisse cum cardinalibus, quorum pars maxima Galli erant, ne fieret Pontifex, qui regrederetur ad Gallias; atque ideò non tantùm insanis clamoribus, sed etiam certæ necis intentato metu postulasse, ut civem Romanum in Sede apostolicâ collocarent : quibus maximè permotos, ad id devenisse, ut, extra cardinalium collegium, Bartholomæum Barensem archiepiscopum, Urbanum VI eligerent, non quidem Romanum, sed tamen Italum; quem in Italiâ, ipsa patriæ charitas detineret[1]. Atque is, delinitâ plebe, in pontificiâ cathedrâ constitutus et ab omnibus agnitus. Neque eo secius post aliquot menses, Robertus Gebennensis (a), Clemens VII dictus, Anagniæ (b) electus est, quòd plerique cardinales Urbanum vi electum contenderent : se quidem metu adactos, ac datâ copiâ, statim ex urbe Româ tanquàm ex custodiâ effugisse. Urbanus Romæ, Clemens à Gallis agnitus, Avenione sedit. Urbano Bonifacius IX, Innocentius VII, Gregorius XII; Clementi Benedictus XIII Hispanus suffectus est. Has inter turbas christiana respublica infando schismate, quadraginta ferè annorum spatio, laborabat. Quærebatur primùm, an is metus fuisset, qui graves et constantes viros meritò permoveret, atque electionem irritam faceret? Tùm si electio per vim et seditionem extorta ab ipsâ origine nulla esset, an secutâ consensione, atque agnitione Urbani VI rata haberetur? An verò omnia per se, etiam ipsa agnitio atque consensio, eodem scilicet metu præstita, irrita caderet? et quidem satis constabat à cardinalibus, quanquam non per omnia plebi furenti obsecutis; quippè

---

[1] Vid. Rainald., tom. XVII, an. 1378, n. 1 et seq.

(a) Plutôt *Genevensis*, de Genève. — (b) Les cardinaux se retirèrent d'abord à Anagni; mais l'élection se fit à Fondi, dans la Campanie, sur les confins du royaume de Naples.

cùm non Romanum, sed Italum duntaxat Pontificem providissent, tamen electionem ipsam, non uti sacri canones postulabant, plenâ libertate fuisse celebratam; neque integrum fuisse eis, ut, more majorum, ex totâ republicâ christianâ eligerent, qui toti præfuturus esset. Utcumque est (neque enim juvat hîc tantam innovare litem), est certum rem doctis etiam sanctisque viris adeò obscuram esse visam, ut nationes, regna, principes, sacrorum antistites, illique etiam ipsi, qui vitæ sanctitate atque miraculis celebres habebantur, in re hactenùs inauditâ, juris et facti ambiguitate, in diversa studia traherentur.

Sæpè interim de pace actum, sed inani operâ; neque persuaderi potuit utriusque partis cardinalibus, ne Sede vacante, novo Pontifice constituto, schisma propagarent; neque ipsi contendentes, ut vocabant, hoc est, Angelus de Corario, Gregorius XII, ac Petrus de Lunâ, Benedictus XIII, qui se pro Pontificibus gererent, sæpè licèt polliciti, adduci potuere, ut reipsâ loco cederent, ac pacem honori suo anteponerent: adeò imperii dulcedine capti, vanis pollicitationibus ac pactis, etiam sacramento confirmatis, nihil aliud quàm suam conscientiam, ac publicam fidem, totumque adeò orbem christianum, ludere videbantur.

Sanè uterque profitebatur se à pontificatu pacis ecclesiasticæ gratiâ discessurum; sed eâ conditione, si priùs æmulus loco cederet, paxque et unio, ut vocabant, statim coalitura videretur. Sed cùm alter alterum expectaret, neuter inciperet, nihil interim fieret, resque in infinitum extraheretur, totum id, quod inter ipsos, missitatis ultrò citròque legatis, agebatur, fœdæ ludificationi quàm seriæ tractationi similius habebatur.

Haud me fugit Gregorium XII, virum bonum ac simplicem, meliore fide egisse visum; Benedictum XIII, subdolum, pervicacem, atque obstinatæ mentis, eò tantùm collimasse, ut in æmulum continuati schismatis invidiam derivaret. Sed nec ipse Gregorius erat innocuus : quippè qui ad pacem et abdicationem per se ipse pronus, tamen à dimittendâ potentiâ, nepotum quibus ingenti studio addictus tenebatur, artibus ac ludificationibus vetaretur. Placet referre Leonardi Aretini Gregorianarum partium elegantissimi et candidissimi historici de ipso Gregorio verba memoranda. « Paulatim res labascere cœperunt, et cuncta in dies deteriora fieri; voluntas enim illa Pontificis recta, nequaquam satis habere firmitatis reperta est ad pontificatum deponendum. Cujus rei culpam multi in propinquos ejus referebant. Ab his enim formidines inanes, et adumbrata pericula quotidie fingi, ac instillari ejus auribus prædicabant[1]. » Neque ab his abludit Theodorus à Niem, earumdem partium historicus : neque quidquam visum est gravius quàm cùm Gregorius, abjectis veteribus cardinalibus, qui studerent paci, eorum loco cardinales fecit Antonium Corarium fratris filium, et Gabrielem Condolmerium sororis filium, posteà Eugenium IV[2]. Ac multa eum cognatorum turba circumdabat, qui ad retinendum Pontificatum adigerent; nec imbecillem senem puduit abdicationem pacisci eâ lege, ut Faventinus et Foro-Juliensis principatus (a) nepotibus traderentur[3]. Nihil ergò mirum, quòd tanta coorta sit christiani orbis indignatio adversùs ambos Pontifices, qui septuagenariis majores, fluxi honoris cupiditate, rempublicam christianam certam in perniciem agerent.

Et quidem ab aliquot sæculis fœda erat Ecclesiæ facies, soluta disciplinâ et corruptis moribus ; et ab ipsâ curiâ Romanâ prima totaque ferè mali labes, unde remedium expectare debuit : adeò omnia avaritia ac libido pervaserat, ac plerique Pontifices vix aliquid prisci moris cogitabant, satis superque se Pontifices arbitrati, si dispensationibus, reservationibus, indictionibus, decimationibus aliisque mandatis extraordinariis, cuncta ad se traherent. Venalia omnia, totaque Ecclesia prædæ fuit. Hæc à sancto quoque Bernardo Sedis apostolicæ studiosissimo memorata [4], nec referenda arbitrarer, nisi de reformationis summâ necessitate, vel maximè agendum incumberet. Et satis constabat post sancti Bernardi tempora res in deterius quoque fluxisse. Verùm in tanto schismate magìs magìsque omnia pessum ire, in Italia tyranni invalescere, ingruere undiquè bella ; et quisque tutandi sui Pon-

[1] Leon. Aret., *de Temp. sui hist.*, p. 27. — [2] Theod., à Niem., lib. III, *de Schis.*, cap. xv, xvi, xvii, xix, etc. Rain., tom. XVII, an. 1408, n. 8. — [3] Rain., *ib.*, an. 1407, n. 29. Theod. à Niem., loc. cit.— [4] Bernard., lib. *de Consid. ad Eug.*, pass.

(a) Grégoire XII demandoit pour ses neveux, non-seulement la principauté de Faenza et le Frioul, mais encore, d'après Odoric Rainault, plusieurs villes appartenant à l'église de Ravenne.

tificis specie, hostes insectari, vicinos diripere, omnia miscere, *simonia in domo Dei præsidere, eripi Ecclesiæ libertates.* Hæc universitas Parisiensis datâ ad Carolum VI epistolâ querebatur [1].

Ad hæc profligatâ disciplinâ, hæreses gliscere, Viclefi, Hussi aliorumque scelere consecuti Ecclesia; periclitari fides; Sedes apostolica, conciliatrix unitatis, veluti schismatum altrix, contemptui haberi. Testantur enim universitatis Parisiensis sanctissimæ et gravissimæ litteræ ad Clementem VII [2], Avenione sedentem, « eò rem processisse per schisma, ut plures passim et publicè non vereantur dicere nihil curandum sintne duo, vel tres aut decem, vel duodecim Papæ: imò et singulis regnis præfici posse nullâ sibi auctoritate prælatos; quod in detrimentum sacrosanctæ Ecclesiæ Romanæ, ecclesiasticæ politicæ et religionis catholicæ. »

Sic ex schismate tàm diuturno, tam fœdo, addita audacia Sedis apostolicæ contemptoribus; unde emersit illa, in synodo Constantiensi relata, Viclefi propositio : « Post Urbanum VI non est aliquis recipiendus in Papam, sed vivendum est more Græcorum [3]. » Eò apostolicæ Sedis totiûsque Ecclesiæ catholicæ res per schisma devenerant.

Cæterùm apud pios bonosque inconcussa manebat sacratissimæ Sedis auctoritas, Ecclesiæ catholicæ petra, fidei magistra, mater unitatis, atque inter pravos mores et horrendi schismatis mala, subibat tot sanctorum Pontificum recordatio. Et satis constabat super omnes ecclesias Romanam Ecclesiam, ut dignitate, ità disciplinæ pietatisque laude diutissimè præstitisse, tùm ejus auctoritate vel maximè, quocumque tempore prostratas hæreses, fidem catholicam christianamque pacem ubique viguisse; quæ labentibus sæculis mala evenissent, iis non infringi Christi promissa; tentari nos à Domino, an in his promissis firmâ fide maneremus, nec suæ Ecclesiæ defuturum. Ea spes animos sustentabat : quòque vehementiùs concussa erat apostolica Sedes, eò magìs in eam piorum incensa studia. Sed labascebat infirmorum fides, atque omninò navicula, veluti dormiente Christo, merg fluctibus videbatur.

[1] *Spicil.*, tom. VI, p. 96, 97. — [2] *Ibid.*, pag. 112. — [3] *Conc. Const.*, sess. VIII, prop. Viclef. IX; col. 46.

CAPUT VIII.

Tria schismati quæsita remedia : concilium œcumenicum necessarium : ecclesia gallicana ab Odorico Rainaldo Viclefismi accusata, propter subtractam simul obedientiam et annatas.

Prima Gallia tanto vulneri medicas adhibuit manus. Clerus Gallicanus Lutetiæ congregatus anno 1394, Simone Cramando, Patriarchâ Alexandrino titulari, præside electo (*a*). Quo duce hæc professi Gallicani antistites : « Tendimus ad redintegrationem et conservationem status et honoris summæ dignitatis papatûs, et universalis Ecclesiæ, sicut in nostris consecrationibus juramus [1]. » Hic finis omnium, ut papalis et universalis Ecclesiæ dignitas pristino reponeretur loco. Simul universitas Parisiensis commoveri cœpit. Multi tractatus, multi cœtus habiti : compertum denique est tria sanando schismati accommodata esse remedia. Primum, ut contendentes loco cederent. Secundum, quoniam, id ab invitis extorqueri non potuit, ut se ab eorum obedientiâ omnes subtraherent, ac neutrales essent. Tertium, cùm periculosi esset exempli, ut subjecti ab obedientiâ se ipsi subducerent, concilii generalis auctoritas quærebatur. In eam posteà sententiam ibat frequens consessus ecclesiæ Gallicanæ, eodem Cramando præside, anno 1406. Hinc tria illa remedia hoc ævo toties celebrata : cessio, obedientiæ subtractio seu neutralitas, concilii generalis congregatio.

Hùc autem accedebat illud, quod per sese erat gravissimum, quòd electi Pontifices sæpissimè etiam inter ipsa electionis initia adjuramentum voluntariæ cessionis adacti, cùm rem protelarent

---

[1] *Spicil.*, tom. VI, p. 77; et tom. XI *Conc.*, col. 2515.

(*a*) Is *Decretorum Doctor famosissimus, subtilis ingenio, clarusque eloquentiâ,* ut verbis utar Cleri Gallicani cœtûs an. 1394 (*Spicil.*, tom. VI, p. 73), fuit Referendarius, seu Magister precum et cancellarius Ducis Bituricensis, tùm episcopus Pictaviensis, demùm Patriarcha Alexandrinus, archiepiscopus Rhemensis, et sub Joanne XXIII cardinalis. Ille Pisani concilii, ad extinguendum schisma coacti, pars fuerat maxima. Cramandum omnes testantur fuisse sui ævi virum maximum, et eum cujus opera erat eximia, in gerendis et extricandis rebus arduis. Vid. *Gall. Christ.*, tom. II, col. 1194 et seq., tom. IX, col. 133, 134. (*Edit. Leroy*)

nec bono Ecclesiæ consulerent, perjurii quoque nomine omnibus exosi, atque hostes Ecclesiæ magis quàm Pontifices, eâque causâ meritò deserendi, imò per generale concilium deponendi haberentur.

Hîc Odoricus Rainaldus, Simonem Cramandum aliosque Gallos, de Ecclesiâ optimè meritos arguit, ut qui odio Benedicti, hæc perniciosissima dogmata invexerint : nempè, « neutri contendentium obsequendum esse, sed provocandum esse ad generale concilium ; concilium Romano Pontifici præferendum ; sacerdotiorum conferendorum jus ad episcopos, provocationes ad archiepiscopos revocandas ; leges canonicas ab iisdem solvendas, neque extra Galliæ regnum evagandum ut Sedes apostolica consulatur ; Gallorum regem de hæresi et schismate posse cognoscere, Gallos Sedi apostolicæ conjungi posse, quamvis sedenti in Sede apostolicâ conjuncti non sint, et negato Pontifici obsequio, non futuros acephalos, cùm Christus sit caput Ecclesiæ ; quâ in re Cramandum ad Viclefismum deflexisse. Tùm illud gravissimum, atque ex Viclefistarum subdolis consiliis, edicto regio, vetitas pendi annonas [1], » quas *annatas* vulgò dicimus. Quo fine desinere ineptissimam accusationem oportebat. Neque enim hîc dissimulare possumus Ecclesiæ Gallicanæ injuriam, quæ sub Cramandi nomine Viclefismi accusetur : tanquàm Viclefistæ fuerint et acephali, qui utrique Pontifici fœdum schisma alenti obedientiam denegarent ; ut unus idemque indubitatus Pontifex, concilii œcumenici auctoritate, proderetur. An verò putamus, vacante Sede apostolicâ, dissipari ecclesiasticam unitatem ; aut unà cum Pontifice Sedem apostolicam interire, cui quidem Sedi Christiani omnes interim conjungantur ; aut Ecclesiam esse tùm corpus acephalum ac truncum, cùm interdùm vacatio in multorum annorum spatium extrahatur ?

Cæterùm subtractâ semel obedientiâ, quid aliud fieret, quàm ut episcopali regimine tantisper componeretur Ecclesia, donec summus Pontifex crearetur ? Neque verò quidquam est à regibus postulatum, quàm ut ad abolendum schisma, ipsâ hæresi tetrius, præeuntibus episcopis atque theologis, suam operam atque auc-

[1] Rain., tom. XVII, an. 1406, n. 18.

toritatem interponerent; quod præsidium, si pericl'tanti Ecclesiæ denegarent, quis non videat, eos necessario officio defuturos?

Quod autem Odoricus Rainaldus premit Benedictum, Gregorium excusat, ejusque vituperat cardinales, qui ab eo discesserint, cùm in ejus fide persistere, ac Benedicti asseclas ad eum deserendum urgere debuissent [1], frustra est. Nempè si hæc tùm consilia valuissent, dùm contendentes alter alterum accusarent, cæteri expectarent, et tanquam pacatissimis Ecclesiæ rebus omnia ordine consueto gererent; Ecclesia immedicabili vulnere scinderetur, et adhùc infandum schisma duraret. Quare hæ ludificationes semel incidendæ erant; meritòque cardinales toti orbi testabantur, eo loco esse Ecclesiam, ut omnia ruitura essent, nis jam non in verbis ac pollicitationibus, sed in ipsis rebus remedium quæreretur [2]. Qui enim pertinebat inquirere diutiùs, penès quem schismatis culpa resideret, aut cujus medici inscitiâ, vel scelere, vulnerata ac lacera periclitaretur Ecclesia? Quin certum utrosque in culpâ esse, qui mercenarii, non veri pastores, semetipsos, non gregem pascerent; satisque se schismatis reos proderent, nisi sese citiùs propter Ecclesiam conservandam, vel in altum dejici paterentur. Ergò cardinales ipsam, anteaquam funditùs interiret, nisi Deus provideret, Ecclesiam ex utriusque manibus confestim eriperent, et concilio œcumenico sanandam conjungendamque traderent.

CAPUT IX.

Nullum remedium nisi in conciliorum generalium superiore potestate : an ea sit agnita in causâ schismatis tantùm, an ideò collata ad schismatis causam, quod in aliis quoque causis prævalere soleret?

Conciliorum generalium jam inde ab initio nascentis Ecclesiæ summa auctoritas habebatur; ac tùm vel maximè è re Ecclesiæ erat ut eam auctoritatem omnes agnoscerent. Quippè contendentes pontificiam potestatem immodicè extollebant, et Gregorius

---

[1] Rain., tom. XVII, an. 1408, n. 7, 8 et seq. — [2] *Ep. Card.*, ap. Rain., *ibid.*, n. 53, 54, 55, etc.

quidem apertè dicebat : « Ego sum Papa, ego sum supra jus[1]. » Cùmque cardinales, ab eo dira omnia comminante ad concilium œcumenicum appellarent, sic ipse respondit : « Hæc appellatio est contra sacros canones : hæc appellatio non defendit, sed gravat : hæc appellatio implicat ignorantiam vel malitiam, vel falsitatem[2]. »

Benedictus autem eo superbior, etiam datis bullis, excommunicaverat qui à se aut à successoribus, Romanis Pontificibus appellarent. Quin etiam Francorum regem Carolum VI, à se discedentem, admonet, « nullo casu à Romano Pontifice appellare licitum : » simul regis subditos à juramento fidelitatis absolvit[3] : adeò tumidos vel in adversâ fortunâ gerebat spiritus.

At quotquot erant schismatis inimici, præcipuè verò Universitas Parisiensis, quam pacis auctorem et sanæ doctrinæ fontem universa tùm suspiciebat ecclesia, hæc opponebat : « Papa matri suæ, hoc est sanctæ Ecclesiæ, quam fidelium omnium matrem esse constat, si ipse catholicus est, materno jure subditur, ut et Christus matri; » tùm illud : « Cùm neuter nos audiat, nihil superest, nisi ut dicamus Ecclesiæ : » addebat « utrumque Pontificem apertè hæreticum, quòd schisma inveteratum sit hæresis : » denique, « reformationem omninò necessariam ; cùm nisi Christus provideat, in ruinam irreparabilem ventura sint omnia ; » ac procpterea « synodum universalem congregandam, cui auctoritatem consensus omnium fidelium daret[4]. » Quam sententiam Benedicti cardinales, datis ad eum litteris (a), confirmabant.

Neque Gregorii cardinales minore studio concilii œcumenici auctoritatem prædicabant ; quippe qui et ad illud appellarent, et appellationi hæc intersererent : « A vobis, Pater sancte, Vicario, ad Dominum nostrum Jesum Christum, qui judicaturus est vivos et mortuos et sæculum per ignem : item ad generale concilium, à quo et in quo solent gesta etiam summorum Pontificum quæcumque pertractari, decerni et judicari : item ad Papam et Ponti-

---

[1] *Spicil.*, tom. VI, p. 290. Rain., tom. XVII, an. 1409, n. 55.— [2] Rain., *ibid.*, an. 1408, n. 2. — [3] *Bull. Bened. Spic.*, loc. cit., p. 180, 184, 189. — [4] *Ibid.*, p. 87.

(a) Quibus eum ad Pisanum concilium convocabant

ficem futurum, cujus est gesta inordinata sui prædecessoris in melius reformare [1], » etc.

Hinc patet quàm falsi sint, qui tùm primùm, occasione schismatis, ortam putant de conciliorum superiore potestate sententiam, quique memorant appellationes ad generale concilium, rem novam, quam hujus schismatis necessitas expresserit. Neque cogitant à Bonifacio VIII, regem et regnum Galliæ cum universis Ordinibus appellasse ad futurum concilium; suoque loco referemus [2] ejusmodi appellationes, sæculis anterioribus, à catholicissimâ tùm Ecclesiâ Anglicanâ celebratas. Sed ut hæc et alia vetustiora omittamus, in modò recensitis actis vidimus, appellationem interpositam à Gregorio XII ad generale concilium, *ut à quo et in quo solent gesta summorum Pontificum judicari*. Ergò concilii superiorem potestatem, ut rem solitam, non ut causâ schismatis recens excogitatam implorabant; neque à Papâ ut dubio, sed generatim à Papâ recurri ad concilium fatebantur; duæque obedientiæ, hoc est tota Ecclesia catholica agnoscebat hanc concilii superiorem potestatem, in quâ unâ fidelium conscientia acquiesceret.

Nam quod quidam commemorant, contendentium cessione seu abdicatione præstantissimum atque tutissimum remedium contineri, ex parte quidem verum est; sed rem penitus inspicienti vanum. Quid enim reverâ tutius atque præstantius in omni lite, quàm ut litigantes ultrò paciscantur? Sed cùm id impetrari à pertinacibus sit difficillimum; hinc fit ut necessaria sit judiciaria auctoritas, quæ cuncta constituat. Quare concilium, quod litem disceptaret, atque ambos contendentes in ordinem cogeret, omnes requirebant.

Hùc accedit, quòd, ambobus etiam loco cedentibus, quæstio superesset, spontene an coacti papatum abdicarint. Neque enim persuaderi poterat auctoritate pollentibus ut cederent; ac si id deserti facerent, vis quædam illata videbatur, resurgebantque vanæ spes tuendæ dignitatis, atque in pristina mala relabebatur Ecclesia. Nullum ergò remedium, nisi in supremâ concilii generalis auctoritate atque judicio.

[1] *Ibid.*, p. 202; ap. Rain., an. 1404, n. 9. — [2] Inf., lib. X, cap. **xxv**.

CAPUT X.

Concilium Pisanum ab utriusque obedientiæ Cardinalibus convocatum, quo jure? Ejus concilii acta.

Cùm ergò omnes faterentur generalis concilii opem esse Ecclesiæ necessariam, quæstio supererat, quis illud concilium convocaret. Nam et priscis canonibus erat cautum, ne absque Romano Pontifice Ecclesiæ convenirent; et id à contendentibus expectare, ut totam Ecclesiam in duas distractam obedientias convocarent, nihil aliud erat quàm operam ludere. Neque enim quisque eorum concilium ullum convocaturus erat, nisi à quo pro vero certoque Pontifice coleretur. Id etiam experimento claruit : ecce enim Gregorius, Senas; Benedictus, Perpinianum petiit. Ibi diversissimis mundi partibus constituti, suam quisque synodum, Gregorius, Austriam Aquileensis diœcesis, vix notum in Utini viciniâ oppidulum; Benedictus Perpinianum Elnensis diœcesis, convocarunt. Quo fine? Nempè eo, ut, quemadmodum erat prædictum à cardinalibus, « unus ad Occidentem, alter ad Orientem, gressibus directis, ad schisma perpetuandum, et unionis spem penitùs evacuandam pergerent [1] : » nihilque aliud afflictæ Ecclesiæ superesset, quàm illud propheticum, quod iidem cardinales meritò inculcabant : « Venite, congregamini omnes bestiæ terræ; properate ad devorandum : ecce derelictus est grex [2]. »

Cùm igitur eo loco res essent, ipsa necessitas extorquebat, ut quocumque modo Ecclesia conveniret : quæ ubi semel coacta et adunata esset, ejus auctoritatem summam et indetrectabilem futuram, pacis studiosi consentiebant omnes. Quare cardinales utriusque partis, id sibi uno ore decernunt licere; ut in tanto discrimine concilium convocent. Et disertè Benedicti XIII cardinales : « Ubi concilium est convocandum, sicut in casu nostro, et *Papa unicus* (quantò magìs dubius) non vult, negligit, aut non potest, vel est furiosus; non dubium quin cardinales possint ; nec

---
[1] Vid. ap. Rain., an. 1408, n. 54, 56, *epist. Card.* — [2] *Jerem.*, XII, 9.

necesse est ut convocans habeat auctoritatem suprà concilium, cùm ab archiepiscopo convocante, ad concilium appelletur ¹. »

Id ipsum professi Gregorii XII cardinales, et utrumque collegium, à suis Pontificibus discessione factâ, concilium generale Pisas convocant. Quâ verò auctoritate in casu tàm extraordinario staret illud concilium, noster Gerson exponebat anno 1408, factâ propositione coram Anglicis ad synodum Pisanam delegatis, in hæc verba Oseæ : « Congregabuntur filii Juda et filii Israel pariter, et ponent sibimet caput unum ². » Docebat autem hæc, consideratione IV : « Congregatio filiorum Israel et Juda pariter sumit suam efficaciam et virtutem à divino semine, quod per ecclesiasticum corpus, tanquàm sanguis vivificus, diffusum est, et radicaliter seu inseparabiliter insertum ³. » Tùm commemoratis permultis sanè casibus, quibus Ecclesia sine Papâ congregari possit ; « In talibus, inquit, casibus, congregatio ecclesiastica sumit auctoritatem, et virtutem se ipsam uniendi, ex divino semine per universum corpus diffuso ; quod est ipsa fides, ipsa charitas, ipse utriusque ductor Spiritus, ipse Christus, *ex quo totum corpus compactum et connexum per omnem juncturam subministrationis..... augmentum facit* ⁴. » Plura in eam rem posteà referemus ; nunc ista sufficiant ; cùm præsertim nemo dubitet jure ipso naturali communitatem omnem, nativo licèt capite destitutam, quantò magìs Christi Ecclesiam ab eo optimè constitutam, suæ unitati ac saluti summa auctoritate et efficacia providere posse.

Illâc igitur auctoritate fulti cardinales utriusque partis, Pisano concilio, ipsi primi omnium numero viginti tres adsunt ; adcurrunt undiquè principes ecclesiarum, fidei periculo et tantâ necessitate permoti ; trecenti episcopi cùm totidem ferè abbatibus, omnium pene religiosorum Ordinum superiores et generales, legati regum, principum, regnorum, provinciarum, ex celeberrimis capitulis et academiis deputati, atque innumerabiles sacræ theologiæ et canonici juris doctores ⁵. Fit « sancta et universalis

---

¹ *Spicil.*, loc. cit., *Resp. Ambass. Reg. Rom.*; Ruperti, p. 270. — ² *Os.*, I, 11. — ³ Gers., *prop. cor Angl.*, cons. IV, tom. II, p. 128. — ⁴ *Ephes.*, IV, 16. — ⁵ Vid. subscript., tom. XI *Conc.*, col. 2213 ; et in *Spicil.*

synodus universalem Ecclesiam repræsentans, Spiritûs sancti gratiâ in majori Ecclesiâ Pisanâ congregata ¹. » En quâ auctoritate freti; nempè universalis Ecclesiæ, *quam repræsentarent*, sanctique Spiritûs, cujus gratiâ coalescerent; quâ deinde auctoritate citantur contendentes, et contumacia declaratur; ac demùm sessione xv, uterque « de papatu damnabiliter contendentes (seu potiùs colludentes), ut notorii schismatici et antiqui schismatis nutritores, notorii hæretici et à fide devii, notoriisque criminibus enormibus perjurii et violationis voti irretiti, et universalem Ecclesiam notoriè scandalizantes; atque adeò ipso jure dejecti ² » declarantur, deponuntur, ab Ecclesiâ præciduntur. Sessione xvi, antequam eligatur Pontifex, fit decretum cardinalium sacramento confirmatum, « de continuando concilio, quoad rationabilis, debita ac sufficiens reformatio universalis Ecclesiæ, et status ejus tàm in capite quàm in membris facta sit, et quòd sede vacante continuetur concilium, et ad reformationem procedatur ³. » His pactis atque decretis, anno 1409, sessione xvii, Petrus Philargus Cretensis, ex Minorum familiâ, vir sanctus ac doctus, à cardinalibus eligitur, et assumpto Alexandri V nomine in Petri Cathedrâ collocatur. Denique cùm multi antistites ac legati discessissent, sessione xxi, ab Alexandro V, sacro approbante concilio, dimittuntur Patres, ac triennii tempus indicitur, quo elapso tempore, continuetur concilium. Atque hæc, quæso, lectores diligenter advertant, nec schismatis tantùm, sed etiam reformationis gratiâ, Pisanam synodum *institutam et continuatam esse* recordentur. Ne miremur Constantiensem synodum, Pisanæ continuationem, de reformandi auctoritate tanta dixisse: quæ tamen Schelstratus non modò dissimulaverit, verùm etiam, quoad potuit, eversa voluerit.

¹ *Conc. Pis.*, sess. xv, *ibid.*, col. 2201. — ² *Ibid.*, et *Spicil.*, tom. VI, p. 324. — ³ *Ibid.*, sess. xvi, col. 2203, 2204.

CAPUT XI.

Confirmatur assertum illud : quòd processus Ecclesiæ catholicæ et Pisani concilii, superiore conciliorum, etiam extra schisma, in summis quibusque negotiis, auctoritate nitatur : quibus fundamentis concilii Pisani decreta nitantur.

Jam ex actis facilè intelligitur, quo fundamento, et à contendentibus discessum sit, et illi loco dejecti, et novus Pontifex substitutus. Aiunt passim id duobus niti fundamentis: primum, quòd in schismate, hoc est sub dubio Pontifice, concilii auctoritas procul dubio potior habeatur; tùm etiam, quòd potior habeatur adversùs schismatis altorem obstinatum, atque adeò suo modo hæreticum. Hæc quidem vera sunt, sed non his pertingimus ad radicem ipsam; vanaque hæc duo erant, nisi ab illo uno ac primo dogmate profluxissent : Ecclesiæ catholicæ, ejusque concilii generalis auctoritatem, absolutè atque etiam extra schisma, in summis Ecclesiæ rebus prævalere.

Nam de Papâ dubio et schismatis casu, ut inde ordiamur, falsum illud esse constat, imò periculosissimum, quod à Bellarmino aliisque passim pro certo axiomate asseritur: *Papa dubius, Papa nullus*[1]. Quærimus enim axioma illud, quo canone sit fixum, quo juris fonte manarit, quis denique ille sit dubius Pontifex, qui jam Pontifex non sit (a). An ille de quo reipsâ dubitetur? Ergò pseudo-Papas omnes, Burdinum etiam, et alios toties anathemate percussos in Petri Sede reponamus. An fortè eos, de quibus ab electionis origine fuerit dubitatum? Abeant igitur laudatissimi Pontifices Innocentius II, Alexander III, alii sancti verique Pontifices: redeant Anacleti, Victores, alii antipapæ, aut cum veris Pontificibus æquo jure disceptent. Atque hi quidem antipapæ in factio-

---

[1] Bellar., *de Conc. auct.*, lib. II, cap. XIX, et alib. pass.

(a) L'axiome de Bellarmin : *Papa dubius, Papa nullus*, est aussi certain qu'une vérité mathématique. Sur quoi repose-t-il? D'abord sur l'autorité de l'évidence, ensuite sur ce principe de droit : *Obligatio dubia, obligatio nulla*. Quant au jeu de mot : « Quel est le Pape douteux qui ne soit Pape? » On a sans doute été surpris de le trouver dans une discussion sérieuse.

nem suam, principes quoque et imperatores, totaque adeò regna pertraxerant; ut si partem orbis etiam ingentem dubitasse sufficiat, optimi quoque Pontifices inter dubios ac nullos habeantur. Periculosissimi exempli est, si statim factione ortâ, et pseudo-episcopo per ambitionem constituto, verus Pontifex sit dubius, atque adeò nullus. Ergò Bellarmini vaga nimis, et latiùs fusa de dubio Pontifice ad certos limites coercenda sententia est. Valeat nempe in eo casu, in quem Bononiensis et Parisiensis Academiæ, illa Gregorio, hæc Benedicto favens, consenserunt: *Ubi dubium de papatu sit inextricabile, propter dubium juris et facti*[1], eo casu Papa dubius sit profectò Papa nullus. Nihil enim prodest nullo certo documento deprehensa aut probata veritas. Sed enim nec sic erat expedita difficultas, aut sublatæ schismatis causæ; remanebat enim questio: Essetne in suo casu *inextricabile juris et facti dubium* (a). Nam uterque Pontifex, Benedictus æquè ac Gregorius, pro certo et indubitato Pontifice se gerebant, et id certum esse bullis promulgatis, canonibus editis, conciliis adhibitis, sub anathematis pœnâ decernebant. Vel illud audiamus à Gregorio XII, in suâ Austriensi synodo, pronuntiatum: « Christi nomine invocato, sancta et universalis synodus, universalem et catholicam Ecclesiam repræsentans, ad quam cognitio et decisio hujus causæ noscitur pertinere,...... pronuntiat decernit et declarat...... Urbanum Papam VI, Bonifacium Papam IX, Innocentium VII, fuisse indubitatos ac veros Pontifices,... et nunc Gregorium Papam fuisse verum et indubitatum Papam;... ac damnatæ memoriæ Roberto Gebennensi, Petro de Lunâ et Petro de

---

[1] *Spicil.*, tom. VI, p. 221.

(a) L'illustre auteur a lui-même résolu la question; il nous a dit plus haut, chapitre VII, p. 132 de Lebel : « Il est certain que les choses parurent tellement obscures aux hommes saints et savants, que les nations et les royaumes, les princes et les évêques, même les saints célèbres par leurs miracles, prirent au milieu de ces complications inouïes, dans l'incertitude *du droit et du fait*, des partis contraires. » Après un aveu si formel, on s'efforcera vainement d'amasser des nuages contre l'évidence : il est certain que, durant le schisme d'Occident, le Pape étoit douteux *de fait et de droit*; qu'ainsi l'Église se trouvoit dans la même situation qu'après la mort du Pape, pendant la vacance du Siége apostolique. Que fit donc le concile ? Il repoussa les prétentions des antipapes, mais il ne déposa point de véritable Pape ; il nomma un souverain Pontife : voilà tout.

Candiâ in titulo papatûs nullum jus competisse, ipsosque fuisse et esse notorios schismaticos et pertinaces,... ipsumque sanctissimum dominum nostrum Gregorium Papam modernum, ad professionem obedientiæ suæ per orbem universum restituendum esse [1]. » En quid decerneret illa sub Gregorio ferè jam ab omnibus destituto, miserabilis synodus. Neque Benedictus inferiora cogitabat: quin uterque Pontifex se certum, notorium et indubitatum Papam decernebat; æmulum verò suum notorium et indubium schismaticum, nullâque vel probabili ratione nixum; adeòque dubium illud non esse inextricabile, si ad fontem veniretur. Nec utrique deerant sui sectatores, qui usque adeò faverent suo Pontifici, ut nonnisi à contumacibus jus illius in dubium revocari posse crederent. Quare ex dubio, nullum satis firmum perpetuæ discessioni, sive, ut vocabant, obedientiæ subtractioni præsidium, aut turbatis conscientiis plena tranquillitas, aut schismatis vulneri certum remedium. Neque quidquam aliud præsto erat, quo omnis scrupulus tolleretur, nisi invictâ auctoritate figeretur illud: Pontificem, etiam certum, in Ecclesiæ catholicæ, ejusque concilii generalis potestate esse, de quo Ecclesia decerneret id, quod rei ecclesiasticæ necessarium videretur.

Jam illud de Pontifice altore obstinato schismatis, ac propterea suo quodam modo hæretico; haud minùs Ecclesiæ catholicæ ejusque concilii auctoritatem, Papâ quoque ipso superiorem requirebat. Sanè afferebatur ex corpore Juris canon ille: *Si Papa, quo Papa diceretur à nemine judicandus, nisi esset à fide devius*[2]. Quo hæresis casu fatebantur omnes Papam etiam certum à concilio judicandum. Sed constabat contendentes nullam hæresim professos esse, neque pro certo canone habebatur, id quod glossa dicebat: « Posse accusari Papam si notorium sit crimen ejus, et scandalizatur Ecclesia, et sit incorrigibilis; nam contumacia dicitur hæresis [3]. » Quare Parisiensis et Bononiensis Academiæ, quibus posteà Senensis, totaque adeò accessit Ecclesia, id quidem, quoad poterant, statuebant: « Quòd contendentes per schisma inveteratum in hæresim inciderint. »

---

[1] *Concil. Austr.*, tom. XI, col. 3005, 3006, malè pro 2105, 2106. — [2] *Decr.*, dist. XL. — [3] *Gloss.*, in cap. *Si papa, ibid.*

Sed quoniam ea res dubia haberetur, addebant : Si id quoque esset dubium, an propter schisma inveteratum in hæresim inciderint, eoque nomine à synodo deponi possint, id quoque ad synodi cognitionem pertinere.

Verùm, hæc si ad vivum persecare aggredimur, comperiemus eò stare, quòd quivis Pontifex, quovis jure nixus, pacem Ecclesiæ ac salutem gregis honori suo anteponere, atque adeò certis casibus abdicare teneatur; quæ obligatio possit ac debeat à concilio œcumenico declarari. Unde quocumque modo quæstio tractaretur, eò redibant omnia, ut quivis Pontifex, et quovis jure præditus, concilio œcumenico certis in casibus, usque ad abdicandam potestatem parere debeat.

Et quidem satis constabat, uti prædiximus [1], Gregorium et Benedictum de abdicando sæpè jurasse. Unde cardinales ac florentissimæ Academiæ concludebant eos esse sacrilegos, impios, « Ecclesiæ hostes, apertè schismaticos ac schismatum auctores et nutritores : » ac rursus : quòd « schisma sit mater errorum, cujus obstinatione et vetustate descendatur in hæresim, et fides lædatur Deo et Ecclesiæ debita, cujus provisio spectet ad concilium : » et quòd « schisma inveteratum in hæresim transeat : » ad hæc « Papam hæreticum et schismaticum cessasse esse Papam, et à schismaticorum atque hæreticorum incorribigilium obedientiâ recedendum : » denique, « et in dubio, an hoc incrementum schismatis transeat in hæresim, vel an tale sit ex quo provisio spectat ad concilium, id quoque ad concilium pertinere [2]; » quæ omnia à concilii summâ, in quemcumque Papam, quocumque jure præditum, potestate pendebant.

Hùc accedit, quòd Christus nullam specialem in schismaticos aut hæreticos Pontifices, congregatis episcopis, aut synodo œcumenicæ concesserit potestatem. Quare totum illud jus, quod omnes unanimi consensu, in schismatis atque hæresis causâ, concilio œcumenico tribuebant, eo uno dogmate nitebatur; quòd synodus œcumenica totius Ecclesiæ, atque adeò sancti Spiritûs complexa potestatem, universim, ubi de summâ re ecclesiasticâ agitur, summâ et indeclinabili auctoritate decernat.

[1] Sup., hoc lib., cap. VIII. — [2] *Spicil.*, tom. VI, p. 201, 211, 221.

Quo factum vidimus [1], ut uno eo axiomate utraque obedientia niteretur. Et Gregorii quidem cardinales apertè provocabant ad concilium generale, « ut à quo et in quo soleant gesta etiam summorum Pontificum quæcumque pertractari, decerni et judicari [2]. » Benedicti verò asseclæ, atque in his, vel potissima ecclesia Gallicana, universitatis Parisiensis dictum illud comprobabat « Papam matri suæ, hoc est, sanctæ Ecclesiæ materno jure esse subditum [3] : » quæ vel nihil concludunt, vel ad omnem Pontificem, etiam extra schismatis casum, protenduntur.

Et quidem ab Odorico Rainaldo Simonem Cramandum patriarcham Alexandrinum, suggillatum audivimus [4], quòd ecclesiæ Gallicanæ sacro conventui præsidens, *concilium prætulerit Romano Pontifici;* et Petrus Plaoul Parisiensis doctor idem asseruit, sacro consessu applaudente, tantumque abfuit, ut eos ad hanc tuendam sententiam vehementissimè perorantes quisquam incusaverit, ut eorum maximè auctoritate atque consiliis, tota Gallicana ecclesia adversùs schismaticos uteretur. Quin ipse Petrus Plaoul ab Universitate studii Parisiensis ad concilium Pisanum *Ambaxiator* missus, in ejusdem concilii sessione publicâ eâ de re celebrem orationem habuit. Sic enim in gestis sacri concilii legimus : « Sessione XIII, die Mercurii, 29 Maii, quidam valentissimus doctor, vocatus Magister Plaoul, ascendit pulpitum, et proposuit verbum Dei;..... et deduxit pulchrè exaltando Ecclesiam, et asserendo eam esse supra Papam : quod deduxit pluribus rationibus, tàm ex parte materiæ, scilicet animarum, quàm ex parte formæ, quæ est Spiritus sanctus; quàm etiam ex parte causæ efficientis, quæ est ipse Christus; quàm etiam ex parte finis, quæ est ipse Deus in Ecclesiâ triumphante [5]. » Atqui his quidem argumentis, hujus ævi more, complexus est omnia, quibus summos theologos in eamdem sententiam adductos esse constat : ut certum omninò sit, quæ in concilio Constantiensi, de conciliorum supremâ auctoritate, explicatiùs dicta sunt, ea in utrâque obedientiâ, hoc est, in Ecclesiâ catholicâ, atque in concilii Pisani dictis atque gestis præcessisse.

[1] Sup., c. IX. — [2] Ap. Rain., an. 1408, n. 9. — [3] *Spic.*, loc. cit., p. 87. — [4] Sup., cap. VIII. — [5] *Conc. Pis.*, sess. XIII, col. 2124, 2125; et *Spicil.*, tom. VI, p. 320.

CAPUT XII.

An sine temeritate concilii Pisani auctoritas rejici possit.

At Pisano concilio Odoricus Rainaldus objicit : Sine Papâ, secundùm canones, legitimum haberi non posse concilium : pessimorum scilicet medicorum more, qui, valetudine desperatâ, ægrum interire malunt quàm à consuetis remediis, quamvis frustra tentatis, ad extraordinaria, quamlibet certa, confugiant. Nec deerant, Alexandri V tempore, imbecilles animæ, quæ hâc superstitione tenerentur, quos Gerson noster sermone coram Alexandro V confutat et irridet, his verbis : « Cujus est ista tua substitutio, Pater beatissime, nisi Christi? Unde convocatio concilii (Pisani scilicet) tam mira? Unde priùs discordantium inaudita consensio? Unde tot præsulum et sapientium concursus tam celer? Non causâ certè dissensionis, sed pacis. Non vocavit Papa : fuit conventiculum. O ridenda ac irrationalis nimiùm ratio! Neque verò quatuor illa concilia, quæ in *Actibus* apostolicis describuntur, Petrus vocasse memoratur. Neque synodus Nicæna jussu Silvestri, sed Constantini convenisse legitur. Ad quintum universale concilium Patrum, contra Theodorum Nestorii discipulum (a), nemine convocante (b), sese Patres exhortati sunt. Fuere ergò conventicula? Cave dixeris. Coluntur ab Augustino (Gregorium voluit dicere sive librarii mendum est) tanquam Evangelia. Quid si schisma dubios reddit christianos, quem duorum pro Papâ colant ? Quid si, quod perrarum est, summus Pontifex labatur in hæresim, ut legimus Liberium arianæ pravitati subscripsisse, Marcellinum idolis sacrificasse? Quid si intolerandis oneribus christianitatem gravaret? An adversùs tantos morbos nullam relinquis medelam? Relinquo, inquis. Credo sanè : nam imperfectam nimiùm ecclesiasticam politiam adstrueres; nec

---

(a) Au lieu de *Nestorii discipulum*, il faut lire *Nestorii magistrum*. — (b) Le cinquième concile s'assembla, non pas tout à fait *nemine convocante*, mais sur la convocation de l'empereur Justinien.

à Deo, cujus perfecta sunt opera, salubriter institutam, si quis in eam morbus posset incurrere, contra quem nulla posset adhiberi medicina. Sed tamen nulla memoratis casibus relinquitur, si non aliquando sine Papæ vocatione, convenire possit Ecclesia. »

Ne hic mihi critici, fastidiosum hominum genus, aliquos memoriæ aut historiæ lapsus, seu menda operarum, quæ in editione Gersonis sunt innumerabilia; sed ipsum argumentorum pondus attendant. Eorum vim invictam sentient. Quare Alexandro V, Pisæ electo Pontifici, multò maxima pars christiani orbis statim adhæsit : Gallia, Anglia, Germania, Hungaria, Dalmatia, Croatia, Norvegia, Dania, Suecia, Polonia, Italia ferè tota, Roma quoque ipsa.

Illùc accessit posteà tota posteritas, teste Bellarmino [1], et in Sede Petri, post Alexandrum V, duos Alexandros sexti et septimi nomine venerati sumus; cùm Clemens VII, Leonis X successor, et Clemens VIII, eum Clementem spreverint, Robertum scilicet Gebennensem cardinalem, qui Clementis VII assumpto titulo, post Urbanum VI Avenione sedit.

Neque valet Odorici Rainaldi responsio [2], in Romanorum Pontificum serie, numeratos falsos Stephanos falsosque Joannes; unde veri Pontifices numerum ac titulum suum traxerint. Ità enim numeratos esse constat, obscuris temporibus et ab historicis, non ab ipsis Romanis Pontificibus, cùm per ea tempora, nondùm in decretis suis addere solerent nomini suo, ipsam numeri notam. Nunc autem cùm Romani Pontifices sic passim edicant in capite diplomatum, *Alexander Papa VI, Alexander Papa VII*, numeratum ab iis esse falsum, et à falsâ aut suspectâ synodo creatum Pontificem, recente adhùc facti memoriâ ac manifestis gestis, absonum, absurdumque est.

Quare et illud certum, Alexandrum V et Joannem XXIII, Pontificum historiis, vitis, catalogis, toto orbe terrarum, atque etiam in Urbe editis, passim fuisse adscriptos; totique Ecclesiæ catholicæ probro maximo sit, tanto episcoporum aliorumque orthodoxorum numero, tanto Universitatum, religiosorum Ordinum, provinciarum regnorumque catholicorum concursu, celebratam

---

[1] Bellar., *de Conc.*, lib. I, cap. VIII. — [2] Rain., an., 1409, n. 80.

fuisse falsam et canonibus repugnantem synodum, quam etiam Alexander V à Romanis totoque propemodum orbe jam agnitus, confirmarit. Extat enim illius synodi confirmatio Bononiæ edita [1], aliquot post mensibus, quàm Pisana synodus soluta est; ne id Patrum auctoritati magis, quàm ipsi veritati tribuisse Pontifex videatur. Probat autem ejus gesta, ut quæ *universalis Ecclesiæ auctoritate et concordiâ facta sint* [2]. Neque ità multò post idem Pontifex summâ cum pietate obiit; testatusque est inter extrema suspiria, se quidquid Pisis egisset, summo divinæ gloriæ amore fecisse.

Hùc accedit quòd ejus æmuli ac Pisani concilii contemptores, Gregorius atque Benedictus, convocato licèt generali concilio, vix paucos episcopos congregare possent. Quin etiam synodus Benedicti, Perpiniani habita, Pisanum concilium venerata est, conclusumque in eâ est, ut Petrus vocatus Benedictus, iret vel mitteret procuratores irrevocabiles Pisas, ubi aliud concilium congregabatur pro unione Ecclesiæ, qui procuratores, ejus nomine, papatui renuntiarent, Gregorio cedente, mortuo, vel ejecto [3]. Id ex sexdecim deputatis, quindecim concluserunt; atque ità ex duobus frustulis, quæ Pisano concilio repugnabant, unum jam frustulum, à quo Benedictus colebatur, votis atque suspiriis Pisanæ synodo cohærebat, eique se suumque Pontificem submittebat.

At in aliâ particulâ Gregorius, cùm paucas Italiæ urbes, easque ferè ignobiles, vix in obsequio retineret, frustra convocabat totius orbis episcopos. Quâ de re sic Rainaldus scribit : « Spreta sunt ab episcopis ejus imperia, cùm in magnam adduceretur invidiam concilium ad schismatis propugnationem molitum; misitque Nicolaum episcopum Ferentinum, et Dominicum designatum episcopum Melitensem, Venetias; ut, objectâ anathematis pœnâ, illius provinciæ præsules ad synodum cogerent. Sed Veneti, Alexandro, ex Doctorum sententiâ, quamvis Gregorius Venetus esset, adhæserant [4]; nec immeritò. Quis enim non sperneret tam paucos episcopos in tenui atque ignobili Austriæ oppido synodum œcumenicam venditantes, aut ab eis universalem repræsentari cre-

---

[1] Tom. XI *Conc.*, col. 2303. — [2] *Ibid.*, col. 2311. Rain., an. 1410, n. 15, 17. — [3] Tom. XI *Conc.*, col. 2109 et seq. Rain., an. 1409, n. 84. — [4] Rain., *ibid.*, n. 82.

deret Ecclesiam? Tali tamen concilio Ecclesiâque fretus Gregorius, se notorium et indubitatum Papam, Alexandrum V, quem tota ferè Ecclesia coleret, æquè ac Benedictum in altero mundi angulo præsidentem, notorium schismaticum declarabat; quem talia declarantem Odoricus Rainaldus pro vero Papâ haberi vult, in eoque frustulo totam Ecclesiæ catholicæ potestatem collocat. Quis hæc ludibria et ecclesiasticæ historiæ dedecora ferat?

Illud paulò gravius, quòd aucto Pontificum numero, Pisani Patres non restinxisse schisma, sed auxisse videantur. Id quidem Odoricus Rainaldus et alii passim objiciunt. Sed profectò immanem belluam ille interemit, qui percusso capite et corpore obtrito, seminecem, atque ægra vix membra trahentem reliquit : quo factum est ut lethali vulnere ictam in Pisanâ synodo, Constantiensis synodus paulò post superveniens conficeret.

Cæterùm quisquis Constantiensis synodi salutarem Ecclesiæ ac schismati pestiferam agnovit auctoritatem, Pisanam quoque synodum suspiciat oportet, quæ Constantiensis continuatio est. Quid plura, cum ipsos liceat adhibere testes qui Pisanæ synodo adversentur? Nempè Bellarminus qui dubiam, Rainaldus et alii qui nullam pronuntiant, in hoc axioma consentiunt : Romanum Pontificem dubium, sive in casu schismatis, concilio generali subesse. Omnes enim, excepto nullo, in eam sententiam uno ore decurrunt, ut Pontificem saltem dubium œcumenico concilio subdant. Atqui Gregorius æquè ac Benedictus dubius erat Pontifex, à quo tanta pars Ecclesiæ, suique cardinales discedebant. Ergò ille concilio suberat, ab eoque depositus acquiescere debuit, ac renitens pro schismatico habendus, eorum quoque calculo qui cum Odorico Rainaldo ei favent : quod est argumentum ex confesso ab adversariis planè peremptorium.

Objiciunt tamen sanctum Antoninum excusantem eos qui post Pisanam synodum, atque Alexandrum V, Benedicto et Gregorio favebant : « Cùm dubium esset maximum » de illo maximè, utrùm Gregorius et Benedictus « Ecclesiam scandalizarent dissimulando unionem se velle : Nam, inquit, de Gregorio apparuit contrarium, quia de facto renuntiavit [1]. » De facto renuntiavit sanè in Constan-

---

[1] Antonin., *Summ.*, part. II, tit. III, *de Schism.*, § 6.

tiensi concilio, posteàquam quantùm potuit ludificatus Ecclesiam, desertus ab omnibus et ad angulum redactus Italiæ, rem in eo esse vidit, ut meritò anathemate feriretur, postquam et ipsum et suos suî puduit; malueruntque cum aliquâ laude cedere, quàm ignominiosè ejici, ut æmulo Benedicto contigit. Quòd ergo Gregorius cessit, ipsi Pisanæ synodo imputandum est. Neque proptereà penitùs inexcusatos esse volumus qui bonâ spe ducti, sive à Gregorio, sive à Benedicto schisma produci paterentur; quod unum Antoninus voluit. Cæterùm qui præfractè contendunt cessionem utriusque Pontificis, aut saltem Gregorii expectandam fuisse, eos ego dixerim invidiosissimum schisma propagatum voluisse, spreto remedio, quod ipsa necessitas extorqueret : ad hac in eo labi, quòd imperfectam asserant à Christo constitutam Ecclesiam, quæ adversùs exitiosissimum vulnus nullo præsidio instructa esset. Tertiò, grave illud est non agnoscere vim occultam Spiritûs sancti, ad synodum Pisanam, tot regna, tot ecclesias, tot principes, tot episcopos, tot abbates, tot Ordinum capita, cum religiosis cœtibus, tot inclytas academias adducentis, ut facerent sibi caput unum. Denique jam diximus, dicemusque ipsam Constantiensem synodum eo esse fultam, quòd Pisanæ synodi continuatio esset, quod est vel gravissimum ejusdem Pisanæ synodi firmamentum ; ut profectò nunc tàm sancta, tàm probata synodus, sine gravi saltem temeritatis notâ abjici nequeat.

CAPUT XIII.

Ad Constantiense concilium devenitur : ejus causæ atque initia referuntur : rerum series usque ad sessionem v : hinc confutati qui ad schismatis tempus decreta restringunt.

Jam ergò ad Constantiensem synodum devenimus. Eam Joannes XXIII, Alexandro V mortuo substitutus; convocavit, ut Pisana synodus continuaretur.

Causæ continuati concilii in Bullâ convocationis expressæ : ut schisma finiretur, ut hæreses damnarentur, ut ecclesiasticæ disciplinæ reformatio fieret [1].

[1] *Bull. convoc. Conc. Const.*, sess. I, col. 11.

Schisma quidem vivebat adhùc; ac si Pontificum atque obedientiarum numerum aspiceres, non excisum, sed auctum esse videbatur; et falsorum Pontificum fautores, pauci licèt comparatione reliquorum, Hispani præsertim, quò iniquiùs, eò obstinatiùs eos tuebantur; neque immeritò timebatur, commotis adhùc animis, ne ex scintillâ majus incendium resurgeret. Jam Viclefiana hæresis totâ in Ecclesiâ grassabatur, quodque malorum omnium caput erat, jacebat ecclesiastica disciplina; tantæque morum corruptelæ inerant, ut vel eâ causâ synodus necessaria haberetur, cùm ex eâ radice et schismata et hæreses prodiisse constaret.

His de causis Constantiensis synodus est convocata, ac Joanne XXIII Sigismundoque imperatore præsentibus, inchoata [1]. Primum omnium sacra synodus recipit Papæ sponsionem, spontè quidem oblatam, sed posteà juramento Bullâque insuper editâ confirmatam, quòd *cessurus esset papatu*, non tantùm si Petrus de Lunâ et Angelus de Corario cederent; verùm etiam, si id è re Ecclesiæ esse synodo videretur [2]: eo nempè fundamento, quòd verus quoque et certus Pontifex, quo magis, quo veriùs, quo denique certiùs pater pastorque esset, eo magis honori suo Ecclesiæ pacem et gregis salutem anteponere teneatur.

Hâc sponsione factâ, Bullâque promulgatâ, Pontifex die 20 Martii, Majore hebdomadâ imminente, clam aufugit Constantiâ, atque in vicinum oppidum Scaphusense se contulit, ubi sub tutelâ Friderici ducis Austriæ morabatur. Multum eâ fugâ commota est synodus, nec deerant Papæ adulatores pessimi, qui synodum solvere molirentur; sed habita est frequente consessu, die 25, sessio III, post Papæ recessum prima, in quâ decernitur, quòd « Constantiæ in Spiritu sancto Synodus generalis, pro reformatione et unione Ecclesiæ in capite et in membris, fuit et est ritè et justè convocata, initiata, celebrata [3]; » quòd per recessum Papæ aut aliorum quorumcumque, hoc sacrum concilium non est dissolutum: neque transferri debeat, nisi assensu concilii, aut omninò dissolvi, « usque ad extirpationem præsentis schis-

---

[1] *Bull. convoc.*, *Conc. Const.*, sess. II, col. 16. — [2] Vid. in *append.*, tom. XII *Conc.*, col. 1138. — [3] *Conc. Const.*, sess. III, col. 17.

matis, et quousque Ecclesia sit reformata in fide et moribus, et capite et membris. »

Quid sit apud synodum, et hujus ævi scriptores, *in Ecclesiâ reformari fidem*, omnes facilè intelligunt. Non hoc est, restitui collapsam, cùm nunquàm Ecclesiæ collabatur fides ; sed, eâ firmâ et integrâ, damnari hæreses, hæreticos Ecclesiâ ejici, quò clariore luce fides enitescat. Cæterùm Ecclesiam « in fidei veritate semper immaculatam permanere, et de hæresibus semper triumphare, » alibi dicet Synodus[1], Viclefum condemnans : atque hoc obiter dictum oportuit; ne quis in ambiguâ reformatæ fidei voce falleretur.

Verùm id diligentissimè advertendum, tres concilii causas ab ipso concilio statim ac disertè expressas : fidem, schisma, reformationem generalem in capite et in membris. His ut reliqua consentanea essent, sessione IV, ubi ad ipsos Pontifices devenitur, ad easdem tres causas, debita ab ipsis obedientia refertur, nempè ut huic synodo obedire debeant in his quæ ad fidem pertinent, quæque ad extirpationem hujus schismatis, quæque ad reformationem generalem Ecclesiæ Dei in capite et in membris.

Dùm hæc agerentur, et sessio IV fieret, renuntiatum est sacro concilio, Papæ nomine, ipsum non aliâ causâ quàm *propter sanitatem corporis*, Constantiâ recessisse, atque omninò *impleturum omnia quæ sacræ synodo promisisset*[2]. Hæc in acta relata sunt. Quin ipse Pontifex, datâ schedulâ propriâ manu aliisque multis testificationibus, idem confirmavit.

Sacra tamen synodus intellexit ex ejus recessu, quocumque colore quæsito tegeretur, nonnihil turbarum eventurum, multaque eum de disturbandâ synodo moliri; nec deesse adulatores, qui pessima suaderent. Sex enim cardinales palam pronuntiaverant, ejus absentiâ jam solutum esse concilium, ac Rainaldus memorat[3] plerosque cardinales, alios post alium, ad Papam confugisse ; edictumque Papæ valvis affixum repertum fuisse, quo Curia omnesque officiales, ut ad ipsum accurrerent, sub ex-

---

[1] *Conc. Const.*, sess. VIII, col. 45. — [2] *Ibid.*, sess. IV, col. 20. Vid. in *append.*, *cedulam* Joan. XXIII, col. 1464. — [3] Rain., an. 1415, n. 6 et seq. ex Theodor. à Niem.

communicationis ac privationis pœnâ citabantur : quæ omnia ad dissolvendam synodum pertinerent.

Scribunt et alii, Patres cardinalibus indignatos id etiam cogitasse, ut prohiberentur à sessionibus concilii, ubi de Papâ ageretur, cui se turpes adulatores præstitissent; Petrum de Alliaco cardinalem, æquum omnibus nec minùs Ecclesiæ Romanæ, quàm ipsius concilii studiosum, his obstitisse, et cardinalium defendisse dignitatem [1]. Nec interim deerant, qui pessimo adulandi studio, pontificiam potestatem immodicè efferrent. Quæ cùm ità se haberent, necessarium erat Patribus, ut conciliarem auctoritatem magis magisque inculcarent. Quare sessione v, non modò sessionis iv canonem iterarunt, sed etiam hæc duo addiderunt : primum, ut explicatiùs diceretur, *cujuscumque alterius concilii generalis decretis Papam subjici;* alterum, *ut si contumaciter obedire contempserit, debitè puniatur* [2]; ne scilicet, quod plerique jactabant, honestè potiùs quàm necessariò obstringi obedientiæ videretur, tantâque Patrum consensione finita est sessio, ut actis hæc verba inserantur : « Quibus constitutionibus lectis, concilium eas uniformiter approbavit et conclusit. »

Ili sunt illi duo canones relati superiùs, de quorum sensu agitur. Sed ipsa, credo, rei series persuadet, non alium esse posse, præter eum quem tuemur : nempè ut in fidei, schismatis, reformationis casu, non tantùm Constantiensi, sed etiam cuicumque, quocumque tempore, et quâcumque causâ congregato concilio generali, obedientiam, à Papâ etiam, præstari oporteat.

CAPUT XIV.

Vana suffugia, ex ipso concilii scopo ac verbis, confutantur.

Certè cùm Constantiense concilium in his sessionibus, duplicis generis decreta protulerit, quarum alia propriè ad concilium Constantiense pertineant, alia ad omne concilium protendantur, utriusque generis decretis certam notam adhibuit. Et tertiæ qui-

[1] Pet. Alliac., *de Auct. Eccl.* in *append.*, tom. II Gers. Leo. Aret., *de Tem suip hist.* — [2] *Concil. Const.*, sess. v, col. 26.

dem sessionis decreta qui legerit, statim animadvertet ità decerni : « Quòd istud concilium non debet dissolvi : quòd ipsum concilium non potest transferri : quòd qui interesse debent huic concilio, non recedant [1]. » Tunc sessionibus IV et V multa in eumdem sensum de hoc concilio propriè decernuntur : quam notam si haberent omnia synodi decreta, libenter fateremur non posse protendi ad omne concilium ea, quæ de isto constituta fuerint. Nunc cùm concilium in sessione V, disertè scripserit, « et huic concilio et cuicumque alteri concilio generali, » etiam à Papâ deberi obedientiam ; patet sacram synodum, quasi deditâ operâ occurrisse eorum effugiis, qui ad concilia in schismate habita, aut ad solum schismatis tempus horum decretorum verba detorqueant.

Hoc certè suffugium post Basileensem contentionem, auctore Turrecrematâ, primùm emersit. Is enim, cùm auctoritate decretorum Constantiensium vehementissimè premeretur, primus omnium contendit, « quidquid verba concilii in sono litteræ prætendant, » tamen aliter quàm sonant intelligenda esse, difficillimumque esse observare Constantiense decretum de obedientiâ à Romano Pontifice debitâ, « nisi decretum illud, ad aliam trahatur intelligentiam, quàm verba in superficie prætendant [2]. » Itaque commentum illud excogitavit, decretum Constantiense ad solam schismatis causam restringendum : ex quibus satis constat, virum acutissimum semel iterùmque ac tertiò verborum concilii perspicuitate summâ eò esse deductum, ut, repugnante litterâ, ad hunc sensum comminiscendum causæ necessitate se fuisse abreptum, ultrò fateretur.

Quare qui eum secuti sunt, nihil aliud quàm ludibria protulerunt. Et quidem commemoravimus, quàm aliena, non modò à sensu, verùm etiam à verbis horum decretorum dixerint, qui Constantiense concilium huic concilio duntaxat, non autem aliis, auctoritatem eam tribuisse respondent; cùm Patres Constantienses disertè scripserint : « Papam hujus concilii, et cujuslibet alterius concilii generalis præceptis teneri. »

---

[1] *Concil. Const.*, sess. III, col. 18. — [2] Turrec., *Resp. ad Basil.*, part. II, n. 2 et 4; tom. XIII *Conc.*, col. 1711, 1712.

Nec minùs absurdè *Disquisitionis* auctor, pro confirmando Turrecrematæ suffugio hoc argumentum proposuit : « Concilium istud (Constantiense scilicet) fuit continuatio Pisani concilii ad civitatem Constantiensem translati : ex actis : Pisanum verò pro sublatione dicti schismatis congregatum fuerat : item ex actis [1] : » ergò ad schismatis causam illa Pontificibus præscripta obedientia revocatur. Quæ jactata ad speciem, jam ex gestorum serie evanescunt. Esto enim, urgentissima causa Pisani concilii fuerit, extirpandum schisma; tamen ex actis docemur, accessisse aliam haud minùs necessariam, nempè *reformationem in capite et in membris* [2] : tùm continuatam in urbe Constantiâ Pisanam synodum tria suscepisse : fidem exponendam, extirpandum schisma, reformandam Ecclesiam in capite et in membris; atque in his tribus ab ipso Pontifice, non tantùm huic, sed *cuicumque concilio generali*, præstari obedientiam oportere. Ergò pessimâ fide, decreta concilii sessionum iv et v, ejus gestis dictisque apertè reclamantibus, ad solam causam schismatis restringuntur. Quo etiam factum est, ut qui his solutionibus uterentur, subesse tamen aliud facilè persentiscerent, ut de Turrecrematâ vidimus. Verò Gonzalez, postquam ad tempus schismatis dubiique Pontificis verba restrinxit, subdit tamen : « Forsan verò incautè in diffinitione suâ verba posuerunt, quæ videntur ampliùs aliquid sonare [3]. » Quis verò non existimet incautum potiùs fuisse Gonzalem, quàm tot sapientissimos Patres ac theologos ità incautè locutos, ut nec ipsi eorum verborum, quæ tam accuratè selegerint, sensum intelligerent ?

Jam quod Bellarminus, quo uno vel maximè adversariorum causa nititur, dixit, ex decreto Constantiensi, subjectum fuisse conciliis Papam dubium, adeòque non jam Papam [4], manifestam absurditatem præ se fert; nempè ut concilium, cùm sibi et cuicumque concilio asserit collatam immediatè à Christo potestatem, etiam in Papam, tanto conatu nihil agat, quàm ut conciliis eum qui non sit Papa, subjiciat : quo nihil est absurdius. Deinde ob-

---

[1] *Disquis.*, n. 76, 77, p. 27. — [2] *Conc. Pis*, sess. xvi, tom. XI, col. 2203. *Conc Const.*, sess. ii, iii. Vid. sup., cap. x. — [3] Gonz., *de infall. R. P.*, disp. xiii sect. v, § 10, n. 2, p. 671. — [4] Bell., *de Conc. Auct.*, lib. II, cap. xix.

servatum à nobis est, Papam dubium, qui jam pro Papâ non sit, intelligendum esse, non in quocumque schismate; sed in eo schismate, *ubi est inextricabile dubium juris et facti* [1], quale erat illud schisma post Urbanum VI. Talis autem casus est rarissimus; quippè qui post Christum natum, semel tantùm contigit. Hinc argumentum : Constantiense concilium nunquàm adhibuit illas voces, quibus generaliores ac latiùs fusæ nullæ esse possint, ad exprimendum eum casum, quo nullus est rarior et infrequentior; atqui his vocibus, quas Constantiensis adhibuit synodus : *quicumque : quâcumque dignitate : cuicumque concilio*, nullæ generaliores reperiri possunt; ergò Constantiense concilium non eas adhibuit, ut se ad infrequentissimum, ac tot retrò sæculis semel tantùm cognitum casum adstringeret; cùm præsertim sacra synodus alias futuras synodos, non modò animo prævideret, sed ipsa etiam decretura esset. Neque enim quisquam ignorat canonem *Frequens*, sessionis XXXIX, quo de decennio in decennium habenda concilia generalia decernuntur [2]; atqui illa concilia non omnia futura erant sub dubio Pontifice; ergò concilium Constantiense non ea tantùm concilia prævidebat, quæ sub dubio Pontifice futura essent. Atqui conciliis quibuscumque futuris subjiciebat Papam; ergò etiam subjiciebat iis, quæ à Papâ indubitato haberentur.

Prætereà demonstravimus [3] totam Ecclesiam schisma elisuram, adeò abfuisse à restringendà ad Papam dubium concilii potestate, ut etiam intelligeret, ne in Papam quidem dubium valituram eam, nisi absolutè valuisset; neque tolli potuisse dubium Papam, qui in suâ obedientiâ certus haberetur, nisi et illud constitisset, certum etiam Papam in concilii generalis potestate esse. Hinc illa manarunt, causam schismatis ad concilium generale devolutam, non quidem propter illum singularem casum, sed quòd singularis casus non aliâ potestate diffiniendus esset, quàm eâ quâ cæteri casus diffiniri solerent. Quæ si universa Ecclesia ante Pisanam synodum, multò magìs post eam atque in Constantiensi concilio declaravit.

[1] Vid. sup., cap. XI, et loc. *Spicil.*, hîc cit. — [2] *Concil. Const.*, sess. XXXIX, col. 238. — [3] Sup., hoc lib., cap. IX, X, XI.

Tùm illud constat Constantiensem synodum non modò de extinguendo schismate, sed etiam de exponendâ fide ac reformandâ disciplinâ fuisse sollicitam. Id enim, et Ecclesiæ mala, et Bulla convocationis, et ipsa sacræ synodi jam inde ab initio professio postulabant. Atqui expositio fidei ac reformatio disciplinæ, non ad solum schismatis tempus, sed ad omnia Ecclesiæ tempora protenditur. Ergò absurdum est ad solum talis schismatis tempus restringere concilii sollicitudinem.

Posteà, sacra synodus non nisi certo Papâ constituto reformationem aggressura erat. Ergò cùm docuit, in reformationis causâ Papam concilio subesse oportere, non Papam dubium, sed certum, et ab ipsâ synodo constitutum cogitabat. Neque enim quis negaverit sacram synodum, cùm sessionum IV et V decreta conderet, quæ deinde actura erat animo providisse. Imò potiùs in ipsis initiis certa fundamenta ponebat, quibus cæteræ synodi actiones et ordinationes suo tempore struerentur. Id autem volebat maximè, ut, Papâ constituto, reformatio fieret; utque eam nullus hominum, ac ne quidem ipse Papa prohibere posset. Id ergò agebat, ut Papam etiam certum, atque ab ipsâ synodo constitutum, conciliaribus decretis obligaret.

Hic verò omnem absurditatem exsuperat illa responsio, quam auctor *Doctrinæ Lovianensium* prodidit [1] : nempè ut in synodo Constantiensi reformatio nihil aliud sonet, quàm ipsam extinctionem schismatis. Quo loco verba illa de reformatione faciendâ *in capite et in membris*, intelliguntur : *in capite*, seu *capitibus schismaticis*; quæ scilicet capita schismatica à synodo in ordinem cogerentur : quo nihil excogitari possit absurdius; sed tamen ad hæc absurda rediguntur, qui perspicuis synodi verbis atque sententiis commenta sua assuunt.

Itaque postulamus ut ex ipsis consuetis synodi Constantiensis locutionibus, synodum Constantiensem intelligant. Certè sacra synodus, sessione XV, sic decernit : « Ne quis ullo modo prohibeat ad Sedem apostolicam, aut Romanam Curiam, hoc durante concilio, vel ad ipsum, et quæcumque alia generalia venientes [2]. » En sessione XV easdem planè voces, quas in V legimus. Dicant

---

[1] *Doct. Lovan.*, p. 74. — [2] *Concil. Const.*, sess. XV, col. 147.

boni expositores prohibitionem eam xv sessionis, non ad omnes synodos, sed ad eas quæ in schismate fiant pertinere. Item sessione xxvi fit decretum cum hâc clausulâ : « Salvis iis quæ in hoc præsenti, et in aliis quibuscumque generalibus conciliis fieri solerent [1] : » quæ cùm ad omnes synodos pertinere necesse sit, sessionis v verba, non minùs generalia, nec minùs patere constat. Denique in ipsâ Bullâ *Inter cunctas*, sacro approbante concilio, hæc jubentur: nempè interrogari quemvis Viclefismi suspectum : « Utrùm credat quod quodcumque concilium generale et etiam Constansiense universalem Ecclesiam repræsentet [2]. » En iterùm ac tertiò constantique tenore *quodcumque concilium* unà cum concilio Constantiensi omne concilium comprehendit : quo nihil est clarius ad ipsius Constantiensis concilii voces interpretandas constituendamque sententiam.

CAPUT XV.

Ex sessione viii *concilii Constantiensis, sessionis* v *sensus asseritur.*

Aliud argumentum exsurgit ex sessione viii, pro vero et nativo Constantiensium canonum sensu, quem tuemur. Eâ sessione referuntur ac damnantur Vicleſi propositiones xlv. Ex his Cajetanus ac Nicolaus Dubois quasdam seligunt [3], quarum condemnatio nobis officiat : octavam : « Si Papa sit præscitus, vel malus et per consequens membrum diaboli, non habet potestatem super fideles sibi ab aliquo datam ; nisi forte à Cæsare : » propositionem xli, hanc scilicet : « Non est de necessitate salutis, credere Romanam Ecclesiam esse supremam inter alias ecclesias. »

Ac ne quid omittamus, proferunt item Joannis Hussi propositiones damnatas : septimam : « Petrus non est, nec fuit caput Ecclesiæ sanctæ catholicæ [4]. » Inculcant etiam illud, quod Mar-

---

[1] *Conc. Const.*, sess. xxvi, col. 207. — [2] Bull. *Inter cunctas*, post sess. xlv col. 268. — [3] Cajetan., *de Auct. Pap. et Conc.*, tract. i et ii, pass. post tom. III. *Summ. S. Thom.*, edit. Lugd., 1687. *Disq.*, art. 4, n. 61 et seq. *Doct. Lov.*, p. 63 et seq. Vid. sess. viii *Conc. Const.*, col. 46, 47. — [4] Vid. sess. xv, *Concil. Const.*, col. 130.

tinus V, Bullâ *Inter cunctas*, quemlibet de hæresi Viclefi, aut Hussi suspectum, sacro approbante concilio, sic interrogari jubet : « Utrum credat quòd beatus Petrus fuerit Vicarius Christi, habens potestatem ligandi et solvendi super terram? Utrum credat quòd Papa canonicè electus, qui pro tempore fuerit, ejus nomine proprio expresso, sit successor beati Petri, habens supremam auctoritatem in Ecclesiâ Dei [1] ? » Ex his igitur tale conficiunt argumentum : Si Ecclesia Romana suprema est; si Papa habet supremam auctoritatem in Ecclesiâ Dei : ergò concilium generale non est supra Papam, aut Ecclesiam Romanam; ergò sessionum IV et V decreta non de Papâ absolutè, sed de Papâ dubio ac de schismatis tempore intelligenda sunt.

Valeat planè illa consecutio, nisi et à synodo prævisa difficultas, et ab ipsâ quoque apertè soluta est. Sed quid Constantienses Patres addiderint videamus; nempè post relatam Viclefi propositionem illam : « Non est de necessitate salutis credere Romanam Ecclesiam esse supremam inter alias ecclesias, » statim subjiciunt : « Error, si per Romanam Ecclesiam intelligat universalem Ecclesiam, aut concilium generale, aut pro quanto negaret primatum Summi Pontificis super alias ecclesias particulares. » En quàm diligenter Constantienses Patres, et Martinus V locuti sunt : en ut *Ecclesias particulares*, non totam ipsam Ecclesiam catholicam, uno ore aliquid decernentem, Pontifici submiserint. Inde nimirum nostri sua illa sumpserunt, « dandam esse supremam et plenam Pontifici potestatem, sed in comparatione ad fideles singulos et ad particulares Ecclesias. » Ità Gerson noster in ipsâ Constantiensi synodo prædicabat; ità in eodem concilio totidem verbis docebat Gersonis Magister Petrus de Alliaco cardinalis [2], quo maximè auctore Viclefiana hæresis damnata est. Hæc profitebantur qui in synodo docebant, qui synodum docentem audiebant : hæc ipsa Martinus V sua facit, cùm Decretali *Inter cunctas* concilii verba inserit, et ipsâ synodo approbante confirmat.

Instat Cajetanus, nihil obesse sibi hæc verba concilii à Mar-

---

[1] Bull. *Inter cunctas*, loc. jam cit. — [2] Gers., *Serm. iu fest. S. Anton.* tom. II, p. 355. Petr. Alliac. tractat. *de Eccl.*, ibid., in *append*.

tino V approbata; cùm istud « quòd primatus Papæ sit super Ecclesias particulares, sit sermo affirmativus de primatu super particulares, et non negativus de primatu super universalem Ecclesiam [1]. » Quod P. Thyrsus Gonzalez, Cajetanum secutus, sic exponit, « ut vi illius censuræ à Martino V approbatæ, solùm sit de fide Romanum Pontificem habere primatum supra singulas ecclesias, et vi illius non sit de fide habere primatum supra Ecclesiam universalem ut congregatam in concilio: » addit quòd « ibi sic adstruitur primatus Romani Pontificis super ecclesias particulares, ut non negetur super Ecclesiam universalem [2]. » Hæc ille, hæc alii, non perpensâ rerum serie, res magnas vanis distinctiunculis conficere soliti, in hunc locum memorant.

Sed profectò nimis scholasticâ subtilitate ludunt : quasi verò deceret sanctissimam synodum, dùm deditâ operâ id agit, ut contra Viclefum explicet quid sit *de necessitate salutis*, in Ecclesiæ Romanæ primatu profitendo, aliquid eorum omisisse, quæ *de necessitate salutis* credere oporteat. Atqui ex concesso, nihil dicit de primatu Romani Pontificis super Ecclesiam, ut est universalis, et illud tantùm asserit, primatum eum agnoscendum super particulares Ecclesias. Ergo hoc, non illud, de necessitate salutis credendum esse definit; statque inconcussum, quod sessionibus IV et V de concilii summâ et absolutâ, etiam in ipsum Papam potestate, decreverat. Huic doctrinæ congruit illa Martini V interrogatio quam diximus; non enim quæri jubet, utrum credant quòd *Papa habeat supremam auctoritatem super Ecclesiam Dei;* sed, utrum habeat supremam *in Ecclesiâ Dei:* quod à nobis est alibi luculentè explicatum [3].

Jam verò ex his argumentum conficimus: Quod est ità positum à concilio Constantiensi, ut ex illo tota papatûs ratio exponatur, erroresque contra papalem potestatem suborti condemnentur, id non ad tempus schismatis, aut ad Papam dubium, sed ad ipsum papatum, qualis est à Christo institutus, et ad omne tempus pertinet : atqui id quod est sessionibus IV et V de Papâ definitum, ità se habet, ut exinde tota papatûs ratio exponatur, et papatui

[1] Vid. Cajet., loc. jam cit. — [2] Gonz., *de Infall.*, disp. XIII, sect. V, § 5, n. 2, p. 665. — [3] Vid. in *append.*, lib. I, cap. III.

oppositi errores condemnentur, ut patet ex prædictis: ergò quod est de Papâ in sessionibus IV et V definitum, non ad Papam dubium, aut ad schismatis tempus; sed ad omnia tempora, et ad ipsum papatum, qualis est à Christo institutus, pertinet; contra quod adversarii interpretabantur.

CAPUT XVI.

Mens sessionis v, *ex capite* Frequens *et ex capite* Si verò, *sessionis* xxxix *demonstratur.*

Haud minùs valida argumenta deducuntur ex sessionis xxxix multis capitibus, quæ sigillatim pensitanda erunt.

Primum occurrit caput *Frequens* [1], quo capite synodus Pontificibus legem figit, eamque multiplicem. Primùm enim decernit ut Summus Pontifex certis temporibus, et quocumque decennio synodum generalem habeat; deinde ut in fine cujuscumque concilii futuro concilio locum *assignare teneatur*: tùm, ne id faciat, nisi *consentiente et approbante concilio*: posteà ut *ad defectum Pontificis*, ab ipso concilio is locus assignetur, valeatque convocatio etiam sine Pontifice facta à concilio: postremò, ut Pontifex tempus concilio præstitutum *abbreviare* quidem possit, non tamen prorogare. Sic præscribit rem quamdam, eamque maximam, quam quocumque decennio Romanus Pontifex facere *teneatur;* adeòque ligari putat decreto à se facto Papæ conscientiam. Ergò manifestè dat legem Summis futuris Pontificibus: quibus? Dubiisne, ac tempore schismatis tantùm? Absurdum; cùm hæc certis determinatisque temporibus; post quinquennium scilicet, exinde post septennium, ac deinceps post quodcumque decennium exequenda, nullo respectu schismatis, *edicto perpetuo* sanciantur. Quare decretum istud Martinus V jam electus, jam agnitus, jam indubitatus Pontifex est ipse executus. Nempè sic decernit sessione XLIV: « Cupientes ac volentes decreto hujus concilii generalis satisfacere, inter alia disponenti, quod omninò generalia concilia celebrentur in loco quem Summus Pontifex, per

---

[1] *Conc. Const.*, sess. xxxix, col. 238.

mensem ante finem hujus concilii, consentiente et approbante concilio, *deputare et designare teneatur......*, eodem consentiente et approbante concilio, civitatem Papiensem tenore præsentium deputamus¹. » Ex eodem decreto, sub eodem Martino V, Papiense concilium et inchoatum est, et Senas deinde translatum, probante concilio : ex eodem decreto, Basileense concilium ab eodem Martino V indictum, et ab Eugenio IV celebratum fuit. Quæ et alia deprompta ex capite *Frequens*, Martinus V et Eugenius IV non essent executi, *ut huic decreto satisfacerent*, nisi intellexissent, non tantùm ad schismatis tempus, sed ad omnia tempora; neque tantùm dubiis, sed etiam indubitatis Pontificibus, legem præstitutam (*a*).

Cur autem sessione XXXIX omnibus Pontificibus legem ponunt, et à futuris quibuslibet conciliis poni posse decernunt? Cur, quæso, nisi quia sessione v *quemlibet, quâcumque dignitate, papali etiam, cuilibet concilio generali* subditum decreverant? Ergò omnibus Pontificibus, neque minùs certis quàm dubiis, conciliarem potestatem ipsa synodus anteponit; sessionis XXXIX fundamento, jam inde ab initiis, sessionis scilicet v, solidè providenterque jacto.

Neque objiciant caput *Frequens*, de conciliis quocumque decennio celebrandis, nullius jam esse roboris. Neque enim hîc quærimus, quo Ecclesiæ usu atque consensu, hi, qui disciplinam spectant, canones aboleri possint. Id certè quærimus: an synodus Constantiensis ità se gesserit, ut quæ existimaret Summos etiam Pontifices, in fidei, in schismatis, in reformationis causâ, conciliis œcumenicis esse inferiores. Certè, caput *Frequens* ad refor-

¹ *Concil. Const.*, sess. XLIV, col. 257.

(*a*) Si la loi avoit été portée, non-seulement pour le temps du schisme, mais pour tous les temps; si elle ordonnoit de réunir toujours, à jamais, dans le cours des âges, un concile œcuménique tous les dix ans, cette loi seroit contraire aux premières règles de la sagesse, et parce qu'elle commanderoit souvent l'impossible et se briseroit contre les circonstances, et parce qu'elle prétendroit guérir d'avance par un seul remède tous les maux de l'Eglise, et parce qu'elle régleroit les choses humaines d'une manière immuable et nécessaire pour tous les siècles. L'illustre auteur pense-t-il que le célèbre, le grand, le savant, le saint concile de Constance ait décrété des lois de cette nature? Et cette loi générale, faite pour tous les temps, qui devoit gouverner l'Eglise jusqu'à la fin des siècles, qu'est-elle devenue? Quel pape l'a observée depuis trois ou quatre siècles? Qui en a jamais entendu parler?

mationem pertinebat, cùm Patres intelligerent tantam esse tàmque inveteratam ecclesiasticæ disciplinæ corruptelam, ut nonnisi per frequentia concilia successu temporis reformari possit.

Quo ex loco argumentum nostrum ità potest confirmari : Cùm Patres Constantienses, sessione v decernebant, *cuicumque concilio generali à quocumque* parendum, hoc certè decreto intelligebant comprehendi ea concilia, quæ ipsi vel maximè imperaturi essent; ideò enim usi sunt generalibus vocibus : *Huic et quicumque alteri concilio legitimè congregato* : atqui ea concilia imperaturi erant, quæ etiam sub certis indubitatisque Pontificibus haberentur : ergò ea quoque concilia Papæ anteponebant.

Huic argumento plurimùm lucis accedit ex capite *Si verò* [1], quod est positum in sessione xxxix post caput *Frequens*. Eo capite, Constantienses decernunt de habendis synodis, *si in futurum schisma oriri contingeret*. Quo loco præscribunt, quid ipsi contendentes, quid verò concilium, quid denique omnes præstare debeant. Hinc exsurgit argumentum : Cùm Constantienses Patres decernere aggrediuntur, quid agendum in tempore schismatis, id non generalibus verbis, sed expresso nominatim schismatis casu, decernunt, ut legenti patuit : ergò certò constat singularem schismatis casum singulari decreto consideratum ac provisum ; at quæ verbis generalibus, *de quocumque concilio legitimè congregato*, sessionibus iv et v, anteà dicta essent, ad omne concilium et ad omne tempus omninò pertinere.

CAPUT XVII.

Idem demonstratur ex aliis capitibus sessionis xxxix, Schelstrati et aliorum suffugia præcluduntur.

Sequitur, in sessione xxxix, caput *Quanto Romanus Pontifex ;* quo capite synodus « statuit et ordinat, quòd deinceps quilibet in Romanum Pontificem eligendus, antequam sua electio publicetur, coram suis electoribus, publicè confessionem et professionem

[1] *Concil. Const..* sess. xliv, col. 239.

faciat infrà scriptam ¹. » Ergò manifestè omnibus futuris Pontificibus, etiam indubitatis, etiam in fidei professione faciendà, legem ponit.

Objicit Schelstratus, id ne quidem in synodo Constantiensi, præsentibus Patribus à Martino V fuisse observatum. Sed, inquit, is Pontifex, electione factâ consecratus fuit, ac posteà fidei professionem fecit ². » Tantus scilicet sacri concilii facillimique decreti contemptus Martinum cœperat, qui aliis synodi decretis tantâ diligentiâ satisfecit! At à Schelstrato quærimus, cur non ejus rei aliquod monumentum proferat? An fortè in his reconditis gestis, quæ toti orbi hactenus ignorata, à se primùm edita jactat, fidei professionem in ipsâ consecratione factam invenit? Atqui nihil vetabat quin fieret, semel quidem privatim, coram electoribus ex synodi decreto, atque iterum publicè in ipsâ consecratione, sive post consecrationem : sed nempè placebat Schelstrato ostentare contemptam, etiam sine causâ, tantam synodum, tantosque fastus ad pontificiam dignitatem pertinere putat.

In eâdem sessione XXXIX, duo extant canones, quibus canonibus in episcopis transferendis inque spoliis vacantium Ecclesiarum capiendis, aliisque ejusmodi rebus, quid Romano Pontifici faciendum, sacrosancta synodus *statuit et ordinat* ³.

Occurrit Schelstratus, et hæc quidem decreta esse confitetur quæ « etiam Pontifices indubitatos tangunt : sed, inquit, nullam pœnam injungunt; nullam mentionem coactionis faciunt; prout tamen faciunt in decreto de schismatis tempore, ubi circa Pontifices tempore illo viventes, pœnas etiam privationis papatûs constituunt ⁴. »

Hæc quidem Schelstratus objicit; tanquam concilia nonnisi pœnâ adhibitâ jurisdictionem exerceant, jaceantque canones innumerabiles in corpore Juris sacrisque conciliis editi, in quibus prohibitio, nullâ licet anathematis aut pœnæ cujuslibet et coactionis mentione, constat. At profectò sæpè sufficit simplici interdicto ligari conscientiam; quod synodus Constantiensis apertè sibi tri-

---

¹ *Concil. Const.*, sess. XLIV, col. 241. — ² Schelst., *Diss. Antuerp.*, c. III, p. 69.
— ³ *Concil. Const.*, loc. jam cit., col. 241, 242. — ⁴ Schelst., loc. cit., cap. II, pag. 66.

buit in capite *Frequens,* decernendo scilicet, ut Papa ante finitum quodcumque concilium, probante concilio, futuri concilii tempus designare teneatur; neque nulla pœna tamen est, si futurum concilium designare Papa nolit, illud ab ipso concilio, etiam invito Papâ, statim designari. Cæterùm quis ignorat pœnas interdùm judicum prudentiæ reservari, neque minùs obligare ea quæ conscientiæ relinquantur; ut miremur à Schelstrato, haud indocto viro, lectorem talibus deludi magis?

CAPUT XVIII.

Idem demonstratur ex sessione XL, *et octodecim tum propositis reformationis articulis.*

Atque his quidem sessionis XXXIX canonibus, synodus Constantiensis reformationem aliquâ ex parte delibavit: cæterùm tantum opus ad vivum aggressura erat, postquam unus Pontifex constitutus esset. Cùm ergò res eò devenisset, ut abjectis aliis, unus Summus Pontifex crearetur, tùm verò, sessione XL, octodecim articuli reformationis diu examinati, *ac per nationes in reformatorio (a) oblati,* proponuntur cum hoc decreto [1] : quòd « futurus Pontifex per Dei gratiam de proximo assumendus (post octo scilicet dies) cum hoc sacro concilio, vel deputandis per nationes, debeat reformare Ecclesiam in capite et in membris, et Curiam Romanam,..... antequam hoc concilium dissolvatur, super articulis qui sequuntur, » octodecim illis scilicet sæpè memorandis. Illinc autem multa argumenta consurgunt.

[1] *Concil. Const.,* sess. XL, col. 243.

(*a*) In eâ Synodo, singulæ seorsim nationes de singulis rebus quæstionem habebant, et decreta in sessionibus tùm legebantur, cùm ab omnibus nationibus fuerant approbata. Hâc methodo quæstiones eò diligentiùs examinabantur, quòd nationes libentiùs inter sese concilia conferant. Quapropter in sessionibus publicis unanimes episcopi decretis subscribebant. Ea methodus obtinuit quoque in concilii Basileensi. *Reformatorium* illud, de quo dicitur sessione XL concil. Constantiensis, constabat ex deputatis nationum, quibus ea cura mandabatur, ut quærerent et proponerent quæcumque sibi reformatione indigere viderentur. (*Edit. Leroy.*)

Primum, quod jam tetigimus : Reformatio in capite et in membris, quò sessionis v decreta collimabant, exciso penitùs schismate et electo Pontifice, præcessura erat : ergò in eo decreto præscripta obedientia *cuilibet*, *cujuscumque status vel dignitatis*, *etiamsi papalis existat*, non ad schismatis tempus, sed ad ipsum quoque, omnium consensu, constitutum Pontificem pertinebat.

Atque ut pateat sanctum synodum, in sessione v, nihil aliud animo designasse, quàm id quod postèa executura erat, stet istud argumentum : In sessione xl, sancta synodus Pontifici statim à se eligendo legem dixit : ut nempè, cum ipsâ synodo, Ecclesiam et Curiam in capite et in membris, super certis articulis à synodo præscriptis, reformaret : atqui Pontifex mox eligendus, futurus erat certus et indubitatus Pontifex : ergò sancta synodus certo etiam ac indubitato Pontifici legem dixit.

Quid quòd articuli omnes, vel ferè omnes, Ecclesiam Romanam ac Sedem apostolicam spectabant? Id vel tituli docent : « De numero et qualitate cardinalium; de reservationibus; de annatis; de gratiis expectativis; de confirmationibus electionum; de causis in Romanâ Curiâ tractandis; de appellationibus ad Romanam Curiam; de officiis cancellariæ et pœnitentiariæ; de dispensationibus; de provisione Papæ et cardinalium [1], » et ejusmodi cæteris : quæ cùm absurdum sit ad schismatis tantùm tempora, et ad dubios tantùm Pontifices pertinere, omnia tempora et indubitatum quoque Pontificem designabant.

Neque obest quòd de his parùm in synodo actum, sive curiales reformationem eluserint, seu Patres, negotiorum mole obruti, secuturo concilio multa reservarint. Neque enim hîc inquirimus quid gestum sit, sed in sessionibus iv et v quæ mens synodi fuerit. Certè constat eam fuisse mentem, ut vel maximè reformatio fieret. Ergò etiam constat eam fuisse mentem, ut indubitatus, et ab ipsâ synodo constitutus Papa, quàm maximè synodo obediret. Nec elusa reformatio probat synodi auctoritatem infirmam, sed fortè hominum animos nimiùm fuisse perversos.

Huic probationi magnum robur accedit ex articulo xiii octodecim illorum, qui sessione xl propositi sunt : *Propter quæ et quo-*

[1] *Concil. Const.*, sess. xl, col. 243, 244.

modo Papa possit corrigi et deponi [1]. Atque equidem miror, quosdam Lovanienses aliosque censores nostros [2], eo loco abusos, ut sessionem v everterent : quasi sancta synodus sessione XL, omnibus jam obedientiis congregatis, in integro reliquerit, an Papa in concilii potestate esset. Neque adverterunt ea, quæ sessione v generatim designata essent, *de Pontifice* scilicet *debitè puniendo*, sessione XL plenè atque integrè perficienda proponi, expositis specialibus causis atque agendi modis; quæ adeo non pugnant cum iis, quæ sessione v gesta erant, ut alterum alteri necessariò conjunctum colligatumque sit. Porrò certissimum est sessionis XL decretum ità esse conditum, ut post extinctum schisma et sub indubitato Pontifice valeret. Ergò sessionis v decreta, ex mente concilii, etiam extincto schismate et sub indubitato Pontifice valitura erant.

CAPUT XIX.

Recapitulatio eorum quæ de mente concilii dicta sunt : solutio objectorum cap. III.

Profectò hæc concilii mens, hic sensus : ac si, malis urgentibus ac prævalentibus, tanti concilii, de reformatione ad unguem perficiendà, vota frustrata sunt; certa tamen fundamenta, quibus ea niteretur, posuisse juvabat. Denique si quis diligenter antedicta perpenderit, quove statu res Ecclesiæ essent, quidve illa optaret, quidve metueret, et quo indigeret, tot malis undecumque prementibus, et infando schismate ad cumulum ferè auctis, facilè intelliget, quàm ad sananda Ecclesiæ vulnera pertineret, ne ad solum schismatis, aut dubii Pontificis tempus, provisa remedia ipsaque adeò concilii decreta traherentur. Et ipsum quoque schisma aliud postulabat, cùm unicuique factioni addicti, suum Pontificem pro certo jactarent, ac pontificii nominis auctoritate mali abuterentur, boni etiam plerique turbarentur; atque inter

[1] *Concil. Const.*, sess. XL, col. 243, 244. — [2] *Disquis.*, p. 30 et 65. *Doct. Lovan.*, p. 70, 71.

schismatis mala, ac prodendæ pontificiæ majestatis metum fluctuarent. Quas inter angustias tantaque præsentia et ingruentia mala, si Patres Constantienses sibi asseruissent supremam potestatem in dubios tantum Pontifices, næ illi Ecclesiæ morbis inane remedium attulissent. Quare dubii Pontificis, nullâ vel tenui mentione factâ altiore et communiore ratione subnixi decreverunt, « quemcumque hominem, quâcumque dignitate, papali etiam, cuicumque concilio subjici oportere; » ut posteà omnes christiani, quocumque tempore et quocumque rerum statu, sive in schismate, sive extra schisma, seu dubium Pontificem, seu certum esse crederent, supremam conciliorum agnoscerent potestatem, in eâque acquiescerent. Quod quidem sancta synodus eo luculentiùs et firmiùs declarare ac definire teneretur, quia pars malorum maxima inde provenerat, quòd multi non satis synodo Pisanæ credidissent. Jam verò, his explicatis, nihil est facilius quàm adversariorum omnia argumenta, atque axiomata in eorum caput retorquere.

Nempè his agebant regulis : *Intelligentia dictorum ex causis est assumenda dicendi* [1]. Nos verò id fecimus, atque ex causis collecta est synodus; cùm illæ, non ad schismatis tantùm; aut ad dubii Pontificis tempus, sed ad omnia Ecclesiæ tempora referantur, ejus quoque decreta ad omnia tempora patere docuimus, *Ex contextu facienda est interpretatio* [2]. Nos verò gesta omnia ab ipsâ origine repetita revolvimus, atque hìnc doctrinam et Parisiensium et ecclesiæ Gallicanæ fixam invictamque esse monstravimus. *Ubi est apparens aliqua contradictio, capienda interpretatio est, quæ tollat contradictionem* [3]. Id verò meminerint; id enim semper agunt, ut synodi inter se decreta committant, nec unum ex alio elucident, sed evertant. Sic ea quæ in Viclefum à synodo Constantiensi intorta sunt sessione VIII; sic reformationem sessione XL propositam, in ipsis synodi sessionibus IV et V decreta convertunt. Nos ità conciliamus omnia, ut sibi cohærere et eodem ubique tenore processisse constet. Jam cùm ex optimis regulis, quas ipsi adversarii adducebant, sacrosanctæ synodi men-

---

[1] *Disquis.*, num. 80. Vid. sup., cap. III. — [2] *Ibid.*, num. 81. — [3] *Ibid.*, num. 80.

tem in sessionum iv et v decretis liquidò exposuerimus, haud minùs luculenter earum sessionem invictam auctoritatem adstruemus.

CAPUT XX.

Sessionibus iv *et* v *æquè ac reliquis concilii œcumenici auctoritas constat: an valeat Bellarmini responsio, earum sessionum decreta, à Florentinâ et Lateranensi synodis antiquata?*

Ac primùm auctoritas sessionum iv et v haud alio fundamento nititur, quàm quo tota synodus, ipso nempè concilii titulo: « Sancta synodus Constantiensis in Spiritu sancto legitimè congregata, generale concilium faciens, Ecclesiam catholicam militantem repræsentans, etc. »

Hæc de se statim synodus, prorsùs synodorum generalium more. Quærimus à nostris censoribus, an hunc titulum sessionibus iv et v detractum velint? Si velint, non catholica, sed mendax est synodus, pro universali sese venditans (*a*): si nolint, aut, volentes licèt, ipsa sanctæ synodi reverentia cohibet, fateantur necesse est, sessiones iv et v eâ auctoritate niti, quâ nulla major esse possit.

Ait quidem Bellarminus, « Constantiense concilium, quantùm ad primas sessiones, ubi definit concilium esse supra Papam, in concilio Florentino, et Lateranensi ultimo reprobatum [1]. » Anne expresso nomine concilii Constantiensis, ut sanè oportebat? Sic enim et Ariminensis, et Ephesina illa nefaria synodus expressè abrogatæ et condemnatæ sunt. An igitur Florentina, aut Lateranensis illa ultima synodus, Constantiensem synodum notavit ullo modo? Nusquàm. Sed, aiunt, contraria decreta protulit. Ergò

[1] Bell., lib. *de Conc. et Eccl.*, cap. vii.

(*a*) Je soutiens que le concile de Constance n'est pas œcuménique dans la ive et la ve session; mais je ne l'accuse pas de mensonge, je le dis dans l'erreur. Que devient donc votre alternative: ou œcuménique ou menteur? L'assemblée de Constance étoit moins sévère et moins scrupuleuse; elle crut pouvoir sans mensonge, comme nous le verrons dans le chapitre xxv, déposer plusieurs fois le titre de *concile général.*

jam non concilio abrogatur auctoritas : sed ipsa concilia quæ verâ auctoritate constent, pessimo exemplo inter se committuntur. Nos autem conciliorum Florentini atque Lateranensis decreta Constantiensibus esse contraria negamus et pernegamus; falsòque et temerè assertum id esse, prolatis gestis, suo loco demonstramus. Hìc interim id querimur, novo more atque à catholicis theologis alienissimo, concilia œcumenica opponi conciliis œcumenicis in eâ re, quæ ad ecclesiasticum dogma pertinet, negamusque unquàm in Ecclesiâ factum, ut alicujus concilii, quod se pro œcumenico gesserit, quale illud falsum Ephesinum fuit, in alio concilio œcumenico, doctrina damnetur, nisi priùs ipsa synodus antiquetur, mendaci œcumenicæ titulo insignita. Jam si concilia inter se non concilianda, sed committenda essent; quis Florentinum aut etiam Lateranense ultimum concilium, tàm paucorum episcoporum ac, dùm celebraretur, vix extra Urbem notum, Constantiensi anteponat, ubi teste Bellarmino, *Patres ferè mille*[1]; atque in his *episcopi ampliùs trecenti* adfuerunt; tanta hominum copia, ut eos Constantia urbs tanta non caperet, quemadmodum hujus temporis testantur historici[2]; quos inter eminebant tot ac tanti cardinales Romanæ Sedis atque potentiæ studiosissimi. Quis, inquam, æquus judex tam sancto conventui, ubi exitiale schisma extinctum, et res Ecclesiæ in pace sunt compositæ, ex ipso statim titulo non asserat auctoritatem ?

At enim non omnes, sed primæ tantùm sessiones abjiciuntur. Quasi verò nihil sit, ipsa tantæ synodi fundamenta concutere, idque ex proprio sensu, nullâ synodo, nullo auctore Pontifice. Quid verò non liceat, si hæc licent? Verùm omittamus certa licèt præjudicia, atque adversariorum objecta diluamus.

[1] Bell., lib. *de Conc. et Eccl.*, cap. vii. — [2] Vid. Cochlœ, lib. I, *Hist. Huss. et al. hist.*

CAPUT XXI.

An sessionum IV et V dubia sit auctoritas, quòd duæ obedientiæ defuerint? An Joannis XXIII obedientia tertia pars Ecclesiæ fuerit? An Joannes XXIII aut alii sessionibus IV et V contradixerint? Joannis Turrecrematæ et Joannis Gersonis loci.

Aiunt : Non erat tùm generale concilium, cùm tantùm adesset tertia pars Ecclesiæ [1] (quæ alibi fusè diximus, ut ostenderemus absurdum esse Ecclesiæ tertiam partem tantùm dicere tot populos tantaque regna quæ Joanni XXIII obediebant, hîc iterare non est necesse). Inter illa regna erat Hungaricum, misso quoque legato pro toto hoc regno Lamberto de Grolia [2]; quod ideò annotamus, ut intelligant censores nostri, majores quoque suos cum nostris majoribus in unam sententiam convenisse. Harum nationum regnorumque antistites ac legatos in eo catalogo legimus, quo descripta sunt illorum nomina, qui fœdus Narbonense (a) cum Aragonensibus pactum approbarunt [3].

Ut ut sit, inquiunt, duæ obedientiæ deerant. Certè; sed omnes convocatæ, et quidem auctoritate veri Pontificis, et ex decreto Pisani concilii generalis. An verò propter Hispanos et Scotos, aut etiam Apulos damnatis Pontificibus adhærentes, perditam Ecclesiam oportebat; nec licebat, tot tantisque ecclesiis vero Pontifici obedientibus, personam agere Ecclesiæ, resque ejus componere, aut earum agendarum fudamenta collocare? Esto, fuerint excusabiles, aut tolerabiles, qui Gregorio Benedictoque adhærebant. An proptereà reliquam Ecclesiam, ipsâ nixam veritate, auctoritate spoliabant, ac prohibere poterant, quominùs veris certisque decretis, saluti animarum atque extinguendo schismati provideret?

---

[1] *Doct., Lov.*, p. 77. Bell., lib. II, *de Conc.*, cap. XIX. Turrec., *de Eccl.*, lib. II, cap. XCIX. Vid. *Dissert. præv.*, num. 39 et 41. — [2] *Concil. Const.*, sess. XX, col. 190. — [3] *Ibid.*, col. 183 et seq.

(a) Nempè Narbone transactum fuerat inter Sigismundum imperatorem et Ferdinandum Aragonum regem, ut episcopi qui Ferdinando parebant, certis conditionibus suo Benedicto obedientiam denegarent et synodo se jungerent. Vid. *Tenor cap. concord.*, tom. XII *Conc.*, col. 178 et seq. (*Edit.*)

Sed addit Bellarminus : « Non aderat tum certus Papa in Ecclesiâ ; sine quo dubia de fide definiri non possunt[1]. » Certus, quem omnes omninò reipsâ agnoscerent, fateor : certus, qui meritò pro certo haberetur, et quem multò maxima pars Ecclesiæ reipsâ pro certo haberet (a), cæteris tantæ multitudinis comparatione perpaucis ; nec ipse Bellarminus inficias eat.

Instat : « In concilio nullus erat Papa : Joannes enim XXIII, qui concilium inchoaverat, jam inde recesserat, cùm quarta sessio haberetur[2] : » quasi è concilio turpiter aufugisse, hoc esset synodo abrogare potestatem. Atqui ipse Joannes postridie quàm abiit, missis ad imperatorem et ad synodum legatis, *datâque creditivâ litterâ* testabatur *se propter sanitatem corporis secessisse.* Hanc turpi fugæ excusationem obtendebat ; cæterùm *omnia impleturum quæ synodo promisisset*[3].

Bellarminum secutus auctor anonymus *Doctrinæ Lovaniensium* hæc addit : « Nec desunt qui asserant, quòd non omnes illius primæ congregationis consenserint illi decreto sessionum IV et V ; » nec ipse Joannes XXIII adhibuit « consensum, vel auctoritatem suam : dicitur enim fuisse conquestus, post abscessum suum aliqua esse decreta erronea et falsa adversùs auctoritatem Romani Pontificis[4]. » Hæc ille ex Joanne Turrecrematâ retulit. Quo loco multùm utuntur, qui nostra impugnant, ac præsertim ille, qui de Libertatibus Gallicanis scripsit auctor anonymus. Atque is quidem laudat Joannem à Turrecrematâ cardinalem, ut « de rei veritate optimè instructum, ac gestorum ex parte ocu-

---

[1] Bell., loc. jam cit. — [2] *Ibid.*, et *Doct. Lov.* pag. 77, ex Turrecr. — [3] *Concil. Const.*, sess. IV, col. 20, 21. — [4] *Doct. Lovan.*, p. 69, 73, 77, ex Turrecr.

(a) S'il falloit admettre ce raisonnement, tout seroit certain, il n'y auroit plus rien de douteux dans le monde. Je doute vraiment qu'Annibal se soit ouvert une route avec du vinaigre à travers les rochers des Alpes ; vous croyez vous, permettez-moi de le supposer, que le vinaigre bouillant dévoroit le granit ou le faisoit sauter en éclats : voilà donc, selon vos principes, le fait certain, hors de doute. Mais pour revenir au temps du schisme, aucune obédience ne pouvoit croire avec certitude que Grégoire, Jean ou Benoît fût le véritable Pape, puisqu'il étoit regardé comme antipape par les autres obédiences. L'illustre auteur le reconnoît lui-même dans certaines circonstances ; il nous a dit plus haut, dans un passage que nous avons traduit ci-dessus, pag. 579 : « Les choses parurent tellement obscures,... que les nations et les royaumes, les princes et les évêques, même les saints célèbres par leurs miracles, prirent au milieu de ces complications inouïes, dans l'incertitude du droit et du fait, des partis contraires. »

latum testem, ac pro suo merito fide dignum [1]. » Id prætermisit, ab eo cardinale hæc fuisse scripta post Basileense dissidium : quo tempore Turrecremata Eugenianarum partium antesignanus, cùm Constantiensis concilii auctoritate premeretur, nullum videbat effugium, nisi, quoad poterat, Constantiensium canonum et sensum obscuraret, et auctoritatem infringeret. Itaque cùm acta publica deessent, ipsos etiam rumores aucupatus, ea scripsit quæ Joannes XXIII coram oratoribus Gallicanis iratus effudisse diceretur. Jam verò quis dicat admittenda quidem ea quæ ab uno viro eoque addicto partibus, memorantur; contemnenda verò quæ sunt in actis publicis expressè notata? Nempè hæc consensum et auctoritatem publicam manifestè exprimunt, non item quod incertâ tantùm quorumdam relatione nititur. Nec verò aliud innuit Turrecremata, dùm nullo tantæ rei appellato teste, solùm ait : « Dicitur enim fuisse conquestus post abscessum suum aliqua esse decreta erronea et falsa adversùs auctoritatem Romani Pontificis. » Hæc anonymus repetit. At virum gravem non decet his moveri, quæ dicantur, et in aera jactentur, dùm interim ex actis ipsis synodi, duo hæc constant; nempè sessioni IV ducentos Patres adfuisse; et sessioni V adscriptum, lectis articulis, *concilium eos uniformiter approbasse et concludisse*. De Joanne verò XXIII quid dicam, quem ex actis constet, etiam post fugam synodo adhæsisse, ac posteà iteratis vicibus ultrò confessum « quòd turpiter à concilio recesserat; quòd vellet stare definitioni concilii; quòd Constantiense Pisani continuativum errare non posset; quòd synodi sententiam, etiamsi in se latam, cum birreti depositione acciperet, confirmaret, approbaret quantùm in se esset [2]? » Quæ ergò synodus intelligeret, eo vel invito per sese valitura, quis, eo quoque assentiente, valere negaverit?

Neque verò nostrâ interest, quid ipse Joannes privatim aut clanculum demurmuraverit; sed quid ad synodum apertè professus sit. Neque ego diffiteor ei adfuisse, ut principibus solent, adulatores pessimos (a) cùm ab Alliacensi cardinale notatum

---

[1] *De Libert.*, etc., lib. V, c. XV, n. 2. — [2] *Concil. Const.*, sess. XI, XII, col. 87, 88, etc.

(a) On parle de flatteurs d'un bout à l'autre de cet ouvrage : pourquoi? dans

videam quemdam, « qui inter fautores et adulatores ejus, velut anguis in herbâ latitaret, qui eum lacte erroris nutrientes, ad exterminium deduxerunt [1]. »

Neque etiam moror quid illi Pontificis insusurraverint auribus fœdi adulatores; sed quid ipsa synodus votis communibus atque suffragiis definiverit; quod unum inquirimus. Auctor anonymus [2], aliique passim mirum in modum se efferunt his Joannis Gersonis verbis: « Ante celebrationem sacrosanctæ hujus Constantiensis synodi, sic occupaverat mentes plurimorum litteralium, magìs quàm litteratorum ista traditio, ut oppositorum dogmatizator fuisset de hæreticâ pravitate suspectus vel damnatus. Hujus rei signum accipe, quia post declarationem, et quod urgentius est, post determinationem et practicationem ejusdem sanctæ synodi inveniantur qui talia passim asserere non paveant [3]. «

Quæ cur viri graves tanti faciant, non equidem hactenùs intelligere potui. Quid enim novi quòd, ante rem definitam, in diversam sententiam multi abierint? Aut quis nesciat post res etiam definitas, non defuisse synodis, etiam optimè gestis, obtrectatores suos? Sanè quod Gerson memorat: « Qui Constantiensia dogmata tuerentur, ante sacræ synodi celebrationem de hæreticâ pravitate suspectos vel notatos, » ad Benedicti XIII, cui Galli parebant, tempora pessima referendum. Is enim superbissimus atque ambitiosissimus, qui contra se hiscere auderent ac synodum implorarent, diris devovebat, quod jam ex actis constitit [4], Atque hunc pessimum morem, et ab alto imbibitum adulationis virus Gerson irridens, *traditionem* vocabat, qualem certè in Judæis improbavit Christus. Ipse cum cæteris veram et apo-

---

[1] Petr. All., *de Eccl. auct.*, p. 111, cap. III, jam sæpe cit. — [2] *De Libert.*, etc., lib. V, cap. xv, n. 7. — [3] Gers., *de Potest. Eccl.*, cons. XII. — [4] Vid. sup., hoc lib., cap. IX; et S. Anton., tom. III, *Hist.*, lib. XXII, § v et seq.; et Rain., an. 1409.

quel but? à quelle fin? de quel droit, grand Dieu! de quel droit? Aussi longtemps qu'il y aura des hommes cupides et dissimulés, ambitieux et fourbes, égoïstes et rampants, aussi longtemps il y aura des flatteurs. Les flatteurs distillent partout le venin qui enfle la sottise et l'orgueil; mais où sont-ils le plus dangereux? Dans la cour des Pontifes vicaires de Jésus-Christ, ou dans la cour des rois princes de ce monde?

stolicam traditionem tuebatur. Jam qui hæc objiciunt, viderint an litigia judiciis, ipsisque judicibus in Ecclesiæ catholicæ cœtu sedentibus, obtrectatores anteponendos putent.

CAPUT XXII.

Quòd inter catholicos certum sit, concilium Constantiense jam inde ab initio, et ante adunatas obedientias fuisse œcumenicum : Bulla Inter cunctas *à Martino V,* sacro approbante Concilio, *edita Constantiæ.*

Denique, ut uno verbo totum negotium transigamus, judicata res est; totaque illa de duabus obedientiis absentibus, deque sessionibus nullo Pontifice habitis, argumentatio spontè jacet. Nemo enim negat decreta sessionum VIII, XIII, XV, circa Viclefum et Hussum, et circa communionem sub unâ specie, et circa Joannis Parvi propositionem de cædendis tyrannis, aliaque de fide, plenâ œcumenicæ synodi auctoritate esse facta. Atque illas sessiones æquè ac quartam et quintam constat esse celebratas, antequam omnes obedientiæ convenissent. Ergò ante conjunctionem illam, concilii generalis apud Constantienses valebat auctoritas, ac sessionum IV et V decreta pari cum cæteris potestate omninò constant.

Respondent[1], quæ adversùs Viclefum et Hussum decreta fuerant, à Martino V fuisse approbata, Decretali *Inter cunctas :* nihil autem prætereà ab eo Pontifice confirmatum.

Verùm enim verò attendere debuissent nihil hîc novi decrevisse Martinum : sed quæ à concilio œcumenico, de Viclefi atque Hussi erroribus rectè jam et ordine gesta essent, episcopis et inquisitoribus exequenda mandasse. Id ipsius diplomatis probat series. Hæc deinde Martinus V interrogata subdit, quibus tentari debeat is, cujus fides suspecta sit : « Utrum credat quòd quodcumque concilium generale, et etiam Constantiense, universalem Ecclesiam repræsentet? Item quòd illud, quod sacrum concilium Constantiense Ecclesiam universalem repræsentans, approbavit et

[1] *Disq.*, pag. 21.

approbat in favorem fidei et ad salutem animarum; quòd hoc est ab universis Christi fidelibus approbandum et tenendum, et quod condemnavit et condemnat, esse fidei vel bonis moribus contrarium[1]. »

En quod sancta synodus approbavit et condemnavit circa Viclefi, Hussique propositiones sessionibus VIII et XV, nondùm licèt adunatis obedientiis; en quod approbandum et condemnandum Martinus præcisè proponit, ut jam approbatum et condemnatum à concilio œcumenico, quod Ecclesiam catholicam repræsentaret. Pergit : « Utrum credat quòd dictæ condemnationes (a) per sacrum generale concilium ritè et justè factæ sunt : » *ritè*, quoad ordinem; *justè*, quoad rem ipsam : quod iterum iterumque inculcat et urget; ut quod in concilio generali decretum et peractum erat, jam observandum omnibus credendumque relinquatur. Qui ergò concilio Constantiensi ante adunatas obedientias œcumenicam detrahit auctoritatem, non modò toti synodo, verùm etiam Martino V et fidei catholicæ contradicit.

Neque verò his nocet, quòd Martinus V sessionum IV et V nullam fecerit mentionem; neque enim aut memorat prolatam de Joannis Parvi hæresi sententiam[2], quæ haud minùs habetur pro œcumenici concilii sententiâ : neque aliud quidquam præter ea, quæ in Viclefum Hussumque gesta sunt. Quin etiam vidimus Bullæ *Inter cunctas*, insertam à Martino V censuram concilii in Viclefi propositionem XLI, quâ censurâ constet, *Ecclesiam Romanam ità supremam esse*, quatenùs eo nomine *universalis Ecclesia, aut concilium generale* intelligitur : Papam verò ita supremum, quatenus *primatum habet super alias ecclesias particulares*. Hæc exscribit Martinus V : hæc ad fidem catholicam pertinere intelligit. Quæ nos ex sessionibus IV et V manasse, cum iisque apta et connexa esse, luce clarius demonstravimus[3] : quo liquet Martinum V iis sessionibus assensisse, qui connexa et consentanea probaverit.

Neque mirum. Ipse enim Martinus, unus fuit eorum cardinalium, qui subscripsit cum aliis ei declarationi, quâ Papam œcu-

---

[1] Bull. *Inter cunctas*, col. 268. — [2] *Concil. Const.*, sess. XV, col. 144. — [3] Sup., cap. XV.

(a) Nempè Viclefi, Joannis Hussi et Hieronymi à Pragâ.

menicæ synodo subesse testabantur[1]. Is eo fundamento nixus, in Pisano concilio et Constantiensi, nunquàm ab aliorum Patrum sententiâ discrepavit. Itaque cùm Bullâ *Inter cunctas*, primarum sessionum decreta, tanquam œcumenicæ synodi acta veneratur, id tantùm Pontifex mandat exequendum, quod Prælatus et cardinalis cum aliis jam fecerat et constituerat.

Pari ratione solvitur ea objectio, quòd absente Papâ, synodi œcumenicæ auctoritas constare nequeat : cùm iis sessionibus, quas Martinus V, totâ synodo approbante, pro œcumenici concilii veris sessionibus agnoscit, haud minùs quàm sessionibus IV et V Romanum Pontificem defuisse constet.

Quamobrem ruit funditus illa objectio, quæ ex diversis obedientiis nondùm adunatis petebatur. Nec ullum periculum nostrorum Parisiensium sententiæ imminet ab aliis obedientiis, quæ primùm unanimi consensu Bullam *Inter cunctas* Martini V approbarint, tùm declarationi ipsius concilii Constantiensis primis sessionibus superstructæ, in idem ædificium, atque omninò in idem corpus coaluerint, totamque sacræ synodi doctrinam imbiberint; cujus quidem doctrinæ, si quam partem suspectam habuissent, nonnisi eâ expressè reprobatâ synodo adhæsissent.

CAPUT XXIII.

An novæ concilii convocationes, Gregorii et Benedicti obedientiis Constantiam advenientibus, pacis studio factæ, antecedentium sessionum auctoritatem infringant? Ac primum de suscepto Gregorio, sessione XIV.

Neque illa obstat ab auctore anonymo *Doctrinæ Lovaniensium*[2] aliisque jactata, adunatis demum obedientiis, nova concilii convocatio, quæque ad eam mentem facta sunt. Hæc enim sunt synodi, non de suâ auctoritate dubitantis, sed apostolicâ charitate sustentantis infirmos. Jam quidem fortiores animæ, amborum contendentium, tanquam sua quærentium, jugum excusserant,

---

[1] Vid. Rain., tom. XVII, an. 1408, n. 9 : sup. hoc lib., c. IX. *Diss. præv.*, n. XL. — [2] *Doctr. Lovan.*, p. 69, 70.

ac maximam Ecclesiæ partem ad pacem adduxerant; sed tamen infirmi supererant, qui ad hæc fortia exsurgere, aut ex obortis dubiis, quæ saltem probabilia viderentur, extricare se non poterant. Quid igitur agendum? Multi suadebant bello adigendos ad obedientiam; atque erat, quam *viam belli* vocabant[1]. At Petrus de Alliaco et Academia Parisiensis, et optimus quisque, et sacrosancta synodus, cruenta remedia respuebat. An igitur in fœdo schismate relinquendi? Alia omnia postulabat fraterna ac materna charitas, et apostolicum illud, ut *firmiores imbecillitates infirmorum sustinerent*[2]. Hinc novæ illæ convocationes admissæ sunt, illæsâ synodi auctoritate, cùm nihil profectò lædat, quæ omnia potiùs sanat, charitas.

Quare sessione xiv, cùm accederet ad synodum jam Constantiæ congregatum Gregorii XII obedientia; nova quidem facta est ipsius Gregorii nomine, per ejus procuratores convocatio et confirmatio[3], Sed postquam ea omnia facta sunt, synodus sic pronuntiat : « Eam convocationem, auctorizationem, approbationem et confirmationem à Gregorio nunc factas, quantum ad ipsum spectare videtur, in omnibus et per omnia admitti : quia abundans ad certitudinem pro bono cautela nemini nocet, sed omnibus prodest. » Hæc docent synodum per se stantem, convocatam tamen à Gregorio, non quidem absolutè, sed *quantum ad ipsum spectare videbatur :* neque ex necessitate, sed *ex abundanti.*

Eâdem ratione sacra synodus Joannis XXIII jam depositi consensionem, et *quantum in ipso esset,* sententiæ synodalis confirmationem admisit[4]. Quas res Joannes Gerson præsens, earumque pars maxima *ad cautelam et humili quâdam condescensione factas,* et ipse credidit, et coram totâ synodo concione habitâ prædicavit[5]. Neque convocatorium Gregorii decretum in provincias pro more missum est; sed tantùm in synodo lectum, ut ea convocatio ad œconomiam quamdam atque indulgentiam, non ad ipsam rei, ut vocant, substantiam pertineat. Sic synodus suæ conscia majestatis, et constantiæ retinens, infirmis quoque ac dubiis animis consulebat.

[1] *App.,* tom. XII *Conc.,* col. 1443. — [2] *Rom.,* xv, 1. — [3] *Conc. Const.,* sess. xiv, col. 107. — [4] *Concil. Const.,* sess. xii, col. 96. — [5] Gers., *Serm. de viag.,* etc., direct. iv, tom. II, col. 275.

Eodem pacis intuitu, in eâdem sessione admissum est Gregorii de papatûs abdicatione mandatum, cum hâc professione, quòd cùm hunc papatûs titulum *clarum certumque* haberet, permissum etiam ei sit, ut quibuscumque verbis papatum tueretur, quem reipsâ abdicaret.

Quamobrem in eodem diplomate procuratoribus seu legatis suis facultatem dabat, « vice suâ convocandi et auctorizandi generale concilium, remotâ tamen, inquit, omninò Baltasaris præsidentiâ et præsentiâ [1] : » quæ quidem sancta synodus nullo suo detrimento concedebat; cùm Joannes jam depositus sententiæ acquievisset, cautumque esset, ne aut ipse, aut Gregorius, aut Benedictus eligi possent.

CAPUT XXIV.

Exemplum singularis, in ejusdem schismatis casu, indulgentiæ et condescensûs.

Scilicet ut tuta præstarent omnia, omnes in unum titulos congerebant, ne ex levi quoque scrupulo, tanquàm ex tenui scintillâ tota exosi schismatis flamma resurgeret. Quod tunc usque adeò hærebat animis, ut Martinus V, duodecimo pontificatûs anno, cùm per tot annorum spatium, ac totâ jam Ecclesiâ egregius ac stabilitus Pontifex coleretur, fictitii Clementis cessionem, Petri cardinalis Fuxensis operâ impetratam, magni beneficii loco duceret.

Hæc advertat lector diligens. Petrus de Lunâ in Constantiensi concilio à tribus jam obedientiis anathemate damnatus, desertusque à suis penè omnibus, et tamen in papatu tuendo ad mortem usque obstinatissimus, nescio quem Ægidium Munionem, canonicum Barcinonensem, successorem habuit. Is anno 1422, Petro mortuo, à tribus cardinalium larvis electus, Clementis VIII nomen accepit. Tota illi Ecclesia erat Paniscolensis rupes, in Cataloniâ castellum exiguum, extremum Petri de Lunâ schismatisque perfugium. Favebat occultè rex Aragonum Alphonsus,

[1] *Concil. Const.*, sess. XIV, col. 106.

Martino V infensus, tantoque Pontifici inane Pontificis spectrum opponebat, totâ Ecclesiâ partim irridente, partim etiam indignante. Et tamen, ut ea larva è medio tolleretur, pace jam cum Alphonso rege factâ, missi regii oratorès; in his Alphonsus Borgia, posteà Calixtus (III) Pontifex maximus, qui falsum Clementem ad abdicationem inducerent. Missus Petrus cardinalis Fuxensis vir per eam ætatem, et genere, et rerum gestarum gloriâ clarus, qui reliquias schismatis extingueret; cujus acta sic habent apud Odoricum Rainaldum, ad annum 1429 : « Dominus Ægidius in sessione publicâ, indutus papalibus insigniis, in castro Paniscolæ, primitùs et ante omnia pro serenitate conscientiæ suæ et suorum sequacium, ut dixit publicè et solemniter, omnes processus, sententias, fulminationes et censuras, depositiones, inhabilitationes, per suum prædecessorem Benedictum Papam XIII in suâ obedientiâ nuncupatum, et ipsum in suo prætenso pontificatu, contra omnes et singulos ei non obedientes, specialiter contra Odonem de Columnis, quem secundùm eorum opinionem reputabant antipapam et schismaticum, et omnes sibi adhærentes, factas, pronuntiatas et fulminatas, per suas litteras et prætensas Bullas plumbeas expressè revocavit; et omnes illos, qui præfato Domino Odoni adhæserant, et specialiter ipsum Odonem de Columnâ ad omnes dignitates et honores, et specialiter ad papatum habilitavit, restituit, et redintegravit. Deinde idem Ægidius proposuit solemniter coram omnibus, qualiter electus ab ibidem præsentibus suis fratribus, prætensis cardinalibus, papatum recepit; non ad alios fines, quàm ad hoc principaliter, ut per ejus medium Dei Ecclesiæ vera et indubitata unio sequeretur : etiam à primis diebus suæ novæ assumptionis ad apostolatum veraciter in animo disposuit, pro tanto bono unionis Ecclesiæ Dei, sponte et liberaliter se velle renuntiare honori et officio papali. » Quod reverà præstitit; « confitens expressè viam renuntiationis hujusmodi esse viam planiorem, utiliorem, securiorem et breviorem ad consequendam veram et indubitatam unionem Ecclesiæ Dei[1]. »

Quin etiam umbraticus Pontifex Bullam plumbeam super cessione suâ edidit [2], sub hoc titulo : *Clemens Episcopus, servus*

Rain., tom. XVII, an. 1429, n. 2. — [2] Vid. tom. XII *Conc.*. col. 407.

servorum Dei, cujus hæc verba referre placet : « Hinc est quòd nos propensiùs attendentes, quòd quantò validiora, certiora et firmiora sunt in hujusmodi apostolatùs officio jura nostra, tantò laudabiliùs ea ducimus pro pace ac redintegratione religionis christianæ relinquere. » Quo fundamento posito hæc subdit : « Omni juri papatùs, oneri et honori, ejusque titulo et possessioni....., quam habemus.....: non vi, dolo seu metu....., sed simpliciter, purè, liberè et sponte, ac ex certâ scientiâ, et de plenitudine potestatis, assistentibus nobis venerabilibus fratribus nostris sanctæ Romanæ Ecclesiæ cardinalibus, necnon præsentibus.... Alphonsi regis Aragonum..... ambassiatoribus...., cedimus et renuntiamus....; papalia deponentes insignia, ad efficaciam veræ ac desideratissimæ unionis Ecclesiæ sanctæ Dei.... Datum Paniscolæ Dertusensis diœcesis, 7 Kalendarum Augusti, pontificatùs nostri anno quinto. » Prorsùs eo more rituque, atque etiam verborum majore magnificentiâ, quam Angelus de Corario seu Gregorius XII, abdicaverat.

Neque eo contenti fuere; sed post eam abdicationem falsi Clementis, ejus cardinales, tanquàm vacante Sede, ad novum Pontificem eligendum, locum conclavis postularunt, quo pro more conclusi, « nemine discrepante, per viam Spiritùs sancti, reverendissimum in Christo Patrem et Dominum Odonem de Columnâ, in suâ obedientiâ nominatum Martinum V, quem ipse Dominus Clemens..... ante suam cessionem, tollendo sententias et processus contra ipsum ratione schismatis latos et factos, habilitarat, de apostolicæ potestatis plenitudine, usque ad summum pontificium inclusivè, in Romanum Pontificem.... ac beati Petri successorem concorditer elegerunt [1]. » Atque hujus electionis publicum instrumentum ab Alphonsi regis oratoribus pontificio legato statim est traditum.

Quid igitur? Nisi larva Pontificis Martinum V *habilitasset* ad pontificiam dignitatem; nisi loco cessisset; nisi umbratici cardinales eumdem Martinum elegissent, non ei tota sua constabat auctoritas, ac decreta Constantiensia fluctuabant? Absit. Sed tamen hæc omnia facta sunt, quòd catholici spectarent, non

---

[1] Vid. tom. XII *Conc.*, col. 408.

solùm vera jura titulorumque certam auctoritatem, sed etiam firmum et tutum consensionis effectum, ut infirmi nihil haberent quod jam mutire possent.

Quæ quidem cùm accepisset Martinus Pontifex, referente Rainaldo [1], *ingenti gaudio affectus est, datisque litteris, legato cardinali* plurimùm gratulatus; Ægidium Munionem Baleari episcopatu, Alphonsum verò Borgiam, quo suadente abdicaverat, Valentino archiepiscopatu donavit. Tantâ mercede eos honestavit, tantâque operâ, etiam profligato schismate, tamen ad muniendam pacem, inania etiam jura inanesque titulos conquirebant.

Non ergò mirum, si eodem adhùc vigente schismate, Constantienses Patres Gregorio XII tanta permiserint; cùm pariter declararent, *hanc convocationem et auctorizationem* Gregorii admittendam esse, *quantum ad ipsum spectare videretur*[2]: non quantum ad synodum, neque ex necessitate, sed *ex abundanti* esse, ut et Gregorii ejusque sequacium scrupulis caveretur et sua interim sacrosanctæ synodo constaret auctoritas.

CAPUT XXV.

De sessionibus xxii, xxvi, xxxv, *quibus Aragonenses, Navarrici et Castellani suscepti sunt.*

Eodem animo actum cum Aragonensibus aliisque Hispanis, qui rejecto Benedicto Sigismundi imperatoris operâ, ex pacto Narbonensi sessione xxii ac sequentibus, Constantiensi se synodo conjunxerunt: quæ compositio Narbonensis, Constantiæ in sessione xx lecta et approbata est [3]; ac posteà, præsentibus legatis Ferdinandi regis Aragonum, sessio xxii celebratur [4]. Et statim quidem decretum editur consueto ritu: scilicet, *sacrosanctæ generalis Synodi* (a) *Constantiensis* nomine: mox, uti fœdere Narbo-

---

[1] Rain., an. 1429, n. 3. — [2] Vid. sup., cap. præced. — [3] Vid. *Concil. Const.*, sess. xx, col. 178.— [4] *Ibid.*, sess. xxii, col. 192, 193.

(a) L'éditeur dit dans une note de la traduction: « Le mot *generalis* n'est pas dans ce décret; je ne sais comment cette légère faute a échappé à la scrupuleuse

nensi pactum erat, deposito titulo, datæ sunt ad eumdem regem Aragonum, nomine *cardinalium aliorumque prælatorum, Constantiæ in Christi nomine congregatorum*[1], litteræ, quibus eum ejusque prælatos Constantiam convocarent. Quo facto, oratores regis Aragonum, eos à quibus ipsi convocabantur, *prælatos et cæteros Dominos* Constantiam convocabant : qui scilicet jam præsentes aderant, totoque orbe conscio, plus annum integrum conciliari potestate agebant, responsumque est statim à Patribus Constantiensibus : *Nos dictam convocationem acceptamus*[2]. Continuò, nec dimissis in Aragoniam aliasve provincias novæ convocationis litteris, nedùm expectato responso, mutua facta conjunctio est ; ac sancta synodus multa decrevit, sub titulo consueto, *sacrosanctæ generalis synodi Constantiensis in Spiritu sancto legitimè congregatæ :* ut unà in sessione, si spectes titulos, synodus ter sortem mutaverit [2].

Ac ne Aragonenses antistites generali synodo deesse putarentur, ibidem promulgatum est sacri concilii decretum : ut regis Aragonum oratores, non provinciarum delegatione, sed ipsius synodi auctoritate sic agerent, atque in synodo sententiam ferrent, ac si omnes earum partium repræsentarent ecclesias ; quæ non ex ecclesiasticà disciplinà, aut rei veritate, sed οἰκονομικῶς, ac pacis gratià, summàque indulgentià et condescensione facta esse, res ipsa clamat.

Eodem ritu modoque legati Navarræ regis (Caroli), sessione XXVI, ac Joannis regis Castellæ et Legionis, sessione XXXV suscepti, utrâque sessione nova fit convocatio [3]. Iterum synodus œcumenicæ titulum deponit statimque resumit ; atque interim interjectæ sessiones œcumenicæ synodi titulo celebrantur ; quæ

---

[1] Vid. *Conc. Const.*, sess. XXII, col. 193. — [2] *Ibid.*, col. 196. — [3] Vid. *Concil. Const.*, sess. XXVI et XXXV, col. 207 et 224.

exactitude de l'auteur. Au reste, la preuve donnée dans tout ce chapitre n'en est pas moins solide : car il est toujours vrai que le concile de Constance, ayant quitté pour un instant le titre de *général*, le reprit aussitôt après. » L'assemblée disoit *les cardinaux et les autres prélats réunis au nom de Jésus-Christ*, lorsqu'elle convoquoit les autres obédiences ; puis elle reprenoit le titre de *concile général*, quand elle les voyoit dans son sein. Cela prouve-t-il qu'elle avoit la pleine conscience de son œcuménicité? Quel concile vraiment œcuménique a jamais renoncé à ce titre?

res omnibus sessionibus, jam inde ab initio universalis synodi nomen dignitatemque asserit. Nam ad ipsam quidem, quæ se ab initio pro universali gereret, omnes accurrunt, ipsa immota stat: atque illa, suæ licèt conscia dignitatis, id infirmis tribuit, ut venerandum nomen, terque quaterque deponere videatur; sed ut majore semper consensione recipiat. An igitur toties, atque etiam in unâ, ut vidimus, XXII sessione, œcumenica esse et perstat, et desinit, et incipit? Neutiquam. Sed οἰκονομικῶς, pacis atque infirmorum gratiâ, et nomen deponit, et rem tuetur. Et quemadmodum sacra synodus, licèt in gratiam Castellanorum ultimò adventantium, sessione XXXV, nomen œcumenicæ tantisper deposuerit; tamen haud immeritò illud acceperat, et sessione XXVI, in quâ Navarrici, et XXII, in quâ Aragones accessere. Sic, tametsi eum titulum in Aragonensium gratiam tantisper dimiserit, haud minore jure illum acceperat, et sessione XIV, accedente Gregorio, et ante eam sessionem, ab ipso convocationis et celebrationis initio.

CAPUT XXVI.

Ex ipsâ rerum serie antedicta confirmantur.

Quin ipse rerum tenor eam œconomiam probat, quam assertum imus. Neque enim aut Gregorius, ejusve seu Benedicti asseclæ, cùm ad synodum accederent, id sibi vindicarunt, ut antè gesta velut ad incudem revocarent; aut ab iis postulatum, ut ea, tanquàm essent infirma vel dubia, approbarent, rataque habere vellent; sed ea omnia, non aliter quàm ipsâ rerum serie et consecutione firmantur. Id ipsa in Benedictum gesta manifestant. Certè enim post susceptos, sessione XXII, Aragonenses, sessione XXIII adversùs Benedictum juridica *informatio* decernitur, idque sub œcumenicæ synodi titulo, nihil expectatis Navarricis, prope diem, sessione scilicet XXVI, adventuris : quibus advenientibus, novâ licèt covocatione factâ ac deposito tantisper synodi œcumenicæ titulo, non tamen antè gesta iterantur; sed tenore suo causa procedit. Itaque, sessione XXIV, Benedicti *citatio* promulgatur : sessionibus XXIX et XXXIII declaratur contumacia, sessione XXX, subtracta Benedicto obedientia approbatur, aliaque multa fiunt maximi ad causam ponderis. Quæ omnia, Castellanis adventantibus, sessione xxxv, novâque concilii convocatione promulgatâ, adeò non infirmantur, ut statim, sessione xxxvii, ultima et peremptoria adversùs Benedictum sententia pronuntietur : quæ tamen non valeret, nisi et informatio, et citatio, et contumaciæ declaratio anteà valuissent. Certum igitur est, novis illis synodi convocationibus, pacis studio ex indulgentiâ factis, nihil ipsius synodi auctoritatem infringi; idque agnitum ab iis etiam qui eas fieri postulassent.

Quòd si respondetur valuisse illa quidem, sed tamen ex consensu tacito Navarricorum, aut etiam Castellanorum, qui ultimo loco advenerint; quanquam id absurdum est, tamen ad rem nostram sufficit. Sic enim omninò constat quæcumque ab initio à Joannis XXIII obedientiâ gesta, ea, advenientibus reliquis obedientiis, ipsâ conjunctione ac rerum prosecutione valuisse. Neque enim retractatum quidquam de rebus anteà, atque ab initio ipso, in synodo gestis; neque magìs de sessione viii actum est, ubi damnatus Viclefus, ante susceptum Gregorium, aut de sessione xv, ubi damnatus Hussus, proscriptaque propositio Joannis Parvi de cæde tyrannorum, ante Hispanos adunatos, quàm de iv et v sessionibus, ubi conciliorum supra Pontificem declarata est potestas. Nihil, inquam, de iis actum, nihil retractatum fuit; sed ipsâ conjunctione membrorum Ecclesiæ, hæc atque illa decreta æquè firmata sunt.

Neque objicias, ideò constitisse facta adversùs Viclefum Hussumque decreta, quòd Bulla *Inter cunctas*, quâ hæc decreta firmantur, omnibus obedientiis adunatis, sacro approbante concilio, sit edita. Hoc enim ipsum est, quo vel maximè vicimus, cùm demonstratum fuerit [1]. Viclefi et Hussi propositiones ità referri in Bullâ *Inter cunctas*, non ut quæ tunc à synodo generali damnentur; sed ut quæ jam anteà à synodo generali, Constantiensi scilicet, quòd universalem Ecclesiam repræsentaret, damnatæ atque proscriptæ sint : quod cùm approbarint Gregoriani atque Hispani præsules, nihil aliud egerunt, quàm ut sessiones,

[1] Vid. sup., cap. xxii.

ipsis quoque absentibus celebratas, ut veri œcumenici concilii sessiones et acta approbarent.

Non ergò ab illis requirendum fuit, ut sessionum IV et V decreta expressè approbarent, cùm præsertim ea essent, quibus universa synodi acta, et ante adunatas, et post adunatas obedientias niterentur. Hoc fundamento nixi Hispani, cum reliquâ synodo Benedictum suum deponebant ; quem usque adeò pro vero certoque habebant Pontifice, ut synodo declararent, non posse ullum à se pro Pontifici agnosci, nisi Benedicto mortuo, vel renuntiante, vel deposito canonicè [1]. Ergò eum à synodo deponi, ejus sententias, ejus anathemata solvi postulabant, atque ità ex decretis sessionum IV et V ipsum Pontificem, à se verum habitum, synodo submittebant [2].

Neque alio ex fonte illa repetita toties de reformatione decreta manarunt. Neque enim eam in capite et membris fieri, una Joannis XXIII obedientia ; verùm id vehementissimè, et Gregoriani sessione XIV, et Hispani Benedicti asseclæ sessionibus XX et XXII, postulabant. Denique quoties aliqua Ecclesiæ pars Constantiensi se synodo adjungeret, toties inculcatum, ut in capite et membris fieret reformatio ; idque sacræ synodi auctoritate, quæ proinde caput suum suâ potestate suisque decretis comprehensura esset.

Hùc spectant ea decreta, quæ omnibus obedientiis adunatis, unanimi consensu sunt promulgata. Unanimi consensu tres obedientiæ unitæ protulerunt caput illud *Frequens* [3] aliaque capita, ubi futuris quoque certis Pontificibus legem dictam demonstravimus. Unanimi consensu, à Papâ eligendo, una cum concilio, reformationem etiam in capite faciendam decreverunt ; neque, antequam fieret, synodum dissolvendam [4]. Unanimi consensu compegerunt octodecim illos reformationis articulos, quibus Curiam Romanam, uti prædiximus, coercitam volebant ; quæ omnia demonstravimus [5], non nisi ex iis decretis manare potuisse, quæ concilio Pontificem subjicerent ; nihil ut à totâ synodo magis stabilitum inculcatumque fuerit ; certumque omninò sit Patres Con-

---

[1] Vid. *Capitul. Narbon.*, cap. III ; sess. XX, col. 179. — [2] *Ibid.*, c. IV, col. 180. — [3] Vid. *Conc. Const.*, sess. XXXIX, col. 238. — [4] *Ibid.*, sess. XL, col. 243. — [5] Vid. sup., cap. XVI, XVII, XVIII.

stantienses, quotquot sunt, qui diversis temporibus sacro se conventui adjunxerant, omnes in omnibus, ut communione, ità sententiâ et doctrinâ convenisse.

Et certè, si à concilio Constantiensi, sessionibus IV et V, prolata doctrina, ferè hæretica est, ut Bellarminus [1]; si schismatica saltem aut periculosa, ut quidam alii haud minùs inconsideratè jactant; favebant hæresi, favebant schismati, quotquot supervenerunt, quotquot adhæserunt, quotquot communicaverunt, longè magis, quotquot consentanea decreverunt, ac tali fundamento nixi sunt; atque omnes obedientiæ totaque Ecclesia eâ communione et consensione commaculata, hanc labem eluere nullâ ratione queat. Martinus quoque V ipse schismaticorum non modò communicator, sed etiam approbator, Romanam eâ labe conspurcavit Ecclesiam; quippè qui schismaticos, et suum Petrique, si censoribus nostris creditur, primatum evertentes, non modò consortes habuerit, cùm esset cardinalis, sed etiam posteà ad ipsam Petri sedem capessendam auctores secutus, eosque jam Pontifex suâ charitate complexus, insuper editâ Bullâ *Inter cunctas*, tribus jam obedientiis adunatis, eorum cœtum tam perspicuè ac toties, ab ipsis quoque initiis, concilii œcumenici nomine celebrandum putavit.

CAPUT XXVII.

Antiquæ Ecclesiæ exemplis concilii Constantiensis œconomia asseritur.

Jam ad eam, quam tuemur, concilii Constantiensis œconomiam atque indulgentiam asserendam, ex ipsâ antiquitate exempla prodeant. Primùm episcopi Africani, ductore potissimùm Augustino, maximo illo post apostolos charitatis et auctoritatis ecclesiasticæ assertore. Hi ergò cum Donatistis schismaticis toties victis, toties ab Ecclesiâ et imperio condemnatis, quasi æquo jure disceptant; nec verentur de catholicæ Ecclesiæ causâ, sub Marcellino comite iterum litigare [2], hâc quoque ultrò conditione oblatâ : « Veritate

[1] Bellar., *de Conc. auct.*, lib. II, cap. XVII. — [2] Tom. II *Conc.*, col. 1352. *Gest. primæ Coll. Carth.* Vid. inter Aug., *ep.* CXXVIII; tom. II, col. 377 et seq.

confisi illo nos vinculo conditionis obstringimus, ut si nobis ii cum quibus agimus demonstrare potuerint..... subitò ecclesiam Christi, nescio quorum, quos isti accusant, peccatorum periisse contagio, et in solâ remansisse parte Donati : si hoc, ut dictum est, demonstrare potuerint, nullos apud eos honores episcopalis muneris requiremus, sed eorum sequemur pro solâ æternâ salute consilium, quibus tanti gratiam beneficii pro cognitâ veritate debebimus. » An cunctabundi, an dubii, an catholicæ Ecclesiæ ejusque auctoritatis incerti, qui eam tot tantisque documentis non modò certam, sed etiam perspicuam demonstrabant? Absit. Verùm id agunt, « ut si fieri potest, corda hominum vel infirma, vel dura, pia charitas aut sanet aut edomet [1]. » Advertatur illud, *vel infirma, vel dura;* ut nec ipsa pertinacia duros animos ab Ecclesiæ indulgentissimâ charitate posset excludere. Pergunt : Si victores ipsi fuerint, pervicerintque adversùs Donatistas, Ecclesiam non periisse, « sic ejus, inquiunt, teneant unitatem, ut non solùm viam salutis inveniant, sed ne honorem episcopatùs amittant [2]. » Hinc illa conditio, ut in quâlibet civitate catholicus ac Donatista episcopus, utrique pari jure, servato episcopatu, *vicissim sedeant eminentius;* aut si populi christiani episcopalis dignitatis studio hoc refugiant, « utrique, inquiunt, de medio secedamus (*a*), et ecclesiis..... in unitate pacificâ constitutis,..... singuli constituantur episcopi. » Sic victi victoresque æquè loco cedebant, potioremque volebant esse Donatistarum conditionem, à quibus victoribus nihil sibi honoris reservari postulabant. An obliti Ecclesiæ majestatem? Nullo modo; sed charitate et humilitate victi, reducendis schismaticis, contra ecclesiasticam disciplinam, talia indulgebant. « Quid enim, inquiunt, dubitemus Redemptori nostro sacrificium istius humilitatis offerre? An verò ille de cœlis in humana membra descendit..... et nos, ne ejus membra crudeli

---

[1] Tom. II *Conc.*, in *append.*, col. 1353; apud Aug., col. 379. — [2] *Ibid.*, col. 1352; et ap. Aug., col. 378.

(*a*) Rem narrat Augustinus his verbis : « In concilio penè trecentorum episcoporum sic placuit omnibus..... Duo ibi vix inventi sunt, quibus displiceret : unus annosus senex, qui hoc etiam dicere liberiùs ausus est, alter voluntatem suam tacito vultu significavit. Sed posteaquàm illum senem liberiùs hoc dicentem obruit omnium fraterna correptio, illo mutante sententiam, vultum etiam illo mutavit. » *De gest. cum Emer.*, n. 6; tom. IX, *col.* 629. (*Edit. Leroy*).

divisione lanientur, de cathedris descendere formidamus[1]? » Cùm hanc œconomiam erga perditissimos schismaticos pacis studium suaserit, an vererentur constantienses Patres, de sublimi veluti solio œcumenici concilii tantisper videri descendere (a), et cum fratribus æquo jure disceptare, ut eos ab schismate revocarent, in quo plerique non malo animo, sed infirmæ conscientiæ scrupulis permanere videbantur?

Quid Cyrillus Alexandrinus? Nonne ille conscripserat adversùs Nestorianam perfidiam duodecim illos Anathematismos maximè theologicos atque veridicos, à Sede apostolicâ atque œcumenicâ Ephesinâ synodo aliquatenùs comprobatos? Nonne illos Theodoretus, jussu Joannis Antiocheni, et omnium Orientalis diœceseos episcoporum, omni execratione prosecutus erat? Nonne Orientalis synodus eosdem Anathematismos ut hæreticos proscripsit, Cyrillum et Memnonem sacræ synodi duces episcopatu dejecit, totam œcumenicam Ephesinam synodum anathemate condemnavit? Quid posteà? Facta pax est : quasi æquo utrinque jure rebusque integris, nullâ Anathematismorum beati Cyrilli, nulla Orientalis schismaticæ synodi, nullâ etiam, ut paria omnia esse viderentur, synodi Ephesinæ œcumenicæ mentione factâ[2]; idque tantùm actum, ut iis omnibus prætermissis, vera fides, et ecclesiarum facta adunatio firmaretur. An igitur aut Orientalis synodus stetit, aut Anathematismi pro hæreticis habiti, vel synodi Ephesinæ catholica definitio concussa est? Imò hâc indulgentiâ vel condescensione firmata; retulitque id in illo dissidio pars sa-

---

[1] Tom. II *Conc.*, in *append.*, col. 1352; et ap. Aug., col. 378. — [2] Vid. in act. ante et post Syn. Eph., tom. III *Conc.*, Anath. Cyrill., col. 408. Ejusd. *ep.* ad Joan. Antioch. *Lætentur cœli*, col. 1105 : et int. op. Cyrill., edit. Par. Anath , tom. V, part. II; int. *ep.*, p. 76, 104.

(a) Qui ne voit la différence? Si le concile de Constance avoit été œcuménique dans cette circonstance, en déposant le titre d'œcuménicité, en brisant le sceau de son autorité, il auroit mis en péril la foi des peuples; mais les évêques d'Afrique, en descendant de leur siége, faisoient à leur Rédempteur, comme ils le disent d'une manière si touchante, « un sacrifice d'humilité. » Ainsi d'une part, noble dévouement; de l'autre, abaissement coupable : comment assimile-t-on des choses si dissemblables?

On va nous citer bientôt d'autres actes de condescendance et de charité; mais on ne nous montrera pas de concile général se dégradant de ses propres mains.

nior et potior, non solùm ut veritate, sed etiam ut charitate vinceret.

Neque illud omittendum, quod à Magno Gregorio Papâ per mirificam indulgentiam reginæ Longobardorum Theodelindæ concessum est [1]. Ea nempè cùm quintæ synodi occasione, se ab Ecclesiâ abrupisset, ità ei Gregorius satisfieri voluit, ut laudatis tantùm quatuor primis synodis, quibus summa fidei continetur, quinta synodus ac trium capitulorum damnatio, ut minùs necessaria, taceretur; neque proptereà quintæ synodi, à se toties comprobatæ, auctoritatem infregit.

Quo sanctorum Patrum spiritu acta sacra Constantiensis Synodus, suî tantisper oblita, sed recordata pacis, suam auctoritatem et omittit et firmat; seque verè probat œcumenicam synodum in Spiritu sancto legitimè congregatam, dùm spiritu charitatis animata nihil prætermittit, quo Hispanicos fastus delinire, aut duritiem frangere, aut infirmas conscientias tranquillare possit.

CAPUT XXVIII.

Objectio ex defectu confirmationis petita dissolvitur.

At enim, inquiunt, utcumque in unam eamdemque sententiam omnes obedientiæ concurrerint, non tamen valent synodi œcumenicæ nomine, nisi ea quæ Martinus V prolato decreto expressè approbavit confirmavitque. At sessiones IV et V Martinus V non expressè probavit prolato decreto; neque enim in Bullâ *Inter cunctas*, eas sessiones confirmavit, sed tantùm quæ adversùs Viclefum Hussumque gesta essent; et in ultimâ sessione concilii declaravit non à se omnia comprobari, sed tantùm ea quæ in materiâ fidei *conciliariter* gesta essent [2]: quo nomine sessionum IV et V decreta comprehendi negant. Denique non edidit generalem confirmationem synodi, tametsi id ipsa synodus postulasset. Hæc Turrecremata; hæc Bellarminus; hæc omnes alii jactant, in eo-

---

[1] Greg. Mag., indict. XII, lib. IV; al. lib. III, *epist.* II, ad Const., ep. Mediol.
— [2] *Concil. Const.*, sess. XLV, col. 258.

que vim maximam causæ reponunt. Nos prolatis gestis nullo negotio dissolvimus.

Ac primùm testamur nihil à nobis refugi confirmationis apostolicæ nomen ac vim : neque existimamus Romanos Pontifices, cùm synodos œcumenicas legitimè habitas confirmant, superiorem in eas exercere potestatem. Neque enim Romani Pontifices, conciliorum tantùm, sed etiam antecessorum suorum passim decreta confirmant ; neque tamen iis superiores se præbent, atque ut à Pontificibus concilia, sic à conciliis Pontificum decreta confirmari in actis ecclesiasticis ubique legeris. Nec immeritò : confirmare enim, ecclesiastico stylo, consentire est, et consentiendo firmare. Quippè ecclesiastica gesta atque decreta, ipsa unitas firmat, rerumque confirmatio est, ipsa testificatio unitatis, quæ nos suo loco diligentiùs, ut par est, exequemur [1].

Verùm ad testificationem unitatis atque consensionis, adeòque confirmationis, non profectò necesse est ut expressa diplomata de confirmando prodeant. Martinum V vidimus [2], cùm Otho cardinalis esset, omnium quæque Pisis, quæque Constantiæ gesta essent, jam inde ab initio fuisse participem; et Pontificem factum, nihil eorum, quæ in synodo gesserat, retractasse ; imò, totâ synodo approbante, easdem sessiones concilii œcumenici nomine honestasse. Neque necesse erat, ut post semel assertam, primis quoque sessionibus, synodi generalis auctoritatem, sessionum IV et V decreta expressè approbaret. Satis approbabat, qui decernentibus præsens communicabat, eorumque conventum pro œcumenico concilio agnoscebat. Satis approbabat, qui Joanni XXIII, ex his sanè decretis, rite deposito, suffici se patiebatur. Satis approbabat, qui caput *Frequens*, ex earum sessionum auctoritate valiturum et exequendum putabat. Satis approbabat, qui in Bullâ *Inter cunctas*, et exscripserat, et exequendas mandaverat adscriptas à sacrâ synodo articulo XLI Vicleflano censuras, quæ ad sessionum IV et V decreta necessariò referrentur. Satis denique anteacta approbabat, qui eorum auctoritate omnibus præerat. Quin ipsum interesse, ipsum communicare, probare est; et nisi antiquitatem omnem, totamque vim canonum penitus ignora-

---

[1] Inf., lib. VIII, cap. II et seq. — [2] Sup., pass., et in *Diss. præv.*, n. XL.

mus, Romani Pontificis, præsentis maximè, atque insuper collaudantis ipsa communicatio, validissima auctoritas atque approbatio est (*a*). Quare nec verum est, quod asserunt ¹, post electum Martinum, sacram synodum ab eo petiisse confirmationem decretorum suorum, more consueto. Hoc enim in gestis nusquàm apparet, neque sessionum VIII et XV contra Viclefum et Hussum prolata decreta, peculiari Pontificis decretali eguissent, nisi decuisset, quæ adversùs Vicleflanos et Hussitas canonicè constituta essent, ad Ordinarios exequenda transmitti. Unde damnatio propositionis *quilibet tyrannus*, de cædendis tyrannis, Decretali inserta non est, eo quòd non eodem ritu exequenda videretur; neque eo minùs valet.

Quod autem ipse Martinus, sessione ultimâ, jamque dimissis Patribus, declaravit, *in materiis fidei* à se probari ea quæ *conciliariter conclusa essent*²; id neque petente synodo, neque ad cujusquam instantiam, sed occasione Polonorum, obiter atque aliud agendo dictum, gesta ipsa testantur. Supplicabant Poloni quemdam librum, ut ferebant, « ritè damnatum tanquàm hæreticum, per deputatos fidei, ac etiam per omnes nationes concilii, ac per collegium cardinalium conclusum,....., in sessione publicâ, per sacrum concilium damnari, seu publicè damnatum pronuntiari. » His Papa respondet, » quòd omnia et singula determinata, conclusa et decreta in materiis fidei per præsens concilium CONCILIARITER, tenere et inviolabiliter observare volebat;.... ipsaque sic CONCILIARITER facta approbat et ratificat, et non aliter, et alio

---

¹ *Doct. Lov.*, p. 70. — ² Sess. XLV, col. 238.

(*a*) Singulière confirmation des conciles, à laquelle personne n'avoit jamais songé : confirmation indirecte, tacite, putative, supposée; par la communion, par la présence, par le consentement implicite; sans bulle, sans constitution, sans décret, sans déclaration quelconque, sans aucune parole ! On nous dit : Accepter une nomination faite par le concile, prendre pour règle un de ses décrets, exécuter ses censures, c'est le confirmer. — Comment? le confirmer dans ces censures, dans ce décret, dans cette nomination? Soit; dans tous ses statuts, dans tous ses décrets, dans toutes ses définitions, je le nie formellement. A quoi serviroit d'ailleurs une pareille approbation? elle ne seroit presque jamais connue de toute l'Eglise. Et n'avons-nous pas le droit de demander à l'illustre auteur, ce qu'il demande souvent à Bellarmin sur d'autres points? cette confirmation d'un nouveau genre, d'où vient-elle? dans quel canon l'avez-vous prise? repose-t-elle au moins sur l'usage? Non, elle ne repose sur quoi que ce soit; elle a été inventée à plaisir.

modo. » Quare confirmatio à nullo petita, neque quo loco res erant, necessaria videbatur ; et cùm Martinus declaravit, *in materiis fidei* quid probaret [1], respondebat profectò ad Polonorum propositum, qui, de fide quærentes, responsum de fide retulerunt. Cæterùm satis constat non hinc tantùm petendam esse synodi approbationem ; alioquin cùm hîc Martinus signanter addiderit : *De materiis fidei id à se esse dictum*, reliqua improbata manerent, suaque Joanni XXIII, Gregorio XII, Benedicto XIII, constaret auctoritas : quin ipse Martinus suam electionem infirmaret, cùm profectò quæ circa illa gesta sunt, *ad fidei materias* non pertinere constet. Stat ergò concilii certa confirmatio, ipsâ executione, ipsâ consensione, imò ipsâ Papæ præsentiâ ; valerentque ea quæcumque *conciliariter* gesta essent, tametsi Poloni nihil rogassent, ac Martinus non eam vocem edidisset.

CAPUT XXIX.

An sessionum IV *et* V *decreta iis accenseri debeant, quæ Martinus V, ut* conciliariter *facta, confirmavit.*

Ne quis tamen scrupulus superesse possit, addimus decreta ea sessionum IV et V de quibus agimus, et ad fidem pertinere, et *conciliariter* facta esse.

Ad fidem quidem pertinent, quæ pertinent ad interpretationem divini Juris, et ad traditam immediatè à Christo Petri successoribus, atque episcopis in concilio generali sedentibus, potestatem: neque Bellarminus aut alii diffitentur (*a*).

Quòd autem *conciliariter* facta sint, constat, cùm in publicâ sessione, imò in duabus publicis sessionibus, prolata sint, ut vidimus [2].

Et quidem adversarii vocem hanc, *conciliariter*, planissimam

---

[1] Vid. cap. seq. — [2] Sup., cap. II.

(*a*) L'éditeur remarque lui-même que Schelstrat le nie, *Diss. Antuerp.* cap. III, p. 71; et *Diss.* III *advers. Maimb.*, cap. III, p. 177 et seq. Nous aurions, nous, tout accordé.

ac simplicissimam, per vim manifestam ad vana et aliena detorquent : nec tamen in unum convenire potuerunt. Sic nempè Bellarminus ludit [1], *conciliariter* factum dici quod more conciliorum, maturà deliberatione factum esset; quasi Martinus V Constantiensis concilii primis sessionibus, quarum ipse pars fuerat, indiligentiam exprobrare vellet. Alii vanum commentum aspernati, *conciliariter* gestum dicunt, adunatis obedientiis gestum ; neque aliud quidquam à Martino probatum. Quasi verò in Viclefum et Hussum et in Joannem Parvum gesta reprobentur, quæ ante adunatas obedientias gesta sint.

Sed profectò nos ludunt : Martinus enim *conciliariter* gesta memorabat, vulgari et populari sensu, quem Poloni et omnes intelligerent, et ipsa rerum ostendit series. Nempè ad Polonorum respondet propositum. Illi namque petebant, quem librum « à fidei deputatis, ac per omnes nationes, ac per cardinales condemnatum dicerent, eum in sessione publicà per sacrum concilium condemnari, vel condemnatum pronuntiari ; » tanquàm confecta res, suà tantùm quâdam, ut ità dicam, formulâ vestienda remaneret. Quæ Martinus refutabat, à se pro *conclusis*, *decretis*, *determinatisque* haberi dicens, quæ *conciliariter*, et in sessione publicâ decreta fuissent; non ea perinde, quæ per congregationes, seu per nationes, atque deputatos, vel etiam per cardinales fuissent examinata : hæc enim tractata tantùm, digesta, expolita, et quodam modo præparata; non autem decreta, conclusa, determinataque fuisse, aut solemniter et *conciliariter* judicata (a), et per se perspicuum est et gestis consentaneum.

[1] Bell., lib. II, *de Conc. auct.*, cap. XIX.

(a) Nous admettons pleinement ces principes : Les choses faites *conciliariter* ne sont pas celles « qui ont été examinées par les congrégations ou par les nations, par les députés ou même par les cardinaux ; » mais ce sont « celles qui ont été arrêtées, décrétées, définies *conciliariter*, » c'est-à-dire selon l'usage et les règles canoniques par le concile, bien entendu par le concile général. Or un fait appuyé sur l'histoire et reconnu par l'immense majorité des théologiens, c'est que le concile de Constance n'étoit pas général dans la IV⁰ et dans la V⁰ séance.

CAPUT XXX.

Bellarmini sensus exploditur : an sessionum IV *et* V *decreta sine examine debito processerint.*

Nec piget hîc viri doctissimi cardinalis Bellarmini Patrum Constantiensium levitatem et inconsiderantiam incusantis memorare verba, quæ sic habent : « Martinus V disertè dixit se confirmare ea tantùm decreta de fide, quæ facta erant CONCILIARITER, id est more aliorum conciliorum, re diligenter examinatâ; constat autem hoc decretum sine ullo examine factum à concilio Constantiensi[1]. » Hæc Bellarminus, cui suo more accinunt alii, exscriptis Bellarmini verbis atque sententiis; et addunt, « Patres Constantienses non commisisse rem illam priùs examinandam, sicut commiserunt alias materias et quæstiones, circa doctrinam Viclefi et Hussi, priusquam ad determinationes procederent[2]. » Atque hæc, si Deo placet, concilii decreta, duabus continuis sessionibus repetita, tam destinatò facta, tam fundamenti loco posita, tantâque omnium consensione munita et inculcata, rebus annumerant, quæ in concilio *obiter pertractatæ fuerant*.

Tria reponimus : primum illud; post rem à synodo, expresso canone ac peculiari decreto definitam, periculosissimo exemplo revocari in dubium, an de eâ rectè et maturè sit deliberatum; atque hinc aperiri viam ad omnes canones, decretales omnes, omnia concilia subvertenda.

Alterum; quòd in istâ quæstione Polonorum, nihil de examine agebatur; illi enim affirmabant omnia examina præcessisse. At Martinus ideò tantùm approbationem negabat suam, quòd res *conciliariter*, atque in publicâ sessione conclusa non esset.

Tertium, idque vel maximum; cæteræ fidei quæstiones, puta Viclefi et Hussi, quæ à concilio certis deputatis examinandæ sunt commissæ, infinitæ erant. Occurrebant enim se horum hæreticorum variæ et perplexæ propositiones, et omnigenum errorum

[1] Bell., loc. sup. cit. — [2] *Doct. Lov.*, p. 73, ex Mald.

monstra. Neque tantùm Vicleü libri et doctrina exitiabilis; sed etiam auctoris damnanda erat memoria, exhumandi cineres, scrutandi sectatores longè latèque diffusi, et occulti ulceris persecandi sinus. Tùm Hussus ipse præsens confutandus, convincendus, ejusque discipulus Hieronymus Pragensis: horum artificum comprimendi lubrici lapsus dolique retegendi. At in sessionibus IV et V simplex juris quæstio, ardua illa quidem; sed quæ ubique terrarum, in Galliâ præsertim, ad vivum resecta, et innumeris libris, decretis, litteris, conventibus theologorum, canonistarum, universitatum, antistitum eliquata, elucidata, certique fundamenti loco posita erat, anteaquam Patres Constantiam convenirent. Neque verò opus erat post tot ac tantos, ante Pisanum et in ipso Pisano concilio, tractatus habitos, novis disputationibus tempus terere, cùm extrema omnia imminerent; sed explorata et jam in Pisanâ synodo aperta remedia expedire oportebat. Nihil ergò leviter, nihil præcipitanter actum: tantùm opportuna, imò verò necessaria, rebus in summum discrimen adductis, adhibita celeritas.

Quin etiam Constantiæ Petrus de Alliaco cardinalis, episcopus Cameracensis, sancti conventûs lumen, et in dogmatibus explicandis omnium facilè princeps, in eo libro, quem vigente concilio, *de auctoritate Ecclesiæ* scripsit, memorat quæstionem de stabiliendâ concilii auctoritate sæpè tractatam, *specialiter in hujus concilio initio*[1]; extantque eâ de re Joannis Gersonis sermones coram synodo habiti[2], qui sessionibus IV et V præluxerunt. Atque omninò ista tractabant, ut in quibus non aliqua pars, sed ipsa summa concilii collocata esset. Neque necesse erat ad ea explicanda deputatos nominari, ad quæ per sese Patres omnes à toto decennio, maximè verò in ipsâ synodo, attenti arrectique essent; nihil ut unquàm fuerit vel doctrinâ elimatius, vel auctoritate firmius, quàm id quod hoc de negotio à sacrâ synodo constitutum fuit.

[1] Petr. Alliac., *de Eccles. Conc. et R. P.*, ant. Prœm. *app.*, tom. II, Gers., col. 9.6 et seq. — [2] Gers., *Serm.*, tom. II, col. 201 et seq.

CAPUT XXXI.

An illa formula, sacro approbante concilio, *Papam concilio superiorem probet.*

Permulti adversariorum magnam in eo vim faciunt, quod posteaquàm electus est Martinus V, reformationis decreta sub ejus nomine sunt edita. Nec jam edictum, ut anteà, *sacrosancta synodus;* sed, *Martinus, sacro approbante concilio.* Non ergò jam in concilio, sed in Pontifice « suprema potestas; neque concilium censuit se esse supra Papam, extra casum schismatis, quo plures se pro Pontifice gerunt : aliàs non erat ratio mutandi formam decretorum de reformatione[1]. » Ex quo inferunt Papam unum esse qui statuat; vim decernendi in eo esse totam; Patres consiliariorum, non judicum loco esse.

At hæc omnia vana sunt; primùm enim mutatæ formulæ ratio manifesta est, quòd ab aliquot sæculis, Papâ quidem præsente, conciliaria decreta sub ejus nomine pronuntiari solerent, *sacro approbante concilio, sacri approbatione concilii, sacro approbante et consentiente concilio :* quæ nihil officere suæ auctoritati Constantiensis synodus intelligebat.

Sanè ostendimus[2], quantùm illa differrent : *Sacro præsente concilio;* et : *sacro approbante et consentiente concilio.* Quid autem sit approbare, quantaque sit in eo auctoritas, ipsi Pontifices attestantur, cùm ipsâ *approbandi* voce confirmant decreta. Vel ipsum Martinum V audiamus, de concilii Constantiensis decretis hæc edicentem : quòd *omnia conciliariter facta approbat et ratificat*[3]; quæ profectò adversarii ad veram auctoritatem pertinere contendunt. Ità cùm dicitur : *Martinus, sacro approbante concilio,* Martini decreta verâ auctoritate firmantur; seseque mutuò firmant Pontifex auctor, et synodus approbans; quòd ex eâ conjunctione capitis atque membrorum, ut sæpè dicemus[4], illud invictum Ecclesiæ catholicæ robur exsurgat.

[1] *Doct. Lovan.,* p. 71. *Disq.,* p. 30. — [2] Sup., lib. IV, cap. VIII. — [3] Sess. XLV, col. 258. — [4] Vid. lib. VIII.

Fuit autem quæsitum in Constantiensi synodo, ante Papæ electionem, eo electo, quâ formulâ uterentur; an illâ recentiore, quam diximus; an eâ, quæ in antiquis passim conciliis visitur : *Sancta synodus, etc.* Alliacensis cardinalis scripto etiam edito docuit[1], seque et theologos ità existimare, antiquiorem illam formulam : *Placuit sacro concilio; sancta synodus statuit, convenientiorem esse, et theologiæ magis consonam;* quippè quæ magis congruat formæ illi apostolicæ : *Visum est Spiritui sancto et nobis*[2]: cæterùm secundam formulam, *sacro approbante concilio, convenientem* quoque esse; cùm eâ sufficienter exprimatur certissima ratio, quâ judicanti decernentique Pontifici, Patres conjudicent atque condecernant.

Atque ità intellexisse Constantienses Patres gesta declarant. Sic enim in XLIII sessione, Papâ jam electo ac præsidente, legimus : « Pro cujus sessionis introductione, reverendissimus pater Dominus Guillermus cardinalis..... nonnulla decreta sive statuta per Dominum nostrum Papam, ac synodum facta publicè perlegit sub his verbis[3]; » subditque decreta multa in hanc formam edita : *Martinus episcopus, servus servorum Dei, sacro approbante concilio;* quo liquidò demonstratur decreta in eam formam edita, haud minùs communi Pontificis atque concilii auctoritate esse facta.

Neque illa posterioris ævi efficiebat formula, ut Patrum sententiæ minùs requirerentur. Eadem enim synodus Constantiensis, Joanne XXIII præsidente, sic incipit : « Sanctissimus Dominus noster Papa, sacro approbante concilio, statuit sessionem tenendam die Veneris 16 hujus mensis[4]. » Ilinc ordo agendorum, *sacro approbante concilio,* designatur, lectâque schedulâ cujus verbis ipsa Bulla convocationis descripta erat, aliisque decretis nomine jussuque Papæ editis; « D. cardinalis Florentinus altâ et intelligibili voce interrogans, sciscitatus est, utrum omnia et singula in supradictâ schedulâ contenta, ipsi sacræ synodo placerent? Ad cujus interrogationem omnes et singuli prælati... concorditer... responderunt : Placet[5]; » quâ responsione factum ratumque intelligitur conciliare decretum.

[1] Alliac., loc. jam cit., part. III, cap. II, col. 952. — [2] *Act.*, XV, 20. — [3] Sess. XLIII, col. 253, 254. — [4] Ant., sess. I, col. 10. — [5] Sess. I, col. 13, 14, 15.

In ipsâ etiam concilii Ferrariensis, posteà Florentini, inchoatione solemni, lectum Eugenii Papæ decretum; quo lecto, gesta sic habent : « Surrexit quidam ex parte Italorum, et interrogavit cardinales, et archiepiscopos, et episcopos et clericos omnes, dicens : Recipitisne hæc, quæ scripta et lecta sunt hodie coram vobis? At illi responderunt : Recipimus et approbamus. Tunc interrogaverunt et Græci suos præsules, similiter, et reliquos omnes iisdem verbis; et illi responderunt : Recipimus et approbamus; et scripta fuit approbatio utriusque partis, et indictum concilium et sessionum celebratio in urbe Ferrariâ [1]. » En quid sit concilii auctoritate edita probatio; en ut synodus non tantùm pontificis decreto, sed etiam sanctæ synodi approbatione formetur et constet; quæ ratio ad cætera quoque decernenda spectat.

Quantùm autem ea formula cum episcoporum auctoritate constet, ex synodis etiam provincialibus discere est. Nam sæculis postremis, initio ducto, ni fallor, ab anno 1314, in Senonensi concilio, decreta conciliaria persæpè in eam formam eduntur : *Nos* (N) *metropolitanus, sacro approbante concilio* [2]. Ergone coepiscopi metropolitano consiliarii tantùm, non judices et assessores assistunt, non decernunt, non statuunt? Absurdum et inauditum; ac profectò stare Patrum sententiam, etiam archiepiscopo reclamante, nemo negat. Nihil ergò interest, synodine an Pontificis nomine, approbante concilio, sententia proferatur; cùm in utràque formulâ, unà cum Pontifice Patres quoque statuant, decernant, judicent, stetque sententia communibus suffragiis.

Vel particulares synodos audiamus, quæ, præsente Romano Pontifice, antiquis temporibus Romæ sunt habitæ. Ubique inveniemus episcopos, Papâ quidem auctore, sed tamen cum ipso judicare, statuere, decernere, definire; idque in decretis, id in subscriptionibus positum. Cujus rei exempla plura suo loco afferemus [3] : cætera innumerabilia lectoris diligentiæ relinquemus. Adeò episcopi ubique sunt judices, etiam præsenti, præsidente, præeunte Pontifice; ac si in particularibus quoque synodis, quantò

---

[1] *Decr. Pap.*, ante sess. I, *Conc. Ferr.*, tom. XIII, col. 22, 23. — [2] *Conc. Paris.* tom. XI, col 1002. — [3] Infr., lib. VIII.

magis in generalibus, quibus ipsa catholica omnium fidelium Mater repræsentetur Ecclesia.

CAPUT XXXII.

Prædicta responsa de dubio Pontifice etsi valeant, non tamen adversarios expeditos esse, ac Parisiensium ex Constantiensi canone vigere sententiam.

Hæc igitur, quæ hactenùs de concilii Constantiensis intelligentiâ et auctoritate diximus, vera et sancta sunt; nec nisi per manifesta ludibria eludi potuisse claruit. Addamus tamen ad cumulum : quantumlibet ea quæ adversarii congerunt valere fingantur, nec sic expeditos esse à Constantiensium canonum auctoritate summâ. Utcumque enim adversùs indubitatos Pontifices infirma habeatur conciliorum generalium auctoritas, certè valet (et hoc adhùc superest contra cavillationes omnes) auctoritas ea, quâ dubios Pontifices coercere possit. Alioqui contendentium et in schismate obstinato animo perseverantium contumatia, malum esset inextricabile, ad quod propellendum Ecclesiæ imbecillæ nullum præsidium Christus relinquere potuerit; aut, quod est absurdius, nec ipse voluerit. Redit ergò quæstio, quâ potestate instructa synodus schismaticos Pontifices cogat in ordinem (*a*).

(*a*) On nous a demandé souvent, et l'on nous demande encore : Si vous n'admettez pas la supériorité du concile sur le Pape, comment rétablirez-vous l'ordre dans l'Eglise sous un Pape schismatique? Comment? Par un moyen bien simple. Pendant le grand schisme qui affligea si cruellement l'Europe chrétienne, il y avoit plusieurs Papes reconnus chacun par une fraction de l'Eglise, conséquemment méconnus dans l'Eglise universelle. Or je puis dire avec Tertullien, en changeant un peu les termes : Pluralité de Papes, nullité de Papes; et comme Bellarmin : Pape douteux, Pape nul, parce que personne n'est tenu de lui obéir, parce que *lex dubia non obligat*. Qu'a donc fait l'Eglise dans le concile de Constance? Elle a fait ce qu'elle fait dans tous les temps par le pouvoir ordinaire qu'elle a de se donner un chef légitime dans tous les temps ; elle a nommé un Pape, comme elle en nomme un dans toutes les vacances du Siége apostolique.

Mais si vous avez à faire à un Pape hérétique, reprendra-t-on, comment vous en retirerez-vous ? — Je nie le supposé. Je dis le pape infaillible, parce que Jésus-Christ a prié pour sa foi, parce qu'il doit confirmer ses frères, parce qu'il est « le chef de toute l'Eglise, le Père et le Docteur de tous les chrétiens, » comme l'enseigne le concile de Florence. Et vous venez me répéter cent fois : Mais sous un Pape hérétique? mais si le souverain Pontife enseigne l'erreur...? Et moi, je vous dis : Vous supposez de gaieté de cœur ce qui est en question; vous tombez volontairement dans une pétition de principe.

Certè Constantiensis synodus, quam eâ potestate efficacissimè summoque Ecclesiæ bono usam esse constat, id fundamenti loco ponit : *Potestatem habere se immediatè à Christo;* quippè quæ *in ejus Spiritu legitimè congregata universalem Ecclesiam repræsentet;* alioquin qui concilio obtemperassent, non Deo, sed hominibus paruissent.

Atqui hoc semel posito, quod sine præfractâ audaciâ negari non potest, cætera omnia convalescunt. Cùm enim nulla sit à Christo propriè ad schisma tollendum Ecclesiæ catholicæ ac synodo generali eam repræsentanti attributa potestas, non aliunde in schismate constare poterit, nisi ex eo quòd sit tradita, ubi necessitas requisierit, quod unum Parisienses nostri postulant.

Hîc ergò adversarii oppidò conturbantur. P. Thyrsus Gonzalez eò redactus est, ut contra ducentos Patres in Constantiensi concilio infandi schismatis extinctores, palam negare audeat concilium generale *eam potestatem habere immediatè à Christo :* nec aliam videt apertam sibi januam, nisi id, quo solo schisma extinctum sit et extingui possit, illud Ecclesiæ detrahatur. Reverendissimi Patris verba pensanda sunt : « Concilium non habet eam potestatem immediatè à Christo, in eo sensu, in quo Papa certus immediatè à Christo jurisdictionem in totam Ecclesiam, et sacerdos habet potestatem ad consecrandum, et Episcopus ad confirmandum et ordinandum[1]. » *Non eo*, inquit, *sensu habet.* Quo ergò habet sensu? quo jure? Nihilne per se Christus contulit Ecclesiæ laboranti, quo sese restitueret in pristinam valetudinem? Christo auctore sacerdotes consecrant, episcopi ordinant, Papa quæ vult præcipit; at verò, si in capite æquè ac in corpore, fœdo scissa schismate laboret Ecclesia, nihil habet quod, auctore Christo, agat aut jubeat? Sic enim subjungit : *Non enim habet concilium eam potestatem, nisi mediante Ecclesiâ.* Hæreo equidem ad insolitam et inauditam vocem. Quid enim est concilium, nisi ipsa Ecclesia adunata, collecta, repræsentata, totâ auctoritate pollens? Non ergò concilium mediante Ecclesiâ viget, quod ipsa Ecclesia est; habetque illud per sese, quod habet mediante Ecclesiâ, cujus auctoritatem et jus repræsentat et continet. Reliqua audiamus :

[1] Gonzal., *disp.* XIII, sect. VI, § V, n 2, p. 682.

« Non enim habet concilium eam potestatem nisi mediante Ecclesiâ, quæ in capite *Si duo*, distinctione XXXIX, tribuit concilio congregato tempore schismatis potestatem ad deponendos Papas dubios, et certum eligendum; et in capite *Si Papa*, distinctione XL, tribuit concilio potestatem ad judicandum Papam, qui deprehendatur *a fide devius*. »

Qui sint tamen illi canones considerare oportet. Et caput quidem *Si duo*, Honorii Augusti est decernentis, si duo electi sint Romani Pontifices, ut neuter ordinetur; quod est universim et indistinctè falsum, nullamque omninò facit synodi mentionem : canon verò *Si Papa*, Bonifacii est Moguntini episcopi, nihil etiam de synodo disserentis. Utcumque est, nisi unus imperator aut unus episcopus, Ecclesiæ in schismate, aut per sui capitis hæresim laboranti subvenissent, aut nisi Gratianus duodecimo demum sæculo in suam compilationem Juris hæc duo capita contulisset, manca esset Ecclesia; neque quidquam valeret adversùs Papam schismaticum aut hæreticum. Sic miseram Ecclesiam à Christo sapientissimo, optimo, omnipotentissimo, constitutam volunt.

Erubescunt ipsi, ac tandem subdunt : « Vel habet eam potestatem jure naturali, modo statim explicando. » Modus autem ille sequente paragrapho, ex doctore eximio, Suare scilicet, sic proditur : « Solum ergò habet potestatem quæ ex jure divino naturali consequitur in quolibet corpore mystico, ut possit se gubernare et tueri per principes particulares unitos in unum corpus, quando deest supremum caput[1]. » Malunt ergò Deum omnibus imperiis rebusque publicis universali curâ, quàm Christum Ecclesiæ, pro quâ fudit sanguinem, singulari consilio providisse; meliusque à Deo constituta sunt humana imperia, quàm à Christo Ecclesia; quæ ut sibi provideat seseque tueatur à jure gentium aut naturæ magis quàm ex ipso christiano jure mutuetur. Hanc illi ecclesiastici regiminis formam effingunt.

Quid quòd tam imbecillam faciunt Ecclesiam, ut ejus auctoritate concilium semel congregatum ad tollendum schisma, fidei providere, aut leges necessarias condere nequeat, præter eam cau-

---

[1] Gonzal., *Disp.* XIII, sect. VI, § VI, n. 1, pag. 683. Suar., lib. IV *de Legib.*, cap. VI, n. 4.

sam : « Quòd ea solùm possit præcipere et ordinare quæ ad hunc finem (tollendi schismatis scilicet) necessaria sint[1]. » Unde tale concilium non habet auctoritatem ad decidendas fidei controversias, et ferendas leges perpetuas, quantumvis necessarias. Sic concilio Constantiensi defuit auctoritas ad condemnandum Viclefum, Hussum, alios perfidos; defuit auctoritas ad condendas leges quæ futuris schismatibus providerent, quas tamen leges tulit, quas tamen fidei controversias judicavit; atque ad hæc omnia tractanda, quæcumque urgeret dira necessitas, jam admotis ad incendium facibus, Papam aliquando extiturum, nondùm tamen existentem, expectare debuit.

Piget commemorare quæ jam confutata sunt : nempè adversùs Viclefum et Hussum Constantiensis concilii valere decreta, eo quòd Martinus V ea repetierit Bullâ *Inter cunctas;* quâ tamen nondùm editâ Hussus exarsus est (a), Viclefus exhumari jussus, pessimi hæretici anathemate percussi. Quæ omnia Martinus non tùm cùm ea reperet, sed ab origine valuisse definit, ut concilii legitimè in Spiritu sancto congregati vera et firma decreta : quæ nunc, si Deo placet, per sese invalida et contra canones attentata prætendunt : usque adeò, his miseris postremisque temporibus, tanti concilii totiusque adeò Ecclesiæ projecta est auctoritas.

« At enim, inquiunt, tale concilium (causâ schismatis congregatum) neque hanc jurisdictionem habet ab aliquo jure divino positivo; quia neque scriptum est, neque traditione constat : neque etiam habet à Summo Pontifice, quia supponimus illum non esse, et qui præcesserunt illam non reliquerunt : solùm ergò habet potestatem, quæ ex jure divino naturali consequitur in quoli-

---

[1] Gonzal., *Disp.* XIII, sect. VI, § V, n. 3, p. 682; et § VI, n. 1, p. 683.

(a) La traduction françoise renferme cette note : « Il faut soigneusement observer que Jean Huss et Jérôme de Prague ne furent pas condamnés à mort par les décrets du concile. Ces hérétiques ayant été convaincus par les commissaires de la foi, et ensuite en plein concile, Jean Huss fut dégradé, et Jérôme anathématisé. Voilà où se bornèrent les deux sentences du concile; ce fut le juge laïque qui les condamna l'un et l'autre à être brulés vifs. Cependant il faut avouer que la conduite du concile, surtout à l'égard de Jean Huss, qu'il fit arrêter et emprisonner malgré le sauf-conduit de l'empereur, n'a pas paru irrépréhensible même à tous les catholiques. M. Maimbourg, dans son *Histoire du schisme d'Occident*, fait tous ses efforts pour justifier entièrement le concile. Y réussit-il ? C'est ce que je laisse à d'autres à décider. »

bet corpore mystico, ut possit se gubernare per principes particulares unitos in unum corpus, quando deest supremum caput. » At illos principes in Ecclesiæ corpore quis instituit? Nonne is qui et caput? Nonne ille Ecclesiam eo jure pollere voluit, ut « qui eam non audiret, omnibus christianis sicut ethnicus et publicanus esset? » Nonne idem confestim addidit : « Amen, amen, dico vobis, quæcumque ligaveritis super terram, ligata erunt et in cœlis, et quæcumque solveritis super terram, soluta erunt et in cœlis[1]. » En ergò principes illos à Christo constitutos. Quid ergò? Eâne conditione, ut nunquàm ipsi colligere se possent, quæcumque urgeret necessitas? Quò ergò pertinebat istud quod Christus subdidit : « Ubi sunt duo vel tres congregati in nomine meo, ibi sum in medio eorum[2]? » Quantò magìs ubi non duo vel tres, sed totus principum Ecclesiæ cœtus; imò tota Ecclesia congregatur? Aut non in Christi nomine colliguntur, qui ad tollendum schisma conveniunt; aut non sunt Ecclesia, nisi Papa adsit, qui ad Papam constituendum confluunt; aut si sint Ecclesia, numquid non erunt ethnicorum et publicanorum loco, qui eorum decreta contempserint? Quid his clarius? Verùm illi tacitè respondent : At nos si illa admittimus, admittere cogemur non tantùm ad tollendum schisma, aut ad hæreticum Pontificem condemnandum, quorum hîc nulla mentio est, sed ad quamcumque summam Ecclesiæ necessitatem. Proptereà ergò malunt in schismatis etiam aut hæreseos teterrimo atque exitiabili morbo Ecclesiam à Christo destitutam, neque ullum auxilium habere ex Evangelio.

Esto, inquient, verum sit de hæretico schismaticoque Pontifice, qui nequidem est Pontifex. Quid tùm, cùm non sit Pontifex, et jure omni exciderit? Quâ de re sæpè diximus, sæpè monuimus, quanto Ecclesiæ periculo hæc asserantur. Nunc tamen valeant utcumque collibuerit. Sit tamen aliquis oportet, qui excidisse declaret, qui loco moveat contumacem, qui christianis omnibus, quæ tali in discrimine agenda sunt imperet. Quo jure? quo Christi mandato? quâ Evangelii lege? nisi eâ quam diximus, quæ ad omnem æquè valeat necessitatem, in quâ de salute periclitatur Ecclesia.

[1] *Matth.*, XVIII, 17, 18. — [2] *Ibid.*, 20.

Jam ergò respondeant, non probatum illud, quod est verissimum, quod est Ecclesiæ maximè necessarium; aut si probatum illud et ipsi fateantur, quid in eo decreto probetur intelligant.

CAPUT XXXIII.

Emmanuelis Schelstrati obiecta, à codicibus manuscriptis petita, solvuntur circa sessionem IV.

Emmanuel Schelstratus, cùm aliorum objecta repetit, tùm eo se maximè effert, quòd nova acta prodiderit, quæ orbis catholicus ignoraret. Cæterùm unde sint eruti plerique manuscripti quos jactat, codices ubi delituerint, quas temporum notas præferant, quid sint denique, an simplex gestorum series, an historiæ, quibus acta inserantur; ac si historiæ, ut ea, quæ ipse inde protulit, verba præ se ferunt, quo auctore conscriptæ sint, notone an ignoto, horum nulla mentio; omnia prætermissa, quæ auctoribus aut codicibus fidem vel asserant vel detrahant.

Et ille quidem integros codices edere debuisset, ut lector eruditus probare vera, convincere falsa, manca supplere, dubia elucidare posset. Tot profectò extant Constantiensis synodi nota monumenta, tot de ejus rebus virorum gravissimorum testimonia, ut nisi cum illis congruant, quæ Schelstratus hactenùs ignota fuisse confitetur, falsa ea, et partium studio conscripta esse oporteat. Certè ex illis quoque frustulis, quæ ille, ut voluit, edidit, jam intelligimus acta ejus esse mendacia.

Primùm enim, quæ de falsatâ concilii Constantiensis IV sessione protulit, ea ex melioribus gestis falsa esse constitit : quo uno Schelstratianis codicibus omnis detracta est fides. Hùc accedit illud, quod idem Schelstratus narrat ex actis suis ineditis, quatuor videlicet codicibus manuscriptis die 14 Julii, anno 1416, quando Aragonenses ad concilium venere, legatos regis dixisse, « quòd quidem vellent se unire concilio; non tamen reputare esse generale concilium, neque agi de rebus concilii generalis, donec venirent legati regis Castellæ¹. » Apertum mendacium; nam Aragonenses quidem legati 15 Octobris anni 1416, sessione XXII; legati verò regis Castellæ sessione demùm XXXV, 18 Junii anno 1417, synodo se adjunxere. At in ipsâ sessione XXII, statim atque Aragonenses admissi sunt, generalis synodi Constantiensis nomine eduntur synodica decreta, quæ vidimus²; eâdemque formâ res maximæ gestæ sunt per alias tredecim sessiones : adeò falsa vel mutila Acta Schelstratus protulit.

Jam circa sessionem IV hæc refert³, quæ ne ipse quidem reor, rebus certè consideratis, jam tueri vellet, si viveret. Nempè cardinalibus, tres nationes, Germanicam, Gallicanam, Anglicanam vehementissimè repugnasse circa hanc quæstionem : an concilium Papâ esset superiùs, etiam in reformationis negotio; ac regis Franciæ oratores cardinalium parti accessisse : quod est falsissimum. Primùm enim, hujus rei nec in Schelstratianis ulla est mentio : tum, ut omittamus regiis oratoribus nihil unquàm cum ipsâ Gallicanâ natione fuisse dissidii, certum id, regios inter oratores fuisse Gersonem, eumque omnium cæterorum, ut pietate ac doctrinâ, ità auctoritate facilè principem. Extat ejus sermo, quo jam inde ab initio, regis nomine, synodo proposuerit, quæ agenda viderentur⁴. Dubitasse verò Gersonem, an concilium Papæ in reformationis negotio, anteponi oporteret, ne ipse quidem Schelstratus dixerit. Quod ergò ille de Francicis oratoribus jactat, apertum mendacium est.

At enim, ex actis Schelstratianis constat aliquam in quartâ quintâque sessione extitisse dissensionem. Esto. Ergò de Papæ et concilii superiore potestate litigabant? Pessima consecutio; quandoquidem post turpissimam Joannis XXIII fugam, alias fuisse multas dissensionis causas, ex ipsis etiam Schelstrati Actis liquet⁵; quippè cùm Sigismundo bella in Joannem XXIII ejusque defensorem Austriæ ducem paranti, multi atque imprimis universitas Parisiensis obstiterit; neque minor concertatio, cùm Joannis adulatores, illo elapso, contenderent differri oportere concilium ; alii

¹ Schelst., *Diss. Antuerp.*, art. III, p. 57; et *de Sens. et auctor.*, etc., inter act. die 14 jul., 1416, pag. 251.— ² Sup., cap. XXVI et seq. — ³ *Act.* Schelst., p. 2, 3. *Diss. Antuerp.*, c. I, art. II, p. 42, 43.— ⁴ Vid. sup , c. XXX.— ⁵ *Act.* Schelst., 30 mart. 1415 ; *ibid.*, p. 225.

sessionem ultrà protrahi nollent, neque fœdis ludificationibus in longum duci spem Ecclesiæ, ad extinguendum schisma properantis. Utcumque est, certè regios oratores, Gersone principe, de superiore conciliorum potestate dubitasse nemo sanus dixerit, pessimâque fide Schelstratus non Actis quæ jactat, sed meris conjecturis, iisque vanissimis, rem tantam affirmat.

CAPUT XXXIV.

Quæ in Schelstrati manuscriptis sessionem v spectent.

Piget quidem luctari diutiùs cum ignotis, falsis, mutilisque Schelstrati codicibus; et tamen quæ de sessione v retulerit, præterire non possum. Hæc nempè sunt : quòd *cardinales et oratores regis Franciæ*, sessioni interfuerint, « præmissâ protestatione in camerâ paramentorum secretè factâ, quòd propter scandalum evitandum ad sessionem ibant, non animo consentiendi his quæ audiverant in ipsâ statui debere; maximè quòd Dominus noster Papa, et alii in concilio existentes in plenâ securitate fuerant, quorum plura statuta non sunt, sed ad aliam sessionem reservata [1]. » Verba confusa nulliusque boni sensùs; quæ tamen satis ostendant, quæcumque illa fuerit difficultas, eam pertinere ad securitatem concilii, non ad aliud quidquam. Utcumque est, neque enim Schelstrato placuit hæc integra apparere, celebrata sessio est, factaque sunt omnia, eodem Schelstrato teste, ut in vulgatis legimus.

At enim quasdam gestorum suorum voculas, à toto avulsas textu, aspergit ad marginem (a), quibus iterùm, si Deo placet, inducuntur oratores regis Francorum assistentes cardinalibus, nec tantùm à reliquo concilio, sed etiam à Gallicanâ natione dissidentes [2]. Iterùm illi oratores atque adeò ipse Gerson eorum an-

---

[1] *Act.* Schel., 30 mart. 1415; *ibid.*, p. 231, 232. — [2] *Ibid.*, p. 225.

(a) Nempè hoc ille cavet, ne in ipso textu inserantur ea verba, quæ à se lecta dicit in quibusdam aliis manuscriptis codicibus, de quibus evulgandis non admodùm curabat. (*Edit. Leroy.*)

tesignanus inducitur, contra eam doctrinam protestatus, cujus et in ipsâ synodo, et extra synodum acerrimus defensor extiterit. Quæ absurdissima, si in Actis Schelstratianis haberentur, meliùs vir optimus ineptos historicos, atque acta mendacia, contempta à Romanis conciliorum editoribus, contempta à Rainaldo, in sordibus bibliothecarum jacere sineret. Sed age, sint vera, sint authentica, sint integra quæ Schelstratus descripserit, sint recta quæ concluserit : quid posteà? Nempè Acta Constantiensia auctoritate carebunt? Quid ità? quiane vociferati sunt Patres? Quò ergò abibunt Chalcedone Acta, tot inter clamores, quos ipsi judices compescere vix poterant? An ergò Schelstratus putat, in sacris conciliis, obstinatione semper ac præcipitantiâ tumultuariisque motibus, non ipso fidei ardore, clamores editos? At enim dissenserunt multi cardinales : quid tùm? An, ut Chalcedonensia aliaque vetera dissidia omittamus; an, inquam, infirma erant tot Tridentina decreta, in quibus discrepantes Patrum sententias Pallavicinus refert? At enim multis repugnantibus Patres voluerunt in crastinum haberi sessionem, ac præcipitanter actum. Imo, diligenter, ut obviam iretur pessimis adulatoribus dissoluturis synodum, omnemque pacis conficiendæ spem præcisuris. At enim *cardinales faciebant difficultatem interessendi*. Quid ad nos? cùm ex Actis etiam Schelstratianis pateat interfuisse omnes; nec, si abfuissent, synodi decreta infringere potuissent. At, inquies, interfuerunt, *præmissâ in camerâ paramentorum*, sibi adjunctis regis Franciæ oratoribus, *secretâ protestatione*. Tantùmne ergò licere putabimus et cardinalibus et regum oratoribus, ut eorum protestatione, eâque secretâ, conciliorum universalium decreta, in publicâ sessione recitata, solvantur; sitque ipsa sessio coram altaribus celebrata, theatralis pompæ instar, dictasque à Patribus, talique in loco promulgatas sententias rescindat illud, quod quidam occultè, *in paramentorum camerâ* susurrarint? Non puduisse theologum hæc orbi christiano proferre ludibria, has Ecclesiæ dividendæ et conciliarium decretorum solvendorum vias!

Quin etiam, si Schelstrato credimus [1], tanta decreta concident, quòd ea cardinalis Florentinus, qui ut diaconorum ultimus legere

[1] *Act.* Schel., 30 mart., 1415; *ibid.*, p. 231, ad marg.

debuisset, quia non probabat, Posnaniensi electo legenda tradiderit. Tanquàm idem electus non alia multa legerit ; et decreta concilii cassa sint, nisi ultimo quoque cardinalium diaconorum placeant !

Quid quòd Schelstratus ex gestis etiam suis id protulerit : « à cardinale Florentino, cum aliquibus deputatis, aliqualiter disputatum fuisse [1] ? » Profectò *aliqualiter*, non contumaciter, quâcumque de re disputasse finxeris. Quin ipsumposteà adfuisse concilio ex Actis tàm editis quàm Schelstratianis æquè constat, additumque in gestis : « Constitutiones lectas à concilio uniformiter approbatas et conclusas [2] : » ut profectò constet, quâcumque de re in princip'is, cardinalis Florentinus aliique nonnulli, à reliquis dissinserint, in conclusione tamen omnes consensisse. Sed quandoquidem Schelstratus cardinalis Florentini auctoritatem tanti facit, operæ pretium erit ejus doctrinam in memoriam revocare [3].

CAPUT XXXV.

Francisci Zabarellæ cardinalis Florentini doctrina de superiori etiam in reformationis negotio concilii potestate. Corollarium de dissensionibus Constantiensibus à Schelstrato memoratis.

Cum sub Innocentio VII et Benedicto XIII de papatu contendentibus, infando schismati remedia quærerentur, ac schismate flagraret Ecclesia; Franciscus Zabarella, tùm juris pontificii celeberrimus interpres, ac posteà cardinalis Florentinus, tractatu de schismate edito, hæc docuit : « Si contendentes nolint congregare concilium ; tamen quocumque modo, sive per collegium, sive per imperatorem convocandum. Quod si prohiberent, minimè parendum ; quia Papæ non est obediendum, quando ex hoc vehementer præsumitur statum Ecclesiæ perturbari [4]. » Subdit : « Papam non posse impedire, quæ ad perpetuam utilitatem insti-

---

[1] *Act.* Schel., 30 mart. 1415 ; et in *Act.*, edit. Antuerp., p. 5, ad marg. —
[2] *Concil. Const.* sess. v : *Act.* Schel., p. 233. — [3] Vid. *Diss. præv.*, num. XXIV. —
[4] Zabarel., *Tractat. de schism.*, edit. Argent., p. 543, 544.

tuta sunt; radicem omnium malorum, quæ passa est Ecclesia, surrexisse ab omissione conciliorum, neque aliud remedium ad instans schisma tollendum, aut ad Ecclesiæ reformationem [1]. »

Tùm illud proponit objici posse, « Papam esse supra concilium, et concilia per Ecclesiam Romanam robur accipere [2]. » Sed continuò respondet, « hîc non agi de Ecclesiâ Romanâ, sed de Papâ; et quod aliud Papa, aliud Sedes apostolica, et sedem errare non posse ; quod intelligendum videatur, accipiendo Sedem pro totâ Ecclesiâ, id est, congregatione fidelium ; hîc autem agi de fide, quæ periclitetur in hoc schismate. » Item : « Ecclesiam Romanam, seu Sedem apostolicam vocari, non Papam solùm, sed Papam cum cardinalibus, quos inter et Papam si fuerit discordia, ut nunc evenit, cùm cardinales à contendentibus se subtraxerunt, congregandam totam Ecclesiam, id est, totam congregationem catholicorum, et principales ministros fidei, scilicet prælatos, qui totam congregationem repræsentent ; et agendum apostolico more, atque ut in *Actis* scribitur, concilium convocandum ; quo in concilio, licèt Petrus fuerit Princeps, tamen plenitudinem potestatis non fuisse in eo solo, nec responsionem datam sub personâ Petri, sed congregationis; unde illud : *Apostoli et Seniores;* et infrà : *Visum est Spiritui sancto et nobis* [3]. » Notandum est id quod hîc subjicit : « Hinc mos inter antiquos obtinuit, quòd omnia difficilia per concilium terminabantur, et crebrò fiebant. Posteà verò quidam summi Pontifices, qui magis ad modum terrenorum principum quàm apostolorum Ecclesiam rexerunt, non curarunt facere concilia, ex quâ omissione prodierunt multa mala. Et ex hoc apparet, quòd id quod dicitur, quòd Papa habet plenitudinem potestatis, debet intelligi non solus, sed tanquàm apud universitatem. Ità quòd ipsa potestas est in ipsâ universitate tanquàm in fundamento, et in Papâ tanquàm in principali ministro, per quem hæc potestas explicatur. » Ac posteà : « Ex his infertur, quòd potestatis plenitudo est in Papâ, ità tamen quòd non erret ; sed cùm errat, habet qui eum corrigat, concilium, apud quod, ut dixi, est potestatis plenitudo tanquàm in fundamento [4]. » Quod ut probet,

---

[1] Zabarel., *Tractat. de schism.*, edit. Argent.. p. 548, 549.— [2] *Ibid.*, p. 556, 557. — [3] *Ibid.*, p. 558, 559. — [4] *Ibid.*, p. 560.

multa ex jure citat. « Quæ primùm, inquit, sunt notanda, quia malè considerata sunt per multos assentatores, qui voluerunt placere Pontificibus per multa retrò tempora, et usque ad hodierna suaserunt eis, quòd omnia possent, et sic quòd quidquid liberet, etiam illicita, et sic plus quàm Deus. Ex hoc enim infiniti secuti sunt errores, quia Papa occupavit omnia jura inferiorum ecclesiarum. Ità quòd inferiores prælati sunt pro nihilo, et nisi Deus succurrat statui Ecclesiæ universalis, Ecclesia periclitatur. Sed, Deo favente, speratur de reformatione, si, ut dicitur constitutum, congregabitur in Ecclesiâ concilium, in quâ congregatione oportebit non solùm schismati præsenti, sed etiam futuris consulere, et ità determinare Papæ potestatem, ut non subvertantur inferiores potestates, et ut Papa deinceps possit non quod libet, sed quod licebit. »

Sic igitur, etiam in reformationis negotio. Papam non dubium, sed certum et indubitatum à concilio ligari posse putat, determinarique oportere, quæ ipsi insit ut ministro principali plenitudinem potestatis, per eam potestatis plenitudinem, quæ est in concilio; quod etiam firmat his verbis : « Universitas totius Ecclesiæ superiorem non habet, nisi Deum, et Papam cùm administrat; et de hoc an bene vel malè, habet utique ipsa universitas decernere; neque unquàm ità potuit transferre ipsam potestatem in Papam, ut desineret esse penès ipsam; quia hoc esset contra jus divinum et contra exempla apostolorum [1]. » Quo quid est clarius? Neque necesse est nos omnes hujus viri excutere rationes. Sufficiat demonstrasse, quid ille senserit, qui unus omnium maximè concilii Constantiensis decretis pro Papâ obstitisse fingitur.

Sanè, teste Schelstrato, in eam sententiam conveniebant omnes, ut in concilii Constantiensis etiam sessione IV decretum conderetur, quo Papam definirent, non modò schismatis negotio, sed etiam in fidei causâ, quod est vel maximum, concilio esse subjectum. Dicit enim tantùm de reformationis negotio disceptasse Patres, et Papæ favisse cardinalem Florentinum. Sed hæc falsa esse constitit, posteàquam vidimus quid doctor eximius ex apostolicis Scripturis, quid ex jure divino deprompserit, ut Papam

[1] Zabar., p. 567.

concilio subderet, etiam in reformationis, etiam in regiminis ecclesiastici negotio.

Videtur ille quidem initio in gratiam Joannis XXIII, à quo cardinalis factus erat, aliquid cogitasse, et subdubitasse tantisper, non quidem an concilium in reformatione quoque Papam antecederet, sed an ad reformationem, adhibitis pœnis, Papam posset cogere. Et id fuisse suspicor, de quo Florentinus *aliqualiter* disputarit. Sed postquam à Patribus communi consensu in alia omnia itum est, nullam turbam movit posteà, ac Joannem XXIII, cum reliquâ synodo, non hæresis, sed depravatæ vitæ causâ deposuit : Joannem, inquam, XXIII, in se beneficentissimum et sui cardinalatûs auctorem, ac proinde tàm ab ipso Florentino habitum pro certo Papâ, quàm ipse Florentinus pro certo cardinale se gereret.

Hinc ergò liquidò constat nimis oppidò inflatas exaggeratasque dissensiones illas, quas in concilio Constantiensi viguisse Schelstratus narrat. Quâ in re duplex ejus erratum est : alterum, quod de summâ doctrinæ dissensisse Patres ; alterum, quod eæ dissensiones acres et immortales fuisse fingat.

Quòd ad caput primum, quis non crederet cardinalem Florentinum de concilii potestate à reliquis discrepasse ? Atqui vidimus quàm perspicuis verbis supremam et absolutam potestatis plenitudinem etiam supra Papam in universitatem Ecclesiæ contulerit. Non ergò de summâ re, sed de quibusdam explicandi modis à reliquis Patribus dissidebat. Sanè idem commemorat dissensisse quosdam, sed Joannis XXIII aliorumque assentatores pessimos : egregios verò Patres, quorum in concilio valebat auctoritas, mirum in modum consensisse.

Atque ut aliquæ dissensiones extiterint, eas tamen pacis amore facilè consopitas et omnes historiæ et Acta etiam Schelstratiana demonstrant. Quid enim est illud in illis Actis : « Major pars cardinalium faciebat difficultatem interessendi ; omnes tamen, præter infirmos, posteà venerunt ad sessionem [1] ; » quid, inquam, est illud, nisi leviculus animorum motus pacis studio statim compositus ? Quod, etiam si Acta conticescerent, ipse tamen re-

[1] *Act.* Schel., p. 231, ad marg.

rum eventus ostendit; cùm omnia in concilio, nullo schismate, summâ cum animorum consensione peracta sint, quintaque sessio in Schelstratianis etiam codicibus à vulgatis non differat, in quibus adscriptum legitur in eâ latas constitutiones *ab omnibus uniformiter approbatas :* ut profectò exasperare verbis dissensiones illas, pace Schelstrati dixerim, exigui malevolique sit animi, et sacri concilii totiusque adeò Ecclesiæ laudi ac paci invidentis.

Quin etiam si de Actis tam confusis ac mutilis datur conjiciendi locus, dicam equidem quod me moveat. Circa sessionem v, gesta quippè Schelstratiana sic habent : « Die sabbati, 6 mensis Aprilis, cùm perpriùs inter Dominos cardinales et nationes altercatum fuisset super emendatione capitulorum in præcedenti sessione statutorum, tandem ordinatum et conclusum est, quòd suprà dicta capitula modo infrà scripto corrigerentur : » quibus adjiciuntur de supremâ in quemlibet, etiam in Papam ipsum, quocumque in negotio fidei, reformationis, schismatis, conciliorum potestate decreta sessionis v, iisdem profectò verbis quæ retulimus. Quæ si æquo judicio æstimamus, ex Schelstrati quoque Actis constabit concilii Patres, uti ab initio memoravimus, sessioni quartæ addidisse quintam, ut quæcumque quartæ deesse viderentur circa conciliarem potestatem, supplerent, augerent, ac luculentiùs explicarent; adeòque abfuisse Patres ut de his dissiderent, ut ea etiam majorem in modum, non solùm repetita roborataque, verùm etiam amplificata vellent. Hæc igitur ad Acta Schelstratiana, quæ ad IV et V sessiones pertinent, dicenda habebamus. Pergamus porrò ad sequentia, si quæ memoratu digna videbuntur.

CAPUT XXXVI.

Alia Schelstrati ex manuscriptis codicibus objecta solvuntur : an aliquid contra nos concludatur ex eo quòd reformatio ad id tempus dilata sit, quo Papa electus esset.

Cùm Patres Constantienses jam in eo essent, ut Gregorio, Joanne, atque Benedicto redactis in ordinem, Pontifex crearetur;

tùnc repentè subortam contentionem novam Acta Schelstratiana produnt; et Sigismundum quidem cum Germanicâ natione, cui se Anglica primùm adjunxerat, voluisse, ut reformatio fieret, antequam de Pontificis eligendi modo decerneretur quidquam; at Italis, Gallis, Hispanis placuisse ante omnia extinguendum schisma, eligendumque Pontificem : denique à Germanis discessisse Anglos, Germanos etiam cæteris assensisse; communique consensu factum esse decretum, quod est in sessione XL, ut futurus Pontifex de proximo assumendus, cum sacro concilio ejusque deputatis reformationi provideret, antequàm concilium solveretur. Hæc ergò Schelstratus narrat ex quatuor manuscriptis codicibus, quibus gesta Constantiensis concilii contineri dicit : quæ gesta, si causæ suæ, quantùm ipse jactat, favere intellexit, cur non ea prodidit? At ille hæc tantùm refert à reliquis avulsa : primum, inter ipsa dissidia protestationem factam à collegio cardinalium et tribus nationibus, Italicâ, Hispanicâ, Gallicanâ; tùm ex iisdem codicibus narrationem eorum subnectit, quæ in hujus controversiæ compositione gesta sunt[1] : quâ quidem in re multa peccat; imprimis, quòd obscuris occultisque ac nullius roboris gestis, sessionum publicarum gesta subrui posse putat. Hæc namque protestatio, qualiscumque est, non est inserta conciliaribus gestis, quæ dimissa quaquaversùs per omnes Ecclesias, totique orbi nota sunt. Quin eadem protestatio nulli unquàm præterquàm Schelstrato visa, nullâ canonicâ auctoritate constat, ac designata potiùs quàm perfecta est, statim dissensione compositâ. Neque pluris est illa narratio privati cujusdam auctoris, cui et anonymo et ignoto, quanta fides adhiberi debeat, nequidem conjicere possumus. Denique tota illa qualiscumque contentio, certè mox composita, nullum in Actis synodi, nullum in historiis, nullum in Annalibus ecclesiasticis à Rainaldo continuatis locum habet. Hæc verò sunt, quibus Emmanuel Schelstratus, sessionum IV et V auctoritatem infringi à se posse putat.

Jam si vel maximè constet huic narrationi fides; quàm infirma, quàm nulla sint ejus argumenta videamus.

[a] *Act.* Schel., edit. Ant., p. 6, 13, 14. *Diss.*, pag. 60 et seq. Vid. etiam pass. *Diss. cont. Maimb.* et *Act. et gest.*, pag. 252 et seq.

PRIMUM ARGUMENTUM SCHELSTRATI. Italica, Hispanica, Gallicana natio, imò tota synodus, sessione XL, Papam priùs elegi volunt quàm de reformatione tractetur : ergò confitentur decretum sessionis V, quo Papa concilio subesse dicitur, quoad reformationem attinet, non esse intelligendum « de concilio seorsim sumpto ; sed de concilio cui verus et indubitatus Pontifex adest, qui sensus nihil ad superioritatem concilii facit [1]. »

Imò verò multùm, quod hunc indubitatum certumque Pontificem synodo præsidentem, in synodi potestate esse crederent, eique leges figerent, ut vidimus [2].

Dices : Ergò saltem intelligebant non posse à se quidquam in reformatione tentari, nisi electo Pontifice. Nullo modo : cùm enim de fide, ante electum Pontificem, tàm multa decernerent, quidni et de reformatione ? Tùm etiam multa decreta esse ostendimus [3], quæ ad reformationem maximè pertinerent, imprimis caput *Frequens* aliaque capita, in sessione XXXIX, adunatis omnibus obedientiis, promulgata. Non ergò reformationem ideò differebant, quòd fieri non posse, sed quòd non ità congruè fieri posse crederent, neque schisma ulteriùs protrahi sinerent.

SECUNDA OBJECTIO SCHELSTRATI. Extat adversùs Germanicam nationem, quæ reformationem ante Pontificis creationem urgeret, Italicæ, Hispanicæ, Gallicanæ, et cardinalium protestatio, in quâ est dictum pessimam deformationem, cui primùm providendum sit, eam esse, quod acephala sit Ecclesia, acephalum concilium : ergò ante electionem Papæ, concilium erat acephalum et mancum : ergò sessionum IV et V decreta, de corpore acephalo mancoque orta sunt [4].

Respondemus : Concilium non erat acephalum et mancum ante constitutum Papam, cùm damnaret Viclefum, Hussum, propositionem Joannis Parvi de cædendis tyrannis : non erat acephalum, cùm excommunicaret eos qui dicerent communionem sub utrâque specie esse necessariam, aut eam deinceps populo ministrarent : non erat acephalum, cùm ederet caput *Frequens* aliaque

---

[1] *Diss. Ant.*, p. 60, 62. *Diss.* III *cont. Maimb.*, c. II, p. 149 et seq. *Act. et gest.*, p. 252, 253. — [2] Sup., cap. XVIII. — [3] Vid. sess. VIII, XV et XXXIX ; et sup., c. XVI, XVII. — [4] *Protest.*, in *Act.* Schels., Ant., p. 10. *Diss.*, cap. III, pag. 68. *Diss.* III *cont. Maimb.*, c. II. *Act. et gest.*, p. 261 et seq.

capita ¹ : denique non erat acephalum; cùm tanta illa faceret, quæ constituendo capiti essent necessaria. Tùm verò fuisset acephalum et mancum, si quemadmodum Germani volebant, cùm ad eligendum Pontificem omnia comparata essent, rem in longum extraheret, foveretque schisma, neque ecclesiasticæ unitatis opus, propter quod maximè congregatum erat, perficiendum putaret.

Tertia objectio. In eâdem protestatione legitur, quòd clerus et populus nonnullorum regnorum et provinciarum nondùm solidè et clarè huic sacro concilio adhæserint : quòd quorumdam qui concilio adhæserunt, propter rumores discordiarum, et quasi impressionum, quas in eodem concilio fieri audiunt, fides jam de eodem concilio dicitur vacillare; scriptumque et relatum à pluribus magnatibus, in Italiâ plurimùm dubitari, ne in urbe Romanâ aliquis pro Summo Pontifice assumatur, cui forsan, præmissis attentis, tota Italia obediret ². »

Quid ista ad propositum ? Nempè quòd *rumores* de *impressionibus* sererentur : quòd *vacillarent quidam :* quòd *magnates* multi multa scriberent : quòd *dubitaretur,* ne Romæ Pontifex fieret : quòd illi *forsitan Italia obediret :* quòd nonnulla regna non tàm solidè concilio adhærerent, quàm futurum esset electo Pontifice, tantoque opere consummato ; ideò tantæ synodi auctoritas fluctuabit ?

Quis autem non videat, in illâ protestatione, suspicionum ac timoris causas undique amplificatas inflatasque esse, ideò ut Germani à proposito protrahendæ electionis promptiùs desisterent, et ad creandum Papam essent promptiores ? Quale enim illud est, dubitari ne Romæ Pontifex fieret ? à quo ? cùm omnes cardinales omnium partium essent Constantiæ.

Quarta objectio. Scriptum in narratione est, inter nationes de pace tractatum ; legunturque hæc verba in codicibus manuscriptis : « Natio Germaniæ petivit assecurationem et cautionem, per decretum irritans, quòd post Papæ electionem fieret reformatio ante coronationem Papæ et administrationem aliquam : posteà fuerunt factæ diversæ formæ decreti ad hoc : tandem fuit dictum,

---

¹ Vid. sess. VIII, XIII, XV, XXXIX. — ² *Act.*, edit. Ant., p. 7, 8. *Diss.*, cap. II, p. 60. *Diss.* III *cont. Maimb.*, loc. cit. *Act. et gest.*, p. 257.

quòd Papa electus legari non poterat [1]. » Certè, eo modo, quo Germani petebant ; nempè ità ut à Papâ electo, *reformatio fieret, ante coronationem et administrationem aliquam :* quod erat reverâ absurdissimum, ut Papa electus, tandiu ab officii administratione suspensus haberetur. Adeò Schelstratus ne sua quidem Acta intellexit. Tùm illud quàm absurdum, quòd vir bonus credidit electum Papam legari non posse ; hoc est, nullam electo imponi posse legem ; tanquàm si electo non posset, quod eligendo Pontifici potuisset imponi. At si id vel maximè dictum esset, electo Pontifici legem nec à synodo œcumenicâ figi posse ; quæro à quo dictum? ab ipsâ synodo ? Ne id quidem, ô Schelstrate, tua hæc gesta continent ; patetque ex eo frustulo quod tu protulisti, hæc in privatâ quâdam congregatione esse acta. Quin tu igitur explicato, à quo illud dictum sit? Ab ignoto quopiam ; atque uno hujus dicto, satis incerto, in congregatione privatâ, certa, cognita, omni robore firmata decreta tantæ synodi collabascunt. Quantò meliùs has nugas orbis catholicus adhùc ignoraret ?

CAPUT XXXVII.

Alia objectio Schelstrati circa sessionem xiv *concilii Constantiensis.*

Illud in speciem probabilius, quod Emmanuel Schelstratus de sessionis xiv decreto refert [2]. Post sessionem nempè xxxviii, vigente adhùc illo, de reformatione ante Papæ electionem faciendâ, dissidio, cardinales protestatos, quòd sessionis xiv decretum, « quia factum erat sine præviâ collegii deliberatione, haberent pro invalido et nullo : » cui cardinalium protestationi, « natio Hispanica adjunxerit ; se illo decreto, licèt aliàs validum existeret, minimè teneri ; quia sessione xiv nondùm adfuerat concilio. » Ergò concilium ante adunatas obedientias non satis erat firmum.

Hæc Schelstratus orbi catholico pensanda proponit. Nobis ante omnia perpendendum, quodnam illud esset sessionis xiv decre-

---

[1] *Act.*, edit. Ant., p. 13. *Diss.*, cap. II, p. 63, 64. *Act. et gest.*, p. 268, 269. —
[2] *Act.*, edit. Ant., p. 8. *Diss.*, p. 53. *Act. et gest.,* p. 259.

tum, nempè id, ne, vacante Sede Romanâ, ad electionem futuri Pontificis procedatur (a) sine deliberatione et consensu concilii. Hîc ergò Schelstratum ejusque sectatores, si qui sunt, rogatos velim, an illud decretum xiv sessionis fuerit antiquatum, atque omninò an Papa fuerit electus sine consensu concilii? Nullo modo; imò *communi consensu cardinalium et nationum*, ex decreto concilii, electionis forma præscripta est, adjunctique cardinalibus, hâc vice, « ad eligendum Papam, sex prælati de quâlibet natione, quibus eadem synodus auctoritatem tribuit eligendi Romanum Pontificem.» Hæc sessione xl decreta sunt; quæ ad executionem xiv sessionis pertinent apertè. Quid ergò cardinalium, aut etiam Hispanorum verba obstant, cùm res ipsa valuerit?

Quid quòd Schelstratus sua Acta ipse corrumpit, falsòque asserit [1], cardinales protestatos esse, quòd decretum illud sessionis xiv haberent pro invalido? » Id enim nullo loco in eâ, quam Schelstratus edidit, protestatione legitur. Neque usquàm dicunt, se ad electionem Papæ, sine consensu concilii processuros, quod sessione xiv erat vetitum; sed « rogant et exhortantur tantùm, quòd ad reformationem taliter procedatur: quòd prætextu illius negotium electionis non impediatur, aut diu differatur [2]; » quod erat æquissimum, nec sessionis xiv decreto contrarium. Aliâ protestatione testantur, si Germani æqua postulata respuerent, dilatæ electionis incommoda in eos refundenda [3]; quod longè abest ab eo, ut electionem sine sacræ synodi consensu celebrarent.

Jam ut ad Hispanos veniamus: primùm quidem tanta non est eorum protestatio, ut conciliarem auctoritatem infringat. Tùm, ne id quidem dixerunt, se nullis teneri decretis ante adunationem factis: his enim verbis comprehenderent etiam fidei decreta contra Viclefum aliosque edita; quod est falsissimum. Ac profectò disertè de sessionis tantùm xiv decretis: « His, inquiunt, nos Hispanica natio, etiamsi aliàs valida existerent, non ligamur [4]; » quæ profectò decreta ad concilii œconomiam ac regimen pertinebant;

---

[1] *Diss.*, Ant., cap. I, art. III, p. 53. Vid. *Diss.*, Antuerp. et Rom., loc. cit. — [2] *Protest. Card.*, *Act. et gest.*, pag. 254. — [3] *Ibid.*, p. 255; et in edit. Ant., p. 6 et seq. — [4] Edit. Ant., p. 8; Rom., p. 259.

(a) On nous a dit souvent qu'il y avoit un pape certain, indubitable; et voilà qu'on fait parler au concile même de la vacance du Siége pontifical.

neque protestationem ultra ipsa verba protendi fas est, ac si Hispani negent se ligari iis, quæ meri regiminis ac variabilis disciplinæ essent, ideò aspernantur ea, quæ ad dogma ecclesiasticum pertinerent; cum immota ea communiaque omnibus esse oporteat. Quare Hispani, cùm hæc dicunt, haud magis sessiones IV et V, quàm VIII et XV, aliasque cogitant, in quibus ecclesiasticum dogma firmatum est.

Quòd autem Schelstratus asserit, à reliquis nationibus Hispanorum dicta laudari et approbari; quippè quæ *protestationi sub suo nomine factæ inseri permiserint* [1], vanum est. Aliud enim est tolerare, aliud laudare et approbare. Tolerarunt aliæ nationes Hispanos à pacificâ synodo abhorrentes, ac pertinacissimo et apertè schismatico Benedicto adhærentes; non profectò laudarunt. Atque sicut cætera quæ Hispanorum gratiâ οἰκονομικῶς, non laudando et approbando, sed tolerando et indulgendo fecisse probavimus, eâdem indulgentiâ talia protestantes tolerant, patiunturque Germanos hoc quoque metu deterreri ab incœpto protrahendæ electionis; ne in ipso concilio, inter Hispanos et reliquos novæ dissidiorum causæ sererentur. Neque tanti putant esse, negasse Hispanos sessionis XIV decretis se *ligari*, dummodo orbis reliquus, quod Hispani fatebantur, his ligari se intelligeret; denique protestatio non prohibuit quominus synodica definitio, etiam in eâ parte viguerit, Hispanis etiam assentientibus; cùm in sessione XL, communibus consiliis, ex sessionis XIV decreto, futuri Pontificis electionem ordinarent; nihilque omninò agit Schelstratus, quàm ut suo more nugas venditet, et protestationes decretis ac rebus gestis anteponat; quod est vanissimum.

CAPUT XXXVIII.

Postrema objectio Schelstrati, de sublato decimo-tertio reformationis articulo. Bulla Martini V, de non appellando ad concilium, suum in locum remittitur.

Postremo loco Schelstratus objicit, decimumtertium reformationis articulum: « *Propter quæ, et quomodo Papa possit cor-*

[1] *Diss.*, Ant., cap. I, art. III, p. 53. *Diss.* II cont. Maimb., c. III, p. 124, 125.

rigi, et deponi, vel à nationibus non fuisse propositum post electionem Pontificis, vel à Martino V, ut novum aliquid, et hucusque inauditum fuisse rejectum [1]. » Itane inauditum, quo omnes scholæ theologorum et canonistarum à tot sæculis perstrepebant? Sed tamen attendamus quid ex suis manuscriptis Schelstratus proferat. Contendit quippè ad hunc decimum tertium articulum, hoc adscriptum esse: « Non videtur, nec visum fuit in pluribus nationibus circa hoc aliquid novum statui, vel decerni [2]; » quæ verba, si intelligimus, non ipse Pontifex, hæc ut nova et inaudita, suâ auctoritate rejecit; sed *id pluribus nationibus visum fuit.* Quid autem visum fuit? hæc omitti penitùs? Minimè; sed *circa hæc nihil novum statui, vel decerni;* quippè cùm, rem diligenter quærenti, sufficere intelligerent ea, quæ sacra synodus, ex sessionibus IV et V in deponendo Joanne XXIII ac Benedicto XIII gesserit: cùm Joannem deposuerit pro certo Pontifice ab ipsâ synodo habitum; Benedictum verò ad mentem Hispanorum, qui eum pro certo haberent, nunquàm eorum conscientiam placaturi, nisi ex decreto sessionum IV et V Pontificem quemlibet, atque adeò certum, concilii œcumenici judicio subdidissent.

Sanè dissimulare nolumus assiduè inculcari à nostris censoribus Bullam Martini V, de non appellando à Papâ ad concilium quam in ipsâ synodo Constantiensi, si Deo placet, editam affirmare audent. Sed nos eam Bullam aliasque in hunc sensum, ubi de his appellationibus agetur commodiùs proferemus [3].

CAPUT XXXIX.

Confirmatio argumentorum pro auctoritate Constantiensis concilii : multa in eamdem rem Martini V et Eugenii IV acta usque ad Basileense concilium.

Jam ergò, Deo dante, expedita sunt omnia, quæ adversùs sacrosancti concilii Constantiensis sessionumque IV et V auctorita-

---

[1] Sess. XL, col. 244. Vid. *Diss., Ant.,* cap. III, p. 70. *Diss. cont. Maimb.,* II, cap. III, pag. 176. — [2] *Act. et gest.,* Schels., ed. Rom., p. 273. — [3] Inf., lib. X, cap. XXIII et seq. Vid. cap. XXVII.

tem congesserunt, à Joanne Turrecrematà usque ad Emmanuelem Schelstratum nova gesta promentem.

Summa dictorum est : Constantiensem synodum quâcumque ratione egisse ut schisma extingueretur, et ut fons schismatis corruptela morum per veram reformationem tolleretur. Animadvertit synodus, et per eam ætatem cordatissimus quisque, ad eas res valere hæc duo: consensionem primùm, si obtineri posset; sin minùs, concilii auctoritatem summam atque indeclinabilem. Quæ sanè auctoritas, nisi valeret in Papam etiam certum, nec valeret in dubium, qui à suis certus et indubius haberetur. Id etiam reformatio per eamdem ætatem tàm necessaria postulabat, ut à quovis, etiam à Papâ certo, summâ cum auctoritate extorqueri posset. His igitur procurandis, sacra synodus jam inde ab initio firma fundamenta jecit, constitutâ concilii adversùs quemcumque, etiam Papam contumacem, summâ et ineluctabili potestate.

Neque propterea omnia, pro potestate egit : auctoritatem œconomiâ et indulgentiâ temperavit: quâcumque ratione consensionem omnium exquisivit: id sibi reservavit, ut summam potestatem adversùs immedicabilem contumaciam exereret. Quæ quisquis expenderit, uno filo et synodi mentem assequetur, et omnia argumenta solvet, et ex mirâ rerum gestorumque cohærentiâ divinam providentiam, Christique pro Sponsâ suâ Ecclesiâ curam collaudabit.

Jam ut nostras probationes concludamus, age verò; omittamus concilii œcumenici auctoritatem: fac ducentos Patres, omnes ferè episcopos, aut episcoporum procuratores ex innumerabilibus provinciis convocatos, in his viginti cardinales magni nominis; neque hos tantùm, sed omnes ferè religiosos Ordines, ferè omnes christiani orbis Universitates, ex Pisani anterioris concilii auctoritate, et auctore Romano Pontifice, præsente imperatore atque omnium penè regum legatis, de summis Ecclesiæ rebus convenisse, exceptis tantùm iis, qui schismaticis et damnatis Pontificibus adhærerent: omnes in eamdem ivisse sententiam, quam edito decreto promulgarint; atque illud decretum nullâ unquàm Ecclesiæ censurâ notatum fuisse; quis non revereatur? Fac totius orbis Episcopos accessisse, atque omnes unâ pace conjunctos, unâ fide, unâ charitate, nedùm ulla extiterit suspectæ fidei significatio; quis damnare audeat, ac non suscipere consensionem totius orbis? Fac deinde ab eo cœtu, et ex eo cœtu electum Papam, qui, cum cæteris, hoc decretum cardinalis condiderit, qui tanto loco positus nihil retractarit, Patresque decreti auctores complectatur; quis non id decretum, cùm et omnibus notum sit, et à nemine improbetur, imò ab omnibus supponatur, ut rerum gerendarum optimum fundamentum, intactum ac tutum manere judicet? Recurrit enim illud: *Error cui non resistitur approbatur* [1]. Et in fidei quæstionibus maximè tenet illa sententia; præsertim ubi publicè error ille esset editus; ubi maximâ auctoritate; ubi concilii quoque generalis et Spiritûs sancti nomine, iis certè qui loqui debeant, pastoribus ecclesiarum, cardinalibus, doctoribus, Papæ omnium capiti. Jam verò depromamus concilii œcumenici sacrosanctum nomen et summi Pontificis Sedisque apostolicæ comprobationem et confirmationem, tot tantisque argumentis demonstratam; quis non indignetur, post trecentos ferè annos, illius decreti rejectam auctoritatem?

Certè non deerant, Martini etiam V temporibus, qui synodo Constantiensi, ut aliis synodis contigerat, obtrectarent. Sed Martinus V apostolicâ eos auctoritate compressit, « qui scilicet vani capitis ludibria, totius Constantiensis synodi œcumenicæ Patrum sapientiæ ac probitati anteferrent, acuerentque linguas contra hujusmodi synodi decreta [2]. » Hìc rogo, quis episcoporum, quis Pontificum Romanorum, quis catholicorum unquàm, sine ullo discrimine Patrum Ariminensium sapientiam, probitatem ac decreta laudarit, ac non priora proba à posterioribus impiis et nullis secernenda putarit? Itaque Bellarminus, Binius, alii recentiores, ac privati theologi, qui concilii Constantiensis posteriora duntaxat acta probant, illud concilium partim approbatum, partim improbatum in ipso statim titulo profitentur. At non ità Summi Pontifices, non ità Martinus V; sed Patres Constantienses eorumque decreta laudat, nullo sessionum temporumque discrimine, quippè qui omnia inter se apta connexaque esse intelligeret; neque ignoraret priores, quibus interfuisset, æquè ac posteriores,

[1] *Decr.*, dist. LXXXIII, cap. *Error.* — [2] Rain., an. 1422, n. 13.

quibus electus esset, œcumenici concilii nomine honestatas; neque valere concilii œcumenici auctoritate electionem suam, nisi quæ huic certam ac necessariam muniissent viam, pari auctoritate constarent. Ac ne id semel fecisse videatur, eodem anno 1422, decrevit, ut Joannes comes Armeniaci determinationi sacri Constantiensis generalis concilii adhærere, illamque ut obedientiæ filius insequi cogeretur [1].

At anno 1423, cùm adesset tempus habendi, ex Constantiensis decreti auctoritate, Papiensis concilii, ad Othonem archiepiscopum Trevirensem hæc scripsit: « Si fortè civitas Papiensis, per sacrum Constansiense concilium pro loco hujus futuri concili deputata, aliquo casu, quod Deus avertat, impediretur, non proptereà à tam sacro opere desisteremus [2]. » Simul academia Parisiensis sacerque in eâ theologorum cœtus, missis oratoribus, Martinum adhortatur, ut illud concilium Ticini indictum celebraret. Hos ergò Constantiensis synodi studiosissimos, quibus maximè auctoribus sessionum IV et V decreta prodierant, *de eximio in Romanam Ecclesiam studio commendavit;* atque hæc rescripsit: « Non est dubitandum, quin plurimùm saluti profutura sit hæc sacra synodus, Deo auctore, de proximo celebranda, per sanctam superiorem Constantiensem synodum instituta, ad ordinandam reformationem status ecclesiastici [3]. » Sic laudat absolutè Constantiensem sacram synodum, nihil à prioribus posteriora secernens : sic probat reformationem in Constantiensi synodo commendatam, quæ sacræ synodo nunquàm plena visa est, nisi in capite et in membris fieret.

Itaque Martinus, ut Constantiensi pareret synodo, Ticinum legatos misit, qui suo nomine sacro generali concilio præsiderent [4]. At, lue grassante, non id sibi tribuit, ut concilium solvat aut transferat : sed ipsa synodus, decreto edito, Papâ deinde approbante, « civitatem Papiensem mutat, et loco ipsius, civitatem Senarum pro continuatione ejusdem sacri concilii eligit, atque deputat [5]. » Quod hìc obiter notari velim, ad elucidandas controversias Basileæ posteà suborturas.

[1] Rain., an. 1422, n. 13. — [2] *Ibid.*, an. 1423, n. 1. — [3] *Ibid.*, n. 2. — [4] *Ibid.*, n. 3. — [5] Vid. tom. XII *Concil.*, col. 366.

Sanè dissimulari non potest, quod ab omnibus scriptoribus est proditum, curiales, ut reformationem, ità etiam synodos, quibus auctoribus fieret, exosas habuisse; atque ob id, apud pios, gravi famâ laborasse : quâ maculâ Martinus ipse non nihil aspersus sit. Itaque ad synodos non satis serió congregatas cunctanter accedebant; synodusque Senensis statim atque inchoata est, sese ipsa dissolvit. Id tamen ex Constantiensi disciplinâ institutoque gessit, ut 19 Februarii 1424, decretum ederet, in sessione primâ Basileensi recitatum : « Quo decreto, pro loco futuri concilii, juxta formam et tenorem decreti Constantiensis, civitas Basileensis, » unanimi Patrum sententiâ, nominatur[1].

Sequitur eodem anno Martini V Bulla, quæ dissolutionem Senensis synodi ac designationem Basileensis civitatis, pro futuro concilio, post septennium celebrando, *juxta determinationem sacræ Constantiensis synodi*, à Senensibus Patribus, seu *majore eorum parte* factas, apostolicâ auctoritate confirmat[2]. Nihil quidem promptiùs confirmabant, quàm quòd se synodi facilè dissolverent; sed interim ipsi haud levi infamiâ, nimiis corruptelis Ecclesiæ catholicæ disciplina laborabant.

Expleto septennio, tempus aderat, quo Basileæ ex decretis Constantiensibus et Senensibus, Martino comprobante, generalis synodus haberetur. Eam ergò synodum ex capite *Frequens* Constantiensis concilii, et ex Senensis decreti auctoritate, Pontifex convocavit; designatusque est Julianus Cæsarinus cardinalis, vir hujus ævi et pietate et doctrinâ maximus, qui sacro conventui præsideret[3].

His gestis Martinus obiit, electusque est Gabriel Condulmerius, jam suprà nominatus, Gregorii XII sororis filius, atque Eugenii IV assumpto nomine in Petri Cathedrâ collocatus.

Is statim atque creatus est Pontifex, anno scilicet 1431, eumdem Julianum ab antecessore legatum designatum, ejusque jussu cum Bohemis agentem, ac magna tractantem, misit ad synodum. Pontificis mandata notanda sunt : « Ut expedito negotio Bohemo-

---

[1] Vid. tom. XII *Concil.*, col. 378, et 463, 464. — [2] Rain., an. 1424, n. 5. — [3] *Bull. Mart. V ad Card. Julian.*, inter act. *Conc. Basil.*, sess. 1, tom. XII col. 468.

rum, cujus finis expectatur in brevi, tuos gressus dirigas in Basileensem civitatem, et ibi..... juxta tibi injuncta et ordinata in concilio Constantiensi, optimè provideas[1]. » Adeò sancta et inconcussa synodi Constantiensis habebatur auctoritas, ex quâ tum omnia gererentur.

Hanc Julianus Bullam accepit, Basileam venit, atque Eugenii IV repetitis mandatis synodum inchoavit die 19 Julii (a) anno eodem 1431; concili Constantiensis Eugenii nomine auctoritatem agnovit, decreta executus est. Sed nos res Basileæ gestas alio ex principio ordiemur. Hîc quidem observabimus, Constantiensis synodi intactam et florentem manere auctoritatem; ut ejus profectò synodi, quæ tetrum schisma extinxerit, Sedis apostolicæ majestatem schismate deformatam in integrum restituerit, et contra hæreticos asseruerit, fœdas hæreses profligarit, reformationem ecclesiasticæ disciplinæ et necessariam declararit, et ex parte delibarit, et ut posteà fieret, nisi mens hominum læva obstitisset, certa fundamenta jecerit. Quæ cùm ad asserendam synodi Constantiensis auctoritatem plenè sufficiant, tamen rerum subsequentium series, tot eam in rem acta, atque etiam ad sessionum IV et V decreta firmanda congeret, ut si quis de synodi Constantiensis auctoritate dubitare possit, is profectò in meridianâ luce caligare ac cæcutire velle videatur.

[1] *Ep. Eug. IV ad Card. Julian.*, *ibid.*, col. 470. Vid. ap. Æn. Sylv., *Epist. Jul. ad Eug.*

(a) Ut veritas historiæ servetur, observandum est potestatem à Papâ factam fuisse cardinali Juliano in Bohemiâ variis negotiis distento, deligendi eos quos ipse vellet, qui concilio interim præsiderent, et eum elegisse *Joannem Polmar et Joannem de Ragusio, qui applicuerunt Basileæ 19 Julii;* et 23 ejusdem mensis concilium inchoarunt. Julianus autem non venit Basileam ante mensem Octobris; et 14 Decembris primam sessionem celebravit. (*Edit. Leroy.*)

LIBER SEXTUS

DE BASILEENSI, ALIISQUE SECUTIS SYNODIS AC GESTIS, QUIBUS CONSTANTIENSI DECRETA CONFIRMENTUR.

CAPUT PRIMUM.

Duo dissidia Basileensia distinguuntur : res in primo dissidio gestæ.

Nunc concilii Basileensis, et Eugenii IV recensenda gesta. Duo quidem dissidia extitere inter Eugenium et Basileense concilium : primo in dissidio vicit synodus, tenuere Patres, ut auctore Pontifice decreta sua valerent : alterum immedicabile dissidium fuit : Eugenius, frustra renitente synodo, in cathedrâ Petri mansit. Hic constituendum tantis in dissidiis tantoque animorum æstu, quid fixum inviolatumque steterit. Nos Constantiensia decreta et intacta et immota perstitisse, imò expressissimè confirmata, eoque, quem dicimus, sensu intellecta fuisse, ex actis docebimus.

Sessione I, Basileæ habitâ septimâ die Decembris anni 1431, Juliano præside, lecta sunt ea decreta, quibus synodus iniretur, imprimis caput *Frequens* concilii Constantiensis, Senensis concilii decretum de Basileensi concilio celebrando, Martini approbatio de eodem habita, synodi convocatio, ac designatio Juliani cardinalis præsidis, ad eumdem Eugenii IV eâdem de re datæ litteræ. His lectis, à synodo tot tantisque firmatâ præsidiis, decretum est : sacrum generale concilium Basileæ stabilitum, canonicè esse fundatum, quò prælati omnes accedere tenerentur[1].

Sessione II, 15 Februarii anno 1432, decretum est : « Sacram Basileensem synodum, sacris Constantiensi et Senensi conciliis generalibus decernentibus, et auctoritate apostolicâ interveniente,

[1] *Conc. Bas.*, sess. I, num. III, IV, V, IX, X, XI ; tom. XII, col 462 et seq.

fuisse debitè legitimèque ac ritè initiatam[1].» Constantiensis concilii sessionis v decreta repetita ea, quæ à clero Gallicano laudata, atque à nobis sæpè relata sunt; nempè quòd omnes, etiam ipse Papa, concilio subsit in causis fidei, schismatis ac reformationis. Ea verò decreta gestis inseruntur; cùm nullum schisma esset, cùm Pontifex indubius, missis legatis, synodo præsideret : quo fixum, non ad schismatis, sed ad omne tempus ea decreta pertinere, eoque sensu ab omnibus fuisse intellecta.

Eodem anno 1432, 29 Aprilis, sessione III, hæc legimus : perlatum ad sacrum concilium, Eugenium, « ex sinistrâ informatione motum, dissolutionem ipsius concilii attentasse[2].» Nempè ab Eugenio edita erat Bulla, quâ synodum prorogabat, Basileensem dissolvebat, novam synodum Bononiam, elapso anno integro cum dimidio, atque iterum post decennium, *ex ordinatione Constantiensis concilii*, Avenionem convocabat. Hæc autem decreta, non statim perlata sunt ad synodum; et qui temporum notas pontificiis Bullis et conciliaribus decretis adhibitas inter se contulerit, statim animadvertet Basileensem synodum vix inchoatam, jam ab Eugenio fuisse diremptam, et Juliani cardinalis operâ factum, ut decreti promulgatio aliquantulum differretur.

Allatæ sunt dissolutionis causæ : *Clerus in Allemaniâ multipliciter diformatus*[3] : quâ causâ synodus acceleranda potiùs quàm dissolvenda erat : *Clericorum in ipsâ urbe Basileensi trucidatio, exemplo Bohemorum;* quod erat Basileæ ignotum : *pericula ex bello inter Burgundum et Austriacum ducem,* queis Patres minimè movebantur. Alia edit æquè vana, quorum Eugenium pudere videbatur; addebat enim posteà causas occultas, suam valetudinem obtendebat; et quid non? Nempè volebat ipse adesse concilio Bononiæ celebrando : modò scilicet unius anni cum dimidio spatium lucraretur. Sic Eugenius concilium cupiebat, aperto ludibrio. Ità Patres, ità legatus Julianus, ità christiani omnes, atque etiam, ut videbimus, ipse Eugenius judicavit. Cæterùm è re nostrâ est intelligere Eugenium IV nihil omninò conquestum de Constantiensibus sessionis v decretis, Basileæ sessione II repe-

---

[1] *Conc. Bas.*, sess. II, n. II, col. 477. — [2] Col. 480. Vid. *Bull. Eug.*, in app. *Conc. Basil.*, col. 934 et seq. — [3] *Ibid.*

tilis; quippè cùm Constantiensia decreta ab omnibus inviolata sanctaque haberentur.

Et hoc ad elucidationem rerum pertinet, hanc quoque dissolvendæ synodi causam fuisse allatam, quòd Græci Ecclesiæ Romanæ conjungendi, Bononiensi synodo adfuturi essent; quas statim Basileæ non posset tot exoptata votis reformatio fieri; ac tùm, si res posceret, nova synodus convocari Bononiam. Sed Eugenio Græcis quoquo modo opus erat, ut consiliis suis aliquem colorem obtenderet.

Grave visum est Patribus reformationem elusam toties, et in longum ire spem orbis, synodumque Basileensem duorum generalium conciliorum, duorum Pontificum, ipsiusque adeò Eugenii IV auctoritate, tantâ solemnitate, tantâ orbis christiani expectatione inchoatam, in ipsis initiis ab ipso Eugenio repentè dissolvi : obtendi bella, obtendi pericula, quæ Basileæ agentibus imminerent : hiemem etiam, morbos, alia incommoda exaggerari Romæ, quæ ipsi Basileæ nequidem cogitarent : tùm novarum synodorum injici spem, cùm interim jam convocata, jam felicibus auspiciis inchoata solveretur. Editum ergò à synodo, sessione III, caput *Considerans,* quo decernit : « Præfatam dissolutionem contra decreta Constantiensis concilii, » magno fidei periculo, magno populi christiani scandalo factam, « nullatenùs fieri potuisse; quinimo ipsâ minimè obsistente ad persecutionem eorum, quæ laudabiliter sunt incœpta, esse cum sancti Spiritûs gratiâ procedendum [1]. »

Illud diligenter annotandum, Basileenses Patres concilii dissolutionem irritam declarasse, Constantiensibus decretis sessionis v nixos : iis enim niti se profitentur, eaque decreta iterum repetunt, suoque decreto inserunt; quod quàm ad rem nostram spectet, lector per sese intelligit, et sequentia demonstrabunt.

Hoc decreto edito, de dissolutione revocandâ, multa Pontificem, multa cardinales monent; ad inchoata porrò pergunt [2].

Pridem omnes suspicabantur Martinum V et Eugenium IV abhorrere à conciliis celebrandis, ac reformationis opus cunctanter et dissimulanter aggressos. Quare Patres ægrè ad concilia venie-

[1] *Conc. Basil.*, sess. II, col. 480. — [2] *Ibid.*, col. 481.

bant, quæ Pontificibus invisa, ac statim re infectâ solvenda esse
crederent. Et ipse Eugenius Juliano cardinali succensebat, quòd
res concilii citiùs optato processissent. Cùm verò solvendi concilii
missa est facultas, Julianus pro eo ac debuit, ad Pontificem scripsit : « In concilio orbis christiani spem unicam esse repositam :
fidei extrema imminere pericula; nec se facilè potuisse adduci, ut
crederet tantam rem à Pontifice dissimulanter aut negligenter
actam; sibi quidem decretum, non exercere dissimulatoris officium, cùm de correctione cleri, præsertim in Germaniâ, nulla
spes superesset, futurum ut in nos irruant laici more Hussitarum,
hoc est, more ferarum, ac prægnantes hominum animos in immane aliquod facinus erupturos, atque instar sacrificii putaturos,
si spoliarent clericos primævæ disciplinæ ac pietatis oblitos, aut
etiam trucidarent[1]. » Jam enim christianum orbem dira fata agebant, imò adversùs effrænas cupiditates divina ultio ac virga vigilabat : postremò vitiorum tanta colluvies, et grassantes Viclefi,
Hussi, Bohemorum hæreses, tetrum reformatorem portendebant,
ac parturiebant Lutherum. De Græcis liberè respondebat Julianus :
« Absurdum videri, ut propter incertam reductionem Græcorum,
permitti debeat, quòd Germania nunc et semper labatur in hæresim Bohemorum. » Denique omnia egit, quasi jam instaret, et ob
oculos versaretur infanda et horrenda illa discessio, quam posteà
vidimus. Alterâ epistolâ urgebat vehementiùs[2]; Patribus videri
dissolutionem ab Eugenio factam nullam et irritam fuisse; in
concilio enim Constantiensi, sessione xxxix, capite *Frequens*,
signanter cautum, ut tempus synodi abbreviari à Pontifice, non
autem prorogari posset, ac multò minùs dissolvi incœpta jam synodus; tùm illud definitum in sessione v, *cuilibet concilio generali, etiam à Papâ*, morem geri oportere : cujus concilii, si decreta vana essent et frustratoria, tùm Pontificum electiones, et
cætera quoque concilia, totumque Ecclesiæ statum vacillare.

Hæc de concilio Constantiensi dixit vir hujus ævi maximus,
longèque doctissimus atque sanctissimus, et in synodo Florentinâ,
causæ catholicæ adversùs Græcos præcipuum firmamentum. Rai-

---

[1] Vid. *Epist. Card. Jul. ad Eug.*, in *Comm. Sylv.*, p. 823, edit. Pinssonii, 1666.
— [2] *Ibid.*, p. 836.

naldus multas in hunc ferè sensum, maximi cardinalis profert epistolas[1], quas omnes referre nihil attinet, cùm summam teneamus.

Cæterùm ipse in concilio perstitit, neque, revocatus licèt, ab officio præsidis destitit. Mansere in concilio alii cardinales : in his Dominicus Capranica vir maximus, Martino V primùm à secretis; rati omnes unà cum cæteris Patribus, gesta ab Eugenio ad synodum dirimendam, cassa et irrita esse.

Sessione IV, synodus cardinales vocat : definit « quòd in eventum vacationis Sedis apostolicæ, hoc sacro generali durante concilio, electio Pontificis in loco concilii, non alibi, celebretur; in contrarium attentata, quâvis auctoritate, etiam papali, nullius roboris ipso jure esse decernit [2]. » Id decretum pro rei gravitate sessione VII repetendum censuit [3].

Exinde contra Eugenium proceditur : sessionibus VIII et IX accusatur, citatur, ac demum sessione XII, capite quod incipit *Sancta catholica, nisi intra sexaginta dies,* Bullâ editâ, resipiscat, ab officio suspenditur, ut subversor Constantiensium decretorum sessionis V, et capitis *Frequens;* quæ decreta iterum atque iterum repetuntur, inculcantur, gestis inseruntur [4].

Ex his intelligitur, quo maximè fundamento Patres Basileenses Eugeniana decreta solverent. Nempè quòd Eugenius caput *Frequens* contempsisset, quod quidem ad reformationem pertineret, imò verò quo tota, prout tunc res erant, reformatio nitebatur. Quo canone contempto, Eugenius ipsa sessionis V fundamenta quatiebat. Hæc igitur synodus Basileensis egit. At adversùs decreta Basileensia edit Eugenius Bullam *Inscrutabilis,* et Bullam *In arcano* [5] : atque hâc ultimâ Bullâ expressè reprobat Basileense decretum *Sancta catholica,* sessionis XII, quo ipse intra sexaginta dies resipiscere jubebatur.

Intereà ad synodum Basileensem Sigismundus imperator accesserat, is qui in Constantiensi quoque concilio tanta gesserat. Is ubi primùm intellexit synodum ab Eugenio dissolutam, nihil

---

[1] Rain., tom. XVIII; an. 1431, 1432. — [2] Sess. IV, col. 487. Vid. sess. III, col. 481. — [3] Col. 496. — [4] Col. 497 et seq., 508 et seq. — [5] Vid. in sess. XVI, col. 529 et seq.

commotus iis, quæ ad ipsum Eugenius eâ de re scripserat, palam Eugenio significat, se nihil adversùs Bohemos armis profecisse; « nec jam, inquit, aliqua sperantur remedia, quàm hoc sacrum Basileense concilium, quod Deus omnipotens hoc tempore tribulationis ab alto concessit, et in quo omnis virtus contra hanc pestem hæreticam, omnisque salus et spes omnium consistit[1]. » Itaque profitetur se hanc synodum omni ope tuendam suscepisse; in eamque synodum sessione IX, 22 Januarii anni 1433, magnâ, ut par erat, Patrum gratulatione, exceptus est. Neque alia sentiebant alii orthodoxi principes, præsertim Francorum rex, sacrosanctæ synodi defensor eximius.

Sessione XI, decernitur ut « Basileense concilium per neminem, etiamsi papalis fuerit dignitatis, sine consensu duarum partium concilii, dissolvi, aut de loco ad locum mutari possit[2]. » Sic concilium suam in Pontificem potestatem, non modò explicabat decretis, sed etiam reipsâ exercebat.

Imperator ac reges agebant cum Eugenio, ut dissolutionem revocaret. Cùm ergò, sessione XIII, Papæ contumacia accusata esset, instaretque terminus præfixus à synodo, atque imperator triginta dierum dilationem impetrasset, quibus elapsis contra Eugenium jure ageretur, nisi decretis synodi satisfaceret[3]; victus est Pontifex synodi auctoritate, principum precibus, Ecclesiæ periculo, gravique sui nominis infamiâ. Quare ex præscriptâ per ipsam synodum, sessione XIV, adhæsionis formulâ, sessione XVI concilio se adjunxit[4].

Quæ autem sessione XIV gesta sint, cùm his maximè causa nitatur, diligentiùs considerare oportet.

Prorogatur Eugenio terminus (a), eâ conditione, ut nisi satisfecerit, « pœnæ in decretis monitorii ac prorogationis contentæ, eo ipso inflictæ sint et esse intelligantur[5]. » Tùm in ipsâ synodo confecta Bulla, quam Eugenius ederet et ad synodum mitteret. Hujus initium : *Dudum sacrum;* summa verò hæc est.

---

[1] Rain., an. 1431, n. 26. — [2] Num. IV, col. 506. — [3] Tom. XII, col. 515 et seq. — [4] Col. 523, 528 et seq. — [5] *Ibid.*, col. 523.

a) Nonaginta dierum.

Primùm : « Concilium à die inchoationis legitimè continuatum fuisse et esse[1]. »

2. Dissolutionem ab Eugenio promulgatam, irritam et inanem.

3. Tres Bullas adversùs concilium editas, nullas et irritas fuisse. Primam *Inscrutabilis*, secundam *In arcano*, suprà memoratas; tertiam *Deus novit*.

4. Quæcumque à se contra synodum ejusque membra, atque etiam in cardinales synodo adhærentes edicta essent, æquè nulla.

5. An ejus legitima citatio et defensio fuerit, stare se ipsius synodi judicio.

Hæc si Eugenius faceret, tùm, « si quid culpæ commissum est, attentando dissolutionem, aut in confectione et publicatione trium Bullarum, sacrum concilium penitùs abolet[2]. » Quæ omnia superioris adversùs inferiorem esse, omnes intelligunt.

Hæc tamen decreta sessionis XIV Basileensis expressè ab Eugenio approbata et confirmata esse, et apud omnes constat, et Rainaldus confitetur, et Acta ipsa demonstrant[3]. Nempè sessione XVI, allata Bulla Eugenii *Dudum sacrum* : in ea verba quæ synodus præscripserat; quæ data 18 Kalendarum Januarii 1433, Basileæ in sessione XVI legitur, publicatur, approbatur, gestis inseritur[4].

Sic tanto molimine ab Eugenio tentata ac decreta synodi dissolutio, ab eodem Eugenio revocatur; declaraturque sanctam synodum non modò continuandam; sed ipso reclamante licèt, verè ac legitimè continuatam fuisse : habitæque pro nullis tanto strepitu editæ, Bulla *Inscrutabilis*, ac Bulla *In arcano;* Bulla verò *Deus novit*, tametsi ab Eugenio respuatur ut falsa neque unquàm à se edita, ad cautelam tamen etiam ipsa revocatur.

Notatu dignissima Eugenii verba, quibus eas Bullas revocat. Declarat enim revocari à se eas, « ut, inquit[5], mentis nostræ integritas ac devotio, quam ad universalem Ecclesiam et sacrum generale concilium Basileense gerimus, omnibus constet evidenter. » Sic Basileense concilium, in eoque repræsentatam universalem Ecclesiam, non tantùm honore, sed etiam devotione pro-

---

[1] Tom. XII, col. 524. — [2] *Ibid.*, col. 525. — [3] Rain., loc. cit., n. 1, 4, 5 et seq. — [4] Vid. col. 528 et seq. — [5] *Ibid.*, col. 529.

sequitur, sibique anteponit : cujus quippè jussu, sua quoque decreta, totâ quantâ erant auctoritate prolata, antiquat et revocat.

His lectis, synodus hanc tulit sententiam : « Sacra synodus decernit, Eugenium per has litteras satisfecisse plenariè monitioni, citationi et requisitioni sacri concilii, prout in decreto in XIV sessione promulgato, et in schedulâ in eodem decreto insertâ continetur [1] : » patetque omninò ex Actis supremam synodi œcumenicæ auctoritatem, etiam in ipsum Papam, eumque indubitatum, non modò à synodo declaratam, sed etiam à synodo exercitam; atque ab eodem Papâ fuisse agnitam, edito quoque, quo nihil solemnius esse possit, diplomate, in œcumenicâ synodo promulgato, ac Patrum sententiis roborato

CAPUT II.

Ex antedictis Constantiensia dogmata confirmantur.

Nunc ex his quæ relata sunt, pro decretis Constantiensibus argumenta ducimus invicti roboris.

Primum. Eugenius noverat è sessionibus II, III, XII, Basileensibus, ante et post dissolutionem, Constantiensia decreta sessionis V repetita et constabilita esse, ut quæ vera certaque concilii œcumenici ubique approbati decreta essent : atqui concilio Basileensi ità prædicanti ac decernenti adhæret, et legitimè continuatum esse confirmat : ergò Constantiensia decreta valere intellexit, valere voluit, nedùm suspecta, aut infirma, aut revocanda putaret.

Quòd si cum Turrecrematâ negaveris nota Eugenio fuisse, quæ publica essent ac publicè promulgata, sic agimus : Decreta Constantiensia sessionis V, decretis Basileensibus adversùs Eugenium editis, ac decreto *Sancta catholica*, sessionis XII Basileensis, inserta erant ad verbum; atqui decreta illa Basileensia Eugenio nota erant. Certè enim noverat, quæ judicatorio edicto damnaverat; damna-

[1] Vid. tom. XII, col. 528.

verat autem, ut vidimus, Bullâ *Inscrutabilis* et Bullâ *In arcano*, quæcumque Basileæ post dissolutionem gesta essent; et quidem speciatim ea, *quæ statuta de se et contra se essent*, atque expressissimè decretum Basileense *Sancta catholica*, quo nullum erat ad inculcanda, repetenda, exequenda decreta Constantiensia validius. Igitur ea Basileæ approbata esse noverat, eorumque approbationem ipse ex certâ scientiâ approbabat.

Confirmatur : Bullâ *Inscrutabilis* decreta Basileensia ità damnaverat, ut « quæ non ad reformationem, sed ad deformationem; non ad unitatem; sed ad scissuram Ecclesiæ; non ad hæreses tollendas, sed ad nutriendas spectare videantur[1] : » ergò Eugenio bene nota decreta, quibus tam perspicuas notas inureret; ac proinde sunt sancta ac censuris libera, cùm inustas à se notas ipse absterserit.

Quòd si ea quoque, quæ ex Constantiensibus decretis contra ipsum gesta essent, ab omni schismatis et hæreseos suspicione liberavit, et valere judicavit; quantò magìs decreta Constantiensia, quæ fundamenti loco ab ipsis Basileensibus posita, et decretis inserta esse vidimus?

SECUNDUM ARGUMENTUM. Quæcumque à se in solvendo concilio contra ipsius decreta concilii gesta essent, ea Eugenius non modò revocavit, verùm etiam nulla fuisse declaravit : et concilii Acta, se quoque contradicente gesta, valuisse sanxit. Præterea quæstionem hanc, an adversùs Pontificem ab ipsâ synodo decreta citatio, et Pontificis defensio legitima fuerit, judicio synodi permittit ejusque decreto se stare declarat. Ergò iterum atque iterum Constantiensia decreta et conciliorum supremam potestatem, etiam in objurgando et citando, et sub pœnis judicando Summo Pontifice non modò approbando, sed etiam exequendo et obediendo firmat.

TERTIUM ARGUMENTUM. Decreta Constantiensia usque adeò ab omnibus firma habebantur, ut nec dissidii tempore, aut ipse Eugenius, aut ejus nomine quisquam improbare sit ausus.

Non ipse, qui Bullâ *Inscrutabilis* ea tantùm Basileensia irritasset, quæ *post dissolutionem* facta essent : non ergò quæ ante

[1] Sess. XVI, col. 530.

dissolutionem sessione II, ubi Constantiensia decreta repetita fuere : ergò, ipso quoque annuente, valebant.

Non ejus fautores, vel obsequentissimi, in Bullâ *Deus novit* (a), ubi hæc verba legimus : « Si Papa, vel legatus ejusdem nollet disponere aliqua, et contra concilium affectaret, Papæ sententia, vel ejus legati personam Summi Pontificis repræsentantis, non concilii voluntas sequenda foret, cùm super omnia concilia habet potestatem Papa; nisi fortè quæ statuenda forent catholicam fidem respicerent, vel, si non fierent, statum universalis Ecclesiæ principaliter perturbarent; quia tunc concilii sententia esset potiùs attendenda [1]. » Igitur qui Pontifici impensissimè favebant, in Ecclesiæ generalibus, ipsiusque adeò fidei negotiis, concilii potestatem præstare fatebantur : ergò Constantiensia decreta quæ id statuerunt, probata omnibus, neque in maximis etiam controversiis, controversa unquàm fuere.

Quartum Argumentum. Ex is quoque certum, Constantiensia decreta, non ad schismatis aut ad dubii Pontificis tempus, à quoquam relata, cùm sub Eugenio IV indubitato Pontifice valere et observanda esse, Basileenses Patres et Eugenius IV voluerint et intellexerint.

Quintum et ultimum Argumentum. Cùm Eugenius IV, Bullis quoque editis et solemnissimo ritu, in concilio scilicet generali promulgatis, Basileensia insertaque in eis, ac sæpè innovata decreta Constantiensia firmaret, ac supra se concilii generalis potestatem extolleret, vel vera, vel falsa promebat. Si vera, stant planè Constantiensia decreta atque iis certa fides : stant adversùs indubitatum Pontificem : stat suprema Basileæ agnita et exercita in indubitatum Pontificem potestas. Sin falsa prompsit Eugenius, jam Pontifex non tantùm erraverit, verùm etiam errorem decreto firmaverit, eoque decreto, quo nullum ritu solemniori promulgari possit; quippè quod fuerit in œcumenicâ synodo promulgatum, ac sententiâ synodi roboratum. Sic, quidquid dixeris, Parisiensium nostrorum vicit sententia, atque omninò res nostræ utrinque in tuto sunt.

[1] Vid. sess. XVI, col. 537.
(a) Quam Eugenius falsò sub suo nomine editam fuisse dixit.

CAPUT III.

Confirmantur argumenta capitis præcedentis : insigne Eugenii IV ad universos fideles diploma refertur.

Id ut pateat clariùs, placet considerare quid ipse Eugenius dissolutione, ut quidem existimabat, vigente, quid posteà edixerit. Nempè dissolutione nondùm revocatâ hæc edixit, et id quidem *universis Christi fidelibus,* ne Eugenii ut privati doctoris scriptum esse respondeas. Nempè Eugenio objiciebatur à Basileensibus caput *Frequens,* à Martino Papâ approbatum : id caput dissolutioni obstare contendebant. Negat Eugenius eo se teneri : « Neque enim Martinus, inquit, suis successoribus potuit præjudicium generare, pari post ipsum, quinimo eâdem potestate functuris ; et infertur (prout est secundùm omnia jura) in hâc parte concilium inferius Summo Pontifice, Papamque ipsis priorem nequeunt solvere vel ligare. Sed nos, in his concilio superiores, ipsum possumus pro libitu regulare [1]. »

Pergit : « Nam hoc de jure notissimum est, quòd possumus quæcumque statuta, decreta, declarata, sive sancita per quoscumque prædecessores nostros, vel per quæcumque concilia, dummodo in ipsis fidei fundamenta non existant, sive ex hoc universalis Ecclesiæ bonum principaliter non turbetur, ut Vicarius Christi, et irreprehensibiliter pro nostro amovere et corripere libitu voluntatis, et contrà sentire non esset longævum ab hæresi ; velle ligare manus Vicarii Jesu Christi et in terris Dei legati, sive ipsius gesta judicare, vel improbare, quod sacrilegii crimen habet. »

Illud interim observari velim quo loco Eugenius adversùs generales synodos tam magnificè se effert, eodem confiteri non ea à se posse convelli, quæ soluta, non modò fidem, sed etiam quæ universalis Ecclesiæ bonum principaliter perturbarent : quod cùm dictum esset in Bullâ *Deus novit,* quam Eugenius ut falsam abje-

[1] Bull. *Deus novit;* in sess. XVI, col. 534, 535.

cit, nunc præstat in vero sinceroque diplomate promulgari. Sed quæ in eo diplomate consequantur videamus.

Infert deinde multa in *acephalam synodum;* atque ità concludit : « Sacrilegum igitur à nobis postulant, et hæreticum, ut declarare velimus retroactis temporibus Basileæ continuò fuisse concilium, cùm post nostram dissolutionem sine nostris præsidentibus, regulare non facerent concilium; quia eorum dicta, gesta et facta omnia, contra divina jura pariter et humana, perperam sunt confecta..... quæ adeò sunt minùs bene composita, ut etiamsi ab habentibus potestatem promulgata fuissent, essent irritatione, annullatione et revocatione dignissima [1]. »

At hæc, Eugenio teste, *annullatione et revocatione dignissima,* firmavit Eugenius : hæc *ab hæresi non longæva* Eugenius sanxit: *hæc sacrilega et hæretica,* nempe *retroactis temporibus Basileæ fuisse concilium,* Eugenius amplexus est, atque in œcumenicâ synodo, Bullâ editâ, declaravit. Sic ille nos adjuvat, providitque Deus, ut qui pontificiam potestatem supra omnem modum extollere nitebatur, omnia sibi in concilia quoque licere definiens *pro suæ libitu voluntatis,* is omnium maximè conciliari potestati se subderet, eamque dictis et factis superiorem agnosceret.

CAPUT IV.

Turrecrematæ et Rainaldi aliorumque suffragia.

Id argumentum, quanquam obvium, neque Bellarminus, neque Lupus, neque *Disquisitor* (a), neque auctor *Doctrinæ Lovaniensium,* neque ille, qui diligentissimus videri voluit, rerum quoque futilium investigator et collector anonymus, neque alii quique attigere. Unus Turrecremata videre visus est [2]; sed qui ejus dicta exscribere solent, eos credo referre puduit quæ huic argumento ille responderit.

[1] Bull. *Deus novit*; in sess. XVI, col. 536. — [2] Vid. Turr., *de Eccles.,* lib. II, cap. c.

(a) Lovaniensis, nempè D. Dubois.

Primùm ergò Bullas, quibus Eugenius dissolutionem suam esse judicavit, vi extortas fuisse Turrecremata significat, idque à pluribus magnæ gravitatis viris dictum esse *in Curiâ*. Esto : dictum ab aulicis, sed ullis Actis probatum, nullo scriptore proditum, et ab ipso Eugenio negatum, ut mox videbimus : neque ef rationi Turrecremata insistit, et nos contemnimus.

Sed enim Turrecremata Florentiæ hæc dicentem audivit ipsum Eugenium « in disputatione publicâ : Nos quidem bene progressum concilii approbavimus volentes, non tamen approbamus ejus decreta. » Tunc ergò ejusmodi colloquiis dictisque, quorum penès te fides, evertenda aut etiam interpretanda putas, ea quæ synodicè gesta, decreta, judicata et approbata sunt ? Audi tamen Pontificem : *Approbavimus volentes;* non ergò extortæ Bullæ; atque illi viri graves, qui id in Curiâ dicerent, nugabantur.

At enim, inquiunt, urgebat synodus, urgebat imperator christianique reges, totâque Ecclesiâ connitente, Eugenius metu schismatis synodum frustra dissolutam fatebatur. Ità, inquit Pater Gonzalez[1], *ex Spondano* docente, Bullam revocatoriam ambiguis verbis esse conscriptam Sic Ecclesiæ, sic Romano Pontifici consultum volunt, qui ab eo fatentur ambiguis verbis ludificatam Ecclesiam : nec tamen verum est. Verba relegantur : clara sunt : sua omnia irritat : conciliaria omnia valuisse declarat. Quidquid ergò Spondanus dixerit, Actis conciliaribus, non posterioris ævi scriptis credimus. Quid autem? An metu schismatis facta, ad violentiam refers? Addere debuisses per vim extorqueri quæ metu peccandi fiant. Cogebat imperator, inquiunt : imò suadebat, urgebat, nihil tamen per vim. Quid si synodo regiam manum secundùm canones imploranti, ne schisma fieret, ne hæreses atque corruptelæ gliscerent, auxilium præstitisset ; eane vis esset ? non autem æqua, legitimaque actio advocati ac protectoris Ecclesiæ?

Quid quòd Eugenius omnibus Bullis fatebatur non valere à Pontifice facta, quæ totam Ecclesiam perturbarent? Quid quod Duvallius, aliique confitentur Pontifici talia attestanti, vim inferri

---

[1] Gonzal., *Disp.* XIV, sect. III, n. 2, 8, pag. 695, 696 : ex Spond., an. 1432, n. 2, 5 ; 1433, n. 27 ; 1438, n. 23.

fas esse? Ergò qui vim comminiscuntur, omnia Ecclesiæ jura, atque etiam Eugenii decreta convellunt.

Quòd autem Turrecremata cardinalis addit à Pontifice non approbata *decreta Basileensia, quæ nunquàm vidisset neque examinasset,* fallit aut fallitur. An ergò hæc decreta non satis divulgata erant? An Pontifex non viderat, neque examinaverat, quæ in se facta ipse damnaverat? An verò valitura ea non intelligebat, post sententiam suam ab ipso revocatam? Denique an damnatis à se Basileensibus decretis, Constantiensia decreta inserta non legerat? Vana hæc et ludicra à tractationibus theologicis procul absint.

Urget : sed quod Eugenius decrevit synodum Basileensem à se licèt dissolutam, tamen ritè et ordine continuatam fuisse, id non est referendum ad defectum potestatis, quasi Eugenius synodum dissolvere non potuerit; sed quòd dissolutio non veris rationibus niteretur. Contrà, asserit synodus, nec potuisse dissolvi, quòd eâ dissolutione subverteretur caput *Frequens*, quo reformatio nitebatur. At Eugenius hæc decreta synodica, à se licèt condemnata, valere voluit. Ergò et id probavit, synodum à se nec dissolvi potuisse. Sed esto : sint vera quæ tu dicis. Ergò, te fatente, falsum illud jactatum ab Eugenio, potuisse à se dissolvi synodum, *pro suæ libitu voluntatis,* nullis licèt veris causis. Denique vel ex te duo habemus : primum, dissolvendi causas ad examen venire, atque illud examen pertinere ad synodum; non ipsam à Pontifice dissolutionem factam, statim ex se ipsâ stare; alterum, utcumque sit, vel renitente Pontifice certo, indubitato, nec hæretico, valere et stare semel inchoatam synodum universalem.

At enim, inquit [1], aliud est progressum concilii, aliud decreta probari. Sed qui decreta synodi sciat, nec improbet et editâ Bullâ synodo adhæreat, quid aliud quàm approbat, aut Ecclesiam ludit; quantò magis cùm ab ipso expressè damnata decreta synodica, ipso quoque auctore posteà convalescunt; cùmque eas delet, quas impresserat notas ac censuras, uti jam diximus?

Asserit Turrecrementa à concilio petitam aliam approbationem, nec impetratam. Gratis dicit, nullis actis probat, causæ suæ favet.

---

[1] Turrecr., loc. cit. Vid. Gonzal, et alios pass.

Denique hoc addit : « Non esset passura, inquit, Sedes apostolica à Papâ confirmari talia decreta, quæ ab evangelicâ veritate et sanctorum Patrum doctrinâ aliena videbantur. » Respondemus : Ergò Sedes apostolica Pontifici obstitisset : quantò magis Ecclesia catholica adunata id facere potuit? Prosequitur : « Neque per illam revocationem voluit Dominus Eugenius se et sua abnegare, quæ juxta Scripturas et sanctorum Patrum sententias apostolicæ Sedi divinitùs sunt concessa, cùm hoc non posset facere ; inter quæ est illud de dependentiâ conciliorum à Papâ, non è converso. » Quid audio? Papa non id facere potuit, et tamen factum est : et ipse Pontifex judicio synodi stare se declaravit, et id ex præscripto synodi egit, et quæ de conciliorum potestate, Constantiæ primùm, deinde Basileæ, toties definita erant, sibi licèt nota, non modò immota reliquit, sed etiam inustas à se revocavit notas. Non ergò Scripturis, non sanctis Patribus, non sanctæ Sedi divinitùs concessis privilegiis adversari intellexit.

Postremò cogitent dictum illud Eugenii sua decreta revocantis: « Ut nostræ mentis integritas et devotio, quam ad universalem Ecclesiam et sacrum generale concilium Basileense gerimus, omnibus constet evidenter, quidquid per nos, aut nostro nomine contra hujus concilii auctoritatem factum, seu attentatum et assertum est, cassamus, irritamus [1]. » Quid illa *devotio* erga Basileense generale concilium, nisi gestorum in eo apertissima comprobatio est? Ergò comprobavit quæcumque Basileæ pro supremâ conciliorum in Papam potestate gesta, decreta, et ex Constantiensi synodo repetita erant : nisi forte schismatica improbata, atque exosa, ipse quoque honore, imò etiam *devotione* prosequitur.

Rainaldus objicit Eugenium, cùm hæc faceret, pacis studio, jure suo cessisse, idque ab ipso ad imperatorem esse perscriptum [2]. Illud perscriptum quidem epistolâ privatâ; sed hujusmodi epistolis negamus jura contineri. Tu mihi id respice, quid synodicè gestum sit sessione XIV concilii Basileensis. Non id à Pontifice postulatum, ut jure suo sponte decederet; sed ut perperam incœpta jussu synodi omitteret, atque revocaret. Sessione XVI,

[1] Vid. in sess. XVI, col. 529. — [2] An. 1434, n. 3.

Eugenius à Synodo admissus est, ut qui synodi *monitioni* ac *citationi* satisfecisset, hoc est, procul dubio paruisset. Totam ipse causam in synodi potestate esse professus est; sed jussus, ut vidimus; sed præscriptâ formulâ. Non ergò jure suo sponte decessit, qui ex lege in ipsum latâ egit.

Sic quæstio nostra iterum, nec tantùm Constantiæ, sed etiam Basileæ à concilio œcumenico, Papâ approbante, judicata est. Quippè de superiori Papæ vel concilii potestate agebatur: synodum œcumenicam rité inchoatam Papa dissolvit: decretum de dissolvendo concilio à Papâ editum synodus antiquavit: quæsitum, cujus superior sit potestas; at, Eugenio quoque judice, superior est synodus, quæ ab Eugenio dissoluta, Eugenio renitente frustra, ac tandem obtemperante, stetit et valuit; quia ex dissolutione fidei periculum, Ecclesiæ scandalum, reformationis necessariæ mora. Quantò ergò magis synodus prævaleret, si, quod maximè quærimus, de fide, de schismate, aut de reformatione directè ageretur?

Notent nunc, damnent, improbent quæ tantis in dissidiis Sedes apostolica intacta esse voluit, imò apertissimè comprobavit: evertant quæ fundamenti loco magnâ consensione utrinque sunt posita; suo certè pondere firma erunt, ad quæ quisquis impegerit, se potiùs quàm illâ confringet.

CAPUT V.

De secundo Basileensi dissidio : quid ab initio reconciliatæ gratiæ, usque ad secundi dissidii initium, à synodo gestum sit per biennium.

Jam ex altero Basileensi dissidio haud minùs valida argumenta promemus. Verùm, ut intelligantur, rerum summa, ab ipso principio reconciliatæ cum Eugenio gratiæ, ex actis recensenda est: quâ in re mihi certum de ipso dissidio non ferre sententiam; quippè quod ad rem nostram non pertinet. Neque par est hujus disputationis, satis per se gravis, cursum, accersitis difficultatibus, impedire. Id agam, ut reseratis dissensionis causis, ipsâque quæstione inter Eugenium et Patres ex gestis constitutâ, canones Constantienses, quos tuemur, pro certis et immotis ab utrâque parte habitos esse appareat; quod unum ad Gallicanam Declarationem pertinet.

Postquam igitur Eugenius, sessione XVI, synodo satisfecit, ejus legati, in his ille qui nunquàm à synodo aut officio præsidis recesserat, Julianus cardinalis, admittuntur, et synodo *incorporantur*, dato priùs sacramento, *nominibus propriis*, de defendendis decretis sessionis V Constantiensis concilii sæpe memoratis; atque ea decreta iterum gestis inseruntur, die Sabbati 24 Aprilis 1434 [1].

Posteà decernitur, ut legati jurisdictione coactivâ careant, utque ea quæ à sacrâ synodo decreta fuerint, ipsi, aut, ipsis absentibus vel recusantibus, primus prælatorum synodi nomine concludat atque pronuntiet: quo sublato, nulla concilii libertas, imò nullum concilium; sed omnis ejus actio in legatorum potestate esse videretur. Itaque hæc, præsente imperatore, legatis annuentibus, solemnissimo ritu confecta sunt, sessione XVII. Sessione XVIII, sessionis V Constantiensis decreta innovantur; atque in his omnibus, Augustinus Patricius, hujus ævi auctor diligens, Eugenianarum partium, nihil hîc turbæ refert, cùm accuratè soleat hujusmodi memorare casus [2].

Sessione XIX, multa de Græcis et cum Græcis aguntur, legatique Græci imperatoris audiuntur, ejusque ac Patriarchæ leguntur scriptæ ad synodum litteræ [3]; atque inita cum ipsis, de suscipiendo itinere atque habendi concilii modo, pacta firmantur; proponuntur à Græcis loca, quibus utriusque Ecclesiæ conventus habeatur; Patres legationem decernunt, quâ Græci inducantur, *ut in civitatem Basileensem velint assentire:* veriti ne, translationis specie, aliquid ab Eugenio novaretur. Hæc gesta 7 Septembris anno eodem 1434.

Sessione XX, de reformatione multa, eaque egregia decernuntur; continuatur reformatio [4]. Sessione XXI, de divino Officio

---

[1] Sess. XVII, col. 539, 540. — [2] Col. 540, 541. Vide Patric., *Hist. Bas.*, etc., c p. XXXIX; tom. XII *Conc.*, col. 1525. — [3] Col. 541. Patric., loc. cit., cap. XL et seq. — [4] Col. 549 et seq.

multa præclarè; sed quo Romana Curia maximè moveretur, vetitæ sunt Annatæ sub pœnis *adversùs simoniacos inflictis*, cum hâc clausulâ : « Et si, quod absit, Romanus Pontifex, qui præ cæteris universalium conciliorum exequi et custodire canones debet; adversùs hanc sanctionem aliquid faciendo Ecclesiam scandalizet, generali concilio deferatur [1] : » 9 Junii anno 1435. Quæ posteà Ecclesiarum consensione mutata, hîc tamen necessariò memoramus ad gestorum seriem, non ad contendendi libidinem.

Memorat Augustinus Senensis, archiepiscopum Tarentinum et Episcopum Paduanum legatos apostolicos, Pontificis nomine protestatos; Patres in sententiâ perstitisse; decretum à Juliano cardinale præside conclusum esse [2].

Anno 1436, 25 Martii, sessione XXIII, multa decernuntur [3], « de electione ac professione Summi Pontificis, de numero et electione cardinalium, de sacris electionibus celebrandis, de tollendis reservationibus de Clementinâ litteris ; » quæ Sedem apostolicam maximè concernebant. Hæc Augustinus Senensis *in publicâ sessione, communi consensu, ritè decreta esse* confirmat [4].

Sequente mense Aprili, die 14 mensis, sessione XXIV, multa item de Græcis et cum Græcis acta. Legati Græci imperatoris ac patriarchæ, *totius Orientalis Ecclesiæ desiderium exponentes*, sacram synodum excitant, *ad tam sancti operis prosecutionem;* illud imprimis « firmiter constanterque asserentes, unionem ipsam, nisi in synodo universali, in quâ tàm Ecclesia Occidentalis quàm Orientalis conveniat, fieri nullatenùs posse [5] : » quo vel uno capite conciliaris auctoritatis summa necessitas, communi Occidentis Orientisque consensu stabilitur.

Hinc salvus conductus Græcorum imperatori ac patriarchæ totius Orientalis Ecclesiæ Græcisque, sacri concilii nomine est datus, concessaque à synodo plenissima indulgentia, in favorem subsidii pro Græcis reducendis, eâ planè formâ, quâ similis indulgentia in Senensi synodo, sub Martino V, legatis præsidentibus atque assentientibus, Martino nihil repugnante, data erat [6].

---

[1] Sess. XXI, col. 552, 553. — [2] Patric., loc. cit., cap. XLIV, col. 1530, 1531. — [3] Tom. XII *Conc.*, col. 557 et seq. — [4] Patr., cap. LI, col. 1535 et seq. — [5] Tom. XII, col. 567 et seq.— [6] *Ibid.*, col. 568 et seq., 573 et seq. Vid. *Conc. Sen., ibid.*, col. 368.

Eodem anno, Nonis Maii, sessione xxv, decernitur de loco, quo in Græcorum gratiam synodus cogeretur, et designata est certis conditionibus Avenionensis civitas [1]. Hinc nova cum Eugenio jurgia, et concilii Ferrariam translatio sequitur. Sic à sessione xvi, quâ Eugenius, primâ dissolutione revocatâ, synodo conjunctus est, continuatæ per biennium publicæ sessiones, tantisque de rebus decreta sunt edita. Nunc quid Eugenius egerit ex gestis recensendum.

CAPUT VI.

Quid per idem tempus ab Eugenio IV sit gestum.

Dùm hæc Basileæ agebantur, misit Eugenius ad synodum peculiares legatos, qui de aliquot decretis quererentur, imprimis de Annatis, quod gravissimum videbatur; « peterentque à synodo fieri provisionem Sedi apostolicæ [2], » hoc est, pecuniaria concedi subsidia. Cardinalis Julianus apostolicæ Sedis legatus et concilii præses, concilii nomine respondit [3] : de Annatis, quòd à synodo decretum fuerit, nihil in diminutionem Sedis apostolicæ factum : providisse synodum juxta Apostoli sententiam [4], ut *ab omni specie mali* abstinerent : « A synodo faciendam provisionem apostolicæ Sedi competentem, » si Papa, qui omnium caput esset, ut ab ipsâ synodo requisitus erat, canonum atque inchoatæ reformationis rationem habuerit. Quòd autem petebatur suspendi decretum, « nullâ ratione decere, ut tàm salubre decretum, conformeque per omnia legi evangelicæ et sanctorum Patrum institutis, suspendi aut irritari debeat [5]. »

Hæc igitur synodi nomine responsa docent, invitatum Eugenium, ut eos canones admitteret, non eo tamen animo, quòd Patres putarint synodica decreta ab eo potuisse dissolvi. Quare alio quoque synodali responso declarant, vehementer mirari se, quòd Pontifex mansuetissimè requisitus ad duo tantùm capita responderit; nempè de electionibus atque Annatis. Ac de Annatis

---

[1] Tom. XII, col. 578 et seq. — [2] *Append. Conc. Bas.*, cap. XLII, col. 365. — [3] Vid. *resp. Jul.*, *ibid.*, col. 704 et seq. — [4] I *Thess.*, V, 22. — [5] *Resp. Jul.*, *ibid.*, col. 709.

quidem, « decuisse magis suam Sanctitatem, decretum hoc liberè observare, ac servari facere, juxta sanctorum Patrum instituta, ac decretum sacri concilii Constantiensis diffiniens, omnem hominem, etiam papalis dignitatis, decretis et mandatis conciliorum generalium parere debere in his, quæ pertinent ad fidem, extirpationem schismatis ac reformationem Ecclesiæ in capite et in membris [1] : » quibus declarabant sibi quidem inesse summam potestatem; cæterùm id agere, ut Eugenius non coactus, sed requisitus sponte assentiretur.

Quare his atque aliis commotus Eugenius, legatos misit toto orbe terrarum, suo sacrique collegii cardinalium nomine, de synodo conquesturos, cum commonitorio, sive secretis mandatis, quæ Rainaldus exscripsit ad annum 1436, Eugenii 6 [2]. Hæc occultè acta, quanquàm procul absint à decreti publici auctoritate, eorum tamen summa capita decerpere est animus, quòd multum juvent ad intelligendas veras hujus dissidii causas.

Primùm ergò Eugenius quæritur de sessione XVII, admissisque Legatis, sine jurisdictione coactivâ, atque eâ conditione, ut, iis recusantibus, nomine synodi Prælati concluderent [3] : quæ Eugenii querela eò pertinebat, ut tota synodus sub legatorum potestate esset.

Hic Eugenius refert, totam synodum id ausam, *ut constitueret sibi præsidentem et caput,* primæ nempè dissolutionis tempore: « quod, inquit, non tàm est erroneum quàm periculosum, et piarum aurium offensivum, necnon ab omni observatione et doctrinâ sanctorum Patrum alienum. »

Atqui illud, *erroneum atque à doctrinâ Patrum alienum,* ipse Eugenius confirmavit, dùm synodum à se dissolutam malè, bene continuatam esse, edito diplomate definivit.

Pergit, innovasse Patres « duo decreta Constantiensis concilii, ad alios casus, quàm fuerat constituentium intentio; per hoc denegantes concilia generalia habere potestatem ac robur à Vicario Christi, et inferentes, quòd Romanus Pontifex obedire teneretur decretis concilii : quod est potestatem Christi Vicarii tollere,

---

[1] Vid. *Resp. Jul.*, col. 710, 711. — [2] Rain., an. 1436, n. 2 et seq. — [3] *Ibid.*, num. 8.

et in manibus multitudinis ponere; quod est non tam erroneum, quàm etiam ab omni doctrinâ Patrum totaliter alienum. » Quo loco concilii Constantiensis auctoritatem toto orbe constantem sollicitare non ausus, ejus decreta perperam à Basileensibus intellecta querebatur. Utcumque est, illud *erroneum, et à Patrum doctrinâ alienum,* Patres Basileenses pridem amplexi erant, ab ipsis nempè suæ congregationis initiis sessione II, ut vidimus. Id etiam sæpè dissolutionis tempore innovarant, inculcarant, sciente Eugenio, qui hæc nedùm reprehenderet, ipsam quoque synodum ritè inchoatam, ritè continuatam esse definiret, edito diplomate: ut profectò pateat, quæsitas nunc ab illo clam eas conquerendi causas, quas ipse anteà publicè, totâque Sedis apostolicæ auctoritate respuisset.

Addit, « fecisse decretum de Annatis auferendis, quæ Annatæ invaluerint à tanto tempore, de cujus contrario non est memoria [1]. » Id verò quale sit, docti sciunt, ac nos facilè omittimus; eamque rem, uti prædiximus, non contendendi studio, sed gesta recensendi necessitate referimus.

Queritur Eugenius vehementissimè de concessis à synodo indulgentiis; et Julianum cardinalem legatum, honorificè tamen appellatum, graviter vituperat, quòd eâ in materiâ concluserit [2]. Atqui jam diximus à Senensi synodo concessas indulgentias, nemine prohibente, nemine conquerente. Neque omittit Eugenius *Bullam plumbeam* à synodo factam [3]: quæ profectò indicant ab Eugenio querelarum causas undecumque conquisitas atque exaggeratas fuisse.

Subdit Eugenius, legatos concilii præsidentes adversùs conciliaria decreta, « aliquando publicè, aliquando ad partem in concilio, aliquando extra concilium, in eorum domibus, coram honestis personis, prout meliùs et securiùs potuerunt, sæpius protestatos, singulariter in decreto de Annatis [4]: » de quibus nihil comperio in gestis aut in ullo publico monumento; imò decretum de Annatis, à Juliano cardinale præside conclusum, ac vehementissimè nomine synodi assertum esse constitit [5]. Quòd

---

[1] Rain., an. 1436, n. 4. — [2] *Ibid.*, n. 6 et 12. — [3] *Ibid.*, n. 8. Vid. supr. cap. præc. — [4] *Ibid.*, n. 12. — [5] Vid. sup., loc. cit.

autem significare videtur Eugenius, legatos à synodo vim aliquam metuisse, nullis est gestis, nullis historiis, nullo auctore proditum; imò constat ex gestis, legatos honorificentissimè habitos.

Nec illud tacet Eugenius, *concilium jam annis sex durare sine fructu :* quòd ipsum Patres vehementissimè querebantur, ipsique Eugenio imputabant; qui synodum sine causâ jam inde ab initio dissolverit; qui toto ferè triennio exagitaverit; qui nullam posteà Curiæ reformationem pati posset.

Quantam autem reformationis curam gereret Eugenius, hæc Commonitorii verba ostendunt : « Utile præetereà foret, si ii nuntii apostolici secum portarent sub Bullâ *aliquam Curiæ reformationem*, quam regibus et principibus præsentarent : hoc enim baculo adversarii nostri semper nos invadunt et percutiunt, quia dicunt multa in Romanâ Curiâ fieri quæ egent magnâ reparatione, nec illa tamen corriguntur. Per hanc reformationem, etiamsi usquequaque plena non foret, modò esset *aliqua*, eorum ora obstruerentur, qui continuè lacerant et carpunt Romanæ Curiæ famam, nec haberent quid ultrà impingerent, reddererenturque tunc reges et principes meliùs ædificati, et proni magis ad condescendendum petitionibus Domini nostri Papæ et sacri collegii, deterrerenturque qui auctoritatem apostolicæ Sedis suo hoc prætextu persequuntur [1]. » En quam reformationem vellent. Itaque Eugenius translatâ synodo Ferrariam, ac deinde Florentiam, ne unum quidem reformationis caput attigit, ut suo loco videbimus.

Hæc qui legent, ne adversùs sacrosanctam potestatem trahant; neque hominum peccata Sedi imputent; sed divina judicia contremiscant, totque reformationes impias, sequente sæculo ex inferis prodituras, neglectæ reformationis ultrices cogitent.

Neque prætermittendæ artes, quibus Sigismundum imperatorem, regem Francorum aliosque principes delinirent : multa speciatim ad singulos principes, hæc generatim ad omnes : « Non esset etiam malum, quòd nuntii, qui habebunt ire, habeant aliquas particularitates, etiam in foro conscientiæ, ut possent gratificari regibus et principibus. »

[1] *Comm. Eug.*, apud Rainal., loc. cit., n. 15.

His artibus id impetrare nitebantur, ut Papa supra omnia concilia extolleretur, neque eorum ullis legibus teneretur; sed leges omnes moderari, atque etiam tollere pro arbitrio posset. Verùm hæc omnia orbem concitatura, cùm palam edicere Eugenius vereretur, occultis tractationibus promovebat. Nunc quid publicè sanxerit exponendum, postquam res in apertam erupit dissensionem.

CAPUT VII.

Dissidii causa ex gestis : quæstio proponitur an Constantiensia decreta revocata in publicum.

Hactenùs motus animorum varios, nunc ipsum controversiæ caput exponimus. De Græcis reducendis pridem, et cum Eugenio, et cum synodo agebatur. Et Eugenius quidem rem strenuè promovebat : naves, pecuniam, omnia apparabat. Et quanquam subsidia hæc in Pontificis potiùs quàm in concilii manu erant, Græci tamen profitebantur ad tantæ rei firmitudinem concilii auctoritatem esse necessariam. Locus ergò idoneus quærebatur, quem in locum Græci commodè convenirent. Basilea remotior, nec sine translatione concilii res confici posse videbatur. Hinc motus. Nam et Patres Eugenium primâ jam dissolutione suspectum, novis experimentis permoti, reformationi obstare arbitrabantur; verebanturque ne, translationis specie, iterum synodus solveretur, aut in eum deduceretur locum, quò minùs liberè reformatio processura esset. Et aliunde Græcis Italia commodior erat, et Pontifex habendo conventui, cui ipse quoque necessariò adfuturus esset, Ferrariam, ut sibi Græcisque commodam destinabat. Patres in alia omnia ire; neque se Basileâ commovere velle; sed si Græci recusarent, præter Basileam, Avenionem quoque, aut aliquam in Sabaudiâ urbem habendæ synodo designabant; ubi ex propinquo præsidium à Gallis, qui et synodo faverent, et reformationem urgerent. Neque Græci primùm à Sabaudiâ abhorrebant; sed interim per Eugenii legatos de Italiâ viciniore pacti erant, resque cum eorum imperatore transacta.

Cæterùm legati apostolici, Pontificis nomine, et Græcorum haberi rationem postulabant, et sumptus translationi necessarios offerebant. Quòd autem Patres obtendebant, Bohemos Basileam vocatos, prope diem adfuturos, iidem legati, ut Bohemorum negotium Basileæ tractaretur, utque ibi reformatio, quoad Græci advenirent, ritè procederet, assentiebantur. Quæ cùm multis Patribus æqua viderentur, sessione **xxv**, in duas itum est sententias. Patrum pars maxima locum habendæ synodi Avenionem designabant : pauciores cum legatis decretum edidere, synodi nomine, de ipsâ synodo Florentiam vel Utinam transferendâ, sive in alium locum tutum, in anterioribus decretis comprehensum, summo Pontifici et Græcis commodum; *dummodò in manu concilii ponerentur*[1]. Hoc decretum incipit: *Hæc sacrosancta synodus*; statimque ab Eugenio, ut rectè et ordine, à saniore concilii parte editum, confirmatur, promulgatâ Bullâ, quæ incipit *Salvatoris*[2], 29 Maii 1437.

Exinde Eugenius translatam synodum intellexit : Patres obstinatè niti, atque inficiari decretum, ut illegitimè, à paucioribus factum, atque in designandâ Avenione persistere, Græcis fustra clamantibus facinus indignum[3] : cùm ipse imperator ac totus oriens patriam ultrò relinquerent, Basileenses iis excipiendis, ne in vicinam quidem Italiam movere se velle, Avenionem anteferre, procul à Græcis dissitam, cujus nulla mentio in pactis facta esset. Hæc Græcorum legati querebantur, ac palam Basileæ solemni contestatione editâ declararunt, non adventuros Græcos[4], eorumque imperatorem atque patriarcham, nisi postquam in Italiam appulissent, et ad vicina loca habendæ synodo deducerentur ; totamque schismatis culpam in Latinos Latinamque Ecclesiam conferebant.

In hâc igitur rerum necessitudine Eugenius, de concilio Ferrariam translato decretum edidit, continuato tamen Basileæ tantisper concilio (*a*), ad peragendum Bohemorum negotium : cætera, quæ Basileæ agerentur, irrita declaravit. Hæc continentur Bullâ

---

[1] Vid. hoc decret., part. I. *Conc. Flor.*, tom. XIII, col. 831, 832.— [2] *Bull. Eug.*, ibid., col. 835 et seq. — [3] *Ibid.*, tom. XIII, col. 838. — [4] *Ibid.*, col. 837

(*a*) Per dies triginta.

Doctoris gentium[1], 1 Octobris 1437; ac deinde concilium ad diem octavam Januarii Ferrariam indicitur Bullâ *Pridem ex justis*[2], 1 Januarii ejusdem anni 1437 (*a*); nam annorum initia pro more, à Dominicâ Conceptione numerabant (*b*).

Intereà, dùm Basileæ de loco concilii certaretur, Græcus imperator appulit Venetias. Hìc Julianus cardinalis, hactenùs synodo addictissimus, Basileenses hortari, ut Græcis toties vocatis irent obviam, legatos mitterent ac perducerent, sanè Basileam, si possent : sin persuadere non possent, de loco concilii cum ipsis convenirent; pacem Ecclesiæ loco quocumque curarent[3]. Nihil actum : Julianus abiit : synodus sine legatis mansit : Ludovicus Alamandus cardinalis, Arelatensis episcopus, conventui præfuit.

Secuta deinde illa omnibus nota (*c*), quæ nihil ad nos spectent : neque enim posteriora illa Basileensia clerus Gallicanus unquàm tutanda suscepit; sed Constantiensia, Basileensibus prioribus gestis, consentiente Pontifice, toties repetita. Hæc immota stare, ex Ferrariensi quoque et Florentino conciliis, ex ipsius Eugenii et successorum decretis, cùm maximè damnarent Basileensia posteriora decreta, non conjecturis aut ratiocinatione dubiâ sed actis comprobamus.

CAPUT VIII.

Ex actis ab Eugenio IV adversùs Basileenses, in Ferrariensi quoque seu Florentino concilio editis, probatur priora Basileensia, quibus Constantiensia confirmantur, integrâ auctoritate esse.

Ne quem lateat, quid ex actis monumentisque ordine recensendis probatum velimus, hæc summa est : postremâ Basileensi

[1] *Bull. Eug.*, tom. XIII, col. 858 et seq. — [2] *Ibid.*, col. 867, 868. — [3] Vid. Patr., cap. LXIV; tom. XII *Conc.*, col. 1549.

(*a*) Id est 1438. — (*b*) Octavo Kalendas Aprilis, seu 25 Martii.
(*c*) *Les choses qui suivirent*, les voici en deux mots : Le concile déposa le pape légitime et nomma un antipape; il devint ce que fut le concile d'Éphèse, un *latrocinium*, un brigandage. Et c'est sur ce concile et sur un autre à peu près semblable, qu'on s'appuie presque exclusivement d'un bout à l'autre de cet ouvrage.

contentione quæsitum id tantùm : an Pontifex eâ auctoritate fuisset, ut synodum renitentem aliò transferre posset : cæterùm Constantiensia decreta sessionis v, atque his connexa priora Basileensia valuisse ; neque quidquam ab Eugenio (edicto sanè publico) commotum in iis, quibus se synodus, ex decretis Constantiensibus, in fidei, schismatis reformationisque negotio, Papæ anteponeret.

Primum ergò publicum monumentum illud sit, Decretalis *Salvatoris* [1], suprà memorata, quâ Eugenius IV decretum *Hæc sacrosancta synodus*, sessionis Basileensis xxv, ut legitimi concilii verum ac legitimum decretum firmat, ac Florentiam, vel Utinam, ex eodem decreto futuræ synodo habendæ designat. Ergò Basileensibus gestis ad xxv sessionem innititur, nedùm ea edicto improbarit.

Secundo loco prodeat illud ipsum Eugenii, de concilio Basileensi Ferrariam transferendo, decretum, quod incipit : *Doctoris gentium* [2], anno 1437, quo quidem decreto commemorat decretum *Hæc sacrosancta*, sessione xxv editum, quo ipsa translatio innitatur. Ad hæc de Basileensibus multa conquestus est, nihil verò de iis, quæ ad Constantiensia decreta spectarent. Non igitur ea sollicitari voluit.

Tertium sit decretum sessionis primæ habitæ Ferrariæ, anno 1438, ante adventum Græcorum, quo decreto statuitur, synodum Ferrariensem Basileensis continuationem ac prosecutionem esse [3]. Igitur adeò non improbat anteriora Basileensia decreta, ut iis innitatur et ea continuet.

Denique in medium adducimus Eugenii præsentis in synodo Ferrariensi decretum, *sacro approbante concilio*, editum, quo signanter declarat, gesta concilii, à *die translationis*, nullius esse roboris [4]. Ergò nec ipse Pontifex anteriora gesta rescissa esse voluit.

Cur autem Basileensia hæc posteriora rejiceret, hanc causam affert : « Nos igitur attendentes excessus eorum adeò notorios, ut non possint aliquâ tergiversatione celari, quòdque error, cui

---

[1] Tom. XIII *Conc.*, col. 835. Vid. cap. præc. — [2] *Ibid.*, col. 858. — [3] *Ibid.*, col. 880, 88?. — [4] Bull. *Exposcit debitum* ; *ibid.*, col. 896 et seq.

non resistitur, approbari videtur, et latum pandit delinquentibus iter is qui eorum conatibus non resistit [1], » etc. Atqui haud minùs notoria erant, quæ pro Constantiensibus decretis Basilcenses gesserant, ante dissolutionem quidem sessione II; post instauratam verò synodum sessionibus maximè XVI et XVIII. Ergò si Eugenius improbanda ea esse censuisset, et tamen conticesceret, veritatem prodidisset. Conticuit autem; non ergò improbanda censuit. Ex his omnibus liquet Basileensibus gestis detractam auctoritatem, eis quidem præcisè, quæ post translationem facta sint; anterioribus verò minimè; atque ea non infracta, sed Ferrariæ continuata esse. Quare anteriora Basileensia decreta, quibus Constantiensia confirmantur, repugnante nemine, imò totâ Ecclesiâ iis decretis nixâ, plenâ auctoritate constant.

Quæres an igitur adhùc valeant Basileensia decreta sessionum XXI et XXIII, quibus de Annatis, deque electionibus, atque aliis disciplinam spectantibus, tot ac tanta statuta sunt.

Respondemus, quæ ad dogma ecclesiasticum pertinent, magno discrimine distinguenda ab iis quæ ad disciplinam. Hæc à conciliis quoque œcumenicis facta, variis de causis, consentiente Ecclesiâ, mutari possunt : illa immota et perpetua esse constat. Cùm ergò decreta, quibus Basileenses sessionis V acta Constantiensia repetunt et inculcant, ad dogma pertineant, neque ea unquàm Eugenius edicto edito reprehenderit, imò ut œcumenicæ veræ ac legitimæ synodi decreta agnoverit, non est cur de eorum auctoritate dubitemus.

Quid quòd in synodo Florentinâ, auctore Eugenio, Constantiensia decreta expressè approbata sunt, flagrantibus dissidiis? Id verò demonstrabit sequens monumentum.

CAPUT IX.

Decretalis Moyses, *in synodo Florentinâ edita, priora Basileensia et Constantiensia decreta firmat.*

Posteaquàm Ferrariæ cum Græcis aliquot sunt habitæ ses-

Bull. *Exposcit debitum; ibid.*, col. 898.

siones, Eugenius concilium, ipso concilio approbante, Florentiam transtulit. Ibi celeberrima Eugenii Decretalis *Moyses vir Dei, sacro* (Florentino) *approbante concilio*, edita est; quâ quidem Decretali Eugenius iisdem insistens vestigiis, Basileensia posteriora convellit; ea scilicet, quæ post translationem facta sint, non autem antecedentia : tùm etiam Basileensia illa posteriora sic improbat, ut firmet Constantiensia [1].

Præmittendum verò est à concilio Basileensi, sessione xxxiii, tria hæc esse decreta : ut « veritas de potestate concilii generalis supra Papam, declarata per Constantiense et hoc Basileense generalia concilia, sit veritas fidei catholicæ : ut veritas hæc, quòd Papa concilium generale, sine ejus consensu, nullatenùs auctoritativè potest dissolvere, aut ad aliud tempus prorogare, aut de loco ad locum transferre, sit fidei catholicæ : ut veritatibus his duabus pertinaciter repugnans, sit censendus hæreticus [2]. »

Hæ *tres veritates concilii Basileensis* ferebantur : has verò fulciebant Constantiensibus decretis sessionis v, toties Basileæ repetitis; eaque decreta primâ illâ veritate apertissimis verbis iterum repetita. Quòd verò Eugenius Pontifex has propositiones negaret, sessione xxxiv, hæreticus declaratus et loco motus est, anno 1439 [3].

Adversùs decreta illa Basileensia sessionis xxxiii, Eugenius in synodo Florentinâ edidit Decretalem *Moyses :* ubi bis terque repetitur synodum Basileensem condemnandam, ejusque decreta esse irrita; sed ea, quæ à die translationis facta sint. Ergò cætera Basileæ, etiam post reconciliatam gratiam, per biennium acta, ut veræ, orthodoxæ, ac legitimè continuatæ synodi acta habebantur. Atqui eo tempore Constantiensia decreta sessionis v innovata. Ergò decretum de eâ innovatione factum, nullâ est auctoritate rescissum manetque integrum, ipsaque adeo Constantiensia decreta firma et inconcussa stant.

Id verò clariùs apparebit, si notas et qualificationes, quas vocant, tribus veritatibus Basileensibus adhibitas consideremus. Igitur tres illæ, quæ dicebantur Basileenses veritates, ipsi Decre-

---

[1] *Conc. Florent.*, post coll. xiv; Bull. *Decet.*, tom. XIII, col. 1030. Bull. *Moyses*, part. iii, col. 1186. — [2] *Conc. Bas.*, tom. XII, col. 619. — [3] *Ibid.*, col. 619, 620.

tali insertæ, atque his verbis damnatæ sunt: « Ipsas propositiones superiùs descriptas, juxta pravum ipsorum Basileensium intellectum, quem facta demonstrant, velut sacrosanctæ Scripturæ et sanctorum Patrum, et ipsius Constantiensis concilii sensui contrarium...., sacro approbante concilio (Florentino scilicet) damnamus, reprobamus, damnatas et reprobatas nuntiamus. Datum Florentiæ in sessione publicâ synodali solemniter celebratâ anno 1439, pridie Nonas septembris [1]. »

Ubi sunt, qui nobis concilium Florentinum objiciunt? Audiant in concilio Florentino propositiones Basileensium non absolutè damnatas, sed *ad pravum eorum intellectum*. Quem autem intellectum? Nempè eum, *quem facta demonstrant;* id est quòd synodum, nullâ causâ etiam maximâ, et ad pacem Ecclesiæ maximè faciente, transferri posse, idque ad fidem catholicam pertinere dicerent. Eo ergò tantùm respectu Basileenses propositiones damnat Eugenius. Quâ verò notâ afficit? Nempè damnat, ut quæ essent *contrariæ Scripturis; Patribus et concilii Constantiensis sensui*. En qualificatio, quâ ipsa vis decreti constet ex iis rebus repetita, quæ ipsæ in Ecclesiâ summæ sunt auctoritatis, Scripturâ, Patribus, concilii Constantiensis dogmatibus. Qui enim Basileensia decreta constantiensibus adversa damnat, is profectò Constantiensium investigandum sensum; auctoritatem verò certam et indubitatam esse definit. Quid verò certius, quàm id cui adversari certa damnatio est? Vel quid magis ad concilii auctoritatem facit, quàm ejus decreta Scripturis et Patribus conjuncta proferri, ut certam fidei normam?

Et quidem Pontifex, de Basileensibus synodum post translationem continuantibus, hæc præmiserat: « In hoc perniciosissimi, dum suam malignitatem sub veritatis fuco colorant, Constantiense concilium, in malum ac reprobum sensum, et à sanâ doctrinâ penitùs alienum pertrahunt; cæterorum schismaticorum et hæreticorum falsam doctrinam sequentes, qui confictos errores, et impia dogmata ex divinis Scripturis et sanctis Patribus perversè intellectis, semper sibi adstruere moliuntur[2]. Sunt ergò decreta Constantiensia profectò ea, non de quibus catholici dubi-

[1] Vid. Decr. *Moyses*, loc. cit., col. 1190. — [2] *Ibid.*, col. 1189.

tent, sed quæ hæretici et schismatici pervertant, ut sacram Scripturam, ut sanctos Patres : summo ergò honori ac venerationi habenda. Quæ porrò decreta, nisi ea quibus Basileenses usi erant, hoc est, sessionis v decreta? Sunt ergò ea decreta certa et immota, de quorum auctoritate, tot jam pontificiis et conciliaribus decretis apertè approbantibus, non nisi temerè, ne quid dicam gravius, dubitari possit.

At enim objiciunt : « Hic affirmat Eugenius decreta Constantiensia, vigente schismate, per unam ex tribus obedientiis, post recessum Joannis XXIII facta esse [1]. » Verum; et rem, ut gesta est, narrat Eugenius. An ergò propterea Constantiensibus decretis detrahit auctoritatem, cùm Basileenses eorum decretorum auctoritate damnet? Esto Constantiensia decreta sessionis v Eugenius Pontifex obliquè, si ità placet, perstricta voluerit (a); næ tu iniquus sis, qui quod narrando obliquè et obiter dictum sit, ipsi decreto anteponas. Neque verò dixeris, laudari Constantiensia decreta, non ut certæ auctoritatis, sed ut quæ à Basileensibus allegata sint; disertè enim Pontifex pronuntiat ità perversa fuisse à Basileensibus decreta Constantiensia, eâ audaciâ, eo ritu, quo ab hæreticis et schismaticis Scriptura quoque et Patres soleant : planè eo sensu, quo Petrus doceat Pauli *Epistolas*, ut et cæteras Scripturas, à pravis hominibus fuisse perversas [2], hoc est, eo modo quo corrumpi regula soleat : quo certè ad commendandam Constantiensium decretorum auctoritatem nihil dici potuit firmius.

Jam quod ad eorum sensum attinet, haud minùs finita res est Eugenii IV auctoritate et judicio. Nempè adversarii Constantiensium decretorum, sensum eum esse volunt, ut adversùs dubios tantùm Pontifices valeant. Atqui Eugenius, cùm et in primo et in secundo dissidio decreta Constantiensia assiduè objectarentur et inculcarentur, nunquàm id respondit : imò verò id responsum in primo dissidio dictis factisque confutavit, cùm Basileenses

---

[1] *Doctr. Lovan.*, p. 77. — [2] II *Petr.*, III, 16.

(a) Nous venons de le lire : Eugène IV a désapprouvé *obliquement* le décret qui mettoit le concile au-dessus du Pape. Cette désapprobation *oblique*, avouée dans ce lieu, seroit à elle seule d'un grand poids pour le catholique qui a la droiture et la simplicité de la foi.

Constantiensium decretorum auctoritate, adversùs ipsum quoque, indubitatum licèt Pontificem, usos, edito diplomate, agnovit orthodoxos, iisque insuper ut superioribus paruit. Quare nec in secundo dissidio, rebus exasperatis, ab illo fundamento recessit; ac Basileenses multa in se gravissima ex decretis Constantiensibus molientes, definivit ille quidem ab eorum decretorum sensu deflectere; non tamen ideò quòd ea decreta in Pontificem indubitatum verterent, sed quòd assererent et ad fidem catholicam pertinere dicerent, nullam omninò esse causam propter quam synodus à Papâ transferri possit. Neque quidquam aliud in Basileensibus condemnavit, quàm quòd, tantâ licèt Græcorum reducendorum necessitate translati, continuassent synodum : neque ulla synodica decreta irrita declaravit, nisi ea quæ post translationem facta essent. Quare ille est sensus, quem Constantiensibus decretis malè affingi definivit. Manent cætera, Eugenio quoque judice, immota (a); nempè ut Constantiensia decreta summâ et indeclinabili auctoritate constent, utque extra schismatis tempus sub indubitato quoque Pontifice, suo nativoque sensu valeant, in fidei, in schismatis, in generalis reformationis casibus, quod unum Patres Gallicani, suâ Declaratione complexi, ab Eugenii quoque censuris se immunes præstiterunt ; neque enim translationis à Basileensibus spretæ quæstionem ullo modo attigerunt.

CAPUT X.

An decretum unionis Florentiæ editum, Constantiensia decreta antiquarit.

Jam perpendere nos oportet decretum unionis Florentiæ editum : illud scilicet, quo Latini Græcique conjuncti sunt. Hoc enim decreto Constantienses canones reprobatos Bellarminus asserit; cujus dicta alii passim exscribunt[1]. Decreti autem hæc verba sunt : « Diffinimus sanctam apostolicam Sedem in univer-

---

[1] Bell., *de Conc.*, lib. I, c. VII. *Doct. Lov.*, p. 73. *Disq.*, init.

(a) Si Eugène IV avoit confirmé les décrets de Constance, faudroit-il à Bossuet tant d'encre et tant de papier pour le faire voir ? Personne ne le croira.

sum orbem tenere primatum, et ipsum Pontificem Romanum successorem esse beati Petri Principis apostolorum, et verum Christi Vicarium, totiusque Ecclesiæ Caput, et omnium Christianorum patrem ac doctorem existere, et ipsi in beato Petro pascendi, regendi, ac gubernandi universalem Ecclesiam, à Domino nostro Jesu Christo plenam potestatem traditam esse, quemadmodum etiam in gestis œcumenicorum conciliorum, et in sacris canonibus continetur [1]. » Ac paulò post : « Salvis privilegiis patriarcharum, et juribus eorum. Datum Florentiæ 1439, pridie Nonas (hoc est 6) Julii. » Hæc sunt, quibus Constantiensia decreta abrogata esse volunt; quod est falsissimum.

1° Enim si Constantiensia displicebant; si ea ut erronea, vel schismatica rejici oportebat, apertè agendum; recitanda decreta quæ abrogarentur; sessio v Constantiensis expressè revocanda, ne ampliùs œcumenici concilii nomine falleremur. Quid enim verebantur? An Constantiensis concilii pro œcumenico habiti auctoritatem? Hanc autem veramne an falsam judicabant : si veram; ergò indeclinabilem, neque ullo alio decreto labefactandam : si falsam (a); eo rejiciendam apertiùs, quò tanto nomine simplices animæ, imò verò docti quoque in errorem inducerentur.

2° Si doctrinam Constantiensis synodi damnatam voluissent, saltem iis verbis facerent, quæ plana et perspicua essent (b), neque in sensum Constantiensi decreto congruum intelligi possent. Atqui decreti unionis verba in sensum Constantiensi decreto congruum intelligi posse, et ipsum Duvallium, antiquæ licèt Sorbonæ adversum, confitentem audivimus [2]. Ergò Florentini Patres Constantiensem doctrinam nullatenùs à se damnatam voluere.

3° Verba decreti Florentini reverà nil habent Constantiensi decreto contrarium. Nempè hæc verba objiciunt : « Papæ in beato Petro pascendi, regendi, et gubernandi universalem Ecclesiam à Domino plenam potestatem fuisse traditam. » Atqui hæc

---

[1] *Conc. Flor.*, tom. XIII, col. 510 et seq. — [2] Vid. *Diss. præv.*, n. xix.

(a) Le concile jugeoit cette doctrine fausse; mais l'Eglise doit-elle condamner toujours toutes les erreurs, et les condamner formellement, positivement, en en dénonçant les auteurs?

(b) Le concile a enseigné la doctrine contraire dans les termes les plus clairs et les plus catégoriques.

non indicant, eam potestatem ità esse datam, ut adunatæ quoque Ecclesiæ consensum unus vinceret : quod Patres Constantienses condemnabant. Ergò Florentini Patres Constantiensibus non repugnant.

4° Sanè nemo negat Archiepiscopo subjici totam provinciam, ab eoque regi, sano quidem sensu et certis legibus : nulla enim provinciæ pars, quæ non ipsi subsit. Quidni potiori jure Summus Pontifex universam, quâcumque patet, gubernet Ecclesiam; cùm nulla pars Ecclesiæ sit, quæ non ei obediat? Patet ergò verus decreti Florentini sensus Constantiensi congruus. Eà quippè mente Florentiæ dictum à Papâ regi *universalem Ecclesiam*, quâ mente Constantiæ, Martino quoque Papâ approbante, dictum, Ecclesiam Romanam ità esse supremam, *quatenùs primatum habet super alias ecclesias particulares* (a); non certè ità ut earum conjunctam vim et consensionem vincat.

5° Ipsa Florentina synodus disertis verbis Constantiensia decreta confirmavit (b) approbatâ scilicet ritè et synodicè Decretali *Moyses*. Ergò in decreto unionis eadem improbata noluit : neque quidquam est ineptius, quàm ut præcisè et speciatim dicta, generatim dictis rescindi possint.

6° Quæro, an à Græcis quisquam postularit, ut omnibus conciliis, in omnibus casibus, Pontificem Romanum superiorem esse necessariò crederent, eâque conditione tantùm Ecclesiæ Romanæ conjungerentur? Malè profectò et iniquè cum ipsis comparatum esset, à quibus graviora et difficiliora de primatu Pontificis, quàm à Latinis quoque peterentur. Erant in omnium manibus Alliacensis, Gersonis, Francisci Zabarellæ cardinalis atque archiepiscopi Florentini, sui ævi canonistarum facilè principis, aliorumque libri, qui Romano Pontifici synodum anteferrent. Nemo eos orthodoxos piosque esse negabat. Imò hanc sententiam doc-

---

(a) Le concile dit l'*Eglise universelle*, et vous n'avez pas le droit d'ajouter à ce mot ni d'en retrancher quoi que ce soit : *Ubi lex non distinguit, nec nos distinguere debemus.*

(b) Eugène IV désapprouvoit les décrets portés dans la ive et dans la ve session; car on nous disoit un peu plus haut, p. 392, qu'il leur reprochoit « d'avoir été faits pendant le schisme, après la retraite de Jean XXIII et par une seule des trois obédiences. » Qui donc croira qu'il les a *confirmés* dans le concile de Florence ?

tissimi quique, et omnes passim Academiæ propugnabant. Quid autem absurdius aut iniquius quàm ut à Græcis interim Florentini Patres graviora postularent? Quis verò putet, Græcos id fuisse laturos (a)?

7° Et ultimò, reverà longè alia mens eorum fuit. Quo loco multi commemorant decreti unionis verba, quæ longè aliud præ se ferre videantur; nempè sic scriptum est : « Papæ in Petro datam plenam potestatem regendi et gubernandi universalem Ecclesiam: » non sanè simpliciter, ità ut Ecclesiam pro arbitrio regat; sed *quemadmodum etiam in gestis œcumenicorum conciliorum et in sacris Canonibus continetur;* sive ut ex græco de verbo ad verbum verti potest, *secundùm eum modum, qui et in gestis œcumenicorum conciliorum et in sacris canonibus continetur,* vel simpliciùs ac rotundiùs : *secundùm quod et in gestis œcumenicorum conciliorum, et in sacris Canonibus continetur* (b). Unde etiam addunt : « salvis patriarcharum privilegiis et juribus : » quæ omnia Patres apponi voluere, ne Ecclesia voluntate magis quàm canone regi videretur; neve plenæ potestatis specie jura omnia miscerentur. Neque id lædebat pontificiam potestatem, cùm ab ipso Ecclesiæ nascentis exordio, sacris canonibus obligari se, vel ipsa professa sit : quod suo loco asseremus [1].

[1] Vid. pass., lib. XI.

(a) Si les Grecs n'avoient pas reconnu la supériorité du Pape sur l'Eglise, ils n'auroient pas demandé l'union.

(b) Qu'on relise tout le passage au commencement du chapitre : on verra clairement que l'incidente *quemadmodum etiam* se rapporte au mot qui la précède immédiatement, *traditam esse*; et non aux expressions qui se trouvent plus haut, *potestatem pascendi, regendi ac gubernandi universalem Ecclesiam* : on verra que le décret veut dire : « Le Pontife romain a reçu de Jésus-Christ, comme il est déclaré dans les actes des conciles œcuméniques et dans les sacrés canons, le plein pouvoir de paître, de régir et de gouverner l'Eglise universelle; » et non : « Le pontife romain... a reçu le pouvoir de paître, de régir et de gouverner l'Eglise universelle de la manière qu'il est marqué dans les conciles et dans les canons. » Cette dernière interprétation n'est pas sérieuse. Au reste, qu'on l'entende comme on voudra : il sera toujours vrai que le gouverneur est au-dessus du gouverné, l'administrateur au-dessus de l'administré, et le pasteur au-dessus des ouailles.

CAPUT XI.

De vero sensu eorum verborum decreti unionis : Quemadmodum etiam in gestis œcumenicorum Conciliorum continetur.

Neque equidem ignoro magnas moveri lites de his interpretationibus : prima, quæ sic vertit *quemadmodum etiam;* et altera, quæ sic *secundùm quod et in gestis,* etc. Neque minorem esse de ipso verborum sensu controversiam, cùm illimitatæ potestatis defensores asserant, postrema decreti Florentini verba proferri, non ad coercendam justis legibus pontificiam potestatem; sed tantùm ad demonstrandum *pascendi ac regendi potestatem plenam*, à conciliis quoque generalibus, sacrisque canonibus fuisse agnitam. Quem sensum firmari contendunt primâ versione : *Quemadmodum etiam :* hâc enim voce, *Etiam* (*a*) hunc sensum maximè comprehendi [1]. Nos verò hanc litem facilè componemus, si cum æquioribus disceptatoribus agere liceat.

Primò enim certum illud, congruere græco textui de verbo ad verbum postremam interpretationem : *secundùm quod,* vel, *secundùm eum modum,* κατ' ον τροπον, *qui et in gestis conciliorum œcumenicorum, et in sacris canonibus continetur.*

Secundò et illud certum, græca æquè ac latina, sacro approbante concilio, Eugenii nomine esse edita; latinaque ab Eugenio et Latinis subscripta (*b*), hanc habere interpretationem : *Quemadmodum etiam,* etc. Id verò ex authentico concilii Florentini constat, quod transmissum olim ad Burgundiæ ducem Philippum II, eum qui *Bonus* dicebatur, nunc in nobili Bibliothecâ Colbertinâ, Eugenii ac Joannis imperatoris signis munitum asservatur.

[1] Vid. Petr. de Marc., *de Concord.*, etc., lib. III, cap. VIII, § v..

(*a*) En effet cette particule est très-significative dans le sens de notre interprétation. Aussi plusieurs la rejettent-ils comme une faute de copiste; mais Bossuet, comme on va le voir, et son éditeur même en admettent l'authenticité.

(*b*) Le texte qui porte la souscription du souverain Pontife, est certainement le texte authentique.

Tertiò, neque illud in dubium ab æquis judicibus revocari potest, quin decreto Florentino, quo Græci Ecclesiæ conjungendi erant, Græcis maximè consulatur; adeoque si interpretationes conciliari non possent, eam maximè probari oportere, quam græca verba præferre videantur. Quid enim? An Græcos dicemus fuisse delusos? An subdolâ interpretatione avocatos eos ab eo sensu, in quem græca ipsa ferrent? Absit hoc ab Ecclesiæ Latinæ candore ac majestate. Quare in eam potiùs iremus sententiam quam græca verba postularent.

Sed quoniam certum erit rectè considerantibus et græca et latina in eamdem facilè convenire sententiam, certam inimus viam, quâ liquido demonstremus, postrema decreti verba eò fuisse prolata, ut plena potestas quam Florentini Patres Papæ asserebant, sacrorum conciliorum et canonum auctoritate, non tantùm probaretur, sed etiam antiquis suisque coerceretur finibus. Id verò declaramus, non jam nudis verbis; sed, quod theologum maximè deceat, ipsâ verborum gestorumque serie (*a*).

Primùm enim, Græci nunquàm intellexerunt Papæ inesse eam auctoritatem, qnæ nullis legibus teneretur. Ecce enim Bessarion Metropolites Nicænus, unus Græcorum omnium Latinis æquissimus, conjunctionis mutuæ et ineundæ cupidissimus, et initæ retinentissimus, neque Romæ suspectus, propter egregia merita remque in Florentinâ synodo bene gestam factus cardinalis, ac Sede Petri dignus habitus; cùm nostri in additione vocis *Filioque*, Ecclesiæ Romanæ auctoritatem urgerent: « Scimus quidem, inquit, quæ sunt jura et prærogativæ Romanæ Ecclesiæ; nihilominus scimus etiam prærogativæ ejus quos terminos habeant [1]. » Hæc jam inde à synodi initio Græci profitebantur, sessione ix. Ipse etiam Eugenius, sessione xxv, hæc ad Græcos loquebatur [2]: « Conveniamus simul, fiatque synodus: conficiat sacrum sacerdos: jusjurandum demus Latini, pariter et Græci: proferatur liberè veritas per sacramentum; et quòd pluribus videbitur, hoc

---

[1] Tom. XIII *Conc.*, sess. IX. *Concil. Flor.*, col. 151. — [2] *Ibid.*, sess. xxv, col. 387.

(*a*) On verra qu'on peut prouver, par cette série d'actes et de paroles, tout ce qu'on veut.

amplectamur, et nos et vos : jusjurandum enim apud christianos non fallitur. »

Non ergò ex suâ unius sententiâ rem decidi volebat, neque ità pascebat et docebat universalem Ecclesiam, ut adunatæ consensum vinci à se putaret, qui fidem quoque suam Patrum consensione firmari intelligebat.

Jam eâdem de re, eâdem sessione, quid Græci sentirent Bessarionem clarè exponentem audiamus. Habuit ille ad suos orationem dogmaticam, cujus hoc fundamentum : quoties necessitas ingruat, et hæresis aliqua exorta sit, « debere Ecclesiam Dei in unum congregatam, de rebus dubiis judicare, ac secundùm præcepta divinæ legis, et sanctorum Patrum, communi omnium consensu sententiam ferre [1]. » Tùm addit, « communiter hæc agi, et quæ communia sunt, communi consensu terminari oportere : » ità enim egisse synodos œcumenicas, primam, secundam, tertiam, et alias omnes.

Cùm verò inter se Græci deliberarent, imperator sic infit : « Ego præsentem hanc synodum generalem nullâ ex parte inferiorem judico aliis omnibus antehac celebratis [2]. » Ac posteà : « Ego imperator sequi debeo sententiam synodi majorisque illius partis, necnon defendere quod fuit sancitum à pluribus. Proptereà dico, inquit, me hujus sacræ synodi pluriumque ejus Patrum sequi sententiam;..... tùm quia ego censeo sanctam Ecclesiam in sacris dogmatibus nullo modo posse errare, communi ac synodicâ consideratione utentem : unus quippe, vel duo, vel tres, aut plures ex hominibus...... fieri potest ut errent; at universalem Dei Ecclesiam, de quâ Dominus dixit ad Petrum : *Tu es Petrus, et super hanc petram ædificabo Ecclesiam meam, et portæ inferi non prævalebunt adversùs eam;* eam, inquam, Ecclesiam communiter errare omninò est impossibile : alioquin et sermo Salvatoris evanuit, et fides nostra debili fundamento est nixa. » Hæc Græci audiunt, hæc probant. Non ergò ad Papam solum, sed ad universam Ecclesiam provocabant, nostrisque omninò consentanea prædicabant.

[1] Bess., *Orat. Dog.*, cap. I; *ibid.*, col. 394. — [2] *Conc. Flor.*, sess. XXV, col. 182, 483.

Jam, ne quid supersit dubii, operæ pretium erit diligenter excutere quæ dixerint, cùm de privilegiis Papæ speciatim ageretur, ac postrema hæc, de quibus nunc agimus, decreti verba expenderentur.

Græci igitur sic loquuntur : Admisimus privilegia Papæ, præterquam duo : ne convocet synodum œcumenicam, sine imperatore et patriarchis, si conveniant; quòd si advocentur, nec veniant, ne impedito sint, quominus synodus fiat; alterum est, ut si quis putet se ab aliquo patriarcharum pati injuriam, et veniat qui interposuit appellationem, ne patriarchæ ipsi se sistant judicandos ; sed Papa mittat inquisitores ad provincias κατὰ χώραν, et ibi in partibus τοπικῶς judicetur [1]. »

Hic Papa respondit se velle « omnia Ecclesiæ suæ privilegia ; velleque ad se fieri appellationes ; necnon regere et pascere universam Ecclesiam, ut ovium pastorem ; et celebrare synodum œcumenicam, cùm opus fuerit; et omnes patriarchas parere ejus voluntati. »

Hæc postulata Papæ, omnia ad absoluta imperia revocantis, Græci respuere; gestaque synodi sic habent : « Imperator, his auditis, desperavit; nec aliud respondit, nisi : Curate de nostrâ profectione. » Adeò abhorrebant ab eo, ut Ecclesia non canone, sed voluntate regeretur. Ergò conventum est, « ut Papa regeret Dei Ecclesiam, salvis patriarcharum Orientis privilegiis et juribus : » quo fixum, valere canones, nec mero imperio regi Ecclesiam, ecclesiisque sua jura canonico ordine fundata constare.

Cùm in eo jam essent, ut conscriberetur decretum unionis, de Papæ privilegiis sic erat scriptum : ut Papa illa habeat « juxta determinationem sacræ Scripturæ et dicta sanctorum ; » obstitit his verbis imperator : « An si quis, inquit, sanctorum in epistolâ honoret Papam, excipiet hoc pro privilegio ? Ac Papæ significavit, ut aut hoc corrigeret, aut de reditu ejus cogitaret; cogebatque apponi : juxta *tenorem canonum;* et non *secundum dicta Sanctorum* [2]. »

Jam nemo negaverit, quin tunc vel maximè quæreretur, non

[1] *Conc. Flor.*, sess. xxv, col. 503. — [2] *Ibid.*, col. 506, 507.

modò de constituendâ, sed etiam de regendâ suisque coercendâ finibus pontificiâ potestate; cùm Græci vererentur, ne ambiguâ formulâ privilegia Papæ in immensum tenderent.

Quare hîc omnis unionis spes rursùs penè concidit; patetque omninò intellexisse Græcos, *regendam* quidem à Papâ *universam Ecclesiam*, sed *juxta canones;* non mero imperio et absolutâ voluntate.

Quæ cùm diu multùmque agitata fuissent; atque Eugenius quidem vocem illam : *Secundùm dicta sanctorum*, vehementer urgeret, Græci vocis ambiguitate deterriti haud minore vehementiâ repugnarent; tandem conventum est, ut « Papa habeat sua privilegia juxta canones et dicta sanctorum, sacramque Scripturam et acta synodorum [1] : » quæ collecta simul veram administrandæ Ecclesiæ formam exhibebant; patebatque à synodo papalis potestatis, non solùm habendæ firmamentum, sed etiam exercendæ regulam fuisse præscriptam.

Illîc Eugenius *dicta sanctorum*, toties inculcata omisit, ut quæ jam ipsi quoque ambigua viderentur; convenitque utraque Ecclesia in hanc formam, ut Papæ quidem inesset à Christo tradita regendæ ac pascendæ Ecclesiæ potestas; sed « secundùm eum modum, qui, et gestis œcumenicorum conciliorum, et sacris canonibus continetur : » quæ quidem Gersoni, Alliacensi, nostrisque concinunt, magnâ animorum consensione docentibus, « in Papâ agnoscendam plenitudinem potestatis, sed à conciliis sacrisque canonibus regulandam. » Hinc autem videre est, cur jam Eugenius hanc vocem : *Dicta sanctorum*, hîc omitti ipse vellet; quippe cùm haud satis apta videretur regulandæ pontificiæ potestati, quæ canonibus quidem et conciliis œcumenicis, non autem *dictis sanctorum* generatim sumptis, parere soleat.

Hæc igitur è Florentini concilii gestis expressa demonstrant, quantùm ab eo abfuerint Græci ut agnoscerent supremam illam infinitamque potestatem, quæ totam adunatam Ecclesiam supergrederetur : quantùm abfuerint Latini, ut eam à Græcis agnosci postularent; atque omninò consentire Florentina cum Constantiensibus, nedùm ea abrogarent. Sic decet à catholicis conciliari

[1] *Conc. Flor.*, sess. XXV, col. 507.

quidem, non inter se committi et collidi concilia, ne, quæ in Ecclesiâ summa est, nutet auctoritas.

Florentinum decretum ab Eugenio factum est, *sacrâ approbante synodo;* sive, ut Græca habent, Συναινούντων ἐν τῇ συνόδῳ τῶν σεβασμίων ἀδελφῶν: *consentientibus in synodo reverendissimis fratribus*[1], hoc est, ipsâ synodo condecernente, sententiam cum ipso ferente, ac decretum suum ejus decreto addente. Neque aliter Græci intellexerunt, quàm, ut eos sæpè professos esse vidimus, decernendi vim ipsâ membrorum omnium consensione atque unitate constare; tuncque Ecclesiam errare non posse, *communi* scilicet *et synodicâ consideratione utentem*, ut suprà professos legimus.

CAPUT XII.

An Constantiensibus decretis et conciliari potestati noceat, quòd Ecclesiæ pars maxima, ac præsertim Galli, Eugenio Basileæ damnato ac deposito obedirent.

Hic quæstio exoritur, si conciliis tanta inest auctoritas, cur ergò Basileensia postrema irrita fuere, atque Eugenius IV, à synodo depositus, pro vero Pontifice, etiam à Gallis est habitus? In promptu responsio est: facta referimus; solutio ex factis.

Basileenses Patres multis videbantur duro nimis et obstinato animo neglexisse Græcorum salutem, et æquas conditiones respuisse. Ipsi etiam Græci Basileæ magnis clamoribus querebantur de synodo, quæ tantæ rei gratiâ commovere se nollet; in easque angustias Pontifex conjici videbatur, ut omitteret Ecclesiæ conjunctionem, tantum opus, idque magno et æterno suo et Ecclesiæ Latinæ dedecore, nisi synodum ipse transferret: quod tamen ne solus contra synodi auctoritatem attentaret, memoratum illud de Florentiâ et Utino decretum synodi prætendebat. His causa Pontificis nitebatur: neque, ut anteà, vanæ ac frustratoriæ dirimendæ synodi causæ ferebantur, sed conjunctio prætendebatur ecclesiarum, jam præsentibus Græcis, et synodum cum successore Petri celebrantibus. Cæterùm cùm eo loco res Eugenii es-

[1] *Conc. Flor.*, *Decr. union.*, col. 509.

sent, tamen tanta erat synodi reverentia, ut Ferrariam pauci convenirent : non Patres, non reges, non reliqui principes orthodoxi : unus Burgundiæ dux, sessione demum xiii, anno feiè integro postquam Eugenius Ferrariæ cum Græcis agebat, missis legatis synodo se conjunxit¹. Et episcopi ex Italiâ convenere ferè ad sexaginta, abbates ad quadraginta, quos inter ex Galliâ antistites quinque admodum, vel sex, ex Provinciâ ferè, quæ nondùm Gallicano imperio parebat, et duo Hispani; ex Germaniâ, ex Angliâ totoque Septentrionali tractu nullus. Hæ gentes cum Galliâ et Hispaniâ, omissis Florentinis ipsoque Eugenio, Basileensibus adhærebant. Interim paulatim Basileâ dilabi Patres, postquam reformationis studium ac spes in jurgia abiisse visa : cujus rei culpam multi in Patres, multi in Eugenium, in utrosque plurimi conferebant. Ergò pauci exercere synodi auctoritatem; iique plerumque non episcopi, sed doctores theologicarum ac juris facultatum, presbyteri tantùm, imò interdum vix clerici. Jamque viris maximis, neque Eugenianæ, neque Basileensium partes planè probabantur : « cardinalis sancti Petri (a), viri sancti et gravissimi sententia placebat, qui neque hos, neque illos laudare solebat. » Hæc Æneas Sylvius².

In hunc locum redacti Basileenses, tamen in Eugenium cum Græcis et Armenis præclarè agentem, atque Orientales ecclesias à tot sæculis scissas ad ovile revocantem, miris anathematibus, œcumenicæ synodi titulo, detonabant. At cùm eum etiam deposituri viderentur, sapientissimus quisque ab eâ sententiâ abhorrere; legati regum palam intercedere, novi schismatis metu; multi à synodo discedere : inter eos etiam, qui Basileæ remanerent, graves dissensiones oriri. Prorsus tanto nomini, neque conciliorum gravitas, neque ipsa cœtûs dignitas respondebat. Nihilo secius toties imminuta synodus, neque sibi satis consentiens, Eugenium mirâ confidentiâ deposuit; elegit Felicem olim Sabaudiæ ducem, qui abdicato imperio quæsitoque secessu, quie-

---

¹ *Concil. Flor.*, sess. XIII, col. 207. — ² Æn. Sylv., *Epist.*, XXV, pag. 518, edit. Bas.

(a) Joannes Cervantes Hispanus, Hispalensis archiepiscopus, ubi vidit Papam et synodum dissidentes, in Hispaniam reversus est. Vid. Ciacon. (*Edit. Paris*).

tam magìs ac suavem, quàm solitariam vitam (a) agere videbatur.

Deponendi Eugenii causæ, translata et contempta synodus; negatæque eæ, quas catholicas ferebant, synodi veritates: *tum simoniacum, ac dilapidatorem bonorum Ecclesiæ* arguebant [1], jactatum potiùs in speciem quàm probatum, imò nec quæsitum. Hìc iterum in studia scindi christiana respublica; pars hunc, pars illum colere, pars neutrum; et expectare quid copiosior ac certior synodus declararet. Hanc sententiam Germani maximè sequebantur, cùm Basileensem Galli synodum colerent, Florentinam respuerent, Constantiensia omnia confirmarent; simul Pontificem Eugenium agnoscebant, depositionem non admittebant, quòd malorum Ecclesiæ recordati, schisma vererentur; neque multis satis idonea causa visa esset, cur Eugenio tam pauci, iique inter se divisi, potestatem abrogassent, reclamantibus legatis principum: in cæteris Basileensia decreta, atque iis nixam Pragmaticam-Sanctionem studiosissimè retinebant [2].

Id quidem Odoricus Rainaldus confitetur [3], ac probat ex Nicolao Clemangio theologo Parisiensi, hujus ævi celeberrimo, gesta publica referente; sed nos ipsa gesta, ipsamque Pragmaticam-Sanctionem legere ac referre præstat.

Ea edita est, rege præsente, et in congregatione Ecclesiæ Gallicanæ apud Bituriges, 7° Julii, anno 1438, atque à magnificâ synodi Basileensis commendatione ducit initium [4].

Recipiuntur ergò ex eodem Basileensi concilio, concilii Constantiensis constitutiones, imprimis caput *Frequens;* tùm ejusdem concilii Constantiensis sessionis v Basileæ toties repetita decreta, adscribiturque sic: « Acceptavit et acceptat, prout jacent,

---

[1] *Conc. Bas.*, sess. xxxiv, col. 620. — [2] *Conc. Bitur. pro Pragm.*, ibid., col. 1430.— [3] Rain., an. 1440, n. 4.— [4] Tom. XII *Conc.*, col. 1429 et seq. Vid. *Pragm.*, in edit. Pinsonii, an. 1666.

(a) Amedæus VIII, Sabaudiæ dux, ideò pacificus et sui ævi dictus Salomon, quòd, dum vicini principes armis inter se decertabant, ipse pacem cum omnibus coluerat, abdicato ducatu commissâque hujus curâ filiis suis, secessit, unà cum sex magnatibus in locum *Ripalliæ,* ubi monasterium exstruxit, sibique et sodalibus palatium, cui nomen fecit *Eremum.* His Eremitis molliter viventibus amplæ erant et opportunæ ædes, lautæ epulæ, multum otium. Vid. Spond., an. 1434 Sylv. *Comm.*, lib. vii. (*Edit. Leroy*).

jam dictorum prælatorum cæterorumque virorum ecclesiasticorum, ipsam ecclesiam (Gallicanam) repræsentantium, congregatio sæpè dicta. » Tùm Basileensia decreta memorantur et *acceptantur*, præsertim illud de sacris electionibus. Adhibitæ quidem decretis Basileensibus aliquot *modificationes;* sed quàm illud fieret, illæsâ concilii auctoritate, hæc verba demonstrant : « Demum conclusit prælibata congregatio, ut decreta ipsa, de quibus visum est, quòd debeant simpliciter acceptari, ex nunc simpliciter acceptentur et executionem sortiantur, atque ex nunc effectui realiter mancipentur; et similiter ea decreta circa quæ factæ fuerunt prænotatæ modificationes, ex nunc cum ipsis modificationibus acceptentur, prout etiam acceptantur, *sub spe scilicet quòd ipsæ modificationes per sacrum concilium admittentur :* pro quo regii Oratores instabunt, vice regiâ, Ecclesiæ regni et Delphinatûs. »

Cùm hæc admitterent, tamen in agnoscendo Felice, Basileensibus non consentiebant, sed Eugenio obsequebantur. Id cur facerent, docet illa responsio Caroli VII, deprompta ex vetustissimo codice Victorino, quo hujus ævi acta referuntur : « Protestatur rex, quòd more prædecessorum suorum paratus est audire Ecclesiam ritè ac legitimè congregatam. Verùm quòd apud multos graves et probos non modica est dubitatio, an suspensio, privatio, et subsecuta electio facta Basileæ sit legitima, dubium etiam est, an illa congregatio ILLIS DIEBUS, quibus prædicta agitata et facta sunt, sufficienter repræsentaret universalem Ecclesiam, ad tantos et tam arduos actus; rex perstat et manet in obedientiâ Domini Eugenii, in quâ nunc stat : ubi verò rex plenè et sufficienter de prædictis informatus fuerit, sive per œcumenicum, aut aliud generale concilium, aut in congregatione Ecclesiæ suæ Gallicanæ extensiùs congregandæ, seu in conventione principum, rex compertâ veritate stabit cum eâ, et ei adhærebit [1]. »

Ergo rex Gallicanaque Ecclesia de potestate concilii generalis, in deponendo Papâ, minimè; de hoc tantùm concilio, neque in omnibus, ambigebant; quòd licet pro generali haberetur in aliis, quibus consentiret Ecclesia; in deponendo Papâ, repugnantibus

---

[1] *Hist. Universit.*, an. 1439, tom. V, p. 447.

regum legatis, ac plerisque per orbem terrarum ecclesiis, non
satis repræsentare videretur eam, quæ maximâ ex parte hujusmodi
consiliis repugnaret, Ecclesiam. Ea causa dubitandi fuit;
quæ dubitatio Germanos adduxit, ut neutri faverent : nostros,
quod erat æquius, ut in possidentis obedientiâ persisterent, neque
ex dubiâ condemnatione, certâ eum dejectione mulctarent.

CAPUT XIII.

*Nobilissimas Universitates, propter Constantiensium canonum auctoritatem,
Basileensi synodo adhæsisse.*

Interim nobilissimæ Academiæ toto orbe terrarum inclinabant
in synodum (a).

Anno 1438, cùm Bituricensis conventus haberetur, Universitas
Parisiensis legatos misit, qui conciliorum generalium, ac præsertim
Constantiensis ac Basileensis auctoritatem tuerentur [1].

Anno 1439, jam deposito Eugenio et electo Felice, in codice
Victorino optimo, hæ Universitates memorantur, quæ Basileensibus
adhæserint : Parisiensis, Viennensis, Erfordiensis, Coloniensis
et Cracoviensis [2].

Edita ergò est doctoris Parisiensis, pro synodo Basileensi, contra
ejus translationem, ampla defensio, quâ sententia sacræ Facultatis
totiusque Academiæ argumentis firmaretur. In hâc defensione
hæc legimus : « Nullus est alius inobliquabilis, nisi Ecclesia,
aut concilium generale, habens specialem Christi assistentiam, ex
promissione ejus; ergò nulli alii necesse est infallibiliter credere,
nisi Ecclesiæ aut concilio generali. Concilium generale est regula
inobliquabilis, ratione assistentiæ Salvatoris, supremum tribunal
in terris, ad quod in dubiis salutem humanam concernentibus,
haberi debet recursus; nec ad Christum à generali concilio legitimè
congregato appellari potest, cùm Spiritus sanctus eorum,
quæ conciliariter aguntur, principalis auctor et definitor existat [3]. »

[1] *Hist. Univers.*, loc. cit., pag. 444. — [2] *Ibid.*, pag. 449. — [3] *Ibid.*, pag. 450.

(a) Que nous importe l'opinion de ces *nobles* académies ?

Tum Universitas Coloniensis à Theodorico Coloniensi archiepiscopo requisita, edidit responsionem; illa verò responsio ab hâc propositione incipit : « Ecclesia synodaliter congregata habet supremam jurisdictionem in terris, cui omne membrum Ecclesiæ, cujuscumque dignitatis fuerit, etiam papalis, obedire tenetur, quam nemo sine ipsius Ecclesiæ synodalis conventu dissolvere vel transferre potest [1]. » Ex his cætera æstimari possunt.

Universitas Erfordiensis, Theodorico archiepiscopo Moguntinensi simile responsum dedit, quo Basileense concilium asserit; *neutralitatem* improbat [2]; quòd concilium sit supra Papam, ex Constantiensi decreto, etc.

Universitas Viennensis concilio Basileensi ac Felici favet, et neutralitatem impugnat : quòd « si duo, aut plures contenderint de papatu, est justum et licitum, si de jure eorum dubitatur, eis usque ad futurum concilium obedientiam subtrahere. At in his, quæ fidei sunt, aut quæ schismatis extirpationem, aut morum reformationem in capite et in membris Ecclesiæ respiciunt, nunquàm licet christiano à sacro concilio legitimè congregato appellare [3]. »

Cracoviensis universitas, editis litteris ad Uladislaum IV Poloniæ et Hungariæ regem, decreta Basileensia adversùs Eugenium et pro Felice firmat, his maximè conclusionibus : « 1° Quòd unam Ecclesiam agnoscere oporteat. 2° Quòd sicut unum est caput principale Christus, ità unum est caput universale Papa. 3° Quòd quodlibet concilium generale in Spiritu sancto legitimè congregatum repræsentat universalem Ecclesiam, et habet potestatem immediatè à Christo, idque Constantiensi concilio fixum, ac probatione non egere. 4° Potestas Ecclesiæ universalis, ac etiam cujuslibet concilii generalis legitimè congregati ipsam repræsentantis, superior est potestate Papæ et quâlibet aliâ potestate in terris [4]. » Reliquæ ex his facilè intelliguntur.

Ex his liquet, quòd etsi de aliquâ parte Basileensium gestorum fuerit dubitatum, non proinde concilii universalis, aut Constantiensium decretorum auctoritatem in dubium fuisse revocatam;

---

[1] *Hist. Univers.*, loc. cit., pag. 460. — [2] *Ibid.*, pag. 462. — [3] *Ibid.*, pag. 473, 474. — [4] *Ibid.*, pag. 480 et seq.

sed certam et inconcussam suoque immotam pondere constitisse. Id etiam sequentia gesta declarabunt.

CAPUT XIV.

Mors Eugenii IV : Nicolaus V succedit: *pax composita, immotis decretis Constantiensibus : concilii Basileensis antesignani, abdicato tantùm Felice, nullâ doctrinæ retractatione, pro orthodoxis habiti.*

Dùm hæc agebantur, Græcis ad unitatem redactis, eruditis Armenis, Jacobitarum atque Æthiopum acceptâ legatione, Eugenius Florentiâ Romam concilium, *ipso concilio approbante*, transtulit, ne deesset quod Basileensibus opponeret[1]. Unâ vel alterâ sessione vix quidquam; de reformatione certè nihil actum. Interim Basileenses, extenuatis ac penè nullis viribus, cum Felice suo Lausanam defluxere, vicinam civitatem : utrinque paucis cum episcopis synodus universalis agebatur, aut potiùs tanti nominis majestas ludibrio habebatur. Eugenius obiit, unione factâ nobilis : utinam stabili felix! Cæterùm id egisse quod in ipso esset, maximæ laudi fuit. Optabant viri boni, ut pari studio reformationi animum adjecisset. Aliis occupatus partem officii vel maximam prætermisit. Successit, anno 1447, Nicolaus V, anteà Thomas (Sarzanus), sanctæ Sabinæ cardinalis, vir optimus atque doctissimus; quodque inter omnes constabat, pacis amantissimus. Itaque anno sequente 1448, postquam à tempore electi Felicis annos ferè novem inter Papam et synodum, dubiæ ecclesiæ fluctuabant, facta pax, Caroli VII Francorum regis præcipuâ operâ, his conditionibus, ut Felix papatui renuntiaret, ut concilium Basileense sive Lausanense ordinaret, « maximè propter pacem Ecclesiæ, Nicolaum pro Pontifice habendum, statuendo et ordinando quod faciat et adimpleat, quæ summus Pontifex facere tenetur, mandaretque omnibus eidem Nicolao obediendum esse [2] : » ut synodus deinde se ipsa dissolveret : ut à Nicolao synodus generalis, neque revocanda, neque proroganda, neque impedienda,

---

[1] Tom. XIII *Conc.*, part. III. *Concil. Flor.*, col. 1218, 1222 et seq. Vid. *ibid.*, Patr., cap. CXXIX, col. 1599, 1600. — [2] *Ibid., Ad visum*, etc., col. 1329.

in Galliâ statim indiceretur; tanta apud omnes, etiam post Basileense dissidium, conciliorum non modò necessitas, sed etiam majestas et auctoritas ferebatur : ut utrinque factæ gratiæ ratæ : utrinque irrogatæ pœnæ irritæ haberentur [1].

Hæc igitur inter oratores Nicolai Papæ, et Caroli VII Francorum regis pacta atque conventa sunt, obsecundantibus Angliæ et Siciliæ regibus, ac Ludovico Delphino. Thomas Corcellæus, insignis pietate ac doctrinâ theologus, et concilii Basileensis Lausanensisque pars maxima, inter oratores Caroli nominatur [2].

Electores principes Carolo se *conformant*, suaque *avisamenta* proponunt, de irritandis utrinque pœnis. Hanc causam afferebant, « quòd catholica universalis Ecclesia diffusa per orbem, et communitas fidelium, ut plurimùm hujusmodi processus, sententias, censuras, privationes et pœnas hinc inde emanatas non recepit [3]. » Hæc docent, quo loco decreta pœnalia non modò Basileensia, sed etiam Eugeniana esse viderentur. Cavebant etiam ut synodi Constantiensis auctoritas sacrosancta haberetur. « Instabit dominus rex Francorum, quòd S. D. Nicolaus Papa V concilium Constantiense, decretum *Frequens* et alia ejus decreta, sicut cætera concilia catholicam militantem Ecclesiam repræsentantia, ipsorum potestatem, honorem et eminentiam, sicut et cæteri antecessores sui, suscipiet, amplectetur et venerabitur [4]. » Sic sancta habebatur omnium Constantiensium decretorum auctoritas : eorum verò maximè quæ ad eorum *eminentiam* pertinerent.

Ut hæc executioni darentur, primus Felix ex pacto edidit Bullam, quæ incipit : *Quas ob causas*, à Rainaldo relatam [5], cujus hæc est summa. 1° Se ab universali synodo Basileensi ad apostolicum regimen evocatum obediisse, ut concussam tueretur generalium conciliorum auctoritatem, memorem videlicet « Constantiensis concilii nullâ unquàm oblivione delendæ definitionis; quod videlicet sancta synodus in Spiritu sancto legitimè congregata, » etc., prout ex Constantiensis concilii sessione v sæpe recitata sunt : quam etiam veritatem Basileensis synodus confirmasset,

---

[1] Tom. XIII *Conc.*, part. III. *Concil. Flor., Ad visum*, etc. Vid. quoque col. 1327. — [2] *Ibid.*, col. 1333. — [3] *Ibid.*, col. 1330. — [4] *Ibid.*, col. 1332. — [5] Rain., an. 1449, n. 3, 4.

tota catholica *suscepisset ac practicasset* Ecclesia. Exinde permotum gravi schismatis malo, « post acerrimos continuosque labores, quos solius veritatis manifestandæ auctoritatisque sacrorum generalium conciliorum conservandæ gratiâ amplecti voluerit; » eò animum contulisse, ut pacem Ecclesiæ, quâcumque fieri posset ratione, procuraret : eâ causâ in sanctâ synodo Lausanensi, universalem Ecclesiam repræsentante, ultro cessisse papatui; « sperantes, inquit, quòd in futurum reges et principes, prælati et alii, auctoritati sacrorum conciliorum assistent, eamque tuebuntur et defendent; quòdque universalis Ecclesia, *pro cujus dignitate, supereminentiâ et auctoritate* totis viribus pugnavimus, nos apud clementiam primi et æterni Pastoris, nostræ hujus pacificæ humilitatis contemplatu, suis devotis jugibusque orationibus commendabit. Lausanæ 7 Apr. 1449. »

His conditionibus Felix, hâc fide editâ, in Lausanensi concilio papatum deposuit. Paucis post diebus, synodus his consentaneum decretum protulit, ab eodem Rainaldo relatum[1], cujus initium : *Multis ab annis*. Sic autem desinit : « Desiderantes, inquiunt, de unico Pastore uni sanctæ catholicæ et apostolicæ Ecclesiæ providere, compluribus suadentibus et urgentibus causis, præsertim dilectione dandæ unionis et pacis in personam dilectissimi filii Ecclesiæ Thomæ, in suâ obedientiâ Nicolai V nominati, nostra vota contulimus, sperantes ipsum ea facturum, quæ summus Pontifex facere tenetur : fidâ quoque relatione intelligentes, eamdem credere et tenere veritatem pro conservandâ sacrorum auctoritate conciliorum in sacrosanctâ synodo Constantiensi definitam et declaratam, ac in sacro Basileensi concilio renovatam, necnon à prælatis, regibus et principibus, universitatibusque orbis susceptam, prædicatam et dogmatizatam, videlicet quòd generalis synodus in Spiritu sancto legitimè congregata, » etc., prout in duobus Constantiensibus decretis, sessione v, habentur. Ilis positis, Nicolaum pro Pontifice habendum decernunt, ipsique obediri mandant : 19 Apr. 1449. Antecesserant decreta de irritatis pœnis et confirmatis gratiis, prout pactum erat.

Denique eadem synodus Lausanensis alia duo decreta, ab eodem

[1] Rain., an. 1449, n. 5.

Rainaldo descripta [1], edidit 25 Aprilis. Altero, Felicem creat ac nominat « Sabinensem episcopum, ac per varias amplasque provincias Sedis apostolicæ legatum vicariumque perpetuum; primumque post Romanum Pontificem locum » eidem attribuit, servatis aliquot pontificiæ dignitatis insignibus. Altero, post pacem constitutam, synodus seipsa dissolvit, ac dissolutam esse decernit.

Hæc agentes pro decretis Constantiensibus, hanc fidem professos Nicolaus V, tribus datis diplomatis, quæ incipiunt: *Ut pacis*; et: *Tanto nos*; et: *A pacis auctore*: non modò ut ab omni censurâ immunes, verùm etiam in suis suscepit honoribus: Felicem verò, sive Amedæum, eamdem fidem toto terrarum orbe testatum, pro Sabinensi episcopo ac primo cardinali legatoque perpetuo habet et agnoscit, 21 Junii eodem anno 1449 [2].

Viderat autem Nicolaus memorata Felicis et synodi Lausanensis de cessione et pace diplomata, quorum respectu Bullam *Ut pacis*, et Bullam *Tanto nos*, à se editas esse testatur; nihil ut sit clarius, quàm felicem et Lausanenses, sessionis v Constantiensis decreta laudantes, ac supereminentem concilii potestatem his asserentes, à Nicolao V fuisse susceptos.

Quid hîc mentis fuisse Nicolao putant? Nullamne, an suspectam, imò apostolicæ Sedi exosam habuisse sessionis v Constantiensis auctoritatem, qui Felicem ac Lausanenses eam ad cœlum usque, postremis etiam decretis extollentes, amplexus sit? An forté existimabat, ab iis Constantienses canones ità laudari, ut, quod jam adversarii volunt, ad solum schismatis tempus revocarent? Atqui Basileenses iis canonibus adversùs Eugenium indubitatum Pontificem usos prædicabant. Quid ergò? Nicolaum indulgentiâ usum adversùs eos, qui erroneam aut schismaticam doctrinam non modò profiterentur, sed etiam universæ Ecclesiæ commendarent? Apage insana prorsùs deliria. Nihil ergò superest, nisi ut eos pro orthodoxis habuerit, idque tribus diplomatis uno die editis confirmarit.

Sic autem inter Papæ regisque oratores pactum erat, ut hæc

---

[1] Rain., an. 1449, n. 6. — [2] Tom. XII *Conc.*, col. 663; tom. XIII, col. 1347. Vid. Rain., an. 1449.

tria diplomata « de cassatione processuum, de confirmatione gestorum et de restitutione privatorum, secundùm minutas ab ipsis oratoribus concordatas, » à Nicolao ederentur, et Felici traderentur [1] : quæ oratorum testificatione in conciliorum voluminibus edita constant.

Refert quidem Rainaldus [2], ex Jannutio Manetto (a), Amedæum *perfidiæ suæ errorem recognovisse*, quem *confitentem ac pœnitentem* Nicolaus sponte cardinalem creaverit, at nos historicis, partium studio quæ libuere scribentibus, adversùs gestorum fidem ac Nicolai diplomata, non credimus. Cæterùm in gestis ac Bullis nihil retractationis aut pœnitentiæ reperimus; imò ultima Felicis gesta ac synodi Lausanensis, omnia præclarè ab iis atque à Basileensibus gesta; nec nisi pacis studio antiquanda confirmant. Utrinque solutæ pœnæ; utrinque confirmatæ gratiæ : de pœnis id notatu dignum, quæcumque à quocumque, etiam ab Eugenio in Felicem ac Basileensem sive Lausanensem synodum *emanassent*, eas à Nicolao nullas et irritas declaratas; « atque etiam de registris Eugenii, Nicolaique ipsius, et locis aliis abolitas atque deletas [3]. »

Omnes ergò utrinque pro orthodoxis habiti, quique pro translatione, quique adversùs translationem egissent. Retractationes fingunt [4], quas nec ipsi probant, et acta respuunt. Joannes Segobiensis Hispanus, Thomas Corcellæus Gallus, alii innumerabiles, sanctitate ac doctrinâ conspicui, Basileensi synodo ad finem usque conjuncti, in pace Ecclesiæ obierunt; famâ integrâ ac virtutum omnium, imprimis verò modestiæ et contemptarum dignitatum laude floruerunt. Ludovicus verò Alamandus cardinalis, Arelatensis archiepiscopus, quo duce ac præside depositus Eugenius, Felix electus, continuata synodus et ad extremum usque perducta est; ille, inquam, abdicato tantùm schismate, circa doctrinam verò retractatione nullâ, imò gestis in Lausanensi sessione ultimâ confirmatis, pristinæ dignitati restitutus, in suâ ecclesiâ vixit. Obiit clarus miraculis; pro beato colitur,

---

[1] Tom. XIII *Conc.*, col. 1333. — [2] Rain., loc. cit., n. 6. — [3] Bull. *Tanto nos*, tom. XIII, col. 1349. — [4] Rain., loc. cit., n. 8.

(a) Florentino, in *Vitâ Nicol.* V.

Clemente VII Pontifice, ut jam memoravimus [1], edicente. Nulli imputatus error, nulli schismaticus animus, omnes bono animo, bonâ fide adversùs translationem egisse constabat, dùm reformationi student, ejusque promovendæ spem in conciliorum invictâ stabilitate repositam putant.

CAPUT XV.

Quæstio de translatione, qualis habita in Basileensi et secutis synodis : de Constantiensibus decretis nullum superesse dubium : Joannis de Paradiso Carthusiani locus de rebus Basileensibus.

Quin ipsa quæstio, quâ potestate concilium transferatur, rectè consideranti pendere adhùc et in medio relicta videbitur. Sanè translatio Basileensis tria habebat insignia propter quæ probaretur : primum, causa transferendi gravis ac necessaria propter Græcos ; alterum, non modò legatorum, verùm etiam præsulum ingens discessio ; tertium denique, consecutum schisma, deposito Eugenio atque electo Felice præter optimorum virorum sententiam. Hæc igitur particulares causæ translationem et faciendam suadebant, et factam tuebantur. Et tamen à Felice, à Lausanensibus nihil, præter abdicatum schisma ; circa transferendi concilii potestatem, nihil retractationis exigitur. Quin ipse Eugenius translationi decretum, ut vidimus [2], Basileense prætendit : cæterùm Ferrariensem synodum, Florentiam ; Florentinam, Lateranum ; sed ubique, concilio approbante, transtulit [3].

De translato Ferrariâ Florentiam concilio memorabile illud, quod legimus in Actis [4] : eâ translatione propositâ respondisse Græcos : « Nos vellemus Ferrariâ non excedere, quandoquidem in eâ statutum est, non alibi synodum celebrari : » dixisse imperatorem Græcum : « Lex est apud Latinos, synodum œcumenicam, non ità simpliciter ac fortuitò dimitti, infectâ re, ac sine

---

[1] Vid. *Diss. præv.*, num. XLIV; et lib. V, cap. v.— [2] Vid. sup., hoc lib.; c. XII. — [3] Bull. Eug., *Decet*; tom. XIII *Conc.*, col. 1030; et *Hist. Patr.*, cap. CXXIX· col. 1599. — [4] *Conc. Flor.*, sess. XV, col. 214, 218, 219.

definitione synodicâ præterquam tribus hisce de causis : si pestis grassetur, si fame laboretur, si fiat hostium incursio. Quapropter nos etiam justâ de causâ synodum transferemus. Est autem causa pestis. » Quo audito « omnes dixerunt : Justum est translationem synodi notam fieri. Placuit ergo convenire generalem synodum ; atque itâ indicta est translatio [1]. » Decretum translationis habetur in conciliorum voluminibus, *sacro approbante concilio*. Quo quidem decreto duo asseruntur à Græcis : primum, non nisi necessariis causis concilium dimitti, antequam definita sint propter quæ est congregatum ; alterum, ne id quidem fieri, nisi assentientibus Patribus.

Neque aliter gestum in Tridentinâ synodo (a) Allatum Pauli III decretum, de concilio Bononiam transferendo, propter grassantes morbos : sessione VIII, quæsitum à Patribus, num placeret eâ causâ « decernere ac declarare concilium esse transferendum, et ex nunc transferri, donec sanctissimo Domino nostro et sacro concilio expedire videbitur, ut ad hunc seu alium locum, ipsum concilium reduci possit ac debeat : responderunt : Placet [2]. » En ad translationem cum pontificiâ conjuncta sacrosancti concilii auctoritas, neque aliter : atque ad ipsam synodum Tridentinam, Deo itâ providente, hæc sententia transmittitur.

Huic translationi, cùm Carolus V Augustus ejusque regnorum episcopi intercederent, Galli quidem consensere ; extatque mandatum Henrici II, ut suo et Ecclesiæ Gallicanæ nomine, translatio approbetur ; sed cum eâ clausulâ : « Quòd dictum concilium, Patrum ibidem agentium consensu atque auctoritate, Bononiam translatum sit [3]. »

Mortuo Paulo III, ex Julii III successoris Bullâ, concilium Tridenti resumptum, itâ decernente atque assentiente concilio [4], sessione XI, anno 1551, Kalendis Maii.

---

[1] Vid. *ibid.*, col. 1030. — [2] *Concil. Trid.*, sess. VIII; tom. XIV, col. 785. — [3] *Mém. pour le Conc. de Trente*, pag. 19. — [4] *Concil. Trid.*, loc. cit., col. 799.

(a) A quoi bon tous ces faits, toutes ces citations ? Une chose reconnue par tous, c'est que le souverain pontife peut et doit convoquer le concile : donc il peut le transférer et même le dissoudre ; car, puisqu'on veut des axiomes de droit, *per quascumque causas res nascitur, per easdem dissolvitur*. Quand le pape demande l'avis du concile, c'est une affaire de convenance, rien de plus.

Suspensa synodus per biennium sessione xvi, 28 Aprilis 1552, at ipsâ synodo decernente ¹. Resumpta synodus sub Pio IV, sessione xvii, sed iterum ipsius synodi accedente decreto ². Denique dissoluta eodem ordine sessione xxv. Quæsitum à Patribus : « Placeatne, ut huic sacræ œcumenicæ synodo finis imponatur? Responderunt : Placet ³. »

Cæterùm hæc nihil ad nos, qui tantùm Constantiensia sessionis v decreta tutanda suscepimus. Ea verò et per se summâ auctoritate constare; et à Martino V iteratis vicibus approbata esse ; et à synodo Basileensi, dum legitimè canonicèque ageret, repetita; et ab Eugenio IV sæpius, etiam in synodo Florentinâ, comprobata; et à Nicolao V pro sanctis atque intemeratis habita fuisse demonstravimus, dum Felicem ac Lausanenses ea decreta laudantes atque repetentes, et quidem quovis tempore, et adversùs quemvis Pontificem valitura. audiit, suscepit, amplexus est, edito etiam diplomate.

Quin etiam idem Nicolaus Carolum VII, pace ecclesiasticâ confectâ nobilem, miris in cœlum laudibus efferebat ⁴; cùm Carolus interim, totaque Ecclesia Gallicana Pragmaticam-Sanctionem omni ope tuerentur; in quâ, ut vidimus, Basileæ repetiti canones Constantienses sessionum iv et v recipiebantur, laudabantur, et pro certo ac stabili rerum omnium fundamento constituebantur.

Calixti verò III, qui Nicolao proximus sedit, tempore, cardinalis Avenionensis, anno 1456 legatus à latere, ad eumdem Carolum et Gallias missus, id etiam scripto confirmavit, nihil se acturum, quod Pragmaticæ Sanctioni adversaretur; cujus autographum in regestis regiis habetur ⁵ : adeò Pragmatica in nostrorum animis hærebat, necdum à Romanâ Curiâ vexabatur.

Ex his concludimus motam quidem de translatione quæstionem nondum universim decisam videri ; certè, quod hîc agitur, Constantiensia sessionis v toties repetita, toties approbata, certâ et indeclinabili auctoritate constare.

---

¹ *Concil. Trid.*, loc. cit., col. 835, 836. — ² *Ibid.*, col. 840. — ³ *Ibid.*, col. 919, 920. — ⁴ Nicol. V, *Epist.* v *ad Carol. VII*; tom. XIII *Conc.*, col. 1343. Vid. sup., cap. xii. — ⁵ *Preuv. des Libert.*, tom. I, cap. xxiii, pag. 917.

Hîc qui scire velit, hæ translationes ac dissolutiones conciliorum, quo loco à viris bonis doctisque haberentur, legat Jacobi de Paradiso Carthusiani, doctoris Erfordiensis, *Collectum de septem statibus Ecclesiæ in Apocalypsi*. Ibi leget, quàm necessaria reformatio; quàm neglecta; quàm exosa tunc temporis, præsertim Italis et Curiæ : tùm subdit mille artes, quibus concilia dissolvantur : « Quod, inquit, clarè probat tragœdia nostris temporibus in Basileensi concilio practicata; et ex hoc ortum est vulnus, nescio quando curabile, contra auctoritatem conciliorum generalium, ut abscedentibus Papâ, aut suis præsidentibus à loco concilii, vel differentiâ exortâ inter Patres ejusdem, censeatur concilium dissolutum, resideatque in personâ Papæ de plenitudine potestatis auctoritas dissolvendi aut transferendi concilia generalia, prout Eugenius olim Papa, anno 1437, fecisse comprobatur. Hoc venenum per eum effusum est in Ecclesiam per adversarios conciliorum : ad quod refugium habebunt, ut subterfugere valeant correctionem et reformationem; ità ut etiam modernis temporibus frontosè dogmatizare audeant : in quolibet Papâ residere plenitudinem potestatis, non solùm super quolibet membro singulari Ecclesiæ, sed et super totam Ecclesiam conciliariter congregatam, ad libitum ipsius disponendi, decretandi, dissolvendi, transferendi, corrigendi, auctorizandi; ut nullus ei audeat dicere : Cur ità facis? Et sic totaliter nituntur suffocare auctoritatem conciliorum, contra decretationem *ab omnibus acceptam* in Constantiensi et Basileensi generalibus conciliis publicè promulgatam, et contra Pragmaticam-Sanctionem super hoc editam, atque factam [1]. Decreta memorat in sessione v Constantiensi edita ac Basileæ repetita, et ab omnibus accepta. Hæc igitur ad avaritiam ac pessimam adulationem refert, concluditque ità : « Quòd Ecclesiâ universali conciliariter congregatâ Papam inferiorem esse non dubitemus; et quòd auctoritas Ecclesiæ integrè servanda est super omnem, quâcumque præfulgeat dignitate, etiam papali, in his quæ ad fidem et ad schismatis extirpationem, et ad generalem Ecclesiæ reformationem in capite et in membris. Secundò : concilium punire potest et debet quemlibet,

[1] *Gold. Monarch.*, tom. II, p. 1567, 1570.

etiam Papam, qui contumaciter statutis ejus obedire contempserit. Ex præmissis infertur. Si universalis Ecclesia, tàm in capite quàm in membris debet reformari, oportet hoc fieri per totam Ecclesiam conciliariter congregatam, à capite incipiendo; neque enim Spiritus mendax fuisse credendus est in ore omnium illorum virorum celeberrimorum in Constantiensi synodo congregatorum, qui hoc sanxerunt per decretum *Frequens*, licèt quidam ex Italicâ natione, de collateralibus Papæ, molestè illud tulerunt; posteà tamen omnes consenserunt de superioritate concilii generalis super Papam, licèt inimicus homo iterum superseminavit zizania [1]. »

Hæc viri boni ac fortes, adhuc subjectam oculis memorabant, de conciliari auctoritate in Constantiensi concilio consensionem omnium; affirmabant superseminata paulò post zizania, atque iis reformationem impeditam deplorabant; ad eam incipiendam atque promovendam, ad Constantiensia decreta, tanquam ad arcem, confugiebant. Hæc nos cum iis dolentes ingemiscentesque referimus; Deumque precamur, ne fœdos iterum atque Ecclesiam vastaturos reformatores immittat, et Ecclesiæ vulnera ab alto respiciat.

CAPUT XVI.

Petri Meldensis episcopi ad Eugenium IV, Caroli VII nomine, gesta legatio : an Odorico Rainaldo eam objicienti prosit?

Dùm in rerum Basileensium seriem ac summam intendimus, tantisper distulimus eam, quam Odoricus Rainaldus refert [2], Petri Meldensis episcopi, anno 1441 gestam ad Eugenium IV, cùm Florentiæ ageret, Caroli VII nomine legationem.

Hujus legationis causa erat, ut Eugenius, synodo Basileensi condemnatâ, Florentinâ verò absque ullâ Ecclesiæ reformatione factâ; novam synodum generalem, idque in Galliis indiceret, haud ità facilè dissolvendam; atque hactenus factum pii omnes ingemiscebant. Quòd ergò vir prudentissimus verba sua sensusque ad deliniendum Eugenii animum accommodat, ut eum omni

[1] *Gold., Monarch.*, tom. II, p. 1573. — [2] Rain., an. 1441, n. 8, 9 et seq.

arte perpellat ad synodum, totum id Odoricus Rainaldus eò refert, ut Basileenses regi horrori fuisse, pontificia verò monarchia super omnem conciliorum auctoritatem provecta et exaltata fuisse videatur.

At ille sua dicta sic temperat, ut cum cæteris theologis Gallicanis conciliarisque potestatis defensoribus, summâ ipsâ conveniant. Monarchiam commendat ecclesiasticam, pacis unitatisque conciliatricem. Nihil mirum : quippè quam catholici omnes, præsertim Parisienses, laudent. Basileenses suggillat, *qui eam nunc abolere et supprimere contendunt* [1]. At illud verbulum, *nunc*, à prudentissimo oratore interjectum, ad posteriora Basileensia adjicit animos : priora, quæ conciliarem potestatem recto ordine asserebant, sana esse significat. Quare oratione totâ quidquid improbat in Basileensibus gestis, ad Eugenii depositi ac Felicis substituti tempora manifestè refert, quæ Gallia non probabat ; multique viri præstantes, conciliaris etiam potestatis rectæ et ordinatæ strenui defensores, omnia Basileæ tùm, ab inconditâ multitudine, per seditionem ac tumultum fieri querebantur. Hæc ergo *nunc* gesta, quæ pacem unitatemque convellant, orator memorat; interim, cùm supremam in Romano Pontifice potestatem agnoscat, uti omnes catholicos, ac præsertim Parisienses facere vidimus, hoc addit : « Patres constituisse decreta et regulas pro ipsius usu gubernando et regulando ; quicumque, inquit, præter has regulas hâc potestate utitur, superbit, et potestatem exercet, sicut principes gentium, quod prohibuit Christus. »

Quo loco subdit *duas extremitates* jam in Ecclesiâ esse : alteram quidem *exacutam in concilio olim Basileensi;* quâ voce, *olim*, iterum ostendit, et viguisse olim concilium illud, et nunc (*a*) concilii loco non esse ; alteram in Florentino : atque in concilio quidem Basileensi unam extremitatem nimis exacui extinctâ potestate ; alteram à Florentino concilio nimis exacui visam, potestate quidem agnitâ, sed nullâ re factâ *pro regulando usu hujus potestatis;* quod quid est aliud, quàm theologorum Parisiensium more, supremam ac plenam in summo Pontifice reve-

---

[1] Rain., an. 1441, n. 9.

(*a*) Raisonnement solide, qui a pour tout fondement la particule *nunc!*

reri potestatem; sed eam per canones et concilia regulandam, ut etiam in Gallicanâ Declaratione est positum, agnoscere.

Addit noster Orator : « Quòd ad has extremitates evellendas non sufficit auctoritas Papæ sine generali concilio : Etsi, inquit, Eugeni, in favoribus principum confidas absque generali concilio, procul dubio arundineum baculum tenes [1] : » quibus aliisque patet, in eâ legatione, rejectis sine contumeliâ Basileensibus, sed tantùm posterioribus gestis, pro verâ conciliorum auctoritate, summâ quidem modestiâ, ne Eugenium exasperaret; sed tamen strenuè esse certatum. Quàm autem rex christianissimus Basileensium Patrum ad finem usque honori consuluerit, acta eo auctore, sub Nicolao V jam relata [2] testantur. Quare hîc finem eâ de legatione dicendi facimus.

CAPUT XVII.

Bulla retractationis Pii II, ad Coloniensem academiam, Constantiensia decreta confirmat, Basileensia tantùm posteriora damnat.

Æneam Sylvium, ex gente inclytâ Picolomineâ, poetam eximium, posteà Pium II, Pontificem maximum, concilio Basileensi, etiam post translationem adhæsisse, eique *scripto factoque* favisse, pauci sunt qui nesciant; et ipse profitetur. Jam retractationem ejus producemus, ut omnes intelligant, in ipsâ retractatione, quæ ille revocarit, quæ intacta reliquerit, quæ ultrò firmaverit.

Anno igitur 1463, ad Universitatem Coloniensem Bullam edidit *In minoribus* [3], ex quâ perspicuum est Basileensium gesta ab ipso improbari; sed quæ? Ea scilicet quæ post translationem consecuta essent : posteàquam scilicet « Eugenius concilium in Italiam transtulit, et cum Græcis Ferrariæ convenit, et legati concilii ad Eugenium defecere. » Hæc ille semper inculcat; hæc, non alia, retractat ac revocat (*a*).

[1] Rain., an. 1441, n. 10, 12. — [2] Sup., hoc lib., cap. XIV. — [3] *Bull. retract. Pii II*; tom. XIII *Conc.*; col. 1407 et seq.

(*a*) Le disciple n'est pas ici de l'avis du maître; voici ce que le premier éditeur

Sed fortè anterioribus gestis non interfuerat, nec necesse habuit ea quoque reprobare. Atqui primo concilii anno, Christi 1431, ad concilium venisse se narrat. Quid autem ageretur, referentem audiamus : « Aderant legati Parisiensis scholæ, cujus est fama percelebris; adfuerunt aliquando vestri et aliorum studiorum Germanicæ nationis oratores; et uno ore concilii generalis auctoritatem ad cœlum efferebant [1]. » An ergò ea tùm improbata dicit Imò, « accessit, inquit, et ipsius Eugenii consensus, cùm dissolutionem concilii à se factam revocavit, et progressum ejus approbavit : » quorum alterum ad anteriorum approbationem, alterum ad sequentium cursum pertineret. Quis autem ille sit Eugenii consensus, à Pio II memoratus, ipsa verba demonstrant; nempe consensus cum iis, qui *uno'ore concilii auctoritatem ad cœlum efferrent*. Cum his Eugenius, Pio teste, consensit, concilii Basileensis dissolutione revocatâ, progressu approbata, ut verba testantur. Audis ab Eugenio approbata priora gesta Basileensia, quæ nunc approbata et confirmata nolunt, simulque approbata et firmata Constantiensia decreta, quæ tùm Basileæ toties repetita et inculcata sunt. Cæterùm approbato progressu, rem

[1] *Bull. retract. Pii II*; tom. XIII *Conc.*, col. 1410. — [2] *Ibid.*, col. 1415.

dit dans une note de la traduction françoise : « Après avoir lu et relu la bulle de Pie II, j'ai peine à me persuader que ce pape n'ait voulu condamner que les sessions tenues après la bulle de dissolution d'Eugène. Car, premièrement, il représente tout ce qui se fit à Bâle pendant le temps du premier démêlé, comme le fruit de la cabale et l'ouvrage des ennemis d'Eugène, qui se rendoient par troupes à Bâle, *catervatim*, pour déprimer la dignité du premier siège. Secondement, il assure que dans ce même temps, personne n'osoit parler à Bâle en faveur d'Eugène ou de l'autorité pontificale; la raison qu'il en apporte est que cette assemblée étoit *multitudo maledica et inimica principi*. Troisièmement enfin, il dit que le cardinal Julien lui désilla les yeux, après avoir lui-même reconnu que tout ce qu'il avoit fait à Bâle en qualité de président du concile pendant le démêlé avec Eugène, étoit mauvais, et qu'il n'y avoit de salut que dans la soumission au Pontife romain. Or on sait que le cardinal Julien n'eut point de part à ce qui se fit à Bâle après la translation; puisque alors il se réunit à Eugène; par conséquent, cette condamnation vraie ou supposée, que Pie II attribue au cardinal Julien, ne peut retomber que sur les décrets publiés pendant le premier démêlé. En un mot, il me semble que Pie II réprouve tout le concile indistinctement, quoiqu'il condamne d'une manière plus forte les dernières sessions. » Tout le monde sera, nous le croyons, convaincu par des preuves si claires et par un aveu si remarquable. Cependant notre auteur avancera cent fois le contraire, comme une proposition certaine, incontestable, pour montrer que Pie II a confirmé dans le concile de Bâle la IV° et la V° séance du concile de Constance.

ipsam quæ fieret improbatam, mera ludificatio est, ut vidimus, nec ad istas distinctiunculas Pii animus deflectebat.

Quin ipse apertissimis verbis hæc Constantiensia decreta confirmat : posteaquàm enim summis laudibus supremam apostolicæ cathedræ potestatem commendavit, hæc addit : » Cum his, et generalis concilii auctoritatem et potestatem complectimur, quemadmodum et ævo nostro, Constantiæ, dùm ibi fuit synodus universalis, declaratum definitumque est; veneramur enim Constantiense concilium, et cuncta quæ præcesserunt à Romanis Pontificibus nostris prædecessoribus approbata [1]. » Ergò Constantiense inter approbata numerandum; neque audiendi illi, qui *partim approbatum, partim improbatum* memorant, cùm Pius simpliciter approbatum pronuntiaverit, et reliquis simpliciter ex æquo approbatis accensitum velit. Neque verò quidquam est in Constantiensi concilio, quod non Pius approbet. « Concilii enim, inquit, auctoritatem et potestatem complectimur, quemadmodum et ævo nostro Constantiæ, dùm ibi fuit synodus universalis, declaratum definitumque est. » En universim dictum, *dùm ibi fuit synodus universalis*. At ibi fuisse universalem synodum jam inde ab initio, et in iis etiam sessionibus, quæ adunatas obedientias præcesserunt, Martinus utique V toto approbante concilio definit (a). His ergò verbis Pius usus est, ne fraude agere, aut aliquam concilii Constantiensis partem suspectam habuisse videretur. Quid quòd his Pii verbis sessionum IV et V Constantiensis decreta disertè probata sunt? Repetamus enim Pontificis verba : « Concilii auctoritatem et potestatem complectimur, quemadmodum ævo nostro Constantiæ declaratum definitumque est (b). » Quo verò loco *declaratum definitumque est,* nisi sessionibus IV et V? aut si non ista sunt quæ Pius amplectitur, edissere quo alio loco aliquid de concilii generalis auctoritate Constantiensis syno-

---

[1] *Bull. retract. Pii II;* tom. XIII *Conc.,* col. 1115.

(a) L'immense majorité des canonistes et des théologiens l'a toujours nié.

(b) Voyez comment on répète « les paroles du Pontife : » On oublie, à quelques ligues de distance, un membre de phrase essentiel : *Dùm ibi fuit synodus universalis :* « Pendant que le concile y fut général. » C'est là précisément la restriction que Martin V mit à ce qu'on appelle *sa confirmation,* lorsqu'il approuva ce qui avoit été fait *conciliariter,* c'est-à-dire selon les canons par le concile, bien entendu par le concile général.

dus *definitum* à se *declaratumque* voluerit. Nihil invenies; atque adeò quæ tu loca improbata putas, ea sanè sunt, quæ hìc expressissimè et significantissimè approbentur.

At, inquies, licèt approbaverit, saltem non eo modo intellexit, quem nos secuti sumus; cùm tantam Papæ inesse voluerit in synodos etiam generales auctoritatem, *ut eas et congregare et dissolvere datum sit*. Esto : ergò eò, te fatente, jam deducta res est, ut Pontifex concilium congregare et dissolvere, non sanè eò usque, ut etiam congregati nec dissoluti concilii jussa in fide, in schismate, in reformatione detrectare possit; quod unum ex Constantiensi concilio, eique conjunctâ Declaratione Gallicanâ tuendum suscepimus : cætera aliis tractanda relinquimus.

Interim quærimus, an etiam Pius putaverit à Papâ dissolvi posse concilia, nullâ idoneâ causâ, nullâ necessitate, atque, ut Eugenius ejusque adulatores ferebant, *pro suæ libitu voluntatis?* Absurdum; cùm ipse Eugenius nimia illa rejecerit. Ac si quæcumque dissolutio, quo jure, quâ injuriâ, à Pontifice facta, Pio valere videretur; quò pertinebat ille ab eodem memoratus Eugenii consensus, cum iis qui synodum, ab ipso licèt dissolutam, stare ac valere sentiebant.

At enim post illam concilii Constantiensis tàm apertam approbationem, hæc Pius subjecit : « Inter (concilia) nullum invenimus unquàm fuisse ratum, quod stante Romano indubitato Præsule, absque ipsius auctoritate convenerit; quia non est corpus Ecclesiæ sine capite, et omnis ex capite defluit in membra potestas : » sanè, ut congregentur, quod verborum tenor indicat; non autem usque adeò *omnis*, ut Patres semel congregati nullam à Christo habeant potestatem. Si enim nullam habent nisi à Papâ potestatem, unde illud Constantiense Pio quoque probatum, quòd synodus generalis *immediatam à Christo potestatem* habeat? Unde illud ab eodem Pio memoratum, quòd Basileensis synodus in ipsis initiis dissoluta ab Eugenio, tamen valuerit, ipsâ dissolutione revocatâ? Concilianda certè Pii dicta, non collidenda sunt. Habeant ergò Episcopi eam à Pontifice, capite post Christum secundo, potestatem, ut congregentur, congregatique maneant, ordinariè certè (neque enim vel ipse Pius aliud postulaverit): ut autem congregati doceant, decernant, statuant, judicent, à Christo immediatè habent.

Næ illi falsi sunt, rerumque ecclesiasticarum imperitissimi, qui quòd concilium, ordinariè quidem, nonnisi convocante Romano Pontifice, verè et legitimè congregatum habeatur, ideò ad Pontificis nutum pendere omnia jactant, quasi nulla sit synodi ad Pontificem accedentis auctoritas. Satis enim apparuit, atque ex sequentibus clariùs elucescet, ità esse Ecclesiam constitutam, ut postquàm congregata est, ex Patrum sententiâ omnia decernantur, utque tali cœtui in fidei rebus, aliisque à synodo Constantiensi memoratis, ipse etiam Papa obedire debeat. Atque ut is maximè dissolvere possit synodum, non tamen pro libito, non indictâ causâ, non levi quâcumque objectâ difficultate; sed magnâ gravique, quâ tota Ecclesia meritò commoveri possit; cùm ipse pudor prohibeat undique concurrentes fratres re infectâ dimittere, aut Ecclesiæ catholicæ in Spiritu sancto legitimè congregatæ majestatem aspernari: quod dùm Eugenius in Basileensibus initiis fecit, læso concilio jussus satisfecit; firmavitque semel initum concilium, dissolvente etiam indubitato Pontifice, stare potuisse.

CAPUT XVIII.

An Lateranensi synodo, sub Leone X, Constantiensia decreta abrogentur? quantis auctoritatibus hæc firma sint : cur patres Gallicani priora Basileensia gesta in Declaratione suâ exprimenda non putaverint.

Lateranensem synodum sub Leone X, in eâque editam Constitutionem *Pastor æternus*, de Pragmaticâ-Sanctione abolendâ [1]. Bellarminus et alii passim objiciunt, quâ Constantiensia toties approbata decreta rescissa sint. Illic ergò, ut suprà de Florentino, ità nunc de Lateranensi concilio quærimus: an Constantiensia decreta rescissa sint, ut olim Ariminensia? Ne id quidem dixerint, cùm Leo X Constantiensem synodum nullo decreto violarit. Cur

[1] *Conc. Later*, an. 1516, sess. xi; tom. XIV, col. 309 et seq.

ergò reticuit synodi Constantiensis nomen? an reverentiâ synodi œcumenicæ? Ergò pro œcumenicâ habebat, cujus proinde decreta, quæ ad doctrinam spectant, si labefactaret, semetipsum potiùs quàm Constantiensem synodum ipse convelleret. Itaque hoc illud est quod sæpè querimur: collidi et committi inter se veluti dissidentes præliantesque synodos (a), tanquam in conciliorum doctrinâ esset illud, quod Apostolus vetat, *est et non* [1]; quo non modò Constantiensis, sed etiam conciliorum omnium nutet auctoritas.

Jam si auctoritas auctoritati comparetur, vix quisquam negaverit Lateranensi synodo Constantiensem, ut rerum gestarum gloriâ atque episcoporum magnorumque virorum numero et claritudine, sic etiam auctoritate esse potiorem: primum hoc. Alterum subjungimus: Lateranensibus decretis firmari potiùs Constantiensia quàm rescindi.

Ac de Lateranensis quidem synodi auctoritate omnibus notum, quàm pauci episcopi; quàm ex paucis provinciis convenerint [2]; quàm justis de causis Galli se excusarint; quàm difficilis tùm ad Urbem esset aditus, flagrante Italiâ atrocibus bellis. Itaque Gallicanæ ecclesiæ tum Lateranensis concilii auctoritas planè nulla, et, ut Bellarmino etiam ipsi visa est, non admodùm stabilis; quippè qui in asserendis pontificiis gestis confidentissimus, de Lateranensi synodo hæc trepidè scripserit: « Concilium Lateranense non fuisse generale vix dici potest [3]: » et alibi: « De concilio Lateranensi nonnulli dubitant, an fuerit verè generale; ideò usque ad hanc diem quæstio superest etiam inter catholicos. » Hâc igitur synodo si præstare contendimus numerosissimam ac patentem omnibus Constantiensem synodum, tantâ rerum gestarum gloriâ nobilem, ac denique à tot synodis totque Pontificibus approbatam; id jure nostro agere videbimur.

Jam quod in Lateranensi synodo dicitur: *Romanum Pontificem supra omnia concilia potestatem habere* [4], primum quidem vidi-

---

[1] II *Cor.*, I, 18. — [2] Sup., lib. V, cap. xx. — [3] Bell., lib. I *de Conc. auct.,* c. xvii. Vid. cap. xiii. — [4] Bull. *Pastor ætern.*, in *Conc. Later.*, col. 311.

(a) Ce n'est pas nous qui opposons concile à concile, mais ceux qui accordent l'œcuménicité à des conciliabules rejetés par la presque unanimité des catholiques.

mus non definiendo, sed narrando esse positum : quòd Constantiensibus dedità operâ factis definitionibus prævalere non possit : tum ex tenore verborum eò referendum esse, ut Pontifex *concilia indicere, transferre ac dissolvere valeat :* quod nec universim et sine causâ valere, nec ad quæstionem nostram, aut ad ea quæ tuemur decreta Constantiensia pertinere sæpe ostendimus.

Hùc accedit, quòd Leo Eugenii, Pii aliorumque antecessorum insistens vestigiis, Basileensia damnet ; sed ea quæ *post translationem* gesta sunt : quò etiam refertur illud, quod de superiori Papæ potestate dicit.

Quòd autem Pragmatica antiquata sit, nihil ad quæstionem nostram. Etenim Constantiensia iisque conjuncta Basileensia anteriora, de conciliorum auctoritate decreta, etsi inserta Pragmaticæ, non tamen ex Pragmaticâ vim obtinebant suam, ut, prostratâ Pragmaticâ, jacere necesse sit. Denique Pragmatica abolita quidem est, non tamen ut hæreticum quid, aut erroneum, aut suspectum in fide sonans; sed ut *corruptela* noxia disciplinæ. Abierint ergò quæ ad disciplinam spectant, quandoquidem Romana Curia ea ferre non poterat; nos ea non tuemur : stent verò immota, quæ ante Pragmaticam extiterunt sacrorum conciliorum dogmata, quæ neque à Leone X aut Lateranensi concilio tacta sunt, neque tangi sine gravissimo fidei periculo potuere.

Quare ecclesia Gallicana in Tridentinâ synodo antiquam de conciliorum potestate professa est sententiam, constititque omninò, neque Gallos à Constantiensis concilii decretis tuendis destitisse, neque Pontificem aut synodum ut ab eis desisterent postulasse [1].

Diximus etiam quo loco relicta sit controversia de conciliis transferendis ac dissolvendis [2], cùm Tridento Bononiam indicta translatio, ac posteà concilii suspensio, iterataque celebratio, ac tandem dissolutio, non nisi synodo approbante et condecernente facta sit.

Neque prætermittendum id quod Pallavicinus refert ; Hispanos sæpè multùmque questos, quòd sessione xvii, decreto de cele-

[1] Vid. *Diss. præv.*, num. xiv, et in *Append.*, lib. I, cap. i et seq. — [2] Su.p, hoc lib., cap. xv.

brando concilio insertum illud esset : « Tractanda ea quæ proponentibus legatis ac præsidentibus apta et idonea ipsi sanctæ synodo videbuntur [1]. Nempe verebantur ne conciliaris auctoritas ac libertas eâ clausulâ violaretur, totaque synodus in legatorum posita potestate esset. Nostros ad Hispanorum sententiam accessisse acta testantur [2]. Tandem ipsa synodus, sessione XXIV, « explicando declarat mentis suæ non fuisse, ut ex prædictis verbis solita ratio tractandi negotia in generalibus conciliis ullâ ex parte immutaretur, neque novi quidquam, præter id quod à sacris canonibus, vel generalium synodorum formâ hactenùs statutum est, cuiquam adderetur vel detraheretur [3] : » ne scilicet aut Patrum imminuta majestas, aut legatis addita auctoritas putaretur. Sic sapientissima synodus omnia inter catholicos controversa integra esse voluit, nedùm Constantiensia semper immota subrueret.

Omninò ergò constat valere Constantiensia sessionum IV et V decreta : primùm ex sese, suâque et Spiritûs sancti auctoritate nixa; tùm consequentibus in ipsâ synodo gestis : valere posteà Martino V toties approbante, toties exsequente : tùm convocatione conciliorum trium generalium, Papiensis, Senensis, ac Basileensis, ex Constansiensibus decretis instituta ad hæc decretis synodi Basileensis adhùc Eugenio adhærentis : nec minùs ex Eugenii diplomatis in utroque dissidio editis, quin etiam Ferrariensis ac Florentinæ synodi expressâ auctoritate : Nicolai etiam V decretis; atque ipsâ Pii II retractatione : denique Leonis X, et sub ipso habitæ synodi Lateranensis constituto, atque ipsâ synodi Tridentinæ sententiâ; ut tantam nubem testium, tantam auctoritatem, tamque firma munimenta, nemo sine gravissimo suo ac rei ecclesiasticæ detrimento labefactare possit (a).

Ex his igitur patet, quàm verè sanctèque præsules Gallicani, in eâ, quam tuemur, Declaratione affimarint, sessionum IV et V

---

[1] Pallav., *Hist. Conc. Trid.*, lib. XV, cap. XVI et seq. *Conc. Trid.*, tom. XIV, col. 840. — [2] *Mém. pour le Conc. de Trent.*, p. 209, 513, 515. — [3] *Conc. Trid.*, sess. XXIV, cap. XXI, col. 894.

(a) A qui pense-t-on faire accroire cela? Si la IV⁰ et la V⁰ session du concile de Constance étoient approuvées par tant de papes et par tant de conciles généraux, seroient-elles rejetées, si nous exceptons quelques théologiens françois, par tous les catholiques, et je puis dire aussi par le saint Siége?

Constantiensium decreta, « à Sede apostolicâ approbata, ipsoque Romanorum Pontificum, ac totius Ecclesiæ usu confirmata esse. » Quo loco, cur Basileensia priora exprimenda non putarint, nemo jam non videt, id causæ fuisse, quod nihil aliud quàm Constantiensium firmamenta essent; atque id notari velim propter auctorem anonymum, cui ad Basileensis synodi auctoritatem, valere Gallicanorum præsulum *silentium*, *sufficientissima responsio est*[1]. Ingeniosissimum suffugium, quo nempè declinet tot ac tanta argumenta, quæ ex Basileensibus prioribus gestis, Eugenianisque consentientibus decretis, tanquàm ex invictissimis munitissimisque castris prodeunt.

CAPUT XIX.

An Constantiensibus decretis nixa sententia ad fidem catholicam pertineat?

Quæres, cùm ea doctrina, quam tuemur, à Constantiensi concilio definita sit; illudque decretum à Sede apostolicâ totâque Ecclesiâ comprobatum; an igitur ad fidem catholicam pertineat : contraria verò sententia an hæretica judicari debeat?

Nostri, atque imprimis pius ille doctusque Gerson apertè pronuntiavit hæreticam esse, quæ synodi Constantiensis œcumenicæ definitioni adversetur[2]. Sic enim incipit decretum sessionis v de quâ agimus : « Hæc sancta synodus Constantiensis, generale concilium faciens, in Spiritu sancto legitimè congregata ordinat, definit, decernit, et declarat ut sequitur. »

Porrò dubitari nequit quin res, de quâ agitur pertineat ad interpretationem divini juris. Quæritur enim quam potestatem Petro ac successoribus, quam Ecclesiæ atque conciliis Christus dederit? Definit synodus, eam conciliis potestatem à Christo immediatè datam, cui etiam Petri successorem subesse oporteat. Ergò clarè agitur de interpretatione divini juris, adeòque de fide, de doctrinâ catholicâ à Deo revelatâ; neque Bellarminus aut ejus asseclæ diffitentur.

[1] Anon., *De Libert.*, etc., lib. V, cap. XVI, n. 11, 12. — [2] Sup., lib. V, cap. VII Vid. *Diss. præv.*, n. XLV.

Certè quod hæc verba, « quicumque, cujuscumque dignitatis, etiam papalis, hujus et cujuscumque concilii generalis legitimè congregati statutis obedire contempserit, » illi interpretantur, non de *quocumque*, sed de dubio tantùm Papâ; neque de *quocumque* concilio generali, sed de concilio *in schismate* habito : tanquàm aut certus Papa, non sit maximè Papa; aut concilium in pace habitum, non sit vel maximè *legitimè congregatum;* id ostendimus esse meram puramque tergiversationem et cavillationem verbis concilii apertissimè repugnantem; quod autem de concilii Constantiensis fluxâ auctoritate dicunt, non minùs clarè ostendimus, id nonnisi conculcatâ conciliorum generalium, Romanorumque Pontificum auctoritate dici posse : ut nihil obstare videatur, quominùs ea sententia hæretica ait, quæ concilii œcumenici definitioni tàm perspicuè adversetur (*a*).

Unum illud obest, quod est ab adversariis non indiligenter notatum [1] : his decretis pro more synodorum de fide agentium, atque hujus quoque synodi, Viclefum, Hussum ac Joannem Parvum damnantis, non fuisse adhibitam anathematis pœnam; ac nequidem dictum, ità secundùm fidem catholicam esse tenendum.

Addimus synodum Basileensem in anterioribus probatissimis gestis, Constantiensia decreta repetentem, iisdem duntaxat verbis usum esse [2]. Quod autem tres suas veritates ex Constantiensi synodo repetitas *ad veritatem fidei catholicæ* ità pertinere sancit, ut qui his *pertinaciter repugnet, sit censendus hæreticus*, factum id post translatum Ferrariam concilium : quæ posteriora gesta anterioribus æquiparari non posse antedicta demonstrant.

Responderi potest, non proptereà videri adversarios omnis condemnationis immunes. Neque enim apostolos Hierosolymitani concilii decreto adhibuisse anathematis pœnam, sed ità conclusisse : *A quibus custodientes vos bene agetis* [3] : cæterùm postquam edixerant : *Visum est Spiritui sancto et nobis;* satìs significatum, non sine pœnâ gravi futuros esse eos, qui sancti Spiritûs judi-

---

[1] *Doct. Lov.*, p. 74, etc. — [2] *Conc., Bas.*, sess. II et seq., tom. XII, col. 477 et seq. Vid. sess., XXXIII, col. 618. — [3] *Act.*, XV, 27, 29.

(*a*) Voilà donc les défenseurs du saint Siége dûment atteints et convaincus d'hérésie au moins matérielle. Pure plaisanterie, comme on nous dit souvent, *cavillationes et ludicra!*

cium contempsissent : ità existimandum de Constantiensi synodo, postquàm edixit : « Hæc sancta synodus, generale concilium faciens, in Spiritu sancto legitimè congregata, ordinat, decernit, definit et declarat ut sequitur : » pœnam enim, etiam minimè declaratam, ex decreti ac sancti Spiritùs auctoritate statim in contumaces sequi.

Hùc etiam referri potest Clementis V in concilio generali Viennensi definitio, quæ incipit : *Fidei catholicæ ;* ad hoc, Clementina unica : *De summâ Trinitate* [1]. Hic duæ theologorum *opiniones* referuntur, quorum quidam dicerent « per virtutem baptismi parvulis culpam remitti, sed gratiam, non conferri : » alii autem assererent, « quòd et culpa remittitur, et virtutes, et informans gratia infunduntur, quoad habitum, etsi non illo tempore quoad usum. » Has inter opiniones synodus sic decernit : « Nos opinionem secundam, tanquàm probabiliorem, et dictis sanctorum ac doctorum modernorum theologiæ magìs consonam et conformem, sacro apppobante concilio, duximus eligendam. »

Huic ergò decreto nullâ licet adhibitâ aut hæreseos notâ, aut anathematis pœnâ, catholici omnes ex auctoritate concilii paruere. Quantò ergò magìs parere debuerunt Constantiensi concilio, non tantùm declaranti, *probabiliorem opinionem,* sed absolutè edicenti : « Hæc sancta generalis synodus, in Spiritu sancto congregata, ordinat, definit, decernit et declarat ut sequitur. »

Atque illud quidem Constantiense decretum est ejusmodi, ut ab eo cætera tanti concilii acta pendeant. Hinc Viclefi de primatu Romanæ Ecclesiæ error condemnatu. : hinc destituti Pontifices, etiam is qui à synodo totoque ferè christiano orbe colebatur : hinc alter substitutus, eique creando forma præscripta : hinc de conciliis generalibus convocandis canon conditus, ordinata reformationis structura, ac fundata spes orbis ; ut cum eo decreto tota Constantiensis synodus prosternatur.

An ergò satis constet ex omisso anathemate Constantiense decretum non pertinere ad fidem catholicam, id nostris censoribus coram Deo arbitro dijudicandum relinquimus. A gravi certè notâ

[1] Clem., lib. 1, tit. I, cap. unico.

immunes esse non possent, nisi bonâ fide agentes, non satis attentâ re, excusari viderentur.

Ac si illi, qui electam à Viennensi concilio probabiliorem seu probatiorem sententiam contempserunt, à Tridentinâ synodo tandem anathemate damnati sunt [1]; videant contemptores decreti Constantiensis, quanta illis immineant, qui plenam et absolutam tanti concilii definitionem abjecerint.

Cæterùm id cogitent, à synodo Constantiensi nec prætermissam pœnam. Ecce enim apertissimè decernit, « ut ipse etiam Papa, si obedire contumaciter contempserit, nisi resipuerit, condignæ pœnitentiæ subjiciatur, ac debitè puniatur; etiam ad alia juris remedia, si opus fuerit, recurrendo. » Qualia verò sint juris remedia, quàm fortia, quàm gravia, nemo nescit. Quæ remedia si expedit synodus in Papam quoque obedire recusantem, quantò magis in eos, qui tali inobedientiæ, contempto synodi decreto, faveant ac serviant. At clerus Gallicanus huic sententiæ adversantes, neque perduelles, neque contumaces reputat; priscamque sententiam retinere et declarare contentus, ab omni non modò anathemate, verùm etiam censurâ temperavit, tantamque rem Ecclesiæ catholicæ judicio reservat.

Quin etiam nec sollicitè quærendum ducimus erroneane an etiam hæretica sit ea sententia, quam adversarii bonâ fide tenere videantur. Non enim plerique perspiciunt satis, doctrina concilii Constantiensis quàm sit in certis casibus Ecclesiæ necessaria : qui casus cùm infrequentes sint, non omnes facilè eorum cavendorum necessitatem advertunt. Nos autem sat scimus, si quidem eveniant, totam facilè, ac Romanam omnium matrem præ cæteris evigilaturam Ecclesiam ; rerumque humanarum conscii, summæ utilitatis esse ducimus, ut futuris periculis, utcumque, Deo sinente, eventura sint, provisa a Patribus, Spiritu sancto auctore, remedia, suâ auctoritate ac veritate constent.

[1] *Concil. Trid.*, sess. VI, cap. VII; col. 759 : et Can. XI, col. 765.

CAPUT XX.

An ea, quam vocant Parisiensium sententiam, occasione schismatis exorta sit : acta in Joannem de Montesono, anno 1387.

Petri Alliacensis Joannisque Gersonis atque aliorum Parisiensium de potiore conciliorum potestate sententiam, quam posteà synodus Constantiensis amplexa sit, multi eo nomine suspectam habent, quòd eam non spontè ac veritate duce exortam, sed vi quâdam extortam putant; nempè occasione schismatis, seu litigationis ejus, quæ inter Gregorium XII ac Benedictum XIII extitit. His respondemus, primùm quidem remedia, quibus laboranti Ecclesiæ providetur, ex ipsâ traditione atque ex ipsâ veritate esse deprompta : neque unquàm Ecclesiæ opus est, ut novam doctrinam excogitet; malisque occurrentibus id effici potest, non ut novitates pariat, sed ut antiqua dogmata diligentiùs proponat atque explicet; quod non infirmandæ, sed potiùs asserendæ confirmandæque doctrinæ sit. Quare ex actis patuit eos, qui occasione litigationis hujus conciliarem potestatem extollendam putarunt, illud remedium non proposuisse ut novum, sed ut consuetum, et in illâ necessitate diligentiùs adhibendum [1]. Multa quoque suo loco suppetent, quibus constet eam sententiam, quam tota tunc Ecclesia, et synodus Constantiensis amplexa est, ex antiquâ et certâ traditione manasse. Nunc ea commemoramus, quæ anno 1387 Facultas nostra gessit atque decrevit, schismatis quidem tempore, sed antequàm illa de utroque Pontifice in ordinem cogendo dissidia orirentur.

Facultas ergò theologica Parisiensis Joannis de Montesono, Ordinis prædicatorum, assertiones (XIV) condemnavit. De immaculatâ Deiparæ Virginis Conceptione imprimis agebatur [2]. Censurâ Facultatis episcopali judicio confirmatâ, Joannes de Montesono ad Clementem VII, Avenione agentem, quem Gallia venerabatur,

---

[1] Vide sup., lib. V; et infrà, lib. XI; et Coroll.— [2] Vid. Du Boul., *Hist. Univ.*, tom. IV, pag. 620 et seq.

appellavit : delecti qui causam Facultatis coram Clemente agerent : Petrus de Alliaco, tum regii et celeberrimi collegii Navarrici magister, legatorum princeps, in consistorio coram Pontifice, omnium nomine peroravit; atque imprimis : « Protestamur, inquit, quòd nostro proprio aut personali nomine nihil omninò in hujus causæ prosecutione dicemus, sed solùm ex parte et illorum nomine, qui nos mittunt [1]. » In uno ergò Alliacensi Facultatem universam audiemus.

Sic autem causam ipsam aggreditur : « Joannes, inquit, de Montesono id ad suæ appellationis fundamentum principaliter assumit, quòd solius Sedis apostolicæ est, circa fidem declarare, damnare et reprobare; et iterum, quòd eorum, quæ tangunt fidem, ad solum summum Pontificem pertinet examinatio et decisio [2]. »

Ad illud fundamentum Joannis de Montesono, Petrus de Alliaco duo respondebat; primum : « Hoc dictum continet manifestam hæresim; » secundum : « et est dictum sibi repugnans et contrarium. » Hoc postremum sic probat, « supponendo quid sit Sedes apostolica; nam ipsa, vel est universalis Ecclesia, vel aliquod generale concilium, universalem Ecclesiam repræsentans, vel particularis Ecclesia Romana, in quâ scilicet Ecclesiâ sedet, id est, cui præsidet Summus Pontifex ; et ideò ipse et Sedes apostolica non sunt idem sicut non sunt idem sedes et sedens. Ex quibus clarè patet, si ad solam Sedem apostolicam pertinet circa fidem declarare et reprobare, quòd ad solum Summum Pontificem hoc non pertinet et à contrà, si ad solum Summum Pontificem pertinet eorum quæ sunt fidei examinatio et decisio, hoc ad solam Sedem apostolicam non pertinet; et sic apparet, quomodo in illo dicto manifesta est repugnantia. »

Jam quæ sit illa hæresis, quæ in Joannis de Montesono dictis continetur, sic exponit : « Quòd ad solum Summum Pontificem pertinet eorum, quæ tangunt fidem, examinatio et decisio, continet manifestam hæresim, imò multas hæreses [3]. » Tres autem commemorat; primam : « Quia per illam exclusionem excluditur universalis Ecclesia et generale concilium eam repræsentans,

---

[1] Petr. All., *prop. coram Clem. VII*, in *app.*, tom. I Gers., col. 703. — [2] D'Argentré, *Collect. Judic.*, etc., tom. I, part. 2, pag. 84. — [3] *Ibid.*, col. 2.

quod est hæreticum ; quia in causis fidei à Summo Pontifice appellari potest ad concilium, sicut patet xix dist. cap. *Anastasius;* et manifestum est quòd ad ipsum pertinet concilium de causis fidei definire, sicut patet ex auctoritate Gregorii xv dist. cap. *Sicut.* »

Secunda hæresis : « eo quòd per illud excluditur Sedes apostolica, ut dictum est (nempè quatenùs sedenti opponitur, et manere censetur, obeunte Pontifice), et est manifestè hæreticum. »

Tertia hæresis : « eo quòd excluduntur episcopi catholici ab omnimodâ cognitione, examinatione et decisione eorum quæ sunt fidei; quod est contra jus divinum et humanum. »

Unde concludit condemnandum Joannem de Montesono, « et propter prava asserta, et propter frivolas appellationes ; quia alioquin verisimiliter formidandum erit, quod deinceps apud judices ordinarios nemo compellatur erroneas suas assertiones revocare. Dubitabunt enim per varias appellationes, per processus longos, per graves impensas vexari, vel per falsas accusationes in famâ aut aliàs lædi : quod quàm magnum et apertum esset in fide ac moribus periculum, satis notum est [1]. »

Hæc nos ex regestis vetustissimis descripsimus; hæc in bibliothecis habentur, nostrisque omnibus nota et confessa sunt. Sic sacra Facultas Sedis apostolicæ et episcoporum jura defendit; et, quod in rem nostram conducit maximè, *in causis fidei à Papâ ad concilium appellari* posse docet : tùm concilii esse officium de causis fidei *definire,* eâ definitione scilicet, à quâ appellare non liceat.

Hæc uno ore docebant theologi Parisienses; hæc docentes Clemens VII suscepit; censuram Facultatis confirmavit : atque hinc Joannis de Montesono in Clementem odia, ac scripta permulta pro Pontificibus qui Urbano VI successissent : quæ scripta Odoricus Rainaldus sæpè laudat [2]; quo fonte profecta sint tacet.

Neque objicias nullam esse auctoritatem Clementis, utpote Antipapæ : pro vero enim Papâ in Galliâ ac mediâ Ecclesiæ parte colebatur, adeò probabili ratione, ut multi sanctitate ac miraculis

---

[1] D'Argentré, *Collect. Judic.*, etc., tom. I, part. 2, p. 88. — [2] Rain., an. 1389, n. 15 et seq.; an. 1391, n. 24 et seq.

clari ei adhærerent. Itaque ab eo ejusque successore Benedicto, cùm æmulis æquo jure certatum fuisse vidimus; tùm ejus sententia plenam executionem habuit, probante Galliâ, ac nemine per totam Ecclesiam reclamante, ne Urbano quidem VI, quique ipsi adhærerent.

Et illi quidem, quo erant in Clementem Clementinosque odio, exprobrassent violatam Sedis apostolicæ dignitatem; victusque Montesonus Urbanum VI ac Bonifacium IX, quos omni ope tuebatur, acribus stimulis in adversarios instigasset.

Ilis ergò perspicuè refelluntur ii, qui Parisiensium de potiore concilii potestate sententiam Constantiæ demum emersisse memorant; aut ad extremum Pisis inter ea certamina, quibus de æmulis Pontificibus tollendis litigabant. Ecce enim triginta annis ante Constantiense concilium, cùm necdùm quidquam moveretur ad ambos contendentes in ordinem conciliari auctoritate cogendos, nostri in causis fidei à Papâ appellari posse ad concilium, coram eo quem colebant Papâ ejusque consistorio, nemine reclamante, asserebant.

Quod autem in causis fidei synodus anteponenda crederetur, hinc sequi putabant absolutam concilii supra Papam auctoritatem, quia *indeviabile*, nempè concilium, *deviabili*, nempè Papæ, anteponi necesse sit.

Quo argumento usos in ipso Constantiensi concilio Petrum de Alliaco, ejusque discipulum Joannem Gersonem, nostrorum antesignanos ac sacræ synodi duces, alibi demonstravimus [1]; ut profectò constet, ad schisma extinguendum, nihil novi à nostris; sed quæ priùs animo hæserant, adversùs ecclesiasticæ pacis ac reformationis hostes fuisse deprompta.

CAPUT XXI.

Facultatis articuli adversùs Joannem Sarrazinum Prædicatorem, paulò post Constantiense concilium, ac Martino V sedente.

Jam postquàm de ambobus contendentibus in ordinem cogen-

[1] Vid. in *App.*, lib. I, cap. vi.

dis finita lis est, quid nostra universitas cum aliis universitatibus, imò cum totâ Ecclesiâ pro conciliorum potestate egerit, decreverit, scripserit; ut quæ Pisanæ et Constantiensi synodis præluxerit, suprà exposuimus [1]. Sed quandoquidem ea ad schismatis tempus, non autem ad omnia Ecclesiæ tempora pertinere fingunt, operæ pretium erit sacræ Facultatis audire sententiam Constantiensi jam transacto concilio, compositis rebus ac Martino V sedente.

Anno igitur Christi 1429, Martini undecimo, Facultas, priscis nixa dogmatibus, articulos refellebat, quibus Joannes Sarrazinus, ex Prædicatorum Ordine licentiatus, evertebat Constantiæ stabilitam de conciliorum auctoritate doctrinam.

Hi articuli sæpè vulgati jam in omnium sunt manibus [2]. Ex his aliquot seligemus.

Primus Joannis Sarrazini articulus : « Omnes potestates jurisdictionis Ecclesiæ, aliæ à papali potestate, sunt à Papâ ipso, quantùm ad institutionem et collationem. » Sic Turrecremata posteà, sic deinde Cajetanus; sic moderni Lovanienses aliique censores nostri conciliorum potestatem in ipso fonte labefactant, dùm omnem potestatem ac jurisdictionem ecclesiasticam à Papâ esse contendunt. At sacra Facultas hæc reprobans jubebat à Sarrazino hunc pronuntiari articulum : « Omnes potestates jurisdictionis Ecclesiæ, aliæ à papali, sunt ab ipso Christo quantùm ad institutionem et collationem primariam, à Papâ autem et ab Ecclesiâ quantùm ad limitationem et dispensationem ministerialem. »

Exquisitissimis verbis institutionem et collationem primam Christo attribuebat, à quo nempè constabat apostolatum, verbi causâ, et esse institutum et certis hominibus collatum : at limitationem ad certa quædam loca, certamque diœcesim, quam à Christo immediatè non esse constabat, non Papæ quidem soli, sed *Papæ et Ecclesiæ* tribuebat.

Joannis Sarrazini secundus articulus : « Hujusmodi potestates non sunt de jure divino, nec immediatè institutæ à Christo. »

Ejusdem tertius articulus : « Non invenitur Christum tales po-

[1] Sup., lib. V, cap. vii, viii et seq. — [2] Vid. d'Argentré, *Collect.*, etc., tom. I, part. 2, pag. 227 et seq.

testates, scilicet alias à papali, expressè ordinasse, sed tantùm supremam, cui commisit Ecclesiæ fundationem. » At sacra Facultas contrarios articulos à Sarrazino defendi jubet.

Ex his tribus articulis Sarrazinus inferebat quartum, nempè : quod « tota auctoritas, dans vigorem statutis (conciliaribus) in solo Summo Pontifice resideret. » At Facultas jubebat ab eo sic pronuntiari : « Quandocumque in aliquo concilio aliqua instituuntur, tota auctoritas dans vigorem statutis, resid et non in solo Pontifice, sed principaliter in Spiritui sancto et Ecclesià catholicâ. » Rectè : neque enim Petrus ait : *Visum est Spiritui sancto et mihi*; sed Ecclesia collecta et Pastores adunati : *Visum est Spiritui sancto et nobis* [1].

Ludit suo more anonymus Gallicanarum libertatum hostis (a), dum hæc ità torquet : « Potest Ecclesia sumi repræsentativè, hoc est pro fidelium omnium pastoribus; atque in isto sensu, verum est Ecclesiam dare vigorem statutis; nec enim nihil faciunt reliqui episcopi ad robur decretorum synodalium; sed Summus Pontifex, ut caput illius mystici corporis, plus cæteris confert [2]. » Quæ nihil prorsùs ad rem. Neque enim quærebatur utrum episcopi ad robur decretorum facerent *nonnihil*, ut frigidè ac miserè dicit anonymus; neque an Summus Pontifex plus conferret cæteris, utique singillatim sumptis; sed in quo supponenda foret vis principalis conjuncta Spiritui sancto : decernebatque Facultas vim illam principalem, non in uno Pontifice, sed in ipsâ Ecclesiæ collectione ac repræsentatione esse positam, quod negabat Sarrazinus.

Jam articulo VII, ex pessimis *dogmatibus,* idem Sarrazinus pessimum corollarium istud inferebat : « Sicut nullus flos et nulla pullulatio, nec etiam omnes flores et pullulationes possunt aliquid in arborem; quia hæc sunt propter arborem instituta et ab arbore derivata; sic omnes aliæ potestates nihil de jure possunt contra summum Sacerdotium : » quæ sacra Facultas revocari jubebat his verbis : « Aliqua potestas, scilicet potestas Ecclesiæ, de jure potest aliquid, et in certis casibus contra Summum Pontificem. »

[1] *Act.*, XV, 28. — [2] *Tract. de Libert.*, etc., lib. IX, cap. VII, n. 8.
(a) Charlas.

Sic profectò docebat, Summo Pontifice præstare Ecclesiam *ipsâ potestate;* neque in uno schismatis casu, cùm nihil de schismate ageretur, nec Facultas diceret prævalere concilii auctoritatem in uno schismatis casu; sed *certis in casibus,* iis scilicet, qui Constantiæ expositi erant, in fide, in schismate, in reformatione; hoc est, in constituendâ generali disciplinâ. Quare vanus est anonymus, dum Facultatis propositionem de potestate concilii in Papam, ad schismatis restringit casum : « quando erat, inquit [1], incertum apud plerosque quis esset legitimus Pontifex; » quod effugium ipsa Facultas prævidisse et in antecessum præclusisse videtur.

CAPUT XXII.

Pergit facultas Parisiensis cohibere Mendicantes post Basileense dissidium ac pacem : Facultas in priscâ sententiâ : decreta, vigente Pragmaticâ-Sanctione.

Ut erant Mendicantes in pontificiæ potestatis adulationem proni, Nicolaus Quadrigarii, ex Ordine Eremitarum sancti Augustini, Joannem Sarrazinum Prædicatorem imitatus, hæc asserebat : « Quòd sola Papæ potestas in totâ Ecclesiâ est immediatè à Christo. » Vigilantissima Facultas sua decreta repetebat; quæque articulo primo Sarrazini opposuerat, ut suprà memorantur, iterari totidem verbis jubebat, anno 1432 [2].

Quid per ea tempora ac vigente concilio Basileensi, sacra Facultas Parisiensis eique conjunctæ Coloniensis, aliæque Germanicæ nationis academiæ crederent, testatum voluit Pius II, cujus hæc ad Coloniensem academiam verba protulimus : « Aderant legati Parisiensis scholæ, cujus est fama percelebris; adfuerunt aliquando et vestri, et aliorum studiorum Germanicæ nationis oratores; et uno ore cuncti concilii generalis auctoritatem ad cœlum efferebant [3]; » eam scilicet, quâ Eugenius sua de dissolvendo Basileensi concilio diplomata, rescindere jubebatur.

Retulimus etiam [4] quid, post translationem concilii Basileensis, Parisiensis Facultas, eique conjunctæ Coloniensis, Erfordiensis et

---

[1] *Tract. de Libert.*, etc., lib. IX, cap. vii, n. 9. — [2] Vid. Dup., xv sæc., p. 497, 498. — [3] Bull. *retr. Pii II.* Vid. sup., cap. xvii. — [4] Sup., hoc lib., cap. xiii.

Cracoviensis egerint (*a*) nempe id assiduè repetebant, *indeviabile* concilium, *deviabili* Pontifici anteponi oportere.

Neque verò, rebus sub Nicolao V pacatis, sacra Facultas, atque ecclesia Gallicana ab instituto deflexerunt; cùm relatis hujus fœderis actis demonstraverimus[1], Constantiensem de conciliorum potestate sententiam his esse firmatam.

Quare, anno Domini 1460[2], cùm Pius II in conventu Mantuano regi regnoque gravia interminatus esset (*b*), Joannes Dauvet procurator generalis ab iis appellavit ad futurum generale concilium, fultus decretis sessionis v *magni concilii Constantiensis*, eamque secutæ Basileensis synodi, quæ eadem decreta Constantiensia innovarit, præsidente legato Sedis apostolicæ. Hæc igitur decreta à Romanis Pontificibus comprobata, in Ecclesià Gallicanâ vel maximè vigere testatur, regis atque omnium Ordinum nomine, inficiante nemine, nemine conquerente; neque quisquam in Gallià aliud cogitabat.

Soli Mendicantes pontificiam potestatem solam immediatè à Christo, aliorum omnium potestatem à Petro esse dicebant : hi Pontificem supra omnia concilia extollebant. At sacra Facultas Joannem Munerii, theologiæ ex prædicatorum Ordine professorem, hæc docentem compescebat[3]; atque ex priscis decretis ad palinodiam adigebat, anno 1470.

---

[1] Sup., hoc lib., c. xiv. — [2] *Preuv. des Libert.*, etc., part. ii, p. 40 et seq. — [3] Dup., xv sæc., p. 501.

(*a*) Oui, l'on nous a rapporté toutes ces choses, et l'on continue d'en rapporter d'autres qui ne font pas davantage à la question. Mais pourquoi l'illustre auteur a-t-il rempli son ouvrage de textes sans autorité et de dissertations non moins fastidieuses qu'inutiles, sinon parce qu'il ne le destinoit pas à la publicité?

(*b*) Pius II, in conventu Mantuano, diris devovebat Pragmaticam-Sanctionem, cujus *prætextu*, inquiebat, *summa Sedis apostolicæ auctoritas læditur*. Addebat quoscumque reges Papæ subditos esse oportere; et non modò non licere, sed *ridiculum esse ad concilium provocare*, etc. Vid. *Conventum Mantuanum*; tom. XIII conc., col. 1748 et seq. L'auteur de cette note, l'abbé Leroix, traduit ainsi la première phrase : « Pie II *s'échauffa* beaucoup, dans l'assemblée de Mantoue, contre la Pragmatique-Sanction, qui, disoit-il, ôtoit au Pape ses droits légitimes. » Cependant on a voulu nous prouver, comme on se le rappelle, que le même Pape avoit confirmé les décrets de Constance, dont la Pragmatique de Bourges reproduit la doctrine! Et que signifie l'appel de Jean Dauvet procureur général? Est-ce un nouveau concile qu'on se propose de mettre à côté de celui de Bâle dans ses dernières sessions? Et va-t-on s'en servir pour renforcer la thèse si bien établie plus haut, que les ultramontains sont hérétiques?

Ne Prædicatoribus, ac sancti Augustini Eremitis Minores deessent, Joannes Angeli hujus Ordinis, Papam supra canones evehebat his verbis : « Quòd Papa posset totum Jus Canonicum destruere et novum construere. » At sacra Facultas, à venerabili capitulo Tornacensi consulta, respondebat: « Hæc propositio est scandalosa, blasphematoria, notoriè hæretica et erronea[1]. »

Idem Joannes Angeli asserebat hæc : « Quicumque contradicit voluntati Papæ, paganizat et sententiam excommunicationis incurrit ipso facto; et in nullo Papa reprehendi potest, nisi in materiâ hæresis. » Respondit sacra Facultas : « Hæc propositio est falsa, scandalosa et sapiens hæresim manifestam : » anno 1482.

Anno 1497, Januarii 2, sub Alexandro VI, Facultas à Carolo VIII rege de habendo concilio generali consulta respondit, « quòd Summus Pontifex et Pater sanctissimus tenetur de decennio in decennium congregare generale concilium, universalem Ecclesiam repræsentans; et maximè nunc, cùm tanta sit deordinatio in Ecclesiâ, tàm in capite quàm in membris, quæ cunctis notoria est[2]. » Sic Papam ad concilii Constantiensis canones adigebant, iisque teneri eum affirmabant.

Anno 1501, cùm idem Alexander VI certam pecuniarum collectam imperasset, decanus et capitulum venerabile Parisiensis Ecclesiæ hoc suæ appellationis ac justæ defensionis fundamentum ponunt : « Quòd sit omnibus notissimum per plura sacrosancta generalia concilia, præcipuè *per saluberrimum et irrefragabile concilium Constantiense,* eidem immediatè subsequens *Basileense oraculum* decretum declaratumque fuisse, ad dubia piarum mentium extirpanda, noxiasque in contrarium, et adulantes Summo Pontifici falsitates abolendas; omnes cujuscumque sint status, dignitatis et potestatis, etiamsi prima sit et papalis, statutis et ordinationibus dictorum sacrorum conciliorum teneri, ligari et adstringi; ità ut, si in contrarium quisque facere audeat et attentet, etiamsi Romanus sit Pontifex, nullum sit et inefficax quod agit,..... præter id quod etiam de perperam attentato, præsertim si Ecclesiam turbet aut scandalizet, et emendationi et correctioni universalis Ecclesiæ, cùm primum haberi sacrum concilium po-

[1] Vid. d'Argentré, *Coll.*, etc., tom. I, part. 2, pag. 304 et seq. — [2] *Ibid.*

terit, deferri ac subjici potest[1]. » His se fundamentis Gallicana libertas tuebatur; et canones Constantienses, adversùs certum quoque et indubitatum Pontificem, ex paternâ traditione et scholæ Parisiensis placitis, exerebat.

Anno 1512, sub Julio II, Cajetanus librum edidit : *de Comparatione Papæ et Concilii :* quem librum Ludovicus XII ad Facultatem misit, ut eum examinaret ac falsa refelleret, datis litteris, 19 Februarii, anno 1512. Sacra ergò Facultas, qui librum confutarent, Jacobum Almainum ac Joannem Majorem elegit, quos testantes legimus : « Quòd ista sit conclusio, quam tenent omnes doctores Parisienses et Galli; quòd potestas Papæ subjecta est potestati concilii; quòd ista sit resolutio scholæ Parisiensis et ecclesiæ Gallicanæ; quòd in Universitate Parisiensi contraria sententia non probabilis habeatur, et qui tenuerit, in campo revocare cogatur [2]. » Quæ cùm sub oculis Facultatis, imò ejus mandato scripserint, Facultatem eorum ore loquentem audimus.

Hos libros Julius II nullâ censurâ notavit, cùm infensissimus Pontifex in Gallos totius orbis arma concitaret; sed antiquam probatamque doctrinam censuris proscribere nemo cogitabat.

CAPUT XXIII.

Post abolitam Pragmaticam-Sanctionem, eadem doctrina apud nostros.

Pragmatica-Sanctione, sub Leone X, Regis consensu antiquatâ, hujus Sanctionis sublatam disciplinam, in doctrinâ nihil esse immutatum vidimus.

Anno 1524, 30 Novembris, Frater Ludovicus Combont, præsentatus Fratrum Prædicatorum, hæc asserebat in actu, qui Aulica dicitur : « Licèt episcopus, qualis inter Apostolos solus Petrus à Christo immediatè fuit consecratus, curatus verò jure positivo institutus, quoniam nec episcopus quispiam, Petro dempto, immediatè est à Christo institutus, » etc. Adscriptum in regestis Fa-

---

[1] *Preuv. des Libert.*, etc., loc. cit., cap. XIII, n. 10, p. 40.— [2] Vid. *Diss. præv.*, um. XIII. Almain., *de Potestat.*, etc., in *App.*, tom. II. Gers., col. 1070. Maj., *de auct.*, etc., (*ibid.*, col. 1144.

cultatis : « Quæ assertio Magistris nostris præsentibus displicuit, quia falsa : » jussumque à sacrâ Facultate est, « ut Ludovicus Combont in Sorbonicâ oppositam conclusionem teneret, hoc adjecto, quòd oppositum non est probabile [1]. »

Quo sensu Facultas, ut episcopos, ità etiam curatos, à Christo esse velit, alibi exponemus [2] : hîc quidem, quæ sunt hujus loci, exsequimur.

Per ea tempora jam Lutherus exsurrexerat in Sedem apostolicam, cujus cohibendus furor, sacerque ille primatus à Christo institutus asserendus fuit. Id sacra Facultas ex priscâ doctrinâ et Constantiensibus placitis egregiè præstitit. Itaque cùm à Francisco 1 Philippus Melanchthon, atque alii Germanici theologi acciti essent, qui de rebus theologicis cum nostris theologis tractarent; sacra Facultas hæc regem commonuit : « Interrogandos esse eos primùm, an confiteri velint Ecclesiam militantem divino jure fundatam, indeviabilem esse in fide ac bonis moribus; cujus Ecclesiæ, sub Christo Petrus Caput esset ejusque successores. Item : an velint eidem Ecclesiæ parere, ejusque doctrinæ et determinationi assentiri, ut veri Ecclesiæ filii eique subditi. Item : utrum admittant determinationes et decreta conciliorum generalium Ecclesiæ. Item : an fidem adhibeant canonibus ac decretis Romanorum Pontificum ab Ecclesiâ receptis et approbatis [3].» Hîc anonymus aliique respondent attributam sanè Ecclesiæ et conciliis illam *indeviabilem* potestatem, non autem Papæ negatam. Quâ cavillatione nihil est vanius. Quid enim erat nisi negare, eam non attribuere, cùm id ageretur ut Papæ quæ sua sunt assignarent? Neque enim immemores hujus privilegii hoc faciunt; quippè cùm illud ipsum Ecclesiæ concilioque tribuant; sed planè memores Ecclesiæ tantùm, eamque repræsentanti concilio esse tribuendum, Ecclesiæ conciliisque absolutam obedientiam decernebant : Papæ ità tantùm, si ejus decreta ab Ecclesiâ recepta et approbata essent, et ubique obtinerent; quo sanè supremam ecclesiasticæ potestatis arcem in ipsâ Ecclesiâ catholicâ ejusque generalibus conciliis collocabant, anno 1535, Septembris 15.

[1] Vid. d'Argentré, tom. II, pag. 5. — [2] Infr., lib. VIII, cap. xiv. — [3] D'Arg., tom. I, pag. 384 et seq.

His consentanea Facultas protulit, cùm eodem anno conscripsit illos adversùs Lutherum articulos, quos alibi retulimus[1]. His Ecclesiæ et conciliorum generalium potestatem præ pontificiâ apertè commendabant : in horum decreta et fidem nihil errati irripere posse fatebantur : ad ea referebant determinationem eam, quâ nulla certior esse posset : Pontifici tantùm obedientiam deberi docebant; non tamen ut ei, qui errare non posset; ex quo consequitur illa erga omnem legitimam potestatem solemnis exceptio, quam vidimus, ut ei pareatur, si nihil divino juri adversum imperet.

Hi articuli, anno 1535 à Facultate conscripti, atque anno deinde 1543 toto regno vulgati ac recepti, quid omnis Gallicana teneret ecclesia satis docent; neque desunt per idem tempus egregia testimonia, quibus mentem suam antiquæ doctrinæ hærentem comprobavit.

Nempè habita est Lutetiæ, anno 1528, ab Antónío cardinale Pratensi, archiepiscopo Senonensi, celeberrima ac sanctissima synodus provinciæ Senonensis[2], quibus et Lutheri errores damnarentur, et sancta ecclesiasticæ disciplinæ reformatio fieret.

Annotata sunt Lutheri dogmata; in his illud : « Primatus Summi Pontificis non est à Christo. » Hæc ergò synodus ad ea confutanda tribus nititur : « Quòd Ecclesia universalis errare non possit, utpotè quæ regatur Spiritu veritatis secum manente in æternum, et cum quâ Christus maneat usque ad consummationem sæculi[3]. » Hoc primum omnium ac validissimum fundamentum, quod luculentiùs exponitur decreto primo de fide, his verbis : « Una igitur sancta et infallibilis Ecclesia, quæ nec à charitate decidere potest, nec ab orthodoxâ fide deviare, cujus auctoritatem qui in fide et moribus secutus non fuerit, quasi Deum abnegaverit, *cui gloria in Ecclesiâ et Christo Jesu in omnes generationes*[4], infideli deterior habeatur[5]. »

Alterum secundo decreto explicatur; *quòd Ecclesia non sit invisibilis*. « Quisquis igitur, inquit, tergiversandi studio invisibilem

---

[1] Vid. in *App.*, lib I, cap. I. — [2] *Conc. Senon.*, tom. XIV, col. 432 et seq. — [3] *Ibid.*, col. 460. Vid. *Decret. gener.*, col. 441. — [4] *Ephes.*, III, 21. — [5] *Decret. general.*, col. 441.

et incertis sedibus errantem dixerit Ecclesiam, non hæresim tantùm dixisse, sed omnium hæresum puteum fodisse judicetur [1].

Tertium, decreto tertio *de auctoritate sacrorum conciliorum* constituunt his verbis : « Proindè, cùm certa sit et infallibilis Ecclesiæ regula, nec aliquando invisibilitatis prætextu tandem eludi queat; ea profectò sacris generalibus conciliis auctoritas derogari non potest, quæ proximè universalem repræsentant Ecclesiam [2]. »

His igitur tribus fundamentis ponunt hæc consentanea, ut librorum canonicorum auctoritas, veraque interpretatio ab Ecclesiâ repetatur, valeantque traditiones etiam non scriptæ, quæ à primis Ecclesiarum principiis ad nos propagatæ fuerint; ex quibus deinde peculiaria Lutheri dogmata condemnentur [3].

Sic ergò nostri, cùm Ecclesiæ auctoritatem exponerent, de pontificiâ infallibilitate aut superioritate nequidem cogitabant; de quâ conticescere in eo exponendæ ecclesiasticæ auctoritatis articulo, nihil est aliud, quàm eam à certis probatisque arcere dogmatibus.

Itaque, anno 1562 et 1563, ex eâ doctrinâ in concilio Tridentino ambiguam formulam respuebant; Constantiensia iisque conjuncta Basileensia decreta laudabant; ex eorum auctoritate conciliarem potestatem unanimi consensu potiorem profitebantur; id toto orbe testatum ad Summum Pontificem perferendum curabant, seque ei approbabant : quæ omnia alibi relata [4], hîc memorata tantùm et designata volumus.

CAPUT XXIV.

Acta Parisiis apud Prædicatores, Edmundo Richerio syndico, anno 1611.

Quibus curæ erat occultis machinationibus absolutam potestatem tueri, ac pontificiam auctoritatem omnibus conciliis totique adeò Ecclesiæ anteferre, Galliam obstare suis consiliis sentiebant; idque aulicis artibus agebant, ut apud nos quoque adulatoriæ

---

[1] *Conc. Senon.*, col. 460. — [2] Vid. *Decr. gener.*, col. 446. — [3] *Ibid.*, et col. 447. — [4] Vid. *Diss. præv.*, n. XIV.

sententiæ irreperent. Cæso igitur per infandum parricidium Henrico Magno, pupillo sub principe reginâ matre ac tutrice Italâ atque Italis septâ, opportunum tempus mutationibus nacti, spargere libellos curiali doctrinâ plenissimos, doctoribus adblandiri, sacram Facultatem quâcumque arte poterant in partes trahere, si possent; sin minùs graves ciere motus, et intestinis agitare dissidiis.

Erat tunc Syndicus sacræ Facultatis Edmundus Richerius, acer homo, et priscorum academiæ Parisiensis decretorum tenax. Is igitur ultramontanis conatibus vehementissimè repugnabat.

Anno 1611, capitulum generale Prædicatorii Ordinis Lutetiæ Parisiorum habebatur; quibus in conventibus solent theses proponere solemnissimo more. His inseruerunt : « Romanum Pontificem in fide et moribus errare non posse : in nullo casu concilium esse supra Papam : ad Papam pertinere dubia decidenda in concilio proponere, decisa confirmare vel infirmare, partibus silentium perpetuum imponere [1]. » Multæ turbæ. Grave videbatur hæc publicè in Galliâ agitari; ac Richerius syndicus virum clarissimum Nicolaum Coeffeteau, doctorem Parisiensem et Prædicatorum priorem, in ipsis pergulis, quo loco in publicis disputationibus considere doctores solent, coram doctoribus compellabat : « Rem indignissimam ac minimè ferendam : tentari patientiam Gallorum : si prædicti articuli intacti maneant, statim Gallos atque exteros sibi persuasuros Sorbonam isto silentio à majorum suorum placitis desciscere : publicum errorem publicâ satisfactione eluendum. » Hæc gravissimè questus, jamque intercessurus, hoc responsum à priore tulit : « Se quidem inscio hæc facta : injunctum sibi à regiis cognitoribus, caveret diligenter, ne quis in eos articulos disputaret : patrem generalem præsidi ac respondenti strictissimè præcepisse, ne de illis partibus responderent : has si quis attingeret, palam declararent sibi minimè esse licitum de illis agere. » Gratum Richerio id publicè edi : ita enim constiturum, non probari, ut hæc in Galliâ liberè propugnentur. Itaque ejus jussu quidam Baccalaureus argumentari cœpit; quòd in thesi legeretur : *In nullo casu concilium esse*

[1] Vid. apud Rich., *ante libell. de Eccles. potest*

supra Papam, concilio œcumenico Constantiensi et legitimo thesim esse contrariam, adeòque hæreticam. Quo argumento facto præses semel et iterùm pronuntiavit, « se has conclusiones non posuisse animo offendendæ academiæ, aut facultatis Parisiensis, quam velut academiarum omnium matrem agnosceret; sed tantùm veritatis disquirendæ gratiâ : neque hanc partem velut de fide, sed velut problematicam posuisse; siquidem constaret multas universitates hanc conclusionem tueri contra sententiam academiæ Parisiensis. »

Aderant frequentissimo cœtu viri omnium Ordinum illustrissimi; eminebant cardinalis Perronius ac Sedis apostolicæ nuntius : aderat etiam Academiæ rector. Nuntius apostolicus jubebat disputationem procedere : baccalaureus iterùm atque iterùm hæresim esse inculcabat : vocatus à Perronio Richerius, synodi Constantiensis auctoritatem asserebat; thesim publicè propositam publicè confutari oportere. Tandem Perronius sæpè professus quæstionem problematicam esse, disputationi finem imposuit, alia tractari jussit; constititque omninò coram tanto cœtu ac nuntio apostolico, etiam professione præsidis theses proponentis, quænam sententia Facultatis esset, quàmque hæc innoxiè tueretur. Rei gestæ seriem actu authentico Richerius edidit, quæ narratio publici juris facta in omnium est manibus. Subscripsere rector Academiæ, ipse Richerius syndicus, vocatique ab ipso testes, ac Bidellus seu notarius sacræ Facultatis.

CAPUT XXV.

Edmundi Richerii liber de Ecclesiasticâ et Politicâ Potestate : *aulicæ artes. acta Facultatis : episcopales censuræ : quo fundamento nixæ : de priscâ sententiâ nihil motum.*

Per eam occasionem, non ità multò post, eodem scilicet anno 1611, defensurus Richerius antiquam scholæ Parisiensis de conciliorum potiore potestate sententiam, tacito nomine libellum edidit, *de ecclesiasticâ et politicâ Potestate,* cui conjunctæ prodierunt sacræ Facultatis pleræque censuræ, quas memoravimus.

Richerius undique magnis hostibus premebatur, magnæ illi, Facultatis ac totius Academiæ nomine, cum Jesuitis simultates; magno hominum concursu ac studio lites agitabantur; perviceratque Richerius, ut Jesuitæ senatûs-consulto hæc profiteri juberentur: « Se amplecti scholæ Sorbonicæ doctrinam, maximè in iis, quæ ad salutem auctoritatemque regum, atque ab antiquo semper custoditas et observatas ecclesiæ Gallicanæ libertates tuendas pertinerent[1]; » quarum libertatum validissimum firmamentum majores nostri in conciliorum priori ac superiori potestate reponebant. Hæc, 22 Decembris anno 1611, ab amplissimo ordine jussa, 22 Februarii à Jesuitis subscripta in Curiæ auctoritatibus continentur[2]. Superscripsere inter alios viri ornatissimi atque omni laude cumulati, Frónto-Ducæus et Jacobus Sirmundus, quos honoris causâ appellatos volo.

Concitabatur interim adversùs Richerium Romana Curia, Aula regia, ipsa Facultas, ipse clerus. Cardinalis Perronius archiepiscopus Senonensis, vocatique comprovinciales episcopi ità decreverunt: « Libellum *de Ecclesiasticâ et politicâ potestate* censurâ et damnatione dignum judicavimus et declaravimus, et reipsâ notamus et damnamus, ob multas quas continet propositiones, expositiones et allegationes falsas, erroneas, scandalosas, et ut sonant, hæreticas, juribus tamen tàm regis quàm ecclesiæ Gallicanæ, ejusque immunitatibus et libertatibus per nos non tactis. Parisiis in congregatione provinciali anno 1612, Martii 9[3]. »

Similem censuram ediderunt Paulus Huraldus archiepiscopus Aquensis et comprovinciales[4], nisi quòd de regis juribus et ecclesiæ Gallicanæ libertatibus tacuerunt, eodem anno, Maii 24.

Nullæ notatæ sunt propositiones; quod censuræ genus anceps, multi querebantur sacræ doctrinæ nihil afferre lucis, fraudibus locum dare. Cæterùm nemo dixerit, antiquam de concilii potiore auctoritate sententiam à Perronio damnatam[5]; quam, aliasque ei conjunctas *problematicas* esse toties in egregiis scriptis, ac

---

[1] *Extr. des regist. du Parlem.*, 22 févr., 1612. Vid. *Pièces conc. l'hist. de Louis XIII*; tom. IV, p. 21. — [2] *Ibid.*, p. 20. — [3] *Conc. noviss. Gall.*, Odesp., p. 623. Vid. *Ambass. de du Perr.*, lib. III, p. 693. — [4] Odesp., p. 624. — [5] Vid. *Diss. præv.*, num. LXXXIX.

nuperrimè apud Prædicatores in amplissimo cœtu viva voce pronuntiaverat.

Propositiones in Richerii libello improbatas has ad Casaubonum scripsit : « Quòd presbyteri cum episcopis aristocratici regiminis more in partem ecclesiasticæ administrationis vocentur : quòd electiones jure divino nitantur, ex quo consequatur à regibus, qui antistites designent, contra jus divinum peccari : quòd regimen aristocraticum omnium sit optimum, et naturæ convenientissimum; quo directè status monarchicus oppugnetur : quòd omnis principatus à subjecti populi consensu pendeat : quòd Deus influat in supposita analoga, hoc est, in civitates ac regna, ipsamque communitatem priùs et propriùs ac principaliùs, quàm in partes, quæ non aliter agant, quàm ut instrumenta eorum suppositorum et communitatum; quo fiat, ut principes ac reges non ipsi regerent, sed communitas per ipsos tanquam administros [1]. » His addebat Perronius habere se præ manibus ipsam Richerii thesim anno 1591 in Sorbonâ propugnatam : « Quòd Ordines regni regibus potestate antecellant : quòd Henricus III justè cæsus sit ut tyrannus, eique similes armis et insidiis insectandos : Jacobum Clementem ad eum cædendum disciplinæ ecclesiasticæ studio et amore legum ac patriæ libertatis incensum : » hæc igitur quæ nunc libello edito Richerius docuisset, ex horrendis illis, et penitus imbibitis erroribus prodiisse.

Ex his sanè patet satis multa memorata, quæ Aulam, quæ clerum, quæ omnes Ordines in Richerium commoverent. Certè nemo dixit fuisse damnatum, quòd antiquam Facultatis sententiam tueretur; quique eâ causâ maximè insectabantur eum, alia omnia obtendebant.

Imò recordemur Duvallium, cùm adversùs Richerium infensissimo animo scriberet, hæc diligentissimè docuisse : juxta sententiam academiæ Parisiensis, concilii potestatem papali anteferri : infallibilitatem ad concilium generale solùm referri : utramque sententiam ab omni censuræ notâ esse liberam : quæ suprà descripta [2], nunc tantùm à nobis commemorari oportet.

His igitur liquet, sacram Facultatem nihil antiquæ doctrinæ

---

[1] Vid. *Ambass.*, etc., p. 695. — [2] *Diss. præv.*, num. XVII et seq.

derogasse, cùm 1 Septembris anno 1612, editiâ conclusione, Richerium regio jussu syndicatu expulit; cùm ei « gratias agendas censuit, ob res præclarè in syndicatu gestas, libro excepto *de ecclesiasticâ et politicâ potestate*[1] : » quâ exceptione nec librum censurâ notavit, quem nec examinaverat, et cætera, ac præsertim ea, quæ apud Dominicanos recentissimâ memoriâ gesserat, approbavit.

Cæterùm ex regestis Parlamenti constat, nuntii apostolici auditorem, clam conventis doctoribus id egisse omni ope, ut liber censurâ notaretur, improbareturque antiquorum Facultatis editio decretorum, tanquàm Richerius, his editis, arcana Facultatis ejus injussu, præter fas, evulgaverit, aut sacra Facultas clam habere vellet, quæ à ducentis annis palam decreta et gesta in acta retulerit.

Quid posteà egerit Richerius, quid passus sit cardinalis Richerii tempore, quid retractaverit, quid defenderit, quomodo retractationem explicaverit; quid denique scripserit, quid testamento facto orbi christiano testatum voluerit, qualia sint ejus scripta post mortem publicata : nostrâ parvi refert, qui sacræ Facultatis atque ecclesiæ Gallicanæ, non unius privati hominis, causam agimus.

Hoc certè non diffitemur, cùm plerique Richerium pessimè haberent, quòd antiqua decreta coleret : multos eo exemplo fuisse deterritos, ne ea apertè tuerentur. Sed nos aulicis artibus gesta nihil moramur; sacræ Facultatis gesta referimus.

CAPUT XXVI.

Acta Facultatis adversùs Marcum Antonium de Dominis et Theophilum Milleterium : item de Ludovico Cellotio ac Francisco Guillovio.

Anno 1617, Facultas censurâ notavit quatuor priores libros *de Republicâ christianâ* Marci Antonii de Dominis. Atque ille quidem de Ecclesiâ Romanâ sic docebat : « Erat ergò, et est Ecclesia præcipua nobilitate, existimatione, nomine et dignitatis auctoritate; non regiminis et jurisdictionis principatu : » quâ de re

[1] Vid. post Rich. Defens., *Libell. de eccles. Potest.*

Facultas sic censuit : « Hæc propositio est hæretica et schismatica, quatenùs apertè insinuat Romanam Ecclesiam jure divino auctoritatem in alias Ecclesias non habere [1]. » Vigilantissimè omninò *in alias ecclesias*, non in ipsam adunatam atque collectam universalem Ecclesiam. Provida ac docta Facultas adversùs novos hæreticos, romanum principatum sic asserit, ut antiquæ doctrinæ et decretorum Constantiensium ubique recordetur.

Quod autem ille auctor diceret, « à Parisiensibus unum supponi Papam universalem, qui toti præsit Ecclesiæ universali, tanquàm Episcopus universalis [2], » eadem Facultas *suppositionem, quam Parisiensibus tribuit, falsam* judicavit, « cujus falsitas in hæc verba, *tanquam Episcopus universalis*, cadit, quasi alii episcopi sint tantùm Papæ vicarii. » Sic fœdam et adulatoriam ac postremis temporibus ortam sententiam, ex cujùs decretis Papam conciliis anteponunt, priscæ traditionis memor à se amolitur. Hujus verò censuræ Duvallium ejusque asseclas, auctores extitisse constat; neque effecerunt, ut sacra Facultas à priscorum decretorum auctoritate ac sententiâ recederet.

Anno 1641, Ludovicum Cellotium conciliorum auctoritati detrahere visum, visum, eoque nomine censurâ notatum, sacra Facultas suscepit affirmantem et profitentem illud : nempè, « conciliorum generalium convocationem quandoque necessariam [3]. »

Cùm Milleterius de usu pœnitentiæ quæstione motâ librum edidisset sub hoc titulo : *Le Pacifique véritable;* quo libro assereret, « Sedis apostolicæ decreta de fide, eo solùm statu esse infallibilia, si in conciliis œcumenicis fierent, atque in solis conciliis œcumenicis consensum unanimem Ecclesiæ declarari; » Facultas sic censuit : « Hæ propositiones in quantum infallibilitatem Ecclesiæ universalis, in nullo alio statu quàm in solo concilio œcumenico congregatæ tribuunt, et ipsam aliquo tempore legitimi usus pœnitentiæ cognitione caruisse supponunt, temerariæ sunt, ipsi Ecclesiæ injuriosæ et hæreticæ [4]. » Sic cùm de

---

[1] Vid. *cens. Facult.*, post *Def. Rich.*, prop. XXII, ap. *de Dom.*, tom. I, lib. II, cap. VIII, n. 13, pag. 182. — [2] Prop. XLVII, ap. *de Dom.*, lib. IV, cap. XI, n. 15, p. 484. — [3] Vid. ap. d'Argent., tom. III, p. 40 et seq. — [4] *Ibid.*, p. 18 et seq.

concilis generalibus ac Sede apostolicâ ageretur, sacra Facultas antiquis decretis hærens, infallibilitatem non Sedi apostolicæ soli, sed Ecclesiæ universali tribuit, eamque constare docuit, non tantùm in conciliis generalibus, sed etiam in Ecclesiâ toto orbe diffusâ; prorsùs ex eâ fide, quam professa erat adversùs Sarrazinum : « Quod in conciliis tota auctoritas, dans vigorem statutis, residet non in solo Summo Pontifice, sed principaliter in Spiritu sancto et Ecclesiâ catholicâ : » ut Spiritus sanctus toti catholicæ unitati primitùs adhæreat, eaque sit radix, unde certitudo et infallibilitas in concilium quoque œcumenicum, hoc est, in ipsam christiani nominis repræsentationem influat : quæ mirum in modum cum Gallicanæ Declarationis articulo IV congruunt.

Franciscus Guillovius Baccalaureus, pro Minore ordinariâ responsurus, multa in thesi proponebat, quibus auctoritati episcoporum à Christo institutæ, eorumque in conciliis assidentium judiciariæ potestati derogaret. Anno 1656, Facultas actum distulit, atque eodem anno, 15 januarii, suscepit Baccalaureum hæc scripto professum : « Agnosco et fateor episcoporum jurisdictionem esse juris divini, et esse immediatè à Christo, eosque in conciliis generalibus verè esse judices, atque in iis ex eorum judiciis Summum Pontificem pronuntiare [1]. »

Hæc si intelligimus, confectam esse constabit quæstionem nostram. Profectò enim si quis est ex provisione Christi infallibilis, is non ex aliorum, sed ex suo judicio pronuntiat : alioqui sui dubius, neque satìs conscius assistentis Spiritùs, aliis se permittit. Ac si media, ut vocant, humana requirere necesse sit, consilia sanè, non judicia, consiliariosque qui doceant ac suadeant, non judices qui secum assideant ac decernant, exquirere oporteat.

Ex his dogmatibus jussu Facultatis emendata thesis atque in meliorem formam reducta est; quæ res in actis Facultatis sic perscripta est : « Ex ultimâ appendice, in quâ plus inerat involutæ difficultatis circa apostolatum ipsum, et annexa apostolatui gratiarum dona et potestates; necnon jura episcoporum in convocandis synodis particularibus, et in sanciendis cum Summo Pontifice conciliorum generalium definitionibus; quidquid de-

---

[1] D'Argent., tom. III, p. 70.

torqueri poterat contra veritatem, totum illud erasum fuit [1]. »

Ergò diligens lector sequentes consideret propositiones, quas Facultatis acta commemorant in thesi erasas esse, intelligatque, quænam illa sint, *quæ detorqueri possent contra veritatem.* Prima propositio erasa : « Petrus in primatu Christi consors et socius participatione factus est : » quæ profectò si starent, haud magìs Pontifici, quam Christo sacra concilia anteferri possent.

Erasum quoque illud, quod à sancto Leone depromptum videretur, sed procul ab ejus mente deflexum : « Si quid Christus cum Petro cæteris voluit commune esse apostolis, nunquàm nisi per Petrum dedit, quidquid illis non negavit [2] : » ne, quod est absurdissimum, Apostoli proximè à Petro, non autem à Christo ad apostolatum ordinati videantur. Neque illud Facultas in thesi reliquit : « Solus Petrus successores habet apostolos; » quo Guillovius episcopos ab apostolorum successione ac jure, contra omnem antiquitatis fidem, penitùs amovebat.

Deletum etiam illud : « Solus Pontifex episcopos in concilium, vel particulare, vel generale, nonnunquàm ad melius necessarium convocat. » Hoc nempè erat quò Facultatem dicentem audivimus, involvi à Guillovio *jura episcoporum in convocandis synodis particularibus.* Nec placebat illud, *ad melius necessarium,* convocatas synodos; quia illud *melius* infringebat, illud *necessarium,* quod *quandoque* agnoscendum, ad convocandas synodos etiam generales, Facultas decreverat adversùs Cellotium.

Denique erasum illud : « In conciliis Pontifex, auditis episcoporum sententiis ac judiciis, pro suâ auctoritate certoque ac infallibili charismate, verbum Dei pronuntiat; » quod si admitteretur, jam episcopi in conciliis consiliarii tantùm, nec nisi nomine tenùs judices haberentur; atque in solo Pontifice auctoritas resideret; eaque evanesceret, quam Facultas agnoverat, à Christo profectam auctoritatem episcoporum, *in sanciendis cum Summo Pontifice conciliorum generalium definitionibus.*

Itaque deletum illud : « Pontifex, auditis episcoporum sententiis ac judiciis, pro suâ auctoritate pronuntiat; » cujus loco repo-

[1] D'Argent., tom. III, p. 69. — [2] Leo Mag., *Serm.* III *in anniv. assump. ejusd.*

situm est : « Ex illorum sententiis ac judiciis ipse pronuntiat : » sublato etiam *certo illo* atque *infallibili* Pontificis *charismate*, quo quidem episcopi papali sententiæ obnoxii, non etiam ipsi judices verique assessores essent : adeò nova hæc à Facultatis sententiâ abhorrebant.

Neque prætermittendum istud, jussu Facultatis in thesi repositum. Posteaquàm nempè scriptum est : « Petrus totius Ecclesiæ fundamentalis petra, et Pastor universalis, apostolorum Princeps à Christo constitutus; » jussu etiam Facultatis adscriptum; « jure etiam divino cæteri episcopi singularium plebium capita; » cùm Baccalaureus tantùm *optimates* scripsisset : tanquàm unus tantùm Romanus episcopus, non autem cæteri episcopi, veri à Christo instituti Ecclesiarum principes et capita haberentur.

Erat tùm clerus Gallicanus frequentissimo cœtu Parisiis congregatus. Scriptum ergò est in regestis Facultatis : « Domini episcopi gratias egerunt Facultati, ex parte totius cleri Gallicani, pro suâ in defensione jurium hierarchici Ordinis curâ et sollicitudine, idque per organum D. Petri de Berthier, episcopi Montalbanensis [1] : » quæ etiam in cleri actis habentur; ut doctrinam Facultatis ab episcopis et Clero Gallicano comprobatam esse constet.

Jam ergò arbitramur intellectam omnibus, sacræ Facultatis totiusque adeò ecclesiæ Gallicanæ doctrinam, id primum, Ecclesiæ universali ejusque unitati conjunctam vim Spiritûs radicemque infallibilitatis in eâ unitate esse sitam, quæ in concilium universalem Ecclesiam repræsentans transfundatur ; solum illud esse, quod à fide deviare non possit. Ergò Pontificem qui deviare possit, Ecclesiæ indeviabili meritò esse subditum, in casibus certè illis generalibus quæ Constantiensibus decretis continentur; ac proinde episcopos jure divino institutos, Romanoque Pontifici, maximè in judicandis fidei quæstionibus, non consiliarios, sed assessores et conjudices datos, ex quorum judiciis ipse pronuntiet ; adeoque interdùm convocationem conciliorum generalium esse necessariam : quæ profectò vacant, si Romanus Pontifex, vel solus, non autem cum Ecclesiâ conjunctus, infallibili-

[1] D'Arg., loc. cit., p. 70.

tate, atque adeo supremâ et indeclinabili potetate gaudeat.

Hinc Ecclesiæ status constitutus, atque in thesibus prædicti Francisci Guillovii jussu Facultatis scriptum : « Ecclesia jure divino monarchia est, tametsi aristocratiâ temperata : » Monarchia quidem, quòd habeat *Principem* Petrum ejusque successorem pro tempore sedentem; temperata aristocratiâ, quòd Petri successori à Christo dati sunt Episcopi, ut veri principes ac judices, ex quorum judicio pronuntiet.

Hinc damnatus Marcus Antonius de Dominis, ejusque propositio (xii) habita est « schismatica et hæretica, quatenùs vult Ecclesiam universalem secundùm se totam esse aristocraticam. »

Id qui adversari putant antiquæ sententiæ, quæ Papam subdit concilio, hos ego affirmavero nunquàm in nostrorum libris versatos fuisse. Gerson quidem assiduè Ecclesiæ statum agnoscit monarchicum. Hunc alii sequuntur; atque omnia maximè conciliant, dum Romano Pontifici tribuunt, ut Ecclesiis quidem singulis; non autem toti Ecclesiæ collectæ et adunatæ præstet, et habeat quidem *plenitudinem apostolicæ potestatis*; sed conciliorum et canonum auctoritate tanquàm aristocratiæ temperamento moderandam.

CAPUT XXVII.

Articuli Facultatis ad Ludovicum Magnum allati : Censuræ Vernantii et Guimenii : Alexandri VII Bulla propositio Strigoniensis, ejusque censura.

Ex his ergò decretis toties iteratis, ac perpetuâ traditione servatis, sacra Facultas Ludovico XIV Magno sex illos articulos, toto posteà regno, edicti regii auctoritate, vulgatos attulit, quos suprà recensitos [1] hîc prætermisimus, anno 1663.

Metuebat rex maximus, metuebat sacra Facultas, atque optimus quisque, ne gliscens adulatio antiquorum decretorum robur et innatam Galliæ libertatem infringeret.

Anno 1658, excusus est Metis, quodam Carmelitâ auctore,

[1] Vid. sup., lib. I, sect. i, cap. v; et in *App.*, lib. III, cap. xi. Sup., lib. I, sect. I, cap. xii.

sub Jacobi Vernantii nomine liber, cum hoc ambitioso titulo : *La défense de l'autorité de notre saint Père le Pape, de nosseigneurs les cardinaux, les archevêques et evêques*, etc.; quem librum sacra Facultas, à Pictaviensibus parochis consulta, multis habitis, per duos ferè menses, publicis ac privatis congregationibus, censurâ notavit, ac censuram confirmavit 26 Maii anno 1664.

Quòd igitur Vernantius soli Summo Pontifici, infallibilitatem activam, passivam Ecclesiæ et conciliis tribueret, sacra Facultas sic censuit : « Hæ propositiones, quatenùs excludunt ab Ecclesiâ infallibilitatem activam seu auctoritatem emergentia circa fidem dubia, infallibilis veritatis oraculo tollendi et explicandi, falsæ sunt, temerariæ, scandalosæ et hæreticæ [1]. »

Quod statuebat Vernantius, « Papam soli Deo subjici, nec nisi divinâ potestate papalem posse restringi potestatem, eique nullis legibus modum poni [2] ; » Facultas proscribit his verbis : « Hæc propositio, intellecta de usu et exercitio potestatis papalis, falsa est, Ecclesiæ et conciliorum auctoritati derogans: «diligentissimè omninò, atque ex majorum non modò decretis, sed etiam verbis, papalem potestatem, utpotè divinitùs institutam, Deo soli quoad se; *quoad usum et exercitium* [3], sacris canonibus conciliisque subjiciunt.

Vernantius, nisi Papa infallibilis haberetur, aiebat mutandam professionem eam, quâ credimus sanctam Ecclesiam catholicam et Romanam [4]; quod abominata Facultas sic censuit : « Hæc propositio est falsa, temeraria, scandalosa et in fide periculosa; » quippè quæ, ut jam diximus, catholicam fidem pendere vellet à dubiâ, ne quid dicam gravius de pontificia infallibilitate, sententiâ.

Asserebat Vernantius, « à solis hæreticis ac schismaticis peti concilia, ut perturbandæ Ecclesiæ locus esset [5]. » At sacra Facultas : « Hæc propositio universim sumpta, est scandalosa, Ecclesiæ conciliis generalibus ac sublimioribus potestatibus contume-

---

[1] Prop. I et II, ap. Vern., p. 254. — [2] Prop. III Vern., p. 110. — [3] Gers., *de Potest. Eccl.*, cons. x. — [4] Prop. IV Vern., pag. 247. — [5] Prop. V Vern., pag. 105.

liosa; » quippè quæ sæpè œcumenicis conciliis congregandis operam dederint, atque ad ea etiam provocarint.

Cùm Vernantius conciliaris potestatis ac jurisdictionis fontem in uno Pontifice collocaret[1], Facultas sic statuit : « Hæ sex propositiones, in quantum asserunt Ecclesiam in concilio generali congregatam non habere à Deo immediatè jurisdictionem ac auctoritatem, falsæ sunt, verbo Dei et concilii Constantiensis definitioni contrariæ, et olim à sacrâ Facultate reprobatæ. »

Negabat Vernantius, unquàm examinatum, aut ulli appellationi fuisse subjectum id quod Romani Pontifices decrevissent[2]; Facultas è contrà : « Hæ quatuor propositiones falsæ sunt, quatenùs quædam asserunt, et aliæ innuunt, in nullo casu à Summo Pontifice appellari posse ; sacræ conciliorum auctoritati detrahunt, ac germanis ecclesiæ Gallicanæ libertatibus sunt contrariæ. » Gallicanam libertatem, contra quod Petrus de Marcâ non satis consultò dixerat, in supremâ conciliorum potestate nixam profitentur.

Quòd Venantius diceret cujusdam doctoris de pontificiâ infallibilitate sententiam à Facultate esse laudatam[3], id à se Facultas amolitur his verbis : « Hæc propositio imponit sacræ Facultati, quæ mentem suam aperuit in articulis contra Lutherum, et in declaratione facta apud regem christianissimum, » anno 1663.

Vernantius dixerat eamdem, quam Christus à Patre acceperat potestatem, totam in Romano Pontifice esse collatam[4] : quæ documento sunt, quàm hujusmodi homines cæco et interdùm impio ferantur impetu. At quæ in eam sententiam congesserat, Facultas, « ut scandalosa, piarum aurium offensiva, et ut verba præ se ferunt, blasphema » rejecit.

De fidei regulâ, quod Vernantius scripserat[5], Facultas condemnavit his verbis : « Hæc propositio, quâ parte asserit Summum Pontificem esse veram regulam fidei, temeraria est, et in errorem inducens; » quòd nempe *in errorem inducat*, is qui pro regulâ fidei ponat Pontificem, quem infallibilem esse non constet.

---

[1] Prop. VI et seq. Vern., p. 358, 721 et seq. — [2] Prop. XII et seq., Vern. p. 100, 244, 279, 428. — [3] Prop. XVI Vern., p. 241. — [4] Prop. XVII et seq. Vern., p. 53, 128, 145, 243. — [5] Prop. XXIII Vern., p. 128.

Quæ Vernantius de jurisdictione episcoporum à Romano Pontifice profectâ dixerat[1], Facultas sic rejicit : « Hæ propositiones, quarum duæ priores asserunt apostolos non fuisse constitutos episcopos à Christo ; cæteræ verò, potestatem jurisdictionis episcoporum non esse immediatè à Christo; falsæ sunt, verbo Dei contrariæ, et olim à sacrâ Facultate reprobatæ. » Hactenùs Vernantii censuram referre placuit : cætera ad alium locum pertinent.

Amadæus Guimenius omni recentiorum casuistarum fæce collectâ, id etiam de pontificiâ infallibilitate scripserat, *de fide eam esse,* atque itâ inferebat : « Ecclesia errare non potest, et consequenter nec Caput ejus : » quem sacra Facultas, damnatis opinionum portentis, hâc etiam in parte notandum censuit his verbis : « Doctrina his propositionibus contenta et illata, falsa est, temeraria, scandalosa, Gallicanæ Ecclesiæ libertatibus contraria, universitatibus, theologicis facultatibus ac orthodoxis doctoribus contumeliosa[2] ; » anno 1665. Sic duæ censuræ adversùs Vernantium et Guimenium processerunt. Confutati acriter, quòd nostra damnabant ; quòd autem contraria sequerentur, coerciti tantùm, sed pro innatâ Gallis, ac nostræ Facultati modestiâ, nullâ hæreseos aut etiam erroris notâ inusti sunt.

Has igitur censuras nostrâ memoriâ accuratissimas atque elaboratissimas, summâque moderatione libratas esse constat ; nec tamen defuere, qui Alexandrum VII adversùs modestissimam Facultatem, antiqua et probata tuentem, instigarent.

Ille igitur ad regem adversùs Sorbonicas censuras gravem expostulationem habuit, datis litteris 6 Aprilis anno 1665 [3]. At rex prudentissimus, nihil se commovit, gnarus scilicet impositum fuisse Pontifici, ac Sorbonicos priscæ sententiæ institisse.

Anno 1666, Bulla Romæ prodiit, quâ censuras adversùs Vernantium et Guimenium, « uti præsumptuosas, temerarias atque scandalosas, cassas et irritas declarabat, defendique et allegari sub excommunicationis pœnâ apostolicâ auctoritate prohibebat ;

---

[1] Prop. xxv et seq. Vern., p. 44, 49, 376, 382, 384, 388, 397, 455. — [2] *Cens. Guimen.,* d'Arg., etc., et ap. Guim., *de Bapt.,* prop. II, n. 4, p. 177.—[3] Vid. Dup., XVII sæc.

ulterius judicium de prædictis censuris, deque opinionibus in libris Jacobi Vernantii et Amadæi Guimenii sibi et Sedi apostolicæ reservabat (a). » Gravis ea reservatio videbatur quâ ferre cogeremur interim, quæ adversùs hierarchiam ac mores dudùm invalescerent portenta opinionum, neque minùs periculum quòd theologicæ facultates, ipsique adeò episcopi tanto in Ecclesiæ discrimine elingues fierent.

Grave item illud, quod erat in Bullâ de Vernantii et Guimenii opinionibus dictum, præsertim iis *quæ ad actionum moralium regulam* pertinerent; « nempe eas opiniones et gravissimorum Scriptorum auctoritate et perpetuo catholicorum usu nixas; » quod Ecclesiæ catholicæ maximo dehonestamento verteret.

Hoc pontificium diploma, tametsi non erat ad nos solemni more missum, Româ tamen in privatarum epistolarum fasciculis pervenit in Galliam.

Deputati à Facultate qui rem examinarent, constitit apud omnes, diploma pontificium Inquisitionis esse opus; editum quippè, non de Fratrum consilio in publico Consistorio, sed « auditis suffragiis cardinalium in totâ republicâ christianâ generalium inquisitorum; » qualia nemo unquàm in Galliâ admisit, præsertim cum illâ clausulâ, *motu proprio,* quam novam et prisco jure incognitam, maximè in fidei quæstionibus Gallicana ecclesia non admittit.

Certum erat et illud, ut etiam optimâ formulâ constaret, nequidem ad nos pertinere Bullam, quæ more solemni missa non esset; neque ipsi Pontifici eam mentem inesse ut Gallos obligaret, iis ritibus prætermissis, qui antiquo Gallorum, imò totius Ecclesiæ jure nitantur.

Itaque Facultas quiescendum rata: Rector Academiæ admonitus, sacræ Facultati spopondit suam et universitatis operam minimè defuturam, more majorum, si quid gravius contingeret; Senatus Bullam divulgari vetuit; neque ulteriùs processit nego-

---

(a) La censure est formelle. Vainement nous dit-on que le roi eut la sagesse de ne pas se déranger pour si peu de chose (*nihil se commovit*); vainement va-t-on nous déclarer que l'Eglise gallicane n'admet pas le *motu proprio :* la bulle pontificale met à néant toutes les décisions contraires portées par l'Académie de Paris.

tium. Itaque censuræ suo apud nos loco steterunt : Bulla annumerata iis, quæ ignota, nihil ad nos pertinerent.

Qui hæc perpenderit, facilè intelliget sacræ Facultati cum clero Gallicano maximè convenire ; clerique Declarationem anni 1682 ex intimâ ipsius Facultatis, imò ecclesiæ totius Gallicanæ doctrinâ esse depromptam ; ac si quid difficultatis obortum est, id non ex ipso dogmate provenire, sed ex aliis rebus, quæ nihil ad rem nostram pertinent.

Quare sacra Facultas, priscis insistens vestigiis, condemnavit deductam ad examen suum jussu Senatûs hanc censuræ Hungaricæ propositionem : « Ad solam Sedem apostolicam divino et immutabili privilegio spectat de controversiis fidei judicare ; » quâ de re sic censuit : « Hæc propositio, quatenùs excludit ab episcopis et concilis etiam generalibus, de fidei controversiis auctoritatem, quam habent immediatè à Christo, falsa est, temeraria, erronea, praxi Ecclesiæ adversa, verbo Dei contraria, doctrinam renovans aliàs à Facultate reprobatam [1]; » 18 Maii anno 1683,

Hæc doctrina Facultatis quàm necessariò cum universâ Declarationis Gallicanæ doctrinâ sit conjuncta, ex relatis sacræ Facultatis decretis manifestum reor. Sed antequàm ad alia me convertam, eximam oportet eum, qui quorumdam animis hæret scrupulus.

CAPUT XXVIII.

An sententiæ de potiore concilii potestate, regum juribus ac potestati noceat : Thomæ Corcellæi responsum : propositio Joannis Hussi in Constantiensi concilio condemnato.

Nempè objiciunt, regnis ac regibus periculosam esse nostram sententiam. Si enim spiritualis Princeps Pontifex, Ecclesiæ et concilio subsit : subesse multò magis regno ac generalibus regnorum conventibus temporales reges (a) ; quo maximè argumento

[1] *Cens. Facult. Paris. adv. cens. Arch. Strig.*, int. varia script. Vind. Maj. Schol. Paris.

(a) En effet c'est une chose étrange, que les défenseurs de la monarchie

in antiquam sententiam reges incitare conati sunt. Sed Thomas Corcellœus id ab Eugenii legatis objectum, responso edito coram regni principibus, ipsoque Carolo VII rege sic solvit [1] : « Nec ullatenùs sunt audiendi, qui ad alliciendum reges et principes, in contrarium auctoritatis conciliorum dicunt quòd si concilia generalia possent corrigere et deponere summos Pontifices, pari ratione quòd populi haberent corrigere et deponere principes sæculares. Qui enim talia dicunt, manifestè auctoritatem conciliorum et declarationem fidei super hoc factam destruunt, non plus tribuentes auctoritatis ipsi congregationi Ecclesiæ, quàm uni communitati sæculari. Clarè quoque negant concilium habere auctoritatem à Christo immediatè, cùm ipsum sic comparant communitati sæculari, quæ non habet auctoritatem à Christo corrigendi aut puniendi principem suum. Sed benè inspiciant definitiones concilii Constantiensis, reperient in hoc magnam differentiam; nam ipsum concilium Constantiense reprobavit illum articulum xvii, inter articulos Joannis Hussi contentum, *quòd principes haberent puniri ad arbitrium populi,* et tamen alterum probavit; *quòd concilium generale habet potestatem immediatè à Christo,* etc. Et hoc etiam apparet ex sacris Scripturis, cùm Christus ipse assignans differentiam inter hoc et illud, dicat : *Reges gentium dominantur eorum, vos autem non sic* [2] : et beatus Petrus in *Canonicâ* dicit de Pastoribus : *Non ut dominantes in cleris, sed forma facti gregis* [3]. Doctores quoque lucidè declarant, quomodo Papa non est dominus rerum Ecclesiæ, sed minister. Valde quoque extraneum est, et à veritate alienum dicere, quòd non plus spiritualitatis reperiatur in congregatione legitimâ Ecclesiæ, quàm in unâ communitate sæculari, aut non specialior

[1] *Preuv. des Libert.*, etc., part. II, cap. xii, n. 4, p. 23. — [2] *Luc.*, xxii, 25, 26. — [3] *I Petr.*, v, 3.

absolue fassent de l'Eglise un gouvernement représentatif, parlementaire, mixte à deux têtes; gouvernement qui va glissant, comme sur une pente naturelle, de l'aristocratie dans la démocratie. Et comment soutient-on cet échafaudage? Nous allons le voir tout à l'heure : on met le concile au-dessus des assemblées politiques, et l'on a raison; mais on oublie d'élever dans la même mesure le souverain pontife au-dessus des princes temporels; on dit : Les assemblées politiques ne peuvent déposer le roi; mais le concile a plus de pouvoir que les assemblées politiques, il peut déposer le Pape. Voilà tout l'art des Parisiens, pour nous servir d'une expression souvent employée dans cet ouvrage.

assistentia Spiritûs sancti, de quo Christus ad ipsam dixit : *Mittam vobis Spiritum veritatis, ut maneat vobiscum in æternum.* »

Quin ipse Richerius in suâ defensione sic ait (*a*) : Ut quid ergo imponere Richerio, quòd sustineat concilium generale esse supra Papam, quia, vel, sicut Comitia generalia regni sunt supra regem? Nunquàm hoc venit in mentem Richerio. Adulatores Curiæ Romanæ, quorum etiam in Sorbonâ non exiguus est numerus, hoc effinxerunt, ut non solùm Richerium, sed fidelissimos regum servos et subditos odiosos redderent ipsismet regibus, quamvis illorum jura contra Romanam Curiam tueantur [1]. »

Quòd autem quidam etiam Parisienses aliud docuerint nihil moror; suoque loco ostendemus fuisse profectò tempus, quo totus ferè orbis in summâ juris publici ignoratione versaretur; quam imperitiam postera ætas superioris ævi traditione meritò emendavit : nec mirum Parisienses quosdam in re extra fidem unà cum aliis errasse. Nego tamen omnes : nego hoc fulcimento nixos tribuisse conciliis potiorem potestatem : nego facultatem : nego Constantiense concilium pessimo argumento usum : nego hoc detracto, sententiæ veritati ac firmitudini detractum esse quidquam. Alia suppetebant, quæ Thomas Corcellæus optimè enarravit. Imò, ut idem Corcellæus demonstravit, sacrum illud concilium, à quo maximè supra Pontificem conciliorum evecta est auctoritas, damnavit insanam sententiam quæ reges regnis subjiceret, non regna regibus : adeò constabat ratione diversissimâ constitutas humanam ac divinam civitatem. Itaque hæc, quæ creandæ invidiæ objiciuntur, omittamus. Ecclesiæ à Deo constitutæ et gubernatæ regimen, non ex mundani regni ratione, sed ex Dei revelatione, atque ipsius Ecclesiæ decretis, ex Patrum traditione æstimemus.

[1] *Joan.*, xiv, 16.

(*a*) Hæc verba, quæ nonnullam obscuritatem habent, nusquàm reperimus in Richerii defensione. (*Edit. Paris.*)

TABLE

DES MATIÈRES CONTENUES DANS LE VINGT ET UNIEME VOLUME.

Remarques historiques. 1

CLERI GALLICANI

DE ECCLESIASTICA POTESTATE

DECLARATIO

die 19 Martii 1682.

I. De declaratione Cleri Gallicani. 1
II. De auctoribus qui adversùs Gallicanam Declarationem scripserunt. 2
III. De Bossuet ingenium : ejus in scribendo illo opere consilium : forma quam delineavit, etc. 2
IV. Operis hujus edendi quæ nostræ curæ fuerint. 3

GALLIA ORTHODOXA,

SIVE VINDICIÆ SCHOLÆ PARISIENSIS TOTIUSQUE CLERI GALLICANI ADVERSUS NONNULLOS.

De causis et fundamentis hujus operis prævia et theologica dissertatio.

I. An tacere oporteat Gallos, erroris ac schismatis ab illustrissimo Rocaberto et aliis, apud summum Pontificem accusatos. 7
II. Duo libelli memorantur, unà cum censurâ illustrissimi Archiepiscopi Strigoniensis. 8
III. Eminentissimi Cardinalis Daguirrei sententia. 10
IV. Reverendissimus Pater Thyrsus Gonzalez. 12
V. Illustrissimus Rocabertus, Archiepiscopus Valentinus, omnium immitissimus. 12
VI. Gallicanam Declarationem immeritò impugnatam, tanquam esset decretum fidei, ex actis demonstratur. 15
VII. Hinc quæstio, an licuerit accusare Gallos, et an ipsos oporteat tueri innocentiam. 17
VIII. Defensio justa et necessaria ubi de fide agitur. 18
IX. Nec ferendum Gallis objici Jansenismum. 18
X. Duæ aliæ causæ edendæ defensionis : prima, ne lædatur apostolica Sedes, quæ Gallis nullum errorem imputavit. 19

XI. Ludovici Magni læsa pietas defendenda fidelibus Gallis. 21
XII. Summâ modestiâ causam hanc esse tractandam. Divisio hujus operis in tres partes. 21
XIII. Facultatis theologicæ Parisiensis clara et certa sententia, ex nostris juxtà et exteris Doctoribus agnita: Pighius, Navarrus, Franciscus de Victoriâ memorantur. 22
XIV. In Concilio palam declarata Gallicana sententia, nemine improbante, nec repugnante ipso Pontifice. 25
XV. Petri de Marcâ de vetere Sorbonâ locus. 26
XVI. Gallicana sententia post Constantiensia tempora viguit : nec tantùm in dissidiis, sed in altissimâ pace; contra *Galliæ vindicatæ* auctorem. 27
XVII. Andreas Duvallius in Facultate Parisiensi primus innovandi auctor, antiquam ultro sententiam agnoscit. 28
XVIII. Ex eodem Duvallio, in sententiâ Gallicanâ circa Conciliorum potiorem potestatem, nulla hæresis, nullus error, nulla temeritas. 29
XIX. Idem Duvallius Patrum et Conciliorum etiam Florentini et Lateranensis solvit auctoritates. 30
XX. Idem infallibilitatem pontificiam de fide non esse multis probationibus conficit. 30
XXI. Inde concludit Duvallius definitiones pontificias per sese non esse de fide, ac requiri acceptationem sive consensum Ecclesiæ. 31
XXII. Duvallii doctrina de confirmatione Conciliorum, deque iis per sese, etiam adversùs Papam, valituris in fidei negotio. 32
XXIII. Casus hæresis, schismatis, alii ex Duvallio memorantur: in his, quantùm Concilia valeant in ipsum Pontificem, ex Turrecrematâ, Cajetano et aliis statuit. 34
XXIV. Quàm multi insignes viri præter Gallos hanc sententiam doceant: Panormitanus, Zabarella, Tostatus. 36
XXV. De Tostato candida Cardinalis Daguirrei confessio. 37
XXVI. Alphonsus à Castro. 38
XXVII. Adrianus VI, et Joannes Driedo, Lovanienses. 38
XXVIII. De Adriano VI, cur privatim dicendum: unus rem totam conficit : ejus jam Pontificis recusus Romæ liber, retractatione nullâ. 38
XXIX. Vana responsa auctoris *Doctrinæ Lovaniensium*. 41
XXX. Nicolai Dubois Lovaniensis ludibria. 42
XXXI. Auctoris *Tractatûs de Libertatibus Gallicanis* subtilia nec minùs vana responsa. 43
XXXII. *Galliæ vindicatæ* auctor. 44
XXXIII. Pater Thyrsus Gonzalez. 44
XXXIV. Eminentissimus et doctissimus Daguirreus. 45
XXXV. Doctorum Lovaniensium et factis et dictis in Adrianum VI observantia singularis. 47
XXXVI. Ex Adriani sententiâ et temporum notis demonstratur Florentina, Lateranensia, Tridentina decreta frustra objici. 48
XXXVII. Nominantur potestatis pontificiæ vehementissimi defensores, qui summâ ipsâ Parisiensium tuentur sententiam. 50
XXXVIII. De Concilio Constantiensi: qui approbatum negant, ipsi se suis telis conficiunt. 50
XXXIX. Objectio de obedientiis nondùm adunatis sess. IV et V, sponte corruit duobus factis constitutis : primùm, à Concilio Constantiensi statim assumptum Concilii œcumenici titulum et jus. 52
XL. Alterum factum, Martinum V, tunc Cardinalem, his Synodi initiis adhæsisse. 53
XLI. Aliud factum additur : quòd pars Ecclesiæ, quæ Concilium Constantiense inchoavit, non fuerit tantùm pars tertia; sed duabus aliis etiam adunatis longè superior. 53
XLII. Constantiensis Synodus à Romanis Pontificibus optimæ notæ Synodis accensita: privata Binianæ editionis nota, quàm nulla et temeraria, quàm Sedi apostolicæ contumeliosa: nihil proficere qui de ejus Synodi confirmatione litigant. 55

TABLE.   763

XLIII. Concilii Basileensis initia legitima et certa Bellarminus et Rainaldus agnoscunt, etiam Lateranense Concilium : ejusdem Bellarmini suffugia ex Duvallio confutata. 57

XLIV. Ex Ludovici Alamandi beatificatione argumentum : item ex Amadei VI, Sabaudiæ Ducis, famâ sanctitatis, Odorico Rainaldo utroque in negotio teste. 60

XLV. Ex Concilio Constantiensi ac Basileensibus initiis quid dicendum putemus. 64

XLVI. Ante Constantiense Concilium, Joannis XXII de suorum antecessorum auctoritate atque infallibilitate sententia, in Constitutione : *Quia quorumdam*. 64

XLVII. Hujus temporis scriptor, à Rainaldo in eam rem adductus, quid senserit : quâ occasione profertur caput *Sunt quidam* 25. quæst. 1. 64

XLVIII. Jacobi sanctæ Priscæ cardinalis, postea Benedicti XII, consona eâdem de re sententia. 65

XLIX. Probatur de fide actum in his determinationibus, et tamen eas legitimè corrigi potuisse : eâ de re glossa notabilis, et Bellarmini sententia. 68

L. Speculatoris, id est, Guillelmi Durandi, Episcopi Mimatensis, liber de Conciliis, jussu Clementis V editus, et quid ex eo consequatur. 69

LI. Hinc etiam de sensu Concilii Lugdunensis II judicari potest. 73

LII. Locus Gratiani, de Decretalium auctoritate : alius locus de Gregorii II Decretali, ab eodem Gratiano reprehensâ erroris contra Evangelium. 73

LIII. Pelagii II Decretalis ab eodem Gratiano ex Gregorio Magno reprehensa : ex ipsâ etiam Glossâ contra Evangelium. 75

LIV. Honorii res : eum erroris excusari non posse, licèt ex cathedrâ pronuntiantem. 75

LV. De falsatis actis Binii ex Baronio conficta narratio. 76

LVI. Actio falsi à Christiano Lupo depulsa quàm certis probationibus. 77

LVII. Ex actis Concilii Hispanici Toletani XIV quæstio de falso clarè absolvitur. 78

LVIII. Ex eodem Concilio decreta à Romanis Pontificibus approbata, non nisi consensione factoque examine recipiuntur. 79

LIX. In fidei quæstionibus Conciliorum generalium potior auctoritas demonstratur ex Conciliorum actis, ac primùm ex Concilio III et IV. 80

LX. Bellarmini et Baronii altercatio de decretali sancti Leonis epistolâ in Concilio IV ritè examinatâ. 81

LXI. Definitio S. Leonis, ipso etiam teste, nonnisi ex Ecclesiæ consensu vim habet irretractabilem. 81

LXII. Concilii VI et VII acta : VII Synodi definitio ac summa auctoritas consensione constans. 82

LXIII. Concilii VIII eadem praxis : duo ejus decreta. 83

LXIV. Bellarmini sententia de synodali examine : Christiani Lupi aliorumque cavillationes : an in Conciliis de fide dubitatum, cùm de pontificiis decretis quæererent. 84

LXV. S. Basilii locus, atque in eum Christiani Lupi contumeliæ. 85

LXVI. Alius S. Basilii de S. Damasi decretis locus. 86

LXVII. Contentio de rebaptizatione inter S. Stephanum et S. Cyprianum : quæstiones involvendæ rei factæ ab hâc disputatione secernuntur. 87

LXVIII. In hâc controversiâ, quid certum sit, ex Bellarmino statuitur. 87

LXIX. *Galliæ vindicatæ* et *Tractatus de Libertatibus* auctores quid respondeant : an Cyprianus, ut in rebaptizatione, ita in Romani Pontificis auctoritate errasse memoretur : Augustini locus. 88

LXX. An Stephanus excommunicaverit, an totâ suâ auctoritate decreverit, frustra quæritur ; cùm ad eam excusationem nec Firmilianus, nec Cyprianus, nec ipse Augustinus refugerint. 89

LXXI. An infallibilitati pontificiæ detraxisse sit illud veniale peccatum, cujus Cyprianum Augustinus accusat. 90

LXXII. Nihil ad rem facit quærere an Cyprianus et alii resipuerint necne. 91

LXXIII. Cavillatio. 92

LXXIV. Bellarmini sententiæ duæ partes : prima Stephanum potuisse, nec tamen voluisse rem de fide facere, an Augustino congrua ? 93

LXXV. Secunda pars Bellarminianæ sententiæ, à Cypriano non fuisse peccatum saltem mortaliter. 94

LXXVI. Quo pacto intelligendum id quod dicit Augustinus, à Cypriano expectatam Concilii generalis sententiam : forma antiqui regiminis jam indè ab origine, etiam sub persecutionibus. 95

LXXVII. Vanæ et inanes quæstiunculæ de consensu Ecclesiæ, ipsâ regiminis ecclesiastici formâ concidunt. 100

LXXVIII. Solemnis acceptatio decretorum pontificiorum quàm usitata et quàm necessaria : Romani Pontificis officium et auctoritas ex Janseniano negotio ostenduntur. 101

LXXIX. Innocentii IV locus : Concilii provincialis sub Paschali II clara auctoritas. 102

LXXX. Anonymi *Tractatûs de Libertatibus Gallicanis* circa Sedis apostolicæ auctoritatem fœda et improbanda commenta. 104

LXXXI. Prolatæ in anterioribus verbis in Sedem apostolicam contumeliæ refelluntur. 105

LXXXII. An ferendum Papæ et Ecclesiæ potestatem primis temporibus religatam, et alia consectanea dici ab eodem auctore. 106

LXXXIII. Gallicana sententia per se stat, si aliena et afficta demantur : ac primùm de hæreticis non nisi conciliari auctoritate damnandis. 107

LXXXIV. Aliud imputatum de Synodis generalibus absque Papâ congregatis : Turrecrematæ loci insignes pro sententiâ Parisiensium. 108

LXXXV. Aliud imputatum : de Romanâ fide ac Sede apostolicâ. Innocentii III profertur locus : alii loci insignes in memoriam revocantur. 109

LXXXVI. SS. Monachorum ex Concilio Lateranensi depromptus locus : item S. Augustini ad Bonifacium Papam. 111

LXXXVII. An hæc sentientes fidem in suspenso teneant, aut arma inobedientibus subministrent. 112

LXXXVIII. Ex his potissimùm adversariorum argumentum eliditur. 113

LXXXIX. Hæc in opinione, non in fide, esse posita, controversiarum doctores profitentur : ac primùm Cardinalis Perronius. 114

XC. Walemburgii fratres in Germaniâ Episcopi celebres atque ab iis citati scriptores clarissimi. 115

XCI. Iidem fratres quomodo Bellarminum à Gretsero explicatum prodant. 117

XCII. Idem Gretserus aliique ab iisdem Walemburgiis citati. 117

XCIII. Innocentii XI Brevia apostolica duo. 119

XCIV. Inquisitionis Hispanicæ decreta, ab eminentissimo Cardinale Daguirreo et P. Thyrso prolata, Cardinalis Perronii auctoritate confixa. 122

XCV. Regum Hispaniæ Philippi I et Caroli V Augusti exemplo Hispaniæ Inquisitio retunditur. 124

XCVI. Summa argumenti : de Orientali Ecclesiâ et concilio Florentino pauca. 126

XCVII. Adversariorum ultima responsio : ex hâc argumentum et conclusio operis. 128

DEFENSIO DECLARATIONIS CLERI GALLICANI

DE ECCLESIASTICA POTESTATE.

PARS PRIMA,

QUA DE IMPERII IN TEMPORALIBUS SUPREMA POTESTATE DISSERITUR.

LIBER PRIMUS (SECTIO PRIMA).

Ex statu quæstionis, reique novitate, deponendorum Regum directa et indirecta potestas confutatur; ad caput primum Gallicanæ Declarationis.

CAPUT PRIMUM. Refertur caput I Gallicanæ Declarationis. 131

CAP. II. Contrarium articulum ponunt adversarii. Status quæstionis : ex

TABLE.

hoc intolerabilia incommoda; neque magis tolerabilior indirecta quàm directa potestas, cùm solis verbis differant : huic primo capiti Declarationis Gallicanæ, contrariam declarationem totidem verbis opponit auctor anonymus *Doctrinæ Lovaniensium*, quem alii adversarii sequuntur, et indirectam potestatem asserunt : quæ sententia quàm falsa sit, statim intelliget, qui vel statum quæstionis adverterit. 132

CAP. III. Horrenda atque ipsis adversariis detestanda necessariò consequuntur, à quibusdam admittuntur : nec nisi extirpatâ radice resecantur : Henrici Borbonii Condæi Principis oratio ad LUDIVOCUM XIII. 139

CAP. IV. Sententia Gallorum; ex *Censurâ* SANCTARELLI, quæ integra refertur. 142

CAP. V. Quædam in Sanctarelli doctrinam, atque in censuram notæ : articuli Facultatis toto regno vulgati : Censura Malagulæ. 144

CAP. VI. Hujus sententiæ novitas in Sanctarello notata à sacrâ Facultate: Scripturæ silentium : auctoris anonymi qui scripsit *de Libertatibus* in Scripturæ locos glossæ. 146

CAP. VII. Primus Regum deponendorum auctor Gregorius VII, undecimo exeunte sæculo : orbis universus eâ novitate commotus : explicatum obiter, quo sensu negarent, excommunicari posse Reges. 149

CAP. VIII. Quæ Gregorius VII hujus rei exempla et documenta protulit, rei novitatem probant. 153

CAP. IX. De Gregorii decretorum auctoritate in Ecclesiâ dubitatum, neque ipse sibi constitit. 156

CAP. X. Gregorius VII nimia et nova sectatur : initia regiæ potestatis superbiæ ac diabolo assignat, repugnante Scripturâ; neque tantùm Patrum, sed totius humani generis traditione. 159

CAP. XI. Aliæ Gregorii VII novitates : Novum excommunicationis genus, quo victoriam ab Henrici IV exercitu arcet : nova doctrina de omnium Pontificum Romanorum sanctitate. 162

CAP. XII. Quâ occasione Gregorius VII Regum depositionem aggressus sit : quove imperii ac regnorum statu : quam universalis monarchiæ etiam temporalis ideam animo informarit : ejus mores, ingenium, et in omnia regna variæ molitiones; ac 1° in imperium Romano-Germanicum, in Galliam, in Augliam, in Daniam ; de iisque quæri, nihil imminutâ Sedis apostolicæ majestate. 167

CAP. XIII. De Hispaniâ et Sardiniâ quid Gregorius VII decreverit. 171

CAP. XIV. De Hungariâ : de aliis regnis ac provinciis : quibus causis impulsi, pontificiæ ditioni se ultrò subjecerint : arbitraria jura etiam in infideles Principes protenduntur. 177

CAP. XV. Regna infidelium, quo jure concessa Bellarminus aliique defenderint : hæc, et alia de Regibus deponendis gesta, nullo religionis periculo impugnari posse. 179

CAP. XVI. Ipsam quæstionem aggredimur : hæc tractatio bifariam distributa : quinque propositiones ordine comprobandæ. 183

LIBER PRIMUS (SECTIO SECUNDA),

quâ expenduntur Scripturæ loci, et Patrum traditiones illustrantur, ad caput primum Gallicanæ Declarationis.

CAP. I. PRIMA PROPOSITIO probatur : quòd regia seu suprema civilis potestas jc n inde ab initio sit legitima, etiam inter infideles. 186

CAP. II. SECUNDA PROPOSITIO, quòd regia et suprema potestas etiam inter infideles sit à Deo : Reges sacrosancti : juratum per eorum salutem : religio in Principes : Tertulliani loci. 188

CAP. III. Quo sensu suprema civilis potestas sit à Deo ; quodve discrimen sacerdotium inter et imperium. 189

CAP. IV. TERTIA PROPOSITIO : quòd regia ac suprema potestas nulli alteri potestati Dei ordinatione subjecta : omnium gentium in eam rem consensio : Druidæ, Augures, alii ejusmodi frustra advocati ad præsidium indirectæ potestatis. 192

CAP. V. Ex tribus primis propositionibus *Corollarium :* quòd sine verâ religione veroque sacerdotio, civile regimen perfectum, ac seipso consistens, atque in rebus suis ab omni aliâ potestate absolutum : an in eo jure aliquid immutatum per legale aut per christianum sacerdotium, quartâ et quintâ propositione quæritur. 195

CAP. VI. QUARTA PROPOSITIO : Per institutionem sacerdotii legalis nihil immutatum in regiâ ac summâ potestate; nihil ad eam deponendam juris Sacerdotibus attributum : probatum ex Deuteronomio, Regumque libris. 197

CAP. VII. An unctio Regum, eorumque designatio per Samuelem interdùm ac prophetas facta, in ordinandis civilibus aliquid Sacerdotibus juris attribuat ? De concilio Sanhedrin Baronii sententia expenditur. 198

CAP. VIII. Bellarmini argumentum ex Deuteronomii loco. 201

CAP. IX. Quæ antè dicta sunt, Judæorum historiâ recensitâ, luculentiùs explicantur : Judæorum regum, etiam ad idola cogentium, inviolata majestas : Reges Assyrii, Medi, Persæ, pari cultu observati : erga eos egregia, Alexandri Magni tempore, Judæorum fides : Josephi locus : eadem obedientia in Alexandrum, et Græcos Syriæ Reges. 202

CAP. X. Recidivum sub Machabæis imperium peculiari Dei instinctu à Mathathiâ inchoatum, à filiis stabilitum : Romani ac Cæsares eodem jure, Christo approbante, regnarunt. 206

CAP. XI. An Athaliæ cæsæ exemplum his obsit. 210

CAP. XII. De Ozia propter lepram ejecto. 211

CAP. XIII. QUINTA PROPOSITIO : Neque per institutionem christiani sacerdotii quidquam fuit immutatum in regnandi jure : id probare aggredimur ex evangelicis Scripturis : explicatur potestas quam Christus Apostolis tradiderit. 215

CAP. XIV. Locus Evangelii : *Reddite quæ sunt Cæsaris, Cæsari.* 218

CAP. XV. Prævisis malis quæ ab impiis Regibus Ecclesiæ essent eventura, quæ Christus et Apostoli auxilia reliquerint; et an aliqua præter patientiam ? 219

CAP. XVI. An generali præcepto obediendi Regibus, Christus et Apostoli aliquam exceptionem attulerint, et quam ? 221

CAP. XVII. Adversariorum effugia : distinguunt tempora infirmæ et adolescentis, à temporibus robustæ et jam prævalentis Ecclesiæ : an hæc Christianis digna ? 223

CAP. XVIII. An eludi possit locus Evangelii : *Regnum meum non est de hoc mundo ?* 225

CAP. XIX. An ad rem pertineat ille ab adversariis objectus locus : *Data est mihi omnis potestas in cœlo et in terrâ,* et ille locus, Rex Regum ? 227

CAP. XX. Locus Evangelii : *Quis me constituit judicem super vos ?* 228

CAP. XXI. Respondetur ad objecta capitis XVII : an impii Reges ab Ecclesiâ impuniti, si tuti à depositione habentur. 230

CAP. XXII. De excommunicationis effectu : an privet temporalibus : quid sit illud : *Sit tibi sicut ethnicus et publicanus ?* interdicta de vitandis excommunicatis in litteris apostolicis contenta expenduntur. 232

CAP. XXIII. Alius excommunicationis effectus : *Tradi Satanæ ad interitum carnis :* argumentum pro nostrâ sententiâ ductum ex memoratis in Scripturâ excommunicationis effectibus. 236

CAP. XXIV. Objectum ex interdicto de vitandis excommunicatis, per exceptionem moralis, quam vocant, sive civilis necessitatis, ex omnium Theologorum doctrinâ solvitur : eâ in re Gregorii VII tempore manifestus error, nunc communi consensu refutatus. 237

CAP. XXV. Ejusdem interdicti vis diligentiùs quæritur : probatur, evangelicis apostolicisque litteris, quòd exceptionem necessariæ causæ admittat, neque ab obsequiis Regum arceat. 238

CAP. XXVI. Idem probatur ex sanctis Patribus. 240

CAP. XXVII. Idem probatur ex Hincmari insigni responsione ad Adrianum II, vetantem ne cum Carolo Calvo Rege communicaret. 243

CAP. XXVIII. Idem efficitur ex Gregorii VII decretis. 245

TABLE.

CAP. XXIX. Idem probatur ex secutâ Pontificum omnium, atque Ecclesiæ praxi: insigne exemplum sub Gregorio IX, ac Friderico II imperatore: huic præstitum obsequium; negatâ interim mensâ et osculo. 248

CAP. XXX. Sancti Thomæ locus: Canon Constantiensis: item Lateranensis Concordato insertus: quo sensu reges excommunicari non possint: dictorum in hoc interdictum recapitulatio; atque hinc firmum argumentum. 249

CAP. XXXI. Ambas potestates, ecclesiasticam et civilem, in suo quamque ordine esse primas, ac sub uno Deo proximè collocatas, Scripturis ac Patrum traditione demonstratur: Tertulliani locus. 252

CAP. XXXII. Aliæ Patrum auctoritates: an his satisfiat dicendo Principes in temporalibus, non minùs soli Deo subesse, cùm ejus Vicario subsint. 254

CAP. XXXIII. An ut ambæ potestates inter se ordinatæ sint, unam alteri subdi necesse sit: sancti Gelasii aliorumque Pontificum doctrina. 256

CAP. XXXIV. Cur hæ potestates tantâ providentiâ distinctæ sint: sanctus Gelasius duas causas affert, quæ indirectâ potestate tolluntur. 258

CAP. XXXV. Ambarum potestatum separatio ac societas ex sancti Gelasii doctrinâ explicatur: Bellarmini comparatio: S. Gregorii Nazianzeni locus ab eo objectus. 261

CAP. XXXVI. Canon, *Omnes*, objicitur et solvitur. 264

CAP. XXXVII. Objicitur à Bellarmino Apostoli locus de judicibus ab Ecclesiâ constitutis: Jeremiæ locus: duo gladii, regale sacerdotium: allegoria alia et accommodatitia: dictorum in hoc libro recapitulatio. 265

LIBER SECUNDUS,

quo Patrum testimonia et exempla afferuntur usque ad Gregorium VII.

CAP. I. Ordo et distributio tractationis hujus, primùm in duo tempora, tum in duas quæstiones. Prima quæstio; de Regibus propter scelera reprehensis: an deponendi visi sint? Patrum doctrina et exempla in persecutione et tribus primis sæculis: an Christianorum obedientia ex imbecillitate Ecclesiæ et eorum temporum ratione prodierit? 270

CAP. II. Quartum sæculum, Julianus Apostata: an Ecclesia tum invalida fuerit? S. Gregorii Nazianzeni locus: item S. Augustini, S. Thomæ responsio ad locum Augustini, non satis cognito rerum sub Juliano statu. 273

CAP. III. A paganis regibus, atque ab Apostatâ Juliano transitus ad hæreticos: Constantius Arianus, catholicæque Ecclesiæ persecutor: an imbecillitate factum, quòd Hilarius, Athanasius, Lucifer Calaritanus, alii, indirectam potestatem ne quidem intentarent. 278

CAP. IV. Quarti Ecclesiæ sæculi reliqua exempla proferuntur: Valens hæreticus et persecutor: sancti Basilii aliorumque Sanctorum sensus: Justinæ Arianæ, Valentiniani II nomine, Catholicos insectanti, sanctus Ambrosius viribus prævalens, quousque repugnari posse putat: quid idem comminatus sit Gratiano et Valentiniano, si sacra paganorum restituerent. 285

CAP. V. Sancti Ambrosii cum Theodosio gesta: an Ambrosius aliquid temporalis potestatis attigerit, ut Bellarmino visum; an vel de eo cogitaverit? Aliud Ambrosii erga eumdem Theodosium post incensam synagogam. 289

CAP. VI. Quinti sæculi exempla: Arcadius, ac de eo Gregorii VII verba: Burgundiones: Visigothi: Vandalis Theodoricus Ostrogothus: Hunericus Vandalus: Odoacer Herulus: Zeno Imperator. 294

CAP. VII. Anastasius Imperator hæreticus, persecutor, anathemate nominatim in Oriente, et à Romano quoque Pontifice in Occidente damnatus, Ecclesiæ peculiari sacramento obligatus, regno eâ conditione suscepto: ejus deponendi mira opportunitas: sancti Pontifices Gelasius, Symmachus, Hormisdas ne id quidem cogitaverunt. 297

CAP. VIII. Sexti ac septimi sæculi exempla: sancti Gregorii Magni ad Mauricium epistola memorabilis: in eam Baronii nota: quædam de Pontificum subjectione erga Principes. 302

CAP. IX. Privilegia ab eodem sancto Gregorio concessa expenduntur imprecatoriæ formulæ eo ævo familiares : Gregoriana formula ad alia privilegia non transit. 303

CAP. X. Sancti Maximi Monachi et Confessoris locus de Monothelitis Imperatoribus. 306

CAP. XI. Octavi sæculi exempla : Iconoclastæ imperatores : ac primùm Leo Isaurus : de eo Bellarmini argumentum ex Baronio solvitur : quæ hîc sint demonstranda proponuntur. 307

CAP. XII. An Græci historici à Baronio et Bellarmino in Gregorii II ac Leonis Isauri rebus adducti, atque ab eis relata gesta, indirectæ potestati faveant. 308

CAP. XIII. Gregorium II nihil in imperatorem hæreticum movisse, imò eâ occasione aliquid molientibus obstitisse, ex ejus gestis, epistolis, doctrina demonstratur. 312

CAP. XIV. An Gregorius II, imbecillitate virium, ab indirectâ potestate exercendâ, saltem ostendendâ temperarit. 314

CAP. XV. Gregorius II confiteri pergit nullam esse suam in rebus civilibus potestatem. 315

CAP. XVI. De Gregorii II gestis Latini historici proferuntur, Paulus Diaconus et Anastasius Bibliothecarius : ex his demonstratur nihil ab eo, nisi pro tuendo imperio gestum, etiam post anathema imperatori dictum. 317

CAP. XVII. Cur Græci illud de tributis Gregorio II objecerint? Id utcumque se habet, an nostræ sententiæ noceat. 320

CAP. XVIII. De Gregorio III, Gregorii II successore, ejusque ergâ Leonem Isaurum et Constantinum Copronymum ejus filium obsequio : de ejus Pontificis duplici legatione ad Carolum Martellum, quarum alteram Baronius Gregorio II assignavit. 322

CAP. XIX. Zacharias in obsequio perstitit : Stephanus II, pro imperio conatus omnia, nonnisi necessitate ad Francos refugit : ad eos translatum imperium sub Leone III, cùm Græci imperatores ad fidem catholicam rediissent. 326

CAP. XX. An valeant allatæ à Baronio causæ, cur Constantino Irenes filio, catholico imperatori, imperium restituendum non fuerit : Adriani I locus nihil ad rem : recapitulatio dictorum de Iconoclastis imperatoribus : de fide illis servandâ Orientalis Ecclesiæ sensus : illi imperatores in coronatione jusjurandum dederant de tuendis Ecclesiæ dogmatibus ac ritibus : ex his argumentum. 329

CAP. XXI. Noni sæculi exempla : Ludovici Pii imperatoris depositio ; hæc et inde secuta, impia, irrita nulla, malè intellecta, nihil ad rem, nobisque potiùs favent quàm adversariis : an expectata, ad restituendum Ludovicum, Gregorii IV auctoritas. 332

CAP. XXII. Lotharii Junioris excommunicatio, propter Valdradam, nullâ unquam depositionis mentione. 336

CAP. XXIII. Adrianus II Carolum Calvum à Lotharii mortui regno deterret excommunicatione ; quàm grave Francis visum fuerit terrenis rebus immiscuisse se Pontificem, nihil de depositione cogitantem : Hincmari locus. 338

CAP. XXIV. Eodem nono sæculo Stephani V epistola ad Basilium imperatorem, de finibus utriusque potestatis. 339

CAP. XXV. Eodem sæculo Fulconis Rhemensis locus à Perronio objectus. 340

CAP. XXVI. Atto Vercellensis, Burchardus Vormatiensis, decimi sæculi auctores, proferuntur. 341

CAP. XXVII. Eodem sæculo decimo, Robertus Francorum Rex excommunicatus, nullâ depositionis mentione. 342

CAP. XXVIII. Undecimi sæculi exempla et testimonia sub Leone IX et Victore II, paulò ante Gregorium VII : Petri Damiani, ejusdem Gregorii VII familiarissimi, locus à Baronio reprehensus. 344

CAP. XXIX. Ejusdem Petri Damiani sub Alexandro II, proximo Gregorii VII antecessore, insignis locus, quo docet utrasque potestates, et discretas esse, et supremas et socias. 346

CAP. XXX. Gesta sub Alexandro II et Gregorio VII usque ad inceptum annum 1076. Dictorum in hoc libro circa primam quæstionem summa et conclusio. 348

TABLE.

Cap. XXXI. An valeat id quod Perronius Cardinalis ad antiquitatis exempla responderit. 350

Cap. XXXII. An ejusdem Perronii Cardinalis distinctio valeat, paganos inter Principes et christianos, aut Ecclesiæ fidem juratos : Romanum imperium pridem christianum, alia christiana regna; necdum tamen memorata potestas Reges deponendi. 351

Cap. XXXIII. Altera Quæstio : an nullo quoque interveniente peccato, propter ecclesiasticam utilitatem, Reges deponendi visi sint ab ecclesiasticâ potestate ? Childericus Regum Merovingianorum ultimus. Cap. *Alius* 15, q. 6, ex Gregorio VII : Glossa in illud caput : majorum de eo capite sententia. 353

Cap. XXXIV. Rei sub Zachariâ gestæ series : regni Francici status : evictum hæc nihil ad nostram quæstionem pertinere. 356

Cap. XXXV. Clariùs demonstratur hæc, utcumque se habent, nihil ad rem facere. 360

Cap. XXXVI. Quæritur quo jure facta sit translatio imperii Occidentalis ad Francos : duo præmittuntur status Imperii : tum Pontificibus et sacro ordine jura duplicis generis distinguuntur : Romanus Pontifex labente Imperio caput civitatis habitus. 364

Cap. XXXVII. Res gesta à Romanâ civitate : Principibus Francis oblatus Consulatus, Patriciatus delatus, concessum Imperium, auctore seu adjutore Romano Pontifice, ut capite civitatis : testimonia historicorum. 367

Cap. XXXVIII. Quo jure Romana civitas ad Francorum Principum tutelam confugerit, ac postea illis Imperium dederit. 371

Cap. XXXIX. Carolus Calvus à Romanâ civitate imperator, à regni proceribus rex Italiæ designatur. 374

Cap. XL. Gesta sub reliquis Carolinis Principibus : eâ stirpe extinctâ turbæ : Otho I imperator : Imperii translatio ad Germanos sub Othone III, qualis memoretur à Baronio : quæ omnia nihil ad nos. 376

Cap. XLI. In transferendo Imperio ad Germanos, teste Baronio, consensus intervenit Romanæ civitatis : quæ tamen omnia, et inde secuta nihil ad nos. 378

Cap. XLII. Decretum Episcoporum de Lotharii regno, post Fontanellidensem pugnam, an ad rem faciat. 380

Cap. XLIII. An meritò objectum à Baronio id quod est à Carolo Calvo in proclamatione adversùs Venilonem positum. 382

Cap. XLIV. Argumentum ex Regum consecratione repetitum solvitur Ludovici II imperatoris, Lotharii I filii, epistolâ ad Basilium imperatorem Orientis. 384

LIBER TERTIUS,

quo à Gregorii VII tempore, res extra Concilia œcumenica gesta referuntur ; ad Caput primum Gallicanæ Declarationis.

Cap. I. An Gregorii VII ac secutis decretis ita res confecta sit, ut de eâ ambigere Catholicis non liceat : contrarium statuitur certis exemplis & Catholicorum omnium consensione : Melchior Canus, Bellarminus, Rainaldus, Perronius testes adducuntur. 388

Cap. II. Gesta sub Gregorio VII, primumque ejus de Henrico deposito decretum. 393

Cap. III. De Gregoriani decreti auctoritate quæritur : paucis repetuntur quæ de ejus novitate dicta sunt. 395

Cap. IV. Qui Gregorio VII Henricum deponenti adhæserint, eos falso fundamento nixos, falso nempe intellectu interdicti de vitandis excommunicatis, idque jam in confesso esse : sancti Gebhardi et aliorum ejus ævi in eam rem sententiæ. 397

Cap. V. Quod nunquam de potestate Reges deponendi canon conditus fuerit, nunquam edita professio, nunquam eâ de re pronuntiatum, ac nequidem unquam quæsitum : incœptum à factis quæ deinde ad jus tracta sint. 401

Cap. VI. Quod multi in Germaniâ orthodoxi etiam Episcopi à Gregorii VII sententia discreparent : exemplum Trevirensis Ecclesiæ, ac Brunonis Archiepiscopi, imperatori deposito omnia jura servantis, etiam ea quæ ad designandos Episcopos antiquitus data essent. 405

Cap. VII. Sanctus Otho Bambergensis, sanctus Erminoldus abbas, designationes Episcoporum ab imperatore deposito factæ, ab orthodoxis Ecclesiis petitæ et admissæ : quid in iis Sedes apostolica et Concilium Romanum improbant. 407

Cap. VIII. Leodiensis Ecclesiæ egregium testimonium : Leodienses an fuerint schismatici : an in suâ epistolâ falsum aliquid docuerint : cur pro eâ doctrinâ veniam petierint, cùm in communionem recepti sunt. 411

Cap. IX. Quod hæc decreta Gregorii VII, aliorumque Pontificum nullo deliberante aut approbante Concilio, tum pessimo exemplo et infelicibus auspiciis facta sint. 415

Cap. X. Philippus I, Francorum rex, excommunicatus, nullâ unquam depositionis mentione. 418

Cap. XI. Loci quidam Ivonis Carnotensis per summam inscitiam objecti solvuntur : corona regia regi restituenda in his locis quid sit? Ivonem cum aliis omnibus Francis in obsequio perstitisse : Guillelmi Malmesburiensis locus. 420

Cap. XII De investituris inter Paschalem II et Henricum V imperatorem : excommunicationes à Conciliis latæ : depositio in Rhemensi Concilio à solo Papâ : facta compositio in Lateranensi I generali sub Calixto II revocatæ depositionis, aut Regis rehabilitati nullâ mentione. 424

Cap. XIII. Sanctorum Patrum ejus ævi, Anselmis Cantuariensis, Ivonis Carnotensis, Bernardi Claravallensis de Imperatorum depositione silentium : locus Anselmi probantis Walerannum Henrico IV deposito, ut regi, adhærentem. 427

Cap. XIV. Ivonis Carnotensis loci quidam expenduntur : exempla memorantur : horum occasione de Regaliæ causâ, atque initâ per Episcopos Gallicanos compositione, actum : de Gratiani Decreto quædam afferuntur. 430

Cap. XV. Bernardus Claravallensis Abbas : sub Innocentio II, schisma ingens extinctum : libri de Consideratione ad Eugenium III. 432

Cap. XVI. Ejusdem Bernardi allegoria de duobus gladiis : quid ad eam majores nostri responderint obiter indicatur. 437

Cap. XVII. Hugonis de sancto Victore locus ab adversariis objectus. 439

Cap. XVIII. Friderici I res : duplex dissidium : primum cum Adriano IV : quid sit beneficium, quid coronam dare ex Adriani responso? Varius Adrianus : ejus decretum de Insulis. 442

Cap. XIX. Alterum Friderici I dissidium cum Alexandro III. Excommunicatur, deponitur, nec minùs agnoscitur pro imperatore, etiam à Papâ : excommunicatio, res seria, depositio pro nihilo habetur. 444

Cap. XX. Henrici VI, Friderici filii, excommunicatio sine depositione per Cœlestinum III. Item Philippi Augusti regis Francorum, ob repudiatam uxorem per Innocentium III. Item depositio Othonis IV imperatoris per eumdem Innocentium : bella atrocia, harum depositionum appendix. 446

Cap. XXI. Post imperatores hactenus depositos, primus aliorum regum. Joannes *sine terrâ* Anglus, ab Innocentio III depositus, regno Sedi apostolicæ tradito restitutus; quæ Sedis apostolicæ odio et contemptui vertunt. 447

Cap. XXII. Refertur caput, *Novit*, extrav. *de Judiciis :* hujus edendi occasio : nihil ad rem : interpretatio necessaria. 450

Cap. XXIII. Bonifacii VIII cum Philippo IV Pulchro, Francorum Rege, dissidium : acta Bonifacii rescissa à Clemente V : rex omnesque regni ordines, regni in temporalibus tuentur independentiam. 452

Cap. XXIV. Bullæ *Ausculta fili*, et *Unam sanctam*, expenduntur. 459

Cap. XXV. Reliqua Bonifaciani dissidii acta; Gallicana intacta : Bonifaciana à successoribus antiquata. 463

Cap. XXVI. Joannis XXII successorumque acta adversùs Ludovicum Bavarum imperatorem summatim referuntur, nec ad nostram quæstionem pertinere ostenduntur. 466

TABLE.

Cap. XXVII. De Navarræ regno Hispanis tradito : item de Joannâ Albretanâ, hæresis crimine, sub privationis pœnâ Romam à Pio IV evocatâ, quod Galli improbarint ac prohibuerint. 469

Cap. XXVIII. Sixti V et Gregorii XIV decreta in Henricum IV, Navarræ, ac postea Francorum et Navarræ Regem, quoad temporalia nullo loco habita : à Clemente VIII absolutio eidem Henrico IV nullâ rehabilitationis mentione, ut Regi impertitur : obiter notatur, qui adversùs Declarationem Gallicanam de *Libertatibus Gallicanis* scripsit Anonymus. 470

LIBER QUARTUS,

quo à Gregorii VII temporibus res in Conciliis œcumenicis gestæ referuntur : ad Caput primum Gallicanæ declarationis.

Caput primum. Canon XXVII Concilii Lateranensis III, sub Alexandro III, quo pœnæ temporales adversùs hæreticos decernuntur : ibi distinctio notabilis, eorumque Ecclesia per se, et eorumque gerat Principum adjutâ constitutionibus : hinc lux huic et aliis ejusdem generis secutis Canonibus : his decretis Principum consensus intervenire solitus : hinc quoque certa illis auctoritas. 475

Cap. II. Concilii Lateranensis IV Canon III; sub Innocentio III, quod ad pœnas temporales attinet, ejus est generis, in quo Ecclesia consensu et constitutionibus Principum adjuvatur : Principes facilè comprobabant quæ adversùs hæreticos ab Ecclesiâ sancirentur. 478

Cap. III. Antiquorum imperatorum leges, quibus Ecclesia juvabatur ad pœnas temporales adversùs hæreticos, in Conciliis Lateranensibus III et IV, decernendas 480

Cap. IV. Ex historiis demonstratur quæ de feudis aliisque temporalibus. ecclesiasticâ auctoritate gererentur, Principum concessione et consensione valuisse. 482

Cap. V. Ecclesiasticâ potestas multa sibi vindicavit civilia : sacra bella religionis causâ, sive Cruciatæ : aliæ ejusmodi occasiones, S. Ludovici de Philippo Augusto avo insigne testimonium : tacitæ consensionis exceptio utrique ordini ad sua jura explicanda necessaria est : utriusque potestatis sancta societas : Petri Damiani repetitur locus. 484

Cap. VI. De Friderico II deposito : sub Gregorio IX acta : excommunicatus, deinde depositus, à S. Ludovico et Gallis pro imperatore est habitus : Concilium œcumenicum à Gallis requisitum, à Gregorio IX Romam convocatum. 488

Cap. VII. Quæ sub Innocentio IV, Gregorii IX successore, gesta : Concilium Lugdunense I : in eo acta ; atque ex his et antè dictis, argumenta contra nos. 491

Cap. VIII. Solutio objectorum præcedentis Capitis : duo quædam notatu digna : depositio edita, SACRO PRÆSENTE CONCILIO, non SACRO APPROBANTE CONCILIO, ut solet. 493

Cap IX. De statu imperii Romano-Germanici quædam quæ ad objectorum solutionem spectant. 495

Cap. X. Constantiensia et Basileensia decreta ; Sigismundi imperatoris in Synodo Constantiensi imperiale decretum : ejusdem imperatoris, de Romano-Germanici imperii Principibus, declaratio. 499

Cap. XI. Concilium Lateranense V sub Julio II. De Concilii Tridentini decreto sessionis XXV, capite XIX de Reformatione, quid nostri, etiam Curiæ Romanæ addictissimi, senserint. 505

Cap. XII. Nostri sæculi gesta ultimo loco reservata : dissidium Venetum, sub Paulo V, Henrici IV Magni operâ compositum. 507

Cap. XIII. Cardinalis Bellarmini libri adversùs Barclæum : Senatûs decretum, antiquis ejusdem Senatûs decretis congruum, quæ sacra Facultas susceperit : regii Concilii decretum, Perronii Cardinalis operâ. 510

Cap. XIV. Conventus Ordinum regni 1614. Articulus propositus à tertii Ordinis deputatis : cur Clerus obstiterit, adjunctâ nobilitate : Perronii Cardinalis oratio quatenùs à Clero probata : an hæc novissimæ Cleri Gallicani Declarationi noceant? ... 511

Cap. XV. In Perronii Cardinalis oratione ad tertium Ordinem annotata quædam ; ejus dicta confutantur : acta laudantur : hujus controversiæ finis. ... 513

Cap. XVI. Censura Sanctarelli. An Cardinalis Perronius jure metueret, ne Ecclesia errasse videretur, si censurâ notata esset illa de deponendis regibus sententia. ... 518

Cap. XVII. Recapitulatio dictorum ad Caput I Gallicanæ Declarationis de temporalis potestatis supremâ auctoritate : an, quod Cardinalis Perronius objecit, nostram sententiam Romani Pontifices pro erroneâ habuerint ? An ab ullis Conciliis damnata sit ? An aliquis ex eâ adversùs Ecclesiæ auctoritatem metus ? ... 519

Cap. XVIII. De Regibus propter hæresim et apostasiam deponendis : cur ætate postremâ multi reges consenserint ? cur scholastici Doctores ? cur ab eâ sententiâ discedamus ? ... 523

Cap. XIX. Anonymi auctoris, qui tractatum de Libertatibus Ecclesiæ Gallicanæ edidit, liber IV ex antedictis confutatur. ... 526

Cap. XX. Reliqua anonymi argumenta soluta paucis : ac primùm quæ ad Scripturam. ... 531

Cap. XXI. Argumenta anonymi deprompta ex antiquitate : tum ex Scholasticis et Canonistis. ... 532

Cap. XXII. Anonymi argumenta ex consensu regum, et sanctorum exemplis. ... 535

Cap. XXIII. De Anglicanâ controversiâ : conclusio tractationis ad Caput I Declarationis Gallicanæ : doctrinam hanc Ecclesiæ catholicæ ornamento, aliam invidiæ esse. ... 539

PARS SECUNDA,

IN QUA DE CONCILIIS CONSTANTIENSI ET BASILEENSI, ET CONSECTANEIS AGITUR.

LIBER QUINTUS,

de Concilio Constantiensi ; ad Caput secundum Gallicanæ Declarationis.

Caput primum. Refertur Declarationis Caput II : hujus libri scopus : Synodum Constantiensem Sedi apostolicæ nunquam infensam aut suspectam fuisse. ... 548

Cap. II. Constantiensis Concilii laudata decreta, ex sessionibus IV et V referuntur : censores nostros, atque etiam ipsum auctorem tractatûs de Libertatibus Ecclesiæ Gallicanæ, nec Synodi verba attendisse, nedum intellexerint. ... 550

Cap. III. Ordo disputationis hujus : censores nostri tria objiciunt : primum quidem de textu ; alterum de sensu ac mente ; posterum de auctoritate decretorum Constantiensium. ... 553

Cap. IV. Novum Emmanuelis Schelstrati de textûs falsatione commentum. ... 555

Cap. V. Schelstrati, de falsatâ sessione IV Constantiensi, fabula confutatur : probitas Patrum Basileensium omnium, scriptorum consensu asseritur : B. Ludovici Alamandi, ejus cœtus principis, eximia sanctitas. ... 558

Cap. VI. Sessionis V, quâ potissimùm utimur, lectionem, neque in dubium revocari posse, neque unquam in dubium revocatam. ... 562

Cap. VII. Ad sensum Constantiensium canonum constituendum, præmittitur brevis historia chismatis : ex ipsos schismate fidei periculum, Sedis apostolicæ contemptus, morum corruptela, ac necessaria reformatio. 565

CAP. VIII. Tria schismati quæsita remedia : Concilium œcumenicum necessarium : Ecclesia Gallicana ab Odorico Rainaldo Viclefismi accusata, propter subtractam simul obedientiam et annatas. 570

CAP. IX. Nullum remedium nisi in Conciliorum generalium superiore potestate : an ea sit agnita in causâ schismatis tantùm, an ideo collata ad schismatis causam, quod in aliis quoque causis prævalere soleret? 572

CAP. X. Concilium Pisanum ab utriusque obedientiæ Cardinalibus convocatum, quo jure? Ejus Concilii acta. 575

CAP. XI. Confirmatur assertum illud : quòd processus Ecclesiæ catholicæ et Pisani Concilii, superiore Conciliorum, etiam extra schisma, in summis quibusque negotiis, auctoritate nitatur : quibus fundamentis Concilii Pisani decreta nitantur. 578

CAP. XII. An sine temeritate Concilii Pisani auctoritas rejici possit. 583

CAP. XIII. Ad Constantiense Concilium devenitur : ejus causæ atque initia referuntur : rerum series usque ad sessionem v : hinc confutati qui ad schismatis tempus decreta restringunt. 587

CAP. XIV. Vana suffugia, ex ipso Concilii scopo ac verbis, confutantur. 590

CAP. XV. Ex sessione VIII Concilii Constantiensis, sessionis v sensus asseritur. 595

CAP. XVI. Mens sessionis v, ex capite *Frequens*, et ex capite *Si verò* sessionis XXXIX demonstratur. 598

CAP. XVII. Idem demonstratur ex aliis capitibus sessionis XXXIX : Schelstrati et aliorum suffugia præcluduntur. 600

CAP. XVIII. Idem demonstratur ex sessione XL, et octodecim tùm propositis reformationis articulis. 602

CAP. XIX. Recapitulatio eorum quæ de mente concilii dicta sunt : solutio objectorum caput III. 604

CAP. XX. Sessionibus IV et v æquè ac reliquis concilii œcumenici auctoritas constat : an valeat Bellarmini responsio, earum sessionum decreta, à Florentinâ et Lateranensi synodis antiquata ? 606

CAP. XXI. An sessionum IV et v dubia sit auctoritas, quòd duæ obedientiæ defuerint ? An Joannis XXIII obedientia tertia pars Ecclesiæ fuerit ? An Joannes XXIII aut alii sessionibus IV et v contradixerint ? Joannis Turrecrematæ et Joannis Gersonis loci. 608

CAP. XXII. Quòd inter catholicos certum sit, Concilium Constantiense jam inde ab initio, et ante adunatas obedientias fuisse œcumenicum : Bulla *Inter cunctas* à Martino V, *sacro approbante concilio*, edita Constantiæ. 612

CAP. XXIII. An novæ concilii convocationes, Gregorii et Benedicti obedientiis Constantiam advenientibus, pacis studio factæ, antecedentium sessionum auctoritatem advenientibus, pacis studio factæ, antecedentium sessionum auctoritatem infringant ? Ac primum de suscepto Gregorio, sessione XIV. 614

CAP. XXIV. Exemplum singularis, in ejusdem schismatis casu, indulgentiæ et condescensus. 616

CAP. XXV. De sessionibus XXII, XXVI, XXXV, quibus Aragonenses, Navarrici et Castellani suscepti sunt. 619

CAP. XXVI. Ex ipsâ rerum serie antedicta confirmantur. 621

CAP. XXVII. Antiquæ Ecclesiæ exemplis Concilii Constantiensis œconomia asseritur. 624

CAP. XXVIII. Objectio ex defectu confirmationis petita dissolvitur. 627

CAP. XXIX. An sessionum IV et v decreta iis accenseri debeant, quæ Martinus V, ut *conciliariter* facta, confirmavit. 630

CAP. XXX. Bellarmini sensus exploditur : an sessionem IV et v decreta sine examine debito processerint. 632

CAP. XXXI. An illa formula, *sacro approbante concilio*, Papam concilio superiorem probet. 634

CAP. XXXII. Prædicta responsa de dubio Pontifice etsi valeant, non tamen adversarios expeditos esse, ac Parisiensium ex Constantiensi canone vigere sententiam. 637

Cap. XXXIII. Emmanuelis Schelstrati objecta, à codicibus manuscriptis petita, solvuntur circa sessionem iv. 642
Cap. XXXIV. Quæ in Schelstrati manuscriptis sessionem v spectent. 644
Cap. XXXV. Francisci Zabarellæ cardinalis Florentini doctrina de superiori etiam in reformationis negotio concilii potestate. Corollarium de dissensionibus Constantiensibus à Schelstrato memoratis. 646
Cap. XXXVI. Alia Schelstrati ex manuscriptis codicibus objecta solvuntur : an aliquid contra nos concludatur ex eo quòd reformatio ad id tempus dilata sit, quo Papa electus esset. 650
Cap. XXXVII. Alia objectio Schelstrati circa sessionem xiv concilii Constantiensis. 654
Cap. XXXVIII. Postrema objectio Schelstrati, de sublato decimo-tertio reformationis articulo. Bulla Martini V, de non appellando ad concilium, suum in locum remittitur. 656
Cap. XXXIX. Confirmatio argumentorum pro auctoritate Constantiensis concilii : multa in eamdem rem Martini V et Eugenii IV acta usque ad Basileense concilium. 657

LIBER SEXTUS,

De Basileensi, aliisque secutis synodis ac gestis, quibus Constantiensia decreta confirmentur.

Caput primum. Duo dissidia Basileensia distinguuntur : res in primo dissidio gestæ. 663
Cap. II. Ex antedictis Constantiensia dogmata confirmantur. 670
Cap. III. Confirmantur argumenta capitis præcedentis : insigne Eugenii IV ad universos fideles diploma refertur. 673
Cap. IV. Turrecrematæ et Rainaldi aliorumque suffragia. 674
Cap. V. De secundo Basileensi dissidio : quid ab initio reconciliatæ gratiæ, usque ad secundi dissidii initium, à synodo gestum sit per biennium. 678
Cap. VI. Quid per idem tempus ab Eugenio IV sit gestum. 681
Cap. VII. Dissidii causa ex gestis : quæstio proponitur an Constantiensia decreta revocata in publicum. 685
Cap. VIII. Ex actis ab Eugenio IV adversùs Basileenses, in Ferrariensi quoque seu Florentino concilio editis, probatur priora Basileensia, quibus Constantiensia confirmantur, integrâ auctoritate esse. 687
Cap. IX. Decretalis *Moyses*, in synodo Florentinâ edita, priora Basileensia et Constantiensia decreta firmat. 689
Cap. X. An decretum unionis Florentiæ editum, Constantiensia decreta antiquarit. 693
Cap. XI. De vero sensu eorum verborum decreti unionis: *Quemadmodum etiam in gestis œcumenicorum Conciliorum continetur*. 697
Cap. XII. An Constantiensibus decretis et conciliari potestati noceat, quòd Ecclesiæ pars maxima, ac præsertim Galli, Eugenio Basileæ damnato ac deposito obedirent. 702
Cap. XIII. Nobilissimas Universitates, propter Constantiensium canonum auctoritatem, Basileensi synodo adhæsisse. 706
Cap. XIV. Mors Eugenii IV : Nicolaus V succedit : pax composita, immotis decretis Constantiensibus : concili Basileensis antesignani, abdicato tantùm Felice, nullâ doctrinæ retractatione, pro orthodoxis habiti. 708
Cap. XV. Quæstio de translatione, qualis habita in Basileensi et secutis synodis : de Constantiensibus decretis nullum superesse dubium : Joannis de Paradiso Carthusiani locus de rebus Basileensibus. 713
Cap. XVI. Petri Meldensis Episcopi ad Eugenium IV, Caroli VII nomine, gesta legatio : an Odorico Rainaldo eam objicienti prosit ? 717

CAP. XVII. Bulla retractationis Pii II, ad Coloniensem academiam, Constantiensia decreta confirmat, Basileensia tantùm posteriora damnat. 719

CAP. XVIII. An Lateranensi synodo, sub Leone X, Constantiensia decreta abrogentur? quantis auctoritatibus hæc firma sint : cur patres Gallicani priora Basileensia gesta in Declaratione suâ exprimenda non putaverint. 723

CAP. XIX. An Constantiensibus decretis nixa sententia ad fidem catholicam pertineat? 727

CAP. XX. An ea, quam vocant Parisiensium sententiam, occasione schismatis exorta sit : acta in Joannem de Montesono, anno 1387. 731

CAP. XXI. Facultatis articuli adversùs Joannem Sarrazinum Prædicatorem, paulò post Constantiense concilium, ac Martino V sedente. 734

CAP. XXII. Pergit facultas Parisiensis cohibere Mendicantes post Basileense dissidium ac pacem : Facultas in priscâ sententiâ : decreta, vigente Pragmaticâ-Sanctione. 737

CAP. XXIII. Post abolitam Pragmaticam-Sanctionem, eadem doctrina apud nostros. 740

CAP. XXIV. Acta Parisiis apud Prædicatores, Edmundo Richerio syndico, anno 1611. 743

CAP. XXV. Edmundi Richerii liber *de Ecclesiasticâ et Politicâ potestate* : aulicæ artes : acta Facultatis : episcopales censuræ : quo fundamento nixæ : de priscâ sententiâ nihil motum. 745

CAP. XXVI. Acta Facultatis adversùs Marcum Antonium de Dominis et Theophilum Milleterium : item de Ludovico Cellotio ac Francisco Guillovio. 748

CAP. XXVII. Articuli Facultatis ad Ludovicum Magnum allati : Censuræ Vernantii et Guimenii : Alexandri VII Bulla propositio Strigoniensis, ejusque censura. 753

CAP. XXVIII. An sententiæ de potiore concilii potestate, regum juribus ac potestati noceat : Thomæ Corcellæi responsum : propositio Joannis Hussi in Constantiensi concilio condemnata. 758

FIN DE LA TABLE DU VINGT ET UNIÈME VOLUME.

BESANÇON. — IMPRIMERIE D'OUTHENIN CHALANDRE FILS.

ŒUVRES COMPLÈTES
DE SAINT JÉROME

TRADUITES EN FRANÇAIS ET ANNOTÉES

Par l'abbé BAREILLE

Auteur de la Traduction des *Œuvres de S. Jean Chrysostome*
couronnée par l'Académie française

Renfermant le texte latin soigneusement revu et les meilleures notes des diverses éditions

18 volumes in-4° à 2 colonnes. — Prix : 216 fr.

« Par son langage et ses idées, saint Jérôme est le plus moderne des génies chrétiens qui brillaient il y a quatorze siècles. Les erreurs contre lesquelles il eut à lutter, les armes qu'il employa pour les combattre, les éclatantes victoires qu'il remporta, lui donnent un singulier empire sur notre époque : il la saisit et l'étreint par le côté militant et sensible; il entre de plain-pied dans la mêlée contemporaine. S'il reparaissait au milieu de nous, ce vigoureux athlète exciterait encore des résistances désespérées et des enthousiasmes contagieux, des accès de rage et des transports d'amour. Les erreurs sont à peu près les mêmes, et les passions, et les bouleversements, et les décadences; c'est le sensualisme, le matérialisme des idées, comme celui des mœurs, qu'il combat et stigmatise; il frappe le naturalisme et le rationalisme... »

Tel est le jugement que porte le savant abbé Bareille dans la belle Préface qu'il a mise en tête de sa traduction. Tel est le jugement que portent tous les écrivains qui, dans ces derniers temps, ont parlé de ce grand docteur.

Tous les écrits de saint Jérôme offrent une ressource précieuse. Comme commentateur de l'Écriture sainte, il est incontestablement le premier des quatre grands docteurs de l'Église latine. Pour l'explication littérale, historique, géographique, condition préalable de toutes les autres, jamais un commentateur n'offrit de meilleures garanties. Il possédait à fond le sens des noms hébreux; il en a lui-même fait un dictionnaire. Les interprétateurs venus après lui ne remontent guère au delà de cette source, ne puisent pas ailleurs. Son long séjour et ses fréquentes excursions dans la terre sainte, devenue sa seconde patrie, donnent à ses aperçus une couleur locale, à ses décisions une lucidité que ne sauraient atteindre de loin ni l'imagination la plus belle, ni le plus vaste savoir. Ses interprétations allégoriques et mystiques ne méritent pas moins de confiance. C'est sur la tradition qu'elles sont fondées, et Bossuet (*Défense de la Tradition et des SS. Pères*) nous dit que le témoignage de ce Père réunit en lui celui de la tradition universelle.

Outre sa version de la Bible, saint Jérôme nous a laissé des commentaires sur plusieurs livres de la Bible et de très-nombreuses lettres, dans lesquelles sont approfondies et résolues des difficultés de l'Écriture. C'est en parlant de ces lettres que le pape Damase disait : « Il n'y a rien qui nourrisse mon âme d'un mets plus savoureux. »

Les écrits polémico-dogmatiques sont, suivant une comparaison, un véritable arsenal rempli d'armes précieuses pour combattre les ennemis de la religion.

Saint Jérôme était la lumière de son temps; on lui écrivait de toutes les contrées de l'univers pour lui demander des conseils. De là toute une série de lettres (dont plusieurs sont de véritables traités) qui sont de la plus grande utilité pour les *directeurs spirituels*. Les auteurs ascétiques puisent souvent dans cette partie des œuvres du saint docteur. La lecture en est on ne peut plus profitable aux âmes pieuses, et un concile (celui d'Aix-la-Chapelle, tenu en 816) crut ne pouvoir proposer de règles plus solides aux vierges consacrées à Dieu que celles qu'on lit dans les lettres de saint Jérôme.

Paris. — Imp. Vve P. LAROUSSE et Cie, rue du Montparnasse, 19.